为注册会计师行业提供专业领跑的力量

会计审计实务前沿专题研究

# 计学撮要 2018

瑞华会计师事务所(特殊普通合伙)技术与信息部 编著

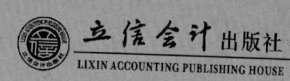
立信会计出版社
LIXIN ACCOUNTING PUBLISHING HOUSE

**图书在版编目(CIP)数据**

计学撮要.2018:会计审计实务前沿专题研究/瑞华会计师事务所(特殊普通合伙)技术与信息部编著. —上海:立信会计出版社,2018.11(2022.7重印)
ISBN 978 - 7 - 5429 - 5995 - 9

Ⅰ.①计…　Ⅱ.①瑞…　Ⅲ.①企业管理—会计制度—研究—中国　Ⅳ.①F279.23

中国版本图书馆 CIP 数据核字(2018)第 255631 号

| 责任编辑 | 张巧玲 |
| 封面设计 | 周崇文 |

**计学撮要 2018**
**——会计审计实务前沿专题研究**

JIXUE CUOYAO 2018

| 出版发行 | 立信会计出版社 | | |
| 地　　址 | 上海市中山西路 2230 号 | 邮政编码 | 200235 |
| 电　　话 | (021)64411389 | 传　真 | (021)64411325 |
| 网　　址 | www.lixinaph.com | 电子邮箱 | lxaph@sh163.net |
| 网上书店 | www.shlx.net | 电　话 | (021)64411071 |
| 经　　销 | 各地新华书店 | | |
| 印　　刷 | 常熟市华顺印刷有限公司 | | |
| 开　　本 | 787 毫米×1092 毫米 | 1/ 16 | |
| 印　　张 | 46.25 | 插　页 | 4 |
| 字　　数 | 948 千字 | | |
| 版　　次 | 2018 年 11 月第 1 版 | | |
| 印　　次 | 2022 年 7 月第 6 次 | | |
| 书　　号 | ISBN 978 - 7 - 5429 - 5995 - 9/F | | |
| 定　　价 | 109.00 元 | | |

# 不断提供专业领跑的力量

　　本书是瑞华会计师事务所技术与信息部在 2015 年 6 月至 2018 年 6 月期间的部分会计、审计专业课题研究成果和实务问题解答的精粹。全书共分为三大专题：

　　专题 I "相关准则实务操作指南"包含 2017 年内新修订的收入、政府补助两项准则和 2017 年内新发布的"持有待售的非流动资产、处置组和终止经营"准则的实务操作指南，对这些新修订和新发布的会计准则进行了解读，介绍了这些准则的基本内容，并详细分析了其对财务会计实务操作的影响和应注意的问题。

　　专题 II "供给侧改革相关业务的会计处理"探讨了供给侧改革所涉及的"营改增""三去一降一补""三供一业分离移交"所涉及的相关会计处理问题。

　　专题 III "会计审计实务问答"采用"问题解答"的形式，共收录问题 190 个，涉及固定资产，无形资产和研究开发支出，资产减值，职工薪酬和股份支付，生产成本归集与分摊，收入确认和建造合同，企业收到政府补助和其他财政资金，所得税会计，长期股权投资，企业合并和合并财务报表，金融工具和套期会计，租赁会计，建设经营移交方式（BOT）参与公共基础设施建设业务，会计政策、会计估计变更及会计差错更正，报表列报和披露，现金流量表，关联方关系及其交易认定与披露，非经常性损益认定，审计技术等近 20 个类别。

从我多年会计审计研究的心得看,我国相关准则条文的字里行间,蕴藏难以言尽的共识性意涵,存在实质性运用的专业判断空间,如何贴其意,尽其神,合其旨,不走样,不附会,不爬行,正是《计学撮要》系列书籍的初衷所在。

本书着眼于会计审计实务前沿思考,着力将会计审计准则落实落准落细,可作为企业财务会计人员、会计师事务所审计人员和监管机构有关人士在应用新企业会计准则和审计准则过程中的实务参考书。如有不当之处,敬请各位读者指正。

为者常成,行者常至。几年来,我们陆续出版了《计学撮要》系列研究书籍,形成了瑞华会计师事务所的品牌载体。本书与2011年出版的《计学撮要》、2013年出版的《计学撮要 2013》和2015年出版的《计学撮要 2015》一起,阐释了瑞华会计师事务所的技术路线,丰富了注册会计师行业的专业实践。这一技术标准的创新驱动得到了财政部会计司高一斌司长、中国证监会贾文勤首席会计师、中国注册会计师协会陈毓圭秘书长等领导同志的肯定与支持,在此,致以诚挚的敬意!

我们将深入推进"技术立所、文化兴所、品牌强所"的结构升级、动力转换,为中国会计审计和中国资本市场的创新发展不断提供专业领跑的力量。

是为序。

张连起

2018 年 11 月 20 日

# 目　　录

## 专题 II　供给侧改革相关业务的会计处理

## 专题 III　会计审计实务问答

# 专题 I

# 相关准则实务操作指南

# 第一部分

# 《企业会计准则第 14 号——收入（2017 年修订）》的实务操作指南

## 第一章

# 概　述

## 第一节　准则发布的背景

### 一、解决原准则实施中存在的具体问题

原准则要求,销售商品收入、提供劳务收入和让渡资产使用权收入适用《企业会计准则第 14 号——收入》,建造合同形成的收入适用《企业会计准则第 15 号——建造合同》。其中,销售商品收入主要以风险和报酬转移为基础确认,提供劳务收入和建造合同收入主要采用完工百分比法确认。

然而,随着市场经济的日益发展、交易事项的日趋复杂,实务中收入确认和计量面临越来越多的问题。例如,如何划分收入准则和建造合同准则的边界,如何区分销售商品收入和提供劳务收入,如何判断商品所有权上的主要风险和报酬转移,如何区分总额法和净额法,对于包含多重交易安排或可变对价的复杂合同如何进行会计处理,等等。这从客观上要求对原准则中的收入确认和计量原则予以重新审视,切实解决实务问题。

### 二、保持与国际会计准则理事会 2014 年发布的新收入准则持续趋同

2014 年 5 月,国际会计准则理事会发布了《国际财务报告准则第 15 号——与客户之间的合同产生的收入》,自 2018 年 1 月 1 日起生效(该项目是国际会计准则理事会和美国财务会计准则委员会的联合项目,美国方面同时发布了"Accounting Standards Update No. 2014 - 09—Revenue from Contracts with Customers (Topic 606)",采用美国财务会计准则的企业自 2017 年 12 月 15 日

起实施)。该准则的核心原则是,主体确认收入的方式应当反映其向客户转让商品和服务的模式,确认金额应当反映主体预计因交付该商品和服务而有权获得的金额。为此,准则设定了收入确认计量的五步法:识别与客户订立的合同、识别合同中单独的履约义务、确定交易价格、将交易价格分摊至单独的履约义务、在履行每一项履约义务时确认收入。

因此,我国收入准则的修订也是为了保持我国企业会计准则与国际财务报告准则的持续趋同。

# 第二节 新旧准则的差异

本节论述的新旧准则差异主要是原则性的,具体在业务层面处理方法的不同,以及对不同行业的影响参见本实务操作指南其他部分,特别是第三章。

## 一、将现行收入和建造合同两项准则纳入统一的收入确认模型

原收入准则和建造合同准则在某些情形下边界不够清晰,可能导致类似的交易采用不同的收入确认方法,从而对企业财务状况和经营成果产生重大影响。新准则采用统一的收入确认模型来规范所有与客户之间的合同产生的收入,并且就"在某一时段内"还是"在某一时点"确认收入提供具体指引,有助于更好地解决目前收入确认时点的问题,提高会计信息可比性。

## 二、以控制权转移替代风险报酬转移作为收入确认时点的判断标准

原收入准则要求区分销售商品收入和提供劳务收入,并且强调在将商品所有权上的主要风险和报酬转移给购买方时确认销售商品收入,实务中有时难以判断。新收入准则打破商品和劳务的界限,要求企业在履行合同中的履约义务,即客户取得相关商品(或服务)控制权时确认收入。

## 三、对于包含多重交易安排的合同的会计处理提供更明确的指引

原收入准则对于包含多重交易安排的合同仅提供了非常有限的指引,具体体现在原收入准则第十五条以及企业会计准则讲解中有关奖励积分的会计处理规定。这些规定远远不能满足实务需要。新收入准则对包含多重交易安排的合同的会计处理提供了更明确的指引,要求企业在合同开始日对合同进行评估,识别合同所包含的各项履约义务,按照各项履约义务所承诺商品(或服务)的相对单独售价将交易价格分摊至各项履约义务,进而在履行各履约义务时确认相应的收入。

## 四、对于某些特定交易(或事项)的收入确认和计量给出了明确规定

新收入准则对于某些特定交易(或事项)的收入确认和计量给出了明确规定。例如,区分总额和净额确认收入、附有质量保证条款的销售、附有客户额外购买选择权的销售、向客户授予知识产权许可、售后回购、无需退还的初始费等,这些规定将有助于更好地指导实务操作,从而提高会计信息的可比性。

# 第二章

## 准则的具体内容

### 第一节　范　围

收入,是指企业在日常活动中形成的、会导致所有者权益增加的、与所有者投入资本无关的经济利益的总流入(准则第二条)。对于收入的定义,新旧准则是没有差异的。但新收入准则并非适用于所有类型的收入,仅适用于与客户合同产生的收入,非源自客户合同的交易或事项产生的收入不属于新收入准则规范的范围。

### 一、适用于收入准则——与客户的合同

#### (一) 客户

新收入准则适用于所有与客户的合同(本节"二、适用于其他准则"中列示的情况除外),这里所称的"客户",是指与企业订立合同以向该企业购买其日常活动产出的商品或服务并支付对价的一方(准则第三条)。

注:本实务操作指南所有部分中,对于"商品或服务",可能简称为"商品";对于"转让商品或提供服务",可能简称为"转让商品"。

1. 日常活动。

日常活动,是指企业为完成其经营目标所从事的经常性活动以及与之相关的活动。例如,工业企业制造并销售产品、商品流通企业销售商品、咨询公司提供咨询服务、软件公司为客户开发软件、安装公司提供安装服务、建筑企业提供建造服务等,均属于企业的日常活动。不是源于企业日常活动的经济利益流入,不属于新收入准则规范的范围。比如收到的捐赠或其他资本性投入、处置固定资产和无形资产的收益等,都不属于新收入准则的规范范围。

例如,X是一家房地产开发企业,X向Y出售了一项房产。由于Y和X订立的合同是购买X正常经营活动(日常活动)产出的商品,因而Y被认定为X公司的客户,这项交易适用于新收入准则规定的范围。但是,如果X是一家生产型企业,向Y出售其公司的总部房产,此项交易则不属于与客户订立的合同,不适用于新收入准则,因为出售房地产不属于X公司的日常活动。

2. 合作安排中的客户。

在通常的交易中,客户是容易识别的。然而,在一些交易中,交易对手却并非总是企业的"客户"。如果合同对方与企业订立合同的目的是共同参与一项

活动(如合作开发一项资产),合同对方和企业一起分担(或分享)该活动产生的风险(或收益),而不是获取企业日常活动产出的商品,则该合同对方不是企业的客户,企业与其签订的该份合同也不属于本准则规范范围。

此时,该交易对手可能是合作伙伴。这在制药、生命科技、石油和天然气以及医疗保健行业比较常见(IFRS15. BC54):

• 生物技术和制药企业之间的协作研发活动(航天、科技、保健行业或高等教育行业中的类似协作安排);

• 石油和天然气行业中的安排,如海洋油气田的合伙方可能相互进行付款结算报告期内双方按比例享有的油气田产量份额之间的差异;

• 非营利性行业中的安排,如企业取得针对研究活动的补助和赞助,而补助方或赞助方可能规定如何使用研究成果。

在这种安排中,需要考虑所有的事情和情况,来确定是否存在收入准则规范的"客户"关系。

合同对方可能是合同安排中某些部分的合作方,同时还是该合同安排中其他部分的客户。对于参与合作安排的企业而言,分析确定这些安排的其他方是否属于"客户",从而确定这些活动能否产生收入准则规范的收入十分重要。

3. 政府是客户的情况。

于2017年6月12日起实施的《企业会计准则第16号——政府补助(2017年修订)》第五条规定:"企业从政府取得的经济资源,如果与企业销售商品或提供服务等活动密切相关,且是企业商品或服务的对价或者是对价的组成部分,适用《企业会计准则第14号——收入》等相关会计准则。"

即:政府有可能也属于新收入准则规范的"客户",从政府处获得的经济资源在某些情况下也可以按照新收入准则的规范确认为企业的收入。

**(二)合同**

新收入准则规范了与客户之间的单个合同的会计处理。然而,为了便于实务操作,企业可以将本准则应用于具有类似特征的合同(或履约义务)组合,或应用于该组合中的每一个合同(或履约义务),前提是企业能合理预计将本准则应用于该组合将不会对企业的财务报表产生显著不同的影响。在对组合进行会计处理时,企业应采用能够反映该合同组合规模和构成的估计和假设。

虽然来源于上述(一)1.中所述的"日常活动",但并非来源于与客户之间的合同的收入,如股利收入、公允价值变动导致的经济利益流入等,也不属于新收入准则的规范范围。

关于"合同"的具体论述参见本实务操作指南第二章第二节"一、识别客户合同"。

## 二、适用于其他准则

### (一)适用于其他准则的情形

除下列各项外,新收入准则适用于其他所有与客户的合同(准则第三条):

- 由以下准则规范的金融工具及其他合同权利和义务：
  - 《企业会计准则第 2 号——长期股权投资》
  - 《企业会计准则第 22 号——金融工具确认和计量》
  - 《企业会计准则第 23 号——金融资产转移》
  - 《企业会计准则第 24 号——套期会计》
  - 《企业会计准则第 33 号——合并财务报表》
  - 《企业会计准则第 40 号——合营安排》
- 由《企业会计准则第 21 号——租赁》规范的租赁合同。
- 由《企业会计准则第 25 号——原保险合同》《企业会计准则第 26 号——再保险合同》规范的保险合同。

根据上述规定,企业对外出租资产收取的租金、进行债权投资收取利息、进行股权投资取得的现金股利等,不适用本准则。

### (二)特殊的非货币性交换

在具有同质化产品的行业内,从事相同业务经营的企业之间为便于向客户或潜在客户(并非进行交换的各方)销售而进行产品交换的做法十分常见。例如,一家石油供应商与另一家石油供应商进行存货互换以降低运输成本、满足当前的存货需求或者促进向终端客户的石油销售(IFRS15 BC58)。

此种从事相同业务经营的企业之间为便于向客户或潜在客户销售而进行的非货币性交换不适用于收入准则,不属于收入准则的规范范围。因为此种情况下,交易对方实际上并非企业的“客户”。对于这类交易,有可能需要按照《企业会计准则第 7 号——非货币性资产交换》作为不具有商业实质的交换处理(视具体情况)。

没有商业实质的非货币性资产交换,不确认收入(准则第六条)。

## 三、部分适用于收入准则的情况

与客户之间的合同可能部分属于新收入准则的适用范围,部分属于其他准则的适用范围。如果其他准则明确规定了如何对合同中的一个或多个组成部分进行区分或初始计量,企业应当首先按照这些规定进行处理,并将按照上述其他准则进行初始计量的合同组成部分的金额排除在本准则规定的交易价格之外;否则,企业应当按照本准则对合同中的一个或多个组成部分进行区分和初始计量。

适用准则的判定流程如图 1-1 所示。

例如,A 银行与客户订立了一份合同,根据合同,A 银行收到客户一笔保证金,并向客户提供相关存款服务。按照金融工具准则,保证金属于负债。A 银行按照金融工具准则的规定对保证金进行计量。但如果 A 银行每月向客户收取一定的费用,情况可能发生变化。

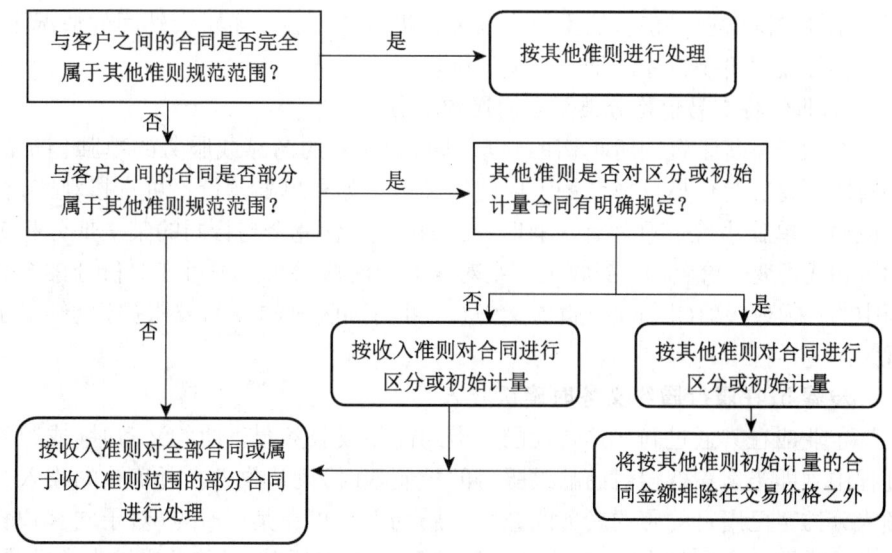

图 1-1　适用准则判定流程图

# 第二节　收入确认模型

企业确认收入的方式应当反映向客户转让商品或提供服务的模式,收入的金额应反映企业因转让这些商品或提供这些服务而预期有权收取的对价金额,以如实反映企业的生产经营成果,核算企业实现的损益。

新收入准则提出了新的收入确认模型,即企业收入确认过程中应遵循的五个步骤(IFRS15.IN7)。

**步骤1:识别客户合同**

合同是指双方或多方之间订立有法律约束力的权利义务的协议。新收入准则的要求适用于与客户议定的并符合特定标准的每一项合同。新收入准则同时也规定在合同发生修订的情况下的会计处理要求。

**步骤2:识别合同履约义务**

合同中包含向客户转让商品或服务的承诺。如果这些商品或服务可明确区分,则对应的承诺即为履约义务,对不同的履约义务应当分别进行会计处理。如果客户能够从单独使用某项商品或服务、或将其与客户易于获得的其他资源一起使用中受益,且企业向客户转让该商品或服务的承诺可与合同中的其他承诺单独区分开来,则商品或劳务是可明确区分的。

**步骤3:确定交易价格**

交易价格是企业预计因向客户转让已承诺的商品或服务而有权获得的合同对价金额。交易价格可以是固定金额的,也可能包含可变对价或非现金形式的对价。确认交易价格时还应当就货币的时间价值影响(若合同包含重大融资成分)及任何应付客户的对价作出调整。如果对价是可变的,企业还应估计其因交付已承诺的商品或服务而有权获得的对价金额。仅在与可变对价相关的不确定性消除时已经确认的累计收入金额极可能不会发生重大转回的情况下，估计的可变对价金额才能纳入交易价格。

**步骤 4：将交易价格分摊至合同履约义务**

企业通常基于合同所承诺的每项可明确区分的商品或服务的单独售价的相对比例将交易价格分摊至每一项履约义务。如果单独售价不可直接观察，企业应当对单独售价进行估计。有时，交易价格包含完全与合同的某一部分相关的折扣或可变对价金额。新收入准则对企业何时应将折扣或可变对价分摊至合同中的一项或多项（非全部）履约义务（或可明确区分的商品或服务）也作出了规定。

**步骤 5：在履行履约义务时确认收入**

企业应在其通过向客户转让已承诺的商品或服务履行履约义务时（或履约过程中）（即当客户取得对商品或服务的控制权时）确认收入。所确认的收入金额为分摊至已履行的履约义务的金额。履约义务可在某一时点（对于向客户转让商品的承诺较为常见）或在一段时间（对于向客户转让服务的承诺较为常见）履行。对于在某一时段内履行的履约义务，企业应采用适当的方法确定履约进度。

收入确认过程中的五个步骤如图 1-2 所示。

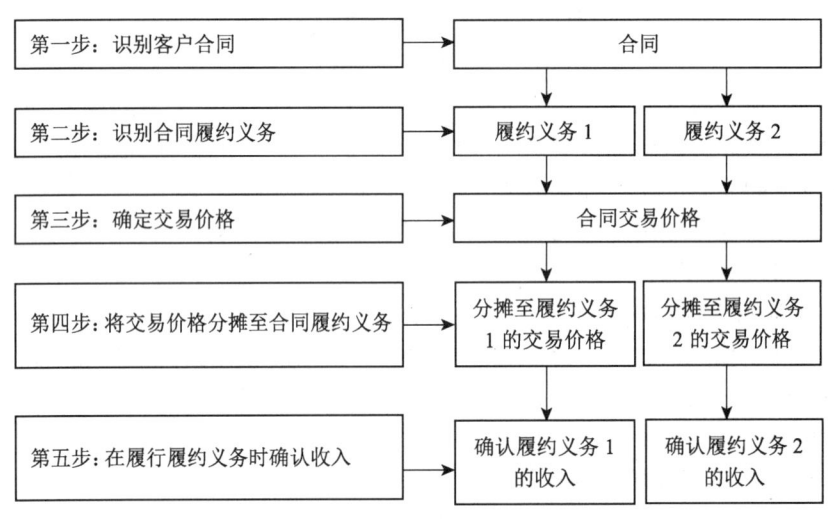

图 1-2　收入确认过程中的五个步骤

本节在以下部分针对收入确认模型的五个步骤进行比较详细的阐述。

# 一、识别客户合同（步骤 1）

## （一）合同的定义

本准则所称的合同，是指双方或多方之间订立有法律约束力的权利义务的协议（准则第三条）。

合同有书面形式、口头形式以及其他形式，或隐含于企业的商业惯例中。不同的司法管辖区、行业和企业可能采取不同的实务和流程来确立与客户之间的合同。此外,视客户类别或所承诺的商品或服务的性质不同,企业内部确立合同的实务流程也可能不同。但只要协议确立了对各方具有约束力的可执行权利和义务,合同即存在。

## (二) 应用本准则的合同需满足的条件

新收入准则所规范的合同,应当同时满足下列条件(准则第五条)。

(1) 合同各方已批准该合同并承诺将履行各自义务。

(2) 该合同明确了合同各方与所转让商品或提供劳务(以下简称"转让商品")相关的权利和义务。

(3) 该合同有明确的与所转让商品相关的支付条款。

(4) 该合同具有商业实质,即履行该合同将改变企业未来现金流量的风险、时间分布或金额。

(5) 企业因向客户转让商品而有权取得的对价很可能收回。

从上述五个条件看,评估合同是否适用新准则应关注:合同中权利和义务的可执行性,是基于相关法律法规而不是合同的形式(口头、书面或其他隐含形式)。这可能要求在一些司法管辖区对于一些合同安排进行重大判断,并可能导致在不同管辖区范围内对类似合同的评估不同。对于可执行性的重大不确定性,可能需要书面合同和有资质律师的法律意见来支持合同各方已同意并拟履约执行的结论。

1. 合同各方已批准该合同并承诺将履行各自义务。

(1) 合同的批准。

在应用收入准则的模型之前,合同双方必须已批准了该合同。如果合同未得到合同双方批准,则合同可能不是法律上可执行的。合同的形式(口头、书面或默认形式)就其本身而言并不能确定合同双方是否已批准并承诺履行合同。在评估合同双方是否受到合同的条款和条件约束时,企业必须考虑所有相关的事实和情况。在有的情况下,口头合同或默认合同的双方可能有意愿并承诺履行各自的义务。但在其他情况下,可能需要书面合同来确定合同双方已批准了合同。

不同的企业可能采取不同的方式和流程与客户订立合同,同一企业在与客户订立合同时,对于不同类别的客户以及不同性质的商品也可能采取不同的方式和流程。企业在判断其与客户之间的合同是否具有法律约束力,以及这些具有法律约束力的权利和义务在何时设立时,应当考虑上述因素的影响。

(2) 并非总是需要履行各自所有合同义务。

在履行各自义务方面,企业和客户并非总是需要履行各自所有的合同权利和义务才能满足收入准则对合同的要求。例如,合同约定客户每月向企业购买最低数量的商品,但过去的情况表明,客户并未每月总是达到最低购买数量,且企业也没有强制执行最低购买量的要求,如果有证据表明客户和企业已经实质上致力于履行合同,则该合同仍能满足收入准则的要求(IFRS15.BC36)。

2. 该合同明确了合同各方与所转让商品或提供劳务相关的权利和义务。

如果不能识别各方与拟转让的商品或服务相关的权利和义务,则不能评估这些商品和服务的控制权转移,因此不符合新收入准则规范的合同标准。

(1) 合同到期后仍可继续执行的情况。

某些情况下,合同到期后企业仍可能按照合同条款继续向客户提供服务。例如,现有合同到期之前,新合同条款还没有完全取代现有条款。如果企业拥有和这些服务相关的可依法执行的权利和义务,就可以采用新准则对提供的服务进行计量。评估"可执行的权利和义务是否存在"通常非常复杂,可能要求企业寻求法律意见,来确定合同到期后是否具有可执行权利和义务。

(2) 对主服务合同(框架协议)的考虑。

通常而言,在主服务合同(MSA)下,企业和客户需要签订后续的采购订单,因此主服务合同本身并不构成与客户订立的合同。除非主服务合同规定了最低购买量,使得主服务合同中的条款为合同各方创立了关于商品和服务的可执行权利和义务。但是,在一些地区,可执行性属于法律问题,需要根据合同条款和当地法律对主服务合同进行评估。

如果主服务合同并没有建立可执行权利和义务,而后续的采购订单创立了企业和客户之间的可执行权利和义务,需要一并评估采购订单和主服务合同,来确定符合新收入准则要求的合同是否存在。但是,如果必须采取额外步骤才能为采购订单建立法定可执行权利和义务(例如,在收到采购订单后对主服务合同执行补充合同或附录),那么直到所有步骤完成后,与客户订立的合同才存在。

有时可能需要合并同一主服务合同下的采购订单,因为采购订单之间的商品或服务的定价可能是相互关联的,如果此时满足合同合并的条件[本实务操作指南第二章第二节一(六)],就应当评估并合并单独签订的采购订单。

合并采购订单可能导致单个采购订单的交易价格不同于指定的合同价格。例如,如果同一个产品在 1 月的单价为 100 元,在 2 月的单价为 80 元,并且客户每个月订购相同数量,企业就应评估经过协商这些订购单是否作为单独的商业包(如,因现金流的缘故而调整价格)或各自独立。如果企业认为这些订购单应当进行合并,就在 1 月和 2 月分别将产品收入的单价确认为 90 元。

如果没有合并这些订单,仍需要考虑主服务合同是否存在一些未在订单中体现的隐含的或明确的承诺,这些承诺可能会影响履约义务和交易价格的确定。

3. 该合同有明确的与所转让商品相关的支付条款。

识别支付条款并不要求在与客户签订的合同中固定或规定交易价格。只要存在可执行的支付权利(即:根据法律可强制执行),且合同包含充分信息使企业能够估计交易价格即可。

4. 该合同具有商业实质。

合同具有商业实质,即履行该合同将改变企业未来现金流量的风险、时间分布或金额。要求合同具有商业实质主要是为了防止企业可能相互之间反复转让商品或服务以虚增收入,因此,不具有商业实质的合同,不能按照新收入准则确认收入。从事相同业务经营的企业之间,为便于向客户或潜在客户销售而进行的非货币性资产交换(如,两家石油公司之间相互交换石油,以便及时满足各自不同地点客户的需求),不应当确认收入[参见本实务操作指南第二章第一节二(二)]。

确定合同是否具有商业实质可能需要运用重大判断。在所有情况下,企业必须能够证明其交易的性质和结构具有实质性的商业目的。关于商业实质,企业应按照《企业会计准则第 7 号——非货币性资产交换》的有关规定进行判断。

5. 企业因向客户转让商品而有权取得的对价很可能收回。

(1) 企业有权取得的对价金额。

可收回性评估的是企业预计有权收取的对价金额(而不是规定的合同价格)中预计可收回的部分。企业有权获得的对价金额可能低于合同约定的价格,因为企业可能向客户提供了价格折让,或者企业有权获得的金额因其他原因(如奖金承诺)而发生变化。

第一,区分对价可收回性问题和价格折让。

区分是对价可收回性问题还是价格折让,需要进行判断。如下面本实务操作指南[例 2],企业认为交易价格不是规定价格,并且承诺的对价为可变对价。因此,在判断合同的可收回性之前,企业可能需要确定合同的交易价格,包括考虑价格折让的影响。

在具有大量同质交易的情况下,企业可能采用历史数据组合来评估其预计收到的价款,并作为对具体合同可收回性的总体评估时的输入值。例如,如果一个供应商在同类客户交易中平均收取 60% 的价款,并且不打算提供价格折让,那么这可能表明不大可能向这类客户收取全部合同金额。因此,可能并未满足“很可能收回因向客户转让商品(或提供服务)而有权取得的对价”的标准。

反之,如果一个供应商在同类客户交易中平均收取 90% 的价款,这表明很可能向这类客户收取全部合同金额。因此,可能满足“很可能收回因向客户转让商品(或提供服务)而有权取得的对价”的标准。但是,如果由于供应商在每个合同中分别获取 90% 的价款而形成平均收取 90% 的价款的话,这可能表明供应商向客户授予了 10% 的价格折让。

第二,评估组合合同对价的可收回性。

实务中,企业在对合同组合中的每一份合同进行评估时,均认为其合同对价很可能收回,但是,根据历史经验,企业预计可能无法收回该合同组合中的全部对价。此时,企业应当认为这些合同满足“因向客户转让商品而有权取得的对价很可能收回”这一条件,并以此为基础估计交易价格。同时,企业应当考虑这些合同下确认的合同资产或应收款项是否存在减值。

第三,与政府之间的合同。

在合同中的客户是政府,而政府需要使用财政资金支付合同价款的情况下,如果相关权力机构并没有拨付需要支付的资金,合同就可能被撤销。因此如果在资金被拨付之前,企业的履约义务(商品或服务的转移)就开始履行的话,则需要通过职业判断来确定合同是否存在。

(2) 评估客户的信用风险。

客户的信用风险是确定合同是否有效的重要因素,企业在合同开始时(以及当重要事实和情况发生变化时),应评估其是否很可能收取因向客户转移商品或劳务而预计有权取得的对价。

在评价对价金额是否很可能收回时,企业仅应考虑客户在到期时支付对价金额的能力(即,财务能力)和意愿。在对客户意图的评估时应考虑所有的事实和情况,包括该客户及其所属客户类别的以前情况。

除非事实和情况发生重大变化且导致客户信用恶化,企业才需要重新评估可收回性的标准。例如,由于客户失去了一个占其年收入 75% 的客户而导致其付款能力恶化,这很可能导致需要对可收回性进行重新评估。

### 例 1　对价的可收回性(参考 IFRS15.示例 1)

某房地产开发企业与客户订立一项合同,以 1 000 000 元的价格出售一栋建筑物。客户计划在该建筑物内开设一家餐馆。在该建筑物所在的地区,新餐馆面临激烈竞争且该客户缺乏餐饮行业的经营经验。

客户在合同开始时支付了不可返还的保证金 50 000 元,并就剩余 95% 的已承诺对价与企业签订长期融资协议。融资安排在无追索权的基础上提供,这意味着如果客户违约,则企业可重新拥有该建筑物,但不能向客户索取进一步赔偿,即使抵押物不能涵盖所欠款项的总额。企业就该建筑物发生的成本为600 000 元。客户在合同开始时获得对该建筑物的控制。

在评估该合同是否符合《企业会计准则第 14 号——收入(2017 年修订)》中"合同"的标准时,企业认为其不是很可能取得因转让建筑物而有权获得的对价。因为客户的支付能力和意图可能令人疑虑,理由如下:

(1) 客户计划主要以其餐馆业务(该业务因行业内竞争激烈和客户的经验有限而面临重大风险)产生的收益来偿还贷款(贷款余额重大);

(2) 客户缺乏可用以偿还贷款的其他收益或资产;以及

(3) 由于贷款不附追索权,因此客户对该贷款承担的负债有限;

(4) 如果客户违约,根据合同,企业即使收回建筑物也不能涵盖所欠款项的总额时,企业也不能向客户进一步索赔。

由于不符合《企业会计准则第 14 号——收入(2017 年修订)》中"合同"的标准,对不可返还的保证金 50 000 元,应按照下文"(三)2. 对企业不符合合同标准但取得了对价的处理"进行会计处理。

### 例 2　对价并非所列明的价格——隐含的价格折让(参考 IFRS15.示例 2)

企业以 1 000 000 元的已承诺对价向客户销售 1 000 个单位的处方药。这是企业首次向一个新地区的新客户进行销售,而该地区现正经历严重的经济困难。因此,企业预计其将不能从该客户收回已承诺对价的全额。但企业预计该地区的经济将在未来 2~3 年内复苏,并确定企业与该客户之间的关系能够有助于其建立与该地区其他潜在客户的关系。

根据对具体事实和情况的评估,企业确定其预计将向该客户提供价格折让并接受该客户支付较低金额的对价。相应地,企业得出结论认为交易价格并非1 000 000 元,因此已承诺对价是可变的。企业对可变对价进行了估计[参见本实务操作指南第二章第二节三(一)],并确定其预计有权获得 400 000 元。

因此,企业认为该销售符合《企业会计准则第 14 号——收入(2017 年修订)》中"合同"的标准(假设同时满足其他条件),因此应按照《企业会计准则第 14 号——收入(2017 年修订)》的要求对合同进行处理。

### (三) 不符合本准则合同标准的情况

1. 完全未执行的合同。

同时符合下列两项标准的合同是完全未执行的合同:

- 企业尚未向客户转让任何合同中已承诺的商品或服务;以及
- 企业尚未取得且尚无权收取已承诺商品或服务的任何对价。

(1) 合同各方均能终止的完全未执行合同。

如果合同各方均拥有单方面终止完全未执行的合同而无需对合同另一方(或其他各方)作出补偿的可执行权利,则合同并不存在,不能按照新收入准则处理。直至任一方履约前,此类合同不会影响企业的财务状况或经营成果。

(2) 只有合同一方才能终止的完全未执行合同。

但如果只有一方可以终止完全未执行的合同而无需作出补偿,这种情况可能对企业的财务状况和经营成果造成影响。例如,如果只有客户才可以终止完全未执行的合同而无需作出补偿,则企业有义务准备应客户的要求履约。类似地,如果只有企业才可以终止完全未执行的合同而不需作出补偿,若企业选择履约,则具有要求客户付款的可执行权利(IFRS15. BC50)。

2. 对企业不符合合同标准但取得了对价的处理。

对于不符合准则规定的合同,企业只有在不再负有向客户转让商品的剩余义务(例如,合同已完成或取消),且已向客户收取的对价(包括全部或部分对价)无需退回时,才能将已收取的对价确认为收入;否则,应当将已收取的对价作为负债进行会计处理(准则第六条)。该负债代表企业在未来向客户转让商品或服务的义务,或者支付退款的义务。

其中,企业向客户收取无需退回的对价的,应当在已经将该部分对价所对应的商品的控制权转移给客户,并且已经停止向客户转让额外的商品,也不再负有此类义务时;或者,相关合同已经终止时,将该部分对价确认为收入。

### (四) 对是否满足本准则合同标准的评估时间

1. 合同开始时的评估。

在合同开始日即满足前款条件的合同,企业在后续期间无需对其进行重新评估,除非有迹象表明相关事实和情况发生重大变化。合同开始日通常是指合同生效日,是指合同开始赋予合同各方具有法律约束力的权利和义务的日期。

例如,企业与客户签订一份合同,在合同开始日,企业认为该合同满足本准则第五条规定的五项条件,但是,在后续期间,客户的信用风险显著升高,企业需要评估其在未来向客户转让剩余商品而有权取得的对价是否很可能收回,如果不能满足很可能收回的条件,则该合同自此开始不再满足本准则第五条规定的相关条件,应当停止确认收入,并且只有当后续合同条件再度满足时或者当企业不再负有向客户转让商品的剩余义务,且已向客户收取的对价无需退回时,才能将已收取的对价确认为收入,但是,不应当调整在此之前已经确认的收入。

2. 合同的持续评估。

在合同开始日不符合本准则第五条规定的合同,企业应当对其进行持续评估,并在其满足本准则第五条规定时按照该条的规定进行会计处理(准则第六条)。

如果企业在此之前已经向客户转移了部分商品,当该合同在后续期间满足五项条件时,企业应当将在此之前已经转移的商品所分摊的交易价格确认为收入。

**例3**　**重新评估识别合同的标准(参考 IFRS15. 示例 4)**

企业向客户授予专利许可并向其收取基于使用的特许使用费。在合同开始时,合同满足《企业会计准则第 14 号——收入(2017 年修订)》对"合同"的所有标准,企业对该项客户合同进行会计处理,在客户使用专利时确认了收入[参见本实务操作指南第二章第五节五(三)]。

在合同的第 1 年内,客户每季度提供使用情况报告并在商定的期间内支付使用费。

在合同的第 2 年内,客户继续使用企业的专利,但客户的财务状况恶化,客户获得信贷的能力和可使用的现金受到限制。企业在第 2 年内继续基于客户的使用情况确认收入。客户在第 1 季度支付了特许使用费,但仅为第 2 季度至第 4 季度的专利使用支付了名义金额。企业对现有应收款项的减值进行会计处理。

在合同的第 3 年内,客户继续使用企业的专利。但是,企业获悉该客户已丧失获得信贷的能力及主要客户,因此客户的支付能力显著恶化。因此,企业得出结论认为客户将不大可能为专利的持续使用进一步支付任何特许使用费。由于相关事实和情况发生这一重大变化,企业重新评估了《企业会计准则第 14 号——收入(2017 年修订)》对"合同"的标准,并确定该合同已经不符合此类标准了,因为企业很可能不再能够收回其有权获得的对价。据此,企业不再进一步确认与客户未来使用专利的任何收入,并对现有应收款项的减值进行会计处理。

### (五)合同存续时间的确定

合同存续期间是合同各方拥有现时可执行的具有法律约束力的权利和义务的期间。实务中,有些合同可能有固定的期间,有些合同则可能没有(如无固定期间且合同各方可随时要求终止或变更的合同、定期自动续约的合同等)。企业应当确定合同存续期间,并在该期间内按照本准则规定对合同进行会计处理。

在确定合同存续期间时,无论该合同是否有明确约定的合同期间,该合同的存续期间都不会超过已经提供的商品所涵盖的期间;当合同约定任何一方在某一特定期间之后才可以随时无代价地终止合同时,该合同的存续期间不会超过该特定期间;当合同约定任何一方均可以提前终止合同,但要求终止合同的一方需要向另一方支付重大的违约金时,合同存续期间很可能与合同约定的期间一致,这是因为该重大的违约金实质上使得合同双方在合同约定的整个期间内均具有有法律约束力的权利和义务;当只有客户拥有无条件终止合同的权利时,客户的该项权利才会被视为客户拥有的一项续约选择权,重大的续约选择权应当作为单项履约义务进行会计处理(参见本实务操作指南第二章第五节"四、额外购买选择权")。

**例 4　合同存续期间的判断**

A 公司与客户签订合同,每月为客户提供一次保洁服务,合同期限为 3 年。情形一:3 年内,合同各方均有权在每月末无理由要求终止合同,只需提前 5 个工作日通知对方,无需向对方支付任何违约金。情形二:3 年内,客户有权在每月末要求提前终止合同,且无需向 A 公司支付任何违约金。情形三:3 年内,客户有权在每月末要求提前终止合同,但是客户如果在合同开始日之后的 12 个月内要求终止合同,必须向 A 公司支付一定金额的违约金。

本例中,对于情形一,尽管合同约定的服务期为 3 年,但是在已提供服务的期间之外,该合同对于合同双方均未产生其有法律约束力的权利和义务,因此该合同应被视为逐月订立的合同。对于情形二,该合同应视为逐月订立的合同,同时,客户拥有续约选择权,A 公司应当判断提供给客户的该续约选择权是否构成重大权利,从而应作为单项履约义务进行会计处理。对于情形三,A 公司需要判断合同约定的违约金是否足够重大,以至于使该合同在合同开始日之后的 12 个月内对于合同双方都产生了具有法律约束力的权利和义务,如果是,则该合同的存续期间为 12 个月;否则,与情形二相同,该合同应视为逐月订立的合同。

### (六) 合同合并

企业与同一客户(或该客户的关联方)同时订立或在相近时间内先后订立的两份或多份合同,在满足下列条件之一时,应当合并为一份合同进行会计处理:

(1) 该两份或多份合同基于同一商业目的而订立并构成一揽子交易,如一份合同在不考虑另一份合同的对价的情况下将会发生亏损。

(2) 该两份或多份合同中的一份合同的对价金额取决于其他合同的定价或履行情况,如一份合同如果发生违约,将会影响另一份合同的对价金额。

(3) 该两份或多份合同中所承诺的商品(或每份合同中所承诺的部分商品)构成本准则第九条规定的单项履约义务(本实务操作指南第二章第二节"二、识别合同履约义务")(准则第七条)。

合同合并的前提:

* 客户:多个合同是与同一客户或该客户的关联方签订的;
* 时间:多个合同同时订立或在相近的时间先后订立。本准则并没有给出同一时间或相近时间的明确界限来确定合同是否应当予以合并。因此,企业在分析时间条件时应当评估具体事实和情况。

例如,软件公司 A 与客户 B 签订了一项合同,向 B 授予其客户关系管理软件的特许经营权。3 天后,A 与 B 又签订了一项合同,同意为授权软件在 B 的 IT 环境中的运行提供定制服务。仅当定制服务完成后,B 才能使用该软件。由于以上两项合同是与同一个客户在相近时间订立的,并且合同中承诺的商品或服务为单项履约义务,因而 A 确定将这两项合同予以合并。

需要注意的是,两份或多份合同合并为一份合同进行会计处理的,仍然需要区分该一份合同中包含的各单项履约义务。

判断合同合并的会计处理流程图如图 1-3 所示。

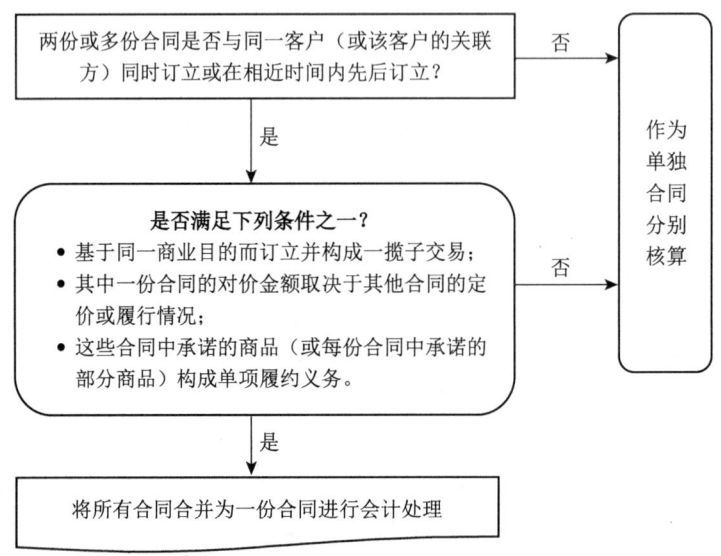

**图 1-3　判断合同合并的会计处理流程图**

### (七) 合同变更

1. 合同变更的概念。

本准则所称合同变更,是指经合同各方批准对原合同范围或价格作出的变更(准则第八条)。

(1) 合同变更的批准。

如果合同各方批准了形成合同各方新的可执行权利和义务,或变更其现有的可执行权利和义务,则存在合同变更。合同变更可能采用书面、口头协议形式或企业的商业惯例所隐含的方式批准。如果合同各方尚未批准合同的修订,则企业在合同的修订获得批准前应继续对现有合同应用本收入准则。在某些行业和地区,合同变更体现为订单的更改、变动或修订(IFRS15.18)。

(2) 合同变更存在争议的情况。

即使合同各方对修订涉及的范围或价格存在争议,或者各方虽然已经批准合同范围的变更但尚未确定相应的价格变动,也可能存在合同变更。在此种情况下,应考虑包括合同条款及其他证据在内的所有相关事实和情况,以确定合同各方是否存在新的可执行权利和义务,或者可执行权利和义务是否发生变更。

如果合同各方已经批准了合同范围的变更但尚未确定相应的价格变动,企业应按本准则有关可变对价的规定对合同变更所导致的交易价格变动进行估计[本操作指南第二章第二节三(一)]。上述规定表明,企业可在合同各方就范围或价格(或两者)的变更达成最终协议之前就对合同变更进行处理,准则强调的并非是合同变更的最终确定,而是重点关注安排中的权利和义务变化的可执行性。一旦企业确定已经变更的权利和义务是可执行的,就可以对合同变更进行处理。

2. 合同变更的三种情形。

(1) 变更后的合同作为单独合同进行处理。

合同变更增加了可明确区分的商品及合同价款,且新增合同价款反映了新增商品单独售价的,应当将该合同变更部分作为一份单独的合同进行会计处理(准则第八条)。

关于如何区分哪些商品(或服务)是明确区分的,参见本操作指南第二章第二节二(三)。

第一,减少可明确区分的商品(或服务)。

只有增加了可明确区分的商品(或服务)的合同变更才能被视为单独的合同。减少已承诺的商品(或服务)金额或改变原承诺的商品(或服务)的范围,就其本身性质而言不能被视为单独的合同,而应作为对原合同的修改。

第二,对单独售价的调整。

增加的商品(或服务)的预期对价金额必须反映这些商品(或服务)的单独售价[有关"单独售价",参见本操作指南第二章第二节四(一)]。然而在确定单独售价时,企业可根据事实和情况灵活地调整售价。例如,供应商向现有的客户提供额外商品(或服务)通常无需承担新的销售费用,因此供应商可能会针对额外的商品(或服务)向客户提供折扣;或者根据客户的采购量的多少提供折扣。这些供应商向客户提供折扣的情况,不会导致不满足增加的商品(或服务)的售价应反映单独售价这一要求。

(2) 变更后的合同不作为单独合同进行处理[不符合(1)的标准]。

第一,原合同终止,其未履约部分与合同变更合并为新合同。

合同变更不属于(1)规定的情形,且在合同变更日已转让的商品或已提供的服务(以下简称"已转让的商品")与未转让的商品或未提供的服务(以下简称"未转让的商品")之间可明确区分的,应当视为原合同终止,同时,将原合同未履约部分与合同变更部分合并为新合同进行会计处理(准则第八条)。

此种情况下,原合同迄今为止已经确认的收入(即与已经完成的履约义务相关的对价金额)不做调整,而是通过将剩余对价分摊至剩余履约义务,以未来适用法对原合同剩余部分以及变更部分一并进行处理。合并后形成的新合同的剩余履约义务的对价金额为以下金额的总和:

A. 纳入交易价格估计值的尚未确认为收入的客户所承诺的对价(包括已自客户收取的金额);以及

B. 作为合同变更的一部分而承诺的对价。

第二,将该合同变更作为原合同的组成部分。

合同变更不属于(1)规定的情形,且在合同变更日已转让的商品与未转让的商品之间不可明确区分的,应当将该合同变更部分作为原合同的组成部分进行会计处理,由此产生的对已确认收入的影响,应当在合同变更日调整当期收入(准则第八条)。

此种情况下,企业应当在合同变更日重新计算履约进度,对于之前已经确认的收入、成本进行调整,以反映合同变更对交易价格和进度计量等的影响。调整金额计入变更当期收入和相应成本等。

第三,产生新合同与变更原合同的组合方式。

合同变更形式也有可能是上述第一和第二的组合,即:同时产生新的合同以及变更原合同。此种情况下,对于可明确区分的、已完成履约义务的那些商品或劳务,不进行调整;对于合同修改分配至不可明确区分的履约义务的估计价格和对进度的影响,对已经确认的收入在当期进行调整。

3. 判断合同变更的会计处理流程图(见图1-4)。

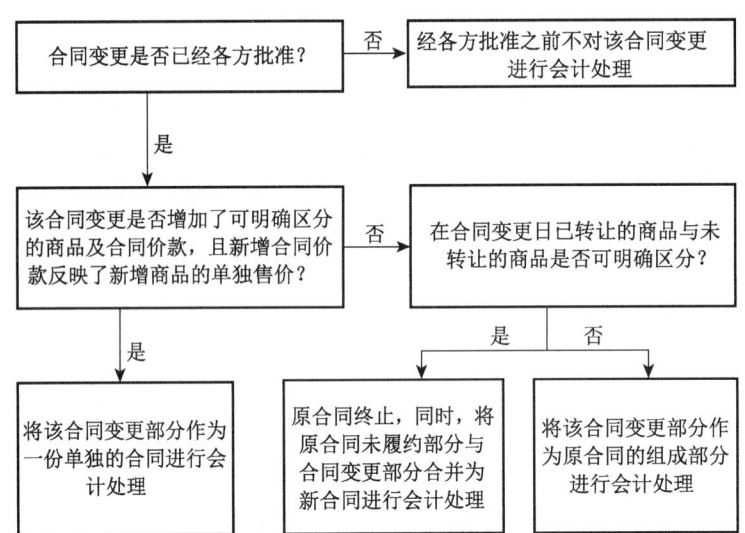

**图1-4 判断合同变更的会计处理流程图**

### 例5 合同变更的判断

甲公司与乙公司签订合同,在乙公司厂区内为其修建一座大型综合性仓库。根据合同约定,乙公司应当在合同开始日起30天内允许甲公司进场施工,导致甲公司未能及时开始施工的任何事件(包括不可抗力的影响),甲公司均能够获得补偿,补偿金额相当于甲公司因工程延误而直接发生的实际成本。由于当地连降暴雨对施工场地造成了破坏,甲公司直到合同开始日后的60天才开始进场施工,甲公司根据合同约定向乙公司提出了索赔申请,但是,直到会计期末,乙公司尚未同意对甲公司进行补偿。

本例中,甲公司对于提出索赔申请的法律依据进行了评估,虽然乙公司直到会计期末尚未同意该索赔申请,但是,由于该申请是依据合同约定而提出,是一项有法律约束力的权利。因此,甲公司将该索赔作为合同变更进行会计处理,由于该项变更没有导致向客户提供额外的商品,因此,该合同变更没有变更合同范围,只是变更了合同价格,甲公司在估计交易价格时应当考虑这一合同变更的影响,并遵循将可变对价计入交易价格的限制要求。

**例6　商品合同的修改(参考 IFRS15. 示例5)**

企业承诺以 12 000 元(每件产品 100 元)的价格向客户出售 120 件产品。这些产品在 6 个月期间内转让给客户。企业在某一时点转移对每件产品的控制。在企业将其中 60 件产品的控制权转移给客户后,合同进行了修订,要求企业向客户交付额外 30 件产品(共计 150 件相同的产品),最初订立的合同并未包含这额外 30 件产品。

**情形1:额外产品的价格反映单独售价**

在合同作出修订后,针对额外 30 件产品的合同价格修订为增加了 2 850 元(每件 95 元)。针对额外产品的定价反映了这些产品在合同修订当时的单独售价,并且这些额外产品可与原产品明确区分开来。根据《企业会计准则第 14 号——收入(2017 年修订)》第八条(一),针对额外 30 件产品进行的合同修订实际上构成一项关于未来产品的单独的新合同,且该合同并不影响对现有合同的会计处理。企业应对原合同中的 120 件产品确认每件产品 100 元的收入,并对新合同中的 30 件产品确认每件产品 95 元的收入。

**情形2:额外产品的价格并未反映单独售价**

在就额外 30 件产品的购买进行协商的过程中,合同各方最初议定的价格为每件产品 80 元。但是,客户发现企业最初转让给客户的 60 件产品存在瑕疵(仅这 60 件产品存在瑕疵)。企业承诺提供每件产品 15 元的减免以补偿上述低质产品对客户造成的损失。企业和客户同意将 900 元的抵免额(每件抵免额 15×60 件产品)纳入企业就额外 30 件产品收取的价格。因此,修订后的合同规定额外 30 件产品的价格为 1 500 元(或每件产品 50 元)。该价格为额外 30 件产品的商定价格 2 400 元(或每件产品 80 元)减去 900 元之后的金额。

在合同作出修订时,企业将 900 元确认为交易价格的降低,将其确认为最初转让的 60 件产品收入的减少。在对额外 30 件产品的销售进行会计处理时,企业确定议定价格(每件产品 80 元)并未反映额外产品的单独售价。因此,该合同修订不符合《企业会计准则第 14 号——收入(2017 年修订)》第八条(一)所述的作为单独合同进行会计处理的条件。由于拟交付的剩余产品与已转让的产品可明确区分开来,因此应将该合同修订作为原合同的终止及新合同的订立进行会计处理:

对每件剩余产品确认的收入金额应为综合价格=(100 元×60 件尚未根据原合同转让的产品+80 元×30 件根据合同修订转让的产品)/90 件=93. 33 元。

**例7　保洁服务的交易价格变动**

A 公司与客户签订合同,每周为客户的办公楼提供保洁服务,合同期限为 3 年,客户每年向 A 公司支付服务费 10 万元(假定该价格反映了合同开始日该项服务的单独售价)。在第 2 年年末,合同双方对合同进行了变更,将第 3 年的服务费调整为 8 万元(假定该价格反映了合同变更日该项服务的单独售价),同时以 20 万元的价格将合同期限延长 3 年(假定该价格不反映合同变更日该 3 年服务的单独售价),即每年的服务费为 6.67 万元,于每年年初支付。上述价格均不包含增值税。

本例中,在合同开始日,A 公司认为其每周为客户提供的保洁服务是可明确区分的,但由于 A 公司向客户转让的是一系列实质相同且转让模式相同的、可明确区分的服务,因此,根据本准则第九条,应当将其作为单项履约义务。在合同开始的前 2 年,即合同变更之前,A 公司每年确认收入 10 万元。在合同变更日,由于新增的 3 年保洁服务的价格不能反映该项服务在合同变更时的单独售价,因此,该合同变更不能作为单独的合同进行会计处理;由于在剩余合同期间需提供的服务与已提供的服务是可明确区分的,A 公司应当将该合同变更作为原合同终止,同时,将原合同中未履约的部分与合同变更合并为一份新合同进行会计处理。该新合同的合同期限为 4 年,对价为 28 万元,即原合同下尚未确认收入的对价 8 万元与新增的 3 年服务相应的对价 20 万元之和,新合同中 A 公司每年确认的收入为 7 万元(28÷4)。

**例8** 合同修订后交易价格发生变动(参考 IFRS15. 示例 6)

20×0 年 7 月 1 日,企业承诺向客户转让两种可明确区分的产品。产品 X 在合同开始时转让给客户,而产品 Y 则于 20×1 年 3 月 31 日转让给客户。客户承诺支付的对价包含固定对价 1 000 元和估计值为 200 元的可变对价。企业判断在不确定性被消除时已确认的累计收入金额极可能不会发生重大转回,因此将可变对价 200 元估计值纳入交易价格[本实务操作指南第二章第二节三(一)]。因为产品 X 和 Y 的单独售价相同,企业将交易价格 1 200 元平均分摊至产品 X 和产品 Y 的履约义务[本实务操作指南第二章第二节四(一)]。当产品 X 在合同开始时转让给客户时,企业确认 600 元的收入。

20×0 年 11 月 30 日,合同范围进行了修订,增加了于 20×1 年 6 月 30 日将产品 Z(连同尚未交付的产品 Y)转让给客户的承诺,合同价格增加了 300 元(固定对价),该增加额并不反映产品 Z 的单独售价。产品 Z 的单独售价与产品 X 和产品 Y 的单独售价相同。

考虑到剩余的产品 Y 和产品 Z 与合同修订前已转让给客户的产品 X 可明确区分,并且针对新增产品 Z 的已承诺对价不反映其单独售价。企业应将该合同的修订作为现有合同的终止及新合同的订立进行会计处理。因此,拟分摊至剩余履约义务的对价包括已分摊至产品 Y 履约义务的对价 600 元及合同修订时承诺的对价 300 元,即:修订后合同的交易价格为 900 元,该金额应平均分摊至产品 Y 和产品 Z 的履约义务(每一项履约义务分摊 450 元)。

在合同修订后但交付产品 Y 和 Z 之前,企业将预计有权获得的可变对价修正为 240 元(而非之前估计的 200 元),企业认为该可变对价的变动可以纳入交易价格。企业将此次修订作为现有合同的终止和新合同的订立进行会计处理,交易价格的变动 40 元归属于合同修订前承诺的可变对价,因此应将其分摊至合同修订前已识别的履约义务产品 X 和 Y 各 20 元。由于产品 Y 在合同修订前尚未转让给客户,因此归属于产品 Y 的交易价格变动还应分摊至剩余履约义务 Y 和 Z 各 10 元(Y 和 Z 单独售价相同),从而分摊至 Y 和 Z 的交易价格分别为 460 元。

20×1 年 3 月 31 日,企业将产品 Y 转让给客户,确认了 460 元的收入;20×1 年 6 月 30 日企业将产品 Z 转让给客户,确认了 460 元的收入。

### 例 9　导致对累计收入追加调整的合同修订(参考 IFRS15. 示例 8)

一家建造企业与客户订立一项在客户自有土地上建造一幢商业楼宇的合同,合同的已承诺对价为 1 000 000 元,并且如果楼宇的建造在 24 个月之内完成,企业将获得 200 000 元的奖金。由于客户在建造过程中控制该楼宇,因此企业将已承诺的一揽子商品和服务作为在某一时段内履行的单一履约义务[本实务操作指引第二章第二节五(二)]进行会计处理。在合同开始时,企业作出如下估计:

交易价格　　1 000 000 元
预计成本　　700 000 元
预计利润　　300 000 元(30%)

在合同开始时,因企业自身缺乏对类似合同的经验,且楼宇建造的完成情况很大程度上受到超出企业影响范围之外的因素(包括天气和监管部门的批准等)影响,企业未将 200 000 元奖金纳入交易价格(因为其无法得出已确认的累计收入金额极可能不会发生重大转回的结论)。

企业采用基于已发生成本的投入法计量履约义务的履约进度。截至第 1 年年末,基于迄今为止已发生的成本 420 000 元相对于预计总成本 700 000 元的比例,企业已履行 60% 的履约义务。企业对可变对价作出重新评估并断定仍不能将其纳入交易价格。因此,第 1 年确认的累计收入和成本如下:

收入　　600 000 元
成本　　420 000 元
毛利　　180 000 元

在第 2 年第 1 季度,合同各方同意修订合同以更改该楼宇的平面图,固定对价和预计成本因此分别增加了 150 000 元和 120 000 元。合同修订后可能产生的总对价为 1 350 000 元(固定对价 1 150 000＋完工奖金 200 000)。此外,允许企业获得 200 000 奖金的期限延长了 6 个月(即,现为原合同开始日后的 30 个月)。在合同修订日,根据企业的经验以及拟实施的剩余工作(此类工作主要在楼宇内部实施,因而不会受到天气状况影响),企业认为若将上述奖金纳入交易价格,不会导致已确认的累计收入金额发生重大转回,因此将 200 000 元纳入交易价格。

根据《企业会计准则第 14 号——收入(2017 年修订)》第八条(三),企业认为修订后合同提供的剩余商品和服务与在合同修订日或之前转让的商品和服务不可明确区分(即该合同仍为单一履约义务)。因此,应将合同的修订作为原合同的一部分进行会计处理：

$$更新的履约进度 = 实际发生的成本\ 420\ 000\ 元 ÷ 预计总成本\ 820\ 000\ 元 × 100\% = 51.2\%$$

$$\genfrac{}{}{0pt}{}{合同修订日应调整的}{累计确认收入} = \genfrac{}{}{0pt}{}{修订后的交易价格}{1\ 350\ 000\ 元} × 51.2\% - \genfrac{}{}{0pt}{}{截至目前已经确认的收入}{600\ 000\ 元} = 91\ 200\ 元$$

## 二、识别合同履约义务(步骤 2)

履约义务是收入确认会计处理的计量单元,由于收入确认模型是一个分摊交易对价的模型,识别能够反映出合同中商品或服务的计量单元是收入确认的基础,因此在合同开始时,企业应当评估与客户之间的合同中所承诺的商品或服务,识别其中的履约义务。

### (一)履约义务的定义

履约义务,是指合同中企业向客户转让可明确区分商品的承诺。履约义务既包括合同中明确的承诺,也包括由于企业已公开宣布的政策、特定声明或以往的习惯做法等导致合同订立时客户合理预期企业将履行的承诺。企业为履行合同而应开展的初始活动,通常不构成履约义务,除非该活动向客户转让了承诺的商品(准则第九条)。

企业向客户转让一系列实质相同且转让模式相同的、可明确区分商品的承诺,也应当作为单项履约义务[见本操作指南第二章第二节二(四)]。

### (二)合同中承诺的商品或服务

1. 隐含的承诺。

企业承诺向客户转让的商品通常会在合同中明确约定,然而,在某些情况下,虽然合同中没有明确约定,但是企业已公开宣布的政策、特定声明或以往的习惯做法等可能隐含了企业将向客户转让额外商品的承诺。这些隐含的承诺不一定具有法律约束力,但是,如果在合同订立时,客户根据这些隐含的承诺能够对企业将向其转让某项商品形成合理的预期,则企业在识别合同中所包含的单项履约义务时,应当考虑此类隐含的承诺。

例如,企业向客户销售商品,虽然合同没有约定,但是,企业在其宣传广告中宣称,对于购买该商品的客户,企业将为其提供为期 5 年的免费保养服务,如果该广告使客户对于企业提供的保养服务形成合理预期,企业应当考虑该项服务是否构成单项履约义务;又如,企业向客户销售软件,根据企业以往的习惯做法,企业会向客户提供免费的升级服务,如果该习惯做法使得客户对于企业提供的软件升级服务形成合理预期,则企业应当考虑该项服务是否构成单项履约义务。这里的客户既包括直接购买本企业商品的客户,也包括向客户购买本企业商品的第三方,即"客户的客户",也就是说,企业需要评估其对于客户的客户所做的承诺是否构成单项履约义务,并进行相应的会计处理。

2. 随时准备的义务。

随时准备(stand-ready)义务,是企业提供了一项服务,"随时准备"提供商品或服务。客户取得并消耗了随时准备义务的利益,该利益保证在缺少资源时,随时按需求提供该资源。例如,在整个冬季随时准备提供除雪设备。

企业在合同中承诺的性质,是在一段期间内"随时准备",而不是提供特定商品或服务。实务中需要运用职业判断来确定承诺的性质是①随时准备提供商品或服务,还是②实质上提供特定商品或服务。判断企业承诺性质的关键要素之一,是企业的义务是提供一项明确定义的商品或服务,还是提供未明确类型和数量的商品或服务。

其他随时准备义务的例子还包括:承诺交付未明确指定的、按软件销售商自主确定的软件更新;提供"可供使用时即时提供(when-and-if available)"更新的知识产权许可,该许可基于预先研究及开发;为航空跑道除雪以获得按年度计算的固定费用。相反,承诺交付特定数量的商品或服务,则不属于随时准备义务,例如,承诺交付一项或多项特定的软件更新。

3. 不构成履约义务的初始活动。

履约义务包括那些向客户转让了商品或服务的活动,而不是所有为履行合同而必须实施的活动。例如:企业可能会为订立合同而开展一些行政管理性质的准备工作,这些准备工作并未向客户转让任何承诺的商品。因此,这些准备活动不构成履约义务。再比如,某俱乐部为注册会员建立档案,该活动并未向会员转让承诺的商品,因此不构成单项履约义务。

视合同的具体情况不同,已承诺的商品或服务包括(但不限于)以下情况:

- 销售企业所生产的商品(如,制造商的存货);
- 销售企业所购买的商品(如,零售商的货物);
- 销售企业所购买的对商品或服务的权利(如,企业作为主要责任人转销的票券);
- 为客户执行合同所议定的一项或多项任务;
- 提供一项准备向客户提供商品或服务(如,未列明的在可供使用时将予以提供的软件更新),或者使商品或服务在客户决定使用时可供其使用的服务;
- 提供为另一方安排向客户转让商品或服务的服务(如,作为另一方的代理人);
- 授予对在未来提供的商品或服务的权利,而客户可将该权利再出售或提供给其他客户(如,向零售商销售产品的企业承诺从零售商购买该产品的个人转让额外的商品或服务);
- 代表客户建造、制造或开发一项资产;
- 授予许可证;
- 授予购买额外商品或服务的选择权(该选择权向客户提供了重大权利)(IFRS15.26)。

4. 生产前期活动。

某些长期供应合同要求企业执行前期工程和设计活动,以创造出新技术或对现有技术按客户需要进行改进。生产前期活动通常是交付产品合同标的的先决条件。企业应当评价其向客户承诺的性质,生产前期活动是属于承诺的商品或服务,还是属于并未向客户转让商品或服务的活动,如设立或履约活动。这种评价需要职业判断,在评价时,可以考虑生产前期活动是否需要向客户转移商品或服务的控制权。如果需要转移控制权,则该活动很可能是合同承诺的商品或服务;如果并未导致商品或服务的控制权向客户转移,则生产前期活动可能属于履约活动。

**例 10　识别合同中的承诺**

甲公司与其经销商乙公司签订合同,将其生产的产品销售给乙公司,乙公司再将该产品销售给最终用户。乙公司是甲公司的客户。

情形一:合同约定,从乙公司购买甲公司产品的最终用户可以享受甲公司提供的该产品正常质量保证范围之外的免费维修服务。甲公司委托乙公司代为提供该维修服务,并且按照约定的价格向乙公司支付相关费用;如果最终用户没有使用该维修服务,则甲公司无需向乙公司付款。

情形二:合同开始日,双方并未约定甲公司将提供任何该产品正常质量保证范围之外的维修服务,甲公司通常也不提供此类服务。甲公司向乙公司交付产品时,产品控制权转移给乙公司,该合同完成。在乙公司将产品销售给最终用户之前,甲公司主动提出免费为向乙公司购买该产品的最终用户提供该产品正常质量保证范围之外的维修服务。

本例中,对于情形一,甲公司在该合同下的承诺包括销售产品以及提供维修服务两项履约义务;对于情形二,甲公司和乙公司签订的合同在合同开始日并未包含提供维修服务的承诺,甲公司也未通过其他明确或隐含的方式承诺向乙公司或最终用户提供该项服务,因此,甲公司在该合同下的承诺只有销售产品一项履约义务,甲公司因承诺提供维修服务产生的相关义务应当按照《企业会计准则第 13 号——或有事项》进行会计处理。

**(三)可明确区分商品的承诺**

1. 承诺的商品或服务可明确区分的条件。

实务中,企业向客户承诺的商品可能包括企业为销售而生产的产品、为转售而购进的商品或使用某商品的权利(如机票等)、向客户提供的各种服务、随时准备向客户提供商品或提供随时可供客户使用的服务(如随时准备为客户提供软件更新服务等)、安排他人向客户提供商品、授权使用许可、可购买额外商品的选择权等。其中,企业随时准备向客户提供商品,是指企业保证客户在其需要时能够随时取得相关商品,而不一定是所提供的每一件具体商品或每一次具体服务本身。例如,健身俱乐部随时可供会员健身,其提供的是随时准备在会员需要时向其提供健身服务的承诺,而并非每一次具体的健身服务。

企业向客户承诺的商品或服务同时满足下列(1)和(2)条件的,应当作为履约义务识别中的可明确区分的商品或服务。

(1)客户能够从该商品本身或从该商品与其他易于获得资源一起使用中受益——基于商品的自身特征判断是否可明确区分。

受益:如果商品或服务可以被使用、消耗或按大于其残值的金额出售,或者以其他产生经济利益的方式持有,则客户能够从该商品或服务中受益;对于某些商品或服务,客户可以从单独使用该商品或服务中获益;而对于另一些商品或服务,客户则仅可通过将其与其他易于获得的资源相结合使用才能获益。

易于获得的资源:指由企业或另一企业单独出售的商品或服务,或是客户已经从企业取得的(包括企业根据该合同已向客户转让的商品或服务)或来自其他交易或事项的资源。表明客户能够从某项商品本身或者将其与其他易于获得的资源一起使用获益的因素有很多,例如,企业通常会单独销售该商品等。需要特别指出的是,在评估某项商品是否能够明确区分时,应当基于该商品自身的特征,而与客户可能使用该商品的方式无关。因此,企业无需考虑合同中可能存在的阻止客户从其他来源取得相关资源的限制性条款。

(2) 企业向客户转让该商品的承诺与合同中其他承诺可单独区分——在特定合同背景中是否可明确区分。

企业确定了商品本身能够明确区分后,还应当在合同层面继续评估转让该商品的承诺是否与合同中其他承诺彼此之间可明确区分。这一评估的目的在于确定承诺的性质,即根据合同约定,企业承诺转让的究竟是每一单项商品,还是由这些商品组成的一个或多个组合产出。很多情况下,组合产出的价值应当高于或者显著不同于各单项商品的价值总和。

在确定企业转让商品的承诺是否可单独区分时,需要运用判断并综合考虑所有事实和情况。下列情形通常表明企业向客户转让该商品的承诺与合同中其他承诺不可单独区分:

第一,企业需提供重大的服务以将该商品与合同中承诺的其他商品整合成合同约定的组合产出转让给客户。

如果企业提供了整合服务,则转让个别商品或服务所产生的风险是不可分割的,因为企业向客户作出的承诺的主要内容是确保将个别商品或服务纳入组合产出,因此,个别商品或服务是生产单一产出所需要的投入。例如:在很多建造合同中,总承包商提供整合或合同管理服务,以管理和协调各项建造任务并承担与整合这些任务相关的风险。整合服务要求总承包商对各分包商执行的任务进行协调并确保这些任务按照合同细则执行,从而确保个别商品或服务恰当地纳入客户合同约定的组合产出项目(IFRS15.BC107)。

第二,该商品将对合同中承诺的其他商品予以重大修改或定制。

如果某项商品或服务对合同中的其他商品或服务作出修订或定制,则每一项商品或服务将被整合在一起(即作为投入)以生产客户合同约定的组合产出。例如,企业承诺向客户提供其开发的一款现有软件,并提供安装服务,虽然该软件无需更新或技术支持也可直接使用,但是企业在安装过程中需要在该软件现有基础上对其进行定制化的重大修改,为该软件增加重要的新功能,以使其能够与客户现有的信息系统相兼容。在这种情况下,转让软件的承诺与提供定制化重大修改的承诺在合同层面是不可明确区分的。

第三,该商品与合同中承诺的其他商品具有高度关联性。

也就是说,合同中承诺的每一单项商品均受到合同中其他商品的重大影响。合同中包含多项商品时,如果企业无法通过单独交付其中的某一单项商品而履行其合同承诺,可能表明合同中的这些商品会受到彼此的重大影响。例如,企业承诺为客户设计一种实验性的新产品并负责生产 10 个样品,企业在生产和测试样品的过程中需要对产品的设计进行不断修正,导致已生产的样品均可能需要进行不同程度的返工。当企业预计由于设计的不断修正,大部分或全部拟生产的样品均可能需要进行一些返工时,在不对生产造成重大影响的情况下,由于提供设计服务与提供样品生产服务产生的风险不可分割,客户没有办法选择仅购买设计服务或者仅购买样品生产服务,因此,企业提供的设计服务和生产样品的服务是不断交替反复进行的,两者高度关联,在合同层面是不可明确区分的。即,尽管每一项承诺本身均可以使客户受益,但在基于合同进行考虑时,企业判断每一项承诺均高度依赖于合同中的其他承诺并且与其高度关联,这些承诺无法单独区分开来。

2. 承诺的商品或服务不可明确区分时的处理。

在识别合同中的单项履约义务时,如果合同承诺的某项商品不可明确区分,企业应当将该商品与合同中承诺的其他商品进行组合,直到该组合满足可明确区分的条件。某些情况下,合同中承诺的所有商品组合在一起构成单项履约义务。

3. 销售商品同时提供运输服务的特殊考虑。

需要说明的是,在企业向客户销售商品的同时,约定企业需要将商品运送至客户指定的地点的情况下,企业需要根据相关商品的控制权转移时点判断该运输活动是否构成单项履约义务。通常情况下,控制权转移给客户之前发生的运输活动不构成单项履约义务,而只是企业为了履行合同而从事的活动,相关成本应当作为合同履约成本;相反,控制权转移给客户之后发生的运输活动则可能表明企业向客户提供了一项运输服务,企业应当考虑该项服务是否构成单项履约义务。

**例 11　不可明确区分的商品和服务**

乙公司和客户签订一项合同,在客户自有土地上建造一栋办公楼。本例中,乙公司向客户提供的单项商品可能包括砖头、水泥、人工等,虽然这些单项商品本身都能够使客户获益(如客户可将这些建筑材料以高于残值的价格出售,也可以将其与其他建筑商提供的材料或人工等资源一起使用),但是,在该合同下,乙公司向客户承诺的是为其建造一栋办公楼,而并非提供这些砖头、水泥和人工等,乙公司需提供重大的服务将这些单项商品进行整合,以形成合同约定的一项组合产出(即写字楼)转让给客户。因此,在该合同中,砖头、水泥和人工等商品彼此之间不能单独区分。

**例 12　销售和安装服务是否可明确区分**

乙公司与客户签订合同,向客户出售一台其生产的设备并提供安装服务。该设备可以不经任何定制或改装而直接使用,不需要复杂安装,除乙公司外,市场上还有其他供应商也能提供此项安装服务。

本例中,客户可以使用该设备或将其以高于残值的价格转售,能够从该设备与市场上其他供应商提供的此项安装服务一起使用中获益,也可从安装服务与客户已经获得的其他资源(例如设备)一起使用中获益,表明该设备和安装服务能够明确区分。此外,在该合同中,乙公司对客户的承诺是交付设备之后再提供安装服务,而非两者的组合产出,该设备仅需简单安装即可使用,乙公司并未对设备和安装提供重大整合服务,安装服务没有对该设备作出重大修改或定制,虽然客户只有获得设备的控制权之后才能从安装服务中获益,但是企业履行其向客户转让设备的承诺能够独立于其提供安装服务的承诺,因此安装服务并不会对设备产生重大影响。该设备与安装服务彼此之间不会产生重大的影响,也不具有高度关联性,表明两者在合同中彼此之间可明确区分。因此,该项合同包含两项履约义务,即销售设备和提供安装服务。

假定其他条件不变,但是按照合同约定只能由乙公司向客户提供安装服务。在这种情况下,合同限制并没有改变相关商品本身的特征,也没有改变企业对客户的承诺。虽然根据合同约定,客户只能选择由乙公司提供安装服务,但是设备和安装服务本身仍然符合可明确区分的条件,仍然是两项履约义务。

此外,如果乙公司提供的安装服务很复杂,该安装服务可能对其销售的设备进行定制化的重大修改,即使市场上有其他的供应商也可以提供此项安装服务,乙公司也不能将该安装服务作为单项履约义务,而是应当将设备和安装服务合并作为单项履约义务。

### 例 13　确定商品或服务是否可明确区分(参考 IFRS15.示例 11)

#### 情形 1:可明确区分的商品和服务

某软件开发企业与客户订立一项合同,约定转让软件许可证、实施安装服务并在两年期间内提供未明确规定的软件升级和技术支持(通过在线和电话方式)。企业单独出售许可证、安装服务和技术支持。安装服务包括为各类用户(例如,市场营销、库存管理和信息技术)更改网页屏幕。安装服务通常由其他企业执行,并且不会对软件作出重大修改。该软件在没有更新和技术支持的情况下仍可正常运行。

因为软件是在其他商品和服务之前交付,并且在没有更新和技术支持的情况下仍可正常运行,客户能够从单独使用各项商品和服务,或将其与可易于获得的其他商品和服务一起使用中获益,满足《企业会计准则第 14 号——收入(2017 年修订)》第十条(一)的条件可明确区分。

此外,安装服务并未对软件本身作出重大修改,因此,软件及安装服务是企业承诺的单独产出,而非用于生产组合产出的投入。虽然企业将软件集成到客户的系统中,但安装服务不会显著影响客户使用软件许可证并从中受益的能力,因为安装服务是例行服务,可以由替代服务商提供。在许可证期限内,软件升级不会显著影响客户使用软件许可证并从中受益的能力。

已承诺商品或服务中没有一个能够明显修改或定制另一个,企业也没有提供将软件和服务集成到组合输出中的重要服务。最后,企业得出结论认为,软件和服务彼此之间没有重大影响,因此彼此之间并不高度相互依赖或高度关联,因为企业将能够履行其承诺,将初始软件许可证独立于其随后提供安装服务、软件更新或技术支持的承诺进行转让。

因此也满足《企业会计准则第 14 号——收入(2017 年修订)》第十条(二)的条件,向客户转让各项商品和服务的承诺可与其他承诺单独区分。

据此,企业识别出合同中的四项履约义务:①软件销售;②安装服务;③软件升级服务;④技术支持。

**情形 2:重大定制**

已承诺的商品和服务与情形 1 中的相同,但合同明确规定,作为安装服务的一部分,软件将作重大定制以增添重要的新功能,从而使软件能够与客户使用的其他定制软件应用程序相对接。定制安装服务可由其他主体提供。

企业认为合同条款导致一项提供重大服务的承诺,即通过实施合同规定的定制安装服务将授予许可证的软件与现有软件系统相整合。换言之,企业使用许可证和定制安装服务作为投入以生产合同所列明组合产出(即具特定功能的集成软件系统)。此外,有关服务将对软件作出重大修订和定制。尽管定制安装服务可由其他主体提供,但企业确定在基于合同进行考虑时,转让许可证的承诺不可与定制安装服务单独区分开来,因此不符合《企业会计准则第 14 号——收入(2017 年修订)》第十条的标准。因此,软件许可证和定制安装服务不可明确区分。

同情形 1,软件更新和技术支持可与合同中的其他承诺明确区分开来,因为客户可以从单独使用更新和技术支持,或将其与易于获得的其他商品和服务一起使用中获益,亦因为向客户转让软件更新和技术支持的承诺可与各项其他承诺单独区分开来。

基于上述评估,企业识别出合同中三项履约义务:①软件定制服务(包括软件销售和定制安装服务);②软件升级服务;③技术支持。

**例 14　销售设备和专用耗材是否可明确区分**

丙公司与客户签订合同,向客户销售一台其生产的可直接使用的医疗设备,并且在未来 3 年内向该客户提供用于该设备的专用耗材。该耗材只有丙公司能够生产,因此客户只能从丙公司购买该耗材。该耗材既可与设备一起销售,也可单独对外销售。

本例中,丙公司在合同中对客户的承诺包括销售设备和专用耗材,虽然客户同时购买了设备和专用耗材,但是由于耗材可以单独出售,客户可以从将设备与单独购买的耗材一起使用中获益,表明设备和专用耗材能够明确区分;此外,丙公司未对设备和耗材提供重大的整合服务以将两者形成组合产出,设备和耗材并未对彼此作出重大修改或定制,也不具有高度关联性(这是因为,尽管没有耗材,设备无法使用,耗材也只有用于设备才有用,但是丙公司能够单独履行其在合同中的每一项承诺,也就是说,即使客户没有购买任何耗材,丙公司也可以履行其转让设备的承诺;即使客户单独购买设备,丙公司也可以履行其提供耗材的承诺),表明设备和耗材在合同中彼此之间可明确区分。因此,该项合同包含两项履约义务,即销售设备和提供专用耗材。

### (四)实质相同且转让模式相同的、可明确区分商品或服务承诺

合同中包含的实质相同且转让模式相同的、可明确区分商品或服务承诺也应当作为一项单项履约义务。在合同初期,企业应评估合同中承诺的商品或服务,并确定一系列商品或服务是否属于单项履约义务。

1."实质相同"的含义。

企业在判断所转让的一系列商品是否实质相同时,应当考虑合同中承诺的性质,当企业承诺的是提供确定数量的商品时,需要考虑这些商品本身是否实质相同。例如,企业与客户签订2年的合同,每月向客户提供工资核算服务,共计24次,由于企业提供服务的次数是确定的,在判断每月的服务是否实质相同时,应当考虑每次提供的具体服务是否相同,由于同一家企业的员工结构、工资构成以及核算流程等相对稳定,企业每月提供的该项服务很可能符合"实质相同"的条件;当企业承诺的是在某一期间内随时向客户提供某项服务时,需要考虑企业在该期间内的各个时间段(如每天或每小时)的承诺是否相同,而并非具体的服务行为本身。例如,企业向客户提供2年的酒店管理服务,具体包括保洁、维修、安保等,但没有具体的服务次数或时间的要求,尽管企业每天提供的具体服务不一定相同,但是企业每天对于客户的承诺都是相同的,即按照约定的酒店管理标准,随时准备根据需要为其提供相关服务,因此,企业每天提供的该酒店管理服务符合"实质相同"的条件。

2."转让模式相同"的含义。

一系列可明确区分的商品或服务如果同时满足下列两项标准,则是按相同模式向客户转让的:

(1)企业承诺向客户转让的一系列商品或服务中的每一项可明确区分的商品或服务均满足在某一时段内履行的履约义务[参见本实务操作指南第二章第二节五(二)]的标准。

(2)企业将使用相同的方法来计量向客户转让一系列商品或服务中的每一项可明确区分商品或服务之履约义务的履约进度[参见本实务操作指南第二章第二节五(二)2]。

上述规定适用于连续提供的商品或服务(而非同时提供),比如重复性服务合同(如保洁合同、交易处理、供电合同等),即可将满足前两项标准的、连续提供的一系列商品或服务作为一项单独的履约义务来处理。对于同时提供(而非连续提供)的商品或服务,如果将这些商品或服务分别作为个别履约义务的处理结果,与作为单一履约义务的处理结果一致的话,企业也可以将其作为单一履约义务进行处理。

**例15** **实质相同且转让模式相同的、可明确区分商品或服务**

企业与客户签订为期1年的保洁服务合同,承诺每天为客户提供保洁服务。

本例中,企业每天所提供的服务都是可明确区分且实质相同的,并且,根据控制权转移的判断标准,每天的服务都属于在某一时段内履行的履约义务。因此,企业应当将每天提供的保洁服务合并在一起作为单项履约义务进行会计处理。

## 三、确定交易价格(步骤3)

企业应当按照分摊至各单项履约义务的交易价格计量收入。交易价格,是指企业因向客户转让商品而预期有权收取的对价金额。企业代第三方收取的款项(例如增值税)以及企业预期将退还给客户的款项,应当作为负债进行会计处理,不计入交易价格(准则第十四条)。合同标价并不一定代表交易价格,企业应当根据合同条款,并结合其以往的习惯做法确定交易价格。在确定交易价格时,企业应当考虑可变对价、合同中存在的重大融资成分、非现金对价、应付客户对价等因素的影响,并应假定将按照现有合同的约定向客户转移商品,且该合同不会被取消、续约或变更。

在确定企业预期有权获得的对价金额时,未考虑客户信用风险。相反地,在评估合同是否存在时考虑了信用风险[本实务操作指南第二章第二节一(二)5(2)]。

### (一) 可变对价

合同中存在可变对价的,企业应当按照期望值或最可能发生金额确定可变对价的最佳估计数,但包含可变对价的交易价格,应当不超过在相关不确定性消除时累计已确认收入极可能不会发生重大转回的金额。企业在评估累计已确认收入是否极可能不会发生重大转回时,应当同时考虑收入转回的可能性及其比重(准则第十六条)。

1. 识别合同中的可变对价。

如果合同所承诺的对价包括可变金额,企业应当估计其因向客户转让已承诺的商品或服务而有权获得的对价金额。

(1) 可变对价的形式。

对价金额可能因折扣、返利、退款、价格折让、激励措施、业绩奖金、索赔或其他类似项目而改变。如果企业获得对价的权利以某一未来事件的发生或不发生为条件,已承诺的对价也可能改变。例如,企业售出商品但允许客户退货时,由于企业有权收取的对价金额将取决于客户是否退货,因此该合同的交易价格是可变的。

即使在合同规定的价格是固定的情况下,对价也可能是可变的。例如,一项固定价格服务合同,客户应在合同开始时付款,并且合同条款规定,客户在任何时候如果对服务不满意均可获得相当于已付金额的全额退款。在这种情况下,对价是可变的,因为企业可能有权获得全额对价,或者在客户行使其退款权时获得零对价(IFRS15 BC191)。

再如,企业与客户签订一项 1 000 000 元的建造一项资产的合同,合同中包含罚款条款,规定若未能在合同指定日期后的 3 个月内完工,则需企业支付 100 000 元的罚款。则该项合同所承诺的对价包括 900 000 元的固定金额以及因罚款产生的 100 000 元的可变金额。

(2) 合同条款规定之外的可变对价。

所承诺对价的可变性可能已在合同中明确列示。除合同条款规定外,若存在下列情况之一,则已承诺的对价是可变的:

第一,根据企业已公开宣布的政策、特定声明或者以往的习惯做法等,客户能够合理预期企业将会接受低于合同约定的对价金额,即企业会以折扣、返利等形式提供价格折让。

例如,企业可能就之前向某客户出售的商品向该客户授予价格折让,从而使该客户能够以折扣价更容易地将商品出售给第三方。在许多情况下,企业可能会授予价格折让以改善客户关系并促进对该客户的未来销售。

第二,其他相关事实和情况表明,企业在与客户签订合同时即打算向客户提供价格折让。例如,企业与一新客户签订合同,虽然企业没有对该客户销售给予折扣的历史经验,但是,根据企业拓展客户关系的战略安排,企业愿意接受低于合同约定的价格。

(3) 合同折扣不一定总是代表可变对价。

客户折扣可能构成可变对价但也可能代表了一项重大权利。不同折扣可能对交易价格产生不同的影响。例如,一些合同提供的折扣可以适用于合同规定的所有购买,即一旦达到了数量或金额的临界值,应将折扣进行追溯调整。在其他情况下,一旦达到了最低数量或金额的临界值,折扣购买价格可能仅应用于未来购买事项。

如果在达到了临界值后,折扣要追溯应用于合同规定的所有购买活动,则折扣代表可变对价。在这种情况下,企业在确定交易价格过程中应估计拟购买的数量、金额和折扣,并更新贯穿于合同条款的估计。

但是,如果仅在满足数量和金额临界值后为未来购买事项提供了折扣,则企业应当评估该合同,以确定合同是否向客户提供了一项重大权利。如果存在重大权利,就属于单独履约义务,企业应将部分交易价格分摊至该义务(参见本实务操作指南第二章第五节四)。如果不存在重大权利,则在达到数量或金额临界值之前对已完成交易不存在会计影响,在达到临界值后的购买应按照折扣价格计量。

2. 估计可变对价的方法。

企业应当按照期望值或最可能发生金额确定可变对价的最佳估计数,这并不意味着企业可以在两种方法之间随意进行选择,而是应当选择能够更好地预测其有权收取的对价金额的方法,并且对于类似的合同,应当采用相同的方法进行估计。

• 期望值

期望值(预期价值)是按照各种可能发生的对价金额及相关概率计算确定的金额。如果企业拥有大量具有类似特征的合同,则预期价值可能是可变对价金额的恰当估计。在某些情况下,企业可能运用组合数据来估计特定的客户合同。例如,对于特定客户合同,企业可能考虑类似合同的历史经验,来对该合同的可变对价及其限制进行估计和判断。

- 最可能发生金额

最可能的金额是一系列可能发生的对价金额中最可能发生的单一金额(即,合同最可能产生的单一结果)。如果合同仅有两个可能结果(例如,企业能够达到或不能达到某业绩奖金目标),则最可能的金额可能是可变对价金额的恰当估计。

需要说明的是,对于某一事项的不确定性对可变对价金额的影响,企业应当在整个合同期间一致地采用同一种方法进行估计。但是,当存在多个不确定性事项均会影响可变对价金额时,企业可以采用不同的方法对其进行估计。

企业在对可变对价进行估计时,应当考虑能够合理获得的所有信息(包括历史信息、当前信息以及预测信息),并且在合理的数量范围内估计各种可能发生的对价金额以及概率。通常情况下,企业在估计可变对价金额时使用的信息,应当与其在对相关商品进行投标或定价时所使用的信息一致。

3. 期望法下估计的交易价格是否可以不是单个合同的最可能金额。

如果企业对特定合同采用期望值法,并运用组合数据来确定期望值,则估计的交易价格不需要是单个合同的最可能金额。当企业认为期望值法是估计可变对价的适当方法,则应用可变对价的限制时也应以期望值法为基础。即,企业并不会为了适用可变对价的限制,而从期望值法转换到最可能金额法。但企业仍然需要考虑可变对价的限制,也就是说,在某些情况下,企业在确定交易价格时,可能以某个期望值为限。

### 例 16　估计可变对价(参考 IFRS15. 示例 21)

企业与客户订立一项建造定制资产的合同。该建造资产的承诺是一项在某一时段内履行的履约义务。已承诺的对价为 2 500 000 元,但视资产完工的时间,该金额有可能会减少或增加。具体而言,若资产于 20×7 年 3 月 31 日仍未完工,则每推后一天完成,已承诺的对价将减少 10 000 元;若资产于 20×7 年 3 月 31 日前完工,则每提前一天完成,已承诺的对价将增加 10 000 元。

此外,在资产完工后,将由第三方对资产实施检查并基于合同界定的标准给予评级。如果资产达到特定评级,企业将有权获得奖励性付款 150 000 元。

在确定交易价格时,企业对其有权获得的可变对价进行估计:

(1) 为了更好地预测其有权获得的对价金额,企业决定采用期望值(预期价值)法来估计与按日计的罚金或奖励相关的可变对价(即 2 500 000 元,加上或减去每天 10 000 元)。

(2) 同时,企业决定采用最可能发生金额来估计与奖励性付款相关的可变对价。这是因为只存在两种可能发生的结果(150 000 元或 0 元),并且企业预计该方法能更好地预测其有权获得的对价金额。

之后,企业还应该按照《企业会计准则第 14 号——收入(2017 年修订)》第十六条中有关可变对价估计限制的要求以确定是否应将估计的部分或全部可变对价纳入交易价格[本实务操作指南第二章第二节三(一)4]。

**例 17　估计可变对价——价格保护**

甲公司生产和销售电视机。2×18 年 3 月,甲公司向零售商乙公司销售 1 000 台电视机,每台价格为 3 000 元,合同价款合计 300 万元。甲公司向乙公司提供价格保护,同意在未来 6 个月内,如果同款电视机售价下降,则按照合同价格与最低售价之间的差额向乙公司支付差价。甲公司根据以往执行类似合同的经验,预计各种结果发生的概率如下:

| 未来 6 个月的降价金额(元/台) | 概率 |
|---|---|
| 0 | 40% |
| 200 | 30% |
| 500 | 20% |
| 1 000 | 10% |

本例中,甲公司认为期望值能够更好地预测其有权获取的对价金额。假定不考虑本准则有关将可变对价计入交易价格的限制要求,在该方法下,甲公司估计交易价格为每台 2 740 元(3 000×40%＋2 800×30%＋2 500×20%＋2 000×10%)。

**例 18　估计可变对价——罚款**

甲公司为其客户建造一栋厂房,合同约定的价款为 100 万元,但是,如果甲公司不能在合同签订之日起的 120 天内竣工,则须支付 10 万元罚款,该罚款从合同价款中扣除。上述金额均不含增值税。

本例中,该合同的对价金额实际由两部分组成,即 90 万元的固定价格以及 10 万元的可变对价。甲公司对合同结果的估计如下:工程按时完工的概率为 90%,工程延期的概率为 10%。由于该合同涉及两种可能结果,甲公司认为按照最可能发生金额能够更好地预测其有权获取的对价金额。因此,甲公司估计的交易价格为 100 万元,即为最可能发生的单一金额。

4. 对可变对价估计的限制。

准则要求,包含可变对价的交易价格,应当不超过在相关不确定性消除时累计已确认收入极可能不会发生重大转回的金额(即:仅在与可变对价相关的不确定性消除时极可能不会发生累计已确认收入的重大转回时,才能将估计的可变对价金额全部或部分纳入交易价格)。

需要说明的是,将可变对价计入交易价格的限制条件不适用于企业向客户授予知识产权许可并约定按客户实际销售或使用情况收取特许权使用费的情况[参见本实务操作指南第二章第五节五(三)]。对于对价是基于客户后续销售或使用的知识产权许可证,直至不确定性消除(即,在客户发生后续销售或使用)之前,企业不应就不确定的金额确认任何收入。

(1) 转回的可能性和转回金额的比例。

在评估与可变对价相关的不确定性一旦消除后已确认的累计收入金额是

否极可能不会发生重大转回时,企业应当同时考虑收入转回的可能性和转回金额的比例。

第一,转回的可能性。

准则中所述的"极可能"是一个比较高的门槛,其发生的概率应远高于"很可能(即,可能性超过 50%)",但不要求达到"基本确定(即,可能性超过 95%)",其目的是避免因为一些不确定性因素的发生导致之前已经确认的收入发生转回。

第二,转回金额的比例。

在评估收入转回金额的比重时,应同时考虑合同中包含的固定对价和可变对价,也就是说,企业应当评估可能发生的收入转回金额相对于合同总对价(包括固定对价和可变对价)而言的比重。这是因为限制可变对价估计的目标着重关注就履约义务所确认的累计收入金额可能发生的收入转回,而非仅关注分摊至该履约义务的可变对价的转回。

(2)估计可变对价限制的考虑事项。

可能增加收入转回的可能性或转回金额比重的因素包括但不限于下列各项:

- 对价金额极易受到超出企业影响范围之外的因素影响。此类因素可能包括市场波动性、第三方的判断或行动、天气状况,以及已承诺商品或服务较高的陈旧过时风险。
- 关于对价金额的不确定性预计在较长时期内均无法消除。
- 企业对类似类型合同的经验(或其他证据)有限,或相关经验(或其他证据)的预测价值有限。
- 企业在以往实务中对相似情形下的类似合同提供了较多不同程度的价格折让或不同的付款条件。
- 合同有多种可能的对价金额,且这些对价金额分布非常广泛。

(3)其他注意事项。

在对可变对价进行评估时,还应该注意(参考 IFRS15 BC216~219):

企业应评估对于已履行(或已部分履行)的履约义务,已确认的累计收入金额是否不会发生重大收入转回。不应将已履行(或已部分履行)的履约义务的未来收入转回的风险与未来履约产生的预计收入相互抵销来不恰当地确认收入。

如果企业可以确定将部分(而非全部)可变对价的估计纳入交易价格可能不会导致重大收入转回,企业可以仅将部分(而非全部)可变对价的估计纳入交易价格。

5. 可变对价的重估。

每个资产负债表日,企业应当重新估计应计入交易价格的可变对价金额(包括重新评估对可变对价的估计是否受到限制),以如实反映报告期末存在的情况及报告期内情况的变化。对于可变对价重估导致的交易对价的变动的会计处理可参见本实务操作指南第二章第二节四(五)。

**例 19** 对可变对价估计的限制——退货权(参考 IFRS15. 示例 22)

企业与客户订立一项合同,合同约定以 100 元的价格销售 100 个产品,总对价 10 000 元。企业在对产品的控制转移时取得现金。根据企业的商业惯例,允许客户在 30 天内退回任何未使用的产品并获得全额退款。企业就每个产品所发生的成本为 60 元。

由于合同允许客户退回产品,因此向客户收取的对价是可变的。企业采用期望值(预期价值)法估计其将有权获得的可变对价,预计客户将会退回 3 个产品,即有 97 个产品不会被退回。同时,企业根据《企业会计准则第 14 号——收入(2017 年修订)》第十六条中对可变对价估计限制的要求,企业考虑到尽管退货数量并非本企业完全可控的因素,但其拥有关于估计该产品及该客户群退货的大量经验。此外,不确定性将在短期(即 30 天的退货期)内消除。因此,企业认为,在不确定性消除时(即退货权失效后),已确认的累计收入金额(100×预计不会被退回的 97 个产品=9 700 元)极可能不会发生重大转回。企业估计收回产品所发生的成本并不重大,且预计被退回的产品可按高于成本的价格重新出售。

因此,企业确认:

(1) 9 700 元的收入(100×预计不会被退回的 97 个产品)和 5 820 元的成本(60×预计不会被退回的 97 个产品);

(2) 300 元的退款负债(100 的退款×预计将被退回的 3 个产品);以及

(3) 180 元的资产(60×3 个产品,反映企业在结算退款负债时向客户收回产品的权利)。

关于销售退回的处理参见本实务操作指南第二章第五节一。

**例 20** 对可变对价估计的限制——价格折让(参考 IFRS15. 示例 23)

企业于 20×7 年 12 月 1 日与一家分销商客户订立一项合同。企业在合同开始时转让 1 000 个产品,合同规定的价格为每个产品 100 元(总对价为 100 000 元)。客户在将这些产品销售给最终用户时向企业进行支付。企业的客户通常在取得产品后的 90 天内将其售出。企业对产品的控制于 20×7 年 12 月 1 日转移给客户。

基于企业的过往实务及为维护与该客户的关系,企业预计给予该客户价格折让,因为这将使客户能够为产品销售提供折扣从而使产品在分销链中流转。因此,合同的对价是可变的。

**情形 1:可变对价的估计未受到限制**

企业拥有销售该产品及类似产品的大量经验。可观察的数据表明企业以往针对此类产品的售价授予约 20% 的价格折让。当前市场信息表明 20% 的降价足以促进该产品的销售。企业多年来向客户提供的折扣从未超过 20%。

企业使用期望值(预期价值)法估计可变对价,因为企业预计该方法能更好地预测其有权获得的对价金额。企业估计交易价格为 80 000 元(80×1 000 个产品)。同时,企业应考虑《企业会计准则第 14 号——收入(2017 年修订)》第十六条中对可变对价估计限制的要求,以确定是否能够将估计的可变对价金额80 000元纳入交易价格。考虑到企业拥有大量有关该产品的过往经验且该估计能够获得当前市场信息的支持;此外,尽管存在超出其影响范围之外的因素所引致的若干不确定性,但基于其当前的市场估计,企业预计价格将可在短期内确定。因此,企业得出结论认为,在不确定性消除时(即在价格折让总金额确定时),已确认的累计收入金额80 000元极可能不会发生重大转回。据此,企业在产品于20×7年12月1日转让给客户时将80 000元确认为收入。

**情形2:可变对价的估计受到限制**

企业虽然拥有销售类似产品的经验,但是,企业的产品具有较高的陈旧过时风险,且企业对其产品的定价目前正经历大幅波动。可观察的数据表明以往企业对同类产品授予的价格折让范围较广(销售价格的20%～60%)。当前市场信息还显示,为有效提高产品周转率,可能需要降价15%～50%。

企业使用期望值(预期价值)法估计可变对价,因为企业预计该方法能更好地预测其有权获得的对价金额。企业估计将提供40%的折扣,因此估计的交易价格为60 000元(60×1 000个产品)。

同时,企业应考虑《企业会计准则第14号——收入(2017年修订)》第十六条中对可变对价估计限制的要求,以确定是否能够将估计的可变对价金额60 000元部分或全部纳入交易价格。考虑到该对价金额极易受到超出企业影响范围之外的因素(即陈旧过时风险)影响,并且为使产品在分销链中流转,企业可能必须授予范围较广的价格折让。因为企业无法断定已确认的累计收入金额极可能不会发生重大转回,所以企业不能够将估计金额60 000元(即,40%的折扣)纳入交易价格。尽管企业以往的价格折让范围为20%～60%,但当前市场信息显示有必要授予15%～50%的价格折让。在以往的类似交易中,企业的实际结果与当时的市场信息相一致。因此,企业断定如果将50 000元的金额纳入交易价格(授予50%的价格折让),已确认的累计收入金额极可能不会发生重大转回。因此,企业在产品转让时确认50 000元的收入,并在直至不确定性消除之前的每一个报告日重新评估该交易价格的估计值。

## 例21 对可变对价估计的限制——数量折扣激励(参考 IFRS15.示例24)

企业于20×8年1月1日与客户订立一项出售产品A的合同(单价为100元/件)。合同规定,如果该客户在1年内购买产品A超过1 000件,产品单价将追溯调整为90元/件。因此,合同的对价是可变的。

在截至20×8年3月31日的第一季度中,企业向该客户售出了75件产品A。企业估计该客户在本年内的购买总数不会超过可获得数量折扣的指定门槛1 000件。

企业考虑到其拥有关于产品A和该客户购买模式的大量经验,认为在不确定性消除时(即在获悉购买总量时),已确认收入的累计金额(即100元/件)极可能不会发生重大转回。因此,企业在截至20×8年3月31日的第一季度确认的收入金额为7 500元(75件×100元/件)。

20×8年5月,企业的客户收购了另一家公司。在截至20×8年6月30日的第二季度中,企业向该客户售出了另外500件产品A。鉴于这一新的事实,企业估计该客户在本年内的购买总数将超过可获得数量折扣的指定门槛(1 000件)。因此,产品单价须予以追溯调整并减至90元/件。因此,企业在第二季度确认的收入金额为44 250元[90元/件×(75+500)件-7 500元]已确认收入。

**例22** 对可变对价估计的限制——受限制的管理费(参考IFRS15.示例25)

2×18年10月1日,甲公司签订合同,为一只股票型基金提供资产管理服务,合同期限为3年。甲公司所能获得的报酬包括两部分:一是每季度按照本季度末该基金净值的1%收取管理费,该管理费不会因基金净值的后续变化而调整或被要求退回;二是该基金在3年内的累计回报如果超过10%,则乙公司可以获得超额回报部分的20%作为业绩奖励。2×18年12月31日,该基金的净值为5亿元。假定不考虑相关税费影响。

本例中,甲公司在该项合同中收取的管理费和业绩奖励均为可变对价,其金额极易受到股票价格波动的影响,这是在甲公司影响范围之外的,虽然甲公司以往有类似合同的经验,但是,该经验在确定未来市场表现方面并不具有预测价值。因此,在合同开始日,甲公司无法对其能够收取的管理费和业绩奖励进行估计,也就是说,如果将估计的某一金额的管理费或业绩奖励计入交易价格,将不满足累计已确认的收入金额极可能不会发生重大转回的要求。

2×18年12月31日,甲公司重新估计该合同的交易价格,影响本季度管理费收入金额的不确定性已经消除,甲公司确认管理费收入500万元(5亿元×1%)。甲公司未确认业绩奖励收入,这是因为,该业绩奖励仍然会受到基金未来累计回报的影响,难以满足将可变对价计入交易价格的限制条件。在后续的每一资产负债表日,甲公司应当重新估计交易价格是否满足将可变对价计入交易价格的限制条件,以确定其收入金额。

### (二) 合同中存在重大融资成分

当企业将商品的控制权转移给客户的时间与客户实际付款的时间不一致时,如企业以赊销的方式销售商品,或者要求客户支付预付款等,如果各方以在合同中明确(或者以隐含的方式)约定的付款时间为客户或企业就转让商品的交易提供了重大融资利益,则合同中即包含了重大融资成分,企业在确定交易价格时,应当对已承诺的对价金额作出调整,以剔除货币时间价值的影响。

1. 是否存在重大融资成分的评估。

在评估合同是否包含融资成分及该融资成分对合同而言是否重大时,企业应当考虑所有相关的事实和情况,包括考虑以下两个方面:

(1) 已承诺的对价金额与已承诺商品的现销价格之间的差额,如果企业(或其他企业)在销售相同商品时,不同的付款时间会导致销售价格有所差别,则通常表明各方知晓合同中包含了融资成分。

(2) 下列两项的共同影响:

第一,企业将承诺的商品转让给客户与客户支付相关款项之间的预计时间间隔。

第二,相应的市场现行利率。

尽管向客户转让商品与客户支付相关款项之间的时间间隔并非决定性因素,但是,该时间间隔与现行利率两者的共同影响可能提供了是否存在重大融资利益的明显迹象。

此外,企业应当在单个合同层面考虑融资成分是否重大,而不应在合同组合层面考虑这些合同中的融资成分的汇总影响对企业整体而言是否重大。

2. 不包含重大融资成分的情况。

企业向客户转让商品与客户支付相关款项之间虽然存在时间间隔,但两者之间的合同没有包含重大融资成分的情形有:

(1) 客户就商品或服务支付了预付款,且这些商品或服务的转让时间由客户自行决定。例如,企业向客户出售其发行的储值卡,客户可随时到该企业持卡购物;再如,企业向客户授予奖励积分,客户可随时到该企业兑换这些积分等。

(2) 客户所承诺的对价金额有相当大的部分是可变的,且对价的金额或付款时间是基于未来某一事件是否发生,且该事件几乎不受客户或企业控制。

例如,在特许使用安排中,由于存在涉及商品或服务的重大不确定性,企业和客户可能并不愿意固定付款的价格和时间。此类付款条款的主要目的可能是就商品或服务的价值向各方提供保证,而非为客户提供重大融资。

(3) 合同承诺的对价金额与现销价格之间的差额是由向客户或企业提供融资利益以外的其他原因所致,且这一差额与产生该差额的原因相称。如,合同约定的付款条款可能向企业或客户提供保护,以防止另一方未能依照合同充分履行其部分或全部义务。

例如,客户可能保留或不支付部分对价,并且仅当合同成功完成或实现特定里程碑时才支付这部分对价。或者,客户可能被要求预先支付部分对价,以保证其能够获得未来限量供应的商品或服务。此类付款条款的主要目的可能是就企业将依照合同圆满完成其履约义务向客户提供保证,而非向客户或企业提供融资[IFRS15.BC233(3)]。

3. 合同中存在多项履约义务时对重大融资成分的考虑。

商品的控制权转移与客户实际付款的时间不一致时,可能表明合同中存在重大融资成分。但是对于包括多个履约义务的合同,有时一项现金支付与特定履约义务的关联是清晰的,有时,所收到的现金是否与合同的特定履约义务相关却并不清晰,因此,当合同存在多项履约义务时,需要具体分析和职业判断。

在确定交易价格时,融资成分的影响应当在将交易价格向履约义务分摊之前,从交易价格中扣除。在部分情况下,将重大融资成分的影响分摊给合同中一项或多项,但非全部的履约义务,可能是合理的,这在一定程度上类似于可变对价或合同折扣的分摊[本实务操作指南第二章第二节四(二)和(三)]。

4. 重大融资成分的会计处理。

合同中存在重大融资成分的,企业应当按照假定客户在取得商品控制权时即以现金支付的应付金额确定交易价格。该交易价格与合同对价之间的差额,应当在合同期间内采用实际利率法摊销(准则第十七条)。企业应使用将合同对价的名义金额折现为商品现售价格的折现率,该折现率一经确定,不得因后续市场利率客户信用风险等情况的变化而变更。

5. 重大融资成分影响的列报。

企业应当在利润表中将合同中存在的重大融资成分的影响(利息收入和利息支出)同按照本准则确认的收入分开列报。企业在按照本准则对与客户合同进行会计处理时,只有在确认了合同资产(或应收款项)和合同负债时,才应当分别确认相应的利息收入和利息支出。这是因为包含重大融资成分的合同具有明确可区分的经济特征:其中一项特征涉及向客户转让商品或服务,而另一项特征涉及融资安排,而这些特征应当单独进行会计处理和列报(IFRS15. BC246)。

对于一些企业(如银行等金融机构)经常进行融资交易,利息收入代表这些企业正常经营活动("日常活动")的利益流入,满足《企业会计准则第 14 号——收入(2017 年修订)》及其应用指南的要求,则可以将利息收入单独作为一项收入列报。

6. 特定情况下的简化操作。

合同开始日,企业预计客户取得商品控制权与客户支付价款间隔不超过 1 年的,可以不考虑合同中存在的重大融资成分(准则第十七条)。如果企业采用此种简化操作方法,应当对类似情形下的类似合同一致地应用。

**例 23  延期支付的质保金**

2×18 年 1 月,甲公司与乙公司签订了一项施工总承包合同。合同约定的工期为 30 个月,工程造价为 8 亿元(不含税价)。甲乙双方每季度进行一次工程结算,并于完工时进行竣工结算,每次工程结算额(除质保金及相应的增值税外)由客户于工程结算后 5 个工作日内支付;除质保金外的工程尾款于竣工结算后 10 个工作日内支付;合同金额的 3% 作为质保金,用以保证项目在竣工后 2 年内正常运行,在质保期满后 5 个工作日内支付。

本例中,乙公司保留了 3% 的质保金直到项目竣工 2 年后支付,虽然服务完成时间与乙公司付款的时间间隔较长,但是,该质保金旨在为乙公司提供工程质量保证,以防甲公司未能完成其合同义务,而并非向乙公司提供融资。因此,甲公司认为该合同中不包含重大融资成分,无需就延期支付质保金的影响调整交易价格。

**例 24  预付款**

2×18 年 1 月 1 日,企业与客户订立一项出售资产的合同。对资产的控制将于 2 年后转移给客户(即履约义务将在一个时点履行)。合同包括两种可供选择的付款方式:在 2 年后当客户获得对资产的控制时支付 449.44 万元,或在合同签订时支付 400 万元。客户选择在合同签订时支付 400 万元。上述价格均不包含增值税,且假定不考虑相关税费影响。

鉴于客户就资产进行付款与企业将资产转让给客户之间的时间间隔及现行市场利率,企业得出结论认为该合同包含重大融资成分。在确定交易价格时,应当对合同承诺的对价金额进行调整,以反映该重大融资成分的影响。假定该融资费用不符合借款费用资本化的要求。企业会计处理如下(单位:万元):

(1) 2×18 年 1 月 1 日收到货款:

借:银行存款 400.00
　　未确认融资费用 49.44
　贷:合同负债 449.44

(2) 2×18 年 12 月 31 日确认融资成分的影响:

借:财务费用(400×6%) 24
　贷:未确认融资费用 24

(3) 2×19 年 12 月 31 日交付产品:

借:财务费用(424×6%) 25.44
　贷:未确认融资费用 25.44

借:合同负债 449.44
　贷:主营业务收入 449.44

### 例25　预付款——是否有重大融资成分的判断(参考 IFRS15.示例 30)

某技术产品制造企业与客户订立一项合同,约定企业在提供技术产品的同时提供为期 3 年的全球电话技术支持及维修服务。客户在购买产品的同时购买该支持服务。该服务的额外对价为 300 万元。选择购买该服务的客户必须预先支付相关款项(即不可选择每月分期付款)。

为确定合同是否存在重大融资成分,企业考虑了所提供服务的性质及付款条款的目的。企业收取一次性预付款的主要目的并非旨在从客户处获得融资,而是最大限度地提高利润(考虑到与提供服务相关的风险)。特别是,如果客户可每月分期付款,其续约的可能性将降低,且后续年度继续使用该支持服务的客户将减少,进而客户群的多样性会降低。此外,如果客户每月分期付款而非支付预付款,则将倾向于更多地使用服务,从而将增加企业的成本。最后,企业将发生更高的管理成本(如管理续约和收取每月付款的成本)。

因此企业确定制定该付款条款的主要原因并非为企业提供融资。企业就该服务收取一次性预付款是因为其他付款条款(如每月付款计划)将影响企业提供服务所承担风险的性质,并且可能使提供服务不具有经济效益[本实务操作指南第二章第二节三(二)2]。

### (三) 客户支付非现金对价

企业向客户转让商品或提供服务获取的对价可能是非现金形式的。非现金对价可能采用商品或服务的形式,也可能是金融工具或固定资产,例如,实物资产、无形资产、股权、客户提供的广告服务等。

企业在向客户转让商品的同时,如果客户向企业投入材料、设备或人工等商品,以协助企业履行合同,企业应当评估其是否取得了对这些商品的控制权,取得这些商品控制权的,企业应当将这些商品作为从客户收取的非现金对价进行会计处理。

1. 按公允价值计量非现金对价。

当企业因交付商品或服务而取得客户支付的现金时,交易价格(以及收入金额)应为所取得的现金金额(即,所取得资产的价值)。同样地,对于非现金对价,企业也应按公允价值确定交易价格(IFRS15. BC248)。

2. 公允价值无法合理估计时。

非现金对价的公允价值不能合理估计的,企业应当参照其承诺向客户转让商品的单独售价间接确定交易价格(准则第十八条)。

3. 公允价值发生变化时。

非现金对价的公允价值可能因对价的形式而发生变动,如:企业有权向客户收取的对价是股票,股票本身的价格会发生变动。但非现金对价的公允价值也可能因为对价的形式以外的其他原因发生变动(例如,企业有权收取的非现金对价的公允价值因企业的履约情况而发生变动)。

合同开始日后,非现金对价公允价值因其对价形式以外的原因而发生的变动,作为可变对价,按照与计入交易价格的可变对价金额的限制条件的相关规定进行处理[本实务操作指南第二章第二节三(一)],例如,如果企业有权获得以非现金对价形式支付的业绩奖金,能够获得该业绩奖金具有不确定性,该不确定性与对价形式之外的原因(企业的履约)相关,因此,企业应将这种不确定性按照对可变对价的估计来处理。

合同开始日后,非现金对价的公允价值因对价形式而发生变动的,该变动金额不应计入交易价格。

4. 与《企业会计准则第7号——非货币性资产交换》的适用范围区分。

《企业会计准则第7号——非货币性资产交换》第三条规定:

非货币性资产交换同时满足下列条件的,应当以公允价值和应支付的相关税费作为换入资产的成本,公允价值与换出资产账面价值的差额计入当期损益:

(一) 该项交换具有商业实质;

(二) 换入资产或换出资产的公允价值能够可靠地计量。换入资产和换出资产公允价值均能够可靠计量的,应当以换出资产的公允价值作为确定换入资产成本的基础,但有确凿证据表明换入资产的公允价值更加可靠的除外。

即:非货币性资产交换中换入资产的公允价值应首选"换出资产"的公允价值作为换入资产成本的基础。但是根据新收入准则,客户支付的"非现金对价"作为非货币性资产交换中"换入资产",其入账价值首选该"换入资产"的公允价值,在其公允价值无法合理估计时,方能选择"换出资产"的公允价值(承诺向客户转让商品的单独售价),与《企业会计准则第7号——非货币性资产交换》的规定不同。

针对该等不同,财会[2017]22 号要求:"企业以存货换取客户的固定资产、无形资产等的,按照本准则的规定进行会计处理;其他非货币性资产交换,按照《企业会计准则第 7 号——非货币性资产交换》的规定进行会计处理。"在实务中需要根据实际情况进行分别处理。但需要注意的是,企业处置固定资产、无形资产等,在确定处置时点以及计量处置损益时,应按照收入准则的有关规定进行。

**例 26** 非现金对价

甲企业为客户生产一台专用设备。双方约定,如果甲企业能够在 30 天内交货,则可以额外获得 100 股客户的股票作为奖励。合同开始日,该股票的价格为每股 5 元;由于缺乏执行类似合同的经验,当日,甲企业估计,该 100 股股票的公允价值计入交易价格将不满足"累计已确认的收入极可能不会发生重大转回"的限制条件。合同开始日之后的第 25 天,企业将该设备交付给客户,从而获得了 100 股股票,该股票在此时的价格为每股 6 元。假定企业将该股票作为以公允价值计量且其变动计入当期损益的金融资产。

本例中,合同开始日,该股票的价格为每股 5 元,由于缺乏执行类似合同的经验,当日,甲企业估计,该 100 股股票的公允价值计入交易价格将不满足累计已确认的收入极可能不会发生重大转回的限制条件,因此,甲企业不应将该 100 股股票的公允价值 500 元计入交易价格。合同开始日之后的第 25 天,甲企业获得了 100 股股票,该股票在此时的价格为每股 6 元。甲企业应当将股票(非现金对价)的公允价值因对价形式以外的原因而发生的变动,即 500 元(5×100)确认为收入,因对价形式原因而发生的变动,即 100 元(600-500)计入公允价值变动损益。

### (四) 企业应付客户对价

在某些情况下,企业向客户或向客户购买本企业商品的第三方(即"客户的客户")支付对价(例如,企业向经销商或分销商出售产品,并随后向该经销商或分销商的客户进行支付)。该对价可能是为换取客户提供的商品或服务而进行的支付,也可能是就向客户提供的商品或服务给予的折扣、退款,或者是上述两者的结合(IFRS15.BC255)。

1. 识别应付客户对价。

应付给客户的对价包括:

• 企业向客户(或向客户购买企业商品或服务的第三方)支付或预计支付的现金金额。

• 可与欠企业(或向客户购买企业商品或服务的第三方)的金额相抵扣的抵免或其他项目(例如,优惠券或兑换券)(IFRS15.70)。

这里的第三方通常指向企业的客户购买本企业商品的一方,即处于企业分销链上的"客户的客户",例如,企业将其生产的产品销售给经销商,经销商再将这些产品销售给最终用户,最终用户即是第三方。有时,企业需要向其支付款项的第三方是本企业客户的客户,但处于企业分销链之外,如果企业认为该第三方也是本企业的客户,或者根据企业与其客户的合同约定,企业有义务向该第三方支付款项,则企业向该第三方支付的款项也应被视为应付客户对价进行会计处理。

2. 应付客户对价的处理。

企业应付客户(或向客户购买本企业商品的第三方)对价的,应当将该应付对价冲减交易价格,并在确认相关收入与支付(或承诺支付)客户对价二者孰晚的时点冲减当期收入,但应付客户对价是为了向客户取得其他可明确区分商品的除外(准则第十九条)。

(1) 取得明确可区分的商品或服务。

企业应付客户对价是为了向客户取得其他可明确区分商品的,应当采用与本企业其他采购相一致的方式确认所购买的商品。企业应付客户对价超过向客户取得可明确区分商品公允价值的,超过金额应当冲减交易价格。向客户取得的可明确区分商品公允价值不能合理估计的,企业应当将应付客户对价全额冲减交易价格(准则第十九条)。

就商品或服务从客户收取的对价金额与就商品或服务向该客户支付的对价金额即使是单独的事件,两者之间也可能相互关联。例如,假如客户不能取得企业的付款,该客户可能会为企业提供的商品或服务支付更高的金额。因此,为如实地反映收入金额,作为就所取得的商品或服务支付给客户的付款金额,应当以这些商品或服务的公允价值为限,任何超过公允价值的部分应确认为交易价格的抵减(IFRS15.BC257)。

(2) 应付客户对价抵减交易价格的时间限制。

如果应付给客户的对价是作为交易价格的抵减处理,企业应当在以下两者中较晚发生的事件发生时(或过程中)确认收入的减少:

第一,企业确认向客户转让相关商品或服务的收入;以及

第二,企业支付或承诺支付对价(即使支付取决于未来事件)。该承诺可能隐含于企业的商业惯例之中(IFRS15.72)。

"承诺支付"使得企业在交易价格中反映取决于未来事件的对客户的支付,例如,以客户进行规定数量的购买为条件的向客户付款的承诺,应在企业作出该承诺时反映在交易价格中(IFRS15.BC258)。如果应付给客户的对价包括可变金额,企业应当对交易价格进行估计[本实务操作指南第二章第二节三(一)]。再比如,如果可以通过优惠券取得折扣的商品已经放在零售商的货架上,当发行优惠券时,应对折扣进行确认;但是如果优惠券可用于尚未销售给零售商的全新系列产品,应当在将产品销售给零售商时,对折扣进行确认。

在新收入准则下,当客户基于商业惯例的有效预期,或者企业在签订合同时意图向客户提供价格折让(不仅以价格折让的形式,也包括支付现金、回扣、抵免、优惠等),则合同包含了可变对价。如果合同由于预期的价格折让包含了可变对价,则企业不需要等到向客户转达该价格折让时才按上述"孰后"原则确认对收入的抵减,而应按照有关可变对价的规定处理,将该折扣(可变对价)的估计包含在交易价格中,同时考虑可变对价的限制,在可变对价的估计金额发生变动时,重新评估交易价格。

3. 应付客户对价的处理流程(见图 1-5)。

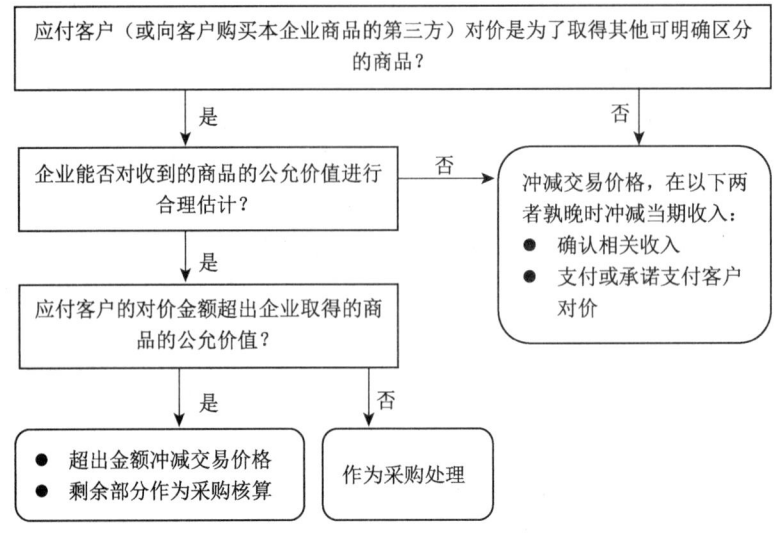

**图 1-5 应付客户对价的处理流程**

4. 可能存在应付客户对价的各种情况。

应向客户支付的对价可有许多不同的形式,因此,企业必须仔细评估每个交易,以确定对此类金额的恰当处理。应向客户支付的对价的部分常见例子包括:

• 货位费——消费品制造商通常向零售商支付费用,以使其商品被放在货架的显眼位置上。这些货架可以是实物(即商店所处的建筑物内)或虚拟的(即网络经销商在线商品目录中的空间)。通常,此费用并未向制造商提供可明确区分的商品或劳务,而应作为交易价格的减少进行处理。

• 合作广告安排——在某些安排中,销售商同意为经销商报销一部分其为销售商的产品做广告而产生的费用。确定销售商的支付款是否是为取得公允价值的可明确区分的商品或服务,应取决于对安排事实和情况的仔细分析。

• 价格保护——在特定期间内,供应商可能同意为零售商补偿一部分其销售供应商的产品获取的销售价格的差价。通常,该费用不向销售商提供可明确区分的商品或劳务,而作为交易价格减少处理。

• 优惠券和折扣——销售商的间接客户可能收到所购买的产品或劳务价格的一部分的退款,该退款通过向零售商或销售商提交表格取得。一般来说,该费用不向制造商提供可明确区分的商品或劳务,而作为交易价格减少处理。

• "收费服务"安排——在一些安排中,销售商向客户支付预付费用,以取得新的合同。大部分情况下,该支付款项与将从客户取得的可明确区分的商品或劳务无关,而作为交易价格减少处理。

• 购买商品或劳务——企业通常与其客户达成供销安排,由客户向企业提供可明确区分的商品或劳务。例如,一家软件企业可能从其软件客户处购买办公用品。这种情况下,企业必须仔细确定向客户支付的款项是否仅仅是为了取得商品和劳务,或实际上支付款项中的一部分是企业转移给客户的商品和劳务的交易价格减少。

**例 27** 应付给客户的对价(参考 IFRS15. 示例 32)

某消费品制造企业与一家全球大型连锁零售店客户订立了销售商品的 1 年期合同。客户承诺在 1 年内购买至少价值 15 000 000 元的产品。合同同时规定企业须在合同开始时向客户支付 1 500 000 元的不可返回款项。该款项的目的是就客户更改货架以使其适合放置企业的产品向客户作出补偿。

因为企业并未取得对客户货架任何相关权利的控制,因此根据《企业会计准则第 14 号——收入(2017 年修订)》第十九条的要求,企业判断向客户支付的该笔款项并非旨在取得客户向企业转让的可明确区分的商品或服务。因此该 1 500 000 元的付款额为交易价格的抵减,并在企业确认转让商品的收入时作为交易价格的抵减进行会计处理。

企业在向客户转让商品时,将每一商品的交易价格减少 10%(1 500 000÷15 000 000×100%)。

## 四、将交易价格分摊至合同履约义务(步骤 4)

当合同中包含两项或多项履约义务时,需要将交易价格分摊至各单项履约义务,以使企业分摊至各单项履约义务(或可明确区分的商品)的交易价格能够反映其因向客户转让已承诺的相关商品而预期有权收取的对价金额。

### (一)基于单独售价进行分摊

合同中包含两项或多项履约义务的,企业应当在合同开始日,按照各单项履约义务所承诺商品的单独售价的相对比例,将交易价格分摊至各单项履约义务。企业不得因合同开始日之后单独售价的变动而重新分摊交易价格(准则第二十条)。

1. 单独售价。

为基于单独售价的相对比例将交易价格分摊至每一项履约义务,企业应在合同开始时确定合同内每一项履约义务所涉及的可明确区分的商品或服务的单独售价,并按照此类单独售价的比例分摊交易价格(IFRS15.76)。

单独售价,是指企业向客户单独销售商品的价格。企业在类似环境下向类似客户单独销售某商品的价格,应作为确定该商品单独售价的最佳证据。合同或价目表上的标价可能是商品的单独售价,但不能默认其一定是该商品的单独售价。例如,企业为其销售的产品制定了标准价格,但是,在实务中经常以低于该标准价格的折扣价格对外销售,此时,企业在估计该产品的单独售价时,应当考虑这一因素。

2. 估计单独售价的考虑因素。

如果企业没有单独出售商品或服务的可观察价格,则应当对单独售价进行估计。企业估计单独售价所采用的方法应最大限度地使用可观察的输入值,并且应当一致地用于估计具有类似特征的其他商品或服务的单独售价。在估计单独售价时,企业应考虑其可合理获得的所有信息(市场状况、企业特定因素、以及有关客户或客户类别的信息)(IFRS15.78):

（1）合理可获得的数据点（例如商品或服务的单独售价、生产或提供商品或服务所发生的成本、相关的利润率、已公布的价格清单、第三方或行业定价，以及同一合同中其他商品或服务的定价）。

（2）市场状况（例如，市场内商品或服务的供求情况、竞争、限制和趋势），如：

- 对产品售价的潜在限制；
- 竞争对手的类似或相同产品定价；
- 产品的市场认知和观念；
- 可能影响定价的现行市场趋势；
- 企业的市场份额和定位（例如，企业决定定价的能力）；
- 地理区域对定价的影响；
- 定制化对定价的影响；
- 产品的预计技术寿命。

（3）仅适用于特定企业的因素，如：

- 盈利目标和内部成本结构；
- 定价实务和定价目标（包括期望的毛利率）；
- 定制化对定价的影响；
- 产品组合定价所使用的定价实务；
- 提议交易对定价的影响（例如，交易规模、目标客户的特点）；
- 产品的预计技术寿命，包括预计特定销售商在近期的重大技术进步。

（4）有关客户或客户类型的信息（例如，客户类型、所在地区和分销渠道）（IFRS15 BC269）。

3. 单独售价的估计方法。

企业在类似环境下向类似客户单独销售商品的价格，应作为确定该商品单独售价的最佳证据。单独售价无法直接观察的，企业应当综合考虑其能够合理取得的全部相关信息，采用市场调整法、成本加成法、余值法等方法合理估计单独售价。在估计单独售价时，企业应当最大限度地采用可观察的输入值，并对类似的情况采用一致的估计方法（准则第二十一条）。

（1）市场调整法。

市场调整法，是指企业根据某商品或类似商品的市场售价考虑本企业的成本和毛利等进行适当调整后，确定其单独售价的方法（准则第二十一条）。

企业可以对其销售商品的市场进行评估，进而估计客户在该市场上购买本企业的商品所愿意支付的价格，也可以参考其竞争对手销售类似商品的价格，并在此基础上进行必要调整以反映本企业的成本及毛利。

该方法关注于企业认为市场愿意为商品或服务支付的金额，主要基于外部因素，而非企业自身的内部影响。但当企业销售全新的商品或服务时，因为很难预测市场需求，采用这种方法会比较困难。

（2）成本加成法。

成本加成法，是指企业根据某商品的预计成本加上其合理毛利后的价格，确定其单独售价的方法（准则第二十一条）。其中，预计成本应当与企业在定价时通常会考虑的成本因素一致,既包括直接成本,也包括间接成本;企业在确定合理毛利时,应当考虑的因素包括类似商品单独售价的毛利水平、行业内的历史毛利水平、行业平均售价、市场情况以及企业的利润目标等。

该方法主要关注内部因素(例如,企业的成本基础),但也有外部因素。即,该方法包含的利润必须反映市场愿意支付的利润率,而非仅仅是企业期望的利润。这可能需要按照不同产品、地理位置、客户和其他因素的差异对利润进行调整。预期成本加成法可能在很多情况下有效,特别是当相关履约义务有可确定的直接履约成本时。然而,在无法明确识别或不确定直接履约成本时,该方法的有效性将会降低。

(3)余值法。

余值法,是指企业根据合同交易价格减去合同中其他商品可观察的单独售价后的余值,确定某商品单独售价的方法(准则第二十一条)。

企业在商品近期售价波动幅度巨大,或者因未定价且未曾单独销售而使售价无法可靠确定时,可采用余值法估计其单独售价(准则第二十二条)。

即:只有在满足下列条件之一时,企业才可采用余值法估计某商品的单独售价:

第一,售价波动幅度巨大:是指企业在相同或相近的时间向不同客户出售同一种商品时的价格差异很大,因而导致企业无法从以往的交易或其他可观察的证据中识别出具有代表性的单独售价;

第二,未定价且未曾单独销售:是指企业尚未对该商品进行定价,且该商品过往未曾单独出售过,即销售价格尚未确定。

例如,企业以 10 万元的价格向客户销售 A、B、C 三件可明确区分的商品,其中,A 商品和 B 商品经常单独对外销售,销售价格分别为 2.5 万元和 4.5 万元,C 商品为新产品,企业尚未对其定价且未曾单独销售,市场上也无类似商品出售,在这种情况下,企业采用余值法估计 C 商品的单独售价为 3 万元,即合同价格 10 万元减去 A 商品和 B 商品的单独售价之和 7 万元(2.5+4.5)后的余额。

余值法假设企业能够估计除一个承诺的商品或服务外其他全部商品或服务的单独售价。这种情况下,余值法允许企业将剩余交易价格分配至无法合理估计售价的商品或服务中。因该方法有上述使用限制,预计实务中该方法的使用可能很有限。然而,对于那些很少或从不单独销售商品或服务的企业仍是可以使用余值法的,例如,仅在销售实体商品或劳务时销售知识产权的企业,假设企业经常销售软件、专业服务和维护的组合,且价格范围广,企业也以相对稳定的价格单独销售专业服务和维护产品,此时在企业估计软件的单独售价时使用余值法可能是适当的,即:软件的估计价格是总交易价格减去专业服务和维护估计价格的差额。

4.结合多种方法估计单独售价。

如果合同中存在两项或两项以上的商品,其销售价格变动幅度较大或尚未确定,企业可能需要采用多种方法相结合的方式,对合同所承诺的商品的单独售价进行估计。例如,企业可能采用余值法估计销售价格变动幅度较大或尚未确定的多项可明确区分商品的单独售价总和,然后再采用其他方法估计其中包含的每一项可明确区分商品的单独售价。企业采用多种方法相结合的方式估计合同所承诺的每一项商品的单独售价时,应当评估该方式是否满足交易价格分摊的目标,即,企业分摊至各单项履约义务(或可明确区分的商品)的交易价格能够反映其因向客户转让已承诺的相关商品而预期有权收取的对价金额。例如,当企业采用余值法估计确定的某单项履约义务的单独售价为零或仅为很小的金额时,企业应当评估该结果是否恰当,这是因为合同中包含的可明确区分商品对于客户而言都应该是有一定价值的。

但无论企业使用单一方法还是结合多种方法估计单独售价,都应评估最终交易价格的分摊结果是否符合上述整体分摊目标和关于估计单独售价的规定(IFRS15.80)。

### (二)分摊合同折扣

合同折扣,是指合同中各单项履约义务所承诺商品的单独售价之和高于合同交易价格的金额。对于合同折扣,企业应当在各单项履约义务之间按比例分摊。有确凿证据表明合同折扣仅与合同中一项或多项(而非全部)履约义务相关的,企业应当将该合同折扣分摊至相关一项或多项履约义务。

合同折扣仅与合同中一项或多项(而非全部)履约义务相关,且企业采用余值法估计单独售价的,应当首先按照前段规定在该一项或多项(而非全部)履约义务之间分摊合同折扣,然后采用余值法估计单独售价(准则第二十三条)。

如果符合下列所有标准,则企业应将折扣全部分摊至合同中的一项或多项(而非全部)履约义务:

(1)企业经常将该合同中的各项可明确区分商品单独销售或者以组合的方式单独销售。

(2)企业也经常将其中部分可明确区分的商品以组合的方式按折扣价格单独销售。

(3)上述(2)所述的归属于每一组合的商品的折扣与该合同中的折扣基本相同,且针对每一组合中的商品的分析为将该合同的整体折扣归属于某一项或多项履约义务提供了可观察的证据。

### 例28 将交易价格分摊至履约义务——分摊方法(参考 IFRS15.示例33)

企业与客户订立一项合同,以 100 万元的价格出售产品 A、B 和 C。企业将在不同时点履行针对每项产品的履约义务。企业定期单独出售产品 A,因此单独售价可直接观察,但产品 B 和 C 的单独售价不可直接观察。

由于产品 B 和 C 的单独售价不可直接观察,企业必须对其进行估计。为估计单独售价,企业针对产品 B 采用市场调整法,并针对产品 C 采用成本加成法。在作出相关估计时,企业最大限度地使用可观察的输入值[本实务操作指南第二章第二节四(一)2],对单独售价的估计如下:

| 产品 | 单独售价 | 估计方法 |
|---|---|---|
| 产品 A | 50 万元 | 可直接观察 |
| 产品 B | 25 万元 | 市场调整法[本实务操作指南第二章第二节四(一)3(1)] |
| 产品 C | 75 万元 | 成本加成法[本实务操作指南第二章第二节四(一)3(2)] |

合计　　150万元

由于单独售价之和150万元超过所承诺的对价100万元，因此客户实际上是因购买一揽子商品的组合而获得了折扣。因为没有证据表明合同折扣仅与合同中一项或多项（而非全部）履约义务相关，因此将折扣在产品A、B和C之间按比例进行分摊[本实务操作指南第二章第二节四(二)]：

产品　　分摊后的交易价格
产品A　　33万元　　(50÷150×100)
产品B　　17万元　　(25÷150×100)
产品C　　50万元　　(75÷150×100)
合计　　100万元

**例29　将交易价格分摊至履约义务——分摊折扣(参考IFRS15.示例34)**

企业定期单独出售产品A、B和C，能确定其单独售价为：A产品40万元、B产品55万元、C产品45万元。此外，企业定期以60万元的价格将产品B和C一同出售。

**情形1：将折扣分摊至一项或多项履约义务**

企业与客户订立一项合同，以100万元的价格出售产品A、B和C，企业将在不同时点履行针对每项产品的履约义务。该合同包含针对整项交易的折扣40万元，如按单独售价的相对比例分摊交易价格，这一折扣将按比例分摊至全部三项履约义务。但是，由于企业定期以60万元的价格将产品B和C一同出售，且以40万元的价格出售产品A，因此企业有证据证明应当将全部折扣分摊至转让产品B和C的承诺。

如果企业在同一时点转移对产品B和C的控制，则企业在实务上可将该两个产品的转让作为单一履约义务进行会计处理。也就是说，企业可将60万元的交易价格分摊至这项单一履约义务，并在产品B和C同时转让给客户时确认60万元的收入。

如果合同要求企业在不同时点转移对产品B和C的控制，则60万元的分摊金额应单独分摊至转让产品B(单独售价为55万元)和产品C(单独售价为45万元)的承诺，具体如下：

产品已分摊的交易价格
产品B　　33万元(55÷单独售价总额100×60)
产品C　　27万元(45÷单独售价总额100×60)
合计　　60万元

**情形2：适用余值法**

如同情形1，企业与客户订立一项出售产品A、B和C的合同。合同同时包含转让产品D的承诺。合同的总对价为130万元。由于企业向不同客户出售产品D的价格差异范围较大(从15万元至45万元不等)，因此产品D的单独售价可变程度极高。企业根据《企业会计准则第14号——收入(2017年修订)》第二十一条[本实务操作指南第二章第二节四(一)3(3)]决定采用余值法估计产品D的单独售价。

如同情形 1,由于企业定期以 60 万元的价格将产品 B 和 C 一同出售,且以 40 万元的价格出售产品 A,因此企业将 100 万元分摊至这三种产品,并将 40 万元的折扣分摊至转让产品 B 和 C 的承诺。通过采用余值法,企业估计产品 D 的单独售价为 30 万元,具体如下:

| 产品 | 单独售价 | 估计方法 |
|------|---------|---------|
| 产品 A | 40 万元 | 可直接观察 |
| 产品 B 和 C | 60 万元 | 直接观察且有折扣 |
| 产品 D | 30 万元 | 余值法 |
| 合计 | 130 万元 | |

分摊至产品 D 的 30 万元是在其可观察的售价范围(15 万元～45 万元)之内。因此,相应的分摊是合理的。

### 情形 3:不适用余值法

情形 3 与情形 2 的情况相同,但交易价格为 105 万元而非 130 万元。相应地,采用余值法将导致产品 D 的单独售价为 5 万元(交易价格 105 万元减去分摊至产品 A、B 和 C 的 100 万元)。企业得出结论认为 5 万元不能如实反映企业因履行转让产品 D 的履约义务而预计有权获得的对价金额,因为 5 万元并不接近产品 D 的单独售价,产品 D 的单独售价在 15 万元～45 万元的范围之内。所以,企业复核其可观察数据(包括销售和利润报告),以采用其他合适的方法估计产品 D 的单独售价,使用这些产品单独售价的相对比例将 130 万元的交易价格分摊至产品 A、B、C 和 D。

### (三)分摊可变对价

合同所承诺的可变对价可能归属于整项合同或者合同的特定部分,例如以下任一项:

(1) 合同中的一项或多项(而非全部)履约义务(例如,是否获得奖金可能取决于企业是否在指定时期内转让某项已承诺的商品或服务);或者

(2) 在构成单项履约义务的一部分的一系列可明确区分的商品或服务[本实务操作指南第二章第二节二(三)]中,已承诺的一项或多项(而非全部)可明确区分的商品或服务(例如,为期 2 年的保洁服务合同承诺第二年的对价将根据指定的通货膨胀指数变动而提高)。

如果同时满足下列两项条件,则企业应将可变金额(及该金额的后续变动)全部分摊至一项履约义务或构成单项履约义务的一部分的一项可明确区分的商品或服务:

(1) 有关可变付款额的条款专门针对企业为履行该履约义务或转让该可明确区分的商品或服务所作的努力(或履行该履约义务或转让该可明确区分的商品或服务所导致的特定结果);以及

(2) 在考虑合同中的全部履约义务及付款条款后,企业认为将对价的可变金额全部分摊至该履约义务或可明确区分的商品或服务符合分摊目标。

对于不满足上述条件的可变对价及可变对价的后续变动额,以及可变对价及其后续变动额中未满足上述条件的剩余部分,企业应当按照分摊交易价格的

一般原则,将其分摊至合同中的各单项履约义务[本实务操作指南第二章第二节四(一)和(二)]。对于已履行的履约义务,其分摊的可变对价后续变动额应当调整变动当期的收入。

**例30** 将交易价格分摊至履约义务——分摊可变对价(参考 IFRS15.示例35)

企业与客户订立一项针对两项知识产权许可证(许可证X和Y)的合同,企业确定该合同代表两项履约义务,每项履约义务均在某一时点履行。许可证X和Y的单独售价分别为800万元和1000万元。

**情形1:可变对价全部分摊至一项履约义务**

合同规定许可证X的价格为固定金额800万元,而许可证Y的对价则是客户销售使用了许可证Y的产品的未来销售额的3%。在进行分摊时,企业估计基于销售的特许使用费的可变对价为1000万元。在分摊交易价格时,企业将可变对价(即基于销售的特许使用费)全部分摊至许可证Y,主要考虑以下原因:

(1)可变付款额明确地与转让许可证Y的履约义务的结果相关(即客户后续销售使用许可证Y的产品)。

(2)将预计特许使用费金额1000万元全部分摊至许可证Y符合分摊目标,因为企业对基于销售的特许使用费的估计值1000万元接近许可证Y的单独售价,且固定金额800万元接近许可证X的单独售价。

企业在合同开始时转让许可证Y,并在一个月后转让许可证X。在转让许可证Y时,由于分摊至许可证Y的对价是基于销售的特许使用费形式,所以企业并没有确认收入,而是在发生后续销售时确认基于销售的特许使用费收入[本实务操作指南第二章第五节五(三)]。当转让许可证X时,企业将分摊至许可证X的800万元确认为收入。

**情形2:基于单独售价分摊可变对价**

合同规定许可证X的价格为固定金额300万元,许可证Y的对价则是客户销售使用了许可证Y的产品的未来销售额的5%。在进行分摊时,企业估计基于销售的特许使用费的可变对价为1500万元。在分摊交易价格时,企业考虑是否应将可变对价(即基于销售的特许使用费)全部分摊至许可证Y:

虽然可变付款额明确地与转让许可证Y的履约义务的结果相关(即客户后续销售使用许可证Y的产品),但将300万元分摊至许可证X并将1500万元分摊至许可证Y未能反映出基于许可证X和许可证Y的单独售价(分别为800万元和1000万元)对交易价格进行的合理分摊。据此,企业基于单独售价的相对比例(分别为800万元和1000万元)将交易价格300万元分摊至许可证X和许可证Y。同时将基于单独售价的相对比例对与基于销售的特许使用费相关的对价进行分摊。但根据《企业会计准则第14号——收入(2017年修订)》第三十七条,如果企业提供知识产权许可证并以基于销售的特许使用费形式收取对价,则在客户后续销售或使用行为实际发生与企业履行相关履约义务二者孰晚的时点确认收入。

许可证Y在合同开始时转让给客户,而许可证X则在3个月后转让。在转让许可证Y时,企业将分摊至许可证Y的167万元(1000÷1800×300)确认为收入。在转让许可证 X 时,企业将分摊至许可证 X 的 133 万元(800÷1 800×300)确认为收入。

在第一个月,由客户的首月销售所产生的特许使用费为 200 万元。据此,企业应将分摊至许可证 Y(已转让给客户,因此是已履行的履约义务)的 111 万元(1 000÷1 800×200)确认为收入。并应针对分摊至许可证 X 的 89 万元(800÷1 800×200)确认一项合同负债。这是因为尽管企业的客户已发生后续销售,但分摊特许使用费的履约义务(转让许可证 X)尚未得到履行。

### (四)分摊可变对价和合同折扣的顺序

有时候合同中既包含了可变对价,又包含了合同折扣,企业应当首先按照分摊可变对价的指引对可变对价进行分摊[本实务操作指南第二章第二节四(三)],然后再考虑分摊合同折扣的相关指引[本实务操作指南第二章第二节四(二)]。某些情况下,合同折扣本身就属于可变对价,但并不是所有折扣都是可变的,如果折扣是固定的,则不属于可变对价。此时,企业应当采用分摊折扣的相关指引,而不需要考虑分摊可变对价的相关指引。

### (五)交易价格的后续变动

在合同开始后,交易价格可能因各种原因而发生变动,如:不确定事项的消除或环境的其他变化,导致企业因向客户转让商品而预期有权收取的对价金额发生变化。

1. 交易价格后续变动的分摊。

交易价格的后续变动,应当以合同开始日确定的单独售价为基础分摊至相关履约义务[本实务操作指南第二章第二节四(一)]。企业不得因合同开始日之后单独售价的变动而重新分摊交易价格。在交易价格发生变动的期间,分摊至已履行的履约义务的金额应调整变动当期的收入。

2. 将交易价格变动全部分摊至一项或多项(非全部)履约义务。

与分摊可变对价的要求一致,只有满足第二章第二节四(三)所述的两个条件的情况下,才能将交易价格的变动全部分摊至一项或多项(非全部)履约义务(IFRS15.89)。

3. 合同变更导致的交易价格变动的处理。

合同变更之后发生可变对价后续变动的,企业应当区分以下三种情形分别进行会计处理:

(1)变更后的合同作为单独合同进行处理:企业应当判断可变对价后续变动与哪一项合同相关,并按照本实务操作指南第二章第二节四(一)的规定将交易价格的变动进行分摊。

(2)原合同终止,其未履约部分与合同变更合并为新合同[本实务操作指南第二章第二节一(七)2],且可变对价后续变动与合同变更前已承诺可变对价相关的,企业应当首先将该可变对价后续变动额以原合同开始日确定的基础进行分摊,然后再将分摊至合同变更日尚未履行履约义务的变动额以新合同开始日确定的基础进行二次分摊。

（3）合同变更之后发生除本条第(1)和(2)种情形以外的可变对价后续变动的，企业应当将该可变对价后续变动额分摊至合同变更日尚未履行的履约义务（准则第二十五条）。

交易价格后续变动的处理如图1-6所示。

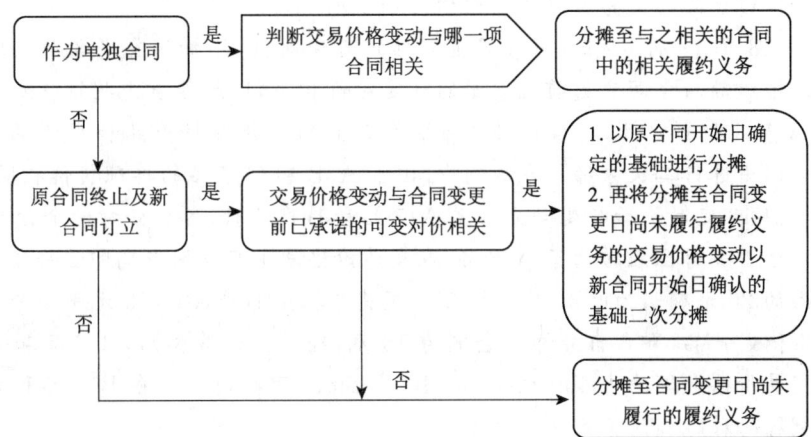

图1-6  交易价格后续变动的处理

### 例 31  交易价格后续变动的分摊

2×18年9月1日，甲公司与乙公司签订合同，向其销售A产品和B产品。A产品和B产品均为可明确区分商品且两种产品单独售价相同，也均属于在某一时点履行的履约义务。合同约定，A产品和B产品分别于2×18年11月1日和2×19年3月31日交付给乙公司。合同约定的对价包括1 000元的固定对价和估计金额为200元的可变对价。假定甲公司将200元的可变对价计入交易价格，满足本准则有关将可变对价金额计入交易价格的限制条件。因此，该合同的交易价格为1 200元。上述价格均不包含增值税。

2×18年12月1日，双方对合同范围进行了变更，乙公司向甲公司额外采购C产品，合同价格增加300元，C产品与A、B两种产品可明确区分，但该增加的价格不反映C产品的单独售价。C产品的单独售价与A产品和B产品相同。C产品将于2×19年6月30日交付给乙公司。

2×18年12月31日，企业预计有权收取的可变对价的估计金额由200元变更为240元，该金额符合将可变对价金额计入交易价格的限制条件。因此，合同的交易价格增加了40元，且甲公司认为该增加额与合同变更前已承诺的可变对价相关。

假定上述三种产品的控制权均随产品交付而转移给乙公司。

本例中，在合同开始日，该合同包含两项履约义务，甲公司应当将估计的交易价格分摊至这两项履约义务。由于两种产品的单独售价相同，且可变对价不符合分摊至其中一项履约义务的条件，因此，甲公司将交易价格1 200元平均分摊至A产品和B产品，即A产品和B产品各自分摊的交易价格均为600元。

2×18年11月1日，当A产品交付给客户时，甲公司相应确认收入600元。

2×18 年 12 月 1 日,双方进行了合同变更。该合同变更属于本准则第八条规定的第(二)种情形,因此该合同变更应当作为原合同终止,并将原合同的未履约部分与合同变更部分合并为新合同进行会计处理。在该新合同下,合同的交易价格为 900 元(600＋300),由于 B 产品和 C 产品的单独售价相同,分摊至 B 产品和 C 产品的交易价格的金额均为 450 元。

2×18 年 12 月 31 日,甲公司重新估计可变对价,增加了交易价格 40 元。由于该增加额与合同变更前已承诺的可变对价相关,因此应首先将该增加额分摊给 A 产品和 B 产品,之后再将分摊给 B 产品的部分在 B 产品和 C 产品形成的新合同中进行二次分摊。在本例中,由于 A、B 和 C 产品的单独售价相同,在将 40 元的可变对价后续变动分摊至 A 产品和 B 产品时,各自分摊的金额为 20 元。由于甲公司已经转让了 A 产品,在交易价格发生变动的当期即应将分摊至 A 产品的 20 元确认为收入。之后,甲公司将分摊至 B 产品的 20 元平均分摊至 B 产品和 C 产品,即各自分摊的金额为 10 元,经过上述分摊后,B 产品和 C 产品的交易价格金额均为 460 元(450＋10)。因此,甲公司分别在 B 产品和 C 产品控制权转移时确认收入 460 元。

[例 31]解析如图 1-7 所示。

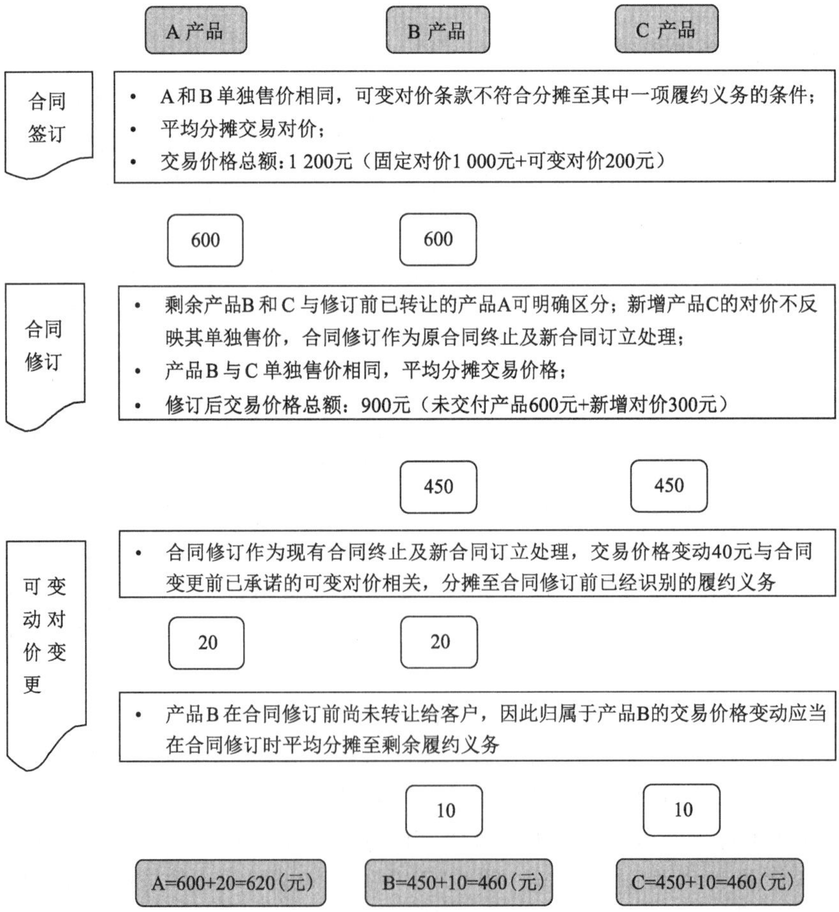

图 1-7　解析图示

## 五、在履行履约义务时确认收入(步骤5)

### (一) 关于控制

企业应当在履行了合同中的履约义务,即在客户取得相关商品控制权时确认收入(准则第四条)。

1. 控制的定义。

取得相关商品控制权,是指能够主导该商品的使用并从中获得几乎全部的经济利益,也包括有能力阻止其他方主导该商品的使用并从中获得经济利益。企业在判断商品的控制权是否发生转移时,应当从客户的角度进行分析,即客户是否取得了相关商品的控制权以及何时取得该控制权的。

商品和服务在其被取得及使用(许多服务属于这种情况)时是资产(即使只是暂时性的),因此取得相关商品或服务的控制权,也可以视作取得资产的控制权。

(1) 能力。

企业只有在客户拥有现时权利,能够主导该商品的使用并从中获得几乎全部经济利益时,才能确认收入。如果客户只能在未来的某一期间主导该商品的使用并从中获益,则表明其尚未取得该商品的控制权。例如,企业与客户签订合同为其生产产品,虽然合同约定该客户最终将能够主导该产品的使用,并获得几乎全部的经济利益,但是,只有在客户真正获得这些权利时(根据合同约定,可能是在生产过程中或更晚的时点),企业才能确认收入,在此之前,企业不应当确认收入。

(2) 主导作用。

客户有能力主导该商品的使用,是指客户在其活动中有权使用该商品,或者能够允许或阻止其他方使用该商品。

(3) 获得资产利益的方式。

客户必须拥有获得商品几乎全部经济利益的能力,才能被视为获得了对该商品的控制。商品的经济利益,是指该商品的潜在现金流量,既包括现金流入的增加,也包括现金流出的减少。客户可以通过使用、消耗、出售、处置、交换、抵押或持有等多种方式直接或间接地获得商品的经济利益。例如:

- 使用该资产以生产商品或提供服务(包括公共服务);
- 使用该资产以提升其他资产的价值;
- 使用该资产以清偿负债或减少费用;
- 出售或交换该资产;
- 将该资产作为贷款的抵押担保品;以及
- 持有该资产。

2. 以控制权转移代替原准则所有权上风险和报酬的转移。

原收入准则要求企业通过考虑所有权上的主要风险和报酬的转移来评估商品或服务的转让。然而,新收入准则要求企业应通过考虑客户何时获得对商

品或服务的控制来评估商品或服务的转让:

商品和服务均是客户取得的资产(尽管许多服务未确认为资产,因为这些服务是由客户在取得的同时消耗的),目前国际准则和中国准则对资产的定义均使用了"控制"一词(《企业会计准则——基本准则》第二十条"资产是指企业过去的交易或者事项形成的、由企业拥有或者控制的、预期会给企业带来经济利益的资源。"),即:不被企业"控制"的资产不属于企业的资产。

使用控制来评估商品或服务的转让可以使得商品或服务何时转让达成更为一致的意见,因为如果企业保留某些风险和报酬,则企业可能难以判断商品或服务所有权上适当水平的风险和报酬是否已转移给客户。

风险与报酬方法可能与识别履约义务相矛盾。例如,如果企业向客户转让一项产品,但仍保留某些与该产品相关的风险,则基于风险和报酬的评估可能导致企业识别出一项单项履约义务,该履约义务仅当所有风险消除后才得到履行(从而确认收入)。然而,基于控制的评估可能适当地识别出两项履约义务:一项针对产品的履约义务和另一项针对剩余服务的履约义务(例如,固定价格的维修协议),这些履约义务将在不同的时间履行(IFRS15 BC118)。

### (二)在某一时段内履行履约义务

针对识别出来的每一项履约义务(参见本实务操作指南第二章第二节二),企业应当在合同开始时确定其是在某一时段内履行履约义务,还是在某一时点履行履约义务。如果企业不是在某一时段内履行履约义务,则履约义务是在某一时点履行的。

1. 在某一时段内履行履约义务的条件。

满足下列三个条件之一的,属于在某一时段内履行履约义务,相关收入应当在该履约义务履行的期间内确认。

(1)客户在企业履约的同时即取得并消耗企业履约所带来的经济利益。

第一,直观的例子。

对于某些类型的履约义务,评估客户是否在企业履约时取得并消耗企业履约所带来的经济利益是较为直观的。如:常规或经常性服务合同(如,保洁服务),在很多典型的服务合同中,企业履约仅暂时地创造一项资产,因为该资产由客户同时取得和消耗。再如企业承诺代客户处理交易,客户会在每项交易的处理过程中同时取得和消耗相关利益(IFRS15. B3)。

第二,其他例子。

对于其他类型的履约义务,企业可能无法轻易、直观地确定客户是否在企业履约的同时取得并消耗企业履约所带来的利益。在此类情况下,可以假定在企业履约的过程中更换为其他企业继续履行剩余履约义务,当该继续履行合同的企业实质上无需重新执行企业累计至今已经完成的工作时,表明客户在企业履约的同时即取得并消耗了企业履约所带来的经济利益。

例如,甲企业承诺将客户的一批货物从 A 市运送到 B 市,假定该批货物在途经 C 市时,由乙运输公司接替甲企业继续提供该运输服务,由于 A 市到 C 市之间的运输服务是无需重新执行的,表明客户在甲企业履约的同时即取得并消耗了甲企业履约所带来的经济利益,因此,甲企业提供的运输服务属于在某一时段内履行的履约义务。

在确定另一企业是否实质上无需重新执行企业累计至今已完成的工作时,企业应当作出以下两项假设:

• 不考虑可能会使企业无法将剩余履约义务转移给另一企业的潜在合同限制或实际可行性限制;在上述甲企业提供运输服务的例子中,甲企业为客户提供运输服务时,双方可能会在合同中约定,合同双方均不得解除合同,在进行上述判断时不需要考虑这一约定。

• 假设继续履行剩余履约义务的其他企业将不会享有企业目前已控制的,且在剩余履约义务转移给其他企业后仍然控制的任何资产的利益。

作出以上假设的原因是因为该标准旨在确定对商品或服务的控制是否已转移给客户。这是通过对若由另一企业继续履行剩余履约部分其将需要实施哪些工作的假设性评估来实现的。因此,针对剩余履约部分的实际限制或合同限制实际上与关于企业是否已转移对迄今为止已提供的商品或服务的控制的评估无关。

(2)客户能够控制企业履约过程中在建的商品。

确定对商品或服务是否在某一时段内转移的第二个标准是,客户在资产被创造或改良的过程中是否控制该资产。如果客户控制了所有在产品,那么客户在企业提供商品或服务时就能获得其利益(满足第一个条件),因此履约义务是在某一时段内履行的。例如,对于企业在客户的土地上进行施工服务的建造合同,客户通常能够控制企业履约时所形成的任何在产品[关于是否"控制"的标准与本实务操作指南第二章第二节五(一)讨论的一致](IFRS15 BC129)。

履约过程中在建的商品或服务可以是有形资产,也可以是无形资产。例如,合同约定企业应在客户的所在地开发信息技术系统,则在开发或改良的过程中,客户控制该系统,因此属于在某一时段内履行履约义务。

(3)企业履约过程中所产出的商品具有不可替代用途,且该企业在整个合同期间内有权就累计至今已完成的履约部分收取款项。

第一,替代用途。

上述(3)中的"具有不可替代用途",是指因合同限制或实际可行性限制,企业不能轻易地将商品用于其他用途(准则第十一条)。

当企业的履约创造了可被企业用于替代用途的资产时,企业可以轻易地将资产用于另一客户,例如,企业制造很多标准的存货,并且企业可任意在与不同客户订立的合同间调换这些存货,在这种情况下,客户不具备限制企业将资产用于另一客户的能力,因此,客户不能控制资产(IFRS15 BC134)。

反之,当企业创造一项很大程度上为特定客户定制的资产时,该资产具有替代用途的可能性较低。这是因为企业如果想向另一客户出售这项资产,需要对其改装会发生重大成本(或需以显著降低的价格出售该资产)。在这种情况下,客户可被视为在履约发生时获得该履约的利益,并因此拥有对商品或服务(即被创造的资产)的控制(IFRS15 BC135)。

在考虑企业是否能够将商品或服务指定为其他用途时,应当考虑合同限制和实际可行性限制的影响,但无需考虑合同被终止的可能性。企业在判断商品是否具有不可替代用途时,应关注以下四点。

- 判断时点

判断时点是合同开始日。企业应当在合同开始日判断所承诺的商品是否具有不可替代用途,此后,除非发生合同变更,且该变更显著改变了原合同约定的履约义务,否则,企业无需重新进行判断。

- 合同限制

当合同中存在实质性的限制条款,导致企业不能将合同约定的商品用于其他用途时,该商品满足具有不可替代用途的条件。在判断限制条款是否具有实质性时,应当考虑企业试图把合同中约定的商品用于其他用途时,客户是否可以根据这些限制条款,主张其对该特定商品的权利,如果是,那么这些限制条款就是实质性的;相反,如果合同中约定的商品和企业的其他商品在很大程度上能够互相替换(例如,企业生产的标准化产品),而不会导致企业违约,也无需发生重大的成本,则表明该限制条款不具有实质性。

此外,如果合同中的限制条款仅为保护性条款(保护性权利通常导致企业具有在客户未知悉或不反对作出变更的情况下进行实物替换或将资产用于其他用途的实际能力),也不应考虑。例如,企业与客户约定,当企业清算时,不能向第三方转让代客户销售的某商品,该限制条款的目的是在企业清算时为客户提供保护,因此,应作为保护性条款,在判断该商品是否具有可替代用途时不应考虑。

- 实际可行性限制

虽然合同中没有限制条款,但是,当企业将合同中约定的商品用作其他用途,将导致企业遭受重大的经济损失时,企业将该商品用作其他用途的能力实际上受到了限制。企业遭受重大经济损失的原因可能是需要发生重大的返工成本,也可能是只能在承担重大损失的情况下才能将这些商品销售给其他客户。例如,企业根据某客户的要求,为其专门设计并生产了一套专用设备,由于该设备是定制化产品,企业如果将其销售给其他客户,需要发生重大的改造成本,表明企业将该产品用于其他用途的能力受到实际可行性的限制,因此,该产品满足"具有不可替代用途"的条件。又如,资产位于偏远地区,企业如将其取回并销售给其他客户,将导致发生重大的运费成本,从而使资产的取回变得不可行,也属于此处的"实际可行性限制"。

- 基于最终转移给客户的商品的特征判断

当商品在生产的前若干个生产步骤是标准化的,只是从某一时点(或者某一流程)才进入定制化的生产时,企业应当根据最终转移给客户时该商品的特征来判断其是否满足"具有不可替代用途"的条件。例如,某汽车零部件生产企业,为客户提供定制零部件的生产,该生产通常需要经过四道工序,前两道工序是标准工序,后两道工序是特殊工序,处于前两道工序的在产品,可以用于任一客户的需要,但是,进入第三道工序后的产品只能销售给某特定客户。在企业与该特定客户之间的有关最终产品的合同下,最终产品符合"具有不可替代用途"的条件。

需要注意的是,在考虑企业是否能够将商品或服务指定为其他用途时,应当考虑合同限制和实际限制的影响,但是,在确定另一企业是否无需实质上重新执行企业累计至今已完成的工作时[本实务操作指南第二章第二节五(二)1(1)],则不应考虑潜在的合同限制或实际限制。

第二,有权就累计至今已完成的履约部分收取款项。

有权就累计至今已完成的履约部分收取款项,是指在由于客户或其他方原因终止合同的情况下,企业有权就累计至今已完成的履约部分收取能够补偿其已发生成本和合理利润的款项,并且该权利具有法律约束力。需要强调的是,合同终止必须是由于客户或其他方而非企业自身的原因所致,在整个合同期间内的任一时点,企业均应当拥有此项权利。企业在进行判断时,需要注意下列五点。

- 有权收取款项的金额

企业有权收取的该款项应当大致相当于累计至今已经转移给客户的商品的售价,即该金额应当能够补偿企业已经发生的成本和合理利润。企业有权收取的款项为保证金或仅是补偿企业已经发生的成本或可能损失的利润的,不满足这一条件。补偿企业的合理利润并不意味着补偿金额一定要等于该合同的整体毛利水平。下列两种情形都属于补偿企业的合理利润:

➤ 根据合同终止前的履约进度对该合同的毛利水平进行调整后确定的金额作为补偿金额;

➤ 如果该合同的毛利水平高于企业同类合同的毛利水平,以企业从同类合同中能够获取的合理资本回报或者经营毛利作为利润补偿。

此外,当客户先行支付的合同价款金额足够重大(通常指全额预付合同价款),以致能够在整个合同期间内任一时点补偿企业已经发生的成本和合理利润时,如果客户要求提前终止合同,企业有权保留该款项并无需返还,且有相关法律法规支持的,则表明企业能够满足在整个合同期间内有权就累计至今已完成的履约部分收取款项的条件。

- 可执行权利无需是获得付款的现实无条件权利

该规定并不意味着企业拥有现时可行使的无条件收款权。企业通常会在与客户的合同中约定,只有在达到某一重要时点、某重要事项完成后或者整个合同完成之后,企业才拥有无条件的收取相应款项的权利。在这种情况下,企业在判断其是否有权就累计至今已完成的履约部分收取款项时,应当考虑,假设在发生由于客户或其他原因导致合同在该重要时点、重要事项完成前或合同完成前终止时,企业是否有权主张该收款权利,即是否有权要求客户补偿其累计至今已完成的履约部分应收的款项。

- 客户终止合同的情形

当客户只有在某些特定时点才有权终止合同,或者根本无权终止合同时,客户终止了合同(包括客户没有按照合同约定履行其义务),但是,合同条款或法律法规要求,企业应继续向客户转移合同中承诺的商品并因此有权要求客户支付对价,此种情况也符合"企业有权就累计至今已完成的履约部分收取款项"的要求。

- 评估是否存在可执行的获得付款权利

企业在进行判断时,既要考虑合同条款的约定,还应当充分考虑适用的法律法规、补充或者凌驾于合同条款之上的以往司法实践以及类似案例的结果等。例如:

A. 即使在合同没有明确约定的情况下,相关的法律法规等是否支持企业主张相关的收款权利;

B. 以往的司法实践是否表明合同中的某些条款没有法律约束力;或者

C. 在以往的类似合同中,企业虽然拥有此类权利,却在考虑了各种因素之后没有行使该权利,这是否会导致企业主张该权利的要求在当前的法律环境下不被支持。然而,尽管企业可能选择放弃其在类似合同中获得付款的权利,但如果在与客户之间的合同中,企业就迄今为止的履约部分获得付款的权利仍然是可执行的,则企业仍具有获得付款的权利。

- 合同的付款进度不表明可执行权利

企业和客户之间在合同中约定的付款时间进度表,不一定就表明企业有权就累计至今已完成的履约部分收取款项,这是因为合同约定的付款进度和企业的履约进度可能并不匹配。此种情况下,企业仍需要证据对其是否有该收款权进行判断。例如,合同可能会明确规定向客户收取的对价可因企业未能按合同承诺履约之外的其他原因而予以返还。

综上所述,商品具有不可替代用途和企业在整个合同期间内有权就累计至今已完成的履约部分收取款项这两个要素,在判断是否满足在某一时段履行的履约义务的第三种情况时缺一不可,且均与控制权的判断有关联。这是因为,当企业无法轻易地将产出的商品用于其他用途时,企业实际上是按照客户的要求生产商品。在这种情况下,如果合同约定,由于客户或其他方的原因导致合同被终止时,客户必须就企业累计至今已完成的履约部分支付款项,且该款项能够补偿企业已经发生的成本和合理利润,那么企业将因此而防止终止合同时企业未保留该商品或只保留几乎无价值的商品的风险。这与商品购销交易中,客户通常只有在取得对商品的控制权时才有义务支付相应的合同价款是一致的。因此,客户有义务(或无法避免)就企业已经完成的履约部分支付相应款项的情况表明,客户已获得企业履约所带来的经济利益。

### 例32 在客户的土地上提供建造服务

甲企业与客户签订合同,在客户拥有的土地上按照客户的设计要求为其建造厂房。在建造过程中客户有权修改厂房设计,并与甲企业重新协商设计变更后的合同价款。客户每月末按当月工程进度向甲企业支付工程款。如果客户终止合同,已完成建造部分的厂房归客户所有。

本例中,甲企业为客户建造厂房,该厂房位于客户的土地上,客户终止合同时,已建造的厂房归客户所有。这些均表明客户在该厂房建造的过程中就能够控制该在建的厂房。因此,甲企业提供的该建造服务属于在某一时段内履行的履约义务,企业应当在提供该服务的期间内确认收入。

**例 33　资产不具有可替代用途(参考 IFRS15. 示例 15)**

企业与政府机构客户订立一项建造专用卫星的合同。企业为各类客户(例如政府和商业企业)建造卫星,基于每一客户的需求及卫星所使用的技术类型,每一卫星的设计和建造均存在显著差异。

在合同开始时,企业根据《企业会计准则第 14 号——收入(2017 年修订)》第十一条评估其建造卫星的履约义务是否为在某一时段内履行的履约义务。在评估卫星产品是否具有替代作用时,企业认为尽管合同并未阻止其将建造完成的卫星提供给另一客户,但若将该资产提供给另一客户,企业会就重新设计及修订卫星功能等发生重大返工成本。因此,鉴于卫星特定于客户的设计限制了企业轻易地将该资产用于另一客户的实际能力,该资产不具备可替代用途。

**例 34　提供咨询服务的案例**

甲公司与乙公司签订合同,针对乙公司的实际情况和面临的具体问题,为改善其业务流程提供咨询服务,并出具专业的咨询意见。双方约定,甲公司仅需要向乙公司提交最终的咨询意见,而无需提交任何其在工作过程中编制的工作底稿和其他相关资料;在整个合同期间内,如果乙公司单方面终止合同,乙公司需要向甲公司支付违约金,违约金的金额等于甲公司已发生的成本加上 15% 的毛利率,该毛利率与甲公司在类似合同中能够赚取的毛利率大致相同。

本例中,在合同执行过程中,由于乙公司无法获得甲公司已经完成工作的工作底稿和其他任何资料,假设在执行合同的过程中,因甲公司无法履约而需要由其他公司来继续提供后续咨询服务并出具咨询意见时,其需要重新执行甲公司已经完成的工作,表明乙公司并未在甲公司履约的同时即取得并消耗了甲公司履约所带来的经济利益。然而,由于该咨询服务是针对乙公司的具体情况而提供的,甲公司无法将最终的咨询意见用作其他用途,表明其具有不可替代用途;此外,在整个合同期间内,如果乙公司单方面终止合同,甲公司根据合同条款可以主张其已发生的成本及合理利润,表明甲公司在整个合同期间内有权就累计至今已完成的履约部分收取款项。因此,甲公司向乙公司提供的咨询服务属于在某一时段内履行的履约义务,甲公司应当在其提供服务的期间内按照适当的履约进度确认收入。

**例 35　建造船舶的案例**

甲公司是一家造船企业,与乙公司签订了一份船舶建造合同,按照乙公司的具体要求设计和建造船舶。甲公司在自己的厂区内完成该船舶的建造,乙公司无法控制在建过程中的船舶。甲公司如果想把该船舶出售给其他客户,需要发生重大的改造成本。双方约定,如果乙公司单方面解约,乙公司需向甲公司支付相当于合同总价 30% 的违约金,且建造中的船舶归甲公司所有。假定该合同仅包含一项履约义务,即设计和建造船舶。

本例中,船舶是按照乙公司的具体要求进行设计和建造的,甲公司需要发生重大的改造成本将该船舶改造之后才能将其出售给其他客户,因此,该船舶具有不可替代用途。然而,如果乙公司单方面解约,仅需向甲公司支付相当于合同总价30%的违约金,表明甲公司无法在整个合同期间内都有权就累计至今已完成的履约部分收取能够补偿其已发生成本和合理利润的款项。因此,甲公司为乙公司设计和建造船舶不属于在某一时段内履行的履约义务。

**例36** 就累计至今已经完成的履约获得付款的可执行权利(参考 IFRS15.示例 16)

企业与客户订立一项建造设备项目的合同。合同规定客户必须在合同开始时预先支付合同价格的 10%,在合同期内定期支付各期款项(合同价格的50%),并在建造完成且设备已通过既定的性能测试时支付最后一笔付款(合同价格的40%)。除非企业未能按承诺履约,否则上述款项不可返还。如果客户终止合同,企业仅有权保留已从客户收取的进度款,不具有向客户索取补偿的任何进一步权利。

在合同开始时,企业根据《企业会计准则第 14 号——收入(2017 年修订)》第十一条评估其建造设备的履约义务是否为在某一时段内履行的履约义务。在评价其是否具有就迄今为止已完成的履约部分获得付款的可执行权利时,企业考虑即使客户支付的款项不可返还,但这些款项的累计金额预计并非在合同存续期内的任何时点均代表至少就企业迄今为止已完成的履约部分作出必要补偿的金额。这是因为在建造过程中的各个时点,客户累计支付的对价金额可能低于当时部分完工的设备项目的售价。因此,企业并不具有就迄今为止已完成的履约部分获得付款的可执行权利。

2. 履约进度。

对于在某一时段内履行的履约义务,企业应当在该段时间内按照履约进度确认收入,但是,履约进度不能合理确定的除外。企业应当考虑商品的性质,采用产出法或投入法确定恰当的履约进度。并且在确定履约进度时,应当扣除那些控制权尚未转移给客户的商品和服务。企业按照履约进度确认收入时,通常应当在资产负债表日按照合同的交易价格总额乘以履约进度扣除以前会计期间累计已确认的收入后的金额,确认为当期收入。

(1) 产出法。

产出法,是根据已转移给客户的商品对于客户的价值确定履约进度的方法,是以能够代表向客户转移商品控制权的产出指标直接计算履约进度的,即以对迄今为止已转让的商品或服务,相对于合同剩余的已承诺商品或服务对于客户的价值的直接计量结果为基础确认收入。产出法包括:实际测量的完工进度、评估已实现的结果、已达到的里程碑、时间进度及已完工或已交付的产品等产出指标等。

企业在评估是否采用产出法确定履约进度时,应当考虑具体的事实和情况,并选择能够如实反映企业履约进度和向客户转移商品控制权的产出指标。当选择的产出指标无法计量控制权已转移给客户的商品时,不应采用产出法。

例如,当处于生产过程中的在产品在其完工或交付前已属于客户时,如果该在产品对本合同或财务报表具有重要性,则在确定履约进度时不应使用已完工或已交付的产品作为产出指标,这是因为处于生产过程中的在产品的控制权也已经转移给了客户,而这些在产品并没有包括在产出指标的计量中,因此该指标并未如实反映已向客户转移商品的进度。又如,如果企业在合同约定的各个里程碑之间向客户转移了重大的商品的控制权,则很可能表明基于已达到的里程碑确定履约进度的方法是不恰当的。

简便实务操作方法:

为便于实务操作,当企业向客户开具发票的对价金额与向客户转让增量商品价值直接相一致时,如企业按照固定的费率以及发生的工时向客户开具账单,企业直接按照发票对价金额确认收入也是一种恰当的产出法。

如果合同到期时增量商品的单位价值可能发生变动,在采用该简便实务操作时,需要根据协议的事实和情况进行具体分析。分析的目标是确定对商品开具账单的金额,与累计至今已完成履约义务对于客户的价值是否直接对应。例如,基于未来电力市场价格,购买电力合同的价格可能每年发生变动,如果单位比例反映了该单位对于客户的价值,则可适用该实务简化操作。但在合同包含前端费用(upfront fees)和后端费用(back-end fees)时,是否适用该实务简化操作,需要职业判断。

产出法的不足之处在于,用于计量进度的产出可能无法直接观察到,以及企业取得运用产出法所必需的信息的成本可能过大。

(2)投入法。

投入法,根据企业履行履约义务的投入确定履约进度的方法,通常可采用投入的材料数量、花费的人工工时或机器工时、发生的成本和时间进度等投入指标确定履约进度。如果企业的工作或发生的投入在整个履约期间内平均发生,则企业按直线法确认收入可能是恰当的。

投入法所需要的投入指标虽然易于获得,但投入法的缺点在于,投入指标与企业向客户转移商品的控制权之间未必存在直接的对应关系。因此,企业在采用投入法确定履约进度时,应当扣除那些虽然已经发生、但是未导致向客户转移商品的投入。例如,企业为履行合同应开展一些初始活动,如果这些活动并没有向客户转移企业承诺的服务,则企业在使用投入法确定履约进度时,不应将为开展这些活动发生的相关投入包括在内。

例如,在按照累计实际发生的成本占预计总成本的比例(即,成本法)确定履约进度时,累计实际发生的成本包括企业向客户转移商品过程中所发生的直接成本和间接成本,如直接人工、直接材料、分包成本以及其他与合同相关的成本。在下列情况下可能需要对已发生的成本作出适当调整:

A. 已发生的成本并未反映企业履行履约义务的进度。例如,因企业生产效率低下等原因而导致的非正常消耗,包括非正常消耗的直接材料、直接人工及制造费用等,不应包括在累计实际发生的成本中,这是因为这些非正常消耗并没有为合同进度作出贡献,但是,企业和客户在订立合同时已经预见会发生这些成本并将其包括在合同价款中的除外。

B. 已发生的成本与企业履行履约义务的进度不成比例。在这种情况下,在采用成本法确定履约进度时需要进行适当调整,通常仅以已发生的成本为限确认收入。例如,对于施工中尚未安装、使用或耗用的商品(本段的商品不包括服务)或材料成本等,当企业在合同开始日就预期将能够满足下列所有条件时,应在采用成本法确定履约进度时不包括这些成本:

- 该商品或材料不可明确区分,即不构成单项履约义务;
- 客户先取得该商品或材料的控制权,之后才接受与之相关的服务;
- 该商品或材料的成本相对于预计总成本而言是重大的;以及
- 企业自第三方采购该商品或材料,且未深入参与其设计和制造,对于包含该商品的履约义务而言,企业是主要责任人。

企业为履行属于在某一时段内履行的单项履约义务而发生的支出并非均衡发生的,在采用某种方法(例如成本法)确定履约进度时,可能会导致企业对于较早生产的产品确认更多的收入和成本。例如,企业承诺向客户交付一定数量的商品,且该承诺构成单项履约义务,在履约的前期,由于经验不足、技术不成熟、操作不熟练等原因,企业可能会发生较高的成本,而随着经验的不断累积,企业的生产效率逐步提高,导致企业的履约成本逐步下降。这一结果是合理的,因为这表明企业在合同早期的履约情况具有更高的价值,正如企业只销售一件产品的售价可能会高于销售多件产品时的平均价格一样。如果该单项履约义务属于在某一时点履行的履约义务,企业则需要按照其他相关会计准则对相关支出进行会计处理(例如,按照《企业会计准则第 1 号——存货》,生产商品的成本将作为存货进行累计,企业应选择适当方法计量存货);不属于其他相关企业会计准则规范范围的,应当按照本准则第二十六条和第二十七条的规定判断将其确认为一项资产还是计入当期损益。

(3) 资产负债表日对履约进度的重新估计。

每一资产负债表日,企业应当对履约进度进行重新估计。当客观环境发生变化时,企业也需要重新评估履约进度是否发生变化,以确保履约进度能够反映履约情况的变化,该变化应当作为会计估计变更进行会计处理。对于每一项履约义务,企业只能采用一种方法来确定其履约进度,并加以一贯运用。对于类似情况下的类似履约义务,企业应当采用相同的方法(例如,成本法)确定履约进度。

(4) 履约进度不能合理确定时。

对于在某一时段内履行的履约义务,只有当其履约进度能够合理确定时,才应当按照履约进度确认收入。企业如果无法获得确定履约进度所需的可靠信息,则无法合理地确定其履行履约义务的进度。当履约进度不能合理确定时,企业已经发生的成本预计能够得到补偿的,应当按照已经发生的成本金额确认收入,直到履约进度能够合理确定为止。

(5) 在一段时间内履行的随时准备义务的履约进度确定。

如果随时准备(stand-ready)履行的义务[本实务操作指南第二章第二节二

(二)2]属于在一段时间内履行的,则在确定其履约进度时应充分运用职业判断。为反映企业承诺的性质,其对履约进度的计量应与已经完成履约义务的计量过程一致。一般来说,对于随时准备义务,按照直线法确定履约进度可能是比较合理的估计方法。

例如,企业与客户约定,在下雪的时候为客户提供除雪服务。企业不知道,也很可能无法估计下雪的频率(次数)或时间,这表明,企业承诺的性质是随时准备在需要时候提供服务。在本例中,由于天气情况的不可预知,客户可能在1年的合同期内都无法受益。因此,企业可能选择更加适当的计量方式。例如,可以基于预期履行随时准备义务的影响进行计量,这将导致,分配给冬天的金额要大于夏天的金额。

再比如,企业承诺向客户提供非特定的"可供使用时即时提供(when-and-if available)"的软件更新,企业随时准备在可供使用时即时提供更新,客户在合同承诺的期间内受益,该期间内企业将开发任何可用的软件更新。因此,以时间为基础的计量方法,即在客户有权享有企业开发的任何更新的整个期间内分摊,可能是较为适当的方法。

(6) 单项履约义务包含多项承诺商品时履约进度的确定。

对于每一项履约义务,企业只能采用一种方法来确定其履约进度,并加以一贯运用。因此当单项履约义务包含了多项承诺的商品时(例如,单个商品是不可区分的,或者不可区分的商品合并作为一项可区分的商品),如何确定该履约义务的履约进度比较复杂,需要根据事实和情况进行具体判断。在判断时,企业应当考虑该单项履约义务整体承诺的性质,以及其将商品评价为不可区分,从而合并为一个单项履约义务的原因。

当对合并履约义务履约进度识别单一计量方法存在挑战时,这可能表明企业并未识别出适当的履约义务,即,可能存在不止一项履约义务。但这并不是说,企业在这种情况下一定是错误识别了履约义务。这是因为,在新收入准则下,企业是否已适当识别了计量单元,并为合并履约义务选择了单一的计量方法,是需要重大职业判断的。

### 例37　计量履约进度——产出法

甲公司与客户签订合同,为该客户拥有的一条铁路更换 100 根铁轨,合同价格为 10 万元(不含税价)。截至 2×18 年 12 月 31 日,甲公司共更换铁轨 60 根,剩余部分预计在 2×19 年 3 月 31 日之前完成。该合同仅包含一项履约义务,且该履约义务满足在某一时段内履行的条件。假定不考虑其他情况。

本例中,甲公司提供的更换铁轨的服务属于在某一时段内履行的履约义务,甲公司按照已完成的工作量确定履约进度。因此,截至 2×18 年 12 月 31 日,该合同的履约进度为 60%(60÷100×100%),甲公司应确认的收入为 6 万元(10×60%)。

### 例38　计量履约进度——在商品或服务可供客户使用时计量履约进度

乙公司经营一家健身俱乐部。2×18 年 2 月 1 日,某客户与乙公司签订合同,成为乙公司的会员,并向乙公司支付会员费3 600元(不含税价),可在未来的12个月内在该俱乐部健身,且没有次数的限制。

本例中,客户在会籍期间可随时来俱乐部健身,且没有次数限制,客户已使用俱乐部健身的次数不会影响其未来继续使用的次数,乙公司在该合同下的履约义务是承诺随时准备在客户需要时为其提供健身服务,因此,该履约义务属于在某一时段内履行的履约义务,并且该履约义务在会员的会籍期间内随时间的流逝而被履行。因此,乙公司按照直线法确认收入,即每月应当确认的收入为300元(3 600÷12),截至2×18年12月31日,乙公司应确认的收入为3 300元(300×11)。

需要说明的是,如果客户购买的是确定数量的服务,如在未来12个月内,客户可随时来健身俱乐部健身100次,则乙公司的履约义务是为客户提供这100次健身服务,而不是随时准备为其提供健身服务的承诺。因此,乙公司应当按照客户已使用健身服务的次数确认收入。

**例39** **计量履约进度——未安装的物料(调整投入法)(参考 IFRS15.示例19)**

20×2年11月,企业与客户订立一项装修一幢3层建筑并安装新电梯的合同,合同总对价为5 000 000元。已承诺的装修服务(包括安装电梯)是一项在某一时段内履行的履约义务。预计总成本为4 000 000元(包括电梯成本1 500 000元)。因为企业在电梯转移给客户之前获得对电梯的控制,因此企业属于主要责任人,企业并未参与电梯的设计或制造。交易价格和预计成本汇总如下:

| | |
|---|---|
| 交易价格 | 5 000 000元 |
| 预计成本: | |
| 电梯 | 1 500 000元 |
| 其他成本 | 2 500 000元 |
| 预计总成本 | 4 000 000元 |

企业使用投入法基于已发生的成本来计量其履约义务的履约进度。企业评估为购买电梯所发生的成本是否与企业履约义务的履约进度成比例[本实务操作指南第二章第二节五(二)2(2)]。客户在20×2年12月电梯运抵该建筑时获得对电梯的控制,尽管电梯直至20×3年6月才进行安装。购买电梯的成本1 500 000元相对于履行履约义务的预计总成本4 000 000元而言是重大的。企业并未参与电梯的设计或制造。

企业认为将购买电梯的成本纳入履约进度的计量将导致高估企业的履约程度。因此,企业对履约进度的计量作出调整,将购买电梯的成本排除在已发生成本的计量及交易价格之外。按电梯购买成本的金额确认转让电梯所产生的收入(即,零毛利)。

在20×2年12月31日:

(1)已发生的其他成本(不包括电梯)为500 000元。

(2)履约进度=500 000÷2 500 000×100%=20%。

（3）收入确认＝（交易价格 5 000 000－电梯成本 1 500 000）×20％＋电梯成本 1 500 000＝2 200 000（元）。

（4）销售成本＝已发生成本 500 000＋电梯成本 1 500 000＝ 2 000 000（元）。

（5）利润＝2 200 000－ 2 000 000＝200 000（元）。

### （三）在某一时点履行的履约义务

对于在某一时点履行的履约义务,企业应当在客户取得相关商品控制权[本实务操作指南第二章第二节五(一)1]时点确认收入。在判断客户是否已取得商品控制权时,企业应当考虑下列迹象:

- 企业就该商品享有现时收款权利,即客户就该商品负有现时付款义务;
- 企业已将该商品的法定所有权转移给客户,即客户已拥有该商品的法定所有权;
- 企业已将该商品实物转移给客户,即客户已实物占有该商品;
- 企业已将该商品所有权上的主要风险和报酬转移给客户,即客户已取得该商品所有权上的主要风险和报酬;
- 客户已接受该商品;
- 其他表明客户已取得商品控制权的迹象(准则第十三条)。

需要强调的是,在上述几个迹象中,并没有哪一个或哪几个迹象是决定性的,企业应当根据合同条款和交易实质进行分析,综合判断其是否将商品的控制权转移给客户以及何时转移的,从而确定收入确认的时点。此外,企业应当从客户的角度进行评估,而不应当仅考虑企业自身的看法。

1. 企业就该商品享有现时收款权利。

如果客户具有现时义务就商品进行支付,这可能表明客户已取得主导交易商品的使用并获得其产生的几乎所有剩余利益的能力。

2. 客户已拥有该商品的法定所有权。

法定所有权可能显示合同的哪一方具有主导商品的使用并从中获得商品几乎全部经济利益,或者能够阻止其他企业获得这些利益的能力。因此,商品法定所有权的转移可能表明客户已取得对商品的控制。如果企业仅仅是为了确保到期收回货款的原因而保留商品的法定所有权,企业的此类权利并不妨碍客户取得对商品的控制。

3. 客户已实物占有该商品。

客户对商品的实物占有可能表明客户已具有主导商品的使用并从中获得商品几乎全部经济利益,或者能够阻止其他企业获得这些利益的能力。然而,对资产的实物占有可能不一定等同于对资产的控制。例如,在某些回购协议及特定的委托代销(本实务操作指南第二章第五节九)安排的情况下企业控制的商品,但实物可能由客户或受托方持有。相反,在某些"售后代管商品"(本实务操作指南第二章第五节十)的安排下,企业可能会持有由客户控制的商品。

4. 企业已将商品所有权上的主要风险和报酬转移给客户。

企业向客户转移了商品所有权上的主要风险和报酬,可能表明客户已经取得了主导该商品的使用并从中获得其几乎全部经济利益的能力。但是,在评估商品所有权上的主要风险和报酬是否转移时,不应考虑导致企业在除所转让商品之外产生其他单项履约义务的风险。例如,企业将产品销售给客户,并承诺提供后续维护服务的安排中,销售产品和提供维护服务均构成单项履约义务,企业将产品销售给客户之后,虽然仍然保留了与后续维护服务相关的风险,但是,由于维护服务构成单项履约义务,所以该保留的风险并不影响企业已将产品所有权上的主要风险和报酬转移给客户的判断。

5. 客户已接受该商品。

如果客户已经接受了企业提供的商品,例如,企业销售给客户的商品通过了客户的验收,可能表明客户已经取得了该商品的控制权。合同中有关客户验收的条款,可能允许客户在商品不符合约定规格的情况下解除合同或要求企业采取补救措施。因此,企业在评估是否已经将商品的控制权转移给客户时,应当考虑此类条款。

(1) 当企业能够客观地确定其已经按照合同约定的标准和条件将商品的控制权转移给客户时,客户验收只是一项例行程序,并不影响企业判断客户取得该商品控制权的时点。例如,企业向客户销售一批必须满足规定尺寸和重量的产品,合同约定,客户收到该产品时,将对此进行验收。由于该验收条件是一个客观标准,企业在客户验收前就能够确定其是否满足约定的标准,客户验收可能只是一项例行程序。实务中,企业应当根据过去执行类似合同积累的经验以及客户验收的结果取得相应证据。当在客户验收之前确认收入时,企业还应当考虑是否还存在剩余的履约义务,例如设备安装等,并且评估是否应当对其单独进行会计处理。

(2) 当企业无法客观地确定其向客户转让的商品是否符合合同规定的条件时,在客户验收之前,企业不能认为已经将该商品的控制权转移给了客户。这是因为,在这种情况下,企业无法确定客户是否能够主导该商品的使用并从中获得其几乎全部的经济利益。例如,客户主要基于主观判断进行验收时,该验收往往不能被视为仅仅是一项例行程序,在验收完成之前,企业无法确定其商品是否能够满足客户的主观标准,因此,企业应当在客户完成验收并接受该商品时才能确认收入。实务中,定制化程度越高的商品,越难以证明客户验收仅仅是一项例行程序。

(3) 如果企业将商品发送给客户供其试用或者测评,且客户并未承诺在试用期结束前支付任何对价,则在客户接受该商品或者在试用期结束之前,该商品的控制权并未转移给客户。

**例 40** **评估一项履约义务是在某一时点还是在某一段时间内履行(参考 IFRS15.示例17)**

企业正在建造一幢包含多个单元的住宅楼。某客户与企业订立一项特定在建单元的具约束力的销售合同。每一住宅单元均具有类似的建筑平面图及类似的面积,但各单元的其他属性(例如,单元在楼宇中的位置)则有所不同。

**情形 1:企业并不具有就迄今为止已完成的履约部分获得付款的可执行权利**

客户在订立合同时支付保证金,且该保证金仅在企业未能按合同完成该单元的建造时才可返还。剩余合同价格须在合同完成后客户实际取得该单元时支付。如果客户在该单元建造完成前违约,则企业仅有权保留已付的保证金。

在合同开始时,企业根据《企业会计准则第 14 号——收入(2017 年修订)》第十一条评估其建造设备的履约义务是否为在某一时段内履行的履约义务。在评估其是否不具有就迄今为止已完成的履约部分获得付款的可执行权利时,企业考虑因为直至单元建造完成前,其仅有权保留客户已付的保证金,因此不具有就迄今为止已完成的工作获得付款的权利,企业的履约义务并非在某一时段内履行的履约义务(同时也不满足准则第十一条(一)、(二)的条件),将该住宅单元的销售作为在某一时点履行的履约义务进行会计处理。

**情形 2:企业具有就迄今为止已完成的履约部分获得付款的可执行权利**

客户在订立合同时支付不可返还的保证金,并须在住宅单元的建造过程中支付进度款。合同具有禁止企业将该单元转让给另一客户的实质性条款。此外,除非企业未能按承诺履约,否则客户无权终止合同。如果客户在进度款到期时未能履行其支付已承诺进度款的义务,则企业在已完成相关单元的建造的情况下有权获得合同规定的所有已承诺对价。此前的法庭判例中,在开发商已履行其合同义务的情况下,开发商要求客户履约的类似权利得到了法庭的支持。

在合同开始时,企业根据《企业会计准则第 14 号——收入(2017 年修订)》第十一条评估其建造设备的履约义务是否为在某一时段内履行的履约义务。企业确定其履约所创造的资产(单元)不可被用于替代用途,因为合同禁止企业将该指定单元转让给另一客户。企业在评估能否将该资产转让给另一客户时,并未考虑合同终止的可能性。

此外,因为如果客户未能履行其义务,企业在继续按承诺履约的情况下将具有获得合同规定的所有已承诺对价的可执行权利,因此企业还具有就迄今为止已完成的履约部分获得付款的权利。因此,企业的履约义务属于在某一时段内履行的履约义务。

**情形 3:企业具有就迄今为止已完成的履约部分获得付款的可执行权利**

情形 3 与情形 2 的情况大致相同,其区别是在客户违约时,企业可以要求客户按合同规定履约,也可以取消合同以取得在建资产并获得客户按合同价格比例支付的罚款的权利。

尽管企业可以取消合同(在这一情况下客户对企业的义务仅限于向企业转移对部分完工资产的控制,并按规定支付罚款),但企业具有就迄今为止已完成的履约部分获得付款的权利,因为企业也可以选择执行其依照合同获得全额付款的权利。只要企业要求客户按合同规定继续履约(即支付已承诺的对价)的权利是可执行的,则在客户违约的情况下企业可以选择取消合同的事实不会影响这一评估结果。

以下为房地产合同的几个案例,仅为说明会计处理原理之用,不一定对应于我国或者特定国家或地区的法律和商业环境。

### 例 41 房地产合同是否满足在一段时间内确认收入

房地产开发企业开发建造某小区的商品住宅楼,与客户签订了住宅楼×单元×号的销售合同。该企业对客户承担的义务是按照合同约定建造并交付该住宅楼×单元×号,不能更改或替换具体的单元和房号。企业保留对住宅楼单元的合法所有权,直至客户在建造完成后支付购买价款为止。

客户在企业建造住宅楼时预付一部分购买价款,并在建造完成后支付余款(多数)。

该合同赋予了客户在建设中的多单元住宅楼中享有的不可分割的权益。客户不能取消合同(除非存在后述特殊情况),也不能改变住宅楼或单个单元的结构设计。在建造该住宅楼同时,客户可以转售或抵押其享有的合同权利,但房地产企业需对新买方进行信用风险分析。

客户和其他同意购买住宅楼中的单个单元的客户有权共同决定改变住宅楼的结构设计,但应与企业协商。

此外,如果该企业违反合同约定,客户和其他客户有权共同决定更换该企业或以其他方式停止该住宅楼的建造。虽然合同是不可撤销的,但在特殊情况下,例如客户失业或患有影响客户工作能力的重大疾病时,曾经发生过经法院裁定取消合同的情况。在合同被取消的情况下,企业应将收取客户的大部分款项退还给客户,但保留了一部分作为客户终止合同的罚金。

假定本案例的销售合同符合《企业会计准则第 14 号——收入(2017 年修订)》规范的合同标准,合同中只有一个单项履约义务,即:建造住宅楼。

案例分析:

1. 是否满足新收入准则第十一条(一)的条件?

企业在建造住宅楼时,其履约所创造的资产——住宅楼不是立即可消耗的资产,不会立即被客户消耗,因此不满足"客户在企业履约的同时即取得并消耗企业履约所带来的经济利益"的条件。

2. 是否满足新收入准则第十一条(二)的条件?

企业应评估在建造住宅楼时,客户是否有能力主导在建的住宅楼并从中获得几乎全部的经济利益(即:客户是否控制在建住宅楼)。在评价时,判断客户是否"控制"的对象应该是"企业履约过程中在建的商品"本身,在房地产销售合同中,企业履约创造的资产是住宅楼本身,不是未来获得房地产的权利。能够出售未来获得房地产的权利或作出与之相关的承诺不是控制房地产本身的证据。

(1)在建造住宅楼时,虽然客户可以转售或抵押其享有的合同权利,但在建造完成之前客户无法出售或抵押在建中的住宅楼单元本身。

(2)客户无法在建造住宅楼时改变其结构设计,也无法以其他方式使用在建中的单元。虽然客户有权利与其他客户一起决定更改住宅楼的结构设计,但这需要客户与其他客户共同协商决定,客户单独不能作出改变。

(3)当企业未能按照承诺履约时,客户与其他客户拥有的取代企业或停止建造的权利,但这种权利只是保护性权利,并不代表客户拥有对在建住宅楼的控制权。

(4)客户面临房地产市场价值变化的风险可能表明客户有能力从住宅楼单元中获得几乎全部经济收益。但是,这不会让客户有能力主导建造中的住宅楼单元的使用。

因为没有证据表明客户有能力主导在建的住宅楼单元的使用,客户不能控制建造中的住宅楼单元。因此,不满足第十一条(二)的条件。

3. 是否满足新收入准则第十一条(三)的条件?

(1)不可替代性。

企业与客户签订销售合同后,企业不得变更合同中约定的住宅楼×单元×号,或以其他单元替换。如果企业将资产用于其他用途,客户可以执行其对住宅楼单元的权利。因此,合同限制是实质性的,住宅楼单元具有不可替代用途。

(2)获得付款的可执行权利。

在评估就累计至今已完成的履约部分获得付款的权利是否存在、是否可执行时,企业应当考虑合同条款以及可作为合同条款的补偿,或者效力高于这些合同条款的法律法规或判决先例。本案例中相关法律先例表明,如果企业因自身未能按承诺履约之外的其他原因取消合同的话,其收取客户的大部分款项应退还给客户,仅留取少量的罚金,这些罚金不足以对已经完成的履约部分形成补偿。

尽管该合同中的商品具有不可替代性,但是企业在整个合同期间内没有对累计至今已完成的履约部分获得付款的可执行权利。因此,不满足第十一条(三)的条件。

综上,在该案例的房地产合同中,不符合新收入准则第十一条规定的三个条件之一,企业应在某一时点确认收入。

## 例 42　包含土地转让的房地产合同的确认收入

企业和客户订立不可撤销的合同,将企业所有的一块土地转让给客户,并在该土地上为客户建造一座建筑物,该建筑物包含许多住宅单元。

在合同开始时,企业不可撤销地将土地所有权转让给客户。合同规定了土地价格,客户在签订合同时支付土地价款。

在签订合同之前,企业和客户就建筑物的结构设计和规格达成一致意见。由于建筑物正在建设中:

(1)如果客户要求更改结构设计或规格,则先由企业根据合同中约定的方法对更改进行定价;然后客户再决定是否继续进行更改。企业可以仅凭少数几个理由,比如变动会违反规划许可,来拒绝客户的变更请求。企业只有在不更改会导致成本不合理增加或延迟施工时才可以要求更改结构设计或规格,此种情况下客户必须同意这些更改。

（2）客户应当在整个建造期间的关键点付款。但是，这些付款并不一定对应于累计至今已完成的工作量。

案例分析：

1. 转让土地的承诺是否为单项履约义务？

（1）客户能够从该商品本身或从该商品与其他易于获得资源一起使用中受益。

为评估是否满足上述条件，企业应考虑客户是否可以自行，或通过与其他可用资源一起使用而从土地/建筑物中获得利益。例如，客户可以聘请另一位开发商在该土地上建造一座建筑物吗？客户是否可以从企业或其他开发商那里在不受让土地的情况下获得建造服务？

在做此项评估时，应当基于商品或服务自身的特征，不应考虑合同中可能妨碍客户从除企业外的其他来源取得可供使用资源的合同限制。例如，不考虑在不受让土地的情况下，客户是否有能力聘请其他开发商在企业所有的该土地上进行开发建设。

经分析，土地和建筑物之间可以明确区分。

（2）企业向客户转让该商品的承诺与合同中其他承诺可单独区分。

在评估该条件时，企业应主要考虑风险的可分离性，即：转让一个商品的风险是否能够与转让其他商品的风险相分离。例如，合同承诺的目的是单独转让土地和建筑物，还是转让土地和建筑物的整合体？还应考虑转让商品或服务的承诺之间的整合程度，相互关系或相互依存关系；评估几个承诺之间是否存在相互影响的关系，而不考虑一个承诺在性质上是否依赖于另一个承诺。

A. 企业是否提供了重大整合服务？

在合同履行过程中土地转让和建筑物建造之间是否能够相互影响？如果企业没有转让土地，则其在建造建筑物方面的履约是否会有所不同？反之亦然。尽管土地和建筑物之间存在紧密联系——没有土地，建筑物就不能存在，建筑物的地基将建在土地上。然而，这并不一定意味着该企业在将土地转让给客户时所承担的风险与其在建造该建筑时所承担的风险无法分离。

B. 土地和建筑物是否具有高度关联性？

例如，即使没有建造建筑物，企业是否能够履行其转让土地的承诺；或者即使不转让土地，企业是否能够履行其建造建筑物的承诺？

分析结论如下：如果①无论是否转让了土地，企业在建造建筑物方面的履约都是相同的；②即使不转让土地，企业也能够履行其建造建筑物的承诺，并且即使不建造建筑物，企业也能够履行其转让土地的承诺。则企业转让土地的承诺与建造建筑物的承诺能够单独区分。

2. 是否满足在某一段时间内确认收入？

假设本案例中转让土地和建造建筑物为两个单项履约义务。

（1）转让土地如何确认收入？

该企业的履约行为是将土地转让给客户，土地并未立即被消耗，不满足准则第十一条（一）的条件；企业的履约也没有创造或产出土地，也不满足准则第十一条(二)和(三)的条件。

因此,企业应在某一时点确认转让土地的收入,本案例为合同开始、客户取得土地并支付价款时。

(2)建造建筑物如何确认收入?

企业的履约行为是建造一栋建筑物,这是一项不会立即被消耗的资产。因此不满足准则第十一条(一)的条件。

在考虑是否满足准则第十一条(二)的条件时,企业应评估在建造建筑物时,客户是否有能力主导在建的建筑物并从中获得几乎全部的经济利益(即:客户是否控制在建建筑物)。

A.客户具有主导在建建筑物使用的能力。客户通过控制土地并通过改变在建建筑物的结构设计和规格来获取这种能力。该合同还使客户能够防止企业或其他人主导建筑物的使用。

B.客户能够从建筑物中获得几乎所有剩余的经济利益。企业不能将该建筑物重新指定为另一个用途或交付给另一个客户。因此,在签订合同时,客户有能力从建筑物中获得几乎所有的剩余收益。合同还使客户能够防止企业或其他人从建筑物中获益。

IFRS 15.BC129也指出,"对于主体在客户的土地上施工的建造合同,客户通常控制由于主体履约所形成的任何在产品"。

综上,因为企业建造建筑物的履约义务满足准则第十一条(二)的条件,因此企业将在一段时间内确认与建造建筑物相关的收入。

**例 43** 对累计至今已完成的履约部分获得付款的权利

房地产开发企业开发建造某小区的商品住宅楼,与客户签订了住宅楼×单元×号的商品房销售合同。该企业对客户承担的义务是按照合同约定建造并交付该住宅楼×单元×号,不能更改或替换具体的单元和房号。企业保留对住宅楼单元的合法所有权,直至客户在建造完成后支付购买价款为止。

客户在合同开始时支付购买价格的10%,并在建造结束后支付余款。

客户有权在施工完成前随时取消合同。如果客户取消合同,则法律要求该房地产企业作出合理努力将住宅楼单元转售给第三方。转售时,企业与第三方签订新合同,由第三方向企业支付价款。如果企业从第三方获得的转售价格低于原始购买价格(加上销售成本),则原客户有法律义务向企业支付差价。

案例分析:

假设:该合同只有建造住宅楼一个单项履约义务,该履约义务不满足准则第十一条(一)、(二)的条件,但满足准则第十一条(三)中"具有不可替代用途"的条件。

(1)新收入准则第四条中收入确认的总体原则是"在客户取得相关商品控制权时确认收入",准则第十一条(三)规定的基本目标主要是为了确定企业是否在为客户创造资产的同时向该客户转移对商品或服务的控制。依据这一目标,企业有权根据现有合同的履约而收取的付款,才与确定企业对累计至今已完成的履约部分是否有可执行的付款权利有关。本案例中,如果客户取消合同,该企业在转售合同中从第三方收到的对价是与转售合同有关的对价——而不是客户现有合同下的履约付款。

(2)企业在与客户的现有合同下有权获得的付款是对住宅楼单元转售价格(如果有)与其原始购买价格(加上销售费用)之间的差额。该付款并非在整个合同存续期间的任何时间都至少接近于在建住宅楼单元的售价,它不会对该企业累计至今已完成的履约部分的付款进行补偿。

因此,该企业并没有准则第十一条(三)中所述的"对累计至今已完成的履约部分获得付款的权利"。

# 六、合同成本

## (一)取得合同的增量成本

1. 增量成本的概念。

增量成本,是指企业不取得合同就不会发生的成本(如销售佣金等)(准则第二十八条)。

2. 增量成本的核算。

企业为取得合同发生的增量成本预期能够收回的,应当作为合同取得成本确认为一项资产;但是,该资产摊销期限不超过1年的,可以在发生时计入当期损益。

企业为取得合同发生的、除预期能够收回的增量成本之外的其他支出(如无论是否取得合同均会发生的差旅费、投标费、为准备投标资料发生的相关费用等),应当在发生时计入当期损益,但是,明确由客户承担的除外(准则第二十八条)。

3. 特殊情形下的佣金核算。

(1)企业因现有合同续约或发生合同变更需要支付的额外佣金,也属于为取得合同发生的增量成本。实务中,当涉及合同取得成本的安排比较复杂时,企业需要运用判断,对发生的合同取得成本进行恰当的会计处理,例如,合同续约或合同变更时需要支付额外的佣金、企业支付的佣金金额取决于客户未来的履约情况或者取决于累计取得的合同数量或金额等。

(2)为取得合同需要支付的佣金在履行合同的过程中分期支付,且客户违约时企业无需支付剩余佣金的,如果该合同在合同开始日即满足本准则第五条规定的五项条件[参见本实务操作指南第二章第二节一(二)],该佣金预期能够从客户支付的对价中获得补偿,且取得合同后,收取佣金的一方不再为企业提供任何相关服务,则企业应当将应支付的佣金全额作为合同取得成本确认为一项资产。后续期间,如果客户的履约情况发生变化,企业应当评估该合同是否仍然满足本准则第五条规定的五项条件以及确认为资产的合同取得成本是否发生减值,并进行相应的会计处理。

这一处理也同样适用于客户违约可能导致企业收回已经支付的佣金的情况。当企业发生的合同取得成本与多份合同相关(例如,企业支付的佣金取决于累计取得的合同数量或金额)时,情况可能更为复杂,企业应当根据实际情况进行判断,并进行相应的会计处理。

**例 44　取得合同的增量成本(参考 IFRS15.示例 36)**

企业是一家咨询服务提供商,其获得了向一家新客户提供咨询服务的竞标。为取得合同企业发生了下列成本:

| | |
|---|---|
| 与尽职调查相关的外部法律费用 | 15 000 元 |
| 提交建议书的差旅费用 | 25 000 元 |
| 向销售员工支付的佣金 | 10 000 元 |
| 已发生的成本合计 | 50 000 元 |

根据《企业会计准则第 14 号——收入(2017 年修订)》第二十八条,企业预期将可通过未来的咨询服务费收回向销售员工支付佣金 10 000 元,因此将该成本确认为一项资产。

企业同时基于年度销售目标、整体盈利情况及个人业绩来评估向销售主管酌情支付的年度奖金。因为这些奖金并非取得合同的增量成本,奖金金额是酌情确定的且取决于其他因素(包括企业的盈利情况和个人业绩)。因此奖金并非可直接归属于可辨认的合同,不应将向销售主管支付的奖金确认为一项资产。

此外,外部法律费用和差旅费用无论是否取得合同均将发生。因此,这些成本应在发生时确认为费用,除非其属于其他准则的范围(在这些情况下,适用其他准则的相关规定)。

**例 45　合同续约或变更需支付的额外佣金**

根据甲公司的相关政策,销售部门的员工每取得一份新的合同,可以获得提成 100 元,现有合同每续约一次,员工可以获得提成 60 元。甲公司预期上述提成均能够收回。本例中,甲公司为取得新合同支付给员工的提成 100 元,属于为取得合同发生的增量成本,且预期能够收回,因此,应当确认为一项资产。同样地,甲公司为现有合同续约支付给员工的提成 60 元,也属于为取得合同发生的增量成本,这是因为如果不发生合同续约,就不会支付相应的提成,由于该提成预期能够收回,甲公司应当在每次续约时将应支付的相关提成确认为一项资产。

假定:除上述规定外,甲公司相关政策规定,当合同变更时,如果客户在原合同的基础上,向甲公司支付额外的对价以购买额外的商品,则甲公司需根据该新增的合同金额向销售人员支付一定的提成。在这种情况下,无论相关合同变更属于本准则第八条规定的哪一种情形[参见本实务操作指南第二章第二节一(七)],甲公司均应当将应支付的提成视同为取得合同(变更后的合同)发生的增量成本进行会计处理。

### (二) 履行合同的成本

1. 确认为一项资产的前提。

企业为履行合同发生的成本在满足本实务操作指南第二章第二节六(二)2 的三个条件时可以确认为一项资产。但其前提是:该履行合同的成本不属于其他准则规范的范围。比如,《企业会计准则第 1 号——存货》《企业会计准则第 4 号——固定资产》《企业会计准则第 6 号——无形资产》等。

对于已发生的属于其他准则范围的履行与客户之间的合同的成本,企业应当按照其他准则的要求对这些成本进行会计处理。

2. 确认为一项资产的三个条件。

企业为履行合同发生的成本,不属于其他企业会计准则规范范围[本实务操作指南第二章第二节六(二)1]且同时满足下列三个条件的,应当作为合同履约成本确认为一项资产(准则第二十六条):

(1) 该成本与一份当前或预期取得的合同直接相关,预期取得的合同应当是企业能够明确识别的合同,例如,现有合同续约后的合同、尚未获得批准的特定合同等。包括直接人工、直接材料、制造费用(或类似费用)、明确由客户承担的成本以及仅因该合同而发生的其他成本等:

• 直接人工(例如,支付给直接为客户提供所承诺服务的员工的工资、奖金等);

• 直接材料(例如,为履行合同所耗用的原材料、辅助材料、构配件、零件、半成品的成本和周转材料的摊销及租赁费用等);

• 制造费用(或类似费用,例如,组织和管理相关生产、施工、服务等活动发生的费用,包括管理人员的职工薪酬、劳动保护费、固定资产折旧费及修理费、物料消耗、取暖费、水电费、办公费、差旅费、财产保险费、工程保修费、排污费、临时设施摊销费等);

• 明确由客户承担的成本以及仅因该合同而发生的其他成本(例如,支付给分包商的成本、机械使用费、设计和技术援助费用、施工现场二次搬运费、生产工具和用具使用费、检验试验费、工程定位复测费、工程点交费用、场地清理费等)。

(2) 该成本增加了企业未来用于履行(包括持续履行)履约义务的资源。

(3) 该成本预期能够收回。

3. 确认为费用的成本支出。

企业应当在下列支出发生时,将其计入当期损益:

(1) 管理费用,除非这些费用明确由客户承担。

(2) 非正常消耗的直接材料、直接人工和制造费用(或类似费用),这些支出为履行合同发生,但未反映在合同价格中。

(3) 与履约义务中已履行(包括已全部履行或部分履行)部分相关的支出,即该支出与企业过去的履约活动相关。

(4) 无法在尚未履行的与已履行(或已部分履行)的履约义务之间区分的相关支出(准则第二十七条)。

**例 46**　**形成一项资产的成本**(参考 IFRS15. 示例 37)

企业订立了一项为期 5 年的管理客户信息技术数据中心的服务合同。合同可随后每次续约 1 年,客户的平均服务期限为 7 年。企业在客户签署合同时向员工支付 10 000 元的销售佣金。在提供服务之前,企业设计和购建了一个供企业内部使用的与客户系统相连接的技术平台。这一平台并不会转让给客户,但将用于向客户交付服务。

**取得合同的增量成本:**

根据《企业会计准则第 14 号——收入(2017 年修订)》第二十八条,企业预期将可通过未来的提供服务收回向销售员工支付的销售佣金,因此将该成本 10 000 元确认为一项资产,并将该资产在 7 年内摊销,因为该资产涉及 5 年合同期内向客户转让的服务,且企业预期该合同随后将续约两次(每次续约 1 年)。

**履行合同的成本:**

企业构建技术平台发生的初始成本如下:

| | |
|---|---|
| 设计服务 | 40 000 元 |
| 硬件 | 120 000 元 |
| 软件 | 90 000 元 |
| 数据中心的迁移和测试 | 100 000 元 |
| 成本合计 | 350 000 元 |

初始准备活动成本主要涉及履行合同但不是向客户转让商品或服务的活动。企业对初始准备活动的成本的会计处理如下:

(1) 硬件成本:按照《企业会计准则第 4 号——固定资产》进行会计处理。

(2) 软件成本:按照《企业会计准则第 6 号——无形资产》进行会计处理。

(3) 数据中心的设计、迁移和测试成本:根据《企业会计准则第 14 号——收入(2017 年修订)》第二十六条进行评估,以确定可否将履行合同的成本确认为一项资产。所确认的资产将在企业预期提供与数据中心相关服务的 7 年期间内(即 5 年合同期加上预期续约两次,每次 1 年)以系统化的方式进行摊销。

除构建技术平台的初始成本外,企业同时委派 2 名主要负责向客户提供服务的员工。尽管这 2 名员工的成本在向客户提供服务时发生,但这一项成本不产生或改良企业的资源[《企业会计准则第 14 号——收入(2017 年修订)》第二十六条(二),本实务操作指南第二章第二节六(二)2],因此不将其确认为一项资产,而应在这 2 名员工的工资支出发生时确认相应的工资费用。

### (三) 确认为资产的合同成本的摊销

与合同成本有关的资产(包括与合同履约成本有关的、以及与合同取得成本有关的资产),应当采用与该资产相关的商品收入确认相同的基础(即,在履约义务履行的时点或按照履约义务的履约进度)进行摊销,计入当期损益(准则第二十九条)。

但是,企业取得合同的增量成本而确认的资产,如果摊销期限不超过 1 年的,可以在发生时计入当期损益。如果企业采用该简化处理方法的,应当对所有类似合同一致采用。

1. 存在续约时佣金的摊销期限。

在确定与合同成本有关的资产的摊销期限和方式时,如果该资产与一份预期将要取得的合同(如续约后的合同)相关,则在确定相关摊销期限和方式时,应当考虑该将要取得的合同的影响。但是,对于合同取得成本而言,如果合同续约时,企业仍需要支付与取得原合同相当的佣金,这表明取得原合同时支付的佣金与未来预期取得的合同无关,该佣金只能在原合同的期限内进行摊销。企业为合同续约仍需支付的佣金是否与原合同相当,需要根据具体情况进行判断。例如,如果两份合同的佣金按照各自合同金额的相同比例计算,通常表明这两份合同的佣金水平是相当的,但是,实务中,与取得原合同相比,现有合同续约的难度可能较低,因此,即使合同续约时应支付的佣金低于取得原合同的佣金,也可能表明这两份合同的佣金水平是相当的。

2. 合同中存在多项履约义务时合同取得成本的摊销。

某些情况下,企业将为取得某份合同发生的增量成本确认为一项资产,但是该合同中包含多项履约义务,且这些履约义务在不同的时点或时段内履行。在确定该项资产的摊销方式时,企业可以基于各项履约义务分摊的交易价格的相对比例,将该项资产分摊至各项履约义务,再以与该履约义务(可明确区分的商品)的收入确认相同的基础进行摊销;或者,企业可以考虑合同中包含的所有履约义务,采用恰当的方法确定合同的完成情况,即,应当最能反映该资产随相关商品的转移而被"耗用"的情况,并以此为基础对该资产进行摊销。通常情况下,上述两种方法的结果可能是近似的,但是,后者无需将合同取得成本特别分摊至合同中的各项履约义务。

3. 资产摊销情况的复核和更新。

企业应当根据向客户转让与上述资产相关的商品的预期时间变化,对资产的摊销情况进行复核并更新,以反映该预期时间的重大变化。此类变化应当作为会计估计变更,按照《企业会计准则第 28 号————会计政策、会计估计变更和差错更正》进行会计处理。

### (四) 确认为资产的合同成本的减值

1. 减值的计提和转回。

与合同成本有关的资产[本实务操作指南第二章第二节六(二)2],其账面价值高于下列两项的差额的,超出部分应当计提减值准备,并确认为资产减值损失:①企业因转让与该资产相关的商品预期能够取得的剩余对价;②为转让该相关商品估计将要发生的成本。

(1) 因转让与该资产相关的商品预期能够取得的剩余对价。

企业应当按照确定交易价格的原则预计其能够取得的剩余对价,但是关于可变对价估计的限制要求除外。之所以将可变对价估计的限制要求排除,将可能因不确定性过大而无法纳入收入确认的未来现金流量在减值测试时也作为"预期能够取得的剩余对价",是考虑到确认为资产的合同成本的减值计量和确认的目标不同于收入的计量目标。减值目标是确定因取得合同和履行合同的成本形成的资产账面金额是否可以收回,这一目标与企业会计准则中的其他减值方法(包括评估客户信用风险以及预计可变对价金额是否能够收到)是一致的。

在预计剩余对价时,也应考虑合同未来的更新和续约,新收入准则第二十六条规范的合同成本资本化条件之一"该成本与一份当前或预期取得的合同直接相关",预期取得的合同包括现有合同续约后的合同、尚未获得批准的特定合同等,因此在资本化合同成本减值测试估计未来现金流量时也应考虑合同更新或续约。

(2)为转让该相关商品估计将要发生的成本。

估计将要发生的成本主要包括直接人工、直接材料、制造费用(或类似费用)、明确由客户承担的成本以及仅因该合同而发生的其他成本等。

以前期间减值的因素之后发生变化,使得本部分第一段(一)减(二)的差额高于该资产账面价值的,应当转回原已计提的资产减值准备,并计入当期损益,但转回后的资产账面价值不应超过假定不计提减值准备情况下该资产在转回日的账面价值(准则第三十条)。

2. 测试减值的顺序。

在确定与合同成本有关的资产的减值损失时,应按照以下顺序进行:

首先,企业应当对按照其他相关会计准则确认的、与合同有关的其他资产确定减值损失(如《企业会计准则第1号——存货》);

其次,按照上述"1. 减值的计提和转回"确定与合同成本有关的资产的减值损失;

最后,企业按照《企业会计准则第8号——资产减值》测试相关资产组的减值情况时,应当将按照前款规定确定与合同成本有关的资产减值后的新账面价值计入相关资产组的账面价值(准则第三十一条)。

# 第三节 列 报

企业应当根据本企业履行履约义务与客户付款之间的关系在资产负债表中列示合同资产或合同负债。企业拥有的、无条件(即,仅取决于时间流逝)向客户收取对价的权利应当作为应收款项单独列示(准则第四十一条)。

## 一、合同资产

合同资产,是指企业已向客户转让商品而有权收取对价的权利,且该权利取决于时间流逝之外的其他因素。如企业向客户销售两项可明确区分的商品,企业因已交付其中一项商品而有权收取款项,但收取该款项还取决于企业交付另一项商品的,企业应当将该收款权利作为合同资产(准则第四十一条)。

按照本准则确认的合同资产的减值应当按照《企业会计准则第22号——金融工具确认和计量》和《企业会计准则第37号——金融工具列报》处理(准则

第四十一条）。

## 二、合同资产与应收款项的区别

如前所述,企业拥有的无条件向客户收取对价的权利应当作为应收款项单独列示,而不作为合同资产列报。应收款项是企业获得对价的无条件权利,而所谓"无条件收款权"是指在合同对价到期支付之前仅仅随着时间流逝即可收款的权利。区分合同资产与应收款十分重要,这为财务报表使用者提供了关于与企业合同权利相关的风险的信息,因为尽管合同资产和应收款均面临信用风险,但合同资产同时面临其他风险(例如,履约风险),两者是不同的。

如果企业在客户支付对价之前,先通过履行履约义务进行履约,则企业拥有一项合同资产——因向客户转让商品或服务而有权向客户收取对价的权利。在许多情况下,该合同资产是获得对价的无条件权利(即"应收款项"),因为只需对价支付前所需的时间流逝到期时即可获得支付。但是在其他情况下,企业已履行履约义务但并没有获得对价的无条件权利(例如,因企业必须首先履行合同中的另一项履约义务)。如果企业已履行履约义务但并无获得对价的无条件权利,企业应将其确认为一项合同资产。企业一旦拥有获得对价的无条件权利,应将该权利作为一项应收款与合同资产分开列示。

在许多情况下,当企业已履行履约义务并向客户开具发票时,将产生获得对价的无条件权利。但是,企业向客户开具发票要求付款的行为并不能表明企业是否拥有获得对价的无条件权利。仅当对价支付前所需等待的时间结束后便可收取对价,则企业可能在开具发票前便拥有获得对价的无条件权利(未开具账单的应收款)。

在其他情况下,企业也有可能在履行履约义务之前便拥有获得对价的无条件权利。例如,企业可能订立一份不可撤销的合同,要求客户在企业提供商品或服务前的一个月支付相关对价。在这种情况下,企业在支付到期日拥有获得对价的无条件权利(但是在这种情况下,企业仅在已转让商品或服务之后才能确认收入)。

在某些情况下,即使企业可能需要在未来返还部分或全部对价,企业仍拥有获得对价的无条件权利。在这种情况下,在未来返还对价的潜在义务不会影响企业收取对价总额的现时权利。在这种情况下,企业可以确认一项应收款和一项退款负债(例如,企业在附有销售退回条款的合同下收取的合同对价)(参考 IFRS15. BC323～326)。

**例 47　就企业履约确认的合同资产**

20×8 年 3 月 1 日,企业与客户订立一项以 1 000 元向客户转让产品 A 和产品 B 的合同。合同约定,A 产品于合同开始日交付,B 产品在 1 个月之后交付,只有企业将产品 A 及产品 B 均交付之后,才能收取 1 000 元的对价。据此,直至产品 A 及产品 B 都被转让给客户之前,企业不具有取得对价的无条件权利

（一项应收款）。

企业将转让产品 A 及产品 B 的承诺识别为两项单独的履约义务，并基于该两项产品单独售价的相对比例将 400 元分摊至转让产品 A 的履约义务、将 600 元分摊至转让产品 B 的履约义务。上述价格均不包含增值税，且假定不考虑相关税费影响。企业在产品的控制权转移至客户时针对每一项单独的履约义务确认收入。

企业将 A 产品交付给客户之后，与该商品相关的履约义务已经履行，但是需要等到后续交付 B 产品时，企业才具有无条件收取合同对价的权利，因此，企业应当将因交付 A 产品而有权收取的对价 400 元确认为合同资产，而不是应收账款，相应的账务处理如下：

（1）企业履行转让产品 A 的履约义务：

借：合同资产 400
　贷：主营业务收入 400

（2）企业履行转让产品 B 的履约义务，同时确认收取对价的无条件权利：

借：应收账款 1 000
　贷：合同资产 400
　　主营业务收入 600

## 例 48　就企业履约确认的应收款（参考 IFRS15.示例 40）

20×9 年 1 月 1 日，企业与客户订立一项以 150 元/件的价格向客户转让产品的合同。合同规定若客户在一个日历年内购买超过 100 万件产品，则产品单价将追溯下调为 125 元/件。该产品控制权在交付时转移给客户。在合同开始日，企业估计该客户全年的采购量能够超过 100 万件。20×9 年 1 月 31 日，企业交付了第一批产品共 10 万件。上述价格均不包含增值税，且假定不考虑相关税费影响。

企业将产品交付给客户时取得了无条件的收款权，即企业有权按照每件产品 150 元的价格向客户收取款项，直到客户的采购量达到 100 万件为止。由于企业估计客户的采购量能够达到 100 万件，因此，根据将可变对价计入交易价格的限制要求，企业确定每件产品的交易价格为 125 元。

所以，在首次发货 10 万件产品时，企业确认：

借：应收账款（150 元/件×10 万件） 15 000 000
　贷：主营业务收入（125 元/件×10 万件） 12 500 000
　　预计负债——应付退货款 2 500 000

"预计负债——应付退货款"（本实务操作指南第二章第五节一）代表 25 元/件的退款，为预期提供给客户的数量折扣（即企业有权无条件收取的合同规定价格 150 元与估计交易价格 125 元之间的差额）。

## 三、合同负债

合同负债,是指企业已收或应收客户对价而应向客户转让商品的义务。如企业在转让承诺的商品之前已收取的款项(准则第四十一条)。

如果客户支付了对价或企业已经取得了无条件收取合同对价的权利(即,是一项应收款),在企业向客户转让商品或服务之前,企业应当在客户支付款项或到期应支付款项孰早时点,将该已收或应收的款项列示为合同负债。例如,企业与客户签订不可撤销的合同,向客户销售其生产的产品,合同开始日,企业收到客户支付的合同价款 1 000 元,相关产品将在 2 个月之后交付给客户,这种情况下,企业应当将该 1 000 元作为合同负债进行处理。

### 例 49　合同负债和应收款(参考 IFRS15.示例 38)

**情形 1:可撤销的合同**

20×9 年 1 月 1 日,企业订立了一项于 20×9 年 3 月 31 日向客户转让产品的可撤销合同。合同要求客户在 20×9 年 1 月 31 日预先支付 1 000 元的对价。客户在 20×9 年 3 月 1 日支付了对价。企业于 20×9 年 3 月 31 日转让了相应的产品。会计处理如下:

(1)企业于 20×9 年 3 月 1 日取得 1 000 元的现金(在履约前取得现金):

借:银行存款　　　　　　　　　　　　　　　　　　　　　1 000
　贷:合同负债　　　　　　　　　　　　　　　　　　　　　　　1 000

(2)企业于 20×9 年 3 月 31 日履行履约义务:

借:合同负债　　　　　　　　　　　　　　　　　　　　　　1 000
　贷:主营业务收入　　　　　　　　　　　　　　　　　　　　　1 000

**情形 2:不可撤销的合同**

除合同为不可撤销的合同之外,情形 2 的有关事实与情形 1 相同。其会计处理如下:

(1)对价金额应在 20×9 年 1 月 31 日(即,企业确认应收款的时点,因为企业有收取对价的无条件权利)支付:

借:应收账款　　　　　　　　　　　　　　　　　　　　　　1 000
　贷:合同负债　　　　　　　　　　　　　　　　　　　　　　　1 000

(2)企业于 20×9 年 3 月 1 日取得现金:

借:银行存款　　　　　　　　　　　　　　　　　　　　　　1 000
　贷:应收账款　　　　　　　　　　　　　　　　　　　　　　　1 000

(3)企业于 20×9 年 3 月 31 日履行履约义务:

借:合同负债　　　　　　　　　　　　　　　　　　　　　　1 000
　贷:主营业务收入　　　　　　　　　　　　　　　　　　　　　1 000

如果企业于 20×9 年 1 月 31 日（对价支付日）前开具发票，企业不应在报表内以总额为基础列报应收款和合同负债，因为企业尚无收取对价的无条件权利。

## 四、同一合同下合同资产和合同负债的列示

合同资产和合同负债应当在资产负债表中单独列示。取决于企业履行履约义务与客户付款之间的关系，一份合同可列报为合同资产或者合同负债，即使该合同包含多个单项履约义务也一样，即：合同资产或合同负债是在合同层面而不是履约义务层面确定的。此外，如果两份或多份合同根据新收入准则第七条的规定合并为一份合同[本实务操作指南第二章第二节一（六）]，针对合并后的合同应作为单项合同处理，在资产负债表中列报为一项合同资产或合同负债。因为个别合同的权利和义务依赖于合并合同，将多份合同作为单项合同合并列报，可以更好的反映其权利和义务。

同一合同下的合同资产和合同负债应当以净额列示，不同合同下的合同资产和合同负债不能互相抵销。由于同一合同下的合同资产和合同负债应当以净额列示，企业也可以设置"合同结算"科目（或其他类似科目），以核算同一合同下属于在某一时段内履行履约义务涉及与客户结算对价的合同资产或合同负债，并在此科目下设置"合同结算——价款结算"科目反映定期与客户进行结算的金额，设置"合同结算——收入结转"科目反映按履约进度结转的收入金额。资产负债表日，"合同结算"科目的期末余额在借方的，根据其流动性，在资产负债表中分别列示为"合同资产"或"其他非流动资产"项目；期末余额在贷方的，根据其流动性，在资产负债表中分别列示为"合同负债"或"其他非流动负债"项目。

**例 50** **合同成本和合同负债的列报**

2×18 年 1 月 1 日，甲建筑公司与乙公司签订一项大型设备建造工程合同，根据双方合同，该工程的造价为 6 300 万元，工程期限为 1 年半，甲公司负责工程的施工及全面管理，乙公司按照第三方工程监理公司确认的工程完工率，每半年与甲公司结算一次；预计 2×19 年 6 月 30 日竣工；预计可能发生的总成本为 4 000 万元。假定该建造工程整体构成单项履约义务，并属于在某一时段履行的履约义务，甲公司采用成本法确定履约进度，增值税税率为 10%，不考虑其他相关因素。

2×18 年 6 月 30 日，工程累计实际发生成本 1 500 万元，甲公司与乙公司结算合同价款 2 500 万元，甲公司实际收到价款 2 000 万元；2×18 年 12 月 31 日，工程累计实际发生成本 3 000 万元，甲公司与乙公司结算合同价款 1 100 万元，甲公司实际收到价款 1 000 万元；2×19 年 6 月 30 日，工程累计实际发生成本 4 100 万元，乙公司与甲会司结算了合同竣工价款 2 700 万元，并支付剩余工程款 3 300 万元。上述价款均不含增值税额。假定甲公司与乙公司结算时即发

生增值税纳税义务,乙公司在实际支付工程价款的同时支付其对应的增值税款。甲公司的账务处理为:

(1) 2×18 年 1 月 1 日至 6 月 30 日实际发生工程成本时。

借:合同履约成本 15 000 000
  贷:原材料、应付职工薪酬等 15 000 000

(2) 2×18 年 6 月 30 日。

$$履约进度=15\,000\,000÷40\,000\,000×100\%=37.5\%$$
$$合同收入=63\,000\,000×37.5\%=23\,625\,000(元)$$

借:合同结算——收入结转 23 625 000
  贷:主营业务收入 23 625 000

借:主营业务成本 15 000 000
  贷:合同履约成本 15 000 000

借:应收账款 27 500 000
  贷:合同结算——价款结算 25 000 000
    应交税费——应交增值税(销项税额) 2 500 000

借:银行存款 22 000 000
  贷:应收账款 22 000 000

当日,"合同结算"科目的余额为贷方 137.5 万元(2 500−2 362.5),表明甲公司已经与客户结算但尚未履行履约义务的金额为 137.5 万元,由于甲公司预计该部分履约义务将在 2×18 年内完成,因此,应在资产负债表中作为合同负债列示。

(3) 2×18 年 7 月 1 日至 12 月 31 日实际发生工程成本时。

借:合同履约成本 15 000 000
  贷:原材料、应付职工薪酬等 15 000 000

(4) 2×18 年 12 月 31 日。

$$履约进度=30\,000\,000÷40\,000\,000×100\%=75\%$$
$$合同收入=63\,000\,000×75\%−23\,625\,000=23\,625\,000(元)$$

借:合同结算——收入结转 23 625 000
  贷:主营业务收入 23 625 000

借:主营业务成本 15 000 000
  贷:合同履约成本 15 000 000

借:应收账款 12 100 000
  贷:合同结算——价款结算 11 000 000
    应交税费——应交增值税(销项税额) 1 100 000

借:银行存款 11 000 000
  贷:应收账款 11 000 000

当日,"合同结算"科目的余额为借方 1 125 万元(2 362.5—1 100—137.5),表明甲公司已经履行履约义务但尚未与客户结算的金额为 1 125 万元,由于该部分金额将在 2×19 年内结算,因此,应在资产负债表中作为合同资产列示。

(5) 2×19 年 1 月 1 日至 6 月 30 日实际发生工程成本时。

| | |
|---|---|
| 借:合同履约成本 | 11 000 000 |
| 　贷:原材料、应付职工薪酬等 | 11 000 000 |

(6) 2×19 年 6 月 30 日。

由于当日该工程已竣工决算,其履约进度为 100%。

合同收入=63 000 000—23 625 000—23 625 000=15 750 000(元)

| | |
|---|---|
| 借:合同结算——收入结转 | 15 750 000 |
| 　贷:主营业务收入 | 15 750 000 |
| 借:主营业务成本 | 11 000 000 |
| 　贷:合同履约成本 | 11 000 000 |
| 借:应收账款 | 29 700 000 |
| 　贷:合同结算——价款结算 | 27 000 000 |
| 　　应交税费——应交增值税(销项税额) | 2 700 000 |
| 借:银行存款 | 36 300 000 |
| 　贷:应收账款 | 36 300 000 |

当日,"合同结算"科目的余额为 0 元(1 125+1 575—2 700)。

## 五、与收入准则相关的主要会计科目和报表列报

以下部分仅涉及适用于本准则进行会计处理时需要设置的主要会计科目、相关会计科目的主要核算内容,企业在核算适用其他企业会计准则的交易和事项时也需要使用本部分涉及的会计科目的,应遵循其他相关企业会计准则的规定。

收入的会计处理,一般需要设置下列会计科目。

### (一)主营业务收入

"主营业务收入"科目核算企业确认的销售商品、提供服务等主营业务的收入。期末,科目余额转入"本年利润"科目,结转后该科目无余额。

资产负债表日,"主营业务收入"科目本期发生额在利润表的"营业收入"行项目反映。

### (二)其他业务收入

"其他业务收入"科目核算企业确认的除主营业务活动以外的其他经营活动实现的收入,包括出租固定资产、出租无形资产、出租包装物和商品、销售材料、用材料进行非货币性交换(非货币性资产交换具有商业实质且公允价值能

够可靠计量)或债务重组等实现的收入。企业(保险)经营受托管理业务收取的管理费收入,也通过本科目核算。期末,科目余额转入"本年利润"科目,结转后该科目无余额。

资产负债表日,"其他业务收入"科目本期发生额在利润表的"营业收入"行项目反映。

### (三) 主营业务成本

"主营业务成本"科目核算企业确认销售商品、提供服务等主营业务收入时应结转的成本。期末,科目余额转入"本年利润"科目,结转后该科目无余额。

资产负债表日,"主营业务成本"科目本期发生额在利润表的"营业成本"行项目反映。

### (四) 其他业务成本

"其他业务成本"科目核算企业确认的除主营业务活动以外的其他经营活动所发生的支出,包括销售材料的成本、出租固定资产的折旧额、出租无形资产的摊销额、出租包装物的成本或摊销额等。除主营业务活动以外的其他经营活动发生的相关税费,在"税金及附加"科目核算。采用成本模式计量投资性房地产的,其投资性房地产计提的折旧额或摊销额,也通过本科目核算。期末,科目余额转入"本年利润"科目,结转后该科目无余额。

资产负债表日,"其他业务成本"科目本期发生额在利润表的"营业成本"行项目反映。

### (五) 合同履约成本

"合同履约成本"科目核算企业为履行当前或预期取得的合同所发生的、不属于其他企业会计准则规范范围且按照本准则应当确认为一项资产的成本。企业因履行合同而产生的毛利不在本科目核算。科目期末借方余额,反映企业尚未结转的合同履约成本。

资产负债表日,应当根据"合同履约成本"科目的明细科目初始确认时摊销期限是否超过 1 年或一个正常营业周期,在资产负债表中的"存货"或"其他非流动资产"项目中填列,已计提减值准备的,还应减去"合同履约成本减值准备"科目中相关的期末余额后的金额填列。

### (六) 合同履约成本减值准备

"合同履约成本减值准备"科目核算与合同履约成本有关的资产的减值准备。本科目期末贷方余额,反映企业已计提但尚未转销的合同履约成本减值准备。

资产负债表日,"合同履约成本减值准备"科目贷方余额应作为"合同履约成本"科目余额的减项,在资产负债表中的"存货"或"其他非流动资产"项目中填列。

### (七) 合同取得成本

"合同取得成本"科目核算企业取得合同发生的、预计能够收回的增量成本。本科目期末借方余额,反映企业尚未结转的合同取得成本。

资产负债表日,应当根据"合同取得成本"科目的明细科目初始确认时摊销期限是否超过 1 年或一个正常营业周期,在"其他流动资产"或"其他非流动资产"项目中填列,已计提减值准备的,还应减去"合同取得成本减值准备"科目中相关的期末余额后的金额填列。

### (八) 合同取得成本减值准备

"合同取得成本减值准备"科目核算与合同取得成本有关的资产的减值准备。本科目期末贷方余额,反映企业已计提但尚未转销的合同取得成本减值准备。

资产负债表日,"合同取得成本减值准备"科目贷方余额应作为"合同取得成本"科目余额的减项,在资产负债表中的"其他流动资产"或"其他非流动资产"项目中填列。

### (九) 应收退货成本

"应收退货成本"科目核算销售商品时预期将退回商品的账面价值,扣除收回该商品预计发生的成本(包括退回商品的价值减损)后的余额。本科目期末借方余额,反映企业预期将退回商品转让时的账面价值,扣除收回该商品预计发生的成本(包括退回商品的价值减损)后的余额。

资产负债表日,应当根据"应收退货成本"科目是否在 1 年或一个正常营业周期内出售,在资产负债表的"其他流动资产"或"其他非流动资产"项目中填列。

### (十) 合同资产

"合同资产"科目核算企业已向客户转让商品而有权收取对价的权利。仅取决于时间流逝因素的权利不在本科目核算。

资产负债表日,应分别根据"合同资产"科目、"合同负债"科目的相关明细科目期末余额分析填列,同一合同下的合同资产和合同负债应当以净额列示,其中净额为借方余额的,应当根据其流动性在"合同资产"或"其他非流动资产"项目中填列,已计提减值准备的,还应减去"合同资产减值准备"科目中相关的期末余额后的金额列示;其中净额为贷方余额的,应当根据其流动性在资产负债表的"合同负债"或"其他非流动负债"项目中填列。

### (十一) 合同资产减值准备

"合同资产减值准备"核算合同资产的减值准备。科目期末贷方余额,反映企业已计提但尚未转销的合同资产减值准备。

资产负债表日,"合同资产减值准备"贷方余额应作为"合同资产"科目的减项,根据实际情况在资产负债表中列报,参见"(十) 合同资产"列报说明。

### (十二) 合同负债

1. 合同负债的核算内容和列报。

"合同负债"核算企业已收或应收客户对价而应向客户转让商品的义务。本科目期末贷方余额,反映企业在向客户转让商品之前,已经收到的合同对价或已经取得的无条件收取合同对价权利的金额。

资产负债表日,应根据实际情况在资产负债表中列报,参见"(十) 合同资产"列报说明。

2. 合同负债和预收账款的区别。

企业因转让商品收到的预收款适用新收入准则进行会计处理时,不再使用"预收账款"和"递延收益"科目。根据该规定,预计新收入准则实施后,"预收账款"科目的核算内容将会大幅减少。

# 第四节 披 露

新收入准则第四十二条及其应用指南,规范了企业应当在附注中披露的与收入有关的信息。具体如下。

## 一、收入确认和计量所采用的会计政策、对于确定收入确认的时点和金额具有重大影响的判断以及这些判断的变更

> 确定履约进度的方法及采用该方法的原因;

对于在某一时段内履行的履约义务,企业应当披露确认收入所采用的方法(例如,企业是按照产出法还是投入法确认收入,企业如何运用该方法确认收入等),以及该方法为何能够如实地反映商品的转让的说明性信息。对于在某一时点履行的履约义务,企业应当披露在评估客户取得所承诺商品控制权时点时所作出的重大判断。

> 评估客户取得所转让商品控制权时点的相关判断;
> 在确定交易价格、估计计入交易价格的可变对价、分摊交易价格以及计量预期将退还给客户的款项等类似义务时所采用的方法、输入值和假设等。

企业应当披露在确定交易价格(包括但不限于估计可变对价、调整货币时间价值的影响以及计量非现金对价等)、估计计入交易价格的可变对价、分摊交易价格(包括估计所承诺商品的单独售价、将合同折扣以及可变对价分摊至合同中的某一特定部分等)以及计量预期将退还给客户的款项等类似义务时所采用的方法、输入值以及各项假设等信息。

## 二、与合同相关的信息

企业应当单独披露与客户的合同相关的下列信息,除非这些信息已经在利润表中单独列报:一是按照本准则确认的收入,且该收入应当区别于企业其他的收入来源而单独披露。二是企业已经就与客户之间的合同相关的任何应收款项或合同资产确认的减值损失,且该减值损失也应当区别于针对其他合同确认的减值损失而单独披露。

(1)与本期确认收入相关的信息,包括:
> 与客户之间的合同产生的收入;

- 该收入按主要类别(如商品类型、经营地区、市场或客户类型、合同类型、商品转让的时间、合同期限、销售渠道等)分解的信息以及该分解信息与每一报告分部的收入之间的关系等。

企业应当将本期确认的收入按照不同的类别进行分解,这些类别应当反映经济因素如何影响收入及现金流量的性质、金额、时间分布和不确定性。此外,企业应当充分披露上述信息,以便财务报表使用者能够理解上述将收入按不同类别进行分解的信息与企业在分部信息中披露的每一报告分部的收入之间的关系。

在确定对收入进行分解的类别时,企业应当考虑其在下列情况下如何列报和披露与收入有关的信息:①在财务报表之外披露的信息,例如,在企业的业绩公告、年报或向投资者报送的相关资料中披露的收入信息;②管理层为评价经营分部的财务业绩所定期复核的信息;以及③企业或企业的财务报表使用者在评价企业的财务业绩或作出资源分配决策时,所使用的类似于上述①和②的信息类型的其他信息。

企业在对收入信息进行分解时,可以采用的类别包括但不限于:商品类型、经营地区、市场或客户类型、合同类型(例如,固定造价合同、成本加成合同等)、商品转让的时间(例如,在某一时点转让或在某一时段内转让)、合同期限(例如,长期合同、短期合同等)、销售渠道(例如,直接销售或通过经销商销售等)等。

(2) 与应收款项、合同资产和合同负债的账面价值相关的信息,包括:

- 与客户之间的合同产生的应收款项、合同资产和合同负债的期初和期末账面价值;
- 对上述应收款项和合同资产确认的减值损失;
- 在本期确认的包括在合同负债期初账面价值中的收入;
- 前期已经履行(或部分履行)的履约义务在本期调整的收入(例如,交易价格的变动);
- 履行履约义务的时间与通常的付款时间之间的关系以及此类因素对合同资产和合同负债账面价值的影响的定量或定性信息;
- 以定性和定量信息的形式说明合同资产和合同负债的账面价值在本期内发生的重大变动情况等。

合同资产和合同负债的账面价值发生变动的情形包括:①企业合并导致的变动;②对收入进行累积追加调整导致的相关合同资产和合同负债的变动,此类调整可能源于估计履约进度的变化、估计交易价格的变化(包括对于可变对价是否受到限制的评估发生变化)或者合同变更;③合同资产发生减值;④对合同对价的权利成为无条件权利(即,合同资产重分类为应收款项)的时间安排发生变化;⑤履行履约义务(即从合同负债转为收入)的时间安排发生变化。

(3) 与履约义务相关的信息,包括:

- 履约义务通常的履行时间,包括在售后代管商品的安排中履行履约义务的时间,例如,发货时、交付时、服务提供时或服务完成时等;
- 重要的支付条款,例如,合同价款通常何时到期、合同是否存在重大融资成

分、合同对价是否为可变金额以及对可变对价的估计是否通常受到限制等;

➤ 企业承诺转让的商品的性质,如有企业为代理人的情形,需要着重说明;

➤ 企业承担的预期将退还给客户的款项等类似义务;

➤ 质量保证的类型及相关义务等。

(4) 与分摊至剩余履约义务的交易价格相关的信息,包括:

➤ 分摊至本期末尚未履行(或部分未履行)履约义务的交易价格总额;

➤ 上述金额确认为收入的预计时间的定量或定性信息、未包括在交易价格的对价金额(如可变对价)等。企业可以按照对于剩余履约义务的期间而言最恰当的时间段为基础提供有关预计时间的定量信息,或者使用定性信息进行说明。

当满足下列条件之一时,企业无需针对某项履约义务披露上述信息:一是该项履约义务是原预计合同期限不超过 1 年的合同的一部分。二是企业有权对该履约义务下已转让的商品向客户发出账单,且账单金额能够代表企业累计至今已履约部分转移给客户的价值。

企业应定性说明是否采用上述简化披露方法,以及是否存在任何对价金额未纳入交易价格,从而未纳入对于分摊至剩余履约义务的交易价格所需披露的信息之中,例如,由于将可变对价计入交易价格的限制要求而未计入交易价格的可变对价。

## 三、与合同成本有关的资产相关的信息

(1) 确定该资产金额所作的判断。

(2) 该资产的摊销方法。

(3) 按该资产主要类别(如为取得合同发生的成本、为履行合同开展的初始活动发生的成本等)披露的期末账面价值。

(4) 本期确认的摊销及减值损失金额等。

## 四、有关简化处理方法的披露

企业根据本准则第十七条规定因预计客户取得商品控制权与客户支付价款间隔未超过 1 年而未考虑合同中存在的重大融资成分,或者根据本准则第二十八条规定因合同取得成本的摊销期限未超过 1 年而将其在发生时计入当期损益的,应当披露该事实。

# 第五节　特定交易的会计处理

## 一、附有销售退回条款的销售

企业将商品转让给客户之后,可能会因为各种原因允许客户选择退货(例

如,客户对所购商品的款式不满意等)。附有销售退回条款的销售,是指客户依照有关合同有权退货的销售方式。合同中有关退货权的条款可能会在合同中明确约定,也有可能是隐含的。隐含的退货权可能来自企业在销售过程中向客户作出的声明或承诺,也有可能是来自法律法规的要求或企业以往的习惯做法等。客户选择退货时,可能有权要求:

(1) 返还其已经支付的全部或部分对价。

(2) 抵减其对企业已经产生或将会产生的欠款。

(3) 换取另一产品。

从概念上而言,附有销售退回条款的合同至少包含两项履约义务——向客户提供商品的履约义务,以及针对退货权服务的履约义务(即在退货期内随时准备接受客户退回商品的义务)(IFRS15. BC363)。但在退货期内随时准备接受所退回产品的承诺,不应作为提供退款的义务之外的履约义务进行会计处理,但可能会影响收入确认的金额。

对于附有销售退回条款的销售合同,应按照下述处理方法的要求处理。

**(一) 处理方法**

1. 收入的确认金额。

对于附有销售退回条款的销售,企业应当在客户取得相关商品控制权时,按照因向客户转让商品而预期有权收取的对价金额(即,不包含预期因销售退回将退还的金额)确认收入(准则第三十二条)。此外,在客户要求退货时,如果企业有权向客户收取一定金额的退货费,则企业在估计预期有权收取的对价金额时,应当将该退货费包括在内。

企业应按照本实务操作指南第二章第二节三的要求来确定预计有权获得的对价金额。根据准则的要求,企业仅在预计与退货权相关的不确定性消失时已经确认的累计收入极可能不会发生重大转回的情况下才确认收入。对于企业预计无权获得的已收(或应收)金额,企业不应将确认为收入,而是将此类已收(或应收)金额确认为一项退款负债(预计负债——应付退货款)。

2. 确认退款负债。

企业在确认收入时,应按照预期因销售退回将退还的金额确认负债(预计负债——应付退货款)(准则第三十二条)。

3. 确认资产。

同时,按照预期将退回商品转让时的账面价值,扣除收回该商品预计发生的成本(包括退回商品的价值减损)后的余额,确认为一项资产(应收退货成本),按照所转让商品转让时的账面价值,扣除上述资产成本的净额结转成本(准则第三十二条)。企业结转销售成本也应扣除预期将退回商品的成本,以便与收入确认相配比。根据结算退款负债时企业向客户收回产品的权利所确认的资产应参照产品(例如,存货)的原账面金额减去收回该产品的预计成本(包括退回商品的价值减损)进行初始计量。

4. 期末的重新评估。

每一资产负债表日,企业应当重新估计未来销售退回情况,如有变化,应当

作为会计估计变更进行会计处理(准则第三十二条)。这可能包括:

> 更新对因转让产品而预计有权获得的金额所作的评估,并相应变更交易价格,进而变更已确认的收入金额;

> 根据退回产品的预计变动,更新对确认资产、负债的计量。

### (二)与原准则讲解案例【例 15-16】的区别

原准则正文未明确提及对于附有销售退回条款的销售如何处理,但在《企业会计准则讲解 2010》第 223 页【例 15-16】对该类事项进行了举例,该案例的处理方法与新准则的要求有所不同,具体如下(具体时间点及增值税税率与原案例存在差异):

例如,甲公司是一家健身器材销售公司,20×8 年 9 月 25 日,甲公司向乙公司销售 5 000 件健身器材,单位销售价格为 500 元,单位成本为 400 元,开出的增值税专用发票上注明的销售价格为 2 500 000 元,增值税额为 400 000 元。协议约定,乙公司应于 12 月 1 日之前支付货款,在 2×19 年 3 月 31 日之前有权退还健身器材。健身器材已经发出,款项尚未收到。假定甲公司根据过去的经验,估计该批健身器材退货率约为 20%;健身器材发出时纳税义务已经发生;实际发生销售退回时取得税务机关开具的红字增值税专用发票。

甲公司根据以前经验估计该批健身器材的退货率为 20%(1 000 件)。2×18 年 12 月 31 日,甲公司重新评估退货率,认为只有 10%(500 件)的货物会被退回。

2×19 年 3 月 31 日发生销售退回,实际退货量为 400 件,退货款已经支付。

2×18 年 9 月 25 日发货:

| | |
|---|---:|
| 借:应收账款 | 2 900 000 |
| 　贷:主营业务收入(5 000×80%×500) | 2 000 000 |
| 　　预计负债——应付退货款(5 000×20%×500) | 500 000 |
| 　　应交税费——应交增值税(销项税额) | 400 000 |
| 借:主营业务成本(5 000×80%×400) | 1 600 000 |
| 　应收退货成本(5 000×20%×400) | 400 000 |
| 　贷:库存商品(5 000×400) | 2 000 000 |

2×18 年 12 月 1 日收到货款:

| | |
|---|---:|
| 借:银行存款 | 2 900 000 |
| 　贷:应收账款 | 2 900 000 |

2×18 年 12 月 31 日对退货率重新评估:

| | |
|---|---:|
| 借:预计负债——应付退货款(5 000×10%×500) | 250 000 |
| 　贷:主营业务收入(5 000×10%×500) | 250 000 |
| 借:主营业务成本(5 000×10%×400) | 200 000 |
| 　贷:应收退货成本(5 000×10%×400) | 200 000 |

2×19 年 3 月 31 日发生销售退回,实际退回 400 件:

借：应交税费——应交增值税(销项税额)(500×400×16％)　　　　32 000

　　预计负债——应付退货款(500×500)　　　　　　　　　　　250 000

　　贷：主营业务收入(500×100)　　　　　　　　　　　　　　　　50 000

　　　　银行存款(500×400＋32 000)　　　　　　　　　　　　232 000

借：主营业务成本(400×100)　　　　　　　　　　　　　　　　　40 000

　　库存商品(400×100)　　　　　　　　　　　　　　　　　　160 000

　　贷：应收退货成本(400×500)　　　　　　　　　　　　　　　200 000

从上述新收入准则的处理要求可以看出,对于附有退回条款的销售,新旧准则在会计处理上的主要区别在于:新准则分别确认了一项退货资产(400 000元)和退款负债(500 000元),而旧准则仅就该资产和负债的差额确认了一项负债(100 000元),如表1-1所示。

表1-1　　　　　　　　　新旧准则比较　　　　　　　　　单位:元

| 项目 | 原准则 | 新准则 |
|---|---|---|
| 确认收入 | 2 500 000×80％＝2 000 000 | 2 000 000 |
| 结转销售成本 | 2 000 000×80％＝1 600 000 | 1 600 000 |
| 确认负债(预计负债——应付退货款) | (2 500 000－2 000 000)×20％＝100 000 | 2 500 000×20％＝500 000 |
| 确认资产(应收退货成本) | 0 | 2 000 000×20％＝400 000 |

新准则要求,确认为资产的收回商品的权利与退款负债应分开确认,而不能相互抵销,这是为了向财务报表使用者提供更透明的信息,同时也便于对退货产生的资产进行减值测试。

**例51　向客户收取退货费**

甲公司向家具店销售 10 张餐桌,每张餐桌的价格为 1 000 元,成本为 750元。根据合同约定,家具店有权在收到餐桌的 30 天内退货,但是需要向甲公司支付 10％的退货费(即每张餐桌的退货费为 100 元)。根据历史经验,甲公司预计的退货率为 10％,且退货过程中,甲公司预计为每张退货的餐桌发生的成本为 50 元。上述价格均不包含增值税,假定不考虑相关税费影响,甲公司在将餐桌的控制权转移给家具店时的账务处理为:

借：应收账款　　　　　　　　　　　　　　　　　　　　　　　10 000

　　贷：主管业务收入(1 000×9－900)　　　　　　　　　　　　9 100

　　　　预计负债——应付退货款(1 000－100)　　　　　　　　　 900

借：主营业务成本　　　　　　　　　　　　　　　　　　　　　 6 800

　　应收退货成本(750－50)　　　　　　　　　　　　　　　　　 700

　　贷：库存商品(750×10)　　　　　　　　　　　　　　　　　7 500

**例52　无法可靠估计退货率的情形**

乙公司与客户签订合同,向其销售 A 产品。客户在合同开始日即取得了 A

产品的控制权,并在 90 天内有权退货。由于 A 产品是最新推出的产品,乙公司尚无有关该产品退货率的历史数据,也没有其他可以参考的市场信息。该合同对价为 12 100 元,根据合同约定,客户应于合同开始日后的第二年年末付款。A 产品在合同开始日的现销价格为 10 000 元。A 产品的成本为 8 000 元。退货期满后,未发生退货。上述价格均不包含增值税,假定不考虑相关税费影响。

　　本例中,客户有退货权,因此,该合同的对价是可变的。由于乙公司缺乏有关退货情况的历史数据,考虑将可变对价计入交易价格的限制要求,在合同开始日不能将可变对价计入交易价格,因此,乙公司在 A 产品控制权转移时确认的收入为 0,其应当在退货期满后,根据实际退货情况,按照预期有权收取的对价金额确定交易价格。此外,考虑到 A 产品控制权转移与客户付款之间的时间间隔以及该合同对价与 A 产品现销价格之间的差异等因素,乙公司认为该合同存在重大融资成分[参见本实务操作指南第二章第二节三(二)]。乙公司的账务处理如下:

　　(1)在合同开始日,乙公司将 A 产品的控制权转移给客户。

借:应收退货成本　　　　　　　　　　　　　　　　　　　　　　　8 000
　贷:库存商品　　　　　　　　　　　　　　　　　　　　　　　　　8 000

　　(2)在 90 天的退货期内,乙公司尚未确认合同资产和应收款项,因此,无需确认重大融资成分的影响。

　　(3)退货期满日(假定应收款项在合同开始日和退货期满日的公允价值无重大差异)。

借:长期应收款　　　　　　　　　　　　　　　　　　　　　　　　12 100
　贷:主营业务收入　　　　　　　　　　　　　　　　　　　　　　10 000
　　未实现融资收益　　　　　　　　　　　　　　　　　　　　　　2 100
借:主营业务成本　　　　　　　　　　　　　　　　　　　　　　　8 000
　贷:应收退货成本　　　　　　　　　　　　　　　　　　　　　　　8 000

　　在后续期间,乙公司应当考虑在剩余合同期限确定实际利率,将上述应收账款的金额与合同对价之间的差额(2 100 元)按照实际利率法进行摊销,确认相关的利息收入。此外,乙公司还应当按照金融工具相关会计准则评估上述应收款项是否发生减值,并进行相应的会计处理。

### (三)不属于本准则规范的销售退回情形

　　客户取得商品控制权之前退回该商品不属于销售退回,因为在此时,销售尚未实现,企业还不能确认收入。

　　此外,以下情况不属于新收入准则规范的销售退回情况:

　　(1)客户以一个商品换取类型、质量、状况及价格均相同的另一产品(例如,另一种颜色或尺寸的产品)不视为退货。

　　(2)如果合同约定客户可以将质量有瑕疵的商品退回以换取正常的商品,企业应当按照附有质量保证条款的销售进行会计处理(本实务操作指南第二章第五节二),不视为退货。

　　对于具有类似特征的合同组合,企业也可以在确定退货率、坏账率、合同存续期间等方面运用组合法进行估计。

## 二、质保

企业在向客户销售商品时,根据合同约定、法律规定或本企业以往的习惯做法等,可能会为所销售的商品提供质量保证,这些质量保证的性质可能因行业或者客户而不同。其中,有一些质量保证是为了向客户保证所销售的商品符合既定标准,确保商品能够正常使用,即保证类质量保证[见下述(三)];而另一些质量保证则是在向客户保证所销售的商品符合既定标准之外提供了一项单独的服务,即服务类质量保证[见下述(二)]。

### (一)如何评估质保的类别

企业应当对其所提供的质量保证的性质进行分析,对于客户能够选择单独购买质量保证的(例如,由于质保是单独定价或议定的,从而客户能够选择是否购买此类质保保障),表明该质量保证构成单项履约义务;对于客户虽然不能选择单独购买质量保证,但是,如果该质量保证在向客户保证所销售的商品符合既定标准之外提供了一项单独服务的,也应当作为单项履约义务。

评估质保类别如图1-8所示。

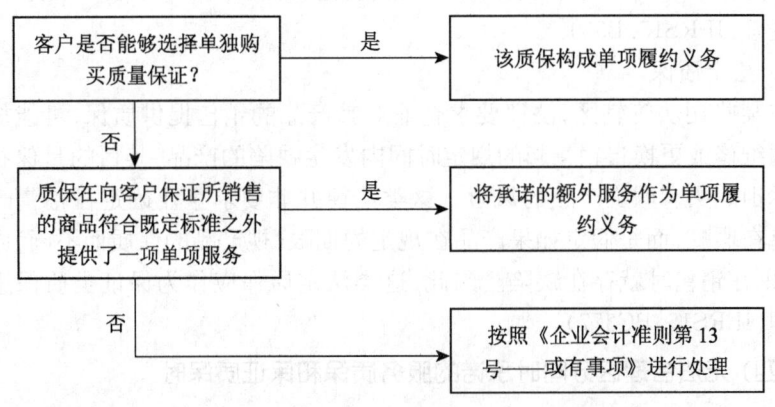

**图1-8 评估质保类别**

在评估质保是否在向客户保证所销售的商品符合既定标准之外提供了一项单独服务时,企业应当考虑下列因素:

(1)质保是否为法定要求——当法律要求企业提供质量保证时,该法律规定通常表明企业承诺提供的质量保证不是单项履约义务,这是因为,这些法律规定通常是为了保护客户,以免其购买瑕疵或缺陷商品,而并非为客户提供一项单独的服务。

(2)质量保证期限——企业提供质量保证的期限越长,越有可能表明企业向客户提供了保证商品符合既定标准之外的服务。因此,企业承诺提供的质量保证越有可能构成单项履约义务。

(3)企业承诺履行任务的性质——如果企业必须履行某些特定的任务以保

证所销售的商品符合既定标准(例如,企业负责运输被客户退回的瑕疵商品),则这些特定的任务可能不构成单项履约义务。

### (二)服务类质保(属于履约义务的质保)

对于服务类质保,企业在向客户保证所销售商品符合既定标准之外提供了一项单独的服务,该承诺的服务应作为一项单项履约义务,企业应当将交易价格分摊至产品和这项单独的服务。

### (三)保证类质保(属于非履约义务的质保)

由于保证类质保没有向客户提供除具有合同所述功能的产品之外的其他服务,因此不将其作为一项单项的履约义务,不对其分配交易价格,而应当按照《企业会计准则第13号——或有事项》规定进行会计处理。

1. 产品赔偿责任。

有些法律规定要求企业在产品造成损害或损失的情况下支付赔偿,例如,制造商在某司法管辖区内出售产品,其法律规定制造商对客户按预期目的使用产品而可能造成的损失(例如,私人财产损失)承担责任,但这些产品赔偿责任的法律要求不会产生履约义务。类似地,企业承诺对因专利权、版权、商标或其他涉及企业产品侵权的索赔所产生的责任及损失向客户作出赔偿也不会产生履约义务。因此应作为保证类质保按照《企业会计准则第13号——或有事项》进行处理(IFRS15.B33)。

2. 法定质保。

在某些司法管辖区,法律要求企业对其产品的销售提供质保,可能规定企业必须维修或更换自销售起的规定时间内发生缺陷的产品,其目的是保护客户免于承担购买有瑕疵产品的风险。这类法律并非要求企业确定在销售时产品是否存在瑕疵,而是假定如果产品在规定的期限(视产品的性质而不同)内产生缺陷,则在销售时就存在缺陷。因此,这类法定质保应作为保证类质保进行会计处理(IFRS15.BC377)。

### (四)无法合理区分同时承诺的服务质保和保证质保时

企业提供的质量保证同时包含保证类质量保证和服务类质量保证的,应当分别对其进行会计处理;无法合理区分的,应当将这两类质量保证一起作为单项履约义务按照本准则进行会计处理。

这种会计处理方法既可以确保企业在向客户转让产品时不会高估收入的确认,也不需识别质保的两个组成部分分别处理。

### 例 53 质保(参考 IFRS15.示例 44)

某制造商企业向其客户提供购买产品的质保。此项质保保证产品符合约定规格且自购买日起1年内能按承诺运行。这份合同同时为客户提供获得最多20小时有关如何操作产品的培训服务的权利(不收取额外费用),企业经常定期单独出售产品而未附加培训服务。

企业按照《企业会计准则第14号——收入(2017年修订)》第十条的要求

（本实务操作指南第二章第二节二），评估合同中的商品和服务以确定其是否可明确区分并形成单独的履约义务：

（1）产品。

由于客户可以从单独使用该产品（不接受培训服务）中获益，企业定期单独出售产品未附加培训服务，企业转让产品的承诺可与合同中的其他承诺单独区分开来。因此，该产品可明确区分，应作为一项单独的履约义务。

（2）培训服务。

由于客户可以从培训服务和企业已提供的产品一起使用中获益，此外，企业转让培训服务的承诺可与合同中的其他承诺单独区分开来，企业并未提供将培训服务与产品进行整合的重大服务；产品不会导致培训服务作出重大修订或定制；培训服务并非高度依赖于产品或与其高度关联。因此，培训服务可明确区分，应作为一项单独的履约义务。

（3）质保。

合同中的质保条款为客户提供产品按预期正常使用1年的保证。企业按照《企业会计准则第14号——收入（2017年修订）》第三十二条的规定［本实务操作指南第二章第五节二（一）］评估，质保不会向客户提供除这一保证之外的商品或服务，因此企业并未将其作为一项履约义务进行会计处理。

因此，企业将交易价格分摊至两项履约义务（产品和培训服务）并在这些履约义务得到履行时（或履约过程中）确认收入。

**例54 销售手机的质保**

甲公司与客户签订合同，销售一部手机。该手机自售出起1年内如果发生质量问题，甲公司负责提供质量保证服务。此外，在此期间内，由于客户使用不当（例如手机进水）等原因造成的产品故障，甲公司也免费提供维修服务。该维修服务不能单独购买。

本例中，甲公司的承诺包括：销售手机、提供质量保证服务以及维修服务。甲公司针对产品的质量问题提供的质量保证服务是为了向客户保证所销售商品符合既定标准，因此不构成单项履约义务；甲公司对由于客户使用不当而导致的产品故障提供的免费维修服务，属于在向客户保证所销售商品符合既定标准之外提供的单独服务，尽管其没有单独销售，该服务与手机可明确区分，应该作为单项履约义务。因此，在该合同下，甲公司的履约义务有两项：销售手机和提供维修服务，甲公司应当按照其各自单独售价的相对比例，将交易价格分摊至这两项履约义务，并在各项履约义务履行时分别确认收入。甲公司提供的质量保证服务，应当按照《企业会计准则第13号——或有事项》的规定进行会计处理。

## 三、主要责任人和代理人

当企业向客户销售商品涉及其他方参与其中时，企业应当确定其自身在该交易中的身份是主要责任人还是代理人。企业为主要责任人的，应当按照其自行向客户提供商品而有权收取的对价总额确认收入;企业为代理人的,应当按照其因安排他人向客户提供特定商品而有权收取的佣金或手续费的金额确认收入,该金额可能是按照既定的佣金金额或比例确定,也可能是按照已收或应收对价总额扣除应支付给提供该特定商品的其他方的价款后的净额确定。但无论企业是主要责任人还是代理人,都应当在履约义务履行时确认收入。

企业在判断其是主要责任人还是代理人时,应当根据其承诺的性质,也就是履约义务的性质,确定企业在某项交易中的身份是主要责任人还是代理人。企业承诺自行向客户提供特定商品的,其身份是主要责任人;企业承诺安排他人提供特定商品的,即为他人提供协助的,其身份是代理人。自行向客户提供特定商品可能也包含委托另一方(包括分包商)代为提供特定商品。

在确定企业承诺的性质时,企业应当首先识别向客户提供的特定商品。这里的特定商品,是指向客户提供的可明确区分的商品或可明确区分的一揽子商品,根据前述可明确区分的商品的内容,该特定的商品也包括享有由其他方提供的商品的权利。例如,旅行社销售的机票向客户提供了乘坐航班的权利,团购网站销售的餐券向客户提供了在指定餐厅用餐的权利等。当企业与客户订立的合同中包含多项特定商品时,对于某些商品而言,企业可能是主要责任人,而对于其他商品而言,企业可能是代理人。例如,企业与客户订立合同,向客户销售其生产的产品并且负责将该产品运送至客户指定的地点,假定销售产品和提供运输服务是两项履约义务,企业需要分别判断其在这两项履约义务中的身份是主要责任人还是代理人。

识别合同中企业的承诺(即履约义务)是确定企业作为主要责任人还是代理人的基础。这是因为识别企业履约义务的性质对于企业确定在已承诺的商品或服务被转让给客户之前其是否控制该商品或服务是十分必要的。例如,如果一个旅行社在某些客户合同中确定其承诺是提供乘机权(即机票)而非承诺提供航班,则该旅行社也可能为主要责任人。但是,为得出是主要责任人还是代理人的结论,旅行社还需要考虑在向客户转让乘机权之前其是否控制该项权利。如果旅行社预先购买了机票以便在未来向客户出售,则可能属于这种情况(IFRS15.BC381)。

主要责任人和代理人的履约义务是不同的。主要责任人在商品或服务被转让给客户之前控制商品或服务。因此,主要责任人的履约义务是向客户转让这些商品或服务。所以,按客户对价的总额确认收入将如实反映企业因转让商品和服务而有权获得的对价。相反,代理人在商品或服务被转让给客户之前未控制商品或服务。代理人仅协助在主要责任人与客户之间出售商品或服务。因此,代理人的履约义务是安排另一方向客户提供商品或服务。所以,归属于代理人履约义务的交易价格是代理人因提供此类服务而收取的费用或佣金(IFRS15.BC380)。

### (一) 以是否拥有"控制权"作为主要责任人和代理人的判断标准

企业应当根据其在向客户转让商品前是否拥有对该商品的控制权,来判断其从事交易时的身份是主要责任人还是代理人。企业在向客户转让商品前能够控制该商品的,该企业为主要责任人,应当按照已收或应收对价总额确认收入;否则,该企业为代理人,应当按照预期有权收取的佣金或手续费的金额确认收入,该金额应当按照已收或应收对价总额扣除应支付给其他相关方的价款后的净额,或者按照既定的佣金金额或比例等确定(准则第三十四条)。

(1)暂时性控制:如果企业在产品的法定所有权转移给客户之前只是暂时性地取得产品的法定所有权,则企业不一定是主要责任人。

(2)合同中担任主要责任人的企业可能会自行履行履约义务,或委托另一方(例如,分包商)代其履行部分或全部履约义务。

### (二)在向客户转让商品(或提供服务)前拥有控制权的情形和特征

企业向客户转让商品前能够控制该商品的情形包括:

(1)企业自第三方取得商品或其他资产控制权后,再转让给客户。

这里的商品或其他资产也包括企业向客户转让的未来享有由其他方提供服务的权利。企业应当评估该权利在转让给客户前,企业是否控制该权利。在进行上述评估时,企业应当考虑该权利是仅在转让给客户时才产生,还是在转让给客户之前就已经存在,且企业一直能够主导其使用,如果该权利在转让给客户之前不存在,则企业实质上并不能在该权利转让给客户之前控制该权利。

(2)企业能够主导第三方代表本企业向客户提供服务。

当企业承诺向客户提供服务,并委托第三方(例如,分包商、其他服务提供商等)代表企业向客户提供服务时,如果企业能够主导该第三方代表本企业向客户提供服务,则表明企业在相关服务提供给客户之前能够控制该相关服务。

(3)企业自第三方取得商品控制权后,通过提供重大的服务将该商品与其他商品整合成某组合产出转让给客户。

此时,企业承诺提供的特定商品就是合同约定的组合产出。企业只有获得为生产该特定商品所需要的投入(包括从第三方取得的商品)的控制权,才能够将这些投入加工整合为合同约定的组合产出。

在具体判断向客户转让商品前是否拥有对该商品的控制权时,企业不应仅局限于合同的法律形式,而应当综合考虑所有相关事实和情况,这些事实和情况包括(准则第三十四条):

(1)企业承担向客户转让商品的主要责任。

该主要责任包括就特定商品的可接受性(例如,确保商品的规格满足客户的要求)承担责任等。当存在第三方参与向客户提供特定商品时,如果企业就该特定商品对客户承担主要责任,则可能表明该第三方是在代表企业提供该特定商品。企业在评估是否承担向客户转让商品的主要责任时,应当从客户的角度进行评估,即客户认为哪一方承担了主要责任。例如,客户认为谁对商品的质量或性能负责、谁负责提供售后服务、谁负责解决客户投诉等。

如果企业所提供的某项商品或服务可以有多个供应商,企业有能力从中自主选择使用哪一个供应商提供的商品或服务,则表明企业可能是主要责任人。

如果企业从实体上改变了所提供的商品(包括将多项商品整合为一项商品,而不仅仅是简单的包装),或者自行提供其中的部分商品,或者参与了对所提供的商品的具体规格要求的确定,则可能表明企业可能是主要责任人。

(2) 企业在转让商品之前或之后承担了该商品的存货风险。

当企业在与客户订立合同之前已经购买或者承诺将自行购买特定商品时,这可能表明企业在将该特定商品转让给客户之前,承担了该特定商品的存货风险,企业有能力主导特定商品的使用并从中取得几乎全部的经济利益。

在考虑这一因素的影响时,需要关注的是:此处的"存货风险"是指无法获得补偿的存货风险。因此,需要考虑企业和供应商之间的协议安排是否降低了企业所面临或承担的存货风险水平。在附有销售退回条款的销售中,企业将商品销售给客户之后,客户有权要求向该企业退货,且企业无权就价格下跌损失从供应商处取得补偿或者无条件地将客户退回的商品再退还给供应商并取得补偿,这可能表明企业在转让商品之后仍然承担了该商品的存货风险。

就提供服务的合同而言,如果合同约定无论最终用户是否接受该服务,企业都必须向该服务的提供商支付报酬的,则表明企业承担了与该项服务相关的存货风险。

(3) 企业有权自主决定所交易商品的价格。

企业有权决定与客户交易的特定商品的价格,可能表明企业有能力主导该商品的使用并从中获得几乎全部的经济利益。然而,在某些情况下,代理人可能在一定程度上也拥有定价权(例如,在主要责任人规定的某一价格范围内决定价格),以便其在代表主要责任人向客户提供商品时,能够吸引更多的客户,从而赚取更多的收入。例如,当代理人向主要责任人的客户提供一定折扣优惠,以激励该客户购买主要责任人的商品时,即使代理人有一定的定价能力,也并不表明其身份是主要责任人,代理人只是放弃了一部分自己应当赚取的佣金或手续费而已。

(4) 其他相关事实和情况。

相对应地,存在以下一些特征,通常表明企业在向客户转让商品(或提供服务)前没有拥有对相关商品(或服务)的控制权,因此企业属于代理人(IFRS15.B37):

第一,另一方对合同的履行承担主要责任。

第二,在客户订购商品之前或之后、运输过程中或退货时,企业均不承担存货风险。

第三,企业对另一方的商品或服务没有自主定价权,因此,企业能够从此类商品或服务中获得的利益是有限的。

第四,企业的对价以佣金的形式。

归纳如表 1-2 所示。

表 1-2　　　　　　　　　　主要责任人和代理人的判断

| 考虑因素 | 主要责任人 | 代理人 |
|---|---|---|
| 主要履约责任 | 承担 | 不承担 |
| 主要存货风险 | 承担 | 不承担 |
| 商品或服务价格 | 自主决定 | 没有自主定价权 |

需要强调的是：

（1）企业在判断其是主要责任人还是代理人时，应当以该企业在特定商品转让给客户之前是否能够控制该商品为原则。上述相关事实和情况仅为支持对控制权的评估，不能取代控制权的评估，也不能凌驾于控制权评估之上，更不是单独或额外的评估；并且这些事实和情况并无权重之分，其中某一项或几项也不能被孤立地用于支持某一结论。企业应当根据相关商品的性质、合同条款的约定以及其他具体情况，综合进行判断。不同的合同可能需要采用上述不同的事实和情况提供支持证据。

（2）企业在判断其是主要责任人还是代理人时，应当综合分析所有事实和情况，综合考虑上述各项因素的影响，而不能过分强调其中某一项或某几项因素的决定性作用。在实务中，如果单纯考虑其中某一项因素的影响，则对不同因素的考虑往往得出互相矛盾的结论（即，对一部分因素的考虑指向主要责任人，而对另一些因素的考虑指向代理人），这时就需要对不同因素的影响作出综合权衡和取舍。一般理解，对"主要履约责任"和"主要存货风险"的考虑，其权重应大于对"商品或服务的自主定价权"的考虑。

（3）除上述所列因素以外，在实务中还可以将对"企业是否承担来源于客户或供应商的信用风险"这一因素的考虑作为判断企业是主要责任人还是代理人的辅助证据，但该因素与前述各项因素相比，相对较为次要，代理人承担信用风险的例子在实务中也是很多见的，尤其是对一些同时向其上游或下游提供融资服务的代理人而言，由于此时所承担的信用风险来源于融资服务（通常构成单项履约义务），因而就融资服务承担的信用风险不能作为在商品销售交易中属于主要责任人的证据。对所承担的信用风险，企业应当依据金融工具相关会计准则或者《企业会计准则第 13 号——或有事项》的规定，恰当地在财务报表中反映其影响，包括在财务报表附注中作出恰当披露。

### 例 55　安排提供商品或服务（企业是代理人）

企业经营一家网站，客户通过该网站可向一系列供应商购买商品，这些供应商直接向客户交付商品。当客户通过该网站购买商品时，企业有权获得相当于售价 10% 的佣金。企业网站协助供应商与客户之间按供应商所设定的价格进行支付。企业在处理订单之前要求客户付款，且所有订单均不可退款。企业在安排供应商向客户提供产品之后没有进一步的义务。

为确定企业的履约义务是由其本身提供特定商品（即，企业是主要责任人），还是安排供应商提供这些商品（即，企业是代理人），应考虑企业承诺的性质。特别是，企业确定商品供应商直接向客户提供其商品，这些特定商品在转移给客户之前，企业没有能力主导这些商品的使用，例如，企业不能将这些商品提供给购买该商品的客户之外的其他方，也不能阻止供应商向该客户转移这些商品，因此企业并未取得商品的控制。相反，企业的承诺是安排供应商向客户提供此类商品。在得出这一结论时，企业考虑了下列因素：

（1）供应商对合同的履行承担主要责任，即将商品发货给客户。

（2）企业在交易过程中的任何时间均不承担存货风险，因为商品是由供应商直接发货给客户；

（3）企业以佣金形式收取对价（售价的 10％）；

（4）企业没有确定供应商商品的价格的自主定价权，因此企业能够从此类商品中获得的利益是有限的；

（5）由于客户预先进行支付，因此企业与供应商均不承担信用风险。

据此，企业得出结论认为其是代理人，且履约义务是安排供应商提供商品，应在其履行安排供应商向客户提供商品的承诺时（在本例中，即客户购买商品时），按其有权获得的佣金金额确认收入。

## 例 56　承诺提供商品或服务（企业是主要责任人）

企业与客户订立一份提供具有特殊规格的设备的合同。企业和客户确定设备的规格，并由企业同与其订立合同的供应商沟通来制造设备。企业同时安排供应商直接向客户交付设备。在向客户交付设备时，合同条款规定企业按与供应商就制造设备商定的价格向供应商进行支付。

企业与客户议定售价，并且按商定的价格向客户开具发票，付款期为 30天。企业的利润是基于与客户议定的售价和供应商收取的价格之间的差额。

企业客户合同规定客户根据供应商提供的质保就设备的缺陷要求供应商作出修正。但是，企业须对因规格错误导致的设备修正承担责任。

为确定企业的履约义务是由其本身提供特定商品（即，企业是主要责任人），还是安排供应商提供这些商品（即，企业是代理人），应考虑企业承诺的性质。企业承诺向客户提供专门设备；但是，企业将设备的制造分包给了供应商。在确定企业在设备的控制转移给客户之前是否控制该设备以及企业是否是主要责任人时，企业根据《企业会计准则第 14 号——收入（2017 年修订）》第三十三条考虑了下列因素：

（1）企业对合同的履行承担主要责任。尽管企业将制造分包了出去，但该设备的设计和制造高度相关，不能明确区分，应当作为单项履约义务；企业负责该合同的整体管理，主导了制造商提供的制造服务，对确保设备符合与客户订立的合同中指定的规格承担最终责任，并通过必需的重大整合服务，将其整合作为向客户转让的组合产出（特殊规格设备）的一部分。

（2）企业承担存货风险，因为即使供应商在生产过程中及发货前承担存货风险，企业对因规格错误导致的设备修正承担责任。如果在设备创造过程中发现需要对设备规格作出任何调整，企业需要负责制定相关的修订方案，通知制造商进行相关调整，并确保任何调整均符合修订后的规格要求。

（3）企业有与客户确定设备售价的自主定价权，并且企业赚取的利润的金额相当于与客户议定的售价和向供应商支付的价格之间的差额。

（4）企业的对价并非以佣金形式。

（5）企业就交付设备而应收客户的金额承担信用风险。

据此，企业得出结论认为其承诺是向客户提供设备，其在转移设备给客户之前控制该设备。因此,企业在该交易中是主要责任人,并且应按因交付设备而有权向客户收取的对价总额确认收入。

**例 57** **承诺提供商品或服务(企业是主要责任人)**

甲公司是一家旅行社,从航空公司购买了一定数量的折扣机票,并对外销售。甲公司向旅客销售机票时,可自行决定机票的价格,未售出的机票不能退还给航空公司。

本例中,甲公司向客户提供的特定商品为机票,该机票代表了客户可以乘坐某特定航班(即享受航空公司提供的飞行服务)的权利。甲公司在确定特定客户之前已经预先从航空公司购买了机票,因此,该权利在转让给客户之前已经存在。甲公司从航空公司购入机票之后,可以自行决定该机票的用途,即是否用于对外销售,以何等价格以及向哪些客户销售等,甲公司有能力主导该机票的使用并且能够获得其几乎全部的经济利益。因此,甲公司在将机票销售给客户之前,能够控制该机票,甲公司在向旅客销售机票的交易中的身份是主要责任人。

**例 58** **安排提供商品或服务(企业是代理人)**

企业销售代金券,持代金券的客户可在未来于指定餐厅用餐。这些代金券由企业进行销售,且代金券的售价向客户提供了显著低于餐饮正常售价的重大折扣(例如,客户支付 100 元购买代金券,持代金券能在餐厅享用售价为 200 元的餐饮)。企业并未预先购买代金券,而是仅在客户有购买需求时才进行购买。企业通过其网站销售代金券,并且代金券是不可返还的。

企业与餐厅共同确定向客户销售代金券的价格。企业在代金券出售后有权收取相当于代金券价格 30% 的金额。企业不承担信用风险,因为客户在购买时对代金券进行了支付。

企业同时协助客户解决针对餐饮的投诉并且有一项客户满意度计划。但是,由餐厅负责履行与代金券相关的义务,包括针对客户不满意服务的补救措施。

在确定企业是主要责任人还是代理人时,企业考虑了其承诺的性质,以及其在控制转移给客户之前是否控制代金券(即就餐权利)。在作出这一决定时,企业考虑了下列因素:

(1)企业本身并未对提供餐饮承担责任,餐饮是由餐厅提供的。

(2)企业并未面临代金券的存货风险,因为在向客户销售之前企业并未购买代金券,并且代金券是不可返还的。对于企业而言,该项享用餐饮服务的权利仅在转让给客户时才产生,而在转让给客户之前并不存在,企业并不能随时主导该权利的使用并从中获益。

(3)企业在设定出售给客户的代金券售价上有一定程度的定价权,但售价是与餐厅共同确定的。

(4)企业的对价是以佣金形式,因为其有权获得代金券价格的指定百分比(30%)。

企业得出结论认为其承诺是安排向客户(代金券购买者)提供商品或服务以换取佣金,在将提供就餐权利的代金券转移给客户之前并未控制代金券。因此,企业在安排中是代理人,应按企业因交付服务而有权获得的对价净额(即每出售一张代金券企业有权获得的30%佣金)确认收入。

### 例 59　主导第三方向客户提供服务的案例

甲公司与乙公司签订合同,为其写字楼提供保洁服务,并商定了服务范围及其价格。甲公司每月按照约定的价格向乙公司开具发票,乙公司按照约定的日期向甲公司付款。双方签订合同后,甲公司委托服务供应商丙公司代表其为乙公司提供该保洁服务,并与其签订了合同。甲公司和丙公司商定了服务价格,双方签订的合同付款条款大致上与甲公司和乙公司约定的付款条款一致。当丙公司按照与甲公司的合同约定提供了服务时,无论乙公司是否向甲公司付款,甲公司都必须向丙公司付款。乙公司无权主导丙公司提供未经甲公司同意的服务。

本例中,甲公司向乙公司提供的特定服务是写字楼的保洁服务,除此之外,甲公司并没有向乙公司承诺任何其他的商品。根据甲公司与丙公司签订的合同,甲公司能够主导丙公司所提供的服务,包括要求丙公司代表甲公司向乙公司提供保洁服务,相当于甲公司利用其自身资源履行了该合同。乙公司无权主导丙公司提供未经甲公司同意的服务。因此,甲公司在丙公司向乙公司提供保洁服务之前控制了该服务,甲公司在该交易中的身份为主要责任人。

### 例 60　百货公司运营案例

X 公司是一家百货公司,其主要采用与品牌供应商(如 Y 公司)合作的模式销售商品,即 Y 公司提供约定品牌商品,在 X 公司指定区域设立专柜或专卖店,并自行委派营业员负责商品的出售。未出售商品的所有权属于 Y 公司,Y 公司负责保管专柜内的商品,承担丢失和毁损风险。Y 公司自行决定哪些商品在 X 公司的专柜出售,哪些商品调配其他销售点,哪些商品从 X 公司专柜下架。

当顾客付款购买 Y 公司商品后,顾客直接在专柜取得商品。Y 公司的商品销售是通过 X 公司的 POS 机统一收款,并由 X 公司向顾客开具销售小票,顾客凭小票可以到 X 公司的客服中心开具发票。X 公司需将收到的顾客款项扣除 X 公司的分成比例后支付给 Y 公司。

为提高公司总体业绩,X 公司会举办各项促销活动。促销活动分为 X 公司主导的和 Y 公司自行打折的两部分。X 公司主导的促销活动费用,有些由 X 公司自行承担,有些由 X 公司和 Y 公司共同承担。Y 公司自行打折的促销活动需获得 X 公司同意,X 公司要求其打折的幅度和范围符合 X 公司的定位(如不能过度打折,保证不打折的新品比例等)。

当产品出现问题或顾客投诉时,顾客可以联系 Y 公司的专柜销售人员或 X 公司的客服中心处理。确定需办理退换货的,X 公司有责任先行为顾客办理相关退换货等事项。随后,X 公司将依据与 Y 公司的合同条款协商解决商品的退换事项以及赔偿安排。

分析：根据新收入准则第三十四条相关规定，在向客户转让商品前能够控制该商品的企业，属于交易中的主要责任人。本案例中，在顾客获取商品之前，Y公司能够控制这些商品，因此Y公司为主要责任人。

## 四、额外购买选择权

某些情况下，企业在销售商品的同时，会向客户授予选择权，允许客户可以据此免费或者以折扣价格购买额外的商品。企业向客户授予的额外购买选择权的形式包括销售激励、客户奖励积分、未来购买商品的折扣券以及合同续约选择权等。

### （一）选择权为重大权利

对于附有客户额外购买选择权的销售，企业应当分析判断该选择权是否向客户提供了一项重大权利。

1. 重大权利的含义。

如果客户只有在订立了一项合同的前提下才取得了额外购买选择权，并且客户行使该选择权购买额外商品时，能够享受到超过该地区或该市场中其他同类客户所能够享有的折扣，则通常认为该选择权向客户提供了一项重大权利。

在考虑授予客户的该项权利是否重大时，应当考虑与客户的相关交易，包括当前、过去和未来的交易；同时应当综合定量和定性因素（金额和性质）进行判断，包括是否为累计权利。例如，企业实施一项奖励积分计划，客户每消费10元便可获得1个积分，每个积分的单独售价为0.1元，该积分可累积使用，用于换取企业销售的产品，虽然客户每笔消费所获取的积分的价值相对于消费金额而言并不重大，但是由于该积分可以累积使用，基于企业的历史数据，客户通常能够累积足够的积分来免费换取产品，这可能表明该积分向客户提供了重大权利。

2. 选择权为重大权利时的处理。

如果额外购买选择权向客户提供了重大权利的，应当作为单项履约义务，将交易价格分摊至该履约义务。在这种情况下，客户在该合同下支付的价款实际上购买了两项单独的商品：一是客户在该合同下原本购买的商品；二是客户可以免费或者以折扣价格购买额外商品的权利。企业应当将交易价格在这两项商品之间进行分摊，其中，分摊至后者的交易价格与未来的商品相关，相当于客户就未来的商品预先向企业支付的款项。因此，企业应当在客户未来行使该选择权取得相关商品的控制权时，或者在该选择权失效时确认为收入。

根据新收入准则要求，在将交易价格分摊至重大选择权时，企业应该按照各项履约义务所承诺商品的相对单独售价进行分摊（本实务操作指南第二章第二节四）。

客户额外购买选择权的单独售价无法直接观察的，企业应当综合考虑客户行使和不行使该选择权所能获得的折扣的差异、客户行使该选择权的可能性等全部相关信息后，予以合理估计（准则第三十五条）。

分摊给重大权利的交易价格,相当于客户就未来的商品预先向企业支付的款项。一般来说,客户能够自主确定未来商品的转让时间,在此种情况下,即使预付的时间和未来商品转让的时间间隔超过 1 年,通常也不认为合同中存在重大融资成分[本实务操作指南第二章第二节三(二)2]。

**例 61 向客户提供重大权利的选择权——折扣券(参考 IFRS15. 示例 49)**

企业订立了一项以 100 元出售产品 A 的合同。作为该合同的一部分,企业向客户提供一张 40% 的折扣券,可以用于未来 30 天内不超过 100 元的任何购买。作为季节性促销的一部分,企业计划在未来 30 天内针对所有销售提供 10% 的折扣。该 10% 的折扣不得与 40% 的折扣券同时使用。

由于所有客户在未来 30 日内购买时都将享有 10% 的折扣,向客户提供重大权利的折扣是 10% 之外的增量折扣(即,额外 30% 的折扣)。企业将提供增量折扣的承诺作为销售产品 A 的合同中的一项履约义务进行会计处理。

在根据《企业会计准则第 14 号——收入(2017 年修订)》第三十四条估计折扣券的单独售价时,企业估计客户兑现折扣券的可能性为 80% 且每位客户将平均购买 50 元的额外产品。因此,企业估计折扣券的单独售价为 12 元(额外产品的平均购买价格 50 元×增量折扣 30%×行使选择权的可能性 80%)。上述金额不包含增值税,且假定不考虑相关税费影响。

产品 A 和折扣券的单独售价以及交易价格 100 元相应的分摊结果如下:

| 履约义务 | 单独售价 |
|---|---|
| 产品 A | 100 元 |
| 折扣券 | 12 元 |
| 合计 | 112 元 |

分摊后的交易价格:

| | |
|---|---|
| 产品 A | 89 元(100÷112×100) |
| 折扣券 | 11 元(12÷112×100) |
| 合计 | 100 元 |

企业将 89 元分摊至产品 A 并在控制转让时确认产品 A 的收入;将 11 元分摊至折扣券并在客户将折扣券兑现为商品或服务时或在折扣券到期时确认相应的收入。企业在销售 A 产品时的账务处理如下:

| | | |
|---|---|---|
| 借:银行存款 | | 100 |
| 贷:主营业务收入 | | 89 |
| 合同负债 | | 11 |

**例 62 未向客户提供重大权利的选择权——额外商品或服务(参考 IFRS15. 示例 50)**

某电信业企业与客户订立了一项提供一部手机和为期 2 年的通讯服务的合同。通讯服务包括每月最多 1 000 分钟通话时间和 1 500 条短信,按月收取固定费用。合同规定了客户可选择在任何月份购买的额外通话时间或短信的费用。这些服务的价格与其单独售价相同。

企业确定提供手机和网络服务的承诺均为单独的履约义务[客户可以从单独使用手机和通讯服务、或将其与客户易于获得的其他资源一起使用中获益；手机和通讯服务可单独区分开来，符合《企业会计准则第 14 号——收入（2017年修订）》第十条的规定，本实务操作指南第二章第二节二（三）]。

企业确定购买额外通话时间和短信的选择权并未向客户提供在不订立合同的情况下无法获得的重大权利。这是因为，额外通话时间和短信的价格反映了这些服务的单独售价。由于额外通话时间和短信的选择权并未授予客户重大权利，企业得出结论认为其并非合同中的履约义务。因此，企业并未将任何交易价格分摊至额外通话时间或短信的选择权，而是在其提供这些服务的情况下才确认额外通话时间或短信的收入。

**例 63　奖励积分计划（参考 IFRS15. 示例 52）**

企业设有一项奖励积分计划，客户每购买 10 元即被授予 1 个积分。每个积分可在未来购买企业产品时按 1 元的折扣兑现。在报告期内，客户购买了100 000 元的产品，获得可在未来购买时兑现的 10 000 个积分。对价是固定的，并且已购买的产品的单独售价为 100 000 元。企业预计将有 9 500 个积分被兑现。企业基于兑现的可能性估计每个积分的单独售价为 0.95 元（总价为 9 500 元）。

积分为客户提供了在不订立合同的情况下无法获得的重大权利。因此，企业得出结论认为，向客户提供积分的承诺是一项履约义务，应基于单独售价的相对比例将交易价格 100 000 元分摊至产品和积分，具体如下：

产品　　91 324 元＝100 000 元×（单独售价 100 000 元÷109 500 元）

积分　　 8 676 元＝100 000 元×（单独售价 9 500 元÷109 500 元）

在第一个报告期末，有 4 500 个积分被兑现，并且企业继续预计将共有9 500 个积分被兑现。因此在第一个报告期末，企业确认奖励积分的收入 4 110元[8 676 元×（4 500 积分÷9 500 积分）]，并针对未兑现的积分确认合同负债4 566 元（8 676－4 110）。

在第二个报告期末，累计有 8 500 个积分被兑现。企业更新了其针对被兑现积分的估计，目前预计将有 9 700 个积分被兑现。企业确认奖励积分收入3 493 元[8 676 元×（8 500 积分÷9 700 积分）－4 100]。合同负债余额为 1 073元[8 676－已确认的累计收入（3 493＋4 110）]。

**（二）估计选择权单独售价的一种方法——续约的考虑**

当客户享有的额外购买选择权是一项重大权利时，如果客户行使该权利购买的额外商品与原合同下购买的商品类似，且企业将按照原合同条款提供该额外商品的，则企业可以无需估计该选择权的单独售价，而是直接把其预计将提供的额外商品的数量以及预计将收取的相应对价金额纳入原合同，并进行相应的会计处理。这是一种便于实务操作的简化处理方式，常见于企业向客户提供续约选择权的情况。

例如，企业与客户签订为期 1 年的合同，以每件 2 000 元的价格向客户销售

A产品,数量不限,客户可以选择在合同到期时以与原合同相同的条款续约1年,这款产品通常每年提价20%,由于行使续约选择权的客户可以按原合同价格(低于当年的市场价格)购买A产品,企业认为该续约选择权向客户提供了重大权利,且符合简化处理的条件,因此,企业可以无需将原合同的交易价格分摊至该续约选择权,而是直接按照每件2 000元的价格确认原合同和续约后的合同下销售的A产品收入。

区分续约选择权与取得额外商品或服务的其他选择权的有两项标准(IFRS15.BC394~395):

第一项标准规定,与续约选择权相关的额外商品或服务必须与初始合同提供的商品或服务类似——也就是说,企业继续提供其已提供的商品或服务。因此,将与此类选择权相关的商品或服务视为初始合同的一部分就更加直观。相反,客户忠诚度积分及许多折扣优惠券应被视为合同中单独交付的内容,因为相关商品或服务可能具有不同的性质。

第二项标准规定,后续合同中的额外商品或服务必须按照原合同条款提供。因此,企业的行为将受到限制,因为其无法变更这些条款和条件,尤其是企业不能超出原合同列明的参数变更额外商品或服务的价格。这与客户忠诚度积分和折扣券等例子也有所不同。例如,如果航空公司允许客户使用常旅客计划的飞行里程奖励积分兑换航班,航空公司并未受到限制,因为其之后可以确定兑换任何特定航班需要的积分数量。类似地,在企业提供折扣券时,企业通常不会就折扣券兑换的后续提供的商品或服务的价格对其自身作出限制。

### 例64 向客户提供重大权利的选择权——续约选择权(参考IFRS15.示例51)

企业与客户订立100份单独的合同,每份合同规定以1 000元的价格提供1年的维修服务。合同条款规定每一客户在第1年年末均有通过额外支付1 000元将维修合同续约至第2年的选择权。已进行第2年续约的客户同时被授予支付1 000元进行第3年续约的选择权。对于在最初(即当产品为新产品时)未订立维修服务的客户,企业将收取显著较高的维修服务价格。即若客户未在最初购买该服务或未对该服务续约,则企业针对第2年和第3年的年度维修服务将分别收取3 000元和5 000元。

企业认为,续约选择权向客户提供了在不订立合同的情况下无法获得的重大权利,因为如果客户选择仅在第2年或第3年购买维修服务,则服务的价格将显著提高。每位客户在第1年支付的1 000元中的部分付款实际上是针对后续年度将收到的服务的不可返还的预付款。因此,合同中提供选择权的承诺是一项履约义务。

续约选择权旨在延续维修服务,且这些服务按照现有合同的条款提供。企业并未直接确定续约选择权的单独售价,而是通过确定因交付所有预期提供的服务而预计收取的对价金额来分摊交易价格[本实务操作指南第二章第五节四(二)]。

企业预计有90位客户在第1年年末续约(占已售合同的90%),并有81位客户在第2年年末续约(在第1年年末续约的90位客户中,有90%的客户仍将在第2年年末续约,占已售合同的81％)。

在合同开始时,企业确定每项合同的预计对价为2 710元(1 000＋1 000×90％＋1 000×81％)。同时确定按照已发生成本占预计成本总额比例确认收入能够反映向客户转让的服务。3年合同的估计成本分别为:第1年600元;第2年750元;第3年1 000元。因此,在每一份合同开始时预计的收入确认模式如下:

| | 针对合同续约可能性调整的预计成本 | 分摊的预计对价 |
|---|---|---|
| 第1年 | 600元＝600×100％ | 780元＝600÷2 085×2 710 |
| 第2年 | 675元＝750×90％ | 877元＝675÷2 085×2 710 |
| 第3年 | 810元＝1 000×81％ | 1 053元＝810÷2 085×2 710 |
| 合计 | 2 085元 | 2 710元 |

因此,在合同开始时,企业将迄今为止已收取的对价100 000元分摊至第1年年末的续约选择权22 000元(100 000－780×100)(第1年拟确认的收入)。

假设企业的预期未发生变动,预计将有90位客户续约,在第1年年末,企业共收取了190 000元(100×1 000＋90×1 000)现金,并且确认收入78 000元(780×100),及确认合同负债112 000元(190 000－78 000)。

在第1年年末续约时,企业分摊至在第2年年末续约的选择权的金额为24 300元[累计现金190 000元,减去第1年已确认的累计收入78 000元,减去在第2年将确认的收入87 700元(877×100)]。

如果实际的合同续约数量不同于预期,则企业将更新交易价格及相应地调整已确认的收入。

### (三) 客户执行重大权利的会计处理

当额外购买选择权为重大权利,而客户执行了该重大权利(完成额外购买)如何进行会计处理,存在两种观点:

观点1:在客户执行重大权利时,企业应当更新合同交易价格,使交易价格包括企业预期因客户执行重大权利而有权向客户收取的对价。额外的对价应当分摊给与重大权利相关的履约义务,并在该履约义务履行的时点或一段时间内确认收入。

观点2:重大权利的执行应当作为合同变更处理。也就是说,客户执行重大权利时已收的额外对价及/或提供的额外商品或服务,代表了合同范围及/或价格的变动。企业应按照合同变更的相关指引进行处理。

实际上在大部分(非全部)情况下,观点1和观点2的财务报表处理结果应当是相同的。仅在可选择的商品或服务被确定为与原始承诺商品或服务无法区分时,两种观点的结果可能不同。实务中,客户执行重大权利的会计处理方法应当根据合同的具体事实和情况确定,并应当对相同类型的重大权利、相同的事实和情况采用一致的会计处理方法。

### (四) 选择权为非重大权利——要约

客户虽然有额外购买商品选择权,但客户行使该选择权购买商品时的价格反映了这些商品单独售价的,不应被视为企业向该客户提供了一项重大权利(准则第三十五条)。

当企业向客户提供了额外购买选择权,但客户在行使该选择权购买商品的价格反映了该商品的单独售价时,即使客户只能通过与企业订立特定合同才能获得该选择权,该选择权也不应被视为企业向该客户提供了一项重大权利。在这种情况下,企业提出了一项销售要约,仅在客户行使该选择权来购买额外商品或服务时,企业才应按照本准则对该要约进行会计处理。

### (五)区分额外购买选择权和可变对价

对额外购买选择权和可变对价的区分要求企业作出重大判断,并评估向客户所作出承诺的性质,以及合同方当前可执行的权利和义务。

1. 额外购买商品或服务的选择权。

客户当前拥有购买可明确区分的额外商品或服务的合同权利。客户每次选择权的行使都是单独的购买决定以及企业对额外商品和服务的控制权的转让。在客户行使选择权之前,供应商没有义务提供这些商品或服务,也没有权利接受客户的对价。客户选择权需要经过评估,以确定它们能否向客户提供重大权利。

2. 可变对价。

与客户订立的合同要求供应商为转让已承诺的商品或服务做好准备,客户并未对供应商拟提供的额外商品或服务作出单独的购买决定。履行履约义务(例如,商品或服务的控制权转让至客户)时,即发生了导致额外对价的未来事项。

### (六)奖励积分构成单项履约义务时不同情形下的收入确认

企业向客户授予奖励积分,该积分可能有多种使用方式,例如,该积分只能用于兑换本企业提供的商品、只能用于兑换第三方的商品,或者客户可以在两者中进行选择。企业授予客户的奖励积分为客户提供了重大权利从而构成单项履约义务时,企业应当根据具体情况确定收入确认的时点和金额。

(1) 该积分只能用于兑换本企业提供的商品的,企业通常只能在将相关商品转让给客户或该积分失效时,确认与积分相关的收入。

(2) 该积分只能用于兑换第三方提供的商品的,企业应当分析,对于该项履约义务而言,其身份是主要责任人还是代理人,企业是代理人的,通常应在完成代理服务时(例如,协助客户自第三方兑换完积分时)按照其有权收取的佣金等确认收入。

(3) 客户可以选择兑换由本企业或第三方提供的商品的,在客户选择如何兑换积分或该积分失效之前,企业需要随时准备为客户兑换积分提供商品,当客户选择兑换本企业的商品时,企业通常只能在将相关商品转让给客户或该积分失效时确认相关收入,当客户选择兑换第三方提供的商品时,企业需要分析其是主要责任人还是代理人,并进行相应的会计处理。

## 五、授予知识产权许可

向客户授予知识产权许可使客户对企业知识产权享有了权利。知识产权许可包括但不限于以下内容:

(1) 软件及技术。

(2) 影视和音乐等的版权。

(3) 特许经营权。

(4) 专利权、商标权和其他版权等。

企业向客户授予知识产权许可时,可能也会同时销售商品,这些承诺可能在合同中明确约定,也可能隐含于企业已公开宣布的政策、特定声明或者企业以往的习惯做法中。在这种情况下,企业应当评估授予客户的知识产权许可是否可与所售商品明确区分(本实务操作指南第二章第二节二),即该知识产权许可是否构成单项履约义务,并进行相应的会计处理。

### (一) 不构成单项履约义务的知识产权许可

1. 无法与合同中其他商品明确区分的知识产权许可。

在一些情况下,客户往往能够从单独使用许可中获益(许可证可明确区分),但在许多情况下,客户仅当将许可证与在合同中(明确或隐含)同时承诺的其他商品或服务一起使用时才能获益,因此该许可证不能与合同中其他商品或服务单独区分开来,即不构成单独的履约义务。

如果授予许可证的承诺无法与合同中其他已承诺的商品或服务明确区分,则企业应将授予许可证的承诺与此类其他已承诺的商品或服务一起作为单项履约义务进行会计处理。无法与合同中其他已承诺的商品或服务明确区分的许可证示例包括:

(1) 构成有形商品的组成部分并且对于该商品的正常使用所不可或缺的知识产权许可。

例如,软件(即许可证)往往被包括在有形商品(如汽车)里,且在大多数情况下对该商品的功能有重大影响。在该情况下,客户无法从单独使用该许可证中获益,因为该许可证与商品整合在一起;也就是说,许可证是生产该商品的一项投入,而该商品是一项产出。

(2) 客户只有将该知识产权许可和相关服务一起使用才能够从中受益。

客户仅在同时使用相关服务(例如,由企业提供的在线服务,通过授予许可证使客户能够访问相关内容)时才能获益的许可证。此时该许可证实质上是服务的载体。

例如,当企业提供一项服务(如某些托管或存储服务),而客户只能通过进入企业的基础设施才能使用某一许可证(如软件)时,客户未获得许可证的控制,因此在不使用托管服务的情况下,无法单独从许可证(或许可证的使用)中获益。此外,许可证的使用也高度依赖于托管服务或与其高度关联(IFRS15.B54、BC406)。

2. 包括知识产权许可的单项履约义务。

在判断包含知识产权许可的单项履约义务的收入确认时,是否需要考虑该不可单独区分的知识产权许可的性质? 这取决于该知识产权许可是否属于该单项履约义务的重要或主要的组成部分。如果是,则在判断该单项履约义务的收入确认时,也需要考虑作为该单项履约义务组成部分的知识产权许可的性质,是"获取"知识产权的权利还是"使用"知识产权的权利[本实务操作指南第二章第五节五(二)],进而按照新收入准则第三十六条的规范判断[本实务操作指南第二章第五节五(二)2]该单项履约义务是在一段时间还是一个时点履行。反之,如果知识产权许可在单项履约义务中不重大,则不需要适用上述第三十六条的规范。

### 例 65    不构成单项履约义务的知识产权许可(参考 IFRS15.示例 55)

企业与客户订立了一份有关某项商品的设计和生产流程的知识产权许可证的合同,有效期为 3 年。合同同时规定,客户将获得企业可能开发的针对新的设计或生产流程的任何知识产权的更新。相关更新对客户使用许可证而言是至关重要的,因为客户经营所处行业的技术变更十分快速。

企业确定客户可以通过以下方式获益:①在不获得更新的情况下单独使用许可证;②与最初的许可证一起的相关更新。尽管客户通过单独使用许可证获得的收益有限,因为相关更新对客户在快速变化的技术环境中继续使用许可证而言是至关重要的,但许可证的使用方式可以产生一些经济利益。因此,满足《企业会计准则第 14 号——收入(2017 年修订)》第十条(一)的条件。

客户通过单独使用许可证从许可证中获得的利益(即没有相关更新)是有限的(因为相关更新对客户在快速变化的技术环境中继续使用许可证而言至关重要),这一事实在评估是否满足《企业会计准则第 14 号——收入(2017 年修订)》第十条(二)标准过程中予以考虑。由于客户在 3 年内可以从未更新的许可证获得的利益十分有限,因此企业授予许可证和提供预期更新的承诺实际上是共同履行单一承诺以向客户交付组合项目的投入。也就是说,企业在合同中承诺的性质旨在提供持续访问企业知识产权的权限,该知识产权与 3 年期合同中一项产品的设计和生产过程有关。因此,根据《企业会计准则第 14 号——收入(2017 年修订)》第十条的标准,该组合产出中的承诺(即授予许可证和提供何时可用的更新)不可单独区分。

企业承诺向客户转让的组合商品或服务的性质旨在可以持续访问企业的知识产权,该知识产权与 3 年期合同中一项产品的设计和生产过程有关。由于客户将在企业履约的同时取得及消耗企业履约提供的利益,因此该履约义务(包括许可证和更新)应视为在某一时段内履行。

### 例 66    判断知识产权许可是否可明确区分(参考 IFRS15.示例 56)

某企业是一家制药公司,授予客户在 10 年内享有其针对某项经审批的合成药的专利权的许可证,并承诺为客户生产该药品。该药品是一项成熟产品,因此企业不会实施支持该药品的任何活动,这符合其商业惯例。

### 情形 1：许可证不可明确区分

假设由于生产流程的特殊性极高，因此没有能生产这一药品的其他企业。所以许可证不能独立于生产服务而单独购买。

因为客户在不获得生产服务的情况下不能从许可证中获益；相应地，许可证和生产服务不可明确区分，企业应将许可证和生产服务作为一项单独的履约义务进行会计处理。

### 情形 2：许可证可明确区分

假设用于生产该药品的生产流程并非唯一或特殊的，其他若干企业也能够为客户生产这一药品。

由于客户可以通过将许可证和除企业生产服务以外的易于获得的资源一起使用获得利益（因为其他企业可以提供生产服务），也可以通过将生产服务和在合同开始时向客户转让的许可证一起使用获得利益。因此，满足《企业会计准则第 14 号——收入（2017 年修订）》第十条（一）的条件。

企业还得出结论，其授予许可证和提供生产服务的承诺可单独辨认。企业认为，根据《企业会计准则第 14 号——收入（2017 年修订）》第十条（二）的条件，许可证和生产服务不是对本合同中的组合项目的投入。在得出这一结论时，企业认为客户在不显著影响其从许可证受益的情况下可以单独购买该许可证。许可证和生产服务都没有被另一方大幅修改或定制，并且企业没有提供将这些项目合并到组合产出中的重要服务。企业进一步认为，许可证和生产服务不是高度相互依赖或高度相关的，因为企业能够履行转让许可证的承诺，而不必履行随后为客户制造药物的承诺。同样地，即使客户先前已获得许可证并最初使用了不同的生产商，企业也能够为客户生产药物。因此，尽管生产服务会依赖于本合同中的许可证（即，如果客户没有获得许可证，企业无法提供生产服务），但许可证和生产服务不会显著相互影响。因此，企业认为其授予许可证和提供生产服务的承诺可明确区分，形成两项履约义务：专利权许可证和生产服务。

该药品是一项成熟产品（即，已通过审批，当前在生产且在过去数年内已实现具有商业利益的销售）。对于这类型的成熟产品，企业的商业惯例是不实施任何支持该药品的活动。药品专利许可具有重要单独功能（即生产用于治疗疾病或病症的药品的能力）。因此，客户通过这项功能，而不是企业正在进行的活动（药品生产）获得药品的大部分利益。合同并未要求且客户不会合理预期企业将实施对客户享有相关权利的知识产权产生重大影响的活动。相应地，企业转让许可证的承诺的性质是，按照其向客户授予该许可证的时点许可证存在的形式和功能，提供知识产权的使用权。因此，企业应将许可证作为在某一时点履行的履约义务进行会计处理。

## （二）构成单独履约义务的知识产权许可

如果授予许可证的承诺可与合同中其他已承诺的商品或服务明确区分，从而授予许可证的承诺是一项单独的履约义务，则企业应当确定该许可证是在某一时点还是在某一时段内转让给客户。在作出判断时，企业应当考虑企业向客户授予许可证的承诺的性质是向客户提供以下哪一种权利(IFRS15.B56)：

• 获取企业知识产权的权利,其存在于整个许可证有效期内(从而在某一时段内确认收入)；或者

• 使用企业知识产权的权利,其存在于授予许可证的时点(从而在某一时点确认收入)。

1. 企业承诺性质的判断。

企业在确定许可证是提供获取企业知识产权的权利还是使用企业知识产权的权利时,不应考虑下列因素：

(1) 该许可在时间、地域、排他性以及相关知识产权消耗和使用方面的限制——这些限制界定了已承诺的许可的属性,而非界定企业是在某一时点还是一段时间内履行其履约义务。例如,一项定期许可证允许客户在未来两年内在其影院播放某一电影 6 次,这个限制确定了企业所获取的资产(电影的 6 次播放)性质,而非相关知识产权(即相关电影)的性质。

(2) 企业就其拥有知识产权的有效性及防止未经授权使用该知识产权所提供的保证——保护知识产权的承诺并非履约义务,因为该保护行为是为了保护企业知识产权资产的价值,并就所转让的知识产权符合合同约定的具体要求向客户提供保证。

2. 在某一时段内履行的义务。

企业向客户授予知识产权许可,同时满足下列条件时,应当作为在某一时段内履行的履约义务确认相关收入；否则,应当作为在某一时点履行的履约义务确认相关收入：

• 合同要求或客户能够合理预期企业将从事对该项知识产权有重大影响的活动。

• 该活动对客户将产生有利或不利影响。

• 该活动不会导致向客户转让某项商品(准则第三十六条)。

如果同时满足上述三个条件,则企业授予知识产权许可证的承诺的性质是提供获取企业知识产权权利的承诺,从而企业应将其作为在某一时段内履行的履约义务进行会计处理。因为客户将在企业履约的同时取得并消耗通过企业的履约行为(即,提供知识产权的权利)提供的利益[本实务操作指南第二章第二节五(二)1(1)]。此时企业应选择一种恰当的方法来计量其提供获取知识产权的履约义务的履约进度(IFRS15.B60)。

(1) 合同要求或客户能够合理预期企业将从事对该项知识产权有重大影响的活动。

合同要求或客户能够合理预期企业将从事对该项知识产权有重大影响的活动。企业向客户授予知识产权许可之后,还可能会从事一些后续活动,例如市场推广、知识产权的继续开发或者能够影响知识产权价值的日常活动等,这些活动可能会在企业与客户的合同中明确约定,也可能是客户基于企业公开宣布的政策、特定声明或者企业以往的习惯做法而合理预期企业将会从事这些活动。如果企业和客户之间约定共享该知识产权的经济利益(例如,企业收取的

特许权使用费基于客户的销售情况确定),虽然并非决定性因素,但是这可能表明客户能够合理预期企业将从事对该项知识产权有重大影响的活动。

当存在下列任何一种情形时,企业所实施的活动会对客户享有相关权利的知识产权产生重大影响:

第一,这些活动预期将显著改变该项知识产权的形式(如知识产权的设计、内容)或功能(如执行某任务的能力)。

第二,客户从该项知识产权中获益的能力在很大程度上来源于或者取决于这些活动,即,这些活动会改变该项知识产权的价值,例如企业授权客户使用其品牌,客户从该品牌获得的利益价值取决于企业为维护或提升其品牌价值而持续从事的活动。

当该项知识产权具有重大的独立功能,且该项知识产权绝大部分的经济利益来源于该项功能时,客户从该项知识产权中获得的利益可能不受企业从事的相关活动的重大影响,除非这些活动显著改变了该项知识产权的形式或者功能。具有重大独立功能的知识产权主要包括软件、生物合成物或药物配方以及已完成的媒体内容(例如电影、电视节目以及音乐录音)版权等。

(2)该活动对客户将产生有利或不利影响。

企业从事的这些后续活动将直接导致相关知识产权许可对客户产生影响,且这种影响既包括有利影响,也包括不利影响。如果企业从事的后续活动并不影响授予客户的知识产权许可,那么企业的后续活动只是在改变其自己拥有的资产。虽然这些活动可能影响企业提供未来知识产权许可的能力,但将不会影响客户已控制或使用的内容。

但有些情况下,客户并不要求使用最新版本的知识产权,如果客户具有合同或实际的能力继续使用原先版本的知识产权,则客户通常未直接承担企业对知识产权更新等活动的有利或不利影响。因为如果客户能够继续使用原先版本的知识产权,则其使用的原版知识产权的价值通常没有发生变动,并且很难找到相反的证据。

(3)该活动不会导致向客户转让某项商品。

企业向客户授予知识产权许可,并承诺从事与该许可相关的某些后续活动时,如果这些活动本身构成了单项履约义务,那么企业在评估授予知识产权许可是否属于在某一时段履行的履约义务时应当不予考虑。

3. 在某一时点履行的义务。

如果并未满足上述所述的标准,则企业承诺的性质是提供知识产权的使用权,该知识产权存在于(就形式和功能而言)向客户授予许可证的时点。这意味着客户能够在许可证转让的时点主导许可证的使用并获得许可证的几乎所有剩余利益。企业应将提供知识产权使用权的承诺作为在某一时点履行的履约义务进行会计处理。企业应当在客户取得知识产权许可证控制权的时候确认收入[本实务操作指南第二章第二节五(三)]。在客户能够使用某项知识产权许可并开始从中获利之前,企业不能对此类知识产权许可确认收入。例如,企业授权客户在一定期间内使用软件,但是,在企业向客户提供该软件的密钥之前,客户都无法使用该软件,因此,企业在向客户提供该密钥之前虽然已经得到授权,但也不应确认收入。

### 例 67　授予特许经营权(参考 IFRS15.示例 57)

企业与客户订立了一份合同,承诺授予一项特许经营权的许可证,允许客户在 10 年内使用企业商标和出售企业产品。除该许可证外,企业还承诺提供经营专卖店的必要设备,该设备的固定对价为 150 000 元,需在交付设备时支付。企业因授予许可证而获得基于销售的特许使用费,该特许使用费为客户每月销售额的 5%。

* 识别履约义务

企业作为特许经营的授予方,具有实施诸如下列活动的既定的商业惯例:例如,分析消费者不断改变的偏好,及实施产品改良、定价策略、市场营销活动和提高经营效率以支持特许经营品牌。但是,企业认为,此类活动并非向客户直接转让商品或服务,因为相关活动是企业授予许可证承诺的一部分。

企业根据《企业会计准则第 14 号——收入(2017 年修订)》第十条[本实务操作指南第二章第二节二(三)]的要求评估承诺向客户提供的商品和服务,以确定哪些商品和服务可明确区分。

企业确定具有两项转让商品或服务的承诺:授予许可证的承诺和转让设备的承诺。此外,因为客户能够从单独使用每项承诺(即与许可证相关的承诺和与转让设备相关的承诺)或将其与易于获得的其他资源一起使用中获益(即,客户能够从将许可证与订立特许经营权之前交付的设备一起使用中获益,而设备可为特许经营权而使用或以非报废价值的金额出售)。

企业得出结论认为,许可证和设备不是对组合项目的投入(即,它们没有实际上履行对客户的单一承诺)。在得出这一结论时,企业认为它没有提供一项重要服务,将许可证和设备整合到一个组合项目中(即已许可的知识产权不是设备的一个组成部分,也不会显著修改设备)。此外,许可证和设备不是高度相互依赖或高度相关的,因为企业能够彼此独立地履行每项承诺(即授予特许经营权或转让设备)。

企业判断授予许可证的承诺和转让设备的承诺是可明确区分的。因此企业具有两项履约义务:①特许经营权许可证;②转让设备。

* 分摊交易价格

该合同的交易价格包括固定对价 150 000 元和可变对价(客户销售额的 5%)。该设备的单独售价为 150 000 元,企业定期授予特许经营权许可证以获得客户销售额的 5%。

在确定是否应当将可变对价全部分摊至转让特许经营权许可证的履约义务时,企业得出结论认为,可变对价(即基于销售的特许使用费)应当全部分摊至特许经营权许可证,因为可变对价全部与企业授予特许经营权许可证的承诺相关。此外,将 150 000 元分摊至设备并将基于销售的特许使用费分摊至特许经营权许可证,将与类似合同中基于企业单独售价的相对比例进行的分摊一致。

- 评估承诺的性质,判断是否在一段时间履行义务

考虑到:

(1) 基于企业的商业惯例,客户可合理预期企业将实施对客户享有相关权利的知识产权产生重大影响的活动,客户从其享有权利的知识产权中获得利益的能力实质上来源于或取决于预期企业实施的活动。例如,分析消费者不断改变的偏好,及实施产品改良、定价策略、市场营销活动和提高经营效率。此外,由于其部分报酬取决于特许经营的代理是否成功(通过基于销售的特许使用费证明),因此企业与客户共享经济利益表明客户将预期企业实施这些活动以实现收益最大化。

(2) 特许经营权许可证要求客户执行由此类活动导致的任何变更,从而使客户面临这些活动产生的任何正面或负面影响。

(3) 尽管客户可能通过许可证授予的权利从这些活动中获益,但这些活动在发生时并不导致向客户转让商品或服务。

因此,根据《企业会计准则第14号——收入(2017年修订)》第三十五条,该项授予特许经营权承诺的性质是提供在整个许可证有效期内按照许可证的当前形式获得企业知识产权的权利,转让许可证的承诺是在某一时段内履行的履约义务。由于基于销售的特许使用费形式的对价与特许经营权许可证特别相关,在转让特许经营权许可证后,企业在客户的销售发生时确认收入,原因在于企业得出结论认为,这样可以合理反映企业在完成履行特许经营权许可证的履约进度。

### 例68　获取知识产权的权利——在某一时段内履行履约义务(参考 IFRS15. 示例 58)

企业是一家设计制作连环漫画的公司,其向客户授予的许可证使客户可在4年内使用其3份连环漫画中的角色形象和名称。每份连环漫画都有主角,但是,会定期出现新创造的角色,且角色的形象在随时演变。该客户是大型游轮的运营商,其能够依据合理的方针以不同形式(例如,展览或演出)使用企业的角色。合同要求客户使用最新的角色形象。企业因授予许可证而在4年的期间内每年收取 1 000 000 元的固定付款额。

该合同中,除授予许可证的承诺外不存在其他履约义务。即,与许可证相关的额外活动并不向客户直接转让商品或服务,因为这些活动是企业授予许可证承诺的一部分,且实际上改变了客户享有知识产权许可的内容。

在评估转让许可证的承诺的性质时,企业考虑了以下因素:

(1) 客户合理预期(根据企业的商业惯例)企业将实施对客户享有相关权利的知识产权(即角色)产生重大影响的活动。这是因为企业实施的活动改变了客户拥有相关权利的知识产权的形式。此外,客户从其享有相关权利的知识产权中获取利益的能力实质上来源于或取决于企业正在实施的活动(即创作角色及出版包含这些角色的连环漫画等)。

(2) 许可证所授予的权利使客户直接面临企业活动产生的任何正面或负面

影响,因为合同要求客户使用最新创作的角色,这些角色塑造得成功与否,会直接对客户产生有利或不利影响。

（3）尽管客户可通过许可证授予的权利从这些活动中获益,但此类活动在发生时并不导致向客户转让任何商品或服务。

因此,企业转让许可证的承诺的性质为向客户提供获得于整个许可证有效期内存在的知识产权的权利。相应地,企业应将已承诺的许可证作为在某一时段内履行的履约义务进行会计处理。由于合同规定客户在一段固定期间内可无限制地使用授予许可证的角色,因此基于时间的计量方法是计量履约义务的履约进度的最适当方法。

**例 69**　使用知识产权的权利——在某一时点履行履约义务（参考 IFRS15. 示例 59）

企业为一家音乐唱片公司,向客户授予针对一张 1975 年录制的某一著名管弦乐团所演奏的古典交响乐的唱片的版权。该客户是一家消费品公司,其拥有在 2 年内在 A 国所有商业渠道（包括电视、广播和网络广告）使用该交响乐唱片的权利。企业因提供许可证而每月收取 10 000 元的固定对价。该合同不可撤销。这份合同并未包含企业提供的其他商品或服务,因此授予版权是唯一的履约义务。版权的期限（2 年）、地理范围（客户仅在 A 国使用音乐唱片的权利）以及唱片（商业）的限定允许用途均为合同中已承诺版权授权的特征。

企业在评估其授予许可证的承诺的性质时考虑到,企业没有改变授予版权的唱片的任何合同义务或隐含义务。授予版权的唱片具有重大的独立功能（即可直接用于播放）,因此,客户主要通过该重大的独立功能获利而非通过企业的后续活动。因此,企业确定合同不要求,而且客户无法合理预期企业实施对授予版权的唱片产生重大影响的活动。其转让版权授权的承诺的性质为向客户提供存于授予时点的企业知识产权的使用权。因此,授予版权授权的承诺是在某一时点履行的履约义务。企业应在客户能够主导该版权授权的使用并从中获得其几乎所有剩余利益的时点确认全部收入。

鉴于企业履约时间（期初）与客户的付款时间（2 年内每月付款）之间间隔的时长,还应考虑《企业会计准则第 14 号——收入（2017 年修订）》第十七条的要求以确定是否存在重大融资成分,并进行相应的会计处理［本实务操作指南第二章第二节三（二）］。

**（三）基于销售或使用的特许权使用费**

1. 基于销售或使用的特许权使用费的特殊处理。

企业向客户授予知识产权许可,并约定按客户实际销售或使用情况收取特许权使用费的,应当在下列两项孰晚的时点确认收入:

（1）客户后续销售或使用行为实际发生。

（2）企业履行相关履约义务（准则第三十七条）。

这是估计可变对价的一个例外规定,该例外规定只有在下列两种情形下才能使用:一是特许权使用费仅与知识产权许可相关;二是特许权使用费可能与合同中的知识产权许可和其他商品都相关,但是与知识产权许可相关的部分占有主导地位。当企业能够合理预期,客户认为知识产权许可的价值远高于合同中与之相关的其他商品时,该知识产权许可可能是占有主导地位的。需要注意的是,该项要求仅适用于基于销售或使用的特许权使用费的收入确认。对于其他类型的可变对价的考虑,仍应按照本实务操作指南第二章第二节三(一)的要求估计可变对价的金额,并考虑对可变对价估计的限制。

此外,企业使用上述例外规定时,应当对特许权使用费整体采用该规定,而不应当将特许权使用费进行分拆,即部分采用该例外规定进行处理,而其他部分按照估计可变对价的一般原则进行处理。

2. 客户购买或使用软件额外拷贝的选择权的处理。

基于合同的性质,当客户享有取得额外软件权利的选择权时,比如增量用户账号或增量拷贝等,存在两种可以接受的观点:

观点1:适用客户对额外购买选择权的指引。获取额外用户账号或软件拷贝的选择权,属于一项获取额外许可的选择权。因此,企业应当考虑适用客户对额外商品或服务选择权的指引,即,该选择权是否构成重大权利。

观点2:适用基于销售或使用的特许权使用费相关指引。额外的用户账号或拷贝,代表了现有的、原先授予许可的增量使用,而不是获取额外许可。因此,额外使用产生了可变对价,属于基于销售或使用的特许权使用费。

虽然上述两种观点都可以接受,但是并不是说这两种观点是可以选择的,在某些事实和情况下,可能只有其中一种观点是比较适当的,因此实务中需要分析具体合同的事实和情况。

**例70　基于销售的特许权使用费(参考 IFRS15.示例60)**

企业为一家电影发行公司,向客户(院线)授予某电影的放映许可证。客户为电影院运营商,获得了在6周内在其电影院放映该电影的权利。此外,企业已同意:①在6周的放映期开始之前,向客户提供拍摄的纪念品在客户的电影院展示;②在整个6周放映期间,在客户所在区域的流行广播电台为该电影赞助广播广告。因提供许可证和额外的促销商品和服务,企业将向运营商收取该电影的部分电影票销售额(即,基于销售的特许使用费形式的可变对价)。

企业得出结论认为,电影的许可证是基于销售的特许权使用费所涉及的主要项目,因为企业可以合理预期客户授予许可证的价值远远高于提供相关促销商品或服务的价值。企业确认从基于销售的特许权使用费而获得收入,该特许权使用费是企业根据合同享有的唯一对价。如果许可证、纪念品和广告活动是单项履约义务,则企业将基于销售的特许权使用费分摊至各项履约义务中。

**例71　固定费用加基于销售的特许权使用费(参考 IFRS15.示例61)**

企业是一家知名的足球俱乐部,就其名称和队徽向客户授予许可证。客户为一家服装设计公司,根据合同,其有权在1年内在包括T恤、帽子、杯子和毛巾的各项目上使用该俱乐部的名称和队徽。因提供许可证,企业将收取固定对价 2 000 000 元以及按使用队名和队徽的项目的售价的 5% 收取特许权使用费。客户预期企业将继续参加比赛并保持球队的竞争力。

因为与许可证相关的额外活动(继续参加比赛并保持球队的竞争力)并不直接向客户转让商品或服务,因为这些活动是企业授予许可证的承诺的一部分,且实际上改变了客户享有相关权利的知识产权,因此企业唯一的履约义务是转让许可证。

评估企业转让许可证的承诺的性质:

(1) 客户会合理预期企业将实施对客户享有相关权利的知识产权(即,队名和队徽)产生重大影响的活动。该结论以企业实施活动的商业惯例为基础,这些活动可以支持或维持队名和队徽的价值(例如,继续比赛并保持球队的竞争力)。企业确定客户通过队名或队徽获取利益的能力实质上来源于或取决于预期企业实施的活动。此外,由于其部分对价取决于客户是否成功(通过基于销售的特许使用费),因此企业与客户之间存在的共享经济利益表明客户将预期企业实施这些活动以实现收益最大化。

(2) 许可证授予的权利(队名和队徽的使用)使客户直接面临企业的这些活动产生的任何正面或负面影响。

(3) 尽管客户可能通过许可证授予的权利从这些活动中获益,但这些活动在发生时并不向客户转让商品或服务。

因此,企业授予许可证的承诺的性质为向客户提供获得存在于整个许可证有效期内的企业知识产权的权利。相应地,企业应将已承诺的许可证作为在某一时段内履行的履约义务进行会计处理。因为基于销售的许可使用费仅与合同中唯一的履约义务——许可证有关。企业得出结论认为,在使用队名或队徽的客户项目销售发生时,在一段时间内将固定对价 2 000 000 元按比例确认为收入,按照客户销售相关商品取得的销售额的 5% 计算的金额在客户销售发生时确认收入。

# 六、售后回购

售后回购,是指企业销售商品的同时承诺或有权选择日后再将该商品(包括相同或几乎相同的商品,或以该商品作为组成部分的商品)购回的销售方式(准则第三十八条)。

售后回购通常采用三种形式:

(1) 企业和客户约定企业有义务回购该商品(远期合同)。

(2) 企业有权利回购该商品,即企业拥有回购选择权(看涨期权)。

(3) 当客户要求时,企业有义务回购该商品,即客户拥有回购选择权(看跌期权)。需要注意的是,如果企业在向客户转移商品控制权之后才决定的回购该商品的协议,并不属于本准则规范的售后回购。因为企业回购该商品的决定与之前存在的合同权利无关,并不影响客户在初始转让时主导该商品的使用并获得该商品几乎所有剩余利益的能力(IFRS15. BC423)。

### (一)企业负有回购义务或享有回购权利(远期合同或看涨期权)

如果企业具有回购资产的义务或享有回购权利(远期合同或看涨期权),则表明销售时点客户并未获得对该资产的控制,因为客户主导这项资产的使用并获得这项资产几乎所有剩余利益的能力受到限制(即使客户可能已持有该资产实物)。由于客户有义务向企业返还或随时准备向企业返还该资产,客户无法用尽或消耗整项资产,此外,客户不能向企业之外的其他方出售该项资产(除非是遵循回购协议进行,此种情况下,客户从出售中获得的收益是有限的)。

因此,企业应按以下两者之一对合同进行会计处理:

(1)回购价格低于原售价:如果企业能够或必须按低于资产原售价的金额回购该资产,则按照《企业会计准则第21号——租赁》作为租赁进行会计处理。

(2)回购价格不低于原售价:如果企业能够或必须按相当于或高于资产原售价的金额回购该资产,则作为融资安排进行会计处理。在收到客户款项时确认金融负债,而不是终止确认该资产,并将该款项和回购款的差额在回购期间内确认为利息费用等。

企业到期未行使回购权利的,应当在该回购权利到期时终止确认金融负债,同时确认收入(准则第三十八条)。

对于上述两种情形,企业在将回购价格与原售价进行比较时,应当考虑货币的时间价值。

**例72** **作为融资安排的售后回购(参考 IFRS15. 示例 62 案例 A)**

在 20×7 年 1 月 1 日,企业与客户订立一项销售有形资产的合同,合同价款为 1 000 000 元。合同包含一项看涨期权,赋予企业在 20×7 年 12 月 31 日或之前以 1 100 000 元的价格回购该资产的权利。

根据准则分析,该资产的控制于 20×7 年 1 月 1 日并未转移给客户,因为企业有权回购该资产,因此客户主导该资产的使用及获得该资产几乎所有剩余利益的能力是受到限制的。由于行权价格高于原售价,因此企业将该交易作为融资安排进行会计处理,不终止确认该资产,而是将收到的现金确认为金融负债。同时将行权价格 1 100 000 元与所收到的现金 1 000 000 元之间的差额确认为利息费用,增加负债。

在 20×7 年 12 月 31 日,该期权未被行使而失效;因此,企业终止确认相关负债并确认 1 100 000 元的收入。

**例73** **售后回购**

情形 1:2×18 年 4 月 1 日,甲公司向乙公司销售一台设备,销售价格为 200 万元,同时双方约定 2 年之后,即 2×20 年 4 月 1 日,甲公司将以 120 万元的价格回购该设备。本例中,根据合同约定,甲公司负有在 2 年后回购该设备的义务,因此,乙公司并未取得该设备的控制权。假定不考虑货币时间价值,该交易的实质是乙公司支付了 80 万元(200-120)的对价取得了该设备 2 年的使用权。甲公司应当将该交易作为租赁交易进行会计处理。

情形 2:沿用情形 1 的背景,假定甲公司将在 2×20 年 4 月 1 日不是以 120 万元,而是以 250 万元的价格回购该设备。本例中,假定不考虑货币时间价值,该交易的实质是甲公司以该设备作为质押取得了 200 万元的借款,2 年后归还本息合计 250 万元。甲公司应当将该交易视为融资交易,不应当终止确认该设备,而应当在收到客户款项时确认金融负债,并将该款项和回购价格的差额在回购期间内确认为利息费用等。

### (二)企业负有应客户要求回购商品义务(看跌期权)

如果企业有义务应客户要求按低于资产原售价的价格回购资产(看跌期权),企业应当在合同开始时考虑客户是否具有行使这项权利的重大经济动因。客户行使这项权利将导致客户实际上为获得在某一时段内使用特定资产的权利而向企业支付对价。因此,如果客户具有行使这项权利的重大经济动因,企业应按照《企业会计准则第 21 号——租赁》将该协议作为一项租赁进行会计处理(IFRS15. B70)。

1. 客户是否具有行使要求回购权的重大经济动因的判断。

在判断客户是否具有行权的重大经济动因时,企业应当综合考虑各种相关因素,包括回购价格与预计回购时市场价格之间的比较以及权利的到期日等。当回购价格明显高于该资产回购时的市场价值时,通常表明客户有行权的重大经济动因。

2. 具有重大经济动因——融资交易。

客户具有行使该要求权的重大经济动因的,企业应当将回购价格与原售价进行比较,并按照上述(一)情形下的原则将该售后回购作为租赁交易或融资交易进行相应的会计处理[本实务操作指南第二章第五节六(一)]。

3. 不具有重大经济动因——附有销售退回条款的销售。

客户不具有行使该要求权的重大经济动因的,企业应当将该售后回购作为附有销售退回条款的销售交易进行相应的会计处理。

如果资产的回购价格相当于或高于原售价、且低于或等同于该资产的预计市场价值,则客户并不具有行使权利的重大经济动因,企业也应将该协议视同为附带退货权的产品销售进行会计处理(本实务操作指南第二章)(IFRS15. B74)。

(1)针对回购资产的义务确认为一项负债,该负债按照预计向客户支付的对价金额计量。

(2)针对企业在清偿负债时获得该资产的权利确认一项资产,该资产的计量金额与资产在企业原账面价值有可能相同或不同。

(3)针对资产的售价与回购资产的义务所确认的负债之间的差额,确认为资产转让损益(IFRS15. BC428)。

### 例 74　作为租赁的售后回购(参考 IFRS15. 示例 4 案例 B)

在 20×7 年 1 月 1 日,企业与客户订立一项销售有形资产的合同,合同价款为 1 000 000 元。合同规定企业有义务在 20×7 年 12 月 31 日或之前应客户的要求以 900 000 元的价格回购该资产。该资产在 20×7 年 12 月 31 日的预计市场价值为 750 000 元。

在合同开始时,在评估客户是否具有促使其行使这项看跌期权的重大经济动因时,企业认为客户具有促使其行使这项看跌期权的重大经济动因,因为回购价格显著超过该资产在回购日的预计市场价值。企业确定在评估客户是否具有促使其行使看跌期权的重大经济动因时,不存在需考虑的任何其他相关因素。据此,企业断定由于客户主导该资产的使用及获得该资产几乎所有剩余利益的能力是有限的,因此资产的控制并未转移给客户。因此应将该交易将作为一项租赁进行会计处理。

### (三) 售后回购会计处理图示(见图 1-9)

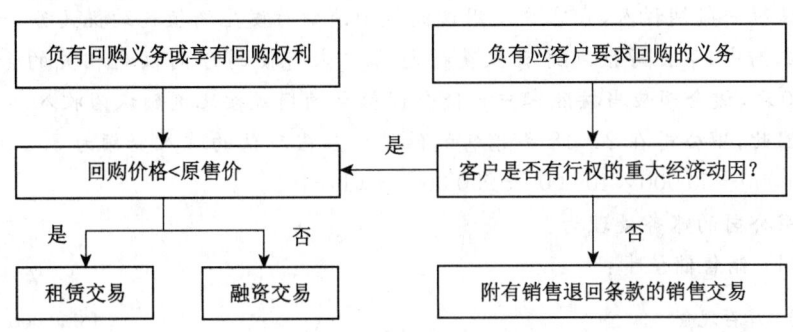

图 1-9 售后回购会计处理图示

## 七、客户未行使的权利

客户向企业支付的不可返还的预付款,赋予客户一项在未来取得商品或服务的权利(并使企业承担随时准备转让商品或服务的义务)。但是,客户可能不会行使其所有合同权利。这些未行使的权利通常被称为"未使用的权利"(breakage),例如礼品卡和不可返还票券的购买(IFRS15. B45)。企业向客户预收销售商品款项的,应当首先将该款项确认为负债,待履行了相关履约义务时再转为收入。当企业预收款项无需退回,且客户可能会放弃其全部或部分合同权利时,企业预期将有权获得与客户所放弃的合同权利相关的金额的,应当按照客户行使合同权利的模式按比例将上述金额确认为收入;否则,企业只有在客户要求其履行剩余履约义务的可能性极低时,才能将上述负债的相关余额转为收入(准则第三十九条)。

企业在确定其是否预期将有权获得与客户所放弃的合同权利相关的金额时,应当考虑将估计的可变对价计入交易价格的限制要求。即,在客户放弃其全部或部分合同权利,企业只有在能够合理预计客户要求其履行剩余履约义务的可能性极低时,才能将相关负债余额转为收入,其金额应以相关不确定性消除时极可能不会发生累计已确认收入的重大转回为限[本实务操作指南第二章

第二节三(一)4]。

如果有相关法律规定,企业所收取的、与客户未行使权利相关的款项须转交给其他方的(例如,法律规定无人认领的财产需上交政府),企业不应将其确认为收入。

**例 75　客户未行使的权利**

甲公司经营连锁面包店。2×18 年,甲公司向客户销售了 5 000 张储值卡,每张卡的面值为 200 元,总额为 1 000 000 元。客户可在甲公司经营的任何一家门店使用该储值卡进行消费。根据历史经验,甲公司预期客户购买的储值卡中将有大约相当于储值卡面值金额 5%(即 50 000 元)的部分不会被消费。截至 2×18 年 12 月 31 日,客户使用该储值卡消费的金额为 400 000 元。甲公司为增值税一般纳税人,在客户使用该储值卡消费时发生增值税纳税义务。

本例中,甲公司预期将有权获得与客户未行使的合同权利相关的金额为 50 000 元,该金额应当按照客户行使合同权利的模式按比例确认为收入。

因此,甲公司在 2×18 年销售的储值卡应当确认的收入金额为 362 976 元 [(400 000＋50 000×400 000÷950 000)÷(1＋16%)]。

甲公司的账务处理为:

(1)销售储值卡:

借:库存现金　　　　　　　　　　　　　　　　　1 000 000
　　贷:合同负债[1 000 000÷(1＋16%)]　　　　　　862 069
　　　　应交税费——待转销项税额[1 000 000÷(1＋16%)×16%]　137 931

(2)根据储值卡的消费金额确认收入,同时将对应的待转销项税额确认为销售税额:

借:合同负债　　　　　　　　　　　　　　　　　362 976
　　应交锐费——待转销项税额[400 000÷(1＋16%)×16%]　55 172
　　贷:主营业务收入　　　　　　　　　　　　　　362 976
　　　　应交税费——应交增值税(销项税额)　　　　55 172

## 八、无需退回的初始费

在某些合同中,企业在合同开始时或接近合同开始时向客户收取一笔不可返还的预付费用。例如,健康俱乐部成员合同中的入会费、电信合同中的开通费、某些服务合同中的准备费及某些供货合同中的先期费用等(IFRS15.B48)。

### (一)无需退回的初始费的处理

企业在合同开始(或接近合同开始)日向客户收取的无需退回的初始费(如俱乐部的入会费等)应当计入交易价格。企业应当评估该初始费是否与向客户转让已承诺的商品相关。该初始费与向客户转让已承诺的商品相关,并且该商品构成单项履约义务的,企业应当在转让该商品时,按照分摊至该商品的交易价格确认收入;该初始费与向客户转让已承诺的商品相关,但该商品不构成单项履约义务的,企业应当在包含该商品的单项履约义务履行时,按照分摊至该单项履约义务的交易价格确认收入;该初始费与向客户转让已承诺的商品不相关的,该初始费应当作为未来将转让商品的预收款,在未来转让该商品时确认为收入(准则第四十条)。

无需退回的初始费的处理如图1-10所示。

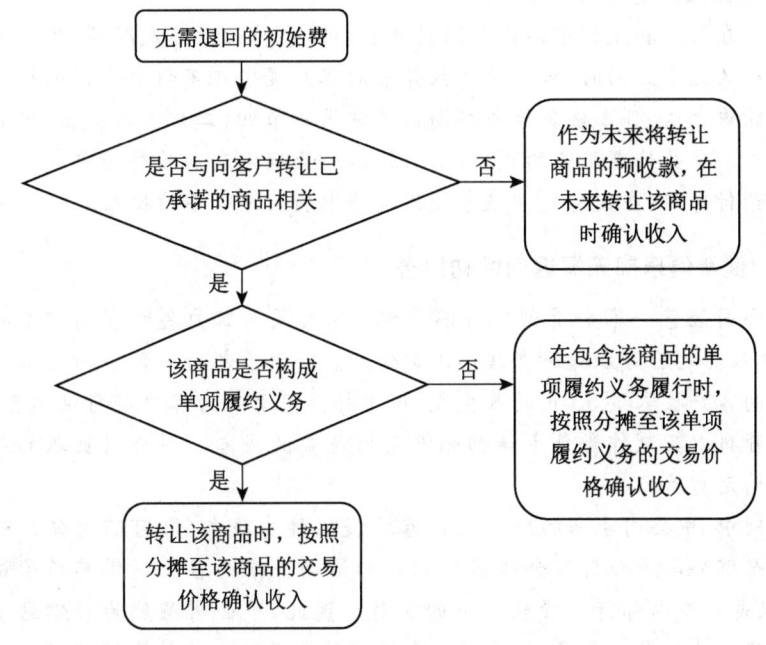

图 1-10　无需退回的初始费的处理

### (二)为开展初始活动而收取的初始费

企业收取了无需退回的初始费且为履行合同应开展初始活动,但这些活动本身并没有向客户转让已承诺的商品的,该初始费与未来将转让的已承诺商品相关,应当在未来转让该商品时确认为收入,企业在确定履约进度时不应考虑这些初始活动;企业为该初始活动发生的支出应当按照本准则第二十六条和第二十七条规定确认为一项资产或计入当期损益(准则第四十条)。

在合同开始日(或邻近合同开始日),企业通常必须开展一些初始活动,为履行合同进行准备,如一些行政管理性质的准备工作,这些活动虽然与履行合同有关,但并没有向客户转让已承诺的商品,因此,不构成单项履约义务。在这种情况下,即使企业向客户收取的无需退还的初始费与这些初始活动有关(例如,企业为了补偿开展这些活动所发生的成本而向客户收取初始费),也不应在这些活动完成时将该初始费确认为收入,而应当将该初始费作为未来将转让商品的预收款,在未来转让该商品时确认为收入。

如果企业向客户授予了续约选择权并且这一选择权向客户提供了重大权利[本实务操作指南第二章第五节四(二)],这部分收入确认期间将可能长于初

127

始合同期限。

**例 76**　**不可返还的预付费用(参考 IFRS15. 示例 53)**

企业与客户订立一份提供 1 年交易处理服务的合同,该合同具有适用于所有客户的标准条款。这份合同要求客户支付预付费用,以在企业的系统和流程中对客户进行设置。这一费用是名义金额并且不可返还。客户可每年对合同进行续约且无需支付额外费用。

企业在系统和流程中的设置活动并未向客户转让商品或服务,因此并未形成一项履约义务。同时,续约选择权并未向客户提供在不订立合同的情况下无法获得的重大权利[本实务操作指南第二章第五节四(二)]。实际上,预付费用是针对未来交易处理服务的预付款。因此,企业确定交易价格应包括该项不可返还的预付费用,在交易处理服务提供过程中确认该服务的收入。

**例 77**　**健身俱乐部无需退回的初始费**

甲公司经营一家会员制健身俱乐部。甲公司与客户签订了为期 2 年的合同,客户入会之后可以随时在该俱乐部健身。除俱乐部的年费 2 000 元之外,甲公司还向客户收取了 50 元的入会费,用于补偿俱乐部为客户进行注册登记、准备会籍资料以及制作会员卡等初始活动所花费的成本。甲公司收取的入会费和年费均无需返还。

本例中,甲公司承诺的服务是向客户提供健身服务(即可随时使用的健身场地),而甲公司为会员入会所进行的初始活动并未向客户提供其所承诺的服务,而只是一些内部行政管理性质的工作。因此,甲公司虽然为补偿这些初始活动向客户收取了入会费,但是该入会费实质上是客户为健身服务所支付的对价的一部分,故应当作为健身服务的预收款,与收取的年费一起在 2 年内分摊确认为收入。

## 九、委托代销安排

这一安排是指委托方和受托方签订代销合同或协议,委托受托方向终端客户销售商品。在这种安排下,企业应当评估受托方在企业向其转让商品时是否已获得对该商品的控制权,如果没有,企业不应在此时确认收入,通常应当在受托方售出商品时确认销售商品收入;受托方应当在商品销售后,按合同或协议约定的方法计算确定的手续费确认收入。

表明一项安排是委托代销安排的因素包括但不限于:

(1) 在特定事件发生之前(例如,向最终客户出售商品或指定期间到期之前),企业拥有对商品的控制权。

(2) 企业能够要求将委托代销的商品退回或者将其销售给其他方(如其他经销商)。

(3) 尽管受托方可能被要求向企业支付一定金额的押金,但是,其并没有承担对这些商品无条件付款的义务。

**例 78　"委托代销"安排**

甲公司委托乙公司销售 W 商品 1 000 件, W 商品已经发出, 每件成本为 70 元。合同约定乙公司应按每件 100 元对外销售, 甲公司按不含增值税的销售价格的 10% 向乙公司支付手续费。除非这些商品在乙公司存放期间内由于乙公司的责任发生毁损或丢失, 否则在 W 商品对外销售之前, 乙公司没有义务向甲公司支付货款。乙公司不承担包销责任, 没有售出的 W 商品须退回给甲公司, 同时, 甲公司也有权要求收回 W 商品或将其销售给其他客户。乙公司对外实际销售 1 000 件, 开出的增值税专用发票上注明的销售价格为 100 000 元, 增值税税额为 16 000 元, 款项已经收到, 乙公司立即向甲公司开具代销清单并支付货款。甲公司收到乙公司开具的代销清单时, 向乙公司开具一张相同金额的增值税专用发票。假定甲公司发出 W 商品时纳税义务尚未发生, 手续费增值税税率为 6%, 不考虑其他因素。

本例中, 甲公司将 W 商品发送至乙公司后, 乙公司虽然已经实物占有 W 商品, 但是仅是接受甲公司的委托销售 W 商品, 并根据实际销售的数量赚取一定比例的手续费。甲公司有权要求收回 W 商品或将其销售给其他客户, 乙公司并不能主导这些商品的销售, 这些商品对外销售与否、是否获利以及获利多少等不由乙公司控制, 乙公司没有取得这些商品的控制权。因此, 甲公司将 W 商品发送至乙公司时, 不应确认收入, 而应当在乙公司将 W 商品销售给最终客户时确认收入。根据上述资料,

甲公司的账务处理如下:

(1) 发出商品。

借: 发出商品——乙公司　　　　　　　　　　　　　70 000
　贷: 库存商品——W 商品　　　　　　　　　　　　　　　70 000

(2) 收到代销清单, 同时发生增值税纳税义务。

借: 应收账款——乙公司　　　　　　　　　　　　　116 000
　贷: 主营业务收入——销售 W 商品　　　　　　　　　　100 000
　　应交税费——应交增值税(销项税额)　　　　　　　 16 000

借: 主营业务成本——销售 W 商品　　　　　　　　　 70 000
　贷: 发出商品——乙公司　　　　　　　　　　　　　　　70 000

借: 销售费用——代销手续费　　　　　　　　　　　　10 000
　　应交税费——应交增值税(进项税额)　　　　　　　　 600
　贷: 应收账款——乙公司　　　　　　　　　　　　　　　10 600

(3) 收到乙公司支付的货款。

借: 银行存款　　　　　　　　　　　　　　　　　　105 400
　贷: 应收账款——乙公司　　　　　　　　　　　　　　 105 400

乙公司的账务处理如下：

（1）收到商品。

借：受托代销商品——甲公司　　　　　　　　　　　　　　　　　　100 000
　　贷：受托代销商品款——甲公司　　　　　　　　　　　　　　　　　100 000

（2）对外销售。

借：银行存款　　　　　　　　　　　　　　　　　　　　　　　　　116 000
　　贷：受托代销商品——甲公司　　　　　　　　　　　　　　　　　　100 000
　　　　应交税费——应交增值税（销项税额）　　　　　　　　　　　　 16 000

（3）收到增值税专用发票。

借：受托代销商品款——甲公司　　　　　　　　　　　　　　　　　100 000
　　应交税费——应交增值税（进项税额）　　　　　　　　　　　　　 16 000
　　贷：应付账款——甲公司　　　　　　　　　　　　　　　　　　　　116 000

（4）支付货款并计算代销手续费。

借：应付账款——甲公司　　　　　　　　　　　　　　　　　　　　116 000
　　贷：银行存款　　　　　　　　　　　　　　　　　　　　　　　　105 400
　　　　其他业务收入——代销手续费　　　　　　　　　　　　　　　　 10 000
　　　　应交税费——应交增值税（销项税额）　　　　　　　　　　　　　　 600

# 十、"售后代管商品"安排

售后代管商品是指根据企业与客户签订的合同，已经就销售的商品向客户收款或取得了收款权利，但是直到在未来某一时点将该商品交付给客户之前，仍然继续持有该商品实物的安排。实务中，客户可能会因为缺乏足够的仓储空间或生产进度延迟而要求与销售方订立此类合同。在这种情况下，尽管企业仍然持有商品的实物，但是，当客户已经取得了对该商品的控制权时，即使客户决定暂不行使实物占有的权利，其依然有能力主导该商品的使用并从中获得几乎全部的经济利益。因此，企业不再控制该商品，而只是向客户提供了代管服务。

除应用本实务操作指南第二章第二节五（三）对控制权转移的要求外，必须在符合下列所有条件的情况下，客户才获得对"开出账单但代管商品"安排下产品的控制：

（1）该安排必须具有商业实质（例如，客户要求订立该项安排）。

（2）属于客户的商品必须能够单独识别（例如，将属于客户的商品单独存在指定地点）。

（3）该商品可随时交付给客户。

（4）企业不能自行使用该商品或将该商品提供给其他客户。

如果企业就基于"售后代管商品"安排的产品销售确认收入，企业应当考虑其是否还承担其他的履约义务，例如，向客户提供保管服务（本实务操作指南第二章第二节二),从而应将部分交易价格分摊至该履约义务(本实务操作指南第二章第二节四)。

**例 79** **"售后代管商品"安排——确认收入(参考 IFRS15. 示例 63)**

某企业于 20×9 年 1 月 1 日与客户订立一份出售机器和零配件的合同。该机器和零配件的制造期为 2 年。在制造完成后,企业能够证明该机器和零配件符合合同约定的规格。转让机器和零配件的承诺可明确区分,因此存在两项履约义务,而每项履约义务均在某一时点履行。

在 20×9 年 12 月 31 日,客户对该机器和零配件进行了支付,并对其进行了验收。但客户仅运走了机器,要求将零配件存放于企业的仓库中(因为该仓库邻近客户的厂房),并且要求企业按照其指令随时安排发货。客户已拥有零配件的法定所有权,且该零配件可明确识别为属于该客户。此外,企业在其仓库的单独区域内存放这些零配件,并且这些零配件可随时应客户的要求立即发货。企业并不能使用这些零配件或将这些零配件提供给另一客户使用。

企业将提供仓库保管服务的承诺识别为一项履约义务,因为这是一项向客户提供的服务并且可与机器和零配件明确区分开来。据此,企业对合同中的三项履约义务(提供机器、零配件和仓库保管服务的承诺)进行会计处理。交易价格被分摊至这三项履约义务,并且在控制转移给客户时(或在这一过程中)确认收入。

对机器的控制于 20×9 年 12 月 31 日在客户取得机器的实物时转移给客户。在确定对零配件的控制是在某一时点转移给客户时,企业认为自身已取得付款、客户已拥有零配件的法定所有权并且已对零配件进行检查及验收。同时,替客户代管商品的安排具有商业实质、产品已经被单独识别并可随时转让给客户,企业不能将该零配件再转让给其他客户。因此,企于 20×9 年 12 月 31 日在零配件的控制转移给客户时确认零配件相关的收入。

**例 80** **"售后代管商品"安排——不确认收入**

A 公司生产并销售笔记本电脑。2×18 年,A 公司与零售商 B 公司签订销售合同,向其销售 1 万台电脑。由于 B 公司的仓储能力有限,无法在 2×18 年年底之前接收该批电脑,双方约定 A 公司在 2×19 年按照 B 公司的指令按时发货,并将电脑运送至 B 公司指定的地点。2×18 年 12 月 31 日,A 公司共有上述电脑库存 1.2 万台,其中包括 1 万台将要销售给 B 公司的电脑。然而,这 1 万台电脑和其余 2 000 台电脑一起存放并统一管理,并且彼此之间可以互相替换。

本例中,尽管是由于 B 公司没有足够的仓储空间才要求 A 公司暂不发货,并按照其指定的时间发货,但是由于这 1 万台电脑与 A 公司的其他产品可以互相替换,且未单独存放保管,A 公司在向 B 公司交付这些电脑之前,能够将其提供给其他客户或者自行使用。因此,这 1 万台电脑在 2×18 年 12 月 31 日不满足售后代管商品安排下确认收入的条件。

# 第六节 衔 接 规 定

## 一、衔接规定

《企业会计准则第 14 号——收入(2017 年修订)》第四十三条和第四十四条规范了首次执行新收入准则的衔接要求。

### (一)衔接的基本方法

新收入准则第四十三条"首次执行本准则的企业,应当根据首次执行本准则的累积影响数,调整首次执行本准则当年年初留存收益及财务报表其他相关项目金额,对可比期间信息不予调整。"

即:执行新收入准则的累计影响数仅调整至首次执行日当年年初报表列报金额,不再向前追溯,前期比较数据的列报不予调整。例如,某企业 2018 年 1 月 1 日起执行新收入准则,在编制 2018 年度财务报表时(假设没有其他会计政策变更或重大前期差错更正等情况)如表 1-3 所示。

表 1-3　　　　　　　　2018 年执行新收入准则报表编制情况

| 资产负债表 | | | 利润表 | |
|---|---|---|---|---|
| 2017 年 12 月 31 日 | 2018 年 1 月 1 日 | 2018 年 12 月 31 日 | 2017 年度 | 2018 年度 |
| 采用旧准则;数据与上年对外披露的财务报表相同 | 采用新准则;累计影响数追溯至本时点 | 采用新准则 | 采用旧准则 | 采用新准则 |

同时,在"所有者权益变动表"中,"上年年末余额"栏次填列 2017 年 12 月 31 日权益项目余额,"会计政策变更"栏次填列追溯调整金额,"本年年初余额"填列调整后的 2018 年 1 月 1 日金额。

需要注意的是,上述列报的格式(例如,资产负债表是否需要单独披露 2018 年 1 月 1 日金额),可能随着财政部或其他监管机构的新的要求发生变化。

### (二)可选择的简化操作方法——仅追溯首次执行日未完成的合同

在应用上述(一)中的衔接方法时,企业也可以根据新准则第四十三条的规定选择比较简单的操作方法:

"企业可以仅对在首次执行日尚未完成的合同的累积影响数进行调整。

已完成的合同,是指企业按照与收入相关会计准则制度的原规定已完成合同中全部商品的转让的合同。尚未完成的合同,是指除已完成的合同之外的其他合同。"

需要注意两点:

(1)上述简化操作方法是可选择的,不是必须执行的,但仅对首次执行日未完成的合同按照新准则追溯调整至首次执行日年初的方法,显然更具有操作性。

（2）准则中的"已完成合同"，是对旧的收入准则和建造合同准则及相关规定而言的。"已完成合同"的概念是新收入准则过渡规定中引入的新概念，旨在简化衔接过程中可能需要追溯的合同数量。从"已完成合同"的定义看，其关注的是商品或服务的转让。实务中，按照旧准则"已完成"的合同按照新准则可能并未完成，或者虽然已经完成，但确认收入的金额和时间有所不同。

### （三）衔接的披露要求

新收入准则第四十三条："……同时，企业应当在附注中披露，与收入相关会计准则制度的原规定相比，执行本准则对当期财务报表相关项目的影响金额，如有重大影响的，还需披露其原因。"

### （四）对合同变更的简化处理方法

新收入准则第四十四条"对于最早可比期间期初之前或首次执行本准则当年年初之前发生的合同变更，企业可予以简化处理，即无需按照本准则第八条［本实务操作指南第二章第二节一（七）］规定进行追溯调整，而是根据合同变更的最终安排，识别已履行的和尚未履行的履约义务、确定交易价格以及在已履行的和尚未履行的履约义务之间分摊交易价格。

企业采用该简化处理方法的，应当对所有合同一致采用，并且在附注中披露该事实以及在合理范围内对采用该简化处理方法的影响所作的定性分析。"

即，如果合同变更发生在"最早可比期间期初之前"或"首次执行本准则当年年初之前"，可以选择简便处理方法：不考虑合并变更的过程，仅根据合同最终安排考虑收入确认的时间和金额。但条件是：

（1）对所有合同一致采用。

（2）在附注中披露：该事项以及该事项影响的定性分析。

### （五）新旧衔接案例

某企业从 2018 年 1 月 1 日起执行新的收入准则，采用仅对 2018 年 1 月 1 日尚未完成的合同累计影响数进行调整的简便方法。假设截至 2017 年 12 月 31 日，企业有某合同依据原收入准则尚未完成，且于 2017 年度应确认收入 90 万元，2018 年应确认收入 30 万元。但依据新的收入准则，该合同应于 2017 年度确认收入 100 万元，2018 年确认收入 20 万元。假设不考虑成本、税费等其他事项，该企业在编制 2018 年度财务报表时应作调整如表 1-4 所示。

表 1-4　　　　　　　　2018 年度财务报表的调整

| 项　　目 | 2017 年度 | 2018 年度 | 合　　计 |
|---|---|---|---|
| 收入 | 90 | 20 | 110 |
| 对期初的调整 | | +10 | 10 |
| 合　　计 | | | 120 |

## 二、IFRS 下的过渡性规定

对于新旧衔接的具体处理办法，IFRS15 下包含"完全追溯法"和"累计影响法"两种可供选择的方案,针对每种方案,还涉及便于实务操作的方法。我国收入准则的衔接方案基本上相当于 IFRS15 下的"累计影响法"。

IFRS15 中的过渡方法具体可参考本节后附的附录:"IFRS15 附录三:生效日期及过渡性规定"。

## 附录:

### IFRS15. C1~C10:生效日期及过渡性规定

本附录是本准则的组成部分,与本准则的其他部分具有同等效力。

**生效日期**

1. 主体应当对自 2017 年 1 月 1 日或以后日期开始的年度报告期间应用本准则,允许提前采用。如果主体提前采用本准则,则应当披露这一事实。

1A《国际财务报告准则第 16 号——租赁》已于 2016 年 1 月发布,根据该准则对本准则第 5 段、第 97 段、附录二应用指南第 66 段和第 70 段进行了修订。主体应当在采用《国际财务报告准则第 16 号》时应用这些修订。

1B 对《〈国际财务报告准则第 15 号——客户合同收入〉的澄清》(2016 年 4 月发布)修订了第 26 段、第 27 段、第 29 段、附录二应用指南第 1 段、附录二应用指南第 34 段至第 38 段、附录二应用指南第 52 段至第 53 段、附录二应用指南第 58 段、附录三生效日期和过渡性规定第 2 段、附录三生效日期和过渡性规定第 5 段、及附录三生效日期和过渡性规定第 7 段;删除了附录二应用指南第 57 段;并新增了附录二应用指南第 34A 段、附录二应用指南第 35A 段、附录二应用指南第 35B 段、附录二应用指南第 37A 段、附录二应用指南第 59A 段、附录二应用指南第 63A 段、附录二应用指南第 63B 段、附录三生效日期和过渡性规定第 7A 段、及附录三生效日期和过渡性规定第 8A 段。主体应当对自 2018 年 1 月 1 日或以后日期开始的年度报告期间应用这些修订,允许提前采用。如果主体提前采用这些修订,则应当披露这一事实。

**过渡性规定**

2. 就附录三生效日期和过渡性规定第 3 段至第 8A 段的过渡性规定而言:

(1) 首次采用日是指主体首次采用本准则的报告期间的起始日;以及

(2) 已完成的合同是指主体已转让根据《国际会计准则第 11 号——建造合同》《国际会计准则第 18 号——收入》及相关解释公告识别的所有商品或服务的合同。

3. 主体应采用下列两种方法之一应用本准则:

(1) 按照《国际会计准则第 8 号——会计政策、会计估计变更和差错》追溯调整所列报的每一个前期报告期间,并可采用附录三生效日期和过渡性规定第 5 段所述的便于实务操作的方法;或者

(2) 根据附录三生效日期和过渡性规定第 7 段至第 8 段追溯调整,并在首次采用日确认首次采用本准则的累积影响。

4. 尽管有《国际会计准则第 8 号》第 28 段的有关规定,在首次采用本准则时,仅在主体根据附录三生效日期和过渡性规定第 3(1)段追溯应用本准则的情

况下,主体才仅需对采用本准则的首个年度期间的前一个年度期间("上一年度期间")列报《国际会计准则第 8 号》第 28(6) 段所要求的定量信息。主体可同时对本期或更早的可比期间列报这些信息,但这并非强制要求。

5. 在根据附录三生效日期和过渡性规定第 3(1) 段追溯应用本准则时,主体可采用下列一种或多种便于实务操作的方法:

(1) 对于已完成的合同,主体无需重述:

① 在同一年度报告期间内开始和结束的合同;或者

② 在所列报的最早期间的期初已完成的合同。

(2) 对于具有可变对价的已完成合同,主体可使用合同完成日的交易价格而无需对可比报告期间内的可变对价金额进行估计。

(3) 对于在所列报的最早期间的期初之前已修订的合同,主体无需根据第 20 段至第 21 段中有关合同修订的规定追溯重述。取而代之的是,主体应在执行下列步骤时反映在所列报最早期间的期初之前发生的所有合同修订的汇总影响:

① 识别已履行和未履行的履约义务;

② 确定交易价格;以及

③ 将交易价格分摊至已履行和未履行的履约义务。

(4) 对于列报的所有首次采用日前的报告期间,主体无需披露分摊至剩余履约义务的交易价格金额及说明主体预计这些金额何时确认为收入(见第 120 段)。

6. 对于主体所采用的附录三生效日期和过渡性规定第 5 段所述的任何便于实务操作的方法,主体应将其一致地应用于所列报的所有报告期间内的全部合同。此外,主体应当披露下列所有信息:

(1) 所采用的便于实务操作的方法;以及

(2) 在合理可能的范围内,就应用的每一项便于实务操作的方法的估计影响所作的定性分析。

7. 如果主体选择根据附录三生效日期和过渡性规定第 3(2) 段追溯应用本准则,主体应将首次采用本准则的累积影响确认为对包含首次采用日的年度报告期间的期初留存收益(或其他权益组成部分,如适当)余额的调整。在这种过渡方法下,主体可选择仅对在首次采用日(例如,对于年度截止日为 12 月 31 日的主体为 2018 年 1 月 1 日)尚未完成的合同追溯应用本准则。

7A 根据附录三生效日期和过渡性规定第 3(2) 段追溯应用本准则的主体同时可针对以下两者之一采用附录三生效日期和过渡性规定第 5(3) 段所述的便于实务操作的方法:

(1) 在所列报最早期间的期初之前发生的所有合同修订;或者

(2) 在首次采用日前发生的所有合同修订。

如果主体采用上述务实折中的方法,主体应针对所有合同一致地采用该方法并披露附录三生效日期和过渡性规定第 6 段所规定的信息。

8. 对于包含首次采用日的报告期间,如果主体按照附录三生效日期和过渡

性规定第 3 段(2)追溯应用本准则,则应当提供下列两项额外披露:

(1) 与采用在本次变更前生效的《国际会计准则第 11 号》《国际会计准则第 18 号》及相关解释公告相比,应用本准则对本报告期每个财务报表单列项目的影响金额;及

(2) 对附录三生效日期和过渡性规定第 8(1)段所识别的重大变动的原因的解释。

8A 主体应根据《国际会计准则第 8 号》追溯应用《〈国际财务报告准则第 15 号〉的澄清》(见附录三生效日期和过渡性规定第 1B 段)。在追溯应用该修订时,主体应视同该修订在首次采用日已被纳入《国际财务报告准则第 15 号》一样予以应用。因此,主体不得将该修订应用于根据附录三生效日期和过渡性规定第 2 段至第 8 段的规定未采用《国际财务报告准则第 15 号》要求的报告期间或合同。例如,如果主体根据附录三生效日期和过渡性规定第 3(2)段仅将《国际财务报告准则第 15 号》应用于在首次采用日尚未完成的合同,则主体不应在《国际财务报告准则第 15 号》的首次采用日重述该修订对已完成合同的影响。

**对《国际财务报告准则第 9 号》的提及**

9. 如果主体采用本准则、但尚未采用《国际财务报告准则第 9 号——金融工具》,则任何在本准则中提及的《国际财务报告准则第 9 号》均应被理解为提及《国际会计准则第 39 号——金融工具:确认和计量》。

**其他国际财务报告准则的撤销**

10. 本准则取代了下列准则:

(1)《国际会计准则第 11 号——建造合同》。

(2)《国际会计准则第 18 号——收入》。

(3)《国际财务报告解释公告第 13 号——客户忠诚度计划》。

(4)《国际财务报告解释公告第 15 号——房地产建造协议》。

(5)《国际财务报告解释公告第 18 号——客户转让的资产》。

(6)《解释公告第 31 号——收入:涉及广告服务的易货交易》。

# 第三章

# 对企业的影响

收入,通常是企业最重要的财务指标之一,也是投资者和财务报表使用者的重点关注领域。

新收入准则建立了全新的收入确认模型,收入确认的思路、方法和步骤均发生重大变化,以控制权转移代替了原准则所有权上主要风险和报酬的转移来评估商品或服务的转让,势必会对企业的实务造成一定的影响。一方面企业的内部控制、业务流程、项目管理等整体方面需要因新收入准则的实施而相应变化;另一方面,企业需要根据新收入准则重新评估与自身业务相关的收入确认流程,在收入确认的时间和收入金额的计量上均可能存在差异。即使企业预期就其现有的交易,不会因新准则的实施对收入确认的时间和收入金额的计量方面发生重大变化,企业也需要对其进行验证,以确认其符合新准则的要求。

## 第一节 对企业整体方面的影响

新的收入准则相比于旧准则要求企业作出更多的判断和评估,例如,在以下方面均需要大量的判断和估计:

- 识别合同
  - 合同对价的可收回性[本实务操作指南第二章第二节一(二)5]
  - 合同合并[本实务操作指南第二章第二节一(六)]
  - 合同变更[本实务操作指南第二章第二节一(七)]
- 识别履约义务(本实务操作指南第二章第二节二)
- 确定交易价格
  - 估计可变对价,包括对可变对价估计的限制[本实务操作指南第二章第二节三(一)]
  - 确定重大融资成分[本实务操作指南第二章第二节三(二)]
- 将交易价格分摊至履约义务
  - 估计单独售价[本实务操作指南第二章第二节四(一)]
- 确定履约义务是在某一时段内履行还是在某一时点履行(本实务操作指南第二章第二节五)
- 授予知识产权许可性质的判断[本实务操作指南第二章第五节五(二)1]
- 主要责任人或代理人的判断(本实务操作指南第二章第五节三)

作出这些判断和估计,并非是企业财务人员可独立完成,需要企业的很多方面进行相应的变更以适应新准则的实施要求。

# 一、内部控制

因判断和估计事项增多,企业应增加针对这些判断和估计的控制措施,包括这些新控制的书面记录和测试,同时要增加监管以保证持续的合规性。

# 二、业务流程和系统

企业需要针对新收入准则下交易会计处理方法的变化,更新主要流程和控制。例如,企业的运营人员可能会针对各项履约义务的定价更新流程,尤其是在这些履约义务并未单独提供,没有可观察的输入值时,并向财务部门提供相应信息同时应定期更新这些数据;合同签订和管理流程应根据新准则对于识别合同、合并、变更的要求做相应调整;财务系统应更新财务报告的列报和披露流程。

# 三、经营模式

新准则的实施也可能改变企业的经营模式,比如,修改合同的终止条款以对迄今已经完成的履约部分收取适当的款项;能影响单独售价估计的合同条款或定价政策的变化可能使企业改变商业模式;修改销售促销策略。

# 四、管理信息

新准则的实施可能会使企业的一些主要财务指标发生变化,如毛利率、收入、每股收益等。相应地,企业的绩效考评指标可能需要调整;与收入挂钩的薪酬计划(如销售佣金、奖金计划等)可能需要变更;也要考虑关键财务指标的变化对投资者、债权人或监管机构的预期影响并需要就新准则的影响与其进行沟通;还需要与同行业进行对比,了解产生差异的原因。

# 五、税务方面

新准则的实施可能对企业现有的税务策略和筹划产生影响。此外,在某些情况下,新准则的实施改变了原有收入的确认时间,这些差异可能导致额外的暂时性差异。

# 第二节　对业务层面的影响

需要注意,以下列举的对业务层面的影响并非全部。

## 一、合同合并

新收入准则和原建造合同准则都对合同合并做了规范,但两者之间存在差异。

原建造合同准则第七条规定:"一组合同无论对应单个客户还是多个客户,同时满足下列条件的,应当合并为单项合同:(一)该组合同按一揽子交易签订;(二)该组合同密切相关,每项合同实际上已构成一项综合利润率工程的组成部分;(三)该组合同同时或依次履行。"

从新旧准则对合同合并的规范看,上述第一和第二条基本是相似的,但新收入准则要求如果合同中所承诺的商品或服务(或每份合同中所承诺的部分商品或服务)构成单独履约义务,则应将合同合并处理。而且原建造合同准则未强调这些合同必须是与同一个客户(或该客户的关联方)在同时或相近时间签订,而是要求"该组合同同时或依次履行"。

因此新收入准则执行后,有可能导致部分企业原未予合并的一些合同需要进行合同合并,因为对履约义务的识别是新准则的要求,之前绝大部分企业未考虑履约义务的影响。也可能会使原已经合并的合同不再满足新收入准则合同合并的标准而不能再合并。

## 二、可变对价

新收入准则第十六条允许在合同存在可变对价时,企业可以按照"期望值"或"最可能发生金额"确定可变对价的最佳估计数,同时对可变对价的估计加以限制"应当不超过在相关不确定性消除时累计已确认收入极可能不会发生重大转回的金额"。

在原准则体系内,对于此种存在可变对价的情况,只有当与交易相关的经济利益很可能流入企业并且金额能够可靠计量的情况下才能确认收入,因此很多企业通常按照能够"合理估计"的金额确认收入。我们理解新准则实施后,对于大多数企业来说可变对价的"合理估计"金额可能并不会发生较大变化,但毕竟新准则给出了"期望值"或"最可能发生金额"的可选项,即使有"极可能不会发生重大转回"为限制条款,但企业对"可变对价"确认和计量的操作空间变大了。

同时,目前一些企业可能对可变对价没有预估,直至其实际发生时才对收入进行调整,准则第十六条要求存在可变对价的,"应当"(必须)确定可变对价的最佳估计数,也会影响部分企业的实务。

### 三、按照单独售价分摊交易价格

对于约定多项承诺的合同(比如系统集成业务、设计建造咨询服务等一揽子协议（EPC）等），原准则并没有要求区分这些承诺是否构成一项（或多项）单独的履约义务，也没有提及将交易价格按照单独售价的相对比例进行分摊。

新收入准则第二十条要求："合同中包含两项或多项履约义务的，企业应当在合同开始日，按照各项履约义务所承诺商品或服务的相对单独售价，将交易价格分摊至各项履约义务。"准则第二十一条对如何估计"单独售价"进行了规范，要求在单独售价无法直接观察到的情况下，企业应采用经调整的市场评估法、预计成本加毛利率法和余值法。除了余值法被限制使用外，经调整的市场评估法、预计成本加毛利率法都涉及估值和判断。这些要求实务中可能会对提供综合服务的企业（如系统集成业务、设计建造咨询服务等一揽子协议等）产生一定影响。

## 四、在某一时段内履行履约义务

根据原准则，提供劳务的企业普遍采用完工百分比法确认收入和结转成本（在合同的履行结果能够可靠估计的前提下）。但新收入准则第十一条至第十三条对这一收入确认模型进行了重大变更，明确只有在满足第十一条所列三种情形之一时，才"属于在某一时段内履行履约义务"，并将其作为运用完工百分比法（履约进度法）的前提。该三种情形为"（一）客户在企业履约的同时即取得并消耗企业履约所带来的经济利益；（二）客户能够控制企业履约过程中在建的商品；（三）企业履约过程中所产出的商品不具有可替代用途，且该企业在整个合同期间内有权就累计至今已完成的履约部分收取款项。"

新准则实施后，原采用完工百分比法的提供劳务的企业应重新评估自身提供的服务情况和合同内容，不排除部分企业因不满足于在某一时段内履行履约义务的条件而不能再使用完工百分比确认收入，或者原先采用商品销售模式确认收入的企业，因满足上述条件之一而变更为在某一时段内确认收入，导致收入确认产生重大变化。

另外，即使某项业务在新老准则下都可以在履约期间逐步确认收入，新准则下履约进度的确定方法和计量结果也可能不同于原准则下的"完工百分比"。在原《企业会计准则第 14 号——收入（2006）》的"提供劳务模式"和原《企业会计准则第 15 号——建造合同》的"建造合同模式"下，规定完工百分比的确定只能采用以下三种方法之一：①已完工作的测量（或实际测定的完工进度）；②已经提供的劳务占应提供劳务总量的比例（或已经完成的合同工作量占合同预计总工作量的比例）；③已经发生的成本占估计总成本的比例。但在新准则下，要求企业应当考虑商品的性质，采用产出法或投入法确定恰当的履约进度。但在运用以成本为基础的投入法时，如果已发生的成本与企业履行履约义务的进度不成比例，则此时对企业履约的最佳反映可能是调整投入法，仅以已发生的成本为限确认收入。这一差异也可能对收入金额在不同会计期间之间的分布以及各期间的利润产生影响。

## 五、对退货权的处理

如本实务操作指南第二章第五节一(二)所述,原准则正文未明确提及对于附有销售退回条款的销售如何处理,但在《企业会计准则讲解 2010》第 223 页【例15-16】对该类事项进行了举例,该案例的处理方法与新准则的要求有所不同,新准则同时确认了一项资产(按照预计将退回商品的成本扣减收回该商品预计发生的成本),以及一项退款负债(按照预计因销售退回将退还的金额),但《企业会计准则讲解 2010》中就仅该资产和负债的差额确认了一项负债。

对于退货权处理方式的差异,对于一些合同中附有销售退回条款的企业将产生影响。

## 六、奖励积分的处理

《企业会计准则讲解 2010》第 230～231 页规范了奖励积分的处理:

"(1)在销售产品或提供劳务的同时,应当将销售取得的货款或应收货款在本次商品销售或劳务提供产生的收入与奖励积分的公允价值之间进行分配,将取得的货款或应收货款扣除奖励积分公允价值的部分确认为收入,奖励积分的公允价值确认为递延收益。奖励积分的公允价值为单独销售可取得的金额。如果奖励积分的公允价值不能够直接观察到,授予企业可以参考被兑换奖励的公允价值或其他估值技术估计奖励积分的公允价值。在下列情况下,授予企业可能减少奖励积分的公允价值:①向未从初始销售中获得奖励积分的客户提供奖励积分的公允价值;②奖励积分中预期不会被客户兑换的部分。

(2) 获得奖励积分的客户满足条件时有权取得授予企业的商品或服务,在客户兑换奖励积分时,授予企业应将原计入递延收益的与所兑换积分相关的部分确认为收入,确认为收入的金额应当以被兑换用于换取奖励的积分数额占预期将兑换用于换取奖励的积分总数比例为基础计算确定。获得奖励积分的客户满足条件时有权取得第三方提供的的商品或劳务的,如果授予企业代表第三方归集对价,授予企业应在第三方有义务提供奖励且有权接受因提供奖励的计价时,将原计入递延收益的金额与应支付给第三方的价款之间的差额确认为收入;如果授予企业自身归集对价,应在履行奖励义务时按分配至奖励积分的对价确认收入。企业因提供奖励积分而发生的不可避免成本超过已收和应收对价时,应按《企业会计准则第 13 号——或有事项》有关亏损合同的规定处理。"

但根据新收入准则第三十五条,此类"奖励积分"属于向客户提供的"额外购买选择权",应作为附有客户额外选择权的销售处理。首先应判断该选项权是否属于向客户提供一项重大权利。企业提供了重大权利的,应作为单项履约义务处理,并将交易价格分摊至该履约义务(本实务操作指南第二章[例 63]),在客户未来行使购买选择权取得相关商品控制权时,或者选择权失效时确认收入。与《企业会计准则讲解 2010》第 230～231 页对奖励积分的处理的主要差异在于：

第一，新收入准则要求判断奖励积分是否属于单项履约义务，而《企业会计准则讲解 2010》是直接将其视作一项单独履约义务。

第二，新收入准则要求，如果奖励积分属于单项履约义务，应按照其单独售价的相对比例将交易价格在奖励积分和相关商品之间分摊。而《企业会计准则讲解 2010》是将奖励积分的公允价值直接作为其交易价格，合同价格扣除奖励积分公允价值后的金额作为商品的交易价格，分摊的方法不同。

## 七、入会费、会员费处理

原收入准则应用指南第五条"提供劳务收入确认条件的具体应用"中："申请入会费和会员费只允许取得会籍，所有其他服务或商品都要另行收费的，在款项收回不存在重大不确定性时确认收入。申请入会费和会员费能使会员在会员期内得到各种服务或商品，或者以低于非会员的价格销售商品或提供服务的，在整个受益期内分期确认收入。"

根据新收入准则第四十条，此类"会员费、入会费"属于"无需退回的初始费"，应考虑其是否与向客户转让已承诺的商品相关、是否构成单项履约义务等区别不同情况分别处理。新旧准则对于此类会员费的处理方式的差异，是源于新旧准则收入确认模型的不同，考虑问题的思路和出发点均不相同。

# 第三节　对行业的影响

新收入准则确立的收入确认模型对各个行业与收入确认相关的方方面面均有影响，但对不同行业来说影响的程度不同。表 1-5 列明了新收入确认模型中对各个行业影响比较显著的步骤。

表 1-5　　　　　新收入确认模型中对各行业影响比较显著的步骤

| 行业 | 步骤 1 | 步骤 2 | 步骤 3 | 步骤 4 | 步骤 5 |
|---|---|---|---|---|---|
| 零售和消费品业 | | √ | √ | √ | |
| 汽车业 | | √ | √ | | √ |
| 生命科学业 | √ | | √ | | |
| 石油和天然气业 | √ | √ | √ | | |
| 房地产业 | √ | √ | | | √ |
| 工程和建造业 | | √ | √ | | √ |
| 电信业 | | √ | √ | √ | |
| 电力和公用事业 | | √ | √ | | |
| 软件、云服务和科技业 | | √ | √ | √ | √ |
| 资产管理 | √ | √ | √ | | |
| 油田服务 | √ | √ | √ | | |

## 一、零售和消费品业

一般而言,对于零售和消费品业来说,收入确认的金额和时点可能并没有重大变化。但是,在企业估计退货,以及给予客户的选择权、已付或应付客户的对价、经销商或分销商安排、许可和特许经营协议的会计处理方面,需要运用判断。

### (一) 退货权

零售和消费品业的企业经常为客户提供退货权。在新准则体系下,退货权将产生可变对价。即,在退货权过期或不再接受退货之前,企业无法确定有多少货物将被退回,因此企业有权取得的对价金额存在不确定性。因此,新准则要求,企业在估计交易价格时要考虑客户退货的可能性,将极可能不会发生重大收入转回的金额(即,对可变对价的限制)包括在交易价格中。在此情况下,企业在确定预计有权取得的对价时,将排除预计将被退回的产品。尽管企业在新准则下估计的退货金额可能不会发生显著变化,但具体会计处理会发生变化。

企业须将预计退货金额确认为一项退款负债,代表其退还客户对价的义务。同时就其收回客户退回商品的权利,确认一项退回资产(并调整销售成本)。与现行实务相比,对退回资产在资产负债表上的分类很可能发生变化。目前,与预计被退回的产品相关的资产账面价值通常留在存货中,而新准则要求企业将该资产和存货分开记录,以提高透明度,并将退款负债和退回资产单独列示(即,以总额列示而非以净额列示)。

### (二) 客户对额外商品或劳务的选择权

零售和消费品业的企业经常给予客户购买额外商品或劳务的选择权。这些选择权具有多种形式,包括销售激励(例如,限量派发的优惠券)和客户奖励积分(例如,忠诚度或奖励计划、零售商为促销而分发的礼品卡)。如果额外商品或劳务的选择权,是提供给客户在签订合同的情况下才能取得的一项实质性权利,那么该选择权是一项单独的履约义务(例如,折扣超过通常针对该市场的该类别客户给予的这种商品或劳务的折扣范围)。

原准则不要求企业区分选择权和营销报价[本实务操作指南第二章第五节四(五)],也没有提及向客户提供实质性权利的选择权的会计处理方法。对零售和消费品业的企业,实施新收入准则可能需要作出重大判断,来评估企业是否授予了一项向客户提供实质性权利的选择权,这可能不同于现行实务。

### (三) 已付或应付客户的对价

零售和消费品业的企业通常向客户提供折扣、优惠券以及免费商品或劳务。此外,某些消费品企业还为其零售商的客户提供诸如此类的折扣或赠品。为确定适当的会计处理,企业必须首先确定已付或应付客户的对价,是为可明确区分的商品或劳务支付的对价,还是交易价格的减少,抑或两者兼而有之。

企业对客户的支付应作为交易价格的减少,除非由客户提供的商品或劳务可明确区分。

货架费——消费品制造商通常向零售商所支付的费用,以使商品被放在货架的显眼位置上,货架可以是实物(例如,店面)或虚拟的(例如,电商目录)。通常,此类收费并未向制造商提供可明确区分的商品或劳务,因此应作为交易价格的减少处理。

### (四)经销商或分销商安排

一些消费品企业通过分销商或经销商(统称为经销商)销售其产品。目前,一些企业在将产品交付给经销商时由于不符合原收入准则中风险和报酬模型的全部条件未确认收入,而在产品销售给终端客户后才确认收入。

在新准则下,消费品企业必须首先评估产品的控制权何时转移给客户。为此,需要评估与经销商的合同是否为寄售安排。在寄售安排中,控制权通常在经销商将产品销售给终端客户后才转移(因此,在此之前不确认收入),这与当前实务一致。

企业认为与经销商的合同不是寄售安排的话,如果唯一不确定的因素是价格变动,那么不应到终端销售发生后才确认收入。企业必须根据预计有权收取对价的估计金额,同时考虑对可变对价的限制,在转移已承诺商品的控制权时确认收入。如果企业确定至少部分可变对价不会发生重大转回是高度可能的(即,企业能够估计不受限制的对价金额),与目前实务相比,企业可能会更早确认收入。

### (五)许可和特许经营安排

零售和消费品业企业经常订立品牌许可和特许经营安排。企业必须考虑此类合同是否包括可明确区分的知识产权许可,即知识产权授予是否构成单项履约义务,以便根据新准则恰当处理。新准则要求在分析知识产权许可时,判断其属于在某一时段内履行,还是在某一时点履行的义务。

此外,对于基于销售和使用情况收取来自知识产权许可的特许权使用费,企业应在实际销售或使用发生时及企业履约孰晚时确认。这是新准则中对估计可变对价一般要求的例外情况,其会计处理很可能与当前实务一致。

## 二、汽车业

为应用新收入准则,汽车整车制造商需要改变激励措施的评估方式,汽车零部件制造商需要改变长期供货协议的评估方式。而在识别履约义务上都需要运用重大判断,对具有回购选择权或余值担保的合同的会计处理也可能需要发生变化。

### (一)激励措施

整车制造商经常在向经销商出售车辆的合同中提供销售激励措施。这些销售激励措施包括向经销商和零售客户(指从经销商处购得车辆的客户)提供现金折扣奖励或其他类型的激励措施。此外,还包括向零售客户提供免费或大幅折扣的商品或劳务,例如在规定期限内使用免费卫星广播或享受免费维护服务等。

在新收入准则下,整车制造商向客户(经销商和零售客户)支付的现金激励(即现金、积分或其他有可能抵减应付整车制造商的款项的激励项目)在会计处理中通常都将被作为交易价格以及收入的抵减。但是,在某些情况下,支付给客户的奖励是用于交换由客户转移给整车制造商的一项可明确区分的商品或服务。如果整车制造商能够合理评估出这些客户转移的可明确区分的商品或服务的公允价值,则该转移应当按照一般商品或服务采购的会计处理方式进行处理。这与原收入准则并不完全相同,因此整车制造商需要评估新准则是否会改变其现金激励项目的会计处理。

在新收入准则下,无论是由整车制造商直接还是间接地通过经销商向零售客户提供免费或折扣商品,都很可能表示是承诺的商品或服务(即,收入要素)而非营销激励措施。此类间接激励措施的一个例子是经销商提供的由整车制造商付款的免费维护服务。即使合同中未就此类激励措施作出明确承诺,但如果整车制造商的商业惯例使零售客户产生整车制造商有义务提供维护服务的有效预期,则此类激励措施就属于隐含承诺。因此这些金额就被认为是合同中的承诺,且整车制造商需要将此类免费服务作为收入要素进行会计处理。对一些整车制造商而言,将免费商品或劳务作为单独收入要素将改变实务。此外,整车制造商应该对销售激励和其他形式可变对价的评估流程进行重新审查,以确保完全满足关于交易价格评估的新要求(包括应用限制),并适当记录所得结论。

### (二)长期供货合同

1. 模具设备。

汽车零部件供应商通常与整车制造商签订长期安排,为整车制造商提供某些特定部件,如座椅安全带或方向盘等。一项安排通常包括制造为了使该部件达到符合整车制造商的规格参数所需的设备(称为模具)。很多情况下,汽车零部件供应商将制造模具并在之后将模具的法律权属转移给整车制造商。而汽车零部件供应商仍实际持有用于生产零部件的模具实物用于生产特定部件。

目前在原准则下,一些汽车零部件供应商将模具作为收入要素进行会计处理,因为他们认为模具是安排中的一项可交付产品。而另一些汽车零部件制造商则认为模具不是安排中可交付产品,因此他们认为模具不是收入要素,而是类似于劳务供应商为订立合同而履行的管理任务。

在新收入准则下,如果确认模具是收入要素,企业必须首先评估模具是否是可明确区分的(即,模具能够明确区分;且在合同特定背景下可明确区分),并因此是一项单独的履约义务。在进行评估时,汽车零部件供应商需要考虑该模具生产是否可与特定部件的生产区分开来(例如,生产该模具是否高度依赖特定部件生产或与其高度相关?)。汽车零部件供应商应运用重大判断作出评估结论。

在某一时段内或某一时点,企业将承诺的商品或服务的控制权转移至客户并确认收入。如果模具可明确区分,汽车零部件供应商将分别对模具生产与其他专用部件生产进行会计处理。根据模具控制权转移至整车制造商的方式,汽车零部件供应商在某一时段内或某一时点对模具进行收入确认。如果模具不可明确区分,则汽车零部件供应商结合模具和其他零部件,在将专用部件控制权转移至整车制造商时确认收入。这一评估将需要根据实际情况进行判断和考虑。

2. 定制部件。

在供应协议中,汽车零部件供应商可能向整车制造商提供某一定制部件(例如,汽车座椅),该部件为针对某一特定品牌和型号的汽车专门设计和制造。此类安排中,汽车零部件供应商将仔细考虑每一单独部件是否为单独的履约义务,或是否将合同中所有部件(或其中部分的组合)视为一项单独的履约义务。汽车零部件供应商识别履约义务之后,将需要评估履约义务是否满足在某一时段内(而非在某一时点,例如交付发生时)确认收入的标准。

新准则规定,企业为某一特定客户创建高度定制商品时(这种情况可能出现在汽车零部件供应商合同中),企业不太可能将该定制商品用于任何其他用途。当企业确定某一资产是否有替代用途时,应当考虑企业将资产转为其他用途的能力(即其能否出售给不同的客户)是否受到合同限制和实际情况的限制。合同限制需要具有实质性(即,如果企业将该资产用于其他用途,客户能行使其对承诺资产的权利);如果企业将资产转为其他用途时,将遭受重大经济损失,则存在实质的限制。汽车零部件供应商向提供售后服务的供应商出售定制部件时,应考虑这些概念。对于某一资产是否有替代用途的评估需要运用重大判断。

汽车零部件供应商应当根据合同条款及任何适用的法律法规,来评估其就迄今已完成的工作是否具有可执行的收款权利。新准则规定,就已完成的工作有权收款的金额无需是固定金额。然而,在合同期内,企业必须有权取得至少能够补偿其已完成的工作的金额。即使客户终止合同(假设卖方完全遵守其合同义务)仍然适用。

在新收入准则下,汽车零部件供应商可能需要改变定制部件收入确认的时间。如果汽车零部件供应商的履约并未创建一项对于汽车零部件供应商而言有替代用途的资产,并且汽车零部件供应商就已完成的工作具有可执行的收款权利,汽车零部件供应商应在某一时段内(即生产发生时)而非在某一时点(如生产完成或交付时点)确认供应定制部件产生相关的收入。改变定制部件收入的确认时间可能是一项重大会计处理变化。

### (三)回购选择权和余值担保

整车制造商可能销售带有回购选择权或余值担保的汽车(例如,当他们向汽车租赁公司销售车队)。在余值担保下,整车制造商同意补足客户在公开市场取得的转售价格与担保的最低转售价值之间的差额。

在新准则下,企业必须对具有回购特征的安排进行评估,按照特定标准,确定其是否代表一项销售、租赁或融资。这一评估需要考虑诸如客户行使卖出期权的可能性或资产的回购价格和回购日市场价格之间的关系等因素。包含余值担保和补足条款的合同可能符合该收入准则下销售会计处理的条件,还可能包含一个可变对价成分。作出这些评估将需要运用大量判断。

## 三、生命科学业

生命科学业企业可能需要改变其进行会计估计的流程和控制,以符合新收入准则对可变对价估计的规定。

此外,要求仔细考虑带有多项已承诺商品和服务的复杂安排(例如,结合研发服务的备选产品许可,或结合安装服务和维护协议的医疗器材),以确定是否存在单独履约义务。

### (一)合作协议

生命科学业企业经常与其他方达成合作协议,协议交易对手方可能是合作者(而非客户),其与企业共同分担与分享开发未来投放市场的产品时所产生的风险与利益。例如,两家制药企业就开发备选试验产品进行合作。

对于生命科学业企业来说,确定合作协议是否属于新准则规范的合同范围具有挑战性。企业可能难以识别客户,尤其在涉及交易多方的情况下。这一识别要求运用重大判断,如果生命科学业企业的合作协议交易对手方或合作伙伴符合客户定义,那么合作协议中可能包含部分"供应商—客户"关系,即可能会至少部分属于新准则的范围。

### (二)估计可变对价

在生命科学业中,部分交易价格的金额和时点通常由于回扣、奖励、退货权、绩效奖励、阶段性成果、其他或有事项(例如,未来特许使用费)或价格折让而有所不同。新准则要求企业使用可最佳预测有权取得对价金额的方法(即最有可能的金额或期望值)估计可变对价。如果不会发生重大收入转回是高度可能的,企业应将这些收入金额包括在交易价格中(即,在将可变对价包括在交易价格之前对其进行限制)。

原准则下,与交易相联系的经济利益很可能流入企业并且收入金额能够可靠计量时,企业才能将取决于未来事项(例如,阶段性成果付款、绩效奖励)的对价确认为收入。因此,部分企业等到或有事项的不确定性消除时,才确认收入。新准则要求生命科学业企业估计预计有权从这些奖励和阶段性成果付款中收取的对价,并在考虑对价的限制后,在达到绩效指标或阶段性成果前将部分对价确认收入。因此,生命科学业企业可能比现行实务更早地确认与部分项目相关的收入。

估计可变对价的规定很可能要求生命科学业企业变更其会计政策、会计系统和/或财务报告的内部控制。例如,因新准则中估计可变对价的规定,生命科学业企业可能需要调整其计算产品销售折扣的流程和控制。

- 退货权

退货权产生可变对价,企业需要评估可变对价并考虑是否将其包括在交易价格中。在这种情况下,企业预计退回产品数量,在扣除预计被退回产品产生的对价后,确定预计有权收取的金额。尽管企业需要改变进行估计的方法,但估计金额在新准则下是否将发生重大变化尚不明确。

企业将预计退货金额确认为一项退款负债,代表退还客户对价的义务。新准则也要求企业就其收回该产品的权利,确认一项退回资产。但是这一规定不大可能影响制药企业,因为退回产品常常因产品过期或销毁退回存货的规定而不具有价值。而企业必须将退回资产(如果已确认)与退款负债(即,按总额列报)和存货分开列报。

### (三)经销商和分销商安排

根据新收入准则,通过分销商或经销商(统称为"经销商")销售产品的生命科学业企业可能比现行实务更早地确认收入。当前,一些企业将产品交付经销商时,不符合《企业会计准则第14号——收入(2006年)》中风险和报酬转移的全部标准,因此,他们在产品销售给终端客户时才确认收入。新收入准则发布以后,一旦这些企业获得估计退货和其他定价可变成分(例如,退款)的足够经验,则在将产品转移给经销商时开始确认收入。

根据新收入准则,生命科学业企业必须首先估计产品的控制权转移至客户的时点。为此,需要评估与经销商的合同是否为寄售安排。通常,寄售安排中控制权在经销商将产品销售给终端客户后才转移(因此,在此之前不确认收入)。这与当前实务相一致。

如果企业认为与经销商的合同不是寄售安排,且价格变动是合同唯一不确定因素,那么不应当在终端销售发生时才确认收入。企业必须根据预计有权收取对价的估计金额(即,终端销售价格),同时考虑对可变对价的限制,在转移已承诺商品的控制权时确认收入。如果企业确定至少部分可变对价不会发生重大转回是高度可能的(即,企业能够估计不受限制的对价金额),与目前相比,企业可能会更早确认收入。

### (四)知识产权许可

生命科学业企业的安排经常包括其他商品和劳务的知识产权许可,例如研发或制造服务。企业需要确定涉及知识产权的合同是属于与客户之间的合同还是融资安排。针对属于与客户之间的合同,企业需要考虑此类合同是否包括可明确区分的知识产权许可,以便恰当应用新准则。本实务操作指南第二章[例66]说明了如何对涉及知识产权许可和制造服务的安排进行会计处理。

企业在确定知识产权许可为可明确区分后,必须分析该许可属于知识产权获取权还是知识产权使用权。分配至含有获取权许可的收入将在许可期内确认。分配至含有使用权许可的收入将在授予许可时确认。确定许可所含权利的性质取决于相关事实和情况,在这一方面已经出现了实施问题。

对于基于知识产权许可销售和使用情况产生的可变对价,准则规定了例外情况:可变对价通常在相关销售或使用发生时确认为收入。该会计处理与现行实务一致。

## 四、石油和天然气业

新收入准则可能不会对石油和天然气业企业的许多常见类型安排的收入确认框架和实务构成显著影响。但是,石油和天然气业企业仍然需要仔细评估该准则对上、中、下游特定合同以及对整个财务报告流程的影响,并可能需要运用重大判断,评估合同是否属于新准则规范范围并确定合同中的单独履约义务。

### (一) 合同是否属于新收入准则范围

石油和天然气业企业必须首先评估合同是否属于新收入准则的范围,或是否属于其他准则(如"租赁")的范围。由于石油和天然气业企业签订的安排变得日益复杂,产品分成合同、特许权协议和类似风险共享合同应被看作为合作安排,不属于收入准则(仅适用于与客户之间的合同的收入确认)的范围。然而,石油和天然气业企业可能向这些交易对手方提供收入准则范围内的商品和服务。因此,确定合同交易对手方是合作方还是客户可能比较复杂。

### (二) 评估长期供给协议中的履约义务

上、中、下游石油和天然气业企业经常签订基于商品数量条款的合同,例如出售、运输或加工特定数量商品的合同。准确识别这些合同中的履约义务可能较复杂,但却非常重要,因为该识别将决定收入确认的模式。

如果石油和天然气业企业对在多时间段以固定价格销售货物的合同确定为具有多项履约义务,则需要确定各项履约义务的单独售价,以分配交易价格并最终建立收入确认模型。关于涉及多项履约义务的商品销售合同的销售价格的确定(例如,使用经计算的价值、现行市场价格或远期价格),新准则并未明确规定。因此,这一领域可能会有进一步的进展。

其他多时间段合同可能包括在不同时间段上调或下调费率(例如,某些照付不议、最低可用产能或长期供给合同)。签订这类合同的企业在识别履约义务、确定交易价格以及考虑如何将交易价格分配至履约义务时,应仔细考虑合同条款并评估费率变动的原因。

企业所得出的结论可能改变已确认的收入模型(例如,直线法,遵循合同定价)。此外,这些合同可能包含企业必须进行单独会计处理的重大融资成分,这可能影响已确认的收入金额。

### (三) 对生产失衡的会计处理

生产失衡通常源于具有两个或更多所有者的石油和天然气资产,所有者对于这类资产有权取得实物产品。每位所有者按照工作权益有权分享该资产的总产量。然而,在任一时间,各所有者实际出售的石油或天然气量可能不同于其工作权益,因而导致生产失衡或超额提取/提取不足。

目前,企业会计准则并未就生产失衡明确会计处理,然而企业通常遵循销售法或是分享权益法确认收入。由于工作权益和实际销量间的差额,分享权益法将导致销售收入或销售成本的调整。因为分享权益法下的调整是在企业及其合营方之间,因此企业必须考虑该合营方是否为客户,以及该交易是否符合与客户之间的合同产生的收入的条件,或是否不属于新收入准则的范围。

### (四)固定和临时定价安排

对于石油和天然气业企业来说,估计交易价格具有挑战性,特别当包含可变对价时。销售液化天然气的合同通常包含装运时的临时定价和基于特定期间平均市场价格的最终定价。某些国家/地区的国内天然气合同与市场指数联动的情况也日益普遍。企业需要持续评估这些条款是否包含按照现行准则规定必须单独进行会计处理的嵌入衍生工具。

## 五、房地产业

### (一)识别客户合同

在大多数房地产企业的合同安排中,都会比较明确地指出所需提供的商品或服务,以及对应的合同金额,这可使企业能够按照准则中大部分的合同标准直接进行评估。

但是,销售房地产并同时向购买方提供融资的企业可能会发现难以评估资金的可收回性。新收入准则中并未提供充分的指引来帮助企业确定在存在销售方提供资金的条款和购买方履行合同条款的能力是否满足可收回性的要求或暗指一项隐含的价格折让。

要确定何时存在隐含的价格折让或减值损失,或者合同安排的商业实质是否属于新收入准则的范围,都需要职业判断。

此外,根据新准则,只有在单独售价的基础上增加了可明确区分的商品或服务的合同才可以被看作单独合同。对于房地产企业,需要在合同修订日详细评估承诺的商品或服务,以确定是否可明确区分拟转移的剩余商品或服务以及其价格是否与单独售价相等,由于不同的结论导致的会计处理方法显著不同,因此这些评估非常重要。

### (二)识别合同中的履约义务

1. 识别履约义务。

根据新收入准则,房地产企业的合同安排中通常会包括几项比较普遍的活动,这些活动被认定为已承诺的商品或服务,包括:销售开发商品或者销售外购的房产;为客户提供合同约定的服务(例如,物业管理);代表客户建造或开发房地产等。所有房地产企业都需要确定他们签订的合同中是否存在单项履约义务。对于房屋建筑商、居民住宅的开发商和提供房地产销售和管理服务的企业而言,这些判断会更加复杂,因为这些合同的性质要求企业履行多项活动,这些活动可能代表(或不代表)单个履约义务。

2. 一系列实质上相同的、且按相同模式向客户转让的可明确区分的商品或服务。

新收入准则规定,合同中包含的实质相同且转让模式相同的、可明确区分商品或服务的承诺也应当作为一项单独履约义务。一系列可明确区分的商品或服务如果同时满足下列两项标准,则是按相同模式向客户转让的:①企业承诺向客户转让的一系列商品或服务中的每一项可明确区分的商品或服务均满足在某一时段内履行的履约义务的标准;②企业将使用相同的方法来计量向客户转让一系列商品或服务中的每一项可明确区分商品或服务之履约义务的履约进度。

房地产管理服务很可能同时满足上述两个条件。但是,由于房地产管理合同通常由多个潜在活动构成,因而可能需要重大判断,来确定服务合同内哪些活动可以同时满足这两个条件。

### 例81  识别房地产管理合同中的履约义务

经营商 R 与房地产所有者 S 签订了一份为期 5 年的合同,为一个区域购物中心提供房地产管理服务。合同规定,R 应当履行下列义务:

(1) 提供购物中心的日常运营管理,收取其季度租金收入 5% 的管理费;

(2) 提供租赁服务,租赁协议中规定每平方英尺 5 欧元,租赁协议更新中规定每平方英尺 3 欧元。

R 评估合同提供的每项服务,识别出是否存在单个履约义务。R 还考虑构成每项服务的潜在活动,以确定它们是否满足按照单个履约义务计量的标准(或该服务是否为多项履约义务)。

R 确定租赁服务与管理服务可明确区分(即,租赁和管理服务并没有组合形成单个履约义务)。由于 R 没有对两种服务进行重大整合,因而可以明确区分两种服务。未对任何一种服务进行重大修订,且未定制其他服务。服务没有互相高度依赖或关联。房地产的日常管理所需的活动独立于需要和承租方协商和履行租赁的活动。

对管理服务的分析:

R 评估房地产日常运营管理所必须履行的活动,识别出包含总体房地产管理服务的许多活动,包括维修、保洁、安全、绿化、扫雪、租户关系管理和行政服务。虽然这些活动单独都可明确区分,但是 R 得出在合同背景下它们不可明确区分的结论,因为管理服务的最终目标是执行必要的活动,以确保购物中心开业并正常运营。

此外,R 确定管理服务代表一系列实质上相同的、且按相同模式向客户转让的可明确区分的商品或服务。尽管每天发生的具体活动略有不同(例如,夏天绿化,而冬天扫雪),但总体房地产管理服务实质上相同且在合同期间按相同模式向客户转让(即每天转让)。进一步来说,每项可明确区分的服务都代表在某一时段内可以履行的履约义务(及,在合同期间,而不是某个时点),采取相同的进度计量(例如,按照时间比例),因而满足所要求的条件。

对租赁服务的分析：

R 评估包含租赁服务的相关活动，识别出在整个租赁期间发生的几项活动，包括监管空置房屋、确认新租户、租赁协商和文件准备。尽管这些活动可以明确区分（例如，文件准备可以外包），但 R 得出在合同背景下它们不可明确区分的结论，因为租赁服务的最终目标是和租户执行单个合同，保持房屋总体出租率。

如上所述，企业首先需要确定合同中的哪些服务可明确区分，因而可以代表单个履约义务。然后，需要评估这些服务是否实质上相同，且按相同模式进行转让，如果同时满足上述两个条件，必须合并为一项履约义务。当房地产经理开展房产日常经营以外的其他活动时，这项评估需要重大判断。

例如，一名零售地产经理可能负责季节性租赁，组织现场活动或在地产周围展示广告。如果企业确定这些活动代表单个履约义务，而合同并没有特别指出这些服务的单独售价，则应将合同中的管理费用分摊至每项单个履约义务。

### （三）确定交易价格

1. 估计可变对价。

由于可能存在折扣、信贷、价格折让、激励或奖金等，交易价格可能在金额和时间上有所不同。此外，依据未来事项是否发生，也可能存在或有对价。企业应当利用"期望值法"或"最可能金额法"估计各类可变对价。企业不能自由选择方法，应当在整个合同或类似合同过程中一致应用所选取的方法，且在每个报告期末更新估计的交易价格。当企业预计享有两个可能的金额中的一个时，最可能金额法是更好的选择。下例说明房地产企业估计房地产销售预计带来的可变对价。

**例 82　估计可变对价**

开发商 D 以 200 万欧元出售了一个新建造的商业地产，成本为 190 万欧元，外加一项可以在第一年收到该地产未来经营收入 5% 的收益权利。D 没有额外的持续履约义务。D 确定，根据地产履约收到对价存在多种可能的结果（即，购买方使得整个地产获得良好的出租率的能力）。目前，购买方已经对一半地产进行租赁或具有租赁意向。

**分析：** 开发商 D 需要确定使用"期望值法"还是"最可能金额法"能够更好地预测收到的可变对价。由于可能存在多个结果，D 确定"期望值法"可以更好的预测可变对价。

根据购买方目前的预租情况，D 按照表 1-6 估计预计利润：

表 1-6　　　　　　　　　　　　　　预 计 利 润

| 未来利润 | 概率 |
| --- | --- |
| 50 万欧元 | 10% |
| 25 万欧元 | 70% |
| 0 | 20% |

在确定交易价格时,假定极可能不会发生收入的重大转回。D采用权重法进行估计,交易价格中与可变对价有关的金额为22.5万欧元(50×10%+25×70%+0×20%)。即,交易价格为222.5万欧元。

D在下一个报告期间期末更新了其对交易价格的估计。在考虑购买方现在针对75%的地产有可执行租赁后,开发商D确定目前收到50万欧元的未来预期利润的可能性为75%,收到25万元的未来预期利润的可能性为25%。因此,D将其可变对价估计更新为43.75万欧元(50×75%+25×25%),额外收益为21.25万欧元(243.75-222.5)。

2. 估计可变对价的限制。

在计量由房地产销售或地产管理导致的可变对价时,需要考虑其限制。

**例83  评估限制**

假定除了地产购买方刚开始与潜在租户进行协商以外,其他事实与上述"示例:估计可变对价"中基本相同。购买方并没有就大部分房间签订租赁协议,且协商方面也充满各种问题。利润高度依赖于能否与一个关键租户签约成功。

**分析:**

开发商D采用"期望值法"估计收到150万欧元未来预计利润的可能性为25%,收到25万欧元的可能性为50%,收不到一分钱的可能性为25%。若不考虑限制,开发商D会在交易价格中包含可变对价50万欧元(150×25%+25×50%+0×25%),但将来收到低于50万欧元(即:已确认的50万欧元收入将发生重大转回)的概率为75%[50%(收到25万欧元的概率)+25%(收到0欧元的概率)]。因不能保证在不确定性消除时,已经累计确认的收入不会发生重大转回,考虑限制因素,开发商D不能确认50万欧元的可变对价。

**(四)将交易价格分摊至履约义务**

如果房地产开发企业的合同中包含多项履约义务(房地产销售和管理服务),则应分别估计各项履约义务的单独售价,并以单独售价的相对比例为基础分摊合同总对价。

如果企业定期提供第三方管理服务则可能能够作出这些估计。然而,很少单独提供这些服务,而与房地产资产销售一并提供服务的企业,可能需要新建估计单独售价的新流程,保留充足的文件记录来证明其估计的合理性。

1. 相对单独售价法的例外情况。

如果满足特定条件,地产经理可以将可变对价分摊至履行相关服务所在期间。

**例84  地产管理费用**

20×8年1月1日,运营商E与购物中心所有者签订了1年期的合同,提供购物中心的管理服务。按照协议规定,根据购物中心季度租金收入,E收取该收入5%的管理费。这是一种可变对价。

**分析：**

E 认为，管理服务代表在某一时段内确认的单个履约义务。系提供一系列实质上相同的、且按相同模式向客户转让的可明确区分的商品或服务（即，服务在某一时段内转移至客户，且 E 根据已逝去的时间计量进度）。E 确定，由于季度管理费用与企业具体在每个季度履行履约义务付出的成本相关，因而交易价格应分摊至每个季度。此外，这种分摊与分摊企业转让已承诺服务预计享有的对价金额的目标一致。

例如，如果 20×8 年第一季度该购物中心产生的租金收入是 200 万欧元，E 在 20×8 年 3 月 31 日确认 10 万欧元（200×5％）的收入。

对于此种情况，地产管理者需要评估合同，以确定分摊可变对价的例外情况是否适用于其他合同。

2. 激励费用。

一些地产管理合同包含激励费用，这些费用基于在不同期间基础地产的履约行为，而不是基于基础管理费用（例如，年度或季度费用）。

### 例 85　激励费用

假定除了 E 还收取地产年度营业收入净额的 2％以外，其他事实与上述示例中基本相同。购物中心具有稳定的入户率，在合同期间预期不存在重大的租赁空缺。购物中心所处位置在每年 12 月到次年 5 月定期降大雪，导致增加了除雪成本。

**分析：**

E 以激励费用的形式评估可变对价。房地产的经营成本大多是可预测的，E 确定，除雪成本的可变性对房地产的营业收入净额具有重大影响。由于营业收入净额的潜在可变性，E 采用预期价值法计量，并认为房地产的营业收入净额为 120 万欧元，150 万欧元和 180 万欧元的概率相等（均为 33.3％）。根据此方法，E 初步估计可以收取 3 万欧元［0.02×（120×33.3％＋150×33.3％＋180×33.3％）］的激励费用。

在这种情况下，激励费用基于该地产年度营业收入净额。然而，E 必须确定是否需要在提供服务时在特定期间（如，季度）确认可变对价。E 考虑激励费用是否极有可能在年末前发生重大转回。该评估要求考虑合同安排的特有事实和情况。

假定 E 无法在合同初期得出来自激励费用的收入极有可能不会发生重大转回的结论，因为营业收入净额可能受到除雪成本的重大影响，除雪成本由其他因素所导致（例如，未来天气）。因此，E 对激励费用应用限制。可分摊交易价格中仅包括从已估营业收入净额中赚取的费用，其中激励费用极有可能不会发生重大转回。在评估过程中，E 认为，至少赚取 3 万欧元（150×0.02）的概率为 66.6％，这不构成极有可能的情况。据此，E 将交易价格中包含的金额限制在 2.4 万欧元（120×0.02），因为百分百可能至少收到该金额。E 随后在各报告期末更新其对交易价格的估计（及其对可变对价限制的评估）。

### （五）履行履约义务

取决于合同是建造合同、提供服务的合同还是销售商品的合同，原准则对房地产销售可能采取三种方法。确定合同类型是当前房地产会计处理中最复杂的领域之一，然而新准则不要求区分这些领域。

新准则中关于在某一时段内履行履约义务的标准不同于原准则中的规定，这可能带来不同的会计结果。新准则的实施对于某些企业，可能并没有太多影响，但对其他一些企业可能会产生重大影响。有的企业可能当前满足按照建造合同或提供服务的合同在一段时间确认收入的条件，但不满足新准则中在某一时段内履行履约义务的条件。相反地，有的企业可能之前在某个时点确认了收入（销售商品），而现在可能满足在一段时间确认收入的条件。

此外，在很多房地产交易中，当购买方获取资产的法定所有权并实质占有该资产时，控制得到转移。然而，由于法定所有权的转移并不强制，某些企业可能认为，某些具体事实和情况表明控制在转移法定所有权之前的某个时点即已转移。在这些情况下，要求判断和考虑具体事实和情况。

关于房地产合同的案例见本实务操作指南第二章[例41]～[例43]。

### （六）担保

新收入准则将质保分为保证类质保（不属于履约义务）和服务类质保（属于履约义务）。房地产行业中，连同房地产开发活动一起提供的租赁保证通常与担保一起考虑。由于租赁保证不属于在转移时点对商品或服务的保证（例如，产品缺陷），它可能属于新准则下的单项履约义务，或新准则范围外的金融负债或预计负债。

### （七）房地产项目成本

按照新准则的规定，如果企业预计可以收回取得合同的增量成本（即，如果未取得合同不会发生的成本），这些成本可以被确认为一项资产。收回可以直接（通过合同中的补偿）或间接收回（通过合同内在利润）。如果本来由取得合同的成本确认的资产的摊销期为1年或更短期间，则准则允许企业立即将取得合同的成本费用化，这是便于实务操作的方法。

准则引用了销售佣金作为予以资本化的增量成本的示例。例如，与在某一时段内实现的销售直接相关的、向房地产代理支付的销售佣金很可能代表要求资本化的增量成本。与此相反，一些奖金或其他补偿是基于其他定性或定量指标（如盈利能力、每股收益、绩效评价），由于不构成取得合同的增量成本，基本不可能满足资本化的条件。按照新准则的规定，同样地，样板单元发生的成本、广告和销售费用可能不能予以资本化。

对于大多数房地产企业，履行合同发生的成本（例如，建造楼房的成本，比如材料和人工）已经属于其他准则（例如，存货、固定资产、无形资产准则等）的范围，因此，不包含在新收入准则的范围内。

## 六、工程和建造业

提供工程建造服务的企业在新收入准则之前,是执行《企业会计准则第 15号——建造合同》的。新收入准则的执行对这些企业存在一定影响。

### (一)识别客户合同

1. 合同合并。

新收入准则规范了合同合并的条件,总的来说,合同合并的标准与原建造合同准则的原则差异不大。但是,新收入准则提供了更多的应用指南,新收入准则执行后,有可能导致部分企业原未予合并的一些合同需要进行合同合并,因为对履约义务的识别是新收入准则的要求,之前绝大部分企业未考虑履约义务的影响。

2. 合同变更。

工程建造合同各方经常会变更合同范围或价格(或两者同时变更)。新收入准则规定,当合同各方批准了旨在创建新合同,或者对合同各方现有可执行权利和义务的修订,表明存在合同的变更。批准变更可以采取书面或口头形式,或者实务中通常的做法。

在评估如何计量合同变更时,企业必须考虑对已承诺商品或服务的任何修订如何影响合同的剩余部分。也就是说,尽管订单变更可能增加可明确区分的新的商品或服务,但新的履约义务未必可明确区分。例如,在房屋建造项目中,客户可能要求额外增加一个天花板。如果建造企业为现有已完成的建筑增加一个新的天花板,这很可能被看作合同中可明确区分的服务。但是,在现有合同(例如,建造整栋建筑的合同)中增加该服务时,企业已经确定整个建造项目为单个履约义务,增加的商品或服务通常合并到现有商品和服务中。

工程建造企业需要在合同修订日仔细评估履约义务,以确定剩余的商品或服务与已转让的商品或服务之间能否明确区分,价格与其单独售价是否相当。不同结论的会计处理可能差异巨大,因而仔细评估合同的修订非常重要。

例如,承包商 E 同意在客户所有的土地上以 1 000 万元建造一项大型生产设备。建造期间,客户确定需要增加建设一个单独的存储场所。合同各方同意修订合同,增加建造存储场所的条款。在生产设备完工的 3 个月内完成该存储场所的建造,合同总价相应变更为 1 100 万元。

情形 A:修订合同后,E 将额外收到 100 万元的对价。E 建造类似存储场所通常需要 110 万元。然而,建造存储场所的大部分必要设备和劳力资源已经在现场,可供直接利用。因此,额外 100 万元反映了合同修订中经调整的单独售价。假定 E 确定单独存储场所的建造是可明确区分的履约义务,对该存储场所的合同修订实际上属于新(单独)合同,不影响现有合同的会计处理。

情形 B:如情形 A 中,当 E 同意建造存储场所且客户同意额外支付 100 万元时,表明对合同进行修订。再假定 E 确定建造单独的存储场所是一项可明确区分的履约义务。然而,E 通常会要价 150 万元建造类似的场所。尽管 E 可以利用已经在现场的设备和劳力资源,但价格折让主要源自其他因素(比如 E 维护客户和保持其资源有效利用的愿望)。因此,额外 100 万元不能反映合同修订的单独售价。

假定 E 认为它在某一时段内转移每项设备的控制权,因而将该修订作为现有合同的修订。已修订交易价格 1 100 万元在已修订合同中的两项履约义务中分摊(即原先未完成的建造生产设备的履约义务和建造存储场所的新履约义务)。交易价格基于每项履约义务单独售价的相对比例进行分摊。任何之前为生产设备确认的收入应按照累积追加调整法进行调整,反映已分摊的交易价格。建造存储场所的收入(即单个履约义务)按照未来适用法确认。

### (二)识别合同中的履约义务

依据原建造合同准则,承包商可能考虑将整个合同为单个组成部分,但按照新收入准则的规定,可能确定合同包含两个或两个以上可单独计量的履约义务。在建造合同包括设计、工程或采购服务时所需要的判断尤为复杂。根据新收入准则,工程建造企业能够被认定为已承诺商品和服务的日常活动,主要包括为客户建造、生产或开发资产,以及为客户执行合同任务(例如,设计和工程服务)。

1. 可明确区分的确定。

新收入准则规范了评估已承诺商品或服务是否可明确区分的标准,即应在商品和服务本身层面和合同层面进行评估,同时满足该两个标准的才可以确定为"可明确区分"。

由于分摊至每项履约义务的收入都随着履约而确认,因而恰当识别合同中的履约义务是收入确认模型的重要组成部分。工程建造企业,特别是那些签订长期建造合同的企业,应当仔细评估应用新收入准则是否会导致履约义务的识别较之前有所变化,这些变化可能导致收入确认方法和利润发生改变。此外,在特定合同背景下评估一项商品或服务是否可明确区分也是执行新收入准则的重要方面。

2. 一系列实质上相同的,且按相同模式向客户转让的可明确区分的商品或服务。

例如,施工企业签订两年期合同,提供工程服务,它需要确定所提供的服务是否与合同条款在实质上相同,具有相同的转让形式,且同时满足准则规定的两项标准(企业承诺向客户转让的一系列商品或服务中的每一项可明确区分的商品或服务均满足在某一时段内履行的履约义务的标准;以及企业将使用相同的方法来计量向客户转让一系列商品或服务中的每一项可明确区分商品或服务之履约义务的履约进度)。

如果满足所有规定,合同就可以代表单个履约义务。相反地,如果企业确定在合同中提供可明确区分的服务,但这些服务在实质上并不同,就应当识别为多个履约义务。如果企业确定这些活动代表多个履约义务,交易价格应当分摊至每项履约义务。

由于新收入准则并未说明按照相同模式向客户转让的含义,因此需要进行判断来评估工程建造企业提供的项目管理、建造监督或工程服务是否符合该标准，是否存在"一系列实质相同且转让模式相同的、可明确区分的商品或服务"。

3. 主要责任人和代理人。

一些工程建造合同（如项目管理、采购安排）包含一些条款，要求企业的客户从合同直接方以外的另一企业取得商品或服务。根据新收入准则，当其他方参与为企业的客户提供商品或服务时，企业必须确定其履约义务是否亲自提供了商品或服务（即企业为主要责任人），还是安排为另一方提供商品或服务（即企业为代理人）。这会影响企业收入确认的金额，即：当企业是主要责任人时，按总额法确认收入；当企业是代理人时，按净额法确认收入。

主要责任人在合同中的履约义务不同于代理人。例如，如果工程建造企业在向客户转移建造材料之前从其他方取得这些材料的控制权，企业的履约义务是提供商品或服务，作为更大的履约义务（如建造房屋）的一部分。因此，企业为主要责任人，按照总额法确认收入。相反地，企业在向客户转移控制权之前只是暂时控制这些材料，一般不作为主要责任人。例如，如果一家工程建造企业扮演项目经理的角色，协助材料采购或与客户签订贸易合同换取佣金，而没有在任何一段时间内控制该商品或服务，履约义务很可能是为其他方安排向客户提供商品或服务，则该企业很可能是代理人。

工程建造企业需要仔细评估自身按照总额或净额列报收入的恰当性。尽管新收入准则的应用指南与原准则类似，但仍存在一些显著差异，这些差异可能影响对企业是主要责任人还是代理人的判断和结论。例如，准则评估的内容包括要求企业考虑其是否已经控制商品和服务。企业需要进行判断来确定基于具体事实和情况，哪些指标最重要。

### （三）确定交易价格

1. 估计可变对价的限制。

新收入准则规定，计入交易价格的可变对价应当以与可变对价相关的不确定性消除时极可能不会发生累计已确认收入的重大转回为限。

在确定可变对价是否有限制时，工程建造企业需要考虑各种因素，包括其类似工程的经验范围、在长期合同后期可能存在的不确定性、以及其控制范围之外的市场因素和其他因素（如天气）。由于可能存在上述一个或多个评估指标，在确定交易价格是否包含可变因素时会比较困难。工程建造企业需要确定这些指标的存在如何影响他们对可变对价限制的评估。当企业无法作出可变对价的改变导致的收入金额极可能不会发生重大转回的判断时，可变对价金额存在限制。此外，在合同包括可变对价时，企业还需要在整个合同期间更新对交易价格的估计和对限制的评估。

应用新收入准则过程中，工程建造企业可能需要改变其估计可变对价的过程以及估计结果。此外，对于对价总额（即固定和可变对价）重大转回的量级，新准则并没有给出具体的标准，实务中需要企业运用职业判断。

2. 客户提供的材料。

在很多工程建造合同中，客户可能选择自行采购并向承包商提供完成项目所需要的特定材料。

新收入准则指出,如果承包商取得了商品或服务的控制权,客户提供的商品或服务属于非现金对价。承包商应评估它是否取得了商品或服务的控制权并考虑它是主要责任人还是代理人。

企业收到或预计收到非现金对价时,应按照非现金对价的公允价值确定交易价格。如果无法合理估计非现金对价的公允价值,就应当通过参考承诺商品或服务的估计单独售价来间接计量非现金对价。

3. 重大融资成分。

当收到的对价与向客户转移商品或服务的时间不匹配时,可能存在重大融资成分。如果融资成分对合同很重大,企业应当为此调整交易价格。企业需要评估所有相关事实和情况,包括已承诺对价和已承诺商品或服务的现金售价的差额、转移商品和服务和收到对价之间的预计时间跨度以及相关市场上的当前利率等进行结合考虑。

对于工程建造企业,考虑合同中是否存在重大融资成分的规定是重大变化。即使合同各方不存在明确的融资目的,合同中也可能存在重大融资成分(即,重大融资成分可能是隐含的)。企业需要仔细评估工程建造合同中的常用特定支付术语(例如,尾款、里程碑、分期付款或按工程进度付款、奖励费或激励费),以及企业在合同中的期望付款时间,从而确定是否存在重大融资成分。

而且,新收入准则并不包含定量的应用指南,来评估合同中的融资成分是否重大。这要求企业在评估时进行职业判断,并需要充分记录其分析来支持他们的结论。

### (四) 将交易价格分摊至履约义务

新收入准则规定,合同中包含多项履约义务时,应将交易价格按照各项履约义务的相对单独售价,将交易价格分摊至各项履约义务。但是,在涉及可变对价和合同折扣时,也存在例外。

如果工程建造企业签订了包含多个履约义务的合同,可能会出现可变对价仅与一项履约义务相关(或者一项以上但不与全部相关)的例外情况。例如,本实务操作指南第三章第三节六(一)2案例中描述的合同,承包方确定生产设备和存储场所的建造代表单独的履约义务。如果合同包含在指定日期之前完成建造生产设备的奖金,企业可以将奖金分摊至代表生产设备建造的履约义务中。

如果满足特定条件,提供项目管理或工程服务的企业可能能够将可变对价分摊至履行相关服务所在的期间。如果这些服务是一系列可明确区分的服务,且构成单个履约义务的一部分,就适用于这种例外情况。企业可以在满足条件时将可变对价在一系列可明确区分的服务中分摊。即,企业收到的可变对价可能与其在特定期间内(例如,1天、1个月或1个季度)转移单个履约义务的服务成本密切相关,这些服务可以与在其他期间提供该履约义务的服务明确区分。如果满足这个条件,企业应当将可变对价只分摊到这些可明确区分的期间,而不是分摊至一系列可明确区分的服务。

例如,20×8 年 1 月 1 日,工程公司 X 与政府机构签订了一份 1 年期合同,为一个下水道工程提供工程咨询服务。X 公司每小时收费 100 元(即,可变对价根据所花费的成本)。假定 X 公司认为,由于管理服务被确定为一系列实质上相同的、且按相同模式向客户转让的可明确区分的商品或服务,因而管理服务是在某一时段内确认的单个履约义务。由于每个报告期间的相关小时数与企业履行履约义务的成本密切相关,因而交易价格应分摊至在每个报告期间内提供的服务。例如,如果 X 公司在 20×8 年第一季度提供 800 小时服务,将在 20×8 年 3 月 31 日第一季度末确认 8 万元(800 小时×100 元/小时)收入。

### (五)履行履约义务

新收入准则要求工程建造企业在合同初期即确认是否在某一时段内确认收入,无论合同期限有多长。对于许多建造类型的合同,企业可能都会确认为在某一时段内履行的合同,这与原建造合同准则下的做法是一致的。但是,在进行判断时,工程建造企业应根据新收入准则进行重新判断,应当了解与在产品(或在进行的工作)的控制权和法定所有权相关的所有合同条款,以及该资产是否具有替代用途,企业是否具有就累计至今已完成的履约部分获得客户付款的可执行权利。

1. 在某一时段内履行履约义务。

新收入准则规定,满足在某一时段内履行履约义务需要满足三个条件之一。

第一个条件为客户在企业履约的同时取得并消耗企业履约所提供的经济利益。提供项目管理、施工监督或工程服务的工程建造企业需要谨慎评估合同,以确定客户是否同时取得并消耗已履行的服务。显然,每日现场监督服务可以满足在某一时段内确认收入的标准。这些判断还可能受到企业关于合同中履约义务数量(例如,单个或多个)的影响。

第二个条件为客户在资产创建时能够控制资产,在客户土地上的建造合同,客户通常可以控制企业履约导致的任何工作。表明企业是在某一时段内向客户转移商品或服务。

第三个条件是企业产出了不具有替代用途而拥有付款权利的资产。企业可以确定,由于资产特征(例如,地点、设计、技术特征、材料)通常会导致企业向另一主体转让履约义务的合同限制或实际限制,因而某项资产可能不具有替代用途。此外,提供建筑或设计服务的工程建造企业可能认为,为某个特定项目的图纸和计划不具有替代用途。

2. 履约进度。

新收入准则规定,当履约进度不能合理确定时,企业应当按照已经发生的并预计能够得到补偿的成本确认收入,直到履约进度能够合理确定为止。这一点与原建造合同准则是一致的。

如果合同同时提供设计和生产服务,采用产出法可能并不恰当。因为对于向客户转移生产的每个产品,所转移的价值并不相等,早期生产的产品价值很可能高于后期生产的产品价值。然而,对于某些生产标准化产品的长期生产合同,由于向客户单独转移相同价值的产品,就适合采用产出法。

此外,如果企业履约有了实质性进展或者产生了由客户控制、而未包含在计量产出中的产成品,则过去采用的产出法可能无法忠实反映履约进度。

如果工程建造企业采用投入法,使用发生的成本计量完工进度,可能存在发生的某些成本不能用于计量企业履约进度的情况。例如,企业可能不能考虑浪费的材料的成本。此外如果存在未安装的物料也可能导致应对履约进度进行调整,参见本实务操作指南第二章[例39]。

## 七、电信业

电信企业为客户提供大量的手机/服务计划选择权,客户修订计划的频率较高,合同数量巨大,因此执行新的收入准则,对于电信企业来说可能面临巨大的挑战。根据对手机提供的折扣大小,以及提供未来服务的预计收入,每个组合的相对单独售价分摊各不相同,电信企业很可能需要更新其会计和信息系统,来追踪单独交易并恰当分摊对价。新收入准则允许企业将类似合同进行合并计量,但如何具体操作目前仍在探索中。此外,电信企业的产品和服务在不断地推陈出新,为适应新收入准则的要求,需要持续评估所提供的商品和服务,确定收入的确认方法。

### (一)识别客户合同

电信行业中月度合同很普遍。月度合同代表一系列更新的选择权,在客户或电信企业取消服务之前,一直持续提供相同的服务。新准则明确指出,当合同各方当前拥有可执行的权利和义务时,收入确认与合同条款相联系。因此,电信企业很可能将月度合同作为单个合同,更新选择权向客户提供一项实质性权利的除外。

一些电信企业提供的合同允许客户对合同条款拥有一些替代选择。例如,只要客户同时购买了月度服务,就可以按照每月分期付款的方式购买手机。如果服务终止,则手机的分期付款到期。然而,如果月度服务仍然保持完整,几个月后,客户有选择权出售融资手机(无需支付剩余款项),并更换为新手机。在这种情况下,企业需要确定客户拥有可执行权利和义务的期间。

- 合同修订

电信客户可能频繁更改服务需求。比如:增加或减少无线计划中的数据;从共享数据计划中增加或移除线路;增加或移除服务。企业客户也可能通过增加或移除服务来完成合同修订。

客户频繁更改合同,并且能够从众多服务中进行选择,因此合同修订的会计处理有可能成为电信企业最复杂的问题。按照单个合同或合同合并的方式执行新准则的企业很可能需要对会计和IT系统进行变更,以对合同修订进行会计处理。例如,按照合并方式执行新准则的企业需要确定合同修订如何影响合并组合。然而,不论采取哪种方式,对几百万客户的合同修订的会计处理都甚为复杂。

比如家庭共享计划,在这类计划下,电信企业频繁地使客户自愿修订其合同义务(即,在该计划下签订的商品和服务),且许多客户都曾进行频繁修订,如在当前数据计划中,以补贴价格额外增加一部手机;客户每月为新线路支付使用费;且共享数据计划自合同修订日起延展至两年等。实务中的这种做法很可能需要利用系统追踪并调整其对频繁修订的会计处理。

### (二)识别合同中的履约义务

电信企业经常会以提供免费产品或服务等方式向新客户提供激励措施。例如,向新客户免费赠送平板电脑、电视、1个月的服务或付费频道服务等,从而吸引新客户的签约。按照合同规定,这些免费服务承诺的商品和服务,需要评估它们是否代表单独履约义务。如果它们代表单独履约义务,应将交易价格的一部分分摊至这些项目。尽管对于电信企业来说,这更多的是一种市场激励措施或增量商品或服务,但是根据新的收入准则,它们属于客户付费的商品或服务,企业需要对其分摊对价,以实现收入确认的目标。因此,在大多数合同中提供的免费手机等属于合同中承诺的商品。而且由于手机本身具有可明确区分的特点,在服务合同的背景下仍然可明确区分,因而应作为单独的履约义务计量。

1. 机顶盒。

电信企业常常为客户提供机顶盒,作为向客户提供视频服务的一部分。按照新收入准则的规定,企业应当确定机顶盒属于收入准则还是租赁准则规范的范畴。

假定机顶盒不符合租赁的定义(则属于收入准则的范围),电信企业需要确定机顶盒(以及调制解调器和路由器)是否属于单独履约义务。如果识别出的用于向客户传递服务的资产(例如,机顶盒、调制解调器、路由器)被确定为不可明确区分,电信企业将针对月度服务仅确认一项履约义务,并按月确认分摊至该履约义务的交易价格金额。

例如,如果机顶盒经过特殊设置,只可用于接收本企业发送的视频节目,一旦客户不再使用本企业提供的视频服务,则机顶盒将没有任何使用价值,则该机顶盒与本企业提供的视频服务紧密相关,实质上是本企业提供视频服务的载体,此时机顶盒不属于可明确区分的商品,不应将提供机顶盒作为单项履约义务。反之,如果该机顶盒是通用的,其功能不受限制,可用于接收任何服务提供商的视频节目,即使日后客户不再使用本企业提供的视频服务,还可用于接受其他服务商提供的同类或类似服务,则此时机顶盒属于可明确区分的商品,提供机顶盒就会构成一项单独履约义务(注:对于其他情形下服务提供商向客户提供终端设备是否构成单独履约义务的判断,也可以按照该原则予以分析判断)。

随着技术进步,电信企业将不得不评估新产品和/或服务的所有方面,以确定是否按照新收入准则计量用于传递服务的资产(例如,机顶盒)。

2. 对额外商品或服务的选择权及不可退还的前期费用。

很多电信合同向客户提供购买额外商品或服务的选择权,比如额外付费的电视频道或国际语音和数据计划、可随时改变无线计划的选择权或按需获取视频的选择权。这些额外的商品和服务可能按照其单独售价定价,或存在一定的折扣或干脆免费提供。

根据新收入准则,当企业授予客户获取额外商品或服务的选择权时,如果向客户提供了一项实质性权利,则该选择权属于单项履约义务。例如,如果该项权利导致客户在未签订合同时不会享有该折扣(例如,折扣超出这些商品或服务提供给该地区或市场的同级客户的折扣范围),该权利是实质性权利。如果选择权中的价格反映单独售价,则不是授予了客户一项实质性权利。

电信企业提供的选择权基本上按照单独售价定价,因而通常不被认定为单项履约义务。如本实务操作指南第二章[例62]。

### (三) 确定交易价格

1. 可变对价。

许多常见的电信合同中存在可变对价,电信企业估计可变对价将比较困难。原收入准则允许在与交易有关的经济利益很可能流入企业且收入金额能够可靠计量时,确认收入实现。目前实务中电信企业依据自己的估计能力针对合同条款(比如分层定价/批量折扣、最低合同承诺、结算信用)中涉及的可变对价做法不同。一些企业认为,估计可变对价存在充分的不确定性,因此需要等到知悉确定金额时才能确认收入。新收入准则要求电信企业对这些可变金额作出估计,并在估计中考虑限制因素。

2. 重大融资成分。

针对每月提供服务并收款的合同,电信企业不需要考虑长期合同是否具有重大融资成分。然而,当合同规定,在前期提供商品或服务,但在一段时间后才付款时,则需要考虑合同中是否存在重大融资成分。例如,当企业提供手机并附带两年无线合同或者当企业为客户提供手机的分期付款计划时,电信企业需要评估合同中是否存在重大融资成分。

3. 向客户支付的对价。

向客户支付的对价通常以现金、贷款、优惠券或代金券等形式体现。向客户的付款必须用于交换客户提供的可明确区分的商品或服务时,支付的对价不作为交易价格抵减。确定商品或服务是否可明确区分,这属于新规定。据此,一些企业可能需要重新评估向客户支付对价的会计处理。

### (四) 将交易价格分摊至履约义务

许多电信企业向客户提供可广泛选择的手机和无线服务计划。按照单独售价的相对比例分摊收入的要求可能导致类似的商品和服务(例如,特定手机或特定使用计划)被分摊不同的收入金额,这取决于特定手机和服务计划在合同中如何捆绑。

尽管很多电信商品和服务是单独出售的,但它们的价格可能由于竞争、监管或客户类型而有所不同。电信企业在确定其商品和服务的单独售价时需要考虑这些因素。由于新技术的引进和市场竞争因素,售价仍在频繁更改。定期确定单独售价的规定要求企业更新其流程和系统,这对于电信企业而言是重大挑战。

### （五）合同合并

因为电信企业与客户的合同的数量非常庞大，如果在单独合同层面应用新收入准则可能会非常复杂。在这种情况下，可以采取将合同合并的方式进行收入确认，而不是对每个合同进行单独计量。根据新准则，如果企业预计在合并合同和单个合同方面应用新收入准则没有重大差异，就可以把类似合同合并起来进行会计处理。

许多电信企业正在讨论采用合并方法是否比计量单个合同的方法更简便、以及仅在特定方面而不是全部方面采用合并方式是不是最佳选择。但新准则并没有提供企业如何合并的应用指南。

电信企业可能需要考虑下列关键问题：

- 如何应用合并方法？
- 如何创建合并组合？
- 如何确定应用合并方法的影响不会与对单个合同应用准则存在重大不同？

1. 应用合并方法。

根据电信企业的具体情况，应用合并方法很可能各不相同。对于选择采用合并方法的企业，管理层需要确定他们是否对部分或全部业务范围（例如，无线、有线、企业）采取合并方法。此外，企业可能仅针对收入准则的特定方面选择应用合并方法。例如，假定一家电信企业已经决定应用合并方法，以识别出取得和履行合同的成本，并对合同资产进行后续会计处理（例如，合同资产的摊销和减值测试）。电信企业需要确定如何建立资本化合同成本，或者拥有类似特征的合同资产的合并组合，并需要考虑区分不同合并组合的因素。

希望更广泛地采用合并方法的企业可能考虑他们是否需要以合同为基础执行收入确认模型的特定步骤。这些决定很可能基于以下方面：企业所签订合同的类型、合同修订的普遍性、可能需要的 IT 和会计系统升级等。

2. 建立合并组合。

应用合并方法包括建立具有类似特征合同的合并组合。新准则并未明确指出如何建立合并组合以及组合数量。企业在建立合并组合的规模、构成和数量时需要运用判断，可能考虑的因素包括：

- 客户类型（即，零售客户或企业客户）；
- 消费者类型（即，有线、无线或两者皆有）；
- 对于无线消费者，通过直接还是间接渠道获取客户；
- 计划类型（例如，单个、家庭共享、企业）；
- 合同持续期间（即，月度或多年度）；
- 开票类型（即，月度扣费或按实际使用量）；
- 合同中商品或服务的数量（例如，手机附加服务、多项服务如三合一或四合一服务合同）；
- 折扣、返还、价格折让、合同修订、合同终止和更新的金额和类型。

应用合并方法的电信企业需要对建立合并组合进行估计和假设。管理层需要记录如何确定组合中具有类似特征的单独合同,以及如果企业单独计量每个合同,结果不会有重大差异。电信企业应当制定相关的内部控制流程和程序,以作出估计和假设。记录何时建立合并组合时企业应当考虑的问题包括以下方面:

- 用于确定假设合理的因素;
- 管理层如何考虑替代性假设或结果;
- 对已建立流程的控制,以确定在合并组合中采用的估计,例如,①对已采用数据的存在性和完整性的控制;②对项目(如单独售价)假设的复核和批准的控制;③为确保及时确认数据变更和合并组合的变更而实施的控制。

选择更广泛地应用合并方法的电信企业需要考虑合同修订是否会影响合并组合。如果客户修订了合同,且该修订没有新创建一个单独合同,电信企业需要确定是否将已修订的合同置于合并组合中,还是将其移至已修订合同这个组合中。两种方法都需要对初始组合进行会计调整。

3. 合并方法下的重要性因素。

电信企业需要在为评估合并方法是否与单个合同法实质相同进行重大判断。其在评估采用合并方法时面临的问题包括以下方面:

- 需要定量评估多少结果?企业是否需要采用抽样技术?如采用,哪种抽样技术最恰当?
- 企业是否仅执行定量评估?
- 企业在分析中会采用哪个层面的重要性?
- 哪个层面的文件足以支持管理层的假设?这些假设的主观程度如何?结果对假设变更的敏感度如何?

管理层需要记录对如何"合理预计"合并方法的结果与单个合同法不存在重大差异的评估过程。因情况不同,不同企业所选取的方法也可能不同。

### (六)间接渠道销售

电信企业经常采用间接渠道销售(即,经销商)与客户签订服务合同。按照新收入准则的规定,企业需要谨慎评估间接渠道合同的所有事实和情况,以确定恰当的会计处理。执行新准则中关于这个问题有三个关键点:

(1)确定向经销商的付款的性质,是属于取得合同的成本还是向最终客户支付的补贴。

在电信业内,与经销商签订合同的条款可能不同。经销商从生产商或电信企业购买手机,然后将手机销售给最终用户,最终用户同时与电信企业签订月度服务计划合同。作为经销商拓展最终用户的交换,电信企业向经销商支付一笔款项。按照新收入准则的规定,企业需要分析与经销商签订的合同,以为向经销商支付的款项进行恰当的会计处理。

(2)评估经销商合同下后续付款和调整(即,收回)的会计处理。

基于各种不同因素,比如客户在完成合同条款之前终止无线企业提供的服务,企业和经销商之间的一些合同要求对之前向经销商支付的金额进行额外的付款或收回。按照新收入准则的规定,当佣金已支付给经销商且电信企业将其资本化为取得合同的成本时,任何收回的金额都很可能包含在初始资本化金额中,并仅当发生"收回"时转回。

(3)分析可变对价的影响(当通过经销商或分销商销售产品时)。

新收入准则会改变某些企业通过经销商销售产品的实务操作。由于按照原准则,直到手机出售给最终用户时,才完成手机向经销商的销售,企业可能等到产品向最终用户出售完成后才确认收入。按照新收入准则,企业应当估计授予经销商的手机售价的调整,以及从经销商返还的手机数量,作为估计交易价格的一部分。即,按照新收入准则,价格折让和返还会导致对价可变动,并有可能导致收入确认时点的改变。

### (七)手机分期付款计划

在手机分期付款计划中,电信企业允许客户按月分期支付手机全部价款。在某些合同中,客户还拥有在某个时点后以旧换新的选择权(例如,旧手机付款超过 50% 时),任何与原先分期付款销售有关的剩余付款义务不再履行。在一种情况下,按照单独的月度合同,合同的服务部分(语音、文本和数据)可能以单独售价提供。在其他情况下,手机分期付款计划与月度服务合同一并提供,此时,客户因同意手机分期定价计划,而从企业获取了服务的折扣返还。由于行业的竞争性,这些计划会发生频繁变动,企业也会不断推出不同的服务。

根据合同条款,手机分期付款计划要求企业按照新收入准则的要求作出如下判断:①识别出合同中的几个要素(承诺的商品和服务、以及任何其他要素,比如购买选择权);②确定任何购买选择权的恰当会计处理(例如,购买选择权是否构成一个单项履约义务);③确定合同是否部分属于新收入准则以外其他准则的范围。

由于计划服务的频繁变化以及手机分期付款计划会计处理的复杂性,电信企业需要开发监督客户服务的流程,以恰当地计量这些计划。

### (八)合同成本

1. 取得和履行合同的成本。

新收入准则规范了取得合同的成本和履行合同的成本,以及这些成本在满足什么条件时可以资本化。电信企业在识别哪些成本应当资本化时需要运用重大判断。新收入准则未提供进一步的详细指南来指导企业确定哪些成本与履行合同直接相关,同时,为了满足成本"预计能够得到补偿"的条件,企业需要在合同中明确规定成本可收回,或在合同的定价中反映。电信合同中很少明确规定成本可收回,电信企业有时难以识别出表明成本通过利润可以收回的必要信息。此外,新收入准则也并未明确合同成本是否必须在规定的合同期间或预计履约期间能够得到补偿,实务中也需要进行判断。特别是对于大量月度合同,合同成本摊销可能可以递延至合同期之外,因为客户流失的平均时间预计比合同期更长久,即合同成本在客户流失前预计可以得到补偿,但在合同期间可能不能得到补偿。

举例:客户与电信公司签订固定电话和上网套餐捆绑销售的月度合同,每月定价 55 元,客户可以在不承担任何违约责任的情况下随时取消合同。电信公司多年以来提供这些服务,得出客户平均保持该计划达 3 年。提供月度电话和上网服务的成本预计每月 30 元。

电信公司派了一位技术人员到客户家里建网并开通电话。技术人员花费了 4 个小时,其直接人工成本和材料成本为 500 元。电信公司向新客户收取 75 元安装费以补偿部分成本。

按照原准则的规定,企业往往递延确认安装费 75 元,并资本化直接人工和材料成本 75 元。剩余 425 元的成本在发生时费用化。

按照新收入准则的规定,假定利用预计客户寿命确定可收回性,电信公司将合同履约成本 500 元资本化,因为这些成本在预计客户寿命内可收回。也就是说,电信公司预计收到总对价 2 055 元(55×36 个月+75 安装费)。这个金额超过安装成本和提供月度电话和网络服务的成本 1 580 元(30×36 个月+500 安装费)。

电信企业发生的重大成本基本上都是与客户合同的建立、计划和设备安装等相关的成本。尽管实务中存在不同情况,但许多电信企业资本化了激活和安装成本,将其递延至确认安装收入的时候。按照新收入准则,电信企业应当考虑上述这些成本是否满足准则规定的资本化条件。

实务中,确认履行特定合同的成本很可能是电信企业面临的一项重大变化,操作难度大。对于企业客户而言,电信企业可以在开始提供服务之前花一年的时间来进行建立、激活和安装服务。电信企业首先需要确定安装是否满足单个履约义务的定义。如满足,按照新收入准则的规定,与安装履约义务相关的成本应当在履行相关履约义务时(即,安装)费用化。电信企业可能需要更新其会计系统,以在合同层面追踪这些成本。

2. 摊销和减值。

企业向客户转移商品或服务时,任何资本化的合同成本都应当采用与收入确认相一致的方法进行摊销。企业记录的所有资产都归属于减值评估的范围。如果剩余对价金额小于未确认为费用的成本金额,则资产发生减值,应在利润表中确认减值损失。

评估资本化合同成本和合同资产减值要求电信企业作出更多的估计,不论他们是采用了单个合同的方法还是合并合同的方法。电信企业可能需要对金额重大的资本化合同成本和单个合同资产的减值进行评估。因此电信企业有可能需要采用合并的方法评估这些资产。

## 八、电力和公用事业

为应用新收入准则,即使报告的金额没有发生显著变化,企业也需要改变其评估许多交易的方式。电力和公用事业的企业在识别履约义务、评估包含固定和阶梯定价的合同以及对合同修改进行会计处理时,可能需要运用重大判断。

## (一)识别履约义务

对于许多电力和公用事业安排(例如,照付不议合同、长期电力购买安排),企业都必须仔细考虑交付作为独立单元的商品或劳务是否为单独履约义务。例如,某个合同可能涉及转移若干相同能源单位(以千瓦时计)为代表的承诺。在新准则下,连续转移的一系列可明确区分的商品或劳务(例如,每千瓦时)将作为单独履约义务进行会计处理,前提是该可明确区分的商品或劳务实质上相同并且按照同一进度计量方法在某一时段内确认。因为电力的供给和消耗通常同时进行,因此电力合同很可能符合这些标准。电力和公用事业企业还需要仔细考虑提供其他商品或劳务的合同是否符合这些标准。

另外,电力和公用事业企业还必须评估合同中是否存在其他可明确区分的商品或劳务。例如,一项能源合同中可能包括某项承诺,根据需要为客户提供可用的电量能力,或提供传输服务,亦或给予再生能源排放奖励。准确识别这些合同中的履约义务可能较复杂,但却至关重要,因为该识别将决定收入确认的模式。

## (二)固定和阶梯定价安排

电力和公用事业企业在确定固定和阶梯定价安排的履约义务和估计单独售价之间的相互影响时,需要运用重大判断。该种类型的典型合同仅包括一种类型的商品或劳务(例如,一个单位能源、天然气体积、废弃物服务),并在某一时段内以多个单位出售。涉及这类合同的企业在识别履约义务,以及确定如何将交易价格分配至履约义务时,应认真考虑合同条款并评估价格变化的原因。这些安排通常包括可能需要进一步评估的可变对价的各个方面。

不同于电力交付合同,交付某些商品的合同可能不符合在一段时间内履约的条件。因此,该合同可能不满足由一系列商品或服务构成单独履约义务的条件。例如,企业可能与工业客户签订天然气销售合同,该客户并不立即使用,而是将天然气储存用于日后使用。在这种情况下,企业可能识别出多项履约义务(例如,每热量单位)。新收入准则要求企业对各个单位商品存在的单独履约义务合同确定单独售价。然而,该准则未就如何确定单独售价提供特定应用指南。尚不清楚是否要求企业使用现行市场价格或是合同开始日其他可获取的价格,例如,远期价格或经计算的价值。因此,这一领域可能有进一步进展。

在某些情况下,新准则允许企业以有权开具发票的金额确认收入,前提是该金额与转移至客户的价值相当。如果电力和公用事业主体符合这一变通标准,则可以按照与现在基本相同的方法(即,基于开具的发票)确认收入。

## (三)混合和延期修改

合同修改在电力和公用事业行业很普遍。在很多情况下,一项修改将延长合同期限并改变整体定价。例如,某电力和公用事业企业可能同意延长合同期限,并为延长期限内需交付的剩余单位制定混合价格。在原准则下,电力和公用事业企业通过对全部剩余单位采用新的合同混合价格,以未来适用法对混合和延期修改进行会计处理。

在新准则下,电力和公用事业企业一般以未来适用法对混合和延期修改进行会计处理,因为修改后所提供的商品或服务与之前合同下所提供的商品或服务是可明确区分的。电力和公用事业企业将仅在新商品或服务的定价高于或低于单独售价时,对剩余商品和服务采用混合价格,因为这可能表明原始合同和修改后合同之间存在经济关系。如果电力和公用事业企业确认修改增加的商品或服务的价格是修改日的单独售价(其可能包括反映特定合同情况的调整,例如,合理的折扣),则应将该修改视为单独合同,收入确认模式将可能与现行实务不同。电力和公用事业企业将需要更新其流程,从而可以分析这些混合和延期修改。

## 九、软件、云服务和科技业

新收入准则对软件、云服务和科技业的潜在影响有相通之处,故下文主要以软件业为例进行分析。

### (一)识别客户合同

新收入准则规范的合同需要满足五个条件。某些软件公司可能确定,一旦履约开始,就存在可执行权利和义务,而不是在更晚的日期,比如合同各方签订合同时。当存在可执行权力和义务时,应当谨慎考虑合同安排的事实和情况。软件公司需要有说服力的文件来说明合同是依据相关法律可执行的,它们可能还需要开发或更新流程来反映会计处理中的变化。

根据新收入准则的规定,对可收回性的评估是确定合同是否存在的一个条件。也就是说,企业必须得出结论,它很可能收到预计有权取得的对价(即交易价格)。在评价对价金额是否很可能收回时,企业仅应考虑客户在到期时支付对价金额的能力和意图。交易价格可能不同于合同规定的价格。企业可能签订合同,但预计不能收回全部合同金额。因此需要评估有权取得的金额的可收回性,而不是合同规定的金额,其中合同价格的一部分金额被认为是有风险的。评估有权取得的金额(非全部合同金额)的可收回性可能使得合同收入更早得到确认。

例如,软件公司决定进入一个新区域,该区域目前正面临经济困难。软件公司预计未来两到三年后该地区经济复苏,确定在当前环境下建立关系可以带来未来几年的潜在发展。软件公司与客户签订了一份合同,以已承诺对价100万元出售一份软件许可证。在合同初期,软件公司预计不能从客户收回全部100万元对价。假定合同满足新收入准则模型范围内的其他条件,软件公司评估是否很可能收回对价时,该对价可能低于合同价格(企业可能为客户提供价格折让)。评估过程中,软件公司应考虑客户是否有能力和意图支付估计交易价格。

在原准则下,当软件公司无法判断其是否能够收回指定合同金额(即,它们无法得出经济利益极有可能流入公司的结论)时,它们可能递延确认收入,直到收回现金才确认。但按照新收入准则,软件公司需要谨慎评估客户支付其预计有权获得金额的能力和意愿,该金额可能不一定是指定合同价格。因此,公司可能形成更多不同的结论,在某些情况下可能更早确认收入。

合同变更是指合同各方批准对合同范围或价格(或两者)作出的变更。对现有合同的改变,比如扩展或更新软件许可证,都属于软件合同中可能发生的关于合同变更的示例。新收入准则规范了对三种不同情形的合同变更的会计处理方式,包括将合同变更作为单独合同进行处理;作为原合同终止,原合同未履行部分与变更部分合并为新合同处理;合同变更作为原合同组成部分处理。

### 例87 合同变更代表单独合同

科技公司与客户签订一项为期 12 个月的合同,以 100 万元向客户提供订阅服务。6 个月后,科技公司和客户达成一致对合同进行修订,再新增 12 个月订阅服务。科技公司确定这 12 个月服务可明确区分,其定价可以反映合同开始时服务的单独售价。由于额外月份的服务不会影响现有合同的计量,因而合同修订属于单独合同。

### 例88 合同变更作为原合同终止和新合同订立

半导体公司承诺以 10 万元的价格向客户提供 1 000 个微处理器(每个 100元)。商品在 6 个月内转移给客户。公司在发货后转移每件商品的控制权。在公司发出 300 个微处理器后,合同修订为向客户额外发送 500 个微处理器(即,总计 1 500 个微处理器)。额外 500 个微处理器的价格是 2.5 万元(每个 50元),该价格无法反映合同修订时的单独售价,因而不满足按照单独合同计量的条件。由于剩余产品与已转移产品之间可明确区分,半导体公司将合同修订作为原合同终止和新合同创建进行计量。

按照新合同,对剩余产品确认收入金额为混合价格 79.17 元[(原合同下未转移微处理器 700×单价 100+合同修订下新增未转移微处理器 500×单价 50)÷剩余微处理器 1 200]。

### 例89 合同变更作为原合同组成部分

软件公司与客户签订一项合同,以 3 万元的价格向客户提供定制的财务报告应用软件。根据以往经验,软件公司确定该定制将花费技术人员合计近 150小时来完成该项目,平均每小时 200 元。假定软件公司将这些服务作为单项履约义务,并在某一时段内履行履约(原因在于客户同时收到并消耗软件公司提供的收益)。

在技术人员为这个项目花费 30 小时后(即履约 20%),软件公司和客户同意改变项目某方面的内容,增加 50 小时的估计工时,每小时 100 元。这样,合同经过修订,公司花费 200 小时获取 3.5 万元。

由于服务不可明确区分,软件公司将合同修订作为原合同的一部分。它属于单项履约义务的一部分,在合同修订日部分履约。软件公司更新其计量进度为 15%(30 小时÷200 小时×100%)。因此,软件公司在合同修订日按照累计追加调整法确认收入调减 750 元(35 000×15％－迄今为止确认收入的 6 000 元)。

### (二) 识别合同中的履约义务

软件合同通常涉及各种商品和服务,比如,软件许可证、未指定或经指定的未来更新或升级、维护及其他专业服务。合同中向客户承诺的商品或服务可以在合同中明确指出或以企业惯常的商业实务隐含表示。新收入准则要求企业考虑在合同未明确指出商品或服务时,客户是否有理由预计企业将会提供某些商品或服务。如果客户有正当理由来预计,企业应当将这些承诺作为合同中商品或服务中的一部分。同时,软件公司还需要考虑商品或服务能否与合同中的其他承诺相分离。

目前,某些软件公司可能参照软件开发的完成阶段来确认开发费用,该完成阶段包括完成交付服务后的支持性服务。在原准则中,软件公司将软件开发和交付后的支持服务作为单个组成部分处理。然而,按照新准则的规定,软件公司可能就可以单独计量哪些商品或服务(单项履约义务)以及需要分摊给它们的对价形成不同的结论。这可能是实务中的一个变化,并且属于重大判断。

**例 90　捆绑不可分割的商品和服务**

Z 公司是一家软件开发公司,向不同消费品公司提供主机服务。Z 提供一个库存管理软件产品,要求客户从 Z 购买硬件。此外,客户可以从 Z 购买专业服务,转移历史数据并创建与现有后台办公会计系统的接口。Z 总是先发送硬件,再提供专业服务,最后提供主机服务。

情形 A:形先单独出售所有商品和服务。

Z 确定合同中所有单独的商品和服务都可明确区分,原因是企业定期单独出售合同中的每个要素。Z 还可以确定,由于企业没有提供将商品和服务以及不重大的定制相结合的重大服务,因而商品和服务与合同中的其他承诺可单独区分。进一步来说,由于客户可以在对其他已购买商品和服务不产生重大影响的情况下选择购买或不购买各项商品或服务,商品和服务之间并没有互相高度依赖或互相影响。因此,硬件、专业服务和主机服务都应当作为单项履约义务。

情形 B:不单独出售硬件。

由于频繁单独出售专业服务,因而 Z 确定专业服务是可明确区分的。同时,企业确定主机服务也可明确区分,因为它也单独出售这些服务。例如,已完成初始合同条款并在每个月持续购买主机服务的客户正在以单独售价购买这些服务。然而,硬件总是与专业服务和主机服务打包出售,客户无法自己独立使用硬件。因此,Z 确定硬件不可明确区分。

Z 必须确定合同中哪些已承诺商品和服务可以与硬件进行捆绑销售。Z 可能认为,由于硬件对主机软件而言不可或缺,硬件和主机服务应当作为单项履约义务计量,而可明确区分的专业服务作为单项履约义务计量。

1. 知识产权许可证。

确定许可证是否可明确区分需要进行判断。在某些软件合同中,由于合同中的唯一承诺就是软件许可证,因而它可明确区分。在其他合同中,客户可以通过许可证本身或可利用的资源从许可证中获益,许可证可以与合同中的其他商品或服务单独区分(即,其他商品或服务也是可明确区分的)。可明确区分的许可证的示例是无需定制或修订的可自己使用的软件包,且对于客户而言,在软件包初始免费维护期过后的一段合理期间内可以保持软件持续使用的功能,软件包的未来更新没有必要。

在某些合同中,客户可以从仅与合同中另一项(明确或隐含的)承诺的商品或服务相结合的软件中获益。例如,一项软件许可证可能被嵌入以软件驱动的有形产品中,且软件可以对有形产品的特征和功能产生重大影响。客户无法从软件许可证本身获益,软件许可证也无法与有形商品区分开。

某些类型的软件,比如杀毒软件、法规库软件、地图和导航软件等,要求频繁更新,便于客户使用。按照新收入准则的规定,企业可能得出这些软件许可证不能明确区分的结论,因为若不能获取后续的更新,客户将无法从软件中获益。这类软件实际上是软件公司向客户持续提供的特定服务(如杀毒服务、法规查询服务、地图和导航服务等)的载体。在此情况下,软件许可证,连同未指定的更新,作为一个整体,构成可明确区分的单个履约义务。此类服务通常满足"客户在企业履约的同时即取得并消耗企业履约所带来的经济利益"的条件,因而通常属于在一段时间内履行的履约义务。

软件公司与客户签订的合同也可能涉及软件许可证的重大制造、变更或定制。按照新收入准则的规定,企业可能得出软件许可证在特定合同背景下不可明确区分的结论。也就是说,软件许可证和专业服务通常高度关联且应当对其进行重大整合和变更。因此,许可证和该专业服务一并构成一项单个履约义务。

2. 后期合同支持服务。

大多数涉及软件的合同安排还包括在许可期间开始后提供服务或未指定的更新和升级(或两者都包括)的义务。一般而言,这些服务包括电话支持和错误更正(bug 修复和调试),以及未指定的更新或升级。这些活动通常称为后期合同支持服务(PCS)。按照原准则,企业可能将 PCS 与软件的组合作为单个组成部分,也可能将 PCS 与软件分开,将其作为单独组成部分,甚至将其置于多个单独组成部分中。

但在新收入准则下,企业需要评估构成 PCS 的单项服务是否属于单个履约义务。例如,软件企业可能得出"提供未指定的未来更新和升级的承诺是合同中可明确区分的商品或服务,因而构成单个履约义务"的结论。企业还可能确定,提供 bug 修复和电话支持是为了确保软件能按照承诺运行,因此,这些服务属于保证软件运行的担保范围的一部分,不属于收入要素(这类担保应按照《企业会计准则第 13 号——或有事项》的规定计量)。

也可能存在提供电话支持和 bug 修复的承诺同时包含保证类质保(非收入要素)和服务类质保(收入要素)的情况。

进一步来说,合同包含提供一项未指定的未来更新和升级服务的承诺时,企业必须确定该承诺的性质。例如,如果企业已经建立了每年仅提供一次重要更新或升级服务的模式,则提供"未来更新和升级"的义务实际上是提供单个更新或升级的义务。或者,如果企业过去曾每年提供多次升级,且没有何时提供这些升级的明确模式,则可能并不属于单项履约义务。

软件公司需要谨慎评估 PCS 的服务是否为单个履约义务。并需要调整他们的系统或创建新系统来追踪和计量他们可能识别出的任何额外履约义务。

3. 指定升级。

企业可能在合同中约定向客户提供指定升级的权利。按照新收入准则的规定,企业需要评估指定更新或升级是否为承诺的商品或服务,从而构成潜在的单个履约义务。如果指定升级是单个履约义务,则交易价格应分摊至其中,且递延至提供指定升级时再确认收入。

在原准则下,某些企业可能将指定的更新或升级作为单独可区分的组成部分,将收入分摊其中,但其他企业可能将这部分与其他组成部分放在一起进行会计处理。原准则并未限制可用于在组成部分之间分摊对价的方法。如果指定升级作为单独可区分的组成部分进行计量,企业可以采用比如相对公允价值法或余值法的方法分摊对价。

4. 未指定的其他软件产品。

作为与客户所签订合同的一部分,软件公司可能在当前进行软件授权,且承诺在未来交付未指定的其他软件产品。例如,软件公司可能同意在未来两年交付所有的新产品。

按照目前的做法,一些企业可能将未指定的其他软件产品作为单独可区分的组成部分处理。这样的话,分摊至该组成部分的金额在提供产品的期间被确认为收入。另外一些企业可能将未指定的其他软件产品和相关许可证一起确认为单个组成部分。在这些情况下,相关许可证的特点可能影响该未指定的其他软件产品的收入确认时间。或者,由于未来组成部分是产品,而不是未指定的更新或升级,未指定的其他软件产品与 PCS 可以区分。这些合同安排的软件要素通常被计量为会员费。收入并未分摊至任何单独的软件产品中。相反地,所有与软件产品相关的收入根据合同条款从交付第一件产品开始,按比例进行确认。

按照新收入准则规定,软件公司应当确定交付未指定的其他软件产品的承诺是否是与其交付的许可证可区分的履约义务。软件公司还需要评估交付未指定的其他软件产品的承诺是否为一项随时准备的义务。参见本实务操作指南第二章[例 13]。

按照新收入准则的规定,识别履约义务需要软件公司作出更大的判断。识别出的履约义务可能不同于原准则下识别出的组成部分,因此,对于某些软件公司而言,如何确认收入会产生变化。

5. 客户对其他商品或服务的选择权。

根据某些合同,企业向客户提供未来以低于公允价值的金额购买其他商品或服务的权利。按照新收入准则的规定,如果他们向客户提供一项若不签订合同则无法获得的重要权利(实质性权利),这些选择权就属于单个履约义务。例如,如果折让超过了向该地区或市场的同类客户提供这些商品或服务的基本折让范围,选择权可能代表一项重要权利。如果选择权是单个履约义务,交易价格的一部分就会分摊至该选择权中,且等到客户行使该选择权或权利终止时才确认收入。

软件公司通常向客户提供可以按折扣价格购买其他商品或服务的选择权,比如销售激励、合同续订权(如豁免一定费用、降低未来利率),或对未来商品或服务的其他折让。原准则并未提供如何区分一项选择权和一项市场服务的指南,也没有指出如何计量提供一项实质性权利的选择权。因此,某些企业可能将这类选择权视为市场服务,即使这项选择权具有实质性(即,客户作出单独的购买决定,且有能力决定行使或不行使权利)。为了区分市场服务和可以在新收入准则中确认为单个履约义务的选择权,应当谨慎评估合同条款。

6. 云合同。

云服务合同可能包括云服务(比如软件即服务(SaaS))或其他产品或服务。这些合同安排往往包括客户有(或没有)权利拥有的一项软件许可证。云服务企业通常还提供专业服务,比如数据转移、业务流程映射、培训和项目管理服务,以及云服务本身。客户可能要求这些专业服务按照合同中描述的方式客户可能需要企业提供这些专业服务才能按照合同的约定方式使用云服务。

新收入准则为识别合同中的履约义务提供了一个框架。当企业确定可明确区分承诺的商品或服务时,就需要确定它是否提供一项软件许可证(主机服务中的一项单个履约义务),或一项服务(一项许可证和主机服务一并作为单个履约义务,因为这两项承诺之间不可明确区分)。

在某些合同中,评估许可证是否可明确区分相对一目了然,例如,企业可能向客户提供一项仅与主机服务结合使用的软件许可证。此外,客户无法控制该项许可证或在无主机服务的情况下无法使用软件,即,客户无法从许可证本身获益,且许可证与主机服务无法单独分开。因此,许可证不可明确区分,应当与主机服务相结合。

然而,许多合同安排更为复杂。例如,在某些合同中,一些软件(能促成某些功能)取决于客户,且客户有能力对其进行控制。然而,其他功能由主机服务提供,且客户无法控制该软件。因此,根据合同条款,识别履约义务可能需要重大判断。

7. 不可退还的初始费用。

在许多交易中,客户可能在合同初期支付初始费用,该费用可能与未来使用的商品或提供服务的启动、计划或设置相关。按照新收入准则的规定,企业必须评估不可退还的初始费用与转移商品或服务是否相关。此外,存在这些费用可能表明,合同中存在其他隐含的要素,比如按照折扣价格对更新服务的选择权。在这种情况下,识别出的已承诺的商品和服务还包括这些隐含项目。

按照新收入准则的规定,不可退还的费用应当分摊至合同中识别出的履约义务(还可能包含一些隐含的履约义务),并且在履约时确认为收入。这可能导致实务中某些企业的会计处理发生变化,具体参见下例:

云公司与客户签订一项合同,向客户提供一项软件许可证,客户可订阅一年内不可撤销的许可应用(云服务)。软件许可证的合同金额属于不可退还的初始费用,金额为 100 万元。云服务的费用为每年 50 万元。客户有权利每年以 50 万元的金额更新云服务。

假定云公司确定软件许可证和云服务是单个履约义务。合同中不存在已承诺的其他商品或服务。因此,初始费用与向客户转移任何其他商品或服务均无关。然而,云公司确定存在隐含的履约义务。也就是说,每年以 50 万元更新云服务的权利是客户的一项重要权利,因为更新费用远低于客户为第一年服务支付的费用(总计 150 万元)。

根据经验,云公司确定其维持的客户关系平均为 3 年,因此,云公司确定合同中的履约义务包括每年按照折扣更新合同的权利,且客户很可能会行权(即更新合同)两次(第一年签合同,第二、第三年更新合同)。

8. 主要责任人 VS 代理人。

如果合同涉及三方或三方以上,企业需要判断自身是主要责任人还是代理人,以确定其收入确认的金额。例如,科技公司可能提供一个平台代表第三方销售虚拟或数字商品,或者它们可能与广告公司签订合同,在网页或手机应用上投放广告。当企业为主要责任人时,收入按总额法确认。当企业为代理人时,收入按净额法确认。

主要责任人和代理人的评估对无形产品的销售尤其具有挑战性。有时候也不太明确哪一方是客户。例如,对于在线游戏开发商,客户可能是提供社会网络平台的中介,或者可能是最终用户。不同的判断结论,收入确认的金额和时间可能差异很大。

新收入准则中关于确定企业是主要责任人还是代理人的规范,与当前实务类似。但是,准则包含了考虑企业是否拥有商品和服务的控制权的概念,这成为评估的首要原则,可能影响到具体的判断。

### (三)确定交易价格

1. 可变对价。

由于合同条款或企业的行动意图等方面的原因,交易价格可能在金额和时间上有所不同,例如,可能存在退回网络设备的权利、移动设备或计算机硬件提供的折扣或返还、新兴市场中对客户提供的价格折让等。新收入准则要求采用"期望值法"和"最可能发生法"确定可变对价的最佳估计数,并对可变对价的估计进行了限制,即以与可变对价相关的不确定性消除时极可能不会发生累计已确认收入的重大转回为限,同时要求在每一个资产负债表日重新对可变对价进行估计。相比原准则,新准则对可变对价的规范,可能使一些企业提前确认收入,一部分企业延后确认收入。

(1)隐含的价格折让。

在某些情况下,企业可能签订一项合同,但预计无法全额收回合同规定的价款。当企业意识到无法全额回款的风险但仍然选择与客户交易时,合同中可能存在隐含的价格折让。按照新准则的规定,隐含的价格折让属于可变对价,企业必须在合同开始时估计这些金额。例如,考虑软件企业过去在特定地区提供过合同价格 40% 的折让,在确定该地区签订合同的交易价格时,企业可能确定合同价格的 60% 为交易价格。也就是说,隐含的价格折让是剩余 40%。

调整隐含的价格折让可能给企业实务带来重大变化。对于软件公司来说,在合同初期评估可收回性问题时,区分隐含的价格折让(如收入抵减)和客户信用风险(如坏账)比较困难。软件公司需要在合同初期谨慎评估所有事实和情况,以及可能影响客户付款能力的任何期后事项。为进行重大判断并记录相关内容,软件公司应当开发有关这些评估的明确的政策和程序,以确保将其一致应用于所有交易。

(2) 包含销售或使用许可费用的许可证合同。

企业可能与客户签订合同,要求客户基于许可证的销售或使用支付对价。虽然这也属于可变对价,但新收入准则对于这种基于销售或使用情况收取特许权使用费的,要求在下列日期中较晚者,才将这些金额确认为收入:①客户后续销售或使用行为实际发生时;②企业履行相关履约义务。

这与准则中对可变对价要求在合同初期进行估计(但对估计存在限制)的要求不同,但此种做法仅限于基于销售或使用的特许权使用费收入确认。

(3) 退货权。

关于退货权,不论是合同中明确指出的,还是企业商业惯例中隐含的,都不属于单项履约义务。合同中的退货权导致了交易价格中的可变性,因此是可变对价的一种形式。按照新准则的规定,企业将估计退货并将估计作为交易价格的抵减(属于限制);将预计退货金额作为一项退货负债,代表向客户退款的义务;确认退货资产,以存货之前的账面金额减去收回这些商品的预计成本计量。对于多数软件企业,由于不存在返还的存货,因而这个金额通常为零。

此处,新旧准则的要求并没有重大差异,但新准则明确指出要求列报退货负债和相应的退货资产。

**例91 退货权**

Y 公司销售网络设备(比如路由器、开关和插孔),与客户以 2 万元的价格签订了一份向客户出售 1 000 个无线路由器的合同(每个路由器 20 元)。合同允许客户在 30 天内退回未使用且未打开的产品。由于合同为客户提供退货权,因而对价为可变对价。

Y 公司拥有估计退货的丰富经验,并采用期望值法来估计其预计享有的对价。根据历史回退数据和当前的预期,Y 公司估计 2% 的无线路由器会退回。根据该估计,Y 公司得出结论,交易价格为 1.96 万元[预计不会退货的数量(1 000－1 000×2%)×单价 20]。

向客户转移控制权后,Y 公司确认收入 19 600 元,退货负债 400 元。再以预计退货的 20 个无线路由器的存货账面金额(减去预计修复退回商品的成本)确认一项退货资产,以及销售成本的相应抵减额。

(4) 延长的付款期限。

按照新收入准则的规定,当合同向客户提供延长的付款期限时,企业需要考虑这些条款是否导致交易价格的可变性(即,是否为一种可变对价的形式),以及是否存在重大融资成分。

企业需要谨慎评估包含延长付款期限的合同,以确定企业是否有意愿、或希望可以在融资期间提供价格折让。例如,一家软件公司可能在具有延长付款期限的合同中提供价格折让,从而与其客户协商合同更新。这种价格折让是一种可变对价的形式,应当在合同初期估计并从交易价格中扣除。

按照原准则,如果合同包含延长的付款期限,某些企业可能递延收入确认。而另一些企业可能提前确认与延长的付款期限相关的收入(认为经济利益会流入企业,且收入金额能够可靠计量)。执行新收入准则之后,尽管延长了付款期限,但如果确定没有对交易价格的限制,某些企业相比之前可能提前确认收入;而如果存在对可变对价的限制时,对某些企业来说可能比之前更晚些确认收入。

**例 92　延长的付款期限**

20×3 年 12 月 30 日,软件企业 X 以 150 万元的价格与客户签订一项永久软件许可证协议。付款条款如下:

20×4 年 1 月 31 日付款 25 万元;20×4 年 4 月 30 日付款 25 万元;20×4 年 7 月 31 日付款 25 万元;20×4 年 10 月 31 日付款 25 万元;20×5 年 1 月 31 日付款 25 万元;20×5 年 4 月 30 日付款 25 万元。

软件企业 X 关于此类协议的标准付款期限为 45 天,企业过去并未向客户提供延长的付款期限。

**分析:**

按照原准则,X 企业因为过去没有向客户提供这类延长付款条件,因此 X 可能递延确认收入。在本例中,假定其他收入确认条件都满足,当客户到期付款或经济利益很可能流入企业时,X 确认收入。

按照新收入准则,如果 X 预计将收到全部交易金额(即,预计不存在价格折让或折扣),应在软件许可证的控制权发生转移时确认 150 万元收入。相反地,假定在合同初期,X 预计它可能由于付款期限延长向客户提供一些折让或折扣,则交易包括可变对价。按照新准则的要求,X 需要在估计可变对价过程中考虑客户当前财务状况等相关因素。按照预计价值法计算,X 估计交易价格为 130 万元,同时确定该金额极可能不会发生重大收入转回。在每个报告期末,企业需要更新对交易价格的估计,以体现期末存在的情况(本例没有考虑是否存在重大融资成分)。

2. 重大融资成分。

由于准则并未规范重要性的定量标准,因而软件公司需要在评估融资成分重要性的过程中进行判断。货币时间价值的处理可能对长期合同产生重大影响,比如附有初始费用的多年维修或维护合同。

3. 向客户支付的对价。

软件公司可能同意对经销商或分销商弥补销售价格中的特定亏损金额,或针对与特定软件产品相关的市场活动向客户提供补偿。如果向客户支付的对价是为了换取可明确区分的商品和服务,则支付的对价超过该商品和服务的公允价值之外的部分,作为交易价格的抵减。

软件企业需要谨慎评估向客户支付的对价是针对可明确区分的商品或服务的付款,还是针对向客户转让的商品和服务的交易价格的抵减。

### (四)将交易价格分摊至履约义务

某些企业,特别是销售商品或服务的历史售价变动巨大(例如,软件许可证)或者尚未或从未单独出售的商品或服务(例如,指定的软件升级权限)的企业,可能认为难以确定单独售价。

根据新收入准则,只有在商品或服务的过往售价波动幅度巨大或无法可靠确定时,企业才可以可以采用余值法估计履约义务的单独售价。例如,软件合同安排通常包括几个价差很大的软件许可证、专业服务和保修服务的捆绑。通常专业服务和保修可以按照相对固定的价格销售。准则表明可以将软件许可证的单独售价估计为交易总价减去专业服务和保修的估计售价。在这些示例中,结果很可能与目前应用余值法的企业相似。

按照新收入准则的规定,软件企业应当估计软件交易中可以为客户提供实质性权利的选择权的单独售价。企业可以在同时满足下列条件的情况下应用新准则中的实用可替代方法(而无需估计一项选择权的单独售价):①可选择的商品或服务与合同中原先的商品或服务类似;②按照原先的合同条款提供这些可选择的商品或服务(可能在合同更新中很普遍)。按照这种替代方法,企业不必为选择权本身估价,而是假定在分摊交易价格时,选择权将被履行且涵盖相同履约义务的其他商品和服务(及相关考虑)。

实务中估计单独售价可能产生变化。原准则中并未规定多要素合同的分摊方法。因此,企业可能采用多种方法,这些方法并不是基于当前单独售价进行分摊的。因此,预计很多软件企业需要创建估计单独售价的方法。

### (五)履行履约义务

1. 对可明确区分的软件许可证的控制权的转移。

新准则规范了根据对客户承诺的性质来判断对可明确区分的知识产权许可的控制权何时转移(某一时点还是一段时间)。该应用指南对永久和长期软件许可证都适用。对于软件企业来说,除了任何与未指明的未来升级权利相关的变更和活动,如果企业没有承担对软件许可证产生极大影响的合同义务(明确的或隐含的),则代表授予软件使用权的软件许可收入在某个时点确认。

企业可能在网站上存放软件,供客户下载。客户可能获取一个授权码,从而取得经许可软件的多个副本。按照原准则,企业通常在向客户提供必要的访问码,使得客户可以开始下载经许可的软件,且企业的服务器正处在运行状态时确认收入。按照新收入准则的规定,企业首先需要确定软件许可证是在某一时段内还是某个时点转移。如果许可证在某个时点转移,根据企业确定控制转移的时间,收入确认的时间与现行实务操作基本相同。

2. 可明确区分的软件许可证以外的其他义务控制权的转移。

新收入准则规范了属于在某一时段内履行履约义务的条件,对于不在某一时段内转移的履约义务,控制权在某个时点转移。例如,当客户购买电脑硬件时,通常在提供电脑硬件时向客户转移控制权。

软件企业需要确定在某一时段内履行履约义务的转移形式。例如,如果未指定的更新和升级被确认为在某一时段内履行的履约义务,软件企业需要确定采用投入法还是产出法来更好地描述在某一时段内转移控制权的形式。据此,软件企业能够得出按年度、季度向客户提供未指定更新或升级的结论。也就是说,按照企业付出的努力或能够更好地描述控制权转移方法的计量来进行收入确认,而不一定导致收入在合同期间按比例进行确认。

3. 在某一时段内履行的履约义务。

对于在某一时段内履行的履约义务,准则要求企业选择投入法或产出法来计量每项履约义务的进度,并要求在类似情况下一致应用同一种方法。企业可以更新进度的计量结果,但不允许轻易改变计量方法。例如,对于科技企业,开始根据耗费的工时确认收入,随后转而使用达到的里程碑来确认收入是不恰当的。

如果履约义务不满足在某一时段内履行的条件,就应当在某个时点履行。例如,客户购买电脑硬件时,控制通常在硬件交付时转移至客户。

### (六) 经销商和分销商安排

在软件行业中,软件企业通常向经销商提供比最终用户更大的利益,以维持与经销商之间互惠互利的关系,并通过经销商来使未来销售额最大化。例如,企业可能向经销商提供价格保护和延期的退货权等。

根据新收入准则,企业首先应该评估其与经销商之间签订的合同的性质(包括与经销商签订的合同是否属于委托合同),评估产品控制权何时转移给最终用户。在此类合同中,经销商可能属于代理人也可能属于主要责任人。如果经销商属于代理人,则企业应当等到经销商将产品销售给最终用户时才确认收入(此时商品控制权才转移)。否则,经销商很可能被看作企业的客户,在将商品的控制权转移给经销商时,按照预计有权取得的金额确认收入。

在确定企业预计有权取得的金额时,软件企业应当考虑它们是否向经销商提供明确或隐含的折让,使得交易价格可变。如果交易价格可变,企业需要估计交易价格,并考虑到限制因素,收入确认的金额仅包含未来极可能不会发生重大转回的金额。

### (七) 合同成本

在软件公司中,资本化取得合同的增量成本和履约成本的要求存在极大的变化,因为当前做法是在这些成本发生时费用化。目前不太明确的是,某些成本是否被看作是增量成本,比如为达成总目标或实现单个销售目标而支付的奖金(例如,与取得一系列合同相关的成本)。

由于新收入准则可能改变软件企业如何计量佣金费用,因而企业可能会考虑重新设定目前的补偿计划。

## 十、资产管理

基金管理人通常签订各种合同,向公司、信托或合伙性质的投资工具(比如,对冲基金、私募股权基金、开放式投资公司)提供管理和其他服务。虽然合同的形式不同,但这些投资工具通常可以为投资者提供能够赚取利润的资本池。基金通常向基金管理人(如果基金为有限合伙制,即向普通合伙人)支付基础管理费和业绩奖励费。当投资者认购基金的权益时,可能向基金管理人支付前期费用。此外,与基金管理人处在同一集团内的企业可能提供其他服务,比如股东服务、过户代理及安全保管服务等。

以下讨论的例子均建立在如下假设合同条款的基础上:

基金管理人通过两个全资实体(承担特定管理功能的普通合伙人和投资管理公司)向基金提供服务。投资管理公司赚取的管理费是基金最终净资产的0.5%并按季度支付。12月31日,普通合伙人预计享有基金净资产每年增长额的20%的绩效费。

在下面的其他示例中,仅考虑新准则对包括普通合伙人和投资管理公司在内的基金管理人的合并数据的影响,并未关注新准则对单个公司数据(普通合伙人或投资管理公司)的影响。

### (一) 识别客户合同

基金管理人根据新收入准则的要求识别客户很重要,他们的客户可能是他们管理的基金或者是基金的投资者。识别客户的不同可能影响收入确认时间的不同。

以公司结构存在的基金,通常包括董事会和大量股东(投资者),但没有员工。在这种情况下,通常基金与相关方(包括基金管理人)签订合同,获取服务。投资者基本不可能参与成立基金或成为合同方。因此,基金被看作基金管理人的客户。与基金签订的合同,包括提供诸如保管和过户代理等其他服务。

相反地,对于有限合伙制的基金,有限合伙人很可能参与基金的成立和合同的协商,因而有可能得出有限合伙人是客户的结论。

因此,应当谨慎评估合同条款,以识别客户。由于对初始费用和合同取得成本的会计计量存在潜在差异,恰当识别客户很重要。

- 合同合并

新收入准则中规范了合同合并的条件。按照本章本节十(三)2的案例假设,基金管理人将与投资管理公司签订的合同(与管理费相关)及与普通合伙人签订的合同(关于业绩奖励费)进行合并,原因是:

(1) 合同基于共同的商业目的。

(2) 合同中承诺的服务通常是单项履约义务(尽管这些是单独的合同,具有不同的补偿类型和金额,但其通常属于同一项资产管理服务)。

当满足一项或多项条件时,与相同客户签订的合同应当合并。因此,尽管服务合同可能具有经济差异(例如,管理费基于净资产,而业绩奖励费基于净资产的增长),但如果基础服务是单项履约义务,仍需要合并合同。确定合同是否需要合并依赖于具体事实和情况,且需要进行判断。尽管合并合同的要求通常与原准则的基本原理一致,但在运用新准则时,企业仍应当谨慎评估是否满足合并合同的条件。

除了管理费和业绩奖励费合同外,基金通常还签订其他服务的合同,包括股东服务、过户代理和保管等。很多情况下,基金同时签订这些合同,服务提供商由同一母公司控制。这些单独的合同很可能不能予以合并,原因是:

(1) 每个服务合同具有不同的商业目的。

(2) 合同之间通常不存在价格上的互相依赖。

(3) 合同包含单项履约义务。

例如,我们通常不把与同一基金签订的管理合同和保管合同予以合并,即使保管机构是基金管理机构的子公司。管理合同主要是监督和管理基金资产,包括处理资产交易,保管合同主要为资产提供安全保障。两类合同的商业目的不同,即使它们的交易价格都是基于净资产。

**(二) 识别合同中的履约义务**

向投资基金提供的管理服务在合同期间持续提供,因而合同中的服务通常可以代表单项履约义务。

按照本章第三节十(三)2的案例假设,具有一系列实质相同且具有相同转让形式的可明确区分的商品或服务(管理活动),即单项履约义务。尽管存在两种单独补偿形式,但一般只有一种服务,即对基金资产的管理。基金管理人通常并不单独提供基本管理服务或基于绩效的服务。因此,基金通常不能从基本管理服务或基于绩效的服务中单独获益。因此,基于绩效的服务和基本管理服务互相不可明确区分。

1. 其他费用安排。

我们还需要分析基金和基金管理人之间的其他费用安排,以识别出所有承诺的商品或服务,确定存在哪些单项履约义务(如有)。如果单项履约义务不是一系列相同且具有相同转让形式的可明确区分的商品或服务的一部分,就不能合并可明确区分的履约义务。因此,实质上不相同的服务不能合并,即使有类似的条款或确定对价款项金额的基础相同。

2. 预付费用。

基金管理人可能将产品进行市场运作并直接销售给投资者,或者将这个功能赋予投资者所在的同一集团内的其他实体或第三方。当基金管理人自己执行上述功能时,可能收到由投资者支付的预付费用。

预付费用的确认取决于基金权益的销售是否代表来自管理服务的单项履约义务。如果市场运作和销售功能被评估为单项履约义务,则在出售权益时履行该履约义务,并立即将相应的预付费用确认为收入。或者,如果市场运作和销售功能被评估为管理服务的支持性功能,就不属于单项履约义务,而是管理服务的预付款。

基金管理人需要考虑每个合同安排的具体情况,这可能受到基金或投资者是否为客户的影响。如果市场运作或销售功能由基金管理人所在同一集团内的其他实体执行,该实体也提供其他服务,则应当进行类似评估。

3. 其他服务。

其他服务通常根据单独的合同来提供,且费用通常基于净资产的百分比。这些基本上不能被看作管理服务的支持性服务,因为它们是可明确区分的服务。

总体来说,对每项服务进行收入确认的考虑类似于对管理服务进行收入确认时的考虑因素。也就是说,企业可能确定每份合同可以代表一系列实质相同且具有相同转让形式的可明确区分的商品或服务。

### (三)确定交易价格

基金管理人在合同开始时应当确定交易价格金额,并在之后每个报告期末重新估计。基金管理人还应当在每个报告期末确定对可变对价的限制。交易价格中包含可变对价的一部分,即使由于限制因素预计总额未全部包含在交易价格中。即,基于业绩的奖励费的一部分可能进行确认,但由于限制未全部确认。

1. 基本管理费。

基本管理费代表基于各期净资产的可变对价。交易价格通常包括期末确定的金额。当计算日期不同于报告日时,可能存在几种例外情况使得情况复杂化。由于可变对价估计的限制因素,未来期间管理费的估计通常不纳入交易价格。

2. 基于业绩的奖励费。

基于基金业绩的奖励费,与基金投资的业绩衡量基准或已实现的增值相关,属于可变对价。很多情况下,这些业绩奖励费容易受到市场波动的影响,直到报告期末后这些费用方能确定不再转回。按照规定,如果未达到特定的业绩临界点,基金管理人可能需要退回从基金收取的某些分配额。因此,就算收取了现金,也不能表明基于业绩的奖励费可以被确认为收入。

新收入准则对交易价格中的可变对价作出限制,包含的可变对价金额为在与可变对价相关的不确定性消除时,累计收入金额极可能不会发生重大转回的金额。本实务操作指南第二章[例 22]讨论了基于业绩的奖励费的确认问题,并得出如下结论,在合同开始和随后报告期末时估计的可变对价不纳入交易价格,因为企业无法得出已确认收入的累计金额极可能不会发生重大转回的结论。这是因为基于业绩的奖励费依赖于市场且对企业外的影响因素高度敏感。这个示例还表明,尽管企业可能拥有类似合同,但基本没有预测价值。

但是,依据新准则,在特定情形下,在奖励费没有最终确定之前,基金管理人还是可以将基于业绩的奖励费的一部分确认为收入。对此新准则并没有提供具体的应用指南。然而,在确定已确认收入的累计金额是否极可能不会发生重大转回时,基金管理人应考虑的因素可能包括:

（1）基金接近最终清算。

（2）基金中剩余资产的公允价值远远超过基金管理人获取业绩奖励费的临界值。

（3）基金中剩余资产具有低风险。

（4）基金的剩余投资处在以购买价格销售的不会产生转回的合同中。

在评估过程中，基金管理人应考虑其他因素。没有哪个单一因素具有决定性的作用，上述因素的结合连同其他因素同时存在，可能带来已确认收入的累计金额极可能不会发生重大转回的结论。评估需要重大判断，也需要考虑单独的事实和情况。基金管理人若认为基于业绩的奖励费的某金额极可能不会转回，就可以将该金额确认为收入。

基于业绩的奖励费的确认要求重大判断，新准则可能改变基金管理人的确认形式。基于业绩的奖励费在其形成或不再返回之前，基本不可能全额确认。然而，基金管理人可能确定在这个时间之前确认部分业绩奖励费。

例如，季度管理费和年度业绩奖励费都参照净资产进行确定，因而代表可变对价。在考虑各种因素（包括费用受到市场波动的广泛影响）后，假定普通合伙人和投资管理公司无法在季度末和年末确认净资产之前得出极可能不会发生重大转回的结论。

因此，估计的季度管理费和在年度剩余期间预计获取的业绩奖励费不应纳入交易价格（即，需要被限制）。在每个报告期末重新评估估计的可变对价。因此，每个季度末的交易价格是不再受到市场波动影响的金额。

假定年初基金的净资产为 10 万元。为简化计算，假定管理费是基于季度末的净资产，如表 1-7 列示。根据年末净资产确认可收到的业绩奖励费。每季度末交易价格的估计值如表 1-7 所示。

表 1-7　　　　　　　　每季度末交易价格的估计值　　　　　　单位：元

| 期间 | 净资产 | 收到的管理费 | 估计的交易价格 | | |
| --- | --- | --- | --- | --- | --- |
| | | | 管理费 | 业绩奖励费 | 总计 |
| 第一季度 | 100 000 | 500 | 500 | — | 500 |
| 第二季度 | 300 000 | 1 500 | 2 000 | — | 2 000 |
| 第三季度 | 50 000 | 250 | 2 250 | — | 2 250 |
| 第四季度 | 150 000 | 750 | 3 000 | 10 000 | 13 000 |

3. 其他费用。

关于其他服务的考虑很可能根据净资产的百分比（例如，保管费、行政管理费、股东服务费），因而也被看作可变对价。一旦可变对价极可能不发生重大转回，且在可明确区分的服务期间分摊，可变对价就应当纳入交易价格，随后在每个期末确认收入。因而新收入准则下对这些服务的收入确认通常与当前实务基本一致。

**（四）将交易价格分摊至履约义务**

前面说明的基金管理人的履约义务的形式是一系列实质相同且构成单项

履约义务一部分的可明确区分的商品或服务。因此,构成可变对价的、与管理费相关的交易价格应当分摊至每个季度,因为管理费与企业在季度期间提供管理服务的努力直接相关。业绩奖励费未纳入的原因是业绩奖励费不发生重大转回的可能性不太大。

如果满足之前提到的条件,一旦多年期合同中的可变费用(不论基于管理费还是业绩奖励费)不再发生重大收入转回,这些费用就应当全部分摊,以明确区分已发生的服务期间(例如,之前的季度)。向履约义务或构成单项履约义务的可明确区分的商品或服务分摊交易价格需要依赖于特定的事实和情况。

### (五) 履行履约义务

新收入准则明确了在某一时段内履行履约义务以及在某一时点履行义务的规范。如果属于在某一时段内履行履约义务,应采用产出法或投入法确定履约进度。

例如,根据前述(三)2 说明的交易价格估计值,管理费和业绩奖励费按照产出法进行确认,具体如表 1-8 所示。

表 1-8　　　　　　　　　　按产出法确认收入　　　　　　　　　　单位:元

| 期间 | 净资产 | 管理费 | 业绩奖励费 | 季度末估计的交易价格 | 确认的收入 |
|---|---|---|---|---|---|
| 第一季度 | 100 000 | 500 | — | 500 | 500 |
| 第二季度 | 300 000 | 1 500 | — | 2 000 | 1 500 |
| 第三季度 | 50 000 | 250 | — | 2 250 | 250 |
| 第四季度 | 150 000 | 750 | 10 000 | 13 000 | 10 750 |
| 合　计 | | | | | 13 000 |

业绩奖励费在第二季度不纳入交易价格,因为在本例中,企业无法确定极可能不会发生重大收入转回。

### (六) 合同成本

新收入准则规范了履行合同的成本在同时满足三个条件的时候应当确认为一项资产:

(1) 该成本与一份当前或预期取得的合同直接相关,包括直接人工、直接材料、制造费用(或类似费用)、明确由客户承担的成本以及仅因该合同而发生的其他成本。

(2) 该成本产生了企业将在未来用于履行履约义务的资源。

(3) 该成本预计能够得到补偿。

在资产管理行业,履行合同的成本通常不满足上述第二个条件,因为它们可能与未来履约不相关。实务中,新收入准则中关于合同成本的规定对于某些企业而言可能会发生变化。关键是要恰当地识别客户。特定成本可能需要资本化、摊销和定期复核减值。引入新投资者进入现有基金发生的成本基本不可能视为取得合同的成本,因为合同中基金被视为客户。

我们预计基金管理人通常会将很多成本费用化。仅当预计这些成本会收回,且与未来履约相关时,基金管理人才会将这些成本予以资本化。

## 十一、油田服务业

油田服务业涉及范围比较广泛,从水库、地震数据处理,到钻井、操作(生产和维护)和除役(decommissioning)。大型油田服务业企业通常提供价值链上的广泛服务,向客户提供综合解决方案。小型企业基本上专注于提供更具体的产品和服务。因此,对于不同类型的油田服务业企业,合同安排的性质和复杂性可能不同。

根据合同安排的复杂性,预计新收入准则的实施会对油田服务企业产生不同程度的影响。这些企业需要改变它们评估许多交易的方式和财务报告总体流程。油田服务业企业可能需要运用判断来评估合同是否属于新收入准则的范围,确定合同中的单项履约义务。

### (一)识别何时应用新收入准则

提供钻井、物流或其他服务的油田服务业企业必须首先评估合同是否属于新收入准则的范围,或是否属于其他准则(比如租赁准则)的范围。租用钻探设备的合同可能代表一项租赁合同,适用于租赁准则的要求。

油田服务业企业可能处置不动产、厂房和设备等非金融资产。企业需要根据《企业会计准则第4号——固定资产》等准则的要求终止确认这些非金融资产。

### (二)评估多要素合同中的履约义务

对于属于新收入准则范围的合同,司钻(负责钻机操作的机构)尤其需要评估每项活动(例如,钻井、进场和出场、待机活动),以识别出履约义务和收入确认的形式。可能确定所有与钻井有关的服务构成在整个钻井合同期间履行的单项履约义务。或者,根据潜在活动的性质,可能确定具有在某个时点或某段时间内履行的多项履约义务。在识别履约义务的过程中,与目前相比,企业可能形成不同的结论。实现不同的收入确认模式。特别地,企业必须评估如何计量前期进场成本和相关赔偿的处理。

### (三)评估合同现金流量对收入确认的影响

油田服务业合同一般是指提供设备的多期合同,合同条款通常存在激励、奖金、罚金、意外开支或融资。这些合同条款通常导致可变对价的产生,在确定如何将交易价格分摊至所识别出的单项履约义务中时应当谨慎考虑。

可以在预期价值法和最可能金额法中选取一种方法来估计可变对价。必须采用可以最有效描述企业预计有权享有的对价的方法,且在本合同和类似合同中一致应用此方法。因为新收入准则对于可变对价的确认有限制性的要求,且要求在每个资产负债表日更新估计,关于可变对价形成的结论可能改变油田服务企业收入确认的模式。

### (四)对地震勘探许可证的会计处理

如果可以确定许可证是可明确区分的,为地震数据库颁发许可证的企业可能需要采用关于知识产权许可证的规定。新收入准则要求在分析合同安排的事实和情况时运用重大判断。

# 第二部分

# 《企业会计准则第16号——政府补助（2017年修订）》的实务操作指南

# 第一章

# 概　　述

## 第一节　准则发布的背景

2006年的政府补助准则及其应用指南施行至今已过10年时间之久，随着经济业务日益复杂，原政府补助准则执行中存在的一些问题也逐渐显现出来。

### 一、将所有来源于政府的经济资源都纳入本准则适用范围的合理性

将所有来源于政府的经济资源都纳入本准则适用范围是否合理？

原政府补助准则已明确划分政府补助与所有者投入资本的界限，明确规定政府补助不包括政府作为企业所有者投入的资本。然而，随着市场经济的日益发展、交易事项的日趋复杂，实务中政府补助与收入的界限逐渐模糊。如《企业会计准则讲解(2010)》第十七章第一节政府补助概述中所述政府补助包含的内容示例："比如，对粮、棉、油等生产或储备企业给予的定额补助，这些生活必需品涉及千家万户，其价格往往不能随行就市，售价低于成本造成的损失需要由政府来弥补。"在某些有价格管制的领域，政府通过行政文件要求企业以低于市场价格(公允价格)的一个价格向消费者销售商品或提供服务(以下统称销售商品)，该价格低于公允价格的差异由政府向企业补偿。当企业销售该类商品时，取得了两项经济资源，一项是来自消费者以政府限定的价格所付的对价，另一项是根据企业销售的数量从政府方收到的价差补贴，所以企业仍然是采用正常市场价格销售商品，而这个交易中的受益者实际为消费者，其以较低的对价购买了较高价格的商品。从企业的角度来讲，其从政府收到的价差补贴，是企业的政府补助，还是企业的收入呢？实务中有了不同的观点，这从客观上要求对原准则中的政府补助的适用范围予以重新审视，切实解决实务问题。

## 二、将所有政府补助都计入营业外收入的合理性

将所有政府补助都计入营业外收入是否合理？

原政府补助应用指南第三条"政府补助的确认"中明确将所有政府补助最终计入损益时都计入营业外收入。但，是不是所有的政府补助都跟营业外的性质相关？例如，软件行业享受的增值税即征即退优惠收到的增值税退税，该退税款的金额是来源于企业的销售价款，本源上与企业的的营业行为是密切相关的，是否符合营业外的性质值得考虑。此外，《国际会计准则第 20 号——政府补助会计和政府援助的披露》(IAS 20)允许企业对政府补助进行会计处理可在总额法、净额法中选择，国内原准则明确均计入"营业外收入"，也即只能采取总额法，全部体现在企业的"收益"中，不允许冲减成本费用。但是实务中出现一些情形，如果不采用净额法则会导致企业的财务报表不能反映出其真实情况，如芳烃生产企业收到的消费税退税。因此，这也是本次准则修订需要考量的问题。

## 三、原政府补助准则与财政部其他文件对财政信息的处理规定

如何处理原政府补助准则对财政贴息的处理规定与财政部其他文件的处理规定之间的不一致？

原政府补助应用指南第三条政府补助的确认中明确将所有政府补助最终计入损益时都计入营业外收入。《企业会计准则讲解(2010)》中通过示例[17-4]进一步明确了财政贴息计入当期损益时所用科目为"营业外收入"。

但财政部关于印发《中央预算内固定资产投资贴息资金财政财务管理暂行办法》的通知(财建〔2005〕354 号)第十四条："项目单位收到贴息资金后，必须专款专用，单独核算，并分别按以下情况进行财务处理：在建项目冲减工程成本；竣工项目冲减财务费用。"

财政部关于印发《基本建设贷款中央财政贴息资金管理办法》的通知(财建〔2012〕95 号)第十八条："项目单位收到贴息资金后，在建项目冲减工程成本，竣工项目冲减财务费用。"

《中华人民共和国财政部令第 81 号——基本建设财务规则》(2016 年 4 月签发，2016 年 9 月 1 日起执行)第十四条："项目建设单位取得的财政资金，区分以下情况处理：经营性项目具备企业法人资格的，按照国家有关企业财务规定处理。不具备企业法人资格的，属于国家直接投资的，作为项目国家资本管理；属于投资补助的，国家拨款时对权属有规定的，按照规定执行，没有规定的，由项目投资者享有；属于有偿性资助的，作为项目负债管理。

经营性项目取得的财政贴息，项目建设期间收到的，冲减项目建设成本；项目竣工后收到的，按照国家财务、会计制度的有关规定处理。"

《基本建设财务规则》与"财建"系列文件中要求将财政贴息冲减项目建设

成本,如何处理这一规定与原准则之间的不一致,也是实务中需要解决的现实问题。

基于上述实务需求,为切实解决原准则实施中存在的具体实务问题,进一步规范我国政府补助的确认、计量和披露,提高会计信息质量,财政部结合我国实际,同时保持与《国际会计准则第 20 号——政府补助会计和政府援助的披露》(IAS 20)持续趋同,于 2016 年 8 月发布了《企业会计准则第 16 号——政府补助(修订)(征求意见稿)》,2017 年 5 月 25 日正式印发了修订后的《企业会计准则第 16 号——政府补助》(财会〔2017〕15 号)(以下简称"政府补助准则"或"本准则")。

## 第二节 新旧准则的变化和准则主要内容

总体上,除了对本章第一节所述的实务问题的回应外,修订后的政府补助准则没有对原准则所遵循的基本原则作出变更,其中最重要的原则是基于利润表的配比原则,即实现政府补助资金与作为补助对象的支出在利润表上的恰当配比。但是,在基本原则不变的前提下,为解决前述实务问题,修订后的准则也作出了多方面的调整和变更。

### 一、通过明确政府补助特征,重新规范准则适用范围

政府补助具有下列特征:①来源于政府的经济资源。对于企业收到的来源于其他方的补助,有确凿证据表明政府是补助的实际拨付者,其他方只起到代收代付作用的,该项补助也属于来源于政府的经济资源。②无偿性。企业取得来源于政府的经济资源,不需要向政府交付商品或服务等对价。

政府资本性投入不适用政府补助准则。企业从政府取得的经济资源,如果与企业销售商品或提供服务等活动密切相关,且是企业商品或服务的对价或者是对价的组成部分,适用《企业会计准则第 14 号——收入》等相关会计准则。

### 二、除总额法外,政府补助增加净额法处理

与资产相关的政府补助,应当冲减相关资产的账面价值或确认为递延收益。与资产相关的政府补助确认为递延收益的,应当在相关资产使用寿命内按照合理、系统的方法分期计入损益。

与收益相关的政府补助,用于补偿企业以后期间的相关成本费用或损失的,确认为递延收益,并在确认相关成本费用或损失的期间,计入当期损益或冲减相关成本;用于补偿企业已发生的相关成本费用或损失的,直接计入当期损益或冲减相关成本。

另外,相应政府补助退回也增加净额法处理,即调整资产账面价值,但应关

注该资产(或其所属的资产组)是否存在减值。

## 三、日常活动相关政府补助调整营业利润

与企业日常活动相关的政府补助,应当按照经济业务实质,计入其他收益或冲减相关成本费用。与企业日常活动无关的政府补助,应当计入营业外收支。

## 四、规范财政贴息处理

区分财政将贴息资金拨付给贷款银行和直接拨付给受益企业两种情况,为企业提供了不同的核算方法。对于财政将贴息资金直接拨付给企业,企业应当将对应的贴息冲减相关借款费用。

对于财政将贴息资金拨付给贷款银行,由贷款银行以政策性优惠利率向企业提供贷款的,企业可以选择简化方法处理,以实际收到的借款金额作为借款的入账价值,按照借款本金和该政策性优惠利率计算相关借款费用。

财政贴息的处理向《基本建设财务规则》和"财建"系列文件的规定靠拢,即冲减相关成本费用,同时也兼顾国际趋同,可以选择以借款的公允价值作为借款的入账价值并按照实际利率法计算借款费用,实际收到的金额与借款公允价值之间的差额确认为递延收益。递延收益在借款存续期内采用实际利率法摊销,冲减相关借款费用。企业选择了上述两种方法之一后,应当一致地运用,不得随意变更。

## 五、生效时间及衔接规定

修订后的政府补助准则自 2017 年 6 月 12 日起施行。企业对 2017 年 1 月 1 日存在的政府补助采用未来适用法处理,对 2017 年 1 月 1 日至准则施行日之间新增的政府补助根据修订后的政府补助准则进行调整。

此次修订采用未来适用法,无需重述比较报表,但 2017 年 1 月 1 日尚未摊销完毕的政府补助应根据修订后的准则进行调整。2017 年半年报时即采用修订后的准则,应关注此次修订的影响,可能受影响的主要指标包括收入、营业利润、净利润、净资产、总资产等。

2018 年 2 月 7 日,财政部会计司发布了《关于政府补助准则有关问题的解读》(以下简称"官方解读"),对"日常活动"的界定、"总额法"和"净额法"的选择适用、"其他收益"的核算内容及主要账务处理、与资产相关的"后补助"的会计处理、准则的适用范围和衔接规定等问题进一步予以明确。2018 年 7 月,财政部会计司通过公开出版的《〈企业会计准则第 16 号——政府补助〉应用指南 2018》为修订后的政府补助的应用提供了更具体、全面的实施指引。

# 第二章

# 准则的具体内容

## 第一节　政府补助的定义、特征、分类及准则适用范围

### 一、政府补助的定义和特征

政府补助,是指企业从政府无偿取得货币性资产或非货币性资产(准则第二条)。

政府补助具有下列特征:①来源于政府的经济资源。对于企业收到的来源于其他方的补助,有确凿证据表明政府是补助的实际拨付者,其他方只起到代收代付作用的,该项补助也属于来源于政府的经济资源。②无偿性。企业取得来源于政府的经济资源,不需要向政府交付商品或服务等对价(准则第三条)。

政府补助的定义与原准则一致,都将政府补助定义为企业从政府无偿取得货币性资产或非货币性资产。从该定义可推导出政府补助的两大特征:①来源于政府的经济资源;②无偿性。

准则对政府补助特征的明确,更新了《企业会计准则讲解(2010)》对政府补助的特征"无偿性和直接取得资产"。按照实质重于形式的原则,不再强调从政府直接取得。

#### (一)来源于政府的经济资源

对于企业收到的来源于其他方如集团的补助,有确凿证据表明政府是补助的实际拨付者,集团只起到代收代付作用的,该项补助也属于来源于政府的经济资源。

**例1**　来源于其他方,政府是实际拨付者

某中央企业向科技部申报 20×8 年度科技计划项目,该申报计划包含指定由其子公司 A 科研院实施的某科研项目。科技部将该科研项目的经费补助拨付给该中央企业,相关文件明科研经费补助由实际实施单位享有。中央企业收到拨款后按照股权关系层层下拨至 A 科研院。

本例中,A 科研院收到母公司拨付的经费补助,其源头来自科技部(政府),科技部相关文件明确经费补助由实际实施单位享有,因此中央企业及该笔款项经手的上级单位收到资金也只起到代收代付作用,因此 A 科研院收到的该款项,虽然形式上直接来自其母公司,但政府是实际拨付者。

实务中,存在大量的由集团公司作为归口管理单位自政府方取得经济资源,再下拨给集团所属公司的情形。这种情况下,母子公司应区分不同情况处理。主要考虑因素是母公司有无将该笔资金在集团内分配的自主权。如果有,就不认为是简单的代收代付,而是母公司对子公司的资本性投入,或者子公司对母公司提供分包服务的营业收入;如果没有,政府批文中直接明确了最终拨付对象及每个对象应享有的金额,集团公司只是起到代收代付作用的,则对子公司而言属于政府补助。

同时按照实质重于形式原则,将"政府"概念扩充到受政府委托承担公共事务管理职能的其他机构,如地方政府融资平台公司基于其所属政府的授权,在履行公共事务管理职能的过程中,依据相应的管理办法所给予的补助。在实际操作中,一方面要遵循实质重于形式原则,另一方面也要强化对证据的要求,即核实该资金最终来源于政府,根据政府的授权拨付;或者该受托机构以公共事务管理者的身份,依据政府的授权和相关管理办法给予实质上具有与政府补助相同的特征和经济后果的拨款。

## (二)无偿性

无偿性,即企业取得来源于政府的经济资源,不需要向政府交付商品或服务等对价。无偿性是政府补助的基本特征,这一特征将政府补助与政府以投资者身份向企业投入资本、政府购买服务等政府与企业之间的互惠性交易区别开来。需要说明的是,政府补助通常附有一定条件,这与政府补助的无偿性并不矛盾,只是政府为了推行其宏观经济政策,对企业使用政府补助的时间、使用范围和方向进行了限制。

**例2 无偿性——研究成果归企业**

A公司是一家生产和销售重型机械的企业。为推动科技创新,A公司所在地政府于2×17年8月向A公司拨付了3 000万元资金,要求A公司将这笔资金用于技术改造项目研究,研究成果归A公司享有。

本例中,A公司的日常经营活动是生产和销售重型机械,其从政府取得了3 000万元资金用于研发支出,且研究成果归A公司享有。因此,这项财政拨款具有无偿性的特征,A公司收到的3 000万元资金应当按照政府补助准则的规定进行会计处理。

但,研究成果的归属并非在所有情形下都如此清晰,在某些情况下,需要根据相关事实合理判断由哪一方主导研发成果的使用并主要享有其经济利益。

**例3 无偿性——企业拥有研究成果的使用权**

B通信技术公司与某大学信息技术研究院一起申报某国防科技研发项目,某大学信息技术研究院为牵头单位,获得项目经费的60%,B公司为合同开发单位,获得项目经费的40%。科研项目研发合同约定:研发成果归国家所有,某大学信息技术研究院享有该研发成果的专利申请权、依法转让权、使用权、署名权、荣誉权和申请奖励权,B公司享有该技术成果的使用权,未经国家及某大学信息技术研究院同意,B公司不得将研究成果转让给第三方。

分析:本例中,需考虑以下因素:

(1)B公司可获得的项目研究经费是否足以涵盖B公司需为该项目实际投入的研发支出,B公司对该项目的研发投入预计将使用何种方式收回。

(2)B公司能否主导该研发成果的后续使用,该项目的研发成果后续用于B公司的其他产品的可能性,有无进一步进行商业化利用的后续计划,即B公司能否通过将其运用于自身的经营活动、授权他人使用、对外投资、对外转让等方式获取相关经济利益,以及这些经济利益获取的可能性和金额大小。

情形1:虽然合同约定B公司对科研成果享有有使用权,但事实上B公司并无进一步的商业化利用后续计划,且本例中可从委托方获得的研究经费足以涵盖B公司需为该项目实际投入的研发支出。虽然该研发合同中约定B公司也享有研发成果的使用权,但该权利并非实质性的,某大学信息技术研究院享有该研发成果的专利申请权、依法转让权、使用权、署名权、荣誉权和申请奖励权,并且未经其同意,B公司不得将该研发成果转让。从上述研发成果的权利归属及各项权利带来的经济利益来看,很可能国家和某大学信息技术研究院是居于主导地位的,因此,该交易是需要B公司交付成果(提供研发服务并形成研发成果)的,并不是无偿的,因此不宜作为政府补助进行处理。B公司应将其作为一项"受托提供劳务"的交易按照收入准则进行会计处理[见本实务操作指南第二章第一节三(一)]。

情形2:B公司已有对研发成果进行进一步商业化利用的后续计划,拟将其用于本公司自己的产品中,且对研发成果的后续利用是回收研发投入并获取利润的主要来源(当委托单位拨付的研发经费不足以涵盖B公司需为该项目发生的研发投入时,这种可能性较大),则应视作B公司自身的研究开发项目,对研发支出按照《企业会计准则第6号——无形资产》中关于内部研发项目相关支出的规定进行资本化或费用化的会计处理;同时将收到的研发经费作为政府补助处理。

根据政府补助的特征判断交易是否属于政府补助的流程图如图1-11所示。

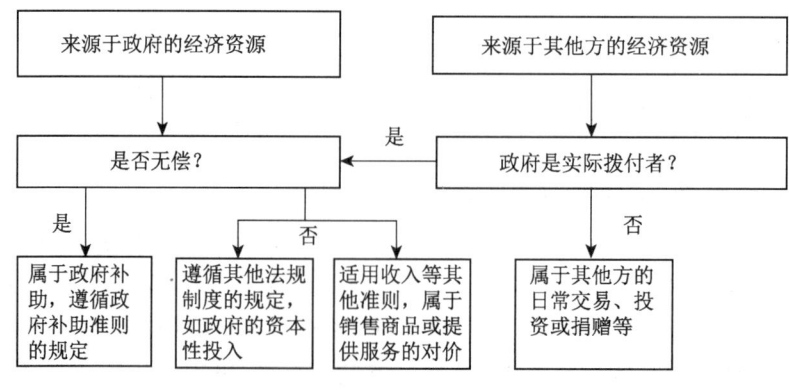

图 1-11 政府补助判断流程图

（三）常见疑问

1. 企业收到的搬迁补偿。

（1）《企业会计准则解释第 3 号》下的处理。

在新政府补助准则未发布前,企业收到的搬迁补偿主要依据《企业会计准则解释第 3 号》(以下简称"解释 3 号")第四条进行处理。解释 3 号对企业收到的搬迁补偿区分政策性搬迁和其他搬迁两类分别处理。对于同时满足以下两个条件的属于政策性搬迁:

第一,搬迁原因系城镇整体规划、库区建设、棚户区改造、沉陷区治理等公共利益。

第二,搬迁补偿款由政府从财政预算直接拨付。

政策性搬迁下,企业收到的搬迁补偿款作为专项应付款处理,其中属于对企业在搬迁和重建过程中发生的固定资产和无形资产损失、有关费用性支出、停工损失及搬迁后拟新建资产进行补偿的,应自专项应付款转入递延收益,并按照《企业会计准则第 16 号——政府补助》进行会计处理。企业取得的搬迁补偿款扣除转入递延收益的金额后如有结余的,应当作为资本公积处理。

不符合政策性搬迁条件的,属于其他搬迁。企业收到的其他搬迁的补偿款按照《企业会计准则第 4 号——固定资产》《企业会计准则第 16 号——政府补助》等会计准则进行处理。

按照上述处理原则,政策性搬迁下取得的搬迁补偿款最终不影响企业的损益,该处理原则是延续了 2006 年新企业会计准则执行前的《关于企业收到政府拨给的搬迁补偿款有关财务处理问题的通知》(财企〔2005〕123 号)的处理思路。

即便不是政策性搬迁,企业在处理过程中,也基于谨慎考虑,实务中大多数都选择作为政府补助,尤其是搬迁时有新建资产(另购土地、购建厂房、机器设备等)的,通常会将收到的搬迁补偿款,扣除相关损失和费用性支出后的余额作为与资产相关的政府补助。

（2）新政府补助准则下的处理。

《〈企业会计准则第 16 号——政府补助〉应用指南(2018)》中通过示例明确企业因政策性搬迁,若收到的拆迁补偿是依据企业交付土地的公允价值确定的,其实质是政府按照相应资产的公允价格向企业购买资产,是互惠交易,不属于政府补助。相关示例如下。

**例 4 搬迁补偿(应用指南【例 1】)**

2×17 年 2 月,甲企业与所在城市的开发区人民政府签订了项目合作投资协议,实施"退城进园"技改搬迁。根据协议,甲企业在开发区内投资约 4 亿元建设电子信息设备生产基地。生产基地占地面积 400 亩,该宗项目用地按开发区工业用地基准地价挂牌出让,甲企业摘牌并按挂牌出让价格缴纳土地出让金 4 800 万元。甲企业自开工之日起须在 18 个月内完成搬迁工作,从原址搬迁至开发区,同时将甲企业位于城区繁华地段的原址用地(200 亩,按照所在地段工业用地基准地价评估为 1 亿元)移交给开发区政府收储,开发区政府将向甲企业支付补偿资金1亿元。

本例中,为实施"退城进园"技改搬迁,甲企业将其位于城区繁华地段的原址用地移交给开发区政府收储,开发区政府为此向甲企业支付补偿资金1亿元。由于开发区政府对甲企业的搬迁补偿是基于甲企业原址用地的公允价值确定的,实质是政府按照相应资产的市场价格向企业购买资产,企业从政府取得的经济资源是企业让渡其资产的对价,双方的交易是互惠性交易,不符合政府补助无偿性的特点。因此,甲企业收到的1亿元搬迁补偿资金不作为政府补助处理,而应作为处置非流动资产的收入。

新政府补助准则指南通过[例4]说明的处理原则与原解释3号的处理方式显然不同。随着近年城市改造的开展,企业涉及搬迁补偿的业务在实务中也较为普遍,且一旦涉及拆迁补偿,一般其金额都相当重大,因此两个文件的规定应如何适用,对企业的业务处理带来了较大影响。

(3)实务中普遍存在的问题。

问题1:符合解释3号规定的政策性搬迁的条件并以公允价格确定补偿金额的情况下如何处理?

产生本疑问的原因是:解释3号规定的政策性搬迁要求同时满足因"公共利益原因"而搬迁和补偿款由"财政预算直接拨付资金"这两个形式要件;而根据[例4]明确的作为资产处置的前提是"以公允价值确定搬迁补偿款";这两者很有可能同时满足。

但,实际上同时符合政策性拆迁又是以公允价格确定补偿金额的情形实务中非常罕见。主要原因在于实务中对解释3号规定的"政策性搬迁"范畴的理解普遍存在误区。实务中部分企业通常根据搬迁的主导方、搬迁补偿款的拨付方是否为政府机构来判定是否属于解释3号规定的政策性拆迁情形。例如,政府方由于旧城(棚户区)改造而征收企业国有土地及地上所附房屋建筑物。根据《国有土地上房屋征收与补偿条例》的规定,市、县级人民政府可能采取如下方式:

情形1:指定或设立房屋征收部门(如××区国有土地上房屋征收与补偿办公室),直接负责本行政区域的房屋征收与补偿工作。

情形2:委托某专业机构为房屋征收实施单位,承担房屋征收与补偿的具体工作。房屋征收部门将相关资金拨付给房屋征收实施单位,房屋征收实施单位将补偿资金再拨付给拆迁企业或拆迁户。

情形2下,由于搬迁补偿款的直接来源是政府委托的房屋征收实施单位,并非财政预算直接拨付,因而不属于政策性搬迁。这一判断并无太大争议。但情形1下,部分企业认为拆迁原因系"旧城改造"为公共利益所需,拆迁补偿款由政府房屋征收部门直接拨付,政府方支付的搬迁补偿必然纳入地方政府预算,因此将该搬迁补偿款作为政策性搬迁处理。实务中按照此原则进行处理的企业不在少数。例如,爱仕达(股票代码:002403)在其2017年年报中披露:

**会计处理情况依据**

按照《企业会计准则解释第3号》和《企业会计准则第16号——政府补助》

的规定,公司可获得的政府搬迁补偿款(包括土地补偿费、地面建筑物及附属补偿、搬迁奖励费(搬迁腾空停产补偿)),在实际收到时作为专项应付款处理。其中,属于对企业在搬迁和重建过程中发生的固定资产和无形资产损失、有关费用性支出、停工损失及搬迁后拟新建资产进行补偿的,自专项应付款转入递延收益,企业取得的搬迁补偿款扣除转入递延收益的金额后如有结余的,应当作为资本公积处理。

**当期会计处理情况**

根据公司搬迁计划,本期在搬迁过程中发生的固定资产及无形资产损失、有关费用性支出,相应等额由专项应付款转入营业外收入;本期发生的搬迁新建重置资产支出,相应等额转入递延收益中,待资产达到预定可使用状态之后,按资产的受益期限平均摊销确认至营业外收入。

但实际上前述理解中扩大了"财政预算直接拨付"的范畴。从政府预算的角度,预算内资金是各级政府按照法定程序编制、审查和批准的年度财政收支计划。财政预算支出为经过本级人民代表大会审议通过的预算范围内的支出。其预算内资金由财政部门设立的财政预算资金专户直接拨付。在前述情形1中,该资金由拆迁补偿办拨付,因此,企业收到的拆迁补偿款并非财政预算直接拨付,因此并不属于解释3号所述政策性搬迁补偿款。

由于目前实务操作中,即使政府主导的搬迁,基本上是政府相关部门通过专业的拆迁公司进行市场化操作,直接从财政预算资金专户收到补偿款的可能性不大,因此本问题所述"符合解释3号规定的政策性搬迁的条件并以公允价格确定补偿金额的情况"几乎不可能发生。

问题2:解释3号规定的其他搬迁补偿款的处理与新政府补助准则应用指南的规定是否存在冲突?

解释3号规定,除政策性搬迁补偿外的其他拆迁补偿按照《企业会计准则第4号——固定资产》《企业会计准则第16号——政府补助》等会计准则进行处理。实务中,在新政府补助准则应用指南发布前,多数企业在[例4]的业务背景下,都采取解释3号规定的处理方式,例如上市公司华润三九(股票代码:000999)在其2017年年报中披露,递延收益均是政府补助形成,其中包含的搬迁补偿款,作为与资产相关的政府补助处理。此前,我们的观点与华润三九的处理方式基本一致,具体处理思路在《计学撮要2011》中进行了说明:

《企业会计准则解释第3号》第四条对不属于为公共利益搬迁,或者搬迁补偿款不是由政府直接从预算资金中拨付的情形(简称为"其他搬迁补偿款")的会计处理仅作出了原则性的规定。我们理解,对于其他搬迁补偿款,应当将其分解为三部分,分别处理:

第一,对因搬迁而被政府收回土地使用权和不可移动固定资产报废等损失的补偿:属于相关固定资产和无形资产处置所得款项,按照相关资产类会计准则中关于资产处置的规定处理,与所处置的资产的原账面价值和相关税费之间的差额,计入处置当期损益。

第二,对搬迁过程中发生的可移动资产的拆卸、运输、重新安装、调试等支出,以及人员安置等费用性支出的补偿:作为与收益相关的政府补助处理,在企业实际发生此类费用或者支出的期间计入当期损益,但计入当期损益的金额不应超过该期间实际计入损益的此类费用或者支出。

第三,对企业重新购建土地使用权和房屋建筑物等无形资产、固定资产的资本性支出给予的补助:作为与资产相关的政府补助处理,确认为递延收益,并在相关资产使用寿命内平均分配,计入损益。但该部分金额不应超出重新购建土地使用权和房屋建筑物等无形资产、固定资产的资本性支出总额。

如果企业收到的搬迁补偿款在扣除上述三部分损失、费用和支出之后仍有剩余的,则可以将余额在搬迁完成后一次性计入搬迁完成当期的营业外收入处理。

依据前述思路处理的结果(收到的补偿款中超出实际发生的损失和费用性支出部分,作为与资产相关的政府补助后续分期计入损益)显然相比[例4]的方式(作为资产处置,一次处置计入当期损益)更谨慎,一方面遵从了会计处理的谨慎性原则,另一方面也避免了监管风险。[例4]的处理基于公平市场交易的原则考虑,更多的是基于《企业会计准则第4号——固定资产》的规定而作出,而该处理方式并未超出解释3号的规定范畴。也即,企业收到的其他搬迁补偿款,在解释3号与新政府补助应用指南的【例1】(本节[例4])下,处理原则是一致的,并不存在冲突。相比实务中此前更为谨慎的处理,新政府补助准则应用指南进一步明确了:搬迁补偿款等同于企业交付资产的公允价值部分,作为企业处置资产的对价,不适用政府补助准则;搬迁补偿款(扣除实际发生的搬迁费用、停产停业损失等与被征收房屋土地本身无直接关系的支出)高于企业交付资产公允价值的差额部分,根据解释3号的规定,应属于政府补助的范畴。按照修订后的政府补助准则,该差额部分属于企业收到政府提供的经济资源且无需提供任何对价,同时符合政府补助的两个的特征。

需要注意的是,《国有土地上房屋征收与补偿条例》明确:对被征收房屋价值的补偿,不得低于房屋征收决定公告之日被征收房屋类似房地产的市场价格。被征收房屋的价值,由具有相应资质的房地产价格评估机构按照房屋征收评估办法评估确定。因此,理论上而言,搬迁补偿款≥所交付资产的公允价值。因此收到的搬迁补偿款是否公允、如何拆分资产处置对价和属于政府补助的部分将成为此类业务的重点。我们建议企业在实务中应关注以下问题:政府方在征收过程中是否严格遵从该条例规定;补偿标准是否高于市场价格;即使补偿标准按照市场价格确定,搬迁补偿款中包含的一些奖励性质的资金是否超出评估的补偿标准。例如,多地政府房屋征收和补偿部门在搬迁补偿方案中设置的"提前签约奖励",若企业提前签约,则可以根据补偿方案中约定的标准计算可获得的奖励,一并纳入拆迁补偿款中。该部分奖励,我们理解,与企业交付的被征收房屋土地的公允价值并无关联,而是政府方针对企业提前签约这一特定行为给予的奖励,因此作为政府补助更为合理。

2. 增值税出口退税。

增值税出口退税不属于政府补助。根据税法规定,在对出口货物取得的收入免征增值税的同时,退付出口货物前道环节发生的进项税额,增值税出口退税实际上是政府退回企业事先垫付的进项税,不属于政府补助。

### (四) 政府补助的形式

1. 总体原则。

政府补助主要形式包括政府对企业的无偿拨款、税收返还、财政贴息,以及无偿给予非货币性资产等。

在原准则应用指南中有如下规定:税收返还,如企业收到的先征后返(退)、即征即退等税款,属于政府以税收优惠形式给予的一种政府补助。除税收返还外,企业享受的税收优惠还包括直接减征、免征、增加计税抵扣额、抵免部分税额等形式。这类税收优惠政府并未直接向企业无偿提供资产,不属于政府补助准则定义的政府补助。

在《企业会计准则(2010)》中进一步解释政府补助的特征"直接取得资产"并明确:政府补助是企业从政府直接取得的资产,形成企业的收益。不涉及资产直接转移的经济支持不属于政府补助准则规范的政府补助,比如政府与企业间的债务豁免,除税收返还外的税收优惠,如直接减征、免征、增加计税抵扣额、抵免部分税额等。

新政府补助准则亦明确了政府补助准则的总体原则是将涉及资产直接转移的政府补助纳入准则范围,即企业从政府直接取得资产(包括货币性资产和非货币性资产)。例如,政府对企业的无偿拨款,先征后返(退)、即征即退等方式的税收返还,直接向企业拨付财政贴息,以及无偿给予非货币性资产等。其他不涉及资产直接转移的经济支持不属于本准则规范的政府补助。例如,直接减征、免征、增加计税抵扣额、抵免部分税额等方式的税收优惠,不适用政府补助准则。因此,企业所得税的减免,适用《企业会计准则第 18 号——所得税》(本实务操作指南第二章第一节二),除企业所得税外的其他税种的减免,一般情况下也不属于政府补助。

2. 不直接转移资产的情形。

(1) 增值税的减免。

伴随销售产生的增值税减免,如果发生在申报前的计算环节(即,税法直接规定的免税项目,不能开具增值税专用发票),则直接按开票金额全额确认营业收入,相当于将免征的税款直接计入了营业收入中。如果发生在申报和征缴环节(如即征即退、先征后返,但仍按税法规定的适用税率开具了增值税专用发票,对方也可以抵扣),则应作为政府补助处理。

换言之,免税产品的销售,按照目前发票管理的规定应以零税率开具发票,受票方取得的增值税发票不能对已经减免的增值税进行抵扣,因此,在整个交易环节中,增值税抵扣链条仍然平衡,销售方减免税款带来的后果是受票方少抵进项税额,政府方在该交易中实际上并没有直接的经济资源流出,因此,不属于政府补助。但是对于先征后返(退)、即征即退等政府向企业转移资产的税收优惠情形下,销售方按照优惠前的税率开具的发票,受票方取得的增值税专用发票在合规情况下可以正常抵扣进项税额,政府向企业返(退)的税金是在增值税的抵扣链条之外的额外经济资源流出,此时就属于政府补助了。

结合《增值税会计处理规定》(财会〔2016〕22 号)(以下简称"22 号文")对增值税减免的会计处理要求:"减免税款"专栏,记录一般纳税人按现行增值税制度规定准予减免的增值税额。对于当期直接减免的增值税,借记"应交税费——应交增值税(减免税款)"科目,贷记损益类相关科目。小微企业免征增值税的规定:"小微企业在取得销售收入时,应当按照税法的规定计算应交增值税,并确认为应交税费,在达到增值税制度规定的免征增值税条件时,将有关应交增值税转入当期损益。"考虑政府补助准则与收入准则之间的适用范围划分,则减免税款计入当期损益的项目可能涉及"营业收入""其他收益"等。

对于一般纳税人销售免税商品应适用收入准则,将减免税款计入"营业收入"。

但小微企业的规定,与前述销售免税商品的企业不同:小微企业开具的增值税专用发票,受票方取得的增值税专用发票可以抵扣,小微企业在达到免征增值税条件时将有关应交增值税转入当期损益,多数情况下是会面临先交后退的情况,并非直接减免,此时,收到返还的增值税时计入当期损益的规定,应按政府补助准则确认和计量的要求计入"其他收益"。

但是极少数情形下的增值税减免,有可能属于政府补助。例如,属于一般纳税人的加工型企业招用自主就业退役士兵符合《财政部　国家税务总局　民政部关于继续实施扶持自主就业退役士兵创业就业有关税收政策的通知》(财税〔2017〕46 号)要求的,减免的增值税属于政府补助。因为此减免情形,也是超出增值税抵扣链条之外的原因,导致政府方少收取税金,间接形成了政府对企业的资产转移。企业按定额扣减增值税的,应当将减征的税额计入当期损益,借记"应交税费——应交增值税(减免税额)"科目,贷记"其他收益"科目。

(2) 对于除所得税、增值税外的其他税种的减免。

此类税种的减免,由于不涉及政府的直接转移资产及前述未将所得税减免纳入政府补助准则适用范围的同样原因,准则也未将这些税种的减免纳入政府补助准则规定的范围。再者,作为价内税,其本身的计提影响损益,按未优惠前的总额计提税金同时确认政府补助,或者按优惠后的纳税义务计提税金,对损益并没有实质影响。

(3) 其他非税减免。

此外,如一些地方政府为了招商引资或鼓励创业投资,将产业园区内的房产以低于公允价值的租金出租给企业。理论上这也属于政府对企业的无偿经济支持,但没有纳入政府补助准则的范围,理由是:一方面这种支持不涉及资产的直接转移;另一方面,如果企业按照公允价值确认相关租赁成本、同时按照公允价值和实际租金的差额确认政府补助,这种做法对净利润的影响与企业按照实际租金确认相关租赁成本对净利润的影响基本一致,前一种做法还需要企业估计租金的公允价值。所以从简化实务的角度出发,通常情况下这种不涉及资产直接转移的政府补助不纳入本准则的范围。

(4) 并非所有的不直接转移资产都不属于政府补助。

比如:企业取得政策性优惠贷款贴息、且财政将贴息资金拨付给贷款银行的情况,也不涉及政府向企业转移资源,但准则将其纳入政府补助的范畴。

(5)减免税与财政贴息的不同处理原则思考。

一是由于,所得税的减免与应适用政府补助准则的财政贴息的差异在于:向企业征税本身就是国家的一项公权力,众所周知,税收具有"强制性""无偿性"的特征,因此税收不是市场行为,无"公允价值"可言,因此不存在将税法规定的标准税率确定为"公允价值"而将优惠税率与标准税率之间的差额确认为政府补助的做法;而企业取得借款并承担资金成本是是市场行为,可以获得公允的市场资金成本,这种情况下由于政府基于社会公共政策目标的干预行为导致实际承担的资金成本低于市场资金成本,差额均为政府替企业承担了相关支出,间接为企业提供了经济资源,因此应确认为政府补助。二是由于此情形下,虽然不涉及政府对企业的资产直接转移,但国际财务报告准则中将其作为政府补助处理,为保持国际趋同,此项财政贴息纳入政府补助准则范围。

## 二、准则适用范围

下列各项适用其他相关会计准则(准则第五条):

(1)企业从政府取得的经济资源,如果与企业销售商品或提供服务等活动密切相关,且是企业商品或服务的对价或者是对价的组成部分,适用《企业会计准则第14号——收入》等相关会计准则。

(2)所得税减免,适用《企业会计准则第18号——所得税》。政府以投资者身份向企业投入资本,享有相应的所有者权益,不适用政府补助准则。

明确实际执行中判断企业从政府取得的经济资源是否属于政府补助,不包括政府资本性投入和政府购买服务。即政府资本性投入不适用政府补助准则。企业从政府取得的经济资源,如果与企业销售商品或提供服务等活动密切相关,且是企业商品或服务的对价或者是对价的组成部分,适用《企业会计准则第14号——收入》等相关会计准则。即,直接来源于其他企业的可能是政府补助,直接来源于政府的经济资源并不一定是政府补助,需要根据经济实质进行判断。

### (一)政府补助与营业收入

此前,基于本实务操作指南第一章第一节一所述的原因,在原政府补助准则生效期间,财政部、证监会等均通过发文旨在对政府补助与营业收入的划分给出界限。例如,《财政部关于做好执行企业会计准则的企业2012年年报工作的通知》(财会〔2012〕25号)规定:"企业与政府发生交易所取得的收入,如果该交易具有商业实质,且与企业销售商品或提供劳务等日常经营活动密切相关的,应当按照《企业会计准则第14号——收入》的规定进行会计处理。在判断该交易是否具有商业实质时,应考虑该交易是否具有经济上的互惠性,与交易相关的合同、协议、国家有关文件是否已明确规定了交易目的、交易双方的权利和义务,如属于政府采购的,是否已履行相关的政府采购程序等。"

中国证监会会计部发布的《2013年上市公司年报会计监管报告》中指出:

随着会计准则的发展，会计准则制定部门就企业从政府获取资源是否属于政府补助作了进一步规范。政府补助的典型特征是企业无偿从政府获取资源，而对于企业与政府之间发生交易而取得的收入，如果该交易具有商业实质，且与企业销售商品或提供劳务等日常经营活动密切相关的，则应根据收入准则的规定进行会计处理。

新政府补助准则直接将政府补助与营业收入的划分明确写入准则正文。但实务中如何区分因满足一些条件而获得的政府补助和政府作为交易对价支付的款项，缺乏明确的指南。

我们理解，当政府本身不直接作为交易的一方时，目前实际操作中可确认为营业收入的补助款项（如可再生能源电价补贴、新能源汽车等降价销售补助）的共同特点如下，下述各项条件应全部满足，才能认可将补助款计入营业收入。

（1）这些补助款项从经济实质上看都是政府对最终消费者（或下游顾客，下同）的补助，而不是对本企业（作为商品或服务的提供商）的补助。相当于政府（或事实上具有政府职能的机构，或受政府委托的机构，下同）把款项支付给最终消费者，最终消费者再用这些款项购买本企业提供的商品或服务，因此本企业可以确认为向最终消费者提供商品或劳务的营业收入，只不过为了结算方便而采用政府向商品或服务提供商直接拨付款项的方式，同时要求企业对最终消费者降价。

（2）所涉及的行业为以下两种情况之一：一是涉及国计民生的基础公共服务（公用事业、基本生活必需品等），政府对其实施价格管制，导致企业发生政策性亏损的；二是属于国家重点扶持的新兴行业（如新能源等），在初创期因成本较高、市场尚未打开等原因导致亏损的。

（3）相关款项的拨付具有规范、权威的政策依据。所依据的应当是当地财政部门正式发布并按照《政府信息公开条例》的规定予以主动公开的财政扶持项目及其财政资金管理办法，且该管理办法应当是普惠性的（任何符合规定条件的企业均可申请），而不是专门针对特定企业制定的优惠。在操作程序上，应履行规范的政府购买服务（如通过招投标确定服务提供者等，并严格核实其成本）的程序。

### 例5　政府付费属于营业收入

丙企业是一家生产和销售高效照明产品的企业。国家为了支持高效照明产品的推广使用，通过统一招标的形式确定中标企业、高效照明产品及中标协议供货价格。丙企业作为中标企业，需以中标协议供货价格减去财政补贴资金后的价格将高效照明产品销售给终端用户，并按照高效照明产品实际安装数量、中标供货协议价格、补贴标准，申请财政补贴资金。2×17年度，丙企业因销售高效照明产品获得财政资金5 000万元。

本例中，丙企业虽然取得财政补贴资金，但最终受益人是从丙企业购买高效照明产品的大宗用户和城乡居民，相当于政府以中标协议供货价格从丙企业购买了高效照明产品，再以中标协议供货价格减去财政补贴资金后的价格将产品销售给终端用户。实际操作时,政府并没有直接从事高效照明产品的购销,但以补贴资金的形式通过丙企业的销售行为实现了政府推广使用高效照明产品的目标。对丙企业而言,销售高效照明产品是其日常经营活动,丙企业仍按照中标协议供货价格销售了产品,其销售收入由两部分构成,一是终端用户支付的购买价款;二是财政补贴资金,财政补贴资金是丙企业产品销售对价的组成部分。因此,丙企业收到的补贴资金 5 000 万元应当按照《企业会计准则第14 号——收入》的规定进行会计处理。

### (二)债务豁免

原政府补助准则第四条中有"债务豁免,适用《企业会计准则第 12 号——债务重组》"的规定。

《财政部关于进一步规范地方国库资金和财政专户资金管理的通知》(财库〔2014〕175 号)规定:"各级财政部门要严格按照批准的年度预算和用款计划拨款,对于年度预算执行中确需新增的支出项目,应按规定通过动支预备费或调整当年预算解决,不得对外借款。对于确需出借的临时急需款项,应严格限定借款对象、用途和期限。借款对象应限于纳入本级预算管理的一级预算单位(不含企业),不得对非预算单位及未纳入年度预算的项目借款和垫付财政资金,且应仅限于临时性资金周转或者为应对社会影响较大的突发事件的临时急需垫款。借款期限不得超过一年。"

根据财库〔2014〕175 号文的规定,政府原则上不对企业借款,相应不存在政府对企业债务豁免的情况,故将原准则中准则适用范围的有关规定予以删除,即删除了"债务豁免,适用《企业会计准则第 12 号——债务重组》"的规定。

但需提醒的是,当企业设立境外子公司发生所在地政府的债务豁免时,参照《国际会计准则第 20 号——政府补助的会计和政府援助的披露》第 10 段"对于政府提供的饶让贷款(forgivable loans,即债权人同意在某些规定的情况下不要求归还的贷款),如果主体对于达到贷款饶让所具备的条件有合理的保证,就应作为政府补助进行会计处理"。因此,债务豁免可能适用政府补助准则。此时,依据《企业会计准则解释第 1 号》第二条规定:"中国境内企业设在境外的子公司在境外发生的交易或事项,境内不存在且受法律法规等限制或交易不常见,企业会计准则未作出规范的,可以将境外子公司已经进行的会计处理结果,在符合《企业会计准则——基本准则》的原则下,按照国际财务报告准则进行调整后,并入境内母公司合并财务报表的相关项目。"即此时在 IFRS 下作为政府补助进行会计处理的结果,在企业会计准则下也是可以获得承认的。

据此,无论是"不存在政府对企业债务豁免的情况"或是"债务豁免可能适用政府补助准则"等原因,修订后的准则删除原准则中"债务豁免,适用《企业会计准则第 12 号——债务重组》"都是恰当的。

### (三)所得税减免

与原准则一致,新政府补助准则也明确了"所得税减免不适用政府补助准则"。政府补助主要包括财政拨款、税收返还、财政贴息、无偿划拨非货币性资产等形式,这些形式的特点为涉及政府直接向企业转移资产。所得税税收政策优惠可能是直接的免征、减半征收、减按优惠税率征收、增加计税抵扣额、减计应税收入、抵免部分税额等多种优惠方式,但这些方式均不涉及政府直接向企业转移资产[见本实务操作指南第二章第一节一(四)1],因此不属于政府补助。

## 三、政府补助的分类

企业应当对政府补助进行恰当的分类。根据政府补助准则规定,政府补助应当划分为与资产相关的政府补助和与收益相关的政府补助。这两类政府补助给企业带来经济利益或者弥补相关成本或费用的形式不同,从而在具体会计处理上存在差别。

与资产相关的政府补助,是指企业取得的、用于购建或以其他方式形成长期资产的政府补助。通常情况下,相关补助文件会要求企业将补助资金用于取得长期资产。长期资产将在较长的期间内给企业带来经济利益,因此相应的政府补助的受益期也较长。

与收益相关的政府补助,是指除与资产相关的政府补助之外的政府补助。此类补助主要是用于补偿企业已发生或即将发生的相关成本费用或损失,受益期相对较短,通常在满足补助所附条件且作为补助对象的对应支出(如有)已发生时计入当期损益或冲减相关成本。

换言之,政府补助的分类最终决定了政府补助计入损益的时间。

# 第二节 确认条件和计量原则

## 一、政府补助的确认条件

政府补助同时满足下列条件的,才能予以确认:①企业能够满足政府补助所附条件;②企业能够收到政府补助(准则第六条)。

政府补助的确认条件与原准则一致,但实务中应关注政府补助的确认要以存在合理保证为前提。确认两个条件的判断,都涉及较高程度的专业判断。

(1) 对于第一个条件而言,由于中国新企业会计准则与 IFRS 已经实质性趋同,并且《企业会计准则第 16 号——政府补助》是以国际准则体系下的 IAS20 作为制定蓝本的,因此在分析这一问题时,可以借鉴 IAS20 以及相关资料对此问题的表述。根据 IAS20 第 7 段:

Government grants, including non-monetary grants at fair value, shall not be recognised until there is reasonable assurance that:

(a) the entity will comply with the conditions attaching to them; and

(b) the grants will be received.

值得注意的是,上述(a)条件所使用的是将来时态,并没有表述为"has complied with"或者"complies with"。因此,准则并不要求在将政府补助计入损益之前,企业已经实际满足了政府补助所附的条件,只要求企业对能否满足政府补助所附条件提供合理的保证。

但 IAS 20 和修订后的政府补助准则都并未对何为"合理保证"(reasonable assurance)给出定义,由此引起的一个问题是:此处的"合理保证"与其他会计准则中所使用的"很可能"(即发生的可能性大于不发生的可能性)的含义是否相同。我们认为在实务中应掌握的尺度是:"企业很可能将满足政府补助所附条件"和"企业很可能可以收到政府补助"两个条件,是确认政府补助应满足的最低限度条件,这两个条件应当同时满足。

(2) 对于第二个条件,证监会会计部《上市公司执行企业会计准则监管问题解答(2013 年第 1 期,总第 8 期)》的"问题 4"也规定:"对期末有确凿证据表明能够符合财政扶持政策规定的相关条件预计能够收到财政扶持资金时,可以按应收金额计量。"但是缺乏更进一步具体的标准,我们倾向于从严掌握,在理解何为"期末有确凿证据"时,政府补助准则的应用指南明确:政府补助为货币性资产的,应当按照收到或应收的金额计量。如果企业已经实际收到补助资金,应当按照实际收到的金额计量;如果资产负债表日企业尚未收到补助资金,但企业在符合了相关政策规定后就相应获得了收款权,且与之相关的经济利益很可能流入企业,企业应当在这项补助成为应收款时按照应收的金额计量。

我们认为,实务中应重点考虑以下几点:

第一,考虑应收补助款的金额是否已经过有权政府部门发文确认,或者可根据正式发布的财政资金管理办法的有关规定自行合理测算,且预计其金额不存在重大不确定性。

第二,所依据的应当是当地财政部门正式发布并按照《政府信息公开条例》的规定予以主动公开的财政扶持项目及其财政资金管理办法,且该管理办法应当是普惠性的(任何符合规定条件的企业均可申请),而不是专门针对特定企业制定的。

第三,需考虑相关的补助款批文中是否明确承诺了拨付期限,且该款项的拨付是有相应财政预算作为保障的,因而可以合理保证其在规定期限内收到。

第四,根据企业和该补助事项的具体情况,应满足的其他相关条件。

只要企业管理层确认其将满足政府补助所附条件,并且没有相反证据表明很可能最终无法满足这些条件,就可以确认政府补助。

### 例6 政府补助的确认条件

某企业 2×14 年与地方政府签订合作协议,于当年收到了地方政府提供的 1 000 万元人民币奖励资金,用于该企业人才激励和人才引进奖励,并约定企业自获得奖励起 10 年内注册地址不得迁离本区,否则政府有权追回奖励资金。企业分别在 2×14 年、2×15 年、2×16 年使用了 400 万元、300 万元和 300 万元,用于给总裁级别类高管发放年度奖金。该企业应当在 10 年期满再确认损益,还是在实际使用补助资金发放奖金时确认损益,还是按 10 年平均分摊计入损益?

就所述案例而言,在企业已经向该地政府作出明确书面承诺"10 年内不迁离"的情况下,注册会计师可以要求公司提供未来业务发展规划(需经过董事会或股东大会审议批准,以确保其效力)等资料,如果企业能够提供这些资料,并且从目前情况看没有证据表明其很可能无法实现的,则可以认为"企业能够满足政府补助所附条件"。在此情况下,相关政府补助可以依据其使用状态,计入各使用年度的损益,而不必等到满 10 年之后,"10 年内不迁离"已成为既成事实之后才确认为损益。

在审计实务中,注册会计师在遇到此类业务时,应要求被审计单位提供内部会议纪要、相关权力机构决议、向相关政府部门的书面承诺等审计证据,并要求被审计单位在管理层声明书中明确地确认其将满足政府补助所附的条件。同时,注册会计师还应关注是否存在表明很可能最终无法满足这些条件的相反证据。

## 二、政府补助的计量原则

政府补助为货币性资产的,应当按照收到或应收的金额计量。政府补助为非货币性资产的,应当按照公允价值计量;公允价值不能可靠取得的,按照名义金额计量(准则第七条)。

政府补助的计量原则与原准则一致。非货币性资产形式的政府补助的公允价值计量应遵循《企业会计准则第 39 号——公允价值计量》,该准则允许采用成本法确定非货币资产的公允价值。

实务中存在政府无偿给予企业长期非货币性资产的情况,如无偿给予土地使用权、天然起源的天然林等。企业取得的政府补助为非货币性资产的,应当按照公允价值计量;公允价值不能可靠取得的,按照名义金额(1 元)计量。企业在收到非货币性资产的政府补助时,应当借记有关资产科目,贷记"递延收益"科目;然后在相关资产使用寿命内按合理、系统的方法分期计入损益,借记"递延收益"科目,贷记"其他收益"或"营业外收入"科目。但是,对以名义金额计量的政府补助,在取得时计入当期损益。

# 第三节　政府补助的确认和计量

## 一、增加净额法处理

与资产相关的政府补助,应当冲减相关资产的账面价值或确认为递延收益。与资产相关的政府补助确认为递延收益的,应当在相关资产使用寿命内按照合理、系统的方法分期计入损益。按照名义金额计量的政府补助,直接计入当期损益。相关资产在使用寿命结束前被出售、转让、报废或发生毁损的,应当将尚未分配的相关递延收益余额转入资产处置当期的损益(准则第八条)。

与收益相关的政府补助,应当分情况按照以下规定进行会计处理:①用于补偿企业以后期间的相关成本费用或损失的,确认为递延收益,并在确认相关成本费用或损失的期间,计入当期损益或冲减相关成本;②用于补偿企业已发生的相关成本费用或损失的,直接计入当期损益或冲减相关成本(准则第九条)。

政府补助准则的修订在保留原准则仅有的总额法处理的基础上,参照《国际会计准则第 20 号——政府补助的会计和政府援助的披露》引入净额法的处理。总额法是在确认政府补助时,将其全额一次或分次确认为收益,而不是作为相关资产账面价值或者成本费用等的扣减。净额法是将政府补助确认为对相关资产账面价值或者所补偿成本费用等的扣减。上述准则原文中"冲减相关资产的账面价值""冲减相关成本费用"的处理属于净额法。

需要说明的是,根据《企业会计准则——基本准则》的要求,同一企业不同时期发生的相同或者相似的交易或者事项,应当采用一致的会计政策,不得随意变更;确需变更的,应当在附注中说明。因此,企业应当根据经济业务的实质,判断某一类政府补助业务应当采用总额法还是净额法进行会计处理,通常情况下,对同类或类似政府补助业务只能选用一种方法,同时,企业对该业务应当一贯地运用该方法,不得随意变更。企业对某些补助只能采用一种方法,例如,对一般纳税人增值税即征即退,由于增值税作为价外税,其初始计提和征缴环节并不影响企业的利润总额,因此确定退税的政府补助时,没有可以冲减的成本费用,只能采用总额法;再比如企业收到的财政贴息,根据政府补助准则的规定,无论是企业将贴息支付给银行或企业,政府将贴息支付给银行时无论企业采取哪种方法,其处理都是将对应的贴息"冲减相关借款费用",即意味着政府补助准则已明确规定了财政贴息应采用净额法核算。

注意,"总额法"或"净额法",是按业务进行选择,而不是要求一个会计主体就用一种方法。

需要提醒的是,目前财政部或其他监管机构并未明确政府补助分为哪些业务,那么此处在实务执行时如何掌握,可能会给企业管理层很大的自由选择空间。政府补助准则及应用指南并没有明确什么情况下采取净额法,什么情况下采取总额法;或者采取净额法需要达到什么条件?政府补助的形式与对象多样,有的采用总额法更为适宜,有的可能采用净额法更有利于公允反映相关信息。因此,不宜对企业按照政府补助的性质选择列报方法加以限制。同时,国际财务报告准则也没有这种限制。

根据企业会计准则制订的国际趋同战略及近年会计准则的修订原因(重要原因之一是国际准则发生变化,因此我们的准则也相应进行修订)总结,尽管准则和解读中对"净额法"的运用没有特别限制,但我们建议对净额法的适用,仍然采取"谨慎从严"的口径,结合政府补助准则的规定并参照 IAS 20 中第 30 段的要求,建议将"净额法"的适用限定于以下两种情形:

(1) 有明确证据表明如果没有此类补助,将不会发生对应支出的(IAS 20

的第 30 段就提到支持净额法的理由是"For the second method it is argued that the expenses might well not have been incurred by the entity if the grant had not been available and presentation of the expense without offsetting the grant may therefore be misleading."中文翻译：第二种方法的论点是，如果没有补助，主体可能不会发生这些费用。因此，在列报费用时如不抵销补助，会引起误解）。

（2）财政部和证监会明确规定必须采用净额法的项目，如财政贴息、芳烃生产企业收到的消费税退税、企业发生的增值税税控系统专用设备和技术维护费用抵减增值税额等。

但是，如果企业管理层坚持要对某类补助采用"净额法"，并通过董事会决议，完成了对该类事项的会计政策选择程序，并可以确保其未来在同类业务的一贯运用的，则我们也可以接受此做法，虽然这种方法并不是我们所建议的首选会计方法。

另外，在考虑"总额法"或"净额法"的选择时，还需关注有关的税务政策变化。例如，根据《国家税务总局关于研发费用税前加计扣除归集范围有关问题的公告》（国家税务总局公告 2017 年第 40 号）第七条之（一）规定："企业取得的政府补助，会计处理时采用直接冲减研发费用方法且税务处理时未将其确认为应税收入的，应按冲减后的余额计算加计扣除金额。"即如果企业收到的研发补助在税务上属于免税收入或不征税收入，且会计上按"净额法"对该项补助进行处理的，则可能导致企业从加计扣除政策中获益程度的降低。

### （一）与资产相关的政府补助

（1）与资产相关的政府补助修改了原准则"在相关资产使用寿命内平均分配"的处理，允许结合资产未来经济利益的预期消耗方式按照合理、系统的方法分摊，这是一个改进。因为对于某些资产，其折旧计提方法与资产的特性有关，可能采用加速折旧法。若一项资产采用的是加速折旧法，必然与之对应的递延收益的摊销也应与折旧的摊销保持一致。

（2）与资产相关的政府补助确认为递延收益的，应当在相关资产使用寿命内按照合理、系统的方法分期计入损益。其中的"相关资产使用寿命"起始时点，指在与资产相关的政府补助满足确认条件的前提下，企业应当自相关资产达到预定可使用状态时（或者在实际收到补助款时，以两者中的较晚者为准）起，将相关递延收益在相关资产的剩余使用寿命内按照合理、系统的方法，计入各期损益。

实务中，企业通常先收到补助资金，再按照政府要求将补助资金用于购建固定资产或无形资产等长期资产。企业在取得与资产相关的政府补助时，应当选择采用总额法或净额法进行会计处理。

总额法下，企业在取得与资产相关的政府补助时应当按照补助资金的金额借记"银行存款"等科目，贷记"递延收益"科目；然后在相关资产使用寿命内按合理、系统的方法分期计入损益。如果企业先取得与资产相关的政府补助，再确认所购建的长期资产，总额法下应当在开始对相关资产计提折旧或进行摊销时按照合理、系统的方法将递延收益分期计入当期收益。如果相关长期资产投入使用后企业再取得与资产相关的政府补助，总额法下应当在相关资产的剩余使用寿命内按照合理、系统的方法将递延收益分期计入当期收益。需要说明的是,采用总额法的,如果对应的长期资产在持有期间发生减值损失,递延收益的摊销仍保持不变,不受减值因素的影响。企业对与资产相关的政府补助选择总额法的,应当将递延收益分期转入其他收益或营业外收入,借记"递延收益"科目,贷记"其他收益"或"营业外收入"科目。

后补助(即补助对象先达到预定可使用状态,后收到补助)情形下递延收益应如何摊销,举例说明如下。

**例 7　资产达到预定可使用状态后收到政府补助**

按照国家有关政策,企业购置环保设备可以申请补贴,以补偿其环保支出。C 公司于 2×16 年 8 月向政府有关部门提交了 420 万元的补助申请,作为对其购置环保设备的补贴。同月,C 公司购入不需要安装环保设备,实际成本为 960 万元,使用寿命 10 年,采用直线法计提折旧,不考虑净残值。

2×17 年 2 月,C 公司收到所申请的政府补助 420 万元。假定 C 公司对政府补助采用总额法核算,C 公司 2×17 年 2 月收到政府补助应如何进行摊销?

分析:在修订后的政府补助准则发布前,实务中对此情形下的摊销处理普遍存在以下两种处理:

方法一:将对应资产达到预定可使用状态时起至收到补助款之日这一期间内对应的应摊销的补助款在收到时立即确认为当期损益。即:C 公司 2×17 年 2 月收到政府补助时,当月结转递延收益至当期损益 420÷120×6=21(万元),后续每月结转损益 420÷120=3.5(万元)。

方法二:将收到的补助款在资产的剩余使用寿命内摊销。即:自 2×17 年 3 月开始,每月结转损益 420÷(120-6)≈3.68(万元)。

修订后的政府补助准则明确了只能采用上述"方法二"的处理,而不应采用"方法一"。

(3) 吸收原准则指南和《企业会计准则讲解(2010)》中相关条款。如相关资产在使用寿命结束时或结束前被处置(出售、报废、转让、发生毁损等),尚未分配的相关递延收益余额应当转入资产处置当期的损益,不再予以递延。对相关资产划分为持有待售类别的,先将尚未分配的递延收益余额冲减相关资产的账面价值,再按照《企业会计准则第 42 号——持有待售的非流动资产、处置组和终止经营》的要求进行会计处理。

在实务操作中,可能会遇到与生产性资产相关的政府补助,在总额法下应在何时将递延收益计入损益的问题。具体说就是:与生产性资产(例如生产设备等固定资产)相关的政府补助,在总额法下,相关递延收益应当在所生产的存货实现销售时计入损益(与净额法结果一致,但实务中可能较难操作),还是在相关资产使用寿命内按照折旧摊销进度采取合理、系统的方法计入损益(可能与净额法结果不一致,即递延收益计入损益的时间很可能早于相关资产折旧影响损益的时间,导致政府补助与其拟补偿的相关成本费用不配比)? 对此一般理解,从理论上讲,与生产性资产相关的递延收益在总额法和净额法下计入损益的时间应该一致,但在实务操作中并不可行,根据重要性原则,也没有必要作出此项要求。因此,在总额法下,相关政府补助形成的递延收益应在相关资产使用寿命内按合理、系统的方法分期计入损益,但我们理解,并不要求严格确保达到与净额法下完全相同的处理效果。

(4)净额法下,企业在取得政府补助时应当按照补助资金的金额冲减相关资产的账面价值。如果企业先取得与资产相关的政府补助,再确认所购建的长期资产,净额法下应当将取得的政府补助先确认为递延收益,在相关资产达到预定可使用状态或预定用途时将递延收益冲减资产账面价值;如果相关长期资产投入使用后企业再取得与资产相关的政府补助,净额法下应当在取得补助时冲减相关资产的账面价值,并按照冲减后的账面价值和相关资产的剩余使用寿命计提折旧或进行摊销。

(5)与资产相关的政府补助,采用"总额法"或"净额法"的处理对比如下。

**例 8** **与资产相关的政府补助"总额法"与"净额法"比较**

A 公司 2×14 年 12 月申请国家级研发补贴,申请报告书的内容如下:本公司于 2×15 年 1 月启动 ×× 重大项目开发,预期 2 年,预计总投资 2.4 亿元,其中购置固定资产 8 000 万元,人员费 8 000 万元,试验费、咨询费、委外研发费、耗料及评审、鉴定等其他研发支出费 8 000 万元。计划自筹资金 1.2 亿元,申请财政拨款 1.2 亿元。主管部门批准了 A 公司的申请,批复文件规定:同意你公司的补贴申请,补贴款项 1.2 亿元,在你公司该项目结项验收时一次性拨付。2×17 年 1 月,A 公司 ×× 项目通过验收,共花费 2.4 亿元,形成公司的非专利技术,当月,收到财政拨付资金 1.2 亿元。A 公司预计该非专利技术使用年限 10 年,预计净残值 0。

则 2×17 年 1 月,A 公司对该项资产及相应补助的处理结果对比如表 1-9 所示。

表 1-9　　　　　　　不同方法下资产及相应补助处理结果对比　　　　单位:万元

| 总额法 | | 净额法 | |
|---|---|---|---|
| 1. 确认无形资产入账价值: | | 1. 确认无形资产入账价值: | |
| 借:无形资产 | 24 000 | 借:无形资产 | 24 000 |
| 贷:开发支出 | 24 000 | 贷:开发支出 | 24 000 |
| 2. 确认收到的补贴款: | | 2. 确认收到的补贴款: | |
| 借:银行存款 | 12 000 | 借:银行存款 | 12 000 |
| 贷:递延收益 | 12 000 | 贷:无形资产 | 12 000 |
| 3. 计提当月摊销: | | 3. 计提当月摊销: | |
| 借:管理费用 | 200 | 借:管理费用 | 100 |
| 贷:累计摊销 | 200 | 贷:累计摊销 | 100 |
| 4. 按摊销进度结转递延收益: | | | |
| 借:递延收益 | 100 | | |
| 贷:其他收益 | 100 | | |

需关注的是:"总额法"第4步计入损益是贷记"其他收益"科目,并没有去冲减"管理费用"。我们不鼓励采用冲减"管理费用"的方式。因为准则已经明确企业可以从"总额法""净额法"中进行选择,一开始针对所补助的资产原值及补助总额的处理时,企业已经选择了"总额法",那么在资产与相应补助的后续计量时,就应贯彻执行,计入损益时也按照"总额法"的原则来处理。同理,假如A公司在未来该非专利技术使用寿命结束前转让该非专利技术时,"总额法"下,就应将对应补助的递延收益余额计入转让当期"其他收益"(因无形资产处置损益系列入"营业利润"下的"资产处置收益"项目)。

### (二)与收益相关的政府补助

准则规定,与收益相关的政府补助,应当分情况按照以下规定进行会计处理:用于补偿企业以后期间的相关成本费用或损失的,确认为递延收益,并在确认相关成本费用或损失的期间,计入当期损益或冲减相关成本;用于补偿企业已发生的相关成本费用或损失的,直接计入当期损益或冲减相关成本。对与收益相关的政府补助,企业同样可以选择采用总额法或净额法进行会计处理:选择总额法的,应当计入其他收益或营业外收入;选择净额法的,应当冲减相关成本费用或营业外支出。

(1)与收益相关的政府补助如果用于补偿企业以后期间的相关成本费用或损失,企业在取得时应当先判断企业能否满足政府补助所附条件。根据准则规定,只有满足政府补助确认条件的才能予以确认,而客观情况通常表明企业能够满足政府补助所附条件,企业应当将其确认为递延收益,并在确认相关成本费用或损失的期间,计入当期损益或冲减相关成本。

**例9** 与收益相关的政府补助"总额法"与"净额法"比较

甲企业于2×17年3月15日与其所在地地方政府签订合作协议,根据协议约定,当地政府将向甲企业提供1000万元奖励资金,用于企业的人才激励和人才引进奖励,甲企业必须按年向当地政府报送详细的资金使用计划并按规定用途使用资金。协议同时还约定,甲企业自获得奖励起10年内注册地址不得迁离本地区,否则政府有权追回奖励资金。甲企业于2×17年4月10日收到1000万元补助资金,分别在2×17年12月、2×18年12月、2×19年12月使用了400万元、300万元和300万元,用于发放给总裁级高管年度奖金。本例中不考虑相关税费等其他因素。

本例中,甲企业应当在取得政府补助时先判断是否满足政府补助的确认条件。如果客观情况表明甲企业在未来10年内离开该地区的可能性很小,比如,通过成本效益分析认为甲企业迁离该地区的成本远高于收益,则甲企业在收到补助资金时应当记入"递延收益"科目,实际按规定用途使用补助资金时,再计入当期损益。

假设甲企业对该补助"总额法"和"净额法"的处理结果对比如表1-10所示。

表 1-10　　　　　　不同方法下补助的处理结果对比　　　　　　单位:万元

| 总额法 | 净额法 |
|---|---|
| (1) 2×17 年 4 月 10 日甲企业实际收到补助资金: | (1) 2×17 年 4 月 10 日甲企业实际收到补助资金: |
| 借:银行存款　　　　　　　　1 000<br>　贷:递延收益　　　　　　　　1 000 | 借:银行存款　　　　　　　　1 000<br>　贷:递延收益　　　　　　　　1 000 |
| (2) 2×17 年 12 月、2×18 年 12 月、2×19 年 12 月甲企业将补助资金用于发放高管奖金时相应结转递延收益:<br>① 2×17 年 12 月: | (2) 2×17 年 12 月、2×18 年 12 月、2×19 年 12 月甲企业将补助资金用于发放高管奖金时相应结转递延收益:<br>① 2×17 年 12 月: |
| 借:递延收益　　　　　　　　400<br>　贷:其他收益　　　　　　　　400 | 借:递延收益　　　　　　　　400<br>　贷:管理费用　　　　　　　　400 |
| ② 2×18 年 12 月: | ② 2×18 年 12 月: |
| 借:递延收益　　　　　　　　300<br>　贷:其他收益　　　　　　　　300 | 借:递延收益　　　　　　　　300<br>　贷:管理费用　　　　　　　　300 |
| ③ 2×19 年 12 月: | ③ 2×19 年 12 月: |
| 借:递延收益　　　　　　　　300<br>　贷:其他收益　　　　　　　　300 | 借:递延收益　　　　　　　　300<br>　贷:管理费用　　　　　　　　300 |

如果甲企业在取得补助资金时暂时无法确定能否满足政府补助所附条件(即在未来 10 年内注册地址不得迁离本地区),则应当将收到的补助资金先记入"其他应付款"科目,待客观情况表明其能够满足政府补助所附条件后再转入"递延收益"科目。

(2) 用于补偿企业已发生的相关成本费用或损失的,直接计入当期损益或冲减相关成本。这类补助通常与企业已经发生的行为有关,是对企业已发生的成本费用或损失的补偿,或是对企业过去行为的奖励。

**例 10　只能采用"总额法"**

乙企业销售其自主开发的软件。按照国家有关规定,该企业的这种产品适用增值税即征即退政策,按 16% 的税率征收增值税后,对其增值税实际税负超过 3% 的部分,实行即征即退。乙企业 2×18 年 8 月在进行纳税申报时,对归属于 7 月的增值税即征即退提交退税申请,经主管税务机关审核后的退税额为 10 万元。

本例中,软件企业即征即退增值税与企业日常销售密切相关,属于与企业的日常活动相关的政府补助。乙企业 2×18 年 8 月申请退税并确定了增值税退税额,账务处理如下:

借:其他应收款　　　　　　　　　　　　　　　　　　　　100 000<br>　贷:其他收益　　　　　　　　　　　　　　　　　　　　100 000

**例 11　只能采用"净额法"**

丁企业是集芳烃技术研发、生产于一体的高新技术企业。芳烃的原料是石脑油。石脑油按成品油项目在生产环节征消费税。根据国家有关规定,对使用燃料油、石脑油生产乙烯芳烃的企业购进并用于生产乙烯、芳烃类化工产品的石脑油、燃料油,按实际耗用数量退还所含消费税。假设丁企业石脑油单价为5 333元/吨(其中,消费税2 105元/吨)。2×17年7月,丁企业将115吨石脑油投入生产,石脑油转换率为1.15∶1(即1.15吨石脑油可生产1吨乙烯芳烃),共生产乙烯芳烃100吨。丁企业根据当期产量及所购原料供应商的消费税证明,向税务机关申请退还相应的消费税。

本例中,丁企业当期应退消费税为100×1.15×2 105=242 075(元)。丁企业在期末结转存货成本和主营业务成本之前,对该政府补助的账务处理如下:

借:其他应收款                                                         242 075
　　贷:生产成本                                                       242 075

## 二、账务处理增加与日常活动是否相关的判断

与企业日常活动相关的政府补助,应当按照经济业务实质,计入其他收益或冲减相关成本费用。与企业日常活动无关的政府补助,应当计入营业外收支(准则第十一条)。

(1) 增加政府补助是否与日常活动相关的判断,并据此考虑政府补助计入的具体项目,结合"总额法"与"净额法"的适用总结如图1-12列示内容。

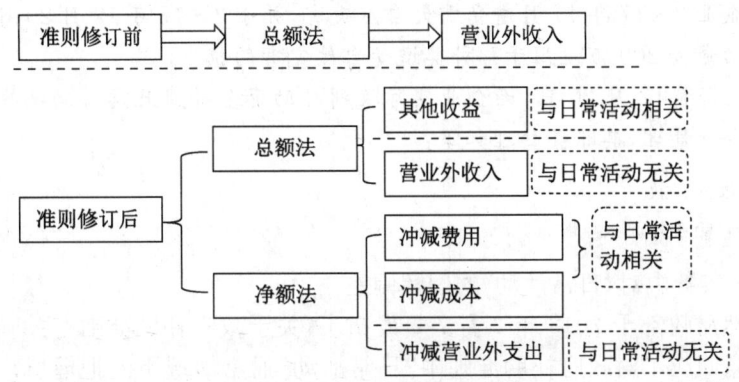

**图1-12　政府补助计入项目判断总结**

与日常活动相关的政府补助计入其他收益或冲减相关成本费用。"其他收益"是本次政府补助准则修订新增的一个会计科目,企业选择总额法对与日常活动相关的政府补助进行会计处理的,应增设"6117 其他收益"科目进行核算。"其他收益"科目核算总额法下与日常活动相关的政府补助以及其他与日常活动相关且应直接计入该科目的项目。对于总额法下与日常活动相关的政府补助,企业在实际收到或应收时,或者将先确认为"递延收益"的政府补助分摊计入收益时,借记"银行存款""其他应收款""递延收益"等科目,贷记"其他收益"科目。期末,应将"其他收益"余额转入"本年利润"科目,结转后"其他收益"应

无余额。

修订后的处理有利于反映部分行业合理的利润结构,实务中计入"其他收益"方面的案例,如储备粮保管费补贴、软件行业收到增值税返还等;冲减相关成本费用方面的案例,如政府按芳烃生产企业实际耗用的石脑油数量退还石脑油成本中所含的消费税,应当冲减芳烃生产成本。对于类似的政府补助,如有确凿证据表明抵减相关成本费用能够更好地反映经济业务实质,可以按照同一原则处理。

(2)新政府补助准则第十一条中"日常活动"的理解。

我们理解,政府补助准则不对"日常活动"进行界定。此处的"日常活动"的概念与存货、收入准则中"日常活动"的概念不同。尽管收入准则和存货准则也提及了"日常活动",但考虑到政府补助对象的广泛性,新政府补助准则中的"日常活动"范围要比前述两个准则宽泛。以补助对象是否为营业利润之中所包含的项目作为界定的标准是实务上普遍接受的,并具有较好的可操作性。对于是否需要满足"经常性"条件,现有的营业利润与营业外收支并没有特别考虑这一条件,因此,不宜单独就政府补助附加该条件。

按照上述定义,通常情况下,满足如下两个标准之一的,即认为该政府补助与日常活动相关:

第一,政府补助补偿的成本费用是营业利润之中的项目。

第二,政府补助与日常销售行为密切相关,如增值税即征即退等。

### 例 12　与"日常活动"无关的案例

丙企业 2×17 年 11 月遭受重大自然灾害,并于 2×17 年 12 月 20 日收到了政府补助资金 200 万元用于弥补其遭受自然灾害的损失。

2×17 年 12 月 20 日,丙企业实际收到补助资金并对此类补助选择按总额法进行会计处理,其账务处理如下:

借:银行存款　　　　　　　　　　　　　　　　　　　　　　2 000 000
　贷:营业外收入　　　　　　　　　　　　　　　　　　　　　　　2 000 000

(3)实务中对"日常活动"的理解偏差。

虽然财政部于 2018 年 2 月 7 日发布了《关于政府补助准则有关问题的解读》,特意回应了对政府补助准则中"日常活动"通常情况下的把握口径。但值得关注的是,在该解读发布之后,上市公司出具的年报中对于某些政府补助的处理方式仍然差异较大。

例如,华润三九(股票代码:000999)在 2017 年度将收到的"做大做强奖""企业贡献奖""纳税财政奖励"等政府补助均作为与日常活动相关计入"其他收益",2017 年度的营业外收入中政府补助的金额为 0 元。而泰达股份(股票代码:000652)在 2017 年度将收到的"先进企业奖励""招商及财税贡献奖励""鼓励性补助"等政府补助均作为与日常活动无关计入"营业外收入"。

我们理解,出现上述实务处理差异的主要原因在于,"日常活动"的判断标准之一"政府补助补偿的成本费用是营业利润之中的项目",但是实务中企业收到的大量的补助是"奖励"性质的资金,或者虽然名为"补助"或"扶持",但是补助并未有明确的补助对象,在此情况下,各企业执行时就出现了较大的判断差异。没有具体补助对象的诸如"行业扶持资金"、各种名义的奖励款,究竟是否与"日常活动"相关,对其判断的结果不同导致了上市公司处理的差异。对于该类补助的界定,仍然有待统一明确。

## 三、收到综合性补助的处理

对于同时包含与资产相关部分和与收益相关部分的政府补助,应当区分不同部分分别进行会计处理;难以区分的,应当整体归类为与收益相关的政府补助(准则第十条)。

注意,对于综合性补助,准则要求首先应区分不同部分分别进行会计处理,只有在难以区分的情况下,才可以接受整体归类为与收益相关的政府补助。

由于在难以区分的情况下,反而会导致企业收到的政府补助更早地增加其利润,因此实务中,企业不能轻易以"难以区分"为由直接将综合性补助作为与收益相关进行处理。审计人员在执业过程中也需关注企业是否存在滥用"难以区分"情形下处理原则的情况。

例如,鉴于研发投入有设备等长期资产的投入和人员工资、材料费等费用性质的支出,通常企业收到的研发补助都是综合性补助。此时,企业可依次按照以下顺序进行处理:

(1) 补助文件明确了补助对象(明细项)的,按照补助文件中的补助对象分别作为与资产相关或与收益相关的政府补助进行处理。

(2) 补助文件未明确补助对象明细的,可按照研发项目预算中长期资产与费用性投入的比重区分与资产相关或与收益相关的政府补助。

(3) 若企业没有研发总预算,则企业应谨慎分析其合理性(某种程度上来说,该预算缺失构成了企业内部控制的一项缺陷,需关注是否构成企业的重大缺陷,并评估其对财务报表的影响),并获取其他证据以对会计处理提供支持。例如,虽然研发项目的总预算尚未得出,但是企业管理层批复了当年的研发投入资金计划、补助资金使用计划等。

### 例 13　综合性补助的区分

2×17 年 6 月 15 日,A 公司就某研发项目向所在地某市科技创新委员会申请研发项目补贴,科委拨付了 120 万元补贴款。

情形 1:A 公司该项目预算 300 万元,其中购置设备形成长期资产部分 100 万元,其他费用性支出 200 万元。补贴文件明确补助该项目设备购置款 100 万元,补助其他费用支出 20 万元。

情形 2:A 公司该项目预算 300 万元,其中购置设备形成长期资产部分 100 万元,其他费用性支出 200 万元。补贴文件未明确具体补助对象。

**分析:**

情形 1:鉴于补助文件明确了具体的补助对象,因此收到的政府补助中 100

万元作为与资产相关的政府补助,冲减相关资产的账面价值或计入递延收益,在相关资产使用寿命内按照合理、系统的摊销方式分期计入损益;收到的政府补助中 20 万元作为与收益相关的政府补助,在研发项目预计费用性质支出 200 万元的情况下,按照当期实际发生的费用支出×20÷200 计算结转计入当期损益的金额。

情形 2:鉴于补助文件未明确具体的补助对象,可按照预算同比例对政府补助的分类进行区分。即,将其中 40 万元(120×100÷300)作为与资产相关的政府补助;将其中 80 万元(120×200÷300)作为与收益相关的政府补助,各分类下的具体处理与情形 1 一致。

**例 14  综合性补助的处理**

2×17 年 6 月 15 日,某市科技创新委员会与乙企业签订了科技计划项目合同书,拟对乙企业的新药临床研究项目提供研究补助资金。该项目总预算为 600 万元,其中,市科技创新委员会资助 200 万元,乙企业自筹 400 万元。市科技创新委员会资助的 200 万元用于补助设备费 60 万元,材料费 15 万元,测试化验加工费 95 万元,差旅费 10 万元,会议费 5 万元,专家咨询费 8 万元,管理费用 7 万元,假设除设备费外的其他各项费用都属于研究支出。市科技创新委员会应当在合同签订之日起 30 日内将资金拨付给乙企业。根据双方约定,乙企业应当按合同规定的开支范围,对市科技创新委员会资助的经费实行专款专用。项目实施期限为自合同签订之日起 30 个月,期满后乙企业如未通过验收,在该项目实施期满后 3 年内不得再向市政府申请科技补贴资金。乙企业于 2×17 年 7 月 10 日收到补助资金,在项目期内按照合同约定的用途使用了补助资金。乙企业于 2×17 年 7 月 25 日按项目合同书的约定购置了相关设备,设备成本 150 万元,其中使用补助资金 60 万元,该设备使用年限为 10 年,采用直线法计提折旧(不考虑净残值)。假设本例中不考虑相关税费等其他因素。

本例中,乙企业收到的政府补助是综合性项目政府补助,需要区分与资产相关的政府补助和与收益相关的政府补助并分别进行处理。假设乙企业对收到的与资产相关的政府补助选择净额法进行会计处理。乙企业的账务处理如下:

(1)2×17 年 7 月 10 日乙企业实际收到补贴资金:

借:银行存款                                                    2 000 000
　贷:递延收益                                                  2 000 000

(2)2×17 年 7 月 25 日购入设备:

借:固定资产                                                    1 500 000
　贷:银行存款                                                  1 500 000

借:递延收益                                                      600 000
　贷:固定资产                                                    600 000

(3)自 2×17 年 8 月起每个资产负债表日(月末)计提折旧,折旧费用计入研发支出:

借：研发支出             7 500
  贷：累计折旧             7 500

（4）对其他与收益相关的政府补助，乙企业应当按照相关经济业务的实质确定是计入其他收益还是冲减相关成本费用，在企业按规定用途实际使用补助资金时计入损益，或者在实际使用的当期期末根据当期累计使用的金额计入损益，借记"递延收益"科目，贷记有关损益科目。

## 四、规范政策性优惠贷款贴息的处理

财政将贴息资金拨付给贷款银行，由贷款银行以政策性优惠利率向企业提供贷款的，企业可以选择下列方法之一进行会计处理：①以实际收到的借款金额作为借款的入账价值，按照借款本金和该政策性优惠利率计算相关借款费用。②以借款的公允价值作为借款的入账价值并按照实际利率法计算借款费用，实际收到的金额与借款公允价值之间的差额确认为递延收益。递延收益在借款存续期内采用实际利率法摊销，冲减相关借款费用。企业选择了上述两种方法之一后，应当一致地运用，不得随意变更（准则第十三条）。

财政将贴息资金直接拨付给企业，企业应当将对应的贴息冲减相关借款费用（准则第十四条）。

政策性优惠贷款贴息的处理较原准则变化较大，通过修改准则的方式解决了原准则与《基本建设财务规则》（财政部令第 81 号）以及财政部关于印发《基本建设贷款中央财政贴息资金管理办法》的通知（财建〔2012〕95 号）、财政部关于印发《中央预算内固定资产投资贴息资金财政财务管理暂行办法》的通知（财建〔2005〕354 号）等"财建"系列文件中对财政贴息的处理不一致的问题。

### （一）财政将贴息资金拨付给贷款银行

在财政将贴息资金拨付给贷款银行的情况下，由贷款银行以政策性优惠利率向企业提供贷款。这种方式下，受益企业按照优惠利率向贷款银行支付利息，并没有直接从政府取得利息补助，企业可以选择下列方法之一进行会计处理：一是以实际收到的借款金额作为借款的入账价值，按照借款本金和该政策性优惠利率计算相关借款费用。通常情况下，实际收到的金额即为借款本金。二是以借款的公允价值作为借款的入账价值并按照实际利率法计算借款费用，实际收到的金额与借款公允价值之间的差额确认为递延收益。递延收益在借款存续期内采用实际利率法摊销，冲减相关借款费用。企业选择了上述两种方法之一后，应当一致地运用，不得随意变更。

在这种情况下，向企业发放贷款的银行并不是受益主体，其仍然按照市场利率收取利息，只是一部分利息来自企业，另一部分利息来自财政贴息。所以贷款银行发挥的是中介作用，并不需要确认与贷款相关的递延收益。

对于财政将贴息资金拨付给贷款银行，由贷款银行以政策性优惠利率向企业提供贷款的，企业可以选择简化方法（方法一）处理，同时也兼顾国际趋同（方法二)。对于财政将贴息资金直接拨付给企业的,企业应当将对应的贴息冲减相关借款费用。无论财政贴息采用哪种形式,企业选择哪种方式,均是采用"净额法"冲减相关借款费用的处理。

但是,如果企业采用方法一,则将导致相关借款(金融负债)的入账价值与金融工具准则的规定不一致,这两者之间存在潜在的矛盾。

鉴于 IFRS 下并没有此处方法一的选项,因此建议在境外上市的公司尽可能选择方法二,以避免出现境内外准则差异。

**例 15　财政贴息拨付给银行的处理方法对比**

2×17 年 1 月 1 日,丙企业向银行贷款 100 万元,期限 2 年,按月计息,按季度付息,到期一次还本。这笔贷款资金将被用于国家扶持产业,符合财政贴息的条件,所以贷款利率显著低于丙企业取得同类贷款的市场利率。假设丙企业取得同类贷款的年市场利率为 9%,丙企业与银行签订的贷款合同约定的年利率为 3%,丙企业按季度向银行支付贷款利息,财政按年向银行拨付贴息资金。贴息后丙企业实际支付的年利息率为 3%,贷款期间的利息费用满足资本化条件,计入相关在建工程的成本。相关借款费用的计算和递延收益的摊销如表 1-11 所示。

表 1-11　相关借款费用的计算和递延收益的摊销　　　单位:元

| 月度 | 按市场利率应支付银行的利息① | 财政贴息② | 实际现金流③ | 实际现金流折现④ | 长期借款各期实际利息⑤ | 递延收益摊销金额⑥ | 长期借款的期末账面价值⑦ |
|---|---|---|---|---|---|---|---|
| 0 | | | | | | | 890 554 |
| 1 | 7 500 | 5 000 | 2 500 | 2 481 | 6 679 | 4 179 | 894 733 |
| 2 | 7 500 | 5 000 | 2 500 | 2 463 | 6 711 | 4 211 | 898 944 |
| 3 | 7 500 | 5 000 | 2 500 | 2 445 | 6 742 | 4 242 | 903 186 |
| 4 | 7 500 | 5 000 | 2 500 | 2 426 | 6 774 | 4 274 | 907 460 |
| 5 | 7 500 | 5 000 | 2 500 | 2 408 | 6 806 | 4 306 | 911 766 |
| 6 | 7 500 | 5 000 | 2 500 | 2 390 | 6 838 | 4 338 | 916 104 |
| 7 | 7 500 | 5 000 | 2 500 | 2 373 | 6 871 | 4 371 | 920 475 |
| 8 | 7 500 | 5 000 | 2 500 | 2 355 | 6 904 | 4 404 | 924 878 |
| 9 | 7 500 | 5 000 | 2 500 | 2 337 | 6 937 | 4 437 | 929 315 |
| 10 | 7 500 | 5 000 | 2 500 | 2 320 | 6 970 | 4 470 | 933 785 |
| 11 | 7 500 | 5 000 | 2 500 | 2 303 | 7 003 | 4 503 | 938 288 |
| 12 | 7 500 | 5 000 | 2 500 | 2 286 | 7 037 | 4 537 | 942 825 |
| 13 | 7 500 | 5 000 | 2 500 | 2 269 | 7 071 | 4 571 | 947 397 |
| 14 | 7 500 | 5 000 | 2 500 | 2 252 | 7 105 | 4 605 | 952 002 |
| 15 | 7 500 | 5 000 | 2 500 | 2 235 | 7 140 | 4 640 | 956 642 |
| 16 | 7 500 | 5 000 | 2 500 | 2 218 | 7 175 | 4 675 | 961 317 |
| 17 | 7 500 | 5 000 | 2 500 | 2 202 | 7 210 | 4 710 | 966 027 |
| 18 | 7 500 | 5 000 | 2 500 | 2 185 | 7 245 | 4 745 | 970 772 |
| 19 | 7 500 | 5 000 | 2 500 | 2 169 | 7 281 | 4 781 | 975 553 |
| 20 | 7 500 | 5 000 | 2 500 | 2 153 | 7 317 | 4 817 | 980 369 |

（续表）

| 月度 | 按市场利率应支付银行的利息① | 财政贴息② | 实际现金流③ | 实际现金流折现④ | 长期借款各期实际利息⑤ | 递延收益摊销金额⑥ | 长期借款的期末账面价值⑦ |
|---|---|---|---|---|---|---|---|
| 21 | 7 500 | 5 000 | 2 500 | 2 137 | 7 353 | 4 853 | 985 222 |
| 22 | 7 500 | 5 000 | 2 500 | 2 121 | 7 389 | 4 889 | 990 111 |
| 23 | 7 500 | 5 000 | 2 500 | 2 105 | 7 426 | 4 926 | 995 037 |
| 24 | 7 500 | 5 000 | 1 002 500 | 837 921 | 7 463 | 4 963 | 1 000 000 |
| 合计 | 180 000 | 120 000 | 1 060 000 | 890 554 | 169 447 | 109 446 | |

注：(1) 实际现金流折现④为各月实际现金流③2 500 元按照月市场利率 0.75%（9%÷12）折现的金额。例如，第一个月实际现金流折现＝2 500÷(1+0.75%)＝2 481(元)，第二个月实际现金流折现＝2 500÷(1+0.75%)2 463(元)。

(2) 长期借款各期实际利息⑤为各月长期借款的期末账面价值⑦与月市场利率 0.75%的乘积。例如，第一个月长期借款实际利息＝本月初长期借款账面价值 890 554×0.75%＝6 679(元)，第二个月长期借款实际利息＝本月初长期借款账面价值 894 733×0.75%＝6 711(元)。

(3) 递延收益摊销金额⑥是长期借款各期实际利息⑤扣减每月实际支付的利息③2 500 元后的金额。例如，第一个月摊销金额＝当月长期借款实际利息 6 679－当月实际支付的利息 2 500＝4 179(元)，第二个月摊销金额＝当月长期借款实际利息 6 711－当月实际支付的利息 2 500＝4 211(元)。

丙企业按方法一的账务处理如下：

(1) 2×17 年 1 月 1 日，丙企业取得银行贷款 100 万元：

借：银行存款　　　　　　　　　　　　　　　　　　　　　1 000 000

　贷：长期借款——本金　　　　　　　　　　　　　　　　　　1 000 000

(2) 2×17 年 1 月 31 日起每月月末，丙企业按月计提利息，企业实际承担的利息支出为 1 000 000×3%÷12＝2 500(元)：

借：在建工程　　　　　　　　　　　　　　　　　　　　　　2 500

　贷：应付利息　　　　　　　　　　　　　　　　　　　　　　2 500

丙企业按方法二的账务处理如下：

(1) 2×17 年 1 月 1 日，丙企业取得银行贷款 100 万元：

借：银行存款　　　　　　　　　　　　　　　　　　　　　1 000 000·

　　长期借款——利息调整　　　　　　　　　　　　　　　　109 446

　贷：长期借款——本金　　　　　　　　　　　　　　　　　　1 000 000

　　　递延收益　　　　　　　　　　　　　　　　　　　　　　109 446

(2) 2×17 年 1 月 31 日，丙企业按月计提利息：

借：在建工程　　　　　　　　　　　　　　　　　　　　　　6 679

　贷：应付利息　　　　　　　　　　　　　　　　　　　　　　2 500

　　　长期借款——利息调整　　　　　　　　　　　　　　　　4 179

同时，摊销递延收益：

借：递延收益　　　　　　　　　　　　　　　　　　　　　　4 179

　贷：在建工程　　　　　　　　　　　　　　　　　　　　　　4 179

在上述两种方法下，丙企业每月计入在建工程的利息支出是一致的，均为

2 500 元。不同的是,在方法一下,丙企业该笔银行贷款 2×17 年 1 月 1 日长期借款的账面价值为 1 000 000 元;在方法二下,丙企业该笔银行贷款 2×17 年 1 月 1 日长期借款的账面价值为 890 554 元,此外还有递延收益 109 446 元,各月需要按照实际利率法对递延收益进行摊销。

### (二)财政将贴息资金拨付给企业

财政将贴息资金直接拨付给受益企业,企业先按照同类贷款市场利率向银行支付利息,财政部门定期与企业结算贴息。在这种方式下,由于企业先按照同类贷款市场利率向银行支付利息,所以实际收到的借款金额通常就是借款的公允价值,企业应当将对应的贴息冲减相关借款费用。

**例 16　财政贴息资金拨付给企业**

2×17 年 1 月 1 日,丙企业向银行贷款 100 万元,期限 2 年,按月计息,按季度付息,到期一次还本。这笔贷款资金将被用于国家扶持产业,符合财政贴息的条件,财政将贴息资金直接拨付给丙企业。丙企业与银行签订的贷款合同约定的年利率为 9%,丙企业按月计提利息,按季度向银行支付贷款利息,以付息凭证向财政申请贴息资金,财政按年与丙企业结算贴息资金,贴息后丙企业实际负担的年利息率为 3%。丙企业的账务处理如下:

(1)2×17 年 1 月 1 日,丙企业取得银行贷款 100 万元:

借:银行存款　　　　　　　　　　　　　　　　　　　　1 000 000
　贷:长期借款——本金　　　　　　　　　　　　　　　　　　1 000 000

(2)2×17 年 1 月 31 日起每月月末,丙企业按月计提利息,应向银行支付的利息金额为 1 000 000×9%÷12＝7 500(元),企业实际承担的利息支出为 1 000 000×3%÷12＝2 500(元),应收政府贴息为 5 000 元:

借:在建工程　　　　　　　　　　　　　　　　　　　　　　7 500
　贷:应付利息　　　　　　　　　　　　　　　　　　　　　　7 500
借:其他应收款　　　　　　　　　　　　　　　　　　　　　5 000
　贷:在建工程　　　　　　　　　　　　　　　　　　　　　　5 000

## 五、政府补助退回的处理

已确认的政府补助需要退回的,应当在需要退回的当期分情况按照以下规定进行会计处理:①初始确认时冲减相关资产账面价值的,调整资产账面价值;②存在相关递延收益的,冲减相关递延收益账面余额,超出部分计入当期损益;③属于其他情况的,直接计入当期损益(准则第十五条)。

政府补助的退回处理,需要关注两点:一是应当在"需要退回的当期",而非实际发生退回资金流的当期进行处理;二是与原准则的变化在于净额法的处理。由于前述收到政府补助引入了"净额法"的处理,此处退回也需考虑净额法下的处理,即调整资产账面价值。

**例 17  政府补助退回的处理**

接[例 8],假定企业采用总额法进行处理,在摊销至递延收益的余额为1.08亿元时,由于某些原因,企业需要退回补助金额1.2亿元。此时,需要退回金额超过"递延收益"余额的部分应计入当期损益,企业应当在需要退回时作如下处理(单位:万元):

| | | |
|---|---|---|
| 借:递延收益 | | 10 800 |
| 　　其他收益 | | 1 200 |
| 　贷:其他应付款/银行存款 | | 12 000 |

相应地,如果企业一开始采用净额法进行会计处理,此时要视同一开始就没有收到政府补助,调整相关资产的账面价值。本例中要调整无形资产的成本和累计摊销,企业应当在需要退回时作如下处理(单位:万元):

| | | |
|---|---|---|
| 借:无形资产 | | 12 000 |
| 　　管理费用 | | 1 200 |
| 　贷:其他应付款/银行存款 | | 12 000 |
| 　　　累计摊销 | | 1 200 |

注:新政府补助准则应用指南中[例9]发生的政府补助退回在净额法下,原收到补助时冲减资产账面价值,从而导致少提折旧、摊销,少计成本费用的情况,在退回时,影响损益的科目计入了"其他收益",我们理解,该处属于文字性错误,既然准则处理的原则是视同未受到过补助情况下,将补助资金全额增加相关资产原值,那么对于此情况下以前年度少提的折旧、摊销,也应补提并计入相关成本费用。

如果因为净额法下的政府补助退回导致资产账面价值增加,则企业需关注该资产(或其所属的资产组)是否存在减值迹象,并在发现减值迹象时谨慎地进行减值测试和计提减值准备。若需要退回补助时,作为补助对象的相关资产已不存在,则直接调整当期损益。

对审计人员而言,政府补助的退回应属小概率事件,因此,需注意检查发生政府补助退回的原因,若是因为企业申请补助资金时存在骗取补助资金的行为,则需要退回补助资金时应视为前期差错,按照《企业会计准则第28号——会计政策、会计估计变更和差错更正》的相关要求进行处理。

此外,企业发生政府补助退回记入"其他收益"科目借方的金额,期末时也应将"其他收益"科目余额转入"本年利润"科目,"其他收益"科目结转后应无余额。

# 第四节　政府补助的列报和披露

## 一、利润表列报

企业应当在利润表中的"营业利润"项目之上单独列报"其他收益"项目,计入其他收益的政府补助在该项目中反映(准则第十六条)。

明确在利润表的"营业利润"项目之上单独增加"其他收益"项目,其发生额根据新增的会计科目"其他收益"填列。需要注意的是,虽然财政部于 2017 年 12 月 25 日发布的《关于修订印发一般企业财务报表格式的通知》(财会〔2017〕30 号)(以下简称"财会 30 号文")中对利润表中"其他收益"行项目未特别注明"损失以'一'号填列",但如果企业发生政府补助退回时,则"其他收益"可能会出现损失,损失应以"一"号列示。

根据政府补助最终影响损益科目的不同,计入"其他收益"的政府补助在报表"其他收益"项目中反映;冲减相关成本费用的政府补助,在利润表相关成本费用项目中反映;与企业日常经营活动无关的政府补助,在利润表的营业外收支项目中反映。

## 二、现金流量表列报

### (一)原政府补助准则下的观点

在《计学撮要 2013》之"问题 5-2-11 企业收到的'与资产相关的政府补助'在现金流量表的列报问题)",我们阐述了此前对此问题的观点,摘录如下:

收到与资产相关的政府补助款项,是符合《企业会计准则第 31 号——现金流量表》对"筹资活动"的定义的(即"导致企业资本及债务规模和构成发生变化"),因此应计入"收到其他与筹资活动有关的现金"项目中。

结论基础:

根据《企业会计准则第 31 号——现金流量表》对现金流量表中"三类活动"的定义:"投资活动是指企业长期资产的购建和不包括在现金等价物范围的投资及其处置活动";"筹资活动是指导致企业资本及债务规模和构成发生变化的活动";"经营活动是指企业投资活动和筹资活动以外的所有交易和事项"。因此,"经营活动"是一个剩余类别,是所有交易和事项扣除应归属于投资、筹资活动的交易和事项之后的剩余类别。

根据《企业会计准则第 16 号——政府补助》第七条的规定"与资产相关的政府补助,应当确认为递延收益,并在相关资产使用寿命内平均分配,计入当期损益",递延收益在资产负债表上列报为"其他非流动负债"。由于与资产相关的政府补助结转损益的期限相对较长,而且通常金额较大,递延收益的确认导致企业的长期负债和权益结构发生变化,因此严格来说,收到与资产相关的政府补助款项,是符合上述"筹资活动"的定义的(即"导致企业资本及债务规模和构成发生变化"),计入"收到其他与筹资活动有关的现金"较为适合。而且,鉴于"经营活动现金流量净额"指标日益受到报表使用者重视,而购建非流动资产的支出是作为投资活动现金流出反映的,将与资产相关的政府补助对应的现金流入列报为筹资活动,可以提高"经营活动现金流量净额"指标计算的合理性。

### (二)新政府补助准则下的观点

由于新政府补助准则下,企业对于与资产相关的政府补助,可以在"总额法"或者"净额法"这两种不同的列报方法之间选择。这两种不同的列报方式也相应影响到收取补助款的现金流量在现金流量表中的列报方式。

如果选择采用"总额法",则由此产生的递延收益在资产负债表上的"非流动负债"大类下列示。由于与资产相关的政府补助结转损益的期限相对较长,而且通常金额较大,递延收益的确认导致企业的长期负债和权益结构发生变化,因此严格来说,收到与资产相关的政府补助款项,是符合上述"筹资活动"的定义的(即"导致企业资本及债务规模和构成发生变化"),计入"收到其他与筹资活动有关的现金"较为适合。而且,鉴于"经营活动现金流量净额"指标日益受到报表使用者重视,而购建非流动资产的支出是作为投资活动现金流出反映的,将与资产相关的政府补助对应的现金流入列报为筹资活动,可以提高"经营活动现金流量净额"指标计算的合理性。

如果选择采用"净额法",则不单独确认递延收益,而是将政府补助直接抵减对应资产的账面价值。这种列报方式不会"导致企业资本及债务规模和构成发生变化",因此相关的现金流量不适合于作为筹资活动现金流量,但因为该项补助与企业长期资产的购建直接相关,故适合于作为投资活动现金流量列报。

收到与资产相关的政府补助款项,在现金流量表中的列报,取决于企业在资产负债表和利润表中对于与资产相关的政府补助是采用"总额法"还是"净额法"列报。

### (三)财政部明确的处理方式

鉴于财政部于 2018 年 9 月 5 日发布的《关于 2018 年度一般企业财务报表格式有关问题的解读》中第三、(三)"关于政府补助在现金流量表中的列报"明确:"企业实际收到的政府补助,无论是与资产相关还是与收益相关,在编制现金流量表时均作为经营活动产生的现金流量列报。"因此,企业收到的政府补助资金均列入"收到其他与经营活动有关的现金";发生补助退回时,列入"支付其他与经营活动有关的现金"即可。

## 三、财务报表附注披露

企业应当在附注中单独披露与政府补助有关的下列信息(准则第十七条):

(1)政府补助的种类、金额和列报项目。

(2)计入当期损益的政府补助金额。

财务报表附注中的披露要求,除了原准则明确的政府补助的种类和金额外,还应单独披露政府补助的列报项目,主要原因是净额法的引入,导致政府补助的列报项目不直观,政府补助可能涉及递延收益、其他收益、营业外收入以及相关成本费用等多个报表项目,为了全面反映政府补助情况,企业应当在附注中单独披露政府补助的相关信息。

同时,计入当期损益的政府补助金额也应披露。这一披露要求未发生变化,但是对企业相关的财务管理工作要求显著提高。假设企业收到了与某项生产用固定资产相关的政府补助,在原准则下,补助金额在资产的使用寿命内平

均摊销计入损益;而修订后准则执行时倘若企业采用净额法,则:

首先,企业应考虑政府补助对当期资产折旧额的影响。

其次,应关注该折旧是直接影响当期损益还是影响计入相关成本的金额。

最后,若是影响相关成本,还需考虑相关成本在产成品、在产品的分配及最终对当期损益的影响。

此情形下,加大了企业对政府补助相关财务管理工作的难度,企业应做好完善的备查记录,以便统计补助资金对各期损益的影响金额。参考备查记录内容如表 1-12 所示。

表 1-12 备 查 记 录

| 项目 | | 第一期 | 第二期 | 第三期 | …… | 计算说明 |
|---|---|---|---|---|---|---|
| 资产原值总额 | | | | | | |
| 补助总额 | | | | | | |
| 年初资产账面价值 | | | | | | |
| 资产的折旧方法 | | | | | | |
| 本期折旧期间 | | | | | | |
| 本期计提折旧额($A$) | | | | | | |
| 假设不存在政府补助情况下本期折旧额($B$) | | | | | | $B=A/($资产原值总额 $-$补助总额$)\times$资产原值总额 |
| 政府补助对本期折旧的影响额($C$) | | | | | | $C=B-A$ |
| 政府补助对本期折旧影响额的分配 | 直接计入当期损益($D$) | | | | | $D+E=C$ |
| | 计入生产成本($E$) | | | | | |
| 期初生产成本中包含的已抵减的政府补助($F_n$) | | | | | | $F_n=$上一期的 $F_{n+1}$ |
| 政府补助对本期生产成本影响额的分配 | 计入在产品($F_{n+1}$) | | | | | $F_{n+1}=E+F_n-G$ |
| | 计入产成品($G$) | | | | | |
| 期初产成品中包含的已抵减的政府补助($H_n$) | | | | | | $H_n=$上一期的 $H_{n+1}$ |
| 政府补助对产成品影响额的分配 | 计入期末"存货"($H_{n+1}$) | | | | | $H_{n+1}=G+H_n-I$ |
| | 计入当期"营业成本"($I$) | | | | | |
| 计入当期损益的政府补助金额($X$) | | | | | | $X=D+I$ |
| 政府补助对期末存货的影响额($J$) | | | | | | $J=F_{n+1}+H_{n+1}$ |
| 备注 | | | | | | |

## 四、关于非经常性损益的披露

除政府补助准则本身涉及的列报和披露要求之外,实务中可能引起普遍关注的另一个与披露有关的问题是:政府补助准则的修订是否可能导致"非经常性损益"的界定发生变化? 对此问题需要关注证监会今后对《公开发行证券的公司信息披露解释性公告第 1 号——非经常性损益》的进一步修改或澄清。在证监会对该解释性公告作出进一步修改或明确之前,我们对此问题的立场是:会计准则对政府补助的核算和列报方式的改变不应影响非经常性损益的界定原则和判断结果。但是,由于净额法的直观程度较低,审计人员应当关注与政府补助相关的会计处理的完整性,特别是借记"递延收益"科目,贷记损益类科目的会计处理;以及对直接冲减相关资产价值的与资产相关的政府补助建立备查登记资料,确保非经常性损益统计的完整性。

# 第五节　生效日期及衔接规定

企业对 2017 年 1 月 1 日存在的政府补助采用未来适用法处理,对 2017 年 1 月 1 日至本准则施行日之间新增的政府补助根据本准则进行调整(准则第十八条)。

2006 年 2 月 15 日财政部印发的《财政部关于印发〈企业会计准则第 1 号——存货〉等 38 项具体准则的通知》(财会〔2006〕3 号)中的《企业会计准则第 16 号——政府补助》同时废止。财政部此前发布的有关政府补助会计处理规定与本准则不一致的,以本准则为准(准则第二十条)。

2017 年 1 月 1 日存在的政府补助主要指当日仍存在尚未分摊计入损益的与政府补助有关的递延收益。因采用未来适用法,企业不需调整 2016 年 12 月 31 日有关科目的期末余额,在编制 2017 年年报时也不需调整可比期间的比较数据。2017 年 1 月 1 日至政府补助准则施行日之间新增的政府补助,主要指在这一期间内新取得的政府补助。企业对 2017 年 1 月 1 日存在的和 2017 年 1 月 1 日至政府补助准则施行日之间新增的政府补助应当视同从 2017 年 1 月 1 日起按照政府补助准则进行会计处理,以确保在 2017 年度对政府补助业务采用的会计处理方法保持一致,相当于是修订后的政府补助准则自 2017 年 1 月 1 日起施行。

对截至 2016 年 12 月 31 日,在原准则下确认的由"与资产相关的政府补助"(包括针对资本化利息的政策性优惠贷款贴息,下同)形成的递延收益,如果该类政府补助在 2017 年 1 月 1 日之后改按净额法列报的,应在 2017 年 1 月 1 日对于上年末由尚未摊销完毕的此类政府补助所形成的递延收益余额应按照新准则的要求进行调整。

**例 18 衔接处理**

丁企业于 2017 年 1 月 1 日存在尚未摊销的递延收益（与资产相关的政府补助）50 万元，该项递延收益对应的固定资产/无形资产原值是 400 万元。根据政府补助准则的衔接规定，丁企业在准则施行后有两种处理方法：

一是继续采用总额法，在这种方法下无需调整固定资产/无形资产原值和递延收益，但需要根据政府补助准则对递延收益应当计入"其他收益"还是"营业外收入"进行判断，如果判断应当计入"其他收益"，则将 2017 年 1 月 1 日以后摊销的递延收益从"营业外收入"中转出计入"其他收益"。

二是选择采用净额法，将递延收益在 2017 年 1 月 1 日的余额冲减相关固定资产原值。即 2017 年 1 月 1 日丁企业应编制以下调整分录（单位：万元）：

借：递延收益　　　　　　　　　　　　　　　　　　　　　　50
　　贷：固定资产/无形资产　　　　　　　　　　　　　　　　　　50

此时，丁企业应以调整后的固定资产/无形资产账面价值，按照调整后的原值在剩余年限内继续计提折旧摊销。需要强调的是，因采用未来适用法，企业不需调整 2016 年 12 月 31 日有关资产负债的期末余额，在编制 2017 年年报时也不需调整可比期间的比较数据。

# 第三部分

# 《企业会计准则第 42 号——持有待售的非流动资产、处置组和终止经营》的实务操作指南

# 第一章

# 概　述

## 第一节　准则发布的背景

### 一、解决经济业务需求

此前,在我国企业会计准则中,有关持有待售的非流动资产、处置组和终止经营的会计处理要求分散在《企业会计准则解释第 1 号》《企业会计准则第 2 号——长期股权投资》《企业会计准则第 4 号——固定资产》《企业会计准则第 30 号——财务报表列报》及相关应用指南和讲解中,这些规定为规范相关业务的会计处理和相关项目在财务报表中的列报发挥了一定作用,但缺少对持有待售类别的后续计量、持有待售资产减值准备计提等问题的细化规定或指引,不利于实务操作。随着企业经济业务的不断发展和创新,特别是近年以来国务院化解过剩产能、推动"三去一降一补"工作积极推进,对持有待售的非流动资产和处置组及终止经营的会计处理规定亟待补充细化,有必要制定单独的会计准则进行系统性规范,以满足财务报表使用者对财务信息相关性、及时性需求的提升,不断完善我国企业会计准则体系体例,服务于国家供给侧结构性改革需要。对持有待售的非流动资产或处置组进行恰当的分类、计量和列报,对终止经营进行充分的信息披露,有助于报表使用者评估资产处置及终止经营的财务影响,判断未来现金流量的时间、金额和不确定性。

## 二、与《国际财务报告准则第 5 号——持有待售的非流动资产和终止经营》(IFRS 5)趋同

2004 年 3 月,国际会计准则理事会发布《国际财务报告准则第 5 号——持有待售的非流动资产和终止经营》(IFRS 5),此后,国际会计准则理事会又先后在发布《国际财务报告准则第 11 号——合营安排》《国际财务报告准则第 13 号——公允价值计量》《国际财务报告准则第 9 号——金融工具》和修订《国际会计准则第 1 号——财务报表列报》等准则时对 IFRS 5 进行了修订。为进一步规范持有待售的非流动资产和处置组的分类、计量和列报,以及终止经营的列报,提高会计信息质量,保持我国企业会计准则与国际财务报告准则的持续趋同,在借鉴 IFRS 5 的基础上,结合我国企业实际情况,财政部制定发布了《企业会计准则第 42 号——持有待售的非流动资产、处置组和终止经营》(以下简称"本准则""持有待售准则"或"CAS 42")。

# 第二节  准则的内容概要

持有待售准则包括总则、持有待售的非流动资产或处置组的分类、持有待售的非流动资产或处置组的计量、列报、附则等五章。准则首次明确了对持有待售类别的后续计量、资产减值准备计提等问题的统一细化规定,系统地规范了持有待售的非流动资产和处置组的分类、计量和列报,以及终止经营的列报。

## 一、明确持有待售类别的内容,规范准则适用范围

持有待售准则的分类和列报规定适用于所有非流动资产和处置组。处置组所属的资产组或资产组组合按照《企业会计准则第 8 号——资产减值》分摊了企业合并中取得的商誉的,该处置组应当包含分摊至处置组的商誉。

采用公允价值模式进行后续计量的投资性房地产、采用公允价值减去出售费用后的净额计量的生物资产、职工薪酬形成的资产、递延所得税资产、由金融工具相关会计准则规范的金融资产、由保险合同相关会计准则规范的保险合同所产生的权利,不适用持有待售准则。

## 二、明确划分为持有待售类别的条件

准则基本沿用了现行规定对持有待售类别的划分条件,即非流动资产或处置组划分为持有待售类别,应当同时满足下列条件:①根据类似交易中出售此类资产或处置组的惯例,在当前状况下即可立即出售;②出售极可能发生,即企业已经就一项出售计划作出决议且获得确定的购买承诺,预计出售将在一年内

完成。有关规定要求企业相关权力机构或者监管部门批准后方可出售的,应当已经获得批准。除满足其他条件外,企业必须在获得确定的购买承诺后才能将相关的非流动资产或处置组划分为持有待售类别。这一要求比国际财务报告准则更为严格,有利于防范企业利用持有待售类别操纵利润,便于监管机构监管。持有待售准则还借鉴国际财务报告准则,允许在意外或罕见情况下,放松"出售将在一年内完成"的要求,从而更符合实务中经济业务的实际情况。

## 三、系统规定了持有待售类别的计量

准则对于取得日划分为持有待售类别的非流动资产或处置组的计量、持有待售类别的初始计量和后续计量等进行了细化规范。

针对持有待售的非流动资产或处置组确认的减值损失是否允许转回问题,由于相关资产的性质在划分为持有待售类别后已经由非流动资产转化为流动资产,同时考虑到与《企业会计准则第8号——资产减值》的规定相一致,持有待售准则只允许将划分为持有待售类别后确认的持有待售资产减值损失转回(商誉的减值除外),不允许将划分为持有待售类别前确认的长期资产减值损失转回。

持有待售准则应用指南中明确了为正确记录和反映持有待售的非流动资产和处置组的相关交易事项新增设的会计科目及每个科目的主要核算内容。

## 四、规范持有待售的非流动资产或处置组的列报和披露

准则沿用了现行规定对持有待售非流动资产或处置组的列报,即持有待售的非流动资产或持有待售的处置组中的资产与持有待售的处置组中的负债不应当相互抵销,应当分别作为流动资产或流动负债列示。

对于当期首次满足持有待售类别划分条件的非流动资产或处置组,准则明确不应调整可比会计期间资产负债表。

此外,对持有待售的非流动资产或处置组应细化披露的信息,准则在现行规定的基础上进行了补充、完善。

## 五、明确终止经营的定义、列报和披露

准则对终止经营的定义予以明确,并要求在利润表中分别列示持续经营损益和终止经营损益,在附注中进一步披露有关终止经营损益和现金流量的详尽信息。

在利润表主表中增加有关终止经营损益的信息,有利于财务报表更客观真实地反映企业经营成果,有利于财务报表使用者了解哪些经营将无法为企业持续创造现金流量。但如果在财务报表中提供过多有关终止经营的信息,可能造成冗余,降低财务报表使用者对重要信息的关注度。而且,终止经营在未来能

够产生的现金流量十分有限,以汇总金额披露应该能够满足财务报表使用者的基本需求。因此,准则要求在利润表中单独列示项目反映终止经营损益,其他细化信息则在附注中进一步披露。

## 六、生效时间及衔接规定

持有待售准则自 2017 年 5 月 28 日起施行。对于准则施行日存在的持有待售的非流动资产、处置组和终止经营,应当采用未来适用法处理,无需重述比较报表。自 2017 年半年报始应关注首次执行持有待售准则的影响。

# 第二章

# 准则的具体内容

## 第一节  持有待售类别的内容及准则适用范围

### 一、持有待售类别的内容

持有待售类别包含持有待售的非流动资产和持有待售的处置组。

处置组,是指在一项交易中作为整体通过出售或其他方式一并处置的一组资产,以及在该交易中转让的与这些资产直接相关的负债。处置组所属的资产组或资产组组合按照《企业会计准则第 8 号——资产减值》分摊了企业合并中取得的商誉的,该处置组应当包含分摊至处置组的商誉(准则第二条)。

持有待售准则修正了此前《企业会计准则解释第 1 号》对"处置组"的定义:"持有待售的非流动资产包括单项资产和处置组,处置组是指作为整体出售或其他方式一并处置的一组资产。"

持有待售准则规定的"处置组所属的资产组或资产组组合包含分摊至该处置组的商誉",与此前《企业会计准则第 30 号——财务报表列报》应用指南和《企业会计准则讲解(2010)》中第五章固定资产的相关规定"如果处置组是一个资产组,并且按照《企业会计准则第 8 号——资产减值》的规定将企业合并中取得的商誉分摊至该资产组,或者该处置组是这种资产组中的一项经营,则该处置组应当包括企业合并中取得的商誉。"并无实质性变化,本次在准则内直接予以明确。

**例1  处置组包含分摊至处置组的商誉**

A 公司通过非同一控制下企业合并收购了 B 公司 100%的股权,假设根据《企业会计准则第 8 号——资产减值》的相关规定,B 公司单独构成一项资产组,且从该项收购所形成的商誉的协同效应中受益的资产组或资产组组合仅限于 B 公司原有的资产组。经营若干年后考虑集团整体的战略规划,2017 年 6 月 A 公司拟将持有的 B 公司 100%的股权转让给 C 公司,在本项交易符合持有待售准则的划分条件[本实务操作指南第二章第二节一(二)]时,A 公司划分为持有待售类别的处置组应包含收购 B 公司时形成的商誉。

由于合并报表中的商誉是对应于资产组而不是对应于法人的,其在资产组之间分摊的依据是从其协同效应中受益的相关情况,因此也可能出现非同一控制下合并形成的商誉被归类到母公司或其他子公司原有资产组的情形。在此情况下,在确定处置组对应的商誉时,需采用系统、合理的方法,根据各资产组从商誉的协同效应中获益的程度,对合并报表层面所确认的商誉进行恰当的分配,对归属于某一处置组的商誉,应计入该处置组的账面价值。

## 二、准则适用范围

持有待售准则的分类和列报规定适用于所有非流动资产和处置组(准则第二条)。

持有待售准则的计量规定适用于所有非流动资产,但下列各项的计量适用其他相关会计准则:

- 采用公允价值模式进行后续计量的投资性房地产,适用《企业会计准则第 3 号——投资性房地产》;
- 采用公允价值减去出售费用后的净额计量的生物资产,适用《企业会计准则第 5 号——生物资产》;
- 职工薪酬形成的资产,适用《企业会计准则第 9 号——职工薪酬》;
- 递延所得税资产,适用《企业会计准则第 18 号——所得税》;
- 由金融工具相关会计准则规范的金融资产,适用金融工具相关会计准则;
- 由保险合同相关会计准则规范的保险合同所产生的权利,适用保险合同相关会计准则。

处置组包含适用持有待售准则计量规定的非流动资产的,持有待售准则的计量规定适用于整个处置组。处置组中负债的计量适用相关会计准则(准则第三条)。

此前,在《企业会计准则解释第 1 号》中已明确:"符合持有待售条件的无形资产等其他非流动资产,比照《企业会计准则第 4 号——固定资产》第二十二条规定的原则处理,但不包括递延所得税资产、《企业会计准则第 22 号——金融工具确认和计量》规范的金融资产、以公允价值计量的投资性房地产和生物资产、保险合同中产生的合同权利。"

持有待售准则的计量规定适用范围较此前规定排除了职工薪酬形成的资产,与 IFRS 5 的规定趋同。IFRS 5 中明确该准则的计量条款不适用于下列资产,不论是单独的资产或作为处置组的一部分,应适用相应准则的计量条款:

- 递延所得税资产(《国际会计准则第 12 号——所得税》);
- 由雇员福利产生的资产(《国际会计准则第 19 号——雇员福利》);
- 在《国际会计准则第 39 号——金融工具:确认和计量》范围内核算的金融资产;
- 采用《国际会计准则第 40 号——投资性房地产》的公允价值模式进行会计处理的非流动资产;
- 采用以公允价值减去预计至销售时的估计成本计量的非流动资产(《国际会计准则第 41 号——农业》);

• 《国际财务报告准则第 4 号——保险合同》规范下的保险合同下的合同权利。

持有待售准则中关于分类和列报的规定适用于所有非流动资产,但计量规定排除了部分项目,具体包括两类:一类是已按公允价值进行计量,且公允价值的变动确认为损益,包括准则第三条提及的采用公允价值模式进行后续计量的投资性房地产、采用公允价值减去出售费用后的净额计量的生物资产、由金融工具相关会计准则规范的金融资产;另一类是难以确定其公允价值减去出售费用后的净额,包括准则第三条提及的职工薪酬形成的资产、递延所得税资产、保险合同中产生的合同权利。只有这两种类型的资产才被排除于持有待售准则的计量要求之外。

需要注意的是:

(1) 不适用持有待售准则的计量规定的这些非流动资产,同样适用持有待售准则中的列报要求。

(2) 持有待售准则有关持有待售非流动资产或处置组分类、计量和列报的规定同样适用于持有待分配给所有者的非流动资产或处置组。

# 第二节　划分为持有待售类别的条件

## 一、初始划分为持有待售类别的条件

### (一) 划分为持有待售类别的基本原则

企业主要通过出售(包括具有商业实质的非货币性资产交换,下同)而非持续使用一项非流动资产或处置组收回其账面价值的,应当将其划分为持有待售类别。

**例 2　不具有商业实质**

业务背景:为便于企业进行行业化管理,A 集团于 20×7 年 5 月 29 日下达股权无偿划转通知,要求 B 公司以 20×7 年 5 月 31 日为基准日将 D 公司无偿划转给 C 公司。B 公司于 20×7 年 6 月 16 日与 C 公司签订股权无偿划转协议,约定于 20×7 年 12 月 31 日前完成该股权划转交易。股权转让前后各主体间的股权关系如图 1-13 所示。

问题:B 公司在 20×7 年 6 月 30 日出具半年报时,应否将持有的 D 公司划分为持有待售类别?

结论及分析:此情况下不应划分为持有待售类别。因为案例中采取的是无偿划转的方式,这意味着该交易很可能并不具备商业实质,也就是说不符合持有待售准则第五条的规定。有些企业管理层认为,企业集团这样的安排是为了便于集团进行行业化管理、按照业务板块进行整合、增强市场竞争力等,交易安

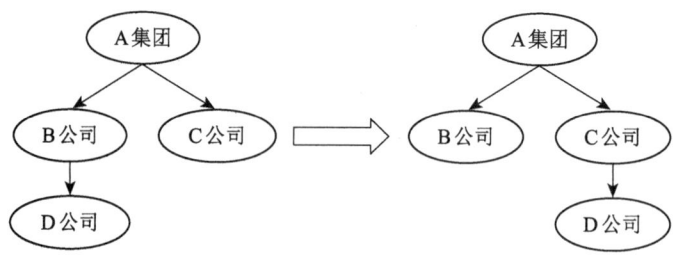

图 1-13　股权转让前后各主体间的股权关系

排出于合理的商业规划，为什么说是这样的安排没有商业实质？管理层认为的商业实质是从企业管理的角度得出的结论，但是会计口径的"商业实质"与之不同。就本业务背景而言，如何考量其是否具有商业实质，可以换个角度判断，假设这个股权交易的受让方，也就是业务模式中 C 公司的角色是一个没有关联关系的第三方，那么 A 集团、B 公司是否还会以无偿方式向 C 公司转让 D 公司的股权？如果不会，那意味着，这个无偿转让的交易很可能没有商业实质。

换个条件，假设这个交易并不是无偿的，而是以 D 公司账面价值作为交易价格，那是否属于持有待售？我们也可以按照同样的思路去判断，若不会以同样的价格转让给非关联方，那意味着按照账面价值作为股权交易对价的这个交易也很可能是没有商业实质的。划转股权、划转单项固定资产、划转单项无形资产等，均可以参照同样的原则进行判断。

**（二）划分为持有待售类别的条件**

非流动资产或处置组划分为持有待售类别，应当同时满足下列条件：

（1）根据类似交易中出售此类资产或处置组的惯例，在当前状况下即可立即出售。

（2）出售极可能发生，即企业已经就一项出售计划作出决议且获得确定的购买承诺，预计出售将在 1 年内完成。有关规定要求企业相关权力机构或者监管部门批准后方可出售的，应当已经获得批准。

确定的购买承诺，是指企业与其他方签订的具有法律约束力的购买协议，该协议包含交易价格、时间和足够严厉的违约惩罚等重要条款，使协议出现重大调整或者撤销的可能性极小（准则第六条）。

此前《企业会计准则第 30 号——财务报表列报》及其应用指南规定：同时满足下列条件的企业组成部分（或非流动资产，下同）应当确认为持有待售：①该组成部分必须在其当前状况下仅根据出售此类组成部分的惯常条款即可立即出售；②企业已经就处置该组成部分作出决议，如按规定需得到股东批准的，应当已经取得股东大会或相应权力机构的批准；③企业已经与受让方签订了不可撤销的转让协议；④该项转让将在 1 年内完成。

其中：上述条件①强调，被划分为持有待售的企业组成部分必须是在当前状态下可立即出售，因此企业应当具有在当前状态下出售该资产或处置的意图和能力，而出售此类组成部分的通常和惯用条款不应当包括出售方所提出的条件;上述条件②至④强调,被划分为持有待售的企业组成部分其出售必须是极可能发生的,实务中需要结合具体情况进行判断。

持有待售准则的规定与此前规定的原则性要求是一致的,但是修改了部分措辞,使得条件的实现更符合实务情况。具体为:

(1) 原《企业会计准则第 30 号——财务报表列报(2014 年修订)》(以下简称 CAS 30)中表述为"企业已经就处置该组成部分作出决议,如按规定需得到股东批准的,应当已经取得股东大会或相应权力机构的批准";CAS 42 的规定为"有关规定要求企业相关权力机构或者监管部门批准后方可出售的,应当已经获得批准",同意出售的机构增加了"监管部门",使得出售的条件限定更适应中国的监管环境。

(2) 原 CAS 30 表述"企业已经与受让方签订了不可撤销的转让协议";CAS 42 的规定为:"企业已经就一项出售计划作出决议且获得确定的购买承诺。确定的购买承诺,是指企业与其他方签订的具有法律约束力的购买协议,该协议包含交易价格、时间和足够严厉的违约惩罚等重要条款,使协议出现重大调整或者撤销的可能性极小。"根据合同法的规定,实务中的基本合同文本一般是包含"违约条款"约定的。交易双方均可以选择履约或付出一定的违约代价而解约,所以从法律角度考虑,若转让协议含有违约条款,则意味着理论上都是可以撤销的。原表述的"不可撤销的转让协议"在表述上与经济合同的法学原理有差异,CAS 42 的表述更加准确。在实务中,企业管理层及注册会计师需关注对"足够严厉的违约惩罚"的判断和认定。若签订的转让协议附有合同生效条件,那么应该在该条件已成就、合同生效之日起才构成"确定的购买承诺"的必备条件。

(3) 新旧规定都强调以"根据类似交易中出售此类资产或处置组的惯例,在当前状况下即可立即出售"作为认定持有待售非流动资产的一项必备条件。IFRS 5 对此表述为:"为此,资产(或处置组)必须在其当前状况下仅根据出售此类资产(或处置组)的通常和惯用条款即可立即出售,并且出售必须极可能发生(IFRS 5.7)。"

对于该条款的具体适用,可以参考以下案例。

**例 3** **拟处置的非流动资产交付时间附有额外约定**

G 企业在 X 市区繁华地段拥有一栋办公大楼,企业的主要业务部门均在该大楼内办公。由于发展战略发生改变,G 企业计划整体搬迁至 Y 市。G 企业与 H 企业签订了办公大楼转让合同,附带约定条款。

情形 1:G 企业将在腾空办公大楼后将其交付给 H 企业,且腾空办公大楼所需时间是正常且符合交易惯例的。

情形 2:G 企业将在 Y 市兴建的新办公大楼竣工并装修完成前继续使用现有办公大楼,竣工并装修完成后将 X 市大楼交付 H 企业。

**分析:**情形 1,在出售建筑物前将其腾空属于出售此类资产的惯例,且腾空只占用常规所需时间,因此,即使 G 企业的办公大楼当前尚未腾空,并不影响其满足在当前状况下即可立即出售的条件。

情形 2,"在 Y 市兴建的新办公大楼竣工并装修完成前继续使用现有办公大楼"的条件不属于类似交易中出售此类资产的惯例,使得办公大楼在当前状况下不能立即出售,在新大楼竣工并装修完成前 G 企业虽然已取得确定的购买承诺,办公大楼仍然不符合持有待售类别的划分条件。

**例 4　对拟处置的非流动资产进行更新改造(参考 IFRS 5 示例 3)**

企业通过没收抵押品取得一项不动产(包括土地和建筑物),并打算出售。

(1) 该企业直到对不动产进行更新改造以提高其销售价值后才转让给买方。该企业(卖方)对不动产转让强加的这种时间上的推延表明该不动产还不能立即出售,直到更新改造完成后才符合划分为持有待售资产的标准。

(2) 更新改造完成并将不动产划归为持有待售后,在获得确定购买承诺之前,该企业开始意识到需要补救的环境的破坏,企业仍将出售该不动产,但是,直到补救措施完成后企业才有能力转让该不动产。获得确定购买承诺之前其他人对该不动产转让强加的时间上的推延表明该不动产还不能立即出售,不再符合持有待售资产的标准,该不动产应根据准则第九条的要求(本实务操作指南第二章第二节五)重新划归为持有并使用。

**例 5　处置组包含未完成订单**

由于 F 企业经营范围发生改变,企业计划将生产 D 产品的全套生产线出售,F 企业尚有一批积压的未完成客户订单。情形 1:F 企业决定在出售生产线的同时,将尚未完成的客户订单一并移交给买方。情形 2:F 企业决定在完成所积压的客户订单后再将生产线转让给买方。

分析:情形 1,由于在出售日移交未完成客户订单不会影响对该生产线的转让时间,可以认为该生产线符合了在当前状况下即可立即出售的条件。

情形 2,由于生产线在完成积压订单后方可出售,在完成所有积压的客户订单前,该生产线在当前状态下不能立即出售,不符合划分为持有待售类别的条件。

(4) 新旧规定都强调"预计出售将在一年内完成",对于该条款的具体适用,可以参考下例。

**例 6　不满足"预计出售将在一年内完成"(参考 IFRS 5 示例 4)**

为了满足划归为持有待售的条件,非流动资产(或处置组)的出售必须是极可能的,并且资产(或处置组)的转让必须预计能够符合确认为 1 年内完成出售的条件。不符合此标准的例子有:

(1) 一家商业租赁信贷公司正持有待售或用于租赁的设备,该设备最近停止租赁,但其未来交易的最终形式(出售还是租赁)尚未确定。

(2) 一企业承诺"出售"一项使用中的不动产的计划,该不动产的转让将作为一项售后租回(构成融资租赁)核算。

在上述(1)中，企业并不确定是否出售资产，因而不能假定资产将在 1 年内出售。在上述(2)中，尽管按照法律形式，不动产已经出售，但根据实质重于形式原则，该不动产不会按照已出售在财务报表中进行确认。

除形式上的条件需满足之外，该出售或非货币性资产交换应具有商业实质[本实务操作指南第二章第二节一(一)]，或者企业以非流动资产或处置组作为换出资产进行债务重组，在具有商业实质的情况下才满足划分为持有待售类别的要求。

### (三) 划分为持有待分配给所有者的非流动资产或处置组的条件

与划分为持有待售的非流动资产或处置需满足的条件同理，非流动资产或处置组划分为持有待分配给所有者类别，应当同时满足下列条件：①在当前状况下即可立即分配；②分配很可能发生，即企业已经开展与分配相关的工作，分配出现重大调整或撤销的可能性极小，预计分配将在 1 年内完成。有关规定要求企业相关权力机构或者监管部门批准后方可分配的，应当已经获得批准。

## 二、完成出售所需时间延长时的处理

因企业无法控制的下列原因之一，导致非关联方之间的交易未能在 1 年内完成，且有充分证据表明企业仍然承诺出售非流动资产或处置组的，企业应当继续将非流动资产或处置组划分为持有待售类别(准则第八条)：

(1) 买方或其他方意外设定导致出售延期的条件，企业针对这些条件已经及时采取行动，且预计能够自设定导致出售延期的条件起 1 年内顺利化解延期因素。

(2) 因发生罕见情况，导致持有待售的非流动资产或处置组未能在 1 年内完成出售，企业在最初 1 年内已经针对这些新情况采取必要措施且重新满足了持有待售类别的划分条件。

有些情况下，可能由于发生一些企业无法控制的原因导致出售未能在 1 年内完成。如果涉及的出售是关联方交易，持有待售准则不允许放松 1 年期限条件。如果涉及的出售不是关联方交易，且有充分证据表明企业仍然承诺出售非流动资产或处置组，则持有待售准则允许放松 1 年期限条件，企业可以继续将非流动资产或处置组划分为持有待售类别。

企业无法控制的原因包括：

(1) 意外设定条件。

买方或其他方意外设定导致出售延期的条件，企业针对这些条件已经及时采取行动，且预计能够自设定导致出售延期的条件起 1 年内顺利化解延期因素。即企业在初始对非流动资产或处置组进行分类时，能够满足划分为持有待售类别的所有条件，但此后买方或其他方提出一些意料之外的条件，且企业已经采取措施加以应对，预计能够自设定这些条件起 1 年内满足条件并完成出售，那么即使出售无法在最初 1 年内完成，企业仍然可以维持原持有待售类别的分类。

**例 7　意外设定条件**

E 企业计划将整套钢铁生产厂房和设备出售给 F 企业,E 和 F 不存在关联关系,双方已于 2×17 年 9 月 16 日签订了转让合同。因该厂区的污水排放系统存在缺陷,对周边环境造成污染。

情形 1:E 企业不知晓土地污染情况,2×17 年 11 月 6 日,F 企业在对生产厂房和设备进行检查过程中发现污染,并要求 E 企业进行补救。E 企业立即着手采取措施,预计至 2×18 年 10 月底环境污染问题能够得到成功整治。

情形 2:E 企业知晓土地污染情况,在转让合同中附带条款,承诺将自 2×17 年 10 月 1 日起开展污染清除工作,清除工作预计将持续 8 个月。

情形 3:E 企业知晓土地污染情况,在协议中标明 E 企业不承担清除污染义务,并在确定转让价格时考虑了该污染因素,预计转让将于 9 个月内完成。

分析:情形 1,在签订转让合同前,买卖双方并不知晓影响交易进度的环境污染问题,属于符合延长 1 年期限的例外事项,在 2×17 年 11 月 6 日发现延期事项后,E 企业预计将在 1 年内消除延期因素,因此仍然可以将处置组划分为持有待售类别。

情形 2,虽然买卖双方已经签订协议,但在污染得到整治前,该处置组在当前状态下不可立即出售,不符合划分为持有待售类别的条件。

情形 3,由于卖方不承担清除污染义务,转让价格已将污染因素考虑在内,该处置组于协议签署日即符合划分为持有待售类别的条件。

(2) 发生罕见情况。

因发生罕见情况,导致持有待售的非流动资产或处置组未能在 1 年内完成出售,企业在最初 1 年内已经针对这些新情况采取必要措施且重新满足了持有待售类别的划分条件。即非流动资产或处置组在初始分类时满足了持有待售类别的所有条件,但在最初 1 年内,出现罕见情况导致出售将被延迟至 1 年之后。如果企业针对这些新情况在最初 1 年内已经采取必要措施,而且该非流动资产或处置组重新满足了持有待售类别的划分条件,也就是在当前状况下可立即出售且出售极可能发生,那么即使原定的出售计划无法在最初 1 年内完成,企业仍然可以维持原持有待售类别的分类。这里的"罕见情况"主要指因不可抗力引发的情况、宏观经济形势发生急剧变化等不可控情况。

**例 8　发生罕见情况——仍满足继续划分为持有待售类别的条件**

A 企业拟将一栋原自用的写字楼转让,于 2×07 年 12 月 6 日与 B 企业签订了房产转让协议,预计将于 10 个月内完成转让,假定该写字楼于签订协议当日符合划分为持有待售类别的条件。2×08 年发生全球金融危机,市场状况迅速恶化,房地产价格大跌,B 企业认为原协议价格过高,决定放弃购买,并于 2×08 年 9 月 21 日按照协议约定缴纳了违约金。A 企业决定在考虑市场状况变化的基础上降低写字楼售价,并积极开展市场营销,于 2×08 年 12 月 1 日与

C企业重新签订了房产转让协议,预计将于9个月内完成转让,A和B不存在关联关系。

分析:A企业与B企业之间的房产转让交易未能在1年内完成,原因是发生市场恶化、买方违约的罕见事件。在将写字楼划分为持有待售类别的最初1年内,A企业已经重新签署转让协议,并预计将在2×08年12月1日开始的1年内完成,使写字楼重新符合了持有待售类别的划分条件。因此,A企业仍然可以将该资产继续划分为持有待售类别。

一般而言,无论是发生罕见情况或企业无法控制的意外设定条件,只有当出售仍然有确定的购买承诺,企业管理层已经采取了应对这些情况或条件所必要的及时行动,而且预计能够顺利地解决这些延长因素时,企业仍可以将相关资产继续划分为持有待售类别。

值得注意的是,IFRS 5.9限定的延期原因是"主体控制范围之外的事项和情况造成的";而CAS 42第八条将此限定为"非关联方之间的交易",更利于实务执行时判断。

另外还需注意的是,自划分为持有待售类别日起1年之后,若继续将非流动资产或处置组划分为持有待售类别,仍需满足划分为持有待售类别的条件。

若持有待售的非流动资产或处置组不再继续满足持有待售类别划分条件的,企业不应当继续将其划分为持有待售类别。部分资产或负债从持有待售的处置组中移除后,如果处置组中剩余资产或负债新组成的处置组仍然满足持有待售类别划分条件,企业应当将新组成的处置组划分为持有待售类别,否则应当将满足持有待售类别划分条件的非流动资产单独划分为持有待售类别。

### 例9 发生罕见情况——不满足继续划分为持有待售类别的条件

假设在[例8]中,A企业尽管降低了写字楼售价并积极开展市场营销,但在2×08年12月6日前始终没有找到合适买家,企业也没有将该写字楼用于经营出租的计划。则写字楼不再满足持有待售类别的划分条件,企业A应当根据实际情况,重新将该写字楼作为固定资产。

对于初始划分为持有待售类别后延期的情况,注册会计师在执行审计业务时需关注处置交易未在预期时限内完成的原因,及管理层持有意图以及为化解交易延期而采取的措施,以判断是否继续将非流动资产或处置组划分为持有待售类别。我们理解,第八条的规定不应被视为对第六条时限要求[本实务操作指南第二章第二节一(二)]的放松,初始分类时需关注管理层是否滥用CAS 42的第八条规定。

## 三、专为转售而取得的非流动资产或处置组

企业专为转售而取得的非流动资产或处置组,在取得日满足"预计出售将在一年内完成"的规定条件,且短期(通常为3个月)内很可能满足持有待售类别的其他划分条件的,企业应当在取得日将其划分为持有待售类别(准则第

七条)。

实务中与本条相关的典型案例,就是抵债资产的流转。若公司之间因销售商品或提供劳务形成债权债务,若债务方以房屋、车辆、机器设备等非流动资产抵付债务,债权方自身并无将这些资产用于生产经营的计划,而是采取将这些资产再抵付给其供应商等第三方。若债权方取得这些资产,在取得日满足"预计出售将在 1 年内完成"的规定条件,且短期(通常为 3 个月)内很可能满足持有待售类别的其他划分条件的,企业应当在取得日将其划分为持有待售类别。

需注意:专为转售取得的非流动资产或处置组划分为持有待售的条件相比原自有非流动资产或处置组划分为持有待售类别的条件有所放宽,在取得日只要满足"预计出售将在 1 年内完成"这一条件,并不要求同时满足其他条件,这些"其他条件"包括:①根据类似交易中出售此类资产或处置组的惯例,在当前状况下即可立即出售;②企业已经就一项出售计划作出决议且获得确定的购买承诺;③有关规定要求企业相关权力机构或者监管部门批准后方可出售的,应当已经获得批准;这三个条件可以放宽至预计短期(通常为 3 个月)内很可能满足即可。

## 四、持有待售的长期股权投资

企业因出售对子公司的投资等原因导致其丧失对子公司控制权的,无论出售后企业是否保留部分权益性投资,应当在拟出售的对子公司投资满足持有待售类别划分条件时,在母公司个别财务报表中将对子公司投资整体划分为持有待售类别,在合并财务报表中将子公司所有资产和负债划分为持有待售类别(准则第十条)。

此处的"企业因出售对子公司的投资等原因导致其丧失对子公司控制权的",应理解为"当企业承诺了一项处置计划,将丧失对一个子公司的控制权时"。

需注意在将对子公司、合营企业和联营企业的投资部分处置时,划分为持有待售类别的范围存在差异:

(1)如准则的第十条规定所述,对于子公司投资,如果一项出售计划将导致丧失对该子公司的控制权,且满足准则规定的持有待售条件[本实务操作指南第二章第二节一(二)]的,则在个别报表层面应将对该子公司的长期股权投资整体(包括拟保留的部分股权投资)划分为持有待售类别,在合并报表层面将该子公司的全部资产和负债(而不是仅将拟处置的部分投资对应的资产和负债)均划分为持有待售类别。

(2)对合营企业和联营企业的股权投资,如拟处置部分股权投资但保留部分股权投资的,则不论拟保留的股权投资是否仍对被投资企业具有共同控制或重大影响,都只将拟处置部分归类为持有待售,剩余部分仍按权益法核算(《企业会计准则第 2 号——长期股权投资(2014 年修订)》第十六条)。

对于上述规定差异的原因,《国际会计准则第 28 号——在联营企业和合营

企业中的投资》(IAS 28)的"结论基础"中作出了如下解释:

BC23《征求意见稿第 9 号》建议，主体应按照《国际财务报告准则第 5 号》对被分类为持有待售的在合营企业中的权益进行会计处理。

BC24 理事会在对《征求意见稿第 9 号》重新考虑的过程中注意到，2009 年 8 月发布的《国际财务报告准则的改进》征求意见稿建议修订《国际财务报告准则第 5 号》，要求主体在导致丧失重大影响或共同控制的出售计划中负有承诺时，将在联营企业或共同控制主体中的权益分类为持有待售。这些建议旨在明确主体在导致对该权益丧失重大影响或共同控制的出售计划中负有承诺时，必须将其在联营企业或合营企业中的所有权益("整个权益")分类为持有待售。

BC25 理事会发现，这些建议与理事会在重新考虑《征求意见稿第 9 号》时所作的决定不一致。该决定删除了将丧失共同控制和重大影响与"重要经济事项"术语联系在一起的所有表述，该术语是理事会在企业合并项目第二阶段中引入的(参见结论基础第 28 段至第 31 段)。

BC26 理事会决定，将权益分类为持有待售应当基于计划的处置方案是否符合《国际财务报告准则第 5 号》中分类为持有待售的标准，而不是基于主体是否已经丧失对权益的共同控制或重大影响。因此，理事会得出结论，当主体对联营企业或合营企业中的权益或部分权益的处置符合《国际财务报告准则第 5 号》中分类为持有待售的标准时，主体应将整个权益或部分权益分类为持有待售。

BC27 理事会决定，在部分处置的情况下，主体应对联营企业或合营企业中的剩余权益继续使用权益法，直到分类为持有待售的权益部分最终被处置完。理事会对此的解释是，即使主体有意图出售联营企业或合营企业中的部分权益，在出售前，主体仍对被投资者具有重大影响或共同控制。处置后，主体应按照《国际财务报告准则第 9 号》对合营或联营企业中的剩余权益进行会计处理，如果主体对剩余权益仍具有重大影响或共同控制则按照《国际会计准则第 28 号》进行会计处理。

在实务中应注意的其他问题:

(1) 控制权的丧失可能有其他方式。例如，子公司向第三方发行股票、或者合同终止控制等。CAS 42 或 IFRS 5 并未明确将这些要求推广至按其他方式丧失对子公司的控制权的情况。然而，IFRS 5 结论基础中有如下表述:

BC24B 在丧失控制权日，终止确认所有子公司的资产和负债，确认对前子公司所保留的任何投资。丧失控制权是一项改变投资性质的重大经济事项。母子公司关系不复存在，取而代之的是与前母子公司关系显著不同的投资方——被投资方关系。因此，在丧失控制权的当日初始确认和计量全新的投资方——被投资方关系。

BC24C 理事会认为，在前文所述的出售计划中，实质上是用在子公司中的控制性权益交换了一项非控制性权益。因此，理事会的观点是，承诺丧失子公司控制权的计划将触发将其分类为持有待售。理事会还指出这一结论与《国际会计准则第 27 号》相一致。

这一点可能表明,导致丧失控制权的部分出售资产的明确规则也适用于其他原因导致的丧失控制权。但由于 CAS 42 并未明确指出这一点,因而还需要在具体情况下运用判断。

(2) 投资方拟处置子公司部分股权但未丧失控制权时的处理。

在合并财务报表层面,准则第十条明确规定的拟处置子公司部分股权而将丧失控制权时,由于当前状态是持有待售、尚未完成出售行为,则此时意味着企业仍然是对子公司有控制权的。故,子公司的各项资产和负债仍应纳入企业的合并范围。但是企业控制子公司各项资产负债的经济利益实现方式并非继续经营,而是出售子公司全部资产和负债。因此,子公司所有资产和负债的体现形态与一般正常经营的子公司不同,在合并财务报表中,企业应将其划分为持有待售类别。但是,若拟处置部分子公司股权但未丧失控制权的情形下,,则企业控制子公司各项资产负债的经济利益实现方式并非出售,因此合并财务报表层面,承诺转让部分股权未丧失控制权时,子公司各项资产负债不划分为持有待售类别。

前述不同情形可通过以下示例进一步理解:

### 例 10　持有待售的长期股权投资

G 企业集团拟出售持有的部分长期股权投资。

情形 1:G 企业集团拥有子公司 100% 的股权,拟出售全部股权。

情形 2:G 企业集团拥有子公司 100% 的股权,拟出售 55% 的股权,出售后将丧失对子公司的控制权,但对其具有重大影响。

情形 3:G 企业集团拥有子公司 100% 的股权,拟出售 25% 的股权,出售后仍然拥有对子公司的控制权。

情形 4:G 企业集团拥有子公司 55% 的股权,拟出售 6% 的股权,出售后将丧失对子公司的控制权,但对其具有重大影响。

情形 5:G 企业集团拥有联营企业 35% 的股权,拟出售 30% 的股权,G 持有剩余的 5% 股权,且对被投资方不具有重大影响。

情形 6:G 企业集团拥有合营企业 50% 的股权,拟出售 35% 的股权,G 持有剩余的 15% 股权,且对被投资方不具有共同控制或重大影响。

分析:情形 1,G 企业集团应当在母公司个别财务报表中将拥有的子公司全部股权对应的长期股权投资划分为持有待售类别,在合并财务报表中将子公司所有资产和负债划分为持有待售类别。

情形 2,G 企业集团应当在母公司个别财务报表中将拥有的子公司全部股权对应的长期股权投资划分为持有待售类别,在合并财务报表中将子公司所有资产和负债划分为持有待售类别。

情形 3,由于 G 企业集团仍然拥有对子公司的控制权,该长期股权投资并不是"主要通过出售而非持续使用收回其账面价值"的,因此不应当将拟处置的部分股权划分为持有待售类别。

情形 4 与情形 2 类似,G 企业集团应当在母公司个别财务报表中将拥有的子公司 55% 的股权划分为持有待售类别,在合并财务报表中将子公司所有资产和负债划分为持有待售类别。

情形 5,G 企业集团应当将拟出售的 30% 股权划分为持有待售类别,不再按权益法核算,而按照持有待售准则规定进行后续计量,剩余 5% 的股权在前述30% 的股权处置前,应当继续采用权益法进行会计处理,在前述 30% 的股权处置后,应当按照《企业会计准则第 22 号——金融工具确认和计量》有关规定进行会计处理。

情形 6 与情形 5 类似,G 企业集团应当将拟出售的 35% 股权划分为持有待售类别,不再按权益法核算,而按照持有待售准则规定进行后续计量,剩余 15% 的股权在前述 35% 的股权处置前,应当继续采用权益法进行会计处理,在前述35% 的股权处置后,应当按照《企业会计准则第 22 号——金融工具确认和计量》有关规定进行会计处理。

## 五、不再满足持有待售类别划分条件的处理

持有待售的非流动资产或处置组不再满足持有待售类别划分条件的,企业不应当继续将其划分为持有待售类别。

部分资产或负债从持有待售的处置组中移除后,处置组中剩余资产或负债新组成的处置组仍然满足持有待售类别划分条件的,企业应当将新组成的处置组划分为持有待售类别,否则应当将满足持有待售类别划分条件的非流动资产单独划分为持有待售类别(准则第九条)。

鉴于初始划分为持有待售需满足的条件包含了"确定的购买承诺",因此,一般而言持有待售的非流动资产或处置组包含的资产、负债范围已有清晰的界定,"确定的购买承诺"意味着拟出售的范围不会轻易变动,因此,实务中,审计人员需关注将部分资产或负债从处置组中移除的商业合理性。

## 六、拟结束使用的非流动资产或处置组的处理

企业不应当将拟结束使用而非出售的非流动资产或处置组划分为持有待售类别(准则第十一条)。

拟结束使用(例如,报废)的资产不应被划分为持有待售资产,原因是企业对该非流动资产或处置组的使用实质上几乎贯穿了其整个经济使用寿命期,其账面价值的回收并非主要通过出售收回,而是主要通过持续使用收回。例如,因已经使用至经济寿命期结束而将某机器设备报废,并收回少量残值。对于暂时停止使用的非流动资产,企业不应当认为其拟结束使用,也不应当将其划分为持有待售类别。

**例 11**　拟结束使用的非流动资产或处置组——不属于持有待售类别

某 H 纺织企业拥有一条生产某类布料的生产线,由于市场需求变化,该类布料的销量锐减,H 企业决定暂停该生产线的生产,但仍然对其进行定期维护,

待市场转好时重启生产。此种情况下,由于生产线属于暂停使用,H企业不应当将其划分为持有待售类别。

## 第三节　持有待售类别的计量

### 一、相关会计科目及主要核算内容

#### （一）"1481 持有待售资产"科目

本科目核算持有待售的非流动资产和持有待售的处置组中的资产。本科目按照资产类别进行明细核算。企业将相关非流动资产或处置组划分为持有待售类别时,按各类资产的账面价值或账面余额,借记本科目,按已计提的累计折旧、累计摊销等,借记"累计折旧""累计摊销"等科目,按各项资产账面余额,贷记"固定资产""无形资产""长期股权投资""应收账款""商誉"等科目,适用持有待售准则计量规定的非流动资产已计提减值准备的,还应同时结转已计提的减值准备。本科目期末借方余额,反映企业持有待售的非流动资产和持有待售的处置组中资产的账面余额。

#### （二）"1482 持有待售资产减值准备"科目

本科目核算适用持有待售准则计量规定的持有待售的非流动资产和持有待售的处置组计提的允许转回的资产减值准备和商誉的减值准备。本科目按照资产类别进行明细核算。初始计量或资产负债表日,持有待售的非流动资产或处置组中的资产发生减值的,按应减记的金额,借记"资产减值损失"科目,贷记本科目。后续资产负债表日持有待售的非流动资产或处置组中的资产减值转回的,按允许转回的金额,借记本科目,贷记"资产减值损失"科目。本科目期末贷方余额,反映企业已计提但尚未转销的持有待售资产减值准备。

#### （三）"2245 持有待售负债"科目

本科目核算持有待售的处置组中的负债。本科目按照负债类别进行明细核算。企业将相关处置组划分为持有待售类别时,按相关负债的账面余额,借记"应付账款""应付职工薪酬"等科目,贷记本科目。本科目期末贷方余额,反映企业持有待售的处置组中负债的账面余额。

#### （四）"6115 资产处置损益"科目

本科目核算企业出售划分为持有待售的非流动资产(金融工具、长期股权投资和投资性房地产除外)或处置组(子公司和业务除外)时确认的处置利得或损失,以及处置未划分为持有待售的固定资产、在建工程、生产性生物资产及无形资产而产生的处置利得或损失。本科目按照处置的资产类别或处置组进行明细核算。债务重组中因处置非流动资产产生的利得或损失和非货币性资产交换中换出非流动资产产生的利得或损失也在本科目核算。企业处置持有待售的非流动资产或处置组时,按处置过程中收到的价款,借记"银行存款"等科目,按相关负债的账面余额,借记"持有待售负债"科目,按相关资产的账面余额,贷记"持有待售资产"科目,按其差额借记或贷记本科目,已计提减值准备的,还应同时结转已计提的减值准备;按处置过程中发生的相关税费,借记本科目,贷记"银行存款""应交税费"等科目。期末,应将本科目余额转入"本年利润"科目,本科目结转后应无余额。

## 二、持有待售类别的初始计量

### (一) 初始计量时的折旧、减值处理

企业将非流动资产或处置组首次划分为持有待售类别前,应当按照相关会计准则规定计量非流动资产或处置组中各项资产和负债的账面价值(准则第十二条)。

企业初始计量或在资产负债表日重新计量持有待售的非流动资产或处置组时,其账面价值高于公允价值减去出售费用后的净额的,应当将账面价值减记至公允价值减去出售费用后的净额,减记的金额确认为资产减值损失,计入当期损益,同时计提持有待售资产减值准备(准则第十三条)。

由于非流动资产或处置组划分为持有待售类别的时点,可能并非企业的资产负债表日,管理层需在划分前首先按照非流动资产或处置组中包含的各项资产、负债适用的企业会计准则计量其账面价值(即按原先适用的企业会计准则持续核算到划分为持有待售之日)。例如,按照《企业会计准则第 4 号——固定资产》的规定,对固定资产计提折旧;按照《企业会计准则第 6 号——无形资产》的规定,对无形资产进行摊销。按照《企业会计准则第 8 号——资产减值》的规定,企业应当判断资产是否存在可能发生减值的迹象,如果资产已经或者将被闲置、终止使用或者计划提前处置,表明资产可能发生了减值。对于拟出售的非流动资产或处置组,企业应当在划分为持有待售类别前考虑进行减值测试。

企业初始计量持有待售的非流动资产或处置组时,如果其账面价值低于其公允价值减去出售费用后的净额,企业不需要对账面价值进行调整;如果账面价值高于其公允价值减去出售费用后的净额,企业应当将账面价值减记至公允价值减去出售费用后的净额,减记的金额确认为资产减值损失,计入当期损益,同时计提持有待售资产减值准备,但不应当重复确认不适用持有待售准则计量规定的资产和负债按照相关准则规定已经确认的损失。

### 例 12  初始计量

A 企业拥有一座仓库,原价为 120 万元,年折旧额为 12 万元,截至 2×16 年 12 月 31 日已计提折旧 60 万元。2×17 年 1 月 31 日,A 企业与 B 企业签署不动产转让协议,拟在 6 个月内将该仓库转让,假定该不动产满足划分为持有待售类别的其他条件。

情形 1:在 2×17 年 1 月 31 日,该仓库若继续使用带来的现金流量现值为

58 万元,公允价值减去出售费用后的净额为 60 万元。

情形 2:在 2×17 年 1 月 31 日,该仓库若继续使用带来的现金流量现值为 58 万元,公允价值减去出售费用后的净额为 56 万元。

**分析:**

情形 1,2×17 年 1 月 31 日,A 企业应当将仓库资产划分为持有待售类别。

首先,按照《企业会计准则第 4 号——固定资产》对该固定资产计提 1 月份折旧 1 万元,计提折旧后的账面价值为 59 万元,此后不再计提折旧。

其次,按照《企业会计准则第 8 号——资产减值》的规定,对该仓库进行减值测试,由于公允价值减去出售费用后的净额高于继续使用的未来现金流量现值,因此可收回金额为公允价值减去出售费用后的净额 60 万元,该仓库未发生减值,划分为持有待售类别前其账面价值仍然为 59 万元。

最后,初始计量持有待售的非流动资产或处置组时,因其账面价值 59 万元低于其公允价值减去出售费用后的净额 60 万元,A 企业不需要对该仓库账面价值进行调整,A 企业账务处理如下:

借:持有待售资产——固定资产　　　　　　　　　　　　 590 000
　　累计折旧　　　　　　　　　　　　　　　　　　　　 610 000
　　贷:固定资产　　　　　　　　　　　　　　　　　　　 1 200 000

情形 2,首先,计提折旧的处理同情形 1。

其次,按照《企业会计准则第 8 号——资产减值》的规定,对该仓库进行减值测试,由于继续使用的未来现金流量现值高于公允价值减去出售费用后的净额,因此可收回金额为继续使用的未来现金流量现值 58 万元,该固定资产存在减值,应计提 1 万元的减值准备计入"固定资产减值准备",计提减值后划分为持有待售类别前其账面价值为 58 万元。

最后,初始计量持有待售的非流动资产或处置组时,因其账面价值 58 万元高于其公允价值减去出售费用后的净额 56 万元,A 企业应当将账面价值减记至公允价值减去出售费用后的净额,账务处理如下:

借:持有待售资产——固定资产　　　　　　　　　　　　 580 000
　　累计折旧　　　　　　　　　　　　　　　　　　　　 610 000
　　固定资产减值准备　　　　　　　　　　　　　　　　　 10 000
　　贷:固定资产　　　　　　　　　　　　　　　　　　　 1 200 000

借:资产减值损失　　　　　　　　　　　　　　　　　　　 20 000
　　贷:持有待售资产减值准备　　　　　　　　　　　　　　 20 000

准则第十三条规定的"初始计量时,账面价值高于公允价值减去出售费用后的净额的,应当将账面价值减记至公允价值减去出售费用后的净额",也即对持有待售类别的初始计量采取"账面价值"与"公允价值减去出售费用后的净额"孰低的原则。这一规定,可以结合《企业会计准则第 8 号——资产减值》中对资产可收回金额的确定方法去理解。根据资产减值准则第六条,可收回金额应当根据资产的公允价值减去处置费用后的净额与资产预计未来现金流量的现值两者之间较高者确定。也即,可收回金额的确定是以下两项孰高:一是继续使用该资产带来的未来现金流量的现值;二是出售资产可取得的公允价值减去处置费用后的净额。这样的规定是基于理性经济人的假设,管理层一般会选择对企业有利的方式,所以采用孰高原则。但是对于持有待售的非流动资产或处置组而言,因前述划分条件中已签订了"确定的购买承诺",意味着企业无法继续使用,只能选择出售该非流动资产或处置组这一种实现资产带来经济利益的途径。因此,只需要考虑公允价值减去出售费用这一选择方式下的金额。账面价值高于这一金额,意味着存在减值,需要计提减值准备;若账面价值小于这一金额,则按历史成本计量,待实际完成出售时再确认出售收益。综上,持有待售准则与资产减值准则的减值处理原理是一致的。

### (二) 公允价值减去出售费用后的净额的确定

企业应当按照《企业会计准则第 39 号——公允价值计量》的有关规定确定非流动资产或处置组的公允价值。具体来说,如果企业已经获得确定的购买承诺,应当参考交易价格确定持有待售的非流动资产或处置组的公允价值,交易价格应当考虑可变对价、非现金对价、应付客户对价等因素的影响。如果企业尚未获得确定的购买承诺,例如,对于专为转售而取得的非流动资产或处置组,企业应当对其公允价值作出估计,优先使用市场报价等可观察输入值。

出售费用是企业发生的可以直接归属于出售资产或处置组的增量费用,出售费用直接由出售引起,并且是企业进行出售所必需的,如果企业不出售资产或处置组,该费用将不会产生。出售费用包括为出售发生的特定法律服务、评估咨询等中介费用,也包括相关的消费税、城市维护建设税、土地增值税和印花税等,但不包括财务费用和所得税费用。有些情况下,公允价值减去出售费用后的净额可能为负值,持有待售的非流动资产或处置组中资产的账面价值应当以减记至零为限。是否需要确认相关预计负债,应当按照《企业会计准则第 13 号——或有事项》的规定进行会计处理。

**例 13  公允价值减去出售费用的确定——可变对价**

P 企业拟将下属子公司 Q 公司出售给 R 企业,双方已签订了转让协议,预计将在 5 个月内完成转让,Q 子公司满足划分为持有待售类别的条件。Q 与 T 银行之间存在未决诉讼,Q 可能败诉。由于不符合预计负债的确认条件,P 企业仅在报表附注中披露了或有负债。转让协议约定,Q 的转让价格将根据最终判决结果作出调整。

分析:在合并报表中确定 Q 子公司的公允价值减去出售费用后的净额时,需要考虑尚未确认的或有负债的公允价值,Q 的账面价值未确认该项或有负债,因此 Q 子公司的公允价值减去出售费用后的净额低于其账面价值,应当确认持有待售资产减值损失,计入当期损益。

### (三) 与其他相关准则的衔接

准则第十二条规定的企业将非流动资产或处置组首次划分为持有待售类

别前,应当按照相关会计准则规定计量非流动资产或处置组中各项资产和负债的账面价值。这里的"相关会计准则"除了前述的固定资产准则、无形资产准则、资产减值准则外,在一些较为复杂的业务背景下,还有可能与《企业会计准则第 2 号——长期股权投资》《企业会计准则第 33 号——合并财务报表》等准则进行衔接,具体应用举例说明如下。

**例 14　初始计量——拟处置子公司部分股权丧失控制权的处理**

A 公司于 2×16 年 1 月出资 1 000 万元设立 B 公司,至 2×17 年 3 月 31 日,A 公司拥有 B 公司 100% 股份,对 B 公司的投资成本仍是 1 000 万元。于 2×17 年 6 月,A 公司与 C 公司签订股权转让协议,约定在协议签订后的 10 日内完成 B 公司 50% 股权的交割,在 2×17 年 12 月完成剩余的 B 公司 50% 股权的交割,股权转让总价 2 000 万元。协议约定股权交割未完成时,A、C 双方按实际持有的股权比例享有对 B 公司的表决权。

假设于 2×17 年 6 月 30 日,B 公司全部净资产的账面价值为 1 500 万元(其中实收资本 1 000 万元,未分配利润 500 万元)。A 公司已收到 C 公司支付的 2 000 万元价款,且已经完成 50% 的股权交割。

在 A 公司 2×17 年 6 月 30 日的财务报表中,由于转让股权已丧失了对 B 公司的控制权,但仍然可以对 B 公司实施重大影响。假设不考虑股权转让中的相关税费,则 A 公司的处理为:

根据《企业会计准则第 2 号——长期股权投资(2014 年修订)》第十五条第二款对丧失对子公司的控制权时个别报表层面处理原则的规定:"处置后的剩余股权能够对被投资单位实施共同控制或施加重大影响的,应当改按权益法核算,并对该剩余股权视同自取得时即采用权益法核算进行调整。"A 公司个别财务报表中,对持有待售的 50% 的股权计量结果应是:1 500×50% = 750(万元)。

在合并财务报表中,根据《企业会计准则第 33 号——合并财务报表》第五十条规定:"母公司因处置部分股权投资或其他原因丧失了对原有子公司控制的,在合并财务报表中,对于剩余股权,应当按照丧失控制权日的公允价值进行重新计量。处置股权取得的对价和剩余股权公允价值之和,减去按原持股比例计算应享有原有子公司自购买日开始持续计算的净资产的份额与商誉之和的差额,计入丧失控制权当期的投资收益。"A 公司合并财务报表中,对持有待售的 50% 的股权计量结果应是:2 000×50% = 1 000(万元)。

准则第十二条的规定,对第十三条规定进行了补充,完善了持有待售准则与其他准则间的衔接处理。若简单按照第十三条的规定处理,则会导致 A 公司从长期股权投资的成本法直接划为持有待售类别,而导致持有待售的非流动资产初始计量金额仅有账面价值 1 000×50% = 500(万元),这个结果就不符合准则的内在原理要求了,也与《企业会计准则第 2 号——长期股权投资(2014 年修订)》《企业会计准则第 33 号——合并财务报表(2014 年修订)》等其他会计准则的规定相冲突。

根据持有待售准则的规定,A 公司在 2×17 年 6 月 30 日个别报表层面处

理如下(单位:万元):

(1) 按照 CAS 42 第十二条的规定,首先根据《企业会计准则第 2 号——长期股权投资(2014 年修订)》进行处理:

| | | |
|---|---|---|
| 借:银行存款 | | 2 000 |
| 　　长期股权投资——权益法 | | 750 |
| 　　贷:长期股权投资——成本法 | | 1 000 |
| 　　　　投资收益(已交割完成的 50% 的处置收益) | | 500 |
| 　　　　投资收益/期初留存收益(剩余 50% 按权益法调整) | | 250 |
| 　　　　其他应付款 | | 1 000 |

(2) 按照持有待售准则第十三条对持有待售资产进行初始计量:

| | | |
|---|---|---|
| 借:持有待售资产——长期股权投资 | | 750 |
| 　　贷:长期股权投资——权益法 | | 750 |

(2) A 公司在 2×17 年 6 月 30 日合并报表层面,在个别报表处理基础之上,补充如下调整分录:

| | | |
|---|---|---|
| 借:长期股权投资——权益法 | | 250 |
| 　　贷:投资收益(剩余 50% 按公允价值重计量调整) | | 250 |
| 借:持有待售资产——长期股权投资 | | 250 |
| 　　贷:长期股权投资——权益法 | | 250 |

### (四) 持有待售类别计量的综合案例

为完整说明持有待售类别的初始计量和后续计量,我们通过[例 15-1]~[例 15-6]完整体现相关过程。

**例 15-1　持有待售的处置组的初始计量**

A 公司因集团经营战略调整,计划处置集团下属餐饮板块的子公司 B,管理层认为在 20×6 年 9 月 20 日满足划分为持有待售类别的条件,划分前在 A 公司合并报表中子公司 B 相应资产或负债及分摊的商誉的账面价值如表 1-13 所示。

表 1-13　划分前子公司 B 相应资产或负债及分摊的商誉的账面价值　单位:万元

| 项目 | 20×6 年 9 月 30 日账面价值 |
|---|---|
| 商誉 | 500 |
| 无形资产 | 600 |
| 固定资产 | 700 |
| 存货 | 300 |
| 应收账款 | 700 |
| 应付账款 | (200) |
| 合　计 | 2 600 |

在对子公司 B 按照《企业会计准则第 8 号——资产减值》(以下简称"CAS

8"或"资产减值准则")执行减值测试时（该子公司整体被认为是一个资产组），A公司管理层估计可收回额如下：使用价值（未来现金流量现值）2 400 万元，公允价值减处置费用的净额 1 450 万元。

20×6 年 9 月 20 日，A 公司首先根据 CAS 8 对该处置组各项资产、负债的账面价值进行重新计量，如表 1-14 所示。

表 1-14　　　　　　　　账面价格的重新计量　　　　　　单位：万元

| 子公司 B 资产项目 | 依据 CAS 8 调减前账面价值 | 依据 CAS 8 确认的减值 | 依据 CAS 8 调减后账面价值 |
| --- | --- | --- | --- |
| 商誉 | 500 | (200)注1 | 300 |
| 无形资产 | 600 | | 600 |
| 固定资产 | 700 | | 700 |
| 存货 | 300 | | 300 |
| 应收账款 | 700 | | 700 |
| 应付账款 | (200) | | (200) |
| 合　计 | 2 600 | (200) | 2 400注2 |

注 1：A 公司在将处置组划分为持有待售前立即确认 200 万元（2 600－2 400）的损失，减值损失应当首先抵减分摊至资产组中商誉的账面价值。

注 2：可收回金额，指资产组的公允价值减去处置费用后的净额与其使用价值两者之间较高者。

由于处置组重新计量后的账面价值 2 400 万元高于公允价值减去出售费用后的净额 1 450 万元，A 公司应当将账面价值减记至公允价值减去出售费用后的净额，因此，此处置组最初被划归为持有待售时，A 公司需确认 950 万元（2 400－1 450）的减值损失。

划分为持有待售类别前，A 公司合并财务报表中的会计处理结果为（单位：万元）：

借：资产减值损失　　　　　　　　　　　　　　　　　　　　　　200
　　贷：商誉减值准备　　　　　　　　　　　　　　　　　　　　　　200

借：持有待售资产——处置组 B 公司　　　　　　　　　　　　　　2 600
　　商誉减值准备　　　　　　　　　　　　　　　　　　　　　　200
　　应付账款　　　　　　　　　　　　　　　　　　　　　　　　200
　　贷：商誉　　　　　　　　　　　　　　　　　　　　　　　　　　500
　　　　无形资产　　　　　　　　　　　　　　　　　　　　　　　600
　　　　固定资产　　　　　　　　　　　　　　　　　　　　　　　700
　　　　存货　　　　　　　　　　　　　　　　　　　　　　　　　300
　　　　应收账款　　　　　　　　　　　　　　　　　　　　　　　700
　　　　持有待售负债　　　　　　　　　　　　　　　　　　　　　200

注：上述分录中，我们建议对"持有待售资产""持有待售负债"设置二级明细科目。

### （五）取得专为转售的非流动资产或处置组的初始计量

对于取得日划分为持有待售类别的非流动资产或处置组，企业应当在初始计量时比较假定其不划分为持有待售类别情况下的初始计量金额和公允价值减去出售费用后的净额,以两者孰低计量。除企业合并中取得的非流动资产或处置组外,由非流动资产或处置组以公允价值减去出售费用后的净额作为初始计量金额而产生的差额,应当计入当期损益(准则第十四条)。

按照上述原则,在合并报表中,非同一控制下企业合并中新取得的非流动资产或处置组划分为持有待售类别的,应当按照公允价值减去出售费用后的净额计量;同一控制下企业合并中非流动资产或处置组划分为持有待售类别的,应当按照合并日在被合并方的账面价值与公允价值减去出售费用后的净额孰低计量。除企业合并中取得的非流动资产或处置组外,由以公允价值减去出售费用后的净额作为非流动资产或处置组初始计量金额而产生的差额,应当计入当期损益。

### 例 16　取得专为转售的非流动资产的初始计量

2×17 年 3 月 1 日,L 公司购入非关联的 M 公司的全部股权,支付价款 1 600 万元。购入该股权之前,L 公司的管理层已经作出决议,一旦购入 M 公司,将在 1 年内将其出售给 N 公司,M 公司当前状况下即可立即出售。预计 L 公司还将为出售该子公司支付 12 万元的出售费用。L 公司与 N 公司计划于 2×17 年 3 月 31 日签署股权转让合同。

情形 1:L 公司与 N 公司初步议定股权转让价格为 1 620 万元。

情形 2:L 公司尚未与 N 公司议定转让价格,3 月 1 日股权公允价值与支付价款 1 600 万元一致。

情形 1:M 公司是专为转售而取得的子公司,其不划分为持有待售类别情况下的初始计量金额应当为 1 600 万元,当日公允价值减去出售费用后的净额为 1 608 万元,按照两者孰低计量。L 公司 2×17 年 3 月 1 日的账务处理如下:

借:持有待售资产——长期股权投资　　　　　　　　16 000 000
　　贷:银行存款　　　　　　　　　　　　　　　　　　　16 000 000

情形 2:M 公司是专为转售而取得的子公司,其不划分为持有待售类别情况下的初始计量金额为 1 600 万元,当日公允价值减去出售费用后的净额为 1 588 万元,按照两者孰低计量。L 公司 2×17 年 3 月 1 日的账务处理如下:

借:持有待售资产——长期股权投资　　　　　　　　15 880 000
　　资产减值损失　　　　　　　　　　　　　　　　　　　120 000
　　贷:银行存款　　　　　　　　　　　　　　　　　　　16 000 000

公允价值与公允价值减去出售费用的净额的差异,如情形 2 中的 12 万元,持有待售准则应用指南通过示例明确计入了"资产减值损失",鉴于该费用是发生在非同一控制下企业合并这一背景,是否考虑将其计入购买对价并最终形成购买方合并财务报表的商誉这一问题,IFRS 5 的"结论基础"中作出了如下解释:

BC42《(美国)财务会计准则公告第 144 号》要求,《征求意见稿第 4 号》也建议,符合划归为持有待售标准的新取得资产,在初始确认时应按公允价值减去出售费用后的余额计量。从而,在主体取得一项符合划归为持有待售标准的非流动资产(企业合并除外)的情况下,如果该资产的成本超过其公允价值减去出售费用后的余额,则应确认为损失。更为常见的是,作为企业合并的一部分,主体取得一项符合划归为持有待售标准的非流动资产(或处置组),公允价值与公允价值减去出售费用后的余额之间的差额应确认为商誉。

BC43 一些《征求意见稿第 4 号》的反馈意见者指出,按照公允价值减去出售费用后的余额计量那些不属于企业合并中一部分的新取得资产,这种做法与划归为持有待售资产应按照账面金额与公允价值减去出售费用后的余额孰低计量的一般提议不一致。理事会同意了上述观点并作出了修订,从而明确了新取得资产(或处置组)在初始确认时应按照其如果不划归为持有待售时的账面金额(如成本)与公允价值减去出售费用后的余额孰低计量。

BC44 至于企业合并,理事会指出,从概念上讲这些资产应按公允价值初始确认,然后立即划归为持有待售的资产,从而出售费用被确认为损益而不是商誉。理论上,如果主体将出售费用包括进了购买价格中,那么降低的价格将产生负商誉,立即在损益中确认的做法会抵销出售费用所产生的损失。当然,实务中,降低的价格通常会导致在损益中确认较低的净的正商誉而不是负商誉。考虑到上述原因,同时也是为了趋同,理事会决定,企业合并中符合划归为持有待售标准的非流动资产,在初始确认时应当按照公允价值减去出售费用后的余额计量。

BC45 在关于购买法应用的合作项目中,理事会和美国财务会计准则委员会正在考虑通常哪些项目构成企业合并交易的组成部分。这些考虑包括该交易中确认的资产和负债应当以购买方的观点还是以被购方的观点为基础。这些考虑的结果会影响结论基础第 44 段中所讨论的决定。

注:在关于购买法应用的合作项目中,理事会和美国财务会计准则委员会阐明了,在企业合并中将所购买的资产划归为持有待售时应以购买方的观点为基础。因此,为在初始确认时将取得的资产划归为持有待售,购买方须在购买日满足《国际财务报告准则第 5 号》中第 6 段至第 11 段中的标准。

需要说明的是:以上所讨论的企业合并中取得的非流动资产或处置组满足持有待售类别条件时的计量,都是针对非同一控制下企业合并。对于同一控制下企业合并中的此类问题,我们理解:

(1) 如果同一控制下企业合并的被合并方包含的该等非流动资产或处置组,在合并日之前已经作为持有待售类别按持有待售准则进行会计处理的,则在合并方的合并报表和个别报表层面,均应直接沿用其原账面价值,无特殊的计量问题。

(2) 如果同一控制下企业合并的被合并方包含的该等非流动资产或处置组,原先并未作为持有待售核算,而是在合并日,合并方确定将其作为持有待售类别进行后续处理的,则:

第一,在合并方的合并报表层面,因为该等非流动资产或构成处置组的资产、负债项目都是视同在最早期间期初(即被归类为持有待售类别之前)即已存在,并一直存续下来的,故合并报表层面的处理效果就是在合并日将这些资产划分为持有待售,故此在合并报表层面直接按持有待售准则第十二条和第十三条计量即可,对该等资产或处置组账面价值的调整金额,在合并报表层面应计入损益。换言之,在合并报表层面并没有特殊的会计处理问题。

第二,在合并方的个别报表层面,如为控股合并,则对相关长期股权投资进行初始计量时,仍按照该等资产、负债的原账面价值计量,不考虑被归入持有待售类别时对其账面价值的调整因素,但后续如果减记其账面价值到公允价值减去出售费用的净额,则应对该长期股权投资进行减值测试和计提减值准备;如为吸收合并或新设合并,则应首先按照该等资产、负债的原账面价值进行初始计量,但随即将其账面价值减记到公允价值减去出售费用的净额,减记的差额计入当期损益。

需要注意的是:对于非企业合并中取得的持有待售非流动资产或处置组,如果其公允价值减去销售费用的净额小于取得成本,因而在初始确认时立即确认损失的,此时应当关注该等资产或处置组的计税基础。如果计税基础按照取得成本确定,则导致可抵扣暂时性差异。此时虽然是不构成企业合并的资产、负债的初始确认,但因为在初始确认时影响到了会计利润,所以不适用《企业会计准则第 18 号——所得税》第十三条所规定的"初始确认豁免",应在满足递延所得税资产确认的一般条件的前提下,就该项可抵扣暂时性差异确认递延所得税资产。

### (六)持有待分配的非流动资产或处置组的初始计量

对持有待分配给所有者的非流动资产或处置组而言,发生的分配费用是指可以直接归属于分配资产或处置组的增量费用,但不包括财务费用和所得税费用。除此之外,持有待分配给所有者类别的计量要求与持有待售类别相类似。

## 三、持有待售类别的后续计量

### (一)持有待售的非流动资产的后续计量

后续资产负债表日持有待售的非流动资产公允价值减去出售费用后的净额增加的,以前减记的金额应当予以恢复,并在划分为持有待售类别后确认的资产减值损失金额内转回,转回金额计入当期损益。划分为持有待售类别前确认的资产减值损失不得转回(准则第十七条)。

准则第十七条明确了划分为持有待售类别前已确认的资产减值损失不得转回。由于相关资产的性质在划分为持有待售类别后已经由非流动资产转化为流动资产,划分为持有待售类别前,基于《企业会计准则第 8 号——资产减值》第十七条的规定,"资产减值损失一经确认,在以后会计期间不得转回";划分为持有待售类别后的资产减值损失属于流动资产减值损失,准则允许转回。

### (二)持有待售的处置组的后续计量

1. 处置组中包含不适用本准则计量规定的资产、负债的处理。

企业在资产负债表日重新计量持有待售的处置组时,应当首先按照相关会计准则规定计量处置组中不适用本准则计量规定的资产和负债的账面价值,然后按照本准则第十三条的规定进行会计处理(准则第十五条)。

企业在资产负债表日重新计量持有待售的处置组时,应当首先按照相关会计准则规定计量处置组中不适用持有待售准则计量规定的资产和负债的账面价值,这些资产和负债可能包括采用公允价值模式进行后续计量的投资性房地产、采用公允价值减去出售费用后的净额计量的生物资产、金融工具等不适用本准则计量规定的非流动资产,也可能包括流动资产、流动负债和非流动负债。例如,处置组中的金融资产和金融负债,应当按照《企业会计准则第 22 号——金融工具确认和计量》的规定计量。

在进行上述计量后,企业应当比较持有待售的处置组整体账面价值与公允价值减去出售费用后的净额,如果账面价值高于其公允价值减去出售费用后的净额,应当将账面价值减记至公允价值减去出售费用后的净额,减记的金额确认为资产减值损失,计入当期损益,同时计提持有待售资产减值准备,但不应当重复确认不适用持有待售准则计量规定的资产和负债按照相关准则规定已经确认的损失。

2. 持有待售的处置组确认减值损失的分摊处理。

对于持有待售的处置组确认的资产减值损失金额,应当先抵减处置组中商誉的账面价值,再根据处置组中适用本准则计量规定的各项非流动资产账面价值所占比重,按比例抵减其账面价值(准则第十六条)。

准则第十六条明确了对处置组的减值损失在处置组内部的具体分摊原则,与现行《企业会计准则第 8 号——资产减值》第二十二条规定的资产组的减值损失分摊方法原理一致:对于持有待售的处置组确认的资产减值损失金额,如果该处置组包含商誉,应当先抵减商誉的账面价值,再根据处置组中适用持有待售准则计量规定的各项非流动资产账面价值所占比重,按比例抵减其账面价值。确认的资产减值损失金额应当以适用持有待售准则计量规定的各项资产的账面价值为限,不应分摊至处置组中不适用持有待售准则计量规定的其他资产。

3. 持有待售的处置组减值转回及其分摊。

后续资产负债表日持有待售的处置组公允价值减去出售费用后的净额增加的,以前减记的金额应当予以恢复,并在划分为持有待售类别后适用本准则计量规定的非流动资产确认的资产减值损失金额内转回,转回金额计入当期损益。已抵减的商誉账面价值,以及适用本准则计量规定的非流动资产在划分为持有待售类别前确认的资产减值损失不得转回(准则第十八条)。

同持有待售的非流动资产确认的减值转回规定原则[本实务操作指南第二章第三节三(一)]一致,准则第十八条明确了划分为持有待售类别前已确认的资产减值损失不得转回;划分为持有待售类别后的资产减值损失属于流动资产减值损失,准则允许转回。但是,商誉的减值损失不得转回。

持有待售的处置组确认的资产减值损失后续转回金额,与第十六条减值损失分配的方法相对应:应当根据处置组中除商誉外适用本准则计量规定的各项非流动资产账面价值所占比重,按比例增加其账面价值(准则第十九条)。

**例 15-2　持有待售的处置组的后续计量**

接上述[例 15-1],具体计量示例如下:

(1)初始计量:

20×6 年 9 月 20 日初始计量为持有待售时,减值损失应按照持有待售准则第十六条的要求进行分摊,如表 1-15 所示。

表 1-15　　　　　　　　　减值损失的分摊　　　　　　　　　单位:万元

| 项目 | 划归为持有待售前的账面价值 | 依据 CAS 42 分配的减值 | 依据 CAS 42 分配减值后的账面价值 |
|---|---|---|---|
| 商誉 | 300 | (300)注1 | 0 |
| 无形资产 | 600 | (300)注2 | 300 |
| 固定资产 | 700 | (350)注3 | 350 |
| 存货 | 300 | | 300 |
| 应收账款 | 700 | | 700 |
| 应付账款 | (200) | | (200) |
| 合　计 | 2 400 | 950 | 1 450注4 |

注 1:对于持有待售的处置组确认的资产减值损失金额,应当先抵减处置组中商誉的账面价值。

注 2:首先减值损失先抵减处置组中商誉的账面价值,然后,剩余的损失根据适用持有待售准则计量规定的各项非流动资产账面价值所占比重,按比例抵减其账面价值:300=600÷(600+700)×(950−300)。

注 3:350=700÷(600+700)×(950−300)。

注 4:企业初始计量或在资产负债表日重新计量持有待售的非流动资产或处置组时,其账面价值高于公允价值减去出售费用后的净额的,应当将账面价值减记至公允价值减去出售费用后的净额。

会计处理如下(单位:万元):

借:资产减值损失　　　　　　　　　　　　　　　　　　　　　　　　　950

　　贷:持有待售资产减值准备　　　　　　　　　　　　　　　　　　　950

(2)后续计量:

20×6 年 12 月 31 日,A 公司依据适用的准则对处置组中不适用持有待售准则计量规定的资产、负债进行重新计量,导致处置组中资产的账面价值调整后如表 1-16 所示。

表 1-16　　　　　　　　调整后的处置组中资产的账面价值　　　　　　　　单位:万元

| 项目 | 20×6 年 12 月 31 日账面价值 |
|---|---|
| 商誉 | 0 |
| 无形资产 | 300 |
| 固定资产 | 350 |
| 存货 | 300 |
| 应收账款 | 200 |
| 应付账款 | (100) |
| 合　计 | 1 050 |

情形 1：

若 20×6 年 12 月 31 日，整个处置组的公允价值减去出售费用后的净额回升至 2 500 万元，升值 1 450 万元（2 500－1 050）。根据准则第十八条的规定，A 公司应当将以前减记的金额予以恢复，并在划分为持有待售类别后适用持有待售准则计量规定的非流动资产确认的资产减值损失金额内转回，转回金额计入当期损益。已抵减的商誉账面价值，以及适用持有待售准则计量规定的非流动资产在划分为持有待售类别前确认的资产减值损失不得转回。因此，允许转回的减值为 650 万元（950－300）。如表 1-17 所示。

表 1-17　　　　　　　　　净额回升的处理　　　　　　　　单位：万元

| 项目 | 转回减值损失前账面价值 | 划分为持有待售类别前计提的减值 | 划分为持有待售类别后计提的减值 | CAS 42 允许转回的减值 | 依据 CAS 42 转回减值后的账面价值 |
|---|---|---|---|---|---|
| 商誉 | 0 | (200) | (300) | 0 | 0 |
| 无形资产 | 300 | | (300) | 300 | 600 |
| 固定资产 | 350 | | (350) | 350 | 700 |
| 存货 | 300 | | | | 300 |
| 应收账款 | 200 | | | | 200 |
| 应付账款 | (100) | | | | (100) |
| 合　计 | 1 050 | (200) | (950) | 650 | 1 700 |

情形 2：

若 20×6 年 12 月 31 日，整个处置组的公允价值减去出售费用后的净额回升至 1 310 万元，升值 260 万元（1 310－1 050）。根据准则第十九条的规定，A 公司应当根据处置组中除商誉外适用持有待售准则计量规定的各项非流动资产账面价值所占比重，按比例增加其账面价值。如表 1-18 所示。

表 1-18　　　　　　　根据比重按比例调整账面价值　　　　　　单位：万元

| 项目 | 转回减值损失前账面价值 | 划分为持有待售类别前计提的减值 | 划分为持有待售类别后计提的减值 | CAS 42 允许转回的减值 | 依据 CAS 42 转回减值后的账面价值 |
|---|---|---|---|---|---|
| 商誉 | 0 | (200) | (300) | 0 | 0 |
| 无形资产 | 300 | | (300) | 120 | 420 |
| 固定资产 | 350 | | (350) | 140 | 490 |
| 存货 | 300 | | | | 300 |
| 应收账款 | 200 | | | | 200 |
| 应付账款 | (100) | | | | (100) |
| 合　计 | 1 050 | (200) | (950) | 260 | 1 310 |

会计处理如下（单位：万元）：

借：持有待售资产减值准备（金额为上表中"CAS 42 允许转回的减值"列金额）

　　　　　　　　　　　　　　　　　　　　　　　　　　　　260

　贷：资产减值损失　　　　　　　　　　　　　　　　　　260

持有待售的非流动资产或处置组中的非流动资产不应计提折旧或摊销,持有待售的处置组中负债的利息和其他费用应当继续予以确认(准则第二十条)。

例如,处置组中若包含了以摊余成本进行后续计量的负债项目,则在处置组终止确认前的各期,企业仍需按实际利率计算其利息并相应调整处置组中的负债的账面价值。

**例 17　后续计量——持有待售负债的利息应当继续确认**

F 企业拟将拥有的核电站转让给 H 企业,双方已签订了转让协议。由于核电站主体设备核反应堆将对当地生态环境产生一定影响,在核电站最初建造完成并交付使用时,F 企业考虑到设备使用期满后将其拆除并整治污染的弃置费用,确认了 38.55 万元的预计负债,并按照每年 10% 的实际利率对该弃置费用逐期确认利息费用。

**分析:** F 企业将核电站划分为持有待售类别后,该预计负债应当作为持有待售负债,且该资产弃置义务产生的利息费用应当继续确认。

同时,持有待售准则虽未提及,但是《企业会计准则第 2 号——长期股权投资》(2014 年修订)第十六条已经规定:"对联营企业或合营企业的权益性投资全部或部分分类为持有待售资产的,投资方应当按照《企业会计准则第 4 号——固定资产》的有关规定处理。"也即:权益法核算的长期股权投资划分为持有待售类别后,不应根据被投资方的净资产变动调整其账面价值。

## 四、不再符合划分条件或终止确认持有待售类别的处理

非流动资产或处置组因不再满足持有待售类别的划分条件而不再继续划分为持有待售类别或非流动资产从持有待售的处置组中移除时,应当按照以下两者孰低计量(准则第二十一条):

"(一)划分为持有待售类别前的账面价值,按照假定不划分为持有待售类别情况下本应确认的折旧、摊销或减值等进行调整后的金额;

(二)可收回金额。"

不再满足持有待售类别的划分条件时,按照准则第二十一条(一)和(二)项孰低计量产生的差额计入当期损益,可以通过"资产减值损失"科目进行会计处理。这样处理的结果是,原来划分为持有待售的非流动资产或处置组重新分类后的账面价值,与其从未划分为持有待售类别情况下的账面价值相一致。

**例 15-3　不再符合划分条件或终止确认持有待售类别的处理**

接上述[例 15-2]情形 1:

20×7 年 3 月 31 日,A 公司改变计划,决定不再出售子公司 B。在计划改变日,处置组的公允价值减去出售费用的净额与 20×6 年 12 月 31 日一致。

在不再满足持有待售类别的划分条件而不再继续划分为持有待售类别改变计划日,A 公司对原处置组须按照下列两项金额中较低者计量相关资产:

（1）处置组被划归为持有待售之前的账面价值，按照其假定在没有被划分为持有待售的情况下原应确认折旧、摊销或减值进行调整后的金额。

（2）决定不再出售之日的可收回金额。此处的可收回金额，为资产的公允价值减去处置费用后的净额与资产预计未来现金流量的现值两者之间较高者。如果该非流动资产属于某资产组的一部分，其可收回金额是指按照《企业会计准则第 8 号——资产减值》将资产组发生的减值损失分配后应确认的账面金额。

表 1-19　　　　　　　　　调整账面价值处理　　　　　　　　　单位：万元

| 子公司 B 资产项目 | 假定处置组从未被划分为持有待售，其在 20×7 年 3 月 31 日的账面价值 | 在未对出售计划变更进行调整前，依据 CAS 42 确认的 20×7 年 3 月 31 日的账面价值 | 出售计划变更后，经调整的 20×7 年 3 月 31 日的账面价值 |
|---|---|---|---|
| 商誉 | 300 | 0 | 0 |
| 无形资产 | 450 | 600 | 450 |
| 固定资产 | 525 | 700 | 525 |
| 存货 | 300 | 300 | 300 |
| 应收账款 | 200 | 200 | 200 |
| 应付账款 | (100) | (100) | (100) |
| 合　计 | 1 675 | 1 700 | 1 375 |

值得注意的是，企业将非流动资产或处置组由持有待售类别重分类为持有待分配给所有者类别，或者由持有待分配给所有者类别重分类为持有待售类别，原处置计划没有发生本质改变，不应当按照上述不再继续划分为持有待售类别的计量要求处理，而应当按照重分类后所属类别的计量要求处理。分类为持有待售类别或持有待分配给所有者类别的日期不因重分类而发生改变，在适用延长 1 年期的例外条款时，应当以该最初分类日期为准。

## 五、因处置等原因终止确认持有待售的非流动资产或处置组的处理

企业终止确认持有待售的非流动资产或处置组时，应当将尚未确认的利得或损失计入当期损益（准则第二十二条）。

持有待售非流动资产或处置组实际处置时，对其中的固定资产和无形资产，分别按照《企业会计准则第 4 号——固定资产》和《企业会计准则第 6 号——无形资产》中关于相应类型资产处置的规定，在终止确认资产的同时确认相应的处置损益，记入"资产处置损益"科目；对其中的长期股权投资，按照《企业会计准则第 2 号——长期股权投资》的规定，终止确认的损益计入"投资收益"。

按照《企业会计准则第 19 号——外币折算》的规定，企业在处置持有待售的境外经营时，应当将与该境外经营相关的外币财务报表折算差额，自其他综合收益转入处置当期损益，部分处置境外经营的，应当按处置的比例计算处置

部分的外币财务报表折算差额,转入处置当期损益。

## 第四节 持有待售的非流动资产或处置组的列报和披露

### 一、资产负债表列示

企业应当在资产负债表中区别于其他资产单独列示持有待售的非流动资产或持有待售的处置组中的资产,区别于其他负债单独列示持有待售的处置组中的负债。持有待售的非流动资产或持有待售的处置组中的资产与持有待售的处置组中的负债不应当相互抵销,应当分别作为流动资产和流动负债列示(准则第二十三条)。

对于当期首次满足持有待售类别划分条件的非流动资产或处置组,不应当调整可比会计期间资产负债表(准则第二十六条)。

"持有待售资产"和"持有待售负债"应当分别作为流动资产和流动负债列示。具体来说,企业应当在资产负债表资产项下"一年内到期的非流动资产"项目之上增设"持有待售资产"项目,反映资产负债表日划分为持有待售类别的非流动资产及划分为持有待售类别的处置组中的流动资产和非流动资产的期末账面价值。"持有待售资产"项目应当根据"持有待售资产"科目的期末余额,减去"持有待售资产减值准备"科目的期末余额后的金额填列。企业应当在资产负债表负债项下"一年内到期的非流动负债"项目之上增设"持有待售负债"项目,反映资产负债表日处置组中与划分为持有待售类别的资产直接相关的负债的期末账面价值。"持有待售负债"项目应当根据"持有待售负债"科目的期末余额填列。

**例 15-4** 资产负债表列示

参照前述[例 15-2]情形一,不考虑 A 公司其他业务的影响,A 公司 20×6 年 12 月 31 日的资产负债表列示如表 1-20 所示。

表 1-20                 资 产 负 债 表            单位:万元

| 项目 | 年末数 | 年初数 | 项目 | 年末数 | 年初数 |
|---|---|---|---|---|---|
| AA | ×× | ×× | EE | ×× | ×× |
| 存货 | ×× | ×× | 其他应付款 | ×× | ×× |
| 持有待售资产 | 1 800[注1] | ××[注2] | 持有待售负债 | 100[注1] | ××[注2] |
| 一年内到期的非流动资产 | ×× | ×× | 一年内到期的非流动负债 | ×× | ×× |
| BB | ×× | ×× | 流动负债小计 | ×× | ×× |
| 流动资产小计 | ×× | ×× | 非流动负债小计 | ×× | ×× |
| CC | ×× | ×× | 负债合计 | ×× | ×× |

（续表）

| 项目 | 年末数 | 年初数 | 项目 | 年末数 | 年初数 |
|---|---|---|---|---|---|
| DD | ×× | ×× | FF | ×× | ×× |
| 非流动资产小计 | ×× | ×× | 股东权益合计 | ×× | ×× |
| 资产总额 | ×× | ×× | 负债和股东权益总额 | ×× | ×× |

注1：持有待售的处置组中的资产与持有待售的处置组中的负债不应当相互抵销，应当分别作为流动资产和流动负债列示。

注2：对于当期首次满足持有待售类别划分条件的非流动资产或处置组，不应当调整可比会计期间资产负债表，即不对其符合持有待售类别划分条件前各个会计期间的资产负债表进行项目的分类调整或重新列报。

需注意的是，非流动资产不能仅仅因为管理层有意图出售或者本企业预计将在 12 个月内终止其使用而被归类为流动资产。只有满足准则规定的"持有待售"认定条件的非流动资产，才能作为"持有待售资产"而被列入流动资产。

CAS 42 对首次划分为持有待售类别时不应调整可比资产负债表列报的规定与 IFRS 5 的要求保持一致，亦明确了"非流动资产或处置组在资产负债表日至财务报告批准报出日之间满足持有待售类别划分条件的，应当作为资产负债表日后非调整事项进行会计处理"。

## 二、利润表列示

企业应当在利润表中"营业利润"项目之上单设"资产处置收益"项目，反映企业出售划分为持有待售的非流动资产（金融工具、长期股权投资和投资性房地产除外）或处置组（子公司和业务除外）时确认的处置利得或损失。"资产处置收益"项目应根据"资产处置损益"科目的发生额分析填列；如为处置损失，以"－"号填列。

企业持有待售的非流动资产或处置组同时符合终止经营定义的，利润表中按照终止经营的列报要求（本实务操作指南第二章第五节二）进行列示。

## 三、持有待售的非流动资产或处置组的披露

企业应当在附注中披露有关持有待售的非流动资产或处置组的下列信息：

（1）持有待售的非流动资产或处置组的出售费用和主要类别，以及每个类别的账面价值和公允价值。

（2）持有待售的非流动资产或处置组的出售原因、方式和时间安排。

（3）列报持有待售的非流动资产或处置组的分部。

（4）持有待售的非流动资产或持有待售的处置组中资产确认的减值损失及其转回金额。

（5）与持有待售的非流动资产或处置组有关的其他综合收益累计金额（例如，与境外经营相关的外币财务报表折算差额等）（准则第二十五条）。

如果处置组中包含不适用持有待售准则计量规定的资产或负债，且有关这

些资产或负债的披露已经包括在附注的其他部分,企业不需要在有关持有待售的非流动资产或处置组的附注部分重复披露,除非企业认为这样披露有助于报表使用者评估相关信息。

非流动资产或处置组在资产负债表日至财务报告批准报出日之间满足持有待售类别划分条件的,应当作为资产负债表日后非调整事项进行会计处理,并在附注中披露下列信息:

(1) 资产负债表日后划分为持有待售类别的非流动资产或处置组的出售费用和主要类别,以及每个类别的账面价值和公允价值。

(2) 持有待售的非流动资产或处置组的出售原因、方式和时间安排。

(3) 列报持有待售的非流动资产或处置组的分部。

# 第五节　终止经营的定义、列报和披露

## 一、终止经营的定义

终止经营,是指企业满足下列条件之一的、能够单独区分的组成部分,且该组成部分已经处置或划分为持有待售类别(准则第四条):

"(一) 该组成部分代表一项独立的主要业务或一个单独的主要经营地区;

(二) 该组成部分是拟对一项独立的主要业务或一个单独的主要经营地区进行处置的一项相关联计划的一部分;

(三) 该组成部分是专为转售而取得的子公司。"

终止经营的定义与此前《企业会计准则第 30 号——财务报表列报》应用指南的规定基本一致,并无实质性变化。

终止经营的定义包含以下三方面含义:

(1) 终止经营应当是企业能够单独区分的组成部分。该组成部分的经营和现金流量在企业经营和编制财务报表时是能够与企业的其他部分清楚区分的。企业组成部分可能是一个资产组,也可能是一组资产组组合,通常是企业的一个子公司、一个事业部或事业群。

(2) 终止经营应当具有一定的规模。终止经营应当代表一项独立的主要业务或一个单独的主要经营地区,或者是拟对一项独立的主要业务或一个单独的主要经营地区进行处置的一项相关联计划的一部分。并非所有处置组都符合终止经营定义中的规模条件,企业需要运用职业判断加以确定。当然,如果企业主要经营一项业务或主要在一个地理区域内开展经营,企业的一个主要产品或服务线就可能满足终止经营定义中的规模条件。对于专为转售而取得的子公司,持有待售准则对其规模不做要求,只要是单独区分的组成部分且满足时点要求,即构成终止经营。有些专为转售而取得的重要的合营企业或联营企业,也可能因为符合终止经营定义中的规模等条件而构成终止经营。

实务操作中经常容易被忽略的一点是:并不是所有待处置的子公司都满足"终止经营"的条件。从"终止经营"认定条件之(一)和(二)来看,如果满足了"终止经营"的条件,则意味着本会计主体将彻底退出某行业或某地区的经营,通常意味着战略性的重大变化,并将在不少情况下伴随着依据《企业会计准则第13号——或有事项》的规定对"企业重组义务"相关预计负债的确认。如果只是简单地关闭或处置一家子公司,但在该子公司所处的行业和地区内还有其他子公司的,则该待处置或待关闭的子公司不构成"终止经营"。例如,从事连锁经营的行业,门店的新开或关闭是经常发生的事项,如果只是作为策略性调整而新开或关闭部分门店(调整某一区域内的门店布局),则此类待转让或关闭的门店不构成"终止经营";但如果集中关闭或转让某一地区的所有门店,从此将退出该战略性区域的运营,则属于"终止经营"。

(3) 终止经营应当满足一定的时点要求。符合终止经营定义的组成部分应当属于以下两种情况之一:

第一,该组成部分在资产负债表日之前已经处置,包括已经出售和结束使用(如关停或报废等)。多数情况下,如果组成部分的所有资产和负债均已处置,产生收入和发生成本的来源消失,这时确定组成部分"处置"的时点是较为容易的。但在有些情况下,组成部分的资产仍处于出售或报废过程中,仍可能发生清理费用,企业需要根据实际情况判断组成部分是否已经处置从而符合终止经营的定义。

**例 18　"处置"独立业务的判断——符合终止经营定义**

C 企业集团拥有一家经营药品批发业务的子公司 H 公司,药品批发构成 C 的一项独立的主要业务,且 H 在全国多个城市设立了营业网点。由于经营不善,C 决定停止 H 的所有业务。截至 2×17 年 10 月 13 日,已处置了该子公司所有存货并辞退了所有员工,但仍有一些债权等待收回,部分营业网点门店的租约尚未到期,仍需支付租金费用。判断 H 是否构成 C 的终止经营。

分析:由于 H 子公司原药品批发业务已经停止,收回债权、处置租约等尚未结算的未来交易并不构成上述业务的延续,因此该子公司的经营已经终止,应当认为 2×17 年 10 月 13 日后该子公司符合终止经营的定义。

**例 19　"处置"独立业务的判断——不符合终止经营定义**

D 企业集团正在关闭其主要从事放贷业务的 L 子公司,自 2×17 年 2 月 1 日起,L 公司不再贷出新的款项,但仍会继续收回未结贷款的本金和利息,直到原设定的贷款期结束。判断 L 是否构成 D 的终止经营。

分析:由于 L 子公司仍在从事收回贷款本金和利息的日常经营收入创造活动,直至最后一期本金和利息被收回之前,不能认为该子公司已被处置,也不符合终止经营的定义。虽然[例 18]中也存在 H 子公司收回债权的活动,但该活动仅仅是收回现金的过程,并不继续创造日常经营活动收入,不构成 H 子公司重大的收入创造活动,因此不影响将 H 子公司作为终止经营处理。

**例20** **"处置"独立业务的判断——不符合终止经营定义**

M企业决定关闭从事工程承包业务的分部P,要求分部P在完成现有承包合同后不再承接新的承包合同。判断P是否构成M的终止经营。

**分析:**在完成现有合同的期间,分部P仍在继续开展收入创造活动,无论工程承包是否是M的独立的主要业务,在此期间P都不符合终止经营的定义。

第二,该组成部分在资产负债表日之前已经划分为持有待售类别。有些情况下,企业对一项独立的主要业务或一个单独的主要经营地区进行处置的一项相关联计划持续数年,组成部分中的资产组或资产组组合无法同时满足持有待售类别的划分条件。随着处置计划的进行,组成部分中的一些资产组或资产组组合可能先满足持有待售类别划分条件且构成企业的终止经营,其他资产组或资产组组合可能在未来满足持有待售类别的划分条件,应当适时将其作为终止经营处理。

**例21** **"处置"独立业务计划的一部分**

F企业集团决定出售其专门从事酒店管理的下属子公司R公司,酒店管理构成F的一项主要业务。R子公司管理一个酒店集团和一个连锁健身中心。为获取最大收益,F决定允许将酒店集团和连锁健身中心出售给不同买家,但酒店集团和健身中心的转让是相互关联的,即两者或者均出售,或者均不出售。F于2×17年12月6日与S企业就转让连锁健身中心正式签订了协议,假设此时连锁健身中心符合了持有待售类别的划分条件,但酒店集团尚不符合持有待售类别的划分条件。判断酒店集团和连锁健身中心是否构成F的终止经营。

**分析:**处置酒店集团和连锁健身中心构成一项相关联的计划,虽然酒店集团和连锁健身中心可能出售给不同买家,但分别属于对一项独立的主要业务进行处置的一项相关联计划的一部分,因此连锁健身中心符合终止经营的定义,酒店集团在未来符合持有待售类别划分条件时也符合终止经营的定义。

不是所有划分为持有待售类别的处置组都符合终止经营的定义,因为有些处置组可能不是"能够单独区分的组成部分"或不符合终止经营定义中的规模条件;也不是所有终止经营都划分为持有待售类别,因为有些终止经营在资产负债表日前已经处置。

## 二、终止经营的列报

企业应当在利润表中分别列示持续经营损益和终止经营损益。不符合终止经营定义的持有待售的非流动资产或处置组,其减值损失和转回金额及处置损益应当作为持续经营损益列报。终止经营的减值损失和转回金额等经营损益及处置损益应当作为终止经营损益列报(准则第二十四条)。

持有待售准则发布后,结合财政部《关于修订印发一般企业财务报表格式的通知》(财会〔2017〕30号)、《关于修订印发2018年度一般企业财务报表格式的通知》(财会〔2018〕15 号)等文件的规定,企业利润表"净利润"行项目下新增两个其中项:"1. 持续经营净利润"和"2. 终止经营净利润"行项目,分别反映净利润中与持续经营相关的净利润和与终止经营相关的净利润;如为净亏损,以"一"号填列。合并利润表中"净利润"在原有按所有权归属分类之前增加按经营持续性分类的列示。

1. 不符合终止经营定义的持有待售的非流动资产或处置组的列示。

不符合终止经营定义的持有待售的非流动资产或处置组所产生的下列相关损益,应当在利润表中作为持续经营损益列报:

(1)企业初始计量或在资产负债表日重新计量持有待售的非流动资产或处置组时,因账面价值高于其公允价值减去出售费用后的净额而确认的资产减值损失。

(2)后续资产负债表日持有待售的非流动资产或处置组公允价值减去出售费用后的净额增加,因恢复以前减记的金额而转回的资产减值损失。

(3)持有待售的非流动资产或处置组的处置损益。

2. 终止经营的列示。

终止经营的相关损益应当作为终止经营损益列报,列报的终止经营损益应当包含整个报告期间,而不仅包含认定为终止经营后的报告期间。相关损益具体包括:

(1)终止经营的经营活动损益,如销售商品、提供服务的收入、相关成本和费用等。

(2)企业初始计量或在资产负债表日重新计量符合终止经营定义的持有待售的处置组时,因账面价值高于其公允价值减去出售费用后的净额而确认的资产减值损失。

(3)后续资产负债表日符合终止经营定义的持有待售处置组的公允价值减去出售费用后的净额增加,因恢复以前减记的金额而转回的资产减值损失。

(4)终止经营的处置损益。

(5)终止经营处置损益的调整金额。可能引起调整的情形包括:最终确定处置条款,如与买方商定交易价格调整额和补偿金;消除与处置相关的不确定因素,如确定卖方保留的环保义务或产品质量保证义务;履行与处置相关的职工薪酬支付义务等。

企业在处置终止经营的过程中可能附带产生一些增量费用,如果不进行该项处置就不会产生这些费用,企业应当将这些增量费用作为终止经营损益列报。

对于当期列报的终止经营,企业应当在当期财务报表中,将原来作为持续经营损益列报的信息重新作为可比会计期间的终止经营损益列报(准则第二十七条)。

**例 15-5  终止经营的列报**

根据前述〔例 15-2〕情形一的情况,假设 A 公司经营业务中餐饮板块仅 B

这一家子公司,A公司对该处置组中包含的无形资产、固定资产,在划分为持有待售类别前20×6年1～9月分别计提了无形资产摊销210万元、固定资产折旧245万元;20×5年度分别计提了无形资产摊销280万元、固定资产折旧327万元。不考虑A公司其他业务的影响,A公司20×6年度的合并利润表中列示如表1-21所示。

表1-21 　　　　　　　　　　合并利润表　　　　　　　　单位:万元

| 项目 | 20×6年度 | 20×5年度 |
|---|---|---|
| 一、营业收入 | ×× | ×× |
| 减:营业成本 | ×× | ×× |
| ×× | ×× | ×× |
| …… | ×× | ×× |
| 加:其他收益 | ×× | ×× |
| 投资收益(损失以"-"号填列) | ×× | ×× |
| 公允价值变动收益(损失以"-"号填列) | ×× | ×× |
| 资产处置收益(损失以"-"号填列) | ×× | ×× |
| 二、营业利润(亏损以"-"号填列) | ×× | ×× |
| 加:营业外收入 | ×× | ×× |
| 减:营业外支出 | ×× | ×× |
| 三、利润总额(亏损以"-"号填列) | ×× | ×× |
| 减:所得税费用 | ×× | ×× |
| 四、净利润(亏损以"-"号填列) | ×× | ×× |
| (一) 按经营持续性分类: | — | — |
| 1. 持续经营净利润(净亏损以"-"号填列) | ×× | ×× |
| 2. 终止经营净利润(净亏损以"-"号填列) | -955[注1] | -607[注2] |
| (二) 按所有权归属分类: | | |
| 1. 少数股东损益(净亏损以"-"号填列) | ×× | ×× |
| 2. 归属于母公司股东的净利润(净亏损以"-"号填列) | ×× | ×× |
| …… | ×× | ×× |

注1:本期终止经营利润-955万元,包含以下三部分内容:(1)商誉计提的减值损失500万元,其中划分为持有待售类别前重计量形成200万元,划分为持有待售类别后计提了300万元;(2)处置组包含的无形资产在划分为持有待售类别前当年度计提的累计摊销210万元;(3)处置组包含的固定资产在划分为持有待售类别前当年度计提的累计折旧245万元。

注2:根据准则第二十七条的要求,将原来作为持续经营损益列报的处置组包含的无形资产、固定资产的折旧摊销,重新作为可比会计期间的终止经营损益列报。

拟结束使用而非出售的处置组满足终止经营定义中有关组成部分的条件的,应当自停止使用日起作为终止经营列报(准则第二十八条)(注:在停止使用前后均不应当划分为持有待售类别)。列报的终止经营损益应当包含整个报告期间,而不仅包含认定为终止经营后的报告期间。

企业因出售对子公司的投资等原因导致其丧失对子公司控制权,且该子公司符合终止经营定义的,应当在合并利润表中列报相关终止经营损益(准则第二十九条)。

从财务报表可比性出发,对于当期列报的终止经营,企业应当在当期财务报表中,将原来作为持续经营损益列报的信息重新作为可比会计期间的终止经营损益列报。这意味着对于可比会计期间的利润表,作为终止经营列报的不仅包括在可比会计期间即符合终止经营定义的处置组,还包括在当期首次符合终止经营定义的处置组。由于后者的存在,处置组在可比会计期间销售商品、提供服务的收入和相关成本、费用,以及相关资产按照《企业会计准则第 8 号——资产减值》的规定确认的资产减值损失等也应当作为终止经营损益列报。

## 三、终止经营的披露

企业应当在附注中披露下列信息:

(1)终止经营的收入、费用、利润总额、所得税费用(收益)和净利润。

(2)终止经营的资产或处置组确认的减值损失及其转回金额。

(3)终止经营的处置损益总额、所得税费用(收益)和处置净损益。

(4)终止经营的经营活动、投资活动和筹资活动现金流量净额。

(5)归属于母公司所有者的持续经营损益和终止经营损益。

企业专为转售而取得的持有待售的子公司,应当按照第(5)项的规定进行披露(准则第二十五条)。

持有待售准则第二十五条系统规范了终止经营在财务报表附注中应披露的内容,对于当期首次列报的终止经营,企业应当在附注中披露可比会计期间与该终止经营有关的下列信息:

(1)终止经营的收入、费用、利润总额、所得税费用(收益)和净利润。

(2)终止经营的资产或处置组确认的减值损失及其转回金额。

(3)终止经营的经营活动、投资活动和筹资活动现金流量净额。

(4)归属于母公司所有者的持续经营损益和终止经营损益(准则第二十七条)。

企业因出售对子公司的投资等原因导致其丧失对子公司控制权,且该子公司符合终止经营定义的,应当按照本准则第二十五条(六)至(十)的规定进行披露(准则第二十九条)。

**例 15-6**　终止经营的披露

接前述[例 15-2]情形一,A 公司在 20×6 年 12 月 31 日财务报表附注中对终止经营披露如下:

本公司本年度终止经营餐饮业务分部,终止经营的经营成果如下:

(1)终止经营的基本情况如表 1-22 和表 1-23 所示。

表 1-22　　　　　　　　　20×6 年终止经营的其他情况　　　　　单位:万元

| 项　目 | 20×6 年度发生额 | | | | |
| --- | --- | --- | --- | --- | --- |
| | 收入 | 费用 | 利润总额 | 所得税费用/收益 | 净利润 |
| 餐饮业务 | ×× | 955注1 | ×× | ×× | ×× |

表 1-23 　　　　　　　　 **20×5 年终止经营的基本情况** 　　　　　　单位:万元

| 项 目 | 20×5 年度发生额 | | | | |
|---|---|---|---|---|---|
| | 收入 | 费用 | 利润总额 | 所得税费用/收益 | 净利润 |
| 餐饮业务 | ×× | 607[注2] | ×× | ×× | ×× |

（2）终止经营的资产或处置组减值准备情况如表 1-24 所示。

表 1-24 　　　　　　 **终止经营的资产或处置组减值准备情况** 　　　　　单位:万元

| 项 目 | 年初减值准备 | 本年计提 | 本年减少 | | 年末减值准备 |
|---|---|---|---|---|---|
| | | | 转回 | 其他减少 | |
| 终止经营的处置组 | 0 | 1 150[注3] | 650 | | 500 |
| 其中:商誉 | 0 | 500[注3] | 0 | | 500 |
| 无形资产 | 0 | 300 | 300 | | 0 |
| 固定资产 | 0 | 350 | 350 | | 0 |

注 1：假设不考虑该业务分部的其他成本费用,无形资产摊销和固定资产折旧的金额应作为终止经营的费用披露。

注 2：当期列报的终止经营,应当在当期财务报表中,将原来作为持续经营损益列报的信息,重新作为可比会计期间的终止经营损益列报。

注 3：20×6 年的减值损失还包含了划分为持有待售类别前商誉的减值 200 万元。

## 四、终止经营处置的列报和披露

企业应当在利润表中将终止经营处置损益的调整金额作为终止经营损益列报,并在附注中披露调整的性质和金额。可能引起调整的情形包括:

（1）最终确定处置条款,如与买方商定交易价格调整额和补偿金。

（2）消除与处置相关的不确定因素,如确定卖方保留的环保义务或产品质量保证义务。

（3）履行与处置相关的职工薪酬支付义务(准则第三十条)。

终止经营损益包括终止经营损益的调整金额。参照 IFRS 5 第 35 段规定,CAS 42 第三十条要求披露的调整事项,是指"当期对与以前期间终止经营的处置直接相关且前期已在终止经营中列报的金额所进行的调整,应在终止经营中单独分类。同时应披露此类调整的性质和金额",即所针对的是以前年度已经完成处置的终止经营(adjustments in the current period to amounts previously presented in discontinued operations that are directly related to the disposal of a discontinued operation in a prior period)。终止经营处置损益的调整金额,在利润表中应计入"资产处置收益"或"投资收益"等项目。

## 五、取得专为转售子公司的列报和披露

如果企业专为转售而取得的子公司符合持有待售类别的划分条件,应当按照持有待售的处置组和终止经营的有关规定进行列报,相对于不符合持有待售

类别划分条件的子公司,其资产负债表列示和附注披露都得到适当简化。但是,除非企业是投资性主体并将该子公司按照公允价值计量且其变动计入当期损益,否则仍然应当按照《企业会计准则第 33 号——合并财务报表》的规定,将该子公司纳入合并范围。

在合并资产负债表中,企业专为转售而取得的持有待售子公司的全部资产和负债应当分别作为持有待售资产和持有待售负债项目列示。

在合并利润表中,符合终止经营定义的专为转售而取得的持有待售子公司的净利润与其他终止经营净利润应当合并列示在"终止经营净利润"项目中。

企业专为转售而取得的持有待售的子公司,在附注中企业应当披露下列信息(准则第二十五条):

(1) 企业专为转售而取得的持有待售子公司的出售原因、方式和时间安排。

(2) 列报该子公司的分部。

(3) 该子公司确认的减值损失及其转回金额。

(4) 与该子公司有关的其他综合收益累计金额。

此外,企业还应披露归属于母公司所有者的持续经营损益和终止经营损益。

### 例 22    取得专为转售子公司的列报

2×17 年 11 月 9 日,A 企业收购了一家 H 控股企业,H 企业持有 S1 和 S2 两个子公司,其中子公司 S2 公司是专为转售而取得的,且满足持有待售类别划分条件。收购日 S2 子公司的公允价值减去出售费用后的净额为 135 万元,可辨认负债公允价值为 40 万元。2×17 年 12 月 31 日,S2 子公司的公允价值减去出售费用后的净额为 130 万元,负债按照相关会计准则重新计量后的账面价值为 35 万元。假设除 S2 子公司外,A 企业没有其他持有待售的非流动资产或处置组。

分析:A 企业收购 H 企业时,S2 子公司满足持有待售类别的划分条件,且符合终止经营的定义,取得日 S2 资产的入账价值为 175 万元(135＋40)。2×17 年 12 月 31 日,S2 资产的账面价值为 165 万元(130＋35)。在合并资产负债表中,A 企业应当单列项目"持有待售资产"和"持有待售负债",金额分别为 165 万元和 35 万元。在合并利润表中,A 企业应当在"终止经营净利润"中列示与该子公司有关的税后净利润,其中包括因重新计量确认的资产减值损失金额 5 万元(135－130)。

## 六、不再继续满足持有待售类别划分条件时的列报和披露

非流动资产或处置组不再继续划分为持有待售类别或非流动资产从持有待售的处置组中移除的,企业应当在当期利润表中将非流动资产或处置组的账面价值调整金额作为持续经营损益列报。

企业的子公司、共同经营、合营企业、联营企业以及部分对合营企业或联营

企业的投资不再继续划分为持有待售类别或从持有待售的处置组中移除的,企业应当在当期财务报表中相应调整各个划分为持有待售类别后可比会计期间的比较数据(准则第三十一条)。

IFRS 5 第 28 段规定:"对于停止划归为持有待售或持有待分配给所有者的非流动资产,主体应将对其账面金额所作的任何必要的调整额包括在第 7 段至第 9 段、第 12A 段有关标准不再符合期间的持续经营的损益中。如果不再被分类为持有待售或持有待分配给所有者的处置组或者非流动资产是一家子公司、共同经营、合营企业、联营企业,或者合营企业或联营企业的一部分权益,从分类为持有待售或持有待分配给所有者开始这段期间的财务报表需要相应进行修订。主体应将该调整额与根据第 37 段的规定确认的利得或损失(如果存在的话)列示在综合收益表中的同一项目下。"由此可见,对"不再被分类为持有待售或持有待分配给所有者的处置组或者非流动资产是一家子公司、共同经营、合营企业、联营企业,或者合营企业或联营企业的一部分权益"情形下原划分为持有待售期间报表的追溯调整要求,与《企业会计准则第 2 号——长期股权投资(2014 年修订)》第十六条的原则和规定是一致的。

非流动资产或处置组不再继续划分为持有待售类别或非流动资产从持有待售的处置组中移除的,企业应当在附注中披露下列信息:

(1)企业改变非流动资产或处置组出售计划的原因。

(2)可比会计期间财务报表中受影响的项目名称和影响金额(准则第三十一条)。

终止经营不再满足持有待售类别划分条件的,企业应当在当期财务报表中,将原来作为终止经营损益列报的信息重新作为可比会计期间的持续经营损益列报,并在附注中说明这一事实(准则第三十二条)。

非流动资产或处置组因不再满足持有待售类别的划分条件而不再继续划分为持有待售类别或非流动资产从持有待售的处置组中移除时,根据持有待售准则第二十一条的规定(本实务操作指南第二章第三节四),在划分为持有待售类别前的账面价值低于可收回金额的情况下,企业按照假定不划分为持有待售类别情况下对本应确认的折旧、摊销或减值等进行调整;若原划分为持有待售类别时不构成终止经营,则补提折旧、摊销等直接调整当期损益;若原划分为持有待售类别属于终止经营的,则根据第三十二条的规定,重述前期比较数据自然包含了补提折旧和摊销(如需要)并调整以前年度的内容。

## 第六节 生效时间及衔接规定

持有待售准则自 2017 年 5 月 28 日起施行。对于本准则施行日存在的持有待售的非流动资产、处置组和终止经营,应当采用未来适用法处理(准则第三十三条)。

持有待售准则规定,对于准则施行日存在的持有待售的非流动资产、处置组和终止经营,应当采用未来适用法处理。但是,持有待售准则施行日之后符合终止经营定义的,应当按照准则规定,对可比会计期间的比较数据进行调整,在财务报表中列示和披露该终止经营当期和可比会计期间的有关信息。

此外,基于"特别法优于普通法"和"新法优于旧法"的原则,也考虑持有待售准则的法律效力不低于此前的相关会计准则、应用指南或讲解,此前规定与持有待售准则不一致的,请以持有待售准则为准。若此前有相关规定,而持有待售准则未明确的,此前的规定依然有效。例如:

《企业会计准则讲解》第三十五章 每股收益:"一般情况下,每股收益是按照企业当期归属于普通股股东的全部净利润计算而得;但如果企业存在终止经营的情况,应当扣除终止经营净利润以后的当期归属于普通股股东的持续经营净利润进行计算。企业如有终止经营的情况,应当在附注中分别持续经营和终止经营披露基本每股收益和稀释每股收益。"

# 第四部分
## "企业会计准则解释"第 9～12 号的解读

2017 年 6 月 12 日,财政部分别以财会〔2017〕16 号、17 号、18 号和 19 号发布了"企业会计准则解释"第 9～12 号,分别为:《企业会计准则解释第 9 号——关于权益法下投资净损失的会计处理》《企业会计准则解释第 10 号——关于以使用固定资产产生的收入为基础的折旧方法》《企业会计准则解释第 11 号——关于以使用无形资产产生的收入为基础的摊销方法》《企业会计准则解释第 12 号——关于关键管理人员服务的提供方与接受方是否为关联方》。该四个文件的主要内容和我们对其的理解如下所述。

# 第一章
## 《企业会计准则解释第 9 号——关于权益法下投资净损失的会计处理》

主要内容:"投资方按权益法确认应分担被投资单位的净亏损或被投资单位其他综合收益减少净额,将有关长期股权投资冲减至零并产生了未确认投资净损失的,被投资单位在以后期间实现净利润或其他综合收益增加净额时,投资方应当按照以前确认或登记有关投资净损失时的相反顺序进行会计处理,即依次减记未确认投资净损失金额、恢复其他长期权益和恢复长期股权投资的账面价值,同时,投资方还应当重新复核预计负债的账面价值,有关会计处理如下:

(一) 投资方当期对被投资单位净利润和其他综合收益增加净额的分享额小于或等于前期未确认投资净损失的,根据登记的未确认投资净损失的类型,弥补前期未确认的应分担的被投资单位净亏损或其他综合收益减少净额等投资净损失。

(二) 投资方当期对被投资单位净利润和其他综合收益增加净额的分享额

大于前期未确认投资净损失的,应先按照以上(一)的规定弥补前期未确认投资净损失;对于前者大于后者的差额部分,依次恢复其他长期权益的账面价值和恢复长期股权投资的账面价值,同时按权益法确认该差额。

投资方应当按照《企业会计准则第 13 号——或有事项》的有关规定,对预计负债的账面价值进行复核,并根据复核后的最佳估计数予以调整。"

**解读:**

明确投资方因权益法核算分担被投资单位净亏损和其他综合收益净减少额,导致的将长期股权投资冲减至零并产生未确认投资损失的,后期被投资单位无论实现净利润还是其他综合收益净增加时,都可以按照未确认投资净损失的类型,对前期未确认投资净损失进行弥补。

应注意在弥补损失时应当按照以前确认或登记有关投资净损失时的相反顺序进行会计处理,即依次减记未确认投资净损失金额、恢复其他长期权益和恢复长期股权投资的账面价值。特别是如果以前确认了预计负债的情况下(投资方负有承担额外损失义务),应当重新复核预计负债的账面价值。

本解释中的"相反顺序"只是针对"净资产变动分享额大于前期未确认的投资损失"的情形下,对前期未确认投资损失全部予以(减记账外备查记录中的未确认亏损额)后,超出部分应按当时权益法下投资损失确认的相反顺序,依次恢复其他长期权益的账面价值和恢复长期股权投资的账面价值;同时"对预计负债金额的复核和调整"作为一项独立流程。但对于"净资产变动分享额"小于前期未确认投资损失的情况,应按照"根据登记的未确认投资净损失的类型,弥补前期未确认的应分担的被投资单位净亏损或其他综合收益减少净额等投资净损失"的原则予以减记,即冲减相同项目。举例说明如下。

**例题 1** A 公司对 B 公司的长期股权投资按权益法核算,历史上存在未确认投资损失。由于 B 公司的净资产存在由正变负再变为正的过程,假设没有其他长期权益,也不需要考虑预计负债因素,则 A 公司的"未确认投资损失备查簿"各年度的记录如表 1-25 所示。

表 1-25　　　　　　　未确认投资损失备查簿记录　　　　　　单位:万元

| 年份 | 本年度权益变动 | | | 期末未确认投资损失的构成 | | |
|---|---|---|---|---|---|---|
| | 净利润 | 其他综合收益 | 合计 | 净利润 | 其他综合收益 | 合计 |
| 2012 | | | — | | | — |
| 2013 | −200 | −300 | −500 | −200 | −300 | −500 |
| 2014 | −120 | −80 | −200 | −320 | −380 | −700 |
| 2015 | 100 | 150 | 250 | −220 | −230 | −450 |
| 2016 | 300 | 130 | 430 | 80 | −100 | −20 |
| 2017 | 110 | 90 | 200 | — | — | — |

在本例中,2015 年度分享的净利润 100 万元,其他综合收益增加额 150 万元,合计 250 万元,分别小于 2014 年年末的未确认投资损失 320 万元和未确认

其他综合收益减少额 380 万元,因此 2015 年度无需进行会计处理。但是,2016 年度分享的净利润 300 万元大于截至 2015 年年末的未确认投资损失(净利润形成)220 万元,因此将未确认投资损失(净利润形成)冲减至零后,尚有剩余 80 万元;但 2016 年度分享的其他综合收益增加额 130 万元,弥补截至 2015 年年末未确认的其他综合收益减少额 230 万元后,仍余 100 万元的其他综合收益减少额未确认,此时应以分享的净利润结余 80 万元弥补未确认的其他综合收益减少额 100 万元,弥补后,合计仍有 20 万元的未确认投资损失,因此,2016 年度也同样无需进行会计处理。

2017 年度,由于分享的净利润与其他综合收益增加额合计 200 万元,大于截至 2016 年年末未确认的投资净损失 20 万元,按照解释中"相反顺序"应首先减记未确认投资损失 20 万元,然后恢复长期股权投资账面价值 180 万元。注意在确认长期股权投资账面价值时,具体明细科目的使用可能有不同的观点:

第一种观点:2017 年度以当年度实现的其他综合收益 20 万元冲减截至上年年末尚未确认的其他综合收益减少额,剩余的本期分享的净利润份额 110 万元和其他综合收益份额 70 万元,按正常的权益法核算,计入"长期股权投资——损益调整"110 万元及"长期股权投资——其他综合收益"70 万元。

第二种观点:自 2013 年至 2017 年期间,累计分享的净利润为 190 万元,累计分享的其他综合收益为减少额 10 万元,因此,相当于是用分享的净利润 10 万元弥补了其他综合收益的减少额,将剩余的分享的净利润份额 180 万元全部计入"长期股权投资——损益调整"。

在这种特殊情形下如何进行具体处理,可能会影响投资方的净利润这一关键财务指标,本解释并未明确该处理。但我们认为:本解释的重点在于明确投资方分享的被投资方实现的未确认的净利润与其他综合收益的份额存在一正一负时,若合计仍为负值,此时由于被投资方净资产仍为负值,投资方不应确认恢复长期股权投资的账面价值,也即:分享的净利润与其他综合收益之间存在互相"弥补"。但若被投资方净资产已为正值,由于权益法下"长期股权投资"的二级科目设置是与被投资方的各类型的净资产变动直接相关的,根据长期股权投资准则第十一条的规定:投资方取得长期股权投资后,应当按照应享有或应分担的被投资单位实现的净损益和其他综合收益的份额,分别确认投资收益和其他综合收益。此时,我们建议企业按照"桥归桥、路归路"的方式,采用上述第二种观点的处理,这样也能更好地通过长期股权投资明细科目余额体现被投资方的净资产结构。

**例题 2**　A 公司 20×5 年出资 500 万元与其他 3 家公司同比例出资设立 B 公司,A 公司持股比例 25%。为了 B 公司的生产经营,各股东又通过债权投入的方式追加投资,其中 A 公司支付了 300 万元计入长期应收款,同时,各股东对 B 公司一笔银行借款 1 000 万元提供了连带责任保证,其中各股东连带责任保证额度均为 250 万元。由于市场情况恶化,B 公司自设立以来持续亏损,假设 B 公司除了净利润外,无其他影响净资产的事项。则基于 B 公司的亏损情况,A

公司各年度的处理如表1-26所示。

表1-26                       **A公司各年度的处理**                    单位:万元

| 年份 | B公司信息 | A公司当期确认金额 | | | | |
|---|---|---|---|---|---|---|
| | 本年度权益变动 | 按持股比例应分担亏损 | 长期股权投资 | 长期应收款 | 预计负债(贷方为负) | 未确认投资损失(账外备查) |
| 20×5 | −6 000 | −1 500 | −500 | −300 | −250 | −450 |
| 20×6 | 2 000 | 500 | | | 50 | 450 |
| 20×7 | 2 200 | 550 | 50 | 300 | 200 | |
| 20×8 | 2 400 | 600 | 600 | | | |

在A公司对B公司除长期股权投资外,还有其他长期权益,并且对B公司担保而形成承担额外损失义务的情况下,按照本解释规定,A公司应注意在弥补损失时应当按照以前确认或登记有关投资净损失时的相反顺序进行会计处理,即依次:

减记未确认投资净损失金额;

恢复其他长期权益和恢复长期股权投资的账面价值;

特别是如果以前确认了预计负债的情况下(投资方负有承担额外损失义务),应当重新复核预计负债的账面价值。

实务中,投资方承担被投资企业超额亏损的情形,除了对被投资方的债务担保以外,还有其他多种形式,比如B公司是一家普通合伙企业,那么A公司就对B公司的债务负有无限连带责任。

# 第二章

# 《企业会计准则解释第 10 号——关于以使用固定资产产生的收入为基础的折旧方法》

主要内容:"第 4 号准则第十七条规定,企业应当根据与固定资产有关的经济利益的预期实现方式,合理选择固定资产折旧方法。可选用的折旧方法包括年限平均法、工作量法、双倍余额递减法和年数总和法等。

根据上述规定,企业能否以包括使用固定资产在内的经济活动产生的收入为基础计提折旧?

企业在按照第 4 号准则的上述规定选择固定资产折旧方法时,应当根据与固定资产有关的经济利益的预期消耗方式做出决定。由于收入可能受到投入、生产过程、销售等因素的影响,这些因素与固定资产有关经济利益的预期消耗方式无关,因此,企业不应以包括使用固定资产在内的经济活动所产生的收入为基础进行折旧。"

**解读:**

明确不能以包括使用固定资产在内的经济活动所产生的收入为基础进行固定资产折旧,因为收入可能受到投入、生产过程、销售等与固定资产有关经济利益的预期消耗方式无关的各因素的影响,不属于《企业会计准则第 4 号——固定资产》规范的选择固定资产折旧方法的相关依据。

本解释发布的背景是:2014 年 5 月,国际会计准则理事会(IASB)在《国际会计准则第 16 号——不动产、厂场和设备》中增补第 62A 段,对有关内容进行了澄清:企业在以包括使用固定资产在内的经济活动所产生的收入为基础进行折旧的方法,不能作为一项可选择的合理摊销方法。第 62A 段原文为:

以包括使用资产在内的经济活动所产生的收入为基础,这样的折旧法并不合理。通过包括使用资产在内的经济活动所产生的收入总的来说反映了除了资产经济利益的消耗之外的其他因素。例如,收入受到其他因素和流程、销售活动,以及售价与销售量变动的影响。收入中的价格因素可能受到通货膨胀的影响,这点完全与资产消耗的方式无关。

另外,本解释也对固定资产折旧方法选择的原则表述进行了澄清。原先《企业会计准则第 4 号——固定资产》第十七条规定:"企业应当根据与固定资产有关的经济利益的预期实现方式,合理选择固定资产折旧方法。"而本解释将该表述进一步澄清为"企业在按照第 4 号准则的上述规定选择固定资产折旧方法时,应当根据与固定资产有关的经济利益的预期消耗方式做出决定"。这一修改与 IAS 16 第 60 段"所使用的折旧方法应反映主体消耗该资产所含未来经济利益的方式"保持一致,也与《企业会计准则第 28 号——会计政策、会计估计变更和差错更正》第八条对"会计估计变更"的定义"由于资产和负债的当前状况及预期经济利益和义务发生了变化,从而对资产或负债的账面价值或者资产的定期消耗金额进行调整"保持了一贯性。

# 第三章

## 《企业会计准则解释第 11 号——关于以使用无形资产产生的收入为基础的摊销方法》

主要内容:"第 6 号准则第十七条规定,企业选择的无形资产摊销方法,应当反映与该无形资产有关的经济利益的预期实现方式。无法可靠确定预期实现方式的,应当采用直线法摊销。

根据上述规定,企业能否以包括使用无形资产在内的经济活动产生的收入为基础进行摊销?

企业在按照第 6 号准则的上述规定选择无形资产摊销方法时,应根据与无形资产有关的经济利益的预期消耗方式做出决定。由于收入可能受到投入、生产过程和销售等因素的影响,这些因素与无形资产有关经济利益的预期消耗方式无关,因此,企业通常不应以包括使用无形资产在内的经济活动所产生的收入为基础进行摊销,但是,下列极其有限的情况除外:

1. 企业根据合同约定确定无形资产固有的根本性限制条款(如无形资产的使用时间、使用无形资产生产产品的数量或因使用无形资产而应取得固定的收入总额)的,当该条款为因使用无形资产而应取得的固定的收入总额时,取得的收入可以成为摊销的合理基础,如企业获得勘探开采黄金的特许权,且合同明确规定该特许权在销售黄金的收入总额达到某固定的金额时失效。

2. 有确凿的证据表明收入的金额和无形资产经济利益的消耗是高度相关的。

企业采用车流量法对高速公路经营权进行摊销的,不属于以包括使用无形资产在内的经济活动产生的收入为基础的摊销方法。"

**解读:**

明确不能以包括使用无形资产在内的经济活动所产生的收入为基础进行无形资产摊销。但存在两个有限的例外情况:

(1)企业根据合同约定确定无形资产固有的根本性限制条款(如无形资产的使用时间、使用无形资产生产产品的数量或因使用无形资产而应取得固定的收入总额)的,当该条款为因使用无形资产而应取得的固定的收入总额时,取得的收入可以成为摊销的合理基础,如企业获得勘探开采黄金的特许权,且合同明确规定该特许权在销售黄金的收入总额达到某固定的金额时失效。

(2)有确凿的证据表明收入的金额和无形资产经济利益的消耗是高度相关的。

此外,对于收费公路经营权的摊销,如果是合同明确规定直至收入总额达到一定的金额限制之前,企业都具有经营权,则取得的收入可以成为摊销的合理基础。目前实务中通常采用的车流量法摊销,不属于以包括使用无形资产在内的经济活动产生的收入为基础的摊销方法,即车流量法仍是可行的。

本解释可以与上述 10 号解释对照阅读,即作为一项总体原则,固定资产的折旧方法和无形资产的摊销方法都不应以包括使用无形资产在内的经济活动所产生的收入为基础。2014 年 5 月,IASB 在对 IAS 16 作出前述修改时,也同步对《国际会计准则第 38 号——无形资产》有关内容进行了澄清,新增第 98A～98C 段,明确企业以包括使用无形资产在内的经济活动所产生的收入为基础进行摊销的方法,通常不能作为一项可选择的合理摊销方法,但满足有关条件的除外。

《国际会计准则第 38 号——无形资产》第 98A～98C 段原文如下:

98A 存在以包括使用无形资产的活动产出收入为基础的摊销方法不合理的这种可被反驳的假设。包括使用无形资产的活动产生的收入,恰恰反映了未能直接与消费无形资产中内含的经济利益直接相关的要素,例如,收入受到其他因素和过程、售卖活动和销售量和售价的变动的影响。收入的价格因素可能受到通胀率的影响,这点可能对资产消费方式没有影响。这种假设可能在以下有限的情况中被克服:

(1) 当无形资产如第 98C 段所述被表达为收入的一种方式;或者

(2) 可以说明收入和消费无形资产的经济利益是高度相关的。

98B 按照第 98 段选择合适的摊销方法时,主体可以决定无形资产固有要素中最重大的限制条款,例如,列示主体使用无形资产的合同可能具体列明主体使用无形资产预先制定的具体年数(即时间),商品生产个数,或固定收入。辨识重大限制条款可以成为辨识摊销的合理基础的起点,但如果另一个摊销基础更接近地反映了消费经济利益的预期方式,那么主体应当应用另一摊销基础。

98C 在无形资产固有的重大限制条款为达到收入门槛的情况下,获得的收入可以成为摊销的合理基础,例如,主体可以获得勘探开采黄金的特许权,合同失效是基于通过开采获取收入的总额固定数(例如,合同可以允许主体开采黄金,直至销售黄金的收入总额达到 20 亿货币单位),而不是基于时间或黄金开采量。在另一个例子里,收费公路的经营权可以基于累计收入固定总额(例如,合同可以允许主体经营收费公路,直至经营获取的收入总额累计达到 1 亿货币单位)。在收入被列为合同中使用无形资产的最重大限制条款的情况下,获取的收入可能是摊销无形资产的合理基础,前提是合同明确规定摊销的基础是固定额度的收入。

即,"不能以包括使用无形资产在内的经济活动所产生的收入为基础进行无形资产摊销",但在实务操作中可能会存在少数例外。

另外,与 10 号解释相同,本解释也对无形资产摊销方法的确定原则进行了进一步澄清,即《企业会计准则第 6 号——无形资产》第十七条"企业选择的无形资产摊销方法,应当反映与该无形资产有关的经济利益的预期实现方式",应理解为"企业在按照第 6 号准则的上述规定选择无形资产摊销方法时,应根据与无形资产有关的经济利益的预期消耗方式做出决定"。

# 第四章

# 《企业会计准则解释第 12 号——关于关键管理人员服务的提供方与接受方是否为关联方》

主要内容:"根据第 36 号准则第四条,企业的关键管理人员构成该企业的关联方。

根据上述规定,提供关键管理人员服务的主体(以下简称服务提供方)与接受该服务的主体(以下简称服务接受方)之间是否构成关联方? 例如,证券公司与其设立并管理的资产管理计划之间存在提供和接受关键管理人员服务的关系的,是否仅因此就构成了关联方,即证券公司在财务报表中是否将资产管理计划作为关联方披露,以及资产管理计划在财务报表中是否将证券公司作为关联方披露。

服务提供方向服务接受方提供关键管理人员服务的,服务接受方在编制财务报表时,应当将服务提供方作为关联方进行相关披露;服务提供方在编制财务报表时,不应仅仅因为向服务接受方提供了关键管理人员服务就将其认定为关联方,而应当按照第 36 号准则判断双方是否构成关联方并进行相应的会计处理。

服务接受方可以不披露服务提供方所支付或应支付给服务提供方有关员工的报酬,但应当披露其接受服务而应支付的金额。"

**解读:**

服务提供方向服务接受方提供关键管理人员服务的,服务接受方在编制财务报表时,应当将服务提供方作为关联方进行相关披露;服务提供方在编制财务报表时,不应仅仅因为向服务接受方提供了关键管理人员服务就将其认定为关联方,而应当按照第 36 号准则判断双方是否构成关联方并进行相应的会计处理。

根据《企业会计准则讲解 2010》第 630 页讲解,"在判断是否存在关联方关系时,应当遵守实质重于形式原则"。因此,服务提供方是否将服务接收方作为关联方披露,也应遵循实质重于形式原则进行判断,并非必然为关联方。

本解释发布的背景是:2013 年,国际会计准则理事会(IASB)修订了国际会计准则第 24 号(IAS 24),增补第 17A 段,对关联方范围作出了补充规定,明确了主体或其所在集团的成员是为报告主体或报告主体的母公司提供关键管理人员服务的,该主体是报告主体的关联方;但是,接受关键管理人员服务的主体与提供关键管理服务的主体之间的关联方关系不具有相互性,前者不会仅仅因为其接受了管理服务而构成后者的关联方。

在实务操作中,常见的问题是证券公司(或其子公司,下同)与其设立并管理的资产管理计划是否关联方的问题,即证券公司在财务报告中是否将资产管理计划作为关联方,以及资产管理计划在财务报告中是否将证券公司作为关联方。根据本解释,在证券公司不控制其所管理的资产管理计划的前提下,资产管理计划在财务报表中应将担任其管理人的证券公司披露为关联方;但证券公司在财务报表中通常不将其所管理的资产管理计划披露为关联方,即在这种特殊场景下,关联方关系的确定是单向的。

# 第五章

# 生效日期与衔接规定

此次发布的 4 项解释都自 2018 年 1 月 1 日起实施。上述第 9 号解释要求追溯调整;第 10、第 11、第 12 号解释不要求追溯调整。

# 专题 II

# 供给侧改革相关业务的会计处理

- 营业税改征增值税有关会计处理问题
- "三去一降一补"有关业务的会计处理问题
- "三供一业"有关业务的会计处理问题

2015 年以来,中央财经领导小组会议、中央经济工作会议多次强调,坚持以推进供给侧结构性改革为主线,做好稳增长、促改革等各项工作,促进经济平稳健康发展和社会和谐稳定。

在供给侧改革的经济背景下,中央层面推出了一系列的财税改革、结构调整、简政放权、产业革新等多项政策,以服务于供给侧结构性改革相关经济业务。例如,在财税改革领域,最重要的政策当属"营改增"的全面试点,针对"营改增"的全面推开,财政部相应颁发了《增值税会计处理规定》(财会〔2016〕22 号)以明确各行业均施行增值税后的会计处理问题。

本专题主要选取了在供给侧改革背景下,财政部或其他部委颁发的对于企业会计处理有重大影响的若干政策文件,我们对该类文件的理解,以及相关文件在其施行过程中面临的问题思考,供大家在执业过程中参考。

但需要注意的是,本专题中的观点和理解中涉及收入和金融工具系列会计准则的有关内容,除有特殊说明外,我们仍是依据2017 年度修订之前的原收入和金融工具系列会计准则提出的。

# 第一章

# 营业税改征增值税有关会计处理问题

为进一步规范增值税会计处理,促进《关于全面推开营业税改征增值税试点的通知》(财税〔2016〕36号)的贯彻落实,财政部于2016年12月3日正式发布了《增值税会计处理规定》(财会〔2016〕22号)(以下简称22号文)。对财会〔2016〕22号文在特定行业(如建筑施工业)具体情形下如何适用的考虑,我们理解如下。

## 一、全面试行营业税改征增值税前已确认收入,此后产生增值税纳税义务的账务处理

22号文规定:企业营业税改征增值税前已确认收入,但因未产生营业税纳税义务而未计提营业税的,在达到增值税纳税义务时点时,企业应在确认应交增值税销项税额的同时冲减当期收入;已经计提营业税且未缴纳的,在达到增值税纳税义务时点时,应借记"应交税费——应交营业税""应交税费——应交城市维护建设税""应交税费——应交教育费附加"等科目,贷记"主营业务收入"科目,并根据调整后的收入计算确定记入"应交税费——待转销项税额"科目的金额,同时冲减收入。

财政部会计司2017年1月26日发布的《关于〈增值税会计处理规定〉有关问题的解读》,明确了上述调整后的收入是指按照现行增值税制度调整后的收入,即不含税销售额。

**【案例背景】**

甲公司于2014年5月承接某房建项目,工程开工日期2014年6月10日,预计竣工时间2018年9月1日。合同总价1 760 400 900.00元,预计总成本1 584 360 810.00元。截至2016年4月30日,该项目完工百分比42.63%,甲公司账面根据完工百分比法确认的该项目累计收入为750 500 721.03元,业主已批复的工程结算额575 235 000.00元。该项目施工总承包合同约定,承包方甲公司于每月25日向业主、监理报量,按月进行结算,每次月度结算单批复后的10个工作日内,业主将当期应付的工程款拨付给甲公司,施工过程中的付款比例为80%,待项目交工验收后1个月内付款至95%,剩余5%作为工程质保金待缺陷责任期满后支付。假设甲公司截至2016年4月30日累计实际收款

300 000 000.00 元,甲公司已根据实际收款向业主开具了 300 000 000.00 元的发票,该工程无预收账款。甲公司针对该建筑工程老项目自 2016 年 5 月 1 日起采用简易计税方式计缴增值税。

**【案例分析】**

22 号文本条规定是全面推进"营改增"试点带来的新增内容,结合上述案例,首先看原营业税下关于纳税义务时间的相关规定:

《营业税暂行条例》第十二条规定:"营业税纳税义务发生时间为纳税人提供应税劳务、转让无形资产或者销售不动产并收讫营业收入款项或者取得索取营业收入款项凭据的当天。"

《营业税暂行条例实施细则》第二十四条规定:"所称取得索取营业收入款项凭据的当天,为书面合同确定的付款日期的当天;未签订书面合同或者书面合同未确定付款日期的,为应税行为完成的当天。"第二十五条规定:"纳税人转让土地使用权或者销售不动产,采取预收款方式的,其纳税义务发生时间为收到预收款的当天。纳税人提供建筑业或者租赁业劳务,采取预收款方式的,其纳税义务发生时间为收到预收款的当天。"

因此,对本案例来讲,截至 2016 年 4 月 30 日,已到合同约定付款时间的金额为 460 188 000.00 元(已办理结算的 575 235 000.00 元×合同过程中付款比例 80%),大于实际收款及开票额 300 000 000.00 元。根据前述营业税相关规定,已产生营业税纳税义务的金额即为 460 188 000.00 元。

而甲公司截至 2016 年 4 月 30 日,累计营业税的计提可能分如下情况:

第一种情形:未产生营业税纳税义务而未计提营业税(如果会计核算规范的情况下,此种情况在实务上应较少存在,因为会计收入已确认,而营业税作为价内税会影响企业的利润,因此,根据配比原则应在会计收入确认时计提对应的营业税及附加税费)。

(1) 根据 22 号文规定,此种情况下,企业应在达到增值税纳税义务时点时,确认应交增值税销项税额同时冲减当期收入。

就本案例而言,若甲公司之前计提营业税的基数即为 460 188 000.00 元(暂不考虑分包抵扣),针对已确认的会计收入大于营业税纳税义务的部分 290 312 721.03元(750 500 721.03－460 188 000.00)未计提营业税。假设甲公司该项目 2016 年 5 月 1 日业主批量 1 亿元,则根据 22 号文本条规定,甲公司应作如下处理:

借:主营业务收入　　　　　　　　　　　　　　　　2 330 097.09
　贷:应交税费——应交增值税(销项税额)(100 000 000.00×80%÷1.03×3%)
　　　　　　　　　　　　　　　　　　　　　　　　2 330 097.09

(2) 由于甲公司确认会计收入时应执行《企业会计准则第 15 号——建造合同》,其在每个月月末根据完工进度计算收入时,就面临对预计总收入的考虑。根据税收政策的变更,甲公司已合理预估未来 1 300 212 900.00 元(合同总价款 1 760 400 900.00 元－460 188 000.00 元)的合同额需要按照 3%的征收率缴纳增值税,因此,假设甲公司在 2016 年 5 月 1 日就需要计算会计收入(即简化业务情形,不考虑新增的施工进度对收入的影响),此时已应考虑税收政策变化对预计总收入的影响:需将合同价款中包含的预计应交增值税,因是价外税需要调减预计总收入。同理,也需考虑其施工成本中建安分包成本原分包合同价款中包含的可抵减应纳增值税额的部分对预计总成本的影响。假设该项目甲公司预计会接受总额 854 345 000.00 元(含税额)的建安分包服务并均可取得合规发票,截至 2016 年 4 月 30 日已发生的建安支出为 364 227 568.00 元(均已开票,且不存在预付账款)。则由于"营改增"的税收政策变化,对该项目的预计毛利影响情况和表 2-1 所示。

表 2-1 　　　　　税收政策变化对项目预计毛利的影响　　　　单位:元

| 项目 | A. 原营业税下 | B. 改增值税后 | C. 差异(C=B-A) |
|---|---|---|---|
| 1. 预计总收入 | 1 760 400 900.00 | 460 188 000.00 +1 300 212 900.00/(1+3%) = 1 722 530 621.36 | -37 870 278.64 |
| 2. 预计总成本 | 1 584 360 810.00 | 1 584 360 810.00- (854 345 000.00- 364 227 568.00)/(1+3%)×3% = 1 570 085 544.99 | -14 275 265.01 |
| 3. 预计毛利 | 176 040 090.00 | 152 445 076.37 | -23 595 013.63 |

因此,根据建造合同准则,在不考虑新增施工进度对收入成本的影响的情况下,单纯因税收政策的变化,甲公司在 2016 年 5 月应作如下处理:

借:主营业务收入(37 870 278.64×42.63%) 　　　　16 144 999.37
　贷:主营业务成本(14 275 265.01×42.63%) 　　　　6 085 884.57
　　工程施工——合同成本——分包成本(23 595 013.63×42.63%)
　　　　　　　　　　　　　　　　　　　　　　　　10 059 114.80

(3) 同样在建造合同准则下,将甲公司执行 22 号文的结果与原营业税制下的结果进行比较,我们会发现,对当期报表中的营业收入、营业成本、利润总额等的影响差异较大。

由于甲公司确认会计收入时执行建造合同准则,因此在税收政策变化的衔接处理时,其根据建造合同准则的要求,首先需确定未来产生增值税纳税义务的合同价款中应分离的增值税对预计总收入的影响额;其次按照完工进度计算当期应确认的会计收入,因此将对合同总体的影响根据完工进度逐步体现在损益中,该计入损益的时间,与产生增值税纳税义务的时间并无关联。因此 22 号文中此段规定,虽然从项目整体角度看,不影响项目总收入的确认,但是在对项目各会计期间收入的确认时,与原营业税下的会计处理结果有差异。

第二种情形:未产生营业税纳税义务,但已经计提营业税而未缴纳。

根据 22 号文规定,在此种情况下,企业在达到增值税纳税义务时点时,应借记"应交税费——应交营业税""应交税费——应交城市维护建设税""应交税费——应交教育费附加"等科目,贷记"主营业务收入"科目,并根据调整后的收入计算确定记入"应交税费——待转销项税额"科目的金额,同时冲减收入。

本案例中,假设甲公司截至 2016 年 4 月 30 日,计提营业税的基数即为会计收入 750 500 721.03 元。同样假设甲公司该项目 2016 年 5 月 1 日业主批量 1 亿元,则根据 22 号文本条规定,甲公司应作如下处理:

借:应交税费——应交营业税(100 000 000.00×80％×3％)　　　2 400 000.00
　　　　　　——应交城市维护建设税(2 400 000.00×7％)　　　168 000.00
　　　　　　——应交教育费附加(2 400 000.00×3％)　　　72 000.00
　　贷:主营业务收入　　　2 640 000.00
借:主营业务收入　　　2 330 097.09
　　贷:应交税费——待转销项税额(100 000 000.00×80％/1.03×3％)
　　　　　　　　　　　　　　　　　　　　　　　　2 330 097.09

(1) 冲销原计提的营业税及附加税费时记入"主营业务收入"科目,还可能会导致会计收入大于合同预计总收入。以本案例为基础,假如合同累计确认的收入、成本等于合同预计总收入、预计总成本,分别为 750 500 721.03 元、675 450 648.93 元,结算及收款信息不变,甲公司该项目于 2016 年 4 月 30 日为已竣工未结算的状态。此时,若按照 22 号文的规定执行,该项目预计总收入为:742 045 010.71 元(460 188 000.00＋290 312 721.03/1.03 或 750 500 721.03－290 312 721.03/1.03×3％);但实际累计确认的会计收入却为:751 625 330.50 元(750 500 721.03－290 312 721.03/1.03×3％＋290 312 721.03×3％×1.1)。累计确认的会计收入大于合同预计总收入,甚至大于了合同总价,这显然是不符合建造合同准则要求的。

(2) 与第一种情形相比较,也存在执行 22 号文对各期损益的影响与执行建造合同准则下各期损益不一致的情况。

(3) 本段规定企业应在达到增值税纳税义务时点时记入"应交税费——待转销项税额"科目可能属于文字性的错误,因为此时已产生增值税纳税义务了。根据 22 号关于"销项税额"的科目说明,此时应记入"应交税费——应交增值税(销项税额)"科目。

22 号文针对企业在营业税时期的不同处理情形,给出了两种处理方式。这一段的规定存在以下几方面需要关注:

第一,已经确认会计收入但未产生营业税纳税义务时,这一具体业务情形下应否计提营业税,其处理原则应该是唯一的。税收政策的变化,改变的是企业应纳税种、应纳税的金额和时间等,但不同企业面临同样的经济业务、税收处理完全一致的情况下,理论上,其会计处理结果应是一致的。但是,按照 22 文的规定,同样的经济业务背景下,若企业原来计提了营业税,原计提时记入的损益科目是"营业税金及附加",但是冲回计提的营业税及附加税费时,22 号文要求记入损益的科目却是"主营业务收入"。若企业原来未计提营业税,则不会出现这一调整"主营业务收入"的处理。执行企业对该项目的税收处理(产生营业税纳税义务时间、应纳营业税金额、产生增值税纳税义务时间、应纳增值税金额)完全一致,但执行 22 号文后的会计处理结果却出现了不同。

第二，根据 22 号文的此段规定，我们可以理解为：只有当产生增值税纳税义务时，才意味着营业税纳税义务的解除。这样的处理是谨慎的，但是执行建造合同准则的企业，在处理"营改增"对会计收入的影响时，并不是直接冲减当期会计收入，而是通过调减预计总收入的方式实现对收入的影响调整。其会计收入的确认方式导致了执行建造合同准则的企业执行 22 号文的规定时会出现上述问题。结合《企业会计准则第 14 号——收入（2017 年修订）》的发布，原执行建造合同的企业执行修订后的收入准则时，按照完工进度确认会计收入的原则并未发生改变，因此，这类企业的会计收入确认根据会计准则要求，仍需根据完工进度确认，累计收入与预计总收入、累计成本与预计总成本的比例仍要等于完工百分比。

第三，22 号文要求在产生增值税纳税义务时点才对原已计提的营业税做冲销处理。企业账面"应交税费——应交营业税"的余额是否均按照本段规定进行处理，还需考虑细分情况。如本案例中，已确认的会计收入其实包含三部分内容：一是已完工未结算款 175 265 721.03 元（750 500 721.03－575 235 000.00）；二是已结算但未到约定付款期的 115 047 000.00 元（575 235 000.00×20％）；三是已结算且已到合同约定付款期的 460 188 000.00 元（575 235 000.00×80％）。由于营业税的计提一般而言是与账面收入进行配比的，由于已完工未结算款、未到账期的应收账款的存在，以及已到账期应收账款金额大于开票金额（即业主逾期付款）等原因，均会导致账面形成应交营业税的贷方余额，该余额应如何处理，也需结合具体情况进行分析。

根据前述营业税相关规定，"已完工未结算款"＋"完工未到账期的应收账款"这两部分并未产生营业税纳税义务；所以在明确改为增值税后，这两部分未来是要交增值税的，由于已明确不再有营业税的纳税义务，根据负债的定义，已不符合负债的确认条件了，"营改增"时点，无论是否产生增值税纳税义务，就应及时冲减营业税的余额。但是对于已产生营业税纳税义务但未缴纳的部分（如业主逾期付款，甲公司根据实际收取的款项申报缴纳营业税了），由于实际已产生营业税纳税义务了，只有在得到税务机关明确可以缴纳增值税，同时不再重复征收营业税时才可以冲销。也即，22 号文所述的"在达到增值税纳税义务时点时，应借记'应交税费——应交营业税''应交税费——应交城市维护建设税''应交税费——应交教育费附加'等科目"。

注：实务中，我们也注意到，部分地方税务机关对营业税纳税义务时间的执行口径不一，如果当地税务机关对营业税的纳税义务发生时间有不同的把握口径，请以当地税务局的口径为准进行相应的会计处理。

## 二、货物等已验收入库但尚未取得增值税扣税凭证是否暂估进项税额的处理

22 号文规定：货物等已验收入库但尚未取得增值税扣税凭证的账务处理。一般纳税人购进的货物等已到达并验收入库，但尚未收到增值税扣税凭证并未

付款的,应在月末按货物清单或相关合同协议上的价格暂估入账,不需要将增值税的进项税额暂估入账。下月初,用红字冲销原暂估入账金额,待取得相关增值税扣税凭证并经认证后,按应计入相关成本费用或资产的金额,借记"原材料""库存商品""固定资产""无形资产"等科目,按可抵扣的增值税额,借记"应交税费——应交增值税(进项税额)"科目,按应付金额,贷记"应付账款"等科目。

财政部会计司 2017 年 1 月 26 日发布的《关于〈增值税会计处理规定〉有关问题的解读》,再次明确了关于已验收入库但尚未取得增值税扣税凭证的货物等的暂估入账处理:"在对已验收入库但尚未取得增值税扣税凭证的货物等暂估入账时,暂估入账的金额不包含增值税进项税额。一般纳税人购进劳务、服务等但尚未取得增值税扣税凭证的,比照处理。"

【分析】

此条规定相较于财政部 2016 年 7 月发出的《关于增值税会计处理的规定(征求意见稿)》而言有了很大变化。征求意见稿中的"待认证进项税额"包含了一般纳税人取得货物等已入账,但由于尚未收到相关增值税扣税凭证而不得从当期销项税额中抵扣的进项税额。而 22 号文正式稿及后续的官方解读均明确不得对进项税额在未取得抵扣凭证的情况下暂估入账。

根据 22 号文对此业务情形下销售方的处理要求,销售方在会计收入确认早于增值税纳税义务发生时间的,应将相关销项税额记入"应交税费——待转销项税额"科目。也即 22 号文要求对销售方的销项税额进行暂估入账,但对购买方的进项税额要求不得暂估。这主要是考虑,对销售方而言,虽然尚未产生法定纳税义务,但日后对应的纳税义务已是一项满足负债确认条件的推定义务,基于完整、全面地反映负债这一考虑,将其作为一项负债予以单独确认。但对于进项税额而言,此时尚不符合资产的确认条件。上述不对称的处理要求可能会导致以下问题:

(1) 增加购销方对账及合并报表抵销的难度。

对建筑企业而言,总承包方在对分包分供商确权或批量时点一般不会涉及发票的开具,按 22 号文要求,均不暂估进项税额,因此总承包方确认的对分包分供商的债务也不含增值税额;而按照 22 号文对"待转销项税额"的要求,分包分供商却需对销项税额暂估入账,其对总承包方的债权是含增值税价款的,债权债务的口径不一致对交易双方日常对账等财务工作造成影响,对审计人员的函证工作和效果也会带来影响。如果是母公司与子公司、子公司相互之间由于一方未暂估进项税额,还会导致在合并财务报表层面往来款项无法完全抵销。

(2) 对部分企业财务报表的收入、成本构成影响。

对于执行建造合同准则的一般纳税人而言,按照简易计税方式对工程项目计缴增值税的,项目的预计总成本包含了外购工程项目材料的进项税额。若按照 22 号文的要求,外购材料未取得发票时不暂估进项税额,则与原营业税下将增值税额同时计入材料成本的方式不同。一般的工程项目材料库存余额并不会太大,对材料的使用是即领即用、即用即购,而实务上一般都是到付款时点供应商才会开具发票。这意味着不同的核算处理,导致已经耗用的材料成本存在是否包含增值税的差异,而这一差异会影响完工百分比的计算(假设按照"累计已发生的成本占预计总成本的比例"作为完工百分比的确定依据),进而影响会计成本、会计收入的确认。仅仅因为取得了增值税发票,从而导致完工百分比提高,增加了企业的会计收入和会计成本,这样从业务实质上看也不合理。在此情况下,是否暂估进项税额,除了前述我们说的对资产、负债定义的考虑外,甚至影响到了企业的利润表。

综上,实务中,我们建议:

第一,若合并范围内母子公司之间、子公司与子公司之间发生相关业务,母公司在编制合并财务报表时需要暂估增值税的进项税额,并作为合并调整处理。具体而言,暂估增值税的进项税额后,相关的债权债务项目,如"应收账款"与"应付账款"期末余额口径一致,可以完全抵销;而购买方暂估的进项税额与销售方确认的"待转销项税额"也互相抵销。值得注意的是,若此时销售方该笔交易已产生增值税纳税义务,则购买方暂估的进项税额不能与销售方的"销项税额"进行抵销,而应继续保留在合并财务报表中。

第二,一般企业在实务中,为简化对账手续,确保债务完整,可考虑采取如下实务变通:在会计处理时将暂未取得发票但预计未来可取得合规发票的进项税额暂估入账,资产负债表日在编制财务报表时,从报表层面抵销暂估的"进项税额"余额,相应地调整"应付账款"或"预付款项"。

第三,对建筑企业而言,由于增值税下的简易计税方式,其沿用了营业税下的"扣额法",将材料所含的进项税额纳入了工程项目的预计总成本,因此为确保完工百分比计算口径的配比,其累计发生成本也应该考虑所耗用材料的进项税额。也即:货物等已验收入库或一般纳税人购进劳务、服务等但尚未取得增值税扣税凭证的情形下,在进项税额包含在"价内"时,将增值税的进项税额暂估入账,计入工程实际发生的成本,并据此计算完工百分比是合理的。同样考虑到22号文的本条规定,在资产负债日,从报表层面抵销暂估的"进项税额"余额,相应地调整"应付账款"或"预付款项"。也即,该实务变通处理下,利润表中的营业收入、营业成本是用包含暂估进项税额的金额确定的,但是资产负债表中的处理仍完全符合22号文的本条规定。

## 三、已取得增值税专用发票但尚未收到货物或尚未接受应税劳务时的会计处理

22号文规定:按照增值税制度确认增值税纳税义务发生时点早于按照国家统一的会计制度确认收入或利得的时点的,应将应纳增值税额,借记"应收账款"科目,贷记"应交税费——应交增值税(销项税额)"或"应交税费——简易计税"科目,按照国家统一的会计制度确认收入或利得时,应按扣除增值税销项税额后的金额确认收入。

**【分析】**

22号文本条规定,首次提及了按照增值税制度确认的增值税纳税义务发生时点早于按照国家统一的会计制度确认收入或利得的时点时的处理。本条规定主要是从交易的销售方或劳务提供方的角度,明确了其会计处理。

根据《增值税暂行条例》第十九条对纳税义务发生时间的规定:"销售货物或者应税劳务,为收讫销售款项或者取得索取销售款项凭据的当天;先开具发票的,为开具发票的当天。"

若我们从会计要素的角度去分析,由于先开具增值税发票,则开票当期已产生增值税纳税义务,按照负债的定义需同时满足的条件:

(1)与该义务有关的经济利益很可能流出企业(满足,当期就要申报,很快就要缴纳了)。

(2)未来流出的经济利益的金额能够可靠地计量(发票上注明的税额)。

基于此,在先开票时,就应该把"应交税费——应交增值税(销项税额)"加以确认,同时,对应的会形成一笔向购买方的债权或冲减债务,也即符合22号文规定的处理。

而对交易对方——采购方或劳务接受方,在尚未收到货物或尚未接受应税劳务但已经收到增值税发票时,是否要进行会计处理,22号文中并未明确。

沿上述思路,我们从购买方考虑,在其先取得增值税专用发票时(假定取得当期已认证),是否要确认"应交税费——应交增值税(进项税额)"?若确认,则会形成企业的一项资产。所以,是否要进行会计处理的核心在于取得增值税发票时是否形成企业的资产,是否满足资产的定义及确认条件。

根据资产的定义(是指企业过去的交易或者事项形成的、由企业拥有或控制的、预期会给企业带来经济利益的资源),判断的关键在于:购买方在尚未收到货物或尚未接受应税劳务时,已经收到增值税发票时,是否可以进行抵扣?若在未收到货物时,可以抵扣,则就可以确认为一项资产;若尚不能抵扣,未来才可以抵扣,预期在未来发生的交易或者事项不形成资产,那目前便无法确认为一项资产。所以会计处理依赖于税法对进项税额抵扣时间的规定。

根据上述分析,我们整理了相关税收法律法规对进项税额抵扣的要求如表2-2所示。

表2-2　　　　　相关税收法律法规对进项税额抵扣的要求

| 原已失效的规定 | 《国家税务总局关于加强增值税征收管理工作的通知》(国税发〔1995〕15号)第二条: 增值税一般纳税人购进货物或应税劳务,其进项税额申报抵扣的时间,按以下规定执行: (一)工业生产企业购进货物(包括外购货物所支付的运输费用),必须在购进的货物已经验收入库后,才能申报抵扣进项税额,对货物尚未到达企业或尚未验收入库的,其进项税额不得作为纳税人当期进项税额予以抵扣。 (二)商业企业购进货物(包括外购货物所支付的运输费用),必须在购进的货物付款后才能申报抵扣进项税额,尚未付款或尚未开出、承兑商业汇票的,其进项税额不得作为纳税人当期进项税额予以抵扣。 (三)一般纳税人购进应税劳务,必须在劳务费用支付后,才能申报抵扣进项税额,对接收应税劳务,但尚未支付款项的,其进项税额不得作为纳税人当期进项税额予以抵扣。 备注:上述条款已被《国家税务总局关于发布已失效或废止的税收规范性文件目录的通知》(国税发〔2006〕62号)宣告废止。 |
| --- | --- |

（续表）

| | |
|---|---|
| 现行规定 | 《国家税务总局关于增值税一般纳税人取得防伪税控系统开具的增值税专用发票进项税额抵扣问题的通知》(国税发〔2003〕17号)第三条：<br><br>增值税一般纳税人取得防伪税控系统开具的增值税专用发票，其专用发票所列明的购进货物或应税劳务的进项税额抵扣时限，不再执行《国家税务总局关于加强增值税征收管理工作的通知》(国税发〔1995〕15号)中第二条有关进项税额申报抵扣时限的规定。<br><br>《增值税暂行条例》第八条规定：下列进项税额准予从销项税额中抵扣：<br><br>（一）从销售方取得的增值税专用发票上注明的增值税额。<br><br>国家税务总局关于纳税人对外开具增值税专用发票有关问题的公告(国家税务总局公告2014年第39号)：<br><br>纳税人通过虚增增值税进项税额偷逃税款，但对外开具增值税专用发票同时符合以下情形的，不属于对外虚开增值税专用发票：<br><br>一、纳税人向受票方纳税人销售了货物，或者提供了增值税应税劳务、应税服务；<br><br>二、纳税人向受票方纳税人收取了所销售货物、所提供应税劳务或者应税服务的款项，或者取得了索取销售款项的凭据；<br><br>三、纳税人按规定向受票方纳税人开具的增值税专用发票相关内容，与所销售货物、所提供应税劳务或者应税服务相符，且该增值税专用发票是纳税人合法取得、并以自己名义开具的。<br><br>受票方纳税人取得的符合上述情形的增值税专用发票，可以作为增值税扣税凭证抵扣进项税额。<br><br>国家税务总局办公厅于2014年7月8日发布的《关于〈国家税务总局关于纳税人对外开具增值税专用发票有关问题的公告〉(国家税务总局公告2014年第39号)的解读》，其中有如下表述：<br><br>公告列举了三种情形，纳税人对外开具增值税专用发票，同时符合的，则不属于虚开增值税专用发票，受票方可以抵扣进项税额。<br><br>理解本公告，需要把握以下几点：<br><br>一、纳税人对外开具的销售货物的增值税专用发票，纳税人应当拥有货物的所有权，包括以直接购买方式取得货物的所有权，也包括"先卖后买"方式取得货物的所有权。所谓"先卖后买"，是指纳税人将货物销售给下家在前，从上家购买货物在后。 |

根据上述国家税务总局对进项税额抵扣的要求的相关规定，现行规定并未设置收到货物方可抵扣等相关限制条件。上述规定的变化，意味着纳税人真实购进货物，发生票到货未到，从销售方取得的增值税专用发票，其进项税额准予从销项税额中抵扣。

尤其前述国家税务总局关于2014年第39号公告的解读中提及的"先卖后买"的情况下，必然货物尚未交付，但是国家税务总局认为这样不属于虚开增值税专用发票，受票方可以抵扣进项税额。也即：受票方取得发票时，就可以抵减应纳税额，也即给企业带来经济利益流入。

所以，取得了发票即可形成企业的资产，该金额又能可靠计量，符合资产的确认条件，综上，我们认为应该计入"应交税费——应交增值税（进项税额）"（假定已认证），同时确认应付销售方的一笔负债或抵减预付款项。

从集团公司合并报表的角度看，母公司与子公司、子公司相互之间发生先开票未交货的情形，如果仅按照22号文的明确的内容执行，则会导致一方确认销项税额，另一方可能未对先受票的行为记账而导致往来无法抵销，因此，在编制合并财务报表时，也需要确认进项税额，并充分抵销债权债务。

## 四、资质共享项目的会计处理

《国家税务总局关于进一步明确营改增有关征管问题的公告》(国家税务总局公告 2017 年第 11 号)第二条规定:

建筑企业与发包方签订建筑合同后,以内部授权或者三方协议等方式,授权集团内其他纳税人(以下称"第三方")为发包方提供建筑服务,并由第三方直接与发包方结算工程款的,由第三方缴纳增值税并向发包方开具增值税发票,与发包方签订建筑合同的建筑企业不缴纳增值税。发包方可凭实际提供建筑服务的纳税人开具的增值税专用发票抵扣进项税额。

**【案例背景】**

甲公司于 2017 年 5 月 13 日承接某房建项目,次日,甲公司与发包方(业主)、甲公司的子公司丙公司签订三方施工协议,授权丙公司为业主提供建筑服务,并由丙公司直接与业主结算工程款,施工的质量责任和安全责任由丙公司承担。甲公司、丙公司对该项目的会税事项应如何处理?

**【分析】**

1. 甲公司的会计处理:

甲公司通过施工协议的安排,将提供建筑服务的义务,以及对施工的质量安全责任等均明确由丙公司来承担。此时,从协议安排上看,甲公司并未直接向业主提供建筑服务。《企业会计准则第 14 号——收入(2017 年修订)》第三十四条规定:

企业应当根据其在向客户转让商品前是否拥有对该商品的控制权,来判断其从事交易时的身份是主要责任人还是代理人。企业在向客户转让商品前能够控制该商品的,该企业为主要责任人,应当按照已收或应收对价总额确认收入;否则,该企业为代理人,应当按照预期有权收取的佣金或手续费的金额确认收入,该金额应当按照已收或应收对价总额扣除支付给其他相关方的价款后的净额,或者按照既定的佣金金额比例等确定。

企业向客户转让商品前能够控制该商品的情形包括:

(一)企业自第三方取得商品或其他资产控制权后,再给客户。

(二)企业能够主导第三方代表本企业向客户提供服务。

(三)企业自第三方取得商品控制权后,通过提供重大的服务将该商品与其他商品整合成某组产出转让给客户。

甲公司在本房建项目中,是作为主要责任人还是代理人,主要的判断依据是施工总承包合同及三方签订的施工协议中对其责任义务的约定。而《建筑法》中对总承包单位的分包要求、工程质量责任及违规转包后质量责任的承担等均作了明确规定:

第二十八条  禁止承包单位将其承包的全部建筑工程转包给他人,禁止承包单位将其承包的全部建筑工程肢解以后以分包的名义分别转包给他人。

第二十九条  建筑工程总承包单位可以将承包工程中的部分工程发包给具有相应资质条件的分包单位;但是,除总承包合同中约定的分包外,必须经建设单位认可。施工总承包的,建筑工程主体结构的施工必须由总承包单位自行完成。

建筑工程总承包单位按照总承包合同的约定对建设单位负责;分包单位按照分包合同的约定对总承包单位负责。总承包单位和分包单位就分包工程对建设单位承担连带责任。

禁止总承包单位将工程分包给不具备相应资质条件的单位。禁止分包单位将其承包的工程再分包。

第五十五条 建筑工程实行总承包的,工程质量由工程总承包单位负责,总承包单位将建筑工程分包给其他单位的,应当对分包工程的质量与分包单位承担连带责任。分包单位应当接受总承包单位的质量管理。

第五十八条 建筑施工企业对工程的施工质量负责。

第六十六条 建筑施工企业转让、出借资质证书或者以其他方式允许他人以本企业的名义承揽工程的,责令改正,没收违法所得,并处罚款,可以责令停业整顿,降低资质等级;情节严重的,吊销资质证书。对因该项承揽工程不符合规定的质量标准造成的损失,建筑施工企业与使用本企业名义的单位或者个人承担连带赔偿责任。

基于《建筑法》相关规定,甲公司与业主间签订的施工总承包合同中主要责任人依然是甲公司,而三方协议中虽然将主要的施工义务交付给丙公司,但由于相关条款明显违背了建筑法的规定,很可能属于无效条款。即使相关合同条款有效,根据建筑法第五十五、五十八条的规定,该房建项目的工程质量责任仍由甲公司负责。因此,这种情况下,即使甲公司并未直接向业主提供建筑服务,但其在该交易安排中的角色应是"主要责任人",而非"代理人"。甲公司应在丙公司完成相应施工进度时,根据丙公司计算的收入,甲公司个别财务报表中应以相同的金额同时确认会计收入和成本。

2. 丙公司的会计处理:

丙公司提供建筑服务,应根据现行的建造合同准则或《企业会计准则第14号——收入(2017年修订)》确认施工过程中的收入、成本。

3. 税务处理:

根据国家税务总局公告2017年第11号第二条规定,丙公司根据三方协议向业主直接办理结算并向业主开具增值税专用发票的,由丙公司缴纳增值税,甲公司不缴纳增值税。业主取得自丙公司开具的增值税专用发票,在符合其他抵扣条件时,属于可以抵扣的进项税额。

但是需要提醒的是,虽然国家税务总局为这种情况下的增值税处理给予了"通融",但由于上述业务涉嫌违反《建筑法》《合同法》和《招标投标法》等这些上位法的规定,存在很大的法律风险。因此,我们建议企业在开展建筑服务业务时,尽量避免出租出借资质的情况;此外,国家税务总局虽然为增值税的处理予以明确,但是并未明确提及此情形下,业主取得第三方(本案例中的丙公司)开具的增值税专用发票,是否可以作为能在企业所得税前列支的合法合规凭证。因此,企业所得税的风险也较大。因此,我们同样建议在实务中谨慎使用三方协议或内部授权这种合作模式。

# 第二章

# "三去一降一补"有关业务的会计处理问题

　　2015年12月18日至21日,中央经济工作会议在京举行。会议提出,2016年经济社会发展主要是抓好去产能、去库存、去杠杆、降成本、补短板五大任务。为进一步规范"三去一降一补"有关业务的会计处理,推进"三去一降一补"工作,财政部于2016年9月22日正式发布了《规范"三去一降一补"有关业务的会计处理规定》(财会〔2016〕17号)。

　　现把我们对财会〔2016〕17号文的主要内容的理解以及实务中常见的去杠杆业务的会计处理说明如下。

## 一、财会〔2016〕17号文的解读与应用

　　财会〔2016〕17号文规范了在钢铁行业、煤炭行业等"三去一降一补"工作中三类业务的会计处理方法,包括国有独资或全资企业之间无偿划拨子公司的会计处理、即将关闭出清的"僵尸企业"的会计处理、中央企业对工业企业结构调整专项奖补资金的会计处理,自发布之日起实施,不要求追溯调整。

　　需要注意的是,该规定中相关业务的处理办法仅适用于文件中限定的企业和特定事项,其处理方法有时代背景和特殊性,在实务中不能随意扩大使用范围。

### (一)关于国有独资或全资企业之间无偿划拨子公司的会计处理

　　财会〔2016〕17号文内容:

　　在"三去一降一补"工作中,有关企业集团出于深化国企改革或去产能、调结构等原因,按照国有资产监管部门(以下简称国资监管部门)有关规定,对所属的子公司的股权进行集团之间的无偿划拨。本规定所称的国有独资或全资企业,包括国有独资公司、非公司制国有独资企业、国有全资企业、事业单位投资设立的一人有限责任公司及其再投资设立的一人有限责任公司。国有独资或全资企业之间按有关规定无偿划拨子公司,导致对被划拨企业的控制权从划出企业转移到划入企业的,应当进行以下会计处理:

　　(一)划入企业的会计处理。

　　1.个别财务报表。被划拨企业按照国有产权无偿划拨的有关规定开展审计等,上报国资监管部门作为无偿划拨依据的,划入企业在取得被划拨企业的

控制权之日,编制个别财务报表时,应当根据国资监管部门批复的有关金额,借记"长期股权投资"科目,贷记"资本公积(资本溢价)"科目(若批复明确作为资本金投入的,记入"实收资本"科目,下同)。

2. 合并财务报表。划入企业在取得被划拨企业的控制权后编制合并财务报表,一般包括资产负债表、利润表、现金流量表和所有者权益变动表等:

(1) 合并资产负债表。划入企业应当以被划拨企业经审计等确定并经国资监管部门批复的资产和负债的账面价值及其在被划拨企业控制权转移之前发生的变动为基础,对被划拨企业的资产负债表进行调整,调整后应享有的被划拨企业资产和负债之间的差额,计入资本公积(资本溢价)。

(2) 合并利润表。划入企业编制取得被划拨企业的控制权当期的合并利润表时,应包含被划拨企业自国资监管部门批复的基准日起至控制权转移当期期末发生的净利润。

(3) 合并现金流量表。划入企业编制取得被划拨企业的控制权当期的合并现金流量表时,应包含被划拨企业自国资监管部门批复的基准日起至控制权转移当期期末产生的现金流量。

(4) 合并所有者权益变动表。划入企业编制当期的合并所有者权益变动表时,应包含被划拨企业自国资监管部门批复的基准日起至控制权转移当期期末的所有者权益变动情况。合并所有者权益变动表可以根据合并资产负债表和合并利润表编制。

(二) 划出企业的会计处理。

1. 个别财务报表。划出企业在丧失对被划拨企业的控制权之日,编制个别财务报表时,应当按照对被划拨企业的长期股权投资的账面价值,借记"资本公积(资本溢价)"科目(若批复明确冲减资本金的,应借记"实收资本"科目,下同),贷记"长期股权投资(被划拨企业)"科目;资本公积(资本溢价)不足冲减的,依次冲减盈余公积和未分配利润。

2. 合并财务报表。划出企业在丧失对被划拨企业的控制权之日,编制合并财务报表时,不应再将被划拨企业纳入合并财务报表范围,终止确认原在合并财务报表中反映的被划拨企业相关资产、负债、少数股东权益以及其他权益项目,相关差额冲减资本公积(资本溢价),资本公积(资本溢价)不足冲减的,依次冲减盈余公积和未分配利润。同时,划出企业与被划拨企业之间在控制权转移之前发生的未实现内部损益,应转入资本公积(资本溢价),资本公积(资本溢价)不足冲减的,依次冲减盈余公积和未分配利润。

**解读:**

1. 适用范围。

财会〔2016〕17号文规定的会计处理办法仅限于"国有独资或全资企业"之间跨集团无偿划拨子公司的处理。"国有独资或全资企业"是指"国有独资公司、非公司制国有独资企业、国有全资企业、事业单位投资设立的一人有限责任公司及其再投资设立的一人有限责任公司",在实务中不能随意扩大范围。

在确定适用范围时,根据财会〔2016〕17号文中对划入企业的账务处理规定有"应当根据国资监管部门批复的有关金额"的要求。基于此,潜在要求了"三去一降一补"业务背景下的股权无偿划拨交易,只有在需要国资监管部门批复的在企业集团之间的划转情形下才适用本文。

国务院国有资产监督管理委员会《关于印发〈企业国有产权无偿划转管理暂行办法〉的通知》(国资发产权〔2005〕239 号)第十五条规定:"企业国有产权在所出资企业内部无偿划转的,由所出资企业批准并抄报同级国资监管机构。"由此可知,在划入方、划出方属于同一控制方控制范围内时,该股权划拨交易无需上报国资监管机构审批,仅需备案,这类交易并不适用财会〔2016〕17 号文的规定。

**案例:**

假设图 2-1 股权架构中,上一级对下一级均是直接持股 100％形成控制。则:

(1) 若 A 公司将持有的 C 公司 100％的股权无偿划拨给 D 公司,则不适用财会〔2016〕17 号文,D 公司作为划入方,仍根据《企业会计准则第 20 号——企业合并》对同一控制下企业合并的规定进行处理;

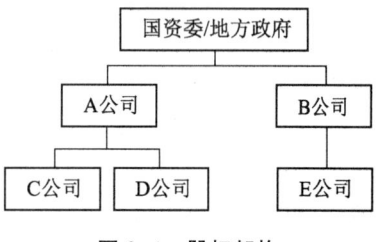

图 2-1　股权架构

(2) 若 A 公司将 C 公司 100％的股权无偿划拨给 B 公司旗下的 E 公司,则属于财会〔2016〕17 号文规定的适用范围。

财会〔2016〕17 号文在适用范围中有"有关企业集团……,对所属的子公司的股权进行集团之间的无偿划拨"的表述,将适用范围限定在"集团之间",并不包含集团内部的划拨。

对于 A 公司将所属子公司的控制权转移给 B 公司或其所属子公司的交易,或者 A 公司整个集团划转给 B 公司的交易,对划入方而言,在财会〔2016〕17 号文出台之前,根据交易背景和目的、决策程序等方面的差异,可能按照企业合并准则的非同一控制下企业合并进行处理,也可能作为同一控制下企业合并进行处理。具体有:

(1) 采用非同一控制下企业合并处理。

适用的情形:该交易是交易双方之间自主谈判的结果,旨在实现交易双方的利益最大化,国资委仅起到监管审批的作用,并不主导该交易,交易价格按公允价值为基础作价交易。

(2) 采用同一控制下企业合并处理。

如该交易是在国资委主导下,为实现该国资委管辖范围内国有资产布局的整体性、战略性调整,而不仅仅是为了实现交易双方的利益最优化,一般不会按公允价值成交(但在某些案例中,由于涉及中小股东等因素,交易价格也会按公允价值为基础作价),通常采用无偿划拨等方式,实务中一般是参照同一控制下的企业合并原则进行处理。

例如,原中电投集团与国家核电合并所涉的交易就是采取无偿划转的方式。国资委将持有的国家核电股权无偿划转给中电投集团,合并后,中电投集团更名为国家电投,原国家核电成为国家电投的子公司。国家电投即以接收国家核电的净资产享有的份额确认为长期股权投资的成本。

又如,中国南车和中国北车的合并,由于合并前双方均是 A＋H 股上市公司,涉及大量社会公众股东的利益。合并双方在以相关股票于首次董事会决议公告日前 20 个交易日的交易均价作为市场参考价的基础上,综合考虑历史股价、经营业绩、市值规模等因素,经公平协商而定的换股比例为 1∶1.10,即每 1 股中国北车 A 股股票可以换取 1.10 股中国南车将发行的中国南车 A 股股票,每 1 股中国北车 H 股股票可以换取 1.10 股中国南车将发行的中国南车 H 股股票,实为中国南车以公允价值发行股票购买中国北车原股东持有的中国北车股权,采用吸收合并的方式且合并后公司更名为中国中车。虽然以股份公允价值为基础确定换股比例,但该项交易从合并方中国南车的角度,仍认定为同一控制下的合并。

但是根据《企业会计准则讲解(2010)》第三十七章中对关联方关系界定的例外情况中明确说明:"仅仅同受国家控制而不存在控制、共同控制或重大影响关系的企业,不构成关联方关系。"就国家核电与中电投集团之间的合并案例而言,在该交易中,国家核电与中电投集团并非关联方,更不属于同一控制下的企业。意即,采用同一控制下企业合并这一处理结果,在财会〔2016〕17 号文出台前并无充分的准则依据。但此时,由于国家电投取得国家核电的相关股权不需要支付对价,则该无偿划拨交易并不具有商业实质,从交易实质上看,具有权益性交易的特征。显然该并购交易符合企业合并的定义,在企业合并准则的框架下,采用权益结合法显然比购买法更为合理。

因此,在"三去一降一补"的大背景下,国企合并业务情形大量出现时,财会〔2016〕17 号文明确了在符合限定范围内,即无偿划转的划入和划出方都属于100％国有企业,其最终的实际控制人均属于国资委/地方政府,划入一方无需支付对价的"不具有商业实质的非同一控制下企业合并"这一特定情形下,给出了更为恰当的会计处理方法。当然,仍需提醒的是,虽然在适用范围情形下,财会〔2016〕17 号文要求的也是权益结合法的处理原则,但是与现行的同一控制下的企业合并的处理方式仍有差异,并不完全一致,具体见下文第 2、第 3 部分。

2. 划入企业的账务处理。

划入企业合并被划拨企业的报表金额应是被划拨企业经国资监管部门批复的资产和负债的账面价值为基础的(但也不排除"国资监管部门批复的有关金额"不同于被划拨企业的账面净资产的情况,如有差异,应以批复金额为准);而并入合并利润表、现金流量表、所有者权益变动表的期间"应包含被划拨企业自国资监管部门批复的基准日起至控制权转移当期期末发生的净利润/现金流量/所有者权益变动情况"。因此对于划入企业的合并报表的处理,与《企业会计准则》规范的同一控制下企业合并、非同一控制下企业合并均不完全一致。此外,此类业务是将"国资监管部门批复的基准日"作为控制权转移之日的,并非按照《企业会计准则第 20 号——企业合并》及其应用指南中对"合并日"或"购买日"的判断标准进行的。企业在涉及相关业务时对合并日的确定应加以关注。

3. 划出企业的账务处理。

划出企业合并报表的处理基本是遵循《企业会计准则第 33 号——合并财务报表》中对处置子公司处理的一般原则进行的,但也存在明显的区别:

(1) 本规定要求按划出子公司的净资产直接冲减权益,不确认处置损益。

(2) 本规定要求将原先的内部交易未实现损益(不区分顺流、逆流交易)均调整权益,而不是像一般合并报表操作中那样区分顺流、逆流交易损益分别处理(未实现顺流交易损益转入投资收益,未实现逆流交易损益仍然继续抵销)。

另外,划入企业是自基准日起将被划转企业纳入其合并报表范围,而划出企业是自"丧失对被划拨企业的控制权之日"起不再将被划转企业纳入其合并报表范围,因此在划转基准日至划转实施日之间的过渡期内,划出、划入双方的合并报表范围仍存在重叠。

### (二)关于即将关闭出清的"僵尸企业"的会计处理

财会〔2016〕17 号文内容:

(一) 即将关闭出清的"僵尸企业"自身的会计处理。

根据《国务院关于钢铁行业化解过剩产能实现脱困发展的意见》(国发〔2016〕6 号)和《国务院关于煤炭行业化解过剩产能实现脱困发展的意见》(国发〔2016〕7 号)等文件规定,地方可以综合运用兼并重组、债务重组和破产清算等方式,加快处置"僵尸企业",实现市场出清。

企业按照政府推动化解过剩产能的有关规定界定为"僵尸企业"且列入即将关闭出清的"僵尸企业"名单的(以下简称此类"僵尸企业"),应自被列为此类"僵尸企业"的当期期初开始,对资产改按清算价值计量、负债改按预计的结算金额计量,有关差额计入营业外支出(收入)。此类"僵尸企业"不应再对固定资产和无形资产计提折旧或摊销。

此类"僵尸企业"应在附注中披露财务报表的编制基础及其原因、财务报表上有关资产和负债的状况、清理的进展情况、是否会因资产变现以及负债清偿等原因需预计大额的损失或额外负债等重要信息。

此类"僵尸企业"进入破产清算程序且被法院指定的破产管理人接管的,应改按有关破产清算的会计处理规定进行会计处理。

(二) 即将关闭出清的"僵尸企业"的母公司的会计处理。

此类"僵尸企业"的母公司(以下简称母公司)应当区分个别财务报表和合并财务报表进行会计处理:

1. 母公司在编制个别财务报表时,对该子公司长期股权投资,应当按照资产负债表日的可收回金额与账面价值孰低进行计量,前者低于后者的,其差额计入资产减值损失。

2. 母公司在编制合并财务报表时,应当以该子公司按本条规定编制的财务报表为基础,按与该子公司相同的基础对该子公司的资产、负债进行计量,计量金额与原在合并财务报表中反映的相关资产、负债以及商誉的金额之间的差额,应计入当期损益。母公司因其所属子公司进入破产清算程序且被法院指定的破产管理人接管等,丧失了对该子公司控制权的,不应再将其纳入合并财务报表范围。

3.母公司应当在合并财务报表附注中披露子公司财务报表的编制基础及其原因、母公司计量基础的有关变化对其当期财务状况、经营成果、现金流量等方面的影响、子公司清理的进展情况、是否会因资产变现以及负债清偿等原因需预计大额的损失或额外负债等重要信息。

（三）即将关闭出清的"僵尸企业"的母公司以外的其他权益性投资方的会计处理。

本规定所称的其他权益性投资方，是指对此类"僵尸企业"具有共同控制或能够施加重大影响的投资企业。这些投资企业对该"僵尸企业"的长期股权投资，应当按照可收回金额与账面价值孰低进行计量，前者低于后者的，其差额计入资产减值损失。

**解读：**

处置"僵尸企业"是供给侧结构性改革的重要举措，也是"三去一降一补"工作中的一项重要任务。对于按照政府有关规定界定为"僵尸企业"或已经列入了"僵尸企业"清理范围的，且将依规定进行关闭出清的企业，通常表明其具有非持续经营的特征，如果继续按照持续经营假设下的相关规定进行会计核算和报告，不能客观反映其实际情况。

1."僵尸企业"的范围。

文件中"僵尸企业"的范围界定在"企业按照政府推动化解过剩产能的有关规定界定为'僵尸企业'且列入即将关闭出清的'僵尸企业'名单的"，并非是我们通常意义上的"非持续经营企业"。因此，本文件的会计处理仅限于列入"僵尸企业"名单的企业，不能扩大推广至一般的非持续经营企业。

2."僵尸企业"自身的会计处理。

本规定对僵尸企业自身会计处理的规定，基本与实务操作中非持续经营企业常见的编制基础一致。

此类"僵尸企业"进入破产清算程序且被法院指定的破产管理人接管的，应改按有关破产清算的会计处理规定进行会计处理。此处"有关破产清算的会计处理规定"，2016年12月20日之前发生的业务按照财政部于1997年印发的《国有企业试行破产有关会计处理问题暂行规定》（财会字〔1997〕28号）执行。2016年12月20日，财政部发布《企业破产清算有关会计处理规定》（财会〔2016〕23号），该文件自颁布之日起生效，因此2016年12月20日后发生的业务遵照财会〔2016〕23号文执行。

3."僵尸企业"母公司合并报表的处理。

与一般非持续经营企业母公司合并报表的处理不同，"僵尸企业"母公司合并报表是按照与该"僵尸企业"相同的基础计量其资产、负债的，即在合并报表中，"僵尸企业"的资产以清算价值计量、负债以预计的结算金额计量。而一般的非持续经营企业母公司的合并报表中，对于该非持续经营的子公司的资产、负债的计量仍采用基于持续经营假设的计量基础，如"历史成本与可变现净值孰低"或"历史成本与可收回金额孰低"，子公司的清算过程在母公司的合并报表层面体现为资产的处置、债务的清偿和对少数股东的分配（参见《计学撮要2013》中"问题 3-2-49 子公司清算期间的合并报表问题"）。母公司合并报表中还需考虑处置"僵尸企业"是否属于《企业会计准则第 42 号——持有待售的非流动资产、处置组和终止经营》中规定的"终止经营"。

4."僵尸企业"其他权益投资方的处理。

"僵尸企业"的其他权益投资方是指对"僵尸企业"有共同控制或重大影响的投资方，根据文件规定，其他权益投资方对"僵尸企业"的投资采用可收回金额与账面价值孰低进行计量，即：不再采用权益法核算，而是采用类似于持有待售非流动资产的计量原则。

### （三）关于中央企业对工业企业结构调整专项奖补资金的会计处理

财会〔2016〕17 号文内容：

根据《财政部关于印发〈工业企业结构调整专项奖补资金管理办法〉的通知》（财建〔2016〕253 号，以下简称 253 号文），中央财政将安排工业企业结构调整专项奖补资金（以下简称专项奖补资金），用于支持地方政府和中央企业推动钢铁、煤炭等行业化解过剩产能。

中央企业在收到预拨的专项奖补资金时，应当暂通过"专项应付款"科目核算，借记"银行存款"等科目，贷记"专项应付款"科目。中央企业按要求开展化解产能相关工作后，按照 253 号文规定的计算标准等，能够合理可靠地确定因完成任务所取得的专项奖补资金金额的，借记"专项应付款"科目，贷记有关损益科目；不能合理可靠地确定因完成任务所取得的专项奖补资金金额的，应当经财政部核查清算后，按照清算的有关金额，借记"专项应付款"科目，贷记有关损益科目；预拨的专项奖补资金小于企业估计应享有的金额的，不足部分的差额借记"其他应收款"科目；因未能完成有关任务而按规定向财政部缴回资金的，按缴回资金金额，借记"专项应付款"科目，贷记"银行存款"等科目。

**解读：**

财政部印发 253 号文，安排 1 000 亿元专项奖补资金化解过剩产能。在财政部门投入 1 000 亿元支持去产能的背景下，中央企业对工业企业结构调整专项奖补资金的会计处理自然成了企业关注的事项。本规定的会计处理办法仅适用于根据 253 号文而获得中央财政拨付的"专项奖补资金"的中央企业。地方国有企业收到地方政府拨付的"专项奖补资金"也应参照执行。而对于获得其他补助资金类型的企业，应按照《企业会计准则第 16 号——政府补助》的规定区分属于与资产相关或与收益相关进行相应账务处理。

截至目前，253 号文已被《工业企业结构调整专项奖补资金管理办法》（财建〔2018〕462 号）所取代。新文件将专项奖补资金执行期限暂定至 2020 年。根据新文件规定，专项奖补资金的用途除了 253 号文原已明确的各项用途以外，还增加了"企业可参照退养人员，使用专项奖补资金，为内部分流安置的职工缴纳社会保险、发放一定期限的生活费补贴"和"人力资源社会保障部等部门印发的《关于在化解钢铁煤炭行业过剩产能实现脱困发展过程中做好职工安置工作的意见》（人社部发〔2016〕32 号）、《关于做好 2017 年化解钢铁煤炭行业过剩产能中职工安置工作的通知》(人社部发〔2017〕24 号)、《关于做好 2018 年重点领域化解过剩产能中职工安置工作的通知》(人社部发〔2018〕28 号)等文件明确的各项职工分流安置补贴政策,现有支出渠道资金不足的,可从专项奖补资金中列支"的规定。我们理解,在新文件下,企业收到和使用专项奖补资金的会计处理,仍可按财会〔2016〕17 号文的上述规定执行。

## 二、去杠杆相关业务的会计处理问题

在"三去一降一补"的五大任务中,对财务会计影响较为重要的一项为"去杠杆",最终体现在财务报表中即为资产负债率的下降。对于如何去杠杆,国务院在 2016 年 9 月 22 日发布《关于积极稳妥降低企业杠杆率的意见》(国发〔2016〕54 号)中对积极稳妥降低企业杠杆率提出意见,并指出降杠杆的主要途径,包含七大类 23 条具体措施(具体内容见附录)。其后发布的与"降杠杆"相关的重要文件还有:《中共中央办公厅、国务院办公厅关于加强国有企业资产负债约束的指导意见》(2018 年 9 月 13 日发布)、《国家发展改革委、中国人民银行、财政部、银保监会、国务院国资委关于印发 2018 年降低企业杠杆率工作要点的通知》(发改财金〔2018〕1135 号,2018 年 8 月 3 日发布)等。

根据"国发〔2016〕54 号"文的指导意见,企业在落实"去杠杆"时采用的引入优先股、引入债转股基金、发行永续债、清理债权债务、化解三角债、资产证券化、清理"僵尸企业"、混合所有制改革等方式,最终在财务报表中实现资产负债率的降低。而这些方式的执行能否达到降低资产负债率的目的,最终取决于在实务中相应交易模式的设计。根据适用会计准则的依据不同,可以把前述方式进行总结。以下,我们尝试将"降杠杆"的方式进行分类,并根据类别探讨其会计处理依据和实现"降杠杆"预期的一般性原则,具体如下。

### (一) 引入资金是金融负债或权益工具

众所周知,资产负债率=负债总额占资产总额的比例,为降低资产负债率,无论选择何种交易架构设计,最终结果便是降低"分子"或增加"分母",或两者的结合(也可能"分子"与"分母"同增,但"分母"增加比例更大,或"分子"与"分母"同减但"分子"减少比例更大,也能达到资产负债率最终降低的目的)。企业选择的方式中比如发行永续债、发行优先股、引入债转股基金、引入混合所有制改革民营投资这些方式,其中可能融合了合伙企业基金、资产管理计划等设计,其目的都是为了在"分子"金额不变的情况下增加"分母",从而降低比例计算结果。倘若"分子""分母"同增相应金额,则显然无法达到降低资产负债率的目的。基于此,在企业常见的"降杠杆"交易实务中,引入资金究竟是属于金融负债还是权益工具,这一判断就显得尤为重要。

根据《企业会计准则第 37 号——金融工具列报(2017 年修订)》(注:此处引用的该准则条款均为 2017 年修订后的版本,但该准则 2014 年版及相关的应用指南等对这些问题的处理原则与 2017 年修订后的金融工具列报准则均一致,下同)中对金融负债和权益工具的区分,主要条款摘录如下:

第八条 金融负债,是指企业符合下列条件之一的负债:

(一)向其他方交付现金或其他金融资产的合同义务。

(二)在潜在不利条件下,与其他方交换金融资产或金融负债的合同义务。

(三)将来须用或可用企业自身权益工具进行结算的非衍生工具合同,且企业根据该合同将交付可变数量的自身权益工具。

(四)将来须用或可用企业自身权益工具进行结算的衍生工具合同,但以固定数量的自身权益工具交换固定金额的现金或其他金融资产的衍生工具合同除外。企业对全部现有同类别非衍生自身权益工具的持有方同比例发行配股权、期权或认股权证,使之有权按比例以固定金额的任何货币换取固定数量的该企业自身权益工具的,该类配股权、期权或认股权证应当分类为权益工具。其中,企业自身权益工具不包括应按照本准则第三章分类为权益工具的金融工具,也不包括本身就要求在未来收取或交付企业自身权益工具的合同。

第九条 权益工具,是指能证明拥有某个企业在扣除所有负债后的资产中的剩余权益的合同。在同时满足下列条件的情况下,企业应当将发行的金融工具分类为权益工具:

(一)该金融工具应当不包括交付现金或其他金融资产给其他方,或在潜在不利条件下与其他方交换金融资产或金融负债的合同义务。

(二)将来须用或可用企业自身权益工具结算该金融工具。如为非衍生工具,该金融工具应当不包括交付可变数量的自身权益工具进行结算的合同义务;如为衍生工具,企业只能通过以固定数量的自身权益工具交换固定金额的现金或其他金融资产结算该金融工具。企业自身权益工具不包括应按照本准则第三章分类为权益工具的金融工具,也不包括本身就要求在未来收取或交付企业自身权益工具的合同。

第十条 企业不能无条件地避免以交付现金或其他金融资产来履行一项合同义务的,则该合同义务符合金融负债的定义。有些金融工具虽然没有明确地包含交付现金或其他金融资产义务的条款和条件,但有可能通过其他条款和条件间接地形成合同义务。

如果一项金融工具须用或可用企业自身权益工具进行结算,需要考虑用于结算该工具的企业自身权益工具,是作为现金或其他金融资产的替代品,还是为了使该工具持有方享有在发行方扣除所有负债后的资产中的剩余权益。如果是前者,该工具是发行方的金融负债;如果是后者,该工具是发行方的权益工具。在某些情况下,一项金融工具合同规定企业须用或可用自身权益工具结算该金融工具,其中合同权利或合同义务的金额等于可获取或需交付的自身权益工具的数量乘以其结算时的公允价值,则无论该合同权利或合同义务的金额是固定的,还是完全或部分地基于除企业自身权益工具的市场价格以外变量(例如利率、某种商品的价格或某项金融工具的价格)的变动而变动,该合同应当分类为金融负债。

第十一条 除根据本准则第三章分类为权益工具的金融工具外,如果一项合同使发行方承担了以现金或其他金融资产回购自身权益工具的义务,即使发行方的回购义务取决于合同对手方是否行使回售权,发行方应当在初始确认时将该义务确认为一项金融负债,其金额等于回购所需支付金额的现值(如远期回购价格的现值、期权行权价格的现值或其他回售金额的现值)。如果最终发行方无需以现金或其他金融资产回购自身权益工具,应当在合同到期时将该项金融负债按照账面价值重分类为权益工具。

根据上述规定,在目前的实务中,按照交易模式划分,满足权益工具的资金引入,通常具备以下特征。

1. 永续债/优先股。

(1) 如果是债券,则不设定期限,仅发行人有回购选择权;或者如果是优先股,则只能按照发行人的意愿赎回。不管哪种情况,持有人都无权要求发行人赎回或者回购该等金融工具。

(2) 如果发行人行使回购选择权,则该金融工具将按照票面价值偿还。

(3) 利息、股利是固定的,或基于某项基准利率;可能是累积的(即本期未支付的利息或股利可滚动到后续付息期一并支付,且不受递延期限、次数限制),也可能是非累积的。如为累积的,则发行人行使回购选择权时,还应偿还累积递延股利。

(4) 仅当发行人或其母公司向持有人支付利息或股利后,发行人才能宣告或实际发放普通股股利,即永续债利息或优先股股利的支付优先于普通股股利的分配。

(5) 在发行人能够赎回或回购该金融工具的当日,如果发行人选择不行使赎回或回购权,则通常会适用加息条款,导致利率、股利率上升。但一般而言,无封顶(或者虽有封顶但最高利率远高于发行人通常的融资成本)的利率跳升条款是不具有商业实质和商业合理性的,不能作为判断该永续债属于发行人的权益工具的依据。

(6) 一旦清算,可能出现以下两种情形:

第一,该金融工具的本金(和累积递延利息/股利)支付应优先于普通股,但次于普通债券。

第二,该金融工具的本金支付不仅优先于普通股,还优先于分类为负债的其他次级债务工具。

(7) 优先股若转为发行人的普通股,其转股比例和数量应当事先锁定,满足"固定换固定"要求。

(8) 通常不提供担保,或者仅就发行人已经宣告的还本付息事项,向投资人提供担保。

对发行人而言,同时具备上述各项特征的金融工具,通常应归类为权益工具。

2. 引入基金、投资合伙企业或资产管理计划的投入资金。

如果认购上述永续债/优先股的资金来源于通过基金、投资合伙企业或资产管理计划募集的资金,则为了使此类资金可被确认为发行人的权益工具,除了具备上述各项特征以外,通常还应满足下列条件:

(1) 基金/资产管理计划自身不能有存续年限限制,特别是当该基金/资产管理计划以发行人在该永续债/优先股项下的还本付息资金作为向其投资人分配收益和偿还本金的唯一来源的情况下。

(2) 如果对照《企业会计准则第 33 号——合并财务报表(2014 年修订)》所规定的"控制三要素",判断该基金/资产管理计划应纳入发行人的合并报表范围的,则该基金/资产管理计划本身没有优先级和劣后级之分。

(3) 基金/资产管理计划出资部分应实质享有或承担相应风险和收益。

对发行人而言,同时具备上述条件并符合前述各项特征的金融工具,通常应归类为权益工具。

但是,还应关注以下问题:

第一,由于此问题涉及高度复杂、主观的专业判断,故对每一具体个案,均应结合所有相关信息进行综合分析,不能简单地认为满足上述条件的项目必然可以作为发行人的权益工具。

第二,作为权益工具还是金融负债的讨论,首先必须明确所讨论的是哪个会计主体层面的处理。同样一项金融工具,在不同的会计主体层面,由于所承担的合同义务不同,可能其归类也有所不同。例如,如果某项永续债的条款约定投资人不能要求发行人回购或赎回,但约定发行人的母公司有义务在投资人提出回购要求时支付固定或可确定金额的款项(该金额通常不等于回购时该工具的公允价值)以购入投资人持有的该项工具,则该工具对发行人自身而言仍属于权益工具,但在发行人的母公司的个别报表和合并报表层面将被列为金融负债。因此,很多情况下此类"债转股"方案的可接受性取决于"降杠杆"要求是针对哪个层面提出的。

3. 关注"利率跳升机制"对股债分类的影响。

在实务中,某些永续债和优先级条款中设置了"利率跳升机制",即约定如发行人选择不赎回永续债或者优先股,则永续债的利率或者优先股的股息率将进行定期重置,每次重置后的利率或股息率均在前一周期的利率或股息率基础上再加上若干基点,且无封顶(或者虽有封顶,但其封顶的利率或股息率远高于发行人通过正常途径获得融资的资金成本)。对此,有观点认为:上述利率跳升机制的程度较深,已构成《企业会计准则第 37 号——金融工具列报》中提到的"间接合同义务",因此应分类为金融负债;也有观点认为:虽然利率跳升机制是专门针对会计准则设计的,但理论上仍存在没有交付现金义务的可能性,因此难以通过准则做出明确规定,需要在实务中结合其程度、有无上限等因素具体判断,并尽量避免出现这种情形。我们理解,对此问题,企业和注册会计师需要加强同业沟通,统一立场,并在准则执行中把握基本相同的尺度,传递较为明确的信息。如果遇到故意纯粹针对会计准则设计的极端条款,在根据准则原则做出判断时,应采用较严格的标准。

在《〈企业会计准则第 37 号——金融工具列报(2017 年修订)〉应用指南》中,对此问题特别说明如下,可以作为实务操作的主要参考依据:

有些金融工具虽然没有明确地包含交付现金或其他金融资产义务的条款

和条件,但有可能通过其他条款和条件间接地形成合同义务。例如,企业可能在显著不利的条件下选择交付现金或其他金融资产,而不是选择履行非金融合同义务,或选择交付自身权益工具。在实务中,相关合同可能包含利率跳升等特征,往往可能构成发行方交付现金或其他金融资产的间接义务。企业须借助合同条款和相关信息,全面分析判断。例如,对于例1中存在的"票息递增"条款,考虑到其只有一次利率跳升机会,且跳升幅度为3%(300基点),尚不构成本准则第十条所述的间接义务。

4. 关注"投资者保护条款"对股债分类的影响。

在实务中,某些永续债的合同条款存在"投资者保护条款"。对于该类条款对"股债分类"的影响,《〈企业会计准则第37号——金融工具列报(2017年修订)〉应用指南》中给出了相关的举例和分析说明,摘录如下(见原书【例2】及后附说明):

甲公司发行了一项年利率为8%、无固定还款期限、可自主决定是否支付利息的不可累积永续债,合同条款中包含的投资者保护条款如下:

当发行人未能清偿到期应付的其他债务融资工具、企业债或任何金融机构贷款的本金或利息时,发行人立即启动投资者保护机制(实务中有时将此类保护条款称为"交叉保护"),即主承销商于20个工作日内召开永续债持有人会议。永续债持有人有权对如下处理方案进行表决:

(1) 无条件豁免违反约定;

(2) 有条件豁免违反约定,即如果发行人采取了补救方案(如增加担保),并在30日内完成相关法律手续的,则豁免违反约定。

如上述豁免的方案经表决生效,发行人应无条件接受持有人会议作出的上述决议,并于30个工作日内完成相关法律手续。如上述方案未获表决通过,则永续债本息应在持有人会议召开日的次日立即到期应付。

分析:

本例中,首先,因为受市场对生产经营的影响等因素,能否有足够的资金支付到期的债务不在甲公司的控制范围内,即其无法控制是否会对债务产生违约;其次,当甲公司对债务产生违约时,其无法控制持有人大会是否会通过上述豁免的方案。而当持有人大会决定不豁免时,永续债本息就到期应付。因此,甲公司不能无条件地避免以交付现金或其他金融资产来履行一项合同义务,该永续债符合金融负债的定义,应当被分类为金融负债而非权益工具。

除上述示例中的相关条款外,企业还应当注意其他投资者保护条款。例如,一旦发行人破产或视同清算、发生超过净资产10%以上重大损失、财务指标承诺未达标、财务状况发生重大变化、控制权变更或信用评级被降级、发生其他投资者认定足以影响债权实现的事项等情形,那么该永续债一次到期应付,除非持有人大会通过豁免的决议。在这些合同中,破产往往是指无力偿债、拖欠到期应付款项、停止或暂停支付所有或大部分债务或终止经营其业务,或根据《破产法》规定进入破产程序,因此,由于发行人不能控制能否按时偿债、是否会发生超过净资产10%以上重大损失、财务指标承诺能否达标、财务状况是否发生重大变化、控制权是否会变更或信用等级是否会被降级、是否会发生其他投资者认定足以影响债权实现的事项等情形，进而无法无条件地避免以交付现金或其他金融资产来履行一项合同义务。因此，包含此类条款的永续债也应当被分类为金融负债。

企业应当基于真实、完整的合同进行相关分析和判断。在实务中，有时存在部分条款措词不够严谨或不够明确的情况，企业应当进一步明确合同条款是否会导致发行人存在交付现金或其他金融资产的义务。企业应当确保合同措辞明确，能够以此为基础作出合理的会计判断。另外，某些永续债条款可能也会约定永续债债权人破产清算时的清偿顺序等同于其他债务。在此类情况下，企业应当考虑这些条款是否会导致该永续债分类为金融负债。

实务中"投资者保护条款"的种类和表现形式多样，需依据每一个案的具体情况进行分析，以确定投资者保护条款的存在是否可能导致永续债或者优先股被分类为发行方的金融负债。

5. 关注国有企业强制上缴国有资本收益对股债分类的影响。

在某些实务案例中，当由国务院或者地方政府下属的国有资产监督管理机构(国资委)直接履行出资人职责的国有企业集团作为发行人发行永续债时，其条款约定触发"强制付息义务"的事项包括"(1)向普通股股东分红;(2)减少注册资本"。由于发行人系国有企业或者国有独资公司，其所隶属的国资委履行出资人职责，是发行人的控股股东及实际控制人，因此其"向普通股股东分红"也就是向国资委上缴国有资本收益。"上缴国有资本收益"是依据国有资产监督管理的相关规定实施的[例如，由国务院国资委直接履行出资人职责的中央企业，应按照《中央企业国有资本收益收取管理暂行办法》(财企〔2007〕309 号)的规定，每年申报上缴国有资本收益]，是国有企业的法定义务，企业自身并不能无条件地避免履行这一法定义务。而一旦按规定上缴国有资产投资收益，就将自动触发强制付息义务，由此该类永续债将根据《企业会计准则第 37 号——金融工具列报(2017 年修订)》第十条的规定被归类为金融负债。

因此，对于发行人属于国有资产监督管理部门直接履行出资人职责的国有企业、国有独资公司的情形，应注意将永续债发行条款中"强制付息事件"中的"向普通股股东分红"修改为"向普通股股东分红(按照国有资产监督管理相关规定上缴国有资本收益除外)"，否则不能认定为权益工具。

## （二）金融资产和金融负债抵销列示

为降低资产负债率，实务中企业对于过大的应收款项形成的资金占用、三角债等情况，提出了将金融资产和金融负债抵销后，按净额列示的方式。某些不属于金融资产或金融负债的往来项目(如预付账款、预收账款)也可以遵循相同的原则考虑其抵销列示问题。在此种情形下，如何才能满足抵销条件、按净额列示就成为了"降杠杆"的关键判断因素。

《企业会计准则 37 号——金融工具列报(2017 年修订)》(以下简称"CAS 37")第二十八条：

金融资产和金融负债应当在资产负债表内分别列示，不得相互抵销。但

是,同时满足下列条件的,应当以相互抵销后的净额在资产负债表内列示:

（一）企业具有抵销已确认金额的法定权利,且该种法定权利现在是可执行的;

（二）企业计划以净额结算,或同时变现该金融资产和清偿该金融负债。

不满足终止确认条件的金融资产转移,转出方不得将已转移的金融资产和相关负债进行抵销。

第二十九条至第三十一条对第二十八条第（一）项做了补充,其中第三十一条规定:

当前可执行的抵销权不构成互相抵销的充分条件,企业既不打算行使抵销权（即净额结算）,又无计划同时结算金融资产和金融负债的,该金融资产和金融负债不得抵销。

在没有法定权利的情况下,一方或双方即使有意向以净额为基础进行结算,或同时结算相关金融资产和金融负债的,该金融资产和金融负债也不得抵销。

对于第三十一条提到的"法定权利",在我国当前的法律环境下,应该关注是否满足《合同法》第九十九条、第一百条的规定并履行了这两条规定的程序。只有在满足该两条规定的抵销条件并且履行规定程序后,应收和应付款项才能在报表中以抵销后的净额反映。

第九十九条　当事人互负到期债务,该债务的标的物种类、品质相同的,任何一方可以将自己的债务与对方的债务抵销,但依照法律规定或者按照合同性质不得抵销的除外。

当事人主张抵销的,应当通知对方。通知自到达对方时生效。抵销不得附条件或者附期限。

第一百条　当事人互负债务,标的物种类、品质不相同的,经双方协商一致,也可以抵销。

CAS 37第三十二条对"净额结算"作出了以下进一步解释:

企业同时结算金融资产和金融负债的,如果该结算方式相当于净额结算,则满足本准则第二十八条（二）以净额结算的标准。这种结算方式必须在同一结算过程或周期内处理了相关应收和应付款项,最终消除或几乎消除了信用风险和流动性风险。如果某结算方式同时具备如下特征,可视为满足净额结算标准:

（一）符合抵销条件的金融资产和金融负债在同一时点提交处理;

（二）金融资产和金融负债一经提交处理,各方即承诺履行结算义务;

（三）金融资产和金融负债一经提交处理,除非处理失败,这些资产和负债产生的现金流量不可能发生变动;

（四）以证券作为担保物的金融资产和金融负债,通过证券结算系统或其他类似机制进行结算（例如券款对付）,即如果证券交付失败,则以证券作为抵押的应收款项或应付款项的处理也将失败,反之亦然;

（五）若发生本条（四）所述的失败交易,将重新进入处理程序,直至结算完成;

（六）由同一结算机构执行;

（七）有足够的日间信用额度，并且能够确保该日间信用额度一经申请提取即可履行，以支持各方能够在结算日进行支付处理。

CAS 37 第三十三条、第三十四条进一步指出：

在下列情况下，通常认为不满足本准则第二十八条所列条件，不得抵销相关金融资产和金融负债：

（一）使用多项不同金融工具来仿效单项金融工具的特征，即"合成工具"。例如，利用浮动利率长期债券与收取浮动利息且支付固定利息的利率互换，合成一项固定利率长期负债。

（二）金融资产和金融负债虽然具有相同的主要风险敞口（例如远期合同或其他衍生工具组合中的资产和负债），但涉及不同的交易对手方。

（三）无追索权金融负债与作为其担保品的金融资产或其他资产。

（四）债务人为解除某项负债而将一定的金融资产进行托管（例如偿债基金或类似安排），但债权人尚未接受以这些资产清偿负债。

（五）因某些导致损失的事项而产生的义务预计可以通过保险合同向第三方索赔而得以补偿。

企业与同一交易对手方进行多项金融工具交易时，可能与对手方签订"总互抵协议"。只有满足本准则第二十八条所列条件时，总互抵协议下的相关金融资产和金融负债才能抵销。

根据前述规定，我们建议应该遵循如下原则考虑，如表 2-3 所示。

表 2-3　　　　　　　　　　应遵循的原则

| 不同情形 | 能否抵销 | 抵销应满足条件 |
| --- | --- | --- |
| 1. 同一客商、同一合同形成的应收款项和预收款项、预付款项和应付款项 | 满足条件可以抵销（可能性相对较大） | 合同中对应收款项与预收款项、预付款项和应付款项的抵销进行了明确约定，该抵销权是本企业当前可行使的，且不附条件；本企业计划采用净额结算方式 |
| 2. 同一客商、不同合同形成的应收款项和预收款项、预付款项和应付款项 | 满足条件可以抵销（可能性相对较小） | 不同合同中对应收款项与预收款项、预付款项和应付款项的抵销分别进行了明确约定，该抵销权是本企业当前可行使的，且不附条件；本企业计划采用净额结算方式 |
| 3. 不同客户之间形成的应收款项和预收款项 | 一般不能抵销 | 若企业与同一企业集团签订了"总互抵协议"，与该企业集团的成员单位分别形成应收款项和预收款项，在满足 CAS 37 第二十八条规定时，方可抵销"总互抵协议"范围内的应收款项和预收款项。除这一特定业务情形外，一般情形下不能抵销 |
| 4. 不同供应商之间形成的预付款项和应付款项 | 一般不能抵销 | 若企业与同一企业集团签订了"总互抵协议"，与该企业集团的成员单位分别形成预付款项和应付款项，在满足 CAS 37 第二十八条规定时，方可抵销"总互抵协议"范围内的应付款项和预付款项。除这一特定业务情形外，一般情形下不能抵销 |
| 5. 同一合同或不同合同下，对客户形成的应收款项与对供应商形成的应付款项 | 只有在通过协议取得抵销权时才能抵销 | 若企业与客户、供应商之间签署三方协议，明确表示企业拥有抵销权，企业可能拥有以应收客户的金额抵销应付供应商的金额的法定权利 |

情形 1 属于《合同法》第九十九条规定的"当事人互负到期债务,该债务的标的物种类、品质相同"的情况,在满足合同约定及 CAS 37 第二十八条的情形下即可抵销。实务中典型的例子是:假设企业销售商品,销售合同约定了先预收 30% 货款,发货后 1 个月内客户支付剩余 70% 货款,则企业在该销售满足收入确认条件时,即将预收的 30% 货款结转收入,同时确认占货款 70% 的应收款项。这是因为合同约定了发货后,双方仅就剩余 70% 进行结算(也即净额结算),因此相当于企业在满足收入确认条件时确认 100% 的收入,形成 100% 的应收款项,同时将之前已收到的 30% 预收款项与 100% 的应收款项进行抵销;对采购方来讲,其应付款项的确认亦是同理。但并不是说同一客户同一合同的应收款项和预收款项就一定可以抵销后的净额列示,某些情形下是不允许抵销列示的。比如,一家建筑企业,承包某工程项目时,合同签订日业主方支付了合同价款 20% 作为备料款,并约定了明确的扣回时间。企业施工 1 个月后,根据合同约定将当月完成量向业主申报并获批,若当月的完成进度尚未到合同约定的预收备料款的扣回时点,则预收的备料款与业主批复形成的应收账款,因为一方面不满足 CAS 37 第二十八条中第(一)个条件中"该种法定权利是当前可执行的"的规定,另一方面不满足 CAS 37 第二十八条中第(二)个条件"企业计划以净额结算,或同时变现该金融资产和清偿该金融负债"的规定,不能抵销列示。

情形 2 属于《合同法》第一百条规定的"当事人互负债务,标的物种类、品质不相同"的情况,在满足情形 1 所述条件的基础上,还需双方协商一致才可抵销。实务上较常见的,即为企业与某客户签订总框架协议,约定协议范围内双方定期将该期间内所有订单汇总统一结算。可能在执行协议过程中企业与该客户的 A 订单形成了预收款项,B 订单形成了应收款项,双方根据框架协议的"统一结算"的条款按净额结算,此种情形下可以将 A、B 订单分别形成的预收款项、应收款项抵销按净额列示。

情形 3 与情形 4 背景类似,在实务中某些行业可能存在报告主体与同一企业集团所属多家成员单位分别发生业务并结算部分款项,同时,报告主体与该企业集团统一签订总结算协议,此时有可能也会满足总结算协议范围内的金融资产和金融负债按抵销后净额列示的条件。

例如,某数字技术公司及其多家子公司(本例中合称"甲方")通过某一家新媒体平台公司(乙方)投放广告,甲、乙双方签订的"数据推广协议"中有如下约定:

在合作期间,甲方实际执行并按本协议约定及时足额支付的广告数据推广费总金额达到相应的返点阶梯,则在合作期限届满后乙方返还甲方相应的现金返还奖励。甲方中各方实际按约定及时足额支付的广告费可以统计核算返点阶梯,但就每个具体的投放项目,乙方仅向实际支付广告费的甲方成员支付返点。对于推广费用及返点金额,乙方优先从甲方剩余应付推广费中抵扣,不足抵扣部分乙方以现金支付甲方返点金额或抵付以后期间甲方应付乙方的广告费。

根据上述协议内容,甲方旗下的不同公司与乙方分别形成的应收款项、应付款项(比如,甲 1 形成的应付推广费余额、甲 2 形成的应收返点金额),与乙方是分别结算的,甲方并不具备按净额结算的权利,因此根据 CAS 37 第二十八条,甲1或甲2或者甲方母公司在合并报表层面均没有按照净额结算的权利,因此合并报表中不能抵销该金融资产和金融负债;但是对于甲方旗下同一个公司与乙方形成的应付推广费和应收返点金额,由于"乙方优先从甲方剩余推广费中抵扣,不足抵扣部分乙方以现金支付甲方返点金额或抵付以后期间甲方应付乙方的广告费",也即甲、乙双方对推广费约定按返点后的净额结算,因此同一个公司与乙方形成的应付推广费和应收返点金额可以抵销并按净额列示。

该数字技术公司及其多家子公司(本例中合称"代理商")作为代理商与另一家新媒体平台公司(A 公司)签订的"广告代理协议"中关于返点结算有如下约定:

返点结算说明:

1) 返点支付:除特殊产品协议中提及的特殊结算方式外,A 公司将在代理商广告完成如下条件后,于下一季度初对代理商上季度返点进行结算、确认和支付。

a) 当季度所有执行款项已经支付完毕,如有在广告合同约定在账期截止日期仍未结清广告款项则无法享受季度返点。

b) A 公司已经收到双方加盖公章的所有与返点相关的广告合同原件,包括但不限于本代理协议原件,代理商框架/非框架合同、广告执行合同、广告代理合同等。

c) A 公司已经收到代理商确认内容并加盖公章的由 A 公司出具的返点结算确认单原件。

d) A 公司已收到由代理商提供的返点发票,发票金额与返点结算确认单所示金额一致,发票类型为增值税专用发票,发票项目为广告费或广告发布费。

2) 返点联合计算:代理集团下代理公司需联合计算返点时,需提供子公司与集团的相关证明。新增入股公司时需提供代理集团入股 50% 以上的相关证明,经 A 公司审批通过后可在申请之日起联合计算返点。申请联合计算返点的代理公司将联合承担债务。

3) 逾期回款处理:代理商广告执行款项最晚回款日期后逾期到款,A 公司将按如下比例对逾期部分的付款扣除相应的返点金额比例(具体比例略)。

4) 代理商若存在代理协议之前的应付款项未付的情况,A 公司有权用返点抵扣未付款项。

由上述约定可知,代理商旗下各成员联合计算返点时联合承担债务,因此,相当于本协议中,代理商企业集团作为一个主体与 A 公司签订协议,享受合同权利并承担义务。此时,假设代理商旗下乙1公司形成了应付广告费,而乙2公司形成了预付推广费,此时的债权债务,由于合同将所有的代理商成员单位视为一个主体共担债务,在该数字技术公司合并报表层面,可将乙1公司的应付与乙2公司的预付抵销后按净额列示;而由于本协议中约定了代理商必须足额支付广告费款项后,下一季度才结算并且满足其他条件后才可收取返点款项。应付广告费与应收返点金额不存在抵销结算的约定,因此,同一家公司的应付广告费与应收返点金额不能抵销列示,相应地,该数字技术公司合并报表中的应收返点金额与应付广告费也不能抵销列示。

情形5涉及的不是互负债务的双方了,而是涉及交易三方,因此不能按照前述四种情形"交易双方互负债务"的依据进行处理。根据《企业会计准则第37号——金融工具列报(2017年修订)》第二十九条:

抵销权是债务人根据合同或其他协议,以应收债权人的金额全部或部分抵销应付债权人的金额的法定权利。在某些情况下,如果债务人、债权人和第三方三者之间签署的协议明确表示债务人拥有该抵销权,并且不违反法律法规或其他相关规定,债务人可能拥有以应收第三方的金额抵销应付债权人的金额的法定权利。

只有在依据合同或相关法律法规规定取得法定抵销权利,在满足CAS 37第二十八条规定的情况下,才可抵销列示。

除前述五种情形外,在某些特定行业,实务中也存在其他情形。比如,从事建筑施工的企业,在考虑同一客户、同一工程项目的资产负债是否能抵销列示时,会有如下考虑,如表2-4所示。

表2-4 其他情形的抵销情况

| 不同情形 | 能否抵销 | 原因说明 |
| --- | --- | --- |
| 1. 同一业主、同一项目形成的已完工未结算款和预收账款 | 不能抵销 | 已完工未结算款列示于"存货",已超出金融资产的范畴,因此不适用金融工具相关准则,故而不能抵销列示。当然也受到下列情形2所述原因的限制 |
| 2. 同一业主、同一项目应收账款与已结算未完工款 | 不能抵销 | 已结算未完工款虽然列示于"预收款项"项目,但由于并非现时权利(业主方对"已结算未完工款"并不认可),所以不符合CAS 37第二十八条第(一)项条件,因此也不能抵销列示 |

另外,此问题还涉及《企业会计准则第22号——金融工具确认和计量》《企业会计准则第23号——金融资产转移》所涉及的金融资产、金融负债终止确认条件问题。虽然金融资产、金融负债不能抵销后按净额列示,但各自若符合终止确认条件,自然可以终止确认相关金融资产和金融负债,也能达到降低资产负债率的目的(见下文)。

### (三)金融资产转移的终止确认

企业可能采取应收款项保理、金融资产转让、资产证券化等多种方式拟回笼资金并终止确认相应的金融资产。这些操作方法中,能否终止确认金融资产,还是继续保留对金融资产的核算,而是将收到的款项计入另一项金融负债,会对企业的资产负债率形成重大影响。

《企业会计准则第22号——金融工具确认和计量(2017年修订)》(注:此处引用的该准则条款均为2017年修订后的版本,但2006年版金融工具确认和计量准则第二十五至第二十七条规定及相关的应用指南等对这些问题的处理原则与2017年修订后的准则均一致)第十一条规定:

金融资产满足下列条件之一的,应当终止确认:(一)收取该金融资产现金流量的合同权利终止。(二)该金融资产已转移,且符合《企业会计准则第23号——金融资产转移》规定的金融资产终止确认条件。

《企业会计准则第 23 号——金融资产转移(2017 年修订)》中对金融资产终止确认的一般原则规定如下:

第四条　金融资产的一部分满足下列条件之一的,企业应当将终止确认的规定适用于该金融资产部分,除此之外,企业应当将终止确认的规定适用于该金融资产整体:

(一)该金融资产部分仅包括金融资产所产生的特定可辨认现金流量。如企业就某债务工具与转入方签订一项利息剥离合同,合同规定转入方有权获得该债务工具利息现金流量,但无权获得该债务工具本金现金流量,终止确认的规定适用于该债务工具的利息现金流量。

(二)该金融资产部分仅包括与该金融资产所产生的全部现金流量完全成比例的现金流量部分。如企业就某债务工具与转入方签订转让合同,合同规定转入方拥有获得该债务工具全部现金流量一定比例的权利,终止确认的规定适用于该债务工具全部现金流量一定比例的部分。

(三)该金融资产部分仅包括与该金融资产所产生的特定可辨认现金流量完全成比例的现金流量部分。如企业就某债务工具与转入方签订转让合同,规定转入方拥有获得该债务工具利息现金流量一定比例的权利,终止确认的规定适用于该债务工具利息现金流量一定比例的部分。

企业发生满足本条(二)或(三)条件的金融资产转移,且存在一个以上转入方的,只要企业转移的份额与金融资产全部现金流量或特定可辨认现金流量完全成比例即可,不要求每个转入方均持有成比例的份额。

第五条　金融资产满足下列条件之一的,应当终止确认:

(一)收取该金融资产现金流量的合同权利终止。

(二)该金融资产已转移,且满足本准则关于终止确认的规定。

企业在办理应收账款保理等相关业务时,判断交易的设计是否满足金融资产终止确认条件时,应当注重金融资产转移的实质,只有在实质上转移了金融资产所有权上几乎所有风险和报酬时,才应当终止确认被转移的金融资产,实务中常见的情形有:

1. 企业无条件出售金融资产。

2. 企业出售金融资产,同时约定按回购日该金融资产的公允价值进行回购。

3. 企业出售金融资产,同时与转入方签订看跌期权合同(即转入方有权将该金融资产返售给企业)或看涨期权合同(即转出方有权回购该金融资产),且根据合同条款判断,该看跌期权或看涨期权为一项重大价外期权(即期权合约的条款设计,使得金融资产转入方或转出方极小可能会行权)。

在上述情形中,第 1 种情形,由于作为银行或专业资产管理公司等受让方基于其所在行业的一般性的风控原则要求,几乎不会发生无条件受让金融资产的业务,这一情形在实务中非常罕见。

实务中较常见的是第 2 种情形,金融资产的转让或保理等合同中,一般会约定在某些情形下,转让方以回购日该金融资产的公允价值回购。此时,一般较容易出现交易各方利用合同条款操纵业务以规避会计准则规定的方式就在于该"公允价值"的确定。若该"公允价值"的确定方式不符合《企业会计准则第39号——公允价值计量》的相关规定,例如以固定价格、原售价加固定收益、原售价加按照计息期间(原保理资金支付给企业的时间起至回购日止)和年化收益率计算的回报等方式视同"公允价值"进行回购,在一些合同条款中非常普遍,但是这一类的规定,实质上由于并未真正转移金融资产所有权上的风险和报酬,因此并不符合终止确认条件。一般而言,发生回购情形意味着金融资产的信用风险较大,换言之,受让方根据原金融资产转让合同约定享有金融资产现金流量的权利,若其在受让之后能按照转让合同签订时的预期收回与该金融资产相关的现金流量,为何其还要再回售? 因此,该回购公允价值的取得必须要考虑金融资产最核心的风险——信用风险,才有可能满足终止确认的条件。

第3种情形在一般的非金融企业转让按摊余成本进行后续计量的金融资产时也较为罕见。举例说明如下:

假设某企业将账面余额1 000万元的应收账款签订无追索权的保理协议转让给某资产管理公司,收到保理资金900万元。转让方持有的重大价外看涨期权指执行日该应收账款的公允价值(假设950万元)会小于执行价格(假设1 000万元),由于资产的届时公允价值小于行权价格,一般而言转让方行使看涨期权以高于市价的价格买回该应收账款的可能性很小。而受让方享有的重大价外看跌期权指执行日该应收账款的公允价值(假设1 000万元)会大于执行价格(假设950万元),由于资产的届时公允价值大于行权价格,受让方行使看跌期权以低于市价的方式回售该应收账款的可能性也很小。由于根据合理估计,交易各方均为出于自身利益考虑,不会选择行使重大的价外看涨/看跌期权,因此出售金融资产在符合准则规定的情况下可以终止确认。

应收账款保理是常见的金融资产转移方式。对保理涉及的标的应收账款能否终止确认,实质上也就是判断其所有权上主要风险和报酬是否转移给保理商,以及是否放弃了对标的应收账款的控制权。对此需要注意:并不能简单地依据保理合同形式上为"无追索权"即认为被保理的标的应收账款满足终止确认条件。一般认为,如果出现以下情形中的一种或多种,即使合同形式上标明为"无追索权",但标的应收账款仍不满足终止确认条件:

(1)保理合同约定在应收账款实际收回之前,均需按应收账款的原始金额和一定的利率(基本相当于市场利率)向保理商支付利息或资金占用费,且无期限长度或金额的封顶限制。

(2)保理合同约定触发回购义务的情形不限于标的应收账款存在瑕疵(即,不是法律上认可的具有强制执行效力的债权),而包括了因为债务人信用风险或其他原因导致在一段时间内未能收回的情形。

(3)保理合同约定申请人需向保险公司投保信用保险,并以有效的信用保险合同的成立和存续作为承接该项保理业务的前提,且约定被保险公司拒赔或属于免赔范围的坏账损失仍需由申请人承担,即保理商完全是基于信用保险而承接该项保理业务,但并未向申请人提供任何增信。

（4）在根据《企业会计准则第 23 号——金融资产转移（2017 年修订）》第四条的规定考虑是否能终止确认部分金融资产时，也需要关注已转移和继续保留的金融资产全部现金流量是否完全成比例。对该条规定的应用，举例说明如下：

情形 1：

A 公司 2017 年 10 月与某保理商签订了无追索权的应收款项保理业务合同，将 A 公司于 2017 年 9 月份发生的一笔销售业务形成的应收账款 1 000 万元转让给保理商，该债务人财务状况良好，历史上均能按照合同约定的付款时间支付货款。

保理合同约定：若因债务人原因无法得到偿付，相关风险由保理商自行承担，A 公司不对保理商未收到的款项承担赔付责任。

关于转让价款的约定：保理商按照 A 公司转让的应收账款清单合计金额的 60% 支付基本转让价款；视情况支付追加转让价款。追加转让价款 ＝ 保理商收到的合同项下应收账款债权额 － 已支付的基本转让价款 － 款项逾期催收发生追索的费用等（计算结果大于零为限）。

A 公司于合同签订后第 2 天收到保理商拨付的基本转让价款 600 万元。

情形 2：

A 公司 2017 年 10 月与某保理商签订了无追索权的应收款项保理业务合同，将 A 公司于 2017 年 9 月份发生的一笔销售业务形成的应收账款 1 000 万元的 60% 转让给保理商，转让价款 580 万元。该债务人财务状况良好，历史上均能按照合同约定的付款时间支付货款。

保理合同约定：若因债务人原因无法得到偿付，相关风险由保理商自行承担，A 公司不对保理商未收到的款项承担赔付责任。

关于应收款后续管理的约定：保理商委托 A 公司向债务人催收款项，债务人每偿付一笔本合同项下的应收账款，该款项由保理商和 A 公司按照 60%：40% 的比例分别享有，A 公司应在收到债务人清偿资金的 2 个工作日内，将保理商应享有的部分汇至保理商指定账户。

A 公司于合同签订后第 2 天收到保理商拨付的转让价款 580 万元。

【分析】

情形 1：在本案例中，虽然合同中约定了 A 公司不承担债务人的信用风险，但由于应收款项的转让价格的设计，使得 A 公司实际承担了与该应收款项的主要风险和报酬。具体而言，可能发生的情形如表 2-5 所示。

表 2-5　　　　　　　　　　　　　可能发生的情形　　　　　　　　　　金额单位：万元

| 假设情形 | 债务人偿还资金总额 | A 公司相关记录 | | | 保理商相关记录 | | | |
|---|---|---|---|---|---|---|---|---|
| | | 基本转让价款 | 追加转让价款 | 信用风险损失 | 基本转让价款 | 追加转让价款 | 收到债务人偿还资金 | 信用风险损失 |
| 1 | 900 | 600 | 300 | 100 | 600 | 300 | 900 | 0 |
| 2 | 600 | 600 | 0 | 400 | 600 | 0 | 600 | 0 |
| 3 | 500 | 600 | 0 | 400 | 600 | 0 | 500 | 100 |

从表 2-5 示例中可看出,保理合同中关于转让价款的安排,使得债务人偿付应收款项的金额大于或等于 600 万元时,未收回的损失全部由 A 公司来承担;只有收回金额低于 600 万元时,A 公司承担 400 万元的损失,收回金额低于 600 万元的差额部分形成的损失由保理商承担。由于案例背景中提及该债务人财务状况良好,历史上均能按照合同约定的付款时间支付货款。对于账龄仅 1 个月的应收账款,1 000 万元原值得到债务人偿付的金额低于 600 万元的情况几乎不可能发生,因此,保理合同中转让价款条款安排,相当于债务人的信用风险仍几乎全部由转让方 A 公司承担,此种情形下,A 公司不能终止确认该应收款项。

情形 2:本案例中,由于转让给保理商的应收款项的 60% 份额,与 A 公司持有的 40% 份额,享有的该应收款项未来全部现金流量同样按照 60%:40% 的比例分享,双方按照各自对应收款项的持有份额同比例承担可能的信用风险。在与情形 1 中债务人偿还款项的假设情形完全一致的情况下,A 公司与保理商分别承担的信用风险损失却与情形 1 不同,具体结果如表 2-6 所示。

表 2-6　　　　　　　　　　　具体结果　　　　　　　　　单位:万元

| 假设情形 | 债务人偿还资金总额 | A 公司相关记录 | | 保理商相关记录 | |
|---|---|---|---|---|---|
| | | 收到资金 | 信用风险损失 | 收到资金 | 信用风险损失 |
| 1 | 900 | 360 | 40 | 540 | 60 |
| 2 | 600 | 240 | 160 | 360 | 240 |
| 3 | 500 | 200 | 200 | 300 | 300 |

从上述不同情形结果的比较中可明显得知,情形 1 中,保理合同虽然约定了不附追索权,但保理商与 A 公司通过很低的转让率的设计以确保保理商的资金收回。即便收到保理商支付的 600 万元转让资金是确定的、任何情形下无需退还的,但是由于转让给保理商的 600 万元(60%)与 A 公司保留的剩余份额(债务人还款超过 600 万元时以追加转让价款的名义享有的部分现金流量)与保理商持有的份额其现金流量显著不同,该设计相当于是将该应收账款 1 000 万元分级,优先保证保理商的 600 万元(60%)的收回(优先级),其次能收回来的金额才归转让方 A 公司(劣后级),转让方 A 公司实际承担并享有了与债务人信用风险有关的主要风险和报酬,因此不能终止确认全部或部分应收账款。但是情形 2 中,债务人信用风险中的 60% 的部分已转移由保理商实际承担,因此可终止确认 60% 的应收款项,将该部分应收款项账面价值与转让价款 580 万元的差额确认为金融资产转让损失,计入当期损益。

实务中,还有一种常见的方式就是"资产证券化",将单项金融资产或其他资产或资产组合(也可能含负债)转让给特定的资产管理计划,该情形下判断的关键是与转让标的资产所有权相关的主要风险和报酬是否实质性地转移给了该资产管理计划(最终落实到各权益持有人,特别是劣后级权益持有人)。"资产证券化"作为一种新型的融资方式,在"降杠杆"的经济背景下,企业对其应用愈加广泛,我们对此单独进行讨论,详见下文"(四)资产证券化能否'出表'"。

### （四）资产证券化能否"出表"

1. 资产证券化定义。

资产证券化（Asset-Backed Securitization，简称 ABS）是指将缺乏即期流动性，但具有可预期的、独立的未来现金收入流的资产进行组合和信用增级，并依托该资产（或资产组合）（以下统称基础资产）的未来现金流在金融市场上发行可以流通的有价证券的结构性融资活动。

资产证券化起源于 20 世纪 60 年代末期的美国，自 1970 年美国的政府国民抵押协会首次发行以抵押贷款组合为基础资产的抵押支持证券——房贷转付证券，完成首笔资产证券化交易以来，资产证券化逐渐成为一种被广泛采用的金融创新工具而得到了迅猛发展，距今已有 40 余年的历史。

2. 我国资产证券化业务的发展情况。

就我国而言，资产证券化起步较晚。2005 年 4 月 20 日，中国人民银行、银监会出台了《信贷资产证券化试点管理办法》，拉开了我国信贷资产证券化的序幕，2005 年也被称为"中国资产证券化元年"。

目前，我国根据监管方的不同，形成了以央行、银监会为主导的信贷资产证券化模式和以证监会为主导的专项资产管理计划企业资产证券化模式。

（1）央行、银监会为主导模式。

央行、银监会主导的资产证券化的基础资产为银行业金融机构的信贷资产，资产支持证券在全国银行间债券市场上的发行与交易。相关的法规包括《信贷资产证券化试点管理办法》，2014 年 11 月银监会发布《关于信贷资产证券化备案登记工作流程的通知》（银监办便函 1092 号文），将审批制改为备案制。

（2）以证监会为主导模式。

证监会主导下的主要是企业资产证券化，也是我们经常遇到的业务。以下部分主要论述的均为企业资产证券化业务的相关问题。

第一，企业资产证券化的发展阶段。

A. 试点阶段。

2005 年 8 月中国证监会开始了证券公司企业资产证券化的试点，并于 2009 年 5 月下发了《关于通报证券公司企业资产证券化业务试点情况的函》及《证券公司企业资产证券化业务试点指引（试行）》，明确了对证券公司进行企业资产证券化业务试点的相关政策及监管要求。

B. 审批阶段。

2013 年 3 月 15 日，中国证监会发布了《证券公司资产证券化业务管理规定》，企业资产证券化从试点阶段进入了正式实施阶段。此时，证券公司申请设立专项计划、发行资产支持证券，需要向中国证监会提交申请文件，获得证监会的审批。

C. 备案阶段。

2014 年 11 月 19 日，证监会发布《证券公司及基金管理公司子公司资产证券化业务管理规定》及配套规则《信息披露指引》《尽职调查工作指引》，改事前行政审批为事后备案（第三十六条：管理人应当自专项计划成立日起 5 个工作日内将设立情况报中国基金业协会备案,同时抄送对管理人有辖区监管权的中国证监会派出机构),实施负面清单管理制度(第三十七条:中国基金业协会根据基础资产风险状况对可证券化的基础资产范围实施负面清单管理,并可以根据市场变化情况和实践情况,适时调整负面清单)。备案制实施以来,资产证券化业务得到迅速发展。

第二,基础资产范围。

根据《证券公司及基金管理公司子公司资产证券化业务管理规定》,可以进行资产证券化的基础资产必须是满足符合法律法规规定,权属明确,可以产生独立、可预测的现金流且可特定化的财产权利或者财产。基础资产包括企业应收款、租赁债权、信贷资产、信托受益权等财产权利,基础设施、商业物业等不动产财产或不动产收益权,以及中国证监会认可的其他财产或财产权利。基础资产的范围比试点阶段增加了很多。

目前,已经发行的资产证券化业务涉及的基础资产类型主要包括:融资租赁公司的租赁收益权;小贷公司的小额贷款;对公路、桥梁、港口等基础设施收费权;对水、电、煤、气等特许经营收费权;名胜古迹、主题公园的门票收入;商业物业租金;企业经营性应收账款等。

第三,专项资产计划的发起机构。

证券公司、基金管理公司子公司可以通过设立资产支持专项计划(特殊目的载体)开展资产证券化业务。资产支持证券可以按照规定在证券交易所、全国中小企业股份转让系统、机构间私募产品报价与服务系统、证券公司柜台市场以及中国证监会认可的其他证券交易场所进行挂牌、转让。

第四,企业资产证券化具体运作模式。

• 由证券公司或基金管理公司子公司发起设立一个专项资产管理计划作为资产证券化的特殊目的载体 SPV(special purpose vehicle)。

• 专项资产管理计划向合格的投资者发行专项资产支持证券募集资金。

• 专项计划募集所得资金专项用于购买原始权益人所拥有的特定基础资产。

• 专项计划以基础资产所产生的未来现金流入向资产支持证券投资者偿付本息。

3. 注册会计师在资产证券化业务中需要完成的工作。

(1) 应由注册会计师完成的工作。

第一,"资产管理报告"的审计报告。

根据《证券公司及基金管理公司子公司资产证券化业务信息披露指引》第十四条"资产支持证券存续期内,管理人应在每期资产支持证券收益分配日的两个交易日前向合格投资者披露专项计划收益分配报告,每年 4 月 30 日前披露经具有从事证券期货相关业务资格的会计师事务所审计的上年度资产管理报告。对于设立不足两个月的,管理人可以不编制年度资产管理报告。"

因此,在专项计划存续期,注册会计师应对管理人(证券公司或基金管理公司子公司)编制的上年度专项资产管理报告进行审计,并出具专项审计报告。

第二,清算审计报告。

根据《证券公司及基金管理公司子公司资产证券化业务管理规定》第十九条"专项计划终止的,管理人应当按照计划说明书的约定成立清算组,负责专项计划资产的保管、清理、估价、变现和分配。管理人应当自专项计划清算完毕之日起 10 个工作日内,向托管人、资产支持证券投资者出具清算报告,并将清算结果向中国证券投资基金业协会(以下简称中国基金业协会)报告,同时抄送对管理人有辖区监管权的中国证监会派出机构。管理人应当聘请具有证券期货相关业务资格的会计师事务所对清算报告出具审计意见。"

专项计划终止时,注册会计师应对管理人编制的清算报告出具清算审计报告。

(2) 可能需要注册会计师完成的工作。

第一,原始权益人最近 3 年的财务报表审计报告。

根据《证券公司及基金管理公司子公司资产证券化业务管理规定》第十三条"按照本规定及所附《证券公司及基金管理公司子公司资产证券化业务尽职调查工作指引》对相关交易主体和基础资产进行全面的尽职调查,可聘请具有从事证券期货相关业务资格的会计师事务所、资产评估机构等相关出具专业意见……"

根据《证券公司及基金管理公司子公司资产证券化业务尽职调查工作指引》第七条"对特定原始权益人的尽职调查应当包括但不限于以下内容:……(二)主营业务情况及财务状况:特定原始权益人所在行业的相关情况;行业竞争地位比较分析;最近三年各项主营业务情况、财务报表及主要财务指标分析、资本市场公开融资情况及历史信用表现;主要债务情况、授信使用状况及对外担保情况;对于设立未满三年的,提供自设立起的相关情况;……"

尽管根据规定,管理人尽职调查报告中的相关内容并非必须由专业机构出具意见,但因为需要披露原始权益人最近 3 年的财务报表和数据,所以实务中,管理人通常都会委托注册会计师对原始权益人最近 3 年的财务报表进行审计,出具审计报告。

第二,基础资产未来现金流预测审核报告。

《证券公司及基金管理公司子公司资产证券化业务尽职调查工作指引》第十六条"管理人应当根据不同基础资产的类别特性对基础资产现金流状况进行尽职调查,应当包括但不限于以下内容:基础资产质量状况;基础资产现金流的稳定性和历史记录;基础资产未来现金流的合理预测和分析。"

根据上述规定,管理人有可能会要求注册会计师出具基础资产未来现金流的预测审核报告。鉴于现金流预测有一定的风险,我们建议注册会计师谨慎执业。

第三,其他报告。

在资产证券化过程中,注册会计师可能还会被要求出具的报告包括:原始权益人最近 3 年融资情况说明的专项审核报告,资产证券化业务会计处理的专项说明,募集资金到账的验资报告等。

4. 资产证券化业务在会计处理上的关注点。

在资产证券化的会计处理方面,通常涉及以下两方面的问题。

(1) 对专项资产计划的控制权的归属判断。

《企业会计准则第 33 号——合并财务报表》(2014)第七条规定:"合并财务报表的合并范围应当以控制为基础予以确定。控制,是指投资方拥有对被投资方的权力,通过参与被投资方的相关活动而享有可变回报,并且有能力运用对被投资方的权力影响其回报金额。"专项资产计划属于结构化主体。结构化主体,是指在确定其控制方时没有将表决权或类似权利作为决定因素而设计的主体。主导该主体相关活动的依据通常是合同安排或其他安排形式。因此在判断哪一方控制该结构化主体时,应详细审阅合同方案的条款,从"控制"的三个要素进行分析。

从《证券公司及基金管理公司子公司资产证券化业务管理规定》第十三条规范的资产管理人应履行的责任分析,在通常情况下,资产管理人对专项资产计划有管理责任,拥有计划的决策权。就结构化主体的控制权判断问题而言,在"控制三要素"的框架内,应重点关注"权力与回报的关系"这一要素,即判断管理人作为决策者是属于代理人还是主要责任人,包括:管理人作为决策者被赋予的决策权限;管理人的薪酬(管理费和业绩报酬)的水平;管理人享有和承担可变回报的量级和可变动性;管理人自身持有权益的份额比例,等等。比如:如果资产管理人没有以自有资金认购资产支持证券,获得的回报仅限于与其提供服务相称的、符合行业惯例的管理费,则资产管理人通常属于原始权益人或其他方的代理人角色,本身并不控制专项计划。如果资产管理人以自有资金购买了自身发行的资产支持证券或提供了信用增级,则需要综合考虑其享有和承担可变回报的量级和可变动性以及其面临风险的性质,再进行判断。

如果资产管理人并不控制该资产管理计划(在资产证券化实务中,此种情况比较普遍),则其对以自有资金参与自己负责管理的计划所形成的份额以及可能需承担的保证责任,可按《计学撮要 2013》之"问题 4-1-18 证券公司购买的自己发行的集合计划产品的列报、计量及承担亏损的处理"所述原则进行会计处理。

如果该资产管理计划的证券有分级设置(如优先级和劣后级),而原始权益人通过持有较大比例的劣后级证券保留了大部分基础资产现金流量变动的风险和收益,则这种情况下原始权益人很可能控制该资产管理计划。

(2) 基础资产是否终止确认。

在原始权益人能够控制该结构化主体、将其纳入合并报表范围的情况下,在合并报表层面需要讨论能否终止确认基础资产的问题。

除前述"三、金融资产转移的终止确认"提及的准则条款外,主要的准则依据还有《企业会计准则第 23 号——金融资产转移(2017 年修订)》第七条的规定:

企业在发生金融资产转移时,应当评估其保留金融资产所有权上的风险和报酬的程度,并分别下列情形处理:

（一）企业转移了金融资产所有权上几乎所有风险和报酬的,应当终止确认该金融资产,并将转移中产生或保留的权利和义务单独确认为资产或负债。

（二）企业保留了金融资产所有权上几乎所有风险和报酬的,应当继续确认该金融资产。

（三）企业既没有转移也没有保留金融资产所有权上几乎所有风险和报酬的(即除本条(一)、(二)之外的其他情形),应当根据其是否保留了对金融资产的控制,分别下列情形处理:

1. 企业未保留对该金融资产控制的,应当终止确认该金融资产,并将转移中产生或保留的权利和义务单独确认为资产或负债。

2. 企业保留了对该金融资产控制的,应当按照其继续涉入被转移金融资产的程度继续确认有关金融资产,并相应确认相关负债。

继续涉入被转移金融资产的程度,是指企业承担的被转移金融资产价值变动风险或报酬的程度。

《〈企业会计准则第 23 号——金融资产转移(2017 年修订)〉应用指南》所示的流程图,如图 2-2 所示。

通常,为了资产支持证券的顺利销售,往往会对专项计划进行信用增级,比如设立优先级和次级的分层结构,超额抵押、担保、回购条款、差额支付承诺等。在考虑是否已经转移了金融资产所有权上几乎所有风险和报酬时,应重点关注原始权益人(或其控制人、其他关联方等)提供的信用增级内容,以及信用增级使原始权益人面临的风险程度。实务中,可能由原始权益人的实际控制人来对专项计划进行信用增级,如购买次级份额,承担兜底责任等,因此有可能是由原始权益人的实际控制人而不是原始权益人合并专项计划,此时,在实际控制人的合并报表层面是否终止确认该基础资产也需要按照上述原则考虑。

综上,一般理解,转让基础资产要满足终止确认的条件,至少应同时满足以下条件:

（1）基础资产转让方(含其子公司和其他关联方,下同)不能持有多数劣后级权益,一般不建议多于 30%(指持有劣后级权益份额占劣后级总份额之比),由此将绝大部分剩余风险和报酬转移给其他非关联的劣后级权益持有人。需注意:此处的"30%"并不是终止确认基础资产的充分条件,即并不是说原始权益人持有的劣后级份额比例低于 30%就必定可以终止确认基础资产。

（2）基础资产转让方不能明确承诺在确定的时点回购,也不能承诺最低回购价格(可以承诺按回购时该基础资产的公允价值进行回购,但不能承诺保底的回购价格)。

（3）基础资产转让方不能对资产管理计划的其他权益份额持有人的本金和收益提供担保或差额补足等承诺。

（4）基础资产转让价格为转让日基础资产的公允价格或几乎相当于该公允价格。

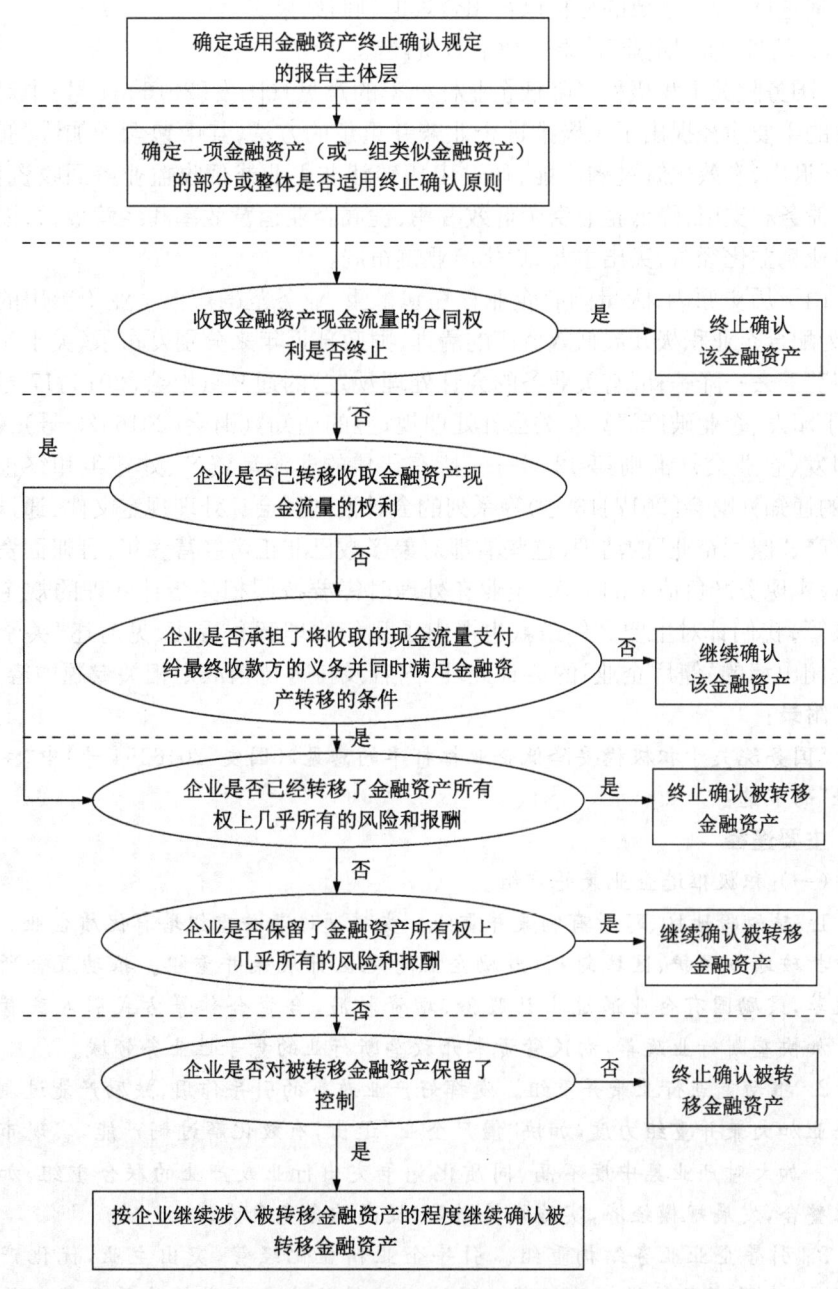

图 2-2  金融资产终止确认流程图

（5）不存在其他表明转让基础资产所有权上的主要风险和报酬仍由基础资产转让方享有或承担的情形。

但仍需提示的是，由于资产证券化业务各产品方案均为个性化定制，而细微的文字差别可能导致判断结果出现重大差异，因此财务人员或审计人员在遇到资产证券化相关问题时，不能简单基于前述条件去衡量，认为满足条件即可终止确认基础资产，不满足前述条件就不能终止确认基础资产，仍应对个性化的方案进行全面、细致的分析以得出合理的判断结果。

5. 清理"僵尸企业"清退无效低效资产等。

《国务院关于积极稳妥降低企业杠杆率的意见》(国发〔2016〕54号)中对降杠杆的主要途径提出了积极推进企业兼并重组的方法,其中包含了加快"僵尸企业"退出,有效化解过剩产能,通过出售转让非主业或低收益业务回收资金、减少债务和支出,降低企业资金低效占用,提高企业运营效率和经营效益,以实现企业精益化经营,突出主业,优化产业链布局。

由于历史原因,大量国有企业存在包袱重、业务范围广但主业不突出的现状,为配合企业积极开展低效资产的清理,财政部近年来分别发布了《关于印发〈规范"三去一降一补"有关业务的会计处理规定〉的通知》(财会〔2016〕17号)、《关于印发〈企业破产清算有关会计处理规定〉的通知》(财会〔2016〕23号)、《关于印发〈企业会计准则第42号——持有待售的非流动资产、处置组和终止经营〉的通知》(财会〔2017〕13号)等系列的会计准则及会计处理规定文件,通过企业破产、"僵尸企业"的清理(这些清理对象多数已非正常经营多年,且账面资不抵债)实现资产负债率的下降,企业在处理时需要按照相关会计处理的规定进行核算,我们针对主要文件条款也提出了我们的理解和看法,见前述"关于即将关闭出清的'僵尸企业'的会计处理"内容及持有待售准则相关专题内容。

**附录:**

《国务院关于积极稳妥降低企业杠杆率的意见》(国发〔2016〕54号)中"主要途径"的节选:

**主要途径**

(一)积极推进企业兼并重组。

1. 鼓励跨地区、跨所有制兼并重组。支持通过兼并重组培育优质企业。进一步打破地方保护、区域封锁,鼓励企业跨地区开展兼并重组。推动混合所有制改革,鼓励国有企业通过出让股份、增资扩股、合资合作等方式引入民营资本。加快垄断行业改革,向民营资本开放垄断行业的竞争性业务领域。

2. 推动重点行业兼并重组。发挥好产业政策的引导作用,鼓励产能过剩行业企业加大兼并重组力度,加快"僵尸企业"退出,有效化解过剩产能,实现市场出清。加大对产业集中度不高、同质化竞争突出行业或产业的联合重组,加强资源整合,发展规模经济,实施减员增效,提高综合竞争力。

3. 引导企业业务结构重组。引导企业精益化经营,突出主业,优化产业链布局,克服盲目扩张粗放经营。通过出售转让非主业或低收益业务回收资金、减少债务和支出,降低企业资金低效占用,提高企业运营效率和经营效益。

4. 加大对企业兼并重组的金融支持。通过并购贷款等措施,支持符合条件的企业开展并购重组。允许符合条件的企业通过发行优先股、可转换债券等方式筹集兼并重组资金。进一步创新融资方式,满足企业兼并重组不同阶段的融资需求。鼓励各类投资者通过股权投资基金、创业投资基金、产业投资基金等形式参与企业兼并重组。

（二）完善现代企业制度强化自我约束。

5. 建立和完善现代企业制度。建立健全现代企业制度、完善公司治理结构，对企业负债行为建立权责明确、制衡有效的决策执行监督机制，加强企业自身财务杠杆约束，合理安排债务融资规模，有效控制企业杠杆率，形成合理资产负债结构。

6. 明确企业降杠杆的主体责任。企业是降杠杆的第一责任主体。强化企业管理层资产负债管理责任，合理设计激励约束制度，处理好企业长期发展和短期业绩的关系，树立审慎经营观念，防止激进经营过度负债。落实企业股东责任，按照出资义务依法缴足出资，根据股权先于债权吸收损失原则承担必要的降杠杆成本。

7. 强化国有企业降杠杆的考核机制。各级国有资产管理部门应切实履行职责，积极推动国有企业降杠杆工作，将降杠杆纳入国有资产管理部门对国有企业的业绩考核体系。统筹运用政绩考核、人事任免、创新型试点政策倾斜等机制，调动地方各级人民政府和国有企业降杠杆的积极性。

（三）多措并举盘活企业存量资产。

8. 分类清理企业存量资产。规范化清理资产，做好闲置存量资产相关尽职调查、资产清查、财产评估等工作，清退无效资产，实现人资分离，使资产达到可交易状态。

9. 采取多种方式盘活闲置资产。对土地、厂房、设备等闲置资产以及各类重资产，采取出售、转让、租赁、回租、招商合作等多种形式予以盘活，实现有效利用。引导企业进入产权交易市场，充分发挥产权交易市场价格发现、价值实现功能。

10. 加大存量资产整合力度。鼓励企业整合内部资源，将与主业相关的资产整合清理后并入主业板块，提高存量资产的利用水平，改善企业经营效益。

11. 有序开展企业资产证券化。按照"真实出售、破产隔离"原则，积极开展以企业应收账款、租赁债权等财产权利和基础设施、商业物业等不动产财产或财产权益为基础资产的资产证券化业务。支持房地产企业通过发展房地产信托投资基金向轻资产经营模式转型。

（四）多方式优化企业债务结构。

12. 推动企业开展债务清理和债务整合。加大清欠力度，减少无效占用，加快资金周转，降低资产负债率。多措并举清理因担保圈、债务链形成的三角债。加快清理以政府、大企业为源头的资金拖欠，推动开展中小企业应收账款融资。对发展前景良好、生产经营较为正常，有技术、有订单，但由于阶段性原因成为资金拖欠源头的企业，鼓励充分调动多方力量，在政策允许范围内，统筹运用盘活资产、发行债券和银行信贷等多种手段，予以必要支持。

13. 降低企业财务负担。加快公司信用类债券产品创新，丰富债券品种，推动企业在风险可控的前提下利用债券市场提高直接融资比重，优化企业债务结构。鼓励企业加强资金集中管理，支持符合条件的企业设立财务公司，加强内部资金融通，提高企业资金使用效率。通过大力发展政府支持的担保机构等措施,提高企业信用等级,降低融资成本。

(五)有序开展市场化银行债权转股权。

14. 以市场化法治化方式开展债转股。由银行、实施机构和企业依据国家政策导向自主协商确定转股对象、转股债权以及转股价格和条件,实施机构市场化筹集债转股所需资金,并多渠道、多方式实现股权市场化退出。

15. 以促进优胜劣汰为目的开展市场化债转股。鼓励面向发展前景良好但遇到暂时困难的优质企业开展市场化债转股,严禁将"僵尸企业"、失信企业和不符合国家产业政策的企业作为市场化债转股对象。

16. 鼓励多类型实施机构参与开展市场化债转股。除国家另有规定外,银行不得直接将债权转为股权。银行将债权转为股权应通过向实施机构转让债权、由实施机构将债权转为对象企业股权的方式实现。鼓励金融资产管理公司、保险资产管理机构、国有资本投资运营公司等多种类型实施机构参与开展市场化债转股;支持银行充分利用现有符合条件的所属机构,或允许申请设立符合规定的新机构开展市场化债转股;鼓励实施机构引入社会资本,发展混合所有制,增强资本实力。

(六)依法依规实施企业破产。

17. 建立健全依法破产的体制机制。充分发挥企业破产在解决债务矛盾、公平保障各方权利、优化资源配置等方面的重要作用。完善破产清算司法解释和司法政策。健全破产管理人制度。探索建立关联企业合并破产制度。细化工作流程规则,切实解决破产程序中的违法执行问题。支持法院建立专门清算与破产审判庭,积极支持优化法官配备并加强专业培训,强化破产司法能力建设。规范和引导律师事务所、会计师事务所等中介机构依法履职,增强破产清算服务能力。

18. 因企制宜实施企业破产清算、重整与和解。对于扭亏无望、已失去生存发展前景的"僵尸企业",要破除障碍,依司法程序进行破产清算,全面清查破产企业财产,清偿破产企业债务并注销破产企业法人资格,妥善安置人员。对符合破产条件但仍有发展前景的企业,支持债权人和企业按照法院破产重整程序或自主协商对企业进行债务重组。鼓励企业与债权人依据破产和解程序达成和解协议,实施和解。在企业破产过程中,切实发挥债权人委员会作用,保护各类债权人和企业职工合法权益。

19. 健全企业破产配套制度。政府与法院依法依规加强企业破产工作沟通协调,解决破产程序启动难问题,做好破产企业职工安置和权益保障、企业互保联保和民间融资风险化解、维护社会稳定等各方面工作。加快完善清算后工商登记注销等配套政策。

(七)积极发展股权融资。

20. 加快健全和完善多层次股权市场。加快完善全国中小企业股份转让系统,健全小额、快速、灵活、多元的投融资体制。研究全国中小企业股份转让系统挂牌公司转板创业板相关制度。规范发展服务中小微企业的区域性股权市场。支持区域性股权市场运营模式和服务方式创新,强化融资功能。

21. 推动交易所市场平稳健康发展。进一步发展壮大证券交易所主板,深入发展中小企业板,深化创业板改革,加强发行、退市、交易等基础性制度建设,切实加强市场监管,依法保护投资者权益,支持符合条件的企业在证券交易所市场发行股票进行股权融资。

22. 创新和丰富股权融资工具。大力发展私募股权投资基金,促进创业投资。创新财政资金使用方式,发挥产业投资基金的引导作用。规范发展各类股权类受托管理资金。在有效监管的前提下,探索运用股债结合、投贷联动和夹层融资工具。

23. 拓宽股权融资资金来源。鼓励保险资金、年金、基本养老保险基金等长期性资金按相关规定进行股权投资。有序引导储蓄转化为股本投资。积极有效引进国外直接投资和国外创业投资资金。

# 第三章

# "三供一业"有关业务的会计处理问题

2016年6月11日,国务院办公厅发布了国资委、财政部《关于国有企业职工家属区"三供一业"分离移交工作的指导意见》(国办发〔2016〕45号)(以下简称"指导意见"),对国有企业职工家属区供水、供电、供热(供气)及物业管理(统称"三供一业")的分离移交、剥离国有企业办社会职能作出了规定。指导意见要求,2016年开始在全国全面推进国有企业(含中央企业和地方国有企业)职工家属区"三供一业"分离移交工作,2018年年底前基本完成,2019年起国有企业不再以任何方式为职工家属区"三供一业"承担相关费用。

该指导意见在移交的工作要求上明确了原则上先完成移交,再维修改造,保证分离移交后设备设施符合基本标准、正常运行。对移交企业的会计处理明确了"按照财企〔2005〕62号文件规定进行财务处理。多元股东的企业应当经该企业董事会或股东会同意后,按照持有股权的比例核减国有权益"。但同时也有"企业应按照《企业财务通则》《企业会计准则》等财务会计有关规定进行财务处理和会计核算"的规定。

指导意见中对分离移交费用的承担也予以明确:

分离移交费用由企业和政府共同分担。分离移交"三供一业"的费用包括相关设施维修维护费用,基建和改造工程项目的科研费用、设计费用、旧设备设施拆除费用、施工费用、监理费等。

中央企业的分离移交费用由中央财政(国有资本经营预算)补助50%,中央企业集团公司及移交企业的主管企业承担比例不低于30%,其余部分由移交企业自身承担。原政策性破产中央企业的分离移交费用由中央财政(国有资本经营预算)全额承担。中央企业的分离移交费用要按照有关要求进行申请、预拨和清算,具体办法由相关部门另行制定。

其后,2016年8月25日,财政部、国资委联合发布了《中央企业职工家属区"三供一业"分离移交中央财政补助资金管理办法》(财资〔2016〕38号)(以下简称"管理办法"),对中央企业"三供一业"的中央财政补助资金的范围和比例、申请、预拨、清算和监督等作出了明确规范。此外,类似的相关规定还有:《铁路、烟草、邮政以及其他中央部门管理企业职工家属区"三供一业"分离移交中央财政补助资金管理办法》(财资〔2016〕35号)及其补充通知(财资〔2016〕79号)、《中央下放企业职工家属区"三供一业"分离移交中央财政补助资金管理办法》

(财资〔2016〕31 号)及其补充通知(财资〔2016〕77 号)等。地方国有企业应执行其所属地区的财政、国资管理部门发布的相关财政补助资金管理规定。

基于上述规定,在企业按照相关文件企业分离办社会职能过程中面临的一些具体情形,在目前尚无专门针对此类问题的会计处理明确规定的情况下,我们结合相关文件对其中一些会计处理问题进行思考,并提出我们的处理意见,主要包括以下内容。

1. 分离移交资产的账务处理。

企业分离的办社会职能机构占有、使用的资产,在相关资产原先满足"资产"的定义和确认条件的前提下,企业依据相关政策将相关设施设备移交给相关接收单位时,按资产账面价值冲减权益的处理,按照财政部《关于企业分离办社会职能有关财务管理问题的通知》(财企〔2005〕62 号)的规定,核销有关资产,调整相关账务,并依次冲减未分配利润、盈余公积金、资本公积金和实收资本。

对其中涉及的非国有股东权益,首先需明确是否同样适用无偿移交办法(我们理解这种情况应是历史上改制不彻底所致,这些项目原本就应当在改制时剥离给国有全资的上级集团公司或集团体系内的其他国有全资公司)。此问题属于政策性问题,建议移交企业公司与集团公司、国资委、当地政府等沟通确认。如移交企业是上市公司或上市公司的子公司,还应与证监局和交易所进行沟通。如果同样适用无偿移交办法的,则财务处理同样执行财企〔2005〕62 号文件,按照划出资产的账面净资产依次冲减未分配利润、盈余公积、资本公积(该做法理论上有缺陷,但如果按照国有和非国有资本的比例分别冲减权益和计入损益,也存在影响会计处理整体性等问题)。如果采用按评估值有偿移交方式的,则按资产处置处理。

在移交过程中"核销有关资产"的会计处理时间,由于在实务上可能出现"先改造后移交"或"先移交后改造"等形式,虽然财企〔2005〕62 号文规定"企业经批准实施政策性分离,实行资产无偿划转办法,即将分离办社会职能机构占有、使用的资产无偿移交所在地(市)或县级人民政府管理,并按照协议约定的移交日的账面金额,编制移交资产清单,办理资产调出和接收的交接验收手续",但我们理解,如同所有的资产交割一样,无论是否具有商业实质,都可能出现有约定日期或称"基准日"与实际交割日不同的情况。财企〔2005〕62 号该条规定仅是明确了双方申报手续依据的"基准日"的账面金额。我们理解,对于资产的核算仍应根据《企业会计准则——基本准则》对"资产"的定义及相关固定资产准则、无形资产准则中对资产的终止确认的规定进行处理,也即:移交企业应在对相关资产丧失控制权时点终止确认该类资产。

对于实务中存在的"先改造后移交"的资产或无需改造的资产,一般而言在实际移交后,意味着移交企业已丧失对这些资产的控制权,因此,在实际移交时就应终止确认该项资产,同时按照财企〔2005〕62 号的规定,依次冲减权益。

对于"先移交后改造"的移交资产,移交企业由于要进一步实施改造工作或承担改造费用,则需进一步根据改造工作的安排对"丧失对移交资产的控制权"

时点进行判断。一般而言,改造期间与该类移交资产相关的经济决策主要就是如何改造,因此,对资产的控制主要体现在改造相关的事项具体由谁决策。若移交后接收单位对改造工作如何开展(包括对改造方式、改造目的、改造承揽人、改造工期、改造工程价款等)进行决策,移交企业无权参与改造决策,仅是最终承担改造资金。那么,这类移交资产实质上也是从移交后,与其相关的生产决策即由接收单位来控制,移交企业除了承担付费义务外,对资产并无控制权,因此在移交时,移交企业就应终止确认该类资产,同时对应承担的改造资金支付义务进行合理预估和计提。

2. 对维修改造支出的处理。

对于"先改造后移交",对于按照以往的会计处理规范符合资本化条件的改造支出,可先在"在建工程"科目中归集,待改造工程完工后转为固定资产,随同其他移交资产账面价值一并冲减权益;对于不符合资本化条件的改造、维修支出,则在发生时直接费用化处理。

对于"先移交后改造",因相关资产完成移交后的改造资金是由移交企业承担的,所以移交企业应在资产移交时合理预估未来应承担的改造费用并进行计提,采取类似"弃置费用"的处理,与资产的账面价值一并冲减权益(具体顺序同上述财企〔2005〕62号文规定)。若最终承担的改造资金与预估金额不一致,差额在明确最终承担金额时调整权益。

3. 专项补助的处理。

虽然《企业会计准则第16号——政府补助(2017年修订)》第九条规定:

与收益相关的政府补助,应当分情况按照以下规定进行会计处理:

(一)用于补偿企业以后期间的相关成本费用或损失的,确认为递延收益,并在确认相关成本费用或损失的期间,计入当期损益或冲减相关成本;

(二)用于补偿企业已发生的相关成本费用或损失的,直接计入当期损益或冲减相关成本。

但是在"三供一业"相关业务中,移交企业是在剥离社会职能过程中将相关资产无偿转出,不同于一般的处置,移交企业无偿划出资产(或还承担改造费用)时按其账面价值(和预计承担的费用)冲减权益。我们理解,这个交易是政府作为企业所有者的身份的运作,是没有商业实质的。相应地,作为对无偿划转或改造支出的补助,某些情形下也是政府方作为企业所有者身份的投入,应当作为政府投入调整权益。具体而言,对维修(改造)支出专项补助,我们目前的意见是"同口径处理",即维修支出如果冲减权益的,则收到补助款也贷记权益(按照冲减权益的相反顺序贷记受影响的各权益科目,即以冲减各该权益科目的金额为限,依次贷记资本公积、盈余公积、未分配利润);维修支出如果计入损益的,则收到补助款按政府补助处理。移交企业的集团公司或其他关联方承担的改造支出(如有)按同一原则处理。

需要指出的是:我们的上述意见仅仅是基于我们对相关文件的理解得出的,如果日后财政部、国资委发文对企业承担的维修改造支出等事项的会计处理作出进一步明确规定,则应以最新的规定为准进行会计处理。

4. 对"三供一业"业务是否适用持有待售准则的考虑。

《企业会计准则第 42 号——持有待售的处置组、非流动资产和终止经营》第五条对持有待售类别的划分条件的规定:"企业主要通过出售(包括具有商业实质的非货币性资产交换,下同)而非持续使用一项非流动资产或处置组收回其账面价值的,应当将其划分为持有待售类别。"在"三供一业"业务中,国有企业无偿划转交易是应股东要求进行的,从性质上没有"售"的实质,所划转的资产既没有流动资产的性质,也没有抵偿现金的功能。从计量角度,无偿划转资产以账面价值结转,不产生损益,也不适用持有待售准则中账面价值与公允价值减出售费用孰低的原则。因此,"三供一业"下国有企业无偿划转不适用于持有待售准则的规定。

5. 移交后继续在一段时间内承担"三供一业"基础设施运行费用或向接收单位支付运行费用补贴的会计处理。

在实务操作中,相关的划转协议可能在"三供一业"基础设施划转后设置一段时间的过渡期,在该过渡期内,原企业需继续承担该基础设施的全部或部分运行费用,或者向接收单位支付一定比例或一定金额的运行费用补贴。对此类安排,划出方企业应在划转完成之日(即相关资产终止确认之日)对过渡期内尚需承担的此类后续支出予以谨慎、合理的预计,并采用适当的折现率进行折现处理,按折现值确认为预计负债,同时计入损益(与以往企业承担的"三供一业"费用所列入的报表项目相同)。日后实际承担的金额与原估计数如有差异的,则按会计估计变更处理,调整后续期间的相关损益项目。

# 会计审计实务问答

- 资产、负债类业务问答
- 利润类业务问答
- 长期股权投资和企业合并问答
- 特殊业务问答
- 信息披露和列报业务问答
- 审计技术问题和其他问题

　　本专题主要总结了我们在 2015—2017 年报审计中遇到的一些有代表性的典型案例,供大家在执业过程中参考。使用中请务必注意以下几点:

　　1. 以下案例中所给出的结论和解答,是完全基于相关的特定背景信息的,并非适用于所有情形的一般性指引。因此仅供相关项目组在实务中作为专业判断的参考,不可替代对相关准则原文的查阅,也不可替代项目组的专业判断。在实务中运用时请注意结合被审计单位的具体情况进行全面的分析和考量,必要时应履行本所的技术咨询程序。

　　2. 下列各案例所涉及的会计报告主体,除有特别说明者外,均执行财政部颁布的《企业会计准则——基本准则》(财政部令第 33 号发布,财政部令第 76 号修订)、于 2006 年 2 月 15 日及其后颁布和修订的 42 项具体会计准则、其后颁布的企业会计准则应用指南、企业会计准则解释及其他相关规定(以下统称“新企业会计准则”“新会计准则”或“新准则”)。

　　3. 本专题中,我们根据《企业会计准则第 16 号——政府补助(2017 年修订)》对以前年度发布的相关问题解答进行了修订,但与收入和金融工具系列会计准则有关的问题,除有特殊说明外,仍是依据 2017 年度修订之前的原收入和金融工具系列会计准则进行的解答。

# 第一章

# 资产、负债类业务问答

## 第一节　固定资产的相关问题

**问题1-1-1**　为客户定制且收费的模具能否确认为公司固定资产

**问题：**

基于下文背景信息所述，A公司向境外客户收取的模具费应如何核算？A公司制造但所有权归客户的模具，是否应确认为A公司的固定资产？

**背景：**

A公司为一家生产鼠标、键盘的制造业企业，生产的产品包括自主品牌及代加工品牌，代加工品牌的委托方（客户）一般为境外企业。因A公司生产销售需开模具（模具由A公司自行制作），模具价值较高，A公司与境外客户约定收取一定的模具费，模具收费大约为模具成本的120%。协议约定，客户付清模具款后，模具法律上的所有权归客户所有，因模具涉及技术机密，实物由A公司保管。在模具由A公司保管期间，A公司仅得为客户之利益而保管并使用模具（主要是指根据客户的订单生产指定品种、数量的产品，并全部交付给客户），如模具发生毁损或遗失，则A公司需对客户承担赔偿责任。A公司未经客户同意不得将模具交付、转借、任意成型出售等。在完成客户产品订单后，A公司应根据客户指令将模具销毁，或由A公司自行销毁后向客户出具证明。

**解答：**

我们认为，在本案例中，A公司应在模具制作完毕并经委托方（客户）验收确认时，将合同约定的模具费确认为销售模具收入，相应将模具的制造成本结转模具销售成本处理。A公司账面上不应将留存于本企业用于为客户制造产品的模具确认为本企业的固定资产。

主要考虑是：

1. 模具费单独向客户收取，且模具收费足以涵盖模具的开发和制造成本（大约在模具成本的120%），由此通过模具费的收取，A公司已经收回模具开发成本，相应地将模具所有权上的主要风险和报酬转移给客户，其自身不再享有或承担所有权上的主要风险和报酬。

2. 因为模具开发和制作业务本身可为 A 公司带来经济利益,因此对 A 公司和客户双方而言,都是一项具有商业实质的独立业务,并不依赖于产品的制造和销售。因此应作为一项独立业务确认收入和结转成本。

3. 客户付清模具费用后,模具在法律上的所有权归客户所有,A 公司仅得为客户之利益而保管并使用模具(主要是指根据客户的订单生产指定品种、数量的产品,并全部交付给客户),一旦客户提出要求即需将模具销毁,如发生毁损或遗失则需对客户承担赔偿责任,未经客户同意不得将模具交付、转借、任意成型出售等,这些约定表明 A 公司虽然实际承担保管和使用责任,但完全是基于客户的指令进行使用、管理和销毁,其自身并无对模具使用和处置的自主支配权,因此不符合《企业会计准则——基本准则》所规定的资产定义中的"拥有或控制"标准("指企业享有某项资源的所有权,或者虽然不享有某项资源的所有权,但该资源能被企业所控制"),因此不符合确认为 A 公司资产的条件。

**问题 1-1-2**　汽车零部件厂商受整车厂委托开发模具(所有权属于整车厂)的会计处理

**问题:**

汽车零部件厂商受整车厂委托开发模具(所有权属于整车厂),在不同的业务模式下,分别应如何进行会计处理?

**背景:**

A 公司主要生产汽车塑料饰件,与生产配套的主要设备系注塑机和模具。

A 公司的模具分为生产性模具和作为产品销售的模具。目前公司生产的模具大部分为生产性模具,公司通常在新产品开发阶段接受客户委托先进行生产模具的开发及生产。

根据客户的结算模式,目前 A 公司模具的核算方法如下:①产品销售模具:A 公司按照客户要求完成模具开发和生产,A 公司自行研发生产的模具,在 3D 图纸参数设计阶段的费用计入管理费用,根据图纸生产过程实际生产领用情况计入存货核算,试模阶段的材料领用计入费用,客户验收合格后确认收入结转相应成本;②生产性模具:A 公司按照客户要求完成模具开发及生产,客户将模具的相关费用通过产品结算补偿,A 公司在 3D 图纸参数设计研究阶段的费用计入管理费用,根据图纸生产过程实际生产领用情况计入在建工程核算,试模阶段的材料领用计入管理费用,待模具达到预定可使用状态时转入固定资产核算,并随着相关产品的销售进行摊销,逐步计入产品成本。

由于 A 公司的生产规模较大,自身模具生产能力满足不了 A 公司的需求,存在部分外购情况,关于外购模具,目前 A 公司的核算方法为:①产品销售模具:客户一次性购买模具的,计入存货核算;②生产性模具:客户在产品结算中给予结算的,公司按照供应商的进度计入在建工程,待验收合格后转入固定资产核算。

A 公司与不同的客户签订的协议对模具摊销均有约定,合同中明确规定摊销年限的按照合同约定摊销,合同中未约定摊销年限的,根据公司技术人员测算及历史经验按照 3 年摊销。

A 公司的模具的单项价值较大,单价在 20 万元以上的模具占全部模具的 70％左右,根据客户要求模具设备保管需要达到 10 年。

目前同行业上市或拟上市公司对于模具核算不统一,对于客户通过产品价格补偿模具价格的,计入长期资产(固定资产和长期待摊费用)的核算居多。

**解答:**

1. 模具研发和制造业务的核算。

从上面"背景"部分所提供的信息看,我们理解 A 公司的业务模式应该是常见的"汽车零部件厂商受整车厂委托研发零部件模具,并利用这些模具为整车厂制造零部件"。其特点是:这类研发完全是根据委托方需求进行的定向研发,无论法律上的研发成果所有权归属情况如何,研发成果都具有高度的专用性,只能供委托方使用,因此即使这些技术的资料(或者模具实体)存放于 A 公司,但 A 公司并没有使用这些成果的主导权,其使用的主导权在委托方手中,A 公司只能根据委托方所下的订单为其生产指定品种、数量的特定产品,不能将其用于其他用途,即这些研发成果的经济利益并不控制在 A 公司手中,因此不能确认为 A 公司的无形资产。

经过对类似案例的研究,我们倾向于对此类模具开发业务采用以下原则处理:

(1) 委托研发合同约定的研发阶段价款足以涵盖本企业承担的研发成本的,表明企业通过提供受托研发服务本身就可以获取合理的利润,同时委托方完全可以要求本企业交出全部研发成果,由委托方自主地选择生产厂商利用该研发成果为其生产该产品(尽管实际操作中可能不会这样做,但如果真要这样做,是完全可行的),这种情况表明研发成果对委托方而言也有独立的商业价值。综合考虑,这种模式下的受托研发可以确认为一项独立的主营业务,在研发劳务的提供过程中按照《企业会计准则第 14 号——收入》中的"提供劳务模式"确认主营业务收入,并将本企业所发生的研发支出计入合同成本,以与收入确认所对应的方法转入主营业务成本。研发完成后成批制造的模具应按《企业会计准则第 14 号——收入》规定的"销售商品模式"确认收入和结转成本。

如果合同没有单独约定研发阶段价款和批量制造阶段的价款,只约定了一个总价,则不单独确认研发阶段的提供劳务收入,而是将研发阶段的支出根据《企业会计准则第 6 号——无形资产》的相关规定进行资本化或费用化的会计处理(如费用化则计入管理费用,如资本化则计入制造费用,并分摊计入本批次模具的批量制造成本),最终将研发和批量制造完成的模具交付给委托方时,按"销售商品模式"确认收入和结转成本。

如果研发支出和相应的研发价款较小、研发周期较短的,基于重要性原则,也可以在研发和生产完成,将模具交付给委托方时,一次性确认收入和结转成本。

如果在该模式下制造的模具留存于本企业,用于后续为委托方制造汽车零部件产品的,则鉴于在确认收入时,其研发和制造成本已经全部结转损益,故账面上不再确认为本企业的一项资产,仅在账外予以备查登记。

(2)委托研发合同约定的研发阶段价款不能涵盖本企业承担的研发成本,需通过后续受托生产过程中提高产品销售价格的方式收回不足部分的研发成本的,则表明该研发依附于后续产品生产,并不是一项独立业务,这种情况下不能单独确认受托研发业务的收入,而只能将所收到的款项冲减实际发生的研发支出,冲减后剩余的研发支出根据《企业会计准则第 6 号——无形资产》的相关规定进行资本化或费用化的会计处理(如资本化的,考虑到本企业对研发成果没有自主支配权,故不确认为无形资产,后续成批制造的模具也不确认为本企业的固定资产,而是确认为长期待摊费用,在后续产品的生命周期内采用产量法或其他适当方法摊销,计入产品生产成本,与所确认的产品销售收入中的对应部分配比。这里的长期待摊费用所代表的是一项就本企业已提供的模具研发和制造服务向委托方索取补偿的权利,而不是为生产经营目的而持有的一项有形资产)。

我们理解,本案例的两类模具中,“产品销售模具”类似于上述第一种情形,“生产性模具”类似于上述第二种情形。对于外购模具,应在区分其属于“产品销售模具”还是“生产性模具”的基础上,采用相应的会计模式进行会计处理。

2. 摊销方法和摊销年限的确定。

参照《企业会计准则第 4 号——固定资产》第十七条规定“企业应当根据与固定资产有关的经济利益的预期实现方式,合理选择固定资产折旧方法”;《企业会计准则第 6 号——无形资产》第十七条规定“企业选择的无形资产摊销方法,应当反映与该项无形资产有关的经济利益的预期实现方式。无法可靠确定预期实现方式的,应当采用直线法摊销”。《企业会计准则解释第 10 号——关于以使用固定资产产生的收入为基础的折旧方法》和《企业会计准则解释第 11 号——关于以使用无形资产产生的收入为基础的摊销方法》进一步澄清:企业在按照上述规定选择固定资产折旧方法和无形资产摊销方法时,应当根据与固定资产和无形资产有关的经济利益的预期消耗方式做出决定。对于本案例而言,资本化模具成本(长期待摊费用)的经济利益实现(预期消耗)是与产品的产量密切相关的,因此比较合适的摊销方法应为产量法。

如果估算产量难度较大,也可以采用 A 公司目前所采用的方法(年限平均法):合同中约定了使用年限的,按该年限摊销;未约定使用年限的,按估计该模具所生产产品的预计生产周期确定摊销年限。

---

**问题 1-1-3　房屋购买权的会计处理**

**问题:**

如下文背景资料所述,合资公司向 A 公司支付 1 400 万元的标的房屋购买权费,是否应计入其取得的标的房屋成本?还是应在发生时计入当期损益?

**背景：**

A 公司与 B 公司签订了《购房意向协议》，A 公司拥有对 B 公司位于某区的土地及地上房屋(简称标的房屋)的购买权，A 公司据此向 B 公司支付了 850 万元定金。

现 A 公司与 C 公司拟签订合作协议，共同开发标的房屋。合作协议主要内容如下：

1. A 公司与 C 公司共同出资成立合资公司，A 公司占 30％股份，C 公司占 70％股份，C 公司控制合资公司。

2. A 公司将其享有标的房屋的购买权转让给合资公司，同时代为办理标的房屋的过户手续，由合资公司向 A 公司支付人民币 1 400 万元。

3. 在 A 公司与 B 公司签署的《购房意向协议》约定的《房屋买卖合同》的签署条件成就时，A 公司促成合资公司作为购买人与标的房屋的产权人 B 公司签订《房屋买卖合同》，《房屋买卖合同》签订后，合资公司归还 A 公司代为支付的定金 850 万元。

4. 合资公司取得标的房屋后至 2022 年 12 月 31 日止，优先出租给 C 公司，且给予租金优惠。2022 年 12 月 31 日之后，C 公司可提出回购 A 公司持有合资公司 30％的股权，交易价格以届时评估值确定。

**解答：**

根据上述背景信息，合资公司向 A 公司支付的 1 400 万元的对价，其获取的经济利益主要包括以下两部分：①A 公司对该房屋的购买权；②A 公司为合资公司提供的代办手续相关服务。这两部分均是与合资公司购置资产相关的支出，在合资公司财务报表中可以作为取得标的房屋的购买成本计入资产价值。但是需注意该 1 400 万元的价格是否公允。

1. 对于取得 A 公司对该房屋的购买权，合资公司可以以原 A 公司与 B 公司签订的购房价格来获取该房产及土地。意味着在房价上涨的趋势下，合资公司可以用相较于市场价格低的价格从 B 公司处取得房产及土地，但是差价由 A 公司通过让渡资产购买权的形式收取。而这一差价可以通过同期周边类似房产、土地的交易价格而得出。

2. 对于代办手续的服务，由于房产中介相对是较成熟的市场，也可参照一般的中介代办手续的服务收费标准判断支付给 A 公司的价格是否公允。

若上述两部分均核实，房产及土地自 A 公司获取购买权至转让给合资公司的增值＋代办服务的公允市场收费合计与 1 400 万元基本一致，则 1 400 万元应计入取得标的房屋的原值。

若 1 400 万元远大于增值＋服务费合计，则需要考虑 1 400 万元是否包含了部分应作为权益性交易处理的内容。由于 A 公司与 C 公司的合作协议中约定了"合资公司收购标的房屋后优先出租给 C 公司，且给予租金优惠"。C 公司通过租金优惠的方式从合资公司获取资源，合资公司本次支付给 A 公司的 1 400 万元，是否也包含 A 公司作为合资公司股东，以"转让购买权＋代办服务"的名义从合资公司获取利益？对此应注意核实。如有，此部分应按照权益性交易的原则处理,合资公司支付时,应冲减"资本公积——资本溢价","资本公积——资本溢价"不足冲减的,冲减留存收益。

**问题 1-1-4　火力发电厂暂估转固的时点确认**

**问题：**

如下文背景资料所述,火力发电厂暂估转固的时点如何确定?

**背景：**

2017 年 1 月 13 日,A 公司某发电厂 30 MW 机组通过 168 小时连续带负荷试运行,但截至 2017 年 6 月 30 日,环保验收尚未通过,仍不能并网发电,该火力发电机组是否应在通过 168 小时连续带负荷试运行后暂估转固?

**解答：**

根据《企业会计准则第 17 号——借款费用》第十三条规定:

购建或者生产符合资本化条件的资产达到预定可使用或者可销售状态,可从下列几个方面进行判断:(一)符合资本化条件的资产的实体建造(包括安装)或者生产工作已经全部完成或者实质上已经完成。(二)所购建或者生产的符合资本化条件的资产与设计要求、合同规定或者生产要求相符或者基本相符,即使有极个别与设计、合同或者生产要求不相符的地方,也不影响其正常使用或者销售。(三)继续发生在所购建或生产的符合资本化条件的资产上的支出金额很少或者几乎不再发生。购建或者生产符合资本化条件的资产需要试生产或者试运行的,在试生产结果表明资产能够正常生产出合格产品、或者试运行结果表明资产能够正常运转或者营业时,应当认为该资产已经达到预定可使用或者可销售状态。

我们理解,新建火电机组在移交生产前的 168 小时满负荷试运行,是电力行业主要测试机组所有设备工作是否正常、振动是否符合标准、所有试验是否合格,对出现的问题进行整改,保证机组不存在影响安全、环保、稳定和经济运行的隐患的重要验收程序。一般而言,完成通过 168 小时试运验收,即意味着该机组可以移交生产,投入商业运行。在 168 小时试运验收时,需验收确认的项目包含环保方面的多项参数的监控结果。一般而言,试运行通过,也意味着实质性的环保要求也满足。就本案例而言,需进一步了解 A 公司该机组 168 小时试运通过,但环保验收迟迟不通过的原因,分析未通过环保验收的原因是否为该发电机组本身仍存在重大问题需要整改,还是其他与发电机组本身无关的特殊原因;或者仅仅是出具验收证明书的程序问题。

若该机组环保实质性已验收通过(如果此类验收系依据公开发布的国家标准或行业标准,则 A 公司可自行对照这些标准判断是否满足),由于程序性或者其他原因未取得书面验收结果而无法正式并网,那我们建议该固定资产应于试运行验收通过时点预估转固,在正式并网发电前的期间内正常计提折旧,作为暂时闲置的固定资产进行会计处理。

　　**问题 1-1-5**　配套建设商业管理系统,附加陪伴式维护服务,且分期付款的业务相关会计处理

　　**问题:**

　　如下文背景资料所述,该业务是否构成融资租赁? 商业管理系统是否应在竣工时点确认为 A 公司的资产? 资产价值如何确定? 长期应付款的金额如何确定? 分期付款的金额为"保底建设费用与收入增量提成,二者取高"的方式,是否需要区分资产和服务的价值? 如何计算划分?

　　**背景:**

　　A 机场股份有限公司与 B 公司签订了《A 机场航站楼商业管理系统升级改造及配套建设合作协议》(以下简称"协议"),委托 B 公司建设一套统一的商业管理系统、配套建设视频监控系统,接入 A 公司的商业管理系统分析平台和支付平台。由 B 公司一次性投入项目建设的全部费用,A 公司按照每年的结算金额在合作期限内分期支付,结算方式采用"每年保底建设费用与航站楼商家销售收入增量提成二者取高"的方式,保底建设费用为 200 万元/年,合作期限为 6 年。

　　合作协议主要条款约定如下:

　　本项目建设工期 90 天,新投入的所有软硬件及基础设施、设备,自项目完成之日起资产归甲方(A 公司)所有。

　　甲方有权要求乙方(B 公司)严格按照本协议约定的时间、项目方案内容及要求开展项目建设、验收及系统运行服务;项目方案需经甲方批准后乙方才能组织实施,未经甲方同意,乙方不得随意更改;甲方负责梳理系统业务流程,制定管理细则或管理规则,经乙方确认后下发执行;甲方有权要求乙方在规定时间内完成合作期内新规划商业点位的系统建设工作,等等。

　　本协议解除后,本项目应终止实施。除本协议另有规定外,项目财产由乙方负责拆除、取回,费用由乙方承担。

　　该商业管理系统已竣工并出具了《竣工决算审计报告》,审定金额为 11 789 937.32 元。A 公司认为该业务构成了融资租赁,未来 6 年内每年需支付的保底建设费用 200 万元为弥补固定资产投入和建设资金投入要求报酬的最低付款额,相当于融资租赁中每年约定的租金;收入增量提成超过 200 万元的部分可以认定为后期陪伴式服务带来的增值所应付出的服务费。因此,商业管理系统的价值应按决算审计审定金额 11 789 937.32 元入账为"固定资产";12 000 000.00 元(6 年×200 万元/年)记为长期应付款,与固定资产之间的差额作为"未确认融资费用";以 11 789 937.32 元为现值,200 万元为年金,6 年为期限,计算出的利率作为"未确认融资费用"未来期间分摊的利率。合作期间内,每年结算金额超过 200 万元的部分作为当年度的服务费计入"销售费用"。

　　**解答:**

　　(1) 该业务是否构成融资租赁?

　　该业务构成融资租赁。根据《企业会计准则第 21 号——租赁》第六条:

符合下列一项或数项标准的,应当认定为融资租赁:

(一)在租赁期届满时,租赁资产的所有权转移给承租人。

(二)承租人有购买租赁资产的选择权,所订立的购买价款预计将远低于行使选择权时租赁资产的公允价值,因而在租赁开始日就可以合理确定承租人将会行使这种选择权。

(三)即使资产的所有权不转移,但租赁期占租赁资产使用寿命的大部分。

(四)承租人在租赁开始日的最低租赁付款额现值,几乎相当于租赁开始日租赁资产公允价值;出租人在租赁开始日的最低租赁收款额现值,几乎相当于租赁开始日租赁资产公允价值。

(五)租赁资产性质特殊,如果不作较大改造,只有承租人才能使用。

本协议虽名为"升级改造及配套建设合作",但实质为 B 公司按照 A 公司的要求投入资金建设资产,A 公司分期付款购入资产的交易。协议中明确约定了"自项目完成之日起资产归 A 公司所有",租赁期占该资产预计使用寿命的绝大部分,且租赁开始日的最低租赁付款额现值几乎相当于租赁开始日租赁资产公允价值,同时该资产是为 A 公司的特定需求而定制的,故满足融资租赁的确认条件。

(2)商业管理系统是否应在竣工时点确认为 A 公司的资产?

我们认为,在建设期内 A 公司也应确认在建项目形成的资产,同时确认长期应付款。当然,由于建设期间仅 90 天,若未跨越一个会计期间,企业可简化处理在竣工时才确认资产,但若建设期跨越资产负债表日,则应在报表日确认在建项目的资产。

合同条款约定"本项目新投入的所有软硬件及基础设施、设备,自项目完成之日起资产归甲方所有",虽然根据合同条款合理推定,A 公司至竣工日才拥有对资产的所有权。但由于该项目预期会给 A 公司带来经济利益,且成本或价值能够可靠计量,因此符合资产的定义,即便在建设期,A 公司尚未拥有对项目的所有权,但合同约定:"甲方有权要求乙方严格按照本协议约定的时间、项目方案内容及要求开展项目建设、验收及系统运行服务;项目方案需经甲方批准后乙方才能组织实施,未经甲方同意,乙方不得随意更改;甲方负责梳理系统业务流程,制定管理细则或管理规则,经乙方确认后下发执行;甲方有权要求乙方在规定时间内完成合作期内新规划商业点位的系统建设工作,等等。"根据这些约定,由于 A 公司在招标文件中对项目方案作出设计,项目中所涉商业点位的数量、技术参数等主要仍由 A 公司来决策,乙方在 A 公司按照 A 公司的要求来执行,因此 A 公司在项目建设期也拥有对该项目的控制权,建设期内也应作为公司资产计入"在建工程"。

(3)商业管理系统的价值如何确定?长期应付款的金额如何确定?

如果按照背景中"以 11 789 937.32 元为现值,12 000 000.00 元(6 年×200万元/年)记为长期应付款,与固定资产之间的差额作为'未确认融资费用';200万元为年金,6 年为期限,计算出的利率作为'未确认融资费用'未来期间分摊的利率"这样处理的话,则年化的内含报酬率不足 0.4%,显然这一利率远低于市

场利率。因此,据此来确认长期应付款是不合理的。本案例中,决算金额
11 789 937.32元只是对方的建造成本,并不代表 A 公司取得该设施的成本,因
此该金额对 A 公司的会计处理而言无实际意义。建议将每年 200 万元的保底
金额按适当的折现率折现,以现值作为该固定资产的入账价值。后续每年实际
支付或应付的款项超出 200 万元保底金额的部分计入当期损益(管理费用或销
售费用),每年支付的超额分成款中也有部分代表了后续服务的价值。

(4) 分期付款的金额为"保底建设费用与收入增量提成,二者取高"的方式,
是否需要区分资产和服务的价值? 如何计算划分?

分期付款的金额需要区分资产和服务的价值。结合问题(3)的处理,A 公
司在后续每年度实际结算时,结算金额超过问题(3)所确定的长期应付款当期
应付部分(即 200 万元的保底费用)的差额,作为当年度的服务费计入"销售费
用"。

**问题 1-1-6** 抵债资产的会计核算问题

**问题:**

如下文背景资料所述,如何确定该抵债资产初始确认和终止确认的时点?
抵债资产初始确认的公允价值如何确定?

**背景:**

A 银行(前身为农村信用合作社)持有大量的抵债资产,主要产生的原因是
发放的贷款债权到期后,由于债务人不能偿还债务,A 银行将债务人、担保人或
第三人的实物资产或财产权利用于清偿债务。

抵债资产的取得主要有两种途径:

一是协议抵债。A 银行与债务人、担保人或第三人协商一致,把其具有所
有权、用益物权的资产,通过双方认可的评估方式确定价值后,偿还银行债权。

二是司法判决或仲裁抵债。多数情况下,出于各方利益考虑,银行与债务
人、担保人或第三人无法达成一致意见,选择通过司法诉讼或仲裁的方式解决
债务纠纷。在判决或裁定生效后,担保物拍卖流拍的情况下,A 银行被迫接受
抵债资产,用于补偿自身债权。

无论是何种取得抵债资产的方式,抵债资产一部分是办理了过户手续,但
更多情况下,A 银行取得抵债资产时并未过户到自己名下,因为这些抵债资产
较多为不动产,办理过户手续需要缴纳较多的税费。在金融行业实务中较为普
遍的做法是,多数银行取得不动产作为抵债资产时,并未将相关不动产过户到
银行名下,而是待处置抵债资产时直接由原来的债务人过户至新的承接方
名下。

A 银行关于抵债资产的会计核算主要依据如下:

1. 按照《企业会计准则应用指南——会计科目和主要账务处理》(2006 年)
中对"1441 抵债资产"科目的使用说明:

(1) 企业取得的抵债资产,按抵债资产的公允价值,借记本科目,按相关资

产已计提的减值准备,借记"贷款损失准备""坏账准备"等科目,按相关资产的账面余额,贷记"贷款""应收手续费及佣金"等科目,按应支付的相关税费,贷记"应交税费"科目,按其差额,借记"营业外支出"科目。如为贷方差额,应贷记"资产减值损失"科目。

(3)处置抵债资产时,应按实际收到的金额,借记"库存现金""银行存款""存放中央银行款项"等科目,按应支付的相关税费,贷记"应交税费"科目,按其账面余额,贷记本科目,按其差额,贷记"营业外收入"科目或借记"营业外支出"科目。已计提抵债资产跌价准备的,还应同时结转跌价准备。

2.《××省农村合作金融机构抵债资产会计核算办法》的规定:

各农合机构依法取得的抵债资产按其公允价值入账,公允价值由资产管理部门确认。公允价值不得高于【被抵偿贷款的本金、表内外利息】、【各农合机构支付的资本性支出及相关税费】、【根据抵债协议各农合机构应支付第三方金额】之和。

A银行目前的做法:

1.抵债资产的初始确认:

协议抵债情况下,于抵债协议生效日初始确认抵债资产,一般以抵债协议上的抵债金额作为抵债资产的初始入账金额;法院裁定抵债的,于法院执行的裁定生效日初始确认抵债资产,一般以法院裁定的金额或拍卖价格作为抵债资产的初始入账金额。

2.抵债资产的终止确认:

A银行在与第三方签订完转让协议后,收取一部分款项或者收取全部款项时即终止确认抵债资产,但此时将抵债资产转让给第三方的过户手续并未完成。

**解答:**

1.抵债资产确认时点、条件:

从理论上讲,抵债资产的确认应以满足《企业会计准则——基本准则》对"资产"这一会计要素的定义和确认条件为前提,即与该抵债资产有关的经济利益很可能流入企业,且该抵债资产的成本或者价值能够可靠地计量。

结合本案例,不论是"抵债资产"是否已过户至银行,抵债资产确认问题的核心在于"实质重于形式"原则的执行与把握,即是否确认入账或终止确认,关键应看抵债资产所有权上的主要风险和报酬是否转移,以及银行是否实质取得了抵债资产的控制权(能够主导抵债资产的使用和处置,并由此获取其全部相关经济利益)。抵债资产所有权上几乎所有(一般为95%以上)的风险和报酬以及对抵债资产的实质控制权已经实现转移的,应当确认或终止确认抵债资产;未转移抵债资产所有权上几乎所有的风险和报酬以及对抵债资产的实质控制权的,则不应当确认或终止确认。

请注意,初始确认时点,并不一定是协议生效日或法院判决生效日。应依据"实质重于形式"原则合理确定取得对抵债资产的控制权并开始享有或承担其所有权上主要风险和报酬的日期。例如,如果抵债资产为房屋,则取得该房屋的钥匙就是判断控制权的一项必要(非充分)条件。

2. 抵债资产初始确认时的公允价值确定问题:

在实务中,有银行依据《财政部关于印发〈银行抵债资产管理办法〉的通知》(第五章　账务处理)第二十二条至第二十九条规定处理,其中:

第二十二条　银行以抵债资产取得日为所抵偿贷款的停息日,银行应在取得抵债资产后,及时进行账务处理,严禁违规账外核算。

第二十三条　银行取得抵债资产时,按实际抵债部分的贷款本金和已确认的表内利息作为抵债资产入账价值。银行为取得抵债资产支付的抵债资产欠缴的税费、垫付的诉讼费用和取得抵债资产支付的相关税费计入抵债资产价值。银行按抵债资产入账价值依次冲减贷款本金和应收利息。

银行在取得抵债资产过程中向债务人收取补价的,按照实际抵债部分的贷款本金和表内利息减去收到的补价,作为抵债资产入账价值;如法院判决、仲裁或协议规定银行须支付补价的,则按照实际抵债部分的贷款本金、表内利息加上预计应支付的补价作为抵债资产入账价值。

然而,这一规定实质上是按照非货币性资产交换准则,以换出资产的账面价值和应支付的相关税费作为换入资产的成本。这一计价方式虽然消除了因作价随意性带来的价值虚增,但以换出债权的账面价值来计价,并没有真实地反映抵债资产的公允价值。而且以物抵债中的债权通常是货币性资产,因此,我们认为,非货币性资产交换准则并不适用于以物抵债。

在本案例中,《××省农村合作金融机构抵债资产会计核算办法》规定:"各农合机构依法取得的抵债资产按其公允价值入账,公允价值由资产管理部门确认。公允价值不得高于【被抵偿贷款的本金、表内外利息】、【各农合机构支付的资本性支出及相关税费】、【根据抵债协议各农合机构应支付第三方金额】之和。"可以看出,该文件就抵债资产初始入账价值的规定原则是"成本与公允价值孰低"。该做法与《企业会计准则应用指南——会计科目和主要账务处理》(2006年)中的规定不完全一致,但从谨慎性原则的角度而言,仍有可取之处。并且,大部分情形下抵债资产的公允价值低于其取得成本,在这样的情况下其结果将是以公允价值入账,其实际效果与《会计科目和主要账务处理》中的规定还是一样的。

就本案例抵债资产在取得日的公允价值的确定,我们提供如下参考思路:

如无明显确凿证据证明协议抵债价格不公允的,可以以协议确定的抵债资产价格作为抵债资产取得日的公允价值。

但如果有明显确凿证据表明协议约定的抵债资产价值与抵债资产取得日公允价值(如假定该抵债资产在取得日立即可出售时的市场公允价格)存在实质差异的,则建议就该项抵债资产在取得日的公允价值重新评估(如有公开活跃市场价格,优先选取活跃公开市场价格为基础),作为取得日公允价值的确定基础。

另外,如果对某些没有活跃市场的抵债资产,A银行拟将其快速变现的,则应考虑到快速变现可能需发生较大的折价,应以《资产评估价值类型指导意见》

(中评协〔2017〕47 号)规定的"清算价值"作为其入账价值。对于收到的抵债资产短期内拟处置变现的，A 公司取得该类抵债资产属于"取得专为转售的资产"，需要按照《企业会计准则第 42 号——持有待售的非流动资产、处置组和终止经营》判断是否符合"持有待售资产"的划分条件，如果是，则需按照持有待售准则的规定进行计量和列报。

如法院判决、仲裁或协议规定银行须支付补价的，则按照上述方法确定的取得日公允价值加上预计应支付的补价作为抵债资产入账价值；如法院判决、仲裁或协议规定银行须向债务人收取补价的，按照上述方法确定的取得日公允价值减去收到的补价，作为抵债资产入账价值。

3. 抵债资产的终止确认时点：

参见前文针对"抵债资产确认时点、条件"的分析，一项抵债资产的终止确认同样也应以"实质重于形式"原则进行判断，不论抵债资产是否办理过户手续，关键也是看该项抵债资产所有权上的几乎所有风险和报酬是否已实质转移出 A 银行，如果是，则可终止确认；否则即使抵债资产已过户，也不能终止确认。抵债资产过户与否可以作为判断该资产所有权上几乎所有风险和报酬转移的迹象和佐证，但不是抵债资产可以终止确认的决定性证据。

**问题 1-1-7　扶贫支出应否作为项目工程成本支出问题**
**问题：**

如下文背景资料所述，A 公司支付的扶贫款能否计入电站项目工程的建设成本？

**背景：**

A 公司主要从事光伏电站的建造。

2017 年 8 月，A 公司在某县拟投标建设光伏电站，当地县人民政府的文件《关于申报集中式光伏扶贫电站项目报名条件》规定：光伏电站项目均采取全部光伏扶贫模式。装机 1 万千瓦需带动贫困户 334 户为基数，申报带动贫困户上限封顶 500 户，由报名企业自行承诺，每户每年 3 000 元，连续扶贫 20 年，起始时间为省能源局正式批复为准。扶贫效益资金按要求时间汇入指定账户。

A 公司中标取得了 30 兆瓦的建设资格，为此支付了首期 3 年扶贫款 1 350 万元(30 兆瓦指标×500 户×每户 3 000 元×3 年)。

**解答：**

我们理解，根据背景资料，该扶贫支出为取得光伏电站建设权的必要支出，如果没有获得电站建设项目则无需支付，如果不承诺支付该扶贫支出则不可能获得光伏电站建设权，因此可作为光伏电站建设成本，而不是确认为"营业外支出——捐赠支出"。

根据报名文件的要求，A 公司在光伏电站投入发电运营后需要定期、定额支付扶贫效益资金到指定账户，该事项属于企业承担的一项现时义务，同时该义务的金额能够可靠计量，A 公司应当在光伏电站投入运营时将未来 20 年需要支付的扶贫款进行折现测算并确认为一笔长期应付款,而不是于每期预提扶贫费用或者在支付扶贫款时确认成本费用。

我们注意到,本案例中 A 公司现已支付了 3 年的扶贫款,则还需将未来 17 年的扶贫款折现,并将折现值计入电站的建设成本。

即,运营期内每年需支付的定额资金与建设规模相关,一旦进入运营期即应支付固定的金额,与光伏电站的运行效益无直接联系,且承诺支付该项扶贫款是企业获准开展该项目的前提,因此该项义务更多的是与项目建设相关而不是与运营相关。如果在建设期间内是否支付款项还存在不确定性,那么至少应在正式进入运营期时就要将未来需支付的扶贫款的折现值确认为负债并增加无形资产账面价值了。

从《企业会计准则——基本准则》对资产、负债这两个基本会计要素的定义来分析:

1. 负债的确认。

第二十三条　负债是指企业过去的交易或者事项形成的、预期会导致经济利益流出企业的现时义务。

现时义务是指企业在现行条件下已承担的义务。未来发生的交易或者事项形成的义务,不属于现时义务,不应当确认为负债。

第二十四条　符合本准则第二十三条规定的负债定义的义务,在同时满足以下条件时,确认为负债:

(一)与该义务有关的经济利益很可能流出企业;

(二)未来流出的经济利益的金额能够可靠地计量。

第二十五条　符合负债定义和负债确认条件的项目,应当列入资产负债表;符合负债定义、但不符合负债确认条件的项目,不应当列入资产负债表。

如前所述,该项扶贫款的支付义务是源于取得光伏电站的建设和运营权(过去的交易或者事项),且支付该扶贫款会导致经济利益流出本企业。

企业在获得光伏电站的建设和运营权之后,最晚在运营期开始之后,就相应承担了该项扶贫款支付义务,因此属于企业的现时义务。

另外,未来每年需支付的扶贫款是定额的,因此未来流出的经济利益的金额能够可靠地计量。

因此,该项扶贫款支付义务在企业获得光伏电站的建设和运营权之后,最晚在运营期开始之后,即符合负债的定义和确认条件,应列入资产负债表。

2. 资产的确认。

第二十条　资产是指企业过去的交易或者事项形成的、由企业拥有或者控制的、预期会给企业带来经济利益的资源。

前款所指的企业过去的交易或者事项包括购买、生产、建造行为或其他交易或者事项。预期在未来发生的交易或者事项不形成资产。

由企业拥有或者控制,是指企业享有某项资源的所有权,或者虽然不享有某项资源的所有权,但该资源能被企业所控制。

预期会给企业带来经济利益,是指直接或者间接导致现金和现金等价物流入企业的潜力。

**第二十一条**　符合本准则第二十条规定的资产定义的资源,在同时满足以下条件时,确认为资产:

(一)与该资源有关的经济利益很可能流入企业;

(二)该资源的成本或者价值能够可靠地计量。

**第二十二条**　符合资产定义和资产确认条件的项目,应当列入资产负债表;符合资产定义、但不符合资产确认条件的项目,不应当列入资产负债表。

如前所述,运营期内支付扶贫款是获得项目建设和运营权的必要前提,因此属于资产成本的必要组成部分(为获取未来经济利益的必要支出),满足资产成本的构成条件。将该负债的折现值加入到资产成本中后,整体上该项目仍有盈利,表明该项支出能产生未来经济利益。且这部分经济利益(扣除扶贫款后的净利润)日后归企业所有,企业能够控制该经济利益。同样,该成本的金额是可以可靠计量的,因此满足确认为资产成本的条件。

---

**问题1-1-8　"去产能"被封存设备的处理**

**问题:**

A公司根据国家去产能政策的要求,封存了一组450立方米的高炉,该设备不属于淘汰的落后产能设备,但何时能够重新启用存在不确定性。A公司是否可以停止计提该设备的折旧?

**解答:**

A公司根据国家政策要求封存部分设备,能否重新启用以及何时能够重新启用均存在不确定性。对此问题,我们的处理意见如下:

1. 虽然这些资产目前处于封存状态,但其目前并无明确的处置计划,其持有目的也没有发生改变(为生产商品、提供劳务、出租或经营管理而持有),因此,在封存期间,仍应作为固定资产核算,视同暂时闲置的固定资产。

2. 该类固定资产在封存期间,不属于《企业会计准则第4号——固定资产》第十四条规定的可不计提折旧的固定资产范围(已提足折旧仍继续使用的固定资产、单独计价入账的土地),且封存期间这些资产仍会发生资产实体的自然损耗和无形的价值损耗,因此,仍应继续计提折旧。

3. 在封存期间的每个资产负债表日,应根据宏观经济环境和政策的发展变化情况、本企业对这些封存资产的处置或后续利用计划(如有)等因素,对这些封存资产按照《企业会计准则第8号——资产减值》的规定进行减值测试和计提减值准备。

4. 如果A公司就这些封存资产的处置,与其他方达成了不可撤销的处置协议,并满足《企业会计准则第42号——持有待售的非流动资产、处置组和终止经营》所规定的"持有待售资产"的判断标准的,则可以转为持有待售资产核算,自转为持有待售资产之日起停止计提折旧,并按持有待售准则对该持有待售资产进行初始及后续计量。

**问题 1-1-9** 固定资产季节性停用期间的折旧处理

**问题：**

如下文背景资料所述，A 公司季节性停工期间的固定资产折旧是列入存货项目并在下一年的产品成本中进行分摊还是作为闲置固定资产计入"管理费用"？

**背景：**

A 公司是一家番茄加工企业，每年仅有 8 月、9 月两个月处于生产期(受番茄加工行业特点的影响)，其余 10 个月均为季节性停工期。A 公司每年用于生产加工的固定资产折旧额约为 140 万元，每年的销售收入约为 6 000 万元，A 公司加工后的番茄制品一般在两年内销售完毕。

**解答：**

我们认为，将季节性停工期间的折旧应全额计入管理费用。这部分季节性停工期间的固定资产折旧不应计入开工期间所生产产品的成本。

我们认为，此问题的关键在于判断季节性停工损失是否符合《企业会计准则第 1 号——存货》规定的计入存货成本的条件。

根据《企业会计准则第 1 号——存货》的规定，存货应当按照成本进行初始计量。存货成本包括采购成本、加工成本和其他成本。其中，存货的采购成本，包括购买价款、相关税费、运输费、装卸费、保险费以及其他可归属于存货采购成本的费用；存货的加工成本，包括直接人工以及按照一定方法分配的制造费用；存货的其他成本，是指除采购成本、加工成本以外的，使存货达到目前场所和状态所发生的其他支出。同时准则还规定：对于"不能归属于使存货达到目前场所和状态的其他支出"，应当在发生时确认为当期损益，不计入存货成本。

据此，虽然对于季节性生产的企业整体而言，季节性停工期间应计提的生产用设备折旧及人工成本是不可避免的支出(事实上是否绝对"不可避免"也是可以探讨的，例如企业完全可以选择在旺季时租赁设备或者临时雇佣员工，以尽可能节省在淡季停产期间保有设备和人员的成本)，但就开工期间生产的某一批特定产品而言，此处的季节性停产期间支出并不是使其达到目前场所和状态所需的必要支出，因此不符合计入存货成本的条件。

同时，就财务报告目的而言，在停产期间跨年末的情况下，如果将停产开始日至年末期间的费用在"制造费用"或其他存货项目中归集，由此形成的期末存货累计余额实际上是不符合《企业会计准则——基本准则》所规定的资产定义和确认条件的(与未来经济利益流入不存在直接因果关系)，故不应在财务报表中列报为资产。

对于可以合理预见、符合行业惯例、每年都会定期发生的淡季季节性停产期间发生的生产设备折旧和人工成本等，应当在发生时计入管理费用，不计入开工期间所生产的存货的成本；属于无法合理预见的非正常停产期间发生的相关支出，应计入营业外支出处理。相关处理方法构成企业的一项会计政策，应当一贯地运用于所有同类或类似交易的会计处理。

问题 1-1-10　矿山基建剥离成本摊销方法

**问题：**

如下文背景资料所述，在 2017 年财务报表中，对尚未实际发生的 2018—2021 年基建剥离成本是否应预提计入长期待摊费用并记录负债？如果需要预提，则基建剥离单位成本如何确定？

**背景：**

A 公司主营业务为矿石的开采和加工，主要生产铁精矿和钛精矿。

1. A 公司 2016 年 2 月前原矿处理量核准量为 300 万吨/年。2016 年 2 月 2 日公司取得了所在省发改委《关于核准 A 公司 1 000 万吨/年钒钛磁铁矿采选扩建项目的批复》文件，核准了 A 公司项目建设。A 公司在扩建 1 000 万吨项目过程中，为达到 1 000 万吨/年钒钛磁铁矿的开采量，需要在 2016—2021 年间对采矿区岩石和土层进行基建剥离。根据 A 公司聘请的某勘察院 2016 年出具的勘察报告，预计从 2016 年起基建剥离量为 2 840 万吨，基建剥离单位成本 10.42 元/吨，预计基建剥离成本总额为 2.958 8 亿元。截至 2017 年年末，A 公司已实际进行基建剥离 920 万吨，发生基建剥离成本 6 609 万元，其中 2016 年基建剥离单位成本 6.57 元/吨，2017 年基建剥离单位成本 9.16 元/吨。A 公司预计 2018—2021 年还需基建剥离 1 920 万吨。

A 公司对采矿区岩石和土层进行基建剥离的同时，也进行矿石开采。A 公司将截至 2017 年年末实际发生的基建剥离成本计入长期待摊费用，并按照剩余服务年限摊销。

2. 2018 年 A 公司将 2018—2021 年剩余基建剥离量通过招投标方式委托建设单位承包，B 公司中标，中标单位成本 11.22 元/吨。

**解答：**

对于露天矿剥采成本的核算，建议参考 IFRS 体系下的 IFRIC 20"露天矿生产阶段的剥采成本"进行核算。其基本要点是：

1. 初始确认：剥采中产出的可对外销售的矿石应确认为存货，按照《企业会计准则第 1 号——存货》核算；因为剥采作业而可以更方便地产出矿石，相关的剥采支出可以确认为一项非流动资产（"剥采活动资产"）。确认剥采活动资产，应满足该解释公告第 9 段所列的三项条件。

符合该解释公告第 9 段规定条件的剥采活动资产应作为现有资产（如采矿权）的组成部分，即作为现有资产成本的追加。

2. 初始计量：剥采活动资产按成本进行初始计量，即可直接归属于实施剥采活动以实现对特定的已辨认矿床的开采条件的相关支出，加上应分摊的可直接归属的间接成本。与同时发生的偶发性作业相关的支出不计入剥采活动资产。

如果所发生的剥采成本不能在产出的存货和"剥采活动资产"之间单独识别和分摊，则应按照该解释公告第 13 段所述的基于相对产量的分摊比例在两者之间分配。

3. 剥采活动资产的后续计量：采用"成本-累计摊销-减值准备"的后续计量模式。摊销通常采用产量法,除非可以证明其他分摊方法的结果更加合理。

在实际操作中,很多矿业公司都在使用全周期的平均剥采比以均衡各期成本,但该解释公告中所规定的分摊方法与该方法是存在差异的,主要差异是作为分摊基础的矿体的划分可能存在差异。对该预期值的估计属于会计估计,应定期复核和予以更新。

根据案例背景,为达到1 000万吨/年钒钛磁铁矿的开采量,需要在2016—2021年间进行基建剥离,在剥离的同时也进行矿石开采。即,2016—2021年间基建剥离发生的所有成本是为1 000万吨/年的整个项目服务的。但是,在2017年内,该矿已经进入"边基建、边生产"的状态,如果这种情况说明2017年内的商业化生产所涉及的矿体与2018年后将继续进行的剥离活动无关(即针对不同的矿体),则将于2018年及以后年度发生的后续剥离成本并不是2017年内的商业生产所产出的矿石成本的必要组成部分,不应预计和分担后续年度的预计剥离成本。如果2017年内的商业化生产与2018年后的剥离活动所针对的是同一矿体,则该矿体对应的基建剥离成本应由该矿体全部开采出的矿石量分摊。我们理解,在后一情况下,尽管在2017年年末尚有2018—2021年的基建剥离成本没有实际发生,也应将预计其成本与已经实际发生的剥离成本一起分摊至2017年以前已将开采出的矿石产量中(即,计入生产成本的单位剥离成本为考虑2018—2021年预计将发生的剥离成本及其对应的矿石量之后统算的全周期单位剥离成本)。

但是,即使属于后一情况,按照该矿山预计可使用年限18年分摊也并不恰当,根据企业会计准则的原则,企业选择的摊销/折旧方法应反映与该资产有关的经济利益预期实现方式。就本案例来说,矿山的经济利益实现与矿石的开采量更相关。因此,我们建议对基建剥离成本应按照实际开采量占预计总开采量的比例进行分摊,并在每个资产负债表日,对预计总开采量进行复核。

此外,因为2018—2021年的基建剥离工作尚未开始,因此其费用并不是企业承担的现时付款义务,不符合确认为负债的条件。

如果确实属于前面所述的后一种情形,则A公司应将B公司中标单位成本11.22元/吨作为估计基建剥离成本的基础。

---

**问题1-1-11** 长租公寓式公司成本摊销方式及租金收入确认问题

**问题：**

如下文背景资料所述,A公司成本核算将发生费用计入在建工程、长期待摊费用并按租赁合同期限进行摊销,及按照差额确认租金收入的处理方式是否合理？

**背景：**

A公司是一家与自如类似的长租公寓式公司。A公司通过和资产所有者(房东)签订租约,在一定期限内获得资产的经营权。在租约期限内,A公司可以对外出租获得租金,对外租金减去支付给房东的底租,即为 A 公司实际获得的租金差收益。

1. A 公司认为租赁部员工每出租出一套房源即为公司带来合同租赁期的收益,将租赁部员工为取得房源所发生的一应费用[包含水电费、房租费(办公室租金)、光纤费、推广费、物管费、空调费等]及工资计入待摊费用,以租客平均租期 8 个月为期限进行摊销。

2. A 公司与第三方金融机构、租客签订三方协议,约定租客可向金融机构免息贷款,由 A 公司进行贴息。相关协议中关于放款与还款的主要条款摘录如下:

(1)在满足放款前提的情况下,甲方(金融机构)对通过审批的贷款申请,在收到《个人借款合同》影印件后于一个工作日内将租户指定用途"支付租金"的贷款支付到乙方(A 公司)指定账户。租户按照与甲方的借款合同的约定偿还本金,乙方向甲方支付贷款手续费,贷款手续费由甲方在放款时一次性扣除。

(2)在贷款发放日后的次月当日,甲方通过与租户签订的《个人借款合同》中约定还款账户,按照贷款计划自动扣划还款款项,直至贷款清偿为止。

(3)租户因任何原因逾期向甲方偿还欠款的,甲方应进行债权催收,并在租户还款日次日将逾期租户清单以邮件方式发送给乙方。如 3 日内(以下称"清收期间")租户仍未偿清欠款的,乙方自清收期间终止之日起 4 个工作日内终止与租户的租赁关系,解除租赁合同。乙方应自与租户解除租赁合同之日起 3 个工作日内,按照与甲方对账结果,将租户剩余借款本金、逾期违约金与逾期滞纳金等支付至甲方,按租户提前还款处理。

(4)因任何原因乙方为租户办理退租的,按提前还款处理。租户应向甲方支付剩余本金 2% 的提前还款手续费,该费用在退租时与乙方结算。甲方按照实际占用资金期数(未满一期按一期计算)计算乙方贷款手续费。乙方同意为租户办理退款手续前 3 个工作日应与甲方对账,经甲方确认后 3 个工作日内,将客户剩余贷款本金及提前还款手续费全部退还至甲方账户。

A 公司将金融机构一次性转给的 12 期或 24 期租金扣除手续费利息后的款项计入预收款项,将扣除的利息手续费计入长期待摊费用按租客合同租期进行摊销。

3. A 公司"在建工程"科目核算房源装修改造费用。装修房源分为加盟房和非加盟房。加盟房模式为 A 公司与房东签订租房协议后,根据房源情况作出工程造价预算,由房东出资,A 公司设计图纸并外包装修,项目结束后将"在建工程"转入"主营业务成本——装修成本"同时确认"主营业务收入——装修收入";非加盟房系 A 公司设计图纸并自行出资外包装修,项目完工后将"在建工程"转入"长期待摊费用——外包工程",并按与房东签订租赁合同期限(一般为 60 个月)进行摊销。A 公司将房源部和工程部人员所发生费用(包含水电费、房租费、光纤费、推广费、物管费、空调费等)及工资计入"在建工程",在项目完工后将人工成本分摊至每个房间并转入"长期待摊费用"和"主营业务成本"。

4. A 公司按租客租金与房东房租的租金差确认收入,即采用"净额法"确认收入。

**解答:**

1. 租赁部门员工的支出。

应注意区分不同性质和类型的支出,分别作出处理:

租赁部门员工的支出中无法与特定房源的取得和出租建立直接关联的部分,以及 A 公司自身办公室租金支出等一般行政管理支出,为公司日常经营必要支出,每个月都持续地发生,并不具备摊销的条件,建议直接计入当期管理费用。

可与特定房源的取得和出租建立直接关联的支出,以及代租客承担的支出,如租赁房源的水电费、光纤费、推广费、物管费、空调费等,可以在合理确定的受益期内摊销。这类支出属于经营租赁合同的"取得成本"或者代租客承担的费用(经营租赁的激励措施),根据《企业会计准则解释第 1 号》第三条规定,可以在租赁期内按直线法摊销,分别计入销售费用和作为对租金收入的调整。

2. 贴息支出。

按照现行的《企业会计准则第 14 号——收入》和《企业会计准则第 21 号——租赁》的规定,由于提前收取租金而确认的预收账款为非货币性债务,无需确认利息支出,直接按实际收到的扣除利息后的款项作为预收账款,将该预收账款在租赁期内摊销作为各期的租金收入,租赁期内不再单独确认利息支出。

待《企业会计准则第 21 号——租赁(2018 年修订)》实施后,该事项的处理可能会有变化,需按届时有效的准则执行。

另外,根据三方协议的约定,该项消费贷款专用于租客向 A 公司(乙方)支付租金,且该贷款的偿还与租赁合同挂钩,如租客逾期还本付息则 A 公司需与租客解除租赁合同,并代租客偿还剩余本息(按租客提前归还贷款处理)。由此,A 公司为租客向金融机构提供的担保,应按《企业会计准则第 22 号——金融工具确认和计量》中关于财务担保合同的规定处理,财务担保合同相关负债的余额应为对应的预收账款账面价值与按照《企业会计准则第 13 号——或有事项》的规定应确认的预计负债余额两者之间的较高者。

3. 房源部与工程部的支出。

我们倾向于认为房源部与工程部的日常支出并不属于房屋装修的费用支出,而是公司管理房屋装修工作的相关支出,建议发生时直接计入损益。

对于加盟房屋的模式,装修费用由房东承担,此时应依据 A 公司在其中的地位是代理人还是主要责任人,确定应按"总额法"还是"净额法"确认装修服务收入。例如,考虑房东对装修方案和工程造价、施工承包商的选择等问题是否具有实质性的决定权,是否以自己的名义直接参与和施工承包商之间的商务谈判等。另外,这一问题的处理与加盟合同中的租金结算方式(按实际出租收益分账、保底承租、保底承租＋超额收益分成)以及装修的预计使用寿命和代理经租年限的关系等因素均相关。如果公司仅是代理关系,A 公司不应全额确认装修收入成本,应以扣减支出的装修费后的净额确认装修服务收入。

非加盟房屋的装修费用处理基本赞同 A 公司现行处理方法,按照租期与两次装修期间孰短进行摊销。对于其中设计组的支出,由于设计是归属于装修的一部分,属于加盟房屋的设计支出应归入相应的装修服务成本,非加盟房屋的设计支出可归入装修费进行摊销。

4. 租金收入确认。

由于 A 公司出租的合同和 A 公司向房东承租的合同相互独立,通常应采用总额法确认收入和成本,将收到的租金全额确认收入,支付给房东的租金全额确认成本。关于"总额法""净额法"的区分,请参考《计学撮要 2011》第141~146 页关于收入确认应采用"总额法"还是"净额法"的指引。

---

**问题 1-1-12**　房地产企业利息资本化开始时点的确定

**问题:**

如下文背景资料所述,房地产开发企业是否可以在拿地后就开始将借款利息资本化?

**背景:**

A 地产公司为 H 股上市公司(其财务报表按照 IFRS 编制),B 地产公司为深交所上市公司。B 公司计划收购 A 公司。本次收购前,B 公司对房地产开发相关贷款利息开始资本化的时点是按照物理开工确认的,A 公司资本化利息开始确认的时点是拿到土地就立即开始。

综上,房地产开发企业是否可以在拿地后就开始将借款利息资本化?

**解答:**

我们理解,此问题可能与中国企业会计准则(CAS)与 IFRS 之间存在的一项准则差异有关。

根据《企业会计准则第 17 号——借款费用》第五条规定,借款费用同时满足下列条件的,才能开始资本化:①资产支出已经发生;②借款费用已经发生;③为使资产达到预定可使用或者可销售状态所必要的购建或者生产活动已经开始。其中,对于"为使资产达到预定可使用或者可销售状态所必要的购建或者生产活动已经开始",《企业会计准则讲解(2010)》第256 页的解释如下:

为使资产达到预定可使用或者可销售状态所必要的购建或者生产活动已经开始,是指符合资本化条件的资产的实体建造或者生产工作已经开始,如主体设备的安装、厂房的实际开工建造等。它不包括仅仅持有资产但没有发生为改变资产形态而进行的实质上的建造或者生产活动。

即,在中国企业会计准则体系下,"为使资产达到预定可使用或者可销售状态所必要的购建或者生产活动已经开始"应理解为"符合资本化条件的资产的实体建造或者生产工作已经开始"。

按照准则讲解的上述字面意思,房地产开发项目的借款费用资本化期间应当是从开发项目的主体工程动工开始,也就是案例背景所说的"物理开工"。

准则讲解中的这一点内容不同于 IAS 23。根据 IAS 23 第 19 段，"The activities necessary to prepare the asset for its intended use or sale encompass more than the physical construction of the asset. They include technical and administrative work prior to the commencement of physical construction, such as the activities associated with obtaining permits prior to the commencement of the physical construction. However, such activities exclude the holding of an asset when no production or development that changes the asset's condition is taking place. For example, borrowing costs incurred while land is under development are capitalised during the period in which activities related to the development are being undertaken. However, borrowing costs incurred while land acquired for building purposes is held without any associated development activity do not qualify for capitalisation."（中文翻译：为使资产达到其预定可使用或可销售状态而必要的准备活动，除了资产实体建造外，还包括实体建造之前进行的技术性和管理性工作。例如，在开始实体建造之前为取得许可证而进行的相关活动。但是，这类活动并不包括仅仅是持有资产、却没有发生为改变资产状态而进行的生产或开发活动的情况。例如，土地开发时发生的借款费用，应于开发活动进行的会计期间资本化。但是，为购置建筑用地而发生的借款费用，在土地持有、但没有任何相关的开发活动发生的期间，不具备资本化的条件。）对此应理解为中国企业会计准则和 IFRS 在实际执行中存在的"执行差异"。

但是，对于房地产开发企业的"实体建造或生产活动"如何理解，准则没有给出清晰的解读，实务中存在两种理解：

**解读 1**：审慎性原则，参照购建固定资产要求，主体厂房必须要开工建设，在正式开工建设之前，所有前期购买土地等支出所需要支出利息都计入当期损益。（B 公司目前的处理方式）

**解读 2**：对于房地产开发企业，进行的前期调研、规划设计、勘测、报批程序等所需要合理的时间都属于建造房地产所需要的准备工作，也认为生产活动已经开始，也是必然需要的时间。（案例背景所引述的 A 公司目前的处理方式）

"解读 2"的主要依据：

依据 1：国内准则未明确，但国际会计准则和美国准则都有清晰的表述。

国际会计准则第 23 号规定，资本化开始时间如下：①该资产的开支发生时；②借款费用发生时；③资产达到预定使用或者销售状态所必要的准备工作正在进行时。即国际会计准则允许以必要的管理性、技术性活动的开展作为"为使资产达到预定可使用或者可销售状态所必要的购建或者生产活动已经开始"的标准，但国内准则存在理解不清晰的情况。

美国有关会计准则规定，没有进行开发的土地不应将其纳入资本化的资产范围。如果为了特定用途而开发土地的工作正在进行，则取得土地的利息费用支出可资本化。美国准则和国际准则理解基本一致，将在土地上开发活动的进行作为资本化的必要条件之一。而其他大多数国家的会计准则在这个问题上未作出明确的规定。

依据 2："实体建造或生产活动"将前期调研、规划设计、勘测、内外部审批、围栏、二次平整等工作都认为实质上的生产活动已经开始,不以开工建设作为必要依据。

一般固定资产的建设,在主体开工前,前期费用相对较少,在未正式开工前,可能存在几种方案的选择。但房地产开发项目而言,前期的目的已非常清晰,就是要开发、建设、销售、回款,购买土地就是非常重要的环节,是前提条件,所需要的投入也必然较大,故应该根据业务的实质,而非仅仅字面理解资本化开始的时间。

由于中国企业会计准则对这个问题未给出清晰的规定,参照国际准则。如果房地产企业在获取土地后编制了相应的开发计划,并确定了该土地是用于特定房地产项目的土地(项目由管理层或公司治理层的决议确定),虽然在该土地上的建筑施工活动尚未进行,但获取该土地实际上也是房地产项目开发活动的重要环节之一,即购入土地和后续建筑施工一样,也属于为使资产达到预定可使用状态所必需的购建活动或准备活动,可以视为使资产达到预定可使用状态所必要的购建活动已经开始,为获取该土地所发生的借款费用应该予以资本化,因此,在土地的使用方向已经明确的情况下,在购入之时应该将其纳入资本化的资产范围。

如果该土地的使用方向尚不明确,购入土地仅仅是为了作为土地储备,则不宜将其纳入资本化资产范围。因为不是为实现资产(资产对象不确定)预定用途所必需的购建活动或准备活动已经开始,因此不符合资本化资产的条件;只能暂时作费用化处理,待土地使用方向明确后,再将其纳入资本化资产的范围。

如果采用"解读 2"中的意见,则:如果出让方交付土地后,受让单位即开始了申请相关许可、设计、制定开发计划和市场策略等必要的管理性、技术性活动,且该等活动一直在正常开展中,没有发生非正常中止或中断的情况,实际所花费的时间和工作内容与行业一般状况相比无重大差异,则也可以认可以实际取得土地并开始相关的必要技术性、管理性准备活动作为"为使资产达到预定可使用或者可销售状态所必要的购建或者生产活动已经开始"这一条件已满足的标志。这一点在实务操作中也是可以接受的做法。

对本案例而言,建议 B 公司和 A 公司在本次股权收购后,按上述提示选择开发项目借款费用资本化的合理开始时点,确保合并报表范围内会计政策的统一。

---

**问题 1-1-13**　特殊融资情况下的借款费用资本化问题

**问题:**

如下文背景所述,借款的利息通过经营期间收费分成方式支付时如何确认借款费用资本化问题?

**背景:**

A公司于2014年投资建设某工程,属收费项目。该工程项目计划投入资金1亿元。至2015年,项目建设进展过半,预计投资额将超出原计划。A公司采取借款方式融资,协议约定,借款本金为5 000万元,建设期间不收利息,项目建成3年后还本,且建成后3年内期间将A公司从该项目中所获得的收费金额的40%作为利息支付给借款方。

**解答:**

根据背景资料分析,我们理解本案例中的借款为指定专门用于该项目建设的专门借款,其借款费用的会计处理在很大程度上取决于项目建成后3年内应支付给对方的收入分享金额能否可靠估计。

1. 如果能够可靠估计项目建成后3年内每年应支付给对方的收入分享金额的,则将建成后3年内每年应支付的分享金额和3年后的还本看作一个整体,计算该笔借款的实际利率,即使得建成后3年内每年的分成金额和3年后的还本金额的折现值(折现到取得借款之日)等于实际取得融资金额的折现率,后续在该笔借款的存续期间按照该实际利率确认每年的利息支出。其中,发生于项目建设期间,且符合《企业会计准则第17号——借款费用》规定的借款费用资本化条件的利息,可以资本化计入该项目的成本,其余利息应在发生时确认为财务费用。

2. 如果不能可靠估计项目建成后3年内应支付给对方的收入分享金额的,则按该企业通常从银行取得同等期限、同等条件的借款的资金成本(借款利率)将项目建成3年后应归还的本金折现到取得借款之日,取得借款金额与折现值之间的差额确认为"其他非流动负债——收入分享义务"。后续每年确定应支付的分享额后,首先冲减"其他非流动负债——收入分享义务",最终3年实际支付的分享款与该负债金额之间的差额确认为营业外收入(如实际支付的分享款金额小于原预计的负债)或财务费用(如实际支付的分享款金额大于原预计的负债)。在这一情况下,可资本化的利息限于就本金折现的未确认融资费用的分摊额发生于建设期间内且符合资本化条件的部分。

例如,假设建设期2年,建成后收益分享期3年(即本金在借入后第5年年末归还),借款本金的金额为100万元;企业从银行借入同等期限、同等条件的借款的利率为6%;企业不能合理估计建成后应支付的收益分享金额。则5年期、6%的复利现值系数为0.747 258,相应地,初始确认该融资的账务处理为:

借:银行存款　　　　　　　　　　　　　　　　　1 000 000.00
　　贷:长期应付款　　　　　　　　　　　　　　　　　747 258.17
　　　　其他非流动负债——收入分享义务　　　　　　　252 741.83

后续5年内(直到还本),每年按实际利率法对该长期应付款进行后续计量,确认利息支出。例如,第1年的账务处理为:

借:在建工程/财务费用(747 258.17×6%)　　　　　　44 835.49
　　贷:长期应付款　　　　　　　　　　　　　　　　　44 835.49

对于"其他非流动负债——收入分享义务",在项目建成后的收入分享期间,根据确定的每年应支付分享金额冲减该项其他非流动负债,将该负债的余额冲减为零后,如果仍须支付分享款的,则超出部分的分享款确认为财务费用;如果3年内累计应支付的分享款小于该负债的初始确认金额的,则差额计入分享期内最后1年的营业外收入。同时,实际应支付的业绩分享款小于预期的事实,表明该工程项目的收益不如预期,即存在减值迹象,应依据《企业会计准则第8号——资产减值》的规定对其进行减值测试,并对可收回金额低于账面价值的差额计提减值准备。

另外,公司对分享期间该项目的收入确认和成本结转应遵循《企业会计准则第14号——收入》等会计准则确立的一般原则。

**问题1-1-14**　低于市场价格取得土地,企业将土地计入投资性房地产按公允价值模式进行后续计量的相关处理

**问题:**

如下文背景资料所述,尚未取得土地使用权证的土地能否计入投资性房地产并采用公允价值进行后续计量? 低于市场价格的部分是否属于政府补助?

**背景:**

A公司2017年度通过招投标取得一块土地,价格低于市场价格较多,原因主要是当地政府2014年将A公司总部引入当地时已承诺给予土地的相关优惠政策,2014年至2017年期间,当地土地价格大幅上涨,而A公司取得该土地仍然是按照2014年约定的价格支付价款。

A公司2017年5月16日与政府方签订上述地块的《土地使用权出让合同书》(以下简称"出让合同"),主要条款摘录如下:

第九条　土地价款支付

甲方(政府方)与乙方(A公司)一致同意按下列方式支付土地总地价款:

1. 自本合同签订之日起15个工作日内乙方一次性支付总地价款的50%。

2. 自本合同签订之日起1年内,即2018年5月15日前一次性不计利息付清剩余50%的地价款。

第十条　土地利用要求

1. 建筑容积率:≤8。

2. 总规定建筑面积106 190平方米,包括:地上建筑面积96 190平方米,其中办公80 970平方米,商业9 600平方米,文化设施用房5 400平方米,物业服务用房220平方米;地下建筑面积10 000平方米,均为地下商业。

地下车库、设备用房及公众通道等不计容积率。

3. 总体布局及相关建设要求:略。

4. 本宗地项目建成后,49 113平方米的办公、9 600平方米的地面商业、10 000平方米的地下商业、5 400平方米的文化设施用房自取得规划竣工验收证明之日起15年内不得转让;其余办公(31 857平方米)可按规定销售;文化设

施用房 15 年后限整体转让；市政道路红线内的地下步行走廊与二层步行连廊产权归政府，由乙方建成后无偿移交，并应满足政府对产权移交及后续管理的相关要求，二层连廊系统 24 小时对公众开放使用。

第十一条 工程工期

项目主体工程及附属工程竣工日期：2020 年 4 月 25 日。

第十二条 乙方未按出让合同规定的期限付清成交价款的，乙方同意甲方解除合同，无偿收回土地使用权。甲方并可没收乙方已支付的履约保证金。已兴建的建筑物、附着物无偿收归甲方所有，甲方还可按成交价款的 20％ 向乙方追索违约金。

因甲方的过错致使乙方延迟使用土地的，甲方承担由此而造成乙方的经济损失。

乙方在未交清上述地块的成交价款并取得《土地使用权证》前，不得转让、抵押或以其他任何形式处分本地块。

第十五条 乙方在土地使用年限内依照法律、法规、地方政府的有关规定以及本合同书的规定转让、出租、抵押土地使用权或将土地使用权用于其他经济活动，其合法权益受法律保护。乙方开发、利用、经营受让的土地，不得损害社会公共利益。

第十六条 除法律法规另有规定外，本合同书规定的土地出让年限届满，甲方无偿收回出让地块的土地使用权，本地块上的建筑物及其他附着物也由甲方无偿取得。乙方承诺于土地出让年限届满日前将土地及土地上建筑物、附着物无偿交给甲方，并在年限届满之日起 10 日内办理房地产权注销登记手续，否则甲方移交房地产权登记部门进行注销。

乙方如需继续使用本地块，可在期满前 6 个月内申请续期，并在确定了新的土地使用权出让年限和出让金及其他条件后，与甲方重新签订土地使用权出让合同，支付土地使用权出让金和土地开发与市政配套设施金，并办理土地使用权登记手续。

第十八条 土地使用权的转让

本合同书中"土地使用权转让"是指土地使用权出让后，土地使用权受让人依法和依照土地使用权出让合同书将土地使用权再转移的行为。

土地使用权的转让包括土地使用权连同地上建筑物的转让。建筑物必须连同土地使用权一起转让，转让双方签订转让合同并到市产权登记部门办理转移登记手续，按市政府有关规定缴纳税费。建筑物连同土地使用权转让后，新的土地使用者仍应遵守本合同书其他条款的约定。

因出让合同约定土地价款分次支付，尚未到最后一笔土地款付款期限，因此 A 公司尚未支付剩余 50％ 土地价款，尚未办理土地使用权证。

根据出让合同的约定，A 公司目前的开发意图是准备将其中未来可出售、出租的一部分建成后用于出售或出租以赚取销售差价或租金，约定 15 年内不可出售的一部分自用，作为 A 公司总部办公基地。

A 公司此前并无投资性房地产，拟对投资性房地产按照公允价值模式进行后续计量。

**解答：**

（一）取得该地块的资产确认

1. 是否确认该项土地使用权。

由于《土地使用权出让合同书》第十二条约定"乙方未按出让合同规定的期限付清成交价款的，乙方同意甲方解除合同，无偿收回土地使用权。已兴建的建筑物、附着物无偿收归甲方所有"。因此，在目前 A 公司尚未支付剩余 50% 价款的情形下，建议应首先核实以下两个方面条件是否已达成：

（1）A 公司已控制或占用该土地；

（2）A 公司合理保证能在约定的付款期（2018 年 5 月 15 日）前一次性支付剩余 50% 的土地价款（重点从 A 公司管理层的付款意图、A 公司的付款能力等取得充分的支持）。

只有在满足前述两个条件的情况下，A 公司才能将该地块确认为一项无形资产（或投资性房地产），并将未付的土地出让金确认为一项负债；若不能同时满足前述条件，则已支付的土地出让金可计入"预付账款"科目核算，在资产负债表上列报于"其他非流动资产"项目内。

2. 自用部分的处理。

只有确认该项土地使用权的基础上，才需进一步考虑自用或对外出租、出售部分的处理。自用部分应计入无形资产，并自确认当期开始摊销。

3. 可对外出租、出售部分的处理。

对于可对外出租或出售部分，鉴于 A 公司以往并无投资性房地产相关业务，注册会计师应首先结合 A 公司所在企业集团的会计政策核实：A 公司所属企业集团对投资性房地产业务是否一贯运用公允价值模式进行后续计量，还是说本案例中拟采用公允价值模式进行后续计量会导致会计政策变更，若是后者，我们建议注册会计师进一步了解企业是否存在相关舞弊动机，是否存在滥用会计政策变更的情形。

在排除舞弊因素的前提下（比如，A 公司所属企业集团一贯对投资性房地产采用公允价值模式计量），再进行下一步考虑。根据《土地使用权出让合同书》第十条第四款的规定："本宗地项目建成后，49 113 平方米的办公、9 600 平方米的地面商业、10 000 平方米的地下商业、5 400 平方米的文化设施用房自取得规划竣工验收证明之日起 15 年内不得转让；其余办公（31 857 平方米）可按规定销售；文化设施用房 15 年后限整体转让；市政道路红线内的地下步行走廊与二层步行连廊产权归政府，由乙方建成后无偿移交，并应满足政府对产权移交及后续管理的相关要求，二层连廊系统 24 小时对公众开放使用。"建议 A 公司根据不同的持有目的分情况考虑：

首先，将承诺无偿移交部分所占用的土地，采取公共配套设施的方式将其土地价款分摊至其余自用或可对外出租、出售部分；

其次，对于自用部分的土地价款，计入无形资产；对于初始计划拟建成后立即对外销售的部分，还应关注 A 公司是否有房地产开发资质，若有，则该部分应作为一般的房地产开发业务计入"存货";对于拟 15 年后转让的部分,在前 15 年仍是自用,15 年期满后拟出租或转让的部分,鉴于在本资产负债表日及其后较长时间内(15 年)均是自用,因此先作为自用固定资产核算,待 15 年期满可转让时再转换为投资性房地产,或者届时直接按处置固定资产处理。

最后,只有在 A 公司打算建成后立即出租的情况下,可在建成后立即出租部分才属于投资性房地产的范畴。对于该项投资性房地产,根据《企业会计准则讲解(2010)》中所述"采用公允价值对投资性房地产进行后续计量的企业,对于在建投资性房地产(包括企业首次取得的在建投资性房地产),如果其公允价值无法可靠确定但预期该房地产完工后的公允价值能够持续可靠取得的,应当以成本计量该在建投资性房地产,其公允价值能够可靠计量时或其完工后(两者孰早),再以公允价值计量。"……鉴于本案例中,该土地使用权只能建成后方可出租或出售,因此在刚取得土地使用权时,其公允价值的估值不确定因素较多,一般而言属于无法可靠确定的范畴,因此建议在在建期间仍采用成本进行计量,在完工时再转为按公允价值模式进行后续计量。

若 A 公司管理层有充分证据表明即使刚取得土地,也能对在建项目取得公允价值,可以在初始确认时即采用公允价值进行计量(我们理解,这种可能性很小)。此时需注意,因为出让合同约定该土地只能建成后对外出租或出售,因此,其公允价值的确定不能采用同类或类似土地的市场成交价格,而应该是基于假设开发法,仍是采用建成后的预估售价或预估租金流入的现值减去尚未发生的建造支出等现金流出的现值来确定。同时注意出让合同第十六条"除法律法规另有规定外,本合同书规定的土地出让年限届满,甲方无偿收回出让土地的使用权,本地块上的建筑物及其他附着物也由甲方无偿取得",以及出让合同第十八条"建筑物连同土地使用权转让后,新的土地使用者仍应遵守本合同书其他条款的约定"等约定对公允价值估值的影响。

(二) 取得价格低于市场价格的差额的处理

对于初始取得时,取得价款低于公允价值的差额部分,政府低价出让给企业土地的交易事实上构成了政府补助。对于以公允价值计量的资产相应的政府补助,目前企业会计准则没有相关的明确规定,建议参照《国际会计准则第 41 号——农业》的相关规定进行处理。

《国际会计准则第 41 号——农业》相关规定摘录如下:

34 与按照公允价值减去销售费用计量的生物资产相关的无条件的政府补助,当且仅当该政府补助成为应收款项时,才应确认为收益。

38 如果政府补助与按照公允价值减去销售费用计量的生物资产相关,或者政府补助条款要求主体不得从事特定农业活动,本准则的会计处理要求与《国际会计准则第 20 号》不同。《国际会计准则第 20 号》只适用于那些与按照成本减去累计折旧和累计减值损失计量的生物资产相关的政府补助。

《国际会计准则第 41 号——农业》结论基础中有如下理由阐述:

B63 本准则要求,对与按照公允价值减去估计销售时费用计量的生物资产相关的无条件的政府补助,当且仅当补助成为应收款项时,主体才应将其确认为收益。如果政府补助是有条件的,包括要求主体不得从事某项特定的农业活动,那么,当且仅当该政府补助所要求的条件满足时,才应将政府补助确认为收益。

B64 在上述情况中,本准则的会计处理要求与《国际会计准则第 20 号——政府补助的会计和政府援助的披露》不同。《国际会计准则第 20 号》只适用于那些与按照成本减去累计折旧和累计减值损失计量的生物资产相关的政府补助。

B65《国际会计准则第 20 号》要求,在以下条件得到合理保证后才应当确认政府补助:

(1)主体将满足附加条件;并且

(2)主体将收到补助。

《国际会计准则第 20 号》还规定,政府补助应当在与其拟补偿的相关成本相配比的期间内系统地确认为收益。对于与资产相关的政府补助,《国际会计准则第 20 号》允许采用两种列报方法:一是把政府补助作为递延收益,一是在确认相关资产账面金额时从中扣除补助金额。

B66 后一种列报方法,即在确认相关资产账面金额时从中扣除补助金额,与资产的公允价值模式(即以公允价值计量和列报)不一致。主体若使用这种从账面价值中扣除的方法,则应首先从相关资产的账面金额中扣除补助金额,然后再以公允价值计量该资产。实际上,主体会立即将政府补助确认为收益,即使该政府补助是有条件的。这就与《国际会计准则第 20 号》中政府补助应当在"主体将满足附加条件"得到合理保证后才应当确认的要求相矛盾。

本案例中,若 A 公司合理保证不会发生出让合同中约定的被收回土地的情形,则在初始确认时,对于土地支付价款小于市场公允价值的差额部分,作为政府补助,一次性计入当期其他收益。

该部分与其他自用部分的处理结果不同,其他自用部分我们可理解为对相应的补助资金采用了"净额法"处理,那部分差价作为政府补助冲减了相关资产的账面价值;而作为投资性房地产以公允价值进行后续计量的部分,由于其账面价值采用公允价值计量,则政府补助只能将差价部分计入当期收益,并且由于以公允价值计量的投资性房地产不计提折旧或摊销,即在持有期间其取得成本不会转入利润表,故此处对政府补助的特殊处理不存在"总额法"或"净额法"之分。

**问题 1-1-15**  已签订长期租约但管理层持有意图不明确的房屋是否作为投资性房地产

**问题:**

如下文背景资料所述,A 公司将房屋均列示为固定资产并计提折旧的方式是否正确?签订长期租赁协议的房屋,是否应调整至投资性房地产?

**背景:**

A 公司于 2012 年 8 月 7 日成立,于 2013 年开始兴建产业科技园。

产业科技园包含房屋 13 栋,每栋层高 6 层,其中:一栋研发大楼、三栋库房、一栋员工食堂宿舍、八栋厂房。产业科技园已于 2016 年全部建成。

目前,A 公司生产经营自用房屋共四栋,空置房屋两栋,有三栋已全部出租,有四栋第一层均出租、第二至第六层空置。已签订的房屋租约中,租赁期有 3 年或以下、5 年、10 年、15 年、20 年不等。

对该产业园的所有房屋,A 公司管理层并未有明确的持有目的和意图。A 公司对这 13 栋房屋全部作为"固定资产"核算,并按 20 年计提折旧。

**解答:**

《企业会计准则第 3 号——投资性房地产》第二条规定:"投资性房地产,是指为赚取租金或资本增值,或两者兼有而持有的房地产。投资性房地产应当能够单独计量和出售。"这一规定表明判断某项房屋是否为投资性房地产的主要依据之一就是管理层的持有意图。通常情况下,如果管理层有明确的持有意图(为赚取租金或资本增值,或者两者兼有),且该房屋目前的使用状态与管理层的该项意图一致的,则可以认为属于投资性房地产。而此处的"管理层意图",实质上就是指该房屋建筑物成本的预期收回方式和盈利途径。

在本案例中,如果没有明确记载管理层意图的书面文件作为证据,则建议考虑以下因素,分析这些已出租房屋的成本回收和盈利是否主要依赖于对外出租的租金收入,判断目前已出租的房屋是否应归类为投资性房地产:

1. A 公司在可预见未来的业务发展规划,其规模扩张后预计何时要将这些房屋收回自用。

2. 当初建造这些超出自用需求的房屋的主要目的和考虑。

3. 与租户签订的租约的期限长短、续约与解约条款约定;如果 A 公司(出租人)提前收回房屋则是否可能面临重大的违约赔偿,导致出租人事实上无法在租约到期前提前收回房屋等。

但无论如何,A 公司管理层应尽早明确这些房屋的持有意图,并将其书面化,按照 A 公司的公司章程等文件规定的决策权限,由适当层次的管理层或治理层审核通过,为管理层对这些房屋的持有意图提供充分、适当的证据作为支持。

## 第二节 无形资产和研究开发支出的相关问题

**问题 1-2-1** 部分出租自建房屋建筑物转入投资性房地产是否应结转无形资产中对应的土地使用权

**问题:**

部分出租自建房屋建筑物转入投资性房地产是否应对应结转无形资产中的土地使用权?

**解答:**

虽然在《〈企业会计准则第 6 号——无形资产〉应用指南》的第六条"土地使

用权的处理"中规定"自行开发建造厂房等建筑物,相关的土地使用权与建筑物应当分别进行处理",但是,当自建的房屋全部或部分用于出租,因而满足投资性房地产的条件时,考虑到以下因素,应将该房屋所占土地使用权价值按照房屋建筑物中自用建筑面积和对外出租建筑面积的比例进行分摊,将分摊到对外出租建筑面积的土地使用权价值一并转入投资性房地产的成本中,而不论该投资性房地产的后续计量是采用成本模式还是公允价值模式:

1. 投资性房地产的租金水平是综合考虑房屋价值和土地价值因素的结果,而不是单纯考虑房屋价值。因此将与已出租建筑物对应的土地使用权价值转入投资性房地产的成本,并在成本模式下将这部分转入投资性房地产成本的土地价值的摊销计入"其他业务成本",与租金收入(其他业务收入)能够实现更好的配比。

2. 如果采用公允价值模式对投资性房地产进行后续计量,则只有将房屋和土地作为一个整体才能确定其公允价值,如果只把房屋部分计入投资性房地产,将导致其公允价值难以确定。

**问题 1-2-2**　研究开发支出资本化/费用化判断的一般分析思路
**问题:**

在实务操作中,对研究开发支出的资本化/费用化问题,应依据何种思路入手分析,是否可根据立项报告日期确定开始资本化时点? 注册会计师在审计中应关注哪些问题?

**背景:**

1.《企业会计准则第 6 号——无形资产》第七条规定:

企业内部研究开发项目的支出,应当区分研究阶段支出与开发阶段支出。研究是指为获取并理解新的科学或技术知识而进行的独创性的有计划调查。开发是指在进行商业性生产或使用前,将研究成果或其他知识应用于某项计划或设计,以生产出新的或具有实质性改进的材料、装置、产品等。

该准则应用指南第二条"研究阶段与开发阶段"对企业内部研究开发项目的阶段划分给出了以下指引:

本准则将研究开发项目区分为研究阶段与开发阶段。企业应当根据研究与开发的实际情况加以判断。

(一)研究阶段

研究阶段是探索性的,为进一步开发活动进行资料及相关方面的准备,已进行的研究活动将来是否会转入开发、开发后是否会形成无形资产等均具有较大的不确定性。

比如,意在获取知识而进行的活动,研究成果或其他知识的应用研究、评价和最终选择,材料、设备、产品、工序、系统或服务替代品的研究,新的或经改进的材料、设备、产品、工序、系统或服务的可能替代品的配制、设计、评价和最终选择等,均属于研究活动。

（二）开发阶段

相对于研究阶段而言，开发阶段应当是已完成研究阶段的工作，在很大程度上具备了形成一项新产品或新技术的基本条件。

比如，生产前或使用前的原型和模型的设计、建造和测试，不具有商业性生产经济规模的试生产设施的设计、建造和运营等，均属于开发活动。

该准则第八条规定：

企业内部研究开发项目研究阶段的支出，应当于发生时计入当期损益。

2. 该准则第九条规定：

企业内部研究开发项目开发阶段的支出，同时满足下列条件的，才能确认为无形资产：（一）完成该无形资产以使其能够使用或出售在技术上具有可行性；（二）具有完成该无形资产并使用或出售的意图；（三）无形资产产生经济利益的方式，包括能够证明运用该无形资产生产的产品存在市场或无形资产自身存在市场，无形资产将在内部使用的，应当证明其有用性；（四）有足够的技术、财务资源和其他资源支持，以完成该无形资产的开发，并有能力使用或出售该无形资产；（五）归属于该无形资产开发阶段的支出能够可靠地计量。

该准则应用指南第三条"开发支出的资本化"对准则第九条中的五项标准给出了进一步解释：

根据本准则第八条和第九条规定，企业内部研究开发项目研究阶段的支出，应当于发生时计入当期损益；开发阶段的支出，同时满足下列条件的，才能确认为无形资产：

（一）完成该无形资产以使其能够使用或出售在技术上具有可行性。

判断无形资产的开发在技术上是否具有可行性，应当以目前阶段的成果为基础，并提供相关证据和材料，证明企业进行开发所需的技术条件等已经具备，不存在技术上的障碍或其他不确定性。比如，企业已经完成了全部计划、设计和测试活动，这些活动是使资产能够达到设计规划书中的功能、特征和技术所必需的活动，或经过专家鉴定等。

（二）具有完成该无形资产并使用或出售的意图。

企业能够说明其开发无形资产的目的。

（三）无形资产产生经济利益的方式。

无形资产是否能够为企业带来经济利益，应当对运用该无形资产生产产品的市场情况进行可靠预计，以证明所生产的产品存在市场并能够带来经济利益，或能够证明市场上存在对该无形资产的需求。

（四）有足够的技术、财务资源和其他资源支持，以完成该无形资产的开发，并有能力使用或出售该无形资产。

企业能够证明可以取得无形资产开发所需的技术、财务和其他资源，以及获得这些资源的相关计划。企业自有资金不足以提供支持的，应能够证明存在外部其他方面的资金支持，如银行等金融机构声明愿意为该无形资产的开发提供所需资金等。

（五）归属于该无形资产开发阶段的支出能够可靠地计量。

企业对研究开发的支出应当单独核算,比如,直接发生的研发人员工资、材料费,以及相关设备折旧费等。同时从事多项研究开发活动的,所发生的支出应当按照合理的标准在各项研究开发活动之间进行分配;无法合理分配的,应当计入当期损益。

但是,虽然有上述规定和指引,但这些规定和指引都属于高层次的原则性指导。在实务操作中,研究阶段和开发阶段的划分,以及开发支出资本化开始时点的确定,都涉及高度主观、复杂的专业判断,且与企业所属行业的特性密切相关。如何在会计、审计实务操作中恰当运用这些规定和指引,对企业管理层和注册会计师都颇具挑战性,不同企业之间、企业与注册会计师之间就这一问题的判断出现重大差异的情况并不少见。

本问题旨在给出此问题的一般分析思路,并非直接给出能否资本化或费用化的判断结论。

**解答:**

根据《企业会计准则第 6 号——无形资产》及其应用指南和讲解,以及其他相关规定,研究开发支出资本化的一般分析思路可表述如下。

(一)研发支出资本化需要企业和注册会计师审慎地作出估计和判断,依据会计准则的相关规定作出处理

在具体运用《企业会计准则第 6 号——无形资产》及其应用指南和讲解对研究开发支出的资本化/费用化处理所给出的原则性判断标准时,应根据企业和研发项目的具体情况,对照上述标准进行逐条详细分析,以确定是否满足资本化条件。这涉及对技术可行性、未来经济利益流入的可能性以及经济利益的大小、后续开发所需的技术、财务资源及其他资源的可获得性等多方面的估计和判断,因此主观程度相当高,是公认的高风险会计、审计领域。企业和注册会计师在对上述问题作出估计和判断时,应当遵循谨慎性原则,并注意充分利用相关行业专家(包括独立的行业专家和必要时利用管理层的专家)的工作。

企业在判断某项开发支出是否符合《企业会计准则第 6 号——无形资产》及其应用指南和讲解所规定的资本化条件时,应当遵循谨慎性原则,在获取充分、适当的证据的基础上,对技术可行性、未来经济利益流入的可能性以及经济利益的大小、后续开发所需的技术、财务资源及其他资源的可获得性等方面,审慎地作出估计和判断。

如果在对所有可获得的信息进行综合评估和考量之后,企业认为已可就该项开发支出符合《企业会计准则第 6 号——无形资产》及其应用指南和讲解规定的资本化条件获取充分、适当的证据,则该项支出应按照会计准则的相关规定予以资本化。

(二)判断研发支出资本化/费用化的思路

此类问题的讨论目的是确定研发支出的资本化期间,因此应采用的思路:首先明确截至目前是处于准则规定的研究阶段还是开发阶段,如果已经进入开发阶段的,则进一步讨论确定研究阶段和开发阶段的分界点;其次,列出研究开发进程中的若干主要节点,再对照《企业会计准则第 6 号——无形资产》第九条

及其相关应用指南的规定,分析应当以哪一个时点作为资本化的开始时点(即,从哪一个时点开始,可以认为该研发项目已经完全符合了资本化条件)。

(三) 研发支出资本化更依赖企业建立规范的内部管理制度

企业何时进行研发费用资本化关键是对何时进入开发阶段,以及何时开始满足资本化条件的时点因素判断。所以不能仅仅依据一份立项报告就把全部支出予以资本化。如果企业研发项目管理比较混乱或者不够规范,则很难提供充分、适当的证据将研发费用资本化处理。立项报告并不是唯一的证据,而且立项报告本身的说服力也比较弱(存在有关人员为了促成立项或者取得财政支持资金而夸大经济效益的可能性),必须注意获取其他方面的证据。

对于研发费用资本化的开始时点问题,注册会计师在必要时应当与研发部门的负责人和主要技术人员访谈。实务中,对于何时结束研究阶段进入开发阶段,以及开发支出开始资本化的时点的问题,都是需要研发部门共同参与决定的。另外,该企业是否已经建立了研发项目的流程和管理制度,是否把整个研发过程分解为若干阶段,是否规定每一阶段的工作目标和内部验收通过的条件,是否规定只有上一阶段完成验收后才能进入下一阶段? 如果有此类制度,则此类制度的规定和实际执行情况的分析可以作为可资本化的开始时点的确定参考。

企业在其自己的研发支出财务管理办法中,如果已对资本化条件作出了一些规定,并对"将什么时候作为资本化的开始时点"这一点给出明确的答案,则注册会计师应在此基础上进一步分析该规定是否符合准则要求,并考虑企业的结论是否有充分的有说服力的理由予以佐证。

另外,就研究阶段和开发阶段的划分、开发支出资本化时点的确定问题,注册会计师应当了解行业内的通常做法,必要时可以咨询行业内的专家,以对企业做法的合理性加以佐证。

注册会计师应关注企业是否已经按照《企业内部控制应用指引第 10 号——研究与开发》等相关规定,建立了规范的研究开发项目的内部管理和内部控制制度,对研究开发项目的流程(关键路径)、每一阶段的任务和目标、每一阶段的开始和完成标志、完成每一阶段后进入下一阶段前应当经过的评审和审批、每一阶段应完成的内部管理文档等问题作出具体规定。如有相关内部制度,可以在测试其实际执行的有效性的基础上,依据相关制度确定的研究和开发阶段的划分,以及开发支出资本化时点的确定等是否契合公司研究开发流程及相关依据是否充分。如果认为以研究开发流程中的某一时间节点作为开发支出资本化时点是合适的,则注册会计师应当对这一时点已经同时满足《企业会计准则第 6 号——无形资产》第九条规定的五项条件进行逐条详细分析,得出均已满足的结论,作为认定资本化开始时点的依据。

对于目前是否已经同时满足资本化五项条件的问题,注册会计师在审计工作底稿中记录分析和判断过程时,应注意对照无形资产准则应用指南和讲解中对该五项条件的进一步解释,相应修改文字表述,使文字表述能够直接针对准则的应用指南和讲解中的进一步解释中所提出的各项问题,以提高证明力。

（四）有关研究开发支出的范围、摊销年限和减值测试

研究开发支出的范围，可借鉴《关于企业加强研发费用财务管理的若干意见》(财企〔2007〕194号)的规定确定。可对照该文件的规定，分析各项相关支出是否属于研发费用的范围之内。［请注意，这个文件是关于研发支出财务管理方面的规定，与高新技术认定中的研发支出范围(国科发火〔2016〕32号、195号文)和企业所得税法下的加计扣除规定(财税〔2015〕119号、国家税务总局公告2015年第97号、国家税务总局公告2017年第40号等)均存在差异，这三套标准是互相独立的，不能互相替代］。

根据《企业会计准则第6号——无形资产》第十七条规定：“使用寿命有限的无形资产，其应摊销金额应当在使用寿命内系统合理摊销。企业摊销无形资产，应当自无形资产可供使用时起，至不再作为无形资产确认时止。”资本化支出的摊销年限，可以看当初项目立项时的内部可行性研究报告等资料，结合项目开始后技术的发展确定该技术的使用寿命，并定期复核该项会计估计，必要时进行会计估计变更。企业内部研发、技术等部门对此问题的意见很关键。

根据《企业会计准则讲解(2010)》第129页表述，“对于尚未达到可使用状态的无形资产，由于其价值通常具有较大的不确定性，也应当每年进行减值测试”，因此，对于尚未完成研发活动的资本化开发支出，应当和商誉、使用寿命不确定的无形资产一样，无论是否出现减值迹象，均在每年定期进行减值测试。

（五）实务中常见的认识误区

误区1：认为只要研发项目最后获得成功，其前期发生的研发支出就都可以资本化

如前所述，企业应当在研究开发支出实际发生时，依据当时所处的状态和情况，以及当时可获取的信息，对于该支出是否满足资本化条件进行评价和判断，这涉及站在相关研发支出发生时点的立场上，对未来研发项目能否最终成功及产生效益作出合理、谨慎的估计。这也是会计估计作出的一般原则。众所周知，任何会计估计都不应受“后见之明”影响，即不能依据某个涉及会计估计的事项的最终结果，来推翻以前年末或期末资产负债表日所作出的、就当时状况和可获得的信息而言属于合理的会计估计。《企业会计准则讲解(2010)》第107页也明确指出：“值得强调的是，内部开发无形资产的成本仅包括在满足资本化条件的时点至无形资产达到预定用途前发生的支出总和，对于同一项无形资产在开发过程中达到资本化条件之前已经费用化计入损益的支出不再进行调整。”

但是，在实际操作中，存在依据最终的研发项目结果对以前年度作出的资本化/费用化会计处理进行追溯调整的情况，在IPO、发债等涉及多个年度或期间的申报财务报表编制和审计过程中尤其多见。这里需要强调的是：此类多期报表的编制和列报，只是改变了数据的排列方式，但并不影响其中所含的各年度或期间的会计确认和计量原则，不应因为采用了不同的列报方式而导致该报表报告期内的确认和计量原则不同于该报表报告期之前或之后就同一类型事项所采用的确认和计量原则，否则就违反了一贯性原则。

误区 2：在判断开发支出资本化结束时点时，过于看重获取政府等外部机构颁发的权属证书、认证证书等

开发支出停止资本化的时点与无形资产开始摊销的时点（假设该项无形资产属于使用寿命有限的无形资产，下同）应当是衔接的，即：当某个研发项目的研发成果达到可供使用状态时，应当停止其开发支出的资本化，与此同时将相应的"开发支出——资本化支出"科目的余额转入"无形资产"核算，相应地开始摊销。这里的"研发成果达到可供使用状态"，通常是指具备了投入正常经营过程中的商业化生产的条件，即实现原先该研发项目立项时要求实现的技术和经济目标，可持续、稳定地应用于正常生产经营过程，具备了商业化应用的条件。是否达到这一状态的判断，可以与《企业会计准则第 17 号——借款费用》第十三条所列的判断符合资本化条件的资产达到预定可使用或可销售状态的标准相参照和类比，即更关注该研发项目本身的技术状态，以及为本企业带来未来经济利益流入的实质能力。

获取政府等外部机构颁发的权属证书、认证证书等，是实务中很多研发项目都会经历的环节，但获得外部机构颁发的此类证书，通常只是表明企业对这些研发成果的权属获得法律的承认和保护，不能等同于对研发成果的技术成熟度和效益性的证明。在实务操作中，既有此类证书的获取晚于研发成果可供使用的例子（如一般情况下发明专利从申请到获得专利证书可能要数年时间），也有相反的例子（如企业基于知识产权保护的考虑，对尚未成熟的研发中技术抢先申请专利保护，以阻止竞争对手介入），因此不能仅仅依据权属证书、认证证书等外部证明文件的获取作为停止资本化和开始无形资产摊销的标志。

误区 3：混淆"企业内部研究开发项目"和"基于客户合同的受托研究开发项目"的界限

《企业会计准则第 6 号——无形资产》第九条及其应用指南和讲解中给出的研发支出资本化/费用化模型，是针对企业内部的研究开发项目，即企业在尚无客户合同的情况下，基于自身对市场需求、技术趋势的判断而决定启动的研发项目。这类研发项目的典型例子是软件开发企业对通用软件的开发，其最显著的特征是"先有产品、后有客户和合同"。此类研发项目的支出，因为在发生时没有对应的客户合同，不能作为任何一个客户合同的直接成本，因此对不满足资本化条件的研发支出不能计入营业成本而应计入管理费用。

除了此类内部研发项目以外，企业还有另一类常见的研发项目，即"基于客户合同的受托研究开发项目"，典型例子是软件开发企业根据特定客户的需求为其定制开发专用软件。这类研发项目的特征是"先有客户和合同，再有产品"。此类受托研发业务的合同往往约定研发成果形成的知识产权归委托方所有，受托方对该成果无自主支配权；或者其研发成果具有高度专用性，仅可由委托方使用，该合同结束后的市场前景不明；在某些情况下即使能够形成具有通用性的技术储备，也因为难以区分此类通用技术储备研发的直接成本和该受托研发项目的其余合同成本的界限，而导致无法对其中所包含的通用技术储备研发支出按照"内部研究开发项目"进行单独归集和核算；所发生的研发支出均可

有直接对应的客户委托合同,且可以从该合同的价款中获得全部补偿。基于这些特点,对此类受托研发项目的研发支出,应作为该客户合同的成本予以归集(通过"劳务成本"科目而不是"管理费用"科目核算),对该客户委托合同按照《企业会计准则第 14 号——收入》中的"提供劳务模式",在研发过程中将合同价款确认为营业收入,同时采用系统、合理的方法将所发生的包括研发支出在内的合同成本结转入研发期间的各期营业成本中。对此类研发支出一般不存在资本化/费用化的判断问题,不会形成受托方的无形资产或者管理费用(注:有些企业为了税务上认定高新技术企业、享受研发支出加计扣除等需要,将应当计入劳务成本和营业成本的研发支出都通过"管理费用"和"研发支出"核算。这种做法是不恰当的,应予以纠正)。

由于上述两类研发项目的研发支出核算模式存在较大差异,因此在实务操作中应当注意合理区分这两类研发项目。我们认为,这两类研发项目区分的最重要标志是研发支出的主要回收方式(或者说研发项目所包含的经济利益的主要实现方式)。如果一个研发项目成果的经济利益主要通过研发成功后企业对研发成果的自主利用(如用于生产产品、授权他人使用、对外转让等)来实现,相应地其所有权上的主要风险和报酬由本企业享有或承担,其使用也由本企业主导,则属于"内部研究开发项目";如果一个研发项目成果的经济利益主要通过委托方在委托合同项下支付的委托研发合同价款来实现,除此之外预期可获得的经济利益很少或者几乎为零,相应地其所有权上的主要风险和报酬并非由本企业享有或承担,本企业不享有对其使用的主导权,则属于"基于客户合同的受托研究开发项目"。企业应当在合理划分研发项目类别的基础上,恰当选择适用的会计核算模式。

**问题 1-2-3**　大数据的资本化问题
**问题:**
如何考虑企业自行收集的大数据信息的资本化问题?
**背景:**
A 公司是国内电视大数据云计算和新媒体技术公司,拥有国内最大的电视云计算基地,提供高效便捷的视频新媒体产品与服务。

A 公司是国内一家实现即时海量电视内容搜索,有效存储、管理、分发和再利用的高科技企业。A 公司运用业界领先的电视挖掘技术为核心构筑云服务平台,利用"媒体云计算技术"实现了 7×24 小时不间断地对数百套电视频道和数千档电视栏目高效智能化处理,对节目资讯进行数字化编目、索引、转码、存储,碎片化加工处理和信息整理。A 公司基于强大的信息挖掘处理能力,以独特的多媒体交互技术和媒体资产管理系统,采用"云、场、端"的整体技术架构,在广电新媒体、互联网电视、教育信息化等领域提供专业服务及整体解决方案。

A 公司下属子公司——B 公司约 300 名员工专职从事节目资讯的数字化编目、索引、转码、存储,碎片化加工处理和信息整理,提供客户需求的专门视频资讯。

截至目前,A 公司和 B 公司已积累了超过 3PB 的视频资料,拥有十分巨大的经济价值。众多的国家机关、传统媒体、视频网站直接或者间接使用着 A 公司提供的数据服务。

基于对生产出的大数据使用价值的判定,A、B 公司自 2013 年开始将数据整理专业部门发生的成本予以资本化,截至 2014 年年末计入无形资产 1 754 万元,并按 10 年期限进行摊销。

**解答:**

1. 开发支出资本化的恰当性判断。

本案例首先需要考虑 A 公司大数据相关费用资本化是否恰当的问题,即将其视作内部研发项目,对照《企业会计准则第 6 号——无形资产》第九条规定的五项标准,判断目前是否已经满足资本化条件,以及自何时开始满足资本化条件。

通常情况下,此类大数据的开发需经过研究、开发、运营三个阶段。

(1)研究阶段:获取数据收集、整理、传输所需的技术知识,从技术角度分析该项目的可行性。

(2)开发阶段:进行市场分析,确定客户的潜在需求和对本企业提供此项服务的数量、质量方面的要求;发展相关的技术能力,包括配置所需的数据库软件,以及获取所需数据并添加到数据库中;设计用户界面;测试系统原型,等等。

(3)运营阶段:即正式投入商业化运营后,包括对系统的差错修补、提升功能以满足更大的用户群体的需要;更新和管理数据库以确保其处于最新状态等。

在上述研发过程中,当 A 公司开始考虑相关技术的商业化应用时,不一定表明该研发项目的"商业可行性"已获得确认。在证明商业可行性之前(例如 A 公司已确定存在对此类大数据服务的需求,以及将可以获得一个可投入实测的系统原型),虽然 A 公司可能已经在从事某些应归类为开发阶段活动的工作,但此时的开发阶段工作与同时开展的研究阶段工作很可能难以区分,因而最初的开发阶段支出可能会与同期发生的研究阶段支出一并核算,在发生时直接予以费用化处理。只有当有证据表明已存在一项可产生未来经济利益流入的无形资产时,该项目的支出才能在《企业会计准则第 6 号——无形资产》及其应用指南下作为"开发阶段支出"核算。

结合本案例的具体情况,只有当目前同时满足以下条件时,才能认为其历史上的部分开发支出资本化是恰当的:①企业对该大数据的开发利用已经形成了稳定、成熟的商业模式;②有稳定且不断扩大的客户群、收入和经营现金流;③已具备独立生存和持续经营能力,而无需依赖股东和外部投资者的进一步资源投入。在实际操作中,因为上述这些条件得到满足的时点往往是正式运营开始时,也就是资本化的开始和结束很可能相隔时间很短(甚至同时),因此符合资本化条件的开发支出预期是不重大的。如果资本化的开发支出金额较大,则应谨慎评价这一结果的合理性。

我们认为本案例中的开发支出资本化期间为：

（1）开始时点为同时满足以下条件的最早时点：经过可行性研究和市场调查，确定了对该数据服务确有商业需求，该服务能为本企业带来未来经济利益；已完成数据库原型的开发，证明其技术上的可行性；本企业已经为后续开发所需的技术、人力、财务资源做好安排，确保能够顺利开发完成并推出商业服务；单独设账核算和归集该项目的符合资本化条件的开发支出。

（2）结束时点为有关的商业化服务正式推出时。

即使在该大数据库投入商业化运营后，也可能仍然存在开发阶段，如针对用户群的扩大，相应优化系统以提升处理能力，改进用户体验。但此时的开发阶段支出不一定满足资本化的条件，因为此时的后续开发可能没有添置新资产或者替换部分现有资产，也可能无法证明满足无形资产准则规定的资本化条件。一般情况下，在运营阶段，后续的重大系统升级和扩容的相关支出可以考虑资本化。

在上述资本化结束时点之后，日常数据维护更新的支出应当费用化，因为日常的数据维护、整理、更新活动是 A、B 公司的一项常规活动，不涉及重大的创新或引入新技术，因此不满足《企业会计准则第 6 号——无形资产》及其应用指南和讲解中对"研究"或"开发"的定义。

2. 资本化开发支出的后续摊销处理。

根据《企业会计准则第 6 号——无形资产》第十七条规定："使用寿命有限的无形资产，其应摊销金额应当在使用寿命内系统合理摊销。企业摊销无形资产，应当自无形资产可供使用时起，至不再作为无形资产确认时止。"据此，对资本化为无形资产的开发支出，其摊销的开始时点应当为有关的商业服务正式推出时。对摊销年限的确定，可参考该准则应用指南第四条"估计无形资产使用寿命应当考虑的相关因素"中的以下指引：

根据本准则第十七条和第十九条规定，使用寿命有限的无形资产应当摊销，使用寿命不确定的无形资产不予摊销。

（一）企业持有的无形资产，通常来源于合同性权利或其他法定权利，且合同规定或法律规定有明确的使用年限。

来源于合同性权利或其他法定权利的无形资产，其使用寿命不应超过合同性权利或其他法定权利的期限；合同性权利或其他法定权利在到期时因续约等延续、且有证据表明企业续约不需要付出大额成本的，续约期应当计入使用寿命。合同或法律没有规定使用寿命的，企业应当综合各方面因素判断，以确定无形资产能为企业带来经济利益的期限。比如，与同行业的情况进行比较、参考历史经验，或聘请相关专家进行论证等。

按照上述方法仍无法合理确定无形资产为企业带来经济利益期限的，该项无形资产应作为使用寿命不确定的无形资产。

（二）企业确定无形资产使用寿命通常应当考虑的因素。

1. 运用该资产生产的产品通常的寿命周期、可获得的类似资产使用寿命的信息；

2. 技术、工艺等方面的现阶段情况及对未来发展趋势的估计；

3. 以该资产生产的产品或提供服务的市场需求情况；

4. 现在或潜在的竞争者预期采取的行动；

5. 为维持该资产带来经济利益能力的预期维护支出，以及企业预计支付有关支出的能力；

6. 对该资产控制期限的相关法律规定或类似限制，如特许使用期、租赁期等；

7. 与企业持有其他资产使用寿命的关联性等。

就本案例而言，如果能够根据对历史上数据检索服务提供情况的分析，确定在一定年限之后的数据就很少再被检索和分析，则建议依据该数据的有效服务年限作为确定无形资产摊销年限的依据。如果不能合理确定该"数据的有效服务年限"，则鉴于后续的数据更新维护支出均在发生时予以费用化处理，而这些支出可保证该数据库整体上有较长的使用年限，故对该无形资产(资本化的内部开发支出)按 10 年摊销的做法可能也是可以接受的。

---

**问题 1-2-4** 为客户生产的小试产品消耗的材料和人工成本是否可以纳入研发支出并在生产成本中核算

**问题：**

为客户生产的小试产品消耗的材料和人工成本是否可以纳入研发支出并在生产成本中核算？

**背景：**

A 公司 2015 年申请了高新技术企业认定，申请材料中 3 年的研发支出台账符合高新技术企业的要求，但实际研发支出主要为产品试验、检测过程中发生的材料、人工费及设备折旧等的支出。

由于 A 公司所处行业为锂电池材料，根据客户要求，每批次或者更换设备时的产品，必须要先小试生产出产品，发给客户检测后方可确定是否可以大批量生产。在申请高新技术企业认定时，公司的研发支出台账中包含了该部分小试、中试的材料费，且归集到生产成本中核算。经了解，一般情况下如果小试的产品合格，则小试过程中生产出的产品将作为成品进行发货，并可实现销售收入。

**解答：**

根据《财政部关于企业加强研发费用财务管理的若干意见》(财企〔2007〕194 号)第一条规定：

企业研发费用(即原"技术开发费")，指企业在产品、技术、材料、工艺、标准的研究、开发过程中发生的各项费用，包括：

(一)研发活动直接消耗的材料、燃料和动力费用。

(二)企业在职研发人员的工资、奖金、津贴、补贴、社会保险费、住房公积金等人工费用以及外聘研发人员的劳务费用。

（三）用于研发活动的仪器、设备、房屋等固定资产的折旧费或租赁费以及相关固定资产的运行维护、维修等费用。

（四）用于研发活动的软件、专利权、非专利技术等无形资产的摊销费用。

（五）用于中间试验和产品试制的模具、工艺装备开发及制造费，设备调整及检验费，样品、样机及一般测试手段购置费，试制产品的检验费等。

（六）研发成果的论证、评审、验收、评估以及知识产权的申请费、注册费、代理费等费用。

（七）通过外包、合作研发等方式，委托其他单位、个人或者与之合作进行研发而支付的费用。

（八）与研发活动直接相关的其他费用，包括技术图书资料费、资料翻译费、会议费、差旅费、办公费、外事费、研发人员培训费、培养费、专家咨询费、高新科技研发保险费用等。

因此，本案例中需要分析："小试、中试"，是同样的产品在不同批次生产前进行的，还是在研发新产品、新技术、新材料（此前没有生产过，具有创新性）。如果是前者，则不应作为研发费用，而应将该类小试、中试过程中发生的材料、人工等消耗计入制造费用，到经过客户检验通过，投入大批量生产时，分摊计入大批量生产的产品的成本中。如果是后者，则可以确认为研发费，且如前面引用的财企〔2007〕194号文规定所述，"研发活动直接消耗的材料、燃料和动力费用"可计入研究开发费中。

根据《企业会计准则第1号——存货》第三条规定："存货，是指企业在日常活动中持有以备出售的产成品或商品、处在生产过程中的在产品、在生产过程或提供劳务过程中耗用的材料和物料等"；第四条规定："存货同时满足下列条件的，才能予以确认：（一）与该存货有关的经济利益很可能流入企业；（二）该存货的成本能够可靠地计量。"

如上述案例背景所述，对于同样产品在新批次投产前的小试产品，在经客户验收合格后可作为正式产品发货销售，故其符合存货的定义和确认条件，可以作为存货核算，即此类试制过程中形成的可对外作为合格品销售的产品，可按其实际成本转入产成品成本，相应冲减计入制造费用的小试成本。根据《企业会计准则——应用指南》附录中生产成本核算范围的规定："本科目核算企业进行工业性生产发生的各项生产费用，包括生产各种产品（包括产成品、自制半成品等）、自制材料、自制工具、自制设备等。"故上述生产小试产品消耗的相关材料和人工成本可以在"生产成本"科目归集。

但在新产品研发过程中形成的可对外销售的小试新产品，因为研发活动不属于《企业会计准则第14号——收入》及其应用指南和《企业会计准则第1号——存货》所指的"日常活动"，因此应按其预计可变现净值确认为"其他流动资产"而不是存货，同时冲减费用化或资本化的研发支出，日后对外销售时，售价与其他流动资产账面价值之间的差额计入营业外收支。

## 第三节　资产减值的相关问题

**问题1-3-1**　涉诉且有质押品时应收款项减值的处理

**问题：**

如下文背景资料所述，有迹象显示应收款项债务人还款能力存在重大不确定性的情况下，在考虑该应收款项减值金额时是否可以直接以质押股权的最新收盘价计算的质押物价值作为该应收款项的可收回金额？

**背景：**

截至2017年12月31日，A公司对B公司的应收款项余额为3 000万元（其中：其他应收款约1 800万元，预付账款约1 200万元，主要为货物采购、应收款项保理、诉讼和解等原因形成）。B公司已没有正常经营，且因多起生效判决未执行已被法院列入失信被执行人名单，还款能力存在重大不确定性，A公司需对上述3 000万元款项单独进行减值测试。

为确保资金安全，在导致产生上述债权债务关系的交易发生时，A公司要求B公司的实际控制人对前述债务提供担保。B公司实际控制人提供了其持有的在新三板基础层挂牌的C公司股权3 750万股给A公司作为质押担保，C公司股票的最新收盘价为0.41元/股（系2017年6月30日收盘价，2017年6月30日至今停牌），按该收盘价计算，质押物价值为1 537.5万元。

从C公司的部分公开信息得知：C公司现有业务持续萎缩，日常经营基本处于停滞状态，且大部分员工已经离职，公司经营状况自2016年至今并无好转，C公司的主办券商认为C公司持续经营能力存在重大不确定性，存在丧失持续经营能力的风险，已提醒广大投资者注意投资风险。此外，C公司及其子公司的短期借款都已经逾期，并被贷款银行起诉，法院已作出判决，目前C公司账面现金不足以偿还法院判决执行金额，可能对C公司的正常生产经营和财务状况产生不利影响。

C公司于2017年12月发布的一则公告显示，该公司董事会已通过决议，拟从新三板摘牌。

因B公司还款能力存在重大不确定性，A公司对应收B公司的款项合计3 000万元单独进行减值测试，需考虑该应收款项质押品C公司股权的公允价值。A公司管理层考虑到新三板股票价格波动较大且流动性较差，且C公司已停牌半年之久，最近的收盘价可能不一定能公允体现其股权价值。因此拟聘请律师和估值专家对C公司进行调查评估，但由于C公司拒绝配合导致该评估工作无法进行。

A公司管理层根据实际情况，考虑了三种处理方式：①全额计提；②以收盘价0.41元/股为基础测算可收回金额；③以收盘价0.41元/股为基础考虑股权质押贷款的市场质押率（比如70%）测算可收回金额。

**解答：**

我们理解，由于用作质押的新三板挂牌公司股票一方面交易不活跃，另一方面该挂牌公司(C 公司)自身的经营状况也有很大问题,因此建议在以个别认定法对应收 B 公司的款项计提坏账准备时,应聘请专业机构(主要是律师和评估机构),在对该挂牌公司的基本面和诉讼、担保事项进行全面核查的基础上,确认其各项现有和潜在的负债,同时评估确定其各项资产、负债的清算价值(即,评估报告的价值类型应为清算价值),再依据对其涉及的诉讼和担保事项的尽职调查结果,谨慎测算在参与该挂牌公司清算的情况下,该项作为质押物的股权的可收回金额。

另外,本案例不适用《计学撮要 2015》中专题Ⅲ第一章第三节"问题 1-3-4 应收账款由第三方提供保证的,坏账准备如何计提"。《计学撮要 2015》1-3-4 该问题解答中所指的在确定应收账款可回收金额时不予以考虑,而视作"信用风险缓释工具"的担保应同时具备以下特征:①担保方是与债务人无关的第三方(不包括债务人的关联方);②该担保不是依据债权人和债务人之间的原始商务合同提供的,而是债权人通过另外的独立合同获得,且债务人不是该独立合同的一方。该问题解答中的两个案例,一个是债权人向保险公司投保信用保险,另一个是在股权转让交易中转让方(标的公司的原股东)就标的公司的应收款项的可收回金额向受让方提供担保,所以适用于"信用风险缓释工具"的处理方式;而本案例中的担保是债务人的实际控制人提供的,且在相关交易最初发生时即已提供,是相关交易发生(A 公司向 B 公司支付款项)的前提,故不属于"信用风险缓释工具"。

若 C 公司拒绝配合调查评估,则 A 公司及注册会计师可考虑以下处理思路:

1. 如果 A 公司的财务报表报出日晚于 C 公司 2017 年年报的公告日,则可以依据 C 公司 2017 年年报判断,如果其年报被出具无法表示意见或否定意见审计报告的,或者存在可能导致被摘牌的其他情形的,建议 A 公司就相关债权全额计提减值准备;如果被出具无保留意见(包含"与持续经营相关的重大不确定性"部分)或保留意见审计报告的,可根据审计报告后附的财务报表估算 C 公司的偿债能力。

2. 长期停牌的新三板股票,其最后交易价格已不能作为资产负债表日公允价值的确定依据,且由于 C 公司是新三板基础层挂牌公司,基础层并不符合会计意义上的"活跃市场"的条件。

3. 如果无法合理确定可收回金额,可以基于谨慎原则全额计提减值准备。如果 A 公司管理层不同意全额计提减值准备但又无法提供关于可收回金额的充分、适当的审计证据,则注册会计师应按审计范围受限处理,考虑对审计意见类型的可能影响。

---

**问题 1-3-2**　能够得到补偿的存货预计售价的确定、合并报表层面相关存货跌价准备的考虑

**问题:**

如下文背景资料所述,C 公司根据 B 公司要求生产检测仪器,销售给第三

方价格低于成本时 B 公司给予补偿,在此情况下 C 公司计提存货跌价准备时是否需要考虑预计收到补偿的金额?

**背景:**

A 公司全资子公司 B 公司是销售生物试剂的公司,另一非全资子公司 C 公司是生产与 B 公司生物试剂相配套的检测仪器的公司。

目前市场能接受的 C 公司类似检测仪器的价格为人民币 25 万元左右,但该价格的检测仪器功能比 C 公司的仪器少,C 公司仪器的有些功能目前尚未使用但未来预计会用到,为了战略发展的需要,B 公司要求 C 公司按照其所制定的规格和质量标准生产设备。但 C 公司以 25 万元的价格销售是亏损的,会影响小股东的利益,C 公司的目标价格是 50 万元。为了配合 B 公司的试剂销售,B 公司与 C 公司约定:C 公司按照每台 25 万元的价格销售检测仪器,采购方同时可能会采购 B 公司的试剂,并且会使 B 公司在未来的竞争中处于有利位置(因为设备的有些功能只适合 B 公司的试剂),B 公司按照每台 25 万元再给 C 公司补差价。

**解答:**

本案例中,因为 B、C 两家公司是关联方,故首先应关注对外售价和 B 公司的补偿金额之和作为 C 公司的仪器售价是否公允(即使得 C 公司能够获得合理的仪器销售毛利,既不亏本也不利润畸高;同时 B 公司的试剂销售毛利扣除就仪器销售给 C 公司的补偿后,仍为正数)。在确保补偿条款公允性的基础上,需要进一步确定:C 公司与 B 公司签订的“每销售 1 台补偿 25 万元”的协议的范围和期限是否能够覆盖 C 公司期末时点的所有检测仪器产品库存,即:①期末所有库存的检测仪器只要出售,即可获得 B 公司的补偿;②期末库存在合理期限内能够对外出售,不会出现滞销积压情况。如果能够满足上述条件,则在 C 公司个别报表层面估计存货售价时应考虑 B 公司的补偿金额。如果不能全部满足,则预计能够得到补偿的库存部分的预计售价应包括 B 公司的补偿,预计不能得到补偿的部分库存按照正常市场售价预计。

另外,根据《企业会计准则第 1 号——存货》第十八条规定:“与在同一地区生产和销售的产品系列相关、具有相同或类似最终用途或目的,且难以与其他项目分开计量的存货,可以合并计提存货跌价准备。”在两者共同母公司——A 公司的合并报表层面,虽然 B 公司向 C 公司支付仪器销售补偿款的内部交易已被抵销,但由于仪器和试剂存在一定的对应关系,两者的销售互相依存,面向的客户相同,需配合使用,共同构成一个整体业务模式的组成部分,因此在对 B 公司的试剂产品和 C 公司的仪器进行减值测试和计提减值准备时,应考虑两者协同效应的影响,即 C 公司的仪器对外销售价格低于成本的差额能否从 B 公司的试剂销售毛利中获得补偿,不能简单地仅仅依据仪器本身的售价低于成本的差额对期末库存仪器计提跌价准备。

**问题 1-3-3**　存货可变现净值计算是否考虑退税因素

**问题：**

资源综合利用及残疾人用工增值税税收优惠是否应该在计提存货跌价准备时计入可变现净值？

**背景：**

根据财政部、国家税务总局《关于促进残疾人就业增值税优惠政策的通知》（财税〔2016〕52号）规定，企业安置的每位残疾人每月可退还的增值税具体限额，由县级以上税务机关根据纳税人所在区县适用的经省人民政府批准的月最低工资标准的4倍确定（2016年5月1日开始执行）。

根据财政部、国家税务总局《关于调整完善资源综合利用产品及劳务增值税政策的通知》（财税〔2011〕115号）第三条的规定，"对销售下列自产货物实行增值税即征即退50％的政策：……（五）以废旧电池、废感光材料、废彩色显影液、废催化剂、废灯泡（管）、电解废弃物、电镀废弃物、废线路板、树脂废弃物、烟尘灰、湿法泥、熔炼渣、河底淤泥、废旧电机、报废汽车为原料生产的金、银、钯、铑、铜、铅、汞、锡、铋、碲、铟、硒、铂族金属，其中综合利用危险废弃物的企业必须取得《危险废弃物综合经营许可证》。生产原料中上述资源的比重不低于90％"。

A公司为社会福利企业，主营业务为铜制品的物理加工。该公司盈利主要靠上述资源综合利用退税、安排残疾人就业退税及社保资金福利补贴等政府补贴维持。

因存在税收优惠，A公司产品销售价格低于市场价格。但考虑可获得的退税因素后，公司仍可获得合理利润。

**解答：**

依据《企业会计准则第1号——存货》及其应用指南和讲解的规定，资产负债表日，存货应当按照成本与可变现净值孰低计量。存货成本高于其可变现净值的，应当计提存货跌价准备，计入当期损益。**可变现净值，是指在日常活动中，存货的估计售价减去至完工时估计将要发生的成本、估计的销售费用以及相关税费后的金额。**企业确定存货的可变现净值，应当以取得的确凿证据为基础，并且考虑持有存货的目的、资产负债表日后事项的影响等因素。

《企业会计准则讲解（2010）》第二章中提到：确定存货可变现净值时，应当以资产负债表日取得最可靠的证据估计的售价为基础并考虑持有存货的目的，资产负债表日至财务报告批准报出日之间存货售价发生波动的，如有确凿证据表明其对资产负债表日存货已经存在的情况提供了新的或进一步的证据，则在确定存货可变现净值时应当予以考虑，否则，不应予以考虑（见原书第23~24页）。在本案例中，企业应按照上述存货准则及其应用指南和讲解的规定确定其期末存货可变现净值，根据测算结果，依据存货准则相关规定计提相应的存货跌价准备。

在本案例中，先征后返（退）、即征即退等办法返还的税款，属于企业取得的政府补助,适用《企业会计准则第 16 号——政府补助》核算,会计上计入其他收益而不是营业收入,其计算依据是企业在一段时间内缴纳的税额总数及聘用的符合条件的残疾员工人数,而不是针对某一笔特定的销售业务,故在测算企业期末存货可变现净值时不应考虑相关退税因素及退税金额的影响。我们理解,存货准则对可变现净值的定义中涉及的税费不包括适用政府补助准则核算的即征即退或先征后返(退)税款。只有那些最终影响到"营业收入"和"税金及附加"计量的税收减免和政府付费,才会在计算可变现净值时予以考虑。

**问题 1-3-4** 拟出口存货的可变现净值的计算是否考虑出口免抵退税因素

**问题:**

如下文背景资料所述,因存货出口销售而产生增值税免抵退税额导致的现金流入,是否应当纳入存货可变现净值的考虑范围?

**背景:**

A 公司主要以销售玉米种子和南瓜籽仁食品为主,其中南瓜籽仁主要出口销售至欧洲客户。自 2016 年年底开始,南瓜籽仁市场行情下行,导致毛利和销售利润率降低。2017 年年末,根据市场行情现状,A 公司管理层拟对南瓜籽仁进行减值测试,确定是否需要计提存货跌价准备。

**解答:**

根据《企业会计准则第 1 号——存货》第十五条规定,对"存货的可变现净值"的定义"指在日常活动中,存货的估计售价减去至完工时估计将要发生的成本、估计的销售费用以及相关税费后的金额"。

因增值税是价外税,出口货物前道环节所含的进项税额是负债(如应交税费)的抵减项目,体现为企业垫付资金的性质,增值税出口退税实质上是归还企业事先垫付的资金,这部分免抵退税金额不会增加企业存货的销售收入,因此测算存货的可变现净值时不应纳入考虑。

但是免征的本道环节的增值税额,由于免征导致销售售价中本道环节的增值额全部形成了销售收入,因此本道环节免征的增值税在存货减值测算时应考虑,也即一般出口货物采用的(FOB)离岸价格全部确认为企业的营业收入,无需拆分其中包含的被免征的增值税额。

另一方面,增值税"免、抵、退"税不得免征和抵扣税额,由于未通过"存货"核算直接结转至"营业成本",因此这部分金额应与"存货"的账面价值合计与存货的可收回金额比较、计算存货跌价准备的计提金额。

举例说明如下:

假定 A 公司出口货物征税税率为 11%,退税税率为 5%。截至 2017 年 12 月 31 日,账面南瓜籽仁的余额为 800 万元(未计提存货跌价准备),与该批南瓜籽仁相关的购进货物、运输和加工等产生可抵扣的增值税进项税额为 55 万元,预计出口价格 700 万元,在不考虑预计销售费用,且假定 A 公司 2017 年 12 月无内销收入,期初无增值税留抵税额的情况下,该批南瓜籽仁的"免、抵、退税额"计算如下：

(1) 当期"免、抵、退"税不得免征和抵扣税额＝700×（11％－5％）＝42(万元)。

(2) 当期应纳税额＝0－(0－42)－55＝－13(万元)。

(3) 出口货物"免、抵、退"税额＝700×5％＝35(万元)。

(4) 当期期末留抵税额≤当期免抵退税额时，当期应退税额＝当期期末留抵税额＝13(万元)。

(5) 当期免抵退税额＝35－13＝22(万元)。

假定 A 公司当月未计提存货跌价准备，次年 1 月该批存货以 700 万元(不含税)价格实现出口销售，不考虑其他业务的影响，A 公司次年 1 月份的会计处理如下(单位：万元)：

(1) 假定期后货物出口并确认收入实现时，根据出口销售额作如下会计处理：

借：应收账款(或银行存款等)      700
    贷：主营业务收入(或其他业务收入等)      700

借：主营业务成本      800
    贷：库存商品      800

(2) 月末根据《免抵退税汇总申报表》中计算出的"免抵退税不予免征和抵扣税额"作如下会计处理：

借：主营业务成本      42
    贷：应交税费——应交增值税(进项税额转出)      42

(3) 月末根据《免抵退税汇总申报表》中计算出的"应退税额"作如下会计处理：

借：其他应收款——应收退税款      13
    贷：应交税费——应交增值税(出口退税)      13

(4) 月末根据《免抵退税汇总申报表》中计算出的"免抵税额"作如下会计处理：

借：应交税费——应交增值税(出口抵减内销产品应纳税额)      22
    贷：应交税费——应交增值税(出口退税)      22

(5) 收到出口退税款时，作如下会计处理：

借：银行存款      13
    贷：其他应收款——应收退税款      13

根据上述会计分录，可清晰得出：A 公司销售该批存款产生的亏损为：142万元(800＋42－700)。

由于减值迹象在 2017 年 12 月 31 日时已存在，相应地，A 公司应于 2017 年 12 月 31 日对该批存货计提减值准备 142 万元(存货账面余额 800 万元＋当期

"免、抵、退"税不得免征和抵扣税额42万元－预计出口价格700万元)。

**问题1-3-5** 对尚未实缴出资的长期股权投资的减值问题

**问题：**

对尚未实缴出资的长期股权投资,但被投资方的账面净资产已经为负数的情形,如何考虑减值准备的计提问题?

**背景：**

A公司于2015年10月5日与B公司股东签订股权收购协议,A公司以收购时B公司账面实收资本作为收购对价进行收购。具体情况如下:

2015年10月5日,B公司股东将其持有的B公司的股权100万元,(占公司注册资本的100%,其中实缴0元)以人民币0万元的价格转让给A公司。

目前A公司拟以2015年11月30日作为新三板股改基准日整体变更为股份有限公司。截至2015年11月30日,B公司实收资本仍然为0元,账面未经审计的净资产为－69.22万元,A账面对其长期股权投资的余额为0元。

**解答：**

任何资产减值准备的计提都不应导致对应的资产账面价值变为负数。在本案例中,尽管截至2015年11月30日,B公司的净资产账面价值为负数,但A公司对其长期股权投资的账面价值原本就是零,因此不可能继续进一步计提减值准备。

根据《公司法》的规定,"有限责任公司的股东以其认缴的出资额为限对公司承担责任;股份有限公司的股东以其认购的股份为限对公司承担责任",因此,在实缴资本小于认缴资本的情况下,如果被投资公司发生资不抵债和破产等情况,则尚未缴足出资的股东有义务向其补缴尚未缴足的这部分出资,供被投资公司对外偿还债务之用,而这部分追加的投入对股东而言通常意味着全部损失。

在认缴制下,通常认为已认缴但尚未实缴的出资(指股东尚未就这部分尚未实缴的出资享有股东权利的情形,下同)不构成股东对被投资公司的一项现时义务,而只是一个承诺事项,属于《企业会计准则第13号——或有事项》第八条所定义的"待执行合同"。根据该准则规定,待执行合同除非变为亏损合同,否则无需确认资产和负债。由此,通常认为认缴制下已认缴但尚未实缴的出资不作为股东对公司的负债。但是,如果股东基于法律法规规定的法定义务,不得不向公司缴纳其已认缴的出资(虽然明知这部分投入的出资几乎不可能收回),则这种情况下认缴出资的合同就变成了或有事项准则所规范的"亏损合同",如果此时与该亏损合同相关的义务满足《企业会计准则第13号——或有事项》第四条规定的预计负债确认应满足的三项条件,则应按最佳估计数确认一项预计负债。

据此,A公司应当根据目前的实际情况,考虑因B公司资不抵债、无力偿债的状况导致A公司承担进一步损失的可能性(需考虑的因素包括但不限于B公司的各项资产或资产组的可收回金额或可变现净值、与债权人达成和解的可能性等),如果这部分追加投资很可能成为 A 公司的一项法定义务,并且很可能无法收回,则应根据或有事项准则的相关规定,按最佳估计数确认一项预计负债。

在 A 公司的合并报表层面,因为 B 公司的所有资产和负债均已体现在合并报表中,因此合并报表层面应将个别报表层面确认的预计负债(如有)予以冲回。

**问题 1-3-6　收购少数股权交易对期末商誉减值测试的影响**

**问题:**

如下文背景所述,A 公司收购少数股权之后,在进行商誉减值测试时,就归属于子公司少数股东的商誉对资产组账面价值进行的模拟调整,是否需根据新的持股比例计算调整金额?

**背景:**

根据《〈企业会计准则第 8 号——资产减值〉应用指南》第五条"存在少数股东权益情况下的商誉减值测试"规定:

根据《企业会计准则第 20 号——企业合并》的规定,在合并财务报表中反映的商誉,不包括子公司归属于少数股东权益的商誉。但对相关的资产组(或者资产组组合,下同)进行减值测试时,应当将归属于少数股东权益的商誉包括在内,调整资产组的账面价值,然后根据调整后的资产组账面价值与其可收回金额进行比较,以确定资产组(包括商誉)是否发生了减值。

上述资产组发生减值的,应当按照本准则第二十二条规定进行处理,但由于根据上述步骤计算的商誉减值损失包括了应由少数股东权益承担的部分,应当将该损失在可归属于母公司和少数股东权益之间按比例进行分摊,以确认归属于母公司的商誉减值损失。

《企业会计准则讲解(2010)》第九章第五节中对此问题作出了以下进一步解释:

由于按照《企业会计准则第 20 号——企业合并》的规定,因企业合并所形成的商誉是母公司根据其在子公司所拥有的权益而确认的商誉,子公司中归属于少数股东的商誉并没有在合并财务报表中予以确认。因此,在对与商誉相关的资产组或者资产组组合进行减值测试时,由于其可收回金额的预计包括归属于少数股东的商誉价值部分,因此为了使减值测试建立在一致的基础上,企业应当调整资产组的账面价值,将归属于少数股东权益的商誉包括在内,然后根据调整后的资产组账面价值与其可收回金额进行比较,以确定资产组(包括商誉)是否发生了减值。上述资产组如发生减值的,应当首先抵减商誉的账面价值,但由于根据上述方法计算的商誉减值损失包括了应由少数股东权益承担的部分,而少数股东权益拥有的商誉价值及其减值损失都不在合并财务报表中反映,合并财务报表只反映归属于母公司的商誉减值损失,因此应当将商誉减值损失在可归属于母公司和少数股东权益部分之间按比例进行分摊,以确认归属于母公司的商誉减值损失。

该节讲解中的【例 9-11】给出了如何就少数股东所享有的商誉调整资产组账面价值,以及在测算出资产组可收回金额后将应确认的减值损失在可归属于母公司和少数股东权益之间按比例进行分摊的具体做法。

A 公司 2013 年 3 月 1 日投资 B 公司,投资成本 1 749 000.00 元,股权占比 58.30%,购买日 B 公司可辨认净资产公允价值为 1 382 663.90 元,确认商誉 942 906.95 元。

A 公司于 2014 年 5 月追加投资 426 000.00 元,追加投资后股权占比 72.50%,追加投资时 B 公司可辨认净资产以购买日公允价值为基础持续计算的金额为 470 032.19 元。

**解答:**

在母公司对子公司的控制权保持不变的前提下,因收购少数股权和处置子公司部分股权等权益性交易导致母公司在子公司的持股比例发生相对变动后,在进行商誉减值测试时,就归属于子公司少数股东的商誉对资产组账面价值进行模拟调整,仍按照当初购买日最初取得控制权时的持股比例进行,即不考虑取得控制权后的相对持股比例变动的影响。

相应地,后续的进一步商誉减值金额也应按照当初购买日最初取得控制权时的持股比例,在归属母公司的商誉和归属少数股东的商誉之间进行分配。

**结论基础:**

由非同一控制下企业合并所形成的商誉也是由母公司和子公司所构成的企业集团的一项资产,根据 IFRS 体系下的《国际财务报告准则第 3 号——企业合并》结论基础中的相关表述,商誉的核心内容有两项:一是被收购业务中所包含的"持续经营因素"的公允价值;二是企业合并所产生的协同效应的公允价值。商誉是一项完整的资产,只不过依据现行的企业会计准则的规定,对归属于少数股东的商誉是不予以确认的,但不能因此否认该项资产的完整性和合并集团从中的受益。这也就是在资产减值测试中需就归属少数股东的商誉对资产组账面价值进行模拟调整的理论依据。就本案例而言,我们理解本案例的特殊之处在于:A 公司 2013 年收购 B 公司 58.30%的股权,据此取得对其的控制权,在 2014 年又进一步收购了 14.20%的股权,持股比例达到 72.50%。这第二次股权收购交易属于收购少数股权,在合并报表层面按权益性交易原则处理,不产生新的商誉,即对合并报表层面的商誉不产生影响。从另一方面来说,从购买日开始,合并商誉(包括归属母公司的商誉和归属少数股东的商誉)作为一个整体的原始金额即已确定,后续发生的收购少数股权和在不丧失控制权前提下部分处置子公司股权等权益性交易不引起合并报告主体的变化,相应地对该项商誉整体(包括归属于少数股东部分的金额在内)的总金额不应产生影响。这样,在合并整体商誉和归属母公司的商誉这两项金额都不发生变化的情况下,作为两者之差的少数股东商誉调整金额也不应发生变化。

相应地,在本案例中,在 2013 年年末,A 公司进行第一次商誉减值测试时(当时的持股比例为 58.30%),即应当根据该年末的情况,参照《企业会计准则第 8 号——资产减值》的应用指南和讲解中的上述要求和举例,确定应归属于少数股东的商誉原值和应归属于少数股东的商誉减值金额(如有)。2014 年内虽然发生了收购少数股权的交易,但 2014 年年末对包含商誉的资产组进行减值测试时,就对应于少数股权的这部分商誉对资产组的账面价值的调整(包括测算应归属于少数股东的商誉原值和截至 2014 年年初为止这部分归属于少数股东的商誉应分摊的减值金额)仍应继续沿用 2013 年年末减值测试时的测算和分摊结果,不受 2014 年内发生的购买少数股权交易的影响,即:

2014 年年末为资产组减值测试之目的的调整后的资产组账面价值=2014 年年末该资产组内可辨认净资产的账面价值(指 A 公司合并报表层面的账面价值,即以 2013 年内购买日的公允价值为基础持续计算的金额,下同)+(2013 年年末合并报表中已确认的商誉原值-2013 年年末归属于已确认商誉的减值准备)+(2013 年年末模拟调整的归属于少数股东的商誉原值-2013 年年末测算的商誉减值准备中应归属于少数股权模拟商誉的金额)。

经上述调整后的 2014 年年末资产组账面价值如大于 2014 年年末该资产组的整体可收回金额,因而需进一步确认商誉减值准备的,则在测算出 2014 年年末商誉(包含归属于母公司的已确认商誉和归属于少数股东的模拟商誉)的总体进一步减值金额之后,对该项"2014 年内的进一步减值金额"仍应按照最初取得控制权时的股权比例(即 58.30％对 41.70％,注意不是 2014 年年末时的股权比例 72.50％对 27.50％)在母公司股东和少数股东之间分配,确定 2014 年内针对合并报表层面已确认的归属于母公司的商誉需进一步计提的减值金额。

---

**问题 1-3-7**  资产组内净流动资产的变动对减值测试中现金流量现值测算的影响

**问题:**

如下文背景资料介绍,A 公司在进行商誉减值测试时,如何考虑资产组内净流动资产的变动对资产组可收回金额的影响?

**背景:**

A 公司以 B 公司 2016 年 12 月 31 日经审计、评估的结果为定价基础,受让 B 公司原股东持有的 B 公司 60％股份。股权收购后,A 公司可以控制 B 公司,因此将 B 公司纳入合并报表范围。

以 2016 年 12 月 31 日为基准日,B 公司全部股东权益的评估结果为 4.2 亿元(收益法)。A 公司按照 2.52 亿元(4.2×60％)作价收购(即合并成本为 2.52 亿元)。购买日为 2017 年 10 月 31 日。B 公司于购买日的可辨认净资产公允价值为 1.2 亿元,其中 60％持股比例对应的份额为 0.72 亿元(1.2×60％)(可辨认净资产公允价值来源参考资产基础法评估数据以及以该评估结果持续计算所享有的基准日到合并日的过渡期净利润),A 公司合并财务报表上因本次收购形成商誉 1.8 亿元(2.52-1.2×60％)。

2017 年 12 月 31 日,为对收购 B 公司股权形成的商誉进行减值测试,A 公司委托评估师以 2017 年 12 月 31 日作为基准日,再次对 B 公司进行收益法评估,评估结果为 3.9 亿元。其中:B 公司从购买日 2017 年 10 月 31 日至 2017 年 12 月 31 日期间经审计的净利润为 0.4 亿元(以购买日可辨认资产公允价值为基础持续计算的净利润额),B 公司这一期间账面无其他净资产变动。并且假设:B 公司整体构成一个资产组,且该资产组的划分在购买日至本期末资产负债表日之间无变动;B 公司在此期间未新增投资、融资性质的流动资产和流动负债(如交易性金融资产、短期借款等)。

按照《企业会计准则讲解(2010)》第九章"资产减值"中【例 9-11】举例的方法,商誉减值测试的公式总结为:

$$商誉减值测试=X+Y-Z$$

其中:X 是按照 A 公司收购 B 公司 60% 股权的合并对价推算收购 100% 股权将产生的商誉模拟数;Y 是 B 公司于 2017 年 12 月 31 日可辨认净资产在 A 公司合并报表层面的账面价值;Z 是最新评估的资产组可收回金额。

A 公司管理层对该商誉及 B 公司形成的资产组进行减值测试时,对 Y 值的选择考虑了两种方法:

方法一:

上述公式中 Y 值,为购买日 B 公司的可辨认净资产的公允价值 1.2 亿元,B 公司合并日后的净利润 0.4 亿元不予考虑。此时 B 公司与商誉相关的资产组整体减值为:

$$X+Y-Z=(1.8÷60\%)+1.2-3.9=4.2-3.9=0.3(亿元)$$

推算至 A 公司合并报表层面按照 60% 的持股比例,商誉的减值金额为 0.18 亿元(0.3×60%)。此方式的原理相当于按照前后两次收益法评估结果之差作为商誉减值的依据。

方法二:

Y 值应以购买日 B 公司的可辨认净资产公允价值 1.2 亿元为基础,并考虑购买日后至资产负债表日期间的净利润 0.4 亿元进行调整。在 2017 年 12 月 31 日进行减值测试时,B 公司的可辨认净资产的账面价值为 1.6 亿元(1.2+0.4)。与之相对应,需对该资产组的收益法评估值 3.9 亿元进行调整,在该评估值基础上加上因购买日后至资产负债表日期间的净利润 0.4 亿元所对应的净流动资产增加额(假设已对 B 公司的应收和预付款项、存货等各项流动资产分别按照《企业会计准则第 22 号——金融工具确认和计量》和《企业会计准则第 1号——存货》的规定进行了减值测试,并已恰当计提减值准备,对流动资产计提减值准备的损益影响已体现在上述 0.4 亿元的净利润中),方可求得该资产组的可收回金额。相应地,在该方法下,该资产组的可收回金额(上面公式中的 Z值)变为 4.3 亿元(3.9+0.4)。

此时 B 公司与商誉相关的资产组整体减值为:

$$X+Y-Z=(1.8÷60\%)+1.6-4.3=4.6-4.3=0.3(亿元)$$

推算至 A 公司合并报表层面按照 60% 的持股比例,商誉的减值金额为 0.18 亿元(0.3×60%)。该结果与上述"方法一"的结果相同。

从逻辑上说,在购买日计算商誉时,是以首次评估基准日 2016 年 12 月 31 日的资产基础法的评估结果为基础,将评估基准日至购买日 2017 年 10 月 31 日之间 10 个月以基准日各项资产负债公允价值持续计算的利润所形成的净资产叠加考虑形成 B 公司于购买日的可辨认净资产的公允价值的。按照这一逻辑顺延,则 2017 年 12 月 31 日 B 公司可辨认净资产在 A 公司合并报表层面的账面价值也应是以首次评估日的评估结果加该基准日至当前资产负债表日期间的持续计算的净利润所形成的净资产计算得出;也即该结果也应等于购买日确定的 B 公司可辨认净资产的公允价值,加 B 公司 11～12 月的以购买日公允价值为基础持续计算的净利润的计算结果。

在确定 Z 值时,A 公司管理层注意到:评估师出具的收益法评估报告中有如下内容:

$$股东全部权益价值=企业整体价值-付息债务$$

$$\begin{matrix}企业整体\\价值\end{matrix}=\begin{matrix}企业自由现\\金流评估值\end{matrix}+\begin{matrix}非经营性\\资产价值\end{matrix}-\begin{matrix}非经营性\\负债价值\end{matrix}+\begin{matrix}溢余资\\产价值\end{matrix}$$

企业自由现金流评估值:以目前的资料预测未来 5 年具体数,以及永续现金流假设数的一个汇总折现数。

经向评估师了解,评估实务中,收益法评估结果一般而言采用的是营运资金赚取利润额的折现值,溢余资产例如现金、股票等在实务中涉及较少。在公开的上市公司重组案例中,管理层也查阅到有的上市公司在约定的业绩承诺期(通常为 3 年)期满后,在对收购标的进行减值测试时,也是采用收购时点标的资产评估价值与业绩承诺期满时点标的资产的评估价值相减,作为商誉的减值测试依据,与方法一的思路一致。

从收益法评估的思路来看,该估值结果是未来现金流量的折现。其范围并未明确对应至具体哪些资产负债项目。是否造成 X、Y 值与 Z 值之间口径不一致,该公式中的各参数(尤其是 Y 和 Z 值)应如何确定,是否可以直接相减?

**解答:**

在进行资产减值测试时,"一致性"是《企业会计准则第 8 号——资产减值》中的重要原则。本案例中,在确认商誉减值测试时,应遵循现金流计算和资产组账面价值确定的"一致性"即"同口径"原则,即,如果资产组账面价值中包含了营运资金(即净流动资产,流动资产减去流动负债的差额),则对应的现金流预测应在净利润、折旧摊销调整等基础上再加上各年度营运资金净增减对现金流量的影响。

企业预测未来现金流量时,应当避免重复计算收回债权或偿付债务的现金流量。这样处理较为复杂,因为资产组整体的现金流量是多种因素共同作用的结果,通常很难将某一笔现金流量明确识别为仅与营运资金项目的增减变动相关(例如,收回应收账款收到的现金,其中固然有应收账款减少这一"营运资金变动"方面的原因,但导致与该笔应收账款及其对应的营业收入确认的因素则更多,包括料工费等生产要素的投入、将机器设备运用于加工过程、发生销售费用以实现对外销售等)。实务中通常采用的解决办法是将营运资金项目包括在资产组的账面价值中,并将营运资金结余变动的影响纳入现金流量预测中。

下例说明了包含和排除营运资金项目带来的影响。

年末,某公司的净资产包括以下方面:

| | |
|---|---|
| 资产组中资产的账面价值 | 100 000 |
| 营运资金:净流动负债 | (800) |

其预计未来 5 年的息税前现金流量(包括和不包括营运资金的变动)以及使用 10%折现率的净现值如下:

| 年度 | 1 | 2 | 3 | 4 | 5 | 6 |
|---|---|---|---|---|---|---|
| 税前现金流量(注) | 10 000 | 20 000 | 30 000 | 40 000 | 50 000 | |
| 期初营运资金 | (800) | (1 500) | (3 000) | (4 500) | (6 000) | (7 500) |
| 期末营运资金 | (1 500) | (3 000) | (4 500) | (6 000) | (7 500) | |
| 营运资金变动 | 700 | 1 500 | 1 500 | 1 500 | 1 500 | (7 500) |

注:税前现金流量不包括营运资金变动。

第五年的期末营运资金看作第六年的现金流出。

| 年度 | 1 | 2 | 3 | 4 | 5 | 6 |
|---|---|---|---|---|---|---|
| 包含期初营运资金的现金流量 | 10 700 | 21 500 | 31 500 | 41 500 | 51 500 | (7 500) |
| 按照 10%折现率计算的净现值 | 107 251 | | | | | |
| 不包含期初营运资金的现金流量 | 11 500 | 21 500 | 31 500 | 41 500 | 51 500 | (7 500) |
| 按照 10%折现率计算的净现值 | 107 979 | | | | | |

包含期初营运资金:

| | |
|---|---|
| ① 包含净营运资金的资产组账面价值 | 99 200 |
| ② 包含期初营运资金的现金流量净现值 | 107 251 |
| ③ 差额(③＝②－①) | 8 051 |

不包含期初营运资金:

| | |
|---|---|
| ① 不包含净营运资金的资产组账面价值 | 100 000 |
| ② 不包含期初营运资金的现金流量净现值 | 107 979 |
| ③ 差额(③＝②－①) | 7 979 |

需要注意的是,由于现金流量发生期间差异的折现影响,两种情况下的计

算的差额不尽相同。通常而言,折现造成的差异对于短期营运资金项目而言并不重要。但是,我们认为,如果影响重大的话,应该调整这种影响。

任何其他组合(如将不包含净营运资金的资产组账面价值与包含期初营运资金的现金流量净现值相比较、将包含净营运资金的资产组账面价值与不包含期初营运资金的现金流量净现值相比较)都无法使资产组和现金流量现值在一致的基础上进行比较,因而是不恰当的。

在实际操作中,由于流动资产和流动负债与资产组现金流确定的紧密联系,一般难以完全脱离流动资金变动的影响来估计未来现金流,也难以将流动资产和流动负债完全从资产组的账面价值中剥离出去。因此,如上述举例所示,将期初营运资金纳入资产组账面价值或者从资产组账面价值中排除,对应计算的未来现金流量现值大体上会同增或同减,也就是不会因为流动资金规模的增减而影响整体资产组是否减值的结论。但在实务操作中,上述"方法二"("Y值应以购买日 B 公司的可辨认净资产公允价值 1.2 亿元为基础,并考虑购买日后至资产负债表日期间的净利润 0.4 亿元进行调整")应当具有更大的适用性,即:一方面将资产组内的经营性流动资产、负债的账面价值(已扣减按相关会计准则规定计提的流动资产、金融资产减值准备)纳入资产组内可辨认资产的账面价值中,另一方面在确定资产组的可收回金额时,需同步考虑这些所增加的经营性净流动资产的可变现净值或可收回金额对资产组整体可收回金额的影响。如果不考虑,而仅仅以收益法评估的"股东全部权益价值"直接作为资产组的可收回金额,则会出现"资产组赚取的利润越多,经营性净流动资产增加越多,计算出的商誉减值金额反而越大"这一不合逻辑的异常结果。

另外还需注意的是:《企业会计准则第 8 号——资产减值》所规定的资产组及其商誉的减值测试,不能完全等同于实务中并购重组业绩对赌期结束时以确定"商誉减值补偿额"为目的对并购标的进行的减值测试。这两者之间的主要差异请参阅本专题第三章"问题 3-2-10　关于并购重组中对赌期结束减值测试中减值额如何计算的问题"。

**权威指引:**

《国际会计准则第 36 号——资产减值》规定:

74　现金产出单元可收回金额是其公允价值减处置费用与使用价值的孰高者。为认定现金产出单元的可收回金额,本准则第 19 段至第 57 段所有提及"资产"之处同样适用于现金产出单元。

75　现金产出单元账面金额的确定基础应与其可收回金额的确定方法保持一致。

76　现金产出单元的账面金额:

(1)仅包括下列资产的账面金额,即直接归属于、或能在合理和一致的基础上分摊到该现金产出单元,并且能产生估计该现金产出单元使用价值时所用的未来现金流入;并且

(2)不包括已确认负债的账面金额,除非不考虑该负债就无法计量现金产出单元的可收回金额。

这是因为在确定现金产出单元的公允价值减处置费用和使用价值时,并不包括与不属于该现金产出单元的资产有关的现金流量,也不包括与已在财务报表上确认的负债有关的现金流量(参见第 28 段和第 43 段)。

77 当为评价可收回性而对资产加以组合时,重要的是现金产出单元要包括从持续使用中可为主体带来相关现金流入的所有资产。否则,有时尽管现金产出单元表现为可全部收回,实际上资产已发生减值损失。在有些情况下,尽管某些资产有助于现金产出单元为主体带来未来现金流量,但它们不能以合理且一致的基础分摊到现金产出单元上,比如商誉和总部资产。本准则第 80 段至第 103 段将解释在测试现金产出单元减值时,如何处理这类资产。

78 在确定现金产出单元的可收回金额时,需要考虑某些已确认的负债。这可能发生在处置现金产出单元时要求购买者承担一项负债的情况下。在这种情况下,现金产出单元的公允价值减处置费用(或最终处置的估计现金流量),是现金产出单元所包含的资产和负债的共同估计销售价格,再减去处置费用。为使现金产出单元的账面金额与其可收回金额的比较有意义,在确定现金产出单元的使用价值和账面金额时,需减去负债的账面金额。

79 就实务而言,在认定现金产出单元的可收回金额时,有时还需考虑并不属于该现金产出单元的资产(例如,应收款项或其他金融资产)或一些已确认的负债(例如,应付款、养老金或其他准备)。此时,现金产出单元的账面金额随资产账面金额而增加,随负债账面金额而减少。

## 第四节　职工薪酬和股份支付的相关问题

**问题 1-4-1**　企业困难时期实行"全体员工轮流放假计划"放假期间生活费的会计处理

**问题:**

企业为渡过困难时期,节省人工薪酬支出,制定了"全体职工轮流放假计划",则如何确定该计划下放假期间支付给休假员工的生活费的性质,如何对其进行会计处理?

**背景:**

A 公司属于有色金属行业。近年来,由于有色金属价格持续下跌,公司经营出现亏损,经研究,A 公司各类人员实行有期限放假,具体安排如下:

1. 放假时间从 2016 年 1 月 1 日起执行,该计划的执行期限暂定为 1 年。

2. 放假人员及比例。

直接生产人员按 15% 的比例安排放假,管理、辅助、后勤人员按 25% 的比例安排放假。

3. 放假方式。

(1) 各单位、部门根据生产经营情况确定放假方式。

（2）放假人员以 2015 年 12 月末在岗人数为基数。

4．放假工资待遇。

（1）由于结构性调整实行有期限放假的，放假期间生活费不分职务级别统一按 1 300 元/月执行。

（2）本人申请单位批准实行有期限放假的，放假期间生活费按 800 元/月执行。

（3）放假期间计发生活费的，个人承担的各种社会保险由单位承担。

（4）在本省以外的单位，放假人员生活费按当地标准发放。

**解答：**

从背景资料介绍情况看，实施"全体职工轮流放假计划"的目的不是作为换取员工为公司提供的服务而向员工支付的劳动报酬，而是在企业困难时期减少职工薪酬支出，只不过基于社会稳定等方面的考虑，没有采用直接裁员的形式，由被裁人员单独承担这部分降薪损失，而是通过"全体员工轮流放假"的方式，由全体员工共同承担。由于这部分"放假期间生活费"的背景和经济效果与辞退福利相似，其支付的目的不是换取员工在职期间提供的服务，其发放金额也与员工以往为公司提供的服务无关，因此应当将其定性为辞退福利，适用《企业会计准则第 9 号——职工薪酬》中与辞退福利相关的会计处理规定。

根据《企业会计准则第 9 号——职工薪酬（2014 年修订）》第二十条规定："企业向职工提供辞退福利的，应当在下列两者孰早日确认辞退福利产生的职工薪酬负债，并计入当期损益：（一）企业不能单方面撤回因解除劳动关系计划或裁减建议所提供的辞退福利时。（二）企业确认与涉及支付辞退福利的重组相关的成本或费用时。"就本案例而言，A 公司应当以董事会（或类似权力机构）通过该"全体职工轮流放假计划"并向全体员工作出告知之日作为相关现时义务的发生之日，在此日期根据可获得的信息对企业需承担的放假期间生活费总额作出估计，计入管理费用，并确认"应付职工薪酬——辞退福利"（因为该计划只在 2016 年执行一年，并非长期性计划，属于短期薪酬，所以无需对其进行折现）。后续待各单位、各部门上报实施细则和费用预算后，再根据上报的细则和预算对原先的估计数进行调整（后续调整按会计估计变更处理）。

**问题 1-4-2**  股份支付的判断 1——向实际控制人兼董事长发行股份是否属于股份支付

**问题：**

如下文背景资料所述，A 公司向实际控制人兼董事长发行股份是否属于股份支付？

**背景：**

A 公司于 2016 年 7 月在新三板挂牌。2017 年 12 月，A 公司计划向董事长黄某发行股票 200 万股，发行价格 2.7 元/股（与 A 公司每股净资产一致）。A 公司与黄某通过协议约定了未来 3 年 A 公司的业绩考核目标，若未达到业绩要求,A 公司有权收回已发行的股票。

董事长黄某为 A 公司第二大股东,持有 A 公司股权比例为 11.25%;A 公司第一大股东石某持有份额为 25.01%,第三大股东钱某持有份额为 11%。黄某、石某、钱某三人为一致行动人,合计持有 47.26%股份,共同为 A 公司的实际控制人。石某、钱某并未在 A 公司任职,本次股票发行对象仅黄某一人。

由于 A 公司是向持股 11.25%股份的实际控制人之一发行股票,参照《上市公司股权激励管理办法》(中国证券监督管理委员会令第 126 号)第八条第二款的规定:"单独或合计持有上市公司 5%以上股份的股东或实际控制人及其配偶、父母、子女,不得成为激励对象"。所以,A 公司管理层认为该次发行股票不构成股份支付。

**解答:**

我们理解:证监会第 126 号令《上市公司股权激励管理办法》第八条第二款的规定,是为了规避控股股东或实际控制人侵害公司或中小股东利益,因此将控股股东个人或实际控制人个人及其直系亲属排除在激励对象之外。该规定并非对会计上是否属于股份支付的激励对象界定,不能作为认定此次低价发行是否包含股份支付因素的依据。

通常认为,如果实际控制人兼任公司高管职务,向其低价发行股份时,由于该发行对象兼有公司实际控制人和公司高管(董事长)的双重身份,一般情况下,其作为实际控制人的身份显然是更为重要的方面,即其从公司获取的经济利益主要是基于其所持股份取得的股利收入、股权转让收益等财产性收入,而不是董事费等薪酬性质的收入。因此,对于该低价发行,通常不作为股份支付处理。

但是,上述结论并非绝对。会计上判断一项低价发行股份是否构成股份支付(或者包含股份支付因素),最重要的依据是《企业会计准则讲解(2010)》第 181 页所述的股份支付的三项特征:"企业与职工或其他方之间发生的交易""以获取职工或其他方服务为目的的交易"和"对价或其定价与企业自身权益工具未来的价值密切相关"。

在本案例中,此次低价发行对象虽然是公司的实际控制人之一,但"同时约定了未来 3 年 A 公司的业绩考核目标,若未达到业绩要求,A 公司有权收回已发行的股票",即附有业绩条件,如不能满足业绩条件则此次低价授予的股份将被收回。这一情况表明,尽管发行对象是实际控制人之一,但此次低价发行的目的是作为未来 3 年内发行对象以公司董事长身份为公司提供的经营管理服务的对价,即黄某是以公司员工(会计准则意义上的"职工")的身份获得这部分股份,且公司发行股份的目的是获取发行对象未来 3 年内提供的经营管理服务,且发行对象从中获取的经济利益与公司股份未来公允价值的变动直接相关,即完全符合股份支付交易的三个特征,应认定为股份支付交易。

此外,本交易中还应关注以下事项:

1. 等待期为 3 年,相关的股份支付费用应在等待期内分摊(应注意是否存在"一次授予、分期解锁"的安排,如有,应考虑其对股份支付费用摊销方式的影响)。对于 A 公司由此承担的限制性股票回购义务,应按《企业会计准则解释第7 号》第五条规定进行会计处理。

2. 关注股票实施方案中拟定的业绩考核指标,与近年 A 公司实际运营的相关指标进行比较,关注业绩考核指标是否体现"激励"的效果。

3. 由于发行对象兼有公司实际控制人之一的身份,请注意获取充分的证据以确认该交易确实以股权激励获取董事长的经营管理服务为核心目的。

**问题 1-4-3**　股份支付的判断 2——关于拟上市公司员工持有的期权是否属于股份支付及其会计处理问题

**问题:**

如下文背景资料所述,拟上市公司员工持有的期权是否属于股份支付及应如何进行会计处理?

**背景:**

为凝聚优秀人才、节约公司的现金流,A 公司的管理层设计了一个期权方案,自 2002 年开始延续执行至今。根据相关的期权协议、期权证明、期权条例,主要设计条款摘录如下。

(一) 关于期权背景的介绍

1. 期权是一个虚拟股权的概念,A 公司控股股东与期权的持有者之间没有签署任何隐秘股权代持协议或类似承诺类资料,管理层也再三声明不存在任何股权代持的约定。

2. 期权的认购与兑现均在 A 公司的法定财务报表之外,与其法定财务报表没有任何联系;兑现期权的资金来源有多方面,部分来自境外公司(该类境外公司受 A 公司控股股东控制,但不纳入 A 公司报表)的利得,部分来自股东借款,但这些资金由 A 公司或其境外子公司提供,汇入 A 公司管理层指定的一个自然人账户,由该自然人账户与期权的持有人完成兑现。

3. 期权证书所载的主体"A 科技集团"是一个虚拟的主体,其包括了控股股东控制下的所有关联方营运主体,包括境内与境外的企业。

4. 期权证书及购买协议所载的财年是指每年(4 月 1 日至次年 3 月 31日),各营运主体按照"收付实现制"编制的虚拟的经营成果报表。

5. 员工认购期权的方式主要有三种:其一是现金认购;其二是服务期满后的奖励(连续在公司工作达到 10 年的,公司赠送 5 万元的期权额度);其三是员工以当年奖金的未发放部分转为期权。其中:以现金认购所缴纳的资金未进入A 公司的资金体系,而是计入期权专户。

6. 期权购买协议及证书中的各财年"认购与兑现"均为"价值"的概念,没有"股数"的概念。

7. 期权的持有人系 A 公司各运营主体的员工,目前的人数约 260 余人,可以根据其签署的劳动合同主体判断被服务的企业(A 公司下属有三个子公司,其中包括一个香港公司)。

8. 鉴于 A 公司计划在主板或创业板申请上市, A 公司管理层拟清理该期权条例, 计划解决该期权条例的方法是拟回购全部目前存续的期权, 回购的价格是在遵守期权条例中关于减持的价格依据(参考上财年末虚拟主体的净资产)的基础上再考虑一定的溢价。未来, 持有 A 公司期权的员工将有部分人员进入 A 公司已经设立的五个持股平台公司(有限合伙企业), 股东人数不超 200 人。

(二) 期权条例

总则:

一、期权制度是公司薪酬体系的一部分, 是公司如下意愿的体现:

希望优秀的骨干员工与公司共同发展, 分享公司发展带来的收益, 共担公司业绩下滑带来的风险;

二、期权的价值, 理论上存在增值和减值的可能, 取决于公司业绩的增减;

三、期权购买人, 主要是公司及其关联公司高级管理人员、业务骨干和对公司发展有重大作用的顾问;

四、公司股东会每年根据公司的净资产增长状况(不含无形资产)确定期权的总额度;

五、期权条例需要得到公司股东会的批准;

六、公司最新财政年度结束后, 如果期权持有人没有签署新的期权证书, 其期权资产将固定于双方上一年签字的数值;特殊情况由公司股东会决定。

购买流程:

七、每年财年结束时, 公司及部门负责人提名, 股东会评议确定期权购买人员及购买额度;考虑因素:(1)职位、工作重要性及业绩表现;(2)工作年限(司龄满 1 年)和期权总数量;

八、期权购买人需要与公司签订购买协议, 协议一式两份;

分红及增持:

九、公司每年财务结算时公布财务报表(每年 5 月份), 根据公司的分红方案, 期权参与分红;

十、根据每年公司净资产的增值或减值, 期权价值也随之增值或减值(按同比例增减)。

十一、增值的部分经股东会评议, 按如下方式处理:

1. 增值的部分以新增期权形式归持有者所有;

2. 增值部分兑换成现金归持有者, 其期权总量与往年持平;

3. 每 3 年执行一次:期权额度超过 50 万元的, 当年新增部分兑换成现金归持有者。

十二、连续在公司工作达到 10 年的, 公司赠送 5 万元的期权额度;

减持:

十三、主动减持

持有人可以自愿主动减持其持有的期权, 但持有期权 1 年以上(含 1 年)方可减持。减持的请求必须在每年 5 月份提出, 减持价格根据公司刚刚结束的财年净资产总额而定。

十四、被动减持

下列情况之一发生,将全部或部分减持期权:

1. 员工主动或被动离职,全部减持其期权;

2. 公司发生并购、破产等控制权变化,全部减持所有期权;

3. 因为工作失职、渎职给公司造成损失的,视情况全部或部分减持其期权;

4. 违犯国家法律、法规,情节严重而被判定任何刑事责任的,全部减持;

5. 工作表现一般,期权丧失了其激励作用的,视情况全部或部分减持其期权;

十五、自动减持

每人期权的总值有限度,原则上不超过 600 万元人民币。当持有人的期权总值达到这一限度时,每年将增长部分全部兑现给持有人。

十六、其他

① 被动减持可在任何时候发生,减持价格根据公司刚刚结束的财年净资产总额而定。

② 公司在购回期权时,根据所购回的总体额度,分批兑现。每季度最多为 15 万元。公司回购时间以赎回申请的提出或离职时间算起。

③ 公司主动提出的被动减持,按如下流程:

任一公司管理层人员可以提出减持人员名单,提请股东大会讨论并确定。

④ 如果员工离职后 2 年内从事与公司竞争的业务或去了公司认定的竞争公司,所有增值部分需要返还公司,同时公司补偿员工投入的自有资金银行同期存款利息。如不返还,公司保留采取法律手段进行追索的权利。在此条定义的状态下,第十条规定的增值部分处理办法不再有效。

(三) 数据逻辑关系介绍

| 期权前净资产 | 逻辑关系式 |
|---|---|
| 加:当年财务净利润 | |
| 加:当年股东认购 | |
| 加:当年员工认购 | |
| 加:当年赠送员工 | |
| 减:当年兑现 | |
| 期权后净资产 | |

注:财年是指 A 科技集团每年(4 月 1 日至次年 3 月 31 日),各营运主体按照"收付实现制"编制的虚拟的经营成果报表。

下表以 2002 年、2003 年为例展示相关数据:

| 财年 | 财年净利润 ① | 当年分红 ② | 期权前净资产 ③=⑦+①-② | 股东认购 ④ | 员工认购 ⑤ | 兑现 ⑥ | 期权后净资产 ⑦=③+④+⑤-⑥ |
|---|---|---|---|---|---|---|---|
| 2002 | | | 7 648 343.00 | 230 000.00 | 250 000.00 | | 8 128 343.00 |
| 2003 | 7 689 328.00 | 900 000.00 | 14 917 671.00 | 570 000.00 | 480 000.00 | | 15 967 671.00 |

（四）工作思路

A公司的IPO计划启动在即，因此需要在2017年年末前将该期权条例解除。管理层对该期权的处理意见如下。

1. 关于期权性质的判断。

由于期权条例中已经明确，期权制度是公司薪酬体系的一部分，因此管理层初步判断期权属于一种"以现金形式结算"的股份支付，持有A公司期权的员工在A公司工作期间获取的报酬包括（A公司所支付的薪酬＋A公司股东向其兑现的期权）。

根据员工认购期权的三种方式（包括现金认购、未发放奖金认购和奖励），管理层初步判断A公司的期权应作如下区别对待：

（1）员工以现金认购的部分应判断为公司向员工进行集资的行为，该部分现金认购本金随着公司净资产的增长部分，为应付利息，公司支付该部分期权时，本金部分为还款，利息按照"利息、股息、红利所得"20%的税率代扣代缴期权持有人个人所得税。

（2）未发放奖金认购（记账）期权和奖励部分应作为公司向员工支付的薪酬，属于"以现金形式结算"的股份支付，作为应付职工薪酬的一部分进行核算。奖金及奖励原值部分，及该原值随着公司净资产的增长部分，为员工"工资、薪金所得"，按适用比例（金额较大，多数比例可达45%）计缴个人所得税。

2. 关于公允价值的判断。

由于A公司在历史上没有引入过外部投资者，没有可参考的公允价值，亦无法按照期权定价模式对公允价值进行估值，该公允价值与A公司法定主体报表的公允价值无法建立合理的逻辑关系。期权证书及购买协议所载的财年是指每年（4月1日至次年3月31日），各营运主体按照"收付实现制"编制的虚拟的经营成果报表，这个报表是无法进行法定审计或者进行评估的。因此，目前只能按照公司内在价值模式（即公司收付实现制的财年财务报表的净资产）作为其公允价值。

3. 关于回购的考虑。

经讨论，管理层确定解决该期权条例的方法是全部回购目前存续的期权，回购价格是在遵循期权条例中关于减持的价格依据（参考上财年末净资产）的基础上再考虑一定的溢价。初步确定的回购方式将未兑现的期权价值全部还原至A公司的财务报表上，然后对员工进行兑现。其会计处理方式是在A公司2017年法定财务报表上按期权台账所载金额分别确认"应付职工薪酬——员工奖金"和"其他应付款——员工借款"，在实际支付时予以冲减。

4. 对A公司报表影响的考虑。

管理层计划在2017年年末前将期权彻底处理干净，将2018年作为IPO申报的首年。

管理层聘请的律师已经为此次期权的清退专门拟定了文本资料，包括：声明、访谈纪录、期权解除协议、全面停止期权计划的通知。律师在清退期权过程中将全程参与、全程鉴证。

| 情形 | 计算方法 |
| --- | --- |
| (一) 截至 2016 年年末,已经全部兑现。具体分为以下情形:<br>1. 已经在某年度一次性兑现<br>2. 已经在 2002 年至 2016 年,分期兑现 | 鉴于相应的成本费用已经在相应年度予以体现,则无需再计算其对被服务期间的损益与净资产的影响<br>对 2017 年年末的净资产无影响,A 公司的报表无需考虑 |
| (二) 截至 2016 年年末,尚没有任何兑现 | 按照虚拟报表计算的各年净资产值(即各期末公允价值),计算对各被服务期间损益的影响,作为以前年度损益调整。对 2017 年的薪酬费用的影响,单独计算,在 A 公司净资产中体现全部未兑现的影响 |
| (三) 部分兑现,截至 2016 年年末仍持有部分期权 | ① 已兑现部分,鉴于相应的成本费用已经在相应年度予以体现,则无需再计算其对被服务期间的损益与净资产的影响<br>② 未兑现部分,参考上述(二)的处理 |

**解答:**

根据上述案例背景,我们理解:

此处期权的性质不是股份支付,而是《企业会计准则第 9 号——职工薪酬》所规范的"利润分享计划"。其主要原因是:《企业会计准则讲解(2010)》第十二章第一节(见原书第 181 页)所列举的股份支付交易三大基本特征之一是"股份支付交易的对价或其定价与企业自身权益工具未来的价值密切相关"。但根据案例背景介绍的基本信息以及期权条例,都只是提到以账面净资产金额来确定期权的价值,据此确定退出价格等,增值收益也是依据期权份额对应的账面净资产的增减变动而定,员工只是享有或承担其所持有的期权份额对应的净资产份额增减变动的收益和风险,而账面净资产是不可能代表标的股份的公允价值的,所以该计划下员工并不享有或承担企业权益工具公允价值变动的收益和风险,不满足确认股份支付的条件,所以不属于股份支付。但该计划本身是职工薪酬体系的一部分,是员工为公司提供服务所应获得的报酬,所以属于职工薪酬准则的规范范围。

根据《企业会计准则第 9 号——职工薪酬(2014 年修订)》,对利润分享计划会计处理的基本原则如下:

第九条　利润分享计划同时满足下列条件的,企业应当确认相关的应付职工薪酬:

(一) 企业因过去事项导致现在具有支付职工薪酬的法定义务或推定义务;

(二) 因利润分享计划所产生的应付职工薪酬义务金额能够可靠估计。属于下列三种情形之一的,视为义务金额能够可靠估计:

1. 在财务报告批准报出之前企业已确定应支付的薪酬金额。

2. 该短期利润分享计划的正式条款中包括确定薪酬金额的方式。

3. 过去的惯例为企业确定推定义务金额提供了明显证据。

第十条　职工只有在企业工作一段特定期间才能分享利润的,企业在计量利润分享计划产生的应付职工薪酬时,应当反映职工因离职而无法享受利润分享计划福利的可能性。

如果企业在职工为其提供相关服务的年度报告期间结束后十二个月内,不需要全部支付利润分享计划产生的应付职工薪酬,该利润分享计划应当适用本准则其他长期职工福利的有关规定。

据此,在本案例中,会计处理的基本原则如下:

1. 企业收到员工认购期权的款项时,确认为负债(其他应付款)。如果员工以奖金转为期权的,则借记"应付职工薪酬——奖金"科目,贷记"其他应付款"科目。

尽管该期权计划长期有效,但依据期权条例规定,在员工离职(含主动或被动离职)时,其所持期权需全部减持。由于员工主动离职并不是企业可控制的事项,理论上随时有可能发生,因此该款项属于《企业会计准则第30号——财务报表列报(2014年修订)》第十九条所列的应分类为流动负债的第(四)种情形"企业无权自主地将清偿推迟至资产负债表日后一年以上",故该项负债在企业财务报表中应分类为流动负债。

2. 每年末根据经审计的账面净资产变动情况和期权条款,计算出应归属期权持有人的权益份额变动额,确认管理费用并相应增加其他应付款(如由股东或其他方代为兑付的,则贷记资本公积;如权益份额减少则编制相反分录,下同)。员工领取现金时,借记"其他应付款"科目,贷记"银行存款"科目。

3. 企业赠送给员工期权份额时(如连续工作10年获赠5万元),如果该部分赠送的期权只有分红权,在员工因离职或其他原因退出计划时不能收到该5万元的,则赠送时不需进行会计处理;如果与员工以现金方式认购的期权享有同等权利的,则相当于员工在企业连续工作10年可以获得5万元奖金,对该奖金的授予,应按《企业会计准则第9号——职工薪酬(2014年修订)》关于"其他长期职工薪酬"的规定处理,在10年工作期限内逐年计提和累积。

4. 2017年内清退期权时,所支付的赎回款项与上述其他应付款之间的差额属于追加的职工薪酬,应借记"管理费用——工资"科目。

**问题1-4-4** 分期缴纳股权激励款的授予日确定和费用确认

**问题:**

如下文背景资料所述,A公司授予高管持股平台公司一定股份,高管分期缴足出资时,如何确定股份支付的授予日?股份支付费用如何确认?

**背景:**

A公司注册资本为1500万元,为实施股权激励,设立持股平台——某有限合伙企业(以下简称"B公司")。2015年11月10日,A公司高管共25人签署了B公司合伙协议,拟于2015年11月30日认缴出资2250万元设立B公司,同时由B公司以每股6元的价格增资入股A公司。

由于高管一次难以筹集到足够多的资金,故约定在2015年11月30日认缴出资2250万元设立B公司,首期实际出资1125万元,在2015年11月30日前缴足,同时B公司以每股6元的价格增资入股A公司,认缴A公司的新增出资375万元,首期实际出资187.5万元;B公司第二期出资1125万元由A公司高管于2016年4月20日之前缴足,同时B公司再实际向A公司出资187.5万元。至 2016 年 4 月 20 日,B 公司及 A 公司的注册资本将全部到位。

A 公司拟以 2016 年 4 月 30 日为基准日实施股改。

A 公司自成立来未发生私募股权投资机构(PE)入股事项。

A 公司未来可能申报创业板 IPO,或新三板挂牌。

**解答:**

假设本案例中的股份支付没有等待期,即属于授予后立即可行权的股份支付,则股份支付的相关费用(＝所授予股份于授予日的公允价值－实际行权价格)应当在授予日一次性确认。因此本案例的关键在于确定授予日。

根据《企业会计准则第 11 号——股份支付》第五条规定:"授予后立即可行权的换取职工服务的以权益结算的股份支付,应当在授予日按照权益工具的公允价值计入相关成本或费用,相应增加资本公积。授予日,是指股份支付协议获得批准的日期。"《企业会计准则讲解(2010)》第 181 页对"授予日"这一概念进一步解释如下:

授予日是指股份支付协议获得批准的日期。其中"获得批准",是指企业与职工或其他方就股份支付的协议条款和条件已达成一致,该协议获得股东大会或类似机构的批准。这里的"达成一致"是指,双方在对该计划或协议内容充分形成一致理解的基础上,均接受其条款和条件。如果按照相关法规的规定,在提交股东大会或类似机构之前存在必要程序或要求,则应履行该程序或满足该要求。可行权日是指可行权条件得到满足、职工或其他方具有从企业取得权益工具或现金权利的日期。

根据背景资料提供的信息,我们理解本案例中的授予日应当为同时满足以下条件的日期:①股权激励方案已经过 A 公司股东会决议批准;②激励对象已与 A 公司签订入股协议。至于设立 B 合伙企业作为持股平台,只是行权过程中的具体步骤,不影响股份支付相关费用的确认。根据上述条件,我们理解应以 2015 年 11 月 10 日作为本案例中股份支付的授予日。

本案例中的股份支付条款,实际上是 A 公司授予其高管一项期权,该期权的有效期自授予日起,到 2016 年 4 月 20 日失效,在该期间内,激励对象有权以每股 6 元的价格购入 A 公司增发的 375 万股(虽然目前 A 公司还不是股份有限公司,但实质相同)。虽然激励对象基于资金安排方面的原因确定将分两次行权,但这是激励对象在期权条款框架内的自主行为,并不能因此否认相关的权益工具(期权)已于上述授予日授予激励对象,相应地激励对象已有行使该项期权的事实权力(即,授予日即为可行权日)。因此,对应的股权激励费用应当于授予日一次性确认。后续即使在期权的有效期内激励对象未及时缴纳认购款(相当于放弃行权),也不能冲回原先在授予日已经确认的股份支付费用。

---

**问题 1-4-5　附有市场条件的股权激励账务处理**

**问题:**

如下文背景资料所述,A 公司实施的附有市场条件的股权激励应如何进行账务处理？

**背景：**

A 公司成立于 2015 年 4 月 29 日，成立时 A 公司注册资本 1 亿元，其中高管出资占比 5％。A 公司成立时在《合伙协议》及《公司章程》中约定了对高管实施与公司估值相关的股权激励，具体约定如下：

A 公司各股东给予高管的激励股最高占总股比的 22％(含 5％的初始股)，具体的股权激励进度如下：

1. 如 2 年内(从公司设立起计，下同)按照 3 亿元人民币以上的公司净资产估值成功引进 A 轮投资者，且增资的股权比例不少于 15％、增资额不少于 4 500 万元人民币。高管可行权约 5％的激励股权(免费获得激励股权，下同)，此时，高管合计持有 A 公司 10％的股权。

2. 如 3 年内按照 6 亿元人民币以上的公司净资产估值成功引进 B 轮投资者，且增资的股权比例不少于 15％、增资额不少于 9 000 万元人民币。高管可再行权约 4％的激励股权，此时，高管合计持有公司 14％的股权。

3. 如 4 年内按照 12 亿元人民币以上的公司净资产估值成功引进 C 轮投资者，且增资的股权比例不少于 15％、增资额不少于 1.8 亿元人民币。高管可再行权约 4％的激励股权，此时，高管合计持有公司 18％的股权。

4. 如 5 年内公司在国内外实现 IPO，或按照 20 亿元人民币以上的公司净资产估值成功引进投资者，且增资的股权比例不少于 20％，增资额不少于 4 亿元人民币，则高管可再行权约 4％的激励股权，此时，高管合计持有公司 22％的股权。

5. 如未按上述 1～4 项的顺序达成经营目标的，但直接实现了其中某一项经营目标，则高管也可一步到位按该项经营目标对应的股权激励总额行权。

对赌条款：如 A 公司未能在 5 年内实现公司的净资产的市场估值达到 1 亿元人民币的(按引进投资者的投资比例及投资额测算)，或未能引进任何投资者的，则高管持有的公司的全部股权无偿归其他股东所有(由其他股东按股权比例分配)。

如 A 公司在 5 年内实现公司净资产的市场估值超过 1 亿元、不足 2 亿元的(按引进不少于 15％的投资者投资比例及投资额测算)，其他股东有权收购高管持有的公司全部或部分股权，收购价按公司届时净资产估值价减去 1 亿元作为公司总股本价值计算。

**解答：**

1. 根据《企业会计准则第 11 号——股份支付》及其应用指南和讲解的规定，股份支付中的授予日，是指股份支付协议获得批准的日期。其中"获得批准"，是指企业与职工或其他方就股份支付的协议条款和条件已达成一致，该协议获得股东大会或类似机构的批准。故 A 公司股份支付交易的授予日为公司成立日即 2015 年 4 月 29 日。A 公司在《合伙协议》和《公司章程》明确列示了股权激励的内容，虽然没有专门的股东大会决议，但仍符合《企业会计准则第 11 号——股份支付》及其应用指南和讲解对"授予日"的定义。

2.（1）A 公司应将本案例作为附业绩条件（市场条件）的股权激励进行账务处理。根据《〈企业会计准则第 11 号——股份支付〉应用指南》对市场条件的定义："市场条件是指行权价格、可行权条件以及行权可能性与权益工具的市场价格相关的业绩条件，如股份支付协议中关于股价至少上升至何种水平才可行权的规定。"A 公司的股权激励与公司未来的估值挂钩，符合市场条件的定义。

（2）A 公司在进行账务处理时不应考虑该股权激励是否能行权。市场条件是否得到满足不影响企业对预计可行权情况（即所授予的权益工具数量）的估计。对于可行权条件为市场条件的股份支付，只要职工满足了其他所有非市场条件（如利润增长率、服务期限等），企业就应当确认已取得的服务。

（3）至于在授予日，所授予股权的公允价值的确定，在实务中我们可以参考评估师的评估值（以授予日为基准日，按市场法或收益法进行评估的结果，注意不应认可资产基础法（成本法）下的评估值），或按每股 1 元作为公允价值（参考成立时，股东投入的资金按每股 1 元作为出资价格）。

假如按每股 1 元作为所授予的股份于授予日的公允价值，则账务处理如下（单位：万元）：

2015 年 12 月 31 日：

借：管理费用[(500/2＋400/3＋400/4＋400/5)×8/12]　　　　　　375.56
　贷：资本公积　　　　　　　　　　　　　　　　　　　　　　375.56

注 1：此处按授予的股份数量为 1 700 万股计算。因为 5% 的初始股份在 A 公司的成立日即已授予，此时的授予价格与其他股东的入股价格一致，均为每股 1 元，且无等待期，可以认为该批初始股份的授予所对应的股份支付费用金额为零。

注 2：本案例中假设激励对象在等待期内的预计离职率为零。

2016 年 12 月 31 日：

借：管理费用　[(500/2＋400/3＋400/4＋400/5)×4/12＋｛(500＋400×2/3＋400×2/4＋400×2/5)－(500/2＋400/3＋400/4＋400/5)｝×8/12]

　　　　　　　　　　　　　　　　　　　　　　　　　　　565.33
　贷：资本公积　　　　　　　　　　　　　　　　　　　　　565.33

3. 根据财政部《关于做好执行企业会计准则的企业 2012 年年报工作的通知》（财会〔2012〕25 号）规定："在等待期内如果取消了授予的权益性工具的（因未满足可行权条件而被取消的除外），企业应当对取消所授予的权益性工具作为加速可行权处理，即视同剩余等待期内的股份支付计划已经全部满足可行权条件，在取消所授予工具的当期确认原本应在剩余等待期内确认的所有费用。"据此，如果未来需要修改股权激励或取消股权激励，无论已授予的权益工具的条款和条件如何修改，甚至取消权益工具的授予或结算该权益工具，企业都应确认按照所授予的权益工具在授予日的公允价值来计量获取的相应服务。故如果 A 公司取消了股权激励计划，则应将取消或结算作为加速可行权处理，立即确认原本应在剩余等待期内确认的金额。

**权威指引：**

《企业会计准则第11号——股份支付》：

授予后立即可行权的换取职工服务的以权益结算的股份支付,应当在授予日按照权益工具的公允价值计入相关成本或费用,相应增加资本公积。授予日,是指股份支付协议获得批准的日期。

以权益结算的股份支付换取职工提供服务的,应当以授予职工权益工具的公允价值计量。权益工具的公允价值,应当按照《企业会计准则第22号——金融工具确认和计量》确定。

完成等待期内的服务或达到规定业绩条件才可行权的换取职工服务的以权益结算的股份支付,在等待期内的每个资产负债表日,应当以对可行权权益工具数量的最佳估计为基础,按照权益工具授予日的公允价值,将当期取得的服务计入相关成本或费用和资本公积。

在资产负债表日,后续信息表明可行权权益工具的数量与以前估计不同的,应当进行调整,并在可行权日调整至实际可行权的权益工具数量。

等待期,是指可行权条件得到满足的期间。对于可行权条件为规定服务期间的股份支付,等待期为授予日至可行权日的期间;对于可行权条件为规定业绩的股份支付,应当在授予日根据最可能的业绩结果预计等待期的长度。

可行权日,是指可行权条件得到满足、职工和其他方具有从企业取得权益工具或现金的权利的日期。

企业在可行权日之后不再对已确认的相关成本或费用和所有者权益总额进行调整。

《企业会计准则第11号——股份支付》应用指南：

除了立即可行权的股份支付外,无论权益结算的股份支付或者现金结算的股份支付,企业在授予日都不进行会计处理。授予日是指股份支付协议获得批准的日期。其中"获得批准",是指企业与职工或其他方就股份支付的协议条款和条件已达成一致,该协议获得股东大会或类似机构的批准。

业绩条件分为市场条件和非市场条件。市场条件是指行权价格、可行权条件以及行权可能性与权益工具的市场价格相关的业绩条件,如股份支付协议中关于股价至少上升至何种水平才可行权的规定。非市场条件是指除市场条件之外的其他业绩条件,如股份支付协议中关于达到最低盈利目标或销售目标才可行权的规定。

等待期长度确定后,业绩条件为非市场条件的,如果后续信息表明需要调整等待期长度,应对前期确定的等待期长度进行修改;业绩条件为市场条件的,不应因此改变等待期长度。对于可行权条件为业绩条件的股份支付,在确定权益工具的公允价值时,应考虑市场条件的影响,只要职工满足了其他所有非市场条件,企业就应当确认已取得的服务。

等待期内每个资产负债表日,企业应将取得的职工提供的服务计入成本费用,计入成本费用的金额应当按照权益工具的公允价值计量。

对于权益结算的涉及职工的股份支付,应当按照授予日权益工具的公允价值计入成本费用和资本公积(其他资本公积),不确认其后续公允价值变动;对于现金结算的涉及职工的股份支付,应当按照每个资产负债表日权益工具的公允价值重新计量,确定成本费用和应付职工薪酬。

对于授予的存在活跃市场的期权等权益工具,应当按照活跃市场中的报价确定其公允价值。对于授予的不存在活跃市场的期权等权益工具,应当采用期权定价模型等确定其公允价值。

授予日是指股份支付协议获得批准的日期。其中"获得批准",是指企业与职工或其他方就股份支付的协议条款和条件已达成一致,该协议获得股东大会或类似机构的批准。

财政部《关于做好执行企业会计准则的企业 2012 年年报工作的通知》(财会〔2012〕25 号):

在等待期内如果取消了授予的权益性工具的(因未满足可行权条件而被取消的除外),企业应当对取消所授予的权益性工具作为加速可行权处理,即视同剩余等待期内的股份支付计划已经全部满足可行权条件,在取消所授予工具的当期确认原本应在剩余等待期内确认的所有费用。

---

**问题 1-4-6**　限制性股票、期权激励回购注销账务处理时点确认

**问题:**

如下文背景资料所述,限制性股票、期权激励回购注销账务处理时点是以董事会决议时点、公司回购股权时点,还是以在中国证券登记结算有限责任公司完成登记手续为准?

**背景:**

A 公司为上市公司,于 2013 年 12 月公司董事会和股东大会审议批复了股权激励计划,确定向符合授予条件的激励对象授予若干份股票期权及若干股限制性股票。根据激励计划,激励对象解锁已获授的限制性股票,授予的限制性股票各年度绩效考核目标,如下表所示:

| 解锁期 | 业绩考核目标 |
| --- | --- |
| 第一个解锁期 | 2014 年度净利润相比 2013 年度增长不低于 10% |
| 第二个解锁期 | 2015 年度净利润相比 2014 年度增长不低于 10% |

限制性股票锁定期内,各年度归属于上市公司股东的净利润及归属于上市公司股东的扣除非经常性损益的净利润均不得低于授予日前最近 3 个会计年度的平均水平且不得为负。

鉴于 A 公司 2015 年度业绩考核指标未达到《激励计划》相关规定,2016 年6 月 5 日,A 公司董事会审议通过了《关于公司注销部分股票期权和回购注销部分限制性股票的议案》,注销激励对象已获授未解锁的部分限制性股票,由于激励对象数量众多,A 公司根据资料准备情况采取分批方式进行股票回购注销。A 公司于 2016 年 6 月 28 日将若干股限制性股票过户至公司回购专用证券账

户内,并于 2016 年 6 月 30 日完成注销;2016 年 7 月 2 日,公司取得中国证券登记结算有限责任公司出具的过户登记确认书,后续公司将依法办理相关工商变更手续。

**解答:**

本案例所述情况,应按照《企业会计准则解释公告第 7 号》问题"五、对于授予限制性股票的股权激励计划,企业应如何进行会计处理? 等待期内企业应如何考虑限制性股票对每股收益计算的影响?"的解答进行相应的会计处理。但需注意,回购、注销是两个不同的交易事项,应分别进行会计处理。

此外,还需确认:此次回购注销限制性股票,是否需按《公司法》的规定履行减资程序,包括通知已知债权人并公告 45 天? 如果是,则需在《公司法》规定的减资手续办理完毕后,才能进行借记"股本"和"资本公积——股本溢价",贷记"库存股"的账务处理。该项账务处理的日期不应早于将需回购注销的限制性股票过户至公司回购专用证券账户内并完成注销的日期。

至于支付回购款的账务处理(借:其他应付款——限制性股票回购义务,贷:银行存款)应在实际支付回购款之日进行账务处理,不受股份注销进程的影响。

因为股权激励项下限制性股票的授予、解锁和回购注销都是在经过证监会和交易所签发"无异议函"的股权激励计划的框架内进行的,且中国证券登记结算有限责任公司(以下简称"中证登")就上市公司提供的资料齐全、手续合法时一般给予注销登记,故一般可以认为中证登在办理注销登记前对相关资料的审核应该是程序性审核。中证登对回购股票完成注销登记不是会计上核销股本和库存股的必要前提。

---

**问题 1-4-7   以权益结算的股份支付计划修改的处理**

**问题:**

1. 假定期权激励计划在修改时,其行权价格、期权数量、等待期、可行权日等条件不变,仅是签约主体变更,是否需要按照股份支付计划修改进行处理,即是否需要按照重新签订期权协议日的公允价值重新计量?

2. 如何判定新授予的权益工具是对原协议的替代,需要满足哪些条件?

3. 如下文背景资料所述,A 公司在本次修改中,变更后方案生效日的公司最近估值高于原方案授予日公司估值,授予期权数量减少,最终修改后股份支付于变更后方案生效日的公允价值大于变更前原方案于授予日的公允价值。在此情况下是否还需要单独考虑期权数量减少,将减少部分作为已授予的权益工具的取消来进行处理?

**背景:**

A 公司为留住人才,于 2014 年第一次董事会决议对符合条件的员工,实行员工股份激励政策。期权的估值采用"布莱克—斯科尔斯"估值模型。该模型应用的参数包括行权价格、无风险年息率、预期有效期、预期波动率及授予日公司公允价值。上述参数的确定基于该计划有关条款、可比上市公司历史期间交易数据、同期投资者入股价格等。股票期权以单位授出,每单位代表 A 公司注册资本 1 元。

1. 第一批(2014 年 5 月授予)股份激励支付名单,授权时点 A 公司注册资本为 2 458.32 万元,采用"布莱克—斯科尔斯"估值模型确定授权日融资估值 8 310.55 万元;授出股比为 4.70%,等待期为 3 年。

2. (1) 2014 年 12 月 A 公司增加注册资本 5 838 万元,变更后注册资本为 8 296.32 万元。

(2) 2015 年第二批股份激励名单,以注册资本 8 296.32 万元为基础,以"布莱克—斯科尔斯"估值模型确定授权日融资估值 51 741.56 万元;授出股比为 2.385%,等待期为 3 年。

(3) 邓某对 A 公司的持股比例为 23.717%,其中包含了代持累计授出员工的股权比例 7.097%,待员工期满行权时,由邓某转让股份给员工。

3. A 公司股东设立合伙企业持股平台。2015 年 8 月,经全体股东一致同意,股东邓某及其他股东分别将其持有的 A 公司部分股权无偿转让给持股平台,转让后持股平台持有 A 公司的 15.254%股权,全部用于员工股份激励,包含之前邓某名下持有用于员工股份支付的 7.097%股权。

4. 2015 年 11 月,A 公司由有限责任公司变更为股份有限公司,改制后的股本减少至 1 000 万元,7 296.32 万元转入资本公积;改制后的股东出资比例与有限公司时股东持股比例保持一致;此时 A 公司融资估值为 55 000 万元。

5. 2016 年,A 公司以股本 1 000 万元,员工股份激励池共 1 525 400 股,每股价值 55 元为基础,修改员工股份支付协议。修改的内容主要涉及以下方面:

| 序号 | 内容 | 变更前 | 变更后 |
|---|---|---|---|
| 1 | 主体变更 | 用于员工激励股份由"邓某"代持,邓某、A 公司、员工三方签订协议 | 设立合伙企业持股平台,被激励人员通过持有合伙企业的权益持有 A 公司的股权,期权激励协议由邓某、A 公司、员工、合伙企业持股平台四方签订 |
| 2 | 股权数量的稀释减少 | 公司原期权激励计划的条款是以 0 元购入 A 公司××%的股权,规定以注册资本 1 元为一个单位,按照注册资本金额乘以授予股权的比例确定授予期权份额 | 股份制改制后,A 公司股本小于原有限公司时的注册资本,公司按照新的股本乘以稀释后股权比例重新计算了期权授予数量;但公司员工持有的期权占公司注册资本比例不变 |
| 3 | 股权公允价值的变更 | 以"布莱克—斯科尔斯"估值模型确认股权授予日的价值,即公允价值=公司估值×期权比例 | 变更后方案生效日的公司估值 55 000 万元高于原授予日公司估值,授予期权数量减少,最终修改后股份支付于变更后方案生效日的公允价值大于变更前原方案于授予日的公允价值 |
| 4 | 等待期的变更 | 等待期均为 3 年。等待期内非因受激励对象主动离职且非因违反员工持股协议约定导致劳动关系解除的,受激励对像丧失股权行权资格的,受激励对象有权要求公司支付一定数额的补偿 | 期权将按照以下进度在 4 年内行权: (i)自授予日起全职工作满 1 年的,则 1 年之后每个月届满后激励对象授予的 1/36 的期权可行权;(ii)自授予日起全职工作满 4 年的,则被授予人全部的期权可行权 |

由于 A 公司股东变动等原因,员工实际第一次行权在 2016 年 12 月 31 日。

## 解答：

根据《企业会计准则讲解(2010)》第193～195页"五、条款和条件的修改"：

（一）条款和条件的有利修改

企业应当分别以下情况，确认导致股份支付公允价值总额升高以及其他对职工有利的修改的影响：

1. 如果修改增加了所授予的权益工具的公允价值，企业应按照权益工具公允价值的增加相应地确认取得服务的增加。权益工具公允价值的增加是指，修改前后的权益工具在修改日的公允价值之间的差额。

如果修改发生在等待期内，在确认修改日至修改后的可行权日之间取得服务的公允价值时，应当既包括在剩余原等待期内以原权益工具授予日公允价值为基础确定的服务金额，也包括权益工具公允价值的增加。如果修改发生在可行权日之后，企业应当立即确认权益工具公允价值的增加。如果股份支付协议要求职工只有先完成更长期间的服务才能取得修改后的权益工具，则企业应在整个等待期内确认权益工具公允价值的增加。

2. 如果修改增加了所授予的权益工具的数量，企业应将增加的权益工具的公允价值相应地确认为取得服务的增加。

如果修改发生在等待期内，在确认修改日至增加的权益工具可行权日之间取得服务的公允价值时，应当既包括在剩余原等待期内以原权益工具授予日公允价值为基础确定的服务金额，也包括权益工具公允价值的增加。

3. 如果企业按照有利于职工的方式修改可行权条件，如缩短等待期、变更或取消业绩条件（而非市场条件），企业在处理可行权条件时，应当考虑修改后的可行权条件。

（二）条款和条件的不利修改

如果企业以减少股份支付公允价值总额的方式或其他不利于职工的方式修改）条款和条件，企业仍应继续对取得的服务进行会计处理，如同该变更从未发生，除非企业取消了部分或全部已授予的权益工具。具体包括如下几种情况：

1. 如果修改减少了所授予的权益工具的公允价值，企业应当继续以权益工具在授予日的公允价值为基础，确认取得服务的金额，而不应考虑权益工具公允价值的减少。

2. 如果修改减少了授予的权益工具的数量，企业应当将减少部分作为已授予的权益工具的取消来进行处理。

3. 如果企业以不利于职工的方式修改了可行权条件，如延长等待期、增加或变更业绩条件（而非市场条件），企业在处理可行权条件时，不应当考虑修改后的可行权条件。

（三）取消或结算

如果企业在等待期内取消了所授予的权益工具或结算了所授予的权益工具（因未满足可行权条件而被取消的除外），企业应当：

1. 将取消或结算作为加速可行权处理，立即确认原本应在剩余等待期内确认的金额。

2. 在取消或结算时支付给职工的所有款项均应作为权益的回购处理，回购支付的金额高于该权益工具在回购日公允价值的部分，计入当期费用。

3. 如果向职工授予新的权益工具，并在新权益工具授予日认定所授予的新权益工具是用于替代被取消的权益工具的，企业应以处理原权益工具条款和条件修改相同的方式，对所授予的替代权益工具进行处理。权益工具公允价值的增加是指，在替代权益工具的授予日，替代权益工具公允价值与被取消的权益工具净公允价值之间的差额。被取消的权益工具净公允价值是指，其在取消前立即计量的公允价值减去因取消原权益工具而作为权益回购支付给职工的款项，如果企业未将新授予的权益工具认定为替代权益工具，则应将其作为一项新授予的股份支付进行处理。

企业如果购其职工已可行权的权益工具，应当借记所有者权益，回购支付的金额高于该权益工具在回购日公允价值的部分，计入当期费用。

依据上述指引，我们对上述问题的处理意见如下：

**问题 1：** 假定"如期权激励计划在行权价格、期权数量、等待期、行权日等条件不变，仅是签约主体变更的情况下"，则该变更一般理解对股份支付的公允价值无实质影响，不作为股份支付变更处理。但我们认为本案例并不属于该情况。

**问题 2：** 关于新授予的权益工具是否对原协议构成替代的问题，应根据个案具体背景信息进行分析判断，但一般理解应满足的最低限度条件是：

（1）新的股权激励方案明确说明其是对原方案的替代；

（2）新旧方案的激励对象一致。

（注：不能认为在满足上述两个条件时，一定可以被认定为原股权激励方案的替代。）

此时企业应以与处理原权益工具条款和条件修改相同的方式，对所授予的替代权益工具进行处理。

**问题 3：** 在本案例中，如果上述问题 2 的结论为"新授予的权益工具属于对原协议的替代"，且修改后增加了所授予权益工具的公允价值，则企业应按照权益工具公允价值的增加相应地确认取得的服务的增加。关注的应是公允价值整体的变动情况，而不区分授予数量的减少和单位公允价值增加两个因素分别处理。因此对新方案下较原方案减少的期权数量，不单独作为取消（加速可行权）考虑其影响。

不过需注意的是，本案例中应区分不同授予批次确定公允价值的增加发生的期间。

除此之外，本案例中不只是修改了公允价值的确定，但同时也取消了终止合同关系后对激励对象基于期权计划的补偿，同时延长了服务期限（可行权条件之一），因此就修改后的期权计划属于有利变更还是不利变更，应综合测算后进一步分析、判断。如果属于不利变更，则应按不利变更进行相应的会计处理。如涉及期权计划取消时则应按取消一项期权计划进行相应的会计处理。

企业应于 2016 年内修改员工股份支付协议时,考虑以下因素的影响,对股份支付会计处理进行调整:

1. 于变更后股份支付协议生效日,计算变更后股份支付所授予权益工具的公允价值,将其与原协议下所授予权益工具于该变更后协议生效日的公允价值(注:不是授予日的原公允价值,需重新评估确定)相比较,如果前者小于后者,则应在等待期内确认的股份支付费用总额不变;如果前者大于后者,则应在调整后的等待期内确认两者之间的差额部分(变更前原应确认的股份支付费用仍需在原剩余等待期或缩短后的剩余等待期(以较短者为准)内摊销确认)。

2. 考虑调整后的可行权期的影响。原方案等待期为 3 年,修改后方案改为"自授予日起全职工作满 1 年的,则 1 年之后每个月届满后激励对象授予的 1/36 的期权可行权",且实际第一次行权在 2016 年 12 月 31 日。据此,修改后方案属于"一次授予、分次行权"的股份支付,应看作 36 个独立的股份支付安排,分别在其等待期内摊销(而不是统一按 4 年摊销)。其中第一批次的等待期为原授予日至 2016 年 12 月 31 日止的期间。

即:

1. 自变更后方案生效日起合计应确认的股份支付费用＝max[修改后股份支付于变更后方案生效日的公允价值,变更前原方案于授予日的公允价值]－原方案下截至变更后方案生效日累计已确认的股份支付费用;

2. 将上述 1 中计算的"自变更后方案生效日起合计应确认的股份支付费用"平均分为 36 份,每份的摊销期限为自变更后方案生效日起至各该批次可行权日之间的剩余等待期间。在各该批次的等待期内摊销,确认为相应期间的股份支付费用(管理费用)和资本公积。

**问题 1-4-8** 实施股份支付收回授予的股权后重新授予其他员工是否存在费用重复确认问题

**问题:**

如下文背景资料所述,员工持股平台实施的股权激励,员工离职后实际控制人收回授予的股权重新授予其他员工时应如何处理?

**背景:**

A 公司拟于 20×8 在上海证券交易所上市,为激励员工 A 公司实际控制人于 20×4 年设立合伙企业作为员工持股平台,实际控制人根据员工激励计划将持有合伙企业的部分权益转让给员工。A 公司于 20×4 年实施该股权激励计划时已确认了股份支付费用。该员工持股平台的普通合伙人为 A 公司实际控制人,根据持股平台的合伙协议,关于退伙的条款约定如下:

有限合伙人有下列情形之一,经普通合伙人书面决定,可以将其除名,其持有的财产份额由普通合伙人回购,回购价格为有限合伙人获得财产份额的原始价格:

1. 未履行出资义务;

2. 自投资成为合伙企业合伙人之日起在 A 公司继续任职不满 5 年即辞去职务或被依法解聘的；

3. 合伙人主动申请退出合伙的；

4. 违背与 A 公司签署的《劳动合同》，以及其他故意或者重大过失导致的触犯法律、失职或渎职，从而严重损害 A 公司利益或声誉而被 A 公司解聘、开除的；

5. 因其他原因不再符合 A 公司员工股权激励条件，应当除名的。

20×5 年 6 月，A 公司变更为股份有限公司，原有限公司的净资产(包含实施股权激励时形成的资本公积)超过股份公司股本的部分全部计入"资本公积——股本溢价"。20×5 年 12 月，因股权激励实施计划涉及的部分员工提出离职，把 20×4 年受让的股权又以原受让价格回售给实际控制人。

实际控制人对收回的该部分股权暂时持有，待以后授予其他员工作为股权激励。A 公司对于实际控制人收回的该部分股权如何进行会计处理存有疑问：

(1) 员工离职时将股权转让给实际控制人是否要冲回原已确认的股份支付费用？

(2) 因 20×4 年实施股权激励计划时确认的资本公积在 A 公司变更为股份有限公司时已全部转入股本溢价，现变更后因员工离职如果冲回股份支付费用，是否可以直接冲减股本溢价？

(3) A 公司 20×4 年对员工实施的股权激励为没有设置等待期的股份支付，因此作为在授予时立即可行权，按照现行准则规定就不应再对以前年度确认的股份支付费用进行调整，即不冲减原已确认的股份支付费用，但若实际控制人再次将该部分股权授予其他员工时又记一次股份支付费用，是否会导致股份支付费用重复确认？

**解答：**

首先，应当合理确定此处涉及的股份支付是否存在等待期。一般认为，在 IPO 申报期内的股份支付，是否存在等待期的判断是从严掌握的。只有当不满足服务期限条件和业绩条件的后果是将所获得的激励股份全部按原价转让给实际控制人或其指定人时，才能认可股份支付存在等待期。其他情况下，股份支付费用一般都是一次性计入损益。

其次，在确定有无等待期的基础上，分别按以下原则处理：

1. 如果确定存在等待期，则激励对象因等待期内提前离职或被解聘导致需将激励股份回售给实际控制人或其指定人的，可以将前期已确认的股份支付费用和对应的"资本公积——其他资本公积"予以冲回。

2. 如果确定不存在等待期，则表明该次股份支付的目的是作为对激励对象在授予日之前已为企业提供的服务的补偿，因此在授予日一次性确认全部股份支付费用，并且一旦授予就不再调整(即此处的股份支付费用是对应于授予对象此前提供服务的报酬)。在此情况下，如果后期再将同样的股份授予其他激励对象，则第二次授予是作为下一个激励对象过去或未来为企业提供服务的对价，与前次股份支付的补偿对象(前一激励对象在其授予日前为企业提供的服务)不存在重复。所以,此处不冲减前次股权激励在授予日已确认的股份支付费用,并不存在"重复确认费用"的问题。

另外,在本案例中,因 20×4 年实施股权激励计划时确认的资本公积在 A 公司变更为股份有限公司时已全部转入股本溢价,现变更后因员工离职而冲回股份支付费用,应直接冲减"资本公积——股本溢价",同时将对应冲减管理费用而增加的未分配利润转入"资本公积——股本溢价"以弥补上述冲减的差额。

**问题 1-4-9** 境外公司期权激励确认的管理费用在回国内 A 股上市过程中对财务报表的影响

**问题:**

如下文背景资料所述,境外 A 公司期权激励确认的管理费用在回国内 A 股上市过程中如何处理? 这些管理费用是否会影响境内公司的财务报表? 如何确定境内上市主体新发行的期权对境内上市主体业绩的影响?

**背景:**

A 公司现有尚未可行权的期权和未来在上市前计划要发的期权,由于在回 A 股上市过程中,从法律层面不允许以期权的方式存在,所以需要设计技术方案模拟。初步技术方案可能采用以下两种方法之一:

1. 将境外所有尚未可行权的期权(包括现有和新发的)都加速行权,转成境外公司的普通股,然后在拆除红筹/VIE 结构落回境内公司时,在境内公司层面设立有限合伙作为持股平台来持有境内公司股权;

2. 在境外把所有尚未可行权的期权(现有的和新发的)都取消掉,然后在拆除红筹/VIE 结构落回境内公司时,再发行新股给持股平台,实现经济利润的平移。

**解答:**

此类"拆除红筹架构回国内上市"实际上是将原红筹架构下的境内经营主体作为在境内上市的主体,以其历史财务报表作为申报财务报表,因此该境内经营主体自身必须符合境内 A 股 IPO 的各项条件。

因为境外上市的主体(在开曼、百慕大、香港等地设立的壳公司)属于特殊目的主体,自身无经营业务,其高管也多同时在境内经营主体任职,因此对于原先在境外公司层面实施的股权激励而言,境内公司应当根据《企业会计准则解释第 4 号》第七条的规定判断是否应当将境外公司的股权激励费用"下推"到境内经营主体的财务报表中。

《企业会计准则解释第 4 号》第七条规定:

七、企业集团内涉及不同企业的股份支付交易应当如何进行会计处理?

答:企业集团(由母公司和其全部子公司构成)内发生的股份支付交易,应当按照以下规定进行会计处理:

(一)结算企业以其本身权益工具结算的,应当将该股份支付交易作为权益结算的股份支付处理;除此之外,应当作为现金结算的股份支付处理。

结算企业是接受服务企业的投资者的,应当按照授予日权益工具的公允价值或应承担负债的公允价值确认为对接受服务企业的长期股权投资,同时确认资本公积(其他资本公积)或负债。

(二)接受服务企业没有结算义务或授予本企业职工的是其本身权益工具的,应当将该股份支付交易作为权益结算的股份支付处理;接受服务企业具有结算义务且授予本企业职工的是企业集团内其他企业权益工具的,应当将该股份支付交易作为现金结算的股份支付处理。

本解释发布前股份支付交易未按上述规定处理的,应当进行追溯调整,追溯调整不切实可行的除外。

在本案例中,作为激励对象的高管实质上是为境内经营主体服务,但境内经营主体无结算义务,由境外上市主体负责结算,因此对境内经营主体而言,属于"接受服务企业没有结算义务"的情形,按上述规定,应按权益结算的股份支付进行会计处理,其会计处理的效果就是把境外上市主体层面按照《国际财务报告准则第 2 号——以股份为基础的支付》(IFRS 2)确认的股份支付费用下推到境内经营主体层面(此方面中国企业会计准则和 IFRS 2 无准则差异)。

相应地,在境外上市主体授予其高管股份期权后,在等待期内和取消后(按加速可行权处理)确认的股份支付费用,也将同时体现在境内经营主体的财务报表中。后续再由境内经营主体对这些高管进行股权激励时,应作为一项新的股份支付交易,将其费用按照《企业会计准则第 11 号——股份支付》的相关规定体现在境内经营主体的财务报表中。也就是在境内经营主体的财务报表中要体现两次股份支付的费用:第一次是境外上市主体向高管授予的股权激励费用按《企业会计准则解释第 4 号》第七条规定下推到境内经营主体层面;第二次是境内经营主体自身对高管实施的股权激励。

需要注意的是:《企业会计准则讲解(2010)》第 194 页"取消或结算"规定:"如果向职工授予新的权益工具,并在新权益工具授予日认定所授予的新权益工具是用于替代被取消的权益工具的,企业应以处理原权益工具条款和条件修改相同的方式,对所授予的替代权益工具进行处理。权益工具公允价值的增加是指,在替代权益工具的授予日,替代权益工具公允价值与被取消的权益工具净公允价值之间的差额。被取消的权益工具净公允价值是指,其在取消前立即计量的公允价值减去因取消原权益工具而作为权益回购支付给职工的款项,如果企业未将新授予的权益工具认定为替代权益工具,则应将其作为一项新授予的股份支付进行处理。"但在本案例中,虽然前后两次股权激励的对象、业绩条件和受益金额可能类似,但由于前后两次股份支付的实施主体(结算义务方)和所授予的权益工具都不同(前次授予的是以境外上市主体股份为标的的期权,后一次是通过职工持股平台直接持有境内经营主体的股份),因此,除非在后一次股份支付计划中明确指明该计划是对此前在境外上市的红筹架构下已实施的股权激励计划的替代,否则不能认为后一次股份支付是对前一次股份支付的替代,而只能按照前一次股份支付的取消和另一次新实施的股份支付安排,分别进行会计处理。

通常认为,此类情况下,对于新发行的期权的性质(应认定为对原期权的替代,还是原期权取消并授予一项新的期权)的判断,需结合所有可获得的相关信息进行谨慎的综合分析和评价。IFRS 2 和《企业会计准则第 11 号——股份支付》并未提供此类判断的具体指引。一般认为,以下因素可能表明一项新发行的期权是对已被取消的原期权的替代:

(1) 新期权的授予对象与原期权相同;

(2) 新期权的授予价格在很大程度上与被取消的原期权于其原授予日或者取消日的公允价值相接近;

(3) 授予新期权和取消原期权属于"一揽子交易",只有作为一个整体来看才是具有商业实质的;

(4) 原期权的取消日不早于新期权的授予日。

对于境内经营主体的股权激励问题,在目前尚无具体授予对象的情况下,多数做法是由实际控制人和部分高管出资设立持股平台(如有限合伙企业),持有境内经营主体的股份,后续实际控制人再将其持有的持股平台份额转让给激励对象,实现激励对象间接持有境内经营主体(挂牌或上市主体)的权益。此时可以只把已对合伙企业出资的高管在合伙企业中最终享有的权益对应的股份确认相应的股份支付费用,后续明确激励对象和激励股份数量后,实际控制人将对应的有限合伙企业权益份额转让给激励对象,此时再根据转让持股平台权益份额的情况和授予条件确认股份支付费用。

---

**问题 1-4-10** 涉及市场条件的股份支付公允价值的确定

**问题:**

如下文背景资料所述,对于该项涉及市场条件的股份支付,A 公司于各资产负债表日如何计量股份支付费用? A 公司转让给管理团队的股权在授予日的公允价值如何确定?

**背景:**

A 公司成立于 2015 年 9 月 9 日,由 B 公司出资 100 万元设立,公司主要致力于为创业期企业提供低成本共享专业办公空间和各种配套设施,为其创造与同行者切磋共进的机会,使其获取到强大的资源支持,加速创业创新进程。

A 公司成立后,以高估值取得了多轮外部融资,也以低价格向公司管理层转让了股份,构成股份支付,相关变更情况如下:

2015 年 10 月 24 日,A 公司、B 公司与 A 公司管理层成员周某、黄某、王某、李某(以下合称"管理团队")签订了《股权激励协议书》,协议中约定:公司管理团队在完成协议要求的 4 级融资标准后,B 公司将无偿向公司管理团队进行 4 轮股权激励,具体约定如下:

(1) 若 A 公司完成 A 轮人民币 5 000 万元估值基础上的人民币 500 万元(含 500 万元)以上的融资额,融资完成后,B 公司将无偿对管理团队进行股权激励,股权激励的标的为 B 公司该轮融资完成后(稀释后)所持有的 A 公司股权

的 5%,管理团队按照约定比例分享此部分激励;

(2) 若 A 公司完成 B 轮人民币 10 000 万元估值基础上的人民币 1 000 万元(含 1 000 万元)以上的融资额,融资完成后,B 公司将无偿对管理团队进行股权激励,股权激励的标的为 B 公司该轮融资完成后(稀释后)所持有的 A 公司股权的 10%,管理团队按照约定比例分享此部分激励;

(3) 若 A 公司完成 B 轮人民币 20 000 万元估值基础上的人民币 2 000 万元(含 2 000 万元)以上的融资额,融资完成后,B 公司将无偿对管理团队进行股权激励,股权激励的标的为 B 公司该轮融资完成后(稀释后)所持有的 A 公司股权的 15%,管理团队按照约定比例分享此部分激励;

(4) 若 A 公司完成 B 轮人民币 50 000 万元估值基础上的人民币 5 000 万元(含 5 000 万元)以上的融资额,融资完成后,B 公司将无偿对管理团队进行股权激励,股权激励的标的为 B 公司该轮融资完成后(稀释后)所持有的 A 公司股权的 20%,管理团队按照约定比例分享此部分激励。

2016 年 1 月和 4 月,A 公司分别与某创投中心(有限合伙)甲、某股权投资合伙企业(有限合伙)乙达成了增资扩股协议,协议约定甲、乙分别以 6 000 万元和 6 200 万元的估值作为基准增资扩股,入股价格均为 45 元/每 1 元实收资本。增资扩股完成后,公司达到第 1 级融资标准,公司管理团队于 2016 年 4 月行权。

2016 年 8 月,某创业投资合伙企业(有限合伙)丙增资入股,入股价格为 55元/每 1 元实收资本。增资后,公司达到第 2 级融资标准,公司管理团队于 2016年 11 月行权。

增资引入的新投资方中,有如下情况:

(1) 甲合伙企业由 A 公司的管理层成员之一周某担任普通合伙人,甲合伙企业认缴出资总额 360 万元,其中周某认缴 1 元,除周某外,其余有限合伙人未在 A 公司任职。

(2) 乙合伙企业、丙合伙企业全部合伙人均未在 A 公司任职。

(3) 乙合伙企业、丙合伙企业与 A 公司签订的入资协议中明确设置了回购权条款,约定:"创始人股东应尽最大努力促使公司在 2020 年 6 月 30 日以前完成境内或境外的合格上市,如公司至迟在 2020 年 12 月 31 日前未能发生合格上市或公司、创始人股东对本协议有重大违约行为,乙合伙企业、丙合伙企业有权要求 A 公司以其投资价款加上每年 6%的利息,并加上本轮投资后已累计的红利或已宣布但未分配的红利的价格回购乙合伙企业、丙合伙企业届时持有的公司全部股权。"

B 公司于 2016 年 4 月、2016 年 11 月分别向 A 公司管理团队以 1 元的价格转让承诺激励的股份,该股权立即可行权。

**解答:**

(1) 各资产负债表日的处理。

本案例中所讨论的股份支付的特殊之处在于:它是目前相当少见的涉及"市场条件"的股份支付。其中的可行权条件可整理如下:

1. 服务期限条件：在完成所约定的融资时，激励对象持续在公司任职；

2. 非市场条件：完成约定金额的融资；

3. 市场条件：公司的估值(相当于所有股份的市值总额)达到约定的标准。

根据《企业会计准则第 11 号——股份支付》《企业会计准则解释第 3 号》第五条等规定，服务期限条件和非市场条件决定所授予的权益工具的数量；而市场条件和非可行权条件决定了所授予的权益工具在授予日的公允价值。也就是说，本案例中在考虑等待期长短(取决于完成所约定的各轮融资的预计时间)和确定授予日的权益工具公允价值时，都应当考虑该市场条件的影响，而不应简单地依据每股净资产的账面价值或者收益法评估值。例如，假设预计授予日满 2 年后完成协议约定的 A 轮融资，届时公司的估值为 5 000 万元，即该次可无偿取得的公司股份的届时公允价值将至少为 250 万元(5 000×5％)。假设折现率为 12％，则可以大致测算第一轮期权在授予日的公允价值是 $250/(1+12\%)^2 = 1\,992\,984.69$ 元(近似值为 200 万元)。相应地，该 200 万元应在 2 年等待期内分摊，每年确认股份支付费用 100 万元。对应于后续各轮融资的股权激励也采用类似的方法处理。在后续等待期内的每年年末，应根据公司业绩、市场情况等因素对完成后续各轮融资的可能性和预计时间的估计进行修正，由此导致的对等待期时间长度和预计可授予的期权数量的估计变化，按会计估计变更处理。但后续不再确认所授予的权益工具公允价值变动的影响。

另外注意：如果有激励对象在已满足可行权条件的情况下放弃行权的，则仍应看作对应的期权已经授予，不能冲回未行权的期权对应的已确认股份支付费用。

(2) 授予日公允价值的确定。

B 公司于 2016 年 4 月、2016 年 11 月向管理团队以 1 元的价格转让 A 公司的股权构成股份支付，其属于一次授予立即行权的股份支付。授予日为董事会批准日。

参照《北京注册会计师协会专家委员会提示〔2016〕第 8 号——IPO 企业股权激励工具关注的审计重点》中的相关表述：

二、关注 IPO 企业股权激励的初始计量

由于 IPO 企业的股份暂未在资本市场流通，公允价值的获取有一定难度。应当依据《企业会计准则第 22 号—金融工具确认和计量》的有关规定，确定权益工具的公允价值，并根据股份支付协议条款的条件进行调整。

(一)确定公允价值的三个层次

第一层次，是企业在计量日能获得相同资产或负债在活跃市场上报价的，以该报价为依据确定公允价值；

第二层次包括：(a)活跃市场中类似资产或负债的报价；(b)非活跃市场中相同或类似资产或负债的报价；(c)除报价以外的其他可观察输入值，包括在正常报价间隔期间可观察的利率和收益率曲线、隐含波动率和信用利差等；(d)市场验证的输入值等。市场验证的输入值，是指通过相关性分析或其他手段获得的主要来源于可观察市场数据或者经过可观察市场数据验证的输入值；

第三层次,输入值是相关资产或负债的不可观察输入值。输入值,是指市场参与者在给相关资产或负债定价时所使用的假设,包括可观察输入值和不可观察输入值。

注册会计师需要提醒 IPO 企业管理层,依靠第二或第三层次的公允价值估计,采用可行的操作方法确定。

(二) 管理层确定公允价值的考虑

通常管理层需要考虑以下四个维度,做出相互印证:

1. 以引入外部机构或战略投资者相对公允的价格作为参照依据。从参考时效上,通常考虑六个月之内的股权交易,并考虑近期公司业务是否有重大变化。如果发行价格明显不公允,例如,为换取外部投资者为企业带来的资源或其他利益,而单独确定发行价格的情况等,应当予以排除;

2. 引入专业的资产评估机构进行评估,比如首选现金流折现法;

3. 以相同或类似行业市盈率、市净率,作为衡量公允价值的校对依据;

4. 使用期权定价模型。

本案例中授予日标的股权的公允价值的确定,可以收益现值法评估的估值方法确定,但应关注 2016 年 4 月至 11 月期间,A 公司生产经营是否存在重大变动情况。对于 2016 年 4 月和 8 月引入外部投资者入资的高估值情况,虽然其明确了限期内成功上市的约定条件以及未达成约定的回购条款,因此其相应的估值系考虑了上市及退出的因素影响,但影响其估值的首要因素仍是 A 公司及其所处行业的基本面,且对赌条款对估值的影响难以量化,因此不能仅仅因为存在对赌条款而认为不能直接将 PE 等外部财务投资人入股时的估值作为股份支付成本计量所依据的授予日标的股权的公允价值。

另外,因为该次股份支付涉及市场条件,因此在确定所授予的股份于授予日的公允价值时,需将市场条件的影响考虑在内。

---

**问题 1-4-11** 限制性股票公允价值的确定

**问题:**

权益结算的股份支付采用限制性股票方式的,限制性股票于授予日的公允价值应当如何确定?

**解答:**

我们倾向于认为,在确定限制性股票于授予日的公允价值时,不考虑期权价值、流动性折扣等因素,每股限制性股票的公允价值直接依据授予日无限售条件股票的市价减去授予价格确定。

**结论基础:**

根据《企业会计准则讲解(2010)》第 183~184 页"权益工具公允价值的确定"之"(一)股份"所述:

对于授予职工的股份,其公允价值应按企业股份的市场价格计量,同时考虑授予股份所依据的条款和条件(不包括市场条件之外的可行权条件)进行调整。如果企业股份未公开交易,则应按估计的市场价格计量,并考虑授予股份所依据的条款和条件进行调整。

有些授予条款和条件规定职工无权在等待期内取得股份的,则在估计所授予股份的公允价值时就应予以考虑。有些授予条款和条件规定股份的转让在可行权日后受到限制,则在估计所授予股份的公允价值时,也应考虑此因素,但不应超出熟悉情况并自愿的市场参与者愿意为该股份支付的价格受到可行权限制的影响程度。在估计所授予股份在授予日的公允价值时,不应考虑在等待期内转让的限制和其他限制,因为这些限制是可行权条件中的非市场条件规定的。

上述内容引自 IFRS 2 应用指南中的 B3 段。

2006 年 11 月,国际财务报告解释委员会(IFRIC)在经过讨论后,决定不将"Fair value measurement of post-vesting transfer restrictions"这一问题列入其议程,即不会对此问题专门发布一项解释公告。对该决定的相关解释原文如下:

**IFRS 2 — Item 4: Fair value measurement of post-vesting transfer restrictions**

**Issue**

The Interpretations Committee was asked whether the estimated value of shares issued only to employees and subject to post-vesting restrictions could be based on an approach that would look solely or primarily to an actual or synthetic market that consisted only of transactions between an entity and its employees and in which prices, for example, reflected an employee's personal borrowing rate. The Interpretations Committee was asked whether this approach was consistent with the requirements under IFRS 2.

**Reasons and Conclusions**

The Interpretations Committee noted the requirements in paragraph B3 of Appendix B to IFRS 2, which states that, "if the shares are subject to restrictions on transfer after vesting date, that factor shall be taken into account, but only to the extent that the post-vesting restrictions affect the price that a knowledgeable, willing market participant would pay for that share. For example, if the shares are actively traded in a deep and liquid market, post-vesting transfer restrictions may have little, if any, effect on the price that a knowledgeable, willing market participant would pay for those shares."

Paragraph BC168 of the Basis for Conclusions on IFRS 2 notes that "the objective is to estimate the fair value of the share option, not the value from the employee's perspective." Furthermore, paragraph B10 of Appendix B to IFRS 2 states that "factors that affect the value of the option from the individual employee's perspective only are not relevant to estimating the price that would be set by a knowledgeable, willing market participant. "

The Interpretations Committee noted that these paragraphs require consideration of actual or hypothetical transactions, not only with employees, but rather with all actual or potential market participants willing to invest in restricted shares that had been or might be offered to them.

The Interpretations Committee believed that the issue was not expected to create significant divergence in practice and that the requirements of IFRS 2 were clear. The Interpretations Committee, therefore, decided not to take the issue onto the agenda.

Decision Date

November 2006

中文翻译如下：

### IFRS2—项目 4：授予日后转让限制的公允价值计量

**问题：**

解释委员会被问到，仅向员工发行、且受到授予日后限制的股票的估计价值，是否基于单独或主要针对实际或合成市场的方法，该市场仅包含企业和其员工之间的交易，其价格可以反映员工的个人借款利率，并且这种方法是否符合 IFRS2 中的相关规定。

**原因和结论**

解释委员会指出了 IFRS2 附录 B 第 B3 段中的相关规定，即"如果股票受到授予日后的转让限制，应当考虑该因素，但仅以授予日后限制会影响到一个有充分的知识，并且有意愿、有能力的市场参与者为该股票支付的价格为限。例如，如果股票在一个规模大、流动性强的市场中交易，授予日后的转让限制可能对上述价格（一个有充分的知识，并且有意愿、有能力的市场参与者愿意为该股票支付的价格）的影响相当小（如有）"。

IFRS2 结论基础 BC168 段中指出："目标是估计股票期权的公允价值，而不是估计员工预期的价值。"进一步来说，IFRS2 附录 B 第 B10 段指出，对于仅从单个员工角度的期权价值的影响因素与估计有充分知识，并且有意愿、有能力的市场参与者设定的价格并不相关。

解释委员会指出，这些段落要求，不只与员工，还要与所有实际或潜在市场参与者考虑实际或假定交易，这些参与者都愿意投资之前或可能向其提供的限制性股票。

解释委员会相信，预计这个问题不会造成实务中的重大差异，并且 IFRS2 具有明确的相关规定。因此，解释委员会决定不把这个问题纳入议程。

决定日

2006 年 11 月

据此，在对限售股估值时如何考虑其"限售"因素的影响，主要是取决于该限售因素的性质,是该权益工具本身的特征(即,不论是谁,也不论被授予人是否向企业提供服务或商品,都必须受到该限售条件的约束)还是仅与被授予员工需承担的服务义务有关(即,属于股份支付的服务期限条件或者非市场业绩条件的组成部分)。换言之,假设存在一个单独的限售股市场(不限于作为激励对象的员工参与),且该市场上的交易是足够活跃的,则该市场上的交易价格可以作为确定该限售股于授予日的公允价值的依据,该限售股于授予日的公允价值与对应的无限售条件股份当日市价之间的差额可以看作是"流动性折扣"或者说是卖出认沽期权的价值。但是在实务操作中,这样的"限售股市场"并不存在(理论上的唯一可能性是:在授予日当天,企业同时向财务投资者发行限售股份,且该限售股份的限售期与股份支付的等待期完全相同,则此时限售股于其发行日的公允价值可以看作限制性股票本身的公允价值。但截至目前,尚无此类先例),导致事实上对这两类限售因素的影响难以作出合理区分。在此情况下,监管机构基于审慎监管和压缩利润操纵空间的考虑,倾向于将这两类限售因素的影响不作区分,在计算限制性股票公允价值时一律不纳入考虑,即限制性股票公允价值直接依据其授予日对应的无限售条件股份的市价确定,不扣除期权价值,是完全可以理解的。这一倾向性意见虽然不尽符合会计准则规定,但大大降低了操作难度,提高了实务操作的统一性,显著压缩了利润操纵空间。因此,我们建议今后在对限制性股票形式的权益结算股份支付确定授予日权益工具公允价值时,按照监管机构的倾向性意见办理,不再扣除其中的期权价值因素。

**权威指引:**

1. 证监会会计部《2014年上市公司年报会计监管报告》:

5. 与股份支付计划相关的确认与计量不适当。年报分析发现,部分公司在确定授予职工的限制性股票的公允价值时,以授予日股价为基础考虑流动性折扣,或者不采用授予日的股价,而是采用其他时点的股价或之前一段时间股价的平均值。

2. 根据2015年12月山东证监局组织召开的辖区内上市公司、中介机构年报沟通会,从中国证监会会计部相关人员讲述中,针对股份支付问题,目前监管思路倾向于不考虑期权价值,每股限制性股票的公允价值直接采用授予日股票价值减去授予价格确定。

## 第五节 生产成本归集与分摊的相关问题

**问题1-5-1 产蛋期不超过1年的蛋鸡是否作为生产性生物资产**

**问题:**

如下文背景资料所述,产蛋期不超过1年的蛋鸡是否作为生产性生物资产? 若作为生产性生物资产,其折旧(摊销)年限如何确定? 资产负债表中,是否应将成熟的生产性生物资产调整至"持有待售资产"项目中？

**背景：**

A公司主要从事畜牧养殖、销售鲜蛋及蛋制品业务，其下有一家养鸡场，养殖的某种蛋鸡基本情况如下：

1. 该品种蛋鸡的理论生命周期为70周（约1.4年），0~6周为育雏期，7~18周为育成期，19~70周为产蛋期，70周以后淘汰、出售。

2. 在整个产蛋期（52周，364天）中预计可产150~170枚鸡蛋，平均每2.28天产一枚蛋。

3. 鸡蛋的出售价格为1.5元/枚，未折现的出售鸡蛋的收入金额约为240元（按平均产蛋量160枚计算）。产蛋期满后，该蛋鸡的未折现出售价格预计为100元/只。

4. A公司目前把所有的鸡都列入生产性生物资产核算。18周（4个半月）前为未成熟生物资产，之后（约为52周）为成熟生物资产。生产性生物资产的折旧年限为12个月。

**解答：**

基于以下原因，我们倾向于将本案例中的产蛋鸡列入存货（生产期不超过1年的生产性生物资产）而不是固定资产，满70周进入淘汰、出售期后，转为存货（消耗性生物资产）。但不论是何种分类，在资产负债表中均列报于"存货"项目内：

1. 本案例中蛋鸡的产蛋期为52周，没有超过1年，因此不属于非流动资产，应归属于流动资产范畴。

2. 从定义上看，《企业会计准则第5号——生物资产》规定的两类生物资产的定义分别为"消耗性生物资产，是指为出售而持有的、或在将来收获为农产品的生物资产，包括生长中的大田作物、蔬菜、用材林以及存栏待售的牲畜等"；"生产性生物资产，是指为产出农产品、提供劳务或出租等目的而持有的生物资产，包括经济林、薪炭林、产畜和役畜等"。因此，本案例中的鸡在产蛋期之前和产蛋期内符合"生产性生物资产"的定义，在产蛋期结束进入淘汰、出售期后符合"消耗性生物资产"的定义。

3. 产蛋期满后的蛋鸡淘汰、出售，是A公司固有的业务模式的组成部分，属于A公司的日常活动，且出售价款较为重大。因此，出售淘汰蛋鸡的收入应确认为营业收入，而不是固定资产处置利得。

4. "持有待售资产"项目所指的是非流动资产的处置，不是常规日常活动中的产品销售，所以不适用于本案例中进入淘汰期的蛋鸡。

在具体核算方法方面，可参照生产性生物资产的处理方法，未成熟前（0~18周）的饲养成本均计入"生产性生物资产——未成熟"的价值，满18周后按账面价值转入"生产性生物资产——成熟"；产蛋期内的饲养成本均计入鸡蛋的生产成本，同时对"生产性生物资产——成熟"的成本进行摊销（考虑按70周后的淘汰出售价格预留残值），摊销额计入鸡蛋的生产成本；70周后按账面价值转为"消耗性生物资产"，出售时确认销售收入并结转成本。

**问题 1-5-2**　为试吃饲料而购买喂养的鱼虾的核算问题

**问题：**

如下文背景资料所述，为饲料配方的试吃而喂养的鱼虾该如何核算？

**背景：**

A 公司经营鱼饲料生产和销售。2016 年 4 月至 2017 年 12 月陆续外购鱼苗、虾苗共 317 万元，品种主要为草鱼、石斑鱼和对虾，用于公司饲料配方的试吃。A 公司将该类鱼苗、虾苗作为消耗性生物资产核算，喂养至 2017 年 12 月 31 日，账面余额 657 万元，一直未销售。

A 公司所属企业集团内其他鱼类养殖公司的消耗性生物资产养殖周期一般为 9 个月。A 公司上述消耗性生物资产均可以对外销售。但由于现阶段喂养的目的是配方调试，故可能存在过量喂养的情况。

**解答：**

1. 关于外购鱼苗应确认为何种资产，A 公司外购鱼苗初始计量按照"消耗性生物资产"进行处理，我们理解是合理的。对照《企业会计准则第 5 号——生物资产》对生物资产的"三分类"（消耗性、生产性、公益性）的规定来看，该鱼苗的采购时持有目的显然不是为了"生产性生物资产"，因此不属于"生产性生物资产"，当然也不属于"公益性生物资产"，其持有目的是为了研发和出售，不论最终出售，或是在研发中耗损，都属于"一次性消耗并终止其服务能力或未来经济利益"的情形，因此归类为"消耗性生物资产"是合理的。

2. 关于后续计量，需要结合 A 公司管理层对该类鱼苗的试验目的、新饲料的配方成分变动、试验过程中的预估耗损等来考虑。假设试吃的饲料相较于普通饲料（指配方成熟已广泛使用的饲料），其配方的调整很可能导致鱼苗的死亡率很高，则该类鱼苗主要为研发而投入，应在开始试吃时，就终止确认"消耗性生物资产"计入"研发支出"，发生的饲料投喂等费用也应在发生时计入研发支出；假设试吃的饲料相比普通饲料其配方的调整只是会对鱼苗最终销售状态时的重量、品质等构成影响，则在鱼苗未达到可销售状态前投喂饲料的成本及相关费用，在发生时计入"消耗性生物资产"的价值。但其中以试验饲料为主要目的的过量、超时喂养投入，这部分开支并非该类鱼虾出售前的必要支出，因此在发生时不应计入"消耗性生物资产"的账面价值，而应计入"研发支出"。如果无法合理区分哪些是正常饲养支出，哪些是超量支出，则根据相对重要性原则处理。

# 第二章

# 利润类业务问答

## 第一节 收入确认和建造合同的相关问题

**问题 2-1-1** 购房者在收房时提出整改要求,商品房销售收入确认问题

**问题:**

购房者在收房时提出整改要求,此时商品房销售收入应如何确认?

**背景:**

A 公司某地产项目于 2013 年 9 月 29 日签订《国有建设用地使用权成交确认书》,2014 年 6 月开工,整体开发不分期,1~6 号楼为普通住宅,7 号楼、8 号楼为商铺,9 号楼为幼儿园。

2014 年 11 月,1 号楼、6 号楼取得了销售许可证,并开始预售,与购房者签订购房合同,合同约定如下:A 公司应于 2016 年 9 月 30 日前依照国家和地方的有关规定将已进行建设工程竣工验收备案登记的商品房交付购房者使用。

2015 年 12 月 19 日,A 公司提前取得了 1 号楼、6 号楼的竣工验收备案登记表,于 12 月 21 日对已收到全款的 1 号楼、6 号楼客户发出交房通知书,通知书约定集中在 26 日、27 日两天交房。共发出 525 份通知书,截至 2015 年 12 月 31 日,前来收房的客户有 302 户,另外邮政快递显示剩余 223 户均已收到通知书;在前来收房的客户(302 户)中,150 户已按正常手续交房,剩余的 152 户对小区配套、设计、建造标准等提出了整改意见,未签收交房确认单。目前,A 公司已根据客户的意见提出整改方案并组织整改。

A 公司财务报表附注中对商品房销售收入的确认条件披露如下:

"房地产购买方影响房地产设计的能力有限(如仅能对基本设计方案做微小变动)的,企业应当遵循《企业会计准则第 14 号——收入》中有关商品销售收入的原则确认收入。同时满足以下条件:

(1) 已办妥竣工备案手续;

(2) 签订正式房屋销售合同,并报政府房管部门登记备案;

(3) 房屋的成本能够可靠计量或合理预估;

(4) 取得了买方按销售合同约定交付房产的付款证明(通常收到销售合同

首期款及已确认余下房款的付款安排);

(5)购房人已办理房屋交付及入住手续,或已向购房人发出书面通知、购房人无正当理由拒绝接收的,于书面交房通知确定的交付时限结束后即确认收入的实现。"

**解答:**

《企业会计准则第 14 号——收入》第四条规定:

销售商品收入同时满足下列条件的,才能予以确认:

(一)企业已将商品所有权上的主要风险和报酬转移给购货方;

(二)企业既没有保留通常与所有权相联系的继续管理权,也没有对已售出的商品实施有效控制;

(三)收入的金额能够可靠地计量;

(四)相关的经济利益很可能流入企业;

(五)相关的已发生或将发生的成本能够可靠地计量。

根据《企业会计准则第 14 号——收入》第四条关于销售商品收入确认条件的上述规定,结合 A 公司会计政策中对商品房销售收入的确认条件的规定,我们的意见是:

1. 取得购房者的收房确认表明房屋所有权上的主要风险和报酬(包括房屋的毁损和灭失风险,以及公允价值变动风险等)均已转移给客户,是确认商品房销售收入的前提,因此对于"对小区配套、设计、建造标准等提出了整改意见,未签收交房确认单"的 152 户客户,不应确认收入。

2. 对于已确认收到"交房通知书"但截至 2015 年年末尚未过来办理交房手续的 223 户客户,应结合合同条款和相关行业惯例,以及最高人民法院《关于审理商品房买卖合同纠纷案件适用法律若干问题的解释》(法释〔2003〕7 号)第十一条等相关规定,判断是否已过"合理的收房时间",因而其所有权上的主要风险和报酬是否已经转移给购房者。对此问题,应注意征求律师的法律专业意见。如果认为房屋毁损、灭失的风险在 2015 年年底已经转移给购房者的,则与已确认收房的 150 户客户一并按同一原则(见下面第 3 点所述)考虑收入确认问题;如果风险尚未转移的,则不能确认收入。

注:最高人民法院《关于审理商品房买卖合同纠纷案件适用法律若干问题的解释》(法释〔2003〕7 号)第十一条的原文如下:

对房屋的转移占有,视为房屋的交付使用,但当事人另有约定的除外。

房屋毁损、灭失的风险,在交付使用前由出卖人承担,交付使用后由买受人承担;买受人接到出卖人的书面交房通知,无正当理由拒绝接收的,房屋毁损、灭失的风险自书面交房通知确定的交付使用之日起由买受人承担,但法律另有规定或者当事人另有约定的除外。

3. 对于已经在规定时限内确认收房的 150 户客户,可以认为其房屋所有权上的主要风险和报酬已经转移给该等购房者,但在判断 2015 年年末能否确认收入时,还需考虑其他条件是否已经满足。根据《企业会计准则第 14 号——收入》第四条规定,销售商品收入的确认应满足的条件之一是"相关的已发生或将发生的成本能够可靠地计量",而本次交房过程中有 152 户客户提出了整改要求,且目前 A 公司已根据客户的意见提出整改方案并组织整改,而整改成本同样也会影响到该批已确认收房的 150 户客户的房屋销售成本。根据这一情况,A 公司应当对整改所需发生的成本进行谨慎的估计,只有当整改所需发生的成本能够可靠估计,且预计整改成本并不重大(例如占该小区开发成本总额的比例在 5% 以下)时,才能认为满足"相关的已发生或将发生的成本能够可靠地计量"的条件,相应地将该批已确认收房的 150 户客户确认销售收入(注:假设不存在其他影响收入确认的事项,如面积差异等,下同)。如果后续整改成本不能可靠估计,或者预计所需发生的整改成本是重大的,则即使购房者已经确认收房,也不满足收入确认的条件。

**问题 2-1-2  收入确认原则变更的处理**

**问题:**

如下文背景资料所述,A 公司变更确认收入的时点,是否属于会计政策变更?

**背景:**

A 公司为上市公司,其主要的产品有光纤收发器、光端机、协议转换器等,主要客户为移动、联通、电信三大运营商。

A 公司与三大运营商的交易采用招投标形式,获取合作的框架合同,根据合同规定交易流程为:与客户签订销售合同→客户向公司下订单→根据合同约定条款进行生产→根据合同约定条款按期发出货物→取得经客户签字的到货验收单→出具正式的订单(结算目的)→开具发票→收款。实际操作中运营商在第二环节(客户向公司下订单),会通过电话、邮件等形式先下非正式订单,A 公司即会进行生产、发货。运营商会在收货后验收(签收),通常间隔一段较长时间后要结算时,才出具正式的订单(结算目的)给 A 公司。货物运抵现场后,运营商会进行开箱检验,且产品无需 A 公司安装,历史上极少退货。

销售合同中一般约定的付款进程为:交货付款 70%;设备安装完成后 6 个月无质量问题付款 20%;安装完成并正常运行 6 个月后付款 5%;验收合格满 1 年后卖方无违法违纪情况下支付 5%。

A 公司以前按照同时获取到货验收单及正式订单(结算目的)后确认收入。现拟变更为以运营商收货验收时确认收入,仅以到货验收单作为确认收入的依据。其主要依据是:运营商一般比较强势,到货验收至最后出具正式订单(结算目的)时间通常较长,考虑实际业务情况,以运营商收货验收时确认收入(到货验收单作为确认收入的依据)。

**解答:**

我们认为,A 公司遵循的收入确认基本原则并未发生变化(仍为《企业会计准则第 14 号——收入》第四条所规定的商品销售收入确认五项条件),该事项应当是对"企业已将商品所有权上的主要风险和报酬转移给购货方"这一条件满足的时点的判断存在差异。对此我们理解：

1. 首先应分析变更收入确认时点是否合理。这首先取决于客户在第二环节(客户向公司下订单)通过电话、邮件等形式所下的非正式订单的效力，即是否可以认为合同已经成立。对此方面所涉及的法律问题，公司管理层和审计师应注意获取律师意见。如果在该时点，正式的销售合同已经成立(即非正式订单事实上具有法律上认可的合同效力，后续的正式订单仅为结算目的而补发，不改变已具有法律效力的合同内容)，则可以认可商品所有权上主要风险报酬的转移时点是在到货并经过客户验收确认时，早于客户发出正式订单的时间；如果非正式订单不具有法律上认可的合同效力，正式销售合同要到正式订单发出后才成立，则仍应认为商品所有权上主要风险和报酬的转移时点不应早于获得正式订单时，即该种情况下获取正式订单仍是会计上收入确认的必备要件。

2. 如果认为变更收入确认的时点是合适的，则进一步区分不同情况讨论：

(1) 如果以往因为缺乏历史经验等原因，A公司管理层采用了比较稳健的处理方式，现在随着情况的发展变化或经验、知识的累积，认为事实上应当对商品所有权上主要风险报酬转移的时点作出不同于以往的判断，则由此导致的收入确认时点的变化应当作为会计估计变更处理，不追溯调整以前年度。相应地，此时应按会计准则和证监会信息披露规则对会计估计变更的披露要求作出相应披露，特别是变更的理由和影响，同时还应考虑如何应对该做法是否属于提前确认收入和利润操纵的质疑。

(2) 如果以往因为对法律法规和客户订单、合同条款误解等原因，对合同的成立时间和商品所有权上主要风险和报酬的转移时点作出了不恰当的判断，现在予以更正的，则应认定为前期差错，视其影响大小确定其是否为"重大前期差错"，对重大前期差错采用追溯重述法予以更正，对非重大差错可以采用当期更正法予以更正。

总之，我们认为此处涉及的收入确认时点变更事项不属于会计政策变更。在变更后的收入确认时点恰当的前提下，应视情况作为会计估计变更或前期差错更正处理。

**问题2-1-3　涉及特殊或有收费安排的咨询服务合同的收入确认**
**问题：**
涉及特殊或有收费安排的咨询服务合同的收入如何确认？
**背景：**
A公司主营业务为管理咨询服务，现A公司与客户B公司控股股东(B公司股东会授权控股股东)签订一份服务合同。合同约定："B公司控股股东将其持有的B公司30％股份以零对价转让给A公司，A公司对B公司整体管理运营进行合理规划，使其在3年后达到特定经营目标，如销售额增长一倍、成本下降 30％等。如约定经营目标未实现,则之前转让的 30％股份再以零对价转让给 B 公司控股股东,同时作为补偿,B 公司会支付约定的咨询服务费。如约定目标实现,A 公司已受让的 30％股份无需退还,但不再收取相关服务费用。"

**解答:**

该交易实质可以理解为:该服务合同的收费包括两部分:一是保底收费(假设没有达到约定的经营目标的情况下,至少有保底收费,即 B 公司支付的合同约定服务费);二是或有收费(假设达到约定经营目标,则获取 B 公司 30％股权的价值超出保底收费的部分)。

对该交易的会计处理的关键是判断在合同开始时取得 B 公司 30％股权的实质。在合同开始履行时取得 30％股权更多的是作为收取服务费的担保,也更便于 A 公司以 B 公司股东的身份参与相关的管理决策和实施,并不意味着服务费的支付。由于能否实现承诺的业绩指标有不确定性,而一旦不能实现则需将所取得的 B 公司 30％股权返还给 B 公司的大股东,因此 A 公司在此期间内虽然能够以 B 公司股东的身份参与相关的管理决策和实施,但尚不享有或承担与所持有的股权对应的股东权益上的风险和报酬,属于 B 公司原股东的"代理人",对 B 公司应无控制、共同控制或重大影响,对持有 B 公司的 30％股权也无需进行账务处理(包括不确认为预收账款。另外我们相信相关协议中应会对这部分股权在 A 公司持有期间的分红等施加限制)。

我们建议 A 公司的账务处理如下:

(1) 咨询合同开始履行,按约定以零对价取得 B 公司的 30％股权时,不作账务处理,仅进行账外备查登记。

(2) 在服务提供期间内,采用完工百分比法对保底收费部分确认收入和应收账款。如果不符合完工百分比法运用条件的,则按已发生且预计可获得补偿的合同成本确认收入,已发生的合同成本转入当期营业成本。该阶段内累计确认的合同收入不超过合同约定的保底收费金额。合同履行期满时,不论是否达到约定的业绩条件,均把累计确认的收入低于合同约定的保底收费金额的差额确认为营业收入,并增加应收账款金额。

(3) 服务期满,如果未达到约定业绩条件的,则按约定从 B 公司收到保底收费,转销(2)中确认的应收账款,合同终止。如果达到约定业绩条件的,则或有收费在合同履行期满并确定满足业绩条件时确认为收入,或有收费金额等于届时 B 公司 30％股权的公允价值超出合同约定的保底收费金额的差额。相应地对 B 公司 30％股权的投资成本为取得该等股权之日的公允价值。后续对该 30％长期股权投资视情况采用权益法或成本法核算。

(4) A 公司合同履行期间内的合同成本归集和核算原则与类似条件的劳务合同一致,根据《企业会计准则第 14 号——收入》规定的标准判断能否采用完工百分比法确认收入和结转成本。如前面已经指出的,在合同履行期间累计可确认的收入金额不超过合同约定的保底收费金额。

问题 2-1-4　充值赠品的相关会计处理

**问题：**

企业为促销目的，在顾客向预付卡充值时，向顾客赠送的赠品，应如何进行会计处理？后续顾客持卡消费时，应如何计量由预收账款结转的营业收入？

**背景：**

A 公司为促进销售增长，推出了"充值 5 000 元，赠送价值 700 元自行车"的充值赠送礼品促销活动。即顾客向预付卡中充值 5 000 元时，可获赠一辆市场价为 700 元的自行车，但业务系统中记录该卡的消费额度仍为 5 000 元。

**解答：**

我们认为赠送的自行车是以"充值 5 000 元"为前提的，"买"与"赠"应作为一个整体进行处理，赠品的成本应计入营业成本（其他业务成本），不应单独确认为营业费用。

在本案例中，因为顾客充值 5 000 元可以获得 5 000 元的消费额度和一辆价值 700 元的自行车，参考《企业会计准则讲解(2010)》第 230～231 页关于客户忠诚度计划（奖励积分）的会计处理规定，应将客户充值金额中的 700 元在将赠品自行车交付给顾客时确认为"其他业务收入"，剩余 4 300 元确认为预收账款（但在业务系统中记录该卡的余额仍为 5 000 元）。后续顾客持卡消费时，在业务系统中按消费金额从卡内余额中扣除，但财务系统中应按刷卡消费金额的 86%（即 4 300÷5 000×100%）从预收账款中结转主营业务收入。

如果企业在报告期内进行过多次类似的充值促销活动，且每次优惠幅度不同的（包括在报告期之前进行此类促销活动，且延续到报告期内的情形），则基于简化核算的考虑，也可以按以下方法计算本期预收账款应结转收入的金额：

1. 报告期内业务系统中每 1 元卡内余额对应的预收账款金额＝(报告期初充值卡预收账款余额＋本期实际收到顾客充值金额－充值时兑现的赠品价值)/(期初业务系统中充值卡余额合计＋本期业务系统中记录的充值金额合计)。

2. 本期应从预收账款中结转营业收入的充值卡消费金额＝报告期内业务系统中每 1 元卡内余额对应的预收账款金额×报告期内业务系统中记录的消费金额。

3. 期末充值卡预收账款余额＝报告期初充值卡预收账款余额＋本期实际收到顾客充值金额－充值时兑现的赠品价值－本期应从预收账款中结转营业收入的充值卡消费金额。

问题 2-1-5　关于公司出售电解液后无偿收回的处理

**问题：**

如下文背景资料所述，A 公司该行为是否属于销售行为，是否可以全额确认收入？其整个业务应如何进行会计处理？

**背景:**

A 公司主要经营电解液的生产和销售,A 公司 20×7 年 10 月出售 4 万立方米电解液给 B 公司,这批电解液 A 公司账面价值 8 000 万元,与 B 公司的销售合同价格 1.2 亿元,有证据表明该销售价格是公允的。该批电解液实物交割,并且 B 公司会持续使用 20 年。合同签订并且交付电解液后数日内,B 公司支付 A 公司 6 000 万元,随后的 20 年内,B 公司每年按照 6 000 万元(剩余部分)的 2%支付给 A 公司,20 年之后 B 公司将 4 万立方米电解液无偿归还给 A 公司。同时,B 公司协调提供 6 000 万元银行贷款给 A 公司(借款主体为 A 公司),期限 20 年,年利率 1.5%。以上为与销售合同同时约定的事项,整体构成一项一揽子交易,且属于不可撤销合同,假设 4 万立方米电解液 20 年后公允价值为 6 000 万元,折现率 10%(即 A 公司通过商业银行获得市场化融资的资金成本)。

**解答:**

首先,应当判断在电解液交付后,其所有权上的主要风险和报酬是否已经转移给 B 公司,B 公司能否在该 20 年内自主支配和使用这些电解液(可能对 B 公司进一步对外出售该电解液有限制,以保证 20 年后的回收,但如果 B 公司购入该电解液的目的就是为了自身生产而不是出售,则对 B 公司出售权的限制不构成对其风险和报酬、控制权转移判断的障碍)。在此基础上,分为两种情形分别讨论:

**情形 1:**

如果该 20 年基本相当于该电解液的使用年限,且 B 公司可在该 20 年内自主支配和使用这些电解液,则基本可以认为其所有权上的主要风险和报酬已经转移,在确保 B 公司具有足够的付款和履约能力的前提下,A 公司可以确认这部分电解液的销售收入。

《企业会计准则第 14 号——收入》(2006 年版,本问题以下同)第五条规定:"企业应当按照从购货方已收或应收的合同或协议价款确定销售商品收入金额,但已收或应收的合同或协议价款不公允的除外。合同或协议价款的收取采用递延方式,实质上具有融资性质的,应当按照应收的合同或协议价款的公允价值确定销售商品收入金额。应收的合同或协议价款与其公允价值之间的差额,应当在合同或协议期间内采用实际利率法进行摊销,计入当期损益。"此处的"合同或协议价款"也就是合同约定的交易对价。鉴于"收入"的定义为"企业在日常活动中形成的、会导致所有者权益增加的、与所有者投入资本无关的经济利益的总流入",因此与该项销售交易直接相关且来源于购货方的各种形式的经济利益流入(也包括对原本需发生的本企业经济利益流出的减少或避免)均应计入本案例中的合同对价款金额,从而构成本案例中商品销售收入的组成部分。

据此,在本案例中,可确认的商品销售收入为以下各项之和:

(1) 初始收款 6 000 万元;

(2) 后续 20 年内每年收到 120 万元(6 000×2%)按市场利率 10%的年金

现值 10 216 276.46 元;

(3) 20 年后可收回的残料的届时公允价值(相当于融资租赁中的"未担保余值")6 000 万元按 10%利率计算的复利现值 8 918 617.68 元;

(4) 在 B 公司协调下,A 公司获得的 20 年期优惠贷款(本金 6 000 万元,年利率 1.5%,假设为按年付息,到期一次还本)未来还本付息金额按 10%市场利率折现的现值(即该项长期借款于初始确认日的公允价值,根据《企业会计准则第 22 号——金融工具确认和计量》规定,金融资产和金融负债的初始计量金额为其公允价值)16 580 825.03 与该贷款的名义本金 6 000 万元之间的差额 43 419 174.97 元。

以上各项金额合计为: 122 554 069.11 元。该金额与该批电解液的当前公允价值(1.2 亿元)差异约 2%,可以认为符合《企业会计准则第 14 号——收入》第五条对商品销售收入计量的"公允性"标准(注:如果按上述方法计算的金额与商品的公允价值差异很大,则应进一步分析原因,例如是否涉及隐蔽的关联方交易等,根据具体成因确定相应的会计处理方案)。

据此,A 公司确认收入的会计分录为(注:为简化起见,未考虑相关税费的影响):

借:银行存款(销售的首期款 6 000 万元+优惠贷款本金 6 000 万元)

|  |  |
|---|---|
|  | 120 000 000.00 |
| 　长期借款——利息调整 | 43 419 174.97 |
| 　长期应收款(后续 20 年内每年收款 120 万元) | 24 000 000.00 |
| 　未担保余值 | 60 000 000.00 |
| 　贷:长期借款——本金 | 60 000 000.00 |
| 　　未实现融资收益——长期应收款 | 13 783 723.54 |
| 　　未实现融资收益——未担保余值 | 51 081 382.32 |
| 　　主营业务收入 | 122 554 069.11 |

同时编制将该批电解液实际成本 8 000 万元从"库存商品"转入当期"主营业务成本"的成本结转分录。

后续每年应对"长期借款——利息调整"按实际利率法摊销,即按实际利率 10%确认每年的借款利息支出;同时每年对上述两项"未实现融资收益"按实际利率法摊销,按实际利率 10%确认相应的利息收入。例如,在后续第 1 年年末:

(1) 应确认长期借款利息支出=期初摊余成本 16 580 825.03×10%＝1 658 082.50 元,与名义利息 90 万元(6 000×1.5%)之间的差额 758 082.50 元调整"长期借款——利息调整":

| 借:财务费用——利息支出(或在建工程) | 1 658 082.50 |
|---|---|
| 　贷:应付利息 | 900 000.00 |
| 　　长期借款——利息调整 | 758 082.50 |

(2) 应确认的与长期应收款和未担保余值相关的利息收入分别为两者的期初摊余成本乘以实际利率 10%,即分别为 1 021 627.65 元和 891 861.77 元,合计为 1 913 489.42 元:

| 借：未实现融资收益——长期应收款 | 1 021 627.65 |
| 未实现融资收益——未担保余值 | 891 861.77 |
| 贷：其他业务收入——利息收入 | 1 913 489.42 |

如果判断该电解液的使用寿命远超过 20 年，假设该电解液 20 年后无偿归还给 A 公司后，A 公司依旧有利用该电解液的价值，并且可以电解出产品，假设可以继续生产 10 年，直至该电解液无使用价值为止。则"B 公司可在该 20 年内自主支配和使用这些电解液"，并不能据此就认为该电解液所有权上的主要风险和报酬已经转移。在本案例中，即使不考虑 20 年后收回时的未担保余值，在租赁开始日，可确定收到的租金的公允价值已经包括：

(1) 租赁期开始日一次性收取的 6 000 万元；

(2) 后续 20 年内每年收到 120 万元(6 000×2％)按市场利率 10％的年金现值 10 216 276.46 元；

(3) 前述优惠贷款的公允价值低于其名义本金的差额 43 419 174.97 元。

上述三项的合计金额为 113 635 451.43 元，占到租赁开始日租赁资产公允价值(1.2 亿元)的比例为 94.70％，已超过 90％，且显著高于该批电解液的成本(8 000 万元)。这种情况仍然表明出租人 A 公司已经将"与资产所有权有关的全部风险和报酬"实质转移给了承租人 B 公司，符合《企业会计准则第 21 号——租赁》第六条中"出租人在租赁开始日的最低租赁收款额现值，几乎相当于租赁开始日租赁资产公允价值"的标准，从而仍然被分类为融资租赁，其会计处理原则与前面举例相同。

**情形 2：**

在少数情况下，如果经过综合分析考虑后，仍然认为该批电解液所有权上的主要风险和报酬并未转移，因而确实应当被归类为经营租赁(我们认为这种情况可能性不大)，则出租人 A 公司应将该租赁资产的账面价值 8 000 万元从库存商品结转至固定资产，并按其预计可使用寿命(30 年)计提折旧。在此处的 20 年合同租赁期内应确认的租金总额包括：

(1) 租赁期开始日一次性预付租金 6 000 万元；

(2) 20 年内每年支付租金 120 万元，合计 2 400 万元(不折现)；

(3) 前面"情形 1"中提到的优惠贷款的公允价值低于其名义本金的差额 43 419 174.97 元。

上述三项的合计金额为 127 419 174.97 元，按 20 年直线法分摊，每年确认租赁收入为 6 370 958.75 元。

经营租赁模式下，租赁期开始日的账务处理如下：

借：银行存款(初始预收租金 6 000 万元＋优惠贷款本金 6 000 万元)

| | 120 000 000.00 |
| 长期借款——利息调整 | 43 419 174.97 |
| 贷：长期借款——本金 | 60 000 000.00 |
| 其他非流动负债——预收租金 | 103 419 174.97 |

借：固定资产——经营租赁租出　　　　　　　　　　　80 000 000.00
　　贷：库存商品　　　　　　　　　　　　　　　　　　　80 000 000.00

第一年末的账务处理如下：

借：应收账款　　　　　　　　　　　　　　　　　　　1 200 000.00
　　其他非流动负债——预收租金(103 419 174.97÷20)　5 170 958.75
　　贷：其他业务收入——租赁收入　　　　　　　　　　6 370 958.75

借：财务费用——利息支出(或在建工程)　　　　　　　1 658 082.50
　　贷：应付利息　　　　　　　　　　　　　　　　　　900 000.00
　　　　长期借款——利息调整　　　　　　　　　　　　758 082.50

需要提醒的是：案例中假设的折现率为 10%,实务中折现率应选择 20 年期商业贷款的市场利率(针对 A 公司的特定信用风险因素进行调整后)作为折现率。折现率选取的基本原则应参照金融工具、公允价值计量等相关会计准则规定,并咨询资产评估、金融工具估值等领域内的专业人士。本案例中,初始租赁最低租赁收款额的计算确实与折现率选取关系较大。可以选择不同的折现率进行敏感性分析。所选用的折现率越低,则上面分录中“长期借款——利息调整”“未实现融资收益——长期应收款”和“未实现融资收益——未担保余值”的初始计量金额都会变小,但对总体的最低租赁收款额的影响方向存在不确定性。因此,折现率的选取可能会影响到对租赁性质的判断结论。但是,如果计算结果与电解液在交付时的公允价值 1.2 亿元差异较大,则需关注该交易的公允性问题。

### 问题 2-1-6　手机游戏授权金和保底分成款的收入确认

**问题：**

如下文背景所述,A 公司能否将手机游戏授权金和保底分成款在收到时一次性确认收入？

**背景：**

A 公司是网络游戏(手游)开发商,2014 年与 B 公司签署关于某网络游戏授权合作协议,授权 B 公司在中国内地全平台独家上市该游戏。协议约定 B 公司向 A 公司支付人民币 500 万元的授权费用,以及人民币 300 万元的预付分成费用,根据协议约定预付分成费用 A 公司无需退还 B 公司。此外还约定了后续运营收益的分成比例(A 公司享有 25%～30%)。

A 公司开发的某网络游戏设置单独的项目组,单独立项,有专门的研发人员,保证项目组成员从事专一项目研发,项目组成本费用可以可靠计量。

该网络游戏于 2015 年 10 月正式上线。上线后,此款游戏没有出现任何漏洞和错误造成游戏无法正常运行、游戏系统不稳定、玩家数据紊乱等现象。B 公司没有新渠道的推广需求,不需要对游戏进行大的变动和修改。

A 公司根据合同约定先后开出 500 万元授权费用和 300 万元预付分成费用的结算发票,B 公司确认并支付了此款项。上述款项均于游戏上线运营前付清。

A 公司拟将收取的 500 万元的授权费用与 300 万元预付分成费用于收取结算款时一次性确认收入,理由如下。

(一) 关于 500 万元授权费用一次性确认收入的理由

(1) 合同已经签订,款项的可回收性有合理的保障。

(2) 主要成本已经发生,且能够可靠计量,后续服务的维护成本不高。

(3) 手机游戏已经制作完成,公测版本完成并已经交付。

(4) 后续的版本升级及 Bug 修复等完善工作是后续运营工作匹配的服务,不是提供公测版本前后收取一次性代理金附有的义务,不存在与授权相关的尚未履行的其他责任和义务。

(二) 关于 300 万元预付费用一次性确认收入的理由

(1) 收取的预付分成费用属于保底分成收入,在性质上与授权费用类似,保底分成的收入是因为对方运用了公司的版权,而不是因为后期提供的相关服务。后期提供的服务等并不构成合同的主要义务,其主要的风险和报酬已经转移,即使公司没有了相关服务,保底分成也不会退还,相关的经济利益已经流入企业,收入的金额能够可靠计量。

根据实质重于形式的原则,其确认收入的方式视同授权费用。

(2) B 公司为了保证 B 公司自身已上线游戏的地位,对于其代理的其他公司的游戏的运营有其战略上的考虑(重推或放弃),对于该款游戏的后续的市场,A 公司并不能把握甚至实施影响,后续运营收入很不确定。

**解答:**

在游戏运营平台由对方提供,游戏开发商在游戏上线运营后仅有少量不重大义务(保证游戏安全平稳运营的责任在被授权人),且无义务将已收到的授权金退回的情况下,游戏开发商可以将一次性收取的 500 万元授权费一次性确认收入。

对于 300 万元保底分成款,以下两种做法都是可接受的:

1. 认为该保底分成款与 500 万元授权金属于一揽子交易安排,在游戏运营服务的责任完全由被授权方承担,该部分保底分成款已经实际收到且在任何情况下均无义务退还的,故可以在收到时一次性确认为收入。

2. 认为该款项的实质还是分成款,应首先确认为一项预收款项,该游戏上线运营后的分成收入仍应依据被授权方的运营收入和合同约定的分成方法计算确认,相应将该预收款项结转为收入。到授权期结束时,如果按照被授权方的运营收入和合同约定的分成方法计算的累计分成款小于预收分成款的,则将无需退还的预收分成款余额一次性结转为营业收入。

**结论基础:**

1. 授权金收入的确认原则。

本案例中,A 公司作为软件开发商,获取的游戏授权金和分成款收入在性质上属于《企业会计准则第 14 号——收入》所规范的"让渡资产使用权收入"。参考《国际会计准则第 18 号——收入》附录中对"许可证费和特许使用费"收入确认原则的指引:

他人使用企业的资产(如商标权、专利权、软件、音乐版权、唱片和动画片)所支付的许可证费和特许使用费,通常根据协议的实质予以确认。实务中,这可能在协议生效期内按直线法确认,例如,当许可证持有人有权在指定时期内使用某种技术时。

对于一项固定收费的权利转让,或是根据一项不可取消的合同规定不能退回的保证金的权利转让,并且允许许可证受让人自由利用那些权利,而许可证让予人则不再具有应履行的余留义务,这样的权利转让实质上是销售。许可证让予人在交货后无需履行后续义务的软件使用许可协议就是一例。另一个例子是,许可证让予人对所允许的在市场上展览动画片的权利,并对其发行商不再实施控制,也不期望从票房收入中获取更多的收入。在这种情况下,应在销售时确认收入。

在某些情况下,许可证费或特许使用费是否能收到,依某一未来事项是否发生而定。在这种情况下,只有当许可证费或特许使用费很有可能收到时(通常是在该事项发生时),才确认收入。

根据上述指引,我们理解本案例中 A 公司授权 B 公司运营其开发的网络游戏,并收取授权金和保底分成款,游戏的运营责任和相关风险已经转移给被授权方,该业务实质上是销售。作为一项固定金额收费的权利转让,A 公司应当在其应履行的所有实质性合同义务均已履行完毕,该游戏的运营风险和收益已经转移给被授权方,相关的收入和成本金额能够可靠计量,且相关的经济利益很可能流入本企业(或发生退款的可能性很低)的情况下,一次性确认游戏的授权金收入。

2. 保底分成款的收入确认原则。

对于预付的保底分成款,可以理解为后续运营期间分成款的预付,因而有观点认为需在后续运营期间根据被授权方 B 公司实际获取运营收入的情况,按合同约定的比例确认分成收入,即分成款项的结算方式不影响分成款收入的确认和计量原则。

另一种可能的理解是:在本案例中,一方面,该部分预付款项不论后续实际运营效益如何都是不会再退回的,即 A 公司已不再享有或承担与这部分预付分成款相关的游戏运营收入波动风险,即 A 公司就该部分保底分成款所面临的经营风险特征显著不同于一般意义上的分成款;另一方面,游戏运营的主体责任已经完全转移给被授权方 B 公司,因此这部分预付分成款不能理解为针对 A 公司提供后续游戏运营维护服务的报酬,而是在实质上构成合同约定的初始授权金的一部分,因而可以与合同约定的 500 万元初始授权金一并作为一个整体,在游戏已经上线运营且该款项实际收到时,一次性确认为收入。

**问题 2-1-7** 动漫版权贸易采购的买断款、保底款的核算和收入的确认
**问题:**
如下文背景资料所述,A 公司动漫版权贸易各交易模式下如何进行会计

处理?

**背景：**

A 公司主要从事动漫版权中国内地全权代理,公司主要业务是动漫版权贸易,从日本、欧美和中国本土引进或代理动漫版权,然后销售给国内网络平台,如优酷、土豆、爱奇艺、PPTV、乐视和腾讯等网络播出平台。A 公司为新三板挂牌企业,拟 IPO。

(一) 采购方面

A 公司从动漫版权方或版权代理方购买的中国内地(香港、台湾和澳门除外)动漫版权主要包括保底加分成和买断模式。

1. 保底加分成模式:根据版权合同约定,A 公司采购需要支付保底款加分成,根据公司获取中国内地版权的类别进行分成,类别不同分成也不同,版权的特许权利主要包括:①独家 VOD 版权;②独家音像制品权利(DVD 格式);③独家音像制品权利(Blu-ray 格式);④独家电视权利(目前,国内禁止);⑤独家手机权利;⑥非独家商品化权利等。根据不同的权利约定不同的分成比例。保底加分成模式下,与国外供应商签订的版权合同一般有 3~5 年的授权期,与国内供应商签订的版权合同一般有 7~10 年的授权期,授权期结束可以进行续期,续期的授权价格不是必然的下降趋势,具体授权价格要看该节目的受欢迎程度和其他因素等。

2. 买断模式:根据版权合同约定,A 公司独占专有授权及转授权,该类权利主要是著作权。

(二) 投资合作

A 公司也与合作方投资合作一些动漫节目,公司一般投资动漫节目的投资额小于其总预算的 50%,公司通过投资合作享有该动漫节目在中国内地的知识产权,主要是著作权和收益权等。根据投资合作合同约定 A 公司获取相关权利,投资各方在获取各自享有的权利所产生的销售收入时,先扣除 30%作为各自的窗口费,剩余部分按照投资比例进行分成。投资合同约定,分成每季度结算一次,结算以实际银行收款金额进行结算。截至 2017 年 6 月 30 日,A 公司投资合作的两个动漫节目已经实现在中国内地的销售。

(三) 销售方面

A 公司将动漫版权授权给国内的网络播出平台,授权的版权主要是著作权中的信息网络传播权,授权期一般是 1 年。主要销售模式是卖方买断模式和保底加分成模式,卖方买断模式占绝大部分。

1. 卖方买断模式合同一般约定,授予非独家信息网络传播权,不可转授权,根据不同的动漫节目进行授权,授权期一般是 1 年左右的时间。业务流程主要是:公司前期与客户进行商业谈判,到了谈判后期确定购买哪些动漫节目版权和卖断金额,一般有邮件沟通记录确定;公司然后将介质交付给客户,介质包括下载链接、DVD 光盘和硬盘(下载链接主要通过电子邮件传递给客户,DVD 光盘和硬盘主要通过快递邮寄给客户);与客户签订正式的网络版权使用许可合同,将版权供应商提供的版权文件、国家相关版权审批文件、许可文件和公司向客户单独开具的授权书一起邮寄给客户。整个流程：商业谈判——确定授权动漫节目和授权价格——交付介质——签订销售合同——单独开具授权书——货款结算(开具发票)。

A公司的动漫版权销售主要包括动漫老节目和动漫新节目,两者主要区别是:动漫老节目在销售之前,公司已经获取该动漫版权介质;而动漫新节目一般销售形式是同步播出和跟播(如周播剧),这种情况下公司在销售动漫新节目之前是无法获取动漫版权介质,只有供应商版权公司制作完一集,才能提供给公司该集的版权,这种情况下,公司提供给国内网络播出平台只能分集提供,而不是在销售之前一次性提供所有的介质。

A公司在卖方买断模式下,由于对应的客户比较集中,也比较规范,往往正式版权合同签订时间比较晚,而动漫版权授权上线时间会早于正式版权合同签订时间。公司在挂牌新三板的相关公告中披露的收入确认时点是向购买方公司收取许可使用费权利且发放授权书时确认销售收入。由于公司发放授权书的前提是要签订正式合同,授权书是公司制作发放给客户,所以该收入确认是一次性确认,没有按照授权期间进行分期摊销确认,确认时点是公司发放正式授权书的时点,同时这个时点的正式版权合同都已签订,实质上是正式版权合同生效时点,只是披露为发放正式授权书的时点,收入确认的标志物是公司内部证据(制作并发放正式授权书)。公司于2016年1月1日变更了该收入确认政策,收入确认时点修改为在完成介质交付且授权书约定的授权期开始时确认收入。修改后的收入确认时点是形式授权书约定的授权期开始时点,该时点也是客户购买动漫版权实际上线开始时点。非同步播出和跟播动漫节目收入也是一次性确认,没有按照授权期间进行分期确认。在该时点确认收入的时候,多数客户版权合同未正式签订,往往正式版权合同签订要晚于该收入确认时点1~3个月,在这个时点公司也未制作并发放正式授权书。因为这个时点正式版权合同未签订,公司也不会去制作正式授权书,但是公司会给客户一个形式授权书。同时这个时点,动漫节目授权和相关授权价格通过与客户早期的商业谈判已经确定,但不是以正式版权合同进行确定的。根据历史经验数据,在签订正式版权合同的时候会有不超5%左右与客户早期的商业谈判已经确定的动漫节目授权和相关授权价格有修改。

同步播出和跟播动漫节目收入确认是按照提供给客户的动漫版权介质分月确认收入,在授权期间进行分期确认。

A公司与客户款项结算大致分为三个阶段,全部款项结算期间一般在授权期开始时点之后的6个月左右会结算完。从公司与部分客户的签订版权合同来看,关于违约条款有这样的规定:如果购买的动漫版权在授权期间内被相关主管机关要求下架,公司需按照未使用期间占整个授权期限的比例计算向客户退还已经支付的授权费用。

2.保底加分成模式合同一般约定,授予客户非独家信息网络传播权,分动漫节目进行授权,授权期一般是1年左右。业务流程与卖方卖断模式相同,合同条款约定客户先预付保底款,然后按照客户的销售收益进行分成。当公司应得销售收益超过预收销售收益的,客户应按照公司应得销售收益结算;公司应得销售收益低于预收销售收益的,公司不退还预收销售收益的差额部分。

法律法规规定信息网络传播权在网络平台播出之前需要经过国家相关部门审批,审批包括著作权版权和版权播出内容审批,A 公司与客户签订的动漫版权授权合同一般约定,由 A 公司负责动漫版权的审批工作。关于审批主要从两个方面进行理解:

1. 从法律法规规定来看,只规定播出之前需要审批,如果未经审批,公司进行动漫版权授权是不违反法律法规规定的,因为公司从事的是动漫版权贸易,主要是版权授权,不是网络播出平台,如果网络播出平台播出未经审批的动漫节目是违反法律法规规定的;

2. 从商业合同来看,版权授权合同一般都约定需要 A 公司进行申请审批,如果公司未对动漫版权进行申请审批,授权给网络播出平台进行播出,在播出过程中,被相关主管部门查处并下架,客户不会对下架之后的授权期间版权费与公司进行结算,但已经播出的授权期版权费会与公司进行结算。

**解答:**

(一)动漫版权贸易购买版权的核算

1. 买方买断方式。

根据《企业会计准则第 1 号——存货》和《企业会计准则第 6 号——无形资产》对"存货"和"无形资产"这两类资产的定义:"存货,是指企业在日常活动中持有以备出售的产成品或商品、处在生产过程中的在产品、在生产过程或提供劳务过程中耗用的材料和物料等";"无形资产,是指企业拥有或者控制的没有实物形态的可辨认非货币性资产。资产满足下列条件之一的,符合无形资产定义中的可辨认性标准:(一)能够从企业中分离或者划分出来,并能单独或者与相关合同、资产或负债一起,用于出售、转移、授予许可、租赁或者交换。(二)源自合同性权利或其他法定权利,无论这些权利是否可以从企业或其他权利和义务中转移或者分离"。另外,存货是流动资产,而无形资产是非流动资产。

本案例中的 A 公司是版权贸易、分销企业,其从外部购入动漫版权不是为了自身通过播放等方式获取经济利益,而是通过转售、转授权给视频网站的方式获取经济利益。在此情况下,现行会计准则对购入的版权应作为存货还是无形资产核算的界限并不清晰,我们理解主要的考虑因素是成本的回收方式和预计回收时间。如果在购入版权时,认为有很大可能性在 1 年内回收其成本,或者预计将通过一次性的排他性授权收回其成本的,则该版权更适合于确认为存货;反之,属于其他情形的(预计成本回收期限超过 1 年,且需通过多次授权才能收回成本的),更适合于确认为无形资产。

2. 保底加分成方式。

分成款构成了 A 公司取得相关动漫版权的可变对价。在取得动漫版权时,A 公司应根据预计分成款的公允价值是否能够合理估计分别考虑:可以合理估计预计分成款的情况下,用保底款和预计分成款公允价值孰高来确定动漫版权的入账价值,预估的分成款按照金融工具相关规定进行后续计量;若无法合理估计预计分成款,可以按照保底款确认动漫版权的入账价值,未来实际分成款超过保底款时的差额,在发生时直接计入当期损益。

3. 版权的后续计量。

对于作为存货核算的版权,其成本将在购入后 1 年内结转完毕,或者在实现对外授权时一次性结转,对其成本结转方式,应无过于复杂的问题。如果涉及跨年的,可在资产负债表日参照《电影企业会计核算办法》中的"计划收入比例法"处理。

对于作为无形资产核算的版权,尽管《企业会计准则解释第 11 号——关于以使用无形资产产生的收入为基础的摊销方法》规定"企业通常不应以包括使用无形资产在内的经济活动所产生的收入为基础进行摊销",但同时也承认在"有确凿的证据表明收入的金额和无形资产经济利益的消耗是高度相关的"的"极其有限的情况"下,该种摊销方法是合适的。在本案例中,由于 A 公司为版权分销企业,对确认为无形资产的版权,转售或转授权是其回收成本、消耗无形资产所包含的经济利益的唯一途径,能够证明"收入的金额和无形资产经济利益的消耗是高度相关的",因此采用"计划收入比例法"对此类无形资产成本进行摊销是恰当的。但如果采用该种方法,则对未来收入能够可靠预计的证据的充分性、适当性要求很高,在实际操作中应予以谨慎处理。

(二)动漫节目版权参与投资的处理

1. 投资款的核算。

在此类交易模式下,A 公司只是通过参与出资(投资)而获得收益权等财产权利,具体的制作、发行等仍由其他合作方主导,因此公司作为出资方不适合于确认为存货,而是建议列报为"其他流动资产"或者"其他非流动资产"(根据预计的成本回收所需时间和受益时间区分其流动性)。

2. 动漫节目参与投资模式成本的结转。

建议将支付的投资款先计入"其他流动资产"或"其他非流动资产",待该动漫版权首次实现收入的时候,按照合理、系统的方法摊销结转成本。具体摊销方式和各年度摊销比例可根据公司历史经验数据和同行业公司的惯例来确定。同一年度内的摊销额可在该年度内按月平均摊销。如果无法合理确定摊销比例的,可以按照分回的款项结转等额的成本,到成本全部结转完毕后再收到分回的款项则只有收入而无成本,期末对尚未收回的投资成本应关注是否存在减值迹象,必要时对其进行减值测试和计提减值准备。

3. 从合作方获取分成收入的确认。

A 公司与合作方投资合作一些动漫节目,根据投资合作合同约定的投资比例享有动漫节目收益分成。此时,A 公司对于自身直接授权等产生的收入,在符合《企业会计准则第 14 号——收入》规定的收入确认条件时,按照 A 公司可享有的比例确认收入,应由其他合作方享有的部分确认为负债;对于其他合作方对外授权等 A 公司应享有的分成收入,应按照权责发生制在收到合作方提供的交易数据时确认收入。

（三）动漫版权贸易收入的确认

1. 动漫版权卖方买断模式收入的确认。

A 公司卖方买断模式收入确认时点为在完成介质交付且授权书约定的授权期开始时确认收入。非同步播出和跟播动漫节目收入确认是一次性确认，不需要按照授权期间进行分期摊销确认；对于同步播出和跟播动漫节目，如果除了介质的分期交付与老节目的一次交付不同以外，在将介质交付给买方之后，买方所享有的权利和本公司应承担的合同义务均与老节目介质交付后的情况相同，则建议对此类同步播出和跟播动漫节目，虽然介质是分期交付，但可以将合同总价分摊到每一期节目，每交付一期节目就一次性确认该期节目对应的收入，而不应将整体合同价款在整个授权期限内分摊确认。

案例背景所提到的"从公司与部分客户的签订版权合同来看，关于违约条款有这样的规定：如果购买的动漫版权在授权期间内被相关主管机关要求下架，公司需按照未使用期间占整个授权期限的比例计算向客户退还已经支付的授权费用"不应作为在授权期限内分摊确认收入的理由。该条款只是一个违约救济条款，不代表在后续授权期限内本公司还有未履行完毕的实质性合同义务。后续授权期限内如果确实发生了该动漫节目被相关主管机关要求下架的情况，公司按合同约定向买方退款时，可按销售退回进行会计处理。

另外，对于案例背景所提到的 2016 年度收入确认政策变更问题，我们理解：如果在发放正式授权书之前确认收入，由于此时尚无正式的书面合同，因此应高度关注收入确认应满足的条件能否通过其他证据加以佐证，特别是：①公司是否已经取得原版权方的正式授权，授权成本能否可靠计量（即，公司自身是否已经满足确认无形资产或存货的条件）；②公司与被授权方是否已就授权合同的条款实质上达成一致，后续的正式书面合同只是对截至目前已有共识的确认；③收入的金额能否可靠计量，对再发生重大变化的可能性及其潜在影响的评估；④签订正式授权合同和签发授权书是否存在重大法律障碍；⑤是否已经交付介质，对方是否已经将其上线。

2. 动漫版权保底加分成模式收入的确认。

（1）公司保底加分成模式中，对保底的收入确认时点为在完成介质交付且授权书约定的授权期开始时确认收入。收入确认是一次性确认，不需要按照授权期间进行分期确认。

（2）公司与客户对分成收入结算实务中一般为分期结算，例如分季度结算时，A 公司在每自然季度结束后的第一个月（每年 4 月、7 月、10 月、次年 1 月）内根据上一季度交易数据的统计结果进行结算。对分成收入超出保底数部分的确认原则为按照权责发生制根据客户的交易数据进行确认，收入确认的依据是客户提供的季度交易数据。

（四）动漫版权贸易成本的结转

1. 动漫版权"买方买断"采购模式下成本的结转。

如果是买断式排他性授权，不能再授权给其他方面的，在授权收入确认的同时，其"无形资产"或"存货"的成本应一次性结转，不留余额。

对于非排他性的买断式授权,A 公司在授权收入确认的同时,可参照《电影企业会计核算办法》中的"计划收入比例法"结转成本。

2. 动漫版权"保底加分成"采购模式下成本的结转。

将动漫版权保底加分成模式中先支付的保底款,计入"预付款项——保证金",在该节目首次实现销售收入的时点将保底款转入存货成本,并按照计划收入比例法将存货成本结转至主营业务成本(如无法合理估计预计总收入,则一次性结转至主营业务成本)。超出保底款部分的分成款,按照销售收入确认时点,同时结转应付分成款至主营业务成本。

**问题 2-1-8** 涉及运营期分成的定制软件开发收入确认

**问题:**

涉及运营期分成的定制软件开发收入如何确认?

**背景:**

A 公司为软件定制开发企业,主要客户为移动、联通等电信运营商,主要产品是为运营商定制开发计价系统、管理系统等软件。主要收入确认方式为:与客户签订定制开发合同后,按照客户需求进行开发,公司采用完工百分比法确认收入及成本。

2015 年,公司增加了一种业务模式:与客户签订的合同中包含两部分内容,一部分是在建设期对合同进行开发,一部分为开发完成进入运营期后,与客户对运营期的收入进行分成。该种合同分两种方式签订,一种是开发期约定了具体的金额,同时运营期约定分成比;另一种开发期未约定金额,只约定了运营期的分成比。

**解答:**

我们理解第一种和第二种方式的差异为是否有保底收入,而业务的实质没有不同。两种方式下均可参考 BOT 模式处理,因为 BOT 模式本身就是"建造合同(或提供劳务)+后续运营管理和维护服务"这两者的组合,同时适用于这两种情况。

在项目开发和实施期间(相当于 BOT 的建设期间),企业即应根据以往向同类客户提供类似的系统开发和实施服务的合同收费金额,估计所提供的项目开发和实施服务的公允价值,并按该公允价值作为应确认的系统开发和实施服务的收入,在开发实施期间内(最晚于开发实施完成、具备运行条件时)逐步确认,并将开发、实施阶段的成本结转营业成本。收入确认的方法系遵循《企业会计准则第 14 号——收入》中的"提供劳务"模式或《企业会计准则第 15 号——建造合同》的规定,采用完工百分比法于该阶段内各资产负债表日逐步确认,或者在合同履行结果不能可靠估计的情况下按已发生且预计能够得到补偿的合同成本确认。

如果合同明确约定的固定价款(包括在开发期间和开发完成时收取的部分,也包括在后续运营期间分期收取但金额固定的价款的折现值)不小于开发实施服务公允价值的,则按该服务公允价值确认对应的金融资产(银行存款、应收账款或长期应收款),没有无形资产成分。后续运营期间确认的运行维护收入包括合同约定的固定价款超出已确认的开发实施阶段收入的差额部分,以及运营期间按合同约定收取的分成款。

如果固定价款小于开发实施服务公允价值的,则固定价款随着开发实施阶段收入的确认而全部确认为金融资产,开发实施服务的公允价值大于固定价款的差额部分确认为无形资产,在合同约定的运营服务期限内摊销,与该期间内获得的分成收入配比。特别地,如果合同没有约定开发期收入金额,全部收入均为运营期分成收入的,则没有金融资产而只有无形资产。

无论是上述何种情况,后续运营维护期间所发生的后续成本均不应直接计入当期费用,而应作为营业成本与所确认的运营维护期间收入相配比。

**结论基础:**

关于本案例为何可以参照适用《企业会计准则解释第 2 号》第五条所规定的"BOT 会计模式",分析如下:

根据《企业会计准则解释第 2 号》第五条规定,BOT 会计模式的适用条件为:

本规定涉及的 BOT 业务应当同时满足以下条件:

1. 合同授予方为政府及其有关部门或政府授权进行招标的企业。

2. 合同投资方为按照有关程序取得该特许经营权合同的企业(以下简称合同投资方)。合同投资方按照规定设立项目公司(以下简称项目公司)进行项目建设和运营。项目公司除取得建造有关基础设施的权利以外,在基础设施建造完成以后的一定期间内负责提供后续经营服务。

3. 特许经营权合同中对所建造基础设施的质量标准、工期、开始经营后提供服务的对象、收费标准及后续调整作出约定,同时在合同期满,合同投资方负有将有关基础设施移交给合同授予方的义务,并对基础设施在移交时的性能、状态等作出明确规定。

在 IFRS 体系下,《国际财务报告解释公告第 12 号——服务特许权安排》(IFRIC 12)第 5 段对该模式的适用条件表述如下:

本解释公告适用于具备如下条件的公共—私营服务特许权协议:

(1)授予方控制或管制经营方使用基础设施必须提供的服务类型、提供服务的对象和服务的价格;以及

(2)在服务协议期末,授予方通过所有权、收益权或其他形式控制该基础设施的重大剩余权益。

我们理解,本案例中合同授予方(电信运营商)虽然不是"政府及其有关部门或政府授权进行招标的企业",但本案例所讨论的是合同投资方(运营方)的会计处理,而站在合同投资方(运营方)的角度,合同授予方是否为"政府及其有关部门或政府授权进行招标的企业"并不影响对该合同经济实质的分析和对其所享有、承担的风险和报酬特征的判断。因此,本案例中合同授予方的身份不应成为导致本案例不适用"BOT 会计模式"的"一票否决"因素。

从《企业会计准则解释第 2 号》第五条和 IFRIC 12 对"BOT"或"服务特许权"会计模式的适用条件的规定可以总结出："BOT"或"服务特许权"安排的本质特征在于：

1. 合同授予方拥有对合同标的(一般 BOT 项目中为公共基础设施,本案例中为受托开发和运维的软件)如何使用的主导权和控制权。这一主导或控制权是通过合同授予方对合同投资方(经营方)应达到的建造和运营维护服务的定性和定量标准,以及服务收费标准等方面进行管制的方式体现出来的。

2. 合同投资方(运营方)并不真正享有或承担标的所有权上的主要风险与报酬,也没有标的使用的主导权和控制权。尽管合同可能授予合同投资方(运营方)一定的自主决策权力,但这些决策权力所针对的往往是行政性、事务性的事项,并且受到如前所述的"合同授予方主导权"框架的严格限制和制约。合同投资方(运营方)实质上只是受托提供标的的建造和运营管理服务,并就其所提供的建造和运营管理服务获取报酬。该会计模式下合同投资方(运营方)所确认的金融资产和/或无形资产所代表的只是就其所提供的标的的建设和运营管理服务取得报酬的权利,其中固定金额的报酬索取权为金融资产,非固定金额的报酬索取权为无形资产。这也就是在 BOT 会计模式下为何"BOT 业务所建造基础设施不应作为项目公司的固定资产"的原因。

根据上述对 BOT 或服务特许权模式的本质特征的总结,对照本案例的背景信息,我们认为,本案例中 A 公司受托为电信运营商开发软件,并负责后续维护工作,相关合同中对软件开发和后续维护服务应达到的标准作出了明确约定,且委托方本身是所开发软件的唯一用户,对该软件的使用具有完全的主导权和控制权,A 公司在该交易中的角色就是受托提供软件的开发和运维服务,并就其所提供的此类服务取得报酬。因此,本案例中的合同完全符合前面所述的 BOT 合同的本质特征,应可以采用 BOT 会计模式进行核算。

**问题 2-1-9**　关于软硬件集成业务的收入确认时点
**问题：**
如下文背景资料所述,A 公司的产品销售在哪个时间节点满足收入确认条件?
**背景：**
A 公司是高速公路智能交通产品的专业制造商,是智能交通(ITS)领域内的专业化公司。在高速公路智能交通的建造过程中主要涉及三个主体：智能交通产品的专业制造商(机电产品的生产)、智能交通信息系统集成商(智能交通系统集成的安装、调试)、高速公路投资单位(投资运营单位)。

1. 智能交通产品的专业制造商主要是对智能交通产品的研发、生产和销售,包括无人全自动值守卡机、高速栏杆机、车牌识别、工控机、车辆控制器、抓拍机等产品,主要用于高速公路的收费站点和部分监控点。A 公司主要研发、生产和销售这些产品。

2. 智能交通信息系统集成商主要是根据高速公路投资单位发包高速公路的收费系统、监控系统、通讯系统及隧道系统等，承包这些系统的工程施工、机电设备的安装、联调联试等。截至目前，该行业的上市公司有皖通科技、中海科技、亿阳信通等，全国从事该类业务的公司超过 100 家。

3. 高速公路投资单位是各个省市的高速公路管理局、建设局或者改制后的高速公路投资公司、运营公司等，是政府职能部门所属单位或政府投资的公司，或者 PPP 项目公司等。

智能交通机电产品大部分是需要嵌入软件，即硬件加上嵌入式的软件。A公司主要是研发、生产和销售收费系统产品。收费系统产品主要用于收费站点。收费系统通常是系列性的产品，一条收费车道通常包括无人全自动值守卡机、高速栏杆机、车辆识别、工控机、车辆控制器、费用显示等机电产品。在安装调试的过程中主要包括三个方面：土建工程施工、单机的安装调试、联调联试等。土建工程施工比较简单，主要是挖沟埋线、将单个机电产品固定在收费车道一旁等。一个收费车道工程施工通常 7 天左右时间可以做完；安装硬件产品和安装调试单机软件，一个收费车道通常 1～3 天时间可以完成，单机软件一般在产品出厂前都调试过，也比较简单；联调联试相对来说涉及比较多的软件，不单涉及单机的软件，还涉及单机软件与其他软件调试应用。主要是高速公路涉及的软件比较多，比如除了单机软件之外还有计重收费的计重软件、车道控制程序软件等，这些软件是由不同的软件公司提供的，对于高速公路投资单位来说，他们需要将涉及的所有软件联调联试完才能正式投入运营。虽然涉及不同公司的软件产品，机电产品出厂前都会与其他软件公司进行沟通，获取其他软件公司的通信协议，根据联调联试中其他软件公司的软件通信协议，对单机软件进行设置，以便不同公司不同软件之间的对接。联调联试不像单机软件那样，由机电产品生产厂商自己独立完成，它需要不同软件开发公司共同进行联调联试。一般需要 3～5 天时间完成。如果从单个收费车道来看，整个过程一般 2 周左右时间可以正式投入运营。当然，在实际安装调试过程中，还会受到产品有没有及时到货、界面能否提供、不同公司的软件技术人员是否及时进行安装调试等因素的影响。总体来说，如果不是客户定制软件，不需要进行深度开发，一般情况这些软件产品都比较成熟，联调联试也相对比较简单。

A 公司机电产品客户主要包括高速公路投资单位和智能交通信息系统集成商。对高速公路投资单位的销售，一般情况下高速公路投资单位不会单独对机电产品进行安装调试，在招标文件中明确说明需要投标单位安装调试并正式投入运营。收入确认时点是在高速公路投资单位交工验收并正式运营使用时一次性确认收入，也就是通常所说的终验法确认收入。对智能交通信息系统集成商的销售，销售合同对产品验收的种类就比较多，主要原因是 A 公司在签订销售合同的过程中处于较为弱势的地位，都是客户提供合同文本，A 公司多数情况下只能接受客户提供的格式条款，谈判空间不大。又由于智能交通信息系统集成商非常多，每一个集成商的合同约定也不相同。从合同约定来看，大部分智能交通信息系统集成商对机电产品都是自己进行安装,机电产品的生产商会派1个技术人员进行现场指导安装或电话指导安装。

A公司与智能交通信息系统集成商签订的销售合同,主要包括以下几种情况:

情况1:智能交通信息系统集成商在合同中明确约定了安装、调试、测试和验收等条款,需要通过业主(高速公路投资单位)交工验收合格、最终验收测试合格或者由建设方组织对施工项目统一验收。业主的交工验收合格一般不会对收费系统的机电产品单独进行验收。业主通常会把高速公路建设分为几十个标的,收费系统、监控系统、通讯系统及隧道系统等只是业主高速公路几十个标的中的一个标的,还包括道路的土方工程、服务区工程、道路的绿化工程等标的。业主对整条高速公路通车运行办理交工验收。这种交工验收一般时间会比较长,从产品到达施工现场到整条高速公路通车运行的时间会跨几个年度。业主出具交工验收合格证明(业主只对智能交通信息系统集成商出具交工验收合格证明,因为业主是通过招标方式发包的,智能交通信息系统集成商是承包方,业主不会对A公司出具交工验收合格证明)时确认收入。这种情况下是以"客户的客户"验收时点确认收入。

情况2:智能交通信息系统集成商在合同中没有明确约定安装、调试、测试和验收等条款,在合同中约定了付款方式,其中付款阶段分为:预付款、到货验收款、完工验收款、质量保留金等阶段,业主出具交工验收合格证明时确认收入。这种情况下是以"客户的客户"验收时点确认收入。

情况3:智能交通信息系统集成商在合同中明确约定了安装、调试、测试和验收等条款,其中最后对验收条款没有明确约定需要通过业主(高速公路投资单位)交工验收合格、最终验收测试合格或者由建设方组织对施工项目统一验收,而是约定由智能交通信息系统集成商进行验收,智能交通信息系统集成商出具验收合格证明时确认收入。这种情况下的验收是智能交通信息系统集成商对机电产品部分的验收,以客户的验收时点确认收入。

情况4:智能交通信息系统集成商在合同中明确约定了安装、调试等条款,没有约定测试和验收条款,而且对安装、调试的约定是公司指导安装或电话指导安装,但在合同中约定了付款方式,其中付款阶段分为:预付款、到货验收款、完工验收款、质量保留金等阶段,智能交通信息系统集成商收到货物验收时确认收入。这种情况下是以客户收到货物验收时点确认收入。

总体来说,收入确认时点主要包括三个:业主交工验收时点、客户验收时点、到货验收时点。其中业主交工验收时点需要较长时间,到货验收时点最短。

**解答:**

情况1:合同中明确约定需要通过业主(高速公路投资单位)交工验收合格、最终验收测试合格或者由建设方组织对施工项目统一验收,则A公司应于业主出具交工验收合格证明时确认收入。

情况2:合同中没有明确约定安装、调试、测试和验收等条款,在合同中约定了付款方式,其中付款阶段分为:预付款、到货验收款、完工验收款、质量保留金等阶段,A 公司应于业主出具交工验收合格证明时确认收入。

情况 3 和情况 4:基于案例背景所述信息,A 公司的业务都是向业主直接提供需与其他供应商提供的设备或系统进行联调联试、且含嵌入式软件的机电设备(硬件),或向中间系统集成商提供类似机电设备,系统集成商再向业主供货并与其他供应商提供的产品联调联试后,试运营一定期间后方可获取业主终验合格确认。

我们建议根据具体合同约定,如通过向甲方(系统集成商及业主)函证、访谈等程序进一步确认终验标准及终验确认条件和确认方后。在此基础上佐证,"合同中明确约定了由智能交通信息系统集成商进行验收,智能交通信息系统集成商出具验收合格证明时确认收入。"是否正确、恰当。应结合具体合同价款结算、标的物控制权和风险报酬转移、退换货、缺陷责任期等关键条款进行分析,就 A 公司提供的机电设备质量责任,是由系统集成商向业主直接负责且为主要责任人?还是由 A 公司向业主直接负责且为主要责任人?若是前者,则在系统集成商出具验收合格证明时确认收入可以接受;若是后者,则 A 公司应于业主出具交工验收合格证明时确认收入。

**问题 2-1-10**　软件集成系统收入确认的准则适用问题

**问题:**

如下文背景资料所述,A 公司如何确认收入的实现?应依据建造合同准则按照完工百分比法确认收入,还是依据收入准则按照销售商品确认收入?在《企业会计准则第 14 号——收入》(2017 年修订)下应如何确认?

**背景:**

A 公司主营业务为电子政务平台建设,为客户提供信息资源共享交换平台、基础数据库、主题库、数据仓库(政务大数据)、机构电子文件管理平台及政府业务协同交换平台、政府协同办公平台、移动办公平台等。即 A 公司与客户签订技术开发、系统运维、平台建设合同,合同内容包括平台建设所需要的设备、配件等硬件设备(金额较小)等,A 公司负责相关的技术服务支持及平台建设,且合同约定终验完成后,A 公司安排数名员工常驻对方场所提供免费的升级、培训及维护服务,所需费用由 A 公司自行承担。

A 公司与客户间的主要合同及条款:

1. ××市大数据中心建设项目合同书:合同金额 2 378.68 万元,其中硬件部分 281.68 万元,软件部分 2 097 万元,合同主要条款如下:①合同签订后 10 个工作日内,支付 30% 预付款项;由本项目监理机构确定项目部署完成、功能测试符合建设要求,平台正式上线通过初验后,支付 50% 项目款;项目通过终验后,支付 15% 项目款项;终验后服务期满,支付剩余款项。售后服务:竣工验收后,根据采购方及项目监理机构要求提供 8 人、1 年驻采购人指定场所的维护、培训及升级服务。其他条款:如乙方(A 公司)不能交付货物,完成安装并调试的,甲方(客户)有权扣留全部履约保证金,同时乙方应向甲方支付合同总价的

5%违约金。在乙方承诺的质保期内,如经乙方 2 次维修或更换仍不能达到合同约定的质量,甲方有权退货,乙方应退回全部货款。

2. ××市智慧城市运营中心模块合同:合同金额 1 798.95 万元,其中指挥中心建设 418.95 万元,其他项目建设 1 380 万元。合同主要条款如下:项目实施包括但不限于以下内容:项目需求分析与规划设计、项目实施、项目测试、项目培训、项目验收、项目服务。其中验收分为初步验收、分项验收、竣工验收。项目验收后,乙方(A 公司)安排 4 名工作人员入驻甲方(客户)场所,费用乙方自行承担,为甲方提供 3 年的免费服务。对于软件出现故障情况,乙方应半小时内响应,如不能解决,技术人员需 1 小时内到现场,3 小时内解决问题。付款方式:"指挥中心建设":经甲方及监理机构初验后 15 天支付 40%,经甲方及监理机构终验后支付 30%,3 年服务期满支付 30%;"其他项目建设",合同签订后 15 日内支付 15%,本项目监理机构确定基础模块完成后支付 15%,平台上线后且通过初验后支付 40%,终验后支付 20%,服务期 3 年后支付 10%。

3. ××市公共信息资源共享交换平台:项目进度安排:第一阶段:完成需求调研;第二阶段:完成系统设计开发;第三阶段完成测试及运行;第四阶段完成全市正式运行;第五阶段系统验收阶段。签订后 10 个工作日 15%,基础模块完成后支付 15%,平台正式上线且初验后支付 40%,通过终验后支付 20%,服务期满 3 年支付 10%。

**解答:**

1. 在 2006 年版《企业会计准则第 14 号——收入》下的处理。

此类系统集成业务合同在 2006 年版的收入和建造合同准则下是采用"销售商品模式"还是"建造合同模式",这两者之间并无明确界限。本案例可参考《计学撮要 2011》专题Ⅲ第二章第一节中"问题 3 软件开发企业提供解决方案的收入确认问题"进行处理,按照完工百分比法确认收入。同时需注意,由于合同中涉及验收后的免费维修期限,在确认收入的时候应考虑合理分配维修部分应分配的收入,予以递延,在相应的维修服务期间确认收入。

在实际操作中,基于简化处理的考虑,也可以对一些规模较小和较简单、外购通用软硬件成本占比较大的项目,采用"销售商品模式"一次性确认收入,该模式下通常确认收入的时点是在安装调试完成并通过用户初验时。建议考虑以下因素,确定清晰的、可执行的区分标准,并一贯执行:合同总价;预计执行周期;技术难度;外购的通用软硬件在总成本中所占的比例;系统中软硬件结合的紧密程度;是否需经过复杂的调试验收过程等。对在标准以下的项目采用销售商品模式,超出标准的较大、较复杂项目采用建造合同模式。该区分标准一旦确定,即应一贯执行,不得随意变更。

另外,如果 A 公司准备 IPO,则也需要考虑到证监会目前审核实务中对完工百分比法的态度,谨慎选择完工百分比法;对确定满足完工百分比法适用条件的项目,应注意获取关于期末完工进度的充分、适当的外部证据,以佐证依据累计已发生的成本占预计总成本比例等内部证据确定的完工百分比。

2. 在《企业会计准则第 14 号——收入(2017 年修订)》下的处理。

《企业会计准则第 14 号——收入(2017 年修订)》第十一条规定:

满足下列条件之一的,属于在某一时段内履行履约义务;否则,属于在某一时点履行履约义务:

(一)客户在企业履约的同时即取得并消耗企业履约所带来的经济利益。

(二)客户能够控制企业履约过程中在建的商品。

(三)企业履约过程中所产出的商品具有不可替代用途,且该企业在整个合同期间内有权就累计至今已完成的履约部分收取款项。

具有不可替代用途,是指因合同限制或实际可行性限制,企业不能轻易地将商品用于其他用途。

有权就累计至今已完成的履约部分收取款项,是指在由于客户或其他方原因终止合同的情况下,企业有权就累计至今已完成的履约部分收取能够补偿其已发生成本和合理利润的款项,并且该权利具有法律约束力。

就本案例而言:

(1) A 公司在研发建设系统的时候,客户并不能取得并消耗企业履约所带来的经济利益,因此不满足条件(一)。

(2) 在验收确认前,该建设中的系统尚不能由客户控制,因此不满足条件(二)。(注: IFRS 15 的举例中提到"合同约定企业应在客户的所在地开发信息技术系统,则在开发或改良的过程中,客户控制该系统,因此属于在某一时段内履行履约义务",但对于此类以外购软硬件成本为主的系统集成项目,我们理解不属于此种情况,因为其建设并不依赖于客户现有的 IT 环境。)

(3) 可以认为本案例中的软件系统具有"不可替代用途",但合同只约定了几个客户付款的时点,A 公司无权就累计至今已完成的履约部分收取能够补偿其已发生成本和合理利润的款项,因此不满足条件(三)。

因此,在 2017 年版收入准则下,本案例属于"在某一时点履行履约义务",并不适用完工百分比法。至于具体是在哪一步验收(初验或终验)时作为商品控制权转移时点,并据此确认收入,则取决于在这两次验收中间是否还有可能发生重大的整改工作量和支出。

对于维修服务部分,应作为一项单项履约义务,分配相应的合同价款。因为维修服务属于"客户在企业履约的同时即取得并消耗企业履约所带来的经济利益"的情形,因此属于在一段时间内履行的履约义务,可在合同约定的维保服务期内分摊确认收入。

**问题 2-1-11** 软硬件集成业务的收入确认的具体案例
**问题:**

如下文背景资料所述,A 公司该"C2000"项目硬件交付阶段的收入如何确认?计算完工百分比时对硬件设施成本如何考虑?

**背景:**

1. 基本情况。

A公司为某上市公司的境外子公司。2015年6月,A公司与某国政府(客户)就该国的"公共安全应急服务更新C2000通信系统基础设施项目"签署协议,由A公司为该国提供Tetra标准的专业无线通信系统产品(包括硬件和软件),即向该国政府销售、建设及维护基站及无线电通讯装置,并提供售后服务。

另外,A公司与B公司签订项目分包协议,B公司作为A公司的第三方服务外包商,主要替A公司向该政府客户提供基站设备的仓储服务、运输服务、专业人员对基站安装调试服务等。

设备部分主要由A公司向其境内母公司(上市公司)采购相关设备,并由境内直接向B公司发货,再由B公司发运给该政府客户所在国各地的站点。

目前所有嵌套基本功能软件的基站已发运给客户指定地点,并已完成安装调试。

接下来,A公司将在2018年完成软件的进一步客制化开发和升级,以及软件与硬件的融合。

2. 关于C2000的收入相关约定。

A公司与该国政府客户关于C2000项目签订的合同约定:项目分为三个阶段,分别是:设计阶段、硬件交付阶段、硬件与客制化软件融合阶段,三阶段工程独立完成,并分别进行各阶段性验收。按合同约定,各阶段收入金额分别为:591万欧元、4 012万欧元和3 443万欧元,总计金额为8 046万欧元。此分阶段收入金额系根据各阶段预算成本加上特定阶段风险报酬而得,如设计阶段风险大,相应地要求回报高。

合同中对于分阶段测试、验收规定如下:分阶段对"分步项目"进行单独验收,即设计阶段、交货阶段、最终测验阶段分别按照合同约定的截止日进行独立测试、安装、验收。双方会在每个阶段的验收日草拟一份阶段性验收声明书。如果未通过阶段性验收时,客户会提交一份项目阶段性存在缺陷的情况报告给A公司,由A公司负责必要的弥补措施,直到获得客户最终验收许可。另外已经通过的阶段性验收并不会影响客户在后续项目阶段性进行时对整体项目再进行综合评估。比如,C2000第一阶段设计部分已经完工。客户在第二阶段(交货阶段)如果发现第一阶段有存在产品安装缺陷,则客户对A公司有追索权,相应地A公司有义务对该缺陷实施弥补程序。

项目毛利润:A公司对项目各阶段的预算成本分别为301万欧元、3 700万欧元、2 470万欧元。收入、成本、毛利汇总明细如下(货币单位:欧元):

| 项目 | 第一阶段(2016.5) | 第二阶段(2017.11) | 第三阶段(2017.12) | 合计 |
| --- | --- | --- | --- | --- |
| 收入 | 5 910 000.00 | 40 120 000.00 | 34 430 000.00 | 80 460 000.00 |
| 成本 | 3 010 000.00 | 37 000 000.00 | 24 700 000.00 | 64 710 000.00 |
| 毛利润 | 2 900 000.00 | 3 120 000.00 | 9 730 000.00 | 15 750 000.00 |
| 毛利润率 | 49.07% | 7.78% | 28.26% | 19.57% |

项目回款约定：回款按照 4 个阶段进行：约 900 万欧元(11％)、1 400 万欧元(18％)、3 500 万欧元(43％)、2 246 万欧元(28％)；最后一阶段按照 3.75％年利率分 8 年依次偿还。

截至 2017 年 12 月 31 日，A 公司关于该项目的设计阶段已于 2016 年 5 月顺利完工，A 公司随后向客户提出验收申请。客户派出一支由多位系统架构师和项目经理组成的专家团队对设计阶段项目进行验收，并于 2016 年 5 月当月发出了验收通知书，说明设计阶段无重大的缺陷，最终验收确认。同时，在验收报告的结尾注明"对于设计阶段，如果在未来发现问题，可以对 A 公司发出额外的指令，来要求 A 公司做一些弥补程序"。

2016 年 12 月，客户支付的设计阶段完成的验收款项 1 168 万欧元。A 公司在 2016 年度确认了 591 万欧元的收入，成本 301 万欧元，毛利率为 49％。

A 公司于 2017 年逐步交付嵌入了基本功能软件的所有硬件设备，并已完成安装调试，于 2017 年 12 月取得该硬件交付阶段的验收报告。验收报告中说明：所有硬件设备均已发运给各地的站点，经过安装调试，所有设备均已达到可使用状态。同时，验收报告中注明"对于该阶段交付的硬件设备，如果在硬件与客制化软件融合的最终测试阶段发现缺陷，对缺陷的修复将属于第三阶段的成本和工作内容，不会影响第二阶段硬件交付阶段验收合格的结果。"

截至 2017 年 12 月 31 日，关于该项目硬件交付阶段，A 公司在账面已确认了 4 012 万欧元的收入。

3. C2000 的成本相关约定。

该项目成本由以下几部分构成：①硬件设备(包括大型基站设备及其他配件等)；②系统软件(包括软件客制化开发和升级等)；③项目直接人工成本；④项目外包服务成本(包括设备安装调试、软硬件融合等)；⑤项目维保成本。

C2000 项目的硬件设备中 74％由 A 公司向其母公司采购，26％为向 B 公司采购，已经全部交付并安装调试验收完毕。

B 公司作为 A 公司关于 C2000 项目硬件交付阶段的第三方服务外包商，主要提供硬件设备的仓储服务、运输服务以及安装调试服务等。硬件设备均是由 B 公司发运给客户各地的站点，已经全部交付并安装调试验收完毕。

C2000 硬件交付阶段的成本费用，主要构成如下：

| 成本类型 | 发生额 |
| --- | --- |
| 项目外包服务成本 | 19 143 389.94 |
| 第三方硬件 | 4 662 235.18 |
| Hytera HQ 硬件 | 13 000 000.00 |
| 计提的标准维保费 | 561 653.84 |
| 合　计 | 37 367 278.96 |

4. A 公司收入确认、成本结转相关的会计政策。

本公司在已将产品所有权上主要风险和报酬转移至购货方，一般将产品交付予客户时，并且不再对该产品实施继续管理和控制时确认收入。

另外,由于本公司系统销售业务属于既有销售商品又有提供劳务的混合销售业务,结合本公司的业务特点和收入确认原则,在货物已发至客户后,进行安装调试,并经初验合格且已取得项目初验报告时,按照合同价款确认收入。

此外,在承诺了多项商品或服务的合同中,即使不是所有部分(比如硬件或软件)都交付,但如果同时满足下列条件,那么可以单独按交付部分的公允价值确认收入:

(1)各部分单独来看对业主而言具有独立的价值;

(2)各部分的相对公允价值能可靠确定;

(3)未交付部分的交付很可能在本集团的控制之下,即交付该组件的技术风险是可以接受的。

如果上述条件中的任何一个没有被满足,那么在这个合同下的各部分的收入都将推迟到整个合同完成或者上述条件全部满足时确认。

**解答:**

1.本问题可参照《计学撮要 2013》之"问题 2-1-5　建造合同的分拆问题"所述原则处理。相关要点如下:

判断能否把一项总承包合同分拆为多个相对独立的组成部分,不仅取决于各部分的相对公允价值能否可靠确定,还需要考虑各部分单独来看对业主而言是否具有独立的价值。本案例是一般意义上总价固定的总承包合同。虽然其中包含了设计、建筑工程、安装工程、设备价款、相关技术服务(其中技术服务未单独计费)等组成部分,但各个部分都是一并谈判确定的,是一项综合合同的组成部分,各部分不符合"可以由任何卖方单独出售,或者买方可以单独转售该部分货物或劳务"的要求,因而单独来看对业主而言并不具有独立的价值,只有组合为一个整体时,对业主而言才具有商业上的意义和价值。因此应作为一个整体看待。

如果该合同总体上满足《企业会计准则第 15 号——建造合同》第十九条"固定造价合同的结果能够可靠估计,是指同时满足下列条件:(一)合同总收入能够可靠地计量;(二)与合同相关的经济利益很可能流入企业;(三)实际发生的合同成本能够清楚地区分和可靠地计量;(四)合同完工进度和为完成合同尚需发生的成本能够可靠地确定"的规定,则应该采用完工百分比法确认合同收入和成本。

采用完工百分比法确认收入时需要考虑以下问题:

1.对于设备价款部分,应当在相应的设备运抵施工现场并安装完毕后,才可纳入完工进度的计算。

2.确保各部分价款的约定整体上的合理性,能否代表各部分的相对公允价值,即根据公司预计每一部分将发生的总成本,使得每一部分的毛利率相对接近。

3.承包方需提供相应的技术指导、技术配合、技术培训等技术服务,但合同总价(16 000 万元)中并未单列技术服务价款部分。因此,需要通过对整个合同各组成部分预算成本的合理估计,将收入总额的一部分分配给将提供的技术服务(如果明显不重大的,也可不作此项分配),对这部分归属于技术服务的收入按技术服务的提供情况确认为收入。

4. 对于合同约定的售后服务保证责任,可按《企业会计准则第 13 号——或有事项》规定的产品质量保证预计负债的相关规定处理。

根据《企业会计准则讲解(2010)》第十六章第三节(第 241 页)中的表述,与合同未来活动相关的合同成本,包括施工中尚未安装、使用或耗用的材料成本,不能纳入"累计实际发生的合同成本"和完工进度的计算。因此,由于设备销售不是一个独立组成部分,因此与设备相关的销售收入,只有在安装完毕之后才能将设备成本计入完工进度计算,所以与设备相关的收入只有到安装完毕之后才能确认。

因此,本案例中虽然将整个合同的实施分解为设计、交货、终验三个阶段,并约定了每个部分的价款,但只有这三个阶段作为一个整体,对客户(该国政府)而言才是具有商业实质的,即获得一个可直接投入使用的系统。同时合同也约定了"已经通过的阶段性验收并不会影响客户在后续项目阶段性进行时对整体项目再进行综合评估"的条款(客户在对设计阶段工作成果的验收证明中也有类似的声明),这更进一步说明了各阶段之间不是互相独立的。因此,应当将该合同作为一个整体,按整体完工进度确认收入。

2. 见上述 1,我们建议按照合同的整体毛利率确认收入和结转成本,而不是分别依据合同约定的每个阶段的价款和每个阶段的预算成本,使得每一阶段有不同的毛利率。

在计算项目完工进度时,对于硬件成本(本案例中硬件均为外购的),在2017 年版收入准则中,是可以采用扣除硬件成本计算完工进度的做法,具体为:

该项目完工进度为:

$$(累计发生成本-硬件成本)/(项目预算总成本-硬件成本)$$

该项目应确认的收入为:

$$(合同总金额-硬件成本)×完工进度+硬件收入$$

该项目应确认的成本为:

$$(项目预算总成本-硬件成本)×完工进度+硬件成本$$

该处理属于针对"在一段时间内履行"的履约义务确定履约进度时采用的"调整投入法"。

但在 2016 及 2017 年度,A 公司尚不能使用上述公式计算完工百分比,应采用 2006 年版收入准则下允许的三种确定完工百分比可采用的方法之一(一般采用累计实际发生的合同成本占预计总成本的比例)确定完工百分比,且已发货但尚未安装的硬件的成本不纳入完工百分比的计算(根据《企业会计准则第 15 号——建造合同》第二十二条规定,采用累计实际发生的合同成本占合同预计总成本的比例确定合同完工进度的,累计实际发生的合同成本不包括"施工中尚未安装或使用的材料成本等与合同未来活动相关的合同成本")。

3. 对售后免费维保,一般理解是:在行业惯例或当地法律法规规定的免费质保期内,就产品质量或设计、施工的缺陷提供的免费"三包"服务,属于与收入确认附加的义务,不是一项单独劳务,应采用在销售收入确认时预提销售费用和预计负债的方式处理;超出该范围的维保属于一项单独的服务,应按照企业单独提供此类服务的报价确定其公允价值,将相应的价款予以递延,到后续维保服务提供时确认收入,与对应的维保成本配比。如果根据历史经验,此类单独提供的维保服务的收入和成本都是显著不重大的,则可以采用简化处理方法,与法定的"三包"不作区分,直接在确认销售收入时预提销售费用和预计负债处理。

**问题 2-1-12** 需要安装调试的设备销售,无法取得验收报告等情况下如何处理

**问题:**

如下文背景资料所述,A 公司目前的收入确认方法是否合理?公司对于需调试验收的特殊情况项目(不能取得验收报告),收入确认时点及方法、金额等如何确定?

**背景:**

A 公司业务主要生产和销售空调设备(制冷设备、空气调节器、冷藏设备、特种空调设备)、冷冻设备及其零配件,并提供相关的售后维修和服务。

A 公司目前国内销售收入确认政策具体如下:

(1) 需要提供安装调试服务的设备销售,公司于调试完成并取得调试合格的验收资料后确认收入;

(2) 无需提供安装调试服务的设备销售,公司按合同、订单约定将设备交付给客户并取得签收单后,相关产品的风险、报酬均已转移,A 公司据此确认销售收入、结转销售成本。

A 公司需要安装调试服务的设备销售,其销售合同中约定的付款条件主要分为四部分:①预付款:合同金额的 10%;②到货款:货物到达后一段时间内支付,一般可达到合同金额的 70%;③调试验收款:一般为合同金额的 15%;④质保金:合同金额的 5%。

由于 A 公司的空调设备主要用于大型场馆、办公楼宇、星级酒店、轨道交通等方面,设备的安装调试工作受制于各类建筑工程施工及开发进度、客户的强势程度及配合程度,往往会存在部分项目由于客户的各种原因导致设备不能调试验收,或者即使公司已为客户进行调试但无法取得经客户盖章确认的验收报告的情况。例如,现 A 公司存在以下几种特殊情况:

1. 公司收到客户的预付款,并将货物运达至项目现场,但因项目自身原因停工,导致需要安装调试的货物未进行安装调试;公司已收到预付款、到货款,但未收到调试验收款及质保金;其工程项目停工时间在 1 年以上(未进行调试,未取得验收报告,收款达到 80%)。

2. 公司收到客户的预付款,将货物运达至项目现场,但因项目自身原因停

工,导致需要安装调试的项目未进行安装调试;公司已收到预付款、部分到货款,未收到调试验收款及质保金;由于项目一直处于停工阶段,公司起诉客户将未付的到货款付清,法院判决书支持公司的诉求,要求客户将到货款付清(未进行调试,未取得验收报告,收款未达到80%,但根据法院判决书预计可达到80%)。

3. 公司收到客户的预付款,将货物运达至项目现场;客户未通知公司进行调试验收,客户自己对货物进行安装调试,相关工程项目涉及对外营业的已对外营业,已收到客户的预付款、部分到货款,未收到调试验收款及质保金(商场已开业,设备已使用,客户自己已进行调试,无须公司再进行调试,客户未提供调试报告,到货款未收完,未达到80%)。

4. 公司收到客户的预付款,将货物运达至项目现场;公司已进行安装调试并有公司内部安装调试工单,但客户尚未确认提供验收相关的资料;相关工程项目涉及对外营业的已对外营业;已收到客户的预付款、部分到货款,未收到调试验收款及质保金(商场或大厦已开业,设备已使用,公司已调试但客户未提供调试报告,到货款未收完,未达到80%)。

5. 公司收到客户的预付款,将货物运达至项目现场,公司已进行安装调试合格(内部),客户对设备性能使用可能会有异议(例如,称设备有噪音),商场或大厦尚未营业,由于客户对到货款拖欠,公司仅仅收到预付款10%左右(公司已进行安装调试,客户对设备性能有异议,拖欠到货款,仅收到预付款10%)。

6. 公司收到客户的预付款,将货物运达至项目现场,公司已进行安装调试并有内部安装调试工单,但客户尚未确认提供验收相关的资料;相关工程项目涉及对外营业的已对外营业,已收到客户预付款、到货款、调试验收款,只有质保金未付(公司已调试合格,有内部工程人员调试报告,但不能取得经客户认可的调试报告,货款已收到95%,只剩质保金未收回)。

注:以上6种情况即使A公司进行调试合格,也不一定能取得经客户确认并盖章的调试报告。

**解答:**

对于设备类销售合同同时附有安装、调试类义务的,首先应考虑是否涉及包含多个部分的合同分拆问题、安装费是否与需在未来提供的服务相关联,具体判断原则参照《计学撮要2011》第二章第二节"二、包含多个部分的合同分拆的条件"和该章第四节"二、安装费收入的确认"及相关合同约定具体进行分析。实务中一般而言,本案例所述业务背景是A公司在销售中央空调产品或类中央空调产品过程中发生的产品初装及设备安装后能否正常运转的初始调试工作,因此,我们理解,相应的安装、调试收入无需拆分,均应并入销售商品的收入中,其收入确认时点应以《企业会计准则第14号——收入(2006)》第四条所列的五项条件作为判断依据。

依据《企业会计准则第14号——收入》(2006年)及《企业会计准则讲解(2010)》,销售商品确认收入,需要同时满足的五个条件:

(一)企业已将商品所有权上的主要风险和报酬转移给购货方

判断企业是否已将商品所有权上的主要风险和报酬转移给购货方,应当关注交易的实质而不是形式,同时考虑所有权凭证的转移或实物的交付。如果与商品所有权有关的任何损失均不需要销货方承担,与商品所有权有关的任何经济利益也不归销货方所有,就表明商品所有权上的主要风险和报酬转移给了购货方。

1. 通常情况下,转移商品所有权凭证或交付实物后,商品所有权上的所有风险和报酬随之转移,如大多数商品零售、预收款销售商品、订货销售商品、托收承付方式销售商品、分期收款发出商品等。

2. 某些情况下,转移商品所有权凭证或交付实物后,商品所有权上的主要风险和报酬随之转移,企业只保留商品所有权上的次要风险和报酬,如交款提货方式销售商品、视同买断方式委托代销商品等。在这种情形下,应当视同商品所有权上的所有风险和报酬已经转移给购货方。

3. 某些情况下,转移商品所有权凭证或交付实物后,商品所有权上的主要风险和报酬并未随之转移。

(1)企业销售的商品在质量、品种、规格等方面不符合合同或协议要求,又未根据正常的保证条款予以弥补,因而仍负有责任。

(2)企业销售商品的收入是否能够取得,取决于购买方是否已将商品销售出去。如采用支付手续费方式委托代销商品、售后回购等。

(3)企业尚未完成售出商品的安装或检验工作,且安装或检验工作是销售合同或协议的重要组成部分。

(二)企业既没有保留通常与所有权相联系的继续管理权,也没有对已售出的商品实施有效控制

通常情况下,企业售出商品后不再保留与商品所有权相联系的继续管理权,也不再对售出商品实施有效控制,表明商品所有权上的主要风险和报酬已经转移给购货方,应在发出商品时确认收入。

在有的情况下,企业商品售出后,由于各种原因仍保留与商品所有权相联系的继续管理权,或仍对商品可以实施有效控制,如售后回购、售后租回等,则说明此项销售交易没有完成,销售不能成立,不应确认销售商品收入。

(三)收入的金额能够可靠地计量

收入的金额能够可靠地计量,是指收入的金额能够合理地估计。如果收入的金额不能够合理估计,则无法确认收入。通常情况下,企业在销售商品时,商品销售价格已经确定,企业应当按照从购货方已收或应收的合同或协议价款确定收入金额。如果销售商品涉及现金折扣、商业折扣、销售折让等因素,还应当考虑这些因素后确定销售商品收入金额。如果企业从购货方应收的合同或协议价款延期收取具有融资性质,企业应按应收的合同或协议价款的公允价值确定销售商品收入金额。

有时,由于销售商品过程中某些不确定因素的影响,也有可能存在商品销售价格发生变动的情况,如附有销售退回条件的商品销售。如果企业不能合理估计退货的可能性,则无法确定销售商品的价格,也就不能够合理地估计收入的金额,不应在发出商品时确定收入,而应当在售出商品退货期待满商品销售价格能够可靠计量时确定收入。

企业从购货方已收或应收的合同或协议价款不公允的,企业应按公允的交易价格确定收入金额,不公允的价款不应确定为收入金额。

（四）相关的经济利益很可能流入企业

相关的经济利益很可能流入企业,是指销售商品价款收回的可能性大于不能收回的可能性,即销售商品价款收回的可能性超过50%。企业在确定销售商品价款收回的可能性时,应当结合以前和买方交往的直接经验、政府有关政策、其他方面取得信息等因素进行分析。企业销售的商品符合合同或协议要求,已将发票账单交付买方,买方承诺付款,通常表明满足本确认条件（相关的经济利益很可能流入企业）。如果企业根据以前与买方交往的直接经验判断买方信誉较差,或销售时得知买方在另一项交易中发生了巨额亏损,资金周转十分困难;或在出口商品时不能肯定进口企业所在国政府是否允许将款项汇出等,就可能会出现与销售商品相关的经济利益不能流入企业的情况,不应确认收入。如果企业判断销售商品收入满足确认条件确认了一笔应收债权,以后由于购货方资金周转困难无法收回该债权时,不应调整原确认的收入,而应对该债权计提坏账准备、确认坏账损失。

（五）相关的已发生或将发生的成本能够可靠地计量

通常情况下,销售商品相关的已发生或将发生的成本能够合理地估计。有时,销售商品相关的已发生或将发生的成本不能够合理地估计,此时企业不应确认收入,已收到的价款应确认为负债。

本案例中,针对需要安装调试但由于客户的各种原因而不能取得验收报告的项目,需要结合 A 公司相关销售合同条款具体进行分析、判断。

（一）企业已将商品所有权上的主要风险和报酬转移给购货方

对于该类项目,A 公司销售合同约定的义务履行完成的节点,即标的产品所有权上的风险和报酬转移的时点是交货签收,还是验收且安装完毕调试合格?

实务中,此类产品销售合同条款约定可能存在以下情形:

1. 虽然合同约定 A 公司负有不可避免地向客户提供安装、调试的履约义务,但即使验收或调试不合格也不会导致客户退货（如可以换货或维修）;即验收、调试不合格时,客户有权不支付相应货款,A 公司负责维修或更换达到客户满意后,仍将按合同约定支付未支付的相应货款,不涉及退货和退款;

2. 合同中关于安装或验收调试工作约定完成的期间有类似如下约定:如因客户的各种原因超过约定的安装、验收调试期间,虽然 A 公司仍应按合同约定履行安装、调试义务,但客户方因其自身原因未能在合同约定的期间内验收、调试并向 A 公司出具验收报告等则丧失其退货、退款的权利,只能选择维修或更换——即超过合同约定的验收、调试期,客户未退货或提出其他要求的,视为验收合格,客户接受标的设备,不再有退货发生。

3. 安装验收、调试不合格时客户有权选择退货,A 公司也需将之前已收到货款退还客户。

针对本案例所列示的 6 种情形,处理建议分别如下:

| 情形 | 处理意见 |
|---|---|
| 情形 1　公司收到客户的预付款,并将货物运达至项目现场,但因项目自身原因停工,导致需要安装调试的货物未进行安装调试;公司已收到预付款、到货款,但未到调试验收款及质保金;其工程项目停工时间在一年以上(未进行调试,未取得验收报告,收款达到 80%) | 分两种情况处理(前提是客户均无权要求退货、退款,下同):<br>1.1　安装调试只能由 A 公司或其特别授权的服务商进行,则说明安装调试是销售商品的不可分割的组成部分,在安装调试完成前不能确认收入<br>1.2　安装调试可由独立第三方执行而无需 A 公司提供特别技术支持的,则在确保安装调试部分的公允价值不小于尚未收到的合同款的前提下,可就已收到的预付款和到货款确认收入,并全额结转成本,同时需就可能尚需发生的后续成本和维修、质保支出计提适当的预计负债<br>1.3　同时,针对每种情形,应注意结合合同条款分析后续维修支出约定与质保金的关系,以及是否会产生额外免费的维修义务,如有则在确认销售商品、安装费和质保金相关收入时均应考虑这一影响。对质保金对收入确认的影响,可参照《计学撮要 2011》第二章第四节"四、销售合同中包含的质保金条款及其对收入确认的影响"进行处理(下同) |
| 情形 2　公司收到客户的预付款,将货物运达至项目现场,但因项目自身原因停工,导致需要安装调试的项目未进行安装调试;公司已收到预付款、部分到货款,未到调试验收款及质保金;由于项目一直处于停工阶段,公司起诉客户将未付的到货款付清,法院判决书支持公司的诉求,要求客户将到货款付清(未进行调试,未取得验收报告,收款未达到 80%,但根据法院判决书预计可达到 80%) | 思路参照情形 1 的回复。<br>2.1　针对此种情形,首先应确认若项目一直推迟开工或开工与否不能确定,客户是否有可能退货、退款以及退货、退款发生的可能性(含退货款的合理估计)<br>2.2　即使 A 公司收到法院判决胜诉,需关注该判决是否为终审可执行判决?并应向当事人律师咨询,判断该判决结果的可执行性及因此而有证据表明可以收回的货款金额,以合理、谨慎地估计可以确认的收入金额 |
| 情形 3　公司收到客户的预付款,将货物运达至项目现场;客户未通知公司进行调试验收,客户自己对货物进行安装调试,相关工程项目涉及对外营业的已对外营业,已收到客户的预付款、部分到货款,未收到调试验收款及质保金(商场已开业,设备已使用,客户自己已进行调试,无须公司再进行调试,客户未提供调试报告,到货款未收完,未达到 80%) | 3.1　建议先向客户调试人员确认标的设备是否存在退货可能(一般如果标的设备正常运转,基本不会再发生退货,即使有故障可能存在维修支出),如果相关证据均表明基本可排除退货可能,可以将已收到的预付款、部分到货款(即已收到的不会退回的货款)部分确认为收入,全额结转成本<br>3.2　针对安装费和质保金参照针对情形 1 的回复 1.2 |
| 情形 4　公司收到客户的预付款,将货物运达至项目现场;公司已进行安装调试并有公司内部安装调试工单,但客户尚未确认提供验收相关的资料;相关工程项目涉及对外营业的已对外营业;已收到客户的预付款、部分到货款,未收到调试验收款及质保金(商场或大厦已开业,设备已使用,公司已调试但客户未提供调试报告,到货款未收完,未达到 80%) | 针对情形 4:首先核实公司虽未收到客户提供的调试报告,但该设备运营是否正常,如果该设备从运营角度来看已通过实质调试阶段,则可以视为客户验收已实质通过(注:但应有合理必要证据作支持),确认收入结转成本思路同上情形 3 |
| 情形 5　公司收到客户的预付款,将货物运达至项目现场,公司已进行安装调试合格(内部),客户对设备性能使用可能会有异议(例如,称设备有噪音),商场或大厦尚未营业,由于客户对到货款拖欠,公司仅仅收到预付款 10% 左右(公司已进行安装调试,客户对设备性能有异议,拖欠到货款,仅仅到预付款 10%) | 此情形下,由于客户方对设备性能有异议,设备销售款项也大部分未收回,因此 A 公司该产品的大部分的风险和报酬尚未转移,不应确认收入 |

451

（续表）

| 情形 | 处理意见 |
|---|---|
| 情形 6　公司收到客户的预付款，将货物运送达到项目现场；公司已进行安装调试并有内部安装调试工单，但客户尚未确认提供验收相关的资料；相关工程项目涉及对外营业的已对外营业，已收到客户预付款、到货款、调试验收款，只有质保金未付（公司已调试合格，有内部工程人员调试报告，但不能取得经客户认可的调试报告，货款已收到 95%，只剩质保金未收回） | 此情形下：公司已收到客户预收款、验收款、调试验收款，虽无客户相关的调试验收资料，但合同约定的调试验收款已收到，可佐证客户认可设备的验收合格，因此可以接受确认收入。但关于尚未收到的质保金，请结合 1.3 的提示以及质保金确认收入的分析，此时，全额确认收入不一定是恰当的，但成本应全额结转<br>其他提示参见情形 1～5 类同情况 |

**问题 2-1-13**　施工企业整体分包项目（实质为出借资质项目）的会计处理问题

**问题：**

如下文背景资料所述，施工行业对于挂靠项目的相关资产、负债、利润是否纳入名义总包单位的报表？

**背景：**

A 公司是一家施工企业，整体分包项目（实质为出借资质的挂靠项目）基本情况：

A 公司与发包人签订施工合同、办理工程结算并收付工程款、承担项目责任，然后与实际施工单位 B 公司签订分包合同，约定包括工程结算方式、上交管理费比例、工程安全、文明施工、农民工工资保障、质量管理等方面的权利义务（工程质量等法定责任并不能转移），并将全部工程交由合同方（B 公司）实施。B 公司以 A 公司名义设立项目部、开立银行结算账户。

A 公司与 B 公司的分包合同中一般按照合同价款的一定比例约定 A 公司收取的管理费。A 公司应将该类项目的收入、成本根据相关合同全口径计入利润表还是应仅就收取的管理费收入和相应的成本计入利润表中？

**解答：**

针对第三方（挂靠方）以 A 公司名义承接的项目，由于《建筑法》中对总承包单位的分包要求、工程质量责任及违规转包后质量责任的承担等均作了明确规定：

第二十八条　禁止承包单位将其承包的全部建筑工程转包给他人，禁止承包单位将其承包的全部建筑工程肢解以后以分包的名义分别转包给他人。

第二十九条　建筑工程总承包单位可以将承包工程中的部分工程发包给具有相应资质条件的分包单位；但是，除总承包合同中约定的分包外，必须经建设单位认可。施工总承包的，建筑工程主体结构的施工必须由总承包单位自行完成。

建筑工程总承包单位按照总承包合同的约定对建设单位负责；分包单位按

照分包合同的约定对总承包单位负责。总承包单位和分包单位就分包工程对建设单位承担连带责任。

禁止总承包单位将工程分包给不具备相应资质条件的单位。禁止分包单位将其承包的工程再分包。

第五十五条 建筑工程实行总承包的,工程质量由工程总承包单位负责,总承包单位将建筑工程分包给其他单位的,应当对分包工程的质量与分包单位承担连带责任。分包单位应当接受总承包单位的质量管理。

第五十八条 建筑施工企业对工程的施工质量负责。

第六十六条 建筑施工企业转让、出借资质证书或者以其他方式允许他人以本企业的名义承揽工程的,责令改正,没收违法所得,并处罚款,可以责令停业整顿,降低资质等级;情节严重的,吊销资质证书。对因该项承揽工程不符合规定的质量标准造成的损失,建筑施工企业与使用本企业名义的单位或者个人承担连带赔偿责任。

因此,无论 A 公司与实际承包人 B 公司之间如何对该项目的权利、义务进行约定,《建筑法》规定了与发包人之间签订的施工总承包合同中主要责任人依然是 A 公司,即,A 公司与发包人(业主)签约承接工程,并由此成为就工程质量、安全生产、工期等问题向发包人承担首要责任的义务人(B 公司作为挂靠方虽然实际提供建造服务,但与业主无直接合同关系),并承担来源于发包人和挂靠方的信用风险。因此,这种情况下,按照收入确认采用"总额法"还是"净额法"的基本判断标准(参考《计学撮要 2011》第 141~146 页的相关说明),应按照"总额法"确认被挂靠项目的收入和成本,即将此类挂靠项目的收入、成本均纳入 A 公司利润表,应归属于挂靠方的挂靠项目利润确认为成本或费用。具体操作中,即使 A 公司并未直接向发包人提供建筑服务,也应在第三方实际承包人(挂靠方)完成相应施工进度时,根据其计算的收入,A 公司应以相同的金额确认成本,并用成本加固定比例管理费的金额确认收入(注意仍应按照完工百分比计算会计收入和成本,不应根据向第三方的付款确认为会计成本)。挂靠项目的相关税费,虽然最终由挂靠方承担,从 A 公司结算给挂靠方的款项中扣除,但仍确认为 A 公司的"税金及附加"和增值税额,现金流量表中对支付的该等税费列入"支付的各项税费"。

同时,由于挂靠项目部的资产和负债没有与 A 公司的其他资产和负债实现完全的风险隔离,即不满足《企业会计准则第 33 号——合并财务报表(2014 年修订)》第二十条中所规定的构成"单独主体"的条件要求,因此不能单独考虑其控制权问题,而应将其资产、负债汇总到 A 公司的报表中,并将挂靠项目部中归属于挂靠人的权益确认为对挂靠人的负债。

**问题 2-1-14** 公共建筑节能改造项目的政府补贴的确认

**问题:**

如下文背景资料所述,对于收到的两次财政补贴款,A 公司是否应该在二期项目完成验收后确认为营业收入？

**背景：**

A 公司主要经营合同能源管理业务,公司拟签订一份合同,合同内容是帮助 B 大学进行二期合同能源项目改造。2016 年已进行了第一期改造,第一期改造完成验收后,公司向当地政府申请了 456.8 万元的财政补贴,该补助款项已于 2016 年 12 月 26 日收到。现 A 公司拟签订的第二期合同预计投资总额为 496 万元,全部由 A 公司投资,投资完成后,二期项目所产生的节能效益全部由 B 大学所得,二期改造项目验收后,改造项目中所安装的硬件设备产权全部转交 B 大学所有。双方约定,对于该合同能源项目申报到国家公共建筑节能改造重点城市示范项目的中央财政补助资金全额作为奖励发放给 A 公司,B 大学不再支付任何款项给 A 公司。

A 公司与 B 大学签订的公共建筑节能改造项目(二期)合作协议书主要内容有：

为贯彻落实国家公共建筑节能改造重点城市示范项目建设系列方针政策,将 B 大学建设为省绿色示范单位,全面实施 B 大学公共建筑节能改造项目,经双方充分协商,甲方(B 大学)、乙方(A 公司)一致达成如下合作协议：

1. 甲方授权乙方在甲方校区共 20 栋建筑实施采暖、空调、照明等节能改造项目,并全力配合乙方开展节能改造工作,具体改造内容详见实施方案。

2. 二期节能项目改造所需要的(方案设计,设备采购,人工费用,测试费用,调试费用)资金项目总投资约 496.42 万元,全部由乙方自筹。

3. 二期节能改造项目中,方案设计,设备采购,设备安装,设备测试,设备调试,由乙方负责组织实施。

4. 甲乙双方承诺各方均至少指派一名专业人员相互配合申报国家公共建筑节能改造重点城市示范项目中央财政补助资金和地方财政补助资金。

5. 二期项目所产生的节能效益全部由甲方所得。

6. 二期改造项目验收后,改造项目中所安装的硬件设备产权全部转交甲方单位。

7. 申报到国家公共建筑节能改造重点城市示范项目的中央财政补助资金全额作为奖励发放给乙方。

8. 二期改造项目验收后,乙方负责对二期改造项目中的软硬件进行一年期的免费维护保养。

9. 申请所得地方财政补助资金全部分配给甲方,用于一二期项目节能控制系统的补充建设。

当地政府印发的《××市城乡建设委员会公共建筑节能改造重点城市示范项目和资金暂行管理办法》的通知中关于补助资金的相关条款如下：

第三条　本办法所称"补助资金"是指专项用于支持公共建筑节能改造重点城市建设的财政补助资金,资金由中央财政和市本级、各区(县、市)级财政配套资金组成,用于公共建筑节能改造、能源审计和节能量审核、技术规范编制、宣传与培训等。其中,公共建筑节能改造主要采用以奖代补方式进行补贴;其他据实结算项目采用先实施、后清算的资金拨付方式。

第十一条　示范项目完成并通过验收后,申报单位持《示范项目专项补助资金申请书》等资料向市城乡建设主管部门提出补助资金申请。市城乡建设主管部门会同市财政根据建筑能源审计机构核定的节能率和改造面积核定补助。

第十二条　经建筑能源审计机构测评不达标的项目,应在半年内完成整改;逾期整改仍不达标的项目,不予拨付补助资金。

第十三条　示范项目按照经审核的节能率和改造建筑面积进行补助,其补助标准为:

一般公共建筑改造后综合节能率超过15%(含)的,按每平方米建筑面积35元进行补助。

大型公共建筑改造后综合节能率超过20%(含)的,按每平方米建筑面积30元进行补助;超过节能率25%的,按每平方米建筑面积35元进行补助。

其中,中央财政补助资金由市财政按改造建筑面积20元/平方米国库集中支付程序直接拨付至项目单位。

第十四条　采用合同能源管理模式实施的示范项目,补助资金按8:2的比例分配给合同能源管理公司和建筑物所有权人(或其授权委托的使用人);采取自主改造模式实施的示范项目,补助资金拨付给建筑物所有权人(或其授权委托的使用人)。

第二十条　有下列情形之一的,市财政、市城乡建设主管部门将依法停止拨付补助资金,并依法进行处理:

(一)提供虚假资料、骗取补助资金的;

(二)转移、侵占或挪用补助资金的;

(三)不符合国家和本市相关强制性规定的。

**解答:**

公共建筑节能改造项目目前在多地以PPP模式或EMC模式开展,其主要的资金来源仍是财政资金。根据所附的《××市城乡建设委员会公共建筑节能改造重点城市示范项目和资金暂行管理办法》第三条、第十三条及第十四条的规定,我们理解,该项目实质为A公司与B大学联合实施公共建筑节能改造项目,最终业主是政府方以奖代补的方式进行付费。

判断该政府补贴是政府补助还是收入的主要依据:

2017年6月12日开始执行的《企业会计准则第16号——政府补助(2017年修订)》在第五条中明确:"企业从政府取得的经济资源,如果与企业销售商品或提供服务等活动密切相关,且是企业商品或服务的对价或者是对价的组成部分,适用《企业会计准则第14号——收入》等相关会计准则。"第十八条规定:"企业对2017年1月1日存在的政府补助采用未来适用法处理,对2017年1月1日至本准则施行日之间新增的政府补助根据本准则进行调整。"但由于本案例中A公司是于2016年12月收到的第一期项目的政府补贴,仍应遵循《企业会计准则第16号——政府补助(2006)》。虽然《企业会计准则第16号——政府补助(2017年修订)》未明确提及何种情况下适用收入准则,但是明确了"政府补助是指企业从政府无偿取得货币性资产或非货币性资产。"因此在判断来源于政府的款项应确认为营业收入还是政府补助的问题上,修订前后的政府补助准则并无实质性差异。事实上,《财政部关于做好执行企业会计准则的企业 2012 年年报工作的通知》(财会〔2012〕25 号)已经规定:"企业与政府发生交易所取得的收入,如果该交易具有商业实质,且与企业销售商品或提供劳务等日常经营活动密切相关的,应当按照《企业会计准则第 14 号——收入》的规定进行会计处理。在判断该交易是否具有商业实质时,应考虑该交易是否具有经济上的互惠性,与交易相关的合同、协议、国家有关文件是否已明确规定了交易目的、交易双方的权利和义务,如属于政府采购的,是否已履行相关的政府采购程序等。"

案例背景提及的情况,由于政府组织实施、验收、付费,A 公司在其中为政府提供了劳务,并非"无偿取得"政府的补贴,因此,即使在《企业会计准则第 16 号——政府补助(2006)》的规定下,也不属于政府补助的范畴,而应适用收入准则。因此,我们认为取得的政府补贴应该计入营业收入,可以理解为:A 公司(节能服务公司)与用能单位达成协议,节能服务公司以其可获得的节能效益分成与用能单位可获得的财政资金进行交换,节能服务公司由此获得固定金额的节能收益,并据此收回投入成本和获取合理收益。

但是,《公共建筑节能综合改造项目(二期)合作协议书》第 8 条约定:"二期改造项目验收后,乙方负责对二期改造项目中的软硬件进行一年期的免费维护保养。"因此,在二期改造项目验收后,A 公司不能将政府付费金额全部确认为收入,应将维护保养 1 年期的公允价值收费从政府付费总额中分离,这部分收入应于后续提供维护保养服务时确认为收入。

### 问题 2-1-15　酒类企业的收入确认问题

**问题:**

如下文背景资料所述,

1. A 公司对经销商销售收入确认时点如何确定? 是发货时确认收入还是在运至指定地点确认收入?

2. A 公司对封坛酒销售收入确认时点如何确定?

3. A 公司对市场促销方案承担的费用如何进行会计处理?

4. A 公司对经销商的奖励如何进行会计处理?

5. A 公司通过电子商务平台实现的销售收入确认时点如何确定?

6. 基酒存储损耗如何进行会计处理?

**背景:**

1. 经销商销售模式。

A 白酒公司与经销商签署的经销协议规定:

(1) 货款结算方式:先款后货。因特殊情况经 A 公司书面签字盖章同意赊欠货款的,经销商必须在本合同期满前或解除本合同之日起一周内向 A 公司一次性付清。

（2）要货要求及交提货地点：经销商要货应提前 15 日在 A 公司商务平台上提交订单，并同时将货款足额汇至 A 公司指定账户。A 公司接到要货计划并收到货款后，负责将产品运输到经销商所在地站点（距经销商最近的火车站）之时起，A 公司即履行交货义务。若经销商不及时提货产生的责任、风险及有关费用由经销商承担。

（3）运输合理损耗及计算方法：A 公司代办运输时，3‰以内的货损属正常损耗，由经销商承担；超过 3‰ 的部分，由经销商向运输部门和保险单位索赔，A 公司向经销商提供相关依据。

（4）验收标准及异议期限：经销商按照 A 公司企业标准或国家标准验收。经销商对所收货物有异议的（主要是指产品数量、包装质量）的期限为：经销商必须自收货之日起 3 日内以书面形式通知 A 公司，否则，逾期视为经销商对所收货物验收合格。

（5）经销产品品种、规格和价格：供货价为到站价（即到达经销商所在地火车站的价格，含产品价格和到达经销商所在地火车站的运输费、保险费）；批发价为经销商批发时 A 公司建议执行的价格。

2. 封坛酒业务。

A 公司对出厂前窖藏期限已满，品质上已满足交付客户的成品质量要求的基酒（未包装）与客户达成封坛酒购销合同，客户签订合同后，现场对自己订购的产品进行装坛、封装并粘贴有自己签名的标记。A 公司对该部分定制酒进行单独存放，提货前的存货公允价值变动等存货风险由客户承担，产品的分装费一般由 A 公司承担（若客户对产品分装有特殊要求，该部分费用由客户承担），后期存储费用主要为提供存储仓库费用，费用较小。

A 公司与客户签订封坛酒购销合同，合同约定：

（1）客户以托管方式购买，即客户购买封坛酒后选择委托 A 公司在厂区专设的封坛酒库托管。托管封坛的前 5 年（A 公司负责提供托管封坛、日常养护保管、定期取用、转让赠予等服务），免收客户的托管服务费；自第 6 年度起每年按标准收取托管服务费。

（2）A 公司按封坛酒品种规格足量灌装，每年实际挥发损耗率不超过 3%，超过 3% 以上的损耗部分，由 A 公司按同等酒质补给；灌装的封坛酒可能存在坛内酒量不足情况，若有发生，A 公司按合同约定的规格同等酒质补给。

（3）灌装及运输约定：

第一，客户对托管的封坛酒产品取用时需申请，A 公司免费提供指定分装材料。客户申请取用时须提前 20 个工作日将"封坛酒取酒申请表"和完备的取酒手续，以传真或电子邮件方式发送给封坛酒托管会员管理服务中心，A 公司核实后安排启动取酒灌装工作。

第二，若客户自行提供个性化包装设计方案的，方案不得违反国家法律法规及企业内部规定，并报封坛酒托管会员管理服务中心审定。客户选用的包装物齐备到 A 公司厂区后，A 公司履行手续安排分装，分装周期最长不超过 5 个工作日,不可抗力因素除外。

第三,受客户委托,封坛酒托管会员管理服务中心可为客户代办普通物流运输手续并组织送货至客户指定地点(限于中国大陆境内),运输费用由 A 公司承担。

3. 市场促销费用的相关会计处理。

A 公司市场人员根据市场开发需要,制作片区促销方案。方案经公司审批后,A 公司市场人员选定辖区内部分经销商具体执行该促销方案,公司相关人员进行监督。方案经费由经销商垫付,A 公司按应承担部分与经销商进行结算。方案主要分以下两类:

(1) 促销方案中明确 A 公司承担费用以产品折让返还经销商(实质为产品捆绑销售,比如买三赠一方式,但对赠品兑现一般在次年),A 公司对该类业务经销商报销时暂不做账务处理,只是在经销商可使用折扣余额备查账中予以登记。年末对已实施未报销的方案费用,A 公司在账面冲减当期收入,同时确认递延收益。

(2) 促销方案中使用资金结算的,经销商提供相应票据报销,A 公司账务处理直接确认销售费用,同时调增预收账款余额。

(3) A 公司市场人员领用公司产品进行市场开拓的,A 公司直接确认销售费用,同时减少库存商品和确认应缴纳的增值税。

4. 经销商奖励相关会计处理。

A 公司根据与经销商签订的销售协议,对年度内完成相关任务的经销商按合同约定(合同未予以明确,实质为销售返利)给予一定比例奖励(与经销商完成任务挂钩),奖励实现方式为经销商次年采购产品时以折让形式予以返还。A 公司会计处理时,根据本年度经销商根据协议应享受的奖励冲减本年度营业收入,同时确认递延收益。

5. 电子商务平台的销售收入确认时点。

A 公司通过天猫、酒仙网等电子商务平台进行产品销售,在公司客户已付款(存于支付宝账户),产品已出库时,A 公司即确认收入。该销售模式为一般网络 B2C 销售模式,销售客户一般为网上进行零星采购的客户,相关交易习惯与通常的网上销售一致。

6. 基酒存储损耗会计处理。

A 公司生产的产品(酱香型白酒)需存储一定时间(一般为 3 年)后方可对外进行销售,在存储过程中需对酒进行转罐勾兑等操作,A 公司根据历史经验数据对产品存储期间的损耗率进行估计,年末根据基酒数量乘以损耗率计提产品损耗,会计处理为:

借:管理费用——陈酿费
　　贷:存货——半成品

次年根据基酒存储数量对产品损耗进行估计,如估计产品损耗大于已确认产品损耗,则按差额确认本年度的产品损耗;如估计产品损耗小于已确认产品损耗,则按差额冲减已计提产品损耗,账务上冲减本年管理费用。

**解答:**

1. 经销商收入确认时点。

一般情况下,商品销售是在购买方验收认可后作为商品销售确认时点。本案例中,从双方签署的经销合同来看,分析价款结算、损失的赔偿等因素。就运输合理损耗及计算方法而言,合同约定 A 公司代办运输时,3‰以内的货损属正常损耗,由经销商承担;超过 3‰的部分,由经销商向运输部门和保险单位索赔,A 公司向经销商提供相关依据。针对货物验收,经销商对所收货物主要是指产品数量和包装质量(不包含对酒的品质验收)。从上述条款来看,在该交易合同中,A 公司处于相对强势的卖方地位。在 A 公司向运输公司发货装车时,是否即把对货物的控制权、货物所有权上的主要风险及报酬已经转移给经销商,可能存在一定争议。但由于合同约定所售标的酒产品仍需要经过验收,因此,发货装车时即确认收入的做法可能并不恰当,除非交易对手方(经销商)认可发货装车时相关商品的风险报酬即转移到交易对手方本身,或此类验收完全是形式性的。

因此,建议 A 公司与交易对手方再进一步确认相关商品所有权上的主要风险和报酬实际转移的界定,同时获取律师的法律专业意见,并参考行业惯例,以及历史上经销商在验收时提出异议的情况等因素,合理分析货物所有权上主要风险和报酬以及对货物的控制权的转移时点。如无充分证据支持在发货时已转移标的商品的风险和报酬,那我们建议在仍应在经销商验收后作为商品销售收入的确认时点。

2. 针对封坛酒的收入确认,白酒行业中封坛定制酒是指酒水企业根据客户的特定需求,从品质和形象设计着手为客户量身打造出具有浓郁个人专属风格的酒水,是一种"一对一"式的高品质服务产品,是白酒行业通常的销售模式之一。

首先,针对封坛酒收入的确认时点,我们理解这种情况属于"开出账单并代管商品"的销售,不论 2017 年修订前后的收入准则,对此类情况的收入确认均有特殊规定,应确保这些特殊规定得到遵循。例如,在 2017 年版收入准则下,认为符合下列所有条件的情况下,客户才获得对"开出账单但代管商品"安排下产品的控制:

(1)"开出账单但代管商品"的安排必须具有实质性的理由(例如,客户要求订立该项安排);

(2)产品必须作为属于客户的产品被单独识别;

(3)产品实物当前必须可随时转让给客户;以及

(4)企业不具有使用产品或将产品提供给其他客户的能力。

因此,对此类封坛酒的收入确认,应关注:

(1)该酒的出厂前窖藏期限是否已满,品质上已满足交付客户的成品质量要求;

(2)封坛时是否经过客户确认和审验,酒坛封口上是否明确标注了客户名称(可明确识别)并与其他酒坛分开存放,其中的酒已不能再作其他用途,

本企业已不能动用或作其他处置,但在客户提出要求时可以随时向客户交付;

(3) 客户是否已经承诺承担提货前的存货公允价值变动等存货风险;

(4) 货款是否已经全额收到,后续的保管、分装等成本能否可靠计量和合理估计。

本案例中,根据 A 公司签署的封坛酒购销合同规定,双方结算方式为"A 公司确认购买方封坛款足额到账,出具销售出库单后即生效",购买方式为"购买方选择封坛托管方式购买,即购买方购买封坛酒后选择委托 A 公司在厂区专设的封坛酒库托管",托管封坛期间购买方提出的转让、赠予约定"购买方对托管封坛产品可转让、赠予第三方,但须向 A 公司提出书面申请,A 公司协助办理相关的手续,由此产生的费用由购买方承担",从上述条款分析,卖方已经收取货款,并出具销售出库单。尽管封坛酒并未完成形式上提货,但在完成封坛后其实质上已经发生了控制权的转移,卖方履行的仅仅是受托保管义务。卖方已将该商品所有权上的主要风险和报酬转移给客户,即客户已取得该商品所有权上的主要风险和报酬,该时点实际达到收入确认条件。

其次,应进一步核实:分装时,分装费用是由购买方承担,还是 A 公司承担?产品的分装费是单独付费还是一并与封坛酒的销售合同合并作价?如果 A 公司将全部或部分承担封坛酒分装取送环节的任何费用,需要考虑分装、包装等费用相对于酒本身的价格而言是否重大,进而考虑是否导致对相关销售合同价款的拆分判断;若分装、包装等不构成单项履约义务,则 A 公司在确认收入的同时,应考虑按照《企业会计准则第 13 号——或有事项》的相关规定确认一项预计负债(以满足该准则第四条规定的"预计负债确认三条件"为前提)或者披露未来预计可能发生的分装取送成本等。

最后,考虑到有 5 年免费托管期,A 公司收到足额封坛酒款实际上包含两部分内容,一部分是酒产品本身的价款,另一部分是 5 年的托管费用。A 公司应参照 5 年免费后第 6 年开始每年的托管费市场公允价,将收到的封坛酒款进行拆分,相当于 5 年托管费的部分予以递延,在后续的免费保管期内确认"其他业务收入——提供封坛托管服务费";余额为销售酒的收入。如果第 6 年后虽然收取托管服务费,但另收的托管服务费不足以涵盖保管成本的,则还需将更多的酒款作为保管费收入予以递延。

3. 关于市场促销费用,仅以目前的有限信息,我们无法给出相对确切的回复意见。建议进一步核实具体推广活动执行情况以及与相关经销商的结算方式及结算条件。按照一般理解,并参照 2017 年修订后收入准则对"应付客户对价"的相关处理规定,应关注 A 公司承担市场推广费的具体方式和计算依据,特别是 A 公司承担费用的金额是以经批准的经销商促销方案预算为依据,还是以过往该经销商的销售业绩为依据。如果是以经批准的促销方案预算为依据,并不直接与经销商的销售业绩挂钩,则可以认为这是 A 公司为获取经销商提供的促销服务而支付的对价,确认为销售费用(不论其结算方式是现金还是实物);如果承担费用的金额是以经销商的销售业绩为依据确定的,则视同返利处理。

但不管具体市场推广费用如何操作和兑现,涉及"递延收益"科目核算的可能性应该不是很大。如果采用交付实物或者提供数量折扣的结算方式,且结算期限在资产负债表日后 12 个月内的,则此类负债作为"预收账款"或"其他流动负债"列报的可能性更大。

4. 针对经销商奖励相关会计处理,仍要根据具体合同分析后才能就会计处理给出相对明确的参考意见。应核实"实质为返利"的认定有无充分、适当的事实证据予以支持,在获取充分、适当的证据支持该项认定的前提下,可以认可 A 公司的处理。

5. 针对电子商务平台销售的收入确认时点,根据目前一般电商销售业务的收入确认惯例,产品发货时风险与报酬并未转移,一般应在客户已确认收货或者退货期满,公司已收到货款时确认产品的销售收入。但仍应结合 A 公司具体业务模式和合同条款分析确定。

6. 针对基酒存储损耗会计处理,鉴于基酒存储损耗是公司产品生产的必经环节,该环节对产成品的品质形成具有不可替代的作用,故基酒存储中的正常损耗可以认为是产品达到预定可销售状态的必要支出,不应计提进入管理费用;相应的基酒勾兑费用应增加对应的存货成本。如存储过程中发生非正常损耗的,则非正常损耗应计入管理费用或者营业外支出。

---

**问题 2-1-16  跨境电商退款或者重新发货时的货物收入成本的账务处理**

**问题:**

如下文背景资料所述,A 公司因客户对产品质量不符合要求提出退货或因未收到货物而提出退款,由于退货运费较高,A 公司不要求客户退货,而是选择重新发货或直接退款处理,对于一次发货与二次发货的成本,以及退款对应的货物成本,A 公司应该如何进行会计处理?

**背景:**

A 公司从事跨境电商业务,直接在供应商处采购成品,进行包装后出售至境外。对于境外客户因产品质量问题提出的退货要求,因国际货运成本高,若货物成本低于 15 美元,A 公司一般选择重新发货或直接退款。2017 年度重寄成本合计 364 万元,占 A 公司 2017 年收入的 0.49%;退款合计 2 150 万元,占 A 公司 2017 年收入的 2.95%。目前 A 公司将该部分重寄成本及退款对应的货物成本计入其主营业务成本,涉及的二次邮寄的运费或退款对应商品的运费、平台费等在销售费用核算。

**解答:**

由于导致退款、退货的原因不同,A 公司应分情况进行处理:

1. 因错发、漏发等原因,客户未收到货物而发生的退款或重新发货,一般而言将退款金额作为销售折让冲减营业收入,将补发产品的成本计入营业成本是可以接受的。

鉴于电商的销售大多存在单笔金额小、交易量巨大的特点,本案例中退款和重新发货占收入的比例较高,很可能超过重要性水平。因此,建议 A 公司首先从内控角度自查企业的销售、收款相关的内部控制,设计是否合理、运行是否有效;针对内控自我评价结果首先判断与收入相关的内控是否有效运行;比如,对于错发、漏发,在电商业务中一般是通过商家对每类型产品确定其标准重量,通过与承运商核对货运单记载的重量来确定所发送货物是否与买家订单信息一致;在企业对这些错发、漏发等原因进行核实的基础上,分以下情形处理:

(1) 确实首次漏发,且首次发货时已确认收入成本(形成首次发货时的会计差错),则本次若补发,则无需重复入账;若退款,则冲减相应的收入成本;若首次发货与本次补发跨越不同会计期间,则需关注影响金额是否重大,是否需要追溯处理;若前期并未入账漏发金额,则本次根据补发内容确认相应的营业收入和营业成本即可。

(2) 确实首次错发,则本次补发正确的商品,首次错发的客户未订购的产品不需客户退回情况下,需关注企业内部是否对错件设定相应的考核率,企业实际发生的比率是否与之接近,与行业类似比率有无重大差异? 若是,可视同该类错发件属于销售过程中的合理损耗,本次补发商品计入营业成本可以接受。

(3) 若首次发货并未出错,是由于承运公司的原因(例如丢件)导致客户未收到货,则补发商品计入营业成本,退款冲减营业收入,同时按照或有事项准则,将基本确定可从承运商处收到的赔偿金额确认其他应收款,并计入营业外收入。

(4) 若首次发货并未出错,承运公司也没有责任,但是客户坚持未收到货,企业综合考虑后予以退款或补发货物,则本次发货或退款均计入"营业外支出"。

2. 因产品质量问题而发生的退款或重新发货。

由于 A 公司并不自产货物,仅是作为代理商或贸易商,这些因产品质量问题而发生的退款、重新发货事项,需核实 A 公司与供应商是否也针对这些质量不符合要求的产品相应采取了退款、要求供应商重新发货等措施?

若有,则我们建议对客户的销售退款,视同销售折让冲减发生当期的营业收入;同时,根据与供应商之间对退款的约定金额冲减营业成本;重新发货的成本计入营业成本,由于该物品可以通过供应商补货,根据补货价格冲减营业成本;

若该损失由 A 公司自行承担,不会转嫁给供应商,则需关注 A 公司自身对产品质量核查的内部控制,例如交付运输前是否履行合理的质量检查程序。也需区分是产品交付运输时已存在的质量问题,还是运输途中毁损而引发的质量问题,参照第 1 条第(3)、第(4)项进行处理。

**问题 2-1-17** 需安装的商品销售业务中,支付的运输安装费是否应计入销售费用

**问题:**

需安装的商品销售业务中,支付的运输安装费是否应计入销售费用?

**背景:**

A公司主要生产经营变压器及成套设备、电缆附件、电缆分接箱及中低压电器产品安装。其业务合同有如下条款"……设备交付前的保险费、运输费、搬运费等由乙方(A公司)承担。乙方负责将设备运输至甲方(客户)指定位置并安装到位,直至设备能够正常通电使用。……"根据以上合同条款,A公司发生的安装调试费、运输费金额较大,通常占到合同总成本的19%左右。

**解答:**

我们理解,此处A公司使用的是《企业会计准则第14号——收入》规定的"需安装和检验的商品销售"的收入确认模式,即在设备安装调试完成后一次性确认收入。在此前提下:

如背景资料介绍,应由乙方(A公司)负责设备到货后的安装调试工作,且初始验收也要到"乙方负责将设备运输到甲方指定位置并安装到位,直至设备能够正常通电使用"后才能进行,这表明对设备的安装调试是A公司应履行的一项实质性的合同义务。虽然在实际操作中,A公司可能将安装工作分包给了其他公司或个人,但其仍应就安装调试环节的履约情况向其采购方承担首要责任。由于一般销售合同约定的交付标的是安装调试完成、可以正常通电使用的设备,因此A公司支付给分包商的安装费属于履约成本的必要组成部分(即,使存货达到合同指定的状态和场所所必需的合理支出),故在交付前应计入存货成本,到通过验收后随同存货成本的其他组成部分一起转入销售成本,而不是在发生时计入销售费用。

**问题 2-1-18** 合同取得成本能否递延

**问题:**

在下文"背景"部分所述情形下,A公司根据收款金额计算并支付给业务员的提成能否与收入确认进行配比、分摊,即随着收入确认的进度逐步确认为费用,而不是在支付提成款时一次性确认为费用?

**背景:**

A公司是一家外教在线课程服务企业,通过互联网实现真人一对一在线外教英语培训。公司收到学员缴纳的课程款时计入预收款项,收到全款后才提供培训服务,在实际提供培训服务时确认收入。公司业务人员薪酬主要为业务提成,业务提成根据当月实际收到的课程款的一定比例计算并支付给业务员,同时计入当期损益。

**解答：**

本案例中的业务员提成薪酬的性质是"合同取得成本"，即为了获取客户合同而发生的相关支出。合同取得成本的性质是期间费用而不是营业成本（不是与提供服务相关的直接成本），因此其配比的对象是期间而不是特定合同的收入。

根据《企业会计准则解释第 1 号》第三条规定，"经营租赁中出租人发生的初始直接费用，是指在租赁谈判和签订租赁合同过程中发生的可归属于租赁项目的手续费、律师费、差旅费、印花税等，应当计入当期损益；金额较大的应当资本化，在整个经营租赁期间内按照与确认租金收入相同的基础分期计入当期损益"；"企业（建造承包商）为订立合同发生的差旅费、投标费等，能够单独区分和可靠计量且合同很可能订立的，应当予以归集，待取得合同时计入合同成本；未满足上述条件的，应当计入当期损益"。除此之外，在整个企业会计准则体系中，未见到其他关于合同取得成本递延的规定。即，除了对建造合同和经营租赁合同的合同取得成本，在满足一定条件下可以予以递延以外，其他合同取得成本都应在发生时直接计入当期损益，不应递延。值得注意的是：此处的两个允许合同取得成本递延的特例均不是《企业会计准则第 14 号——收入》的规范范围，在《企业会计准则第 14 号——收入》的规范范围内，没有合同取得成本可以递延的规定。

从资产负债表观的角度看，"合同取得成本不得递延"是基于合同取得成本在期末不再符合资产的定义。因为此类合同取得成本实际上是取得销售业务人员为本企业提供服务的对价，而通常情况下销售业务人员的职责仅限于促成销售合同的订立和款项回收（本案例中的款项回收不是重大服务内容，因为企业要在收到全款后才开通服务）。一旦销售合同订立，销售业务人员的职责即履行完毕，该项合同取得成本即不再能为本企业带来未来经济利益，因而不符合确认为资产的条件。

就本案例而言，如果从上述资产的定义和确认条件的角度，则主要考虑：公司的薪酬政策对于提成部分的具体规定中，如果根据预收培训费的一定比例计算并支付给业务人员后，因各种原因未实际提供培训服务（或仅提供部分约定服务而退回余款），则该部分已经支付的提成是否应退回？

如果无需退回，则表明这部分提成虽然是依据预收款项计算的，但实际上其性质是当期的业务人员薪酬，而非预付薪酬（比如是对业务人员通过促销增加预收款的奖励），是当期的合同取得成本，业务人员的职责截至服务开通时已经履行完毕。

如果因未实际提供培训服务（或其他原因导致需全部或部分退款），已经支付给业务人员的提成需要相应退回，但根据历史经验，此类退款情况很少发生，则同样对此类合同取得成本在开通服务时一次性确认为销售费用，后续如果发生因顾客退款导致业务人员相应退回提成的情况，则冲减退回当期的销售费用。

## 第二节　企业收到政府补助和其他财政资金的
　　　　　相关会计处理问题<sup>①</sup>

**问题 2-2-1　政府补助的确认时点**

**问题：**

如何理解《企业会计准则第 16 号——政府补助（2017 年修订）》第六条所规定的政府补助确认条件中的"企业能够满足政府补助所附条件"？与资产相关的政府补助何时可以开始摊销计入损益？

**背景：**

根据某地政府发布的《支持金融业发展若干规定》及其实施细则的规定，在市政府产业发展资金中统筹安排金融发展专项资金。在该地的金融机构，因业务发展需要购地建设本部自用办公用房（含本部配套经营用房）的，在按照国家规定取得土地使用权并缴交地价款之后，由当地政府参照金融机构所缴地价款（含配套费等）的 30%，由市财政给予项目建设补助。申请金融用地并享受优惠政策的金融机构，其建筑面积自用率必须达到 60%。金融机构申请一次性落户奖励和购地、购房补贴的，应在申请时承诺 10 年内不迁离该地。

某企业（系符合"金融发展专项资金"申请条件的金融机构）根据上述规定，在取得公司总部办公大楼建设用地的使用权并全额缴纳土地出让金之后，向该地方政府的有关部门申请"金融发展专项资金购地补贴"，并已实际收到所申请的专项补贴资金。

**解答：**

会计准则并不要求在将政府补助计入损益之前，企业已经实际满足了政府补助所附的条件，只要求企业对能否满足政府补助所附条件提供合理的保证。只要企业管理层确认其将满足政府补助所附条件，并且没有相反证据表明很可能最终无法满足这些条件，就可以确认政府补助。

在与资产相关的政府补助满足确认条件的前提下，企业应当自相关资产达到预定可使用状态时（或者在实际收到补助款时，以两者中的较晚者为准）起，将相关递延收益在相关资产的使用寿命内（如果在相关资产达到预定可使用状态之后才实际收到补助款的，则在相关资产的剩余使用寿命内）按照合理、系统的方法分配，计入各期损益。

在审计实务中，注册会计师在遇到此类业务时，应要求被审计单位提供内部会议纪要、相关权力机构决议、向相关政府部门的书面承诺等审计证据，并要

① 说明：鉴于《企业会计准则第 16 号——政府补助》在 2017 年内进行了较大修订，因此我们对以前年度出版的三本《计学撮要》系列书籍中涉及政府补助和财政资金的问题进行了全面修订，并重新发表。本节内容包含了我们在 2010 至 2017 年间发表的所有涉及此专题的问题解答的最新更新。其中若干问题解答所依据的事实背景中相关交易或事项的发生年度未作修改，但所体现的仍然是新修订的准则下的会计处理原则。

求被审计单位在管理层声明书中明确地确认其将满足政府补助所附的条件。同时,注册会计师还应关注是否存在表明很可能最终无法满足这些条件的相反证据。就"背景"中所述案例而言,在企业已经向该地政府作出明确书面承诺"10 年内不迁离"的情况下,注册会计师可以要求企业提供未来在该地的业务发展规划(需经过董事会或股东大会审议批准,以确保其效力)等资料,如果企业能够提供这些资料,并且从目前情况看没有证据表明其很可能无法实现的,则可以认为"企业能够满足政府补助所附条件"。在此情况下,相关政府补助可以在所购建的办公楼达到预定可使用状态,开始计提折旧时就开始摊销并计入各期损益,摊销年限为当时土地使用权的剩余摊销年限,而不必等到满 10 年之后,"10 年内不迁离"已成为既成事实之后才开始摊销。

**结论基础:**

该项财政资金的取得,与非流动资产——土地使用权的购建直接相关,并且符合政府补助的"无偿性"特征。根据《企业会计准则第 16 号——政府补助(2017 年修订)》第四条的规定,"与资产相关的政府补助,是指企业取得的、用于购建或以其他方式形成长期资产的政府补助"。因此,该项财政资金应当认定为与资产相关的政府补助,适用《企业会计准则第 16 号——政府补助(2017 年修订)》对与资产相关的政府补助的会计处理规定。

从背景信息提供的资料看,该项政府补助所附条件主要有两项:一是申请人承诺在未来 10 年内不迁离该地;二是建筑面积自用率达到规定的标准。根据《企业会计准则第 16 号——政府补助(2017 年修订)》第六条的规定,确认政府补助应满足的条件之一是"企业能够满足政府补助所附条件",从字面上理解,只要企业管理层确认其将满足政府补助所附条件,并且没有相反证据表明很可能最终无法满足这些条件,就可以确认政府补助。

由于中国新企业会计准则与 IFRS 已经实质性趋同,并且《企业会计准则第 16 号——政府补助(2017 年修订)》是以国际准则体系下的 IAS20 作为制定蓝本的,因此在分析这一问题时,可以借鉴 IAS20 以及相关资料对此问题的表述。根据 IAS20 第 7 段:Government grants, including non-monetary grants at fair value, shall not be recognised until there is **reasonable assurance** that:

(a) the entity **will comply with** the conditions attaching to them; and

(b) the grants will be received.

值得注意的是,上述(a)条件所使用的是将来时态,并没有表述为"has complied with"或者"complies with"。因此,准则并不要求在将政府补助计入损益之前,企业已经实际满足了政府补助所附的条件,只要求企业对能否满足政府补助所附条件提供合理的保证。

IAS 20 本身并未对何为"合理保证"(reasonable assurance)给出定义,由此引起的一个问题是:此处的"合理保证"与其他会计准则中所使用的"很可能"(即发生的可能性大于不发生的可能性)的含义是否相同。我们认为在实务中应掌握的尺度是:"企业很可能将满足政府补助所附条件"和"企业很可能可以收到政府补助"两个条件,是确认政府补助应满足的最低限度条件,这两个条件应当同时满足。

**问题 2-2-2　按照应收金额确认政府补助的条件**

**问题：**

2013 年 10 月某钒钛产业园区管委会确认对 A 公司 15 Kt/a 海绵钛项目补助基础设施配套资金 5 891.70 万元,并承诺在后续年度内分期支付。A 公司应如何确认该政府补助?

**解答：**

本案例涉及按照应收金额确认政府补助的条件是否满足的问题。从企业会计准则条文和相关监管规定来看,《企业会计准则第 16 号——政府补助(2017 年修订)》将"企业能够收到政府补助"作为确认政府补助的条件之一;证监会会计部《上市公司执行企业会计准则监管问题解答(2013 年第 1 期,总第 8 期)》(以下简称"问题解答第 8 期")的"问题 4"也规定:"对期末有确凿证据表明能够符合财政扶持政策规定的相关条件预计能够收到财政扶持资金时,可以按应收金额计量。"但是,我们理解对以应收金额确认政府补助是需要从严把握的:

《〈企业会计准则第 16 号——政府补助〉应用指南(2018)》中"五、关于政府补助的确认与计量"规定:"关于政府补助的计量属性,本准则规定,政府补助为货币性资产的,应当按照收到或应收的金额计量。如果企业已经实际收到补助资金,应当按照实际收到的金额计量;如果资产负债表日企业尚未收到补助资金,但企业在符合了相关政策规定后就相应获得了收款权,且与之相关的经济利益很可能流入企业,企业应当在这项补助成为应收款时按照应收的金额计量。"在实务中,能够满足"成为应收款"标准的情况并不十分常见(一般限于按照实际完成的工作量或消耗量和规定的定额标准计算拨付的定额补助,例如特准储备物资补助、芳烃生产企业可收到的消费税退税等项目中按照指定产品的销量或耗量和单位补贴标准给予的补助等),因此大量的政府补助均是采用收付实现制原则确认的。

在理解何为"期末有确凿证据"或"成为应收款"时,我们认为应重点考虑以下几点:

(1) 考虑应收补助款的金额是否已经过有权政府部门发文确认,或者可根据正式发布的财政资金管理办法的有关规定自行合理测算,且预计其金额不存在重大不确定性;

(2) 所依据的应当是当地财政部门正式发布并按照《政府信息公开条例》的规定予以主动公开的财政扶持项目及其财政资金管理办法,且该管理办法应当是普惠性的(任何符合规定条件的企业均可申请),而不是专门针对特定企业制定的;

(3) 需考虑相关的补助款批文中是否明确承诺了拨付期限,且该款项的拨付是有相应财政预算作为保障的,因而可以合理保证其可在规定期限内收到;

（4）根据企业和该补助事项的具体情况，应满足的其他相关条件。

注册会计师如在实务中遇到审计客户将政府补助金额确认为应收款项时，应谨慎考虑是否符合以上各条件，防止其利用此条款进行利润操纵。应把向有权政府机构函证确认应收补助款的金额、拨付条件和预计拨付时间等要素作为一项必须履行的基本审计程序，在将回函结果和所获取的其他原始文件证据、复算测试结果等审计证据核对一致的基础上，谨慎判断是否符合应收补助款的确认条件，以及其金额计量是否恰当。

在本案例中，补助的依据并非"当地财政部门正式发布并按照《政府信息公开条例》的规定予以主动公开的财政扶持项目及其财政资金管理办法"；虽然补助金额已经确定，但园区管委会仅承诺"在后续年度内分期支付"，没有明确的支付时间表，因此，我们理解，尚不符合按照应收金额确认政府补助的条件。

另外，根据《公开发行证券的公司信息披露解释性公告第 2 号——财务报表附注中政府补助相关信息的披露》（证监会公告〔2013〕38 号发布）的规定，"对于报告期末按应收金额确认的政府补助，公司应按补助单位和补助项目逐项披露应收款项的期末余额、账龄以及预计收取的时间、金额及依据。如公司未能在预计时点收到预计金额的政府补助，公司应披露原因。"我们理解，本案例中如果按照应收金额确认政府补助，则该项披露要求也很可能是难以满足的。

**问题 2-2-3　政府和企业都存在违约情况下政府补助的确认**

**问题：**

如下文背景资料介绍，对于 A 公司与政府都存在违约的情况下如何确认相关的政府补助？

**背景：**

A 公司设立前期与××市高新技术开发区管委会签订框架协议，协议中政府主要优惠政策如下："研究院"项目（甲方：××市高新技术产业开发区管委会，乙方：A 公司）补助总金额 7 500 万元，其中：

（1）500 万元为项目引进奖，项目成立时即可获得。A 公司 2012 年 10 月成立研究院，2012 年 12 月收到政府补助 500 万元。

（2）2 000 万元为项目扶持资金，根据 A 公司与某大学的合作意向书的付款进度发放补助（全额补助）。截至 2013 年 9 月 27 日，A 公司已支付给某大学 650 万元研发费用，但其仅在 2013 年 8 月收到管委会拨付的 240 万元补助款，余款尚未收到。

（3）5 000 万元为项目研发设备及仪器补助款，由乙方申报设备清单，甲方购买并以零租金租借给乙方使用，待研究院省级、国家级实验室通过申请后，甲方按所需比例将所购设备同步奖励给研究院，A 公司尚未购置设备，管委会尚未给予补助款。

其他优惠政策：

甲方承诺给予研究院科研专用奖励，即研究院在 5 年内专项项目申报每获得省级或国家级相关部委的科研经费补助或奖励,甲方同步给予 1∶1 的配套奖励。研究院在 2015 年 1 月获得国家级创新奖 98 万元,管委会未对该项奖励同步给予配套奖励。

项目补助附带的条件:

(1) 研究院项目一期——智能电网研发中心项目按开工时点计算,12 个月内即 2013 年 12 月前需建成投入使用;项目二期——新能源研发中心和新材料研发中心项目同时开展前期工作,2015 年需建成投入使用。项目总投资不低于 4.5 亿元,2013 年投资不低于 1.5 亿元。截至目前,A 公司尚未达成任何一项目标。

(2) 研究院研发项目每年不少于一个实现产业化。截至目前,A 公司尚未有项目实现产业化。

(3) 与研究相关的"××能源科技产业园"项目中约定:项目一期——××智能电网设备操控装置生产基地,项目占地约 145 亩。初定于 2011 年 3 月份开工建设,建设期自一期项目乙方拿到土地权证后,甲方所供土地已具备开工条件的 36 个月内分期建成投产。投产后固定资产投资额不低于 80 万元/亩,年纳税额达 600 万元以上,2 年内销售额达 2 亿元以上。项目一期已基本上完成,但尚未达到上述业绩考核标准。

上述框架协议未对管委会和企业双方的违约责任进行约定。

**解答:**

《企业会计准则第 16 号——政府补助(2017 年修订)》第六条规定:"政府补助同时满足下列条件的,才能予以确认:(一)企业能够满足政府补助所附条件;(二)企业能够收到政府补助。"

根据背景资料所提供的信息,本案例中 A 公司的违约表现为约定项目的投资进度未满足协议约定的指标;管委会的违约则体现在未按照协议约定足额拨付已满足条件的补助款。这两类违约对政府补助的确认和计量的影响是不同的。企业的违约所影响的是上述准则第六条中的第(一)项条件,即企业自身有无资格取得补助款的问题;管委会的违约所影响的是上述准则第六条中的第(二)项条件,即在企业已经满足了政府补助所附条件的前提下,能否收到补助款的问题。

根据上述准则第六条规定,必须同时满足这两项条件才能确认政府补助,因此,在本案例中,目前情况下可确认的政府补助,应当是同时满足以下两项条件的对应补助金额:①企业已实际满足了政府补助所附的投资进度、项目产业化数量等考核指标;②该补助款已经实际收到,且被要求退还给管委会的可能性很小。只有同时满足这两项条件的补助才能予以确认,并根据其补助对象进一步区分为与资产相关和与收益相关的不同类别政府补助,分别按各自适用的原则进行会计处理。

鉴于本案例中 A 公司与管委会之间的框架协议中未约定相关违约责任等,我们建议 A 公司与该管委会联系,就原框架协议有效性、后续可行性方案、已收到的补助资金是否需要退还等达成一致意见。注册会计师在审计过程中,必要时应走访管委会或向管委会函证相关事宜。如无充分证据表明原框架协议将被执行,则在确认相关政府补助时应当非常谨慎,不排除不确认任何政府补助的可能性。

需要说明的是:前述"问题 2-2-1　政府补助的确认时点"提到:"会计准则并不要求在将政府补助计入损益之前,企业已经实际满足了政府补助所附的条件,只要求企业对能否满足政府补助所附条件提供合理的保证。只要企业管理层确认其将满足政府补助所附条件,并且没有相反证据表明很可能最终无法满足这些条件,就可以确认政府补助";问题解答第 8 期规定"对期末有确凿证据表明能够符合财政扶持政策规定的相关条件预计能够收到财政扶持资金时,可以按应收金额计量"。《〈企业会计准则第 16 号——政府补助〉应用指南(2018)》中"五、关于政府补助的确认与计量"规定:"如果资产负债表日企业尚未收到补助资金,但企业在符合了相关政策规定后就相应获得了收款权,且与之相关的经济利益很可能流入企业,企业应当在这项补助成为应收款时按照应收的金额计量。"但是,就本案例而言,由于 A 公司和管委会双方都有违约行为,导致企业自身是否满足获取政府补助的资格要求,以及最终能否收到补助款,都存在较大的不确定性,因此基于谨慎原则的考量,我们建议仅确认已确定满足条件且已实际收到的政府补助。

**问题 2-2-4　以资产为抵押从政府取得低息贷款的处理**

**问题:**

如下文背景资料介绍,A 公司将资产转让给具有政府融资平台性质的公司并进行返租,该业务实际是否为以资产为抵押从政府取得低息贷款?A 公司应如何进行会计处理?

**背景:**

A 公司与 B 公司(属于当地地方政府融资平台性质的公司)签订销售协议,然后再签订租赁协议。协议主要内容如下:

A 公司与 B 公司签订厂房买卖协议,A 公司将位于××经济开发区四期的建筑面积为 20 639.28 平方米的地上建筑物及其所有的设备转让给 B 公司,B 公司支付给 A 公司 1 500 万元。

A 公司同时与 B 公司签订租赁合同,租赁标的即上述买卖协议标的,租赁期限为 2009 年 11 月 2 日至 2024 年 11 月 1 日止,协议规定每季度的租金为 29.53 万元。租赁期满或在租赁期间,在 A 公司全部完成本协议约定义务的前提下,经 B 公司同意,A 有权优先购买所租赁的建筑物及机器设备,转让价格由 A 公司、B 公司双方协商确定,但同时又约定"本合同终止、解除时,B 公司需将租赁标的退还 A 公司"。另外,在租赁合同中要求 A 公司应确保其全部税收都在××开发区内缴纳,如果无法实现这一指标,则 A 公司将面临 25 元/平方米/月的惩罚性租金。

2013 年 11 月 18 日,A 公司从某银行借款 1 000 万元,担保人为 C 公司,A

公司同时又将上述已卖给 B 公司的标的物中的科研楼、1 号厂房、宿舍楼、2 号厂房提供了反担保。C 公司由××县人民政府投资设立;B 公司由××县国有资产管理局投资设立,属地方政府融资平台性质;C 公司、B 公司法定代表人为同一人。

**解答:**

根据《企业会计准则第 21 号——租赁》的规定,判断租赁类型属于融资租赁还是经营租赁的最根本标准是与资产所有权有关的全部风险和报酬的享有和承担方式。实质上转移了与资产所有权有关的全部风险和报酬的租赁属于融资租赁(其所有权最终可能转移,也可能不转移),其他租赁属于经营租赁。

就本案例而言,A 公司以 1 500 万元价款将厂房和机器设备等出售给 B 公司,随后租回 15 年,每季度租金为 29.53 万元。租赁合同同时约定:租赁期满或在租赁期间,在 A 公司全部完成本协议约定义务的前提下,经 B 公司同意,A 公司有权优先购买所租赁的建筑物及机器设备,转让价格由 A 公司、B 公司双方协商确定,但同时又约定"本合同终止、解除,B 公司需将租赁标的退还 A 公司"。对照《企业会计准则第 21 号——租赁》第六条所列的通常情况下构成融资租赁的常见判断标准,我们认为仅仅根据出售合同和租赁协议本身尚不足以判断该售后租回构成的是融资租赁还是经营租赁,需要通过对该交易背景的进一步了解,确定该交易的真实目的、B 公司是否具有取得和承担该租赁资产所有权上主要风险和报酬的意图、租赁期满后的后续处理方式、交易价格的确定方式和租金水平的确定方式、后续租金水平调整的可能性等因素,在综合判断的基础上才能得出最终的结论。但是我们认为,基于以下因素,该交易构成融资租赁的可能性显著大于构成经营租赁的可能性:

1. 交易对手是当地政府设立的具有融资平台性质的公司,这类企业通常不具有取得和承担该租赁资产所有权上主要风险和报酬的意图;

2. 从出售价款和租金的关系上看,出售价款为 1 500 万元,租金为每季度 29.53 万元(共 60 期),合计 1 771.80 万元(29.53 万元/季×4×15 年),租金总额高于出售价款。

如果经过进一步分析,认为该交易确实属于由售后租回构成的融资租赁交易,则如《计学撮要 2011》中专题Ⅲ第四章第二节"问题 2 以在建船舶'售后回租'方式融资的相关会计处理"所述:

参照《国际会计准则第 17 号——租赁》第 60 段对构成融资租赁的售后回租交易的经济实质的分析:"如果售后回租构成融资租赁,则该交易是出租人向承租人提供融资的一种方式,并以该资产作为融资的担保物"(If the leaseback is a finance lease, the transaction is a means whereby the lessor provides finance to the lessee, with the asset as security.)。根据对此类交易经济实质的上述分析,实务中对该类交易还有另一种可使用的会计处理方法:即不在账面上体现标的资产的出售及其相关的递延收益(因此在建工程的账务处理不受影响),而是把所获得的融资作为一项担保借款列报(但在"长期应付款"科目中列报),以后年度支付的租金和留购价款视作还本付息,按照实际利率法以摊余成本对该长期应付款进行后续计量,确认利息支出。该种处理方法与租赁准则及其讲解中介绍的处理方法相比,对租赁期内各年度以及租赁期结束后的净资产、净利润均无影响,唯一的区别就是在建工程和递延收益两个科目的同增同减。同时,这种方法的会计处理不要求确定出售总价,只是把实际获取的融资确认为负债,对于那些在售后回租合同签订时尚无法确定总价的售后回租业务而言有更好的适用性。我们理解,本案例中的售后回租合同即可按照此方法进行会计处理(需要指出的是:我们认为,实务中对构成融资租赁的售后回租业务,企业可以选择其中任何一种方法进行会计处理,但一旦选定其中一种方法,即成为企业的一项会计政策,应当将该种方法一贯地运用于所有同类交易)。

即,在确定该售后租回构成融资租赁的情况下,可以将整个交易作为一项以租赁资产为抵押的借款交易进行会计处理,即 A 公司以标的资产为抵押,从 C 公司获取 15 年的长期债务融资。

但是,在构成融资租赁的前提下,对该交易进行会计处理时,还应关注以下特殊因素的影响:

1. 交易对手是当地政府设立的很可能具有融资平台性质的公司,此类公司从经济实质上可以视为当地政府或开发区管委会之类机构的延伸,与当地政府实质上是一体的。

2. 借款本金为 1 500 万元,还本付息方式为每季度 29.53 万元,连续 60 个季度,用 Excel 中的 IRR() 函数测算,每季度的内含报酬率为 0.56%,换算到年度内含报酬率为 $2.27\%[(1+0.56\%)^4-1]$,显著低于 15 年期抵押借款的市场利率。

3. 在租赁合同中,明确提到了 A 公司应确保其全部税收都在××开发区内缴纳,如果无法实现这一指标,则 A 公司将面临 25 元/平方米/月的惩罚性租金(如果按照合同约定的每季度 29.53 万元的租金水平计算,仅为 4.77 元/平方米/月,两者差异巨大)。通常情况下,承租人利用租赁资产的经营业绩并不是出租人所关心的问题,但是此处特别提到了租赁期内承租人的经营指标要求,以及相应的惩罚规定。

综合考虑上述各项,我们认为该交易的经济实质极可能是:当地政府通过融资平台公司向 A 公司提供低息贷款,A 公司获得该低息贷款必须以达到一定的经营业绩为条件。

参照《国际会计准则第 20 号——政府补助会计和政府援助的披露》第 10A 段:The benefit of a government loan at a below-market rate of interest is treated as a government grant. The loan shall be recognised and measured in accordance with IAS 39 Financial Instruments:Recognition and Measurement. The benefit of the below-market rate of interest shall be measured as the difference between the initial carrying value of the loan determined in accordance with IAS 39 and the proceeds received. The benefit is accounted for in accordance with this Standard. The entity shall consider the conditions and obligations that have been, or must be, met when identifying the costs for which the benefit of the loan is intended to compensate. (中文翻译：主体获得政府给予低息贷款的利益应确认为政府补助。该贷款应根据《国际会计准则第39号——金融工具确认和计量》进行确认和计量。通过低息贷款方式获取的经济利益的计量金额为根据 IAS 39 确定的该贷款的初始计量金额和实际收到款项之间的差额。该利益应根据本准则进行核算。主体在识别作为该利益的补助对象的相关成本时，应考虑已满足或应当满足的条件和义务。)

据此，本案例中政府给予的低息贷款中所涉及的政府补助，应按照《企业会计准则第 16 号——政府补助(2017 年修订)》的规定进行会计处理，其要点如下：

1. 政府补助的金额为以下两者之间的差额：①实际收到的贷款本金1 500万元；②按市场利率对未来 60 期还本付息金额折现到租赁期开始日的折现值。例如，如果 15 年期抵押贷款的市场利率为 8%(换算到季度利率为1.94%)，则每季度 29.53 万元、60 期的现金流量按季度利率 1.94%折现到租赁期开始日的折现值为 1 040.89 万元，递延收益金额为 1 500－1 040.89＝459.11(万元)。

2. 关注政府补助确认条件能否满足。根据《企业会计准则第 16 号——政府补助(2017 年修订)》第六条的规定，政府补助同时满足以下条件的，才能予以确认：企业能够满足政府补助所附条件；企业能够收到政府补助。就本案例而言，"政府补助所附条件"最主要的就是指租赁合同所列的纳税地点、年度产值和年度纳税额指标。如果依据租赁期开始日所存在的状态和情况以及所可获取的信息判断，满足该等条件不存在重大不确定性的，则可以视为满足"企业能够满足政府补助所附条件"这一标准。

在满足政府补助确认条件的前提下，在租赁期开始日，A 公司应作以下会计处理(单位：万元)：

借：银行存款　　　　　　　　　　　　　　　　　　　1 500.00
　　未确认融资费用(1 771.80－1 040.89)　　　　　　　730.91
　贷：长期应付款(29.53×60)　　　　　　　　　　　　1 771.80
　　　递延收益(1 500－1 040.89)　　　　　　　　　　　459.11

即：长期应付款初始计量的账面价值＝1 771.80－730.91＝1 040.89(万元)，即按照市场利率对未来现金流量进行折现的现值。

3. 后续15年的租赁期间内，按租赁期开始日的市场利率(此处假设为8%/年)对该长期应付款按实际利率法进行核算，确认利息支出(例如，第一个季度确认的利息支出为 1 040.89×1.94%＝20.22(万元)，该利息支出根据《企业会计准则第 17 号——借款费用》的规定予以资本化或费用化)；同时将该递延收益总额按照每期确认利息支出的相应比例摊销冲减相应期间的"财务费用——利息支出"(假设对应的利息支出已被费用化处理)。

**问题 2-2-5**　公司收到的企业创业扶持基金确认时点

**问题：**

A 公司 2017 年收到创业扶持基金，但相关课题的结题审计预计在 2018 年度完成。费用在 2017/2018 年度均有发生，是否应该在 2017 年收到创业扶持基金时计入损益？

**解答：**

根据《企业会计准则第 16 号——政府补助（2017 年修订）》第六条的规定，政府补助的确认要同时满足两项条件：企业能够满足政府补助所附条件；企业能够收到政府补助。《企业会计准则第 16 号——政府补助》要求政府补助在作为其补助对象的支出计入损益的期间内，采用系统、合理的方法对应地计入各相关期间的损益，以实现政府补助与对应支出在利润表中的合理配比。

在本案例中，在 2017 年内企业已经收到补助款（创业扶持基金）的情况下，能否在 2017 年内将政府补助计入损益，取决于以下条件是否满足：①在 2017 年年末，根据当时的实际情况，企业应当对相关课题最终成功完成并通过验收（如需要）有足够的信心；②根据《企业会计准则第 6 号——无形资产》关于研发支出会计核算的相关规定，2017 年内发生了费用化的研发支出。在同时满足上述条件的前提下，在 2017 年度，应根据实际发生的费用化支出，以及补助款占项目预算总成本的比例，结转相应金额的扶持款到其他收益（如对此类政府补助选择采用"总额法"列报）或冲减"管理费用——研发费用"（如对此类政府补助选择采用"净额法"列报）。

**问题 2-2-6**　"863"项目资金的会计处理

**问题：**

企业收到科技部门拨入的"863"项目资金，应如何进行会计处理？

**背景：**

"863 计划"是解决事关国家长远发展和国家安全的战略性、前沿性和前瞻性高技术问题，发展具有自主知识产权的高技术，统筹高技术的集成和应用，引领未来新兴产业发展的计划。目前涉及该计划管理的最主要规范性文件是《科学技术部、解放军总装备部、财政部关于印发〈国家高技术研究发展计划（863 计划）管理办法〉的通知》（国科发计字〔2006〕329 号）和《财政部、科学技术部、解放军总装备部关于印发〈国家高技术研究发展计划（863 计划）专项经费管理办法〉的通知》（财教〔2006〕163 号）。

根据财教〔2006〕163 号文件规定：863 计划专项经费主要用于支持中国境内具有独立法人资格的科研院所、高等院校、内资或内资控股企业等，围绕前沿技术和部分重点领域中的重大任务开展研究工作。同时该文件规定："专项经费形成的固定资产属国有资产，一般由课题承担单位进行管理和使用，国家有权调配用于相关科学研究开发。专项经费形成的知识产权等无形资产的管理，按照国家有关规定执行。"

**解答:**

对于企业收到财政资金的定性和相关会计处理,企业和注册会计师应当首先考虑该项财政资金是否属于《企业会计准则第 16 号——政府补助(2017 年修订)》规范的范畴。

我们理解,863 计划作为科学研究项目,获得研究课题成果是其最主要的目的,研究过程中使用财政拨付的经费形成的固定资产仅仅是研究项目的"副产品",如设备购置费等,并且此类经费需要严格控制。根据财教〔2006〕163 号文件第二十八条规定,"专项经费形成的固定资产属国有资产,一般由课题承担单位进行管理和使用,国家有权调配用于相关科学研究开发。专项经费形成的知识产权等无形资产的管理,按照国家有关规定执行。专项经费形成的大型科学仪器设备、科学数据、自然科技资源等,按照国家有关规定开放共享,以减少重复浪费,提高资源利用效率。"因此,对经费的会计处理主要取决于课题成果的知识产权是否归企业所有,而对这一点,财教〔2006〕163 号文件并未作出直接规定,而是规定"专项经费形成的知识产权等无形资产的管理,按照国家有关规定执行"。因此,企业和注册会计师需要通过与相关政府部门的沟通,明确专项经费形成的相关知识产权的权属。

对于专项经费所形成的固定资产,虽然界定为国有资产,但"一般由课题承担单位进行管理和使用"。根据《企业会计准则——基本准则》对"资产"这一会计要素的定义,"资产是指企业过去的交易或者事项形成的、由企业拥有或者控制的、预期会给企业带来经济利益的资源。……由企业拥有或者控制,是指企业享有某项资源的所有权,或者虽然不享有某项资源的所有权,但该资源能被企业所控制"。因此,专项经费所形成的固定资产在多大程度上可以确认为企业的资产,取决于企业预计可以在多大程度上自主支配其使用,相应控制相关的经济利益流入,例如,是否预计该资产将经常被有权部门调配用于与本企业的活动无关的其他目的,以及被调用时能否获得合理补偿。

如果按照约定,研究成果的知识产权将归企业所有,且预计国家很可能不会行使将专项经费形成的固定资产调配使用的权力(例如,这些固定资产仅是一般的通用设备;或者高度专用化,仅有本企业可以使用),则基于实质重于形式的原则,仍可认为 863 项目专项拨款资金具有"无偿性"的特征,企业对于所收到的 863 项目专项拨款资金的会计处理,仍可依据《企业会计准则第 16 号——政府补助(2017 年修订)》及其应用指南执行。

---

**问题 2-2-7**　企业集团内部的农产品买卖交易产生的额外可抵扣增值税进项税额在合并财务报表中的列报

**问题:**

1. 企业集团内部的农产品买卖交易,在编制合并报表时应如何进行抵销处理? 特别地,对于该类交易中产生的额外可抵扣增值税进项税额,应如何在合并财务报表中列报？

2. 如果该企业集团是上市公司或者 IPO 申请人的，对这部分额外可抵扣增值税进项税额，是否应作为非经常性损益列报？

**背景：**

某从事养殖业和水产品加工的企业集团，其下设一个从事养殖业的 A 子公司和一个从事加工的 B 子公司，A 子公司的水产品成熟捕捞之后即卖给 B 子公司作进一步加工。假设这些内部交易的标的存货在 A 子公司账面的内部销售成本为 800 万元，内部交易价格为 1 000 万元，A 公司销售自产的农业产品按规定免征增值税；B 公司在购入后，按现行的增值税相关规定可以扣除 10% 进项税额，因此原材料的入账价值为 900 万元（1 000－100），即：A 公司记录该内部销售业务的会计处理为（单位：万元，下同）：

借：银行存款、应收账款等　　　　　　　　　　　　　　　1 000
　　贷：主营业务收入　　　　　　　　　　　　　　　　　　1 000

借：主营业务成本　　　　　　　　　　　　　　　　　　　800
　　贷：库存商品　　　　　　　　　　　　　　　　　　　　800

B 公司在内部交易中购入 A 公司的水产品作为原材料时的会计处理为：

借：原材料　　　　　　　　　　　　　　　　　　　　　　900
　　应交税费——应交增值税（进项税额）　　　　　　　　　100
　　贷：银行存款、应付账款等　　　　　　　　　　　　　1 000

截至本年度末，B 公司尚未将购自 A 公司的该批原材料或者使用该批原材料加工的产品对企业集团以外实现销售。

**解答：**

1. 该内部交易在合并财务报表层面的抵销处理。

该企业集团在编制合并财务报表时，对此处所涉及的内部存货购销交易，应编制如下合并抵销分录：

借：营业收入　　　　　　　　　　　　　　　　　　　　1 000
　　贷：营业成本　　　　　　　　　　　　　　　　　　　　800
　　　　存货　　　　　　　　　　　　　　　　　　　　　100
　　　　其他收益　　　　　　　　　　　　　　　　　　　100

上述抵销分录中，抵销 1 000 万元的内部交易收入和 800 万元的内部交易成本，其原理与一般的内部存货交易相同。贷记存货 100 万元是为了把存货价值从 B 公司个别报表层面的价值 900 万元恢复到原先 A 公司账面上的成本 800 万元，也就是合并集团的最初取得该存货的成本，保证集团合并报表层面该存货成本基础的延续性。贷记其他收益 100 万元，是表明集团进行纳税筹划的成果，即该项集团内部资源转移根据税法规定导致增加了可抵扣的进项税额，相当于是国家所给予的补助。由于增值税为价外税，实行购进扣税，因此合并集团（本案例中具体表现为子公司 B）可以在内部存货转移的当期就享受到该笔节税利益,并不需要等到加工后的产品向集团外部出售时才实现,因此可以在当期即确认为其他收益,无需计入递延收益。

　　合并财务报表是把由母公司及其所控制的子公司所构成的企业集团看作一个独立的会计主体,在该会计主体层面上运用各相关会计准则的确认、计量、列报和披露要求,以反映企业集团作为一个整体的对外财务状况、经营成果和现金流量的财务报表。经过上述抵销分录的处理,该项内部存货交易对企业集团合并报表层面的影响如下:

借:应交税费——应交增值税(进项税额)　　　　　　　　　　　　　100
　贷:其他收益　　　　　　　　　　　　　　　　　　　　　　　　　100

　　2. 上述其他收益是否应列报为非经常性损益。

　　该企业集团如为上市公司或者拟上市公司的,按证监会《公开发行证券的公司信息披露解释性公告第 1 号——非经常性损益(2008 年修订)》(证监会公告〔2008〕43 号)等规定,需计算及披露非经常性损益对合并报表所示"归属母公司股东的净利润"的影响。根据该规定,"非经常性损益"是指"*与公司正常经营业务无直接关系,以及虽与正常经营业务相关,但由于其性质特殊和偶发性,影响报表使用人对公司经营业绩和盈利能力做出正常判断的各项交易和事项产生的损益*",非经常性损益具备的基本特征一般有"偶发性""与正常经营业务无关性"和"影响重大性"等。通常其他收益属于非经常性损益的构成项目,但由于该项购入农产品后按购买价格和一定的扣除率计算抵扣增值税进项税额是由国家税法明文规定,且自 1994 年全面实行增值税以来长期稳定存在的政策(仅在 2002 年时将扣除率从 10%提高到 13%,以及在 2017 年内随着增值税率的简并,相应将扣除率调整为 11%,2018 年在减税降负的背景下降至 10%),且与集团从事的主营业务(水产养殖及水产品加工)直接相关,因此在确保该业务模式在可预见的未来将继续稳定存在的前提下,上述合并报表层面的其他收益可不认定为非经常性损益。

---

### 问题 2-2-8　减免房产税的会计处理

**问题:**

获得税务机关批准减免的房产税,应如何进行会计处理?

**背景:**

某企业 2006 年计提应交房产税 20 万元,计入当期损益,但因经营困难一直未实际缴交,一直挂在"应交税费"科目。2009 年 5 月向税务机关申请减免该项房产税,获取税务机关批准。

**解答:**

首先,建议该企业关注该项减免是否符合相关税务规定。因为根据财政部、国家税务总局《关于调整房产税有关减免税政策的通知》(财税〔2004〕140 号)的规定,《财政部 税务总局关于房产税若干具体问题的解释和暂行规定》

(〔86〕财税地字第 008 号)的部分内容已做修改,即:废止第十八条关于对微利企业和亏损企业的房产"可由地方根据实际情况在一定期限内暂免征收房产税"和第二十条"企业停产、撤销后,对他们原有的房产闲置不用的,经省、自治区、直辖市税务局批准可暂不征收房产税"的规定。对于该项减免的合规性,企业和注册会计师可咨询相关税务专家的专业意见。

在本问题所述减免事项符合税法规定的前提下,应当区分该企业执行的不同会计准则/制度进行会计处理:

1. 如果该企业执行《企业会计制度》的,则参照《企业会计制度——会计科目和会计报表》中有关税收先征后返的会计处理规定,对于直接减免的房产税,可以冲减 2009 年度的管理费用(2016 年 5 月 1 日之后冲减"税金及附加")。

2. 如果该企业执行新企业会计准则的,由于根据《〈企业会计准则第 16 号——政府补助〉应用指南(2018)》附录二《修订说明》中的表述:"其他不涉及资产直接转移的经济支持不属于本准则规范的政府补助。例如,直接减征、免征、增加计税抵扣额、抵免部分税额等方式的税收优惠,不适用政府补助准则。"因此该事项不属于《企业会计准则第 16 号——政府补助(2017 年修订)》的规范范围。同时,减免的税款也不属于政府的资本性投入。因此,在企业会计准则下,该企业也可以在获取减免批文后,将这部分减免的税款冲减 2009 年度的管理费用(2016 年 5 月 1 日之后冲减"税金及附加")处理。

---

**问题 2-2-9　企业收到创新基金的会计处理**

**问题:**

1. 企业收到的"科技型中小企业技术创新基金",应如何进行会计处理?

2. 实务中,企业收到的财政拨款批文经常对企业收到后的财务、会计处理作出规定,这种规定与《企业财务通则》和《企业会计准则》等财政部发布的财务、会计规定常常不一致。企业是否应当遵照这些批文中的要求进行财务、会计处理?

**背景:**

某企业于 2007 年和科技部科技型中小企业技术创新基金管理中心以及某园区管委会共同签订创新基金项目合同。根据合同约定:项目验收合格后,科技部科技型中小企业技术创新基金管理中心将支付企业 7 万元、某园区管委会将支付企业 15 万元。合同要求企业将收到的拨付资金作为专项应付款处理,其中:消耗部分予以核销,形成资产部分转入资本公积。该项目 2009 年完成,于 2010 年经验收合格并取得了上述款项。

**解答:**

1. 企业收到创新基金的会计处理。

"背景"部分中提到的该批文中要求的处理方式是原先《关于执行〈企业会计制度〉和相关会计准则有关问题解答》(财会〔2002〕18 号)要求的处理方式。财会〔2002〕18 号文是原《企业会计制度》体系下的文件,其中对此类专门用途的财政拨款的会计处理方法的规定与新企业会计准则和 2007 年生效的《企业财务通则》的要求已经不一致。根据财政部《关于印发〈企业会计准则——应用指南〉的通知》(财会〔2006〕18 号)规定:"执行《企业会计准则——应用指南》的企业,不再执行现行准则、《企业会计制度》《金融企业会计制度》、各项专业核算办法和问题解答。"

(1) 如该企业执行《企业会计制度》时的处理。

如果该企业直到 2010 年(即收到该笔创新基金拨款时)仍然在执行原先的《企业会计制度》的,则应当根据财会〔2002〕18 号文的规定,将项目完成后确定可留给企业的拨款结余在通过验收后转入资本公积处理,不应计入损益。

(2) 如该企业执行新企业会计准则时的处理。

如果该企业已经执行新企业会计准则的,则在确定会计处理方法时,应考虑以下因素:①该项目的相关开发支出在发生时是否符合《企业会计准则第 6 号——无形资产》所规定的资本化条件;②创新基金属于《企业财务通则》(财政部令第 41 号)第二十条所规定的五类财政资金中的第三类,即"贷款贴息、专项经费补助",按该条规定应作为企业收益处理(见财政部企业司编:《企业财务通则解读》①)。因此,在新企业会计准则下,创新基金的会计处理应适用《企业会计准则第 16 号——政府补助》。

即,在新企业会计准则下,企业首先应当对照《企业会计准则第 6 号——无形资产》及其应用指南和讲解的规定,确定相应的项目开发支出是应当资本化还是费用化;在此基础上,相应确定该笔创新基金应当属于与资产相关的政府补助还是与收益相关的政府补助。属于与收益相关的政府补助的,如果项目已经完成,后续不再发生研发费用的,可在收到时一次性计入损益(计入"其他收益",或者冲减"管理费用——研发费用");属于与资产相关的政府补助的,在无形资产的剩余摊销年限内相应分期摊销。

2. 相关拨款批文中对企业收到该资金后的财务、会计处理规定是否具有效力,企业如何执行的问题。

根据《关于执行〈企业会计制度〉和相关会计准则有关问题解答》(财会〔2002〕18 号)规定:"《中华人民共和国会计法》第八条规定'国家实行统一的会计制度。国家统一的会计制度由国务院财政部门根据本法制定并公布。国务院有关部门可以依照本法和国家统一的会计制度制定对会计核算和会计监督有特殊要求的行业实施国家统一的会计制度的具体办法或者补充规定,报国务院财政部门审核批准'。因此,企业必须按照《中华人民共和国会计法》的规定,

---

① 《企业财务通则解读》的相关原文如下:"目前,支持企业改革与发展的财政资金大致分为五大类别。据不完全统计,仅中央有关财政资金就有几十项。但是,对有关财政资金一直缺乏统一、明确的财务处理原则。《通则》分门别类,对企业取得财政资金的财务处理做出了具体规定:……3. 属于贷款贴息、专项经费补助的财政资金,如技术更新改造项目贷款贴息、中小企业发展专项资金、产业技术研究与开发资金、科技型中小企业技术创新基金、中小企业国际市场开拓资金等。这类资金一般是对企业特定经济活动支付的成本费用的补偿,因此,企业使用这类资金时,作为收益处理。企业在具体执行时,使用这类财政资金如果形成固定资产或者无形资产,应当作为递延收益,按照资产使用寿命分期确认;如果没有形成资产,则应当作为本期收益处理。……"

严格执行国家统一的会计制度,不得采用与国家统一的会计制度规定相悖的会计处理方法。除国务院财政部门外,任何部门制定的会计制度都是没有法定效力的,企业可以不执行。"

如前所述,对于执行新企业会计准则的企业而言,财会[2002]18 号文件本身已经不再执行。但我们理解,上述程序性规定应当仍然具有参考价值的。

实务中可能会遇到其他政府部门发布的财务管理规定与财政部会计司发布的会计准则或会计制度规定发生冲突的情形。对此我们的一般理解是:由于企业的财务报表是依据《企业会计准则》编制的,这一点在财务报表附注的"编制基础"和"遵循企业会计准则的声明"两个部分中都有明确的披露,同时注册会计师的审计意见也是针对财务报表是否符合适用的会计准则、制度的规定而发表的,因此在财务管理规定与会计准则发生冲突时,企业在会计处理中应当优先适用会计准则的规定,除非会计准则本身规定了例外(例如,《〈企业会计准则第 16 号——政府补助〉应用指南(2018)》中"三、适用范围"的规定"政府以投资者身份向企业投入资本,享有相应的所有者权益,政府与企业之间是投资者与被投资者的关系,属于互惠性交易,不适用本准则。"即明确规定政府拨入的投资补助等专项拨款中,国家相关文件规定作为资本公积(属于所有者权益)处理的,也属于资本性投入的性质,而不属于政府补助)。

**问题 2-2-10　企业对于"先验收后拨付"的政府补助的确认和摊销问题**

**问题:**

企业对于"先验收后拨付"的政府补助如何确认和摊销?

**背景:**

A 公司国Ⅳ、国Ⅴ机动车催化剂产业升级建设项目于 2012 年立项并通过审批。根据 A 公司与省发改委签署的专项合同,项目总投资为 4 亿元,其中企业自筹资金 3.2 亿元,政府补助 8 000 万元,其中 2012 年拨付 2 700 万元,2014 年拨付 5 300 万元。2012 年,A 公司收到政府拨付的 2 700 万元。该项目于 2014 年年底实施完成。2015 年 5 月份,省发改委组织专家组对该项目进行了验收,并下发《省财政厅关于下达 2011 年至 2014 年中央战略性新兴产业项目补助资金的通知》,省财政厅已将 2011 年至 2014 年中央战略性新兴产业项目补助资金 6 650 万元(其中 A 公司应收 5 300 万元)下达给 A 公司所在地的市财政局,并由市财政局拨付给 A 公司。

根据财政部、科学技术部《关于印发〈国家科技计划及专项资金后补助管理规定〉的通知》(财教[2013]433 号)的规定,后补助包括事前立项事后补助、奖励性后补助及共享服务后补助等方式。其中,"事前立项事后补助"是指单位根据科技部发布的国家科技计划或专项项目指南,结合自身研发需要提出申请,按照规定的程序立项后,单位先行投入资金组织开展研究开发活动,取得成果并通过验收后给予相应补助。国家科技计划及专项中以科技成果工程化、产业化为目标任务,具有量化考核指标的研究开发类项目,应当实施事前立项事后补助。事前立项事后补助按照以下程序管理：发布指南；提交申请；立项论证；预算评估评审；预算备案；签订任务书；项目实施；组织验收；验收结果公示；经费拨付。项目通过验收后，科技部按照事先备案的预算方案，提出项目后补助预算安排建议，报财政部批复。预算批复下达后，资金按照财政国库管理制度有关规定支付至项目承担单位。经核定拨付的事前立项事后补助经费，由单位统筹安排使用。

A 公司认为该 5 300 万元的政府补助符合"后补助"规定，拟一次性计入其他收益，主要依据如下：

（1）根据《国家科技计划及专项资金后补助管理规定》政策解读中二、"4. 为何设立事前立项，事后补助"中提出："财政资金面向结果进行补助。项目完成任务目标，即按照约定的金额补助，未完成任务目标，则没有补助，单位需自行承担项目失败的风险"，以及该项制度中的内容，A 公司该项目属于后补助。

（2）根据省财政厅相关文件精神，"经国家和省级有关部门考核通过后，再拨付剩余补助资金，未通过考核的，剩余资金不再拨付。"

（3）对于政府补助的 5 300 万元后补助资金的使用，根据《国家科技计划及专项资金后补助管理规定》政策解读中五、"21. 后补助经费的使用范围有哪些？"中提出"《规定》对于后补助经费的使用，赋予单位更大的自主权，除共享服务后补助经费主要用于运行服务外，其他两种方式补助经费可由承担单位统筹安排使用。"

同时，A 公司针对 5 300 万元补助经费的使用范围，与省发改委进行了沟通，省发改委答复：省发改委与国家发改委相关人员进行了沟通，因项目符合《国家科技计划及专项资金后补助管理规定》中的后补助形式，《规定》中已明确由承担单位统筹安排使用，因此请 A 公司遵照执行，不再对此单独下文。

**解答：**

我们理解，此处对财政资金拨付采用"后补助"方式，只是对财政资金管理办法的调整，不影响对于该项政府补助是属于与收益相关还是与资产相关的认定，以及由该项认定所决定的会计处理方法的确定问题。即，会计上认定某项政府补助是与资产相关还是与收益相关，其依据是作为补助对象的支出是在发生时直接计入利润表，还是先形成非流动资产，后续通过折旧、摊销等方式计入其使用期间内各年度损益，相应地，政府补助的会计处理应当体现"与作为补助对象的支出在利润表上的配比"这一基本要求。

在"后补助"的管理模式下，由于在补助款拨付到企业时，相应的作为补助对象的支出已经实际发生，因此企业收到相应的财政资金时，不可能再用该财政资金去直接支付项目支出，此时对收到财政资金后"由承担单位统筹安排使用"也就成了必然的结果（无论主管部门是否通过政策解读或其他方式作出该澄清，事实上只可能是这个结果）。背景资料所引用的《国家科技计划及专项资金后补助管理规定》政策解读中五、"21. 后补助经费的使用范围有哪些？"中的表述，以及省发改委的答复，并不能表明该财政资金的补助对象是后续发生的其他与该项目无关的支出，而应当理解为类似于上市公司以募集资金置换先期投入到募投项目中的自有资金,这种资金置换的操作并不否定或改变财政资金的原定用途和补助对象,相应地,也就不改变其性质认定和会计处理模式,特别是其中对应于非流动资产支出的部分仍应认定为与资产相关的政府补助,在满足确认条件时计入递延收益,并在相关资产的折旧或摊销年限内摊销,计入各年度的其他收益(假定该项政府补助系与日常活动相关,且 A 公司对此类政府补助选择采用"总额法"进行核算和报表列报,下同),不能因为企业可以统筹安排财政资金收到后的使用而将其认定为与收益相关的政府补助,从而一次性计入当期其他收益。

本案例中的该补助项目为产业化建设项目,因此可以合理确定该补助应属于与资产相关的政府补助。该项补助应自会计上初始确认该政府补助之月份起,在该项目的主要固定资产(厂房、主要生产线设备等)的加权平均剩余折旧年限内摊销,确认为各年度的其他收益;也可以按该项目所涉及的各项固定资产的原值为基数将其分摊到该项目所涉及的各项固定资产,分别在每项固定资产的剩余折旧年限内分摊,确认为各年度的其他收益。

如果该项目的支出中既有费用化的部分,也有形成资产的部分,则该项"后补助"的财政资金就属于综合性的政府补助。对于综合性的政府补助,在确认时应当划分为与资产相关和与收益相关两大部分。此类划分的基本原则就是"系统、合理",且必须在所有同类或类似项目中保持一贯性。例如,可能可以采取的方法包括:①政府批文中有明确的特定对象的部分,认定为与该特定对象支出相关的补助;其余部分按照申请补助时的项目预算(如果是在项目结束后才确认政府补助的,也可按项目决算)中所列各项目的支出金额比例分摊到各支出项目,根据各支出项目的性质和是否形成非流动资产,分别确认为与资产相关和与收益相关的政府补助;②政府批文中有明确的特定对象的部分,认定为与该特定对象支出相关的补助;其余部分可以认为首先用于弥补该项目中发生的费用性支出,剩余部分确认为与资产相关的政府补助,等等。在此基础上,对于与收益相关的政府补助,如果在确认时相关支出均已发生并已计入本期或前期的损益,则可以在确认时一次性计入当期其他收益;对于与资产相关的政府补助,则按前段所述方法采用系统、合理的基础予以摊销,计入相关资产折旧或摊销期内的其他收益。

**问题 2-2-11**　新企业会计准则首次执行日之前收到政府补助,新企业会计准则首次执行日之后收到政府补助文件相关账务处理问题

**问题:**

收到政府补助若干年后才收到政府补助文件(且这两个日期分别位于新企业会计准则首次执行日之前和之后),确认相关政府补助的性质及用途时,企业该如何进行账务处理?

**背景:**

2008 年 1 月 17 日,A 公司通过土地挂牌交易,向当地土地储备交易中心支

付土地出让金 62 523 340.80 元受让一宗土地。2008 年 3 月 4 日,B 公司(系当地开发区管理委员会下属公司)拨付 A 公司补贴款 55 684 800.00 元,当时未明确补贴款的性质。A 公司将该补贴款冲减无形资产——土地使用权,使得无形资产——土地使用权的原值只有 6 838 540.80 元。

2008 年 7 月 4 日,A 公司之母公司与 C 公司签订《产权转让合同书》,将所持 A 公司股权以人民币 451 万元的价格转让给 C 公司。

2012 年 4 月,当地工业园管理委员会出具了《关于拨付企业项目基础设施配套资金的通知》、经济技术开发区管理委员会出具了《关于经付 A 公司一次性项目基础设施配套补贴的通知》,明确了 2008 年 3 月 4 日拨付款项的性质,规定该补贴专项用于新建项目的基础设施配套建设投资。

自 2008 年 3 月至 2011 年 12 月 31 日,A 公司在该土地上新增固定资产约 2 400.00 万元(其中房屋建筑物 1 140.00 万元、机器设备 1 260.00 万元)。

C 公司拟将 2010 年作为 IPO 申报起始期,基于 IPO 申报期内统一会计政策的要求,C 公司(包括此时已成为 C 公司子公司的 A 公司)将 2010 年 1 月 1 日确定为新企业会计准则的首次执行日。

**解答:**

首先需要解决的是政府于 2012 年下达关于拨款性质的批文,对 IPO 申报财务报表而言应当是作为前期差错更正,还是作为 2012 年度新发生的事项(将其影响计入 2012 年度及其以后各年度财务报表)的问题。在本案例中,2008 年 3 月收到该拨款时,并未明确该款项的性质,直到 2012 年 4 月才由当地管委会下文明确其性质为"一次性项目基础设施配套补贴",并规定专项用于新建项目的基础设施配套建设投资。这其中的时间间隔已经明显超出为了明确资金性质所需的必要时间限度。鉴于 IPO 审计的特殊情况,为了避免此情况对 IPO 申报期内损益状况和盈利趋势判断产生影响,倾向于将此事项作为前期差错更正,即在 2008 年收到资金时,即应将其按照批文指定的性质和用途进行会计处理。

1. 2008 年原《企业会计制度》下的处理。

在原《企业会计制度》下,税收减免与返还、政府补贴、财政拨款的会计处理,应遵循《企业会计制度》、财会函〔2000〕30 号文《关于股份有限公司税收返还等有关会计处理的复函》等相关会计制度的规定。其中,如果政府补贴批准文件明确该补贴由公司全体股东享有,属于国家财政扶持领域而给予的补贴,公司在实际收到时,计入补贴收入;如果财政拨款批准文件明确该拨款具有专门用途,如用于技术改造、技术研究等,在该项拨款实际到位时应作为"专项应付款"核算,在项目完成后,应将其形成的资产转入固定资产,同时相应拨款转入资本公积。

2. 新企业会计准则下的处理。

根据《企业会计准则第 16 号——政府补助》的规定,政府补助分为与资产相关的政府补助和与收益相关的政府补助。其中,与资产相关的政府补助,应当冲减相关资产的账面价值或确认为递延收益。与资产相关的政府补助确认为递延收益的,应当在相关资产使用寿命内按照合理、系统的方法分期计入损益。按照名义金额计量的政府补助,直接计入当期损益。相关资产在使用寿命结束前被出售、转让、报废或发生毁损的,应当将尚未分配的相关递延收益余额转入资产处置当期的损益。

关于新旧会计准则转换时的衔接问题,根据《企业会计准则第 38 号——首次执行企业会计准则》及其应用指南的规定,在新企业会计准则的首次执行日,对政府补助的会计处理采用未来适用法进行衔接处理,对以前年度原先在《企业会计制度》框架下对政府补助资金的会计处理不作追溯调整。首次执行日之后企业取得的政府补助,应当按照政府补助准则的规定进行会计处理。

根据本案例的具体情况,结合上述批文的规定,对该事项的建议处理方法如下:

1. 2008 年内收到该项补助款时,先计入专项应付款,自该日起直到转换到新企业会计准则之前的期间内,在相关基础设施建设支出发生,形成固定资产时,将相应金额的专项应付款转入资本公积。

2. 转为执行新企业会计准则时(按照 IPO 申报期内统一会计政策的要求,新企业会计准则的首次执行日不应晚于 IPO 申报期的起始日),在首次执行日对该专项应付款余额和已结转资本公积的金额不作追溯调整。以后再发生的相关固定资产购建支出对应的补贴款金额作为与资产相关的政府补助,如果 A 公司选择对此类政府补助采用"总额法"列报,则在相关固定资产达到预定可使用状态时转为递延收益,并在其折旧年限内摊销,计入各年度的其他收益;如果选择采用"净额法"列报,则在相关固定资产达到预定可使用状态时冲减固定资产账面价值。

3. 鉴于该土地取得到 2011 年年末已有 3 年多时间,按照常理,其上房屋建筑物和其他配套设施的建设应当已经基本完成。如果该土地上的房屋建筑物和其他配套设施的购建已经基本完成,则鉴于实际发生的固定资产购建支出仅为 2 400 万元(即使将机器设备的购建支出也包括进去),小于该项拨款总额(5 568.48 万元),因此公司应当向管委会等当初给予该拨款的有权部门确认余款是否需要缴回。如果余款不需缴回的,则对于不需缴回的余款部分,应当基于实质重于形式的原则确认为与当初土地使用权的取得相关的政府补助,在土地使用权的剩余年限内摊销,计入各期损益。

---

**问题 2-2-12**  境外合作区政府补助相关问题

**问题:**

如下文"背景"所述,A 公司收到的 14 038 万元是一次性进损益,还是按资产使用年限摊销,或是作为长期投资的抵减项?

**背景:**

A 公司 2011 年 9 月与 B 公司签订协议,约定由 A 公司收购 B 公司持有的 C 公司 100% 的股权,股权转让价款 4.15 亿元,截至 2011 年 12 月 31 日,已经支付股权转让款 24 012 万元。C 公司的一项重要资产是对 E 公司的长期股权投资,占 E 公司 60% 的股权。

同时,A 公司与 D 公司签订股权转让协议,约定由 A 公司收购 D 公司持有的 E 公司的 40% 的股权,股权收购价款 10 218.8 万元,截至 2011 年 12 月 31 日,A 公司已经支付全部股权转让价款。

上述两项收购交易因尚未经商务部和发改委审批通过,未能办理股权转让手续。目前挂在其他应收款中。上述两项收购交易如果最终完成,则 E 公司 100% 的股东权益将由 A 公司享有。

根据国函〔2008〕17 号《国务院关于同意推进境外经济贸易合作区建设意见的批复》、商合发〔2008〕431 号《境外经济贸易合作区确认考核暂行办法》的相关要求,商务部和财政部审核了 E 公司的原股东(即 B 公司和 D 公司)在境外某工贸合作区的基建情况,按照已完成基建投入的 30% 拨付原股东财政专项补贴 14 038 万元。

基于以上股权转让关系,B 公司和 D 公司协议将财政专项补贴 14 038 万元全部给予 A 公司。

A 公司本期收到 14 038 万元。

**解答:**

根据上文"背景"资料所述,"上述两项收购业务因尚未经商务部和发改委审批通过,未能办理股权转让手续。目前挂在其他应收款",而该笔补助款项由 A 公司享有的一个基本前提就是股权转让完成,A 公司直接、间接地享有 E 公司的全部股东权益(尽管这一点在相关股权转让协议中未明示,但可以合理推断)。因此,在目前股权收购尚未完成的情况下,如果 A 公司已经实际收到该补助资金,则 2011 年年末应暂挂在"其他应付款"项目中,到股权收购成功,确认长期股权投资后,再作进一步处理。

在以后年度,如果股权收购能够按协议完成,E 公司成为 A 公司享有 100% 股东权益的子公司,则对进一步的后续账务处理,需区分 A 公司个别报表和合并报表层面分别予以处理:

1. A 公司个别报表层面,应作为一项对于非流动资产(长期股权投资)购建的补助,计入递延收益,在 C 公司被处置或清算前不能转为收益。如果 A 公司将该笔补助款按照约定进一步拨付给 E 公司使用的,则按照是否要求 E 公司返还,分别作为长期股权投资或者长期应收款项处理。或者,也可以采用"净额法"处理,即将补助款的 60%、40% 分别直接冲抵 A 公司对 C 公司和 E 公司的长期股权投资成本。

2. A 公司合并报表层面,由于《境外经济贸易合作区发展资金管理暂行办法》(商财发〔2008〕211 号)第二条规定:"发展资金对国家批准、确认、考核通过后的合作区建设过程中发生的相关支出给予资助",第三条明确了作为资助对象的"合作区基础设施建设费用"的范围,即明确这是对合作区建设过程中发生的基础设施建设费用予以补助,因此当补助款被实际用于该用途时,即构成了一项与资产(合作区内的基础设施)相关的政府补助,应当在相关基础设施资计提折旧或摊销的年限内按照合理、系统的方法分期计入损益。或者,也可以采用"净额法"处理,在合并报表层面,直接冲抵相关基础设施资产的账面价值。

### 问题 2-2-13　顶峰发电奖励的处理

**问题:**

如下文"背景"资料所述,顶峰发电奖励款应如何进行账务处理,是属于政府补助性质还是属于代收代付性质,认定的依据是什么?

**背景:**

根据某省发展和改革委员会、省财政厅文件《关于印发省统调火电企业顶峰多发奖励办法及 1~8 月份奖金分配方案的通知》,为充分调动火电企业积极性,省政府设立顶峰发电奖励专项资金,对统调火电企业顶峰多发实行奖励。该专项资金主要用于奖励火电企业员工,同时对煤电运系统其他有功人员给予适当奖励。企业奖励资金中,按 55% 的比例直接发放至 A 公司(系某发电集团下属的省级子公司)下属的火电企业,其余 45% 的奖励资金由 A 公司统筹发放,所属发电企业人均奖励资金原则上不低于全省人均奖金的 1/2,差额部分由 A 公司统筹安排,人均奖励资金最高额不高于全省人均奖金的 3 倍。

同时,省能源局文件《关于切实做好火电企业顶峰多发奖励资金发放的通知》要求顶峰发电奖励 100% 发放至企业干部职工,各公司按照有关规定制定资金发放细化方案,于 12 月底前报省发改委、省财政厅,资金到账后要立即足额发放,不得冲抵企业成本。

**解答:**

根据《企业会计准则第 16 号——政府补助(2017 年修订)》及其应用指南的规定,政府补助是指企业从政府无偿取得货币性资产或非货币性资产,但不包括政府作为企业所有者投入的资本。政府补助通常附有一定的条件,主要包括"政策条件"和"使用条件",其中"使用条件"是指:企业已获批准取得政府补助的,应当按照政府规定的用途使用。

本案例中涉及的"顶峰发电奖励款"应界定为政府补助性质(即对企业因"顶峰发电"而增加的职工薪酬性质支出的补助),不属于代收代付。企业应当一方面在收到时作为与收益相关的政府补助处理,另一方面确认职工薪酬相关费用(制造费用或管理费用)。

在本案例中,尽管相关的管理文件对资金的使用提出了一般性的要求(要求 100% 发放至企业的干部职工),但这应当理解为性质上是"政府补助所附条件"中的"使用条件",企业仍应在该条件的框架内制定细化的发放方案,即企业对资金的使用(具体发放方案的制定)仍有一定的自主权。同时,该笔资金的目的旨在"为充分调动火电企业积极性,省政府设立顶峰发电奖励专项资金,对统调火电企业顶峰多发实行奖励",但要求奖励金额 100% 发放给企业职工,即本质上仍属于对企业职工薪酬费用的补偿,因为职工在"顶峰多发"中作出的努力和贡献也可以增加火电企业的经济利益流入;另外,2011 年年底前已经编制完

成了发放方案的明细表(明细到个人应得金额),并且补偿对象是 2011 年内的
"顶峰多发",所以已经构成了一项"由过去的交易或事项导致的现时义务"且其
金额可以可靠计量。所以应当在 2011 年内,一方面确认为政府补助,一方面确
认职工薪酬费用和应付职工薪酬。

**问题 2-2-14**　物联网发展专项资金的会计处理

**问题:**

A 公司收到的物联网发展专项资金是否可以计入资本公积?

**背景:**

A 公司 2011 年 12 月收到当地经济和信息化委员会拨付的物联网发展专
项资金 300 万元,用于物联网身份认证基础设施平台研发及产业化项目。该产
业化项目实施时间为 2011 年 1 月至 2013 年 12 月,项目投资为 3 000 万元,其
中 2 700 万元企业自筹;300 万元由财政拨款,用于固定资产购置。该款需专款
专用,项目完成后须向当地经济和信息化委员会报送项目情况及专项资金使用
情况,如改变资金用途或未使用资金需退回。

**解答:**

本案例一个基本前提是明确该笔"物联网发展专项资金"属于《企业财务通
则》第二十条所规范的五类财政资金中的哪一类。

根据财政部、工业和信息化部《物联网发展专项资金管理暂行办法》(财企
〔2011〕64 号)的规定,专项资金的支持范围包括物联网的技术研发与产业化、标
准研究与制订、应用示范与推广、公共服务平台等方面的项目。专项资金的支
持采用无偿资助或贷款贴息方式。申请专项资金的项目原则上只采用一种支
持方式。无偿资助方式主要支持以自有资金为主投入的项目,贷款贴息方式主
要支持以银行贷款为主投入的项目。原则上,技术研发、标准研究与制订、公共
服务平台类项目,以无偿资助方式为主;产业化、应用示范与推广类项目以贷款
贴息方式为主。

从该文件规定的资金管理办法看,该专项资金应属于《企业财务通则》第二
十条所规定的第三类财政资金,即"贷款贴息、专项经费补助",而不是第二类
"投资补助"。因此应按《企业会计准则第 16 号——政府补助》的相关规定进行
会计处理(应进一步区分为"与收益相关的政府补助"和"与资产相关的政府补
助",分别按照准则中的适用规定进行会计处理),不能计入资本公积。

**权威指引:**

《企业财务通则》第二十条:

企业取得的各类财政资金,区分以下情况处理:

(一) 属于国家直接投资、资本注入的,按照国家有关规定增加国家资本或
者国有资本公积。

(二) 属于投资补助的,增加资本公积或者实收资本。国家拨款时对权属有
规定的,按规定执行;没有规定的,由全体投资者共同享有。

（三）属于贷款贴息、专项经费补助的，作为企业收益处理。

（四）属于政府转贷、偿还性资助的，作为企业负债管理。

（五）属于弥补亏损、救助损失或者其他用途的，作为企业收益处理。

《企业财务通则解读》（财政部企业司编）对《企业财务通则》第二十条的进一步解释：

财政资金的类别及其财务处理办法

目前，支持企业改革与发展的财政资金大致分为五大类别。据不完全统计，仅中央有关财政资金就有几十项。但是，对有关财政资金一直缺乏统一、明确的财务处理原则。《通则》分门别类，对企业取得财政资金的财务处理做出了具体规定：

1. 属于国家直接投资、资本注入的财政资金，如基本建设投资、国债投资项目等。这类资金属于国家以投资者身份对企业的资本性投入，因此，应当增加国家资本，对于超过注册资本的投资则增加国有资本公积。

2. 属于投资补助的财政资金，如公益性和公共基础设施投资项目补助、推进科技进步和高新技术产业化的投资项目补助等。这类资金是对投资者投入资本的补助，但是与前一类资金最大的区别是国家不一定以投资者身份投入，大部分时候是政府为了贯彻宏观经济政策或实现调控目标，给予企业的、具有导向性的资金。因此，《通则》规定企业收到这类资金增加资本公积或者实收资本，由全体投资者共同享有；如果国家拨款时，明确形成的资本由某个单位持有，或者做出其他权属规定的，则按规定执行。

3. 属于贷款贴息、专项经费补助的财政资金，如技术更新改造项目贷款贴息、中小企业发展专项资金、产业技术研究与开发资金、科技型中小企业技术创新基金、中小企业国际市场开拓资金等。这类资金一般是对企业特定经济活动支付的成本费用的补偿，因此，企业使用这类资金时，作为收益处理。企业在具体执行时，使用这类财政资金如果形成固定资产或者无形资产，应当作为递延收益，按照资产使用寿命分期确认；如果没有形成资产，则应当作为本期收益处理。

4. 属于政府转贷、偿还性资助的财政资金，如世界银行贷款项目等。这类资金使用后要求归还本金，因此，企业收到时，应当作为负债管理。

5. 属于弥补亏损、救助损失或者其他用途的财政资金，如国有企业亏损补贴、"非典"期间补偿民航公司的损失、关闭小企业补助等。企业收到这类资金时，作为本期收益或者递延收益处理。

---

**问题 2-2-15** 预计预缴土地增值税将返还时的处理

**问题：**

如下文"背景"资料所述，对预计在以后年度可以获得返还的税款，在缴纳时应如何进行会计处理？

**背景：**

A公司开发的一个房地产项目已经竣工并开始销售，业主已经入住。由于该项目早期涉及贫困区的拆迁,所以 A 公司投入了大量的人力物力和资金。本期项目售出后,在确认收入的同时,需要在 2011 年内预先缴纳一部分土地增值税,该预缴金额的影响将是重大的。根据 A 公司与当地政府部门的协商结果,此次预缴的土地增值税年后将退回,作为给予公司的补偿,即税务部门在年后指派税务师对土地增值税进行审计,然后将预缴的土地增值税在 2012 年退回,时间估计在 3 月份。

**解答:**

本案例需要确定"此次预缴的土地增值税年后将退回,作为给予公司的补偿,即税务部门在年后指派税务师对土地增值税进行审计,然后将预缴的土地增值税在 2012 年退回"在税法上有无依据。

如果税法上有依据的,则应查阅相关税法条文,确定需经过哪些审批程序之后才能获得返还,其获得返还的可能性和返还金额能否合理、可靠地预计。对其获得返还的可能性和返还金额可以可靠预计,《〈企业会计准则第 16 号——政府补助〉应用指南(2018)》中"五、关于政府补助的确认与计量"规定:"关于政府补助的计量属性,本准则规定,政府补助为货币性资产的,应当按照收到或应收的金额计量。如果企业已经实际收到补助资金,应当按照实际收到的金额计量;如果资产负债表日企业尚未收到补助资金,但企业在符合了相关政策规定后就相应获得了收款权,且与之相关的经济利益很可能流入企业,企业应当在这项补助成为应收款时按照应收的金额计量。"根据该规定,谨慎判断是否符合"应收款"的确认条件,我们理解该税务部门将对企业进行的审计是实质程序,并非程序形式,因此很大可能还是只能在收到时确认为其他收益,在 2011 年年末不能确认其他应收款和其他收益。

如果税法上没有依据的,则可能只是当地政府的"土"政策,其能否收到以及可收到的金额都存在重大不确定性,因此只能在实际收到时作为政府补助确认,计入实际收到时的其他收益。

还有另一种可能是,A 公司按照项目所在地的规定在收到预售款时按照预征率预缴土地增值税,但 A 公司预计预缴的土地增值税大于该项目最终清算时应缴纳的土地增值税(例如,A 公司该项目为普通标准住宅,增值额未超过扣除项目金额 20%,按照规定应免征土地增值税),税务部门承诺的 2012 年将 A 公司预缴的土地增值税退回,仅是在 A 公司该项目尚未完成土地增值税清算时提前退还其预缴的土地增值税,该部分在最终完成清算时不会重复退还 A 公司,则这部分资金不属于政府补助,应在实际收到时冲减 A 公司预缴土地增值税形成的"其他流动资产"。

**问题 2-2-16** 中外合资企业收到政府补助时的考虑

**问题:**

中外合资企业收到财政部拨付没有具体资金使用规定的款项时如何进行账务处理?

**背景：**

A 公司系中外合资企业(中方控股)，其中方股东 B 公司所占股比为 52％，另一股东为一境外企业。

2010 年度及 2011 年度 A 公司共计收到财政部拨款 960 万元，地方经济和信息化委员会拨款 109 万元，用于某新能源汽车技术开发和产业化项目。

960 万元财政部拨款所依据的文件是：《财政部关于下达 20××年重点产业振兴和技术改造(第×批)中央预算内基建支出预算(拨款)的通知》。

财政部具体拨款是先拨给 B 公司，B 公司落实到具体企业转拨给了有具体生产的新能源企业 A 公司，鉴于该拨款小于 1 000 万元，所以不存在国家强制规定的验收，资金的具体使用要求由 B 公司内部来管理。

A 公司本期销售费用 505 万元，其中约 470 万元是支付给 B 公司的市场开发费。A 公司目前仅有这一个"新能源汽车技术开发和产业化项目"。

**解答：**

鉴于本案例中，实际使用拨款的该公司系中外合资企业，涉及外方的资本和权益，因此需要谨慎确定该笔资金的权属：是归中方独享，还是中外方股东可以按股权比例共同享有该笔资金。

如果财政部相关批文要求 B 公司先增加国家资本金，然后 B 公司将其下拨给 A 公司的，则 A 公司收到该笔资金应作为其母公司的资本性投入处理，确认为资本公积，这部分资本公积的权属可能是归中方独享，也可能是中外方股东按股权比例共享，需根据财政部相关批文是否明确了权属而定。

如果财政部批文未明确要求增加国家资本金，而是由各方股东按股权比例共同享有该笔资金的，则可以考虑两种处理方法：

1. 从相关拨款批文的名称来看，该类财政资金属于《企业财务通则》第二十条所指的"投资补助"的可能性较大(根据《企业财务通则》第二十条和财政部企业司的官方解读，"投资补助"包括公益性和公共基础设施投资项目补助、推进科技进步和高新技术产业化的投资项目补助等。这类资金是对投资者投入资本的补助，但是与前一类资金最大的区别是国家不一定以投资者身份投入，大部分时候是政府为了贯彻宏观经济政策或实现调控目标，给予企业的、具有导向性的资金。企业收到时应增加资本公积或者实收资本。国家拨款时对权属有规定的，按规定执行；没有规定的，由全体投资者共同享有。)如果确认属于"投资补助"的，则 B 公司应当于收到时计入资本公积处理，而无论该笔资金是由中方独享还是由双方股东按股权比例共享。

2. 如果确认该补贴是一项政府补助(不属于投资补助)，则应适用政府补助会计准则的相关规定。实务中 A 公司应当根据申请该资金时上报的项目预算等资料，合理估计项目总预算中资本支出和费用性支出的金额和比例，按该比例将收到拨款总额区分为与资产相关和与收益相关这两部分，分别处理。

另外，对于 2012 年 2 月 21 日或以后采用逐级拨付方式的财政性资金，相关企业对其进行财务和会计处理时，应同时关注财政部《关于印发加强企业财务信息管理暂行规定的通知》(财企〔2012〕23 号)第八条中的下列规定：

企业收到的财政性资金应当纳入企业预算管理,实现资金统一管控,提高财政性资金使用的整体效益。企业收到资本性财政性资金,列作国有实收资本或股本,企业股东(大)会或董事会、经理办公会等决策机构应当出具同意注(增)资的书面材料。企业一个会计年度内多次收到资本性财政性资金的,可暂作资本公积,但应在次年履行法定程序转增国有实收资本或股本;发生增资扩股、改制上市等事项,应当及时转增。

企业集团母公司将资本性财政性资金拨付所属全资或控股法人企业使用的,应当作为股权投资。母公司所属控股法人企业暂无增资扩股计划的,列作委托贷款,与母公司签订协议,约定在发生增资扩股、改制上市等事项时,依法将委托贷款转为母公司的股权投资。

企业收到费用性财政性资金,列作收益,符合《财政部、国家税务总局关于专项用途财政性资金企业所得税处理问题的通知》(财税〔2011〕70号)规定不征税条件的,可作为不征税收入。企业按规定将费用性财政性资金拨付所属全资或控股法人企业使用,中间拨付环节企业均作为往来款项。

**问题 2-2-17　与长期股权投资相关的政府补助**

**问题:**

收到的与长期股权投资相关的政府补助如何进行账务处理?

**背景:**

A公司投资设立了一家控股子公司。由于A公司投资设立的新公司和产业基地"属于产业项目科技含量高、项目投资大、发展前景好且意义深远,为有力推动地方经济发展,推进该项目尽快竣工生产,产生经济效益,从而鼓励更多企业在当地投资发展",当地开发区管委会决定奖励投资方A公司4 143万元,第一笔2 000多万元已到A公司账户。

**解答:**

由于当地政府给予该补助的原因是A公司投资设立的新公司和产业基地"属于产业项目科技含量高、项目投资大、发展前景好且意义深远,为有力推动地方经济发展,推进该项目尽快竣工生产,产生经济效益,从而鼓励更多企业在本地投资发展",表明该项奖励资金是与A公司在当地的投资建设有关,可以认为属于与长期股权投资相关的政府补助。如果A公司选择采用"总额法"列报此类补助,则在A公司个别报表层面应将其确认为一项递延收益,以后随着子公司股权的转让逐步实现,从递延收益转入投资收益或其他收益;合并报表层面,由于长期股权投资已被抵销,而批文中仅明确其为"奖励资金",并未明确要求用于特定的非流动资产的购建,所以该笔补贴款可认为是一项与收益相关的政府补助,在收到当年一次性计入合并利润表中的其他收益。即,基于本案例的特定情况,该笔补助在个别报表和合并报表层面的处理可能不同。

问题 2-2-18　"鼓励企业上市发展专项资金"资助款处理

**问题：**

企业收到的"鼓励企业上市发展专项资金"资助款如何进行账务处理？

**背景：**

A 公司正在申请首次公开发行股票并在创业板上市，目前证监会受理后的反馈意见已下达企业。

A 公司注册地财政局、金融办联合下发了一个《鼓励企业上市发展专项资金管理办法》文件，文件规定："拟上市企业已得到国家证券监督管理机构受理并出具受理文件的给予奖励。"

A 公司据此文件申请奖励，并于 2011 年 6 月取得前述阶段性政府补助 80 万元。

按照文件规定，A 公司取得该奖励资金的使用范围规定是：补偿非上市企业为实现上市而实际发生的辅导、保荐、审计、评估、法律和办理工商变更手续等费用。

**解答：**

本案例需要分析该项"奖励资金"用途方面的规定，是否支持范围仅包括申报上市阶段发生的费用，还是同时包括改制阶段和申报上市阶段发生的相关费用。

如果该奖励资金包含了对股份有限公司改制设立阶段的审计、评估等相关费用的补助，则由于该阶段内的审计、评估等中介机构费用已经于发生时费用化，则可以把对应金额的补助款于收到时计入其他收益（或冲减管理费用）。扣除该部分对股份有限公司改制设立阶段的审计、评估等相关费用的补助后剩余的资助款，按下段所述原则处理。

如果该奖励资金仅限于对申报上市阶段发生的中介机构费用等交易费用的补助，则该项补助资金的处理方法应取决于对应的作为补助对象的申报上市阶段中介机构费用的会计处理方式。一般情况下，在 IPO 实施的早期阶段（向证监会报送 IPO 申报材料并被受理之前），其最终能否成功仍可能存在较大的不确定性，将该阶段内发生的中介机构费用等 IPO 相关费用于发生时费用化的处理较为稳健，相应地，所收到的补助款中对应于该部分费用的部分应当在收到时计入其他收益（或冲减管理费用）；到证监会受理申请并出具初审意见，根据所了解到的各方面情况认为成功可能性较大之后，再发生的中介机构费用等发行费用可以暂挂资产类项目（但不建议使用"其他应收款"项目，而是建议根据 IPO 项目的预计进度使用"其他流动资产"或者"其他非流动资产"项目），到 IPO 成功后冲减发行溢价。相应地，针对这部分目前暂挂"其他流动资产"或"其他非流动资产"项目的发行费用的补助款应当冲减挂账项目金额（而不是确认为其他收益或冲减管理费用），相应减少未来 IPO 实施时冲减发行溢价的金额。

总之，该项奖励资金的会计处理方法应当与作为补助对象的费用支出的会计处理方法相对应,即:对应于费用化支出的部分,应当于相应的费用化支出计入损益时相应计入同一期间的损益;对应于冲减发行溢价的发行费用的部分,应当冲减暂挂于"其他流动资产"或者"其他非流动资产"项目中的资本化发行费用,最终达到减少未来 IPO 实施时冲减发行溢价的金额的处理效果。

关于发行费用的会计处理,请参阅《计学撮要 2011》中专题Ⅲ第五章第一节"问题 7 可从股票发行溢价中扣减的发行费用的范围"。

**问题 2-2-19** 收到母公司拨付的资本性财政资金的处理

**问题:**

如下文背景资料所述,A 公司收到母公司拨付的资本性财政资金时如何处理?

**背景:**

A 公司(上市公司)2012 年收到其母公司下拨的节能减排资金 7 000 万元,用于 A 公司固定资产节能减排等方面的更新改造支出。根据财政部《关于下达××集团公司 2008 年度节能减排资金的通知》(财企〔2008〕388 号)的要求,应将节能减排资金作增加集团公司国家资本金处理。A 公司现将下拨的资金记入"长期应付款"科目。

**解答:**

2008 年时,根据当时的《节能技术改造财政奖励资金管理暂行办法》(财建〔2007〕371 号)拨付的节能技术改造财政奖励资金,属于"投资补助"性质,要求"企业收到财政奖励资金后,在财务上作资本公积处理"。该《暂行办法》已于 2011 年 6 月被《节能技术改造财政奖励资金管理办法》(财建〔2011〕367 号)取代,新规定并未明确"节能技术改造财政奖励资金"应视作资本性的财政资金。但本案例中的该笔资金在 2008 年即已下达,因此我们理解仍应将其按当时规定视作"资本性财政性资金"。

财政部《关于印发加强企业财务信息管理暂行规定的通知》(财企〔2012〕23 号)第八条规定:

企业收到资本性财政性资金,列作国有实收资本或股本,企业股东(大)会或董事会、经理办公会等决策机构应当出具同意注(增)资的书面材料。企业一个会计年度内多次收到资本性财政性资金的,可暂作资本公积,但应在次年履行法定程序转增国有实收资本或股本;发生增资扩股、改制上市等事项,应当及时转增。""企业集团母公司将资本性财政性资金拨付所属全资或控股法人企业使用的,应当作为股权投资。母公司所属控股法人企业暂无增资扩股计划的,列作委托贷款,与母公司签订协议,约定在发生增资扩股、改制上市等事项时,依法将委托贷款转为母公司的股权投资。

根据上述规定,如果该母公司在从财政收到该笔资金时,已经作了增加国有实收资本的处理,则 A 公司应按照财企〔2012〕23 号文第八条的上述规定处理。A 公司目前采取的计入"长期应付款"的处理方式不妥。如果 A 公司目前暂无增资扩股计划,则应由 A 公司和母公司签署协议,暂时作为委托贷款管理及核算,择机以非公开发行方式增加 A 公司的股本,具体应按证监会、交易所关于定向增发新股的相关规定执行。

说明:证监会有关定向增发新股的规定目前主要包括:《上市公司证券发行管理办法》(证监会令第 30 号)、《上市公司非公开发行股票实施细则(2017 年修订)》(证监会公告〔2017〕5 号)、《公开发行证券的公司信息披露内容与格式准则第 25 号——上市公司非公开发行股票预案和发行情况报告书》(证监发行字〔2007〕303 号)、《公开发行证券的公司信息披露内容与格式准则第 36 号——创业板上市公司非公开发行股票预案和发行情况报告书》(证监会公告〔2014〕31号)等。

**问题 2-2-20**　上市公司收到控股股东拨付的资本性财政资金的处理

**问题:**

上市公司收到控股股东拨付的资本性财政资金是否可以确认为股本?

**背景:**

A 国有控股上市公司,于 2012 年 12 月收到集团母公司拨付的资本性财政资金 1 000 万元,记入"专项应付款"科目。其控股股东在拨付此项资金时同时以文件形式通知,要求该公司与其他股东协商一致并履行法定审批程序后计入股本。

**解答:**

本案例中 A 公司收到的集团母公司拨付的资本性财政资金应计入专项应付款,理由如下:

1. 根据《企业会计准则——应用指南》的附录"会计科目和主要账务处理"对"2711 专项应付款"科目的使用说明:"本科目核算企业取得政府作为企业所有者投入的具有专项或特定用途的款项",因此对于上市公司收到的资本性财政资金,在增加股本之前,通过"专项应付款"科目核算是恰当的。

2. 从会计处理角度看,上市公司收到的资本性财政资金,在尚未确定增资价格和增资股份数的情况下,应作为一项债务工具而不是权益工具,主要理由和依据如下:

《企业会计准则第 22 号——金融工具确认和计量》第五十八条规定:

权益工具,是指能证明拥有某个企业在扣除所有负债后的资产中的剩余权益的合同。

根据《企业会计准则第 37 号——金融工具列报(2014 年修订)》第九条、第十条规定:

第九条　权益工具,是指能证明拥有某个企业在扣除所有负债后的资产中的剩余权益的合同。在同时满足下列条件的情况下,企业应当将发行的金融工具分类为权益工具:

(一)该金融工具应当不包括交付现金或其他金融资产给其他方,或在潜在不利条件下与其他方交换金融资产或金融负债的合同义务；

（二）将来须用或可用企业自身权益工具结算该金融工具。如为非衍生工具，该金融工具应当不包括交付可变数量的自身权益工具进行结算的合同义务；如为衍生工具，企业只能通过以固定数量的自身权益工具交换固定金额的现金或其他金融资产结算该金融工具。企业自身权益工具不包括应按照本准则第三章分类为权益工具的金融工具，也不包括本身就要求在未来收取或交付企业自身权益工具的合同。

第十条　金融负债与权益工具的区分：

（一）如果企业不能无条件地避免以交付现金或其他金融资产来履行一项合同义务，则该合同义务符合金融负债的定义。有些金融工具虽然没有明确地包含交付现金或其他金融资产义务的条款和条件，但有可能通过其他条款和条件间接地形成合同义务。

（二）如果一项金融工具须用或可用企业自身权益工具进行结算，需要考虑用于结算该工具的企业自身权益工具，是作为现金或其他金融资产的替代品，还是为了使该工具持有方享有在发行方扣除所有负债后的资产中的剩余权益。如果是前者，该工具是发行方的金融负债；如果是后者，该工具是发行方的权益工具。在某些情况下，一项金融工具合同规定企业须用或可用自身权益工具结算该金融工具，其中合同权利或合同义务的金额等于可获取或需交付的自身权益工具的数量乘以其结算时的公允价值，则无论该合同权利或合同义务的金额是固定的，还是完全或部分地基于除企业自身权益工具的市场价格以外变量（例如，利率、某种商品的价格或某项金融工具的价格）的变动而变动，该合同应当分类为金融负债。

在本案例中，虽然出资款已经拨付给上市公司，但该笔款项可认购的上市公司增发股份数和占上市公司股权比例截至资产负债表日尚未确定，也不能就新增的出资享有股东权利，因此，截至 2012 年年底，该出资额并不代表在上市公司扣除负债的净资产中享有的剩余权益（即，并未在上市公司的净资产中享有相应收益和承担相应风险），因而不符合《企业会计准则第 22 号——金融工具确认和计量》第五十八条和《企业会计准则第 37 号——金融工具列报（2014 年修订）》第九条对"权益工具"的定义。在股权比例确定之前，上市公司实质上是对该专项应付款的拨付方负有金额确定的债务，该项债务在股权比例确定，完成增资扩股的手续之后才转为权益。

从另一方面说，对照《企业会计准则第 37 号——金融工具列报》第九条规定的确认权益工具需同时满足的两项条件，其中条件（一）是可以满足的，即因为该笔资本性财政资金不能再抽回，因此不存在"交付现金或其他金融资产给其他单位，或在潜在不利条件下与其他单位交换金融资产或金融负债的合同义务"；但条件（二）不满足，因为在股权比例尚未确定的情况下，将用于结算该项金融工具的自身权益工具的数量是不固定的，即不满足"如为非衍生工具，该金融工具应当不包括交付可变数量的自身权益工具进行结算的合同义务"的条件，因此，在具体的非公开发行方案确定并获得中国证监会核准之前，上市公司应将已收到的资本性财政资金确认为负债,即专项应付款。

需要注意的是:本案例与前一问题——"问题 2-2-19 收到母公司拨付的资本性财政资金的处理"相比较,其基本的事实背景有相似之处,所讨论的都是上市公司收到母公司转拨的资本性财政资金如何处理的问题,但是也有区别:在前一案例中,上市公司可能并没有在近期增资扩股的明确计划,此时应按照财企〔2012〕23 号文第八条规定,对已收到但暂时没有增资扩股计划的资本性财政资金作委托贷款管理。但在本案例中,控股股东在转拨该项财政资金时已经明确要求将其转增上市公司股本,即已有明确的增资意向,将很快启动相关程序。本案例中上市公司将所收到的资本性财政资金计入专项应付款,其前提应当是根据实际情况预计转增方案的制定、决策、审批(核准)和实施不存在重大不确定性,预计可在较短时间内完成,因而从收到财政资金到转增股本手续办理完毕的期间内所涉及的资金时间价值是不重大的。如果不满足该条件,则为稳妥起见,仍建议采用财企〔2012〕23 号文第八条规定的在转增实施前暂作委托贷款管理的方式(但需以双方签署的正式的委托贷款协议为依据进行相关财务、会计处理)。

**问题 2-2-21** 政府拨付科研资金时相关文件规定的账务处理政策与会计准则规定存在差异的问题

**问题:**

公司收到政府拨付的科研资金,政府对该科研资金的会计处理有专门的文件规定,但该文件规定与会计准则的要求存在差异时,该如何处理?

**背景:**

A 公司 2011 年与某市科技局签订项目合同,取得该省科研成果转化专项资金,其中现金 600 万元,贷款贴息 200 万元,项目形成的科研成果及知识产权除涉及国家安全和重大社会利益的以外,原则上归企业所有。合同规定双方需共同遵守该省省级科技创新与成果转化专项引导资金管理办法、该省科技成果转化专项资金财务管理实施细则、该省科技成果转化专项资金项目管理实施细则。

《××省科技成果转化专项资金项目经费会计核算暂行办法(试行)》第十五条规定:"项目通过验收后,项目执行单位根据财务决算验收的意见,将省科技成果转化资金支出(无偿资助)形成的固定资产等资本性支出,按实际成本转入资本公积,借记'专项应付款'科目,贷记'资本公积——拨款转入'科目。在验收当年,'管理费用'中从科技成果转化资金列支的部分冲减'管理费用',以前年度已在'管理费用'中以科技成果转化资金支出的,转入'以前年度损益调整'。以科技成果转化资金补贴产品成本的,在验收当年销售的,冲减'主营业务成本';以前年度已销售的,转入'以前年度损益调整';验收当年尚未销售的产品,冲减该产品的'库存商品'成本;尚未完工入库的产品,冲减该产品的'生产成本'。项目承担单位收到的省财政拨付的成果转化资金贷款贴息时,对原已资本化的利息,冲减'在建工程'或'固定资产';对未予资本化已列入'财务费用'的利息,冲减收到贴息当期的'财务费用'。"

**解答:**

本案例首先需要确定 A 公司执行的是原《企业会计制度》还是新企业会计准则。在不同的会计核算标准体系下,对该事项的处理也有较大的差异。

1. 原《企业会计制度》下的处理。

在原《企业会计制度》体系下,有关国家专项资金的企业会计核算,主要有如下两个文件:

(1)《关于对国家专项科研开发费用核算的复函》(财会便〔2002〕36 号):

按《企业会计制度》规定,企业收到国家拨入的具有专门用途的资金,通过"专项应付款"科目核算,拨款项目完成后形成的资产部分,从"专项应付款"科目转入资本公积;未形成资产需核销的部分,经批准冲减专项应付款。

企业收到国家拨入的产品研究开发专项资金或拨款,应先通过"专项应付款"科目核算,为完成承担的国家专项拨款指定的研发产品活动所发生的费用,应按企业自己生产的产品相同的方法进行归集,并在"生产成本"中单列项目核算。待研发成功后,如将研发成果交给国家,并经批准核销专项应付款的,按应核销金额,借记"专项应付款"科目,贷记"生产成本"科目;如研发成果留给你公司的,除将发生的费用从"生产成本"科目结转至"库存商品"科目外,还应同时将专项应付款转入资本公积。如研发的项目将形成固定资产的,则应通过"在建工程"科目归集所发生的费用,待项目完成结转固定资产或经批准核销时,再按上述原则进行处理。

(2)财政部关于执行《企业会计制度》和相关会计准则有关问题解答(财会〔2002〕18 号)相关内容:

问:企业接受国家拨入的具有专门用途的拨款,在拨款项目完成后应如何核算?

答:按照《企业会计制度》规定,企业收到国家拨入的具有专门用途的资金,应通过"专项应付款"科目核算。

企业接受国家拨入的具有专门用途的拨款,如专项用于技术改造、技术研究等,在为完成承担的国家专项拨款所指定的研发活动所发生的费用实际发生时,应按与企业自己生产的产品相同的方法进行归集,并在"生产成本"科目下单列项目核算。如能确定有关支出最终将形成固定资产,则应在"在建工程"科目下单列项目归集所发生的费用。待有关拨款项目完工后,对于形成固定资产并按规定留给企业的,应按实际成本,借记"固定资产"等科目,贷记"在建工程"科目,同时,借记"专项应付款"科目,贷记"资本公积"科目。对形成产品并按规定将产品留归企业的,应按实际成本,借记"库存商品"等科目,贷记"生产成本"科目,同时,借记"专项应付款"科目,贷记"资本公积"科目;对未形成资产,需核销的拨款部分,报经批准后,借记"专项应付款"科目,贷记"生产成本""在建工程"等科目;对形成的资产按规定应上交国家的,借记"专项应付款"科目,贷记"生产成本""在建工程"等科目;对按规定应上交结余的专项拨款,应在上交时,借记"专项应付款"科目,贷记"银行存款"科目。

根据上述文件分析,《××省科技成果转化专项资金财务管理实施细则》与原会计制度下的核算规定并不完全相矛盾,但需要注意以下几点:

(1) 有关冲减管理费用的问题。

根据上面引用的"财会便〔2002〕36 号"和"财会〔2002〕18 号"文的相关规定,企业发生的属于专项资金拨款预算内的资金应当通过"生产成本""在建工程"或"固定资产"项目核算。在实际发生时,一般不通过"管理费用"核算,对于没有形成资产的部分,一般于验收时以核销的形式处理,即借记"专项应付款",贷记"生产成本"或"在建工程"等科目。因此,理想状态下,应该不存在"从科技成果转化资金列支的部分"计入"管理费用"的情况,如果存在,则应当进行调整(包括本期或以前年度)。如果企业验收确认核销的金额与企业计入生产成本的部分确实存在差异,则需要考虑是由于会计估计变更导致还是会计差错导致(可参阅《计学撮要 2011》中专题Ⅲ第五章第一节"问题 14 会计估计变更和前期会计差错更正的区分"和《上市公司执行企业会计准则监管问题解答(2013 年第 1 期,总第 8 期)》第一条的相关规定判断),对于会计估计变更导致的差异,仅需调整本期即可,对于会计差错的事项,需要考虑是否调整以前年度。

(2) 有关调整产品成本的问题。

对于企业发生专项资金拨款预算内支出不涉及形成固定资产的,一般归集在"生产成本"科目中,但与正常生产的产品成本计入不同的明细科目。由于一般情况下,在相关研发项目完成时,才可能确定相关产品是否留归企业,此时企业才可能会出售产品,故调整"主营业务成本"的处理一般应当在研发项目验收之后,一般也不涉及调整以前年度损益的情况。如果企业在项目验收前,已经销售研发产品,则此时企业应谨慎判断是否有充分、适当的证据表明专项资金支出与所出售产品是否直接相关,并且预计该成果归企业所有,如果满足相关确认冲减条件,则于出售时根据合理估计调整出售产品的"主营业务成本";如果实际验收时,存在重大差异,应当分析属于会计估计变更,还是前期差错,如果是前期差错,可能需要调整以前年度损益。

(3) 有关贷款贴息。

按照原《企业会计制度》下的会计处理惯例(财政部发布的国债专项资金、投资补助等专项财政资金的管理办法),贴息一般按照实际收到的金额冲减财务费用(对应于已资本化利息的部分则冲减相关资产的原值)。

2. 新企业会计准则下的处理。

在新企业会计准则下,此类"科研成果转化专项资金"应适用《企业会计准则第 16 号——政府补助(2017 年修订)》。原先的《××省科技成果转化专项资金财务管理实施细则》基本上是原企业会计制度体系下的文件,因此其规定与《企业会计准则第 16 号——政府补助(2017 年修订)》相比存在较大差异。对此,企业应当严格按照新企业会计准则的规定核算该项政府补助,不再执行原《××省科技成果转化专项资金财务管理实施细则》对于接受补助款的企业应如何进行财务、会计处理方面的规定。具体可参阅"问题 2-2-9 企业收到创新基金的会计处理"的相关内容。

问题 2-2-22　公司通过不同方式取得科研专项经费会计处理问题
**问题：**
如下文"背景"资料所述，A 公司获取的科研经费应如何处理？
**背景：**
A 公司科研经费的取得一般分两种情况：政府直接拨付的科研项目；企业以分包合同方式参与的科研项目，由总包研制单位与 A 公司签订外协合同，A 公司以协作方式参与研制活动，其科研费资金由总包单位向 A 公司直接支付。
**解答：**
对于本案例中 A 公司获得科研经费的会计处理问题，我们理解需区分两种情况分别讨论：
(1) A 公司受托从事研究开发活动，研发成果的所有权归委托方所有，并由委托方实际使用，A 公司就研发过程中实际发生的各项支出从委托方取得报酬。此时，应理解为经济实质是 A 公司提供受托研究开发劳务，适用《企业会计准则第 14 号——收入》中关于提供劳务收入确认与计量的相关规定。此时所获得的相关拨款应确认为营业收入，相应所发生的研发支出确认为营业成本，报表上不形成无形资产。
(2) A 公司业自行从事研究开发活动，研发成果的所有权和使用权归 A 公司所有，政府相关部门根据 A 公司的申请向 A 公司提供专项研发经费补助。此类情况下所取得的财政资金属于《企业财务通则》第二十条所指的五类财政资金中的第三类即"贷款贴息、专项经费补助"。按照财政部企业司编《企业财务通则解读》中的表述，"此类资金的例子有技术更新改造项目贷款贴息、中小企业发展专项资金、产业技术研究与开发资金、科技型中小企业技术创新基金、中小企业国际市场开拓资金等。这类资金一般是对企业特定经济活动支付的成本费用的补偿，因此，企业使用这类资金时，作为收益处理。企业在具体执行时，使用这类财政资金如果形成固定资产或者无形资产，应当作为递延收益，按照资产使用寿命分期确认；如果没有形成资产，则应当作为本期收益处理"。在实际操作中，如果收到拨款时尚不确定是否满足政府补助的确认条件(例如，根据当时的情况，估计最终要返还的可能性大于 50%)，则应先计入专项应付款，到满足政府补助确认条件后转入递延收益，再区分为与资产相关和与收益相关的政府补助，分别按照各自适用的原则处理。但无论是作为专项应付款还是递延收益处理，并不影响对研究开发支出的核算，对于实际发生的研究开发支出仍按《企业会计准则第 6 号——无形资产》及其应用指南和讲解的规定进行费用化或者资本化的核算。不应将所发生的研究开发支出直接冲减专项应付款或者递延收益。具体可参阅"问题 2-2-6　'863'项目资金的会计处理"和"问题 2-2-9　企业收到创新基金的会计处理"的相关问答。
因此，对科研费业务，需根据对业务经济实质的分析确定其会计处理方法。对于以最终交付产品为目的的科研项目，需考虑其中的科研部分和产品制造与销售部分是否可以互相分离(参阅《计学撮要 2011》第 140～141 页"包含多个部分的合同分拆的条件"),例如,本次科研成果是否会形成一项今后可由本企业继续用于其他方面的无形资产,而不是仅适用于本次订购的产品。如果对研发中所形成的技术未来在其他方面的使用可获取充分的证据,则对该合同总价中包含的科研经费补助部分(例如,依据本企业实际发生的该项目科研经费计量),按照前述科研经费的处理原则处理;剩余的合同价款则归属于产品销售部分;如果目前尚无证据表明本次研发所形成的成果还有后续用途,则研发支出全部转入该合同项下的产品销售成本。

**问题 2-2-23** 政府搬迁补助在合并报表中的列报

**问题:**

非同一控制下企业合并中被合并方合并日评估增值的固定资产和无形资产拆迁后,合并报表层面对评估增值产生的处置损失该如何处理?获得的拆迁补偿在合并报表中如何列示?

**背景:**

2010 年,A 公司通过非同一控制下企业合并方式取得 B 公司 66.70% 的股权,年末在编制合并报表时,对 B 公司财务报表按照公允价值(评估值)进行调整之后再进行抵销合并。B 公司评估增值金额为 2 126.45 万元,其中固定资产——房屋建筑物评估增值 732.43 万元,无形资产——土地使用权评估增值 727.45 万元;在编制合并报表时对评估增值部分的摊销和折旧进行了计算调整。

2011 年 11 月,B 公司和当地政府签订协议,政府以 6 500 万元收购 B 公司的土地使用权及地上建筑物(即上文中的房屋建筑物和土地使用权)。

2012 年,B 公司新厂房建设完毕,完成搬迁,原土地和房屋建筑物所有权全部上交给政府,收到政府拨付的资金 6 500.00 万元。

**解答:**

本案例中,无论对于 B 公司单体报表层面还是 A 公司合并报表层面,对该搬迁补偿事项的会计处理均应考虑遵循《企业会计准则第 16 号——政府补助(2017 修订)》及《企业会计准则解释第 3 号》第四条的规定。

首先,需要核实政府收购 B 公司土地使用权及地上建筑物所支付的对价6 500万元是否公允。若该搬迁补偿是根据 B 公司持有的土地使用权和房屋建筑物的公允价值确定的,该交易实质是政府按照相应资产的市场价格向 B 公司购买资产,B 公司从政府取得的经济资源是其让渡资产的对价,双方的交易是互惠性交易,不符合政府补助无偿性的特点。此种情况下,B 公司收到的该搬迁补偿可认定为不属于政府补助,而是作为处置非流动资产的收入。若搬迁补偿作价不公允,则参照下一段所述原则进行处理。

其次,需要判断该搬迁补偿事项是否满足《企业会计准则解释第 3 号》第四条规定的政策性搬迁的条件。如果满足政策性搬迁条件,则需要将扣除相关资产损失、费用性支出、新建资产后的补助余额计入"资本公积",不能全部在新建资产剩余使用寿命内摊销。但无论使用该条所规定的何种会计模式,在对搬迁损失进行处理时,相应的资产处置损失均应计入"资产处置损益"①,而政府补助金额于损失发生当期计入"其他收益"(与新建资产相关的政府补助金额计入"递延收益",在相关资产使用寿命内平均计入损益)。

但是,由于目前被征收的资产是通过非同一控制下企业合并被纳入到合并报表范围内的,即在 B 公司个别报表层面和 A 公司合并报表层面的账面价值不同,由此导致在不同的报表层面上,搬迁补偿款在不同的组成部分(被收回和处置资产的损失、有关费用性支出、对新购建资产支出的补助)之间的分配情况出现差异。由于合并报表层面存在可辨认净资产购买日评估增值,因此合并报表层面会有更多的补偿款被分配到"被收回和处置资产的损失"这一部分,相应地,合并报表层面分配到后两部分的补偿款会较 B 公司个别报表层面减少。在编制合并报表时,需考虑这一因素的影响。这一因素的影响导致个别报表和合并报表层面的计量结果差异可能会在一段较长时间内存在,例如由于被分配到"对新购建资产支出的补助"的部分减少,导致后续新资产折旧期限内每年确认的损益影响金额较个别报表层面减少。

对于合并报表层面因相关资产账面价值大于个别报表层面而产生的额外处置损失,应当与个别报表层面按该等资产的原账面价值计算的处置损失一并处理。即可以选择以下两种方法之一处理:①按照相关资产于处置日在不同报表层面的账面价值分别确认为资产处置损益,相应地将等额补偿款确认为其他收益;②将补偿款中相当于被处置、收回资产的账面价值的部分视作该等资产的处置对价,即把上述方法①中与资产处置及其补偿相关的资产处置损益、其他收益抵销后按净额列报。

**问题 2-2-24** 已被政府征用拟拆迁地块上的房产、设备在收到拆迁补偿款但尚未实际拆迁时应如何处理

**问题:**

已被政府征用拟拆迁地块上的房产、设备在收到拆迁补偿款但尚未实际拆迁时,应如何处理? 在资产负债表中,是否需将其列报为"持有待售资产"?

**背景:**

A 公司部分车间房产由于当地政府基本建设征用,政府根据房产及车间设备等评估价值 4 000 万元给予补偿,限 5 年内处置完成;目前补偿款已于 2011 年到位,车间及设备截至资产负债表日仍在使用中。

---

① 说明:鉴于财政部于 2017 年 12 月 25 日发布了《关于修订印发一般企业财务报表格式的通知》(财会〔2017〕30 号),增设了"资产处置损益"科目并在利润表中增设"资产处置收益"行项目,反映企业出售划分为持有待售的非流动资产(金融工具、长期股权投资和投资性房地产除外)或处置组时确认的处置利得或损失,以及处置未划分为持有待售的固定资产、在建工程、生产性生物资产及无形资产而产生的处置利得或损失。债务重组中因处置非流动资产产生的利得或损失和非货币性资产交换产生的利得或损失也包括在本项目内。该项目应根据在损益类科目新设置的"资产处置损益"科目的发生额分析填列;如为处置损失,以"—"号填列。因此本书中若干问题解答所依据的事实背景中相关交易或事项的发生年度可能早于该财会 30 号文生效时间,业务背景发生年度未作修改,但所体现的仍然是财会 30 号文规定的会计处理原则。

**解答:**

1. 固定资产和已收到的补偿款的会计处理。

《企业会计准则第 4 号——固定资产》第二十一条规定:"固定资产满足下列条件之一的,应当予以终止确认:(一)该固定资产处于处置状态;(二)该固定资产预期通过使用或处置不能产生经济利益。"

在本案例中,尽管征收补偿协议已经签订,补偿款也已收到,但相关的固定资产仍在正常使用中,并未处于"处置状态",仍然在为企业带来经济利益,因此相关的固定资产不应终止确认,仍应正常核算直到征收范围内的房屋建筑物腾空并交还给征收部门为止。相应地,已收到的补偿款可采取以下方式之一进行处理:

第一种方式:确认为专项应付款,到相关的固定资产终止确认时,再按照《企业会计准则解释第 3 号》第四条的规定,将补偿款总额中属于对企业在搬迁和重建过程中发生的固定资产和无形资产损失、有关费用性支出、停工损失及搬迁后拟新建资产进行补偿的部分,自专项应付款转入递延收益,并按照《企业会计准则第 16 号——政府补助》进行会计处理;取得的搬迁补偿款扣除转入递延收益的金额后如有结余的,应当作为资本公积处理。

第二种方式:由于本案例中政府以评估价值给予补偿,该补偿金额是根据 A 公司持有的土地使用权、房屋建筑物和机器设备等的公允价值确定的,该交易实质是政府按照相应资产的市场价格向 A 公司购买资产,A 公司从政府取得的经济资源是其让渡资产的对价,双方的交易是互惠性交易,不符合政府补助无偿性的特征。此种情况下,A 公司收到的该搬迁补偿可认定为不属于政府补助,而是作为处置非流动资产的对价。同样,鉴于该等资产仍在正常使用中,并未处于"处置状态",仍然在为企业带来经济利益,因此相关的固定资产不应终止确认,仍应正常核算直到征收范围内的房屋建筑物腾空并交还给征收部门为止。已收到的补偿款确认为其他应付款,到相关的固定资产终止确认时,作为资产处置业务,终止确认固定资产、无形资产及其他应付款,确认资产处置损益。

2. 本案例中的相关固定资产能否列报为"持有待售资产"。

本案例中的相关固定资产不应列报为"持有待售资产"。对其会计处理、报表列报和附注披露不应适用《企业会计准则第 42 号——持有待售的非流动资产、处置组和终止经营》对"持有待售资产"的规定。

参照 IFRS 5《Non-current Assets Held for Sale and Discontinued Operations》第 6 段规定:"An entity shall classify a non-current asset (or disposal group) as held for sale if its carrying amount will be recovered principally through a sale transaction rather than through continuing use."第 7 段规定:"For this to be the case, the asset (or disposal group) must be available for immediate sale in its present condition subject only to terms that are usual and customary for sales of such assets (or disposal groups) and its sale must be highly probable."即,要符合"持有待售资产"的定义和确认条件,

应满足的一个基本条件是：该资产应能够立即以其当前的状态出售，且仅受限于出售该类资产通常遵循的条款和惯例。

IFRS 5 在其后附的示例中，对于如何判断满足该条件，给出了下列举例：

To qualify for classification as held for sale, a non-current asset (or disposal group) must be available for immediate sale in its present condition subject only to terms that are usual and customary for sales of such assets (or disposal groups) (paragraph 7). A non-current asset (or disposal group) is available for immediate sale if an entity currently has the intention and ability to transfer the asset (or disposal group) to a buyer in its present condition. Examples 1-3 illustrate situations in which the criterion in paragraph 7 would or would not be met.

Example 1

An entity is committed to a plan to sell its headquarters building and has initiated actions to locate a buyer.

(a) The entity intends to transfer the building to a buyer after it vacates the building. The time necessary to vacate the building is usual and customary for sales of such assets. The criterion in paragraph 7 would be met at the plan commitment date.

(b) The entity will continue to use the building until construction of a new headquarters building is completed. The entity does not intend to transfer the existing building to a buyer until after construction of the new building is completed (and it vacates the existing building). The delay in the timing of the transfer of the existing building imposed by the entity (seller) demonstrates that the building is not available for immediate sale. The criterion in paragraph 7 would not be met until construction of the new building is completed, even if a firm purchase commitment for the future transfer of the existing building is obtained earlier.

Example 2

An entity is committed to a plan to sell a manufacturing facility and has initiated actions to locate a buyer. At the plan commitment date, there is a backlog of uncompleted customer orders.

(a) The entity intends to sell the manufacturing facility with its operations. Any uncompleted customer orders at the sale date will be transferred to the buyer. The transfer of uncompleted customer orders at the sale date will not affect the timing of the transfer of the facility. The criterion in paragraph 7 would be met at the plan commitment date.

(b) The entity intends to sell the manufacturing facility, but without its operations. The entity does not intend to transfer the facility to a buyer until after it ceases all operations of the facility and eliminates the backlog of uncompleted customer orders. The delay in the timing of the transfer of the facility imposed by the entity (seller) demonstrates that the facility is not available for immediate sale. The criterion in paragraph 7 would not be met until the operations of the facility cease, even if a firm purchase commitment for the future transfer of the facility were obtained earlier.

Example 3

An entity acquires through foreclosure a property comprising land and buildings that it intends to sell.

(a) The entity does not intend to transfer the property to a buyer until after it completes renovations to increase the property's sales value. The delay in the timing of the transfer of the property imposed by the entity (seller) demonstrates that the property is not available for immediate sale. The criterion in paragraph 7 would not be met until the renovations are completed.

(b) After the renovations are completed and the property is classified as held for sale but before a firm purchase commitment is obtained, the entity becomes aware of environmental damage requiring remediation. The entity still intends to sell the property. However, the entity does not have the ability to transfer the property to a buyer until after the remediation is completed. The delay in the timing of the transfer of the property imposed by others before a firm purchase commitment is obtained demonstrates that the property is not available for immediate sale. The criterion in paragraph 7 would not continue to be met. The property would be reclassified as held and used in accordance with paragraph 26.

中文翻译：

为满足划归为持有待售的条件,非流动资产(或处置组)必须在其当前状态下仅根据类似资产(或处置组)的通常和惯用条款即可立即出售(第7段)。如果当前主体在其现有条件下有意图并有能力转让某非流动资产(或处置组),那么就认为该资产(或处置组)可供立即出售。示例1至示例3列出了几种符合或不符合第7段标准的情况。

示例1

一主体承诺出售其总部大楼的计划,并已开始寻找买方的行动。

(1)该主体要等大楼清空后才将大楼转让给买方。对于这类资产的出售而言,清空大楼所需的时间是正常的和合乎惯例的。那么,在计划制订日就符合第7段的标准。

(2)该主体将继续使用大楼,直至新总部大楼建成,在新楼建成(并且现有大楼清空)之前主体不打算将现有大楼转让给买方。该主体(卖方)对现有大楼转让强加的这种时间上的推延表明该大楼还不能立即出售。直到新楼建成时才能符合第7段的标准,即使早就获得了关于现有大楼未来转让的确定购买承诺。

示例 2

一主体承诺出售一台生产设备的计划,并已开始寻找买方的行动。在计划制订日,积压了一些未完成的顾客订单。

(1)该主体打算将生产设备连同其作业一起出售。出售日未完成的顾客订单也将随之转让给买方。出售日未完成顾客订单的转让并不影响设备转让的时间。那么,在计划制订日就符合准则第7段的标准。

(2)该主体打算仅出售生产设备本身,而不附带其作业。主体将在停止该设备的全部作业并消除未完成顾客订单的积压后,才会将设备转让给买方。该主体(卖方)对设备转让强加的这种时间上的推延表明该设备还不能立即出售。直到设备停止作业后才符合第7段的标准,即使早就获得了关于该设备未来转让的确定购买承诺。

示例 3

一主体通过没收抵押品取得一项不动产(包括土地和建筑物),并打算出售。

(1)该主体直到对财产进行更新改造以提高其销售价值后才转让给买方。该主体(卖方)对不动产转让强加的这种时间上的推延表明该不动产还不能立即出售。直到更新改造完成后才符合第7段的标准。

(2)更新改造完成并将不动产划归为持有待售后,但在获得确定购买承诺之前,该主体开始意识到需要补救的环境的破坏。主体仍将出售该不动产。但是,直到补救措施完成后主体才有能力转让该不动产。获得确定购买承诺之前其他人对该不动产转让强加的时间上的推延表明该不动产还不能立即出售。不再符合第7段的标准。该不动产应根据第26段的要求重新划归为持有并使用。

因此,参照前述示例1之(2),由于本案例中属于征收范围内的房屋建筑物等目前仍在使用中,从签约到交还征收部门的时限已经超出了对该类资产交易中通常遵循的条款和惯例得到履行所需的时间,因此该等固定资产不满足"能够立即以其当前的状态出售,且仅受限于出售该类资产通常遵循的条款和惯例"这一条件,不应划分为持有待售资产,仍作为正常的固定资产进行核算和列报。

《企业会计准则第42号——持有待售的非流动资产、处置组和终止经营》第五条规定:"企业主要通过出售(包括具有商业实质的非货币性资产交换,下同)而非持续使用一项非流动资产或处置组收回其账面价值的,应当将其划分为持有待售类别";第六条规定:"非流动资产或处置组划分为持有待售类别,应当同时满足下列条件:(一)根据类似交易中出售此类资产或处置组的惯例,在当前状况下即可立即出售;(二)出售极可能发生,即企业已经就一项出售计划作出决议且获得确定的购买承诺,预计出售将在一年内完成。有关规定要求企业相关权力机构或者监管部门批准后方可出售的,应当已经获得批准。确定的购买承诺,是指企业与其他方签订的具有法律约束力的购买协议,该协议包含交易价格、时间和足够严厉的违约惩罚等重要条款,使协议出现重大调整或者撤销的可能性极小。"即持有待售准则对"持有待售资产"的判断同样要求满足"根据类似交易中出售此类资产或处置组的惯例,在当前状况下即可立即出售"的条件,因此与依据前述 IFRS 5 的相关规定得出的结论是一致的。

### 问题 2-2-25  收到国外矿产资源风险勘查专项资金的处理

**问题:**

A 公司收到政府通过其母公司 B 集团拨付的国外矿产资源风险勘查专项资金,A 公司、B 集团应该如何进行处理?

**背景:**

A 公司为 B 集团全资子公司。A 公司在某国设立全资子公司 C 公司,C 公司与当地的 D 公司合作成立合作企业,该合作企业主要从事煤炭勘查工作。至今仍处于煤炭勘查阶段,前期发生的勘查费用支出均资本化,拟作为将来申请采矿权时的采矿权成本。

2012 年 5 月,财政部发布《财政部关于下达 2012 年国外矿产资源风险勘查专项资金预算的通知》(财企〔2012〕84 号),通过 B 集团向 A 公司拨付国外矿产资源风险勘查专项资金 3 192 万元。

**解答:**

财政部《关于印发加强企业财务信息管理暂行规定的通知》(财企〔2012〕23 号)第八条规定:

企业财务信息管理单位在年度决算工作中,应当加强决算质量的审核,同时关注企业收到和使用财政性资金及其带动社会资本的有关情况。

企业收到的财政性资金应当纳入企业预算管理,实现资金统一管控,提高财政性资金使用的整体效益。企业收到资本性财政性资金,列作国有实收资本或股本,企业股东(大)会或董事会、经理办公会等决策机构应当出具同意注(增)资的书面材料。企业一个会计年度内多次收到资本性财政性资金的,可暂作资本公积,但应在次年履行法定程序转增国有实收资本或股本;发生增资扩股、改制上市等事项,应当及时转增。

企业集团母公司将资本性财政性资金拨付所属全资或控股法人企业使用的,应当作为股权投资。母公司所属控股法人企业暂无增资扩股计划的,列作委托贷款,与母公司签订协议,约定在发生增资扩股、改制上市等事项时,依法将委托贷款转为母公司的股权投资。

企业收到费用性财政性资金,列作收益,符合《财政部国家税务总局关于专项用途财政性资金企业所得税处理问题的通知》(财税〔2011〕70 号)规定不征税条件的,可作为不征税收入。企业按规定将费用性财政性资金拨付所属全资或控股法人企业使用,中间拨付环节企业均作为往来款项。

《国外矿产资源风险勘查专项资金管理办法》(财建〔2010〕173 号)第九条规定:

专项资金支持方式:

（一）对前期地质矿产调查与评价，以及综合研究、信息服务和管理项目，专项资金给予一定额度的经费支持；

（二）对矿产资源勘查项目，专项资金以无偿补助的方式予以支持，补助额度不超过项目中方总投资的50％；

（三）对矿产资源开发项目，专项资金以贷款贴息的方式予以支持。贴息资金根据国内银行中长期贷款实际到位数、合同约定利息率以及实际支付利息数确定，贴息年限1～3年，年贴息率最高不超过3％。

财政部企业司编《企业财务通则解读》中的相关表述：

（二）财政资金的类别及其财务处理办法

目前，支持企业改革与发展的财政资金大致分为五大类别。据不完全统计，仅中央有关财政资金就有几十项。但是，对有关财政资金一直缺乏统一、明确的财务处理原则。《通则》分门别类，对企业取得财政资金的财务处理做出了具体规定：

1. 属于国家直接投资、资本注入的财政资金，如基本建设投资、国债投资项目等。这类资金属于国家以投资者身份对企业的资本性投入，因此，应当增加国家资本，对于超过注册资本的投资则增加国有资本公积。

2. 属于投资补助的财政资金，如公益性和公共基础设施投资项目补助、推进科技进步和高新技术产业化的投资项目补助等。这类资金是对投资者投入资本的补助，但是与前一类资金最大的区别是国家不一定以投资者身份投入，大部分时候是政府为了贯彻宏观经济政策或实现调控目标，给予企业的、具有导向性的资金。因此，《通则》规定企业收到这类资金增加资本公积或者实收资本，由全体投资者共同享有；如果国家拨款时，明确形成的资本由某个单位持有，或者做出其他权属规定的，则按规定执行。

3. 属于贷款贴息、专项经费补助的财政资金，如技术更新改造项目贷款贴息、中小企业发展专项资金、产业技术研究与开发资金、科技型中小企业技术创新基金、中小企业国际市场开拓资金等。这类资金一般是对企业特定经济活动支付的成本费用的补偿，因此，企业使用这类资金时，作为收益处理。企业在具体执行时，使用这类财政资金如果形成固定资产或者无形资产，应当作为递延收益，按照资产使用寿命分期确认；如果没有形成资产，则应当作为本期收益处理。

4. 属于政府转贷、偿还性资助的财政资金，如世界银行贷款项目等。这类资金使用后要求归还本金，因此，企业收到时，应当作为负债管理。

5. 属于弥补亏损、救助损失或者其他用途的财政资金，如国有企业亏损补贴、"非典"期间补偿民航公司的损失、关闭小企业补助等。企业收到这类资金时，作为本期收益或者递延收益处理。

根据上述规定，本案例中收到的"国外矿产资源风险勘查专项资金"对于收到补助的B集团和A公司而言，应属于"经费补助"或者"无偿补助"的性质，构成应计入资本公积的"投资补助"的可能性相对较小。但在把相关款项转拨给合作企业时，因为涉及中外方权益问题，因此我们认为比较合理的方式是A公司以股权投资或者股东贷款的方式将该笔资金拨付给合作企业使用。

由于 B 集团和 A 公司自身并不从事该境外矿产勘查,而是通过其所投资的境外项目合作公司具体实施,因此 A 公司个别报表层面可将该笔资金视作对境外项目合作公司的长期股权投资的补助,即与资产相关的政府补助,计入递延收益,后续在处置项目公司股权或者清算项目公司时转入投资收益或者其他收益处理。如果该境外项目合作公司需纳入 A 公司和 B 集团合并报表范围的,则在合并报表层面,该补助款视作对该项目勘查支出的补助,先暂计入递延收益,后续根据目前资本化的勘查支出的后续处理情况(转为采矿权成本,或者放弃该项目而费用化处理)确定其属于与资产相关的政府补助还是与收益相关的政府补助,按照适用的会计原则,相应转入递延收益或者其他收益处理,或者直接冲减对应的资本化或费用化的勘查支出,以实现与作为其补助对象的勘查支出在合并利润表层面的合理配比。

**问题 2-2-26** 政府补助与营业收入的区分 1——旅游管理局给旅游公司的观光车运营补贴

**问题:**

根据"背景"部分所述信息,旅游管理局给旅游公司的观光车补贴能否确认为营业收入?

**背景:**

A 公司下属旅游观光客运分公司观光车 2014 年度实际运行的票价为 70 元/人(该收费标准低于国内其他同类景区),但根据 2012 年 2 月 13 日当地旅游管理局党工委会议文件精神,可以按 90 元/人收取。A 公司与当地旅游管理局双方签订协议(当地仅 A 公司一家运营旅游观光车),A 公司该旅游观光车的票价仍按照 70 元/人的标准收取,上述观光车形成的票价差(20 元/人)由当地相关政府部门(旅游管理局)支付,共计 1 140 万元(57 万人×20 元)。A 公司在收到此款项后作为主营业务收入处理。

**解答:**

《财政部关于做好执行企业会计准则的企业 2012 年年报工作的通知》(财会〔2012〕25 号)规定:"企业与政府发生交易所取得的收入,如果该交易具有商业实质,且与企业销售商品或提供劳务等日常经营活动密切相关的,应当按照《企业会计准则第 14 号——收入》的规定进行会计处理。在判断该交易是否具有商业实质时,应考虑该交易是否具有经济上的互惠性,与交易相关的合同、协议、国家有关文件是否已明确规定了交易目的、交易双方的权利和义务,如属于政府采购的,是否已履行相关的政府采购程序等。"

中国证监会会计部发布的《2013 年上市公司年报会计监管报告》中指出:

随着会计准则的发展,会计准则制定部门就企业从政府获取资源是否属于政府补助作了进一步规范。政府补助的典型特征是企业无偿从政府获取资源,而对于企业与政府之间发生交易而取得的收入,如果该交易具有商业实质,且与企业销售商品或提供劳务等日常经营活动密切相关的,则应根据收入准则的规定进行会计处理。年报分析中发现,有些公司已经按最新规定,将与政府发生的具有商业实质的交易作为营业收入进行会计处理,但仍有一些公司将从政府取得的电价补贴或者低价出售给消费者的价格补贴,作为政府补助计入营业外收入,并披露为非经常性损益。公司把本该作为经营性收入的项目作为营业外收入列报和披露,不利于反映公司正常生产经营的获利能力,也不利于投资者了解公司真实的经营状况。

《企业会计准则第 16 号——政府补助(2017 年修订)》第五条规定:"下列各项适用其他相关会计准则:(一)企业从政府取得的经济资源,如果与企业销售商品或提供服务等活动密切相关,且是企业商品或服务的对价或者是对价的组成部分,适用《企业会计准则第 14 号——收入》等相关会计准则。……"

目前实际操作中可确认为营业收入的补助款项(如可再生能源电价补助、"节能产品惠民工程"等降价销售补助)的共同特点是:

(1) 这些补助款项从经济实质上看都是政府对最终消费者(或下游顾客,下同)的补助,而不是对本企业(作为商品或服务的提供商)的补助。相当于政府(或事实上具有政府职能的机构,或受政府委托的机构,下同)把款项支付给最终消费者,最终消费者再用这些款项购买本企业提供的商品或服务,因此本企业可以确认为向最终消费者提供商品或劳务的营业收入,只不过为了结算方便而采用政府向商品或服务提供商直接拨付款项的方式,同时要求企业对最终消费者降价。

(2) 一般所涉及的行业为以下两种情况之一:一是涉及国计民生的基础公共服务(公用事业、基本生活必需品等),政府对其实施价格管制,导致企业发生政策性亏损的;二是属于国家重点扶持的新兴行业(如新能源等),在初创期因成本较高、市场尚未打开等原因导致亏损的。

(3) 相关款项的拨付具有规范、权威的政策依据。所依据的应当是当地财政部门正式发布并按照《政府信息公开条例》的规定予以主动公开的财政扶持项目及其财政资金管理办法,且该管理办法应当是普惠性的(任何符合规定条件的企业均可申请),而不是专门针对特定企业制定的优惠。在操作程序上,应履行规范的政府购买服务(如通过招投标确定服务提供者等,并严格核实其成本)的程序。

本案例中 A 公司虽然不满足上述条件(3),但由于事实上 A 公司垄断了该地的观光车运营业务,因此虽然是主管部门与其单家公司签订的协议,但实际上该协议的执行效果也等同于对当地该行业的普惠政策。基于 A 公司收取观光车票价低于国内其他同类景区的情况,且当地旅游管理局已同意按照 90 元/人的标准收取票价的基础上,仍要求其按原票价收取,由当地旅游管理局承担批复票价与实际收取票价的差额,说明补贴的差额事实上构成了 A 公司提供观光车服务票价的构成,按照《企业会计准则第 16 号——政府补助(2017 年修订)》第五条的规定,A 公司应在提供旅游观光车服务时,根据"观光车乘客人数×单位定额标准"的方式确定补贴款金额,确认为实际提供服务当期的营业收入。

**问题 2-2-27** 政府补助与营业收入的区分 2——政府或机场给予的航班补贴

**问题：**

根据"背景"部分所述信息，获得机场或政府关于航班飞行补贴收入是否属于政府补助，应计入利润表哪个项目？

**背景：**

各地政府或机场为了促进民航事业的发展，方便各地之间的商旅往来，降低航空公司经营风险，减少航空公司在执行航班期间的经营压力，对某些非热门航线，根据航空公司实际执行的航班数量，地方政府（或当地政府控股的机场运营公司）给予航空公司适当补贴及机场收费减免优惠。

**解答：**

《财政部关于做好执行企业会计准则的企业 2012 年年报工作的通知》（财会〔2012〕25 号）规定："企业与政府发生交易所取得的收入，如果该交易具有商业实质，且与企业销售商品或提供劳务等日常经营活动密切相关的，应当按照《企业会计准则第 14 号——收入》的规定进行会计处理。在判断该交易是否具有商业实质时，应考虑该交易是否具有经济上的互惠性，与交易相关的合同、协议、国家有关文件是否已明确规定了交易目的、交易双方的权利和义务，如属于政府采购的，是否已履行相关的政府采购程序等。"

《企业会计准则第 16 号——政府补助（2017 年修订）》第五条规定："下列各项适用其他相关会计准则：（一）企业从政府取得的经济资源，如果与企业销售商品或提供服务等活动密切相关，且是企业商品或服务的对价或者是对价的组成部分，适用《企业会计准则第 14 号——收入》等相关会计准则。……"

另外，《企业会计准则第 16 号——政府补助（2017 年修订）》第三条还规定："政府补助具有下列特征：（一）来源于政府的经济资源。对于企业收到的来源于其他方的补助，有确凿证据表明政府是补助的实际拨付者，其他方只起到代收代付作用的，该项补助也属于来源于政府的经济资源。（二）无偿性。即企业取得来源于政府的经济资源，不需要向政府交付商品或服务等对价。"

目前实际操作中可确认为营业收入的补助款项（如可再生能源电价补助、"节能产品惠民工程"等降价销售补助）的共同特点是：这些补助款项从经济实质上看都是政府对最终消费者（或下游顾客，下同）的补助，而不是对本企业（作为商品或服务的提供商）的补助。相当于政府（或事实上具有政府职能的机构，或受政府委托的机构，下同）把款项支付给最终消费者，最终消费者再用这些款项购买本企业提供的商品或服务，因此本企业可以确认为向最终消费者提供商品或劳务的营业收入，只不过为了结算方便而采用政府向商品或服务提供商直接拨付款项的方式，同时要求企业对最终消费者降价。但无论采用何种款项拨付方式，作为商品或服务提供商的本企业所收到的补助款项的金额都是与最终消费者对本企业所提供的商品或劳务的消费情况直接相关的。

在本案例中，航次补贴是根据实际飞行的航班数量给予的定额补贴，而与航班的载客量或载货量(即最终用户使用航空服务的程度)等没有直接关联,因此不符合上述条件。该补助仍然是政府对航空公司开辟新航线和增加航班次数的补助,补助对象是航空公司而不是旅客,因此应作为政府补助确认为其他收益,或冲减该航线的运营成本。如果改用其他补贴方式使得补贴金额与最终消费者的消费情况直接关联,例如,航空公司将该航线的机票每张降价100元出售,政府按照实际运输的旅客人数和每张机票减价金额计算出补助款支付给航空公司,则航空公司对此时收到的补助款可以确认为营业收入。

再者,在本案例中,地方政府为了实现"促进民航事业的发展,方便各地之间的商旅往来,降低航空公司经营风险,减少航空公司在执行航班期间的经营压力"的公共政策目标,根据实际执行的航班数量给予航空公司航线补贴,其补贴对象是航空公司而不是旅客,旨在鼓励航空公司多执行非热门的航班,但航空公司不需要向政府交付商品或服务等对价。这种交易安排使航空公司单方面获益,不具有经济上的互惠性,且未按照政府采购履行相关程序,因此就其经济实质而言更接近于政府补助,故应按照《企业会计准则第16号——政府补助》的规定,将按照实际执行的航班数量拨付的航线补贴确认为其他收益或冲减该航线的运营成本。但如果协议期限较长,预计可在一段较长时间内成为公司的稳定收益来源的,则可以不计入非经常性损益。

机场方面给予航空公司的收费减免优惠,可以在实际享受时作为营业成本的抵减,即按照机场方面实际执行的收费标准计入营业成本。

**问题 2-2-28** 政府补助与营业收入的区分 3——新能源汽车补贴
**问题:**
如下文背景资料介绍,新能源汽车补贴是否属于政府补助?
**背景:**
《关于继续开展新能源汽车推广应用工作的通知》(财建〔2013〕551号)和《关于进一步做好新能源汽车推广应用工作的通知》(财建〔2014〕11号)对消费者购买新能源汽车补贴做了相应规定,文件主要内容如下:

(1)补助范围。纳入中央财政补贴范围的新能源汽车车型应是符合要求的纯电动汽车、插电式混合动力汽车和燃料电池汽车。

(2)补助对象。补助对象是消费者,消费者按销售价格扣减补贴后支付。

(3)资金拨付。中央财政将补贴资金拨付给新能源汽车生产企业,实行按季预拨,年度清算。生产企业在产品销售后,每季度末向企业注册所在地的财政、科技部门提交补贴资金预拨申请,当地财政、科技部门审核后逐级上报至财政部、科技部。四部委组织审核后向有关企业预拨补贴资金。年度终了后,根据核查结果进行补贴资金清算。

(4)补助标准。补助标准依据新能源汽车与同类传统汽车的基础差价确定,并考虑规模效应、技术进步等因素逐年退坡。2013年具体补助标准见附件(附件《2013年新能源汽车推广应用补助标准》略)。2014年和2015年,纯电动乘用车、插电式混合动力(含增程式)乘用车、纯电动专用车、燃料电池汽车补助标准在 2013 年标准基础上分别下降 5% 和 10%;纯电动公交车、插电式混合动力(含增程式)公交车标准维持不变。

**解答:**

《财政部关于做好执行企业会计准则的企业 2012 年年报工作的通知》(财会〔2012〕25 号)规定:"企业与政府发生交易所取得的收入,如果该交易具有商业实质,且与企业销售商品或提供劳务等日常经营活动密切相关的,应当按照《企业会计准则第 14 号——收入》的规定进行会计处理。在判断该交易是否具有商业实质时,应考虑该交易是否具有经济上的互惠性,与交易相关的合同、协议、国家有关文件是否已明确规定了交易目的、交易双方的权利和义务,如属于政府采购的,是否已履行相关的政府采购程序等。"

中国证监会会计部发布的《2013 年上市公司年报会计监管报告》中指出:

随着会计准则的发展,会计准则制定部门就企业从政府获取资源是否属于政府补助作了进一步规范。政府补助的典型特征是企业无偿从政府获取资源,而对于企业与政府之间发生交易而取得的收入,如果该交易具有商业实质,且与企业销售商品或提供劳务等日常经营活动密切相关的,则应根据收入准则的规定进行会计处理。年报分析中发现,有些公司已经按最新规定,将与政府发生的具有商业实质的交易作为营业收入进行会计处理,但仍有一些公司将从政府取得的电价补贴或者低价出售给消费者的价格补贴,作为政府补助计入营业外收入,并披露为非经常性损益。公司把本该作为经营性收入的项目作为营业外收入列报和披露,不利于反映公司正常生产经营的获利能力,也不利于投资者了解公司真实的经营状况。

《企业会计准则第 16 号——政府补助(2017 年修订)》第五条规定:"下列各项适用其他相关会计准则:(一)企业从政府取得的经济资源,如果与企业销售商品或提供服务等活动密切相关,且是企业商品或服务的对价或者是对价的组成部分,适用《企业会计准则第 14 号——收入》等相关会计准则。……"

目前实际操作中可确认为营业收入的补助款项(如可再生能源电价补助、"节能产品惠民工程"等降价销售补助)的共同特点是:这些补助款项从经济实质上看都是政府对最终消费者(或下游顾客,下同)的补助,而不是对本企业(作为商品或服务的提供商)的补助。相当于政府(或事实上具有政府职能的机构,或受政府委托的机构,下同)把款项支付给最终消费者,最终消费者再用这些款项购买本企业提供的商品或服务,因此本企业可以确认为向最终消费者提供商品或劳务的营业收入,只不过为了结算方便而采用政府向商品或服务提供商直接拨付款项的方式,同时要求企业对最终消费者降价。但无论采用何种款项拨付方式,作为商品或服务提供商的本企业所收到的补助款项的金额都是与最终消费者对本企业所提供的商品或劳务的消费情况直接相关的。所收到的补助款项的金额是否与最终消费者对本企业所提供的商品或劳务的消费情况直接挂钩,可以作为判断该项补助的经济实质是否为"对消费者或下游顾客的补助"的重要判断依据。

财建〔2013〕551号文《关于继续开展新能源汽车推广应用工作的通知》中第(二)条"补助对象"明确指出:补助对象是消费者,消费者按销售价格扣减补贴后支付。据此理解,政府补助的是部分车款,故在此基础上,我们倾向于:对新能源汽车制造厂商而言,该项新能源汽车补贴可确认为营业收入。在具体会计处理方面,营业收入按包含补贴在内的全额确认,由政府补助部分确认为应收款项(为了体现交易的经济实质,以及保持与营业收入金额之间的勾稽关系,可作为应收账款核算)。

**问题2-2-29** 政府补助与营业收入的区分4——企业通过收取地方政府发放的"消费券"实现商品或服务的销售交易的性质判断

**问题:**

企业通过收取地方政府发放的"消费券"实现商品或服务的销售,该交易应认定为政府补助还是营业收入?

**背景:**

地方政府向当地居民发放消费券,居民可以凭券到某图书发行集团(以下简称"发行集团")的书店购买图书,而政府将相应的购书款直接拨付给发行集团,此时发行集团应将其认定为营业收入还是政府补助?

**解答:**

本案例是政府补助与营业收入如何区分的问题。按照《财政部关于做好执行企业会计准则的企业2012年年报工作的通知》(财会〔2012〕25号)第二条第(四)项规定:"企业与政府发生交易所取得的收入,如果该交易具有商业实质,且与企业销售商品或提供劳务等日常经营活动密切相关的,应当按照《企业会计准则第14号——收入》的规定进行会计处理。在判断该交易是否具有商业实质时,应考虑该交易是否具有经济上的互惠性,与交易相关的合同、协议、国家有关文件是否已明确规定了交易目的、交易双方的权利和义务,如属于政府采购的,是否已履行相关的政府采购程序等。"

《企业会计准则第16号——政府补助(2017年修订)》第五条规定:"下列各项适用其他相关会计准则:(一)企业从政府取得的经济资源,如果与企业销售商品或提供服务等活动密切相关,且是企业商品或服务的对价或者是对价的组成部分,适用《企业会计准则第14号——收入》等相关会计准则。……"

根据本案例的具体情况,我们理解,判断该交易中发行集团从政府取得的资金是营业收入还是政府补助,一个很重要的考虑是界定政府出台的该项"消费券"政策的补助对象是居民还是发行集团。在此问题上,首要的考虑是:政府出台该政策的初衷是使谁受益?在居民和发行集团这两者中,谁拥有通过自身行为决定自身可获得补助利益大小的更大自主权?

具体需要考虑以下问题:

(1)政府发放给居民的消费券是否限定用途和消费场所,例如是可以用于一定区域内的任意消费支出(例如居民可自由选择将其用于购物、餐饮或者服务的消费),还是仅限于到发行集团的书店购书(即,居民持券消费行为的自主性;消费券是否在一定程度上具有类似于现金的流通性和广泛接受性)?

(2)交易流程是先由居民持券到书店购书,再由书店按照实际收到的消费券金额与政府进行资金结算;还是政府先根据发放的消费券的面值将相应的财政资金拨付给发行集团,再由居民持消费券购书以实现消费? 如果是后者,则原先预拨的资金和有效期内最终实际消费金额之间的差额如何处理,是否要多退少补(即,发行集团从中受益的程度是否取决于消费券在书店的使用情况)?

(3)使用消费券购书,和直接使用现金购书相比,除了最终的结算资金来源不同以外,对于书店而言,这两种交易的经济影响是否不存在本质的区别? 同一商品在不同模式下的销售价格是否相同(即,对交易的商业属性和商业实质的判断)?

根据上述三个考虑因素的综合分析,可以作出判断:居民持券消费行为的自主性越大,消费券的流通性和广泛接受性越高,发行集团从中受益的程度与消费券在书店的使用情况的关联度越大,持消费券购书的交易条件与常规的现金消费越接近,则越有可能表明发行集团应确认为营业收入而不是政府补助。

另外,由于消费券政策通常只能作为短期性的消费促进政策来使用,不大可能长期有效或者经常使用,即使用消费券后增加的销售可能是不可持续的,并且还会在一定程度上造成对正常现金消费的"挤出效应",因此,即使可以认可使用消费券的金额为营业收入,也需要考虑将这部分与消费券对应的营业利润披露为非经常性损益的可能性。

---

**问题 2-2-30** 政府补助与营业收入的区分 5——承接科技部科技示范工程收到政府拨款的处理

**问题:**

公司承接科技部科技示范工程收到的政府拨款是否属于政府补助? 应如何进行会计处理?

**背景:**

根据科学技术部"国科发社〔2012〕1112 号"文件《科技部关于 2012 年度科技惠民计划项目立项通知》,××县苦咸水淡化民生科技示范工程由 A 公司作为实施工程项目承担单位。根据科技惠民计划项目预算书,项目预算 1 828.70 万元,其中:1 000.00 万元为专项经费,828.70 万元为地方政府自筹经费;支出包含了技术引进费 400 万元、技术开发费 129.08 万元等。

截至 2015 年 8 月 31 日,A 公司共收到由省财政厅国库转到资金 1 750.00 万元,其中科技部拨付的 1 000 万元已收到,地方政府已拨付 750 万元,还有 78.7 万元余款未拨付。

A 公司将此收入 1 750.00 万元按 17% 税率计算的不含增值税金额 1 495.73 万元计入营业收入,进项税额已经抵扣,同时 1 750 万元中的 254.27 万元确认为"应交税费——应交增值税(销项税额)"。

目前此项目已经完工(受益方已出具接收单,省科技厅验收工作尚未结束),A公司投入材料(不含税)和相关费用为15 505 917.21元,对应的增值税进项税额为2 631 274.14元,共计18 137 191.35元。

注册会计师在审计过程中获取了科技部文件、科技惠民项目计划预算书、自筹经费证明,企业入账明细等审计证据。根据科技部的文件,设立此项目的主要是为了鼓励具有改善民生意义的技术转化为实际应用,其中一部分资金需要项目承担单位自筹,其验收标准是建设示范工程。从项目执行的实际情况来看,此项目所有的费用均由政府拨付(其中科技部拨付1 000万元,地方财政拨付了750万元),执行此项目的结果是A公司为××县69所小学安装了70套饮用水净化设备,支出与收入基本相等。但该项目没有按照《政府采购法》及其实施条例等相关规定履行标准的政府采购程序。

**解答:**

按照《财政部关于做好执行企业会计准则的企业2012年年报工作的通知》(财会〔2012〕25号)第二条第(四)项规定:"企业与政府发生交易所取得的收入,如果该交易具有商业实质,且与企业销售商品或提供劳务等日常经营活动密切相关的,应当按照《企业会计准则第14号——收入》的规定进行会计处理。在判断该交易是否具有商业实质时,应考虑该交易是否具有经济上的互惠性,与交易相关的合同、协议、国家有关文件是否已明确规定了交易目的、交易双方的权利和义务,如属于政府采购的,是否已履行相关的政府采购程序等。"

《企业会计准则第16号——政府补助(2017年修订)》第五条规定:"下列各项适用其他相关会计准则:(一)企业从政府取得的经济资源,如果与企业销售商品或提供服务等活动密切相关,且是企业商品或服务的对价或者是对价的组成部分,适用《企业会计准则第14号——收入》等相关会计准则。……"

在本案例中,A公司是该科技示范项目的"牵头承担单位"。我们认为,本案例中没有经过正规的政府采购程序,但并不能因此完全否定其中包含营业收入的成分。判断企业收到的财政资金是政府补助还是营业收入,一个很重要的考虑就是该财政资金的受益方是否为A公司自身。如果企业自身发生了费用性支出或资产购建支出(形成企业自身的费用或资产,即此类支出的受益人为企业自身),政府根据相关财政资金管理办法对此予以补助的,则应将相应的财政资金认定为政府补助;如果补助对象(受益对象)并不是企业自身发生的费用性或资本性支出,而是本企业以外的第三方,企业只是受政府委托实施该项目,并不形成企业自身的费用或资产,且企业受托实施的项目属于其日常经营业务的范围,则可以基于实质重于形式的原则确认为营业收入。

就本案例而言,根据背景资料介绍的科技惠民计划项目预算书,支出中包含技术引进费400万元、技术开发费129.08万元等,应关注这些支出是否形成了A公司自身的无形资产、研发支出(包括费用性支出和资本性支出)和固定资产(如设备投资等)。如果这些支出确实发生,且相关无形资产、研发成果和固定资产可以由A公司继续用于后续的生产经营活动,而不仅限于在本示范项目中使用,则这部分支出应确认为A公司自身的无形资产、固定资产或管理费用

(研究开发费),相应地,对应金额的财政资金就属于对这类支出的补助,应根据其性质确认为与资产相关或与收益相关的政府补助,按照《企业会计准则第 16 号——政府补助》的规定进行核算。对于其余部分的财政资金,如果 A 公司按照项目合同的要求向最终受益方(各学校)交付了产品,以及提供了安装或技术服务,后续 A 公司也不能从该等产品或服务中获取进一步的经济利益(即其自身不是这些净水装置的受益对象),交易定价基本遵循了等价交换的商业原则,则可以认为这部分财政资金属于 A 公司销售商品、提供服务的对价的组成部分,在满足《企业会计准则第 14 号——收入》规定条件时确认为营业收入。

如果确认为营业收入,则对于地方政府承诺拨付但尚未拨付的余款 78.7 万元,应在合理保证其可收回性的前提下,于所安装的净水装置能够正常使用,获得受益方的验收确认时,确认为营业收入和应收款项。

如果相关项目合同要求 A 公司提供后续的技术服务,而合同中对技术服务费未作单独约定的,则应将合同总价按系统、合理的基础进行拆分,将对应于后续使用期间技术服务的部分予以递延,在后续技术服务提供时,按《企业会计准则第 14 号——收入》规定的"提供劳务模式"确认为相应期间的营业收入。

**问题 2-2-31** 政府补助与营业收入的区分 6——企业承接课题获取政府拨付经费的处理

**问题:**

如下文背景资料所述,A 公司承担该咨询项目向财政局申请的"科技合作专项经费"是属于政府补助还是属于劳务收入?

**背景:**

A 公司承担当地政府所属某管理委员会主导的绿色建筑科技合作项目研究课题,根据研究课题任务书,A 公司需为此项目做出可行性研究报告,报给管委会经济局,待经济局批准该项目立项后,此项目方可正式实施。项目合同中约定"课题通过立项相关程序审批,签订该任务合同书时,拨付经费的 50%;课题研究取得阶段性研究成果,通过中期汇报及检查后,拨付经费的 45%;课题通过结题验收,并办理完相应整理归档手续后,完成最后 5%经费拨付。"

至 2017 年 10 月,该项目已结项,A 公司 2017 年 5 月收到管委会拨付的 30 万元,同时向管委会按照 6%的税率开具增值税专用发票。2017 年 8 月份收到管委会拨付的 27 万元,仅向管委会开具收据,未开具增值税发票。

**解答:**

我们理解,根据《企业会计准则第 16 号——政府补助》对政府补助的"无偿性特征"的表述和对如何区分政府补助和收入的相关指引,对于企业承接此类政府项目应确认为政府补助还是营业收入,应关注以下问题:

1. 工作成果的所有权归属;

2. 工作成果的使用由谁(本企业还是作为委托方的政府)主导和控制,是否仅可供委托方使用;

3. 本企业从该项目中获取经济利益的方式,即除了协议中约定的政府拨款以外,本企业是否还可以通过将该成果运用于本企业的日常生产经营、转让该成果、将该成果对外投资或授权他人使用等方式获取经济利益。

在本案例中,A 公司获取该 60 万元经费的条件,是向管委会经济局提交"可行性研究报告",研发项目很可能是专供该政府部门使用的,A 公司除了这部分政府拨款以外不能获取其他经济利益,因此该笔政府拨款应理解为 A 公司承接该政府项目,由政府支付的劳务对价,并不是无偿从政府取得,不属于政府补助准则规定的范围,应作为 A 公司的营业收入,按照《企业会计准则第 14 号——收入》的相关规定予以确认。

A 公司是否开具增值税发票,如何开具增值税发票与收入的确认没有关系。但需要关注,收入的确认金额应按照权责发生制处理,鉴于该项目已结项,对于尚未收到的 3 万元,若 A 公司预计很可能会收到,则至 2017 年 10 月,应就全部合同额 60 万元均确认为收入(当然,需要扣除相应的增值税销项税额)。

**问题 2-2-32**　无形资产全额计提减值准备后所对应的政府补贴是否应在当年结转损益

**问题:**

无形资产全额计提减值准备后,所对应的政府补贴是否应在当年结转损益?

**背景:**

A 公司于 2011 年取得当地科委 600 万元的政府补贴,用于研发"电子书包设备研制和应用项目"课题。该课题于 2012 年 10 月结题并转入无形资产,同时 600 万元补贴款在无形资产使用寿命内平均摊销。2013 年由于技术更迭及销售市场变化等原因,A 公司判断该无形资产预期已不能产生现金流入,对其计提了全额减值准备。

**解答:**

《〈企业会计准则第 16 号——政府补助〉应用指南(2018)》第五条"关于政府补助的确认与计量"中规定:"相关资产在使用寿命结束时或结束前被处置(出售、报废、转让、发生毁损等),尚未分配的相关递延收益余额应当转入资产处置当期的损益,不再予以递延。"本案例中 A 公司将无形资产全额计提了减值准备,但并未对资产进行处置,因此我们理解政府补助应该仍按照无形资产的使用寿命进行分摊,直到处置该无形资产。

具体操作方面,可参考《计学撮要 2011》中专题Ⅲ第一章第三节"问题 1 由与资产相关的政府补助所形成的递延收益余额在资产减值测试中的考虑"所述原则处理。该问题解答的要点是:

为了减值测试之目的,企业应当把与资产相关的政府补助所形成的递延收益的余额从相关资产于同一时点的账面价值中减去(相当于对与资产相关的政府补助采用"净额法"列报时,该资产的账面价值),得到相关资产的调整后账面价值,并以该调整后账面价值作为资产减值测试中的账面价值基础。

如果不能对该资产单独进行减值测试(因为企业难以对单项资产的可收回金额进行估计),而是需以该资产所属的资产组为基础确定资产组的可收回金额的,则应把与资产相关的政府补助所形成的递延收益的余额从该资产组于同一时点的账面价值中减去,得到该资产组的调整后账面价值,并以该调整后账面价值作为该资产组减值测试中的账面价值基础。

如果经过减值测试后,认为该资产(或资产组)的可收回金额低于账面价值,因而需对该资产(或资产组中的各项资产)计提减值准备的,则减值准备的计提额应当从资产的账面价值中减去。但是,与资产相关的政府补助形成的递延收益不受减值准备计提的影响,仍然继续在相关资产的使用寿命内摊销,并计入各期的损益。

据此,如果一项需计提减值准备的资产存在与之对应的递延收益,则最多可对其计提减值准备的金额应为其计提减值准备前的账面价值减去对应递延收益余额后的差额,不能对其账面价值计提全额的减值准备。这样在账面上保留等额的资产账面价值和递延收益账面价值(相当于账面价值净额为零)。后续剩余使用期间内,继续对该资产的账面价值计提折旧或摊销,同时对递延收益余额继续按原先的方法摊销,在各期分别确认等额的折旧/摊销费用和其他收益。

**问题 2-2-33**　企业在剥离社会职能过程中无偿划出资产所涉及的递延收益财务处理

**问题:**

如下文背景所述,A 公司在剥离社会职能过程中,将取得过政府补助的公安用房无偿划出时,尚未摊销完毕的政府补助如何处理?

**背景:**

A 公司根据省政府的安排和要求,于 2017 年将其原属于其直接管理的公安人员及资产(包括公安用房)无偿移交给省公安厅。

A 公司在前期修建该公安用房时获得了政府补助,公司原先将收到的该政府补助确认为"递延收益——政府补助",在房屋的折旧年限内摊销该递延收益,确认为其他收益或者抵减"管理费用——折旧费"。

**解答:**

与资产相关的政府补助确认为递延收益,实际上是对资产成本的调整。虽然《企业会计准则第 16 号——政府补助(2017 年修订)》第八条规定"相关资产在使用寿命结束前被出售、转让、报废或发生毁损的,应当将尚未分配的相关递延收益余额转入资产处置当期的损益",但是本案例中是在剥离社会职能过程中将相关资产无偿转出,不同于一般的处置,划出资产按其账面价值冲减"资本公积——资本溢价或股本溢价"(如"资本公积——资本溢价或股本溢价"不足冲减的,则不足冲减的差额部分应依次冲减盈余公积和未分配利润,下同)。相应地,作为对资产账面价值调整因素的递延收益在对应资产被划出时,也应当调整(转入)"资本公积——资本溢价或股本溢价",最终报表中的处理效果是按照抵减递延收益后的划出资产账面价值净额冲减"资本公积——资本溢价或股本溢价"。

即,不论企业在《企业会计准则第 16 号——政府补助(2017 年修订)》下对与资产相关的政府补助采用"总额法"还是"净额法"列报,其在对应的资产被无偿划出时对净资产各项目的影响是一致的,同时该无偿划出事项对当期净利润是没有影响的。因为在"净额法"下,取得与资产相关的政府补助直接冲减对应资产的账面价值,不单独列报递延收益,因此如果相关政府补助采用"净额法"列报,划出资产的财务影响也是按照划出资产账面价值(此时该划出资产账面价值是扣减政府补助影响后的净额)冲减"资本公积——资本溢价或股本溢价"。

**问题 2-2-34** 以资产投资联营企业时与之相关的政府补助的处理

**问题:**

A 公司以土地使用权对外投资,持股 40%。该土地原面积 17.96 万平方米,此次用闲置的 2/3 土地投资。在递延收益中尚余 1 500 万元与该部分此次用于对外投资的土地相关的政府补助,是否应结转至当期损益?

**解答:**

在本案例中,A 公司以土地使用权对外投资,占被投资企业的 40% 股权,如无其他特殊因素,对该被投资企业不具有控制权(较大的可能性是构成联营企业),从而也就丧失了对该用作出资的土地使用权的控制权,相应确认该项土地使用权的处置收益。

但另一方面,该交易也构成了投资方与联营企业之间的顺流交易,参照《企业会计准则讲解(2010)》第 43 页"(七)合营方向合营企业投出非货币性资产产生损益的处理"部分的规定,"合营方转移了与投出非货币性资产所有权有关的重大风险和报酬并且投出资产留给合营企业使用,应在该项交易中确认归属于合营企业其他合营方的利得和损失"。即,在个别报表层面对该联营企业进行权益法核算,以及合并报表层面进行权益法调整时,实际上仅可确认对应于其他股东所持该联营企业股权的这部分(60%)的收益。

由于递延收益的结转模式需与相关资产的处置和处置损益确认的模式相对应,因此我们建议的处理方法为:

1. 将该 1 500 万元递延收益的 60%,即 900 万元,视作与已确认的资产处置损益相对应,转入当期其他收益。

2. 将该 1 500 万元递延收益的剩余 40%,即 600 万元,继续保留在"递延收益"中,将其视作与 A 公司对该联营企业的长期股权投资相关的政府补助。后续 A 公司如处置该部分股权投资时,将该项保留的递延收益根据所转让的股权比例相应转出部分或全部到其他收益或投资收益(其中,如转让部分股权后仍为联营企业的,则根据所转让的股权比例相应转出部分递延收益;如转让部分股权后丧失对被投资企业的重大影响,剩余股权转为金融资产核算的,则将递延收益余额全部转入丧失重大影响的当期其他收益或投资收益);如果后续该联营企业发生破产、清算等原因予以注销的,则 A 公司在核销长期股权投资的同时,也应把剩余的递延收益全部转入其他收益或投资收益。

**问题 2-2-35**　收到以"固定资产投资额达到一定金额标准"为条件的政府补助如何分类

**问题:**

如下文背景资料所述,A 公司收到的扶持奖励资金 500 万元属于与资产相关的政府补助还是与收益相关的政府补助? 应采用何种方式计入损益?

**背景:**

A 公司于 2017 年 1 月 24 日收到了一笔所在区人民政府拨付的 2016 年新材料产业发展扶持奖励资金 500 万元,用于奖励该企业在本区内投资并开展经营活动。根据已取得的政府补助文件,A 公司情况属于补助文件中的"(一)以项目投产时机器设备投入的固定资产投资(不包含土地购置及基建等支出,以有资质的第三方评估机构的评估结果为准,下同)1.2 亿元及以上的企业,给予一次性奖励 500 万元"的情形。补助文件具体条款如下:

第四条　鼓励有自主知识产权、有核心技术、有市场前景的新材料产业生产、高科技研发项目进驻我区。企业成立后须将近年拥有的自主知识产权变更到我区,在生产、研发过程中产生的专利以我区企业名义进行申请。对符合扶持范围新设立的,或区内现有从事新材料产业企业新增投资的,经区投资促进领导小组同意引入的新材料产业企业,给予奖励。

(一)以项目投产时机器设备投入的固定资产投资(不包含土地购置及基建等支出,以有资质的第三方评估机构的评估结果为准,下同)1.2 亿元及以上的企业,给予一次性奖励 500 万元;以机器设备投入的固定资产投资 1.0 亿元以上 1.2 亿元以下(含 1.0 亿元不含 1.2 亿元)的企业,给予一次性奖励 300 万元;以机器设备投入的固定资产投资 0.8 亿元以上 1.0 亿元以下(含 0.8 亿元不含 1.0 亿元)的企业,给予一次性奖励 200 万元。

补助文件中未对公司收到奖励资金后的使用用途或方向作出限制。

**解答:**

根据《企业会计准则第 16 号——政府补助(2017 年修订)》第四条规定:"政府补助分为与资产相关的政府补助和与收益相关的政府补助。与资产相关的政府补助,是指企业取得的、用于购建或以其他方式形成长期资产的政府补助。与收益相关的政府补助,是指除与资产相关的政府补助之外的政府补助。"即决定政府补助分类的主要因素是其用途。

参照《〈企业会计准则第 16 号——政府补助〉应用指南(2018)》附录二《修订说明》中的表述"政府补助通常附有一定条件,对政府补助资金或资产的使用范围、用途或使用时间等进行规定。"实务中,政府补助所附的条件主要包括两类:①政策条件。企业只有符合政府补助政策的规定,才有资格申请政府补助。符合政策规定不一定都能够取得政府补助;不符合政策规定、不具备申请政府补助资格的,不能取得政府补助。②使用条件。企业已获批准取得政府补助的,应当按照政府规定的使用范围、使用时间等条件使用该补助资金。即,政府补助所附的条件包括"政策条件"和"使用条件","政策条件"限定了取得政府补助的"门槛",而"使用条件"规定了政府补助的用途。

结合前面列出的对两类政府补助的定义(见准则正文)和两类条件的划分可知:决定一项政府补助是与收益相关还是与资产相关的主要因素,是其所附的"使用条件"(补助资金的用途)而不是"政策条件"(取得补助的"门槛")。

根据上述案例背景,本案例中"以项目投产时机器设备投入的固定资产投资(不包含土地购置及基建等支出,以有资质的第三方评估机构的评估结果为准,下同)1.2亿元及以上"属于该项政府补助的"政策条件",而政府对该项资金的管理办法和下拨补助款的批文对其资金用途无特殊限定,即不存在"使用条件"。相应地,该笔500万元奖励属于与收益相关的政府补助,应结合A公司对类似政府补助的现行会计政策(总额法/净额法)进行账务处理。鉴于该笔奖励资金无直接对应的支出,我们更倾向于采用总额法进行核算,即收到时直接计入其他收益。

**问题 2-2-36 政府补助净额法核算的若干问题**
**问题:**

1. 对于以前年度收到的与资产相关的政府补助形成的截至 2017 年 1 月 1 日的递延收益余额,若依据《企业会计准则第 16 号——政府补助(2017 年修订)》,企业拟采用净额法核算,应在 2017 年 1 月 1 日作如下会计处理:

借:递延收益
　贷:固定资产等

此处贷方的"固定资产"是减少的固定资产原值还是净值(即扣除累计折旧后的金额)?

2. 执行《企业会计准则第 16 号——政府补助(2017 年修订)》后,企业采用净额法核算与资产相关的政府补助时,如果收到的政府补助金额大于资产的账面原值,则收到补助资金大于资产原值的差额如何处理?

如果收到的补助资金小于资产原值,则按实际收到的与资产相关的补助资金冲减资产原值后,对于固定资产的余额(即不足冲减的部分)是否应依然按照原折旧政策计提折旧?

3. 净额法核算下与收益相关的政府补助,用于补偿企业已经发生的相关成本费用或损失的,直接冲减相关成本费用。若实际发生相关成本费用与收到相应的补助资金跨越不同会计年度,而收到补助资金当年并未发生同类性质的成本费用支出时,如何处理,是否确认为支出的负数或作为收益?比如企业在2016 年发生的借款费用,计入"财务费用——利息支出",于 2017 年度收到该借款的财政贴息资金,收到时确认为政府补助,但企业 2017 年度未发生借款费用支出,则企业在采用净额法核算该政府补助时是记录为"财务费用——利息支出"的负数还是作为收益列报?

**解答:**

首先需要提示的是,根据我国会计准则制订的国际趋同战略及近年会计准则的修订原因(主要是国际准则发生变化,因此我们的准则也相应进行修订)总结,我们建议对净额法的适用,仍然采取"谨慎从严"的口径,也即对净额法的适用加了限定条件,结合准则制定机构的观点并参照 IAS 20 中第 30 段的要求,建议将"净额法"的适用限定于以下两种情形:

(1) 有明确证据表明如果没有此类补助,将不会发生对应支出的(IAS 20的第 30 段就提到支持净额法的理由是"For the second method it is argued that the expenses might well not have been incurred by the entity if the grant had not been available and presentation of the expense without offsetting the grant may therefore be misleading."。中文翻译:第二种方法的论点是,如果没有补助,主体可能不会发生这些费用。因此,在列报费用时如不抵销补助,会引起误解)。

(2) 准则及相关文件明确规定必须采用净额法的项目,如芳烃的消费税退税、财政贴息等。

除前述两种情形外,如果企业坚持采用"净额法",则应通过董事会决议,完成对该类事项的会计政策选择程序,并确保其未来在同类业务的一贯运用。

其次,根据上述案例背景,我们理解:

问题 1:

当与资产相关的政府补助在《企业会计准则第 16 号——政府补助(2017 年修订)》下采用净额法核算时,在 2017 年 1 月 1 日对于上年递延收益余额按照该新准则的要求进行调整的具体方法为:按照该项补助摊销至 2017 年 1 月 1 日的余额,冲减相关资产的原值。即 2017 年 1 月 1 日应编制以下调整分录:

借:递延收益　　　　　　　　　　　　　　　(按 2017 年 1 月 1 日余额)
　贷:固定资产或无形资产原值(按该项政府补助摊销至 2017 年 1 月 1 日的余额)

问题 2:

通常情况下,政府补助金额不会超过相关资产的购建总成本,所以本案例讨论所述政府补助金额大于资产原值的情况极少可能发生。如收到的政府补助金额较大,则应审慎分析其属于购买服务的对价还是无偿的补助、其对应单项资产还是多项资产、其涉及单一事项还是多个事项、是否存在超额退还条款等细节。只有在排除了其他各种可能性,并确信超出部分无需返还的情况下,才能将政府补助金额超出相关资产账面价值的部分一次性计入当期损益。

如果政府补助金额小于相关资产原值,且有充分证据表明该补助与相关资产存在紧密对应关系,则按照"净额法"核算政府补助时,将收到的政府补助冲减相关资产原值后,应重新计算剩余使用寿命内的应计折旧总额,并在相关资产的剩余可使用年限内按原先适用的折旧方法计提折旧。

问题3:

在净额法下,可能存在因相关的成本费用支出的发生与对应政府补助的确认跨年的情况,在此情况下,净额法核算的与收益相关的政府补助,其对应成本费用支出实际发生在以前年度且当期无类似发生额的,当期损益明细项目直接以冲减后的负数列示即可。这种情况是可以理解的,无需将不够冲减的差额调整到相关收益项目(如"其他收益")中。

---

**问题 2-2-37** 银行收到的税收返还和风险补偿金是否需要计入"其他收益"

**问题:**

如下文背景资料所述,银行收到的税收优惠及风险补偿金是否属于与企业日常活动相关的政府补助计入"其他收益"? 是否需要做会计政策变更,调整以前年度的相关会计科目?

**背景:**

A 银行财务报表附注中披露的一般风险准备明细如下:

| 项目 | 年初余额 | 本年增加额 | 本年减少额 | 年末余额 |
|---|---|---|---|---|
| 净利润中提取 | 465 492 308.50 | 66 645 676.49 | | 532 137 984.99 |
| 减征企业所得税转入 | 25 816 089.26 | | | 25 816 089.26 |
| 减征营业税转入 | 4 689 949.46 | 712 836.44 | | 5 402 785.90 |
| 金融科技风险补偿基金 | 2 431 600.00 | 966 100.00 | | 3 397 700.00 |
| 省农业贷款风险补偿资金 | 2 997 600.00 | | | 2 997 600.00 |
| 小企业贷款风险补偿资金 | 3 810 780.00 | 118 300.00 | | 3 929 080.00 |
| 合　计 | 505 238 327.22 | 68 442 912.93 | | 573 681 240.15 |

以上风险补偿金均为省财政厅拨付款项。

A 银行历年收到的税收优惠和风险补偿金都是直接记入"一般风险准备"这个权益科目,而不影响利润表数字。而根据《企业会计准则第 16 号——政府补助》(2017 年修订)的规定,与企业日常活动相关的政府补助,应当按照经济业务实质,应计入"其他收益"或冲减成本费用。

**解答:**

我们理解,此处所列的各项税收返还和风险补偿金,均属于政府补助。根据《企业会计准则第 16 号——政府补助》(不论是原先的 2006 年版还是 2017 年修订版)的规定,对政府补助均应计入当期损益,而不应直接计入权益。

同时,基于监管部门要求,应通过计提一般风险准备的方式,将相当于所收到的补助款的金额转入一般风险准备。即,账务处理为:

1. 借：银行存款
　　贷：其他收益

2. 借：利润分配——计提一般风险准备
　　贷：一般风险准备

以前年度的会计处理（收到时直接计入权益）不恰当,应作为前期差错处理。

# 第三节　所得税会计的相关问题

**问题 2-3-1**　在未来转回时无足够应纳税所得额但有递延所得税负债余额的情况下递延所得税资产的确认问题

**问题：**

如下文背景资料所述：在预测未来 5 年无足够应纳税所得额的基础上,是否要在账面保留与递延所得税负债余额相同的递延所得税资产,并在未来与递延所得税负债同步转回？如果需要保留相等金额的递延所得税资产,具体应当保留哪些项目,是统一保留可抵扣亏损产生的递延所得税资产还是保留未来每年可预见转回的递延收益等可抵扣暂时性差异的递延所得税资产？

**背景：**

A 火电公司 2017 年由于原煤涨价的原因而大幅亏损。由于原煤价格居高不下且未来电价能否上调不确定,A 公司在 2018 年预算未来 5 年的盈利时,对应纳税所得额的谨慎预计均为负值。

在预测的基础上,A 公司不仅对当年产生的可抵扣暂时性差异(主要是资产减值准备)与可抵扣亏损产生的递延所得税资产都没有确认,而且在预计未来转回额不足的基础上将以前年度已经确认并计提的递延所得税资产在 2017 年也都全部冲销计入当期损益。

但是在 A 公司账面上存有递延所得税负债余额(由固定资产会计折旧小于税法折旧等原因产生),会计准则及讲解中对于这一情形的要求是"在判断企业于可抵扣暂时性差异转回的未来期间是否能够产生足够的应纳税所得额时应考虑以前期间产生的应纳税暂时性差异在未来期间转回时将增加的应纳税所得额",因此是否保留与递延所得税负债余额相同的递延所得税资产,待未来与递延所得税负债同步转回,A 公司内部出现了不同的观点：

1. 第一种观点认为,即使考虑了以前期间产生的应纳税暂时性差异在未来转回的情况,按照预测未来 5 年应纳税所得额也是负数,无足够的转回金额。因此,继续保留账面递延所得税负债的确认并在未来期间正常转回,在预测未来无法转回的基础上冲减账面上以前年度计提的递延所得税资产余额为零。

2. 第二种观点认为,在综合考虑并测算的基础上,如果账面上还存在递延所得税负债余额,则应当留足相应金额的递延所得税资产在未来与递延所得税负债同步结转。保留递延所得税资产的明细项目为未来可抵扣亏损产生的可抵扣暂时性差异。

由于 A 公司账面确认了递延所得税负债,增加了未来应纳税转回额,如果不保留相应的递延所得税资产,假设未来 A 公司的应纳税所得额为负数,那每年转回的递延所得税负债将使公司的所得税费用为负数,在可预见未来有递延所得税负债逐步转回的基础上,应当保留相等的递延所得税资产与递延所得税负债在未来同步转回。

在递延所得税资产保留的具体项目上,由于递延所得税资产、负债的具体项目并不能匹配,所以应保留可抵扣亏损产生的递延所得税资产与递延所得税负债在未来同步转回。

**解答：**

基本赞同前述第二种观点的处理意见。此问题可参照《计学撮要 2011》中专题Ⅲ第二章第三节"问题 6 当存在应纳税暂时性差异时,是否应对未来可税前弥补的亏损确认递延所得税资产"所述原则处理。

此问题的关键在于：当 A 公司在可预见的未来将长期处于税务上的亏损状态时,如何理解和适用《企业会计准则第 18 号——所得税》第十五条所规定的"很可能获得用来抵扣可抵扣亏损和税款抵减的未来应纳税所得额"。

对此问题的正确理解是：在一般情况下,如果企业处于盈利状态(此处的盈利和亏损,除有特别说明者外,均指税务口径的应纳税所得额为正或为负,不是指会计上的利润总额或净利润,下同)时,递延所得税负债所代表的应纳税暂时性差异在未来年度的转回将导致转回年度的应纳税所得额增加,从而导致转回年度的额外纳税义务(应纳税额大于会计利润乘以税率的积),由此导致未来经济利益的额外流出,这是确认递延所得税负债的理论依据。但是,在企业处于亏损状态时,由于存在累计未弥补亏损,由应纳税暂时性差异转回所形成的应纳税所得额并未转化为现实纳税义务(即,应纳税额仍然为零)。在此情况下,就是前期亏损起到了抵减该期应纳税所得额的效果,这种情况应理解为是利用了前期未弥补亏损所对应的税款抵减利益,因而这时的可抵扣亏损确实是起到了抵减应纳税额的效果。也就是说,未来期间应纳税暂时性差异转回时所形成的应纳税所得额,也属于所得税准则第十五条所指的"很可能获得用来抵扣可抵扣亏损和税款抵减的未来应纳税所得额",因而可以确认与这部分可抵扣亏损相关的递延所得税资产。

---

**问题 2-3-2**　上年多计提的所得税费用在年度汇算清缴时冲回是否调整本年期初未分配利润

**问题：**

如下文背景资料所述,上年多计提的所得税费用在年度汇算清缴时冲回,是否调整本年期初未分配利润?

**背景:**

A公司2016年度财务报表中计提当期所得税费用10 839 364.62元。2017年5月企业所得税汇算清缴结果,2016年度应纳企业所得税额为261 319.13元。A公司冲回上年多计提的所得税费用10 578 045.49元。导致差异的原因主要为A公司编制2016年度财务报表时计算当期所得税费用未考虑以下调整事项:

1. A公司2016年发生《节能节水和环境保护专用设备企业所得税优惠目录(2008版)》所规定的专用设备投资额34 295 294.84元,且该设备为公司自身投入使用,无出租或转让的情形,其购买的专用设备的资金来源于企业自筹资金,无财政拨款。

A公司聘请专业机构评估2016年允许抵免的专用设备投资额,在编制2016年度财务报表时,A公司尚未获得2016年允许抵免的专用设备投资额的评估报告,因此在计算2016年当期所得税费用时未考虑其影响。

A公司于2017年5月份向当地税务机关申请购置专用设备投资抵免企业所得税备案事项,税务机关准予受理,因此在2016年度汇算清缴时抵免2016年度的应纳所得税额3 429 529.48元。

2. 弥补以前年度亏损(2015年度税务亏损)影响所得税额1 625 985.48元。

3. 研发费用加计扣除7 242 071.68元,汇算清缴时调减所得税费用1 810 517.92元。A公司于2017年5月份向税务机关提交关于研发费用加计扣除的相关资料,税务机关核准。

4. 不征税收入以及其他类资产调减项目合计影响所得税额3 712 012.61元。

**解答:**

本案例属于如何区分会计估计变更和前期差错更正的问题,可参考证监会会计部《上市公司执行企业会计准则监管问题解答(2013年第1期,总第8期)》(会计部函〔2013〕232号)中的"问题1"所述原则处理。原文如下:

问题1:上市公司在何种情况下可以认定前期会计估计发生差错,并追溯调整前期报表?

解答:根据《上市公司执行企业会计准则监管问题解答》(2010年第1期,总第4期),不应简单将会计估计与实际结果对比认定存在差错。

只有在上市公司能够提供确凿证据,表明由于重大人为过失或舞弊等原因,未能合理使用前期报表编报时已经存在且能够取得的可靠信息,导致前期会计估计结果未恰当反映当时情况,才能认定前期会计估计存在差错。

前期会计估计存在差错,并不必然进行追溯调整,只有当上市公司确定相关因素导致会计估计差错累计影响数切实可行且该差错重要时,才采用追溯重述法调整前期报表,否则应采用未来适用法。

本案例中导致2016年财务报表中当期所得税费用与所得税汇算清缴时的差异由多个原因导致,分项分析如下:

1. 专用设备投资抵免。

根据国家税务总局《企业所得税优惠政策事项办理办法》(国家税务总局公

告〔2015〕76 号)规定,"企业应当自行判断其是否符合税收优惠政策规定的条件。凡享受企业所得税优惠的,应当按照本办法规定向税务机关履行备案手续,妥善保管留存备查资料"。该公告附件 1"企业所得税优惠事项备案管理目录(2015 年版)"中的第 52 项"购置用于环境保护、节能节水、安全生产等专用设备的投资额按一定比例实行税额抵免"详细说明了该项优惠政策的法规依据和需留存备查的材料,包括:《企业所得税优惠事项备案表》;购买并自身投入使用的专用设备清单及发票;以融资租赁方式取得的专用设备的合同或协议;专用设备属于《环境保护专用设备企业所得税优惠目录》《节能节水专用设备企业所得税优惠目录》或《安全生产专用设备企业所得税优惠目录》中的具体项目的说明;省税务机关规定的其他资料。另外,该项税收优惠政策所依据的税务文件均为 2015 年之前已发布的文件。①

依据《关于执行环境保护专用设备企业所得税优惠目录、节能节水专用设备企业所得税优惠目录和安全生产专用设备企业所得税优惠目录有关问题的通知》(财税〔2008〕48 号)就符合所得税抵免优惠目录条件安全专用设备的税收优惠具体执行问题已有明确:"一、企业自 2008 年 1 月 1 日起购置并实际使用列入《目录》范围内的环境保护、节能节水和安全生产专用设备,可以按专用设备投资额的 10% 抵免当年企业所得税应纳税额;企业当年应纳税额不足抵免的,可以向以后年度结转,但结转期不得超过 5 个纳税年度。"

根据上述规定,A 公司应于 2016 年年末,依据当时可获得的信息,合理估计是否满足享受该项优惠的条件,以及能否提交符合要求的备案材料和留存备查资料。如确认符合条件且能够按时、按要求提交全部备案材料的,则在当年度计提所得税费用和应交所得税时即应考虑该投资抵免事项的影响。如果在 2016 年度财务报表编制时,根据当时可获得的信息合理确定将可以享受该税收抵免优惠,也能够在年度汇算清缴时(注:国家税务总局公告 2015 年第 76 号:"第七条 企业应当不迟于年度汇算清缴纳税申报时备案")提交符合要求的备案材料,则应在编制 2016 年度财务报表时考虑该调整事项对当期所得税费用和应交所得税的影响。A 公司在编制 2016 年度财务报表时未考虑其影响的,则属于"由于重大人为过失或舞弊等原因,未能合理使用前期报表编报时已经存在且能够取得的可靠信息,导致前期会计估计结果未恰当反映当时情况",应认定为前期差错,并依据其影响的重要程度考虑是否需对 2016 年度报表进行追溯重述。

2. 弥补 2015 年度亏损。

根据现行的企业所得税法律法规,当企业有累积未弥补亏损,且尚未超出税法规定的税前补亏年限(5 年)时,其在补亏期间获得的应纳税所得额,首先用

---

① 截至本书定稿时,《企业所得税优惠政策事项办理办法》已修订,并连同《企业所得税优惠事项管理目录(2017 年版)》以"国家税务总局公告 2018 年第 23 号"重新发布;同时《节能节水专用设备企业所得税优惠目录》和《环境保护专用设备企业所得税优惠目录》的 2017 年版也已以"财税〔2017〕71 号"文发布并自 2017 年 1 月 1 日起执行(原 2008 版目录自 2017 年 10 月 1 日起废止)。在处理后续年度的业务问题时,应以最新的税务法律法规和规范性文件为准。但会计方面对本案例所涉及问题的分析思路仍然是不变的。

于弥补税务亏损,至税务亏损弥补完后有剩余的应纳税所得额时才需要计算纳税。相应地,对税前补亏期间递延所得税资产的确认也应体现出税法规定的这一顺序,即:在未来的税前补亏年限内预计可获得的应纳税所得额的限度内,首先应当确认与可弥补亏损相关的递延所得税资产,只有当已就所有的尚未超出税前补亏期限的可弥补亏损均确认了递延所得税资产后,如果预测税前补亏期间可获得的应纳税所得额大于需在税前弥补的累计亏损,才能在剩余的预计应纳税所得额的限度内,就资产、负债的账面价值和计税基础之间的可抵扣暂时性差异(如资产减值准备)确认相应的递延所得税资产。

对此问题具体处理时,应关注在 2016 年年末前,这部分亏损的税前弥补是否已经获得主管税务机关确认。如果这部分亏损是前期延续下来的,在以前年度汇算清缴时已经获得主管税务机关确认,则我们理解在 2016 年度所得税费用计算时不考虑其影响是不恰当的,应认定为前期差错。

3. 研发费用加计扣除。

该性质也属于如何区分会计估计变更和前期差错更正的问题。解析参见针对"1. 专用设备投资抵免"的回复。

依据《国家税务总局关于发布〈企业所得税优惠政策事项办理办法〉的公告》(国家税务总局公告 2015 年第 76 号)附件 1:企业所得税优惠事项备案管理目录(2015 年版)第 14 项"开发新技术、新产品、新工艺发生的研究开发费用加计扣除",该项优惠政策也是在汇缴时享受。A 公司在 2017 年 5 月对 2016 年度所得税汇算清缴时已完成备案,处理思路同"1. 专用设备投资抵免",此处不再重述。

但是,我们也理解,由于税务机关对最终准予加计扣除的项目普遍审核较严,在最终获准备案之前,可能仍有较大不确定性。因此以往通常的做法是在获得备案时(即汇算清缴年度的下一年度)对加计扣除的影响进行会计处理。由此,在 2017 年的财务报表中确认 2016 年度的加计扣除影响就不构成一项前期会计差错。

4. 不征税收入和其他类资产调减项目。

我们建议 A 公司根据不征税收入和其他类资产调减项目的明细进行具体分析。对不征税收入而言,参照《企业所得税法》的规定:

第七条　收入总额中的下列收入为不征税收入:(一)财政拨款;(二)依法收取并纳入财政管理的行政事业性收费、政府性基金;(三)国务院规定的其他不征税收入。

如果该事项涉及 A 公司纳税时应调减而未调减的不征税收入在税收政策运用方面不存在重大不确定性,但 A 公司在 2016 年年末资产负债表日计算所得税费用时未予以考虑,则作为一项适用法律法规相关的政策错误导致的前期差错进行相应处理(参见针对"1. 专用设备投资抵免"的处理)。

# 第三章

# 长期股权投资和企业合并问答

## 第一节　股权转让损益确认和长期股权投资确认的问题

**问题 3-1-1**　PE 对持股 10％以上且派驻董事的投资确认为可供出售金融资产还是长期股权投资

**问题：**

私募股权投资基金（PE）公司对外投资，持有被投资单位股权比例 10％或 20％以上且已派驻董事，但仅是形式上参加董事会会议，未实际影响或改变董事会表决结果的情况下，该投资应确认为可供出售金融资产还是长期股权投资？

**背景：**

D 公司为一家成立不久的从事 PE 业务的有限合伙企业，2016 年度对外投资了 3 家公司，主要信息如下：

| 投资项目 | 企业性质 | 投资额 | 持股比例 | 派驻董事情况 |
|---|---|---|---|---|
| A 公司 | 新三板挂牌公司 | 10 395 000.00 | 9.50％ | 未来可能派驻董事 |
| B 公司 | 新三板挂牌公司 | 30 000 000.00 | 21.74％ | 即将派驻董事 |
| C 公司 | 有限责任公司 | 30 000 000.00 | 12.50％ | 5 人董事会中已派驻 1 人 |
| 合　计 | | 70 395 000.00 | | |

**解答：**

首先，本案例需要合理判断该 PE 公司是否属于《企业会计准则第 33 号——合并财务报表（2014 年修订）》中的"投资性主体"或者《企业会计准则第 2 号——长期股权投资（2014 年修订）》中所指的"风险投资机构、共同基金以及类似主体"。如果是，则在其自身的财务报表中，其持有的所有财务性对外投资均应作为金融资产核算，而不是作为长期股权投资核算，不论其对被投资企业是否具有控制、共同控制或重大影响。

其次，如果该 PE 公司不构成投资性主体，则根据《企业会计准则第 2 号——长期股权投资（2014 年修订）》，对于本案例的 PE 公司来说：

（1）如果对被投资企业不具有控制、共同控制或重大影响的，则只能作为金融资产核算。

（2）如果对被投资企业具有控制、共同控制或重大影响的，则根据该准则第九条规定，存在一个会计政策选择，可以选择在初始确认时将其指定为以公允价值计量且其变动计入当期损益的金融资产或者分类为交易性金融资产（需每期末估值），也可以将其按照长期股权投资准则进行核算。

《企业会计准则第 33 号——合并财务报表（2014 年修订）》对"投资性主体"的规定和《企业会计准则第 2 号——长期股权投资》中对"风险投资机构、共同基金以及类似主体"的规定存在冲突，主要表现为前者要求投资性主体对外财务性投资均作为以公允价值计量且其变动计入当期损益的金融资产，而后者允许选择会计政策。因为很多"风险投资机构、共同基金以及类似主体"实际上同时也满足新修订的合并报表准则对"投资性主体"的判断条件和通常应具备的特征的规定。在目前情况下，为了尽可能避免准则之间冲突的影响，我们倾向于对于满足"投资性主体"定义和确认条件的"风险投资机构、共同基金以及类似主体"，尽可能采用将其对外财务性投资在初始确认时即指定为以公允价值计量且其变动计入当期损益的金融资产或者分类为交易性金融资产的做法，而不是采用权益法核算。

在金融资产的分类、指定和计量方面，现行的《企业会计准则第 22 号——金融工具确认和计量》（2006 年版，下同）与 2014 年新制订的《企业会计准则第 39 号——公允价值计量》也存在一定冲突。根据《企业会计准则第 39 号——公允价值计量》的理念，认为所有资产和负债都可以通过一定方式确定其公允价值；但在《企业会计准则第 22 号——金融工具确认和计量》中却多次出现"在活跃市场中没有报价且其公允价值不能可靠计量的权益工具投资"的提法，并规定此类金融资产不得指定为以公允价值计量且其变动计入当期损益的金融资产，应当按照成本进行后续计量，减值准备一旦计提即不得转回等。而这些规定明显与《企业会计准则第 33 号——合并财务报表（2014 年修订）》第二十一条"如果母公司是投资性主体，则母公司应当仅将为其投资活动提供相关服务的子公司（如有）纳入合并范围并编制合并财务报表；其他子公司不应当予以合并，母公司对其他子公司的投资应当按照公允价值计量且其变动计入当期损益"的规定冲突。

因此，在目前上述不同会计准则之间存在的冲突尚未得到解决，也没有明确准则之间适用的优先顺序的情况下，对该 PE 公司而言，目前以下几种做法均可接受。但一旦选择其中一种，就构成企业的一项会计政策，应当一贯地运用于所有同类或类似交易，不得随意变更：

1. 对不具有控制、共同控制或重大影响的权益性投资作为金融资产核算，对具有控制、共同控制或重大影响的权益性投资作为长期股权投资核算。

2. 按照现行的《企业会计准则第 22 号——金融工具确认和计量》的规定，将不能可靠计量其公允价值的财务性投资，不论是否对被投资企业具有重大影响，均作为可供出售金融资产按成本计量。

3. 按照《企业会计准则第 33 号——合并财务报表(2014 年修订)》和《企业会计准则第 39 号——公允价值计量》的规定,将所有财务性投资,不论是否对被投资企业具有重大影响,均指定为以公允价值计量且其变动计入当期损益的金融资产。按照公允价值进行后续计量。作为 PE 公司,其主要目的是获得资产增值和投资收益,公允价值计量应是其主要的计量属性,因此在被投资单位股份没有活跃市场报价的情况下,也应尽可能采用估值的方法确定其公允价值。

在上述三种方案中,方案 3 是最优方案,能够将不同企业会计准则之间的冲突问题的影响降到最低,且因为所依据的会计准则都是最新颁布的,也代表了企业会计准则体系在这个问题上的未来发展趋势,故应尽可能优先选用。方案 1 和方案 2 是在目前情况下可接受的次优方案,一旦企业会计准则有后续修订,其适用性将受到影响。

如果采用上述第一种做法,则关键在于判断 PE 公司对三家被投资单位是否具有重大影响。《企业会计准则第 2 号——长期股权投资(2014 年修订)》应用指南规定"投资方直接或通过子公司间接持有被投资方 20% 以上但低于 50% 的表决权时,一般认为对被投资单位具有重大影响,除非有明确的证据表明该种情况下不能参与被投资单位的生产经营决策,不形成重大影响。"另外,可参考《计学撮要 2013》之"问题 3-1-33　对持股比例不到 20%,但派一名董事的参股公司能否按权益法核算"中的相关说明来帮助判断。

本案例中,PE 公司对被投资单位 A 的持股比例为 9.50%,没有派出董事,在没有其他特殊事项的情况下,PE 对其应不存在控制、共同控制和重大影响。

对于 B 公司的持股比例为 21.74%,尚未派出董事;对 C 公司的持股比例为 12.50%,派出 1 名董事,占其董事会席位比例为 1/5。如果 PE 公司并未实际参与被投资单位经营决策,即确实没有影响被投资单位的重大生产经营决策,未来也不准备施加重大影响,我们理解很可能该 PE 公司对 B 和 C 公司不具有重大影响。

---

**问题 3-1-2　联营企业发生同一控制下股权重组时的权益法核算调整问题**

**问题:**

联营企业发生同一控制下股权重组时的权益法核算如何调整?

**背景:**

D 公司拟对其控制的 A 公司、B 公司及 C 项目进行重组,由 A 公司吸收合并 B 公司,并将 C 项目注入到 A 公司,重组前后各公司股权结构如下:

E 公司为 F 公司的子公司。F 公司原账面"长期股权投资——股公司"余额为 27 016.88 万元,评估增值后按新比例计算的权益为 28 560.36 万元,评估增值 1 543.48 万元。E 公司原账面"长期股权投资——股公司"余额为 12 133.46 万元,评估增值后的价值为 13 849.19 万元,评估增值 1 715.73 万元。

F、E 公司与 D 公司、G 公司无关联方关系。

各标的评估权益价值及重组前后比例明细表

| 标的 | 2014 年 12 月 31 日标的评估价值(万元) | 重组前 | | | 重组后 | | |
|---|---|---|---|---|---|---|---|
| | | 股东 | 比例 | 各股东权益评估价值(万元) | 股东 | 比例 | 各股东权益评估价值(万元) |
| A 公司 | 69 245.94 | D 公司 | 60.00% | 41 547.56 | D 公司 | 60.050% | 84 556.86 |
| | | E 公司 | 20.00% | 13 849.19 | F 公司 | 20.280% | 28 560.36 |
| | | G 公司 | 20.00% | 13 849.19 | E 公司 | 9.835% | 13 849.19 |
| | | | | | G 公司 | 9.835% | 13 849.19 |
| B 公司 | 63 467.47 | D 公司 | 55.00% | 34 907.11 | | | |
| | | F 公司 | 45.00% | 28 560.36 | | | |
| C 项目 | 8 102.19 | D 公司 | 100.00% | 8 102.19 | | | |
| 合 计 | 140 815.60 | | | 140 815.60 | | | 140 815.60 |

　　本案例需讨论的问题为:F 公司(连同其子公司 E 公司)作为上述 A 公司、B 公司的少数股东,如何对该重组事项进行会计处理。

　　**解答:**

　　本案例首先需要确认重组完成后 F 公司对新 A 公司是否具有重大影响。如果是,则对新 A 公司的长期股权投资应采用权益法核算;否则,应确认为一项可供出售金融资产并按成本进行后续计量。由于 F 公司和子公司 E 公司共同持股,重组完成后 F 公司和 E 公司在新 A 公司中合计持股 30.115%,因此我们理解,在无其他需考虑的特殊因素的情况下,基本可以确定 F 公司对重组后的新 A 公司仍有重大影响。

　　由于在此次重组前,F 公司所持有的是 B 公司 45% 的股权,重组后改为持有新 A 公司 20.28% 的股权,相当于放弃了在原 B 公司净资产中的 24.72% 的权益,换取了在原 A 公司和 C 项目的净资产中的 20.28% 权益。

　　由于该重组实质上是一项同一控制下的重组(重组各方在重组前后均在 D 公司的控制之下,F 公司及其子公司为少数股东),但 F 公司在重组前后均保持重大影响,故其会计处理应遵循《企业会计准则第 2 号——长期股权投资(2014年修订)》第十一条的规定:"投资方对于被投资单位除净损益、其他综合收益和利润分配以外所有者权益的其他变动,应当调整长期股权投资的账面价值并计入所有者权益。"其处理的基本步骤如下:

　　1. F 公司个别报表层面。

　　(1) 首先,计算在重组后新 A 公司的净资产中所占有的份额。在计算时应注意:对于 F 公司原先不持有股权的 A 公司、C 项目的权益按重组日公允价值计算,对 F 公司原持有股权并具有重大影响的 B 公司按原账面价值核算(即,基本处理原则为:增持权益的价值按重组日公允价值计算,减持权益的价值按原账面价值计算)。按该原则计算的在重组后新 A 公司的净资产中所占有的份额为:(69 245.94 + 8 102.19)×20.28% + 27 016.88(注:B 公司原 45% 股权投资权益法核算的账面价值)×20.28%÷45%＝27 861.81(万元)。

(2) 原权益法下核算的对 B 公司 45% 长期股权投资的账面价值＝27 016.88(万元)。

(3) 应计入资本公积的金额＝(1)－(2)＝844.93(万元)。

后续 F 公司个别报表层面对新 A 公司进行权益法核算时,对原属于老 A 公司和 C 项目的资产,应按其以重组日公允价值为基础持续计算的金额计量;对原属于 B 公司的资产,应按原账面价值持续计量,即需注意进行"视角差异调整",以调整后的报表作为后续权益法核算的基础,具体请参考《计学撮要2013》之"问题 3-1-32　权益法核算中对被投资单位权益性交易的'视角调整'问题"。

2. F 公司合并报表层面。

在 F 公司的合并报表层面,应将母子公司在重组前分别持有的对老 A 公司、B 公司的股权投资和重组后对新 A 公司的股权投资看作一个整体,即重组前持有老 A 公司 20% 股权和 B 公司 45% 股权,重组后持有新 A 公司 30.115% 股权,在合并报表层面运用《企业会计准则第 2 号——长期股权投资(2014 年修订)》第十一条规定的上述处理原则。同时,合并集团原先在老 A 公司的持股比例为 20%,重组后在新 A 公司的持股比例为 30.115%,即对于老 A 公司原有的权益而言,站在合并报表层面,反而是增持权益。因此对在老 A 公司中的权益变动,应按《计学撮要 2011》中专题Ⅲ第三章第一节"问题 6 增持联营企业股权但增持后仍为联营企业的处理"所述原则处理。

在合并报表层面的处理结果如下:

(1) 在重组后新 A 公司的净资产中所占有的份额。其中对于 C 项目的权益和增持的老 A 公司的权益按重组日公允价值计算,对老 A 公司原有的权益、B 公司按原账面价值核算。按该原则计算的在重组后新 A 公司的净资产中所占有的份额为:

① 在 C 项目净资产中所占的份额:8 102.19×30.115%＝2 439.97(万元);

② 在 B 公司净资产中所占的份额:27 016.88(注:B 公司原 45% 股权投资权益法核算的账面价值)×30.115%÷45%＝18 080.30(万元);

③ 在老 A 公司净资产中所占的份额:12 133.46(注:老 A 公司 20% 股权投资按权益法核算的账面价值)＋69 245.94(老 A 公司净资产评估值)×(30.115%－20%)＝19 137.69(万元)。

以上三者合计:39 657.96 万元。

(2) 原权益法下核算的对 B 公司 45% 长期股权投资和对老 A 公司 20% 长期股权投资的账面价值＝27 016.88＋12 133.46＝39 150.34(万元)。

(3) 应计入资本公积的金额＝(1)－(2)＝507.62(万元)。

注意:上述合并报表层面的处理结果不同于母子公司个别报表层面的处理结果的简单相加,因此需在合并报表层面进行进一步的调整,才能得到正确的合并报表层面应有处理结果。

**问题 3-1-3**　对非同一控制下收购的企业进行吸收合并时,对孙公司的长期股权投资的入账金额

**问题:**

对非同一控制下收购的企业进行吸收合并时,对孙公司的长期股权投资的入账金额如何确定?

**背景:**

A 公司 2010 年通过非同一控制下控股合并了 B 公司,控股比例为 100%,B 公司下属 4 家二级子公司,23 家三级孙公司。收购日产生商誉 1 840 万元。于 2010 年内的购买日,B 公司账面长期股权投资增值 2 246 万元。B 公司无实质经济业务,仅作为管理职能部门进行投资、融资管理。

A 公司计划 2015 年将 B 公司进行吸收合并,来减少管理层级。吸收合并后 A 公司将直接持有原 B 公司下属的 4 家二级子公司的股权。对 4 家二级子公司的股权投资是 B 公司最主要的资产,A 公司需要确定在吸收合并完成时其个别报表层面对该 4 家二级子公司的长期股权投资的入账价值。

**解答:**

根据背景资料介绍,B 公司账面长期股权投资公允价值相比账面价值增值了 2 246 万元,但其无实质业务,则该增值的来源是下属子公司的未来盈利能力,即 A 公司合并报表层面与 B 公司有关的商誉均可分解到其下属的二级子公司和三级孙公司。鉴于此,我们认为 A 公司吸收合并 B 公司时,在 A 公司的个别报表上不体现商誉,将上述商誉分解到原收购日(2010 年内)产生增值的具体单位,最终 A 公司合并下属子公司时再在合并报表上体现商誉。即可按原收购日的长期股权投资公允价值(=各该孙公司可辨认净资产于原购买日的评估值＋分配到该孙公司的合并商誉)作为 A 公司个别报表层面对该项长期股权投资的初始计量金额,在个别报表层面将商誉价值包含于长期股权投资的入账价值中,不单独体现商誉价值。编制合并报表时还原为商誉。

另一种可能做法是:A 公司个别报表层面对各孙公司的长期股权投资入账价值=该孙公司的可辨认净资产在合并报表层面的账面价值(以原购买日的公允价值为基础持续计算到吸收合并日的金额)＋原购买日分配到该孙公司的商誉金额。

**问题 3-1-4**　权益法核算下与联营企业间顺流交易、逆流交易的抵销处理及相关递延所得税考虑

**问题:**

对于联营或合营企业向投资方出售资产的逆流交易以及投资方向联营或合营企业出售资产的顺流交易,在该交易存在未实现内部损益的情况下,投资方在采用权益法确认应享有的联营或合营企业的投资损益时,应抵销该未实现内部交易损益的影响,同时调整对联营或合营企业长期股权投资的账面价值。

对于这一交易,在投资方个别报表层面,应按照未实现内部毛利乘以投资方对联营或合营企业的持股比例的乘积,借记"投资收益"科目,贷记"长期股权投资"科目;在投资方合并报表层面,对未实现逆流交易损益,应在个别报表层面已作出的上述调整的基础上,补作如下分录:

借:长期股权投资
  贷:存货(未实现内部毛利乘以投资方对联营或合营企业的持股比例)

对未实现顺流交易损益,应在个别报表层面已作出的上述调整的基础上,补做如下分录:

借:营业收入(未实现内部毛利对应的营业收入乘以投资方对联营或合营企业的持股比例)
  贷:营业成本(未实现内部毛利对应的营业成本乘以投资方对联营或合营企业的持股比例)
    投资收益(未实现内部毛利乘以投资方对联营或合营企业的持股比例)

问题1:投资方合并财务层面是否需要考虑递延所得税的调整?

问题2:如不考虑递延所得税的影响,那么在合并财务报表附注披露时"长期股权投资——权益法下确认的投资收益"的金额与利润表项目"投资收益——采用权益法核算的投资收益"金额是否一致且均等于个别报表层面确认的投资收益?

问题3:对于在投资方个别报表层面确认投资收益时减去的未实现毛利部分,由于在合并报表层面又进行了调整,在合并报表附注披露长期股权投资时仍是计入本期增减变动的"损益调整"项吗?

问题4:对于投资方的子公司与联营或合营企业发生的顺流及逆流交易在投资方合并报表层面应如何抵销?

**解答:**

**问题1:** 投资方在合并报表层面是否考虑递延所得税的调整?

合并报表层面的影响,应注意区分顺流交易和逆流交易两种情况分别讨论。

参照《企业会计准则讲解2010》第三章中的相关表述,在投资方个别报表层面的权益法核算中,不论与联营企业(以下为行文方便,均假设被投资方为联营企业。被投资方为合营企业时的处理原则与联营企业完全相同,下同)的交易方向是顺流还是逆流,均应按比例抵销期末未实现交易损益(此处不考虑未实现交易损失表明标的资产已发生减值等特殊情况,下同),即:假设未实现交易损益是正数,则投资方个别报表层面就该未实现损益调整权益法核算结果的分录为:

借:投资收益
  贷:长期股权投资——损益调整

另外,根据《企业会计准则讲解(2010)》中的例题3-10、例题3-11,如果投

资方有其他子公司,需编制合并报表,则在合并报表层面还需对上述未实现损益进一步调整如下:

顺流交易:

借:营业收入
  贷:营业成本
     投资收益

逆流交易:

借:长期股权投资
  贷:存货、固定资产等

将上述个别报表层面和合并报表层面的调整分录相叠加,得到此类未实现交易损益对合并报表层面的影响如下:

顺流交易:

借:营业收入
  贷:营业成本
     长期股权投资

逆流交易:

借:投资收益
  贷:存货、固定资产等

由此可知,在合并报表层面,与联营企业之间的未实现交易损益抵销所造成的暂时性差异的影响,顺流交易是体现为对长期股权投资的账面价值和计税基础之间的差异;而逆流交易是体现为存货、固定资产等标的资产在合并报表层面的账面价值与其在投资方个别报表层面的计税基础(该计税基础一般等于与联营企业之间的内部交易价格)之间的差异。这两种情况下均导致相应资产(顺流交易下为长期股权投资,逆流交易下为存货、固定资产等标的资产)在合并报表层面的账面价值小于其计税基础,也就是属于可抵扣暂时性差异。

《企业会计准则第18号——所得税》第十三条和第十四条对于与一般资产相关的可抵扣暂时性差异确认递延所得税资产,和与对联营企业的长期股权投资相关的可抵扣暂时性差异确认递延所得税资产,规定了不同的条件:

第十三条 企业应当以很可能取得用来抵扣可抵扣暂时性差异的应纳税所得额为限,确认由可抵扣暂时性差异产生的递延所得税资产。但是,同时具有下列特征的交易中因资产或负债的初始确认所产生的递延所得税资产不予确认:

(一)该项交易不是企业合并;

(二)交易发生时既不影响会计利润也不影响应纳税所得额(或可抵扣亏损)。

资产负债表日,有确凿证据表明未来期间很可能获得足够的应纳税所得额用来抵扣可抵扣暂时性差异的,应当确认以前期间未确认的递延所得税资产。

第十四条　企业对与子公司、联营企业及合营企业投资相关的可抵扣暂时性差异,同时满足下列条件的,应当确认相应的递延所得税资产:

(一)暂时性差异在可预见的未来很可能转回;

(二)未来很可能获得用来抵扣可抵扣暂时性差异的应纳税所得额。

即,对与联营企业投资相关的可抵扣暂时性差异,只有当暂时性差异在未来很可能转回且未来很可能获得用来抵扣可抵扣暂时性差异的应纳税所得额的情况下,才确认递延所得税资产,其他情况下不确认递延所得税资产。如果投资方和联营企业均为符合条件的居民企业,则因为《企业所得税法》规定符合条件的居民企业之间的股息、红利属于投资方的免税收入,因此只有在可预见的未来很可能处置该项股权投资且预计处置该项股权投资的年度可产生足够多的应纳税所得额的前提下,才可就该项暂时性差异确认递延所得税资产。因此对顺流交易未实现损益而言,投资方合并报表层面确认递延所得税资产的条件相对严格。

对于逆流交易未实现损益而言,因为其调整的影响在投资方合并报表层面导致存货、固定资产等标的资产的账面价值小于计税基础,导致可抵扣暂时性差异,只要满足《企业会计准则第18号——所得税》第十三条所列条件,即应确认递延所得税资产(需注意该条所列的"初始确认豁免"不适用于此处讨论的情形,因为在合并报表层面虽然涉及标的资产的初始确认问题,但在初始确认标的资产的同时涉及投资收益的确认和调整,故不满足"交易发生时既不影响会计利润也不影响应纳税所得额(或可抵扣亏损)"这一条件)。相应地,对于逆流交易未实现损益而言,其确认递延所得税资产的条件相对较为宽松,需确认递延所得税资产的情形也相对多见,即只要作为买方的投资方(标的资产所在的主体)未来在标的资产被耗用的期间内有足够多的应纳税所得额,即应确认递延所得税资产。

问题2:如不考虑递延所得税的影响,那么在合并财务报表附注披露时,"长期股权投资——权益法下确认的投资收益"的金额与利润表项目"投资收益——采用权益法核算的投资收益"金额是否一致,且均等于个别报表层面确认的投资收益?

如前所述,不论是否就未实现交易损益确认递延所得税资产,投资方合并报表层面对与联营企业之间的顺流、逆流交易未实现损益的调整影响都会导致"长期股权投资"项目附注中"权益法下确认的投资收益"与利润表中"投资收益——采用权益法核算的投资收益"金额出现差异。而投资方个别报表层面这两者金额总是相等的。

问题3:对于在投资方个别报表层面确认投资收益时减去的未实现毛利部分,由于在合并报表层面又进行了调整,在合并报表附注披露长期股权投资时仍是计入本期增减变动的"损益调整"项吗?

对该金额,在合并报表层面披露联营企业的长期股权投资附注中,仍应作为对"权益法下确认的投资收益"(即"损益调整")的调整,而不属于"其他综合收益"或者"其他权益变动"。

**问题 4**：对于投资方的子公司与联营或合营企业发生的顺流及逆流交易，在投资方合并报表层面应如何进行抵销及调整？

首先要明确讨论前提：因为是投资方直接持有联营企业的股权，子公司并未持有联营企业的股权，而顺流或逆流交易发生于子公司和联营企业之间，所以投资方的个别报表层面对其所持联营企业的股权进行权益法核算时不考虑该顺流或逆流交易未实现损益的抵销影响，直接在合并报表层面调整。

在此前提下，在合并报表层面，应将投资方及其子公司看作一个整体，子公司向联营企业出售商品或资产的交易作为顺流交易予以调整；子公司从联营企业购买商品或资产的交易作为逆流交易予以调整。需调整的未实现损益金额按照未实现损益总额乘以投资方对联营企业的持股比例确定；如果是顺流交易，则因为被调整的内部交易损益原先是确认在子公司账面上，故该金额还应按照投资方在该子公司中的股权比例分配给母公司股东和少数股东。

例如，母公司 A 持有子公司 B 公司 80％的股权，同时持有联营企业 C 公司 30％的股权。2016 年度内，B 公司与 C 公司之间发生商品购销交易，截至当年年末，标的商品尚未对外出售，年末未实现损益为 100 万元（对应的销售收入为 500 万元，销售成本为 400 万元）。B 公司的适用税率为 25％。则合并报表层面的调整分录如下（单位：万元）：

1. 假设该内部交易为顺流交易（B 公司销售商品给 C 公司）：

（1）交易发生当年，在 A 公司的合并报表层面，对 B 公司与 C 公司之间的顺流交易未实现损益，按比例进行如下调整处理：

| | |
|---|---|
| 借：营业收入（500×30％） | 150 |
| 　贷：营业成本（400×30％） | 120 |
| 　　　长期股权投资——C | 30 |
| 借：少数股东权益（(150−120)×(1−80％)) | 6 |
| 　贷：少数股东损益 | 6 |

假设 A 公司在可预见的未来无处置 C 公司股权的计划，则此处无需就该项顺流交易损益确认递延所得税资产。

（2）交易发生次年，如果后期内部交易的损益仍然未实现，则合并报表不作特殊处理，只需延续上述抵销分录即可：

| | |
|---|---|
| 借：年初未分配利润 | 30 |
| 　贷：长期股权投资——C | 30 |
| 借：少数股东权益 | 6 |
| 　贷：年初未分配利润 | 6 |

如果后期内部交易的损益得以实现，则 A 公司在合并报表层面的抵销分录为：

| 借：年初未分配利润 | 30 |
| 贷：投资收益 | 30 |

| 借：少数股东损益 | 6 |
| 贷：年初未分配利润 | 6 |

2. 假设该内部交易为逆流交易(C 公司销售商品给 B 公司)：

(1) 交易发生当年,在 A 公司的合并报表层面,对 B 公司与 C 公司之间的逆流交易未实现损益,按比例进行如下调整处理：

| 借：投资收益——C[(500−400)×30%] | 30 |
| 贷：存货 | 30 |

| 借：递延所得税资产(30×25%) | 7.5 |
| 贷：所得税费用——递延所得税费用 | 7.5 |

| 借：少数股东权益[30×(1−80%)−7.5×(1−80%)] | 4.5 |
| 贷：少数股东损益 | 4.5 |

(2) 交易发生次年,如果后期内部交易的损益仍然未实现,则合并报表仍维持前期的调整分录：

| 借：年初未分配利润 | 30 |
| 贷：存货 | 30 |

| 借：递延所得税资产 | 7.5 |
| 贷：年初未分配利润 | 7.5 |

| 借：少数股东权益 | 4.5 |
| 贷：年初未分配利润 | 4.5 |

如果后期内部交易的损益得以实现(通过 B 公司将存货对外出售),则调整分录为：

| 借：年初未分配利润 | 30 |
| 贷：营业成本 | 30 |

| 借：所得税费用——递延所得税费用 | 7.5 |
| 贷：年初未分配利润 | 7.5 |

| 借：少数股东损益 | 4.5 |
| 贷：年初未分配利润 | 4.5 |

**问题3-1-5** 投资方合并报表层面对与联营企业之间的顺流交易已实现损益的调整处理

**问题：**

如下文背景资料所述,请问 A 公司在编制合并财务报表过程中,是否需要调整与联营企业间顺流交易(期末无未实现损益)的营业收入、营业成本及投资收益?

**背景:**

A 公司有多家子公司,同时参股多家公司。A 公司将部分产品通过某联营企业对外销售,A 公司对该联营企业的持股比例为 30％,按照权益法核算。2017 年度,A 公司向联营企业销售产品的销售收入为 100 万元,成本为 60 万元。联营企业当年实现净利润(不考虑其他因素调整)为 400 万元。截至 2017 年年末,联营企业将其顺流交易采购的存货全部向第三方销售,不存在未实现内部交易损益。

**解答:**

如《计学撮要 2011》中专题Ⅲ第三章第一节"问题 3 与合营、联营企业之间的顺流交易未实现损益的抵销"所述:

对于权益法的本质主要是作为长期股权投资的一种后续计量方法还是一种合并报表方法的问题,素来存在争议,《企业会计准则第 2 号——长期股权投资》和《国际会计准则第 28 号——对联营企业和合营企业的投资》对此问题均未予以明确。在此情况下,从不同的观点出发,对此问题可能得到不同的处理结果,取决于报表编制者认为上述两种原则中哪一项(即:把权益法看作一项合并报表方法还是长期股权投资的一种后续计量方法)应当得到优先考虑。企业(作为联营企业的投资者)一旦选择了其中一项观点之后,即作为该企业的一项会计政策,应当一贯地运用于企业所发生的同类或类似交易。

即,对于权益法的本质有两种理解,一种理解是主要作为长期股权投资的后续计量方法,还有一种理解是作为合并报表方法,即单行合并(one-line consolidation)。但在合并报表层面运用权益法时,后一种理解应当是更为恰当的,即把在联营企业(合营企业也相同,下同)的净资产中所占的权益体现在"长期股权投资"项目中,将在联营企业的净利润中应享有的份额体现在"投资收益"项目中。在"单行合并"观点下,也可以参照母子公司之间内部交易抵销的原理编制合并报表层面与联营企业之间顺流交易和逆流交易的调整分录。

基于权益法核算在合并报表层面属于"单行合并"的原理,我们倾向于应当像母子公司之间内部交易一样完整抵销全部收入和成本,而不仅仅抵销对应于未实现收益部分的收入和成本。因此 A 公司个别报表层面确认 120 万元的联营企业投资收益,合并报表层面按照 30％的持股比例抵销相应的收入成本,即 $100 \times 30\% = 30$ 万元收入,$60 \times 30\% = 18$ 万元成本,差额 12 万元计入投资收益(对应于已对外销售部分计入联营企业的利润表时,造成联营企业个别利润表中的成本虚增和利润少计的补回)。

以案例中数据为例,具体说明如下:A 公司对联营企业 B 公司持股比例为 30％,本年度内 A 向 B 出售商品的价格为 100 万元,对应的成本为 60 万元,B 公司当年度将这部分商品全部实现对外部第三方(非关联方)的销售。

假设 B 公司不是联营企业而是子公司,则合并报表层面的内部交易抵销分录为(单位:万元):

借:营业收入　　　　　　　　　　　　　　　　　　　　　100
　贷:营业成本　　　　　　　　　　　　　　　　　　　　　　　100

上述贷记营业成本 100 万元中,60 万元是 A 公司账面原先确认的其销售给 B 的营业成本,另外 40 万元是 B 公司层面对外实现销售时因内部交易损益影响而虚增的营业成本(合并报表层面确认的对外销售的营业成本只应当是 60 万元)。

但本案例中实际上 B 公司不是 A 公司的子公司而是联营企业,其利润表并未完整纳入 A 公司的合并报表,只是将 A 公司在 B 公司的净利润中所占的份额以"投资收益"的形式体现在 A 公司的利润表中。在此情况下,上述抵销分录中调整原先 A 公司对 B 公司销售的收入 100 万元和成本 60 万元(这些项目原确认在 A 公司的账面上)的抵销不变,但对 B 公司虚增的营业成本 40 万元的调整,因为 B 公司的利润表未纳入 A 公司的合并报表,而不应调整"营业成本"项目,改为调整"投资收益"项目。同时,因为只是将联营企业中归属于本投资方的权益和损益份额纳入投资方报表,不属于本投资方的权益和损益份额未被纳入,即收入和成本对应只需抵销 30%,另外 70% 仍属于对外交易而无需抵销,即此时的合并报表层面调整分录变为(单位: 万元):

借: 营业收入          30
  贷: 营业成本(60×30%)          18
    投资收益(40×30%)          12

从上面的举例说明可以看出:

1. 不论期末是否存在与联营企业之间的顺流交易未实现损益,本年度内向联营企业顺流交易销售而在投资方账面上确认的营业收入和营业成本都是应当按比例(本投资方及子公司在该联营企业的持股比例)抵销的;

2. 在联营企业对外销售时,联营企业账面上因上述顺流交易损益而虚增的营业成本应予以调整,但因为联营企业的利润表未被纳入投资方利润表,不能直接调整"营业成本"项目,所以在投资方的合并报表层面,应将联营企业虚增的营业成本按比例调整"投资收益"项目,使合并报表层面的"投资收益——权益法下在被投资企业净利润中的份额"体现为加回顺流交易损益影响之后的金额。

另外,在 A 公司的个别报表层面,对 B 公司进行权益法核算时,仍然是按照 B 公司自身报表中的净利润 400 万元按比例计算投资收益,即 120 万元(因期末无未实现的顺流或逆流交易损益)。经过合并报表层面的上述调整后,合并报表层面的投资收益为 132 万元,即(B 公司自身报表中净利润 400 万元+因顺流交易损益导致 B 公司虚减的净利润 40 万元)×30%。

---

**问题 3-1-6** 全体股东约定不按股权比例分红时,多分到红利的股东的会计处理

**问题:**

如下文背景资料所述,全体股东约定不按股权比例分红时,B 公司对多分到的红利应如何进行会计处理?

**背景：**

B公司和C公司分别持有A公司20％和80％股权，B公司对A公司的长期股权投资采用权益法核算。截至2016年年底，A公司未分配利润余额为6亿元。2017年6月，A公司的股东B和C达成一致意见，对A公司截至2016年年底的未分配利润进行分配，双方股东各分配50％，B公司可享有的股利为3亿元(前期已按权益法核算累计确认的投资收益为1.2亿元)，并约定以后年度的利润按出资比例进行分配。

**解答：**

实务中，应首先注意了解A公司全体股东约定本次不按照持股比例分红的具体原因，根据具体原因相应确定如何处理。例如，导致本次不按持股比例分红的原因可能包括(但不限于)：①B公司向A公司提供了商品或服务，此次A公司额外多分的部分属于对这些商品或服务的对价；②此前C公司对B公司有其他原因产生的欠款，此次通过将部分现金股利让渡给B公司的方式结算该欠款，等等。

例如，B公司在本年度早些时候曾经为A公司提供管理服务，但一直未收取款项。现在A公司的双方股东B、C约定采用不按比例分红的方式结算此前的提供服务款项。在此情况下，根据C公司持股80％分得3亿元现金股利推算，此次B公司分得3亿元中，有7 500万元(3亿元/80％×20％)是真正的现金股利，剩余2.25亿(3−0.75)是针对此前提供管理服务的价款。

假设该管理服务是明确可识别的，其真实性和作价的公允性都可以获取充分、适当的证据来证明，则A公司应作出如下会计处理(单位：亿元)：

| | |
|---|---|
| 借：管理费用 | 2.25 |
| 　贷：应付账款——B公司 | 2.25 |
| 借：利润分配——应付股利 | 3.75 |
| 　贷：应付股利——B公司 | 0.75 |
| 　　　　　　——C公司 | 3.00 |
| 借：应付账款——B公司 | 2.25 |
| 　应付股利——B公司 | 0.75 |
| 　　　　　——C公司 | 3.00 |
| 　贷：银行存款 | 6.00 |

相应地，B公司的账务处理如下：

(1) 确认提供劳务收入和应收账款，相应调整对A公司的权益法核算结果：

| | |
|---|---|
| 借：应收账款——A公司 | 2.25 |
| 　贷：主营业务收入(或其他业务收入) | 2.25 |
| 借：投资收益(2.25亿元×20％，对应于A公司确认管理费用) | 0.45 |
| 　贷：长期股权投资——损益调整 | 0.45 |

(2) 确认应收股利：

借：应收股利　　　　　　　　　　　　　　　　0.75
　　贷：长期股权投资——损益调整　　　　　　　　　　0.75

（3）收回款项：

借：银行存款　　　　　　　　　　　　　　　　3.00
　　贷：应收股利　　　　　　　　　　　　　　　　　0.75
　　　　应收账款——A公司　　　　　　　　　　　　2.25

---

**问题 3-1-7**　子公司已是有限公司时母公司进行公司制改制,或子企业尚未改制时母公司先进行公司制改制的处理

**问题：**

如下文背景资料所述,所涉问题有：

1. A企业进行公司制改制,是否可以利用近期以清产核资为目的的评估结果？若可以利用该评估结果,因其采用收益法评估,对收益法估值结果高于成本法估值的差额部分,A公司应如何进行处理？

2. A公司改制前已有6家子公司先行完成公司制改制,该6家子公司本次评估增值是否调整A公司合并财务报表？A公司对这6家子公司的长期股权投资是否需要按照A公司改制时的公允价值计量？

3. A公司改制时,下属的3个子企业（全民所有制）尚未改制,该3家子企业的评估增值是否调整A公司的合并财务报表？A公司对这3家子企业的长期股权投资是否需要按照A公司改制时的公允价值计量？

**背景：**

A全民所有制企业是所在省国资委所属单位,下属子公司（企业）9个,其中：公司制企业6个,全民所有制企业3个。2017年12月31日,A企业个别财务报表中,净资产877 882 228.81元,其中实收资本130 034 053.64元。2017年11月8日经所在省国资委批准,同意A企业整体改制为国有独资公司,根据章程和改制方案确定,注册资本2亿元,出资方式为净资产出资。

A公司以2017年6月30日作为基准日进行了清产核资、审计和资产评估工作,评估结果已向所在省国资委备案。该评估报告中的评估目的描述为"根据省国有企业改革领导小组第××次会议纪要和《关于印发〈A公司混合所有制改革总体方案〉的通知》文件,A公司拟进行混合所有制改制。为此,需对所涉及的A公司股东全部权益的市场价值进行评估,为本次经济行为提供价值参考依据。"

根据评估报告数据,截至2017年6月30日A公司账面净资产21 742.91万元,成本法评估值124 839.76万元,收益法评估值为125 924.57万元,成本法评估值比账面净资产增值103 096.85万元,收益法评估值比账面净资产增值104 181.66万元,收益法评估值比成本法评估值高1 084.81万元。评估报告选择按收益法确定评估结果。

截至 2017 年 12 月 31 日,A 公司企业类型由"全民所有制企业"变更为"有限责任公司(国有独资)";其他实收资本等已完成变更登记,所属 3 个全民所有制子企业尚未进行公司制改制。

**解答:**

**问题 1:**A 企业进行公司制改制,是否可以利用近期清产核资为目的的评估结果?若可以利用该评估结果,因其采用收益法,收益法估值结果高于成本法估值的部分 A 公司应如何进行处理?

本案例中,A 公司于 2017 年 6 月 30 日的账面净资产为 21 742.91 万元,2017 年 12 月 31 日的账面净资产为 87 788.22 万元,虽然一般而言,评估报告的结果在一年内有效,但由于 A 公司在这半年内净资产发生了重大变化,需核实 A 公司基本情况发生重大变化对原有的清产核资评估报告的结果是否会发生重大影响?我们理解,此种情况下,根据原清产核资时点的估值结果持续计量至 2017 年 12 月 31 日的结果,并不适合作为改制时点的 A 公司可辨认各项资产、负债的公允价值。

假定 A 公司清产核资基准日至改制基准日之间各项估值并未发生重大变化,原评估报告的结果可利用时(本案例不符合这一情况),则 A 公司改制后建账时,可按照清产核资时评估报告中成本法的评估结果确定各项资产、负债的入账价值,对收益法高于资产基础法的部分无需进行会计处理。由于该评估报告的目的是 A 公司混合所有制改制,即引入新股东或部分股份转让给新股东,因此在选择评估方法时一般采用收益法的评估结果作为股权转让或净资产转让定价的依据,但收益法估值结果中所包含的体现协同效应的商誉等,在企业改制时,企业拥有和控制的各项资源均未发生变化,因此不应对此部分进行会计处理(可参照自创商誉去理解)。即,A 公司在改制为国有独资公司时可以按照以成本法评估值为基础持续计算到改制完成日的可辨认资产、负债价值作为建账基础,但不能将收益法评估值中隐含的商誉等因素调整入账。

**问题 2:**A 公司改制前已有 6 家子公司先行完成公司制改制,该 6 家子公司本次评估增值是否调整 A 公司合并财务报表?A 公司对这 6 家子公司的长期股权投资是否需要按照 A 公司改制时的公允价值计量?

对已完成的 6 家子公司,其本次评估增值的会计处理需要区分不同主体:

(1) A 公司个别财务报表中,其对这 6 家子公司的长期股权投资按照评估结果入账,该评估结果理应是按照"被投资单位的净资产公允价值×A 公司的持股比例"来确定;

(2) 6 个子公司自身的财务报表中,因其拥有和控制的各项资源均未发生变化,且会计主体的历史成本基础是延续的,因此不应对此次评估增值部分进行会计处理。

(3) A 公司合并财务报表中,对这 6 个子公司的各项资产、负债也不应考虑评估增值的调整。A 公司个别财务报表中,对长期股权投资按照评估结果入账,大于所享有子公司账面净资产份额的部分,在合并财务报表中抵销"资本公积——资本溢价"。

**问题 3**：A 公司改制时,下属的 3 个子企业(全民所有制)尚未改制,该 3 家子企业的评估增值是否调整 A 公司的合并财务报表? A 公司对这 3 家子企业的长期股权投资是否需要按照 A 公司改制时的公允价值计量?

对尚未改制的 3 家子企业,其本次评估增值的会计处理也需要区分不同主体：

(1) A 公司个别财务报表中,其对这 3 家尚未改制子企业的长期股权投资按照评估结果入账,该评估结果理应是按照"被投资单位的净资产公允价值×A 公司的持股比例"来确定。后续该 3 家子企业自身进行改制时,A 公司应按《企业会计准则解释第 2 号》第二条规定,按照该等子公司净资产的公允价值和相关费用之和确定对子公司长期股权投资的成本,该成本与长期股权投资账面价值的差额调整"资本公积——其他资本公积"；

(2) 3 个全民所有制子企业自身的财务报表中,因其尚未改制,因此不能根据评估结果调账。

(3) A 公司合并财务报表中,对这 3 个全民所有制的资产、负债按照公允价值进行计量。后续期间的 A 公司合并财务报表中也按照公允价值持续计量的结果纳入。后续该 3 家子企业自身进行改制时,应根据《企业会计准则解释第 1 号》第十条规定,对其各项资产、负债应以改制时确定的公允价值为基础持续核算的结果并入 A 公司的合并财务报表。

**问题 3-1-8**　母公司的上级单位将资产直接划转给子公司时,母公司个别报表是否需进行账务处理

**问题：**

如下文背景资料所述,母公司的上级单位将资产直接划转给子公司时,母公司个别报表是否需进行账务处理?

**背景：**

A 公司为全资国有企业,下属子公司 B 也为全资国有企业(A 公司持有 B 公司 100%股权)。2017 年 A 公司的上级主管机构将部分有效资产经过资产评估后无偿划转给 A 公司的下属子公司 B,B 公司将收到的这部分无偿划转接收的资产增加了 B 公司的资本公积。

**解答：**

参照财政部《关于印发加强企业财务信息管理暂行规定的通知》(财企〔2012〕23 号)第八条规定：

企业财务信息管理单位在年度决算工作中,应当加强决算质量的审核,同时关注企业收到和使用财政性资金及其带动社会资本的有关情况。

企业收到的财政性资金应当纳入企业预算管理,实现资金统一管控,提高财政性资金使用的整体效益。企业收到资本性财政性资金,列作国有实收资本或股本,企业股东(大)会或董事会、经理办公会等决策机构应当出具同意注(增)资的书面材料。企业一个会计年度内多次收到资本性财政性资金的,可暂作资本公积,但应在次年履行法定程序转增国有实收资本或股本；发生增资扩

股、改制上市等事项,应当及时转增。

企业集团母公司将资本性财政性资金拨付所属全资或控股法人企业使用的,应当作为股权投资。母公司所属控股法人企业暂无增资扩股计划的,列作委托贷款,与母公司签订协议,约定在发生增资扩股、改制上市等事项时,依法将委托贷款转为母公司的股权投资。

企业收到费用性财政性资金,列作收益,符合《财政部国家税务总局关于专项用途财政性资金企业所得税处理问题的通知》(财税〔2011〕70号)规定不征税条件的,可作为不征税收入。企业按规定将费用性财政性资金拨付所属全资或控股法人企业使用,中间拨付环节企业均作为往来款项。

对此类资本性投入性质的财政资金或资源(含资产无偿划拨),应采用按照财政财务管理体制逐层下拨的方式。本案例中虽然是A公司的上级主管机构将资产直接划转给A公司的子公司B,但相当于该主管机构先将资产划拨给A公司,然后A公司再进一步下拨给B公司,因此A公司在其个别财务报表中,应当按照接受划拨的资产的公允价值借记"长期股权投资——B",贷记资本公积(如上级主管机构有要求,也可以增加A公司的国家资本金),不应完全不做账务处理。

---

**问题3-1-9** 权益法核算的长期股权投资在资本公积存在借方余额时的减值确认

**问题:**

如下文背景资料所述,A公司对联营企业B公司的长期股权投资,存在资本公积借方余额时,长期股权投资减值准备应如何计提?

**背景:**

A公司对境外联营企业B公司的股权投资2016年12月31日的账面价值为6.06亿元。2017年,B公司增发股份,A公司未参与认购,导致A公司对B公司的持股比例由2016年年底的24%下降到16.6%,对其仍具有重大影响,仍按照权益法核算,但由于被动稀释股份,A公司应享有的B公司的净资产份额减少了1.25亿元。对此,A公司依据《企业会计准则第2号——长期股权投资(2014年修订)》第十一条规定,减少了长期股权投资的账面价值,同时计入资本公积-1.25亿元。2017年,由于B公司所在国当地政府对于B公司所在行业出台了新的税收政策、同时由于B公司自身的经营状况等因素影响,A公司判断其对B公司的投资可能存在减值迹象,计划聘请专业估值机构对该股权投资进行估值,以作为计提减值准备的参考依据。

**解答:**

根据《企业会计准则第2号——长期股权投资(2014年修订)》第十一条规定,在权益法核算中,"投资方对于被投资单位除净损益、其他综合收益和利润分配以外所有者权益的其他变动,应当调整长期股权投资的账面价值并计入所有者权益"。我们理解,财政部作出这一规定的原因,是认为此处的"被投资单位所有者权益其他变动中应归属于本企业的份额"属于尚未实现的收益或损失,因此暂在"资本公积——其他资本公积"中挂账,到后续通过股权处置实现时转入损益。

当出现本案例所述的情况时(即,因被投资方增发价格低于投资方原持有股份对应的每股净资产份额,导致投资方在被投资企业增发后的净资产中所占份额减少),按照上述规定应将投资方在被投资方净资产中所享有份额的减少额计入"资本公积——其他资本公积"的借方。但在作出这一处理后,考虑到这一情况,以及被投资方 B 公司主要经营地政策环境发生不利变化,以及其自身经营状况不佳,均表明该项股权投资存在减值迹象。这种情况下,应关注此时的减值是否为永久性的,并区分情况处理:

1. 如果期末减值测试中测算的该项长期股权投资可收回金额低于期末长期股权投资账面价值(已因本次增发原因而减少 1.25 亿元),则表明上述减值是永久性的,即日后实际处置股权投资时,目前计入资本公积的 -1.25 亿元将成为一项事实损失,无法通过被投资方日后的盈利来转回该项损失。此时,应当在按照《企业会计准则第 8 号——资产减值》的规定,将可收回金额低于长期股权投资账面价值的差额计提减值准备并确认为当期减值损失的同时,将被投资方增发股份时本企业确认的"资本公积——其他资本公积"(负数金额)一并转入"资产减值损失"科目。

2. 如果期末减值测试中测算的该项长期股权投资可收回金额大于期末长期股权投资账面价值(已因本次增发原因而减少 1.25 亿元),则表明在确认在被投资方净资产中所享有份额的减少额并调整资本公积后,其可收回金额并未进一步减少,上述资本公积负数金额存在部分转回的可能性。相应地,可将可收回金额超出期末长期股权投资账面价值的差额所对应的这部分资本公积(负数)保留在资本公积中,但超出部分的资本公积应转入当期损益(投资收益——其他投资收益)。

例如,本案例中 2016 年 12 月 31 日的长期股权投资账面价值为 6.06 亿元,2017 年 B 公司增发后减少 1.25 亿元,假设不考虑其他变动因素,则变为 4.81 亿元。如果在减值测试中确定该股权投资的可收回金额为 4.5 亿元,则应进一步确认资产减值准备 0.31 亿元(4.81-4.5),并确认资产减值损失 1.56 亿元(1.25+0.31),相应的会计分录如下(单位:亿元):

借:资产减值损失      1.56
  贷:长期股权投资减值准备      0.31
      资本公积——其他资本公积      1.25

如果期末减值测试后的可收回金额为 5 亿元,则应将上述资本公积中的 -0.19 亿元(5-4.81)保留在"资本公积——其他资本公积"中,剩余的 1.06 亿元(1.25-0.19)转入"投资收益——其他投资收益":

借:投资收益——其他投资收益      1.06
  贷:资本公积——其他资本公积      1.06

注：因为可收回金额 5 亿元大于调整后的长期股权投资账面价值 4.81 亿元，即无需进一步计提减值准备，故不使用"资产减值损失"科目，而是视同一项投资处置损失，记入"投资收益——其他投资收益"科目。

后续每年末，应关注该项长期股权投资的可收回金额变化情况。如果可收回金额在此基础上进一步下降，则应按照可收回金额进一步下降并低于长期股权投资账面价值的差额计提或补提减值准备，此前如留存部分负数资本公积的，应按照此次计提或补提的减值准备金额将相应的负数资本公积转入利润表中的资产减值损失，但以将"资本公积——其他资本公积"负数全部消除为限。如果可收回金额回升的，则鉴于此类资产减值损失"一经确认，在以后会计期间不得转回"的考虑，不应将前期转入资产减值损失的资本公积负数金额予以转回。

# 第二节　企业合并和合并财务报表的相关问题

**问题 3-2-1**　被收购方管理层未发生变更情况下合并日的确定

**问题：**

如下文背景资料所述，A 公司在 2017 年 5 月 25 日支付对价收购英国上市公司 B 公司构成同一控制下的企业合并，合并日如何确定？

**背景：**

A 公司管理层根据《企业会计准则讲解（2010）》中如下段落对"购买日"进行判断：认为条件 1～4 在 2017 年 6 月 30 日之前均已经达成，条件 5 是否满足尚存疑虑。

确定购买日的基本原则是控制权转移的时点。企业在实务操作中，应当结合合并合同或协议的约定及其他有关的影响因素，按照实质重于形式的原则进行判断。同时满足了以下条件时，一般可认为实现了控制权的转移，形成购买日。有关的条件包括：

1. 企业合并合同或协议已获股东大会等内部权力机构通过。企业合并一般涉及的交易规模较大，无论是合并当期还是合并以后期间，均会对企业的生产经营产生重大影响，在能够对企业合并进行确认，形成实质性的交易前，该交易或事项应经过企业的内部权力机构批准，如对于股份有限公司，其内部权力机构一般指股东大会。

2. 按照规定，合并事项需要经过国家有关主管部门审批的，已获得相关部门的批准。按照国家有关规定，企业购并需要经过国家有关部门批准的，取得相关批准文件是对企业合并交易或事项进行会计处理的前提之一。

3. 参与合并各方已办理了必要的财产权交接手续。作为购买方，其通过企业合并无论是取得对被购买方的股权还是取得被购买方的全部净资产，能够形成与取得股权或净资产相关的风险和报酬的转移，一般需办理相关的财产权交接手续,从而从法律上保障有关风险和报酬的转移。

4. 购买方已支付了购买价款的大部分(一般应超过 50%),并且有能力、有计划支付剩余款项。购买方要取得与被购买方净资产相关的风险和报酬,其前提是必须支付一定的对价,一般在形成购买日之前,购买方应当已经支付了购买价款的大部分,并且从其目前财务状况判断,有能力支付剩余款项。

5. 购买方实际上已经控制了被购买方的财务和经营政策,享有相应的收益并承担相应的风险。

2017 年 6 月 1 日至 4 日,A 公司高管团队视察 B 公司及其主要子公司。6 月 26 日,B 公司高管团队来深圳与 A 公司管理团队进行交流。但截至目前,B 公司管理团队和业务管理仍维持收购前状况,A 公司未对 B 公司进行实质性的管理,以及未做任何的管理制度、流程、人事变动。

此外,2017 年 6 月中旬时,A 公司委派审计师入场对 B 公司开展审计工作,6 月下旬委派评估师入场进行评估工作。但截至 2017 年 6 月 30 日,审计和评估工作都仍在进行当中,A 公司管理层尚无法获得 B 公司充分的数据资料等信息。

**解答:**

基于本案例背景,以下回复是以本案例构成同一控制下企业合并为前提。

如果本案例要约收购交易已完成交割,满足前述条件 1~4,则企业管理层应根据收购协议约定和实际执行情况落实具体交割的时点,在要约收购交易交割完成且满足上述条件 1~4 时,如果原股东已不再参与被收购方任何财务和经营决策,应根据实际情况分析、判断。收购交割均已完成且满足上述 1~4 项条件,A 公司可以主导对 B 公司财务和经营决策,享有 B 公司经营收益并承担其经营风险之日,为合并日。我们理解,当前情况很可能是 A 公司基于保持标的公司收购后整合过渡期团队和经营稳定考虑(或者简单说是标的公司被收购后一个正常的过渡期),由现有管理团队继续履行管理层职责并不表明 A 公司不能行使对 B 公司的财务和经营的决策权。

我们理解,"控制"的概念是代表一种权力(power),只要在有需要时可以随时在相关法律法规和合同的框架内不受限制地行使该权力,就应当表明已经存在控制权,而不一定需要通过实际实施该项权力才能体现出来。在目前的中国企业海外并购案例中,出于收购方对海外市场环境不熟悉、充分利用原有团队的经验和人脉资源等考虑,在很多情况下(特别是在并购后的初期)会在很大程度上留任原管理团队,由原管理团队继续行使职权,但如果原管理团队的身份此时已变为收购方的代理人,由对原股东负责变为对收购方负责,收购方保留对重大战略性问题的决定权并可有效行使人事任免、业绩考核、对管理团队监督等权力,即应认为已满足"购买方实际上已经控制了被购买方的财务和经营政策,享有相应的收益并承担相应的风险"这一条件。相应地,"尚未实际派人接管"不作为不具有控制权的理由。

根据本案例的背景信息,可以基本确定 A 公司已对 B 公司拥有控制权。但是具体合并日为哪一天,仍需要 A 公司管理层结合进一步的资料进行判断。

对于案例背景所提到的"截至 2017 年 6 月 30 日,审计和评估工作都仍在进行当中,我们无法获得充分的数据资料等信息"对 A 公司 2017 年半年度财务报告的影响问题,需要注意:如果在本次中期报告公告前,购买日的审计、评估工作尚未结束,则参照 IFRS 3 第 45～49 段关于"计量期"的规定(见下"权威指引"部分),本次中报可以临时以该公司的账面价值(或以其他方式临时确定的公允价值)为基础将 B 公司的报表纳入合并报表。至审计、评估工作完成,被收购方于购买日的可辨认净资产和商誉金额最终确定后,再按照最终确定的金额对上述临时性会计处理进行调整即可。

**权威指引:**

IFRS 3 第 45～49 段关于"计量期"的规定如下:

45 If the initial accounting for a business combination is incomplete by the end of the reporting period in which the combination occurs, the acquirer shall report in its financial statements provisional amounts for the items for which the accounting is incomplete. During the measurement period, the acquirer shall retrospectively adjust the provisional amounts recognised at the acquisition date to reflect new information obtained about facts and circumstances that existed as of the acquisition date and, if known, would have affected the measurement of the amounts recognised as of that date. During the measurement period, the acquirer shall also recognise additional assets or liabilities if new information is obtained about facts and circumstances that existed as of the acquisition date and, if known, would have resulted in the recognition of those assets and liabilities as of that date. The measurement period ends as soon as the acquirer receives the information it was seeking about facts and circumstances that existed as of the acquisition date or learns that more information is not obtainable. However, the measurement period shall not exceed one year from the acquisition date.

46 The measurement period is the period after the acquisition date during which the acquirer may adjust the provisional amounts recognised for a business combination. The measurement period provides the acquirer with a reasonable time to obtain the information necessary to identify and measure the following as of the acquisition date in accordance with the requirements of this IFRS:

(a) the identifiable assets acquired, liabilities assumed and any non-controlling interest in the acquiree;

(b) the consideration transferred for the acquiree (or the other amount used in measuring goodwill);

(c) in a business combination achieved in stages, the equity interest in the acquiree previously held by the acquirer; and

(d) the resulting goodwill or gain on a bargain purchase.

47 The acquirer shall consider all pertinent factors in determining whether information obtained after the acquisition date should result in an adjustment to the provisional amounts recognised or whether that information results from events that occurred after the acquisition date. Pertinent factors include the date when additional information is obtained and whether the acquirer can identify a reason for a change to provisional amounts. Information that is obtained shortly after the acquisition date is more likely to reflect circumstances that existed at the acquisition date than is information obtained several months later. For example, unless an intervening event that changed its fair value can be identified, the sale of an asset to a third party shortly after the acquisition date for an amount that differs significantly from its provisional fair value measured at that date is likely to indicate an error in the provisional amount.

48 The acquirer recognises an increase (decrease) in the provisional amount recognised for an identifiable asset (liability) by means of a decrease (increase) in goodwill. However, new information obtained during the measurement period may sometimes result in an adjustment to the provisional amount of more than one asset or liability. For example, the acquirer might have assumed a liability to pay damages related to an accident in one of the acquiree's facilities, part or all of which are covered by the acquiree's liability insurance policy. If the acquirer obtains new information during the measurement period about the acquisition-date fair value of that liability, the adjustment to goodwill resulting from a change to the provisional amount recognised for the liability would be offset (in whole or in part) by a corresponding adjustment to goodwill resulting from a change to the provisional amount recognised for the claim receivable from the insurer.

49 During the measurement period, the acquirer shall recognise adjustments to the provisional amounts as if the accounting for the business combination had been completed at the acquisition date. Thus, the acquirer shall revise comparative information for prior periods presented in financial statements as needed, including making any change in depreciation, amortisation or other income effects recognised in completing the initial accounting.

50 After the measurement period ends, the acquirer shall revise the accounting for a business combination only to correct an error in accordance with IAS 8 Accounting Policies, Changes in Accounting Estimates and Errors.

中文翻译如下：

45 如果在发生企业合并的报告期期末，企业合并的初始会计处理尚未完成，则购买方应在其财务报表中对那些尚未完成会计处理的项目报告临时金额。在计量期间，购买方要追溯调整购买日确认的临时金额，以反映所获取的关于购买日存在的事实和环境的新信息,以及如果知道这些新信息对计量购买日已确认的金额可能产生的影响。在计量期间,如果获取了关于购买日存在的事实和环境的新信息,并且如果知道这些信息将导致在购买日确认额外的资产和负债,则购买方应确认这些额外的资产和负债。一旦购买方取得了其正在找寻的有关购买日存在的事实和环境的信息,或者知晓不可获得更多的信息时,计量期间结束。然而,计量期间不应超过自购买日起的一年。

46 计量期间是购买日后购买方可以调整企业合并中确认的临时金额的期间。计量期间给购买者提供了合理的时间,以保证在此期间获得必要的信息来按照本国际财务报告准则的要求认定和计量购买日的下列项目:

(1) 取得的可辨认资产、承担的负债和对被购买方的非控制性权益;

(2) 为被购买方转移的对价(或用来计量商誉的其他金额);

(3) 分阶段实现的企业合并中,购买方先前持有的被购买方权益;以及

(4) 廉价购买中产生的商誉或利得。

47 购买方在确定购买后获得的信息是否会对已确认的临时金额产生调整,或者信息是否是由购买日后事项引发等情况时,要考虑所有相关的因素。相关因素包括额外信息获得的日期、购买方能否认定临时金额变化的原因。购买日后不久所获得的信息比购买日几个月后所获得的信息更能反映在购买日存在的情况。例如,在购买日后不久向第三方出售资产,除非能找到导致公允价值发生变动的干扰事项,否则资产出售金额与购买日计量的临时公允价值存在显著差异,就可能表明临时金额存在错误。

48 购买方在确认可辨认资产临时金额增加(或减少)的同时要确认商誉的减少(或增加)。然而,计量期间获得的新信息可能会导致对不只一项资产或负债的临时金额进行调整。例如,购买方承担了支付被购买方某项设备故障损失的负债,该负债可由被购买方对负债的保险政策予以全部或部分弥补。如果购买方在计量期间获得有关该负债购买日公允价值的新信息,那么因所确认的负债临时金额的变动而导致对商誉的调整,将会被从承保人获得的应收赔付额的临时金额的变动而导致对商誉的相应调整全部或部分抵销。

49 计量期间内,购买方要像购买日企业合并会计处理已经完成那样确认对临时金额的调整。因此,购买方应当根据需要修订财务报表中列报的前期可比信息,包括对完成初始会计处理所确认的折旧、摊销和其他收益影响的变动。

50 计量期间结束后,购买方对企业合并会计处理的修正仅限于根据《国际会计准则第 8 号——会计政策、会计估计变更和差错》进行的差错更正。

**问题 3-2-2** 社会资本方对 PPP 项目公司的控制权判断 1

**问题:**

如下文背景资料所述,PPP 项目的项目公司是否应该纳入社会资本合作方 A 公司的报表合并范围?

**背景：**

A 公司为一家水务公司，近年来参与了多项 PPP 业务，目前正在准备 IPO。A 公司参与的某项 PPP 项目，其 PPP 项目合同相关约定如下：

第 6 条　项目概况

1. 项目名称：××河水质净化工程政府与社会资本合作(PPP)项目。

2. 项目地址：××河南岸。

3. 项目内容：

(1) 投融资：××县政府授权××县实业投资有限公司作为政府出资方代表，与乙方(A 公司)共同新设项目公司。项目公司注册资本 1 894.77 万元。××县实业投资有限公司代表政府出资 800 万元，持有项目公司 42.22％股权；乙方出资 1 094.77 万元，持有项目公司 57.78％股权；其余建设资金由政府拨付专项扶持出资或补助 3 200 万元，乙方融资 4 379.10 万元，以上资金双方按照股权比例同步注入项目公司基本账户。乙方对本项目进行融资，对项目公司进行管理。

(2) 项目运营内容：××河水质净化服务。

第 13 条　甲方的权利义务

1. 权利界定

(1) 按本合同约定提取建设期履约保函、运营维护保函或移交维修保函项下的款项的权利；

(2) 对乙方投资、建设、维护及移交本项目进行全程实时监管的权利；如发现与本合同存在不相符之处的，有权责成乙方限期予以纠正；

(3) 甲方或县政府指定机构或其委托的其他主体，对乙方的投资、建设、维护、安全、质量、服务状况等进行定期评估，并有权定期将评估结果向社会公示，接受公众监督；

(4) 甲方或甲方有关部门在建设期内有对乙方的建设施工情况进行监督检查的权利，包括但不限于在建设期内甲方可以指定政府其他部门或机构对项目进行专项审计检查，相应的费用由甲方负担，检查周期由甲方合理确定，审计检查范围主要包括对乙方的注册资本的到位情况、资金使用情况、项目进度情况、项目质量情况、项目实施与本合同执行情况等方面，乙方有义务对审计检查工作给予充分配合，提供必要的完整的所需查看的各种文件资料，并对提供资料的真实性负责；

(5) 在项目竣工验收完成后，甲方有权委托县审计局或其委托的第三方审计机构对乙方的建设费用进行审计；

(6) 对乙方是否遵守本合同的监督检查权及对建设、维护的介入权；

(7) 乙方如出现下列行为之一者，甲方有权责令其限期改正，或依法采取有效措施督促其履行义务；逾期不改正的，有权终止本合同，收回本项目经营权；

① 未经双方同意，转让、出租、质押经营权或擅自处置、抵押项目设施、设备的；

② 擅自停业、歇业，影响到社会公共利益和公共安全的；

③ 因管理不善,造成重大质量、安全责任事故,严重影响公众利益的;

④ 被相关部门依法注销、关停的;

⑤ 违反获得经营权时所做的承诺,情节严重的;

⑥ 项目公司出水水质连续30天不合格;

⑦ 出现严重环境事故;

⑧ 法律法规禁止的其他行为。

2. 义务界定

(1) 协助乙方办理工程建设审批手续变更;

(2) 对乙方二次招标(如有)工作进行监督,协助乙方报送相关评审材料;

(3) 组织乙方报送工程结算评审资料并进行初审;

(4) 合作期满,配合国资等部门办理资产移交;

(5) 甲方应确保本项目所涉及的土地使用权已获得相关部门的审批;

(6) 在乙方因本项目需要提出适当、合理和及时的要求后,甲方应在合法合规的前提下尽最大努力协助乙方及时获得、保持和延续本项目投资、建设、运营和维护所需的一切审批或类似手续;

(7) 甲方在法律政策范围内,应当按照本合同的约定为乙方就本项目的融资提供必要的协助,包括由甲方或县人民政府及其职能部门出具相关的同意或证明文件等;

(8) 甲方应尽最大努力积极协助乙方行使乙方在本合同项下的权利,但此等努力并不构成甲方对乙方实现本合同目的的一种明示或默示的保证;

(9) 除因乙方原因及不可抗力因素外,甲方应避免出现因前期准备不足、信息不对称以及审批过程复杂等,造成项目时间的延长、成本提高诸类现象。如确实发生,所造成的损失由甲方承担;

(10) 在合同履行期间,甲方积极配合争取优惠政策及政策性资金补助。

第14条 社会资本主体的权利义务

1. 权利界定

(1) 有权按照本合同规定的方式获得本项目特许经营权;

(2) 有权按照本合同规定的方式取得政府付费;

(3) 因甲方违约及不可抗力导致合作提前终止时取得补偿的权利;

(4) 法律法规和本合同规定的其他权利。

2. 义务界定

(1) 运营期内乙方应当按照本合同的约定及其他相关法律法规的规定承担项目公司的日常工作,由项目公司负责本项目的建设、运营和维护,确保本项目设施完好并符合法定或约定标准。运营期届满后,乙方应按照本合同约定进行移交;

(2) 除本合同另有约定外,乙方不得进行除运营和维护本项目以外任何与本项目无关的活动,不得实施有损本项目资产及权益完整性的行为;

(3) 乙方负责本项目融资、建设、运营、移交工作、确保项目资金及时到位,进行项目财务核算和资金管理使用;

（4）乙方负责推进项目公司完成合同约定的全部建设内容，确保工程进度、质量、安全与文明施工符合相应标准和规范要求，承担与工程建设、运营有关的一切风险和责任；

（5）承诺项目公司严格按照合同约定及时支付工程费用和员工工资，承担所建工程的维稳、信访责任；

（6）按照国家和住建部有关规定，在甲方、相关行业主管部门和市政质量监督站的监督下，组织工程竣工验收；

（7）工程竣工验收合格、具备正常使用条件后，告知甲方及相关行业主管部门，及时投入使用；

（8）本项目设计使用年限已经覆盖项目使用期，按照设计规范，项目在本合同使用期内在日常运营下应该能够满足正常使用需要。使用期内发生日常运营设施损坏，需由乙方进行维修，维修费用由项目公司自行负责；

（9）合同期满，将项目资产按国家有关规定移交给政府指定部门，制定进退场移交方案，实现无间隙移交，确保污水处理质量不受影响。

3. 对项目公司的约定

（1）本合同签订后，乙方负责建立项目公司并办理相关手续；

（2）项目公司注册资金必须按时到位；

（3）组织形式为有限责任公司；

（4）政府出资方代表在本项目中所占股权比例为42.22%；

（5）政府出资方代表出资方式为：现金或实物（若出资方式为实物，则应经双方认可的评估机构对其价值进行评估）；

（6）政府出资方代表授权至少一位代表进入董事会，对项目公司重大经营活动以及涉及公共安全利益时，甲方有一票否决权；

（7）政府出资方代表将安排两位代表任职财务副总、公司副总，参与项目的融资、建设、运营、移交等工作；

（8）项目公司成立后，由项目公司与甲方重新签署PPP项目合同，或者签署关于继承PPP项目合同的补充合同，其将负责建设、运营、移交，承担本合同中乙方的义务；

（9）自签署PPP项目合同起，未经县政府批准，乙方不得对其股份或权益进行转让，否则视为违约。经县政府批准，乙方可以转让其在项目公司的股份，县政府有优先购买权，若县政府放弃该项权利，受让方应满足以下条件：

① 项目公司的股东会通过股权转让的决议；

② 项目公司向甲方提供资料，该资料至少包括受让方的企业法人经营范围、行业的经营业绩、管理水平，以及要求提供的其他材料；

③ 受让方应在资信实力、管理水平等方面具有在国内同行业中的良好水平，并能证明其有能力促使项目公司承担或履行本合同项下的责任和义务且为此向甲方提交一份承诺书；

④ 项目公司的股份受让方应向甲方出具书面声明，表明其已经完全理解并承诺遵守PPP项目合同及其附件全部条款规定的内容。

（10）项目公司的下列事项，须由包括甲方出资代表在内的全部股东一致同意方可实施：

① 修改公司章程及章程性文件；

② 增加或减少公司注册资本；

③ 公司的解散、清算、分立、收购、兼并及重组或变更公司形式；

④ 公司变更经营范围；

⑤ 公司进行任何本公司经营范围外的投资；

⑥ 股权转让，受让方不具备运营维护本项目资质及能力的；

⑦ 公司增加或减少董事会成员的数量，变更董事会的职权；

⑧ 公司为第三方提供任何保证或担保，以及其他可能产生或有负债的行为；

⑨ 项目公司的大额支出；

⑩ 公司其他重大决策。

⑪ 股东会会议应对所议事项作出决议，除本条 3.（10）所议事项外，其他决议事项应由代表过半数表决权的股东表决通过。股东会应当对所议事项的决定作出会议记录，出席会议的股东应当在会议记录上签章。

项目公司章程中关于股东会、董事会席位安排、议事规则等约定与《PPP 项目合同》中相关条款一致。

综上，A 公司管理层认为，虽然对该项目公司持股比例为 57.78%，但是 A 公司不能控制项目公司的股东会，只能控制其董事会，另外考虑到"政府出资方代表授权至少一位代表进入董事会，对项目公司重大经营活动以及涉及公共安全利益时，甲方有一票否决权"，所以 A 公司管理层认为，项目公司不应该纳入 A 公司财务报表的合并范围。

**解答：**

本案例讨论的是对 PPP 项目公司这一特定目的主体（结构化主体）的控制权问题，而此类主体的控制权问题在很大程度上不是依据董事会、股东会等权力机构的表决权比例和表决规则作为主要确定依据的。此类项目公司的相关活动在其设立时已经通过特许经营合同等相关文件予以确定，在项目公司成立后，其股东会、董事会等形式上的权力机构审议的事项多数不属于对其可变回报产生重大影响的"相关活动"，尤其是案例背景中列举的需股东会、董事会一致通过或者政府授权代表具备一票否决权的事项更是如此。

在本案例中，不同于某些政府方完全不出资或者仅有象征性出资的 PPP 项目，政府方基本按股权比例投入了资本金和拨付专项扶持出资或补助资金，从而政府方在该基础设施中也有相当重大的利益，相应地对其相关活动的权利不仅限于合规性监督（即政府方对项目公司和相关基础设施的权力不仅仅是保护性的），这些权力可以阻止社会资本方单方面决定与该基础设施的建设、运营管理和融资相关的重大事项，基于这一考虑，我们认为 A 公司作为社会资本方不能控制该项目公司。

即，我们最终得出的结论与 A 公司管理层的判断相同，即项目公司不由社会资本方控制,不纳入社会资本方的合并报表范围。但我们得出这一判断的依据与之不同,不是基于项目公司的股东会和董事会表决权,而是依据项目公司这一结构化主体的设立目的和设计、政府方在其中享有的重大经济利益从而具有实质性权力等因素来分析的。这一结论仅适用于本案例的特定情况,不能简单扩展到所有 PPP 项目公司与社会资本方之间关系的判断。

**问题 3-2-3** 社会资本方对 PPP 项目公司的控制权判断 2

**问题:**

如下文背景资料所述,A 公司对其投资的 PPP 项目公司是否具有控制权,是否应将其纳入合并报表范围?

**背景:**

A 公司主要从事文化生态园林工程的规划设计、施工,拥有城市园林绿化壹级资质。A 公司于 2017 年作为牵头人与 B 设计院组成联合体,中标某市旅游基地建设项目。该项目采用 PPP 模式,由联合体与政府方代表 C 公司共同出资设立项目公司。联合体与政府方代表签订的 PPP 合同主要条款约定如下:

1. 项目建设内容:文化公园(防洪堤以上区域)整治改造。建设内容包括:建设铜制人物雕塑 1 处,修建景墙 4 组、景石 10 处、整修雕塑 4 处;建游园园道;运动健身跑道;建设标准篮球场 3 个、网球场 3 个、羽毛球场 6 个;改造植物绿化栽植、建设广场和景观平台及地下停车场;建设接待中心及展馆和其他配套用房;配置座椅、垃圾桶、标识等公用设施,改造和增加配套给排水、供变配电、照明、夜景美化亮化灯光、景观灯、地下车库通风,消防、管理系统等建设项目。

2. 项目期限:该项目合作期 20 年,其中建设期 2 年,采用 PPP 模式实施,运作模式为 PPP+EPC(BOT+EPC)。

3. 项目公司运营机制。

(1) 项目公司组织形式为有限责任公司,注册资本为 2 000 万元。

(2) 甲方(政府方代表 C 公司)与乙方(以 A 公司为主的联合体)的出资比例为 10%:90%。甲方现金出资 200 万元,占 10% 的股份;乙方现金出资 1 800 万元,占 90% 的股份。股东的分红权采取同股同权原则。

(3) 项目公司设立股东会、董事会。其中甲方委派董事不少于一人;若设立监事会,甲方委派人员担任监事长;如果不设监事会,甲方所委派人员担任执行监事;项目公司财务负责人由乙方提名委任,财务副职由甲方提名委任一人,其职责由公司章程或岗位职责规定。

(4) 乙方作为持有项目公司 90% 股权的控股股东,在乙方公司重要人事发生变化时,需书面告知政府方。

4. 项目融资结构。

(1) 项目公司注册资本金 2 000 万元,参见本合同"项目公司运营机制"相关条款。

(2) 项目资本金。为保证项目的顺利实施,要求项目资本金为项目总投资的 20%（包含 2 000 万元的注册资本金）。双方均以现金出资,其中甲方出资 10%,乙方出资 90%。除项目公司注册资本金应在约定的项目公司成立之日到位外,首笔项目资本金 1 亿元应由项目公司各股东于项目公司成立后一个月内同比例完成注资,其他项目资本金应按工程进度分期准备到位。具体到位安排在股东协议中进行约定。

（3）项目融资。

① 本项目建设期内,项目公司按工程进度投入资金,除项目资本金外,项目所需其他资金由乙方以项目公司名义进行融资,项目公司不能顺利完成项目融资的,乙方应采取股东借款、补充提供担保等方式以确保项目公司融资到位并按照资金投资计划规定期限向项目支付投资资金,保障项目顺利实施。甲方不承担融资责任,也不为项目公司融资提供任何形式的担保。

② 涉及项目融资的,乙方应于甲方采购项目时向甲方提供详细的资金投入计划表及详细的融资计划。

③ 项目公司除本项目融资需要外,不能对外担保;在以特许经营权为质押物对外进行融资,必须经过政府方同意。

5. 项目运营管理。

运营期阶段,项目公司负责本项目运营管理并接受所在区的城乡规划建设局、财政局、发展和改革局、审计局等主管部门的监管和绩效考核。运营阶段,项目运营管理情况进行绩效考核,最终考核结果作为政府每年绩效付费的依据,运营维护费用的支付与绩效考核挂钩。项目公司未能达到绩效考核指标的,政府方有权提取运营保函、运营移交保函下的相应金额。

项目公司根据本项目的实际情况可委托授权第三方管理公司作为项目的管理单位,进行运维监督、管理、绩效考核。

6. 移交范围。

特许经营期满,项目公司将项目所有资产、权益及档案等相关资料无偿移交给政府或政府指定机构。

7. 回报机制。

（1）项目回报机制。

本项目属于部分具有向第三方使用者收费的市政基础设施建设项目,对没有收益的市政基础设施由政府对社会资本在项目中投入的资本性支出和运营维护成本采用“可用性付费”的回报机制。对可向使用者收取费用的部分项目,拟采用“使用者付费＋政府可行性缺口补助”的回报机制。

根据《政府和社会资本合作项目财政承受能力论证指引》（财金〔2015〕21号）的相关规定,对采用可行性缺口补助模式的项目,在项目运营补贴期间,政府承担部分直接付费责任。政府每年付费数额包括:乙方投入项目资本金及其合理回报、项目公司融资还本付息、运营维护成本及利润,再减去使用者付费数额。若使用者付费数额高于以上数额之和,则政府运营补贴为 0。具体的政府运营补贴的计算公式和支付时间约定略。

（2）股东回报机制。

① 政府方股东回报机制。

项目公司的政府方出资代表对项目公司的资本性投入主要通过项目公司的利润分红收回。通常情况下,政府方出资代表可按其在项目公司所占股权比例获得分红。具体以出资协议的约定为准。

② 社会资本方股东回报机制。

乙方除按章程的约定获得作为股东的分红外,还可以通过与项目公司签署施工总承包合同的方式获得相应的施工利润等。

**解答:**

首先,A 公司虽然在项目公司中持股比例较高,但其可获取的收益基本固定,该项目虽采用 PPP+EPC 模式运作,但定价等方面均由政府主导,且在合同订立之初已基本确定,后续调整仅是在合理范围内的调整。根据《计学撮要 2015》之"问题 4-3-4 PPP 联合体参与方的会计核算"中所述,从风险角度分析,A 公司实际上仅承担了来源于付款方的信用风险而不是项目公司的经营风险,其交易实质更接近于 A 公司接受项目公司的权益作为质押物,向其提供资金并收取资金占用费,该项投资的实质为债权性投资。根据上述业务模式,该项目公司实际上是一个《企业会计准则第 41 号——在其他主体中权益的披露》所定义的"结构化主体"。PPP 项目公司都是为了运营该基础设施目的成立的特殊目的主体,不能简单地依据股权比例、董事会表决权比例等因素判断是否构成控制、共同控制或重大影响。这类项目基础设施的控制权总是在当地政府或其代表(本例中为政府平台公司)的手中,社会资本方只是获得一项运营权,几乎不可能是共同控制。

其次,需要提示关注的是:实务中需要把"对基础设施本身的控制权"和"对作为 PPP 项目实施载体的项目公司(SPV)的控制权"这两者区分开来讨论。

我们理解,该基础设施本身并不受社会资本方(A 公司)控制,不能确认为 A 公司合并报表层面的固定资产;但 PPP 合同明确约定 A 公司(乙方)需负责基础设施的建设和日常运营,以及为建设目的获取外部(如银行)融资等,其中有些融资是以项目公司的名义进行的,但最终由社会资本方承担兜底偿还责任。如《PPP 合同》中"项目融资"之约定:"本项目建设期内,项目公司按工程进度投入资金,除项目资本金外,项目所需其他资金由乙方以项目公司名义进行融资,项目公司不能顺利完成项目融资的,乙方应采取股东借款、补充提供担保等方式以确保项目公司融资到位并按照资金投资计划规定期限内向项目支付投资资金,保障项目顺利实施。甲方不承担融资责任,也不为项目公司融资提供任何形式的担保。"

在此情况下,A 公司作为社会资本方虽然对该基础设施本身不具备实质控制权,但因其负责建设、运营、融资等,因此对建设和运营成本、融资成本等仍有较大的影响力和决定权,且承担项目公司对外融资的兜底偿还责任,在项目公司整体的收入被 PPP 协议基本锁定的情况下,对建设、运营和融资成本的掌控就成为影响项目公司作为一个法人主体的可变回报(如净利润)的主要因素,也是相当重要的相关活动。从这个意义上说,A 公司作为社会资本方虽然不控制该基础设施本身,但对项目公司仍然是具有控制权的(即,在项目公司设立后,能够主导对其可变回报影响最大的建设、运营、融资等相关活动),应将项目公司纳入合并报表范围。如果不将项目公司纳入合并报表范围,则以项目公司名义获取的对外融资将无法体现在 A 公司的合并报表中,不利于充分揭示 A 公司所承担的融资风险敞口和偿还该融资的兜底责任。

**问题 3-2-4**　关于对新设立的中外合资经营企业是否"控制"的问题

**问题：**

根据下文的背景,A 公司是否应将 B 公司自成立日纳入合并范围?

**背景：**

A 公司为上市公司,2017 年 3 月 A 公司与某日本公司(以下简称为外方股东)签署《中外合资经营公司合同》,同日签署合营公司章程,拟在境内设立 B 公司。

2017 年 9 月,B 公司成立,经营期限自 2017 年 9 月 18 日至 2037 年 9 月 17 日。

(一) 合营公司的公司章程主要内容节选

公司章程约定：

合营公司 B 组织形式为有限责任公司,各方以其认缴的出资额为限对合营公司的债务承担责任,各方按其出资额在合营公司注册资本中的比例分享利润和分担风险及亏损。

B 公司注册资本 1 000 万美元,各公司认缴出资情况如下：

| 股东 | 认缴出资额(万美元) | 持股比例 |
| --- | --- | --- |
| A公司 | 800.00 | 80% |
| 外方股东 | 200.00 | 20% |
| 合　计 | 1 000.00 | 100% |

截至 2017 年 12 月 31 日,股东出资已经全部到位。

根据 B 公司的公司章程约定,董事会是合营公司的最高权力机构,B 公司董事会由 5 名董事组成,其中 3 名董事由 A 公司委派,2 名董事由外方股东委派。董事会的组成对应股东持有的股份数,但是不论外方股东的实际持股比例是多少,其均有权提名至少一名董事。

公司章程约定的董事会议事规则为：

所有董事会决议的事项由出席董事会议的过半数董事通过方可作出决议。但下列事项中,决议事项(1)至(4)须由出席董事会会议的董事全体一致通过方可作出决议,决议事项(5)至(12)须由出席董事会会议的过半数董事通过(包含一名外方股东委派的董事同意)方可作出决议：

(1) 合营公司章程的修改;

(2) 合营公司的终止、解散;

（3）合营公司注册资本的增加、减少；

（4）合营公司的合并、分立、重组；

（5）对合营公司所有或绝大部分资产（包括但不限于知识产权）进行出售、出租，排他性许可或其他处置；

（6）除特别约定外，修改本合同；

（7）合营公司开展与任何一方产生竞争的业务；

（8）任何分红、回购或其他分配，或一系列分红、回购或其他分配，该等分红、回购或分配单独或合计超过合营公司双方原投资的年回报率的10%（单利）；

（9）变更合营公司经营范围；

（10）任何超过10 000 000美元的借款或金融负债；

（11）制定年度的经营计划和预测；

（12）注册资本分期缴纳的具体时间及金额。

其他事项，可以根据合营公司章程载明的议事规则作出决议。

B公司的董事长、总经理、财务负责人均由A公司委派。

公司章程中其他相关约定条款：

双方合资经营的宗旨和经营范围是：本着加强经济合作和技术交流的愿望，采用先进而适用的技术和科学的经营管理方法，生产受外方股东委托由外方股东定义的相关技术产品，并从事实现上述目标所需的其他必要活动（合资合同中也有同样的约定）。

合营公司职工的招收、招聘、辞退、工资、劳务保险合同和福利等事项，按照国家有关劳动和社会保障的规定，由总经理决定。

（二）中外股东合营合同的主要内容节选

合营合同中关于股东转让股权的约定：

1. 如果一方转让其对合营公司注册资本的全部或部分股权，应事先获得其他方的书面同意。此外，任何其他当事人在相同的条款和条件下，在法律允许范围内有优先购买权。

2. 如果外方股东转让其对合营公司注册资本的全部或部分股权，应事先获得A公司的书面同意。在双方达成一致的前提下，A公司可以以成本价（即与外方股东已缴纳的出资额相同的价款，不包括任何利息或回报）购买其持有的合营公司的全部或部分股权。

3. 如果A公司转让其对合营公司注册资本的全部或部分股权，应事先获得外方股东的书面同意。

4. 如果成立之后增加合营公司注册资本的，外方股东及A公司均按照其当时股权比例享有优先认购权。如果任何一方选择不参与任何未来融资，参与方有权认购不参与方不认购的全部或部分股权。

合营合同中关于双方责任的约定：

1. 本合同规定的A公司应承担的责任包括：

（1）由合营公司向外方股东指定供应商采购设备，并为双方共同协商的业务计划、维持该设备正常运转；

(2)确保有足够的人力资源,使得合营公司业务能日常运作。

2. 本合同规定的外方股东应承担的责任包括:

(1)为使合营公司基于外方股东的委托生产并销售产品,许可合营公司使用与产品规格、材料、制造工艺和/或生产线布局有关的外方股东知识产权(简称外方技术):该使用许可是非排他性的、全球性的、不可转授权的和免技术使用费的;

(2)为合营公司提供与外方技术相关的技术支持,保证合营公司按照双方要求高效运作;

(3)购买合营公司所生产的所有产品。

合营合同中关于购买物资和销售产品的约定:

外方股东将协助合营公司采购某些设备和材料,包括外方股东提供或指定的设备和材料。外方股东保证,其只能以合理的市场价格向合营公司出售相关设备和材料,出售前A公司应对这些设备和材料的价格给予确认。外方股东在此进一步保证,相关设备状况良好,可用于生产,且在向合营公司出售之时,为外方股东完全拥有,不存在使任何第三方受益的任何分期付款购买安排、租赁、抵押、质押、留置或其他负担,而且在完成向合营公司出售的交易后,将成为合营公司完全拥有的、无负担的财产。合营公司未经外方股东事先书面同意,不得对相关设备或组成上述设备的生产线进行任何改变,更改和/或重新安排。

A公司与外方股东双方同意和承认合营公司产品的批量生产须经双方同意的外方股东客户的批准。

合营合同中关于知识产权的约定:

(1)外方股东的技术许可:外方股东同意授予合营公司非排他性的、全球性的、不可转授权的和免技术使用费的许可,制造和销售涉及外方股东委托的相关技术产品;

(2)合营公司技术:业务实施过程中开发的所有知识产权的所有和权利均在本合同有效期内依照本合同约定归属于合营公司(公司技术)。

(3)合营公司解散或本合同终止时,外方股东许可合营公司使用的外方技术应交付、归于外方股东,而公司技术应由A公司与外方股东协商处理。

(三)B公司实际生产经营情况

1. 合作的背景及主要进展。

外方股东的相关技术产品事业部在该领域拥有世界一流的技术和生产能力。外方股东为某品牌终端产品中该技术零部件的唯一供应商,目前,市场上该技术零部件的需求越来越旺盛,外方股东产能不够,但其不想扩大固定资产投资规模。同时,A公司也直接向该品牌客户直接提供部分零部件,因此该品牌客户也希望将A公司提供的零部件与外方股东提供的技术零部件在一个供应商处完成,减少生产过程中的损耗、提高良率、降低成本。因此,在该品牌终端产品客户认可的情况下,A公司与外方股东合作成立了B公司,B公司未来的业务主要是为外方股东某品牌客户提供相关技术零部件的生产,同时开拓其他客户(关于排他性问题:B公司不能拓展与该品牌终端客户生产的产品类型相同的其他客户供货,但可以向该类客户生产的非同类型产品供应相关零部件)。

2. 外方股东给予的技术支持。

在 B 公司成立的前期设备的安装调试阶段,需要外方股东派出人员进行安装、调试和培训。这部分安装调试,属于 A 公司与外方股东的设备买卖合同约定的内容。根据合同内容,价格包括产品设计、制造、包装、仓储、运输、保险、装卸、安装、调试、培训费用及验收合格之前及保修期内备品备件等发生的所有费用。调试之后,B 公司就可以正常生产,合资公司的日常经营,不再需要外方股东人员参与。在这个过程中,如果出现 B 公司无法解决的技术问题,外方股东会安排人员处理,外方股东派员解决技术问题向 B 公司正常收费,收费的价格按照公开市场价格计价。

3. B 公司生产过程所必需的厂房由 A 公司提供,A 公司正常向 B 公司收取租金。

4. 实际的业务进展过程中,生产的主要机器设备由 A 公司来采购,并不由 B 公司向外方股东采购,目前,设备的采购、到货、安装在进展过程中。

5. 合营合同中说的委托加工业务,只是双方业务的一种模式,目前,根据外方股东该品牌客户的实际需求,和最初合作形成的背景,合资公司首要任务是满足该品牌客户的订单需求,该品牌客户直接向 B 公司下单。

6. 关于合同中约定的技术使用费免费,仅仅针对的是外方股东委托 B 公司生产的情况,就目前的现状来看,B 公司承接的非外方股东委托的业务,将根据具体项目的情况,收取技术使用费;

7. 关于合作中的技术的问题,该品牌的设计专利属于该品牌(客户),相关技术零部件的实现可以有多种设计方案,但是其他品牌不可以使用该品牌的这种设计专利;外方股东属于技术实现的角色,技术的实现主要是通过专用设备来实现。这也是 A 公司愿意自己出钱买设备的原因。

8. B 公司的人员中,除了 2 位董事外,董事长、总经理、财务负责人等其他人员,全部由 A 公司委派。除 2 位董事外,外方股东没有派驻任何人员。B 公司的日常经营活动和财务均由 A 公司委派的人实际参与管理。

9. B 公司董事会决议事项的落实情况:

(1) 公司章程决议事项第(5)项"资产的处置问题":合营公司的资产主要是周边的水电气设备和装修费用,除非双方终止合作,否则,不可能处置上述资产。

(2) 决议事项第(6)、(7)、(9)项"修改合营合同或者章程,变更经营范围,竞争条款":上述事项,一般情况下不太可能发生,除非 A 公司与外方股东的合作发生了根本性变化。

(3) 决议事项第(8)项"分红":在 B 公司开始盈利的时候,分红的约定比例已在公司章程中约定按照实缴注册资本的比例计算,对于外方股东而言,合理推断是乐于接受分红的安排,该事项发生的可能性较大,对外方股东而言,可以提前收回投资成本,可以避免外方股东自身的投资风险,合理推断其不会反对有利于自己的事项。

(4) 决议事项第(10)项"超过 1 000 万美元的负债":根据合资合同,合资公司超过注册资本的融资,由 A 公司提供。根据 B 公司 2018 年 1 月的董事会决议,B 公司已经开始向 A 公司借款 1.5 亿元。理论上,A 公司作为大股东向合资公司 B 提供资金支持,该交易不会对外方股东构成利益损伤,合理推断其不会对类似交易行使否决权。

(5) 决议事项第(11)项"制定年度的经营计划和预测":该事项原则上每年都会发生。基于目前的合作情况,合营公司的宗旨就是为了向外方股东的客户供货,这一宗旨不可能改变,则经营计划和预测也不太可能促使外方股东行使否决权。

(6) 决议事项第(12)项"注册资本分期缴纳的具体时间及金额"。截至 2017 年 12 月 31 日,B 公司的注册资本已经出资完毕,根据目前的合作情况,外方股东不会再出资,也就是 B 公司的注册资本不会再变化。

10. 双方股东就 B 公司涉及财务和经营等活动事项的沟通机制和和日常沟通情况:

B 公司日常活动涉及的大额资金支付的审批流程,与 A 公司所属其他公司的流程一样,相关审批流程中不涉及外方股东或其委派人员。

11. 合资公司的技术开发开发和承接客户的能力:

合资公司在生产产品的过程中,随着客户的需求的变化,需要自己进行技术改进,在业务实施过程中,开发的所有知识产权的所有和权利均在本合同有效期内依照本合同约定归属于合营公司。

A 公司单方面具备一定的独立技术开发的能力,B 公司也有贴合的自动化生产线,为了打通产业链限制,A 公司也一直在研究外方股东的技术实现,只是达不到外方股东的技术标准,但在该领域也拥有一定的技术经验积累和基础。

承接客户能力:见"1. 合作的背景及主要进展"中的排他性约定。

12. 外方股东向合资公司销售设备及采购产品的定价情况:

根据目前的业务合作形式,合资公司的厂房和核心生产设备由 A 公司提供,设备由 A 公司向外方股东采购,属于独立公允定价,设备所有权和处置权归属于 A 公司。目前,合资公司与外方股东的交易仅有购买试机材料,金额很小。

A 公司采购的核心设备以租赁的方式提供给合资公司 B 使用;B 公司的销售订单中,大部分是由某品牌客户直接下单给 B 公司;材料部分,该品牌客户产业链对主要材料均是指定供应商。

13. 外方股东先行公开的 2017 年财务报表中对 B 公司作为"适用权益法核算的关联公司"。经了解,外方股东认为,其对 B 公司出资比例为 20%,(董事会)决策权 40%(5 名董事成员,外方股东委派 2 名),从事实上对"B 公司的财务、业务、事业方针的决定能给予重大影响,但没有控制权。"

**解答:**

根据合资合同和公司章程的约定,合资公司的设立目的是生产受外方股东委托生产由外方股东定义的产品,其生产技术由外方股东授权许可使用,且外方股东需购买合资公司所生产的所有产品,合资公司产品的批量生产需经过双方同意的外方股东客户的批准,合资公司的生产设备需向外方股东指定的供应商采购。

同时,根据合资公司的章程约定,即使 A 公司持有合资公司 80% 的股权,但持有的股权比例并不一定等同于所拥有的对决策有控制或影响的决策权。由于公司章程约定董事会决议事项第(5)~(12)须由出席董事会会议的过半数董事通过(包含一名外方股东委派的董事同意)方可作出决议,意味着外方股东对董事会决议第(5)~(12)项涉及合资公司的多项重要活动拥有一票否决权,此处外方股东的一票否决权并不属于保护性权利而是实质性决策权利。

A 公司虽然实际持股 80% 且在董事会中占 3/5 席位,但从该约定看并不具备对合资公司的控制权。相反,由于合资公司的生产技术、产品订单和销售渠道等完全被外方股东所控制,不排除外方股东才是该合资公司真正的控制方,而 A 公司只是具有重大影响的可能性。总体上看,我们倾向于认为 A 公司对合资公司只具有重大影响或共同控制,而不能单方形成控制。即合资公司本质上只是外方股东的一个外协加工厂,并且外方股东有很大可能通过转移定价方式操纵合资公司的利润水平。

但由于公司章程中约定董事会决议事项中第(5)~(12)项涉及的合资公司相关活动中,诸多重大事项很多是公司成立时预先设定的,因此双方股东无论哪一方都不会轻易否定该预先谈定的结果。再加之 B 公司的实际经营中,设备的采购是由 A 公司作为主体,销售订单由 B 公司直接向外方股东的客户签订,采购订单也是由 B 公司与该客户直接指定的供应商签订等,这些核心的交易安排均与合资合同、公司章程的约定存在不同,但中外双方股东事实上均认可该安排。

因此,本案例中,我们理解,判断 A 公司对 B 公司是否达到控制的焦点转移至 B 公司客户关系维护及销售订单来源的控制权的有话语权方既不是 A 公司、也不是外方股东,而是外方股东的主要客户。在此业务模式下,本案例关键是 B 公司的订单虽然由外方股东的客户直接下单,但是否实质上属于该客户下单给外方股东,外方股东因产能不足转给 B 公司生产加工后并优先满足该客户订单需求的前提下,再生产可以销售给其他客户的产品。

(1) 如果 B 公司接受外方股东客户的订单实质上是该客户下单给外方股东,外方股东产能不足转下单给 B 公司,以满足该客户实际是向外方股东下的订单需求,同时外方股东与该客户之间的客户关系也得到了加强,且外方股东对包括该客户直接给 B 公司所下的日常订单的审核,属于实质性审核,即如果外方股东不通过该订单审核,客户并不能越过外方股东直接要求 B 公司进行生产。如果是这种实质,则不能排除 B 公司是外方股东基于对其客户订单进行供货的中国外协加工角色,A 公司对 B 公司仅具有重大影响、不涉及控制或共同控制这一结论更为合理。

(2) 但如果,外方股东的客户直接给 B 公司下单,是基于 A 公司与该客户的客户关系基础以及 A 公司在相关产品领域的技术经验(包括相关技术嵌入设备,体现在由 A 公司出资自购并租给 B 公司的主要生产设备上),实质上是给 B

公司下单,并非基于外方股东平台再由外方股东分流的订单(即该客户将 B 公司认证为独立合格供应商之一),且外方股东对该客户日常订单的审核只是基于对外方股东自身权益的一个保护方式和对客户的负责,可以合理认为 B 公司的销售端的活动主导权不在外方股东,而是由外方股东客户这类 B 公司产品用户基于惯常业务模式下所主导。这种情况下,基本可以合理排除外方股东控制 B 公司这一可能。如无相反证据,这种情况下,A 公司对 B 公司超过重大影响具有控制的可能性较大。

根据合资合同中关于 B 公司技术、产品销售等相关约定,建议进一步核实以下内容,以分析外方股东对 B 公司的影响程度:

1. 使用外方技术生产的产品销售占合资公司收入、利润、经营净现金流量的比重? 如果占比重大(超过 50%,这种可能性极大),则合营公司受外方股东通过转让定价方式操控利润的影响程度就较高。

2. 如果合资公司因外方股东不提供相关技术支持,或者说外方股东因主客观原因终止向合资公司提供外方技术,合资公司是否因不能独立研发该产品且找不到可合作的除外方股东之外的第三方研发该产品,是否导致停产相关技术产品? 是否因此对该合资公司的持续经营产生重大不利影响?

3. 根据合资合同,合资公司或 A 公司向外方股东采购的设备是否为合资公司经营所需不可替代的设备,即只能向外方股东采购而不能向其他公司采购? 如是,建议评估该合资公司持续经营能力时,考虑合资公司对外方股东在核心技术支持和设备及材料供应方面的重大依赖对 A 公司是否控制 B 公司的判断的影响。

4. 核实由外方股东协助采购的相关设备和材料(包括外方股东自身作为供货商的)交易价格的公允性。

此外,由于外方股东基于其自身也需要由 B 公司生产其所需要的产品(外方股东委托 B 公司生产的货物再卖回给外方股东),即外方股东对 B 公司下订单,B 公司生产利用外方股东技术(类似于非专利技术、技术经验等)的产品并销售回外方股东,该技术许可不收取专利费,事实是否相当于外方股东以其所拥有专利或非专利技术许可费为全部或部分对价换取 B 公司产成品,请注意核实该条约定的实际执行(如是否涉及利用转移定价)。如果此类交易的金额不重大,则我们理解对控制权判断的影响较小。

---

**问题 3-2-5** 作为唯一 LP 对有限合伙企业控制权的判断

**问题:**

如果合伙企业只有两个合伙人,其中普通合伙人(GP)只有名义出资,则有限合伙人(LP)对该合伙企业是否具有控制权?

**背景:**

A 有限合伙企业由 B 公司(系上市公司)与 C 公司共同出资设立(其中 B 公司为有限合伙人,出资比例为 99.8%;C 公司为普通合伙人,执行合伙企业事务,出资比例为0.2%),主要从事投资性业务,投资于具有发展潜力的先进制造、互联网、新材料、新能源等行业的公司,通过帮助这些公司项目登陆主板、创业板然后转让股权或者直接由B公司收购等方式获利。

A企业的合伙协议规定企业最高权力机构为合伙人大会,各项决策按照实缴出资比例行使表决权,其中对于修改或者补充合伙协议、改变合伙企业的经营范围、合伙人向合伙人以外的人转让其在合伙企业中的全部或者部分财产份额、新合伙人入伙及合伙人以合伙协议约定以外的事由要求退伙等特殊事项须经全体合伙人一致同意。

另外,合伙协议约定合伙人有下列情形之一的,经其他合伙人一致同意,可以决议将其除名:

(1)未履行或未完全履行出资义务。

(2)因故意或者重大过失给合伙企业造成重大损失。

(3)发生合伙协议约定的事由。

A企业对外投资、决策由投资决策委员会进行决策。投资决策委员会由各合伙人指派(共3名委员,其中B公司指派1名),合伙企业所投资项目作出的投资决策、退出决策必须经出席投委会会议有投票权的全体委员通过方为有效(即,要求获得全体投委会委员的一致同意)。

合伙企业每年要按照合伙企业实缴出资总额的2%向执行合伙人(也就是普通合伙人)支付管理费,对于合伙企业所实现的收益,合伙协议约定其中的20%由执行合伙人独享,剩余80%由各出资者按照出资比例享有。

**解答:**

根据《企业会计准则第33号——合并财务报表(2014年修订)》中的规定,投资方可控制被投资方的三要素为:

1. 拥有对被投资方的权力;

2. 通过参与被投资方的相关活动而享有可变回报;

3. 有能力运用对被投资方的权力影响其回报金额。

本案例中的被投资方是有限合伙形式的私募基金,其最主要的相关活动是投资的进入和退出决策。根据合伙协议约定,对投资的进入和退出的决策由投资决策委员会作出,其表决规则为"经出席投委会会议有投票权的全体委员通过方为有效",即GP和LP双方都有否决权。单从投资决策委员会的表决机制看,似乎GP和LP(B公司)都不能单独主导投资决策委员会的表决,从而控制该有限合伙企业。

但是,在分析此类合伙企业的治理结构时,应关注GP是属于"代理人"还是"主要责任人"。根据《企业会计准则第33号——合并财务报表(2014年修订)》第十八条规定:"投资方在判断是否控制被投资方时,应当确定其自身是以主要责任人还是代理人的身份行使决策权,在其他方拥有决策权的情况下,还需要确定其他方是否以其代理人的身份代为行使决策权。代理人仅代表主要责任人行使决策权,不控制被投资方。投资方将被投资方相关活动的决策权委托给代理人的,应当将该决策权视为自身直接持有。"第十九条规定:"在确定决策者是否为代理人时,应当综合考虑该决策者与被投资方以及其他投资方之间的关系。(一)存在单独一方拥有实质性权利可以无条件罢免决策者的,该决策者为代理人。(二)除(一)以外的情况下,应当综合考虑决策者对被投资方的决策权范围、其他方享有的实质性权利、决策者的薪酬水平、决策者因持有被投资方中的其他权益所承担可变回报的风险等相关因素进行判断。"

在本案例中,LP 不享有无条件罢免 GP 的权力,因此根据上述准则第十九条第(二)项的规定,应综合考虑决策者对被投资方的决策权范围、其他方享有的实质性权利、决策者的薪酬水平、决策者因持有被投资方中的其他权益所承担可变回报的风险等相关因素进行判断。从该有限合伙企业的权益结构看,总共只有一名 GP 和一名 LP,GP 出资 0.2%,LP 出资 99.8%,且 GP 从该有限合伙企业中可获得的经济利益主要为按合伙企业实缴出资额 2% 收取的管理费,以及按投资利润收取的 20% 业绩分成,剩余收益和风险全部归属于 LP,因此 LP 所享有的剩余收益和风险,无论从绝对金额(量级)还是可变动性来衡量,都远远高于 GP;同时该 GP 的报酬水平(2% 管理费+20% 业绩分成)与市场上同类私募基金管理人的报酬水平基本一致。根据《企业会计准则第 33 号——合并财务报表(2014 年修订)》中对于判断决策者是代理人还是主要责任人的上述指引,该 GP 是典型的代理人。相应地,因为该合伙企业总共只有 2 个合伙人,在其中一个已被确定为代理人的情况下,另一合伙人(B 公司作为 LP)自然成为主要责任人,而根据合并报表准则规定,在判断是否存在控制关系时,代理人所行使的决策权也应当被视为归属于主要责任人,纳入主要责任人的权力范围内。据此,我们认为 B 公司虽然在法律上属于 LP,但凭借其自身作为主要责任人直接行使的决策权和通过代理人(GP)行使的决策权,完全控制了该合伙企业的相关活动,且享有或承担其绝大部分剩余风险和回报。因此,B 公司实质控制该有限合伙企业,应将该有限合伙企业纳入合并报表范围。

在 B 公司的合并报表层面,GP 对该合伙企业的出资应列报为负债而不是少数股东权益;GP 所获得的利益,包括管理费、业绩分成、根据权益份额所享受的利润分配等,均应计入损益(管理费用)而不是确认为少数股东权益和少数股东损益。

**另外,目前很多上市公司为了给其并购活动而融资,引入外部第三方资金设立并购基金。我们认为,上市公司(或其子公司,下同)参与并购基金,同时具有以下特征的,通常应认为上市公司对该并购基金具有控制权,应将该并购基金及该基金所控制的被投资企业纳入上市公司的合并报表范围:**

1. 上市公司是该基金的唯一劣后级 LP(或持有绝大部分劣后级 LP 份额),其他 LP 都是寻求有保证的固定回报的财务投资者(优先级 LP),由此上市公司享有或承担了该基金运作中的全部(或绝大部分)剩余风险和报酬,该基金回报的可变动性基本集中于上市公司所持基金份额,其他 LP 的本金安全和约定收益可获得较高程度的保障。

2. 该并购基金的设立目的就是服务于上市公司的并购需求,为上市公司的对外并购提供杠杆融资,上市公司主导和参与了其设立和架构设计,该基金的投资方向集中于上市公司的同行业和上下游行业(或者上市公司拟进入的其他行业),可以为上市公司实现并购的协同效应。

3. 虽然设有普通合伙人(GP),但 GP 所占份额很低,基本可以认为 GP 属于《企业会计准则第 33 号——合并财务报表(2014 年修订)》所指的"代理人"。虽然名义上 GP 拥有广泛的决策权力,包括在投资决策委员会或类似机构的多数表决权或否决权,但其权力实际上归属于作为主要责任人的上市公司。上市公司通过其自身作为劣后级 LP 的权力,以及通过作为代理人的 GP 所持有的权力,实质上主导了该基金的投资进入和退出决策。

4. 上市公司能够控制该基金的投资退出渠道,例如约定基金一旦投资,则过一段时间后上市公司应向基金收购该投资,或者在基金退出时拥有优先购买权等。其退出时的收购作价安排足以保证优先级 LP 的出资本金安全和获取约定收益。

请注意:上述分析只是一般性的讨论,具体情况还应个案分析,不能认为不满足上述条件中的部分条件,就一定可以不将该并购基金纳入上市公司的合并报表范围。

如果认为上市公司能够控制该基金,则应将该基金及其所控制的被投资企业纳入上市公司的合并报表范围。在该上市公司的合并报表层面,对于优先级 LP 的出资和约定收益,即使其由第三方(如本案例中上市公司的大股东)而不是上市公司本身提供担保,也应当列报为负债;应支付给优先级 LP 的投资回报应确认为利息支出。其原因是此类优先级 LP 的出资额不论在该基金自身的报表中,还是在作为该基金的控制方的上市公司的合并报表中,都满足《企业会计准则第 37 号——金融工具列报(2014 年修订)》第二章所规定的金融负债的定义和确认条件:详见后文"问题 3-2-23 公司将其所控制的有限合伙企业等特殊主体纳入合并报表范围的具体操作问题"。

---

**问题 3-2-6** 平层化结构的并购基金是否纳入合并范围

**问题:**

如下文背景资料所述,A 公司持有的平层化结构的基金份额,是否应将该基金纳入合并报表范围?A 公司与并购基金投资的标的公司发生业务往来是否属于关联交易?

**背景:**

2017 年度,上市公司 A 拟与某基金管理公司 B、A 公司的全资子公司 C 联合发起成立基金公司,性质为有限合伙企业,旨在募集资金设立并购基金。并购资金份额为 18 亿元,A 公司作为有限合伙人出资 2 亿元,另外引入某外部资金方作为有限合伙人出资 16 亿元。B 公司及 C 公司分别以其劳务出资作为普通合伙人(GP)并以管理人的身份执行合伙事务。

基金的收益分配顺序为:

1. 全体合伙人的本金;

2. 全体合伙人的收益;其中有限合伙人与基金管理人按8:2的比例分配收益。对于收益归属有限合伙人的部分,由各有限合伙人按出资比例分享。

在基金退出时按照上述顺序分配收益。

投资基金亏损分担方式:

1. 并购基金募资模式采用同股同权,即基金的亏损由出资方共同承担,有限合伙人仅以出资额为限承担有限责任,不向其他出资人承诺投资本金不受损失,不承诺最低收益。

2. 基金在亏损时,有限合伙人将以其认缴出资额为限按比例承担亏损;普通合伙人作为基金管理人承担无限连带责任。

基金对拟投资项目的投资决策需要经过"投资决策委员会"。投资决策委员会作为最高投资决策机构,共设5个席位,其中:基金管理人委派代表占4席(两个基金管理人各2人);行业专家占1席。投资决策需经投资决策委员会全员表决并且有至少3名投委会成员同意方可实施。其他社会资本作为出资人,将视实际情况参与投资决策委员会。

**解答:**

如"问题3-2-5 作为唯一LP对有限合伙企业控制权的判断"所述,一般认为,上市公司(或其子公司,下同)参与并购基金,具有以下特征的,通常应认为上市公司对该并购基金具有控制权,应将该并购基金及该基金所控制的被投资企业纳入上市公司的合并报表范围:

(1) 上市公司是该基金的唯一劣后级LP(或持有绝大部分劣后级LP份额),其他LP都是寻求有保证的固定回报的财务投资者(优先级LP),由此上市公司享有或承担了该基金运作中的全部(或绝大部分)剩余风险和报酬,该基金回报的可变性基本集中于上市公司所持基金份额,其他LP的本金安全和约定收益可获得较高程度的保障。

(2) 该并购基金的设立目的就是服务于上市公司的并购需求,为上市公司的对外并购提供杠杆融资,上市公司主导和参与了其设立和架构设计,该基金的投资方向集中于上市公司的同行业和上下游行业(或者上市公司拟进入的其他行业),可以为上市公司实现并购的协同效应。

(3) 虽然设有普通合伙人(GP),但GP所占份额很低,基本可以认为GP属于《企业会计准则第33号——合并财务报表(2014年修订)》所指的"代理人"。虽然名义上GP拥有广泛的决策权力,包括在投资决策委员会或类似机构的多数表决权或否决权,但其权力实际上归属于作为主要责任人的上市公司。上市公司通过其自身作为劣后级LP的权力,以及通过作为代理人的GP所持有的权力,实质上主导了该基金的投资进入和退出决策。

(4) 上市公司能够控制该基金的投资退出渠道,例如约定基金一旦投资,则过一段时间后上市公司应向基金收购该投资,或者在基金退出时拥有优先购买权等。其退出时的收购作价安排足以保证优先级LP的出资本金安全和获取约定收益。

本案例中该合伙企业基金为平层化结构,即不存在前述认定上市公司控制基金的最关键因素——上市公司作为劣后级 LP 享有或承担了该基金运作中的全部(或绝大部分)剩余风险和报酬。

在此情况下,我们需注意,虽然名义上所有基金份额实现了"同股同权",但这种做法导致资金方承担了其原先不会(也不愿意)承担的合伙企业运作风险、标的企业的经营风险和财务风险等,导致合伙人之间的利益格局发生重大变化。这未必是合伙企业的参与各方所乐意见到的。为了使合伙人之间的利益格局实现重新均衡,将按照合伙协议应由资金方承担的上述风险再次转移给上市公司,使上市公司事实上成为上述风险的唯一承担者和合伙企业运作中的全部(或绝大部分)剩余收益的享有者,一种最可能的做法是将原先建立在合伙企业框架内的"优先/劣后机制"转移到合伙企业的架构之外,即,合伙协议严格体现"同股同权"要求,但各合伙人在合伙协议之外再签订其他协议,例如上市公司与资金方签订协议,约定资金方承担合伙企业的亏损由上市公司补足,如从合伙企业获得超额收益则要支付给上市公司,等等,由此在实质上仍保留了原先的"劣后/优先"分级架构安排,没有打破各方的原有利益均衡。在这种安排下,上市公司 A 仍对该并购基金具有控制权,应将该并购基金纳入合并报表范围。在上市公司 A 的合并报表中,引入的外部第三方资金应确认为负债,应归属于外部资金方的收益确认为利息支出。

相应地,对注册会计师而言,在审计实务工作中更应注意获得关于该融资安排的所有相关文件,包括除合伙协议之外的私底下协议,以确保分析问题所依据资料的完整性。注册会计师应要求上市公司(被审计单位)声明提供资料的完整性和真实性、有效性,并向合伙企业的其他合伙人函证是否存在合伙协议之外的其他相关安排。如果上市公司和其他相关方均否认在合伙协议之外存在其他特殊安排,但种种迹象表明"同股同权"安排并未反映该交易的商业实质,则注册会计师应根据具体情况设计和执行进一步审计应对程序,确保获取充分、适当的审计证据;如果无法获得充分、适当的审计证据支持被审计单位的声明和解释,则应考虑这一情况对审计意见类型的可能影响。

---

**问题 3-2-7　对并购基金是否具有控制权的判断**

**问题:**

如下文背景资料所述,A 公司是否需要将并购基金纳入合并报表范围?

**背景:**

A 公司(上市公司)与 B 公司拟设立不动产投资基金,为 A 公司收购和建设优质项目提供资金支持,首期基金为支持 A 公司完成对某资产管理有限公司的收购。

基金由优先级和劣后级两类不同份额构成,优先劣后比例为 3∶1。B 公司组织的保险资金、企业年金资金为优先级资金,A 公司及其他有认购意愿的合格投资人认购劣后级资金,其中 A 公司出资占劣后级资金的比例**不超过 49%**;基金分期募集,首期基金共计 8.9 亿元(规模依最终收购价格确定),由出资人按比例认购"C 不动产投资基金信托计划",信托计划购买 A 公司不动产投资基金(有限合伙企业)有限合伙份额。

基金管理:由 A 公司、B 公司共同发起设立基金管理公司,初步拟定比例为 50%、50%,作为普通合伙人(GP),对基金标的收购、后续投资管理(含租金确定)、资产处置和退出等重大事项进行决策审批(基金投资决策委员会由双方股东各派驻 1 人,共 2 人。主要职能为决定基金的重大投融资决策,决策机制为全部通过即生效)。GP 委托 A 公司对项目进行日常管理。

融资期限:基于融资成本优化、便于 A 公司回购等因素,基金设计为永续模式,每 3 年 B 公司优先级收益率调升 300 个基点(300BP),A 公司保留回购权利。

还款来源:收购物业的租金收入、商场运营收益、A 公司提供流动性支持。

投资收益:优先级固定收益为 8%/年,劣后级固定收益为 10%/年,固定收益按季度分配。超出部分为浮动收益。**基金总收益不超过 20%/年,全部超额收益归劣后级所有;若基金收益超过 20%/年,则优先级参与超出部分的收益分配,分配比例为 20%。超额收益按年分配。**

基金收益分配:基金存续期的投资收益分配次序为优先级固定收益→劣后级固定收益→优先级超额收益(如有)→劣后级超额收益;基金退出时的分配次序为优先级本金→劣后级本金,待本金退出后,进行超额收益分配。

基金退出模式:**A 公司对基金持有项目具有优先回购权,**回购价格不低于基金收购价格加上当年未分配固定收益;若 A 公司选择不回购,则基金自动延期 3 年。

**解答:**

我们理解,在本案例中,基金各方为了规避该基金被纳入上市公司(A 公司)合并报表范围,在条款设计方面采用了多种规避措施,如 A 公司仅认购劣后级份额的 49%,GP 的股权结构中 A 公司仅占 50%的股权比例,A 公司无回购义务而仅有优先回购权,基金不设存续期限限制,基金的投资决策机制要求全票通过,等等。但我们同时也注意到:

(1)该基金的投资方向已经事先确定,即"某资产管理有限公司",最终基金的融资规模按收购价格作相应调整,即该基金的设立目的就是为 A 公司的并购扩张提供融资。

(2)A 公司行使优先收购权时,要求回购价格不得低于"基金收购价格加上当年未分配固定收益",即 A 公司通过其收购款为基金固定收益的实现提供保障,这一责任是 A 公司单独承担的,其他劣后级 LP 并不承担此责任。结合"投资收益"部分中提及对劣后级份额也设置固定收益保障的条款约定,事实上导致劣后级内部的进一步分级,即其他(51%)劣后级份额事实上是"中间级",A 公司自身持有的 49%劣后级份额才是真正的"最劣后级",从经济实质上看,A 公司仍然是唯一的劣后级 LP。

(3)要求基金按季度分配固定收益,且"每 3 年 B 公司优先级收益率调升300BP",即如果 A 公司不选择回购,则将面临需定期支付且逐年增加的资金成本,构成了对其回购的一项硬性约束(经济强制)。由于不像作为权益的永续债那样设置了可递延支付利息的条款,定期跳升且无封顶的融资成本将对 A 公司的现金流产生直接、现实的压力,迫使其选择回购项目(或者尽快找到出价更高的买家)。

(4)从超额收益的分配机制看,绝大部分超额收益(基金总收益超过 20%/年部分的 80%)归属于劣后级,因此劣后级回报的可变性显著高于优先级,而在劣后级内部,A 公司所持劣后级份额对应的回报可变性又高于其他劣后级 LP[见上述第(2)点分析]。

综上,我们认为,从经济实质上看,因为基金的设立目的是为 A 公司的并购融资服务,且实质上 A 公司是唯一的最劣后级 LP,对其他合伙人(包括其他劣后级 LP)的固定收益承担兜底责任,且因上不封顶的利率跳升机制而承担回购压力,因此我们仍倾向于将该合伙企业纳入 A 公司的合并报表范围。

**问题 3-2-8** 集合资产管理计划是否纳入合并范围(目前可变回报的量级和可变动性暂时处于高位,但预计整个存续期间累计量级和可变动性不重大)

**问题:**

如下文背景介绍,A 公司在发起的资产管理计划封闭期内享有的可变回报较大,但预计在整个存续期间累计可变回报不重大,则 A 公司是否需要将该资产管理计划纳入合并范围?

**背景:**

2016 年 5 月 9 日,A 公司(某期货公司)所管理的"一号资产管理计划"成立,简要信息如下:

| 类型 | 特定多个客户资产管理计划　主动管理型 |
|---|---|
| 存续期限 | 5 年 |
| 投资范围 | 银行存款、债券回购、债券逆回购、货币基金、期货、证券投资基金、集合资产管理计划(集合类信托计划、集合类证券公司及其子公司资产管理计划、集合类保险资产管理计划、集合类期货公司及其子公司资产管理计划、集合类基金公司及其子公司客户资产管理计划、取得基金业协会备案的集合类私募证券投资基金等),A 公司或其子公司管理的资产管理计划以及法律法规或中国证监会允许基金投资的其他证券或金融衍生品 |
| 分级安排 | 本基金自成立日起 1 年内为封闭期,不接受退出申请。设立时及封闭期内分为优先级和进取级(即劣后级,下同),优先级:进取级=4:1,1 年封闭期满转为管理型产品,不再区别优先和进取,同等份额享有同等收益 |
| 募集规模 | 本集合资产计划募集资金 10 950 万元,其中优先级 8 760 万元,进取级 2 190 万元 |
| 自有资金参与情况 | A 公司以自有资金认购进取级 1 500 万元,占全部进取级的 68.5% |
| 管理费 | 本计划的封闭期内管理费按前一日计划资产净值的 1.0%年管理费率计提,每日计提,按季支付<br>封闭期满后,产品转成管理型,按前一日计划资产净值的 1.5%年费率计提,每日计提,按季支付 |

（续表）

| 托管费 | 每日托管费＝本期成立后委托资金本金总额×0.04%/当年天数 |
|---|---|
| 业绩报酬 | 封闭期一年后,分红,产品转成管理型,管理费增加至 1.5%,管理人收取超额收益的 15% 作为业绩报酬 |
| 收益分配<br>与风险<br>承担 | 1. 产品净值小于 1 时,进取级份额以其出资额对优先级份额的损失进行补偿<br>2. 产品收益率在 0% 和 6% 之间时,优先级和进取级按照出资比例共享收益<br>3. 产品收益率在 6% 和 10% 之间时,优先级在此区间收益部分的 40% 作为业绩报酬支付给进取级<br>4. 产品收益率在 10% 和 20% 之间时,优先级在此区间收益部分的 50% 作为业绩报酬支付给进取级<br>5. 产品收益率大于 20% 时,优先级在此区间收益部分的 60% 作为业绩报酬支付给进取级<br>6. 风险承担:进取级份额以其份额资产为限承担投资风险 |

该资产管理计划截至 2016 年 6 月 30 日,A 公司享有管理费收入为 155 964.07元;持有次级份额如下表:

| 2016 年 6 月 30 日资产净值 | | 2016 年 6 月 30 日 净值合计 | 2016 年 1～6 月收益 | | A 公司持有 份额收益 |
|---|---|---|---|---|---|
| 优先级 | 进取级 | | 优先级 | 进取级 | |
| 87 630 304.12 | 21 907 576.03 | 109 537 880.15 | 30 304.12 | 7 576.03 | 5 189.06 |

截至 2016 年 6 月 30 日,A 公司总体收益 161 153.13 元(管理费收入与持有份额收益之和);该资产管理计划总收益为 37 880.15 元,A 公司总体收益占集合计划整体收益的比例为 425.43%。

**解答:**

根据《企业会计准则第 33 号——合并财务报表(2014 年修订)》规定的"控制三要素"模型,判断此类管理人对资产管理计划是否具有控制权的一项重要考虑因素是管理人在其中的角色是"代理人"还是"首要责任人"。根据该准则第十九条规定,在确定决策者是否为代理人时,应当综合考虑该决策者与被投资方以及其他投资方之间的关系:①存在单独一方拥有实质性权利可以无条件罢免决策者的,该决策者为代理人。②除①以外的情况下,应当综合考虑决策者对被投资方的决策权范围、其他方享有的实质性权利、决策者的薪酬水平、决策者因持有被投资方中的其他权益所承担可变回报的风险等相关因素进行判断。其中,决策者所享有或承担的可变回报的量级和可变动性是重要考虑因素之一。我们认为,在判断"决策者所享有或承担的可变回报的量级和可变动性"是否重大时,不应仅仅考虑截至资产负债表日的短期回报的量级和可变动性,而应更关注在该资管计划的整个存续期间内的预期总体回报的量级和可变动性,因为后者对管理人的行为模式有更深远的影响。

在本案例中,根据背景资料分析,该资产管理计划的优先级与进取级比例为 4∶1,A 公司持有该产品进取级的 68.5%,在封闭期内当净值低于 1 时,进取级以其投资弥补优先级的本金,当收益超过 6% 时,超额收益由优先级与进取级按不同约定比例进行分配,故我们理解此时进取级份额存在的意义首先在于对优先级持有人权益的保障(虽然并非绝对保障),由此导致其享有或承担回报的可变动性远远高于优先级份额。但是,这种情况应当认为是暂时的。我们理解这一安排的目的可能更多地是为了促进产品的初始销售,因而在一定程度上提供了增信安排。除非根据目前可获得的信息来判断,认为很可能出现在封闭期未满前即因严重亏损导致产品被提前清盘结束的情形,目前 A 公司在该产品回报中所享有份额的量级和可变动性的优势可以预期不会持续,封闭期之后,优先级与进取级不再区分,均按持有份额承担或享受损益,A 公司的持有份额占总份额之比仅为 13.7%(68.5%×20%),其存续期间的业绩报酬收取比例仅为 15%,综合来看,不会导致其在该产品整个存续期间所享有的累计可变回报的量级和可变动性达到"重大"的程度。总体上看,A 公司在整个产品存续期间的地位仍然应定位为"代理人"而不是"主要责任人",不具有对该产品的控制权,故不应将其纳入 A 公司的合并报表范围。

**问题3-2-9** 关于引入"国资特殊管理股"的子公司是否纳入合并报表范围

**问题:**

根据国家政策要求,子公司引入"国资特殊管理股"的情况下,母公司对子公司是否拥有控制权,是否应当纳入合并报表范围?

**背景:**

A 公司系 B 公司于 2015 年 9 月出资设立的全资子公司,注册资本为人民币 1 000 万元,主营业务为网络原创文学版权运营业务,主要采取签约作者的方式取得其特定签约作品的独家授权,并通过对文学版权的运营开发取得收益。

2015 年 8 月,《中共中央、国务院关于深化国有企业改革的指导意见》提出推进公司制股份制改革,允许将部分国有资本转化为优先股,在少数特定领域探索建立国家特殊管理股制度。2016 年 4 月 16 日,国务院办公厅转发中宣部等多个部门《进一步支持文化企业发展的规定》明确提出对按规定转制的重要国有传媒企业探索实行特殊管理股制度,经批准可开展试点。

根据上述文件精神,C 公司作为特殊管理股持有人,拟与 B 公司签署增资扩股协议,C 公司按照 1 元/每股的价格,对 A 公司增资人民币 52.5 万元。本次增资完成后,A 公司股权架构如下:

| 股东名称 | 出资额(万元) | 持股比例 |
| --- | --- | --- |
| B公司 | 1 000.00 | 95.01% |
| C公司 | 52.50 | 4.99% |
| 合　计 | 1 052.50 | 100.00% |

C 公司持有 A 公司 4.99% 的股权中,1.5% 的股权为"特殊管理股权",3.49% 的股权为"普通股权"。本次投资完成后,C 公司享有的主要权利如下:

(1)本次投资完成后,如未来 A 公司拟增加注册资本,C 公司有权在同等条件下增持 A 公司的股权,保证其持有的 A 公司的股权(包括特殊管理股权和普通股权)比例不被稀释。若 C 公司未行使该等优先认购权,C 公司持有的特殊管理股权被稀释至 1%以下时,原股东、新投资人和 C 公司应当共同协商确定对 C 公司持有的特殊管理股权进行反稀释保护的方案,C 公司对可能导致特殊管理股权被稀释至 1%以下的交易具有一票否决权。

(2) 本次投资完成后,A 公司将组建董事会,董事会由四名成员组成,其中 C 公司具有提名一名董事进入董事会的权利。A 公司在决定涉及内容的产生和发布、出版业务方面的重大事项之前,需董事会通过方可执行,且 C 公司提名的董事在该方面决策具有一票否决权。

(3) 本次投资完成后,A 公司将聘任总编辑,总编辑为公司的高级管理人员,由 C 公司委派的董事提名,并由董事会通过方可聘任。C 公司委派的董事对总编辑具有提名权和任免权。

总编辑为 A 公司在出版业务方面的负责人。在开展出版业务过程中,如发现出版产品内容有悖于国家法律、政策要求的,总编辑应及时向董事会报告并书面详细说明情况,董事会应当在接到总编辑的报告后 3 个工作日内作出如何处理的回应,总编辑应当接受董事会的回应并予以执行;如未回应的,总编辑有权在出具书面详细的处理方案并报董事会备案后,决定终止执行该等产品内容。

(4) C 公司可以转让其持有的 A 公司普通股权,C 公司向其关联方或其他第三方依法转让其在 A 公司持有的普通股权的权利不受任何限制。

**解答:**

根据《企业会计准则第 33 号——合并财务报表(2014 年修订)》第七条规定:"合并财务报表的合并范围应当以控制为基础予以确定。控制,是指投资方拥有对被投资方的权力,通过参与被投资方的相关活动而享有可变回报,并且有能力运用对被投资方的权力影响其回报金额。"即"控制"包含三要素:权力、可变回报、权力与回报的关系。

从本案例的情况看,在引入国资特殊管理股之前,A 公司是 B 公司的全资子公司,B 公司对其具有控制权。在引入国资特殊管理股之后,不会改变原先具有的"控制三要素"中的"可变回报"这一要素,即 B 公司仍可通过参与 A 公司的相关活动而享有可变回报;并且,假设"控制三要素"中的"权力"要素成立,则由于 B 公司在 A 公司中仍持有大部分股份,其角色仍然是主要责任人而不是代理人,故"权力与回报的关系"这一要素也将成立。因此,判断在引入国资特殊管理股之后 B 公司是否仍然控制 A 公司,关键是看 B 公司是否仍然具备对 A 公司的权力,即主导 A 公司的相关活动的权力。

结合本案例,因为在 A 公司引入国资特殊管理股后,国资特殊管理股占比为 4.99%,在 A 公司 4 名董事中占 1 席,并有权提名总编辑;除了对特定事项的否决权以外,我们未发现相关协议中对股东会、董事会的表决规则有特殊安排。因此,判断 B 公司对 A 公司的相关活动是否仍然具有主导权,关键在于判断协议约定国资特殊管理股及其派驻的董事和提名的总编辑对特定事项的否决权是否可能导致 B 公司丧失对 A 公司的相关活动的主导权。

《企业会计准则第 33 号——合并财务报表(2014 年修订)》及其应用指南和

本所实务操作指南(本所实务操作指南收录于《计学撮要 2015》中)对"相关活动"有以下解释:

相关活动是指对被投资方的回报产生重大影响的活动(准则第七条)。投资方应重点关注对被投资方的回报产生重大影响的活动,而不是对被投资方回报影响甚微或没有影响的行政活动。

对许多企业而言,经营和财务活动通常对其回报产生重大影响。但在实务中,被投资者设立的目的和设计的不同意味着"相关活动"亦各不相同,应在考虑所有相关事实和情况后进行判断。这些活动可能包括但不限于下述活动:商品或劳务的销售和购买;金融资产的管理;资产的购买和处置;研究与开发活动;融资活动,包括确定资本结构和获取融资。

就相关活动所作出的决策的例子包括但不限于:就被投资方的经营、融资等活动作出决策,包括编制预算;任命被投资方的关键管理人员或服务提供商,并决定其报酬,以及终止其作为服务提供商的业务关系或者将其予以辞退。

相关活动一般由企业章程及协议中约定的权力机构(例如股东会、董事会)来决策,特殊情况下,相关活动的决策也可能基于合同协议约定等原因由其他机构来主导,如专门设置的管理委员会等等。有限合伙企业的相关活动可能由合伙人会议决策,也可能是由普通合伙人或者投资管理公司等机构或人员决策。

根据背景资料介绍,涉及国有特殊管理股股东及其派驻的董事、提名的总编辑的"一票否决权"的事项主要包括:

1. C 公司对可能导致特殊管理股权被稀释至 1％以下的交易具有一票否决权。

2. A 公司在决定涉及内容的产生和发布、出版业务方面的重大事项之前,需董事会通过方可执行,且 C 公司提名的董事在该方面决策具有一票否决权。

3. 总编辑为 A 公司在出版业务方面的负责人。在开展出版业务过程中,如发现出版产品内容有悖于国家法律、政策要求的,总编辑应及时向董事会报告并书面详细说明情况,董事会应当在接到总编辑的报告后 3 个工作日内作出如何处理的回应,总编辑应当接受董事会的回应并予以执行;如未回应的,总编辑有权在出具书面详细的处理方案并报董事会备案后,决定终止执行该等产品内容。

从上述约定内容看,上述第 1 项针对股权稀释问题的否决权不涉及"相关活动",在讨论控制权问题时可以将其排除。就第 2、第 3 项否决权,如果国有特殊管理股股东及其派驻的董事和提名的总编辑所持有的上述"一票否决权"完全是针对"合规性问题",即对有悖于国家法律、政策要求的出版内容的否决权,以实现"维护国家文化安全、坚持正确导向,做强主流媒体、壮大主流声音、保护公众利益"的公共政策目标,在内容合规的前提下不会行使否决权(即,相关活动决策的效益性、经济性等商业性问题不是国有特殊管理股股东及其派驻的董事和提名的总编辑所考虑的首要因素,不会干涉大股东 B 公司在此方面的主导权),则我们认为国有特殊管理股的上述"一票否决权"对被投资方 A 公司的回报无重大影响,故不会导致 B 公司丧失对 A 公司的相关活动的主导权,因而 B 公司可继续将 A 公司纳入其合并报表范围;如果上述"一票否决权"超出了单纯的合规性问题的范畴,则应视具体情况分析 B 公司是否因此而丧失对 A 公司的相关活动的主导权,此时就需要获取更深入的背景信息,如国资特殊管理股引入后实际参与决策的情况等,以进行更深入的讨论。

**问题 3-2-10** 同一控制下企业合并中的被合并方原系兄弟企业通过非同一控制下企业合并收购进来时,商誉在本会计主体层面的下推处理

**问题:**

如下文背景所述,本期评估商誉减值,应在 A 公司合并报表中确认多少商誉减值?

**背景:**

B 公司原是 A 公司的实际控制人 D 控制的 C 公司(C 公司不在 A 公司的合并范围内)于 2016 年 2 月 3 日出资 900 万元收购非同一控制下的公司而形成的全资子公司(收购时 B 公司账面资产总额 20 321 562.68 元,账面负债总额 55 993 602.60 元,账面净资产－35 672 039.92 元)。根据 A 公司 2016 年 11 月 18 日股东会决议,同意 A 公司的全资子公司 F 公司以人民币 2 800 万元增资入股 B 公司,增资后 B 公司注册资本变更为 4 800 万元,F 公司持有 58.33% 的股权(于 2016 年 12 月 23 日完成增资的变更登记手续)。截至 2016 年 12 月 31 日 B 公司实收资本为 2 050 万元,F 公司实际出资 1 050 万元,占注册资本的 51.22%。截至 2016 年 12 月 31 日,B 公司的账面资产总额为 20 906 827.36 元,账面负债总额为 43 663 085.85 元,账面净资产为－22 756 258.49 元。

在 A 公司编制 2016 年合并财务报表时,确定 F 公司收购 B 公司为同一控制下的企业合并,因此将原 C 公司合并报表中确认的收购 B 公司产生的商誉完整下推至 F 公司。2016 年合并报表中 A 公司确认收购 B 公司产生的全部商誉 44 422 622.57 元,确认少数股东权益 10 742 853.65 元(系 C 公司持有 B 公司股权形成)。

2017 年 12 月 31 日,A 公司对收购 B 公司产生的商誉进行减值测试评估,经评估该模拟 100% 股权比例的商誉截至 2017 年 12 月 31 日的评估价值为 3 000 万元,减值 1 442 万元。A 公司拟按照其对 B 公司的持股比例 58.33% 计算应承担的商誉减值,结果为 841 万元;由少数股东权益(C 公司)按持股部分应承担的商誉减值为 601 万元。

A 公司的上述处理是否恰当?

**解答:**

不赞同 A 公司的上述处理意见。

本案例的核心问题是:如果最初通过非同一控制下企业合并收购一家全资子公司,从而在最终控制方的合并报表层面确认商誉,后续由本会计主体(与最初收购方同受最终控制方控制,即兄弟公司)收购或增资取得该被收购方的部

分(非全部)股权时,根据《企业会计准则解释第 6 号》第二条规定,是否应将最终控制方合并报表层面所确认的商誉完整"下推"到本会计主体的合并报表中,且全部对应于归属母公司股东的权益,不分配给少数股权?

本案例中,虽然 F 公司仅持有 B 公司 58.33％的股权,但按照"下推会计"的要求,当初 C 公司通过非同一控制下合并取得 B 公司全部股权时所形成的商誉是完整下推到 F 公司和 A 公司的合并报表层面的,而商誉也是被合并方 B 公司的净资产的一部分。相应地,在商誉发生减值时,在 F 公司和 A 公司的合并报表层面应完整地确认 100％的商誉减值损失。相应作为对"归属母公司股东的净资产"的调整项目,而不应调整少数股权。相应地,现在确认的减值损失全部计为"归属母公司股东的净利润",不应分配给少数股东损益。否则,如果只确认部分商誉减值损失,则 F 公司和 A 公司的合并报表层面所列报的该项商誉的账面价值仍高于其可收回金额。即,本案例中的商誉减值 1 442 万元应全部确认为 A 公司合并报表层面的商誉减值损失,且这部分商誉减值损失全部属于"归属于母公司股东的损益"。

**问题 3-2-11** 通过增资方式实现的同一控制下企业合并的前期比较数据追溯调整问题

**问题:**

在通过增资方式实现的同一控制下企业合并中,合并方编制的合并报表中前期比较数据如何追溯调整?

**背景:**

A 公司为上市公司,其母公司为甲集团公司。2015 年 8 月 31 日 A 公司对甲集团公司的全资子公司 B 公司增资 50 亿元,取得 B 公司 43％的股权,2015年 12 月 31 日,再次增资 16.91 亿元,取得 8％股权,通过这两次增资合计取得 B 公司 51％股权。A 公司在 2015 年 12 月 31 日编制合并报表时,将 B 公司作为同一控制下企业合并处理,纳入合并范围。

B 公司所有者权益信息:

| 项目 | 2015 年 12 月 31 日 | 2014 年 12 月 31 日 |
| --- | --- | --- |
| 实收资本 | 3 020 517 998.00 | 1 480 000 000.00 |
| 资本公积 | 10 150 482 002.00 | 5 000 000 000.00 |
| 未分配利润 | −34 993 879.77 | −52 085 546.43 |
| 小 计 | 13 136 006 120.23 | 6 427 914 453.57 |

注:实收资本、资本公积的变化为本年增资 66.91 亿元所致。

**解答:**

根据《企业会计准则第 33 号——合并财务报表》的规定,同一控制下的控股合并,合并方无论是通过收购存量股权还是向被合并方增资的方式获得对被合并方的控制权,都应当在合并报表层面追溯重述各张合并报表的前期比较数据。

本案例中,被合并方 B 公司原为甲集团的全资子公司,A 公司于 2015 年 8 月 31 日对 B 公司增资 50 亿元,取得 43%股权;后又于 2015 年 12 月 31 日增资 16.91 亿元,取得 8%股权。据此可以理解为:该交易相当于甲集团先对 B 公司增资 66.91 亿元(增资后的股权比例仍为 100%),再以 66.91 亿元价格将 B 公司 51%的股权出售给 A 公司。据此,在 A 公司的合并报表层面,就该同一控制下合并事项追溯重述前期比较数据的要点如下:

1. 应当视同最早比较期间期初已完成对 B 的 51%股权的收购,在追溯重述前期比较数据时,B 公司权益和损益的 51%是归属于 A 公司的,另 49%是归属于少数股东(即甲集团)的。

2. A 公司追溯重述后的合并报表应体现出 2015 年内 B 公司接受股东增资以及视同向原股东甲集团支付股权转让款的过程,最终净现金流量为零(A 的合并报表层面无对外的现金流入流出),但少数股东权益在增资后会增加,最终等于 2015 年年末 B 公司账面净资产的 49%。

A 公司具体的合并报表调整编制过程如下所示。

(一)追溯调整比较报表

1. 模拟甲集团 2014 年 12 月 31 日即对 B 公司增资,B 公司做如下处理:

借:货币资金　　　　　　　　　　　　　　　　　　6 691 000 000.00
　贷:实收资本　　　　　　　　　　　　　　　　　　1 540 517 998.00
　　资本公积——资本溢价　　　　　　　　　　　　5 150 482 002.00

2. 模拟 A 公司自甲集团购入股权,A 公司应做如下会计处理:

借:长期股权投资　　　　　　　　　　　　　　　　　6 691 000 000.00
　贷:货币资金　　　　　　　　　　　　　　　　　　6 691 000 000.00

3. 模拟 A 公司 2014 年 12 月 31 日合并报表对 B 公司的权益抵销分录:

借:实收资本　　　　　　　　　　　　　　　　　　　3 020 517 998.00
　　资本公积——资本溢价　　　　　　　　　　　　10 150 482 002.00
　　年初未分配利润　　　　　　　　　　　　　　　　 −52 085 546.43
　贷:长期股权投资　　　　　　　　　　　　　　　　6 691 000 000.00
　　少数股东权益　　　　　　　　　　　　　　　　　6 427 914 453.57

同时,恢复合并前 B 公司实现的留存收益中归属于合并方 A 公司的部分:

借:资本公积——资本溢价　　　　　　　　　　　　 −26 565 032.68
　贷:年初未分配利润　　　　　　　　　　　　　　　 −26 565 032.68

注:年初模拟增资后 A 公司对 B 公司的持股比例＝增资额 66.91 亿元/(年初 B 公司净资产 64.28 亿元＋增资额 66.91 亿元)＝51%。

(二)本期合并报表

1. 期初合并报表调整:

| | |
|---|---|
| 借：实收资本 | 3 020 517 998.00 |
| 资本公积——资本溢价 | 10 150 482 002.00 |
| 年初未分配利润 | −52 085 546.43 |
| 贷：长期股权投资 | 6 691 000 000.00 |
| 少数股东权益 | 6 427 914 453.57 |

2. 对期末实际投资进行调整：

| | |
|---|---|
| 借：资本公积——资本溢价 | 8 363 121.32 |
| 贷：长期股权投资 | 8 363 121.32 |

注：A 公司于本年 8 月 31 日、12 月 31 日分别进行投资，实际出资 66.91 亿元，根据出资时点享有的 B 公司净资产份额的账面价值计入账面长期股权投资共 6 699 363 121.32 元。

3. 恢复合并前 B 公司实现的留存收益中归属于合并方 A 公司的部分：

| | |
|---|---|
| 借：资本公积——资本溢价 | −26 565 032.68 |
| 贷：年初未分配利润 | −26 565 032.68 |

4. 确认合并当期的少数股东损益：

| | |
|---|---|
| 借：少数股东损益 | 8 374 916.66 |
| 贷：少数股东权益 | 8 374 916.66 |

注：8 374 916.66 元＝(B 公司年末未分配利润−34 993 879.77−B 公司年初未分配利润−52 085 546.43)×少数权益比例 49%。

**问题 3-2-12** 拆除红筹架构过程中收购 WOFE 股权的合并日确定

**问题：**

基于下文背景描述，A 公司拆除红筹架构过程中收购 WOFE(B 公司)股权的合并日如何确定？

**背景：**

A 公司和 B 公司均受自然人甲最终控制。其中 A 公司为境内经营实体。原先 A 公司的实际控制人为了将 A 公司的经营业务实现境外红筹上市，搭建了相应的红筹架构，在该架构中，为了规避境内产业政策对 A 公司所处行业引入外资的限制，采用了常见的协议控制模式，设立外商独资企业 B 公司(即此处所指的 WOFE)作为将境内经营实体的利润转移到境外上市主体的管道公司。B 公司自身无实质性经营业务，但通过一系列协议控制 A 公司。即，该红筹上市架构可以简单表述为：实际控制人直接持有开曼公司 D(拟在境外上市的主体)的股权，开曼公司下设立香港公司 C，香港公司 C 在境内设立外商独资企业 B 公司，B 公司通过一系列协议控制境内经营实体 A 公司。

现实际控制人放弃了在境外上市的计划，拟直接以 A 公司作为上市主体，在境内 A 股上市。为此需要进行拆除原搭建的红筹架构的工作。在这一过程中,A公司和B公司之间原有的控制协议均被解除,然后由A公司与B公司的直接股东——香港C公司签订股权转让协议,收购B公司的100%股权,将B公司变为A公司的全资子公司,股权收购价格为人民币83 290 625.00元,该收购事项已取得主管商务部门的批准。

A公司和创始股东在为A股上市之目的引入境内战略投资者时,承诺在该战略投资者出资后3个月内完成收购B公司全部股权的相关工作,取得变更后的营业执照,并向B公司的股东支付全部股权转让价款。B公司的股权转让价款在代扣代缴所得税后,全部汇至B公司的全资股东(香港C公司),进而汇至香港C公司的全资股东开曼D公司开立的独立银行账户,香港C公司和开曼D公司的独立银行账户的所有资金使用均需要经E公司和F公司(系当初在境外上市计划下引入的境外私募股权投资机构,持有开曼D公司的股权)分别指派的代表事先书面批准,开曼D公司收到的资金将全部被用于回购E公司和F公司所持有的开曼D公司股份。根据开曼D公司与E、F公司签订的股权回购协议约定,为了保护E公司和F公司的利益,在开曼D公司完成对E公司和F公司所持股权的回购(以股权回购款支付完毕为标志)之前,原有的红筹架构不得拆除。

**解答:**

如《计学撮要2011》中专题Ⅲ第三章第二节"问题4'付款超过50%'条款对合并日或购买日确定的影响问题"所述:

根据《企业会计准则第33号——合并财务报表》规定,控制是指投资方拥有对被投资方的权力,通过参与被投资方的相关活动而享有可变回报,并且有能力运用对被投资方的权力影响其回报金额。因此判断控制权是否存在,最关键的是三个标准是否同时满足:(1)对被投资企业相关活动的决策具有单方面决定的权力;(2)据此从被投资企业的相关活动中获取可变回报;(3)投资方在整个安排中的角色是"主要责任人"而不是"代理人"。购买日即为这三个标准同时得以满足的日期。一般情况下,合并日或购买日就是与所转让的标的股权相关的表决权、利润分享权(或亏损分担义务)和净资产权益等股东权利和义务均转归新的控股股东的日期。

在判断合并日或购买日的五个标准中,股权转让款的支付是一项较为次要的条件。该条件的本意是确保合并方(购买方)在被合并方(被购买方)中已经拥有足够大的经济利益,从而使得该项交易发生转回或撤销的可能性很小。如果《企业会计准则第20号——企业合并》应用指南》规定的合并日或购买日判断条件中的其余四项均已满足,仅仅是股权转让款的支付未达到50%,但有其他确凿证据表明在目前状况下,该交易撤销或转回的风险极小的(例如,对款项的支付方式、支付时间、相应的资金来源等均已做好安排,并且没有理由相信合并方或购买方会违约),则仅仅股权转让款支付不到50%不会影响控制权转移和合并日(购买日)的认定。

我们理解,本案例中的股权收购是发生在同一控制下的拆除红筹架构的重组,为A公司在境内IPO做准备,因而具有特殊性。根据本案例的具体情况,在考虑被合并方控制权转移问题时,除了按照前述问题解答中的提示,关注与被收购股权相关的被合并方经营决策权和收益权的转移以外,对股权转让款的支付问题可能要给予更大的权重。按照搭建红筹架构时的一般通用做法,本案例中的被收购方 B 公司(WOFE)很可能只是为了实现境内经营实体的利润向境外转移而设立的管道公司,其自身没有实质性的经营活动,这类 WOFE 股权本身的公允价值通常很小。在此情况下,境内经营实体 A 公司向香港 C 公司和开曼 D 公司支付远高于 WOFE 股权公允价值的股权受让款,并不是单纯的股权收购款,而更多的是用于向境外股东(两个境外私募投资者 E 公司和 F 公司)支付的投资退出款。如果实际控制人和两个外资基金股东之间达成的协议约定在两个外资基金股东收到投资退出款之前,目前的红筹架构仍应继续保持而不能实际拆除,则在两个外资基金股东实际收到投资退出款之前,因为交易过程尚未完成,交易目的尚未实现,故不认为 A 公司可以控制 B 公司。

另外,在 A 公司以 B 公司股权受让款的名义向 C 香港公司支付款项时,应依据实质重于形式的原则,将支付的收购价款超出 B 公司股权公允价值的差额部分作为股东的减资款处理,冲减 A 公司的资本公积,而不能计入其对 B 公司的投资成本。

**问题 3-2-13** 非同一控制下企业合并中负商誉确认应注意的问题
**问题:**

基于下文背景资料介绍,A 公司非同一控制下企业合并中负商誉的确认应注意什么问题? 这一问题在中国企业会计准则与 IFRS 下是否存在差异?

**背景:**

A、B 公司均为外商投资企业,原先两公司之间不存在关联方关系。现 A 公司受让 B 公司70%股份,受让价格为 2 310 万元(该交易价格系基于对 B 公司未来盈利的预测,采用收益现值法估值确定)。B 公司 2015 年 2 月 28 日(基准日)账面净资产 10 726.14 万元,资产基础法下的评估值为 7 598.13 万元。股权转让日(购买日)为 2015 年 6 月 30 日。在购买日,A 公司将取得的 B 公司净资产评估值 5 318.69 万元(7 598.13×70%)与股权转让价款 2 310 万元之间的差异,扣除 3~6 月的所属的经营亏损后,在合并报表中确认了营业外收入 2 500 万元。

A 公司的外方股东及其会计师不赞同上述确认大额营业外收入的做法,认为确认 B 公司可辨认净资产的公允价值不应超出 B 公司整体股权在收益法下的估值 3 300 万元(2 310÷70%)。

**解答:**

1. 根据《企业会计准则第 20 号——企业合并》第十三条第(二)项规定:"购买方对合并成本小于合并中取得的被购买方可辨认净资产公允价值份额的差额,应当按照下列规定处理:1. 对取得的被购买方各项可辨认资产、负债及或有负债的公允价值以及合并成本的计量进行复核;2. 经复核后合并成本仍小于合并中取得的被购买方可辨认净资产公允价值份额的,其差额应当计入当期损益"。即,A公司的管理层首先应对评估机构出具的评估结果进行复核,确保该评估结果中各项可辨认资产、负债及或有负债的公允价值的合理性和谨慎性,在此基础上确定各项可辨认资产、负债及或有负债的初始计量金额,以及计入营业外收入的金额(如有)。但是,我们认为对投资成本小于在被投资方可辨认净资产公允价值中份额的差额(负商誉)计入损益的金额的确认要谨慎。注册会计师应当根据《中国注册会计师审计准则第 1421 号——利用专家的工作》的相关规定执行审计程序,对购买日的购买对价分摊问题获取充分、适当的审计证据。

2. 对于购买日的购买对价分摊和商誉(负商誉)的确认和计量问题,中国企业会计准则和 IFRS 的规定并无差异。我们理解,A公司外方股东及其会计师的意见背后的逻辑应是:如果此次收购价格(2 310 万元)是基于对目标公司股权整体按收益法评估的结果,而评估机构对被购买方可辨认净资产的评估结果是采用成本法(资产基础法)得出 7 598.13 万元的评估值总额,则意味着成本法下的可辨认净资产评估值大于其整体可收回金额,购买日所确认的营业外收入将成为年末的资产减值损失,这样的结果显然是不合理的(换言之,B公司的原股东出售资产比出售股权可取得的价款高,但是选择出售股权而非出售资产,这显然是不合理的)。因此,我们理解外方股东及其会计师建议基于 2 310 万元的收购成本进行购买对价分摊,很可能是出于上述顾虑。

即,在实务操作中,对于购买日的"购买对价分摊"(Purchase price allocation,缩写为 PPA),一般是以成本法(资产基础法)下对单项可辨认资产、负债的评估值为基础,考虑根据《企业会计准则解释第 5 号》第一条的相关规定对符合可辨认性标准的被购买方无形资产进行识别和计量的结果加以确定,按该方法确定的可辨认净资产公允价值与合并成本之间的差额就是商誉或者负商誉。这种分摊方法导致的结果如果是正商誉,通常不会有明显问题,因为不会导致可辨认资产和商誉的初始计量金额之和超出其可收回金额。但是,如果这种分摊导致的结果是负商誉,则需谨慎地评估按照成本法(资产基础法)确定的单项可辨认资产初始计量金额是否超出了其可收回金额,如果是,则应当将其初始计量金额减记到可收回金额,相应减少购买日确认的负商誉,避免出现在购买日将负商誉计入营业外收入,而到年底又确认资产减值损失的情况。特别地,如果企业合并对价是根据对被购买方股权在收益法下的整体评估值确定的(即,合并对价等于可收回金额),而该被购买方整体属于一个资产组,则应当确保各项可辨认资产、负债及或有负债的初始计量金额之和不超出合并成本,即此时不应确认负商誉。

---

**问题 3-2-14** 非同一控制下企业合并,认缴与实缴资本比例不一致,且附有增资承诺的处理

**问题:**

如下文背景资料所述,非同一控制下企业合并中,认缴与实缴资本比例不一致,且附有增资承诺时如何确认购买日?在计算商誉和少数股东权益时,被

购买方的可辨认净资产是否应将股东未缴出资款包含在内？

**背景：**

A 公司系 X 公司（本案例中的会计主体）、Y 公司共同出资设立的合资公司,注册资本人民币 30 000 000.00 元,X 公司认缴出资金额为 14 700 000.00 元,占注册资本的 49.00％；Y 公司认缴出资金额 15 300 000.00 元,占注册资本的 51.00％。

A 公司设立时,公司章程中对缴付出资作出如下约定：成立日后 3 个月内缴付 15％注册资本；成立日后 2 年内缴付剩余 85％的注册资本；股东双方应基本同时出资,如果一方未履行出资义务,另一方亦无义务进行出资。另外章程中没有对出资未到位情况下利润分配方式和比例进行约定。

根据 2014 年 11 月签订的《股权转让协议》,X 公司以 7 800 000.00 元从 Y 公司受让 A 公司 26.00％的股权（折合股本 7 800 000.00 元）,其中 X 公司向 Y 公司支付现金 4 067 910.42 元,代为缴纳资本金 3 732 089.58 元,转让后 X 公司持有 A 公司股权比例为 75.00％。《股权转让协议》要求 X 公司于 2015 年 6 月完成出资。

A 公司于 2015 年 3 月通过《章程修正案》,变更后的章程仍然未对出资未到位情况下利润分配方式和比例进行约定。至此上述《股权转让协议》中的存量股权转让条款履行完毕。A 公司于 2015 年 4 月变更工商登记。

X 公司管理层认为 X 公司于 2015 年 3 月取得 A 公司控制权。

双方实际缴纳出资情况如下：

| 股东 | 2013.12.31 | 占比 | 2014.12.31 | 占比 | 2015.3.31 | 占比 | 2015.5.31 | 占比 |
|---|---|---|---|---|---|---|---|---|
| X(本公司) | 2 205 000.00 | 48.03％ | 11 025 000.00 | 48.80％ | 11 025 000.00 | 48.80％ | 15 092 910.42 | 66.80％ |
| Y | 2 385 900.00 | 51.97％ | 11 567 910.42 | 51.20％ | 11 567 910.42 | 51.20％ | 7 500 000.00 | 33.20％ |
| 合计 | 4 590 900.00 | 100.00％ | 22 592 910.42 | 100.00％ | 22 592 910.42 | 100.00％ | 22 592 910.42 | 100.00％ |

2015 年 3 月 31 日前,X 认缴股比为 49％,Y 认缴股比为 51％；2015 年 3 月 31 日存量股权转让完成后,X 认缴股比为 75％,Y 认缴股比为 25％。

双方已认缴但尚未实缴出资情况如下：

| 股东 | 2013.12.31 | 占比 | 2014.12.31 | 占比 | 2015.3.31 | 占比 | 2015.5.31 | 占比 |
|---|---|---|---|---|---|---|---|---|
| X(本公司) | 12 495 000.00 | 49.18％ | 3 675 000.00 | 49.61％ | 3 675 000.00 | 49.61％ | 7 407 089.58 | 100.00％ |
| Y | 12 914 100.00 | 50.82％ | 3 732 089.58 | 50.39％ | 3 732 089.58 | 50.39％ | | 0.00％ |
| 合计 | 25 409 100.00 | 100.00％ | 7 407 089.58 | 100.00％ | 7 407 089.58 | 100.00％ | 7 407 089.58 | 100.00％ |

**解答：**

首先明确讨论前提,以下讨论均将建立在以下各项假设的基础上：

1. 被购买方（A 公司）在权益法核算期间和购买日,其各项可辨认资产、负债的公允价值和账面价值均一致,不考虑两者不一致可能导致的公允价值调整问题。

2. 该交易的条款是彼此独立的非关联方之间的公允交易,不考虑其中可能涉及的交易条件不公允、关联方代付部分交易对价等因素。

3. 将购买日确定为 2015 年 3 月,符合《企业会计准则第 20 号——企业合并》及其应用指南对购买日定义和判断条件的规定(以下分析中另有说明和假设者除外)。

4. 股东之间对实缴资本比例与认缴资本比例不一致期间的损益分配和净资产归属问题无明确约定。

5. 虽然 A 公司目前处于累计亏损状态,但预计股权投资的可收回金额不低于其原始实缴出资额,因而尚未履行的增资承诺对 X 公司而言不会构成一项"亏损合同"(如《企业会计准则第 13 号——或有事项》所定义)。

在上述前提下:

根据《公司法(2013 年修订)》第三十四条的规定,在实缴资本比例和认缴资本(注册资本)比例不一致期间的损益分配和净资产归属问题,如果股东之间对此作出了明确约定的,应按股东之间的约定办理;没有约定或约定不明确的,则按实缴资本比例分享收益或分担亏损,剩余净资产份额也按实缴资本比例分配给各股东。

在本案例中,鉴于"根据 2014 年 11 月签订的《股权转让协议》,X 公司以 7 800 000.00 元从 Y 公司受让 A 公司 26.00% 的股权(折合股本 7 800 000.00 元),其中 X 公司向 Y 公司支付现金 4 067 910.42 元,代为缴纳资本金 3 732 089.58 元",即 X 公司支付合并对价包括两种形式:向原股东支付存量股份的受让价款,以及通过增资方式获取增量股份。据此,本案例可以分为两种情况讨论:

1. 如果存量股权转让价款支付和缴足已承诺的认缴资本这两部分对价的支付事实上构成一揽子交易的【即同时满足以下条件:①这两者系同时谈判确定,在同一份股权转让协议中一并约定;②在该协议中,对增资的期限、方式、每股增资价格等要素均已作出明确约定,增资约定具有可操作性;③协议约定只有在这两部分对价都已经实际支付或缴纳完毕后,X 公司才能取得对 A 公司的控制权】,则应在完成股权转让款支付和增资款缴纳后,以增资款缴纳完成的日期作为购买日,同时在该日计算合并成本、少数股东权益、归属母公司股东的权益和商誉的金额时,均包含这部分增资金额在内;相应地,购买日对被购买方的持股比例按 75% 计算,即相当于在合并报表层面,在购买日直接按照分次交易实现非同一控制下的企业合并(见《企业会计准则第 33 号——合并财务报表(2014 年修订)》第四十八条)的处理原则处理。

2. 如果存量股权转让价款支付和缴足已承诺的认缴资本这两部分对价的支付不构成一揽子交易,且股东双方(X 公司、Y 公司)均认可尚未履行的增资款缴纳义务不影响 X 公司取得对 A 公司的控制权的,则 X 公司在支付了存量股份的受让价款之后即可取得对 A 公司的控制权,则在购买日计算合并成本、少数股东权益、归属母公司股东的权益和商誉的金额时,均不考虑这部分尚未实际缴纳的出资,且购买日对被购买方的持股比例按实缴资本比例(66.80%)计算。在购买日后 X 公司履行该出资义务时,在 X 公司的个别报表层面应按实际缴纳的出资额增加对 A 公司的长期股权投资的账面价值,在 X 公司的合并报表层面应作为购买少数股东权益,按照《企业会计准则解释第 2 号》第二条和《企业会计准则第 33 号——合并财务报表(2014 年修订)》第四十七条规定的"权益性交易"原则处理,将增资金额与增资前后相比在 A 公司自购买日开始持续计算的净资产中所享有份额的增量之间的差额调整资本公积(资本溢价),资本公积不足冲减的,调整留存收益。

**问题 3-2-15**  上市公司无偿受赠股份但需向目标公司分次增资的企业合并事项的会计处理

**问题:**

上市公司无偿受赠股份但需向目标公司分次增资的企业合并事项的如何进行会计处理?

**背景:**

2014 年 1 月,A 上市公司(甲方)、B 公司(乙方)及 B 公司的 24 位自然人股东(丙方,以下统称"自然人股东")三方签订《股权转让及增资扩股协议书》,约定:自然人股东按其原持股比例无偿共同向 A 公司转让 B 公司 52% 的股权;股权转让后 A 公司向 B 公司增资 6 900 万元,其中一期增资 1 500 万元,二期增资 1 000 万元,剩余 4 400 万元 2 年内完成。同时,《股权转让及增资扩股协议书》约定:"本协议丙方无偿赠与甲方的 52% 股权与甲方向乙方的增资系整体协议行为,如因非丙方或乙方原因致使本协议解除或不能履行的,甲方需无条件将丙方无偿转让的 52% 股权返还。";"一期增资完成后,甲方在乙方股东会拥有85% 的表决权,丙方拥有 15% 的表决权;乙方董事会设五人,甲方推荐四名董事,丙方推荐一名。"并约定:"本协议各方一致确认 2013 年 11 月 30 日为本协议项下增资事宜之财务基准日。"

交易相关信息如下:

| 基准日信息: | |
| --- | --- |
| 基准日: | 2013 年 11 月 30 日 |
| 基准日被合并方账面净资产: | 759.57 万元 |
| 基准日被合并方净资产评估值: | 2 330.58 万元 |
| 评估增值: | 1 571.01 万元 |
| 购买日确定: | 2014-05-30 |
| 购买方董事会日期: | 2014-01-14 |
| 购买方股东会日期: | 2014-02-18 |
| 被购买方股东会日期: | 2014-03-28 |
| 股权转让协议签订日期: | 2014-01-14 |
| 改选董事会日期: | 2014-03-28 |

（续表）

| 增资款缴纳情况： | |
|---|---|
| 2014-04-18 | 1 500 万元 |
| 2014-06-17 | 1 000 万元 |
| 2014-06-27 | 360 万元 |
| 被购买方营业执照变更日期： | 2014-05-30 |
| 增资款支付方式： | 银行存款 |
| 购买日被购买方账面净资产（扣除专项储备）： | 19 599 700.85 |
| 评估增值： | 15 710 109.10 |
| 合并日被合并方可辨认净资产公允价值： | 35 309 809.95 |

本次增资前 B 公司股本为 3 100 万元，本次股权转让及增资后，A 公司对 B 公司的持股比例为 85%。

**解答：**

由于本案例中的股权无偿转让和受让方增资是一揽子交易行为，因此应当作为一个整体进行会计处理（各步骤整体上构成一项非同一控制下的企业合并，注意不是《企业会计准则第 33 号——合并财务报表（2014 年修订）》第四十八条所指的"分步购买"情形）。对购买方 A 公司而言，其取得 B 公司股权并非无偿，其所支付的合并对价是后续各次增资款中按股权比例计算归属于少数股东的部分。

如果在完成第一期出资 1 500 万元的缴纳之后，A 公司才能在 B 公司的股东会和董事会中获得多数表决权，取得主导 B 公司相关活动的权力，并据此从 B 公司的经营活动中享有和承担可变回报；且后续两次增资（合计 5 400 万元）无法律障碍，且 A 公司有足够的财务实力保证在合同约定的期限内完成增资，不会因为 A 公司方面的违约行为导致交易被转回或撤销的，则可以认可以第一期出资已缴纳并完成 B 公司董事会改选之日作为购买日，自该日起将 B 公司报表纳入合并范围。但因为此处没有说明在约定的 6 900 万元出资全部缴足之前 A 公司和其他股东如何确定在 B 公司的净资产、净利润中应享有的份额，建议各方股东之间对此问题补充约定，作为购买日及其后会计处理和合并报表处理的依据。

因为本案例中的出资款约定分期缴纳，因此商誉金额也应当分次计算，各次增资中形成的商誉金额之和即为最终交易全部完成后合并报表层面应确认的商誉金额。每一次出资所形成的商誉金额计算如下：

某次出资形成的商誉金额＝本次对 B 公司出资金额－（本次出资后 A 公司在 B 公司的可辨认净资产中所享有的份额－本次出资前 A 公司在 B 公司的可辨认净资产中所享有的份额）

其中：假设 B 公司各方股东约定按实缴出资比例确定在 B 公司的净资产和净损益中所享有的份额，则：

本次出资后 A 公司在 B 公司的可辨认净资产中所享有的份额＝（本次出资

前 B 公司可辨认净资产＋本次 A 公司追加出资额)×本次出资后 A 公司对 B 公司持股比例(按实缴出资比例计算,下同)

本次出资前 A 公司在 B 公司的可辨认净资产中所享有的份额＝本次出资前 B 公司可辨认净资产×本次出资前 A 公司对 B 公司持股比例(注:首次出资前持股比例按零计算)

其中,上面各公式中的"B 公司可辨认净资产"均指以购买日(2014 年 5 月 30 日)的公允价值为基础持续计算到本次出资日的金额,即 A 公司合并报表层面体现的金额。

本次出资形成的商誉金额＝本次 A 公司追加出资额－(本次出资后 A 公司在 B 公司的可辨认净资产中所享有的份额－本次出资前 A 公司在 B 公司的可辨认净资产中所享有的份额)

所有各次约定的增资全部完成后,最后以各次增资形成的商誉金额之和为合并报表层面最终确认的商誉金额。同时在每次增资完成后,对少数股权比例和份额进行相应的调整,少数股东权益的变动额在合并股东权益变动表中列入"所有者投入和减少资本——其他"项。

在个别报表层面的处理相对简单,无偿受赠股权时不做账务处理,根据每次实际向 B 公司增资的金额计入长期股权投资成本即可,各次增资全部完成后,最终长期股权投资成本为 6 900 万元。

在合并现金流量表中,因为全过程中没有向合并范围以外的其他方(包括 B 公司原股东)支付现金,因此本次并购产生的现金净流出为零。在取得对 B 公司的控制权之日,按该日 B 公司的现金及现金等价物余额列入合并现金流量表中的"收到其他与投资活动有关的现金"项目内。

**问题 3-2-16** 关于非同一控制下企业合并中被购买方可辨认净资产公允价值在购买日后的持续计算调整事项

**问题:**

如下文背景资料所述,被购买方某项可辨认资产或负债在购买日的公允价值与账面价值存在差异。购买日后,当该项可辨认资产或负债被转移给合并报表范围内的其他成员企业时,合并报表层面应如何延续原先购买日的公允价值调整?

**背景:**

2014 年 A 公司通过非同一控制下企业合并取得 B 公司 75％股权时,合并成本大于合并中取得的 B 公司可辨认净资产公允价值份额的差额确认为商誉,编制合并报表时,对于在 B 公司个别报表层面计入递延收益的政府补助,因未来需返还给政府的可能性极小,故将其于购买日的公允价值确定为零。2015 年 6 月末,B 公司根据发改委批文将以前收到的政府补助 5 815 万元(B 公司账面为递延收益,尚未发生任何支出项目)转让给 A 公司,未来以 A 公司为主体实施原 B 公司向政府申请补助资金时计划开展的项目。

**解答：**

首先要指出：2015 年 6 月 B 公司根据发改委批文将账面确认为递延收益的 5 815 万元政府补助转入 A 公司，对 A 公司合并报表层面而言是合并范围内的内部重组行为，不影响合并集团对外的财务状况、经营成果和现金流量，即该事项对 A 公司的合并报表完全没有影响，因此在内部划转后合并报表层面多出递延收益，以及对商誉进行调整的情况都是不应出现的。

根据《企业会计准则第 20 号——企业合并》的规定，在非同一控制下企业合并中，被购买方的各项资产、负债在购买日应按照公允价值进行初始计量；根据《〈企业会计准则第 20 号——企业合并〉应用指南》的规定，对于负债在购买日的公允价值的确定原则如下："短期负债，一般按照应支付的金额确定其公允价值；长期负债，应按适当的折现率折现后的现值作为其公允价值。"我们理解为截至购买日，B 公司的递延收益 5 815 万元已经基本确定无需返还给政府，即不符合"负债"的定义和确认条件，则该项递延收益在合并报表层面的购买日公允价值为零（相应增加购买日取得的 B 公司可辨认净资产公允价值，减少商誉）。在 A 公司合并报表层面，不再确认该笔递延收益。相应地，以后年度合并报表层面也不再有由该项递延收益摊销所形成的损益影响。因此导致 B 公司个别报表层面和购买方合并报表层面对购买日之前形成的递延收益的会计处理存在差异，在编制合并报表时应当注意进行该项"视角差异"调整。

2015 年 6 月末，B 公司根据发改委的批文，将此项政府补助 5 815 万元转让给 A 公司，我们认为此事项未改变 A 公司对 B 公司能够控制的经济资源及其风险和报酬特征，不应改变 B 公司递延收益公允价值为零的初始认定，编制合并报表时不应恢复递延收益科目，不应多计 5 815 万元递延收益，A 公司、B 公司各单体报表可以按照递延收益转移进行会计处理，在编制合并报表时应当注意"视角差异"调整。由于该递延收益在合并报表层面的原账面价值为零，因此转移到 A 公司之后，其在合并报表层面的账面价值继续为零保持不变。相应地，也不会因为内部重组事项导致合并报表层面的商誉发生减值。可参照《计学撮要 2013》之"问题 3-2-32　对非同一控制下企业合并的被购买方账面上的递延收益或专项应付款的处理"。

对于递延所得税负债问题，因为合并报表层面该项递延收益的账面价值为零，同时根据《企业会计准则第 18 号——所得税》第六条的规定，"负债的计税基础，是指负债的账面价值减去未来期间计算应纳税所得额时按照税法规定可予抵扣的金额"，即：如果该项补贴款在当初 B 公司收到时已经计入应纳税所得额，后续不再有纳税义务的，则其计税基础为零，账面价值和计税基础都为零，所以在合并报表层面是没有递延所得税影响的。

B 公司将该款项转给 A 时，双方各自账务处理（单位：万元）：

B 公司（企业所得税适用税率为 15%）：

借：递延收益 5 815
　　贷：银行存款 5 815

| 借：所得税费用——递延所得税费用 | 872.25 | |
| --- | --- | --- |
| 贷：递延所得税资产 | | 872.25 |

A公司：

| 借：银行存款 | 5 815 | |
| --- | --- | --- |
| 贷：递延收益 | | 5 815 |

因为A公司对该递延收益的确认并非企业合并,且属于在初始确认时既不影响应纳税所得额也不影响会计利润的负债初始确认,故不确认递延所得税。

在编制2015年度A公司合并报表时,应当在对被购买方(B公司)的可辨认资产、负债以购买日公允价值为基础进行持续调整时,继续包含对上述已经转入A公司的递延收益的调整,将其在合并报表层面的账面价值调整为零。对B公司个别报表层面确认的"所得税费用——递延所得税费用",在A的合并报表层面也应当予以抵销(在对B的可辨认资产、负债的调整中一并考虑),经过这样处理之后,合并报表层面得出的商誉金额才能与2014年度合并报表中的金额一致。

**问题3-2-17** 对被购买方所持有的有利合同权益的考虑

**问题：**

如下文背景所述,A公司可能获得的拆迁补偿在企业改制的背景下如何进行处理?

**背景：**

A公司为国有企业,拟进行改制,国有股份全部退出,变成完全的民营企业。民营企业X公司拟收购A公司的100%股权。

A公司实际使用并控制的"G(09)42号地块"及地上建筑物属于账外资产,目前该地块正在拆迁中,拆迁尚未完成,该地块尚未交付给B公司(系房地产开发企业,已经通过招、拍、挂取得"G(09)42号地块"的房地产开发权)。A公司已与B公司签订G(09)42号地块补偿合同,约定补偿方式为B公司向A公司交付该地块上开发的部分房产,并确保A公司取得这些房产的完整产权。这些作为实物补偿的房产预计将在2019年6月左右交房。

该项目截至2015年6月9日尚未办理完毕建设规划许可证和施工许可证,原因主要系政府行政审批拖延所致。

目前,A公司正在进行资产评估,为其改制和被X公司收购100%股权的交易提供作价依据。

**解答：**

此问题应区分两个视角讨论：一是在被改制的A公司自身作为一个独立的、延续的会计主体的视角;二是基于其即将进行改制,国有股权将全部退出并通过股权转让变为民营企业的特殊背景,基于其原股东和新股东谈判股权转让价格的需要而确定其基准日股权公允价值的视角。在不同的视角下,有不同的考虑。

对于前段所述的**第一个视角,即基于被改制企业自身作为一个独立的、延续的会计主体的视角**,在搬迁尚未完成,尚未获得对方按拆迁补偿协议承诺给予的指定面积房产的情况下,将来通过拆迁补偿可获得的经济利益并不是目前已经实现的经济利益,相应地,该项或有资产也不应在被改制企业自身账面上确认。

对于前段所述的**第二个视角,即股权转让交易双方(新老股东)的视角**,其关注点是确定被改制企业基准日净资产的公允价值,作为确定股权转让价格的基础;同时对新股东 X 公司而言,其取得被改制企业的股权构成一项非同一控制下的企业合并(假设被购买方构成"业务",下同),因而应考虑如何站在购买方的立场上,根据《企业会计准则第 20 号——企业合并》的规定对该项收购业务进行会计核算和合并报表编制。相应地,在第二个视角下,对该项或有资产(即被购买方通过持有已签订的拆迁补偿协议可获得的经济利益)的考虑和第一个视角下有所不同。在企业合并的购买方视角下,参照 IFRS 体系下《国际财务报告准则第 3 号——企业合并》的有关规定(见下文"权威指引"部分),对被购买方持有的合同权益(有利合同 favourable contract)也应当纳入被购买方的可辨认净资产中,一并评估其公允价值。该合同权益的公允价值可以按以下方法确定:

合同约定应于 2019 年交付的补偿房产于当前的公允价值(参照周边同类房产的当前公允价值确定)

减: 自基准日至预定交房日之间的资金时间价值

减: 债务人履约风险(信用风险)折扣(根据具体情况确定折扣比例)

＝该合同权益的公允价值

需要强调的是该合同权益的公允价值不是直接体现在被改制企业自身的账簿和报表上,而是在确定股权转让价格时将其公允价值纳入考虑,购买方在编制合并报表时将其体现在购买方的合并报表上。最终取得合同约定的房产时,无论在被改制企业自身报表中还是在届时购买方的合并报表中,所取得的房产均应按照届时该房产的公允价值入账。

**权威指引:**

IFRS 3 中关于"被购买方所持有的有利合同权益"的相关规定(以被购买方是经营租赁的承租人的情形为例):

B28 The acquirer shall recognise no assets or liabilities related to an operating lease in which the acquiree is the lessee except as required by paragraphs B29 and B30.

B29 The acquirer shall determine whether the terms of each operating lease in which the acquiree is the lessee are favourable or unfavourable. The acquirer shall recognise an intangible asset if the terms of an operating lease are favourable relative to market terms and a liability if the terms are unfavourable relative to market terms. Paragraph B42 provides guidance on measuring the acquisition-date fair value of assets subject to operating leases in which the acquiree is the lessor.

B30 An identifiable intangible asset may be associated with an operating lease, which may be evidenced by market participants' willingness to pay a price for the lease even if it is at market terms. For example, a lease of gates at an airport or of retail space in a prime shopping area might provide entry into a market or other future economic benefits that qualify as identifiable intangible assets, for example, as a customer relationship. In that situation, the acquirer shall recognise the associated identifiable intangible asset(s) in accordance with paragraph B31.

中文翻译如下：

B28 如果被购买方是承租人，则购买方不应确认与经营租赁相关的资产和负债，本附录第 B29 段和第 B30 段规定的除外。

B29 购买方应确定被购买方作为承租人的各项经营租赁的条款是有利的还是不利的。如果经营租赁的条款相对于市场条款是有利的，那么购买方应确认一项无形资产，反之，如果相对于市场条款是不利的，则确认一项负债。本附录第 B42 段对被购买方作为出租人的经营租赁资产在购买日的公允价值计量提供了指南。

B30 可辨认无形资产可能与经营租赁相关：这可能被市场参与者愿意为该租赁支付价格所证明，即使条款与市场条款相同。例如，机场登机口的租赁或黄金购物区域零售摊位的租赁可能提供了进入市场的途径或其他未来经济利益，比如客户关系。在这种情况下，购买方应根据本附录第 B31 段确认相关的可辨认无形资产。

---

**问题 3-2-18** 非同一控制下企业合并中被购买方原报表中的商誉以及其商标、客户关系等处理

**问题：**

非同一控制下企业合并中，被购买方原财务报表中存在的商誉，购买方在编制合并财务报表时应如何处理？购买方在合并财务报表中能否将被购买方的商标和客户关系确认为无形资产，如果可以，应如何确认？

**解答：**

1. 依据企业会计准则，在编制非同一控制下企业合并中购买方的合并报表时，对被购买方自身合并报表中的商誉和递延所得税资产(负债)都是不予考虑的，购买方应站在购买方的立场上重新计算(参见下述思路与提示)。即根据准则规定的公式重新计算购买日合并报表层面应确认的商誉和递延所得税资产(负债)，而不考虑被购买方自身账面上这些项目的原有金额。

依据《企业会计准则第 20 号——企业合并》第十三条：

购买方在购买日应当对合并成本进行分配，按照本准则第十四条的规定确认所取得的被购买方各项可辨认资产、负债及或有负债。

（一）购买方对合并成本大于合并中取得的被购买方可辨认净资产公允价值份额的差额，应当确认为商誉。

初始确认后的商誉，应当以其成本扣除累计减值准备后的金额计量。商誉的减值应当按照《企业会计准则第 8 号——资产减值》处理。

（二）购买方对合并成本小于合并中取得的被购买方可辨认净资产公允价值份额的差额，应当按照下列规定处理：

1. 对取得的被购买方各项可辨认资产、负债及或有负债的公允价值以及合并成本的计量进行复核；

2. 经复核后合并成本仍小于合并中取得的被购买方可辨认净资产公允价值份额的，其差额应当计入当期损益。

依据《企业会计准则讲解 2010》第 327 页：

4. 对于被购买方在企业合并之前已经确认的商誉和递延所得税项目，购买方在对企业合并成本进行分配、确认合并中取得可辨认资产和负债时不应予以考虑。

根据前述规定，购买方在确定商誉的初始计量时应按照以下步骤进行：

（1）确定被购买方各项可辨认资产、负债及或有负债的公允价值。

（2）根据被购买方各项可辨认资产、负债及或有负债的公允价值和计税基础之间的差异，以及被购买方的适用税率，确认递延所得税负债(或资产)。

（3）根据合并成本与被购买方可辨认净资产公允价值(含上述第二步确认的递延所得税负债或资产)之间的差异，确认商誉或负商誉。

在这一计算过程中，不考虑被购买方账面上原有的商誉和递延所得税资产、负债。

2. 商标和客户关系等的处理。

《企业会计准则第 20 号——企业合并》第十四条规定：

被购买方可辨认净资产公允价值，是指合并中取得的被购买方可辨认资产的公允价值减去负债及或有负债公允价值的余额。被购买方各项可辨认资产、负债及或有负债，符合下列条件的，应当单独予以确认：

（一）合并中取得的被购买方除无形资产以外的其他各项资产(不仅限于被购买方原已确认的资产)，其所带来的经济利益很可能流入企业且公允价值能够可靠地计量的，应当单独予以确认并按照公允价值计量。合并中取得的无形资产，其公允价值能够可靠地计量的，应当单独确认为无形资产并按照公允价值计量(详见下述《企业会计准则解释第 5 号》第一条：非同一控制下企业合并中无形资产的确认)。

（二）合并中取得的被购买方除或有负债以外的其他各项负债，履行有关的义务很可能导致经济利益流出企业且公允价值能够可靠地计量的，应当单独予以确认并按照公允价值计量。

（三）合并中取得的被购买方或有负债，其公允价值能够可靠地计量的，应当单独确认为负债并按照公允价值计量。或有负债在初始确认后，应当按照下列两者孰高进行后续计量：

1. 按照《企业会计准则第 13 号——或有事项》应予以确认的金额；

2. 初始确认金额减去按照《企业会计准则第 14 号——收入》的原则确认的累计摊销额后的余额。

《企业会计准则解释第 5 号》第一条规定：

非同一控制下企业合并中，购买方在对企业合并中取得被购买方资产进行初始确认时，应当对被购买方拥有的但在其财务报表中未确认的无形资产进行充分辨认和合理判断，满足以下条件之一的，应确认为无形资产：（一）源于合同性权利或其他法定权利；（二）能够从被购买方中分离或者划分出来，并能够单独或与相关合同、资产和负债一起，用于出售、转移、授予许可、租赁或交换。

企业应当在附注中披露在非同一控制下的企业合并中取得的被购买方无形资产的公允价值及其公允价值的确定方法。

根据前述规定，购买方在购买日应当对合并成本进行分配，确认所取得的被购买方各项可辨认资产、负债及或有负债。合并中取得的被购买方除无形资产以外的其他各项资产（不仅限于被购买方已确认的资产），其所带来的经济利益很可能流入企业且公允价值能够可靠计量的，应当单独予以确认并按照公允价值计量。合并中取得的满足《企业会计准则解释第 5 号》第一条所规定的"可辨认性标准"的无形资产，其公允价值能够可靠地计量的，应当单独确认为无形资产并按照公允价值计量。

因此，在非同一控制下企业合并中，对被购买方的符合"可辨认性标准"且公允价值能够可靠计量的无形项目，就可以确认为无形资产。满足该条规定可单独确认的被购买方无形资产，实务中常见的如：①技术类无形资产：被购买方自行开发的专利权、非专利技术等；②营销类无形资产：被购买方所拥有的驰名商标和商号名、业务渠道和客户资源等；③许可类无形资产：购买方依据《行政许可法》相关规定取得的资质等行政许可[满足条件（一）]。本案例中，被购买方的商标和客户关系，一般而言符合前述条件，应该将其单独确认为无形资产，相应地减少购买日所确认的商誉。

对于所确认的被购买方无形资产，后续应根据《企业会计准则第 6 号——无形资产》的相关规定，谨慎评估其使用寿命，对使用寿命有限的无形资产需要将其于购买日的初始确认金额（购买日公允价值）在其使用寿命内摊销（这部分摊销金额也将起到抵减以后年度利润的效果），并在出现减值迹象时进行减值测试，对可收回金额低于账面价值的差额计提减值准备。

就本案例中商标、客户关系的摊销年限的确定，建议：

（1）审核、核实、验证（或佐证）：本案例涉及的商标、客户关系清单的真实性。

（2）在（1）的基础上，通过交叉比对相关与商标、客户关系合同期限、适用的相关法律认定的有效期（自购买日起，而不是自交易估值报价日起）及因本次并购可能签署的补充协议或作废的合同（或条款）的影响，就本案例而言，通常应咨询相关领域法律专家并执行利用专家审计工作程序。在法定有效年限和合同年限两者之间取短者。

（3）在执行（1）和（2）的同时考虑：相关商标、客户关系在交易估值报价阶段可能符合独立于商誉确认的无形资产的条件，但并不必然代表相关商标、客户关系在购买日及以后仍然符合该等条件。因此，应对相关商标、客户关系就并购交易前后的变化执行必要评估审核，如结合相关并购前后相关商标、客户关系保持等信息复核第三方（或 A 公司及 B 集团公司自评的，但最好是有权威认可的第三方外部证据）就商标、客户关系在购买日估值的假定前提、估值输入参数等，重点关注对估值影响较大的因素，如因并购交易导致的可持续性和波动性影响等。

**问题 3-2-19** 会计政策变更的追溯调整导致的合并对价分摊的处理
**问题：**

如下文背景资料所述，被购买方会计政策变更的追溯调整是否影响原购买日的合并对价分摊以及商誉初始计量，如有影响应如何进行会计处理？

**背景：**

A 公司于 2017 年度以现金收购 B 企业集团旗下的特定业务，包括 B 企业集团旗下位于德国、美国、瑞士、法国、捷克、印度、中国等地的 8 家股权主体。2017 年 3 月 31 日，交易双方完成了购买业务的交割。上述购买的业务均并入了 A 公司于 2016 年设在德国的一家子公司内（连同并购业务以下简称"境外子集团"）。该项收购交易对 A 公司而言构成非同一控制下的企业合并。

境外子集团主要产品为工业清洗机，每台单价几十至 100 多万欧元，生产周期 6 个月~1 年，在原 B 企业集团内作为定制化产品适用《企业会计准则第 15 号——建造合同》确认收入，根据实际发生的成本占预计总成本的比例确定完工进度。A 公司并购后，拟将境外子集团的收入确认政策改为适用《企业会计准则第 14 号——收入（2006）》中的"销售商品模式"，即按照产品交付并通过买方验收时确认收入，由此导致境外子集团会计政策变更。

A 公司收购 B 企业集团特定业务的重大资产重组的"拟购买资产二年一期财务报表"系基于该工业清洗机业务在《企业会计准则第 15 号——建造合同》基础上核算、列报而编制，注册会计师也据此出具审计报告，评估师根据此经审计结果进行评估，确认合并对价分摊，由于收入确认会计政策变化，进行追溯调整，会导致对 A 公司合并特定业务时点的相关数据的改变，例如会将购买日原按《企业会计准则第 15 号——建造合同》确认的应收账款调整回存货。

**解答：**

在本案例中，如果确定进行该项会计政策变更是恰当的，则对境内子公司延续编制的财务报表而言，应按《企业会计准则第 28 号——会计政策、会计估计变更和差错更正》进行衔接处理；对各家境外子公司自身延续编制的财务报表而言，应按适用的所在国会计准则中关于会计政策变更的相关规定（如《国际会计准则第 8 号——会计政策、会计估计变更和差错》)进行衔接处理。

但是,在 A 公司的合并报表层面,这些境外子集团的资产是自购买日(2017年 3 月 31 日)起以购买日公允价值为起点进行持续计量的。对购买日被收购方的存货,依据《〈企业会计准则第 20 号——企业合并〉应用指南》的规定,其购买日公允价值的确定原则为:"对其中的产成品和商品按其估计售价减去估计的销售费用、相关税费以及购买方出售类似产成品或商品估计可能实现的利润确定;在产品按完工产品的估计售价减去至完工仍将发生的成本、估计的销售费用、相关税费以及基于同类或类似产成品的基础上估计出售可能实现的利润确定;原材料按现行重置成本确定。"即,购买日被收购方存货的公允价值确定不应受到被收购方在其自身财务报表中的收入确认政策的影响,上述会计政策变更不应影响购买日的"购买对价分摊"结果和商誉的确认,只影响收购方合并报表层面显示的被收购方于购买日后至年末期间的经营成果。

类似地,《〈企业会计准则第 20 号——企业合并〉应用指南》对购买日被购买方应收款项的公允价值的确定原则为:"其中的短期应收款项,一般按照应收取的金额作为其公允价值;长期应收款项,应按适当的利率折现后的现值确定其公允价值。在确定应收款项的公允价值时,应考虑发生坏账的可能性及相关收款费用。"即,对购买日被收购方与建造合同相关的应收账款,应按其与客户签订的合同中约定截至购买日有权收取的金额(注:与会计上的完工百分比无关,仅与合同约定的结算条款相关)减去适当的坏账准备作为公允价值,而不是按照被收购方自身报表中按建造合同的完工百分比法确认的收入计算。相应地,此次会计政策变更也不影响购买日应收账款的公允价值。

**问题 3-2-20** 　企业吸收合并后业绩对赌和双方商誉减值问题

**问题:**

如下文背景资料所述,A 公司的全资子公司 B 拟吸收合并 A 公司的另一全资子公司 C,合并后,B 公司原业绩承诺的实现情况如何计算和考虑? A 公司原通过非同一控制下企业合并 C 公司时产生的商誉的减值如何考虑?

**背景:**

A 公司系上市公司,2017 年度通过非同一控制下的企业合并收购 B 公司100%股权,相关收购对价的支付采用现金加股权的形式,收购协议中 B 公司原股东将 2017 年度、2018 年度和 2019 年度 3 年作为业绩承诺期。自 2017 年 7月开始,A 公司将 B 公司纳入合并范围,收购 B 公司产生商誉 25.71 亿元。本次收购构成重大资产重组,相关方案已经报证监会重组委审批并审核通过。

A 公司 2014 年度通过非同一控制下的企业合并收购 C 公司 100%的股权。收购协议中 C 公司原股东将 2014 年度、2015 年度和 2016 年度 3 年作为业绩承诺期。2017 年,因业绩承诺期已满,C 公司原管理团队(创始人股东)已经离职,A 公司委派了新的管理团队,C 公司 2017 年度实现业绩相比 2016 年度有所下滑。A 公司收购 C 公司时产生商誉 9.10 亿元。

　　上述 B、C 两家子公司处于同一行业,双方在产品、技术、设备上有一定的重合性,终端客户基本相同,业务高度协同,双方可共享采购、客户、生产、技术、设备等资源。

　　B 公司在产业内较 C 公司具有更强的经营实力,且经营团队(原 B 公司创始股东,业绩承诺方)年富力强,拟于 2018 年度将 C 公司整合到 B 公司业务体系,充分发挥各主体之间的协同效应,同时更好地实现业绩承诺,获得超额奖励。

　　A 公司从公司整体战略及利益出发,也希望通过两个子公司的深度整合,提升公司在上述业务板块的行业地位和市场竞争力,更好地为客户提供一站式的系统解决方案,有效降低经营成本,提升运营效率。

　　但由于 B 公司在 2018 年度和 2019 年度仍处于业绩承诺期,承诺期内需要根据 B 公司的实现净利润来判定原股东是否需要向 A 公司进行补偿或 A 公司对原股东进行超额奖励。若将 C 公司 2018 年度整合进入 B 公司,合并为一家公司,则如何准确判定 B 公司对赌期内净利润的实现情况?

　　B、C 两个子公司整合为一家公司后,由于原两个子公司业务基本相同,客户、采购、设备等资源体系高度重合或近似,A 公司收购两个子公司形成的商誉难以对应原有的资产组进行拆分和进行资产减值测试。在此情况下,如何准确判定业绩承诺期满时 B 公司商誉的减值情况?

　　A 公司管理层对该事项内部形成了两种观点:

　　(一)第一种观点:

　　1. 整合后 B 公司实现的业绩承诺情况的判定。

　　从交易本质来看,可以看成 B 公司原有创始股东(即业绩承诺方)为更好地完成业绩承诺,获取超额奖励收益而进行的一项资产或业务并购。承诺方通过向 A 公司以双方认可的价格取得 C 公司的收益权,从而获得合作期内 C 公司的资产运营权,并通过深度运营获得预期的回报。本质上看,和 B 公司为实现业绩目标,采取向银行融资借款投入生产经营,支付利息后,将经营获得的超额收益作为 B 公司的回报是一样的。

　　因此,基于对本次交易实质的上述理解,B 公司业绩承诺方可与 A 公司签署关联交易协议,由 A 公司将 C 公司整体资产和负债划转至 B 公司,或 A 公司以 C 公司全部股权增资 B 公司,再由 B 公司吸收合并 C 公司(最终实现两个子公司完全融合,具体方式以税负最小的方式进行)。

　　B 公司业绩承诺方将按照双方协商的条件,于 2018 年和 2019 年支付固定的利润考核金额,该等金额可确保 C 公司原有商誉不发生减值。C 公司的承诺业绩额作为 B 公司合并后承诺业绩考核的扣减项,即以 B 公司合并 C 公司后的总净利润扣除应支付给 A 公司的承诺业绩额后的净利润来判定业绩承诺方是否需要向 A 公司进行补偿或获得超额奖励。

　　综上,判定合并后的承诺净利润,区分的核心原则是将合并整合 C 公司看作与 A 公司进行的一项融资行为,承诺的净利润作为一种融资的刚性成本扣减项。

　　2. 整合后 B 公司商誉减值情况。

　　财政部 2015 年 11 月发布的《企业会计准则解释第 7 号》第四条规定:

原为非同一控制下企业合并取得的子公司改为分公司的,原母公司购买原子公司时产生的合并成本小于合并中取得的可辨认净资产公允价值份额的差额,应计入留存收益;原母公司购买原子公司时产生的合并成本大于合并中取得的可辨认净资产公允价值份额的差额,应按照原母公司合并该原子公司的合并财务报表中商誉的账面价值转入原母公司的商誉。原为同一控制下企业合并取得的子公司改为分公司的,原母公司在合并财务报表中确认的最终控制方收购原子公司时形成的商誉,按其在合并财务报表中的账面价值转入原母公司的商誉。

因此,B 公司整合 C 公司后,C 公司的商誉将并入 B 公司报表。

由于两个子公司业务高度重合,合并后商誉难以区分进行测试。此外,由于上述交易方案中,业绩承诺方承诺 C 公司的业绩金额可以全部覆盖 C 公司2018 年和 2019 年商誉减值的风险,从而,在整合后的运作期间内,虽然两个子公司整合后商誉合并在一起了,合并后商誉若发生减值,该等减值应全部归属于 B 公司业绩承诺中应予以补偿的商誉减值额。业绩承诺方应根据合并后商誉减值的金额,对照原与 A 公司的补偿条款向 A 公司进行补偿。

因此,从本次交易实质和方案设计来看,技术上是可行的。

(二)第二种观点:

B、C 两家公司在 B 公司业绩承诺期内不能合并(2018 年度和 2019 年度),B 公司于 2017 年 7 月收购完成,2017 年、2018 年和 2019 年属于业绩承诺期,作为重大资产重组,相关方案已经报经证监会重组委审批并审核通过,承诺期内若通过外部非关联方并购等事项实现业绩等是可行的,但是通过吸收合并关联方(受同一母公司控制)来实现考核和实现业绩是不合适的,建议可以通过共享资源和管理等进行整合,但是需要保持两个相对独立的资产组,以方便核算各自业绩和商誉减值情况,至于公用管理、设备等资源,可以通过合理公允的价格予以结算。

**解答:**

在业绩对赌期间,标的公司发生业务重组对业绩补偿和承诺条款产生的影响,应由承诺双方(B 公司新旧股东)协商解决,必要时签署补充协议予以明确。该补充协议应由上市公司股东大会批准后方可生效。如果承诺双方一致同意,则案例背景中所述的第一种做法也并非完全不可行。

我们理解,业绩承诺的存在和商誉分摊困难,不是阻止上市公司基于未来发展、提高运营效率和实现上市公司股东利益最大化等合理商业目的所作出重组决定的理由。

关于商誉分摊问题,根据《企业会计准则第 8 号——资产减值》第二十四条规定:"企业因重组等原因改变了其报告结构,从而影响到已分摊商誉的一个或者若干个资产组或者资产组组合构成的,应当按照与本条前款规定相似的分摊方法,将商誉重新分摊至受影响的资产组或者资产组组合。"据此,如果企业因重组改变了之前分配了商誉的一个或多个资产组或资产组组合的构成,则企业应在受影响的资产组或组合之间对商誉重新进行分配。与 B 公司相关的商誉、与 C 公司相关的商誉,如果因为本次吸收合并而业务高度重合,无法按照原先分配的资产组或组合进行分摊,可按照双方资产组(即各公司整体)相对价值的比例,对吸收合并后的 B 公司可收回金额进行划分,以对原 B 公司、C 公司相关的商誉进行减值测试,也可以采用合理的其他方法进行划分。

此外,B 公司吸收合并 C 公司,在 A 公司合并报表中对 C 公司确认的商誉应"下推"至 B 公司吸收合并后的报表中(参见《计学撮要 2013》之"问题 3-2-20:同一控制下企业合并中被合并方原非同一控制下合并产生的商誉的处理"),在 B 公司吸收合并报表层面上对该商誉进行减值测试。

**问题 3-2-21** 关于并购重组中对赌期结束减值测试中减值额如何计算的问题

**问题:**

如下文背景资料所述,并购重组中对赌期结束时,对"被并购方""被并购方 100%股权"减值测试的结果是否有差异? 该减值测试结果能否等同于按照《企业会计准则第 8 号——资产减值》确定的商誉减值?

**背景:**

案例 1:A 上市公司发行股份向自然人 B 收购其持有的 C 公司 100%股权,B 向 A 公司承诺了未来 3 年的净利润分别为 4 000 万元、5 000 万元、6 000 万元,承诺期内每年结束后,经具有证券业务资格的会计师事务所审计后的实际净利润低于承诺净利润的,按照协议约定,由 B 向 A 公司履行业绩补偿义务;并且,按协议约定,业绩承诺期届满时,A 公司聘请的具有证券业务资格的会计师事务所对 **C 公司**进行减值测试并出具《减值测试报告》。如期末减值额>业绩承诺期内已补偿金额(包括已补偿股份金额和现金金额),则 B 将对 A 公司另行补偿股份。

案例 2:A 上市公司发行股份向自然人 B 收购其持有的 C 公司 100%股权,B 向 A 公司承诺了未来 3 年的净利润分别为 4 000 万元、5 000 万元、6 000 万元,承诺期内每年结束后,经具有证券业务资格的会计师事务所审计后的实际净利润低于承诺净利润的,按照协议约定,由 B 向 A 公司履行业绩补偿义务;并且,按协议约定,业绩承诺期届满时,A 公司聘请的具有证券业务资格的会计师事务所对 **C 公司 100%股权**进行减值测试并出具《减值测试报告》。如期末减值额>业绩承诺期内已补偿金额(包括已补偿股份金额和现金金额),则 B 将对 A 公司另行补偿股份。

**解答:**

实务中这两个案例的实质含义是一致的,一般都是采用收益法评估被收购方业绩承诺期满时的可收回金额,然后与收购方支付的对价相比较,如果按照持股比例享有的可收回金额小于支付的购买对价,说明在业绩承诺期满时,该标的资产已经发生了减值。

需要注意的是:此处的减值补偿金额与会计意义上根据《企业会计准则第 8 号——资产减值》相关规定确定的商誉减值金额是不同的,而更接近于(但并不完全等同于)A 上市公司个别报表层面"长期股权投资"的减值。此时,合并报表的商誉也应出现减值,但金额可能存在差异。差异可能来源于以下方面:

(1)会计上的资产(含商誉)减值测试是以资产组或资产组组合作为减值测试的基本单元,不同资产组的增减值不能互抵;并且商誉是分摊到从其协同效应中受益的各资产组或资产组组合,资产组的概念与法人并不一致。而此处为业绩承诺期满补偿目的的减值测试是以被收购子公司整体作为减值测试单元,如果被收购公司包含多个资产组,则其增减值可以互抵。

(2)商誉减值测试中,是将资产组的可收回金额与包含商誉在内的资产组账面价值(合并报表层面)相比较,随着收购日后的经营,资产组账面价值会有变化(例如因被收购方净利润而增加的净资产等);而此处为业绩承诺期满补偿目的的减值测试是将被收购方股权的整体评估值(在作出允许的调整后)与原先的交易作价相比,比较的对象金额不会发生变化。

(3)会计上的资产组减值金额首先冲减对应商誉的账面价值,如减值金额大于商誉账面价值,则超出部分需作为可辨认资产的减值准备予以确认,因此也可能不同于商誉减值。

(4)会计准则规定对包含商誉的资产组每年都必须进行减值测试,且以前期间计提的商誉减值准备在以后期间不得转回;而此处为业绩承诺期满补偿目的的减值测试是将业绩承诺期满之日的被收购方股权整体评估值与当初的收购交易价格相比较,因此业绩补偿期内新形成的自创商誉可以起到冲抵应补偿金额的效果(变相的商誉减值准备转回)。

**问题 3-2-22** 分步收购形成控制时原持有股权的公允价值重新计量的问题

**问题:**

如下文背景资料所述,分步收购达到控制时,对形成控制前原持有股权的公允价值如何重新计量?

**背景:**

A 公司(新三板挂牌公司)原持有 B 公司 24.67% 股权。2017 年 3 月 24日,A 公司与 B 公司原控股股东陈某签署《股权收购协议》,以 28 800 万元收购陈某所持有 B 公司 57.57% 股份(根据收益法下评估结果定价)。

根据《股权收购协议》,自协议签署之日起,陈某无条件委托 A 公司行使全部股东权利;2017 年 4 月 29 日,A 公司发布《关于收购 B 公司部分股权的进展情况公告》,显示 B 公司董事会已重新改组,A 公司委派 4 名董事进入 B 公司董事会(占大多数席位);A 公司首期 70% 股权转让价款已支付予陈某。

因此,A 公司的主办券商认为:

截至 2017 年 4 月 29 日止,A 公司已实际控制了 B 公司股东大会、董事会,本次交易的股权转让款实际支付也已超过 50%,A 公司实际上已成为 B 公司控股股东。

本次交易之前,B公司系陈某实际控制的企业,A公司持有B公司24.67%股权;本次交易后,A公司取得B公司控股权。A公司取得B公司24.67%股权发生于2013年7月,并未有迹象显示当时入股时即有逐步形成控股的趋势和计划,前后两次入股的合同系独立订立。因此,前后两次事项并不构成一揽子交易。

因此,本次交易适用非同一控制下多次交易分步取得企业控制权的会计处理。在合并财务报表中,对于购买日之前持有的被购买方的股权,应当按照该股权在购买日的公允价值进行重新计量,公允价值与其账面价值之间的差额计入当期投资收益。

针对股权合并日,A公司原持有B公司24.67%股权的公允价值,主办券商亦出具意见如下:

根据A公司提供的资料,截至合并日,A公司账面上,持有的B公司24.67%股权的长期股权投资余额为3 077.70万元。

根据评估师出具的评估报告,截至2016年12月31日,B公司100%股权评估值为52 797.00万元(收益法)。交易双方以此评估值为基础,拟定了交易价格。因此,应以该评估值作为购买日公允价值计量基础,在考虑以下因素后,进行调整:

根据中国证监会会计部于2017年6月5日发布的《会计监管工作通讯》中所阐述:

"(三) 部分处置股权投资后的公允价值计量问题

根据企业会计准则规定,企业因处置部分股权投资等原因丧失了对被投资方的控制权的,在编制合并财务报表时,对于剩余股权,应当按照其在丧失控制权日的公允价值进行重新计量。如果剩余股权是不存在活跃市场报价的非上市公司股权,不应简单根据股权处置交易价格确认剩余股权的公允价值,还应综合考虑活跃市场中类似资产的报价、非活跃市场中相同或类似资产的报价等相关信息并在此基础上考虑控制权溢价、少数股东权益折价等调整因素对公允价值进行合理估计。"

相应地,由于B公司为非上市公司,其24.67%股份的公允价值,应在考虑控制权溢价、少数股东权益折价、上下游协同效应等调整因素的基础上,进行合理估计。

由于B公司电子陶瓷类产品主要销售予A公司,在成为A公司子公司之后,A公司将进一步整合行业上下游资源,并从生产技术、经营管理、客户资源等方面对B公司予以支持,进而提升B公司未来的盈利能力。本次交易评估作价也充分考虑了上述因素,预期B公司电子陶瓷类产品未来销量增长率如下:

| 产品 | 2017年度 | 2018年度 | 2019年度 | 2020年度 | 2021年度 |
|---|---|---|---|---|---|
| 1.陶瓷指纹盖片(圆片) | 37.56% | 25% | 20% | 10% | 8% |
| 2.智能手机陶瓷结构件 | 28.10% | 25% | 20% | 10% | 8% |
| 3.智能穿戴陶瓷结构件 | 3 083.59% | 60% | 30% | 20% | 10% |

而 B 公司其他产品预测增长率则为 10%,并逐步递减,低于上表电子陶瓷类的预测增长率。

本次收购 B 公司的控制权,充分考虑了收购 B 公司的控制权溢价因素。而本次交易前,A 公司仅持有 B 公司 24.67% 股权,不构成控股并表,上述以 B 公司作为 A 公司控股子公司、A 公司通过自身的平台整合 B 公司生产能力、销售渠道等假设因素不存在。若排除该等因素,假设 B 公司电子陶瓷类产品增长率如下:

| 产品 | 2017 年度 | 2018 年度 | 2019 年度 | 2020 年度 | 2021 年度 |
|---|---|---|---|---|---|
| 1.陶瓷指纹盖片(圆片) | 13% | 12% | 11% | 10% | 8% |
| 2.智能手机陶瓷结构件 | 13% | 12% | 11% | 10% | 8% |
| 3.智能穿戴陶瓷结构件 | 13% | 12% | 11% | 10% | 8% |

按照上述销量增长率进行测算,对应调低收入与成本,同时适当调低固定资产支出、税金附加及期间费用支出等因素,经估算,B 公司 100% 股权估值亦会相应降低至 25 768.00 万元。

若按照此金额作为公允价值,则购买日公允价值与账面价值的差额为 25 768.00 万元 × 24.67% - 3 077.70 万元 = 3 279.27 万元。该差额进入当期投资损益。

**解答:**

案例背景引述主办券商的意见中:"A 公司取得 B 公司 24.67% 股权发生于 2013 年 7 月,并未有迹象显示当时入股时即有逐步形成控股的趋势和计划,前后两次入股的合同系独立订立。因此,前后两次事项并不构成一揽子交易。"A 公司 2013 年 7 月取得 B 公司 24.67% 股权,2017 年 3 月取得 B 公司 57.57% 股权这前后两次交易是否构成一揽子交易的判断,不在本案例讨论范围之内,需根据掌握的业务实质信息作出职业判断。

以下讨论均以 A 公司前后两次取得 B 公司股权的事项不构成一揽子交易为前提:

当 A 公司取得了对原先的联营企业的控制权时,应按《企业会计准则第 20 号——企业合并》及其应用指南和讲解,以及新企业会计准则体系中其他关于企业合并的相关规定进行处理。A 公司在其合并财务报表中,应当:

(1) 根据《企业会计准则解释第 4 号》第三条和《企业会计准则第 33 号——合并财务报表(2014 年修订)》第四十八条对分步交易实现的非同一控制下企业合并会计处理的规定,对于购买日之前持有的被购买方的股权,应当按照该股权在购买日的公允价值进行重新计量,公允价值与其账面价值的差额计入当期投资收益。合并成本为购买方原持有的被购买方股权在购买日的公允价值与购买方于购买日增持被购买方股权达到控股地位的追加投资成本之和。

(2) 对于被购买方的各项资产和负债,按照该等资产、负债在购买日的公允价值予以确认,并相应计算商誉或负商誉。

在考虑对购买日前持有的股权在购买日的公允价值进行重新计量时,参照

IFRS 3 附录 B(应用指南)第 B45 段:"购买方在被购买方中的权益和被购买方非控制性权益的每股公允价值可能不同。主要的差异很可能是因为购买方在被购买方中权益份额的每股公允价值包含了控制溢价,或相反地,如果市场参与者在给非控制性权益定价时会考虑这种溢价或折价,那么非控制性权益每股公允价值包括缺乏控制权的折价(也称作非控制性权益折价)。"这一点在主办券商提及的证监会会计部发布的《2016 年上市公司年报会计监管报告》中再次被重申,即"如果剩余股权不存在活跃市场报价,不应简单根据股权处置交易价格确认剩余股权的公允价值,还应综合考虑活跃市场中类似资产的报价、非活跃市场中相同或类似资产的报价等相关信息,并在此基础上考虑控制权溢价、少数股权折价等因素对公允价值进行合理估计。年报分析发现,个别上市公司处置部分非上市子公司股权并丧失控制权,处置后对剩余股权的公允价值直接以处置股权取得的价款和剩余股权与处置股权的相对比例计算确定,没有考虑控制权溢价、少数股权折价等因素对剩余股权公允价值的影响"。因此,主办券商对合并前已持有的 24.67% 的股权的公允价值的调整的考虑是基本合理的。

就本案例而言,若根据主办券商的方法测算出来的结果,会导致出现高达 13 965.36 万元的"控制权溢价",注册会计师在本案例背景情形下应充分关注 B 公司未来销量增长率的差异,以及销量差异与公司价值整体评估差异的关系。若是仅将原 A 公司或合并前其关联方的业务模拟平移至 B 公司而导致 B 公司的销量在合并与不合并情形下的差异,这不属于影响"控制权溢价"的因素。"控制权溢价"应反映的是合并所创造的高于联合价值的部分——合并企业获得的预期协同效应,一般而言,除非获利能力特强,或者对于购买方而言有特殊的战略布局上的意义,多数企业的"控制权溢价"影响都不重大。

我们理解,商誉的确认是包含对控制权溢价的考虑的(理论依据见下附"权威指引"部分中的 IFRS 3 结论基础部分)。主办券商目前的处理,可能会出现商誉很小甚至可能是负商誉,但是出现大额"控制权溢价"的不合理的情形。因此注册会计师需谨慎核查合并或不合并两种情况下对 B 公司估值差异巨大的原因并分析其合理性。

此外,从审计应对的角度,还需提醒注册会计师的是:

1. 利用专家工作。

在考虑控制权溢价或少数股东权益折价这些调整因素时,由于涉及大量复杂的主观专业判断,且估值涉及运用复杂的估值模型和参数,因此其估值结果通常包含高度的不确定性,可能超出注册会计师的胜任能力,实务中通常在较大程度上依赖评估机构的专业工作,从主办券商提供的观点来看,未能得知其数据来源,证券公司能否胜任资产评估工作,我们对此存疑。我们建议仍需专业的评估机构来对该股权进行合理估值,为注册会计师提供相关审计证据。

2. 利用专家工作成果应关注的事项或履行的审计程序

注册会计师在审计中利用该评估结果时,需按照《中国注册会计师审计准则第 1421 号——利用专家的工作》及其应用指南的相关规定执行相关的审计程序,包括:审核评估机构的胜任能力、专业素质和独立性、客观性;了解评估师的专长领域;与评估机构进行充分沟通并就相关问题达成一致意见;评价其采用的估值方法、参数和结果的合理性,等等,必要时应当由事务所内部专家或者从外部聘请的独立专家协助审计工作,以确定评估结果的合理性和可依赖性,方可在审计中予以依赖。

**权威指引:**

IFRS 3 结论基础部分对商誉构成要素的内容:

BC313 财务会计准则委员会 1999 年和 2001 年的《征求意见稿》,根据当时生效的权威性指南,列举了在实务中确认为商誉的六种构成要素。国际会计准则理事会的《征求意见稿第 3 号》包含了相似的讨论,但不完全相同。财务会计准则委员会的征求意见稿描述的构成要素如下:

要素 1——购买日被购买方净资产公允价值超过其账面价值的部分。

要素 2——被购买方之前未确认的其他净资产的公允价值。它们尚未被确认的原因可能因为它们不满足确认标准(或因为计量上的困难),可能因为存在禁止对其进行确认的要求,也可能因为被购买方认为单独确认它们的成本大于其收益。

要素 3——被购买方现存业务持续经营要素的公允价值。持续经营要素代表了已建立的业务通过有序地结合净资产获得比单独使用那些净资产更高收益的能力。这部分价值源于企业净资产的协同效应,也源于其他的收益(比如与不完全市场相关的因素,包括获得垄断收益的能力及对潜在竞争者设置的市场进入障碍———由于法律或交易成本)。

要素 4——将购买方和被购买方的净资产联合起来产生的期望协同效应和其他收益的公允价值。那些协同效应和其他收益在各企业合并中是各异的,不同的合并会产生不同的协同效应,从而得到不同的价值。

要素 5———由于在对价估值时的失误,导致对购买方支付对价的过高估计。虽然现金交易中的购买价格不会产生计量误差,但是涉及购买方所有者权益的交易时,这一说法并不一定成立。例如,如果相对合并中发行的股份,日常交易的普通股数量规模较小,将目前的市价乘上为企业合并发行的股份的数量,得出的价值可能高于将这些股份出售换成现金,并再将这些现金用于企业合并所形成的价值。

要素 6——购买方过高或过低的支付。例如,在竞价购买时,被购买方价格被抬高,过高支付可能发生;过低支付可能发生在困境销售中(有时被称为"火线销售")。

BC314 双方注意到前两个要素都与被购买方相关,从概念上来说不属于商誉的一部分。要素 1 本身不是一项资产;相反,它反映被购买方在其净资产中未确认的利得。因此,要素 1 属于那些资产的一部分而不是商誉的一部分。要素 2 从概念上说也不是商誉的一部分;它主要反映了可能被确认为单独资产的无形资产。

BC315 要素 5 和要素 6 都与购买方相关,从概念上说也不是商誉的一部分。要素 5 本身并不是一项资产甚至不是资产的一部分,而是一种计量误差。

要素 6 也不是一项资产；从概念上讲，它代表购买方的一种损失（在过高支付的情况下）或一种利得（过低支付的情况下）。所以，从概念上说，那些构成要素都不属于商誉。

BC316 双方也注意到，**要素 3 和要素 4 是商誉中的组成部分。要素 3 与被购买方相关，反映了超过被购买方净资产联合价值的部分。它反映了被购买方内部产生的或在先前的企业合并中取得的既存商誉。要素 4 与被购买方和购买方都相关，反映了合并所创造的高于联合价值的部分——合并企业获得的预期协同效应。双方将要素 3 和要素 4 描述为"核心商誉"。**

**问题 3-2-23**　公司将其所控制的有限合伙企业等特殊主体纳入合并报表范围的具体操作问题

**问题：**

母公司将其所控制的有限合伙企业等特殊主体纳入合并报表范围（该合伙企业的存续期限是有限期的，到期不能延长，或最多只能延长一次），则在合并报表层面，由其他合伙人持有的该有限合伙企业的权益应如何列报？

**解答：**

母公司在将其所控制的此类存续期有限的特殊主体纳入其合并报表时，该类特殊主体中归属于其他权益持有人的权益作为负债（一般是"其他流动负债"或者"其他非流动负债"，视其是否满足《企业会计准则第 30 号——财务报表列报（2014 年修订）》第十九条规定的流动负债判断条件而定）列示，归属于其他权益持有人的收益作为费用（财务费用）列示，不能作为少数股东权益和少数股东损益。

**结论基础：**

上述处理结论的准则依据是《企业会计准则第 37 号——金融工具列报（2014 年修订）》（以下简称 CAS 37）的第二章"金融负债和权益工具的区分"和第三章"特殊金融工具的区分"中的相关规定，且该结论普遍适用于目前普遍存在的存续期限为"有限期"的以投资为目的的合伙企业、基金、资产管理计划等特殊目的的主体。以有限合伙企业为例（其他可类推），其逻辑顺序是：

(1) 合伙企业中的合伙人权益符合金融负债的定义。

(2) 作为"发行方仅在清算时才有义务向另一方按比例交付其净资产的金融工具"，最劣后的合伙人权益在合伙企业自身报表中可分类为权益工具。

(3) 该类权益工具在作为发行方的合伙企业的母公司的合并报表层面应作为金融负债。

具体分析如下：

1. 合伙企业中的合伙人权益符合金融负债的定义。

根据 CAS 37 第八条、第九条、第十条：

第八条　金融负债，是指企业符合下列条件之一的负债：

（一）向其他方交付现金或其他金融资产的合同义务。

（二）在潜在不利条件下，与其他方交换金融资产或金融负债的合同义务。

（三）将来须用或可用企业自身权益工具进行结算的非衍生工具合同，且企业根据该合同将交付可变数量的自身权益工具。

（四）将来须用或可用企业自身权益工具进行结算的衍生工具合同，但以固定数量的自身权益工具交换固定金额的现金或其他金融资产的衍生工具合同除外。企业对全部现有同类别非衍生自身权益工具的持有方同比例发行配股权、期权或认股权证，使之有权按比例以固定金额的任何货币换取固定数量的该企业自身权益工具的，该类配股权、期权或认股权证应当分类为权益工具。其中，企业自身权益工具不包括应按照本准则第三章分类为权益工具的金融工具，也不包括本身就要求在未来收取或交付企业自身权益工具的合同。

第九条　权益工具，是指能证明拥有某个企业在扣除所有负债后的资产中的剩余权益的合同。在同时满足下列条件的情况下，企业应当将发行的金融工具分类为权益工具：

（一）该金融工具应当不包括交付现金或其他金融资产给其他方，或在潜在不利条件下与其他方交换金融资产或金融负债的合同义务；

（二）将来须用或可用企业自身权益工具结算该金融工具。如为非衍生工具，该金融工具应当不包括交付可变数量的自身权益工具进行结算的合同义务；如为衍生工具，企业只能通过以固定数量的自身权益工具交换固定金额的现金或其他金融资产结算该金融工具。企业自身权益工具不包括应按照本准则第三章分类为权益工具的金融工具，也不包括本身就要求在未来收取或交付企业自身权益工具的合同。

第十条　金融负债与权益工具的区分：

（一）如果企业不能无条件地避免以交付现金或其他金融资产来履行一项合同义务，则该合同义务符合金融负债的定义。有些金融工具虽然没有明确地包含交付现金或其他金融资产义务的条款和条件，但有可能通过其他条款和条件间接地形成合同义务。

（二）如果一项金融工具须用或可用企业自身权益工具进行结算，需要考虑用于结算该工具的企业自身权益工具，是作为现金或其他金融资产的替代品，还是为了使该工具持有方享有在发行方扣除所有负债后的资产中的剩余权益。如果是前者，该工具是发行方的金融负债；如果是后者，该工具是发行方的权益工具。在某些情况下，一项金融工具合同规定企业须用或可用自身权益工具结算该金融工具，其中合同权利或合同义务的金额等于可获取或需交付的自身权益工具的数量乘以其结算时的公允价值，则无论该合同权利或合同义务的金额是固定的，还是完全或部分地基于除企业自身权益工具的市场价格以外变量（例如利率、某种商品的价格或某项金融工具的价格）的变动而变动，该合同应当分类为金融负债。

对于存续期限有限的合伙企业（包括资产管理计划、基金等类似的特殊目的主体，下同）而言，其在存续期限届满时都将清算，将剩余财产分配给合伙人，也就是存在一项"交付现金或其他金融资产给其他方……的合同义务"。由于其存续期限是明确的,到期必须清算,合伙企业自身不能自主决定推迟该清算和分配的时间,即"不能无条件地避免以交付现金或其他金融资产来履行一项合同义务",因此"该合同义务符合金融负债的定义"。

(相比之下,公司的情况就有不同。根据《公司法》的规定,在公司章程规定的营业期限届满或者公司章程规定的其他解散事由出现时,公司可以通过举行股东会或股东大会修改公司章程而存续。而股东会或股东大会本身是公司内部的权力机构,股东会或股东大会修改公司章程、延长经营期限,可以看作是公司的自主决定,即公司自身可以通过自主行为避免在清算中向股东分配剩余财产,所以公司的股东权益不满足金融负债的定义和判断条件,而应根据 CAS 37 第九条、第十条的规定认定为权益工具。但合伙企业的合伙人会议并不是合伙企业的内部机构,因此即使合伙人决定延长合伙期限,也不是合伙企业自身的决定。)

2. 作为"发行方仅在清算时才有义务向另一方按比例交付其净资产的金融工具",最劣后的合伙人权益在合伙企业自身报表中可分类为权益工具。

根据 CAS 37 第十七条、第十八条:

第十七条 符合金融负债定义,但同时具有下列特征的发行方仅在清算时才有义务向另一方按比例交付其净资产的金融工具,应当分类为权益工具:

(一)赋予持有方在企业清算时按比例份额获得该企业净资产的权利;

(二)该工具所属的类别次于其他所有工具类别;

(三)在次于其他所有类别的工具类别中,发行方对该类别中所有工具都应当在清算时承担按比例份额交付其净资产的同等合同义务。

产生上述合同义务的清算确定将会发生并且不受发行方的控制(如发行方本身是有限寿命主体),或者发生与否取决于该工具的持有方。

第十八条 分类为权益工具的可回售工具,或发行方仅在清算时才有义务向另一方按比例交付其净资产的金融工具,除应当具有第十六条或第十七条所述特征外,其发行方应当没有同时具备下列特征的其他金融工具或合同:

(一)现金流量总额实质上基于企业的损益、已确认净资产的变动、已确认和未确认净资产的公允价值变动(不包括该工具或合同的任何影响);

(二)实质上限制或固定了本准则第十六条或第十七条所述工具持有方所获得的剩余回报。

在运用上述条件时,对于发行方与本准则第十六条或第十七条所述工具持有方签订的非金融合同,如果其条款和条件与发行方和其他方之间可能订立的同等合同类似,不应考虑该非金融合同的影响。但如果不能做出此判断,则不得将该工具分类为权益工具。

根据上述规定,合伙企业的合伙人权益中的最劣后级别(在其他较优先级别的合伙人权益获得分配后,最后取回剩余净资产的级别)虽然如前所述符合金融负债的定义,但在合伙企业自身的报表中可以分类为权益工具。之所以有这一特殊规定,是基于"任何会计主体都不可能只有资产和负债,而没有权益"这一考虑。否则,将会出现一种很尴尬的情况:如果资产和负债因其计量属性的不匹配而导致资产负债表的左右两边出现计量差额时(如资产较多地使用公允价值计量,但负债采用摊余成本计量),该差额将无处可放。

3. 该类权益工具在作为发行方的合伙企业的母公司的合并报表层面应作为金融负债

虽然合伙企业的最劣后级别的合伙人权益在合伙企业自身报表中可以列报为权益,但根据 CAS 37 第二十条规定:"企业发行的满足本章规定分类为权益工具的金融工具,在其母公司的合并财务报表中对应的少数股东权益部分,应当分类为金融负债。"即,在对该合伙企业具有控制权的母公司的合并报表中,该合伙企业权益中归属于其他合伙人的部分,无论在合伙企业自身报表中是列作负债还是权益,在该合并报表层面均作为负债列示。

相应地,根据 CAS 37 第二十一条:"金融工具或其组成部分属于金融负债的,相关利息、股利(或股息)、利得或损失,以及赎回或再融资产生的利得或损失等,应当计入当期损益"。即,合伙企业损益中归属于其他合伙人的份额应计入合并报表层面的损益,而不是少数股东权益。

之所以作出上述特殊规定,IAS 32 的"结论基础"部分第 BC68 段对此解释如下: The Board decided that puttable financial instruments or instruments that impose on the entity an obligation to deliver to another party a pro rata share of the net assets of the entity only on liquidation should be classified as equity in the separate financial statements of the issuer if they represent the residual class of instruments (and all the relevant requirements are met). The Board decided that such instruments were not the residual interest in the consolidated financial statements and therefore that non-controlling interests that contain an obligation to transfer a financial asset to another entity should be classified as a financial liability in the consolidated financial statements. [中文翻译:理事会决定,对于可回售工具以及仅在清算条件下主体有义务向其他第三方按持股比例转移净资产的工具如果它们代表剩余工具的类别(且符合所有相关规定),则应在发行人的单独财务报表上分类为权益。理事会决议,这些工具不属于合并财务报表中的剩余权益,因此在合并报表中的非控制权益如果包括转移金融资产给其他主体的义务,则应分类为金融负债。]

**问题 3-2-24　对新设子公司出资额大于所享有权益份额的处理**
**问题:**

新设子公司,出资金额大于按持股比例计算的所有权益,被投资方应如何处理? 母公司在合并财务报表中应如何处理?
**背景:**

A 公司与 B 公司共同出资设立 C 公司,公司章程规定:C 公司注册资本1 000万元,A 公司认缴出资999 万元,占股权比例为51%,B 公司认缴出资1 万元,占股权比例为 49%。股东按上述股权比例行使股东权利、承担股东义务。

A 公司实际控制 C 公司。

A 公司之所以愿意实际出资占 C 公司注册资本的 99.9% 但只享有 51% 的股东权益,是考虑到 B 公司客户资源较多,故与其合作成立公司,双方共同发展。

**解答:**

本案例需要根据合作协议中 B 公司是否明确承诺将其在相关业务领域内的客户资源和业务关系转移到 C 公司,来区分不同情况下的处理方式:

1. 如果在双方合作协议中,B 公司明确承诺将其在相关业务领域内的客户资源和业务关系转移到 C 公司,不再从事与 C 公司相竞争的业务,且无其他需考虑的特殊因素的,则应当认为双方不对等的出资实际上体现了 B 公司投入到 C 公司的客户资源和业务关系(满足《企业会计准则第 6 号——无形资产》规定的"可辨认性标准")的公允价值,应当将其作为一项股东的资本性投入,按公允价值确认为无形资产,并在合理确定的使用寿命内摊销。

该项客户资源和业务关系的公允价值可计算如下:

(1) C 公司整体股权的公允价值 = 999 万元 / 51% = 1 958.82 万元;

(2) 该项无形资产的公允价值 =(1)- 双方货币出资额 = 1 958.82 - 1 000 = 958.82 万元。

C 公司应作账务处理:借:无形资产——客户关系 958.82 万元,贷:资本公积——资本溢价 958.82 万元。C 公司的实收资本仍按双方的货币出资总额 1 000 万元确定。

在此项调整的基础上,A 公司的货币出资额 999 万元恰好占 C 公司净资产额 1 958.82 万元的 51%,即投资成本与所享有的 C 公司净资产份额相等,在个别报表和合并报表层面都无需特殊处理,即个别报表层面确认长期股权投资成本为 999 万元,后续按成本法核算;合并报表层面按调整后 C 公司净资产的49%(959.82 万元)作为少数股东权益的初始计量金额。

在该情形下,可以认为该项安排是一项非同一控制下的收购无形资产交易,交易对价以 C 公司的股权为支付方式,这部分作为对价的 C 公司股权与所收购的无形资产的公允价值一致。

2. 如果在双方合作协议中,B 公司并未明确承诺将其在相关业务领域内的客户资源和业务关系转移到 C 公司,双方货币出资金额与股权比例不对等的原因与 C 公司无关(如双方有其他与 C 公司无关的债权债务关系需要结算),则双方对 C 公司投入的资源总额仍然是 1 000 万元。此时在 A 公司的个别报表层面,应当根据双方不对等出资的具体原因,对出资额超出在 C 公司净资产中所占份额的差额作出恰当的处理。例如,如果溢价出资是作为对以往双方原有的债权债务关系的结算,则 A 公司对于实际出资额 999 万元超出所享有权益份额510 万元的差额 489 万元就应当借记相关的负债类科目。合并报表层面也同样应根据该差额产生的原因进行相应的会计处理。不应轻易认可在合并报表层面将溢价出资部分调整资本公积和少数股东权益的处理。

**问题 3-2-25** 未实现内部损益的抵销所导致的确认递延所得税的损益影响在母公司和少数股东之间的分配原则

**问题：**

应如何考虑未实现内部交易损益所形成的递延所得税资产对少数股东权益、损益的影响？

**背景：**

根据《企业会计准则解释第 1 号》第九条规定："企业在编制合并财务报表时，因抵销未实现内部销售损益导致合并资产负债表中资产、负债的账面价值与其所属纳税主体的计税基础之间产生暂时性差异的，在合并资产负债表中应当确认递延所得税资产或递延所得税负债，同时调整合并利润表中的所得税费用，但与直接计入所有者权益的交易或事项及企业合并相关的递延所得税除外"。由此导致的进一步问题是：在合并报表层面就未实现内部交易损益确认递延所得税资产或递延所得税负债时，对应的损益影响是否要分配给少数股东？如果需要，则具体应如何分配？

**解答：**

对此问题，目前我国企业会计准则中无统一规定。我们对此问题的意见如下：

在合并报表层面就被抵销的内部交易未实现损益确认递延所得税资产或递延所得税负债所导致的所得税费用影响，应当根据内部买方(即，在内部交易中处于买方地位的法人)的股权结构，在母公司股东和少数股东之间分配，即：

(1) 母公司向子公司出售资产所发生的未实现内部交易损益抵销所导致的确认递延所得税的损益影响，应当按照母公司对该子公司的股权比例，在"归属于母公司所有者的净利润"和"少数股东损益"之间分配。

(2) 子公司向母公司出售资产所发生的未实现内部交易损益抵销所导致的确认递延所得税的损益影响，应当全额分配给"归属于母公司所有者的净利润"。

(3) 子公司之间出售资产所发生的未实现内部交易损益抵销所导致的确认递延所得税的损益影响，应当按照母公司对购买方子公司的股权比例，在"归属于母公司所有者的净利润"和"少数股东损益"之间分配抵销。

**结论基础：**

1. 根据《企业会计准则第 33 号——合并财务报表(2014 年修订)》第三十六条规定：

(1) 母公司向子公司出售资产所发生的未实现内部交易损益，应当全额抵销"归属于母公司所有者的净利润"。

(2) 子公司向母公司出售资产所发生的未实现内部交易损益，应当按照母公司对该子公司的分配比例在"归属于母公司所有者的净利润"和"少数股东损益"之间分配抵销。

(3) 子公司之间出售资产所发生的未实现内部交易损益，应当按照母公司对出售方子公司的分配比例在"归属于母公司所有者的净利润"和"少数股东损益"之间分配抵销。

即,未实现内部交易损益的抵销影响,应根据在该内部交易中处于卖方地位的法人(以下简称"内部卖方")的股权结构,在母公司股东和少数股东之间分配,其理论依据是:被抵销的未实现内部交易损益原先是确认在内部卖方的账面上和报表中的,导致内部卖方自身个别报表中的净资产变动,所以抵销影响应当按照内部卖方的股权结构在母公司股东和少数股东之间分配,才能保证在合并报表层面完全消除其影响。

2. 如《计学撮要 2011》中专题Ⅲ第二章第三节"问题 5 集团合并报表层面与已抵销的未实现内部交易损益相关的递延所得税资产/负债的适用税率"所述,在集团合并报表层面,就已抵销的未实现内部交易损益确认递延所得税时,如果在内部交易中处于买方和卖方地位的两个法人的税务待遇(主要是适用税率)不同,则在计算递延所得税资产/负债时应使用在内部交易中处于买方地位的法人(以下简称"内部买方")的适用税率。其理论依据是:在相关资产对外出售或被耗用时,相关的税务后果将体现于在内部交易中处于买方地位的法人的纳税申报表中。换言之,资产(包括存货和可计提折旧或摊销的固定资产、无形资产等)在集团内部不同法人之间的转移,将导致相关标的资产的计税基础发生改变(当然,税法明确规定的特殊情况除外,例如,财税〔2009〕59 号文规定的免税重组等),新的计税基础将在相关资产对外销售或耗用时,在买方的纳税申报表上予以扣除。

3. 根据上述第 2 点,可以进一步推论出:在合并报表层面就被抵销的未实现内部交易损益确认递延所得税资产或递延所得税负债所导致的所得税费用影响,应当根据内部买方的股权结构,在母公司股东和少数股东之间分配。

4. 即,未实现内部交易损益的抵销金额在母公司股东和少数股东之间的分配原则,与该等未实现内部交易损益的抵销所导致的在合并报表层面确认递延所得税资产或负债的损益影响在母公司股东和少数股东之间的分配原则恰好是相反的。对这一区别可以理解为:前者是对已确认项目的抵销,所以原先确认在谁的单体报表上,就按照谁的权益结构分配抵销影响金额;而后者是在合并报表层面新确认一项资产或负债,所以依据该项内部交易的标的资产所在法人(即暂时性差异所在的纳税人)的纳税情况确认递延所得税,相应地也就按照该法人的权益结构确定该影响金额的归属、分配情况。

**问题 3-2-26** 收购少数股权所涉及的或有对价的后续调整处理
**问题:**

收购少数股东权益时,对所涉及的或有对价调整(预计负债部分)应如何进行会计处理?

**解答:**

关于收购少数股权交易中所涉及的或有对价的会计处理问题,目前企业会计准则和 IFRS 下都没有明确规定。对此问题,我们理解以下两种做法都是可以接受的,但我们更倾向于下列第一种做法。但无论如何,选择其中一种做法后,即成为企业的一项会计政策,应一贯地运用于所有同类或类似交易的会计处理。

**方案1(建议采用的处理方法)**:该或有对价的后续公允价值变动计入当期损益。理由是,基于交易日后新发生的事项对或有对价进行后续调整的,该调整和与少数股东的交易本身无关,且该调整因素与交易日后报告主体的经营业绩和财务状况有关,该或有对价符合《企业会计准则第22号——金融工具确认和计量》对金融负债的定义,应根据该准则的相关规定,将该或有对价的后续公允价值变动计入当期损益。

该观点的支持者认为:虽然《〈企业会计准则第2号——长期股权投资(2014年修订)〉应用指南》中表述(见该准则单行本第37页):"同一控制下企业合并方式形成的长期股权投资,初始投资时,应按照《企业会计准则第13号——或有事项》(以下简称"或有事项准则")的规定,判断是否应就或有对价确认预计负债或者确认资产,以及应确认的金额;确认预计负债或资产的,该预计负债或资产金额与后续或有对价结算金额的差额不影响当期损益,而应当调整资本公积(资本溢价或股本溢价),资本公积(资本溢价或股本溢价)不足冲减的,调整留存收益",且合并报表层面对于同一控制下企业合并的对价支付也是视同对股东的分配,与收购少数股权的对价的处理原则类似,但是该做法仅仅是针对同一控制下企业合并所涉及的或有对价的会计处理特例,不能任意类推扩大适用范围。

**方案2(可接受的替代处理方法)**:该或有对价的后续公允价值变动计入当期所有者权益。理由是,交易日之后,双方股东根据期后业绩进行相互补偿(或有对价),仍然属于股东之间的交易即权益性交易,有关会计处理不应影响损益。

该观点的支持者认为:在合并报表层面,现行的《企业会计准则第33号——合并财务报表(2014年修订)》第四十七条的规定是遵循了实体理论,即认为收购少数股权的交易在合并报表层面实质上是少数股东的撤资行为,代表了本会计主体(合并主体)与权益持有者(少数股东)之间的一项权益性交易,也可以理解为本主体与少数股东之间就该部分少数股权价值的后续变动而相应进行的一项利益关系调整,因此该部分或有对价在收购少数股权交易日之后发生的公允价值变动,更适合于直接调整权益,而不是计入损益。而且收购少数股权的交易并不是企业合并,因此企业合并准则中对或有对价会计处理的规定并不适用。

另外,即使采用上述"方案2",在收购方的个别报表层面,对于该项或有对价在交易日后的公允价值变动,也仍然建议调整计入损益而不是调整资本公积。这是因为:收购少数股权的交易对象(少数股东)并不是母公司个别报表主体的权益持有者,因此该项交易在母公司个别报表层面就是一项普通的取得投资的交易,而不是与权益持有者之间的权益性交易,因此或有对价的后续公允价值变动不应调整权益,而应计入损益。同时,如果发生因为业绩不达标而减少需支付的或有对价的情形,应将其作为对相关子公司的长期股权投资的减值迹象,根据《企业会计准则第 8 号——资产减值》的相关规定对该项长期股权投资整体(不仅仅包含由本次收购少数股权交易形成的部分)进行减值测试和计提减值准备。在个别报表层面,此处对预计负债的调整可以理解为对股权投资减值损失的(部分)补偿,而不是对投资成本的调整,因此不能作为冲减投资成本处理,而应计入损益。

**问题 3-2-27** 通过购买加盟店变更为直营店支付的收购款项应如何核算
**问题:**
通过购买加盟店变更为直营店支付的收购款项,应如何进行会计核算?

**背景:**
A 公司主要经营零售(连锁)中药饮片、中成药。

2015 年 9 月 1 日,A 公司与自然人 B 签署加盟连锁合同书,开办加盟连锁店。根据加盟连锁合同书的约定,A 公司对该连锁店实行统一采购、统一配送、统一装修形象、统一服装、统一质量管理、统一经营管理、统一培训、统一实行计算机网络化管理标准。同时协议约定:"……甲(A 公司)、乙(自然人 B)双方为各自独立的经营者和债权债务所有者,双方财务独立核算、自负盈亏……,乙方加盟店经营场所的租金、工商管理费税、物业费及其他经营产生的各项费用由乙方自行承担并按时支付……,如果乙方要退出加盟体系,应事先提前 2 个月通知甲方,甲方为乙方提供退出加盟证明,并拆除甲方商号的一切标识后,双方合作方可终止……"。合作经营有效期限 20 年,自 2015 年 9 月 1 日至 2035 年 8 月 31 日。

2016 年 4 月 2 日,A 公司与自然人 B 签署《加盟连锁合同书》补充协议,补充协议约定双方加盟连锁合作终止,A 公司收回自然人 B 经营的加盟连锁店的经营权及一切资产,包括品牌名、商标、证照、商品、固定资产、无形资产等。A 公司一次性支付自然人 B 收购价款 68 万元,该收购价款包含商铺转让费 50 万元、库存商品 10 万元(系 A 公司原以买断方式配送)、固定资产 8 万元。

**解答:**
1. 该项交易的性质判断及会计处理的基本原则。

在特许经营协议存续期间,虽然 A 公司对加盟商实施统一采购、统一配送、统一装修形象、统一服装、统一质量管理、统一经营管理、统一培训、统一实行计算机网络管理等标准,但是"甲、乙双方为各自独立的经营者和债权债务所有者,双方财务独立核算、自负盈亏","乙方加盟店经营场所的租金、工商管理费税、物业费及其他经营产生的各项费用由乙方自行承担并按时支付",如果乙方要退出加盟体系,也只需要"事先提前 2 个月通知甲方,甲方为乙方提供退出加盟证明,并拆除甲方商号的一切标识后,双方合作方可终止"。对照本所《〈企业会计准则第 33 号——长期股权投资(2014 年修订)〉实务操作指南》(收录于《计学撮要 2015》中)对"特许经营权是否导致特许人对被特许人拥有权力"的相关说明,本案例中的特许权并不导致 A 公司作为特许人拥有对被特许加盟店的权力,因此不导致对加盟店拥有控制权。因此,2016年4月终止特许经营协议并收购加盟店的店铺和资产,将其变为直营,仍属于一项业务合并(取得对业务的控制权)。由于特许人和被特许人原先并非处于同一控制下,因此该事项属于非同一控制下的业务合并,对取得店铺的库存商品(虽然原先是购买方以买断方式配送给被购买方的)和固定资产,应按其于购买日的公允价值进行初始计量(本案例中可以认为库存商品和固定资产的账面价值接近于公允价值)。对A公司此前确认的配送这些商品的销售收入,不应作冲回处理。

　　2. 对50万元"商铺转让费"的会计处理。

　　对补充协议约定的50万元"商铺转让费",应当区分其性质以进行合理的会计处理。我们理解,该50万元可能包括以下组成部分:

　　(1) 如果商铺是业主(加盟商即自然人B)自己拥有产权的,则其中包含了商铺产权的转让款;如果商铺是自然人B从外部以经营租赁方式租入,且租约在变更为直营后继续有效的,则属于一项"有利合同权利"的受让(favorable contract)。

　　(2) 对原授予的特许经营权的收回,即"回购权"(reacquired right)。

　　在IFRS体系下,《国际财务报告准则第3号——企业合并》中对非同一控制下企业合并所涉及的"有利合同权利"和"回购权"两项问题的处理有专门规定,在中国企业会计准则体系对相关处理尚未作出明确规定的情况下,应参照相关规定予以处理。相关规定的英文原文和中文翻译如下:

　　(1) 对于"有利合同权利",详见前文"问题3-2-17　对被购买方所持有的有利合同权益的考虑"权威指引部分的内容。

　　(2) 对于一项"回购权":

29 The acquirer shall measure the value of a reacquired right recognised as an intangible asset on the basis of the remaining contractual term of the related contract regardless of whether market participants would consider potential contractual renewals when measuring its fair value. Paragraphs B35 and B36 provide related application guidance.

29 无论市场参与者在计量其公允价值时是否考虑了潜在的合同性续约,对于一项确认为无形资产的回购权,购买方应根据相关合同的剩余合同期限计量其价值。附录二第B35段至第B36段提供了相关的应用指南。

55 A reacquired right recognised as an intangible asset shall be amortised over the remaining contractual period of the contract in which the right was granted. An acquirer that subsequently sells a reacquired right to a third party shall include the carrying amount of the intangible asset in determining the gain or loss on the sale.

55 作为无形资产确认的回购权应在授予该回购权的合同的剩余合同期间内进行摊销。购买方后续将回购权出售给第三方的,在确定该项出售的利得和损失时应包括该无形资产的账面金额。

B35 As part of a business combination, an acquirer may reacquire a right that it had previously granted to the acquiree to use one or more of the acquirer's recognised or unrecognised assets. Examples of such rights include a right to use the acquirer's trade name under a franchise agreement or a right to use the acquirer's technology under a technology licensing agreement. A reacquired right is an identifiable intangible asset that the acquirer recognises separately from goodwill. Paragraph 29 provides guidance on measuring a reacquired right and paragraph 55 provides guidance on the subsequent accounting for a reacquired right.

B35 作为企业合并的一部分,购买方可能回购之前授予被购买方使用其一项或多项已确认或未确认资产的权利。类似权利的例子包括,在特许经营权协议下使用购买方商标的权利、或在技术授权协议下使用购买方技术的权利。回购权是购买方单独于商誉所确认的可辨认无形资产。第 29 段提供了计量回购权的指南,第 55 段提供了回购权后续会计处理的指南。

B36 If the terms of the contract giving rise to a reacquired right are favourable or unfavourable relative to the terms of current market transactions for the same or similar items, the acquirer shall recognise a settlement gain or loss. Paragraph B52 provides guidance for measuring that settlement gain or loss.

B36 如果产生回购权的合同条款相对于相同或类似项目的当前市场交易条款是有利的或不利的,则购买方应确认结算利得或损失。本附录第 B52 段提供了计量结算利得或损失的指南。

---

**问题 3-2-28**　同时涉及母子公司之间内部销售和与联营企业之间交易的未实现利润抵销和调整处理

**问题:**

在编制合并报表时,对于在子公司向联营企业销售商品的顺流交易中的未实现利润的调整抵销处理,除了按照《企业会计准则第 2 号——长期股权投资(2014 年修订)》第十三条规定调整子公司层面原确认的未实现利润外,如果该商品最初是由母公司销售给子公司的,则是否还需要抵销母公司销售给子公司产生的利润?

**背景:**

A 公司是一家销售轮毂的生产型企业,产品轮毂主要销售给全资子公司 B 公司(销售公司),由 B 公司对外销售。2016 年 3 月 1 日,B 公司购买了客户 C 公司 25% 的股权,并对 C 公司产生重大影响,按照权益法核算。

2016 年 6 月,A 公司将一批成本为 100 万元的轮毂,以 130 万元的价格销售给 B 公司。B 公司采购该批货物后,直接以 150 万元的价格销售给联营企业 C 公司,截至 2016 年 6 月 30 日,C 公司尚未对外出售该批货物。假设不考虑中间发生的运输费用、税费等。

**解答:**

在合并报表层面,母子公司作为一个整体,在向联营企业销售的顺流交易中,内部未实现损益金额应根据 B 公司销售给 C 公司的售价与 A 公司的采购或生产成本之间的差额确定,因此对这些存货当初由 A 公司销售给 B 公司时的内部交易利润也应当一并抵销。

但需要注意:A 公司销售给 B 公司时的内部交易利润是发生在母子公司之间,应 100% 全部抵销;而 B 公司销售给 C 公司形成的未实现利润是产生于投资方和联营企业之间,应按照在联营企业的持股比例(25%)按比例抵销。因为两者的抵销要求不同,抵销母子公司之间的内部交易未实现损益和抵销子公司 B 公司与权益法核算的 C 公司的投资收益应分两步进行。

具体处理方法如下(单位:万元):

(1) B 公司合并报表层面,与 C 公司(联营企业)之间顺流交易未实现损益的按比例抵销:

借:营业收入(150×25%)　　　　　　　　　　　　　　　　　　　37.50
　　贷:营业成本(130×25%)　　　　　　　　　　　　　　　　　　32.50
　　　　投资收益　　　　　　　　　　　　　　　　　　　　　　　5.00

(2) 在 A 公司的合并报表层面,该笔交易所涉及的存货已经被销售给联营企业,在合并报表层面应确认的收入是 150×(1−25%)=112.5(万元),应确认的成本是 100×(1−25%)=75(万元),相应地应确认的收益应为:(150−100)×(1−25%)=37.5(万元)。据此应抵销和调整金额计算如下:

| 项目 | A 公司个别报表 | B 公司合并报表 | A 公司合并报表应显示金额 | A 公司合并报表应抵销和调整金额 |
|---|---|---|---|---|
|  | (1) | (2) | (3) | (4)=(3)−(1)−(2) |
| 营业收入 | 130.00 | 112.50 | 112.50 | −130.00 |
| 营业成本 | 100.00 | 97.50 | 75.00 | −122.50 |
| 毛利 | 30.00 | 15.00 | 37.50 | −7.50 |

相应地,如果采用逐层合并的处理方式,先编制 B 公司的合并报表,再将 B 公司的合并报表与 A 公司(及其他子公司)的个别报表进行合并,则在编制 A 公司的合并报表时,就该销售交易,应编制的抵销分录为:

借:营业收入　　　　　　　　　　　　　　　　　　　　　　　　130.00
　　贷:营业成本(A 公司对 B 公司的内部销售成本 100+　　　　　122.50
　　　　A 公司对 B 公司的内部销售毛利 30×(1−25%))
　　　　长期股权投资——C 公司(就 A 公司对 B 公司的内部销售毛利 30 万元中对应于
　　　　　　　　　　　　在联营企业持股比例的部分,在 A 公司合并报表层面
　　　　　　　　　　　　仍应视作未实现,但这部分长期股权投资调整金额在 B
　　　　　　　　　　　　公司的合并报表层面没有作为未实现损益调整对联营
　　　　　　　　　　　　企业的长期股权投资的账面价值,因此需在 A 公司的
　　　　　　　　　　　　合并报表层面进行补充调整)　　　　　　　　　　7.50

如果采用一次合并的处理方式,A 公司将 B 公司及其所有子公司的报表一次性编制合并报表,不通过编制 B 公司的合并报表作为过渡,则上述"B 公司合并报表层面,与 C 公司(联营企业)之间顺流交易未实现损益的按比例抵销"的分录将在 A 公司合并报表层面编制,最终 A 公司层面的合并结果与前述"逐层合并法"下一致。

如果长期股权投资抵减后,合并报表层面对联营企业的长期股权投资余额小于零的,则此时的处理方式请参考《计学撮要 2011》专题Ⅲ第三章第一节"问题 3 与合营、联营企业之间的顺流交易未实现损益的抵销"。

如果本案例中的 B 公司不是 A 公司的全资子公司,则上述 B 公司销售给 C 公司的顺流交易期末未实现利润 20 万元的调整影响需按照 B 公司的股权比例在 A 公司股东和持有 B 公司股权的少数股东之间进行分配,而 A 公司销售给 B 公司的未实现利润的抵销影响仍全部归属于 A 公司股东,不分配给少数股东。例如,假设 A 公司对 B 公司的持股比例为 80%,则 B 公司向 C 公司销售商品的顺流交易未实现损益 20 万元的调整影响需有 1 万元分配给 B 公司的少数股东[=20 万元×B 公司对 C 公司的持股比例 25%×(1−A 公司对 B 公司的持股比例 80%)],其抵销分录为:借记"少数股东权益"科目、贷记"少数股东损益"科目 1 万元。

---

**问题 3-2-29　境外央企编制人民币合并报表的处理**

**问题:**

如下文背景所述,A 公司在编制合并财务报表时,是先将 B、C 公司报表折算成港币再合并后折算为人民币报表,还是先将 A 公司折算成人民币后再直接合并 B、C 公司,得出人民币合并报表?两种方法进行合并时结果是否一致?

**背景:**

B 公司、C 公司均为注册地在内地的公司,记账本位币为人民币;A 公司为 B、C 公司的母公司,注册地在香港,记账本位币为港币;A、B、C 公司所属集团公司为国务院国资委下属的央企,A、B、C 公司最终控制人均为国务院国资委。A 公司的母公司系在香港的上市公司,历年均由 A 公司的母公司以港币编制合并财务报表并对外公告。现 A 公司的母公司欲将持有的 A 公司股权(含 B、C 公司)进行转让,拟受让方均为注册在内地的公司,A 公司需编制人民币合并财务报表上报境内集团公司。

**解答:**

案例背景未明确 A 公司是否执行内地企业会计准则。由于《国际会计准则第 21 号——汇率变动的影响》中对"功能货币"与《企业会计准则第 19 号——外币折算》(以下简称"外币折算准则")对"记账本位币"的定义以及两套会计准则对外币报表折算的规定并无实质性差异,不影响本案例的判断结果,以下内容以 A 公司执行内地企业会计准则为假设前提而得出:

根据外币折算准则的规定,A 公司以港币作为记账本位币,则需按记账本

位币编制财务报表,并将财务报表折算为人民币。在《企业会计准则讲解2010》第299页关于外币报表折算有如下内容:

"企业的子公司、合营企业、联营企业和分支机构如果采用与企业相同的记账本位币,即使是设在境外,其财务报表也不存在折算问题。但是,如果企业境外经营的记账本位币不同于企业的记账本位币,在将企业的境外经营通过合并报表、权益法核算等纳入到企业的财务报表中时,需要将企业境外经营的财务报表折算为以企业记账本位币反映。

在对企业境外经营财务报表进行折算前,应当调整境外经营的会计期间和会计政策,使之与企业会计期间和会计政策相一致,根据调整后会计政策及会计期间编制相应货币(记账本位币以外的货币)的财务报表,再按照以下方法对境外经营财务报表进行折算:

1. 资产负债表中的资产和负债项目,采用资产负债表日的即期汇率折算,所有者权益项目除"未分配利润"项目外,其他项目采用发生时的即期汇率折算。

2. 利润表中的收入和费用项目,采用交易发生日的即期汇率或即期汇率的近似汇率折算。

3. 产生的外币财务报表折算差额,在编制合并财务报表时,应在合并资产负债表中所有者权益项目下单独作为"外币报表折算差额"项目列示。"(注:根据现行规定,"外币报表折算差额"纳入"其他综合收益"项目列示。)

请注意上述内容中的"境外经营"与"外币"是当前报告主体根据其所在国或者地区、所选择的记账本位币而言的。因此,A公司合并报表的编制,应是如下流程:

(1) B、C公司编制人民币财务报表后,折算为港币报表上报A公司;

(2) A公司以记账本位币港币及B、C公司的港币财务报表编制合并的港币财务报表;

(3) A公司将合并的港币财务报表折算为以人民币为单位的财务报表。

另外,如果A公司自身除了持有B、C等子公司股权以外无其他实质经营性资产和业务活动,且A公司的母公司持有A公司的90%以上股权,则按照IFRS 10/HKFRS 10的相关规定,此类"中间层持股公司"是可以不编制合并报表的。在此情况下,如果需出于本次股权收购之目的编制A公司的合并报表,则也可以采用将A公司的单户报表折算为人民币后再与B、C公司以人民币编制的财务报表进行合并的处理方式。但不论采用何种方式编制,最终A公司以人民币表示的合并报表的合并结果总是一致的,不应因为合并报表编制方法的不同而导致最终合并结果的差异。

**问题3-2-30** 部分处置单一资产实体股权导致丧失对其控制权的处理
**问题:**
部分处置单一资产实体股权导致丧失对其控制权时如何处理?
**背景:**
B公司是房地产开发企业,目前正在开发一大型综合体,目前一期即将完工,但尚未具备销售条件,二、三期预计最近几年动工,评估基准日资产负债表列示的开发成本(账面价值)为 7 亿元。

A 公司持有 B 公司 51% 股份,为 B 公司的控股股东,现 A 公司拟将持有的 B 公司 5% 的股权转让给第三方,转让后丧失对 B 公司的控制权。

根据评估机构按假设开发法所做的评估结果,仅开发成本一项,评估价值为 11 亿元,评估增值 4 亿元(假定不考虑其他资产增值情况)。

**解答:**

本案例中的 B 公司是为了开发该大型综合体项目而设立的项目公司,因此可以认定为"单一资产实体"(关于"单一资产实体"的认定,可参考《计学撮要 2013》之"问题 3-2-1　收购'单一资产实体'是否构成业务合并"中的相关说明),对此类"单一资产实体"部分处置股权导致丧失控制权的情形,应考虑所有相关事实和情况确定会计处理方案。

1. 如果部分处置股权后 B 公司成为一个合营安排,则应根据《企业会计准则第 40 号——合营安排》的规定,分析该安排是属于共同经营还是合营企业。

(1) 如果事实上构成一项共同经营的,则因为"合营方对该安排中的相关资产和负债分别享有权利和承担义务",即 A 公司作为合营方仍然对该资产中的相应份额直接享有权利和承担义务,这部分份额在处置 B 公司股权前后并未发生变化,因此在会计上只能确认为资产的部分处置,对未处置的这部分资产权益(46%)不能按处置日公允价值重新计量,即只能就其实际处置的这部分资产份额(5%)确认处置损益,对剩余仍直接享有权益的资产份额继续沿用原先的计量基础。

(2) 如果事实上构成一个合营企业的,即 A 公司不再对 B 公司的资产直接享有权利和对 B 公司的负债直接承担义务,而是在其净资产中享有间接权益,则可按照《企业会计准则第 33 号——合并财务报表(2014 年修订)》第五十条的规定,在丧失控制权之日对仍保留的剩余股权按公允价值重新计量,并将重新计量的差额计入当期合并报表层面的投资收益,即相当于全部处置该 51% 股权,随即按公允价值重新购入一项对合营企业的股权投资(占该合营企业的 46% 股权),而不仅仅是确认与被处置的权益相关的直接处置收益。

2. 其他情形,应分析实质上 A 公司所保留的权益构成以下两种情形中的哪一项:

(1) 如果 A 公司保留了 B 公司所持有的开发项目资产上的直接权益(仍可对其持有的剩余份额直接行使所有权和处置权),则合并报表层面也比照资产的部分处置处理,仅确认与被处置的资产份额相关的处置收益,仍持有的剩余份额不按公允价值重新计量。

(2) 如果实质上 A 公司所保留的是一项对联营企业的投资(该项目由新的控股股东主导,A 公司仅保留决策参与权;也可能没有控股股东),则可按照《企业会计准则第 33 号——合并财务报表(2014 年修订)》第五十条的规定,在丧失控制权之日对仍保留的剩余股权按公允价值重新计量,并将重新计量的差额计入当期合并报表层面的投资收益,而不仅仅是确认与被处置的权益相关的直接处置收益。在这种情况下,A公司对B公司的剩余股权投资应采用权益法核算,具体会计处理可参照《计学撮要2011》中专题Ⅲ第三章第二节"问题15 丧失对子公司控制权但仍保留共同控制或重大影响的处理"所述原则处理,包括在合并报表层面对剩余股权进行权益法核算时,以该开发项目于处置日的公允价值为基础对其进行持续计量和成本结转。

**问题3-2-31**　境外三级子公司清算注销时,境内一级公司和境外二级公司人民币合并报表中是否适用《企业会计准则第19号——外币折算》关于处置境外经营的相关规定

**问题:**

如下文背景资料所述,境外三级子公司清算注销时,境内一级公司和境外二级公司人民币合并报表中是否适用《企业会计准则第19号——外币折算》关于处置境外经营的相关规定?

**背景:**

一级公司为境内公司,二级和三级公司均注册在香港且以港币为记账本位币,二、三级公司均为全资子公司,且二级公司仅有这1家三级公司。一级公司合并资产负债表的其他综合收益仅由该二级公司合并报表并入形成,其金额等于二级公司人民币合并报表中的其他综合收益金额(二级和三级公司个别报表外币报表折算差额合计数)。

三级公司长期处于资不抵债状态,于本年度被清算关闭,清算方式为由二级公司接收其全部资产和负债(其中对集团合并范围内关联方的债务予以豁免)。三级公司清算前报表中资产项目已基本提足减值准备、负债项目主要为应付内部关联方债务(因无力偿还,清算中上级公司予以豁免),历史上累积形成的外币报表折算差额余额较大。二级公司个别财务报表中资产项目包含对三级公司的大额债权,历史上累积形成的外币报表折算差额为较大负数。

在三级公司清算关闭时点,一级、二级公司人民币合并报表中如何处理三级公司的大额外币报表折算差额余额?

**解答:**

我们理解,本案例中该问题的处理关键在于该三级公司是否构成一个相对独立于二级公司的"业务"。

如果该三级公司构成一个相对独立的"业务",则在清算关闭三级公司时,一级、二级公司以人民币表示的合并报表层面累积的与该三级公司相关的其他综合收益(包括外币报表折算差额)应重分类到合并利润表层面的投资收益中。

如果该三级公司自身不构成一个相对独立的"业务",则对该三级公司的清算关闭等同于单项资产、负债的处置,由此导致的外币报表折算差额等其他综合收益项目将在二级公司报表和一级公司合并报表层面继续体现为其他综合收益,直到该二级公司被清算关闭或处置其股权并丧失控制权为止,再重分类

到合并利润表中的投资收益。

从本案例背景所述情况看,该三级公司原有的资产、负债均由二级公司接收,仍在合并报表范围内,且其记账本位币仍为港币,所以在合并报表层面及二级公司自身合并报表层面,均未实际发生资产、负债的真实对外处置和结算,或者从一个境外经营转入另一个境外经营,所以在一级公司和二级公司以人民币表示的合并报表层面,原先与三级公司相关的外币报表折算差额等其他综合收益不转入损益,到该二级公司被处置时一并处理。

**权威指引:**

IAS 21 第 48~49 段:

48 On the disposal of a foreign operation, the cumulative amount of the exchange differences relating to that foreign operation, recognised in other comprehensive income and accumulated in the separate component of equity, shall be reclassified from equity to profit or loss (as a reclassification adjustment) when the gain or loss on disposal is recognised (see IAS 1 Presentation of Financial Statements (as revised in 2007)).

48A In addition to the disposal of an entity's entire interest in a foreign operation, the following partial disposals are accounted for as disposals:

(a) when the partial disposal involves the loss of control of a subsidiary that includes a foreign operation, regardless of whether the entity retains a non-controlling interest in its former subsidiary after the partial disposal; and

(b) when the retained interest after the partial disposal of an interest in a joint arrangement or a partial disposal of an interest in an associate that includes a foreign operation is a financial asset that includes a foreign operation.

48B On disposal of a subsidiary that includes a foreign operation, the cumulative amount of the exchange differences relating to that foreign operation that have been attributed to the non-controlling interests shall be derecognised, but shall not be reclassified to profit or loss.

48C On the partial disposal of a subsidiary that includes a foreign operation, the entity shall re-attribute the proportionate share of the cumulative amount of the exchange differences recognised in other comprehensive income to the non-controlling interests in that foreign operation. In any other partial disposal of a foreign operation the entity shall reclassify to profit or loss only the proportionate share of the cumulative amount of the exchange differences recognised in other comprehensive income.

48D A partial disposal of an entity's interest in a foreign operation is any reduction in an entity's ownership interest in a foreign operation, except those reductions in paragraph 48A that are accounted for as disposals.

49 An entity may dispose or partially dispose of its interest in a foreign

operation through sale, liquidation, repayment of share capital or abandonment of all, or part of, that entity. A write-down of the carrying amount of a foreign operation, either because of its own losses or because of an impairment recognised by the investor, does not constitute a partial disposal. Accordingly, no part of the foreign exchange gain or loss recognised in other comprehensive income is reclassified to profit or loss at the time of a write-down.

中文翻译：

48 在处置国外经营时，与该国外经营相关的，确认在其他综合收益并作为单列权益项目进行累积的累积汇兑差额，应在确认处置国外经营的利得和损失时，从权益重分类至损益(作为重分类调整)(参见《国际会计准则第 1 号——财务报表的列报》(2007 年修订))。

48A 除了完全处置主体在国外经营中的权益以外，以下的部分处置情况也作为国外经营的处置进行会计处理：

(1) 当部分处置涉及对国外经营的子公司失去控制权时，不论该主体在部分处置后是否保留对以前子公司的非控股权益；以及

(2) 当部分处置了合营安排或联营中涉及国外经营的权益后，保留的权益是一项包含国外经营的金融资产。

48B 在处置包含有国外经营的子公司时，与其国外经营相关的归属于非控制性权益的累积汇兑差额应该终止确认但不应重分类至损益。

48C 在部分处置包含国外经营的子公司时，主体应该将其国外经营中相应比例的原确认在其他综合收益的累积汇兑差额重新归属为非控制性权益。在其他部分处置国外经营中，主体应将相应比例的确认在其他综合收益的累积汇兑差额重分类至损益。

48D 部分处置主体在国外经营中的股权是主体在国外经营中权益的全面减少，但第 48A 段中列示的股权减少作为处置进行会计处理。

49 主体可通过出售、清算、返还股本或放弃全部或部分权益等方式处置其在国外经营中的权益。支付的股利只有在其作为投资返还时，才构成处置的一部分，例如，所支付的股利基于从购买前的利润而对国外经营账面金额的减记，不管是因为其自身的亏损还是因为投资者计提减值准备造成的，都不能算是部分处置。因此，在减记时，不能将原确认在其他综合收益中的汇兑利得和损失重分类至损益。

**问题 3-2-32** 非全资子公司注销时，母公司对其债务豁免在合并报表中的处理

**问题：**

如下文背景资料所述，B 公司 2017 年度确认的 9 600 万元的利润在 A 公司合并财务报表中是否仍需要确认 25% 的少数股东损益？

**背景：**

A 公司的子公司 B(持股比例 75%)因经营不善导致净资产为－1.56 亿元。B 公司 2016 年 5 月开始清算，截至 2017 年 12 月正在办理注销手续。B 公司注销前账面有应付 A 公司的款项余额 9 600 万元，A 公司已于 2016 年前对该 9 600 万元应收款项全额计提了减值准备。截至 2017 年 11 月 8 日，鉴于 B 公司已无可再用于偿还债务的资产，A 公司与 B 公司签订协议该款项不再支付，B 公司在 2017 年度利润表中确认了 9 600 万元的利润。

**解答：**

由于 B 公司在 2016 年 5 月就已经开始清算了，A 公司豁免的这 9 600 万元债务并不是 B 公司正常经营过程的行为，而是在清算过程中因为再没有资产清偿债务，从而将无力偿还的债务予以免除，因此应计入 B 公司清算报表中的"清算净损益"。

因为"截至 2017 年 11 月 8 日，B 公司已无可再用于偿还债务的资产"，因此需考虑 2017 年年末 A 公司是否还应将其资产负债表纳入合并报表？如果 B 公司不再拥有和控制任何资产、负债，预期不会再取得新的资产和承担新的负债，不再发生收入和支出，则可算作清算完成，即使尚未完成工商注销，但 B 公司实体实际上已不存在，期末各项资产、负债均为零，截至 2017 年年末，A 公司已不再控制 B 公司，可不再将其资产负债表纳入合并报表。

如果 A 公司仍需将 B 公司纳入合并范围，则具体方法可参考《计学撮要 2013》之"问题 3-2-49(子公司清算期间的合并报表问题)"。在合并报表层面，该项母子公司之间的债务豁免相当于母公司向少数股东让渡了部分利益，使该子公司的少数股东权益由负数变为零，相应减少合并报表层面的资本公积，不应确认为少数股东损益。

---

**问题 3-2-33**　关于处置子公司涉及的内部交易未实现损益的处理

**问题：**

如下文背景资料所述，A 公司处置子公司 B 涉及的内部交易未实现损益在处置日及后续实现时如何处理？

**背景：**

A 公司之控股子公司 B 为 A 公司下属其他子公司提供工程建造服务，其他子公司接受 B 公司的建造服务，一般形成"在建工程"或"固定资产"。A 公司现于 2017 年 8 月处置持有的 B 公司全部股权。针对其他子公司接受 B 公司服务形成的资产账面价值内包含的以前年度未实现内部损益截至处置日尚未实现的金额，在 A 公司合并财务报表中应如何处理？

参考《计学撮要 2013》之"问题 3-2-60　处置子公司时逆销交易标的资产价值在母公司报表和合并报表的调整问题"，针对未实现内部交易损益的处理方式：

在 A 公司的合并财务报表层面，不应因为原先在逆销交易中作为"卖方"的子公司不再纳入合并范围,就不再对原先截至处置日尚未实现的内部交易损益予以抵销。A公司应当继续对该项未实现内部交易损益予以抵销,直到相关的标的资产已被耗用或者出售,其所涉及的内部交易未实现损益已全部实现为止。

参考证监会会计监管工作通讯2016年第3期"(四)原逆销交易形成的内部未实现利润在子公司处置后合并报表层面的会计处理原则",针对未实现内部交易处理方式:

纳入合并财务报表范围的企业之间发生的有关交易,不管交易方向是顺销还是逆销,前期未实现的内部损益在子公司处置后,都应在处置当期通过"投资收益"科目进行合并抵销,计入处置子公司当期合并财务报表的投资收益。

前述《计学撮要2013》中问题3-2-60的处理方式与证监会监管通讯中的处理意见是否存在冲突?

**解答:**

如案例背景中引用的《计学撮要2013》之"问题3-2-60处置子公司时逆销交易标的资产价值在母公司报表和合并报表的调整问题"的结论基础所述:

母子公司之间的"逆销交易"即以子公司为卖方,母公司为买方的合并集团内部交易,在该交易完成后直至相关的内部未实现交易损益实现之前,该内部交易的标的资产都是在作为买方的母公司的账面上,由母公司实际占有和使用。相应地,当母公司处置其所持子公司股权导致丧失对该子公司的控制权时,该标的资产并未一并对外处置,仍然处于合并集团范围之内(被处置的是截至处置日为止该子公司的各项资产和负债,而逆销交易的标的资产在处置日并不属于子公司)。相应地,在合并报表层面,不应在处置日对该等资产的计量进行调整(如果自处置日起不再抵销内部未实现损益,则在合并报表层面将体现为标的资产计量金额的增加,这不符合《企业会计准则第4号——固定资产》、《企业会计准则第1号——存货》等相关会计准则对标的资产后续计量调整的规定),而是应当继续保持其原先在合并报表层面的计量基础,继续抵销该项内部交易未实现损益,并随着标的资产的折旧、摊销或者耗用逐步实现内部交易损益,直至其被实际耗用或处置为止。

上述处理意见与证监会会计监管工作通讯2016年第3期所述"前期未实现的内部损益在子公司处置后,都应在处置当期通过'投资收益'科目进行合并抵销,计入处置子公司当期合并财务报表的投资收益"。不存在矛盾。

举例说明:母公司A持有子公司B的80%股权(B公司的另外20%股权由合并集团范围外的第三方持有)。在2016年年底之前,B公司曾将一批存货出售给A公司,当时的内部销售价格为500万元,成本为400万元,内部毛利为100万元,该批存货直到A公司完成对B公司股权的处置为止,仍未实现对外出售。2017年8月31日,A公司将原持有的B公司80%股权转让给合并范围外的第三方,处置日B公司的账面净资产为2 000万元(指B公司的各项资产、负债在A的合并报表层面的账面价值,包含商誉在内),80%股权的处置价格为1 800万元。则:

A 公司的合并报表层面 80% 股权的处置损益＝处置 80% 股权的对价 1 800＋剩余股权公允价值 0＋处置时点的少数股权账面价值 380(注)－处置时点该子公司的净资产在合并报表层面体现的价值 2 000＋/－应重分类至损益的与该原有子公司相关的其他综合收益 0＝180(万元)。

注：因为截至 A 公司处置 B 公司并丧失控制权的时点，原内部交易损益 100 万元仍未实现，故其抵销影响应按 B 公司的股权比例分配给少数股东，所以处置时点的少数股权价值(处置日合并报表层面的"少数股东权益"金额)＝2 000×20%－100×20%＝380(万元)。由此导致合并报表层面确认的处置股权损益比无逆流交易未实现损益时少了 20 万元，即原归属于少数股权的未实现交易损益在处置时抵减了合并报表层面确认的投资收益。

如果将该合并集团看作一个需进行账务处理的普通会计主体，用一般的借贷分录表示该项丧失控制权的交易，可以表述为(单位：万元)：

借：银行存款/其他应收款等　　　　　　　　　　　　　　　1 800
　　少数股东权益　　　　　　　　　　　　　　　　　　　　380
　贷：B公司各项资产、负债(净额)　　　　　　　　　　　　 2 000
　　　投资收益　　　　　　　　　　　　　　　　　　　　　180

同时，在合并报表中编制抵销分录时，处置 B 公司股权当年应编制借记"年初未分配利润"80，借记"投资收益"20(代表上面分录中将归属于少数股东的未实现损益在处置 B 的股权时冲减投资收益达到处理效果)，贷记"存货"100 万元的分录；以后年度应延续编制借记年初未分配利润 100 万元，贷记存货 100 万元的抵销分录，直至原内部逆流交易标的存货被 A 公司对外出售或耗用为止。

**问题 3-2-34**　上市公司关联方对上市公司子公司增资导致上市公司对子公司股权被稀释的处理

**问题：**

如下文背景资料所述，A 公司 2017 年度应如何处理对 B 公司的投资事项？注册会计师在执行 A 公司 2017 年度财务报表审计业务时应关注哪些问题？

**背景：**

A 上市公司 2012 年年末出资 299.98 万美元取得了 B 公司(境外公司) 51% 的股权，成为其控股股东，并将其纳入合并报表范围；2017 年 1 月因引进新股东对 B 公司增资 270 万美元，A 公司持有 B 公司的股份被动稀释为 25%，丧失对 B 公司的控制权，A 公司于 2017 年将 B 公司移出合并报表范围，个别财务报表中对 B 公司的长期股权投资由成本法转为权益法核算，并因核算方法的转换导致合并财务报表中确认投资收益 2 200 万元人民币。

截至 2016 年 3 季度末，B 公司的净资产为－54.95 万美元(注：2016 年度、2017 年度 B 公司均亏损约 400 万美元)，根据 B 公司所在地法律规定，如不增加资本金，B 公司将进入破产清算程序。考虑到 B 公司拥有非常优质的客户资源，自身的技术实力较好，通过持续整顿有望实现经营状况的改善，但鉴于改善尚需时日，为不损害公司利益，A公司决定暂不追加投资，其他小股东也无力进行增资，但均支持B公司引入新的投资方。

2016年11月，经各方股东同意，B公司引入新的投资方。B公司于2017年1月经股东会决议批准C公司对其增资270万美元，占B公司50%股权。C公司于2016年10月在香港注册成立，股东为香港自然人王某。王某于2010年加入A公司，并一直受雇于A公司。经核查，C公司用于增资的270万美元资金来源于A公司实际控制人张某的儿媳李某银行账户，资金主要由实际控制人张某之子通过银行借款170万美元以及李某自有资金100万美元所筹措。张某之子与银行借款的170万美元借款期限为1年，贷款利率为1‰(市场利率)；C公司与李某之间签订的借款合同约定：借款金额270万美元，借款利率根据每一年的借款周期年利率上浮0.5%，第一年贷款利率是1.5%，借款期限是3年，到期一次性还本付息。

**解答：**

本案例中，C公司用于增资的270万美元全部来自A公司实际控制人的关联方(其子及儿媳为资金实际提供方)；此外，C公司的股东王某目前仍在A公司任职。这两个迹象表明交易参与人C公司与王某与上市公司A之间的关系较为密切，本次交易之前，虽然C公司和王某从形式上并不属于上市公司A的关联方，但本交易中C公司与张某或张某之子或李某(以下统称李某一方)之间的借款安排仍值得关注。

基于"背景"部分提供的信息，我们认为需要关注和消除的疑点包括：对于C公司用于增资B公司的款项270万美元，王某作为C公司的股东，其自身没有投入任何自有资金，如何解释其商业合理性？李某一方为何在王某没有任何资金投入的情况下愿意提供全额的借款供其投资，其商业理由是什么，如何解释该行为的合理性？(以借款方式参与该项目，意味着李某一方最高收益率为1.5%，扣除资金成本后，最高仅0.5%的收益，但是李某一方承担了B公司的经营风险，也即B公司若继续亏损导致王某的股权无法转让或通过分红变现，则意味着李某一方无法收回该借款，间接承担了B公司的经营风险。简单来讲，李某一方若不看好B公司，为何会提供借款供他人投入该公司？如果看好该公司，为何不自己直接投资？)

鉴于B公司近年连续亏损、账面净资产已为负数的情况，对A公司而言，作为上市公司存在"甩包袱"的动机。该交易很有可能属于实际控制人通过增资使上市公司持有亏损公司的股权被稀释而"丧失"对B公司的控制权，从而将B公司从上市公司合并范围内剔除、避免合并B公司的亏损和负资产，实现美化上市公司财务报表的目的。再基于该交易相关当事人与A公司及其实际控制人之间的密切关系，我们理解，对该交易的设计应保持审慎的怀疑、关注该交易是否存在资金体外循环、股份代持等舞弊情形；至少根据目前的案例背景信息，我们无法排除该舞弊动机。

在实务操作中，应首先核实C公司与李某一方的借款是否具备商业实质。审计人员可从以下角度核实：

（1）询问李某一方，为何在王某并无自有资金投入的情况下，愿意提供全额的资金供其投资？

（2）询问王某通过其控制的 C 公司对 B 公司投资的原因，其成为 B 公司大股东后对 B 公司生产经营管理采取了哪些改善措施？

（3）检查 B 公司相关的董事会会议纪要、股东会会议纪要，核实 C 公司（或其委派的董事）在相关会议的表决意见，是否与 A 公司（或其委派的董事）总是一致？

（4）张某之子向银行借款的 170 万美元已到还款时间，请核实是否归还及资金来源；并询问其为何愿意就该笔资金提供给王某 3 年使用期限？C 公司或王某是否提前归还部分借款？

（5）需向 A 公司管理层核实，同意 C 公司增资的目的是什么？有无进一步后续安排？B 公司与上市公司合并报表范围内的公司是否存在"同业竞争"问题？如存在，如何解决同业竞争，是将上市公司持有 B 公司的股权在后续出售给实际控制人或其关联方，还是拟将实际控制人直接持有的部分未来转让给上市公司，或者将实际控制人直接持有的股份由上市公司托管？

（6）核实本次 C 公司增资交易作价的依据，关注交易价格是否公允。

若该借款不具备商业实质，则意味着王某通过 C 公司对 B 的增资很有可能是替相关资金提供方的代持行为（我们理解，这种可能性很高：该借款交易实质上是股权代持安排，所谓 1.5% 的年利率，是 A 公司实际控制人向王某支付的配合完成代持操作的相关费用。因此，建议对该借款的安排进行详细了解，无论是否为股权代持，均需获取充分、适当的审计证据以支持对该交易的认定结果；若认定确实属于借款交易，王某是真正的股权持有者并自主行使基于股权的表决权等权力，则应进一步获取充分的证据和解释以支持前述疑问的合理性）。

若确属于股权代持，则增资后 A 公司实际控制人张某之子（或儿媳）可以控制 B 公司，那么增资的交易是否具备商业实质，需要进一步核实：

1. 增资所获股权份额的公允价值是否与支付的对价一致或基本一致？

2.《上市公司收购管理办法》第八十三条中规定，如无相反证据，投资者有下列情形之一的，为一致行动人：持有投资者 30% 以上股份的自然人和在投资者任职的董事、监事及高级管理人员，其父母、配偶、子女及其配偶、配偶的父母、兄弟姐妹及其配偶、配偶的兄弟姐妹及其配偶等亲属，与投资者持有同一上市公司股份。基于本条类推，如无相反证据，则张某及其子、儿媳构成了一致行动人，则该增资行为属于同一控制下的关联交易。

总而言之，本案例由于涉及较复杂的关联交易、关联交易非关联化，甚至可能还有后续的交易安排未被关注，因此，基于现有信息，无法明确认定该增资交易事项，也无法判断上市公司是否应继续合并 B 公司，应先就交易各环节的商业实质补充获取充分适当的审计证据，这些证据的支持至少可以合理解释前述疑问。审计人员在实务中应以更审慎的态度应对 A 公司及其股东的解释和相关审计证据。

上市公司 A 对该交易的会计处理原则为：

（一）A公司未丧失对B公司控制权时的处理

若有充分证据表明上市公司A并未丧失对B公司的控制权，则A公司应继续将B公司纳入合并报表范围，对于C公司的增资在合并财务报表中计入少数股东权益的变化（可能涉及上市公司与少数股东之间的权益性交易），该增资在A公司合并财务报表或个别财务报表中并不影响当期损益。

（二）A公司丧失了对B公司控制权时的处理

1. 无论新引入股东的实际持有人是自然人王某或A公司的实际控制人张某及其关联方自然人，只要有充分证据表明A上市公司确实丧失了对B公司的控制权，则A公司就不应继续将B公司纳入合并范围。

2. 在B公司新引入股东的交易作价公允的前提下，A公司对丧失B公司控制权的处理应按照《企业会计准则解释第7号》中的"问题一"进行处理，摘录如下：

一、投资方因其他投资方对其子公司增资而导致本投资方持股比例下降，从而丧失控制权但能实施共同控制或施加重大影响的，投资方应如何进行会计处理？

答：该问题主要涉及《企业会计准则第2号——长期股权投资》《企业会计准则第33号——合并财务报表》等准则。

投资方应当区分个别财务报表和合并财务报表进行相关会计处理：

（一）在个别财务报表中，应当对该项长期股权投资从成本法转为权益法核算。首先，按照新的持股比例确认本投资方应享有的原子公司因增资扩股而增加净资产的份额，与应结转持股比例下降部分所对应的长期股权投资原账面价值之间的差额计入当期损益；然后，按照新的持股比例视同自取得投资时即采用权益法核算进行调整。

（二）在合并财务报表中，应当按照《企业会计准则第33号——合并财务报表》的有关规定进行会计处理。

具体可参考《计学撮要2015》"问题3-1-10　全资子公司引入外部股东导致母公司持股比例下降时的处理"中股权比例被稀释至40%情形下的处理示例。

3. 假定新进入股东的作价不公允，实际价款高于取得股份比例的公允价值的差额部分，则上市公司应依据形成该差异的不同原因，采用对应的会计处理方案。例如，如果新引入的股东实际是上市公司的关联方，涉及对上市公司利益输送的（例如，以超出公允价值的价格进行增资），则按照《企业会计准则解释第5号》中的"问题六"进行处理，摘录如下：

六、企业接受非控股股东（或非控股股东的子公司）直接或间接代为偿债、债务豁免或捐赠的，应如何进行会计处理？

答：企业接受代为偿债、债务豁免或捐赠，按照企业会计准则规定符合确认条件的，通常应当确认为当期收益；但是，企业接受非控股股东（或非控股股东的子公司）直接或间接代为偿债、债务豁免或捐赠，经济实质表明属于非控股股东对企业的资本性投入，应当将相关利得计入所有者权益（资本公积）。

也即：接受新增股东C公司投入货币资金的价值需要拆分为两部分来看，

其中,等于相应股权公允价值的部分,上市公司按照第 2 步进行处理,分别确认合并财务报表层面、个别财务报表层面的长期股权投资价值和投资收益;新增股东投入对价高于相应股权公允价值的部分应视同其对 B 公司的捐赠,此时,上市公司按照权益法进行计量确认应享有 B 公司的净资产份额时,同时增加长期股权投资及资本公积。

4. 对于该项交易,我们仍然建议应作为关联交易进行披露。

**问题 3-2-35**　对被投资方增资与原股东约定股权激励条款满足一定条件时原股东将成为第一大股东时的处理

**问题:**

如下文背景资料所述,A 公司对 B 公司增资后是否应将 B 公司纳入合并报表范围? A 公司处置对 B 公司的长期股权投资时应如何进行会计处理?

**背景:**

A 公司是一家与自如类似的长租公寓式公司。A 公司于 2015 年 7 月与 B 公司签订增资扩股协议,以货币资金形式出资 300 万元人民币对 B 公司进行增资,增资后股权占比 70%。B 公司以智能门锁、智能电表和插座等智能安防、家居系列产品的研发、生产和销售为主业,其核心技术为智能门锁。B 公司执行董事由 A 公司委派的人员担任,B 公司总经理由持股 29.9% 自然人股东丁某担任,丁某为 B 公司的创始人,在本次交易前为 B 公司的实际控制人。同时,A 公司与以丁某为主的 B 公司核心团队签订了股权激励协议,主要约定如下:

鉴于 A 公司为 B 公司(以下简称公司)在 2015 年 7 月进行增资扩股后的控股大股东。丁某为公司创始人兼总经理,为了实现公司的快速而良好的发展,A 公司作为大股东对公司创始人和核心团队设置分阶段的里程碑式期权激励方案。激励方案和相关限制条件的期限,从此承诺函签署之日(2015 年 7 月 2 日)起,至 2017 年 12 月 31 日止(以下简称承诺有效期间)。

双方约定的激励方案和双方的承诺内容如下:

一、股权激励方式:

(一)如果在承诺有效期内公司未获得外部 VC 投资:

1. 如果期间内公司没有接受 VC 投资,但公司发展良好,根据里程碑设置股权激励措施;

2. 当公司顺利成为 A 公司智能品牌供货商,拿到 A 公司智能门锁和智能电表和插座 80% 以上的订单时,A 公司无偿转赠 10% 股权给丁某,同时无偿转赠 5% 股权给为其他核心团队成员设置的期权池(由丁某代持);

3. 当公司完成上面第 2 项所列的里程碑后,公司产品向 A 公司以外客户大量供货,任何连续 12 个财务月度利润累计达到或超过 300 万元时,A 公司再次无偿转赠 10% 股权给丁某,同时再次无偿转赠 5% 股权给其他核心团队成员设置的期权池(由丁某代持)。届时,丁某将成为公司第一大股东。

(二)如果在承诺有效期内公司获得外部 VC 投资:

1. 公司在完全满足 A 公司对智能锁产品的要求之前,不接受任何外部投资,但 A 公司要保证项目发展所需资金的供给;

2. 公司在完全满足 A 公司对智能门锁和智能电表、插座产品的要求之后,可以接受外部投资。如果成功以不低于 6 000 万元人民币或等值美元的估值,融资 1 500 万元人民币或者等值美元以上,A 公司承诺将所持有公司股权中的占公司总额的 15% 股权以人民币 45 万元的价格转让给丁某,同时,将占公司总股权 15% 的部分无偿转让给为其他核心团队成员设置的期权池(由丁某代持)。附加条件是公司承诺智能产品的所有知识产权与 A 公司永久共享。

二、相关限制条件及承诺

1. 作为 B 公司的主要创始人,丁某必须在承诺有效期内专注于 B 公司以智能门锁和智能电表、插座产品为核心的智能安防和家居产品研发生产和团队发展。

2. 在承诺有效期内如果丁某主动退出公司管理及上述智能家居系列产品的研发和生产项目,公司将以一次性补偿丁某人民币 45 万元的对价收回丁某持有的公司的全部股份。在此期间,如果经协商,公司聘请新的执行总经理来代替丁某对公司进行全面管理,则保留丁某创始人身份以及总工程师头衔,公司将以 15 万元的价格回购丁某所持股份的三分之一转赠给新的总经理。

A 公司增资 B 公司且取得 B 公司 70% 股权,主要是看中其研发的智能门锁技术。智能门锁是 B 公司的核心技术。

A 公司增资后,认为未参与 B 公司的生产经营决策,故未将 B 公司纳入合并财务报表范围。

2017 年 5 月,A 公司与丁某签订股权转让协议,将持有 B 公司 70% 的股权以人民币 492 475.00 元转让丁某,协议同时约定 B 公司将所研发智能门锁业务的所有知识产权以 60 万元转让给 A 公司。A 公司将该股权投资成本 3 000 000.00 元与转让价格 492 475.00 元之差,与支付的 60 万元一并计入无形资产。A 公司取得了智能门锁的核心业务及人员并将其投入到了一家新成立的公司。

**解答:**

1. 对 B 公司的增资。

根据 2015 年 7 月签订的增资协议,A 公司出资 300 万元取得 B 公司 70% 的股权(增资后原大股东丁某持有 B 公司 29.9% 的股权)。同时 A 公司与丁某签订股权激励承诺函,其中一条的约定为至 2017 年 12 月 31 日止如果丁某主动退出,A 公司将以 45 万元收购其持有的全部 B 公司的股权。根据上述协议的具体内容,我们认为,尽管依据股权激励协议,原创始人丁某在满足特定业绩条件后将重新成为第一大股东,但在该条件被触发之前,A 公司实际拥有对 B 公司的控制权,即使其并不主动参与其经营,除非双方还有其他的协议约定。A 公司应自协议签订、增资完成之日起将 B 公司纳入合并报表范围。在购买日应将 B 公司的可辨认资产、负债按照公允价值纳入合并报表范围,B 公司在合并日的各项专有技术等应依据《企业会计准则解释第 5 号》第一条规定识别为可辨认的无形资产,并合理确定其于购买日的公允价值。

2. 对 B 公司股权的处置。

2017 年 5 月,A 公司转让持有的 B 公司股权,并将取得的智能门锁相关业务投入新设子公司的交易,由于 B 公司的核心业务及人员在处置前后均在 A 公司的控制之下,B 公司的股权转让可以理解为小股东退出,按照收购少数股东股权处理。A 公司将智能门锁业务投入到新公司,相当于将对 B 公司的投资平移到了新的公司。在此过程中,A 公司不应产生损益,亦没有评估增值。在上述问题 1 中于购买日确认的智能门锁业务相关无形资产在合并报表层面继续保留,并继续以原购买日的公允价值为基础持续计量。

# 第四章

# 特殊业务问答

## 第一节　金融工具和套期会计的相关问题

**问题 4-1-1**　《购销合同》是销售业务还是贸易型融资业务

**问题：**

如下文背景所述，企业签订《购销合同》，实际是销售业务还是贸易型融资业务？A 公司依据采购合同向销售方支付的采购款如何进行会计处理？

**背景：**

A 资本管理公司是 B 期货公司设立的全资子公司。

（一）采购合同

2017 年 11 月 8 日，A 公司与某钢贸商 C 公司签订《商品购销合同》，A 公司采购 14 681 275.00 元的不锈钢冷轧卷，合同主要条款如下：

交货时间和地点：以实际转库时间为准，交付地点为某 F 公司仓库。

交货方式：由供货方把货物安全卸至需方指定地点。

结算方式及期限：货到付款，结算方式为银行转账，不接受银行承兑汇票及其他付款方式。货物所有权由供方转移至需方经第三方检测合格后支付 35% 货款，收到货物的增值税专用发票后 5 个工作日内付清货款。

费用约定：货物过户费用由供方承担，货物过户后的仓储费用由需方承担。

（二）销售合同

2017 年 11 月 8 日，A 公司与某钢贸商 D 公司签订《商品购销合同》，销售 14 958 751.11 元的不锈钢冷轧卷，合同主要条款如下：

交货时间和地点：以实际转库时间为准，交付地点为某 F 公司仓库。

交货方式：由供货方把货物安全卸至需方指定地点。

费用约定：货物过户费用由供方承担，货物过户后的仓储费用由需方承担。

结算方式及期限：货款结算方式为银行转账，不接受银行承兑汇票及其他付款方式。需方在本合同签署当日向供方支付全额货款的 30% 即 4 487 625.33 元作为定金（需方正常履约付款时，定金可抵做最后一次价款结算）。需方须自本合同签署之日起 90 天内向供方支付剩余货款。供方向需方从定金支付之日至需方支付全额货款之日期间,双方同意在以下任一情形发生时执行以下跌价履约保证金(需方正常履约付款时,期间累计向供方支付的跌价履约保证金可抵作价款结算)的约定:1. 若"我要不锈钢网"本地区当日网价相比本合同签署日"我要不锈钢网"本地区当日网价下跌达到 10% 时,则需方应在第二个交易日 12:00 之前向供方支付【70%×(本合同签署日网价－当日网价)×本合同约定的商品数量】的履约保证金;2. 在需方按照上述约定支付跌价履约保证金前提下,若"我要不锈钢网"本地区当日网价高于本合同签署日"我要不锈钢网"本地区当日网价时,则供方应在第二个交易日 17:00 之前向需方退回此前收取的全部跌价履约保证金。

在前述采购合同和销售合同中,合同标的完全一致,交易对手 C 公司和 D 公司互为关联方,A 公司管理层认为 A 公司作为金融类公司,参与该交易的主要目的的提供融资并获取利息收入。采取三方交易的架构实现该资金融通,双方都有各自的考量:

1. 从 A 公司的角度,其选择三方合作的模式,从 C 公司采购并销售给 D 公司的环节中,两份合同的销售方均向采购方开具增值税专用发票,对 A 公司而言可以强化债权的安全性,极端情况下如果买方不付款,将会通过 B 公司在期货市场上放空单,最终将该笔货物销售以实现融出资金的回收。在该交易中,由于与 C 公司、D 公司的合同是三方共同谈判、同一天签订,A 公司不承担存货价值变动的风险,不管理存货,持有仓单仅作为债权的抵押物。A 公司从该交易安排中可获得年化利率约 9% 的资金收益,该利率与市场利率基本一致。且在采购、销售过程中,虽然合同约定有过户手续,但实际标的货物并未移动。A 公司无需承担货物过户费、仓储费等正常与存货相关的费用。

2. 从 C、D 公司的角度,并未由同一主体通过"售后回购"的方式与 A 公司合作,主要考虑税务风险的规避。若公司卖出商品、一段时间后买入该商品且买入价超过卖出价,可能会因为亏损交易、频繁的卖出和买入等引起税务关注,因此采取了买方、卖方通过两个主体来参与的方式。

**解答:**

近年来,随着我国以能源、矿产、农产品为代表的大宗商品贸易蓬勃发展,大宗商品期货交易量剧增,由此带来企业将大量货物存放在标准交割仓库,制成期货标准仓单。标准仓单多数具有变现或质押的需求。由于期货交易具有合约标准化、不能长期持有、到期必须交割的特性,从而形成了品种的标准化与实体经济需求的多样化、期货交割时间的相对固定性与实体经济生产经营的连续性之间的矛盾。期货公司设立风险管理子公司提供相应的仓单服务,直接出售、购买、串换、质押仓单,能在一定程度上解决客户参与期货交割品质及交割地点不确定、运作资金短缺等问题。

在具体业务模式上,针对仓单区域不匹配、品牌等级不适合、期货转现货无对手等难题,风险管理子公司通过发挥其信息平台优势,将各方持有的期货标准仓单串换转让,最大限度地满足各方需求。此外,客户持有仓单,不急于出售现有货物但又缺乏流动资金,也产生了仓单质押的需求。

本案例中,A 公司是资本管理公司,其母公司 B 是期货公司,本交易可能存在以下三种仓单服务模式:

1. 仓单提前交割业务。依托期货公司现有的产业客户群,为下游中小企业买入交割提供便利的同时为产业客户提前收回货款。风险管理子公司可以分别与有买入、卖出交割意向的客户联系,明确交割意向或特定品牌、仓库、地理区域等要求,为买卖双方提供信息资源;或者将客户拥有的交割品牌仓单汇成仓单池,建立信息平台,在客户提出意向后代为联系,提前交割完成后收取相应的服务费。

2. 仓单串换业务。通过提前交割业务生成仓单池后,风险管理子公司就可以为客户提供标准仓单串换服务。协调仓单持有方、需求方、仓库、期货交易所等,串换企业正常生产不受影响,风险管理子公司收取服务费或赚取价差。

3. 仓单代理交割业务。部分客户有交割买入或卖出需求,但交割额度不足,风险管理子公司可以在最后交易日当日接受客户委托,为客户买入或卖出交割,并收取价差作为服务费用。

本案例中"购销合同"的业务模式,从本质上来讲,很可能属于常见的仓单服务模式之"仓单服务之约定购回"(参见下述解释)融资交易,但如果本案例中存在标准化仓单交易,也不排除可能存在"仓单服务之仓单串换"(参见上述标准仓单业务模式相关参考内容)。

仓单约定购回业务,通常的业务流程为:仓单转让企业(客户)将仓单出售给仓单受让企业(风险管理公司)(注:在本案例中,即 A 公司),同时签订回购协议,约定由客户自身或其关联方根据协议按比例支付款项,项目到期后双方完成仓单所有权的过户的业务模式。

具体业务操作一般分四步:

第一步:A 公司分别与客户 C、客户 D(客户 C 的关联公司)签订购销合同,向客户 C 购买仓单(注:在本案例中,将购销合同约定的标的货物委托相同的第三方仓储保管,由第三方验收,出具仓储凭证)。同时向客户 D 销售同等数量的仓单。

第二步:客户 C 按照市场价向公司转让仓单(注:在本案例中虽然约定转让标的实物,但标的实物并不移库,实质上相当于转让由第三方存储保管验收合格入库后的仓储凭证)。

第三步:A 公司向客户 C 支付合同总金额的一定比例(本案例中为 35%)货款,同时客户 D 向 A 公司支付合同总金额的一定比例定金(本案例中为 30%的货款),A 公司再向客户 C 支付剩余尾款。

第四步:客户 D 回购前,先向 A 公司支付剩余尾款,结清所有费用后,A 公司将仓单转让给客户 D。

我们理解,如果采购、销售合同中 A 公司的交易对手方为同一家或属于关联方,则构成前述"仓单约定购回业务"的可能性较大。但如果购销合同中 A 公司交易对手方之间不属于同一家或没有关联方关系,则不排除构成类似提示中标准仓单业务模式的 3 种之一或均有可能涉及的情形。

综上,本案例中,A 公司首先需结合实际情况,进一步确认相关购销合同属于"仓单回购"业务模式还是类似于标准仓单服务业务(就本案例而言,区别在于是否存在期货公司标准仓单)。如涉及多种业务模式,则应分别讨论,在此基础上再讨论具体会计处理。

假定本案例属于前述"仓单约定购回业务",此类交易定性为融资业务较为恰当,其目的与仓单质押融资业务类似,即获得短期流动资金支持。建议会计处理方法如下:

此类仓单回购业务在会计核算时,按照"实质重于形式"的原则,资金的借入方视同融资进行账务处理。

A 公司作为资金提供方,以利息或手续费等名义取得融资收益(或通过买卖价差的方式实现该融资收益),其支出和收到标的货款时按可通过"其他应收款"核算,收取的费用或买卖差价为融资收益,在提供融资的期间按实际利率法合理摊销,在融资期间内分期确认为利息收入。但如果买卖价差超过一定水平,则应评估相关交易实质是否仍然适用融资业务的定性——即需要判断是否构成事实上的购销业务,特别是标的货物的实际供方和实际需方不是关联方时。

但在税务上,融入资金方和融出资金方,一般会被视为销售和采购两项经济业务。销售方的销售实现时要按照规定开具发票并收取价款,从税法上讲这已经构成计税收入的实现,应按规定的税率计缴增值税。

除此之外,应注意结合合同条款中有关履约保证金和提前出售标的物等相关约定对会计处理和相关披露的影响。

---

**问题 4-1-2** 以获取融资为目的,按固定价格租借黄金的会计处理

**问题:**

如下文背景资料所述,A 公司以获得融资为目的,与银行签订黄金租赁协议借入黄金并卖出获得资金,同时约定在到期日与该银行进行询价交易以固定价格向银行购入黄金偿还租借的黄金,并在租赁期内按获得的资金及固定利率支付利息,该业务如何进行会计处理?

**背景:**

A 公司属于化工制造业企业,其产品制造过程并不需要使用黄金。2017 年 11 月,为获得资金,A 公司与银行签订《贵金属租赁合同》,主要条款如下:

1. A 公司向银行租借标准黄金(Au 99.99,下同)248 kg,按约定计费定盘价 275 元/g,并委托银行卖出,获得资金 6 820 万元。租赁期为 2017 年 11 月 17 日至 2018 年 11 月 16 日。

2. 到期日前一天,A 公司与银行应进行询价交易,交易价格 276.17 元/g (即,该价格为签约时已锁定的固定价格),重量 248 kg,合计 6 849.02 万元,以此获得的黄金偿还租借的黄金,A 公司不可撤销地委托银行办理黄金到期归还的相关事宜,并约定此为偿还黄金的唯一方式。

3. 贵金属租借年利率为 4.05％,按实际天数计算,按季支付。

4. A 公司要求提前完结业务的,应向银行提出书面申请,经银行同意后,A 公司向银行支付以计费定盘价计算的贵金属市值和询价交易金额中的孰大值及需向交易所缴纳的费用,同时根据剩余租借天数向银行支付提前还金补偿金,提前还金补偿金的利率为租借年利率的 60％。

注:上述各条款是在一个整体的《贵金属租赁合同》中一并约定的,并未分拆为两个或多个合同分别签订。

**解答:**

通常情况下,此类以融资为目的的黄金租赁交易是分别签订黄金租赁合同和远期黄金交易(询价交易)合同,并且两个合同互相独立,可以单独执行,也可以单独提前到期、修改或作废。在此情况下,应当将这两者作为两个互相独立的金融工具合同(注意不是一个包含嵌入衍生工具的混合工具)进行会计处理。即两项以公允价值计量且其变动计入当期损益的金融负债或金融资产。

但在本案例中,是签订一个整体的适用于"租借＋询价交易"的"贵金属租借合同",其特点是:①A 公司签订该合同的商业目的就是单纯地取得低成本融资;②租借时间和办理询价交易的时间互相衔接,询价交易日也是事先确定的,且为租借的预定到期日的前一日;③计费定盘价和询价交易的单价都是事先锁定的,不受租借期间内金价变动的影响;④明确借款人不可撤销地委托银行办理贵金属到期归还的相关事宜,且约定"乙方归还甲方贵金属的唯一方式为通过甲乙双方询价交易获得贵金属";⑤明确在"提前还租"的情形下,需归还的金额为计费定盘价和询价交易金额两者中的较大者。

根据上述条款分析,本案例中的黄金租借和远期黄金交易是存在紧密联系的一个整体交易,不可分割,也不能单独转让、单独提前到期、单独废止或单独结算,因此满足将两者"合成"为一项非衍生工具的条件,即可以将其作为一项到期日和到期金额固定的借款进行会计处理。借入金额(按黄金数量乘以计费定盘价计算)和在借款期间及到期日应归还的金额之间的差额为该借款对应的利息支出,可以在借款期间内摊销(因借款期限为 1 年,可以接受按直线法摊销的简易做法),确认为借款期内各月的利息支出。

**结论基础:**

此问题涉及将两项金融工具交易"合成"一项单一金融工具交易应满足何种条件的问题。总体上,会计准则为此类"合成"操作设置了相当高的门槛,该门槛显著高于《企业会计准则第 33 号——合并财务报表(2014 年修订)》第五十一条规定的认定"一揽子交易"的标准,更强调各项金融工具在合同条款上是否互相独立,能否独立执行、独立转让,独立提前到期和终止。

《企业会计准则讲解(2010)》第 385～386 页在讨论"嵌入衍生工具"的概念时提及:

附在主合同上的衍生工具,如果可以与主合同分开,并能够单独转让,则不能作为嵌入衍生工具,而应作为一项独立存在的衍生工具处理。例如,某贷款合同可能附有一项相关的利率互换。如该互换能够单独转让,那么该互换是一项独立存在的衍生工具,而不是嵌入衍生工具,即使该互换与主合同(贷款合同)的交易对手(借款人)是同一方也是如此。同样的道理,如果某工具是衍生工具与其他非衍生工具"合成"或"拼成"的,那么其中的衍生工具也不能视为嵌入衍生工具,而应作为单独存在的衍生工具处理。例如,某公司有一项 5 年期浮动利率债务工具和一项 5 年期支付浮动利率、收取固定利率的利率互换合同,两者放在一起创造了一项"合成"的 5 年期固定利率债务工具。在这种情况下,"合成"工具中的利率互换不应作为嵌入衍生工具处理。

事实上,以会计核算为目的,将交易联系起来是一个困难的问题,特别是在金融工具方面。根据《企业会计准则——基本准则(2014 年修订)》(财政部令第 76 号)第十六条规定:"企业应当按照交易或者事项的经济实质进行会计确认、计量和报告,不应仅以交易或者事项的法律形式为依据。"而此处将交易联系起来可视为如何解释"实质重于形式"这一原则的案例。

由于中国企业会计准则与国际财务报告准则(IFRS)在金融工具会计方面已实现实质性趋同,两者对金融工具的会计处理规定无实质性差异,故下文说明中将引用 IFRS 体系下的部分规定和举例。

IAS 32, IAS 39 and IFRS 9 对这个问题并无系统的规定,但举了部分相关的例子:

- 两个或两个以上的非衍生合约,即"实质上"为单一衍生产品工具,应视为单一衍生工具处理。
- "附在"一项非衍生金融工具上的衍生工具,有时可视为单一组合工具的一部分。
- 在将合并财务报表中的金融工具归类为权益或金融负债时,应充分考虑合并范围内各企业与这些工具的持有人之间商定的所有条款和条件。
- 在不出售资产本身的情况下,确定涉及转让与金融资产相关的部分或全部权利的交易的适当会计处理时,必然需要将单独的合同联系起来,以评估交易是否导致资产的终止确认。例如,可能有一个合同定义了资产的持续所有权,另一个合同要求所有者将与资产相关的权利转移给第三方。

IASB 下属的准则解释委员会于 2002 年首次审议了该"联系问题",并向 IASB 提出了某些建议。事实上,在合并财务报表中将金融工具归类为负债或权益时必须考虑到协议条款之间的互相联系,这一点在 2003 年 12 月解释委员会审议之后已被加入到 IAS 32 中。尽管确定了哪些迹象表明交易之间存在关联,并就该"互相关联的交易"的会计问题提出了指导意见,但相关讨论并未作为解释或准则公开发表。

2013 年 8 月,解释委员会收到一项请求,要求解释三项不同的交易是否应单独核算,还是应作为单一衍生产品进行合并处理。委员会决定不将这一问题列入其议程,但指出,为了确定是否将这三项交易合并为单一衍生产品,应索引

IAS 39 的应用指南中 B. 6、C. 6，及 IAS 32 的 AG39 段。解释委员会注意到，适用 IAS 39 第 B. 6 段中的指导意见需要作出专业判断，该段中的指标可能有助于一个实体确定交易的实质，但是否存在或缺失任何单一的具体指标可能不是结论性的。

IAS 39 应用指南 B. 6 原文如下：

2.6　衍生工具的定义：抵销贷款

A 主体向 B 主体发放了一笔五年期的固定利率贷款，同时 B 向 A 发放了一笔本金数额相同的、五年期的变动利率贷款。由于 A 和 B 有净额结算的协议，在这两笔贷款开始时不转让本金。按照《国际财务报告准则第 9 号》，该合同是否属于衍生工具？

是的。该合同符合衍生工具的定义（即存在基础变量、不要求初始净投资，或要求的初始净投资小于预期对市场因素变化有类似反应的其他类型合同所要求的初始净投资、在未来结算）。该贷款的合同后果相当于没有初始净投资的利率互换协议。

如果若干项非衍生工具交易在实质上形成了一项衍生工具，则应予以叠加考虑，并作为衍生工具处理。作出这种判断的迹象包括：

• 同时签订并且互为条件；

• 具有相同的交易对手方；

• 与相同的风险相关；

• 没有明显的经济需要或实质的商业目的将原本在单项交易中不能完成的交易分成若干交易。

如果 A 主体和 B 主体没有净额结算的协议，答案也一样，因为《国际财务报告准则第 9 号》中的衍生工具的定义并未要求净额结算。

IAS 39 应用指南 C. 6 段原文如下：

3.6　嵌入衍生工具：合成工具

A 主体发行了五年期浮动利率的债务工具。同时，A 主体和 B 主体达成了一项五年期的支付固定利率、收取变动利率的利率互换合同。A 主体将该债务工具和利率互换结合起来看作是合成的固定利率工具。A 主体认为，对该互换单独进行核算是不恰当的，因为《国际财务报告准则第 9 号》第 4.3.8 段（1）要求，如果衍生工具与某一利率相联系，且该利率能够改变主债务合同原本应支付或应收取的合同利息金额，则该嵌入衍生工具应当与其主工具共同归类。该主体的分析正确吗？

不正确。嵌入衍生工具是包括在非衍生主合同中的条款和条件。在应用《国际财务报告准则第 9 号》时，将两项或更多的独立金融工具作为一项单一的组合工具处理（"合成工具"会计），通常是不恰当的。各个金融工具都有其各自的条款和条件，并且各个金融工具都可能分别转让或结算。因此，该债务工具和互换要分别归类。这里描述的交易不同于问题 2.6 中讨论的交易，后者除了利率互换的结果之外，没有任何实质内容。

IAS 32 的 AG39 段原文如下：

AG39 本准则没有规定对所谓"合成工具"的特别处理方法,这些"合成工具"是为仿效另一项工具的特征而购入并持有的单项金融工具的组合,例如,浮动利率长期债券与收取浮动利息和支付固定利息的利率互换结合在一起即合成了一项固定利率长期负债。构成"合成工具"的每项金融工具代表着具有各自的条款和条件的合同权利或义务,可以单独转让或结算。每项金融工具承受的风险都可能与其他金融工具不同。因此,当"合成工具"中的一项金融工具是资产而另一项是负债时,除非它们满足本准则第 42 段的抵销标准,否则就不能将它们抵销并在财务状况表上以净额列报。

因此,在考虑能否将两项或多项金融工具"合成"为一项单一金融工具时,我们主要受 IAS 39 和 IFRS 9 的指导。很可能这些多项金融工具合同具有各自的条款和条件,可以独立转让或结算。因此,上文 IAS 39.C.6 中的原则将建议对这两个工具分别进行核算。

上文 IAS 39.B.6 处适用指南(将多个非衍生金融工具并将其视同"合成"为同一衍生品金融工具)也建议在大多数情况下单独核算各金融工具。即使这些金融工具是与同一交易对手进行交易的,通常分开交易也是有实质性的商业目的。

显然,在涉及两个单独的法律合同的情况下,在大多数情况下,就会计核算而言,通常分开核算这两项金融工具。尽管在某些情况下,这些合同之间的联系也可能会使这些合同在会计上不能被视为彼此独立的存在。

本案例之所以可以将整体合同作为一项固定利率贷款进行会计处理,主要原因就是将黄金租借和到期时的询价交易作为一个整体,在同一个合同中予以约定,各条款构成一个不可分割的整体,而未拆分为两个或多个合同分别签订。如果分拆为两个或多个合同分别签订,则如上所述,即使每个合同的条款分别与前面"背景"部分所列的对应条款一致,也仍有很大可能需要将每个合同分别作为一个独立的金融工具分别进行会计处理,而不能将这一系列合同"合成"为一项非衍生工具(固定利率贷款)进行会计处理。

### 问题 4-1-3　大额存单的核算

**问题:**

企业对于所持有的大额存单应当如何核算?

**背景:**

根据中国人民银行 2015 年 6 月 2 日公布的《大额存单管理暂行办法》(中国人民银行公告〔2015〕13 号),大额存单是由银行业存款类金融机构面向非金融机构投资人发行的、以人民币计价的记账式大额存款凭证,是银行存款类金融产品,属一般性存款。

大额存单发行利率以市场化方式确定。固定利率存单采用票面年化收益率的形式计息,浮动利率存单以上海银行间同业拆借利率为浮动利率基准计息。

大额存单自认购之日起计息,付息方式分为到期一次还本付息和定期付息、到期还本。

**解答:**

根据《大额存单管理暂行办法》第二条规定:"本办法所称大额存单是指由银行业存款类金融机构面向非金融机构投资人发行的、以人民币计价的记账式大额存款凭证,是银行存款类金融产品,属一般性存款。"

据此,大额存单持有人对大额存单的核算,可参照《计学撮要2011》中专题Ⅲ第五章第二节"问题1可随时提前支取的期限在3个月以上的定期存款能否在现金流量表上作为现金及现金等价物"所述的定期存款的核算和列报原则进行会计处理和报表列报。

在科目设置方面,可在"银行存款"科目下设置"大额存单"明细科目核算。

在资产负债表列报方面,对于同时满足以下条件的大额存单,可在"货币资金"项目下列报:①期限在12个月内(含12个月);②存单的发行条件允许提前支取;③持有人没有明确将其持有至到期的意图。

对不同时满足上述条件,但预计持有期限不超过1年(自购入日起算)的大额存单,可在"其他流动资产"项目下列报。

对不满足在"货币资金"或"其他流动资产"列报条件的大额存单,应在"其他非流动资产"项目下列报。

**问题4-1-4　通过资产管理计划增持上市公司股票的会计处理**

**问题:**

根据证监会有关要求,通过资产管理计划增持上市公司股票,应如何进行会计处理?

**背景:**

A公司2015年年初持有B上市公司16.718%的股权,因在B上市公司派驻了董事、监事及高管,A公司认为其对B公司具有重大影响,采用权益法核算对B公司的股权投资。

根据证监会的有关要求,A公司及其董事长拟于2015年7月9日起,按照中国证监会发布的《关于上市公司大股东及董事、监事、高级管理人员增持本公司股票相关事项的通知》(证监发〔2015〕51号)有关规定增持B公司股票。A公司拟以自有资金不低于2 512万元人民币通过证券公司、基金管理公司定向资产管理等方式购买B公司股票,其董事长拟以自有资金不低于1.6万元人民币通过深圳证券交易所证券交易系统在二级市场购买B公司股票,上述增持自本次增持计划实施后6个月内不减持。

**解答:**

根据背景资料所述信息,"A公司拟以自有资金不低于2 512万元人民币通过证券公司、基金管理公司定向资产管理等方式购买B公司股票",我们认为

A 公司所持有的并非通常意义上的以财务投资为目的的理财产品,其为增持 B 公司股票之目的而通过证券公司、基金公司、信托公司、资产管理公司等机构设立的资产管理计划来实施,该类资产管理计划是其所控制的结构化主体,该等结构化主体应纳入 A 公司的合并报表范围。

在该结构化主体自身的财务报表中,因为相关政策限制,所持有的 B 公司股票将至少 6 个月内不能出售(后续直到 2016 年 1 月,证监会才发布了《上市公司大股东、董监高减持股份的若干规定》(证监会公告〔2016〕1 号),对这部分增持股份的后续出售办法作出了规定,就当初 2015 年 7 月的情况而言,这部分股份购入后能否减持及何时减持都存在不确定性),因此不可能以短期内出售获取买卖差价作为持有目的,相应地,将该结构化主体所持有的 B 公司股票作为“可供出售金融资产”核算是恰当的。但是,在 A 公司的合并报表层面,由于其原本就能够对 B 公司施加重大影响,采用权益法核算,因此实质上属于增持联营企业股权,应在合并报表层面将通过结构化主体所持有的 B 公司股权也作为其对联营企业股权投资的一部分,采用权益法核算,具体会计处理可参考《计学撮要 2011》中专题Ⅲ第三章第一节“问题 6 增持联营企业股权但增持后仍为联营企业的处理”。【请注意:本案例不能适用《企业会计准则第 2 号——长期股权投资(2014 年修订)》第九条关于“投资方对联营企业的权益性投资,其中一部分通过风险投资机构、共同基金、信托公司或包括投连险基金在内的类似主体间接持有的,无论以上主体是否对这部分投资具有重大影响,投资方都可以按照《企业会计准则第 22 号——金融工具确认和计量》的有关规定,对间接持有的该部分投资选择以公允价值计量且其变动计入损益,并对其余部分采用权益法核算”的规定。因为此处的结构化主体受到相关政策限制,其持有上市公司股票并不是为了在短期内出售以赚取买卖差价收益,故不能被认定为该条所指的“风险投资机构、共同基金、信托公司或包括投连险基金在内的类似主体”。】

在 A 公司的个别报表层面,其对该结构化主体的投资可根据预计持有期限,在“其他流动资产”或“其他非流动资产”中列报,并按成本进行后续计量。我们建议:由于在 2015 年 7 月该项投资开始时,这部分股权投资退出的相关政策尚不明确,在无法确定预计持有期限的情况下,建议作为“其他非流动资产”列报更为恰当。

**问题 4-1-5　接受“明股实债”投资的会计处理问题**
**问题:**
如下文背景资料介绍,C 基金投入 A 公司的资本,由 A 公司支付固定利息,其母公司 B 公司负责本金回购和担保利息的支付时,A 公司取得的投资在 A 公司、B 公司单体报表以及 B 公司合并报表中分别应如何处理?
**背景:**
A 公司为 B 公司的全资子公司。2015 年 10 月 12 日,B 公司和 A 公司与国家开发银行旗下C基金签订《××基金投资合同》。合同约定的部分内容总结如下：C基金向A公司增资1.4亿元用于"机场站坪扩建及附属工程"建设，合同约定增资后C基金持有A公司1.67％股权，B公司持有A公司98.33％股权。2015年10月16日，C基金按合同约定将1.4亿元投资款缴入A公司的银行账户，完成出资。

合同约定C基金投入资金的平均年化投资收益率最高不超过1.2％，每年C基金从A公司取得的利润分配金额不到1.2％的部分由B公司补足，超过1.2％的部分留存用作A公司下一年分配。C基金增资的1.4亿元，由B公司按确定的时间计划和对价全额回购，具体如下：2017年10月16日回购3 000万元，2023年10月16日回购4 000万元，2027年10月15日回购4 000万元，2029年10月14日回购3 000万元。此次增资后，C基金不向A公司委派董事、监事和高级管理人员，涉及可能影响C基金权益的"重大事件"应经全体股东所持表决权三分之二以上决议通过。同时合同约定："B公司与A公司承诺并保证：A公司收到本次增资的投资款项后，A公司应在国家开发银行开立资金监管账户，并接受C基金及国家开发银行的监管，且A公司和B公司已承诺在2015年12月31日前完成工商变更登记的，A公司可根据本合同运用不超过50％的C基金投资款项，并确保该款项用于"机场站坪扩建及附属工程"项目建设。在A公司和B公司完成工商变更登记后，A公司可申请运用剩余投资款项用于本投资项目。"

合同也同样注明：无论A公司和B公司是否按本合同约定办理工商变更登记手续，均不影响C基金根据本合同约定要求A公司和B公司向C基金履行分红、补足投资收益、回购、减资等义务。

**解答：**

本案例的会计处理要从三方面考虑：①A公司个别报表层面；②B公司个别报表层面；③B公司合并报表层面。分别讨论如下：

1. A公司个别报表层面。

本案例中，A公司负有每年向C基金公司支付约定的固定回报（按尚未回收的投资额乘以1.2％的年度收益率计算）的首要责任，但不承担保证C基金的投资本金安全回收的责任（对投资本金回购的义务完全属于B公司），因此，A公司在收到C基金投入的1.4亿元投资款时，应将未来14年内累计应支付的投资收益（根据合同约定的回购进度表和每年1.2％的约定收益率计算）的金额确认为一项负债（长期应付款），根据《企业会计准则第22号——金融工具确认和计量》对金融负债的摊余成本计量的一般原则规定，A公司个别报表层面对累计需分配的投资收益应当按照实际利率1.2％折现，将折现值作为负债的初始计量金额，剩余部分作为实收资本和资本公积。对该部分负债后续也按照实际利率法进行计量，按实际利率1.2％确认各年度利息支出。即，A公司个别报表层面确认的利息支出不是按合同约定需支付给C基金的每年约定利息金额，而是每年初未付利息相关负债的年初余额乘以实际利率算出的实际利息，测算过程如下：

| 投资回收时点 | 应支付的回购款 | 尚未支付的回购款 | 每年固定投资回报 | 折现年数 | 折现系数 | 每年固定投资回报（折现后） |
|---|---|---|---|---|---|---|
| 合计 | 140 000 000.00 | | 14 520 000.00 | | | 13 508 888.57 |
| 2015-10-16 | | 140 000 000.00 | . | | 1.000 0 | |
| 2016-10-16 | | 140 000 000.00 | 1 680 000.00 | 1 | 0.988 1 | 1 660 079.05 |
| 2017-10-16 | 30 000 000.00 | 110 000 000.00 | 1 320 000.00 | 2 | 0.976 4 | 1 288 881.25 |
| 2018-10-16 | | 110 000 000.00 | 1 320 000.00 | 3 | 0.964 8 | 1 273 598.07 |
| 2019-10-16 | | 110 000 000.00 | 1 320 000.00 | 4 | 0.953 4 | 1 258 496.12 |
| 2020-10-16 | | 110 000 000.00 | 1 320 000.00 | 5 | 0.942 1 | 1 243 573.24 |
| 2021-10-16 | | 110 000 000.00 | 1 320 000.00 | 6 | 0.930 9 | 1 228 827.31 |
| 2022-10-16 | | 110 000 000.00 | 1 320 000.00 | 7 | 0.919 9 | 1 214 256.24 |
| 2023-10-16 | 40 000 000.00 | 70 000 000.00 | 840 000.00 | 8 | 0.909 0 | 763 545.96 |
| 2024-10-16 | | 70 000 000.00 | 840 000.00 | 9 | 0.898 2 | 754 492.06 |
| 2025-10-16 | | 70 000 000.00 | 840 000.00 | 10 | 0.887 6 | 745 545.51 |
| 2026-10-16 | | 70 000 000.00 | 840 000.00 | 11 | 0.877 0 | 736 705.05 |
| 2027-10-15 | 40 000 000.00 | 30 000 000.00 | 840 000.00 | 12 | 0.866 6 | 727 969.42 |
| 2028-10-15 | | 30 000 000.00 | 360 000.00 | 13 | 0.856 4 | 308 287.44 |
| 2029-10-14 | 30 000 000.00 | | 360 000.00 | 14 | 0.846 2 | 304 631.86 |

A 公司账务处理为：

借：银行存款　　　　　　　　　　　　　　　　　140 000 000.00

　　贷：实收资本　　　　　　　　　　　　　　　　140 000 000.00

借：资本公积——资本溢价　　　　　　　　　　　13 508 888.57

　　未确认融资费用　　　　　　　　　　　　　　1 011 111.43

　　贷：长期应付款　　　　　　　　　　　　　　14 520 000.00

由于实收资本增加,故 A 公司应按约定办理工商变更登记。

上述会计处理可能导致 A 公司个别报表层面的资本公积出现负数余额。此处资本公积的借方发生额反映了这样一个事实：C 基金的出资名义上是以"股权投资"的形式投入的,但最终要从被投资的 A 公司直接取回一部分,即会计上可以认可的权益增加额将小于名义出资额。

后续 A 公司实际向 C 基金分配收益时,从上述长期应付款中列支。如果由 B 公司代付了部分收益,或者因 B 公司提前回购 C 基金所持股权导致相应减少未来支付收益款的义务,则所减免的收益分配义务款项从长期应付款转入资本公积。

2. B 公司个别报表层面。

在 C 基金完成对 A 公司的出资同时,B 公司作为母公司,应将该合同约定的回购投资的义务的折现值确认为一项金融负债(长期应付款),其对应的借方科目为对 A 公司的长期股权投资。该项长期应付款应按实际利率法进行后续计量。支付回购款时，从长期应付款中列支。

长期应付款的现值测算过程如下：

| 投资回收时点 | 应支付的回购款 | 尚未支付的回购款 | 折现年数 | 折现系数 | 应支付回购款现值 |
|---|---|---|---|---|---|
| 合计 | 140 000 000.00 | | | | 125 703 286.34 |
| 2015-10-16 | | 140 000 000.00 | | 1.000 0 | |
| 2016-10-16 | | 140 000 000.00 | 1 | 0.988 1 | |
| 2017-10-16 | 30 000 000.00 | 110 000 000.00 | 2 | 0.976 4 | 29 292 755.71 |
| 2018-10-16 | | 110 000 000.00 | 3 | 0.964 8 | |
| 2019-10-16 | | 110 000 000.00 | 4 | 0.953 4 | |
| 2020-10-16 | | 110 000 000.00 | 5 | 0.942 1 | |
| 2021-10-16 | | 110 000 000.00 | 6 | 0.930 9 | |
| 2022-10-16 | | 110 000 000.00 | 7 | 0.919 9 | |
| 2023-10-16 | 40 000 000.00 | 70 000 000.00 | 8 | 0.909 0 | 36 359 331.63 |
| 2024-10-16 | | 70 000 000.00 | 9 | 0.898 2 | |
| 2025-10-16 | | 70 000 000.00 | 10 | 0.887 6 | |
| 2026-10-16 | | 70 000 000.00 | 11 | 0.877 0 | |
| 2027-10-15 | 40 000 000.00 | 30 000 000.00 | 12 | 0.866 6 | 34 665 210.46 |
| 2028-10-15 | | 30 000 000.00 | 13 | 0.856 4 | |
| 2029-10-14 | 30 000 000.00 | | 14 | 0.846 2 | 25 385 988.54 |

A 公司收到 C 基金投资时，B 公司个别报表同时作出如下处理：

借：长期股权投资　　　　　　　　　　　　　125 703 286.34
　　未确认融资费用　　　　　　　　　　　　　 14 296 713.66
　　贷：长期应付款——C 基金　　　　　　　　140 000 000.00

按实际利率法对长期应付款进行后续计量时，按下表分期确认未确认融资费用：

| 日期 | $a$<br>应偿还本金 | $b=$期初 $d×1.2\%$<br>应确认的融资费用 | $c=a-b$<br>应付的本金减少额 | 期末 $d=$期初 $d-c$<br>长期应付款本金余额 |
|---|---|---|---|---|
| 2015-10-16 | | | | 125 703 286.34 |
| 2016-10-16 | | 1 508 439.44 | −1 508 439.44 | 127 211 725.78 |
| 2017-10-16 | 30 000 000.00 | 1 526 540.71 | 28 473 459.29 | 98 738 266.49 |
| 2018-10-16 | | 1 184 859.20 | −1 184 859.20 | 99 923 125.69 |
| 2019-10-16 | | 1 199 077.51 | −1 199 077.51 | 101 122 203.19 |
| 2020-10-16 | | 1 213 466.44 | −1 213 466.44 | 102 335 669.63 |
| 2021-10-16 | | 1 228 028.04 | −1 228 028.04 | 103 563 697.67 |

(续表)

| 日期 | a 应偿还本金 | b＝期初 d×1.2% 应确认的融资费用 | c＝a−b 应付的本金减少额 | 期末 d＝期初 d−c 长期应付款本金余额 |
|---|---|---|---|---|
| 2022-10-16 | | 1 242 764.37 | −1 242 764.37 | 104 806 462.04 |
| 2023-10-16 | 40 000 000.00 | 1 257 677.54 | 38 742 322.46 | 66 064 139.58 |
| 2024-10-16 | | 792 769.68 | −792 769.68 | 66 856 909.26 |
| 2025-10-16 | | 802 282.91 | −802 282.91 | 67 659 192.17 |
| 2026-10-16 | | 811 910.31 | −811 910.31 | 68 471 102.48 |
| 2027-10-15 | 40 000 000.00 | 821 653.23 | 39 178 346.77 | 29 292 755.71 |
| 2028-10-15 | | 351 513.07 | −351 513.07 | 29 644 268.77 |
| 2029-10-14 | 30 000 000.00 | 355 731.23 | 29 644 268.77 | 0.00 |

根据上表 b 列确认融资费用时：

借：财务费用

　贷：未确认融资费用

B 公司每期支付回购款时：

借：长期应付款——C 基金

　贷：银行存款

如果存在代 A 公司向 C 基金支付投资回报(或补足不足部分)的情况,则代付的投资回报或补足的不足部分回报金额应增加对 A 公司的长期股权投资成本。

3. B 公司合并报表层面。

在 B 公司合并报表层面,应完整体现该业务的"名股实债"的经济实质,即一项初始本金为 1.4 亿元、期限为 14 年(但要求分期偿还)、年利率(名义利率)为 1.2%的长期借款。因为所借入的资金被明确限定用途为"机场站坪扩建及附属工程",即属于专门借款,在符合《企业会计准则第 17 号——借款费用》规定的资本化期间内发生的借款利息可以资本化计入该工程项目的成本。但这里的 1.2%只是名义利率,实际利率是使未来还本付息的现金流量折现到借款的借入日(2015 年 10 月 16 日)的折现值等于 1.4 亿元的折现率,即内含报酬率应为 1.13%,合并报表层面实际利率摊销表如下：

| 日期 | a 应偿还本息 | b＝期初 d×1.13% 应确认的融资费用 | c＝a−b 应付的本金减少额 | 期末 d＝期初 d−c 长期应付款本金余额 |
|---|---|---|---|---|
| 2015-10-16 | | | | 140 000 000.00 |
| 2016-10-16 | 1 680 000.00 | 1 587 460.12 | 92 539.88 | 139 907 460.12 |
| 2017-10-16 | 31 320 000.00 | 1 586 410.81 | 29 733 589.19 | 110 173 870.94 |
| 2018-10-16 | 1 320 000.00 | 1 249 261.62 | 70 738.38 | 110 103 132.56 |

（续表）

| 日期 | $a$ | $b=$期初 $d\times1.13\%$ | $c=a-b$ | 期末 $d=$期初 $d-c$ |
|---|---|---|---|---|
| | 应偿还本息 | 应确认的融资费用 | 应付的本金减少额 | 长期应付款本金余额 |
| 2019-10-16 | 1 320 000.00 | 1 248 459.52 | 71 540.48 | 110 031 592.07 |
| 2020-10-16 | 1 320 000.00 | 1 247 648.32 | 72 351.68 | 109 959 240.39 |
| 2021-10-16 | 1 320 000.00 | 1 246 827.92 | 73 172.08 | 109 886 068.32 |
| 2022-10-16 | 1 320 000.00 | 1 245 998.23 | 74 001.77 | 109 812 066.54 |
| 2023-10-16 | 40 840 000.00 | 1 245 159.12 | 39 594 840.88 | 70 217 225.66 |
| 2024-10-16 | 840 000.00 | 796 193.18 | 43 806.82 | 70 173 418.84 |
| 2025-10-16 | 840 000.00 | 795 696.46 | 44 303.54 | 70 129 115.30 |
| 2026-10-16 | 840 000.00 | 795 194.10 | 44 805.90 | 70 084 309.40 |
| 2027-10-15 | 40 840 000.00 | 794 686.05 | 40 045 313.95 | 30 038 995.45 |
| 2028-10-15 | 360 000.00 | 340 612.20 | 19 387.80 | 30 019 607.64 |
| 2029-10-14 | 30 360 000.00 | 340 392.36 | 30 019 607.64 | — |

B公司合并报表层面最终的处理结果：

在A公司收到C基金投资时：

借：银行存款　　　　　　　　　　　　　　　　　　　140 000 000.00

　　未确认融资费用　　　　　　　　　　　　　　　　14 520 000.00

　　贷：长期应付款——C基金　　　　　　　　　　　154 520 000.00

后续每期确认融资费用时（金额根据上表 $b$ 列数据填列）：

借：财务费用或在建工程等

　　贷：未确认融资费用

偿还本息时（金额根据上表 $a$ 列数据填列）：

借：长期应付款——C基金

　　贷：银行存款

**实务提示：**

在实际处理中，应详细阅读相关协议条款。协议条款的细微变动就可能导致会计处理结果的重大差异。

本案例中之所以A公司可以在个别报表层面将接受C基金的出资在扣除未来应由其支付的利息的折现值后的剩余部分确认为权益，是基于相关合同约定只能以B公司收购C基金出资的方式实现C基金的投资退出，即A公司自身并不承担偿还本金的义务。如果资金提供方有权要求接受投资的子公司以固定金额减资的方式实现投资退出（而不是像本案例那样只能以母公司回购的方式退出），例如约定C基金有权选择其投资的退出方式，包括要求B公司收购其对A公司的出资或者要求A公司减资（应支付的减资款等于最初的出资本金），则该项还本义务将直接构成子公司自身报表中的一项符合金融负债定义的现时义务,在子公司自身报表中就直接确认还本付息的全额负债,即子公司个别报表层面的处理与母公司合并报表层面相同,相应地 A 公司个别报表层面的处理结果也会与此处举例的计算结果有差异,但 A 公司合并报表层面的处理结果仍然与此处举例相同。

**问题 4-1-6** 控股股东支付原小股东投资保底承诺资金的会计处理

**问题：**

如下文背景所述,控股股东(或控股股东的子公司)支付给小股东的保底承诺资金如何进行会计处理?

**背景：**

A 公司拥有 B、C 两家控股子公司。2014 年、2015 年 C 公司分别完成两轮融资：

第一轮融资：控股股东 A 公司转让部分股权给第三方投资者 D 公司；

第二轮融资：第三方投资者 E 公司通过增资方式成为 C 公司新股东。

对这两轮融资,控股股东 A 对 D 公司和 E 公司的股权退出作出了保证投资人本金安全和取得保底收益的承诺。

D 公司和 E 公司持有 C 公司的股权于 2017 年度转让给 B 公司,但由于转让时点转让标的股权的估值低于 D 公司和 E 公司投资本金与保底收益之和,控股股东 A 公司另需支付部分承诺保底款。

转让完成后,控股股东 A 公司和 B 公司分别持有 C 公司 62% 和 38% 的股权。

**解答：**

对于本案例中,子公司引入外部财务投资者时,母公司给出的保证投资者本金安全和获得保底收益的承诺,不论外部投资者进入的方式是从母公司收购存量股权还是对子公司增资,均应看作是母公司授予了少数股东一项卖出期权(到期日按约定价格将所持有的少数股权卖给母公司的选择权)。

在 A 公司的合并报表层面,应在外部投资者取得子公司 C 公司股权(此时合并报表层面增加少数股东权益)的同时,按照外部投资者对子公司的增资额或受让股权的价款金额,确认一项"其他非流动负债"并相应冲减"资本公积——股本溢价"。后续各年末应按 A 公司与外部投资者签订的协议约定的保底收益率对该项负债确认利息支出并相应增加负债金额。在约定到期日,下属子公司 B 向外部投资者收购这部分少数股权时,B 公司支付给外部投资者的少数股权收购价款与母公司 A 支付的差额补足款之和等于该项"其他非流动负债"的本息之和(相当于在合并报表层面,借：其他非流动负债,贷：银行存款)；同时按照收购日该部分少数股权对应的净资产账面价值,从少数股东权益转回资本公积(相当于在合并报表层面,借：少数股东权益,贷：资本公积——股本溢价)。

在 A 公司的个别报表层面,如果协议并未约定 A 公司向少数股东承担回购义务,则不需要像合并报表层面那样全额确认负债和计提利息,但应在各年度末就很可能承担的补差责任按照《企业会计准则第 13 号——或有事项》的相关规定确认预计负债,相应调整营业外收支。

**问题 4-1-7** 投资者有回售权的特殊债券的报表列报和利息确认

**问题:**

下文背景资料中的中期票据应如何确认,如何进行后续计量?

**背景:**

A 公司于 2016 年 7 月 27 日发行了 2016 年第一期中期票据,票据主要条款如下:

票据期限:5 年期(分别在存续期的每一个计息年度末附设发行人调整票面利率选择权、投资者回售选择权和发行人转售选择权)

票面利率:本期中票采用固定利率,单利按年计息,不计复利。首个计息年度票面利率根据集中簿记建档结果确定,存续期的每一个计息年度末,发行人可选择调整票面利率,调整后的票面年利率在下一个计息年度内固定不变。

发行人调整票面利率选择权:在本期中票存续期的每一个计息年度末,发行人有权选择上调或者下调本期中期票据的票面利率。调整后的票面利率在下一个计息年度内固定不变。票面利率调整的幅度以《票面利率调整及投资者回售实施办法的公告》为准。

投资者回售选择权:发行人刊登本期中期票据回售实施办法公告后,投资者有权选择在本期中期票据的投资者回售登记期内进行登记,将持有的全部或部分本期中期票据按面值回售给发行人,或放弃投资者回售选择权而继续持有本期中期票据。

发行人调整票面利率公告日:发行人将于本期中期票据每个计息年度的付息日前第 35 个工作日在相关媒体上刊登关于是否调整本期中期票据票面利率以及调整后票面利率水平的公告和本期中期票据回售实施办法公告。

发行人转售选择权:发行人有权将回售的本期中期票据进行转售或予以注销。

兑付价格:按中期票据面值兑付,按票面利率付息。付息方式:本期中期票据存续期限内每个付息日的前 5 个工作日,由发行人按照有关规定在指定的信息媒体上刊登《付息公告》,并在付息日按票面利率通过银行间市场清算所股份有限公司完成付息工作。

付息日:本期中期票据存续期内每年 7 月 28 日为付息日(如遇法定节假日或休息日则顺延至其后的第一个工作日)。

转售日/注销日:发行人可于本期中期票据前 4 个计息年度的付息日转售或注销回售的中期票据。

兑换方式:每年付息一次,到期一次性还本,最后一期利息随本金的兑付一起支付。

**解答:**

1. 根据《企业会计准则第 30 号——财务报表列报(2014 年修订)》第十九条规定:

负债满足下列条件之一的,应当归类为流动负债:(一)预计在一个正常营业周期中清偿。(二)主要为交易目的而持有。(三)自资产负债表日起一年内到期应予以清偿。(四)企业无权自主地将清偿推迟至资产负债表日后一年以上。

根据背景资料介绍的中期票据发行条款,中期票据期限为 5 年,但分别在存续期的每一个计息年度末附设发行人调整票面利率选择权、投资者回售选择权和发行人转售选择权。其中,发行人刊登本期中期票据回售实施办法公告后,投资者有权选择在本期中期票据的投资者回售登记期内进行登记,将持有的全部或部分本期中期票据按面值回售给发行人,或放弃投资者回售选择权而继续持有本期中期票据。这一条款表明,最早在发行后满 12 个月之日,投资者就有权行使回售权。如果投资者在第一个计息年度末就行使回售权,则该债券自其发行日后满 12 个月就需要偿还。因此,该项负债满足上述流动负债判断标准中的"(四)企业无权自主地将清偿推迟至资产负债表日后一年以上"条件,应归类为流动负债,在发行人 A 公司的资产负债表中应列报为"其他流动负债"。

2. 该项负债属于《企业会计准则第 22 号——金融工具确认和计量》对负债"二分类"中的"其他金融负债",应以摊余成本进行后续计量,相应地其利息也应当按照实际利率法确认。由于偿还时间具有不确定性,故初始确认时作为"其他流动负债——利息调整"的发行费用在第一个回售期之前的期间内(即发行后的第一个计息年度内)全部摊销完毕,作为对该年度利息费用的调整因素,后续年度如果该债券因投资者不行使回售权而存续的,则后续年度的利息支出中不再包含发行费用的摊销额。

---

**问题 4-1-8** 关于基金先分后利的问题

**问题:**

如下文背景资料所述,A 公司对该分配的 485.33 万元现金收入,是作为投资成本的收回冲减可供出售金融资产,还是作为投资收益?

**背景:**

A 公司 2015 年 1 月出资 5 000 万元成为 B 基金公司(有限合伙)的有限合伙人,享有权益比例为 19.755%。由于不能对 B 公司形成重大影响,A 公司将该笔投资作为可供出售金融资产,按照成本进行后续计量。

B 基金公司合伙协议中对收益分配和亏损分担约定如下:

9.1 取得现金收入时的分配

9.1.1 有限合伙(指 B 基金公司)经营期间取得的现金收入不得用于再投资,应按照有关法律法规规章及本协议的约定进行分配。

9.1.2　有限合伙取得项目投资收入后的可分配现金收入,采取"先回本后分利"的原则,按下列顺序进行分配:

(1) 按照各合伙人的实缴出资比例分配给所有合伙人,直至所有合伙人均收回其认缴出资额。

(2) 当所有合伙人均收回其认缴出资后,普通合伙人有权获得业绩报酬。普通合伙人提取的业绩报酬为有限合伙利润总额的 20%,其余 80% 由所有合伙人根据实缴出资额按比例分享。

9.1.3　有限合伙的被动投资收入中,80% 分配给有限合伙,20% 分配给普通合伙人,分配给有限合伙的部分应在全体合伙人之间根据其认缴出资额按比例分配。

9.2　非现金分配

9.2.1　在有限合伙清算之前,普通合伙人应尽其最大努力将有限合伙的投资变现、避免以非现金方式进行分配;但如普通合伙人判断认为非现金分配更符合全体合伙人的利益,则普通合伙人有权决定将以非现金方式进行分配,非现金分配标的的价值需要合伙人大会一致通过的审计评估机构评估确认。

9.2.2　普通合伙人按照本 9.2 条向合伙人进行非现金分配时,视同按照 9.1 条进行了现金分配。

9.2.3　有限合伙人进行非现金分配时,普通合伙人应负责协助各合伙人办理所分配资产的转让登记手续,并协助各合伙人根据相关法律、法规履行受让该等资产所涉及的信息披露义务;接受非现金分配的有限合伙人亦可将其分配到的非现金资产委托普通合伙人按其指示进行处分,具体委托事宜由普通合伙人和有关的有限合伙人另行协商。

9.3　所得税

根据《合伙企业法》之规定,有限合伙并非所得税纳税主体,合伙人所获分配的资金中,在投资成本收回之后的收益部分,由各合伙人自行申报缴纳所得税。

9.4　亏损分担原则

有限合伙清算出现亏损时,首先应由普通合伙人以其对有限合伙的认缴出资额承担,剩余部分由有限合伙人按其认缴出资额比例承担。

B 基金公司合伙协议中对有限合伙人地位约定如下:

5.5　有限合伙人地位平等

所有有限合伙人在有限合伙中的权利没有优先与劣后之分,在收回投资及获取有限合伙可能分配的其他财产方面,任何有限合伙人均不拥有比其他任何有限合伙人优先的地位。

2015 年 4 月,B 基金公司以每股 2.556 元的价格投资 C 公司,投资成本为 1 002.54 万元,合计 392 万股,股权占比 12.25%。2016 年 5 月,C 公司被某上市公司以现金和发行股份的方式收购合计 53% 的股权。其中,按照 2 亿元估值以现金方式收购 B 基金公司和其他 4 个投资人所持有的所有股权,收购价格为每股 6.25 元。

本次交易通过全国中小企业股份转让系统以协议转让的方式完成,收回的股权转让款扣除交易佣金、印花税、过户费等后,B 基金公司实际收到转让价款 2 456.73 万元。

B 基金公司的执行事务合伙人按照合伙协议第 9.1.2 条的约定,按各合伙人出资比例分配项目投资收回的部分本金合计 2 456.73 万元,A 公司按照持股比例 19.755% 计算,收到分配的金额 485.33 万元。

**解答:**

对此类问题,主要有以下几种观点:一是在底层资产清晰的前提下,可根据底层资产取得是收益还是成本收回进行判断;如果底层资产不清晰,可作为投资成本收回;如果以上皆不可行,才可作为投资收益;二是随着 2017 年修订后的新金融工具准则逐步实施,此问题将逐渐消失;三是应进一步了解相关合同条款,考虑按照现行(2006 版)金融工具准则是否应作为"债务工具投资(持有至到期或可供出售)+衍生工具"进行处理;四是借鉴金融资产转移中的"过手"测试原则,看该合伙企业是否为"空 SPV",从而直接"穿透"。

一般认为,对此类问题应"穿透"进行会计处理,应尽量通过每次分配现金所得时的相关法律文件(比如分配通知单)予以明确。如果企业取得的现金所得确实无法明确区分是归属于哪个基础资产的现金所得,比如合伙企业从基础资产取得的现金所得允许再投资等情形,无法实现穿透处理,则可以冲减成本,超过成本的部分再确认投资收益。

按照上述原则,对照本案例的背景信息分析,依据合伙协议中第 5.5 条对有限合伙人地位平等的约定,我们理解,该合伙企业基本上为一个统一运作的资产池,不存在仅由部分合伙人享有权益、承担风险的投资项目。

根据合伙协议第 9.1.1 条约定,合伙企业投资取得的现金收入只能用于向全体合伙人按出资比例分配,不得用于再投资。这一约定表明,在合伙企业的整个存续期内,合伙人投入的每 1 元本金只能用于一次投资。同时,基于整个合伙企业为一个统一资产池,全体合伙人按出资比例享有权益和承担亏损的安排,可以合理地将合伙企业的所有对外投资项目"量化"至每一个合伙人,因而可以进行"穿透"分析。例如,本案例中 B 基金公司对 C 公司的投资总成本为 1 002.54 万元,按照 A 公司对 B 基金公司的出资比例 19.755% 计算,该投资成本中有 198.05 万元来源于 A 公司向 B 基金公司投入的本金。据此,A 公司在收到 B 基金公司分配的 485.33 万元现金收入时,应贷记"可供出售金融资产——成本"198.05 万元,剩余 287.28 万元确认为投资收益。

**问题 4-1-9**　金融工具置换问题

**问题:**

如下文背景资料所述,A 基金在股权交割日如何进行账务处理? 针对协议约定的过渡期亏损补偿义务、业绩承诺期的业绩补偿义务,如何进行账务处理?

**背景：**

A基金是2014年9月成立的产业投资基金股份有限公司。基金重点投资集成电路芯片制造业，兼顾芯片设计、封装测试、设备和材料等产业，实施市场化运作、专业化管理。

A基金将所有的对外投资项目都计入"指定以公允价值计量且其变动计入当期损益的金融资产"，于资产负债表日以公允价值计量，其公允价值变动计入损益，并计提相应的递延所得税。

第一，A基金于2016年4月，签订《B上市公司向A基金发行股份购买资产协议》，主要条款如下：

1. B上市公司（甲方）；

2. A基金（乙方）；

3. 标的公司一：甲方持有标的公司一50.98%股权，乙方持有标的公司一29.41%股权，C公司（与A、B均无关联关系）持有标的公司一19.61%股权；

4. 标的公司二：标的公司一持有标的公司二77.27%股权，乙方持有标的公司二22.73%股权。

5. 双方同意，甲方通过向乙方发行股份的方式购买其持有的标的公司一29.41%的股权及标的公司二22.73%的股权。

6. 乙方持有标的公司一29.41%的股权（对应注册资本89 364万元的出资额），评估值为99 990.81万元；乙方持有标的公司二22.73%的股权（对应注册资本89 364万元的出资额），评估值为100 143.30万元。评估值合计200 134.10万元，经双方协商，标的资产最终交易价格199 100.00万元，股票发行价格以定价基准日前60个交易日B上市公司股票交易价格的90%为基础确定。

7. 交易基准日为：2015年12月31日。

第二，2016年12月9日，甲乙双方签订《B上市公司向A基金发行股份购买资产协议之补充协议》，主要条款如下：

1. 过渡期补偿。甲乙双方同意，自交易基准日至交割日期间，标的公司（含标的公司一和二，下同）盈利归甲方所有，亏损由乙方承担，并向甲方以现金形式支付，标的公司二的亏损额以经审计的合并财务报表净亏损额为准，标的公司一以经审计的合并财务报表归属母公司股东净亏损为准。

2. 根据交割审计报告认定标的公司发生亏损的，乙方应当自交割审计报告出具之日起三十日内向甲方以现金形式补足标的公司二亏损额的1.52%，向甲方以现金形式补足标的公司一亏损额的29.41%。同时，双方确认，乙方按照上述方式确定的过渡期损益补偿金额最高不超过人民币27 693万元。

3. 补偿。标的公司二2017年、2018年、2019年（以下合称"补偿期间"）实现的经甲方指定届时为其提供年审服务的具有证券资格的会计师事务所审计的合并财务报表净利润分别不低于7 000万元、38 000万元、56 000万元，预定净利润之和101 000.00万元。如标的公司二补偿期间累计实现的实际合并财务报表净利润之和未达到预定净利润之和，则乙方应以现金方式对甲方进行补偿(扣除乙方对 2017 年过渡期损益补偿金额,如补偿期任何年度发生亏损,则该年净利润为零)。乙方应补偿金额＝(预定净利润之和－标的公司二利润补偿期间合并财务报表净利润之和)×77.27%×29.41%＋(预定净利润之和－标的公司二利润补偿期间合并财务报表净利润之和)×22.73%－乙方对标的公司一和标的公司二过渡期中 2017 年发生的损益补偿总金额。双方确认,尽管有本公式约定,在任何情况下,乙方补偿金额不超过人民币 10 000.00 万元(不包括乙方对 2016 年过渡期损益补偿金额)。

第三,发行股份。

2017 年 5 月,中国证监会核准了本次交易。2017 年 6 月 20 日取得中国证券登记结算有限责任公司出具的《证券变更登记证明》,B 上市公司向 A 基金作为支付对价发行的股份已完成登记。

**解答：**

我们认为,对此类交易中标的股权的原股东(即 A 基金)在该项交易中承担的业绩补偿义务,应当采用与股权收购方(B 上市公司)相对称的原则和方法进行会计处理。对 B 上市公司而言,该交易属于收购少数股权。参照前文"问题3-2-26　收购少数股权所涉及的或有对价的后续调整处理"所述,收购方应将此处的或有对价作为以公允价值计量且其变动计入当期损益的金融资产进行会计处理。相应地,A 基金作为交易对手方,应将该项业绩补偿义务确认为一项以公允价值计量且其变动计入当期损益的金融负债处理。

首先,金融负债的初始计量金额应为其公允价值。无论是对于基准日和交割日之间的补偿金额、还是对 2017 年、2018 年、2019 年这三年业绩承诺期间的补偿金额,都应该在基于合理估计(主要依据为标的公司在过渡期和后续业绩承诺期内的盈利预测)的基础上确定,不能直接按照合同约定的最高补偿限额确认预计负债。该项金融负债的初始计量金额应作为对股权交易对价的抵减,相应减少在交易完成日确认的标的股权处置损益;后续公允价值变动则计入各期损益(公允价值变动损益),并在最终结算时将累计的公允价值变动损益转入投资收益。

其次,对于取得的以公允价值计量的金融资产(持有 B 上市公司的股份),应按照交割日取得 B 上市公司股份的公允价值进行初始计量,该金额与交易价格(两个标的股权交割日公允价值＋合理估计的预计很可能支付的基准日与交割日之间的补偿金额)之间的差额计入投资收益。交割日取得 B 上市公司股份的公允价值一般按当日市价确定;如果取得的 B 上市公司股权为限售股,则应在对应的无限售条件股份的当日市价基础上运用适当的估值模型调整后确定公允价值,对此问题可参考中国证券投资基金业协会发布的《证券投资基金投资流通受限股票估值指引(试行)》(中基协发〔2017〕6 号)、《关于发布〈证券公司金融工具估值指引〉等三项指引的通知》(中证协发〔2018〕216 号)等相关规定,并建议就此问题咨询评估师或者金融工具估值领域内具有独立性和专业胜任能力的其他专业人士。

**问题 4-1-10** 股份补偿账务处理问题

**问题：**

如下文背景资料所述，企业根据对赌协议约定获取的被投资方股份补偿应如何进行账务处理？如果确认为收入是否需缴交企业所得税？

**背景：**

1. A 公司于 2017 年 6 月 4 日以 750 万元对 B 公司进行增资，增资后持有 B 公司 14.5% 的股权。A 公司投资于 B 公司是为后期共享其资源，形成经营上的战略协同。就目前为止，公司并未有收购合并 B 公司的计划。由于 A 公司增资后并未向 B 公司委派董事和高管人员，对 B 公司不能形成重大影响，因此 A 公司将该笔投资计入"可供出售金融资产"，按成本进行后续计量。

2. A 公司与 B 公司、B 公司原股东三方签订的《增资协议》中有如下约定：

9.3 业绩承诺

B 公司原股东承诺，B 公司在业绩承诺补偿期间内各年度主营业务的营业收入数（下称"承诺营业收入数"）和净利润数（下称"承诺利润数"）如下：2017 年度承诺营业收入数不低于 1 000 万元，承诺利润数 100 万元；2018 年度承诺营业收入数不低于 2 000 万元，承诺利润数 200 万元；2019 年度承诺营业收入数不低于 8 000 万元，承诺利润数 1 000 万元，注册在线用户数达到 200 万人。

9.4 盈利预测补偿安排

9.4.1 B 公司原股东和 B 公司均同意业绩承诺补偿期间的每一会计年度结束后，B 公司应聘请经 A 公司认可的会计师事务所对 B 公司进行审计并出具《专项审核报告》，B 公司的实际主营业务营业收入数和净利润数以该会计师事务所出具的《专项审核报告》确定的数据为准。

9.4.2 业绩承诺补偿期间内，若 B 公司在每一会计年度结束后实际实现的主营业务收入数低于同期承诺营业收入数，或实际实现的净利润数低于同期承诺利润数的，则 B 公司原股东应逐年按下列比例将其持有 B 公司的股权无偿转让给 A 公司。

a) 2017 年度 1%；

b) 2018 年度 2%；

c) 2019 年度 3%。

9.4.3 B 公司原股东在业绩承诺补偿期间内因未能实现承诺业绩数而对 A 公司补偿是无偿的；如实现的营业收入数及净利润数均达到承诺业绩数，则该年度无需补偿。前一会计年度已经补偿的股权/股份不会因为本年度达标而退回。

9.4.4 B 公司原股东应补偿 A 公司的股权/股份应在业绩承诺补偿期间各年《专项审核报告》出具后的 10 个工作日启动转让程序，并在 15 个工作日内完成转让的工商注册登记。

3. 根据 2017 年 B 公司经审计的《专项审核报告》，B 公司 2017 年的利润实现情况未达到《增资协议》约定的 2017 年承诺业绩数，B 公司原股东应无偿转让 1% 股权给 A 公司,转让后 A 公司持有 B 公司 15.5% 股权,投资对价仍为 750 万元,相关股权的工商变更手续已完成。

**解答:**

本案例中,A 公司基于该投资对 B 公司基本不构成重大影响,依据《企业会计准则第 22 号——金融工具确认和计量(2006)》,可以作为"可供出售金融资产"核算(按成本后续计量)。对于本案例中所涉及的业绩补偿条款,即"B 公司每年未达到业绩承诺时,依约定无偿补偿 A 公司一定比例股权,但各年业绩补偿相互独立,前一会计年度已经补偿的股权/股份不会因为本年度达标而退回,即不存在追溯"这一安排,我们认为,可以参照《企业会计准则第 20 号——企业合并》中对非同一控制下企业合并下被收购方原股东给予业绩补偿(或有对价)的处理方式,但购买方该或有对价的取得是基于投资日后发生的事项导致的改变(基于投资日后被投资方业绩目标的实际完成情况),不属于可以调整投资日投资成本的情况。

在确定被投资方业绩未达到预期的情况下,表明此时已存在《企业会计准则第 22 号——金融工具确认和计量(2006)》第四十一条所列的"表明金融资产发生减值的客观证据",因此应对原持有的 14.5% 股权进行减值测试和计提减值准备,确认为资产减值损失。该项减值准备计提独立于补偿股份的收取,即不论有无补偿安排,减值的发生已是客观事实,必须确认减值损失。在确定原持有股权的减值损失时,是将原持有股权的账面价值与资产负债表日公允价值相比较,而此处的"原持有股权于资产负债表日的公允价值"的计量基础应当与新取得作为业绩补偿的股权的公允价值计量保持逻辑上的一致性。

另外,因无偿获取的股权属于《企业会计准则第 22 号——金融工具确认和计量(2006)》适用范围内,在获得该股权时(股权变更后),按其取得日的公允价值,借:可供出售金融资产,贷:营业外收入。

上述资产减值损失和营业外收入在利润表中应分开列报,不得抵销。

---

**问题 4-1-11** 商业地产资产证券化相关会计处理问题

**问题:**

如下文背景资料所述,A 公司将自持物业投资给子公司时如何核算? A 公司将所持子公司股权转让给 C 证券公司成立资产管理计划时如何核算? A 公司作为原始权益人,在资产管理计划中最多持有多少劣后级份额时能满足相关物业"出表"(即在原始权益人的资产负债表中终止确认该基础资产)的要求?

**背景:**

A 公司自持并经营某百货商场,物业面积约 20 000 平方米。现计划设立资产证券化产品:

A 公司投资设立全资子公司 B,持有上述物业 100% 产权,然后将 B 公司 100% 的股权(包括但不限于以百货商场为租赁标的所获得的租金收入以及物业服务费用等利润所形成的股东收益权)转让给管理人 C 证券公司设立专项资产管理计划,C证券公司收到专项计划认购人资金后,向A公司支付股权款收购对价。同时,A公司作为承租人、B公司作为出租人,双方签订不短于5年且不可撤销的《租赁合同》,《租赁合同》中明确了初始租金水平与租金的增长方式及幅度,租金按季度支付。

本资产专项计划是以优先/次级分层机制,次级资产支持证券须由A公司认购一定比例(该计划的规模及A公司的认购比例尚未最终确定),除非根据生效判决或裁定或专项计划管理人事先的书面同意,A公司不得转让其所持任何部分或全部次级资产支持证券。专项计划的存续期间为4+1年:第1~4年正常存续,若第4年年末原始权益人拟进行目标股权的回购,或出现第三方对目标股权进行收购,则专项计划终止;若前述退出方式未能实现,则由资产计划管理人延展1年,用于目标股权及相关资产的处置。

**解答:**

1. A公司以百货商场物业出资设立全资子公司B时,因为以非货币性资产出资设立全资子公司被视为不具有商业实质的非货币性资产交换,因此应按该物业于出资时点的账面价值作为对B公司的初始投资成本。B公司可以按该物业的评估值对其进行初始计量,相应贷记实收资本和资本公积。

2. 本案例的关键点是A公司将B公司的股权转让给该资产管理计划时,能否终止确认该股权投资,以及在合并报表层面终止确认该物业(目前作为固定资产核算)。我们认为该问题的关键是判断该商场物业所有权上的主要风险和报酬是否确实实质性地转移给了该资产管理计划(最终落实到各权益持有人,特别是劣后级权益持有人)。一般理解,要满足终止确认的条件,至少应同时满足以下条件:

(1) 原始权益人A公司(含其子公司和其他关联方)不能持有多数劣后级权益,一般不建议多于30%(指持有劣后级权益份额占劣后级总份额之比),由此将绝大部分剩余风险和报酬转移给其他非关联的劣后级权益持有人。

(2) 协议约定的5年期不可撤销租赁(售后租回),根据《企业会计准则第21号——租赁》的规定,判断属于经营租赁而不是融资租赁。具体而言:

第一,即使A公司或其关联方确有在一定期限内回购该物业的意图,也不能明确承诺在确定的时点回购,也不能承诺最低回购价格(可以承诺按回购时该物业的公允价值进行回购,但不能承诺保底的回购价格,仅有意图但不明确承诺或约定,则不构成一项"现时义务")。

第二,该5年内的租金水平接近于周边同类或类似商业地产的市场租金水平,未出现畸高情况,不满足"承租人在租赁开始日的最低租赁付款额现值,几乎相当于租赁开始日租赁资产公允价值;出租人在租赁开始日的最低租赁收款额现值,几乎相当于租赁开始日租赁资产公允价值"的条件。

第三,将B公司股权出售给资产管理计划的作价以该物业于出售日的公允价值为基础确定,不超出该物业于出售当日的公允价值。

第四,不存在其他表明该物业所有权上的主要风险和报酬仍由原始权益人享有或承担的情形。

在满足上述条件的前提下,A 公司个别报表层面可在收到资产管理计划支付的股权转让款并将 B 公司的股权过户到资产管理计划名下时,终止确认该长期股权投资,并确认股权转让损益,其自身认购的劣后级资产支持证券确认为可供出售金融资产(持有期间按成本计量,如发生减值情况的,则需计提减值准备,持有期间不确认收益)。在合并报表层面,商场物业这一固定资产也可以终止确认,并确认处置损益(即,按照《企业会计准则第 21 号——租赁》和《企业会计准则解释第 2 号》第六条关于"售后租回构成经营租赁"的核算模式处理)。

在售后租回构成经营租赁的前提下,在现行《企业会计准则第 21 号——租赁(2006)》规定下,A 公司无需在租赁期开始日就未来 5 年应付的租金确认负债。在后续 5 年不可撤销租赁期内,应根据《企业会计准则解释第 1 号》第三条和现行租赁准则第二十二条规定,将合同约定的固定租金总额在 5 年租赁期内按直线法确认为各期租金成本。如果涉及或有租金的,则按现行租赁准则第二十四条规定,将或有租金在实际发生时计入当期营业成本。

---

**问题 4-1-12**　以"金单"支付工程进度款风险及应收应付项目终止确认问题

**问题:**

如下文背景资料所述,

1. A 公司取得业主以"金单"支付工程进度款,A 公司面临的持单风险及注意事项有哪些?

2. A 公司持有金单后可与保理商签订融资协议,是否满足终止确认条件?A 公司将金单通过协议转让给其供应商时,相关的金融资产是否符合终止确认条件?

3. 附票无追索权保理方式下,是否符合债权终止确认条件?

**背景:**

A 建筑公司承接的某项目施工总承包合同中与发包人 B 公司关于工程进度款的支付方式约定如下:

支付方式

业主采用"××平台——金单"和银行转账方式支付,具体如下:

1) 质保金通过银行转账方式支付给乙方(A 公司);

2) 除质保金外的全部结算款由甲方(业主)开具期限 12 个月的金单,若办理保理,则保理费用由乙方(A 公司)自行承担。

金单产品介绍详见下文,金单的融资利率不高于商业承兑汇票贴现。

"××平台——金单"情况:××平台是××信息科技公司依托互联网、云计算、区块链等技术,以提供核心企业应付账款凭证(金单)流转为主要功能,以保理商、核心企业、供应商及出资方等参与的线上供应链金融平台。2017 年 B 公司在××平台建立了自己的"××平台——金单"信用支付系统,并由 B 集团旗下 C 保理公司及 D 财务公司负责平台的日常业务管理,服务于 B 集团成员单位及其上游各级供应商/承包商伙伴。业务操作模式：C保理公司负责为B集团各成员单位所开金单提供持单人随时融资支持。开单企业在所开金单到期时，将款项支付给C保理公司，由C保理公司将款项支付给最终持单人。B集团可根据其产业链特性，对用户注册(成员企业/供应商/资金方)、用户权限、融资利率、授信额度、交易审核和交易数据等内容进行个性化管理。注册用户也可以使用金单的开、转、融、回购等所有功能。

《××平台认证用户服务协议》中所述的四种金单保兑模式，除了仅限于××平台持有方所在企业集团下属企业适用的第一种模式外，其余三种模式约定如下：

(1)买方保理商模式：在开单人(注，开单人指在××平台申请开具金单并负有金单偿付义务的债务人)选择买方保理商模式的情况下，买方保理商根据平台业务规则和指引，在每一手持单人或卖方保理商受让金单后，自动授权平台立即将金单转让至其名下，并暂不支付转让对价。如开单人在金单到期后未能向买方保理商偿付款项的，在金单到期日后3个工作日内买方保理商仍应向持单人或卖方保理商履行转让对价的支付义务。

(2)核心企业模式：核心企业根据入驻协议，自愿承诺对其关联企业的开单承担连带付款责任，或由该核心企业指定的机构对关联企业的开单承担连带付款责任；

(3)开单人保兑模式：开单人指定其他第三方保兑或开单人无条件兑付。

《××平台金单融资协议》中规定：

9.3 本协议生效后，卖方保理商未能在金单到期日完全收取金单项下金额，卖方保理商将不会向融单人(注，融单人指签收金单并享有金单项下到期收到对应资金的权利人，即持单人)追索，只能要求买方保理商支付转让对价，但发生以下情况除外：

(1)未经卖方保理商书面同意，融单人与开单人就金单项下的债权的内容做出变更、终止、宽延或放弃；

(2)融单人以其伪造、变造、欺诈等方式或违反《服务协议》的行为而获取的金单办理本协议项下的金单融资业务；

(3)融单人在《服务协议》及/或本协议项下所作的任何陈述与保证在任何方面被证明与事实不符；

(4)融单人违反其在《服务协议》及/或本协议项下的任何其他义务、保证或承诺；

(5)其他因融单人的原因而导致金单无效、存在法律瑕疵或有碍开单人履行金单项下的付款义务的情况。

9.4 在发生第9.3条的情形而导致卖方保理商未能在金单到期日向开单人及/或《服务协议》项下约定的付款义务方完全收取金单项下金额的，卖方保理商有权要求融单人立即归还其在本协议项下实收的融资金额、赔偿卖方保理商因此遭受的所有损失，并有权要求融单人承担其他法律责任。

11.2 下述任一事项均构成融单人的违约：

(1)融单人未履行本协议、《服务协议》项下义务或违背其在本协议、《服务协议》项下所作的陈述、保证或承诺。

（2）融单人停止或可能停止经营其业务或其业务的任何重要部分，或融单人处置其业务或资产的全部或任何重要部分，从而对其履行本协议项下义务的能力产生重大不利影响的。

（3）融单人发生其他影响或可能影响其在本协议项下义务的履行或对保理商权益产生严重影响的事件：包括且不限于经营情况恶化，破产，丧失商业信誉，财产被国家机关查封冻结。

（4）融单人通过提供虚假合同，以无实际贸易背景的应收账款债权办理本协议项下或其他保理商提供的金单融资业务的，套取卖方保理商资金的。

（5）融单人发生与卖方保理商共同签署的其他协议或合同项下违约情形的。

11.3　发生 11.2 项下任一违约事件，卖方保理商有权采取下列一项或多项措施：

（1）要求融单人限期纠正违约行为。

（2）停止对融单人办理任何业务。

（3）立即单方解除本协议。

（4）申请冻结、划扣融资方及其关联公司在所有金融机构、保理商及其关联公司、××平台、××信息科技公司及其关联公司开立的一切账户（包括网站虚拟账户）中与本协议项下融单人违约责任相当的资金或其他金融财产。

（5）申请××平台公示违约方的违约情况。

（6）申请××平台对违约方采取限制或暂停使用××平台服务，暂停或关闭用户账户。

13.　协议权利义务转让

13.1　未经卖方保理商的事先书面同意，融单人不得将其在本协议项下的任何权利和义务转让给第三人。

13.2　卖方保理商有权将本协议项下权利全部或部分转让给买方保理商或其他第三方。

《××平台金单转让协议》中约定：

收单人对转单人或转单人的前手不具有追索权，转单人亦无义务对金单项下债权的实现提供任何保证。

收单人在受让金单后，不得将金单或其项下应收账款的全部或部分通过××平台以外的途径转让、质押、融资或其他形式的处分给任何第三方。否则收单人不可撤销地放弃要求买方保理商根据《服务协议》或本协议履行本协议项下的坏账担保义务，放弃要求买方保理商履行就其持有的其他金单的坏账担保义务，且同意接买方保理商或××平台对其账户及其在××平台用户权利采取的任何所限制措施。

本协议转单人、收单人双方对买方保理商承诺和保证如下：双方均为××平台认证用户，双方承诺遵守《服务协议》。

转单人承诺所转让的金单项下债权在自向前手签收金单后未曾与债务人（即开单人）有约定抵销、禁止或限制向收单人转让等事宜。

收单人对转单人或转单人的前手不具有追索权,转单人亦无义务对金单项下债权的实现提供任何保证。

**解答:**

**问题1**:A公司取得业主以"金单"支付工程进度款,A公司面临的持单风险及注意事项有哪些?

根据《××平台认证用户服务协议》中所述的三种金单保兑模式约定,对于持单人而言,其持有的金单除了开单人的偿付义务之外,另外享有了买方保理商、核心企业集团公司或指定第三方的保兑予以增信。鉴于金单的开单人只能是负有基础合同项下款项支付义务及金单偿付义务的债务人,因此除非买方保理商、核心企业集团或指定的第三方的资信能力劣于开单人的资信,否则,持有金单并会不对持单人造成风险高于原有"应收账款"的情况。

需提醒的是,对买方保理商的资信能力需特别关注。鉴于金单模式属于金融创新领域,其业务开支可能规避了现有的金融监管,因此,买方保理商在未支付对价的情况下自动受让平台上所有未到期金单,该类买方保理商利用该类金单及相应的基础资产如另做他用(例如,另行投资),则对金单的到期兑付可能会形成风险。

**问题2**:A公司持有金单后可与保理商签订融资协议,是否满足终止确认条件?A公司将金单通过协议转让给其供应商时,相关的金融资产是否符合终止确认条件?

根据本案例的具体情况,需分为以下几种情况分别讨论:

1. 转让金单时,前手持有人(即转单人)能否终止确认相关金融资产。

《票据法》规定:"汇票到期被拒绝付款的,持票人可以对背书人、出票人以及汇票的其他债务人行使追索权。"金单的转让,鉴于《××平台金单转让协议》中约定:"收单人对转单人或转单人的前手不具有追索权,转单人亦无义务对金单项下债权的实现提供任何保证。"意即参与金单业务的收单人均知晓该权利义务约定,因此,我们理解对于转单人而言,能否终止确认金单,核心判断在于在金单作为金融创新的新型产品,其是否属于《票据法》规定的适用范围。若金单不受《票据法》的约束,则可以终止确认相关金融资产。但是金单是否适用《票据法》的相关规定,对此判断属于法律专业范畴,因此建议企业向相关法律专家咨询,在法律专家未明确表示金单不受《票据法》约束的情况下,不建议终止确认相关债权。以下内容是我们对此的理解,仅供参考:

(1)若保兑人买方保理商或者指定的第三方是一家商业银行,如前述买方保理商模式下所述"开单人在金单到期后未能向买方保理商偿付款项的,在金单到期日后3个工作日内买方保理商仍应向持单人或卖方保理商履行转让对价的支付义务。"我们理解,在这种情况下,商业银行对该金单的到期兑付进行了承诺,该承诺的效力与传统的银行承兑汇票类似,在此情形下,即使按照《票据法》的规定处理,在转让时可以采取与A公司对传统的银行承兑汇票背书是否终止确认相同的原则进行处理。

(2)在保兑人是开单人所属的企业集团公司或集团内其他关联方的情况

下,若金单被纳入《票据法》规定的票据范畴,则该转让一般而言并不符合金融资产的终止确认条件。

需提示的是,根据"××——金单"平台的要求,因为金单无法在××平台外流通转让,因此 A 公司拟向其供应商转让金单时,不仅 A 公司需要申请成为××平台认证用户,拟终止确认应付账款的交易对手(供应商)也需申请成为××平台认证用户。

2. 从卖方保理商处获得保理融资时,保理申请人能否终止确认相关金融资产。

与卖方保理商签订保理融资协议,相应从卖方保理商处获得保理融资,此时能否终止确认相关金融资产,与传统的应收账款保理是否可以终止确认的判断条件一致,就本案例所附的《××平台金单融资协议》第 9.3 条、第 9.4 条、第 11.2 条、第 11.3 条来看,需要融单人履行回购义务的约定条款主要是保理业务合同中一般都存在的保护性条款,不构成无法终止确认相关债权的实质性障碍。

3. 金单自动转让至买方保理商的处理。

原始持单人或后续的收单人在平台自动受让金单后,自动授权平台立即将金单转让至买方保理商的处理。金单系列协议中约定的每一手持单人受让金单后,自动授权平台立即将金单转让至买方保理商名下,且买方保理商暂不支付转让对价。如持单人计划对金单进行转让或融资,则可自主随时申请买方保理商反转让金单,且该反转让买方保理商无需审核,授权平台自动完成反转让。因此,金单自动转让给买方保理商的环节,我们理解更多的是买方管理商基于平台为更好地对金单项下债权进行管理、催收及坏账担保,根据归集的信息自动筛查平台中的三角债或更多层次的债权债务关系,以便更好地通过金单在平台上的流通以满足基础业务需求。也因为其受让并不支付转让款,未因为开单人的信用风险不同而核定不同的转让价格系数,该自动转让并没有转让金融资产的实质,持单人无需做出会计处理。

**问题 3**:附票无追索权保理方式下,是否符合债权终止确认条件?

若保理附票,则相关票据受《票据法》"背书人以背书转让汇票后,即承担保证其后手所持汇票承兑和付款的责任"等相关规定的限制,对受让人负有法定偿还义务,该义务不因保理合同如何约定而豁免,因此一般情况下不符合债权的终止确认条件。

---

**问题 4-1-13**　小贷公司将应收款项资产转让给第三方自然人/企业/契约型基金后,所转让的原应收款项资产能否终止确认

**问题:**

如下文背景资料所述,小贷公司将小额贷款业务形成的应收款项资产,通过签订资产转让协议的方式转让给第三方自然人/企业/契约型基金,所转让的原应收款项能否终止确认?

**背景:**

小贷公司将小额贷款业务形成的应收款项资产,通过签订资产转让协议的

方式转让给第三方自然人/企业/契约型基金,转让协议的主要条款约定如下。

(一)关于标的债权转让

1. 根据资产转让协议,受让方和转让方(小贷公司)一致确认并同意,转让方向受让方转让其在开展经双方认可的特定类型小额贷款业务的过程中在该等小额贷款业务的《贷款合同》《借款抵押合同》项下对各债务人的全部债权(包括但不限于贷款本金、利息、逾期滞纳金、违约金等)及其附属担保权益。转让方确认仅转让《贷款合同》《借款抵押合同》项下的权利,而并不向受让方转让转让方在该等合同项下或与之有关的任何义务或责任(这里所指的责任义务,在实务中是指定期发送提醒还款日期等)。

2. 受让方全权委托转让方管理及维护标的债权的全部权益,其管理及维护内容包括但不限:代为接收、转付和催收标的债权项下的贷款本金、利息、逾期滞纳金、违约金等任何款项;办理与标的债权相关的诉讼、仲裁或申请强制执行等事宜;保管与标的债权有关的记录、凭证以及证明文件;还款提醒、到期通知、逾期通知等。受让方兹授权转让方,在出现债务人逾期还款情形时,转让方可代受让方将受让方持有的标的债权及其附属担保权益转让给第三方(转让方的关联公司除外)。

(二)关于结算与贷款手续费

1. 双方应以每自然季度/月末月第20日作为一个结算日,截至该结算日所取得的贷款利息、逾期滞纳金、违约金等(贷款本金除外)按如下约定方案进行结算。每一结算日的结算款项原则上应在10个工作日内完成转付。向受让方结算的金额=∑单笔按时付息债权金额×【　】%/年×受让方持有单笔债权的实际天数÷365,如有剩余,则全部结算给转让方,作为转让方提供贷后管理服务的贷款手续费;若结算期内,债务人逾期,则转让方不向受让方结算该单笔债权的贷款利息,债务人逾期还款的,转让方将于收到相应款项的下一结算日向受让方支付,不足以按照前述公式向受让方结算的金额,转让方不予以补足,如有剩余,则作为转让方的贷款手续费。如遇债务人提前还款,转让方仅向受让方转付截至提前还款日前一日的贷款利息。

2. 小贷公司现有资产转让贷款手续费测算如下表:

| 受让方 | 发生时间 | 平均贷款利率 | 平均转让给受让人享有利率 | 利差占比(实质上的服务费比例) |
|---|---|---|---|---|
| 机构/个人 | 2017.07 | 8.85% | 7.20% | 18.64% |
| 机构/个人 | 2017.08 | 9.06% | 7.55% | 16.64% |
| 机构/个人 | 2017.09 | 9.26% | 7.73% | 16.56% |
| 机构/个人 | 2017.10 | 9.10% | 8.01% | 12.01% |
| 机构/个人 | 2017.11 | 9.02% | 7.77% | 13.85% |
| 基金——半年 | 2017.10 | 8.74% | 7.22% | 17.35% |
| 基金——一年 | | 11.13% | 8.12% | 27.06% |
| 机构/个人 | | 11.13% | 8.00% | 28.14% |

**解答：**

对照下图所引述的"金融资产转移终止确认流程图"[原图见《企业会计准则讲解(2010)》第 404 页]中的各步骤分析。以下分析假设该流程图的第 1、第 2 步已经满足，且受让方不与转让方同处于一个合并报表集团内。

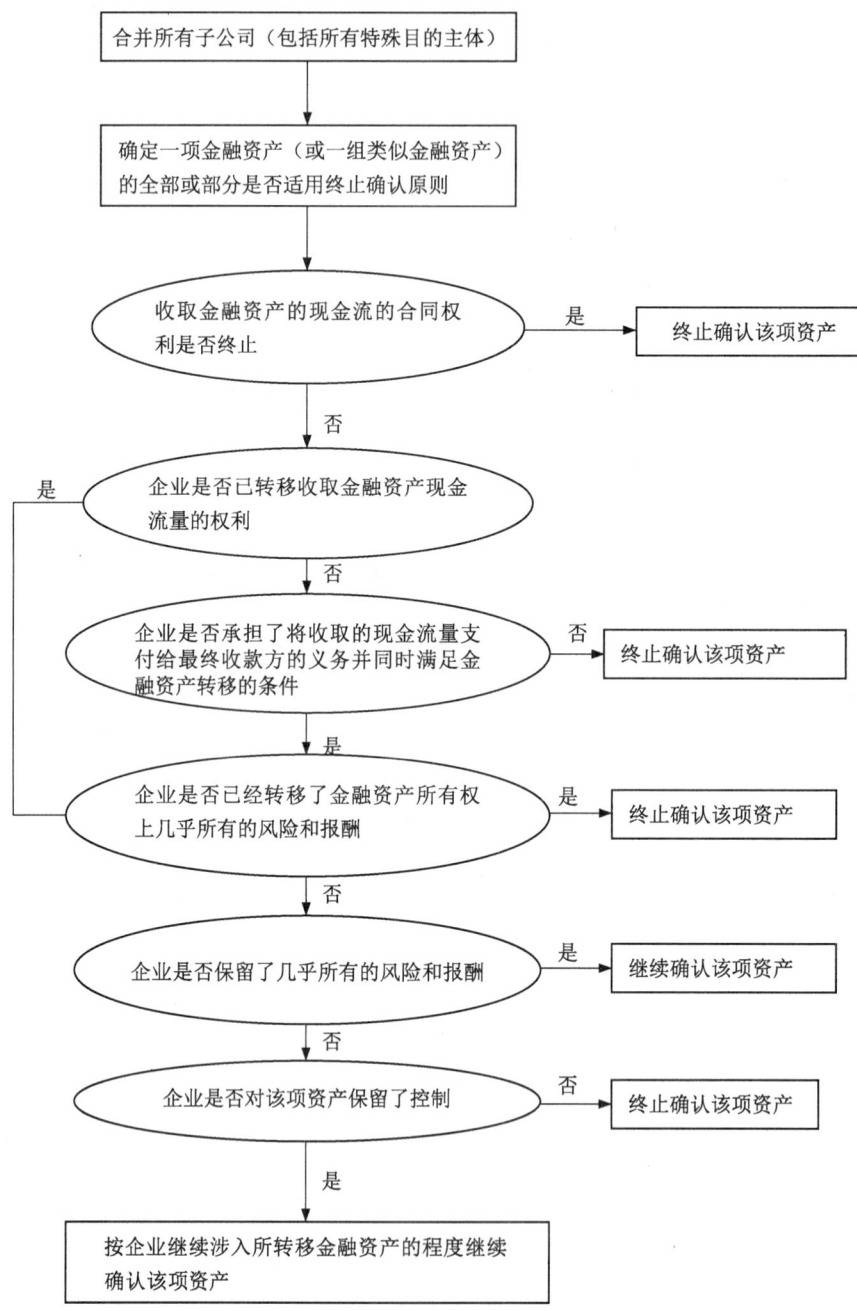

第3步：取得资产现金流量的权利是否已经满期：取得《贷款合同》《借款抵押合同》项下的现金流量的权利尚未满期(即尚未过期失效)，故判断结果为"否"。

第4步：企业是否已转让收取资产现金流量的权利：由于受让方全权委托转让方管理及维护标的债权的全部权益，其管理及维护内容包括但不限于：代为接收、转付和催收标的债权项下的贷款本金、利息、逾期滞纳金、违约金等任何款项，收取资产现金流量的权益并未转让，故判断结果为"否"。

第5步：企业是否承担了资产现金流量过手的义务：对照 IAS 39 的原文，该步骤系对应于 IAS 39 第 18(b) 段，即 "retains the contractual rights to receive the cash flows of the financial asset, but assumes a contractual obligation to pay the cash flows to one or more recipients in an arrangement that meets the conditions in paragraph 19." 而第 19 段的原文是：

19 When an entity retains the contractual rights to receive the cash flows of a financial asset (the 'original asset'), but assumes a contractual obligation to pay those cash flows to one or more entities (the 'eventual recipients'), the entity treats the transaction as a transfer of a financial asset **if, and only if, all of the following three conditions are met.**

(a) The entity has no obligation to pay amounts to the eventual recipients unless it collects equivalent amounts from the original asset. Short-term advances by the entity with the right of full recovery of the amount lent plus accrued interest at market rates do not violate this condition.

(b) **The entity is prohibited by the terms of the transfer contract from selling or pledging the original asset other than as security to the eventual recipients for the obligation to pay them cash flows.**

(c) The entity has an obligation to remit **any** cash flows it collects on behalf of the eventual recipients without material delay. In addition, the entity is not entitled to reinvest such cash flows, except for investments in cash or cash equivalents (as defined in IAS 7 Statement of Cash Flows) during the short settlement period from the collection date to the date of required remittance to the eventual recipients, and interest earned on such investments is passed to the eventual recipients.

即，上述 IAS 39 第 19 段实际上是对应于《企业会计准则第 23 号——金融资产转移(2006)》第四条所列的金融资产转移两种情形中的第二种，即：

将金融资产转移给另一方，但保留收取金融资产现金流量的权利，并承担将收取的现金流量支付给最终收款方的义务，同时满足下列条件：

1. 从该金融资产收到对等的现金流量时，才有义务将其支付给最终收款方。企业发生短期垫付款，但有权全额收回该垫付款并按照市场上同期银行贷款利率计收利息的，视同满足本条件。

2. 根据合同约定，不能出售该金融资产或作为担保物，但可以将其作为对最终收款方支付现金流量的保证。

3. 有义务将收取的现金流量及时支付给最终收款方。企业无权将该现金流量进行再投资，但按照合同约定在相邻两次支付间隔期内将所收到的现金流量进行现金或现金等价物投资的除外。企业按照合同约定进行再投资的，应当将投资收益按照合同约定支付给最终收款方。

在本案例中，根据转让协议约定"受让方兹授权转让方，在出现债务人逾期还款情形时，转让方可代受让方将受让方持有的标的债权及其附属担保权益转让给第三方（转让方的关联公司除外）"，因此不满足上述"根据合同约定，不能出售该金融资产或作为担保物，但可以将其作为对最终收款方支付现金流量的保证"这一条件。因此，上述"过手义务"条款不满足。

第6步：企业是否已转移了金融资产所有权上几乎所有风险和报酬：根据前述背景信息，转让方在收到债务人的付款时，并不是将其全额转付给受让方，而是"向受让方结算的金额＝Σ单笔按时付息债权金额×【　】%/年×受让方持有单笔债权的实际天数÷365，如有剩余，则全部结算给转让方，作为转让方提供第4.3款项下贷后管理服务的贷款手续费"，这种情况表明收回款项优先满足向受让方结算固定收益的需要，而转让方获得的服务费是浮动的，即转让方仍在一定程度上承担债务人信用风险，标的资产所有权上的主要风险和报酬并未转移。

第7步：企业是否仍保留了金融资产所有权上几乎所有风险和报酬：如前面分析所述，收回款项优先满足向受让方结算固定收益的需要，而转让方获得的服务费是浮动的，即转让方仍在一定程度上承担债务人信用风险，转让方和受让方并不是同步、同比例地承担坏账损失。具体而言，如果从债务人收回的款项金额超出按约定应结算给受让方的款项，但并未全部收回名义本息金额，则相当于因债务人信用风险导致的坏账损失全部由转让方承担；只有当从债务人收回的款项金额小于按约定应结算给受让方的款项时，受让方才在【实际结算给转让方的金额－按约定应结算给受让方的款项金额】的范围内承担坏账损失。而一般此类证券化产品的设计，都会充分考虑基础资产的信用质量，导致转让方不能收回本金和约定受益的可能性极小，因此本案例中转让方仍保留了金融资产所有权上几乎所有风险和报酬。

综上，根据上述判断流程图，转出方应继续确认该金融资产。

问题 4-1-14　金融资产的减值及减值金额的确定

**问题：**

如下文背景资料所述，A公司持有的对B公司、C公司的投资是否存在减值？如果存在减值，减值金额如何确认？

**背景：**

1. A公司于2015年12月23日与B公司签订股份认购协议，以每股38元的价格认购B公司526 315股股份，认购金额19 999 970.00元，占B公司

0.67％的股权,A公司的持有目的是等B公司上市,股份升值后出售。A公司对该投资作为可供出售金融资产核算,由于在活跃市场中没有报价且其公允价值不能可靠计量,以成本法进行后续计量。

B公司系一家在新三板挂牌的从事移动互联网广告服务和游戏联运服务的网络科技公司。根据B公司2016年度报告显示:B公司2015年度实现净利润3 473万元(营业收入73 559万元),2015年年末净资产为47 834万元(年末未分配利润2 963万元);2016年度B公司实现净利润—3 670万元(营业收入104 139万元),2016年年末净资产为44 597万元(年末未分配利润—636万元),A公司对B公司投资享有的净资产份额为299万元。B公司2016年12月30日的收盘价为20.38元/股,根据2016年年末新三板交易价格计算的A公司持有份额的市值为1 073万元。

根据B公司2016年度业绩说明会会议纪要显示,"公司2016年营业收入10.41亿元,同比增长41.57％。增长主要原因:得益于行业及市场整体规模的增长;公司选择"规模优先"的策略;国内效果广告业务继续稳步增长,其中大媒体代理业务同比增长118.81％;国内社会化媒体广告在2015年下半年孵化,2016年进一步加大业务开拓与投入后,业务实现规模化验证,同比增长1 430.72％;海外市场经过一年多的培育后,建立起较好的业务基础,同比增长59.73％。""2016年归属于挂牌公司股东的净利润亏损约3 600万元,主要原因在于:公司处于成长阶段,主营业务的激励制度偏向收入流水导向,忽略毛利,毛利没能跟上收入的增长,毛利额同比减少约5 800万元;自有实时可控流量和自有媒体不足,盈利空间被优质媒体挤压导致毛利率下降;谨慎性考虑下,部分可供出售金融资产的减值计提及部分应收账款的计提减值(确保资产结构健康);内部孵化项目、研发投入、人工支出增长导致管理费用增加。""为夯实业务基础,公司在近两年的主策略上选择'规模优先'的思路,在激励考核上对毛利有所忽略。实时可控流量补充不足,自有媒体沉淀不足的情况下,外部大媒体的流量成本上升也是毛利下降的核心因素。2017年公司调整激励导向,对毛利率不高的代理业务进一步优化产品技术投放能力,提高代理端的毛利率;加强与腰部媒体、长尾流量的ADN业务的投入与增长,提升毛利率;积极布局自有媒体,在未来逐步提升毛利率。"

A公司认为,B公司为一家网络科技公司,虽然2016年度出现亏损,但累计亏损额度较小(2016年年末未分配利润—636万元),网络公司的市值不能以账面净利润为依据,市场上存在亏损很多但估值很高的案例;另外,新三板股票交易存在很多因素,股票交易不活跃,价格不公允。B公司2016年收入同比增长41.57％,网络公司的估值一般以收入、用户量等为依据,B公司2016年选择规模优先策略,收入及公司运营的公众号均大幅上升,且2017年更换了总经理,调整了激励导向,"对毛利率不高的代理业务进一步优化产品技术投放能力,提高代理端的毛利率;加强与腰部媒体、长尾流量的ADN业务的投入与增长,提升毛利率;积极布局自有媒体,在未来逐步提升毛利率",对B公司的投资不存在减值。

2．A 公司控制的有限合伙企业(以下简称"合伙企业")于 2016 年 6 月与 C 公司签署增资协议,向 C 公司增资 4 210 万元,占其增资后 5％的股权,A 公司的持有该股权的目的是等 C 公司上市,股份升值后出售,A 公司对该投资作为可供出售金融资产核算,由于在活跃市场中没有报价且其公允价值不能可靠计量,以成本法进行后续计量。

C 公司是互联网教育创业公司,公司专注于为中小学提供信息化产品,全面支持学校数据化管理、智能化教学和个性化学习,公司目前处于创业期,目前已取得包括云校阅卷扫描系统、云校阅卷系统、云校课堂系统等软件著作权,创办了一系列在线教育网站。根据 C 公司 2016 年年报显示,C 公司 2016 年实现营业收入 1 641 万元(2015 年营业收入为 297 万元),实现净利润－3 564 万元(2015 年的净利润为－2 327 万元),2016 年末净资产为 6 731 万元(2015 年末净资产为 6 275 万元),A 公司对 C 公司投资享有的净资产份额为 337 万元。

2017 年 3 月 7 日,某教育咨询有限公司(投资方一)、某投资管理合伙企业(有限合伙)(投资方二)与 C 公司及其全体股东签署增资协议,由投资方一出资 3 000 万元,占 C 公司增资后的 3％的股权,投资方二出资 2 000 万元,占 C 公司增资后的 2％的股权。2017 年 4 月,C 公司收到投资方一增资款 3 000 万元,但投资方二未按时缴纳其认缴出资 2 000 万元。

A 公司认为,C 公司 2016 年虽然出现大幅度亏损,但 C 公司 2017 年仍然以 10 亿元(增资前的估值为 9.5 亿元)的估值筹集资金,A 公司对 C 公司的投资按 2017 年增资时的估值计算的价值为 4 750 万元,高于投资成本,该投资不存在减值。

**解答：**

《企业会计准则第 22 号——金融工具确认和计量》第四十一条规定：

表明金融资产发生减值的客观证据,是指金融资产初始确认后实际发生的、对该金融资产的预计未来现金流量有影响,且企业能够对该影响进行可靠计量的事项。金融资产发生减值的客观证据,包括下列各项：

(一) 发行方或债务人发生严重财务困难;

(二) 债务人违反了合同条款,如偿付利息或本金发生违约或逾期等;

(三) 债权人出于经济或法律等方面因素的考虑,对发生财务困难的债务人作出让步;

(四) 债务人很可能倒闭或进行其他财务重组;

(五) 因发行方发生重大财务困难,该金融资产无法在活跃市场继续交易;

(六) 无法辨认一组金融资产中的某项资产的现金流量是否已经减少,但根据公开的数据对其进行总体评价后发现,该组金融资产自初始确认以来的预计未来现金流量确已减少且可计量,如该组金融资产的债务人支付能力逐步恶化,或债务人所在国家或地区失业率提高、担保物在其所在地区的价格明显下降、所处行业不景气等;

(七) 债务人经营所处的技术、市场、经济或法律环境等发生重大不利变化,使权益工具投资人可能无法收回投资成本;

（八）权益工具投资的公允价值发生严重或非暂时性下跌；

（九）其他表明金融资产发生减值的客观证据。

《企业会计准则讲解(2010)》第390～391页说明：

企业在根据以上客观证据判断金融资产是否发生减值损失时,应注意以下几点：

1. 这些客观证据相关的事项(也称"损失事项")必须影响金融资产的预计未来现金流量,并且能够可靠地计量。否则,对于预期未来事项可能导致的损失,无论其发生的可能性有多大,均不能作为减值损失予以确认。

2. 企业通常难以找到某项单独的证据来认定金融资产是否已发生减值,因而应综合考虑相关证据的总体影响进行判断。

3. 债务方或金融资产发行方信用等级下降本身不足以说明企业所持的金融资产发生了减值。但是,如果企业将债务人或金融资产发行方的信用等级下降因素,与可获得的其他客观的减值依据联系起来,往往能够对金融资产是否已发生减值作出判断。

4. 对于可供出售权益工具投资,其公允价值低于其成本本身不足以说明可供出售权益工具投资已发生减值,而应当综合相关因素判断该投资公允价值下降是否是严重或非暂时性下跌。同时,企业应当从持有可供出售权益工具投资的整个期间来判断。

如果权益工具投资在活跃市场上没有报价,从而不能根据其公允价值下降的严重程度或持续时间来进行减值判断时,应当综合考虑其他因素(例如,被投资单位经营所处的技术、市场、经济或法律环境等)是否发生重大不利变化。

因此,根据准则的上述规定,"权益工具投资的公允价值发生严重或非暂时性下跌"本身就是表明可供出售权益工具已经发生减值的客观证据。

本案例中,A公司对B公司的股权投资,按照新三板的期末收盘价计算,与成本相比已经下跌将近50%,已达到"严重下跌"的程度。在此情况下,除非能够证明新三板的期末收盘价不能代表标的股份的公允价值,否则应对该项股权投资计提减值准备。对新三板挂牌股票的估值问题,可以参考证监会2015年度证券公司年报布置会(2016年1月在厦门举办)上的提法,建议方法如下：

对于持有的在全国股转系统挂牌的股票、在交易所或银行间市场交易的理财产品等能获取市场交易价格的资产,证券公司在根据该交易价格计量资产的公允价值时,应考虑该交易价格是否需要调整。

通常情况下,能够获得相同资产在计量日的活跃市场交易价格的,应不加调整地使用该价格;能够获得其他市场交易信息的,例如相同资产的非活跃市场交易价格、相同资产在最近交易日而非计量日的活跃市场交易价格、类似资产的活跃或非活跃市场交易价格,则应根据相关资产的特征对该等价格进行适当调整。这些特征包括资产的状况、交易价格所在市场的交易量和活跃程度、交易的可比性、交易日与计量日的临近程度等。

新三板属于有序市场交易,新三板股票的估值应考虑流动性的影响,各证券公司应根据实际交易情况判断并记录做出判断的分析过程和判断的结果。

审计项目组应对各证券公司的分析判断过程执行恰当的审计程序并在工作底稿予以恰当记录。

以协议方式转让的,新三板股票的估值可参照估值有：协议转让成本、定向增发价格、前 N 个有成交的交易日和每日成交均价的增均价格或采用估值模型(证监会会计部介绍了估值模型从换手率的角度考虑的券商案例,当前 20 个交易日换手率超过 50％的,可认为交易活跃,采用收盘价进行估值;当前 20 个交易日换手率在 20％＜换手率＜50％之间的,采用平均交易价格进行估值;当前 20 个交易日换手率在 5％＜换手率＜20％之间的,可认为交易不活跃,采用成本计量;当前 20 个交易日换手率＜5％的,可认为交易极不活跃,采用对净资产的变动进行调整估值)。

以做市方式转让的,新三板股票的估值可参照估值有：收盘价、前 N 个交易日的收盘均价或成交均价;前一日收盘价乘以固定打折系数(具体折扣未明确)。

在没有新引入外部财务投资者的情况下,A 公司可参照上述提示合理确定对持有 B 公司股份于 2016 年年末的公允价值,如果其与成本相比,已发生了严重或者非暂时性的下跌,则不论 B 公司在 2017 年内采用何种改善措施,均不影响 2016 年年末对其投资计提减值准备。可参考的类似案例为：《计学撮要 2011》中专题Ⅲ第四章第一节"问题 2 可供出售金融资产减值"。

A 公司对 C 公司的投资,应关注其期后引入外部投资者的作价谈判决策过程,确定引入外部投资者的价格能否代表标的股权于期末资产负债表日的公允价值(特别是外部投资者之一未按期缴纳出资的原因,是否表明其对该估值仍存有疑虑)。如果确实可以代表标的股权的公允价值,则鉴于投资前后的估值均高于成本,可以认可对 C 公司的股权投资不存在减值。

---

**问题 4-1-15**　融资租赁信贷业务的处理

**问题：**

如下文背景资料所述,A 公司融资租赁信贷业务应如何进行会计处理？

**背景：**

B 企业集团主要从事工程机械和配件的制造、销售及融资租赁业务。其中,母公司 B 公司以及部分全资子公司(以下简称"主机厂")主要从事工程机械和配件的制造与销售,其生产的工程机械产品,大部分通过经销商以寄售的方式销售;全资子公司 A 主要从事融资租赁业务。2017 年前主机厂生产并实现销售的工程机械产品,一部分在 A 公司办理融资租赁业务,A 公司对其产生的应收款项划分为融资租赁业务组合,按风险评估分类法计提坏账准备(评估为五个级别,其中正常类按 1％计提,关注类按 3％计提,次级、可疑、损失类按个别认定方法合理计提)。

2017 年主机厂开展买方信贷(融资租赁)担保销售模式,主要有两种业务模式：

**业务模式一：**

与 A 公司开展融资租赁业务，A 公司(甲方)、主机厂(乙方)、经销商(丙方)签订的《融资租赁业务合作协议书》中主要约定如下：

A 公司为资金提供方，对经销商推荐的最终客户购买主机厂生产的产品开展融资租赁业务，其从经销商购入租赁物并以融资租赁方式租赁给最终客户。

主机厂向 A 公司推荐开展融资租赁业务的经销商，并负责自行管理该融资租赁业务。主机厂对承租人(最终客户)违约且经销商未能履行回购义务给 A 公司所造成的损失，承担回购担保责任。主机厂应向 A 公司交纳经销商责任承担的保证金，确保经销商义务的履行。

主机厂承担保证责任的条件为：

(a)承租人债务逾期 1 期至 2 期时，主机厂应向 A 公司缴纳 1～2 期逾期保证金；逾期保证金金额等同于逾期租金金额，且保证金不计息，保证金每月结算，多退少补。

(b)承租人债务逾期 3 期及以上时，无论设备是否取回。A 公司有权从主机厂所缴纳的逾期保证金余额中抵扣该承租人所有应付款项。

主机厂有权针对具体终端客户及经销商制定融资租赁商务政策，但需要通知 A 公司，并经 A 公司确认后可对外发布。当主机厂推荐的经销商进行融资租赁业务时，如特定租赁业务的收费标准低于 A 公司制定的结算商务政策收费标准，则主机厂应补足差额部分，A 公司亦有权从应支付给主机厂的价款中直接扣除；若该笔业务高于结算商务政策收费标准的，则将多出部分返还主机厂。返还周期为每季度一次。补足或返还金额按照周期内已经发生的业务为准。

经销商负责对承租人进行资信调查，将购买主机厂产品的客户推荐给 A 公司，并对承租人未偿付的债务承担连带保证责任(回购义务)。

回购义务人向 A 公司支付回购价款后，即同时受让该融资租赁合同项下的权利和义务。

**业务模式二：**

租赁公司为外部独立第三方租赁公司，其他同以上业务模式一。

**解答：**

首先明确讨论前提：在本案例的两种业务模式下，均假设在主机厂将设备发送给最终用户，且经最终用户验收无误时，主机厂已满足《企业会计准则第 14 号——收入》规定的销售商品收入确认条件。在此前提下：

根据《融资租赁业务合作协议书》的约定，主机厂就其自行管理的承租人的信用风险问题，向融资租赁公司(A 公司或外部独立第三方租赁公司)提供担保，属于《企业会计准则解释第 5 号》第二条所指的"信用风险缓释工具"。

根据《企业会计准则解释第 5 号》第二条规定：

信用风险缓释工具，是指信用风险缓释合约、信用风险缓释凭证及其他用于管理信用风险的信用衍生产品。信用风险缓释合约，是指交易双方达成的、约定在未来一定期限内，信用保护买方按照约定的标准和方式向信用保护卖方支付信用保护费用，由信用保护卖方就约定的标的债务向信用保护买方提供信用风险保护的金融合约。信用风险缓释凭证,是指由标的实体以外的机构创设,为凭证持有人就标的债务提供信用风险保护的、可交易流通的有价凭证。

信用保护买方和卖方应当根据信用风险缓释工具的合同条款,按照实质重于形式的原则,判断信用风险缓释工具是否属于财务担保合同,并分别下列情况进行处理:

(一)属于财务担保合同的信用风险缓释工具,除融资性担保公司根据《企业会计准则解释第 4 号》第八条的规定处理外,信用保护买方和卖方应当按照《企业会计准则第 22 号——金融工具确认和计量》中有关财务担保合同的规定进行会计处理。其中,信用保护买方支付的信用保护费用和信用保护卖方取得的信用保护收入,应当在财务担保合同期间内按照合理的基础进行摊销,计入各期损益。

(二)不属于财务担保合同的其他信用风险缓释工具,信用保护买方和卖方应当按照《企业会计准则第 22 号——金融工具确认和计量》的规定,将其归类为衍生工具进行会计处理。

财务担保合同,是指当特定债务人到期不能按照最初或修改后的债务工具条款偿付时,要求签发人向蒙受损失的合同持有人赔付特定金额的合同。

开展信用风险缓释工具相关业务的信用保护买方和卖方,应当根据信用风险缓释工具的分类,分别按照《企业会计准则第 37 号——金融工具列报》《企业会计准则第 25 号——原保险合同》或《企业会计准则第 26 号——再保险合同》以及《企业会计准则第 30 号——财务报表列报》进行列报。

由此可见,主机厂和融资租赁公司应分别按以下方法进行会计处理(单位:万元)。

(一)乙方(主机厂)

根据上述规定,乙方向甲方承诺承担由其自行管理的承租人的坏账损失,属于上述规定中"属于财务担保合同的信用风险缓释工具"。乙方作为信用风险缓释工具的发行方,应按《企业会计准则第 22 号——金融工具确认和计量》关于"财务担保合同"的以下规定处理:

第三十条　企业初始确认金融资产或金融负债,应当按照公允价值计量。对于以公允价值计量且其变动计入当期损益的金融资产或金融负债,相关交易费用应当直接计入当期损益;对于其他类别的金融资产或金融负债,相关交易费用应当计入初始确认金额。

第三十三条　企业应当采用实际利率法,按摊余成本对金融负债进行后续计量。但是,下列情况除外:

……(三)不属于指定为以公允价值计量且其变动计入当期损益的金融负债的财务担保合同,或没有指定为以公允价值计量且其变动计入当期损益并将以低于市场利率贷款的贷款承诺,应当在初始确认后按照下列两项金额之中的较高者进行后续计量:

1. 按照《企业会计准则第 13 号——或有事项》确定的金额;

2. 初始确认金额扣除按照《企业会计准则第 14 号——收入》的原则确定的累计摊销额后的余额。

例如,乙方自行管理的承租人在甲方签订了总金额为 1 亿元的租赁合同,按照历史经验预计最终损失率为 5%,即 500 万元。此时乙方应在相关租赁合同开始履行时,就其对甲方承担的财务担保义务确认如下:

借:管理费用  500
 贷:其他非流动负债——财务担保合同  500

假设租赁期为 4 年,应在租赁期内按直线法摊销上述负债,结转为营业收入——其他业务收入:

借:其他非流动负债——财务担保合同  125
 贷:其他业务收入  125

假设其中有承租人在第 2 年年末无力还款,金额为 300 万元,甲方按约定将这部分已发生损失的款项转回给乙方,但预计可收回金额只有 100 万元,则账务处理为:

借:其他非流动负债——财务担保合同  200
  长期应收款  100
 贷:银行存款  300

(二) 甲方(融资租赁公司)

甲方对该事项的会计处理基本与乙方对应。对租赁应收款仍应继续计提坏账准备;对取得乙方提供的财务担保确认为一项资产,并逐期摊销。

在租赁合同开始时,确认乙方提供财务担保形成的资产:

借:其他非流动资产——财务担保合同  500
 贷:其他业务收入  500

财务担保合同形成的资产逐年摊销:

借:管理费用  125
 贷:其他非流动资产——财务担保合同  125

对应收租赁款计提坏账准备:

借:资产减值损失  500
 贷:长期应收款减值准备  500

确认其中的 300 万元无法收回(预计可收回金额 100 万元,已计提坏账准备 200 万元),转回给乙方:

借:银行存款  300
 贷:长期应收款  300

借:坏账准备  200
 贷:其他非流动资产——财务担保合同  200

本案例中,A 公司、主机厂等各参与主体的会计处理举例说明如下(单位:万元)。

（一）经销商回购方式下

某主机厂以融资租赁方式销售产品 1 000 万元,租赁开始日预计将发生的回购担保损失为 10 万元;第 2 年根据承租人的还款情况预计发生的回购担保损失为 12 万元;第 3 年承租人无力还款,违约金额 100 万元,由经销商支付回购价款并受让该融资租赁合同项下的权利、义务,此时从承租人处收回的二手机(归经销商所有)公允价值为 85 万元,产品制造商相应以返利形式补偿经销商 15 万元(减少后期开票金额)。

1. A 公司:

对于该融资租赁业务,A 公司获取固定收益,实质上是提供资金放贷服务。A 公司应将转租赁应收款计入"长期应收款",并按实际利率法计算收益。

A 公司租赁应收款的坏账损失主要原因是债务人(承租人)的信用风险。根据《企业会计准则第 37 号——金融工具列报(2014 年修订)》第四十一条的规定,"信用风险,是指金融工具的一方不履行义务,造成另一方发生财务损失的风险"。即影响信用风险水平的主要因素是债务人自身的财务状况、履约意愿等因素,由债权人从外部获取的信用风险保护并不在其考虑范围之内。

故上述情形中的基础债权债务关系和信用风险缓释合约均应作为两项独立的金融工具分别进行核算,而不应将其"组合"为一项金融工具。A 公司的会计核算原则如下:

(1) 对于 A 公司获得主机厂和经销商担保的长期应收款,期末进行减值测试和计提坏账准备时,所考虑的因素与其他未获得信用风险保护的同类应收账款类似,不考虑通过信用风险保护可能减轻部分实际损失的影响。即,不能仅仅因为已获得信用风险保护而减少坏账准备的提取。如果公司的坏账准备计提政策采用组合计提方法的,则在按信用风险对应收账款进行组合分类时,不考虑信用风险保护因素的影响(即,债务人的信用风险特征类似的应收款项,无论是否获得信用风险保护,应归入同一个信用风险组合)。

(2) A 公司实际发生坏账损失,由主机厂或经销商承担回购义务时,核销长期应收款及坏账准备,所取得的赔偿款超过长期应收款净额的部分计入当期其他业务收入。

2. 主机厂:

主机厂的回购担保协议与融资租赁销售协议是一揽子协议,其对 A 公司提供的回购担保是以产品销售为前提,回购担保与产品销售是一揽子交易,因此,应将其组合为一项业务进行账务处理。

产品按融资租赁模式销售时,按产品售价扣除预计发生的回购担保支出金额确认销售收入,同时将预计发生的回购担保损失确认为一项预计负债。以后每一资产负债表日,根据预计的回购担保支出的合理估计金额,调整回购担保预计负债余额。

根据上述规定,主机厂对融资租赁公司(A 公司或外部独立第三方租赁公司)承担的担保责任,可以比照坏账准备和预计负债计提的规定考虑其估计金额(仍然采用风险评估分类法)。

具体而言,主机厂的会计处理为(单位:万元;不考虑相关税费,以下同):

第一,确认销售收入同时按照历史经验预计回购担保损失。

(1) 借:应收账款            1 000

  贷:营业收入            1 000

(2) 借:营业收入              10

  贷:预计负债——回购准备金        10

第二,第2年年末,调整回购担保预计负债余额。

(3) 借:营业收入              2

  贷:预计负债——回购准备金        2

第三,第3年,承租人违约,经销商履行回购义务,产品制造商对以返利形式补偿经销商15万元(减少后期开票金额)。

(4) 调整回购准备金余额。

借:营业收入(15-10-2,即调整为制造商最终承担的坏账损失)  3

 贷:预计负债——回购准备金         3

(5) 将后期应兑付的回购准备金余额调整至"其他应付款——销售折扣":

借:预计负债——回购准备金          15

 贷:其他应付款——销售折扣        15

**(二) 主机厂回购方式下**

以融资租赁方式销售产品1 000万元,租赁开始日预计将发生的回购担保损失为10万元;第2年根据承租人的还款情况预计发生的回购担保损失为12万元;第3年承租人无力还款,违约金额100万元,主机厂以银行存款回购,从承租人处收回的二手机(归主机厂所有)公允价值为85万元。

第一,确认销售收入同时按照历史经验预计回购担保损失。

(1) 借:应收账款            1 000

  贷:营业收入            1 000

(2) 借:营业收入              10

  贷:预计负债——回购准备金        10

第二,第2年年末,调整回购担保预计负债余额。

(3) 借:营业收入              2

  贷:预计负债——回购准备金        2

第三,第3年,承租人违约,主机厂履行回购义务,同时收回租赁物。

(4) 支付回购款项100万元。

借:应收代偿款             100

 贷:银行存款             100

(5) 收回二手机,同时终止向经销商和承租人的追偿行为。

| 借:库存商品——二手机 | 85 |
| --- | --- |
| 预计负债 | 12 |
| 营业收入 | 3 |
| 贷:应收代偿款 | 100 |

在主机厂和 A 公司(融资租赁公司)共同的母公司的合并报表层面,整体交易体现为一项分期收款销售交易,货物发出时应确认的销售收入金额为 A 公司的租赁应收款的折现值减去预计将发生的回购损失(经销商回购方式下需补偿给经销商的差额款,或者主机厂回购方式下收回二手机价值小于承租人无力支付的租金的账面价值的差额)后的剩余金额。另外,在租赁期间,合并主体可按实际利率法确认与租赁应收款相关的利息收入。预计回购损失金额在合并报表中列报为预计负债(经销商回购方式下)或者坏账准备(主机厂回购方式下)。

**业务模式二:**

账务处理:同以上业务模式一。但因为该租赁公司为第三方企业,故不存在合并报表层面如何处理的问题。

## 第二节　租赁会计的相关问题

**问题 4-2-1**　同时涉及激励措施和政府补助的经营租赁业务

**问题:**

同时涉及激励措施和政府补助的经营租赁业务如何处理?

**背景:**

A 公司主要从事电话销售业务,与当地的一个产业园区管理委员会签订房屋租赁合同,合同主要内容如下:

租赁面积 815 平方米,每平方米每月 20 元,租赁期为 5 年,从第四年开始租金在前一年租金的基础上每间隔 2 年以 20%的幅度递增;但第一年上缴税收达到一定要求时免租,如达不到则补齐租金;第二年上缴税收达到一定要求时租金减半,如达不到则补齐租金。即:假设减免租金的条件能够达到,则该 5 年租赁期内每年的租金为:第一年 0 元;第二年 97 800 元;第三、四年 195 600 元;第五年 234 720 元。

**解答:**

首先,假设本案例中讨论的租赁属于经营租赁。以下的讨论均以构成经营租赁为前提。

总体来看,该交易是"经营租赁激励措施"和"政府补助"两者的结合体,即:一方面,该交易也与《企业会计准则解释第 1 号》第三条所指的"经营租赁激励措施"那样存在免租期、后续租金逐年递增,因此需要将租金总额在不可撤销租赁期内分摊；另一方面，该租金优惠的授予是政府基于招商引资目的的政府行为，且附有业绩条件（完成投资工作量、达到产能、上缴税收总额等），导致在考虑了上述第一个因素的影响后，总体租金水平仍然低于周边同类型房地产的市场租金水平，实际租金水平低于市场租金水平的差额就是政府补助因素。

因此，理论上，该业务的恰当处理方法是：①将周边同类房地产于租赁开始日的租金水平（不受政府补助因素影响的）作为市场租金水平，在整个租赁期内按直线法分摊，计入各年度的成本、费用科目；②将实际租金水平低于市场租金水平的差额作为政府补助，在满足《企业会计准则第16号——政府补助（2017年修订）》第六条规定的政府补助确认条件（因为本案例不涉及企业直接从政府取得资产，因此主要是看补助所附业绩条件能否满足）的前提下，将租赁期内可享受的补助资金总额在租赁期内按直线法分摊，确认为各年度的其他收益或者冲减租赁支出。

就本案例"背景"部分所提供的信息，其中第一、第二年的租金减免可能涉及政府补助因素，如果不考虑该政府补助因素，假设剔除政府补助后的租金代表了该租赁房屋的市场公允租金水平，则5年内的租金总额为1 017 120.00元（195 600.00×4＋234 720.00），按5年直线法摊销，每年为203 424.00元。相应地，每年确认租金费用、应付租金和政府补助的会计分录如下（注：假设此处的政府补助与日常活动相关，且企业选择采用"总额法"对该类政府补助进行核算和列报）：

| 年份 | 1 | 2 | 3 | 4 | 5 |
|---|---|---|---|---|---|
| 借：营业成本/管理费用 | 203 424.00 | 203 424.00 | 203 424.00 | 203 424.00 | 203 424.00 |
| 贷：其他应付款——应付租金 | | 97 800.00 | 195 600.00 | 195 600.00 | 234 720.00 |
| 贷：长期应付款——递延租金（负数表示前期租金缴纳义务的转回） | 7 824.00 | 7 824.00 | 7 824.00 | 7 824.00 | −31 296.00 |
| 贷：其他收益 | 195 600.00 | 97 800.00 | | | |

需要说明的是，《〈企业会计准则第16号——政府补助〉应用指南（2018）》附录二《修订说明》中对于不涉及资产直接转移的经济支持是否适用政府补助准则有如下表述："一些地方政府为了招商引资或鼓励创业投资，将产业园区内的房产以低于公允价值的价格出租给企业。理论上这也属于政府对企业的无偿经济支持，但没有纳入本准则的范围，理由是：一方面这种支持不涉及资产的直接转移；另一方面，如果企业按照公允价值确认相关租赁成本、同时按照公允价值和实际租金的差额确认政府补助，这种做法对净利润的影响与企业按照实际租金确认相关租赁成本对净利润的影响基本一致，前一种做法还需要企业估计租金的公允价值。所以从简化实务的角度出发，通常情况下这种不涉及资产直接转移的政府补助不纳入本准则的范围。"虽然该《修订说明》的结论是未将低于市场价格的租金纳入政府补助，但其支持该结论的理由是"简化实务"，并且也明确提及"理论上这也属于政府对企业的无偿经济支持"，我们理解，"简化

实务"的考虑是对财务报表使用者基于财务报表作出经济决策不构成重大影响的情况下为企业的会计处理提供了实务变通处理,但不意味着仅仅变通方式才是唯一可采取的处理。

如果无法合理确定周边同类房地产的市场租金水平(例如周边全部是该管委会开发的园区工业地产,全部在招商引资中通过类似优惠条件出租,不存在没有政府补助因素的纯商业化出租),则政府补助和市场租金的金额都不能可靠计量,或者企业采取了前述《修订说明》中的实务变通方式未将低于市场价格的租金作为政府补助,此时可能就只能在确定满足享受政府减免租金相关条件的前提下,按合同约定的租金总额在租赁期内分摊,计入各年度的成本或费用,不单独确认政府补助。

相应地,每年确认租金费用、应付租金的会计分录如下:

| 年份 | 1 | 2 | 3 | 4 | 5 |
|---|---|---|---|---|---|
| 借:营业成本/管理费用 | 144 744.00 | 144 744.00 | 144 744.00 | 144 744.00 | 144 744.00 |
| 贷:其他应付款——应付租金 | | 97 800.00 | 195 600.00 | 195 600.00 | 234 720.00 |
| 贷:长期应付款——递延租金(负数表示前期租金缴纳义务的转回) | 144 744.00 | 46 944.00 | −50 856.00 | −50 856.00 | −89 976.00 |

但我们建议,仍应在附注中披露与政府签订的招商引资协议的主要条款,以及分析其中所附条件能否满足等。

**问题 4-2-2**　投资建设并运营产品生产线,期满生产线无偿移交给产品购买方的业务实质

**问题:**

基于下文背景资料所述,B 公司投资建设并运营甲产品生产项目是否属于融资租赁? A 公司如何核算该业务?

**背景:**

A 公司与 B 公司就甲产品生产项目签订合同,B 公司负责全额投资(3 800 万元)建设并运营该项目。项目建成投产后,B 公司对 A 公司供应甲产品,合同期为 10 年,同时约定合同顺利履行完毕之后,该等项目财产的所有权将无偿转让给 A 公司。

合同对甲产品的供应量作出了约定:A 公司对 B 公司的甲产品最低月接收量不得低于 10 000 吨,并按照 350 元/吨结算;如果 A 公司对 B 公司的甲产品接收量低于 10 000 吨/月时,需对 B 公司进行相应补偿。

B 公司每月根据结算金额给 A 公司开具增值税专用发票。预计 A 公司会持续经营且每月购买甲产品数量高于保底数量。

**解答:**

A 公司应将每月结算金额分解为购置固定资产和购买商品两部分;其中,

购置固定资产部分作为分期付款购买固定资产(融资租赁),按《企业会计准则第21号——租赁》的第三章"融资租赁中承租人的会计处理"进行会计处理;剩余部分作为采购甲产品的价款,按照《企业会计准则第1号——存货》中对常规采购业务的相关规定进行会计处理。

本案例中,A公司与B公司在合同中约定有保底收益,而且此保底收益金额可以确保B公司收回生产设施的投资成本,可以判断标的资产所有权上的主要风险和报酬已经转移给A公司,故我们认为可以按照《企业会计准则第21号——租赁》的规定,按融资租赁方式对B公司投资资产进行核算。合同约定的投资额3 800万元依照10年期市场利率进行折现,以确定后的现值作为融资租入固定资产入账;以后每月购买甲产品时,首先冲抵分摊的投资额,剩余额扣除进项税额后作为原材料成本进行入账;融资租赁固定资产按自有固定资产的折旧政策计提折旧。

即(单位:万元):

确认资产时(即B公司将该资产建造完毕,开始为A公司生产产品时):

借:固定资产——融资租赁资产(注:此处假定不考虑增值税进项税额)　　××
　　未确认融资费用　　　　　　　　　　　　　　　　　　　　　　　　××
　　贷:长期应付款——B公司　　　　　　　　　　　　　　　　　　3 800

每月购买甲产品时:

借:原材料——甲产品　　　　　　　　　　　　　　　　　　　　　××
　　应交税费——应交增值税(进项税额)　　　　　　　　　　　　　××
　　长期应付款——乙公司(3 800÷120)　　　　　　　　　　　　31.67
　　贷:应付账款——乙公司　　　　　　　　　　　　　　　　　350.00

每月计提折旧、未确认融资费用分摊等,按常规方法处理。

**权威指引及举例:**

《国际财务报告解释公告第4号——确定一项协议是否包含租赁》(IFRIC 4)的相关段落:

6 确定一项协议是否属于或包含租赁应当以协议的实质为基础,并要求对下列事项进行评估:

(1)协议的履行是否取决于某项特定资产或若干项资产(统称为"资产")的使用;以及

(2)协议是否让渡了资产的使用权。

### 协议的履行取决于特定资产的使用

7 尽管某项特定资产在协议中可以明确地认定,但是如果协议的履行不取决于该特定资产的使用,则该特定资产不是租赁的对象。例如,如果供应商有义务交付规定数量的商品或服务,并拥有使用协议中未指明的利用其他资产提供这些商品或服务的权利和能力,则该协议的履行不取决于特定资产的使用,从而该协议不包含租赁。当特定资产不能正常运转时,允许或要求以相同或类似资产替代的保证义务也视为租赁处理。此外,允许或要求供应商在规定日期或以后出于某种原因替代其他资产的合同条款（或有或其他）在替代日之前作为租赁处理。

8 如果供应商仅拥有或租赁一项用于履行义务的资产,并且供应商通过使用替代资产来履行义务不具有经济可行性或不切实可行,则该项资产应作为特定资产。

### 协议让渡了资产的使用权

9 如果协议向购买方（承租人）让渡了标的资产的控制权,则该协议让渡了资产的使用权。如果满足下列条件之一,则向购买方让渡了使用标的资产的控制权:

（1）购买方在获得或控制了资产多于不重大数量的产出或其他效用的同时,有能力或有权按自己确定的方式使用该资产或指挥他人使用该资产。

（2）购买方在获得或控制了资产多于不重大数量的产出或其他效用的同时,有能力或有权控制使用标的资产的途径。

（3）事实和情况表明,在协议期内,除购买方之外的一方或多方将获得由该资产生产或产生的多于不重大数量的产出或其他效用的可能性极小,并且购买方为获得产出而支付的价格既不是合同约定的固定单价,也不等于交付产出时的当前市场单价。

与《国际财务报告解释公告第 4 号》一并发布的示例摘录:

### 包含租赁协议的示例
### 事　　实

IE1 一家生产型公司（购买方）与第三方（供应方）签订了一项协议,由后者负责在特定时期提供生产过程中需要的最小数量的天然气。供应方在购买方厂场附近设计并修建了一项设备用以生产必需的天然气,并拥有设备的所有权及控制其操作该设备的所有重要方面。协议条款如下所示:

设备专门为协议所设计,供应方有权从其他渠道提供天然气。然而从其他渠道提供天然气并不具有经济可行性或不切实可行。

供应方有权为其他顾客提供天然气、移除或取代设备、改造或扩建设备。然而在合同签订时,供应方没有计划改造或扩建设备。设备仅被设计用来满足购买方的需求。

供应方应为修理、维护和资本性支出负责。

供应方必须做好准备每月交付最小数量的天然气。

每个月购买方将支付固定容量费用和基于实际承担的产量的变动费用。无论是否使用该设备的产品,购买方必须支付与实际产量无关的固定容量费用。变动费用包括设备的实际能耗,大约占到变动成本的 90%。供应方应对不经济的运行导致增加的成本负责。

如果设备不能产出规定的最小产量,供应方必须归还所有或部分固定容量费用。

### 评　　估

IE2 协议中包含《国际会计准则第 17 号——租赁》范围内的租赁。一项资产（设备）可以在协议中清晰识别并且协议的履行取决于该项设备。尽管供应方有权从其他渠道提供天然气,但这样做的能力并不具有真实存在性。购买方已经获得使用设备的权利,因为基于以上提出的事实(特别是设备专门为满足购买方的需求并且供应方没有改扩建设备的计划),除了购买方之外的一方或多方将要获得该设备多于不重大数量的产出的可能性极小,并且购买方将要支付的价格既不是合同约定的固定单价,也不等于交付产出时的当前市场单价。

### 不包含租赁协议的示例
### 事 实

IE3 一家制造型公司(购买方)与第三方(供应方)签订了一项协议,后者负责在特定时期为其产品提供特定的零件。供应方在购买方厂场附近设计并修建了一个厂场用来生产零件。设计的厂场超出了购买方的现行需求,购买方对设备拥有所有权及控制其操作该设备所有重要方面。协议条款如下所示:

厂场专门为协议所设计,供应方有权通过其所有的其他厂场运输零件以履行协议。然而在任何持续的时间,这样做都是不经济的。

供应方应为修理、维护和资本性支出负责。

供应必须做好准备每月交付最小数量的产品。每个月购买方将为实际获得的产量支付固定的单位价格。即使购买方的需求量没有达到规定的最低数量,他们仍只按实际获得的产量支付。

供应方有权出售零件给其他的顾客,并且这么做(通过在替代的零件市场)已经持续了一段时间,所以除了购买方之外的一方或多方可以获得在供应方厂场中生产的多于不重大数量的零件。

### 评 估

IE4 协议中不包含《国际会计准则第 17 号》范围内的租赁。一项资产(厂场)可以在协议中清晰识别并且协议的履行取决于资产本身。尽管供应方有权从其他渠道提供零件,供应方不会这样做,因为这样是不经济的。基于以上陈述的事实,购买方没有获得使用厂场的权利,因为购买方没有能力或权利以经营或控制他人经营厂场或者控制接触厂场的物理途径;除购买方之外的一方或多方获得在该厂场所生产的多于不重大数量的产出或其他效用的可能性大于极小可能。另外,购买方为单位产量支付的价格是固定的。

---

**问题 4-2-3** 涉及保证金和服务费并考虑可抵扣增值税进项税额影响的融资租赁业务的综合案例

**问题:**

如下文背景资料所述,A 公司支付的零期租金与融资租赁金额视为一笔业务还是分开考虑?融资租赁业务计算最低租赁付款额是否需要考虑保证金和租赁服务费?A 公司具体应如何进行账务处理?

**背景:**

A 公司(承租方,乙方)于本年度(下文中的第 0 年)与 B 融资租赁公司(出租方,甲方)签订了融资租赁合同,合同主要条款为(本合同中所述价款均为含

税价,增值税税率为 17%):

1. 租赁基本情况。

租赁物市场价为 480 万元,融资租赁期限为 3 年,融资租赁金额为 450 万元。

2. 零期租金。

承租方需在出租方向供货商 C 公司支付第一笔货款前,即起租日之前向甲方支付 30 万元作为第一期租金,为零期租金,该零期租金不计入甲方计息基数。

3. 咨询服务费。

承租方于出租方放款前一次性向出租人支付租赁服务费共计 20.25 万元,合同解除或终止的,咨询服务费不予退还。

4. 履约保证金。

承租方于出租方放款前一次性支付 45 万元履约保证金至出租方指定账户。承租人完全履行合同后,履约保证金一次性退还至承租人,因承租人违约,出租人收取的履约保证金不退还,出租人占有履约保证金期间,履约保证金不计息。

5. 租金。

本合同项下的租赁利率为 6.6%,合同期内每期支付租金 138 313.43 元,租金总额为 4 979 283.48 元。

6. 期满留购。

租赁期满后,承租方可以 1 万元的优惠价格取得租赁物的所有权。

A 公司已支付零期租金 30 万元、租赁服务费 20.25 万元和履约保证金 45 万元,该类价款均含税。假定租赁期内,A 公司每期支付租金取得的增值税专用发票注明的进项税额均允许抵扣。

**解答:**

1. 零期租金 30 万元的处理。

将这 30 万元单独视为一笔业务(购买了固定资产的一部分),或者将整个交易视为一体:A 公司取得货值 480 万元的融资租赁额度,收到资产的同时即支付了 30 万元的租金,也即这 30 万元的融资额度没有计息期间,不产生融资费用;这两种理解对最终处理结果并没有影响,均是计入了固定资产的账面价值。

2. 计算最低租赁付款额时无需考虑保证金和租赁服务费,这两笔费用为取得融资而发生,并非为取得固定资产而发生的必要支出,承租人不应将其计入"融资租入固定资产"的价值中。需注意的是:对于《企业会计准则第 21 号——租赁》第十一条规定的"承租人在租赁谈判和签订租赁合同过程中发生的,可归属于租赁项目的手续费、律师费、差旅费、印花税等初始直接费用,应当计入租入资产价值",该类初始直接费用为租赁双方为达成交易而支付给第三方的相关费用或税金,双方均涉及相关支出。本案例中的租赁服务费是由承租方支付给出租方的费用,构成了出租方自该交易中取得收益的一部分,不属于第十一条规定的初始直接费用的范畴。

承租方支付的保证金损失的时间价值和租赁服务费其实质上构成了融资费用,由于融资行为持续整个租赁期间,因此支出的租赁服务费和租赁期满返还的保证金现值与 45 万元的差异应作为"未确认融资费用"在整个融资租赁期限内按照实际利率法摊销,计入各期的利息支出。

以本案例中合同约定为例,租赁资产的初始入账价值为租赁资产公允价值与最低租赁付款额现值两者中较低者。

(1) 租赁资产公允价值＝4 800 000.00÷(1＋17％)＝ 4 102 564.10(元);

(2) 最低租赁付款额现值包含以下三部分:

第一,零期租金 300 000.00 元换算成不含税金额 256 410.26 元;

第二,每月租金 138 313.43 元换算成不含税金额,按照 36 期、每期利率 0.55％(年利率 6.6％/12)计算的现值 3 851 388.95 元;

第三,留购价格 10 000.00 元的复利现值 8 208.15 元。

合计最低租赁付款额现值＝256 410.26＋3 851 388.95＋8 208.15＝4 116 007.36(元),高于租赁资产的公允价值,因此,固定资产初始入账价值采用公允价值 4 102 564.10 元。

初始确认的会计分录为:

借:固定资产——融资租入固定资产　　　　　　　　　　4 102 564.10

　　应交税费——应交增值税(进项税额)((零期租金 300 000.00＋

　　　　　　　服务费 202 500.00)÷1.17×17％)　　　　　　73 012.82

　　长期应收款(保证金)　　　　　　　　　　　　　　450 000.00

　　未确认融资费用(计算过程详见下表)　　　　　　　732 860.44

　贷:长期应付款[(租金总额 4 979 283.48＋留购价款 10 000.00)÷1.17]

　　　　　　　　　　　　　　　　　　　　　　　　4 264 344.85

　　银行存款(零期租金 300 000.00＋保证金 450 000.00＋服务费 202 500.00)

　　　　　　　　　　　　　　　　　　　　　　　　952 500.00

　　未确认融资收益(保证金 450 000.00－按实际利率计算的现值) 141 592.51

按照交易中发生的现金流折算现值为固定资产入账价值的实际利率为月利率 1.055％,长期应付款按此利率的折现现值为 3 531 484.42 元,长期应收款的现值为 308 407.49 元[450 000.00÷(1＋1.055％)$^{36}$]。

长期应付款按实际利率计算摊余成本表:

| 序号 | 现金流量 | 期初账面价值 | 本期利息支出 | 期末账面价值 |
|---|---|---|---|---|
| | (1) | (2)＝上期(4) | (3)＝(2)×实际利率 | (4)＝(2)－(1)＋(3) |
| 0 | | | | 3 531 484.42 |
| 1 | 118 216.61 | 3 531 484.42 | 37 258.66 | 3 450 526.47 |
| 2 | 118 216.61 | 3 450 526.47 | 36 404.52 | 3 368 714.38 |
| 3 | 118 216.61 | 3 368 714.38 | 35 541.36 | 3 286 039.14 |
| 4 | 118 216.61 | 3 286 039.14 | 34 669.11 | 3 202 491.64 |
| 5 | 118 216.61 | 3 202 491.64 | 33 787.64 | 3 118 062.67 |

(续表)

| 序号 | 现金流量 | 期初账面价值 | 本期利息支出 | 期末账面价值 |
|---|---|---|---|---|
| | （1） | （2）＝上期（4） | （3）＝（2）×实际利率 | （4）＝（2）－（1）＋（3） |
| 6 | 118 216.61 | 3 118 062.67 | 32 896.88 | 3 032 742.95 |
| 7 | 118 216.61 | 3 032 742.95 | 31 996.72 | 2 946 523.07 |
| 8 | 118 216.61 | 2 946 523.07 | 31 087.07 | 2 859 393.53 |
| 9 | 118 216.61 | 2 859 393.53 | 30 167.81 | 2 771 344.73 |
| 10 | 118 216.61 | 2 771 344.73 | 29 238.86 | 2 682 366.99 |
| 11 | 118 216.61 | 2 682 366.99 | 28 300.11 | 2 592 450.49 |
| 12 | 118 216.61 | 2 592 450.49 | 27 351.45 | 2 501 585.34 |
| 13 | 118 216.61 | 2 501 585.34 | 26 392.79 | 2 409 761.52 |
| 14 | 118 216.61 | 2 409 761.52 | 25 424.01 | 2 316 968.91 |
| 15 | 118 216.61 | 2 316 968.91 | 24 445.00 | 2 223 197.31 |
| 16 | 118 216.61 | 2 223 197.31 | 23 455.67 | 2 128 436.38 |
| 17 | 118 216.61 | 2 128 436.38 | 22 455.91 | 2 032 675.68 |
| 18 | 118 216.61 | 2 032 675.68 | 21 445.59 | 1 935 904.66 |
| 19 | 118 216.61 | 1 935 904.66 | 20 424.61 | 1 838 112.67 |
| 20 | 118 216.61 | 1 838 112.67 | 19 392.87 | 1 739 288.93 |
| 21 | 118 216.61 | 1 739 288.93 | 18 350.24 | 1 639 422.56 |
| 22 | 118 216.61 | 1 639 422.56 | 17 296.60 | 1 538 502.55 |
| 23 | 118 216.61 | 1 538 502.55 | 16 231.85 | 1 436 517.80 |
| 24 | 118 216.61 | 1 436 517.80 | 15 155.87 | 1 333 457.07 |
| 25 | 118 216.61 | 1 333 457.07 | 14 068.54 | 1 229 309.00 |
| 26 | 118 216.61 | 1 229 309.00 | 12 969.73 | 1 124 062.12 |
| 27 | 118 216.61 | 1 124 062.12 | 11 859.33 | 1 017 704.85 |
| 28 | 118 216.61 | 1 017 704.85 | 10 737.22 | 910 225.46 |
| 29 | 118 216.61 | 910 225.46 | 9 603.26 | 801 612.12 |
| 30 | 118 216.61 | 801 612.12 | 8 457.35 | 691 852.86 |
| 31 | 118 216.61 | 691 852.86 | 7 299.34 | 580 935.59 |
| 32 | 118 216.61 | 580 935.59 | 6 129.12 | 468 848.10 |
| 33 | 118 216.61 | 468 848.10 | 4 946.55 | 355 578.04 |
| 34 | 118 216.61 | 355 578.04 | 3 751.50 | 241 112.93 |
| 35 | 118 216.61 | 241 112.93 | 2 543.84 | 125 440.17 |
| 36 | 126 763.62 | 125 440.17 | 1 323.45 | －0.00 |
| 合计 | 4 264 344.85 | | 732 860.44 | |

（2）每期支付租金时：

借：应交税费——应交增值税(进项税额)　　　　　　　　20 096.82
　　长期应付款　　　　　　　　　　　　　　　　　　118 216.61
　　贷：银行存款　　　　　　　　　　　　　　　　　　138 313.43

（3）分摊未确认融资费用（以第一期为例，后续各期以此类推）：

借：财务费用/在建工程　　　　　　　　　　　　　　　37 258.66

　贷：未确认融资费用　　　　　　　　　　　　　　　　　　37 258.66

（4）分摊未确认融资收益（以第一期为例，后续各期以此类推）：

借：未确认融资收益（308 407.49×1.055%）　　　　　3 253.83

　贷：财务费用/在建工程　　　　　　　　　　　　　　　　3 253.83

在现金流量表中，A公司后续每期支付租金列报于"支付其他与筹资活动有关的现金"项目中。同时，在租赁首年的现金流量表补充资料的"融资租入固定资产"项目中披露相关信息。

---

**问题4-2-4　融资租赁手续费的账务处理**

**问题：**

如下文背景资料所述，融资租赁手续费应计入未确认融资费用还是租赁资产入账价值？

**背景：**

A公司与B融资租赁公司签订融资租赁合同，B公司按A公司的要求采购市场价值为3 068万元的设备，并租赁给A公司使用，租赁合同的主要条款有：

租期：2017年5月4日至2022年5月3日，从2017年6月20日开始按季度分期支付租金。

租金：租赁年利率6.5%（不含增值税）；收取方式为按季付息、等额还本；第1年不付息（前4期）；第2～5年每年12月20日还本500万元；2022年3月30日还本1 068万元。

手续费：按照租赁本金的1%/年收取（该金额不含增值税），收取方式为首笔放款后第一个结息日以实际发放款为基数，收取前3年共计3%手续费；第4年第二个结息日，以剩余本金为基数，收取后2年共计2%手续费。

留购价款：价税合计人民币100元，由承租人于最后一期租金到期日前向出租人支付。

**解答：**

《企业会计准则第21号——租赁》第十一条规定：

承租人在谈判和签订租赁合同过程中发生的，可归属于租赁项目的手续费、律师费、差旅费、印花税等初始直接费用，应当计入租入资产价值。

但是我们理解，该规定并不意味着承租人以"手续费"名义支付的所有款项都应计入租入资产的入账价值。需要合理区分该项手续费更多的是与获取融资相关还是与资产购建相关，对于与获取融资更相关的手续费，应计入"未确认融资费用"，作为对最低租赁付款额现值的调整，在租赁期内按实际利率法摊销，作为对各期确认的利息支出的调整，而不是在固定资产的折旧年限内按其折旧方法摊销，作为对各期折旧成本的调整。

我们理解,《企业会计准则第 21 号——租赁》第十一条所指的可计入租赁资产入账价值的初始直接费用,系为履行取得租赁资产的交易相关手续而发生的费用,一般而言属于一次性支出,且主要针对的是承租人与设备供应商之间的交易事项的相关费用。

但在本案例中,融资租赁手续费与利息均为出租人收取。在此情况下,一般而言,融资租赁手续费的金额大小、手续费支付时间的谈判内容,会影响双方对租赁利率的谈判。也就是从租赁双方来讲,都是将融资租赁手续费和融资利息作为一揽子而考虑的;从另一方面讲,这部分手续费由租赁公司获取,而不是归设备供应商所有,也表明该手续费更多地与融资安排而不是资产购建相关。因此,将预计要支付的手续费计入最低租赁付款额,进而形成未确认融资费用,在租赁期内采用实际利率法按期摊销更合理。注意,此时摊销所用的实际利率,应该重新计算,不能直接以合同规定利率作为项目实际利率。

**问题 4-2-5**　售后租回构成经营租赁,但约定的租金高于市场公允租金时的处理

**问题:**

如下文背景资料所述,A 公司对签订的房屋销售合同及委托经营合同,应如何进行会计处理? 是按照商品销售一次性确认销售收入,还是属于构成经营租赁的售后租回业务?

**背景:**

A 公司 2017 年 8 月 25 日将自己建造的园区中的 1.3 万平方米的房产(商品房)按市场价 10 270 万元(成本为 7 150 万元)出售给 B 公司,已收到 B 公司全部房款 10 270 万元。

同时 B 公司签订协议将该房产委托 A 公司经营,经营期限从 2017 年 8 月 25 日开始,分三个阶段,第 1~3 年按每年 10 270 万元的 7% 收取固定收益,第 4~5 年按每年 10 270 万元的 9% 收取固定收益,第 6~10 年按每年 10 270 万元的 10% 收取固定收益,收益每满 3 个月收取一次。每个阶段结束前 3 个月,B 公司有权单方面通知 A 公司终止委托经营。

**解答:**

对于案例背景所述情况,我们认为首先应根据《企业会计准则第 21 号——租赁》的规定,合理确定本案例中所涉及的租赁是融资租赁还是经营租赁。这一划分应当以标的房产所有权上主要风险和报酬的转移和承担情况作为判断依据。依据案例背景提供的信息来看,委托经营年限为 10 年,分三段按不同标准支付固定租金,约定的 10 年租金如按 7% 利率进行折现,折现值合计约为 6 253.09 万元,占售价之比为 60% 左右;且"每个阶段结束前 3 个月,B 公司有权单方面通知 A 公司终止委托经营",因此我们初步判断构成经营租赁的可能性较大。

在该售后租回交易构成经营租赁的前提下,对该售后租回事项的会计处

理,除了关注合同售价 10 270 万元的公允性以外,还应关注协议约定的每年租金是否代表了标的房产租金的市场公允价值。如果此处约定的租金超出市场公允租金,则应将超出部分的折现值确认为负债。例如,如果标的房产的市场公允租金年回报率为 5%,即市场公允的年租金为 513.50 万元,则将 10 年内每年承诺的租金减去该公允租金,将超出部分的金额按适当的利率(注:此处仅为举例之目的,采用 7% 利率)折现,超出部分的折现值合计数为 2 646.48 万元(计算过程见下表)。

| 时间 | ①合同约定租金 | ②租金现值(按 7% 利率) | ③市场租金 | ④=①-③合同租金高于市场租金的差额 | ⑤合同租金高于市场租金差额的现值(按 7% 利率) |
|---|---|---|---|---|---|
| 第 1 年 | 718.90 | 671.87 | 513.50 | 205.40 | 191.96 |
| 第 2 年 | 718.90 | 627.92 | 513.50 | 205.40 | 179.40 |
| 第 3 年 | 718.90 | 586.84 | 513.50 | 205.40 | 167.67 |
| 第 4 年 | 924.30 | 705.14 | 513.50 | 410.80 | 313.40 |
| 第 5 年 | 924.30 | 659.01 | 513.50 | 410.80 | 292.89 |
| 第 6 年 | 1 027.00 | 684.33 | 513.50 | 513.50 | 342.17 |
| 第 7 年 | 1 027.00 | 639.56 | 513.50 | 513.50 | 319.78 |
| 第 8 年 | 1 027.00 | 597.72 | 513.50 | 513.50 | 298.86 |
| 第 9 年 | 1 027.00 | 558.62 | 513.50 | 513.50 | 279.31 |
| 第 10 年 | 1 027.00 | 522.07 | 513.50 | 513.50 | 261.04 |
| 合计 | 9 140.30 | 6 253.09 | 5 135.00 | 4 005.30 | 2 646.48 |

对此应确认一项长期应付款,作为对标的房产处置对价的减项,即可确认的收入 = 10 270.00 - 2 646.48 = 7 623.52(万元);销售毛利 = 10 270.00 - 7 150 - 2 646.48 = 473.52(万元)。后续经营期内,每年计入经营成本的租金支出为市场公允租金 513.50 万元。

在实现销售时(假设同时收到全部销售款),A 公司会计处理如下(单位:万元):

借:银行存款　　　　　　　　　　　　　　　　　10 270.00
　　未确认融资费用　　　　　　　　　　　　　　　1 358.82
　贷:主营业务收入　　　　　　　　　　　　　　　　7 623.52
　　　长期应付款　　　　　　　　　　　　　　　　　4 005.30

借:主营业务成本　　　　　　　　　　　　　　　　7 150.00
　贷:开发产品　　　　　　　　　　　　　　　　　　7 150.00

第 1 年年末,A 公司相关会计处理如下:

(1) 按实际利率法确认长期应付款对应的利息支出:

借:财务费用——利息支出(2 646.48×7%)　　　　185.25
　贷:未确认融资费用　　　　　　　　　　　　　　　185.25

（2）确认租金成本，并向 B 公司支付合同约定的租金：

| | |
|---|---|
| 借：其他业务成本 | 513.50 |
| 　　长期应付款 | 205.40 |
| 　　贷：银行存款 | 718.90 |

**问题 4-2-6**　售后租回的界定及会计处理

**问题：**

如下文背景资料所述，A 公司在该商业模式下与个人客户签订的销售合同与委托管理协议，是按照商品销售一次性确认销售收入？还是属于售后租回业务？如何进行会计处理？

**背景：**

A 电力公司主营家庭分布式光伏电站系统一站式服务。一站式服务主要包括项目方案设计、设备、建设、电网接入申请及并网验收直至系统正常发电。

2018 年 A 公司拟新增一种商业模式，即公司（乙方）与家庭客户（甲方）签订"光伏发电系统（光伏电站）销售合同"，个人客户以自己的名义向银行取得零首付光伏产品纯信用 5 年期贷款，由银行发放贷款给托收方 A 公司，用于支付系统销售款，该合同明确了贷款模式下"甲乙双方在指定银行开设专用账户，用于乙方管理甲方的投资款、系统售电收入和政府补贴款等""贷款期内甲方不得解除本合同，并指定乙方负责合同标的物的运维"以及"贷款期满后，甲方有权终止该合同但须以书面形式通知乙方，乙方在收到甲方书面终止合同通知后 15 个自然日内给予书面答复，乙方如同意回购，则由乙方根据设备现值（扣除设备折旧、拆装费用等）拆除并回收安装点的光伏发电系统设备"等条款。合同有效期较长。同时甲乙双方签订"分布式家庭光伏发电系统委托管理协议"，甲方委托乙方对该发电系统的卖电收入、国家补贴收入和每年该系统自用电量 90% 的电费支出＋每年银行贷款的还款本息＋每年该电站的运维及保险支出等进行综合管理，期限为 7～10 年。

A 公司受托管理时，个人客户收到的卖电收入和补贴收入在 5 年贷款期内无法完全覆盖客户应还的贷款本息和管理费，导致公司前 5 年一定要向个人客户支付相应资金；只有待委托管理期如 10 年期限已满，该项目将当时的销售收入、成本、委托管理期间全部收支产生的现金流放在一起才能形成现金净流入。

**解答：**

该光伏发电系统的初始投入由 A 公司承担，从系统中获取的收益是售电＋补贴收入扣除贷款本息和运维费用，该收益并非确定金额，且销售合同期限较长，在贷款 5 年期结束后，如果个人客户选择终止合同（我们理解这种可能性不大），则 A 公司有回购权，因此，该光伏系统所有权上的主要风险报酬没有转移，仍由 A 公司承担，就其实质来看，该交易应属于售后租回形成经营租赁的业务。该光伏发电系统应按其原账面价值转为一项出租用的固定资产，在其预计可使用年限（谨慎起见，不超过受托管理年限）内计提折旧；售电收入和补贴收入确认为 A 公司的收入,系统折旧、贷款利息和由 A 公司承担的运维支出等确认为 A 公司的营业成本。

因此,在 A 公司账面不确认设备销售收入,而是把所获得的设备款(来源于银行发放的贷款,其实质是融资)作为一项担保借款列报(在"长期应付款"科目中列报),在贷款期内每期净支出应作为还本付息,按照实际利率法以摊余成本对该长期应付款进行计量。如果贷款期结束,每期净现金流量为正数,可作为提供劳务处理,确认劳务收入和支出。

# 第三节 建设经营移交方式(BOT)参与公共基础设施建设业务的相关问题

**问题 4-3-1** 无到期移交条款的特许经营项目是否适用 BOT 会计模式

**问题:**

如下文背景所述,A 公司供水的特许经营业务是否适用《企业会计准则解释第 2 号》第五条中的 BOT 会计模式?

**背景:**

A 公司与某地政府签订了自来水供水业务的特许经营合同,当地政府出具了独家经营的证明。该特许经营所涉及的水厂、管网等主要供水设施的预计使用寿命与特许经营权年限相同,均为 30 年,故对当地政府而言,特许经营权期满时接收一套使用寿命已满的基础设施,并无实际意义。因此,该特许经营合同中并未约定在合同期满,A 公司需将水厂、管网等供水设施无偿移交给当地政府。

**解答:**

根据《企业会计准则解释第 2 号》第五条,适用该条规定涉及的 BOT 业务应当同时满足以下条件:

1. 合同授予方为政府及其有关部门或政府授权进行招标的企业。

2. 合同投资方为按照有关程序取得该特许经营权合同的企业(以下简称合同投资方)。合同投资方按照规定设立项目公司(以下简称项目公司)进行项目建设和运营。项目公司除取得建造有关基础设施的权利以外,在基础设施建造完成以后的一定期间内负责提供后续经营服务。

3. 特许经营权合同中对所建造基础设施的质量标准、工期、开始经营后提供服务的对象、收费标准及后续调整作出约定,同时在合同期满,合同投资方负有将有关基础设施移交给合同授予方的义务,并对基础设施在移交时的性能、状态等作出明确规定。

《企业会计准则解释第 2 号》第五条是参考 IFRS 体系下的 IFRIC 12 制定的。IFRIC 12 规定的该会计模式适用条件为(见该解释公告第 5 段):

(a) the grantor controls or regulates what services the operator must provide with the infrastructure, to whom it must provide them, and at what price; and

(b) the grantor controls—through ownership, beneficial entitlement or otherwise—any significant residual interest in the infrastructure at the end of the term of the arrangement. (中文翻译：本解释公告适用于具备如下条件的公共—私营服务特许权协议：(1)授予方控制或管制经营方使用基础设施必须提供的服务类型、提供服务的对象和服务的价格；以及(2)在服务协议期末,授予方通过所有权、收益权或其他形式控制该基础设施的重大剩余权益。)

另外,IFRIC 12 第 6 段特别指出：Infrastructure used in a public-to-private service concession arrangement for its entire useful life (whole of life assets) is within the scope of this Interpretation if the conditions in paragraph 5(a) are met. (中文翻译：如果满足第 5 段(1)的条件,公共—私营服务特许权协议使用的基础设施,在其全部有用期间内(资产的全部寿命期间)都在本解释公告的范围之内。)

由此可见,在 IFRIC 12 中,特别提到了可能存在其使用寿命等于特许经营期的基础设施,这种情况下,只要仍满足第 5 段的条件(1),即合同授予方能够控制运营方使用该基础设施提供何种服务、服务对象和价格,或者能对这些事项实施监管(因而运营方只是受托提供该基础设施的建造和运营管理服务,事实上不具备对该基础设施的完全自主使用权),则仍然认为符合该解释公告中所规定的"服务特许权会计模式"的适用条件。因此,"在合同期满,合同投资方负有将有关基础设施移交给合同授予方的义务,并对基础设施在移交时的性能、状态等作出明确规定"并不是运用 BOT 会计模式的必要条件,不能仅仅因为特许经营合同中未对特许经营期满时基础设施的移交问题作出约定,而认为不满足该会计模式的适用条件。

根据上述案例背景所述,结合我国水务实务管理模式,我们理解,虽然 A 公司与当地政府均未签订"在合同期满,A 公司需将水厂、管网等供水设施无偿移交给当地政府"相关条款,但从水务经营的业务性质而言,其实质为政府对各公司的特许授权经营。此外,深入对比分析投建资产经济使用年限与特许经营权年限,如果两者极其接近,且《企业会计准则解释第 2 号》第五条所规定的除了到期移交以外的其他适用条件均已满足,则应将基础设施建设及收益权作为特许经营权整体考虑,运用《企业会计准则解释第 2 号》第五条中所规定的"BOT 会计模式"进行会计处理。

**问题 4-3-2**　运营期满时按评估值作价移交的基础设施是否适用 BOT 会计模式

**问题:**

1. 如下文背景资料所述,A 公司在经营期满后将项目设施按评估价转移给特许经营权授予方,该业务是否适用《企业会计准则解释第 2 号》第五条中的

BOT 会计模式?

2. 按照《计学撮要 2013》"问题 4-3-4(合并报表层面对 BOT 项目收入的确认问题)"中的解释:BOT 项目相关的成本,由项目公司外包给母公司的,母公司确认的内部损益,在合并报表层面不用抵销。如果本案例中 B 公司将项目设施确认为固定资产的话,这个不抵销内部损益的处理是否还成立?

3. 如果该 BOT 项目仍按无形资产确认,则这项期末的评估移交价值,该如何处理,是否应在收到时确认为资产处置收益?

**背景:**

A 公司于 2014 年 12 月与某县经济开发区管委会签订了新医药产业园区污水处理项目的特许经营合同,A 公司被授予拥有本项目设计、建设并在约定的 30 年特许经营期(不包括投资建设期)内运营本项目,并取得特许经营期内相关收益的权利。

《特许经营合同》中明确该项目的模式为建设、运营和移交模式,但是经营期满后项目设施按照双方共同聘请双方认可的第三方评估机构评估价格进行有偿转移,而不是无偿移交。

A 公司为此成立了全资子公司——B 公司,负责该项目的运营。项目的建设由 A 公司负责。

《特许经营合同》约定,在特许经营期限内合同授予方若需要对污水处理项目收购,以收购当时同类污水处理厂的市场价格为参考,根据 A 公司的成本(包括但不限于建设、运营、维护、相关财务成本)、特许经营期(按 30 年)剩余收益及违约补偿等相关因素协商收购价款。

**解答:**

1. 参照 IFRS 体系下的 IFRIC 12《服务特许权协议》的规定,BOT 模式(服务特许权模式)运用应同时满足以下条件:

5 本解释公告适用于具备如下条件的公共—私营服务特许权协议:

(1)授予方控制或管制经营方使用基础设施必须提供的服务类型、提供服务的对象和服务的价格;以及

(2)在服务协议期末,授予方通过所有权、收益权或其他形式控制该基础设施的重大剩余权益。

6 如果满足第 5 段(1)的条件,公共—私营服务特许权协议使用的基础设施,在其全部有用期间内(资产的全部寿命期间)都在本解释公告的范围之内。应用指南第 1 段至第 8 段对确定公共—私营的服务特许权协议是否,以及在多大程度上适用本解释公告提供了指南。

AG4 就条件(2)而言,授予方对所有重大剩余权益的控制既限制了经营方出售或抵押基础设施的能力,也赋予授予方在协议期间持续使用的权利。对基础设施的剩余权益按照其假定已处在协议期末预期的寿命和状况的现行价值进行估计。

AG6 条件(1)和条件(2)一起用来认定何时基础设施(包括规定的替换,参见第 21 段)在其整个经济寿命内被授予方控制。例如,如果经营方在协议期内

必须更换基础设施某项目的一部分(比如路面或者楼基),则该基础设施项目应被视为整体来考虑。因此,如果授予方控制该部分被最终更换时的重大剩余权益,则整个基础设施(包括被更换的部分)都满足条件(2)。

根据上述第 6 段,如果公共基础设施已经确定满足第 5(1)段,且其使用寿命与特许经营年限一致,则该情况下的公共基础设施仍在该解释公告的适用范围之内。

根据背景资料介绍,30 年特许经营期满后的转让价格确定原则是"按照双方共同聘请双方认可的第三方评估机构评估价格进行有偿转移"。据此,本案例中能否适用"服务特许权会计模式"(即《企业会计准则解释第 2 号》第五条中的"BOT 会计模式"),主要需考虑以下问题:

(1) 预计通过 30 年特许经营期内的运营收费,能否足以保证 A 公司收回其建设和运营成本;

(2) 预计特许期满时该基础设施的转让价格是否为重大的;

(3) 预计特许期满时的转让价格能否事先合理预计,其波动性是否重大。

总体上看,如果预计通过 30 年特许经营期内的运营收费,已足以保证 A 公司收回其建设和运营成本,因而在特许期满时 A 公司已不再在该基础设施中享有重大剩余权益;或者期满时的转让价格的量级或可变性不重大,则该项目采用 BOT 会计模式的可能性就较大。反之,则需具体分析。

2. "BOT 项目相关的成本,由项目公司外包给母公司的,母公司确认的内部损益,在合并报表层面不用抵销"成立的前提是该项目在母公司合并报表层面仍可运用 BOT 模式,即在合并报表层面可以看作合并集团向合同授予方(政府或其授权机构)提供的一项基础设施建造和运营服务。合并报表层面确认的无形资产或金融资产实质上代表运营方就该等服务向合同授予方取得对价的权利(见前述"问题 2-1-8 涉及运营期分成的定制软件开发收入确认")。如果在合并报表层面将该基础设施确认为 B 公司(运营方)的固定资产,则意味着该项目不存在适用 BOT 会计模式的基础,相应地,在合并报表层面不应确认基础设施的建造收入(即,母公司个别报表层面确认的对项目公司的建造合同收入需抵销),而是将其视作一项固定资产的出租,将运营期内收取的对价款确认为租金收入。

3. 如果该项目仍适用 BOT 会计模式,则:

(1) 如果该 BOT 项目应确认无形资产,则该无形资产应按其特许经营权年限(30 年)摊销,但应按照《企业会计准则第 6 号——无形资产》第十八条的规定,考虑其预计净残值(即预计期满时可收到的处置价款)。

(2) 如果该 BOT 项目应确认金融资产,则在测算该金融资产的未来现金流量时,应将期满移交处置可获得的预计价款包含在其未来现金流量预测之内。

**问题 4-3-3**　BOT 和租赁模式的区分

**问题:**

依据下文"背景"部分中的信息,站在 A 公司的角度:

1. 对 A 公司依据特许经营协议获得的特许经营权,是否适用《企业会计准则解释第 2 号》第五条中的"BOT 会计模式"? 如不适用,应如何进行会计处理?

2. 以预付租金方式将该特许经营权转租给 B 公司,应如何进行会计处理?

**背景:**

A 公司与当地政府以"BOT 项目"的名义签订特许经营协议,由 A 公司出资建设展览园,获得为期 30 年的特许经营权。该项目占地 8 000 平方米,房产建筑面积 1 300 平方米,造价 1 000 万元,其他附属设施造价 900 万元。协议书约定 A 公司自主经营,自负盈亏,特许经营期满后,应将本项目及其全部建筑、附属设施无偿移交政府指定机构。

同期,A 公司与 B 公司签订转租协议,B 公司以预付租金的方式获得该特许经营权(30 年),租金总额为 2 400 万元,其中:签订协议当日 B 公司支付租金总额的 70%,同时 A 公司给 B 公司开具等额发票;该 BOT 项目竣工验收合格并完成工程决算后,支付租金总额的 20%,同时 A 公司给 B 公司开具等额发票;项目移交给 B 公司运营满 2 年后,支付剩余租金,同时 A 公司给 B 公司开具等额发票。

**解答:**

这个问题涉及两方面:一是 A 公司与政府之间就 30 年的"BOT"交易如何进行会计处理;二是 A 公司与 B 公司之间的"转租"交易如何进行会计处理。以下分别讨论:

1. A 公司与政府之间就 30 年的"BOT"交易如何进行会计处理。

我们认为,这个交易名为"BOT",但实际上不符合《企业会计准则解释第 2 号》第五条规定的 BOT 会计模式的适用条件,其实质就是一项向政府租赁 8 000 平方米土地、租期 30 年的交易。该交易的租金就是 30 年后交还给政府或其指定机构的房屋建筑物和附属设施的届时价值。因为房屋建筑物和附属设施的总造价 1 900 万元,假设使用寿命为 50 年,则 30 年期满时的折余价值为 760 万元(不考虑残值,下同),分摊到 30 年租赁期,每年的租金为 25.33 万元。

相应地,A 公司的会计处理如下(单位:万元):

(1) 在建设时,因为是在租来的土地上建造房屋,A 公司对此无产权,因此应参照"经营租赁改良支出"(见《〈企业会计准则第 4 号——固定资产〉应用指南》第五条"经营租入固定资产改良")计入长期待摊费用:

借:长期待摊费用                                                    1 900
　贷:银行存款、其他应付款等                                        1 900

(2) 如果不存在后续 A 公司和 B 公司之间的"转租"交易,由 A 公司自己经营,则该项长期待摊费用按 30 年摊销,每年摊销 63.33 万元。其摊销额可以细分为两部分:一是归其自己使用的部分(使用寿命中的前 30 年)的价值,每年 38 万元;二是上述土地租金,即使用寿命的后 20 年部分的剩余价值,每年 25.33 万元(但因为有了该项转租交易,后续的处理就不是这样的,详见下文)。

2. A 公司与 B 公司之间的"转租"交易如何进行会计处理。

因为"同期,A 公司与 B 公司签订转租协议,B 公司以预付租金的方式获得该特许经营权(30 年)",并约定了明确的租金支付时间表,且转租协议约定的租金总额(2 400 万元)大于 A 公司建造这些房屋和附属设施的成本(1 900 万元),能够保证 A 公司全部收回所发生的建造成本并获得收益,因此可以认为 A 公司事实上已将该房屋建筑物所有权上的主要风险和报酬均转移给 B 公司,就该设施而言,该转租交易事实上是构成融资租赁的(注:这与 A 公司从政府租赁土地的交易属于经营租赁无关,因为针对的是不同的资产),应当在该房屋建筑物和附属设施建成并移交给 B 公司时,将其终止确认,并确认终止确认的资产处置损益。因为本案例中 A 公司与 B 公司签订的转租协议约定的 30 年租金总额为 2 400 万元,在项目移交给 B 时已经收取 90%,则移交时的会计分录为(单位:万元):

借:银行存款(第二笔 20%)　　　　　　　　　　　　　　　　480
　其他应付款(第一笔签约时收到的 70%)　　　　　　　　　1 680
　长期应收款(注:假设不考虑折现因素,下同)　　　　　　　240
　贷:长期待摊费用(1 900−760,即保留相当于后 20 年的价值 760 万元)　1 140
　　递延收益　　　　　　　　　　　　　　　　　　　　　760
　　资产处置损益(2 400−1 900)　　　　　　　　　　　　500

后续 30 年内每年:

借:递延收益　　　　　　　　　　　　　　　　　　　　　25.33
　贷:其他业务收入　　　　　　　　　　　　　　　　　　25.33

借:其他业务成本　　　　　　　　　　　　　　　　　　　25.33
　贷:长期待摊费用　　　　　　　　　　　　　　　　　　25.33

**结论基础:**

为什么本案例中 A 公司与政府之间的交易不适用"BOT 模式",而是适用"租赁模式"? 这涉及这两个会计模式的一个根本区别点,即对资产本身使用的控制权归属于谁的问题。我们认为,这是区分一项交易应否采用"BOT 会计模式"的根本标准。

1. 本案例中的交易不适用 BOT 会计模式。

众所周知,《企业会计准则解释第 2 号》第五条规定的 BOT 会计模式的适用条件之一是"特许经营权合同中对所建造基础设施的质量标准、工期、开始经营后提供服务的对象、收费标准及后续调整作出约定";在 IFRS 体系下,《国际财务报告解释公告第 12 号——服务特许权协议》(IFRIC 12)的第 5 段(a)款也规定"the grantor controls or regulates what services the operator must provide with the infrastructure, to whom it must provide them, and at what price"(中文翻译:授予方控制或管制经营方使用基础设施必须提供的服务类型、提供服务的对象和服务的价格)(当然在该解释公告的应用指南中进一步提到,政府对这些事项的管制不需要是 100%的完全管制)。这一条就说明,作为合同授予方的政府对目标资产(基础设施)如何使用实际上是有主导权和控制权的,并通过在合同中对回报金额的约定或者对收费标准的管制,限制了运营方可以从中获取的经济利益。运营方只是在政府规定的框架内提供资产(基础设施)的建设和运营管理服务,并就其所提供的建设和运营管理服务获取收费的权利,该权利可能是固定金额的,也可能是根据最终用户对该资产(基础设施)的使用情况而定的变动金额。其中固定金额部分确认为金融资产,变动金额部分确认为无形资产。所以 BOT 模式中运营方确认的金融资产和无形资产实际上是"收费权资产",这也就说明了为何"BOT 业务所建造基础设施不应作为项目公司的固定资产":这个固定资产实际上是政府的,只是将其建设和运营外包了而已。

而在本案例中,"协议书约定 A 公司自主经营,自负盈亏",也就是政府并不对其经营活动,包括提供服务的对象、收费标准及后续调整等问题进行控制,A 公司拥有所建造的房屋建筑物和附属设施的完全自主使用权(后续将其转租给 B 公司就是这一自主使用权的体现),与 BOT 的经济实质不符,所以不应适用 BOT 会计模式。

2. 本案例的实质是企业与政府之间的土地租赁交易

从另一方面而言,根据《企业会计准则讲解(2010)》第 340 页中的表述,"某些情况下,企业签署的协议所包含的交易虽然未采取租赁的法律形式,但该交易或交易的组成部分就经济实质而言属于租赁业务。确定一项协议是否属于或包含租赁业务,应重点考虑以下两个因素:一是履行该协议是否依赖某特定资产;二是协议是否转移了资产的使用权。属于租赁业务的,按租赁准则进行会计处理;其他部分按相关会计准则处理"。这是从经济实质上判断一项安排是否包含租赁应满足的两个基本条件。这两个条件来源于 IFRS 体系下的《国际财务报告解释公告第 4 号——确定一项协议是否包含租赁》(IFRIC 4)。

从本案例的情况看,该安排取决于特定资产(该 8 000 平方米的土地使用权),同时将 30 年内该资产的使用权转移给了 A 公司,所以该交易是政府与 A 公司之间的土地租赁交易,应按《企业会计准则第 21 号——租赁》进行会计处理。

根据《企业会计准则讲解(2010)》第 342 页中表述,土地租赁只能是经营租赁。所以,A 公司在将所建造的房屋建筑物和附属设施移交给 B 公司时还要预留相同金额的递延收益和长期待摊费用,并在后续 30 年内确认为租赁费用和租赁收入,以满足土地租赁作为经营租赁的相关会计处理要求。

# 第四节　会计政策、会计估计变更及会计差错更正的相关问题

**问题 4-4-1**　收入确认由净额法变更为总额法是会计政策变更还是差错更正

**问题:**

根据"背景"部分所述信息,收入确认方法由净额法变为总额法,该转换属

于会计政策变更还是差错更正？

**背景：**

A 公司主要业务为热量表的制造与销售，部分产品通过代理商进行销售，即代理商与终端客户谈判完成后，由 A 公司直接同最终客户签订合同，代理商收取差价代理费（即公司给代理商的定价是确定的，代理商收取最终使用方价格与定价的差额代理费）。

2014 年及之前，A 公司使用净额法进行收入的确认，即收入确认金额为销售给最终用户的金额扣除代理费后的净额。2015 年，A 公司通过对相关会计准则条款的分析，认为总额法确认收入更合理，A 公司遂将收入确认方法变更为总额法，按照销售给最终客户的价款金额全额确认收入，相应代理费用计入销售费用。

**解答：**

根据《企业会计准则第 28 号——会计政策、会计估计变更和差错更正》规定，会计政策变更包括两种情形：法定变更（法律、行政法规或者国家统一的会计制度等要求变更）和自主变更（会计政策变更能够提供更可靠、更相关的会计信息）。

由于 2015 年度内，企业会计准则对收入确认采用"总额法"还是"净额法"的原则和规定并未发生变化，所以可以排除"法定变更"。

"自主变更"的前提是对同一交易或事项，企业会计准则允许企业在多种不同的会计政策之间作出选择（如存货计量可采用先进先出法或加权平均法；投资性房地产的后续计量模式可以在成本模式和公允价值模式之间选择，等等），在此情况下，企业基于对财务报表信息使用者的信息需求的判断和分析，认为其中的某项会计政策可以得出更为可靠、与报表使用者的信息需求更为相关的会计信息，从而提升会计信息质量，这是"自主变更"的前提。换言之，如果对某个交易或事项，企业会计准则只允许采用一种原则和方法处理，则不存在"自主变更"的空间。

企业会计准则对收入确认和计量采用"总额法"还是"净额法"这一问题，是基于对企业的业务模式、在交易过程中的地位、权利和义务、风险和报酬的享有和承担情况的分析而确定的。一旦确定企业满足"总额法"的适用条件，则必须采用"总额法"；而一旦确定企业满足"净额法"的适用条件，则必须采用"净额法"。即，当企业的业务模式、在交易过程中的地位、权利和义务、风险和报酬的享有和承担情况为既定时，企业不存在在"总额法"和"净额法"之间的选择权，只能采用准则所规定的对应处理方法。而在业务模式、在交易过程中的地位、权利和义务、风险和报酬的享有和承担情况等发生变化时，就需要根据变化后的情况重新确定适用的会计处理方法，但此时的会计处理方法改变属于"本期发生的交易或者事项与以前相比具有本质差别而采用新的会计政策"，因而不属于会计政策变更。因此，企业将收入的确认和计量原则在"总额法"和"净额法"之间的转换不属于会计政策变更。

因此，在本案例中，如果企业对照相关规定和指引，认为采用"总额法"进行收入的确认和计量是恰当的,而该项变化并非由于企业的业务模式、在交易过程中的地位、权利和义务、风险和报酬的享有和承担情况等发生变化所导致,则表明此前所采用的会计处理方法存在错误,应按前期差错更正进行会计处理和相关信息披露。

**问题 4-4-2**  5 年内第三次变更折旧年限的性质判断及审计应对

**问题:**

A 公司近 5 年三次变更折旧年限,是属于会计估计变更还是属于会计差错?如果属于会计估计变更,则注册会计师需要执行哪些审计程序获取哪些审计证据?如果属于会计差错,注册会计师需要执行哪些审计程序获取哪些审计证据?

**背景:**

A 公司(系深圳证券交易所主板上市公司)于 2011 年 7 月、2013 年 1 月、2015 年 11 月三次变更折旧年限,此次变更是由于公司不断扩大固定资产投资力度,对主体设备生产线进行技术改造和技术革新,并定期对设备进行全面检修及年修,提高了设备使用性能和装备水平。具体年限变更情况如下(单位:年):

| 资产类别 | 原始年限 | 第一次变更 | 第二次变更 | 第三次变更 |
|---|---|---|---|---|
| 房屋 | 20 | 30 | 40 | 40 |
| 建筑物 | 20 | 30 | 40 | 40 |
| 传导设备 | 15 | 15 | 19 | 24 |
| 机械设备 | 10 | 15 | 19 | 24 |
| 动力设备 | 11 | 10 | 12 | 17 |
| 运输设备 | 10 | 10 | 10 | 12 |
| 工具及仪器 | 7 | 5 | 5 | 5 |
| 管理用具 | 5 | 5 | 5 | 5 |

**解答:**

(一) 关于会计估计变更的基本定义和特征

1.《企业会计准则讲解(2010)》相关规定:

(1) 第二十九章"会计政策、会计估计变更和差错更正"第二节:

一般情况下,企业采用的会计政策,在每一会计期间和前后各期应当保持一致,不得随意变更。否则,势必削弱会计信息的可比性。但是,满足下列(一)、(二)条件之一的,可以变更会计政策:

(一) 法律、行政法规或者国家统一的会计制度等要求变更。

(二) 会计政策变更能够提供更可靠、更相关的会计信息。

需要注意的是,除法律、行政法规以及国家统一的会计制度要求变更会计政策的,应当按照国家的相关规定执行外,企业因满足上述第 2 个条件变更会计政策时,必须有充分、合理的证据表明其变更的合理性,并说明变更会计政策后,能够提供关于企业财务状况、经营成果和现金流量等更可靠、更相关的会计信息的理由。对会计政策的变更,企业仍应经股东大会或董事会、经理(厂长)会议或类似机构批准,并按照法律、行政法规等的规定报送有关各方备案。如无充分、合理的证据表明会计政策变更的合理性,或者未重新经股东大会或董事会、经理(厂长)会议或类似机构批准擅自变更会计政策的,或者连续、反复地自行变更会计政策的,视为滥用会计政策,按照前期差错更正的方法进行处理。

上市公司的会计政策目录及变更会计政策后重新制定的会计政策目录,除应当按照信息披露的要求对外公布外,还应当报公司上市地交易所备案。未报公司上市地交易所备案的,视为滥用会计政策,按照前期差错更正的方法进行处理。

(2) 第二十九章第三节:

会计估计变更,是指由于资产和负债的当前状况及预期经济利益和义务发生了变化,从而对资产或负债的账面价值或者资产的定期消耗金额进行调整。

由于企业经营活动中内在的不确定因素,许多财务报表项目不能准确地计量,只能加以估计,估计过程涉及以最近可以得到的信息为基础所作的判断。但是,估计毕竟是就现有资料对未来所作的判断,随着时间的推移,如果赖以进行估计的基础发生变化,或者由于取得了新的信息、积累了更多的经验或后来的发展可能不得不对估计进行修订,但会计估计变更的依据应当真实、可靠。会计估计变更的情形包括:

1. 赖以进行估计的基础发生了变化。企业进行会计估计,总是依赖于一定的基础。如果其所依赖的基础发生了变化,则会计估计也应相应发生变化。

2. 取得了新的信息、积累了更多的经验。企业进行会计估计是就现有资料对未来所做的判断,随着时间的推移,企业有可能取得新的信息、积累更多的经验,在这种情况下,企业可能不得不对会计估计进行修订,即发生会计估计变更。

2. 《企业会计准则第 4 号——固定资产》相关规定:

第十五条 企业应当根据固定资产的性质和使用情况,合理确定固定资产的使用寿命和预计净残值。

固定资产的使用寿命、预计净残值一经确定,不得随意变更。但是,符合本准则第十九条规定的除外。

第十六条 企业确定固定资产使用寿命,应当考虑下列因素:

(一)预计生产能力或实物产量;

(二)预计有形损耗和无形损耗;

(三)法律或者类似规定对资产使用的限制。

3. 深圳证券交易所的相关规定(以主板上市公司为例,中小企业板、创业板上市公司的"规范运作指引"等相关规定中也有类似规定):

(1)《深圳证券交易所主板上市公司规范运作指引》(深证上〔2010〕243号):

2.2.7 上市公司应当健全股东大会表决制度。股东大会审议下列事项之一的,公司应当通过网络投票等方式为中小股东参加股东大会提供便利:

······

(八)根据有关规定应当提交股东大会审议的自主会计政策变更、会计估计变更;

······

3.3.10 董事在审议涉及会计政策变更、会计估计变更、重大会计差错更正等议案时,应当关注变更或更正的合理性、对上市公司定期报告会计数据的影响、是否涉及追溯调整、是否导致公司相关年度盈亏性质改变、是否存在利用该等事项调节各期利润误导投资者的情形。

(2)《信息披露业务备忘录第28号——会计政策及会计估计变更》(2010年8月31日):

三、会计估计变更

上市公司变更重要会计估计的,应在董事会审议批准后比照自主变更会计政策履行披露义务;达到以下标准之一的,应当提交专项审计报告并在定期报告披露前提交股东大会审议:

(一)会计估计变更对定期报告的净利润的影响比例超过50%的;

(二)会计估计变更对定期报告的所有者权益的影响比例超过50%的;

(三)会计估计变更对定期报告的影响致使公司的盈亏性质发生变化。

上市公司在召开前述股东大会期间,必须向投资者提供网络投票渠道。

重要会计估计,是指公司依据《企业会计准则》等的规定,应当在财务报表附注中披露的重要的会计估计,包括:

1. 存货可变现净值的确定;

2. 采用公允价值模式下的投资性房地产公允价值的确定;

3. 固定资产的预计使用寿命与净残值;固定资产的折旧方法;

4. 生物资产的预计使用寿命与净残值;各类生产性生物资产的折旧方法;

5. 使用寿命有限的无形资产的预计使用寿命与净残值;

6. 可收回金额按照资产组的公允价值减去处置费用后的净额确定的,确定公允价值减去处置费用后的净额的方法;

可收回金额按照资产组预计未来现金流量的现值确定的,预计未来现金流量及其折现率的确定;

7. 合同完工进度的确定;

8. 权益工具公允价值的确定;

9. 债务人债务重组中转让的非现金资产的公允价值、由债务转成的股份的公允价值和修改其他债务条件后债务的公允价值的确定;

债权人债务重组中受让的非现金资产的公允价值、由债权转成的股份的公允价值和修改其他债务条件后债权的公允价值的确定;

10. 预计负债初始计量的最佳估计数的确定;

11. 金融资产公允价值的确定;

12. 承租人对未确认融资费用的分摊；出租人对未实现融资收益的分配；

13. 探明矿区权益、井及相关设施的折耗方法。与油气开采活动相关的辅助设备及设施的折旧方法；

14. 非同一控制下企业合并成本的公允价值的确定；

15. 其他重要会计估计。

会计估计变更对定期报告的影响比例，是指上市公司变更会计估计后，定期报告现有披露数据与假定不变更会计估计定期报告原有披露数据的差额的绝对值除以假定不变更会计估计定期报告原有披露数据的绝对值。

根据上述规定可以看出：会计估计变更从其触发原因的角度可以分为两类：

一类是有明确的、可识别的特定事项作为触发原因的，即"企业据以进行估计的基础发生了变化"，可以称为"突变型"会计估计变更，例如因为法院对诉讼案件作出一审判决而对原先计提的与该诉讼相关的预计负债进行调整，这类会计估计变更的生效日就是该触发事件的发生之日，相对容易确定，可操纵的空间也较小。

另一类是因为"取得新信息、积累更多经验以及后来的发展变化"而导致的会计估计变更，如坏账准备政策、折旧年限的会计估计变更等均属于此类，可称为"渐变型"会计估计变更。这类会计估计变更通常没有明确的、可识别的"触发事件"作为判断其变更生效日的标志，而是通过一段时间的信息积累而导致"从量变到质变"。对此类会计估计变更，其变更生效日的判断较为主观，即涉及对前次变更之后新获取的信息能否支持下一次估计变更的充分性、适当性的专业判断。但是无论如何，在前一次会计估计变更之后，收集足以支持下一次变更合理性的新信息都需要时间，因此在短期内就同一事项频繁发生"渐变型"的会计估计变更，其逻辑上是不合理的，很难自圆其说。例如，后一次变更所依据的某项信息，在前次变更时可能已经存在，但在作出前次变更时却被有意无意地忽略，这种情况反过来说明前次估计变更"由于重大人为过失或舞弊等原因，未能合理使用前期报表编报时已经存在且能够取得的可靠信息，导致前期会计估计结果未恰当反映当时情况"，即前次变更后本次变更前的会计估计很可能实际上是存在差错的，本次"会计估计变更"很可能实为对前期差错的更正。注册会计师应当注意对短期内就同一事项频繁发生"渐变型"会计估计变更的情形保持警觉，谨慎、合理地判断是否应认定为前期差错更正。

（二）关于审计证据

对于折旧年限、坏账政策等会计估计变更，应执行《中国注册会计师审计准则第 1321 号——审计会计估计（包括公允价值会计估计）和相关披露》及其应用指南、《中国注册会计师审计准则问题解答第 11 号——会计估计》规定的审计程序，注意从以下三方面获取充分、适当的审计证据：

1. 变更后会计估计的合理性（即，变更后的会计估计相对于目前的内外部因素和状况而言是合适的）。这可以通过本企业的历史数据及其变化趋势、同行业内对此事项的通常估计水平、变更后会计估计在集团内同类企业之间运用的一致性等因素加以佐证。

2. 本次会计估计变更理由的合理性,即确实是由于相关的内外部因素变化导致了该项会计估计变更,符合《企业会计准则第 28 号——会计政策、会计估计变更和差错更正》第八条中对会计估计变更条件的规定,即"企业据以进行估计的基础发生了变化,或者由于取得新信息、积累更多经验以及后来的发展变化",以便把会计估计变更和差错更正区分开来,并论证这应当是会计估计变更而不是差错更正。

3. 会计估计变更期间的合理性。即在通过对前两点的分析,认可其作为会计估计变更的基础上,进一步分析为何企业选择在本年度进行会计估计变更,把相关的变更影响数计入本年度的损益中。

# 第五章

# 信息披露和列报业务问答

## 第一节　报表列报和披露的相关问题

**问题 5-1-1**　架构重组同时发生业务模式变化时,盈利预测与备考报表的编制基础

**问题:**

上市公司拟收购的标的资产,根据相关协议安排,在注入上市公司的同时,其业务模式将发生变化,则在编制盈利预测及备考报表时。除了考虑购入资产后的架构变化以外,是否需将业务模式的预期变化也考虑在内,作为编制盈利预测和备考合并报表所依据的假设之一?

**背景:**

根据××市政府《关于印发××市公用事业资产整合方案的通知》文件要求、及 A 公司(上市公司)与 B 公司签署的《发行股份购买资产框架协议》,A 公司发行股份购买 B 公司拥有的污水处理经营性资产。

B 公司所拥有的标的资产目前没有按照企业化运营,而是每年根据实际发生的付现污水处理成本及期间费用金额(不包括折旧)向××市财政局申请拨付运营资金,因此经营性资产主体的营业收入金额即为每年实际发生的付现污水处理运营成本及期间费用金额,收支相抵后不产生利润。本次重组完成后,按照与××市政府签订的特许经营协议约定,标的资产交割给 A 公司后,将按照商业化经营,执行特许经营权约定的水价,由此 A 公司将可以获得合理的利润。

**解答:**

备考财务报表的编制目的是向报表使用者提供假设拟实施的交易在报告期期初已完成,且整个报告期内的架构和关键交易条款保持不变的前提下,该重组交易对本会计主体的财务状况、经营成果的影响程度的参考信息,为上市公司股东等报表使用者作出是否批准该交易的决策服务,因此以提升决策相关性作为首要的考虑因素。尽管实际操作中大部分备考报表只是对交易完成后投资架构的模拟,并不模拟未真实发生的交易,但并不排除在交易完成后的相

关交易条件或市场环境将发生重大变化,且该变化的影响能够较为可靠地计量时,在备考报表中一并模拟交易条件变化的影响。

在本案例中,由于已经确定在架构重组的交割日后随即将发生交易条件(业务模式)的变更,从而对其盈利能力产生重大影响,且架构重组和业务模式变更这两者实际上是一体的、互为条件的,是同一项资产重组方案的不可分割的两个方面,如果不模拟相关交易条件变化后的业绩,则该备考报表对信息使用者而言的决策有用性将大打折扣。因此,基于上述考虑,我们认为本案例中按照商业化经营模式编制 A 上市公司的备考合并报表(即,假设标的资产在备考报表的整个报告期内均按照重组完成后的商业化运营模式运作,以反映业务模式改变对标的资产盈利能力的影响),并在附注中对系列假设的条件进行披露是合理的。

盈利预测是在经审计的备考合并财务报表基础上编制的,它们之间的口径应保持一致,即盈利预测也应以商业模式运作的模式下进行预测较为合理。

同时,我们认为需要关注以下问题:

1. 虽然备考报表以增进决策有用性作为其首要考虑因素,但同时应当确保相关模拟调整的影响是能够可靠计量的。注册会计师应注意实施必要的审计程序以核实交易条件变更的模拟调整数据的可靠性,避免与交易完成后的实际数据发生重大偏差。

2. 在备考报表的附注中披露"编制基础和基本假设"时,除了和常见的备考报表一样披露架构模拟的相关假设以外,应重点披露交易完成后将生效的市场化运营的相关交易条款,以及说明对交易条款变化的模拟调整数据的计算依据、假设、数据来源和测算方法等,同时应特别提示交易条款变动的调整金额只是模拟测算数据,不排除与交易完成后的真实数据发生较大差异的可能性。

3. 如果该交易需要监管机构核准的,则不排除监管机构基于审慎监管原则,要求目标资产首先进行市场化改制,按市场化交易条款运行一段时间后再注入上市公司的可能性。这一点需要提示上市公司和主办券商注意。

---

**问题 5-1-2** 新三板定向增发未获批时已收定增款项的会计处理
**问题:**

A 公司定向增发股份未获股转公司批准,所募集的资金如何核算?

**背景:**

A 公司为新三板挂牌公司。2015 年 12 月 14 日,A 公司 2015 年第六次临时股东大会通过决议:向 B 公司(有限合伙)、C 公司(有限合伙)和 D 公司(有限合伙)定向增发股份 4 148 250 股,每股发行价 55.20 元,共募集资金 228 983 400元,截至 2015 年 12 月 16 日已收到全部款项。但由于此次增发股份可能由于 A公司涉及私募股权投资(PE)业务,截至 2015 年 12 月 31 日,股转公司尚未批准此次定向增发。

**解答:**

此问题的关键在于判断股转公司对定向增发的"批准"是类似于证监会对

IPO的实质性审核(其结果存在较大不确定性)还是仅仅是一个登记程序(程序性问题,基本不存在不确定性)。如果属于前者,则在获得核准之前,应将所收到的募集资金确认为其他应付款;如果属于后者,则在收到投资者缴纳的股款之后,即可确认为股本和资本公积。

根据全国中小企业股份转让系统有限责任公司发布的《股份公司申请在全国中小企业股份转让系统公开转让、定向发行股票的审查工作流程》《全国中小企业股份转让系统挂牌公司定向发行备案业务指南》等文件规定,挂牌公司应当在股票发行验资完成后的10个转让日内,向全国股份转让系统公司接收申请材料的服务窗口提交规定的文件,全国股份转让系统公司对提交的文件进行审查并反馈所发现的问题,全国股份转让系统公司对文件审查后出具股份登记函,送达公司并送交中国证券登记结算有限责任公司和主办券商,公司据此向中国结算办理股份登记。从上述流程看,我们理解股转公司在这一过程中的审核是实质性的审查,其结果存在不确定性,因此对通过股转公司审查前已经收到的股款应确认为负债(其他应付款),到获得股转系统出具的股份登记函后,再转为股本和资本公积。

在本案例中,截至2015年年末,该定向增发尚未获得股转公司审查通过,未获得股份登记函,因此收到的定增款项建议暂时列报于"其他应付款",并在附注中进行说明,包括资产负债表日后的审查进展情况和获取股份登记函、办理股份登记的有关进展情况等。如果在资产负债表日后、2015年度财务报表批准报出日之前,获得了股转公司出具的股份登记函,则应作为资产负债表日后非调整事项予以披露,不能作为资产负债表日后调整事项调整2015年度的财务报表。

---

**问题5-1-3** 尽职调查费用是否能从融资溢价扣除

**问题:**

A公司于2014年以溢价增资方式引进外部私募股权投资者(PE)。在引进PE时,进行了专项的尽职调查(包括审计和法律尽调),其与PE签订的合同约定:如果融资成功,则由A公司承担中介费用;如果融资不成功,则由PE方完全承担或各自承担50%。该种情况下发生的融资费用是否可以冲减资本公积?

**解答:**

此问题可参考《计学撮要2011》中专题Ⅲ第五章第一节"问题7 可从股票发行溢价中扣减的发行费用的范围"、《计学撮要2013》之"问题5-1-7 非公开发行相关费用能否冲减发行溢价"所述原则处理。

《企业会计准则第37号——金融工具列报(2014年修订)》第二十三条规定:

与权益性交易相关的交易费用应当从权益中扣减。交易费用,是指可直接归属于购买、发行或处置金融工具的增量费用。增量费用,是指企业不购买、发行或处置金融工具就不会发生的费用。企业发行或取得自身权益工具时发生的交易费用(例如登记费,承销费,法律、会计、评估及其他专业服务费用,印刷成本和印花税等),可直接归属于权益性交易的,应当从权益中扣减。终止的未完成权益性交易所发生的交易费用应当计入当期损益。

背景资料中提及的尽职调查费用,更多的是融资的前期准备费用,其合同条款约定"如果融资成功则由 A 公司承担中介费用,如果融资不成功则由 PE 方完全承担或各自承担 50%,即其中的 50% 部分无论是否融资成功均需由公司承担,另外 50% 则在成功获得融资的前提下由公司承担。因此,前 50% 并不能算作与融资直接相关的增量费用,应于发生时计入当期损益;后 50% 可作为与融资直接相关的增量费用,可以在获得融资后冲减发行溢价。

**问题 5-1-4** 属于权益的永续债在所有者权益变动表中的相关填列问题

**问题:**

属于权益的永续债,其发行、赎回、支付利息等交易,在所有者权益变动表中如何填列?

**背景:**

2015 年,A 公司非公开发行不超过 15 亿元(含 15 亿元)的永续次级债券。债券简要信息如下:

| 发行人 | A 公司 |
|---|---|
| 债券名称 | A 公司 2015 年永续次级债券(简称"本期债券") |
| 本期债券发行规模 | 15 亿元 |
| 票面利率 | 本期债券前 5 个计息年度的票面利率(即初始票面利率)将通过询价方式确定,在前 5 个计息年度(首个重定价周期)内保持不变 |
| 本期债券期限 | 本期债券以每 5 个计息年度为 1 个重定价周期。在每个重定价周期末,发行人有权选择将本期债券期限延长 1 个重定价周期(即延续 5 年),或全额兑付本期债券 |
| 发行人续期选择权 | 本期债券设置发行人续期选择权,不设投资者回售选择权。即在本期债券每个重定价周期末,发行人有权选择将本期债券延长 1 个重定价周期,或全额兑付本期债券,而投资者无权要求发行人赎回本期债券 |

根据上述条款,A 公司认为该永续债属于它的权益工具。

**解答:**

根据《金融负债与权益工具的区分及相关会计处理规定》(财会〔2014〕13号)第六条第(一)项"金融工具会计处理的基本原则"规定:"企业发行的金融工具应当按照金融工具准则和本规定进行初始确认和计量;其后,于每个资产负债表日计提利息或分派股利,按照相关具体企业会计准则进行处理。即企业应当以所发行金融工具的分类为基础,确定该工具利息支出或股利分配等的会计处理。对于归类为权益工具的金融工具,无论其名称中是否包含'债',其利息支出或股利分配都应当作为发行企业的利润分配,其回购、注销等作为权益的变动处理;对于归类为金融负债的金融工具,无论其名称中是否包含'股',其利息支出或股利分配原则上按照借款费用进行处理,其回购或赎回产生的利得或损失等计入当期损益。"《企业会计准则第 37 号——金融工具列报(2014 年修订)》第二十二条规定:"发行方对权益工具持有方的分配应作利润分配处理,发放的股票股利不影响所有者权益总额。"结合本案例,企业将永续债发行金额放入"其他权益工具"核算,债券利息虽然每月计提,但因为企业作为发行人有权无限期递延利息的支付,从而这部分利息并不构成企业的一项现时义务,故这部分所计提的利息也不满足金融负债的定义和确认条件(详见《企业会计准则第 37 号——金融工具列报(2014 年修订)》第八条至第十条),也应认定为权益工具,放入"其他权益工具"核算,而不应计入应付股利科目,只有到企业公告支付利息时,才构成企业的一项现时义务,需将相应的应付金额从"其他权益工具"转入相关负债科目。

在明确该永续债属于发行方(A 公司)的权益工具的前提下,该永续债的相关变动对股东权益变动表的影响如下(以《财政部关于修订印发 2018 年度一般企业财务报表格式的通知》(财会〔2018〕15 号)所附的财务报表模板为例,不论是否执行 2017 年修订的新金融准则或新收入准则的企业均适用):

1. 收到永续债投资者投入的资金时,应反映在"其他权益工具"列和"(二)股东投入和减少资本——2. 其他权益工具持有者投入资本"行交叉处的单元格内。

2. 回购或赎回永续债时,按被回购或赎回部分的账面价值,以负数反映在"其他权益工具"列和"(二)股东投入和减少资本——4. 其他"行交叉处的单元格内,回购或赎回时支付的款项与该账面价值之间的差额调整资本公积,反映在"资本公积"列和"(二)股东投入和减少资本——4. 其他"行交叉处的单元格内。

3. 在确定本年度净利润中归属于永续债持有人的份额时,如为不可累积的永续债,则按本期实际宣告支付的永续债利息金额,列入"其他权益工具"列和"(一)综合收益总额"行交叉处的单元格内;如为可累积的永续债,则按永续债条款确定的本期应归属于永续债持有人的净利润金额,列入"其他权益工具"列和"(一)综合收益总额"行交叉处的单元格内。相应地,"未分配利润"列和"(一)综合收益总额"行交叉处的单元格仅反映本期净利润中归属于普通股股东的部分。

4. 向永续债持有人支付利息时,按实际支付利息的金额,冲减"其他权益工具"的账面价值,在股东权益变动表中填入"其他权益工具"列和"(三)利润分配——3. 对股东的分配"行交叉处的单元格内。

**问题 5-1-5**　关于超额分配时所有者权益变动列报问题
**问题:**
如下文背景资料所述:
1. 股东退回超额分配利润如何列报?

2. 公司历史沿革中,对上述超额分配利润描述应该按实际可分配利润进行描述,还是按照超额分配利润的金额进行描述?

3. 收到控股股东以子公司少数股权增资在权益变动表中如何列报?

**背景:**

1. A 公司于 2016 年 2 月以未分配利润及资本公积转增股本,但经过审计后截至该次转增基准日(2015 年 12 月 31 日)的可分配利润(4 981 096.42 元)小于 A 公司已转增股本的未分配利润(7 249 621.33 元),故 A 公司股东大会决议要求各股东以现金方式退回超额分配利润 2 376 876.95 元。A 公司于 2016 年 7 月实际收到各股东以现金形式退还的超额分配利润。

2. A 公司各股东退还上述超额分配利润的行为,已经经过当地事务所进行验资(作为股东增资)。A 公司在编制财务报表附注中关于企业的历史沿革信息中,描述 2016 年 2 月份的股东大会决议及公司增资事项时,仍以当时的内容披露,还是以扣除超额分配利润的金额披露?

3. A 公司原持有子公司 B 的 60%股权,B 公司剩余股权原由 A 公司的控股股东持有。现控股股东以其持有的 B 公司 40%股权对 A 公司增资,则在 A 公司的合并财务报表中,相当于 A 公司取得子公司 B 的少数股东股权,该少数股东权益减少额在权益变动表中如何列示?

**解答:**

1. A 公司收到的超额分配利润退还,但鉴于前期超额转增资本的操作本身未导致净资产减少,故此次股东补足现金可理解为股东补足这部分资本金的出资不足部分,故可以在所有者权益变动表中作为"股东投入和减少资本——其他"列示。

2. 对于历史沿革中对超额利润分配的披露,虽然前期的转增资本决议是建立在错误的未分配利润金额的基础上,但毕竟是前期股东大会的正式决议,应予以尊重,因此在披露历史沿革和前期转增股本的账务处理时,仍应依据前期股东会决议和当时的实际情况予以核算和披露(这不构成前期差错)。后续的补足出资作为本期新发生的一项交易单独予以会计处理和披露。

3. A 公司控股股东以其持有的子公司少数股权对 A 公司进行增资,该增资应该理解为控股股东对 A 公司的资本投入,因此应计入"股东投入和减少资本"项下,取得少数股权对少数股东权益的影响建议列作"股东投入和减少资本——其他"中。

**问题 5-1-6** 每股收益的计算(涉及以本年度新增的资本公积转增股本)

**问题:**

本年转增股本的资本公积中,有部分系来源于本年发行股份新增的股本溢价。在此情形下,以前年度的每股收益比较数据如何重述?

**背景:**

A 公司 2015 年 1 月 1 日之前股本为 1.56 亿元,资本公积余额 1.5 亿元。

2015 年 6 月引进新股东投资 3.6 亿元,其中增加股本 0.56 亿元,增加资本公积 3.04 亿元,此次增资后实收资本为 2.12 亿元,资本公积为 4.54 亿元。2015 年 7 月,A 公司以资本公积向全体股东以 10 股转增 20 股的方式增加股本 4.24 亿元,转增后股本变更为 6.36 亿元,资本公积变为 0.3 亿元。A 公司 2013 年至 2015 年 5 月期间股本及资本公积未发生变更。

**解答:**

在本案例中,A 公司 2015 年度将 4.24 亿元资本公积转为股本,但其 2015 年年初的资本公积余额仅为 1.5 亿元,表明在这部分转增股本的资本公积中,至少有 2.74 亿元(4.24-1.5)是来源于 2015 年内发行新股所产生的股本溢价。由此产生的问题是:对于这部分形成当年就被用于转增股本的资本公积,是否也应当一并重述以前年度每股收益的比较数据(即,2013、2014 年度的加权平均股份数是 4.68 亿股还是 3.06 亿股)?

针对此类情况,我们所倾向的做法是:不论此次用于转增股本的资本公积最初是在何时形成的,以前年度或期间的加权平均股份数均按照此次转增的比例(20:10)进行重述,即本案例中,2013、2014 年度的加权平均股份数为 1.56 权平=4.68 亿股(而不是 1.56+1.5=3.06 亿股);2015 年度的加权平均股份数为 1.56 权平+0.56 权平均股份数为=5.52 亿股(而不是 3.06+0.56,不是均股份数为=3.90 亿股)。

采用这种做法的主要考虑是:关于每股收益的会计准则和信息披露编报规则之所以要求在发生以资本公积、盈余公积、未分配利润转增股本的情况下重新计算以前年度的每股收益,一方面固然是因为"转增并不影响所有者权益金额,也不影响企业所拥有或控制的经济资源……",但另一方面也存在保证不同年度或期间之间的"1 股"具有可比性的考虑。在本案例中,通过 2015 年 7 月的转增,转增前的 1 股相当于转增后的 3 股,因此有必要在计算以前年度的每股收益时反映转增前和转增后股份的等价对应关系。

另外还有一项考虑是:如果以股东权益的不同项目转增股本,则若考虑了转增股本的权益项目的最初形成时间,会导致经济实质相同的项目有不同的结果,而这一结果很可能是并不合理的。例如,假设本案例中的公司以前年度没有足够多的资本公积,但有足够多的留存收益(其金额大于本次转增金额 4.24 亿元),此次如果选择以留存收益转增股本,则以前年度重新计算后的股本是 4.68 亿元将无疑义。而不论是以股本溢价还是留存收益转增股本,对股东的经济影响是完全一致的。所以,不应因为对转增来源的不同指定而导致对以前年度加权平均股份数的重新计算出现不同的结果。

**问题 5-1-7**　同一控制下企业合并中每股收益和加权平均净资产收益率计算(涉及募集配套资金支付现金对价)

**问题:**

报告期内发生同一控制下的企业合并,其对价是使用非公开发行股份募集的配套资金来支付的,而不是直接对被合并方的原股东发行本企业股份。此时每股收益与加权平均净资产收益率如何计算? 扣除非经常性损益后每股收益与加权平均净资产收益率如何计算?

**背景:**

A公司是在上海证券交易所上市的公司。2015年11月,A公司通过非公开发行股票募集资金购买其母公司持有其全资子公司B的100%股权。

**解答:**

我们认为,依据《公开发行证券的公司信息披露编报规则第9号——净资产收益率和每股收益的计算及披露(2010年修订)》(证监会公告〔2010〕2号),在计算2015年度A公司每股收益与加权平均净资产收益率时,A公司为收购B公司之目的而发行的股份数和对应增加的净资产从2014年年底进行加权平均(即,在2015年度内的权数为100%);计算扣除非经常性损益(以下简称"扣非")后的每股收益及加权平均净资产收益率时,A公司为收购B公司之目的而发行的股份数和对应增加的净资产需从合并日(2015年11月)的次月开始加权计算(即,2015年内的权数为1/12)。由于A公司是通过非公开发行股票募集资金购买股权,因此,在计算加权平均净资产收益率时,需要考虑募集资金以及A公司支付资金的加权平均影响。

在计算比较期每股收益与加权平均净资产收益率时,A公司为收购B公司之目的而发行的股份数和对应增加的净资产从2013年年底进行加权平均(即2014年内的权数为100%);在计算比较期扣非后的每股收益及加权平均净资产收益率时,A公司使用2014年度公告的扣非后的每股收益及加权平均净资产收益率,即,不考虑B公司的净资产(也同样不考虑B公司的净利润)来计算比较期扣非后的每股收益及加权平均净资产收益率。

另外对于募集配套资金相关的股份数和净资产变动的考虑,提示如下:

在计算2015年度的扣非前加权平均净资产收益率时,对于所募集的配套资金与所支付的现金对价(即发行股份募集配套资金,再以该配套资金作为现金对价支付的部分)之间的差额部分,应依据募集配套资金所增加的净资产和支付现金对价所减少的净资产各自实际发生的月份数进行加权计算。

在计算2015年度扣非前每股收益时,对于通过募集配套资金所增加的股份中对应于现金对价的股份数[=min(实际支付的现金对价/募集配套资金的股份发行价,募集配套资金实际发行股份数)],可视作自比较期间期初已经发行在外;募集配套资金实际发行股份数与上述对应于现金对价的股份数之间的差额,应自实际发行日次月起纳入加权计算。

---

**问题5-1-8　银行有权随时宣布到期的贷款的流动性划分**

**问题:**

如下文背景所述,对于银行有权随时宣布到期的贷款,香港财务报告准则与中国企业会计准则对其流动性的划分是否有区别?

**背景：**

A公司与中国进出口银行于2015年2月签订海外投资贷款融通合同，贷款金额148 000 000.00美元，专款专用，贷款期限为15年(3年宽限期＋12年还款期)，利息以6个月为基础，6个月LIBOR〔伦敦银行同业拆借利率〕＋350点，浮动利率的日期以付款第一日为准。此外，合同约定贷款人(银行)享有判断违约事项是否发生的完全自主权，在银行认为合同约定违约事项发生时，贷款人有权自主决定其可采取的应对措施，包括宣布所有未到期贷款立即到期，要求借款人立即偿还所有贷款本息和未支付的其他款项。

**解答：**

此处所讨论的是财务报表列报中对负债的流动性划分的问题，在此方面，中国企业会计准则和IFRS/HKFRS的规定并无差异，因此分析的结论也应当一致。

在中国企业会计准则体系下，负债的流动性划分由《企业会计准则第30号——财务报表列报(2014年修订)》第十九条至第二十二条予以规范，原文如下：

第十九条 负债满足下列条件之一的，应当归类为流动负债：

(一)预计在一个正常营业周期中清偿。

(二)主要为交易目的而持有。

(三)自资产负债表日起一年内到期应予以清偿。

(四)企业无权自主地将清偿推迟至资产负债表日后一年以上。

负债在其对手方选择的情况下可通过发行权益进行清偿的条款与负债的流动性划分无关。

企业对资产和负债进行流动性分类时，应当采用相同的正常营业周期。企业正常营业周期中的经营性负债项目即使在资产负债表日后超过一年才予清偿的，仍应当划分为流动负债。经营性负债项目包括应付账款、应付职工薪酬等，这些项目属于企业正常营业周期中使用的营运资金的一部分。

第二十条 流动负债以外的负债应当归类为非流动负债，并应当按其性质分类列示。被划分为持有待售的非流动负债应当归类为流动负债。

第二十一条 对于在资产负债表日起一年内到期的负债，企业有意图且有能力自主地将清偿义务展期至资产负债表日后一年以上的，应当归类为非流动负债；不能自主地将清偿义务展期的，即使在资产负债表日后、财务报告批准报出日前签订了重新安排清偿计划协议，该项负债仍应当归类为流动负债。

第二十二条 企业在资产负债表日或之前违反了长期借款协议，导致贷款人可随时要求清偿的负债，应当归类为流动负债。

贷款人在资产负债表日或之前同意提供在资产负债表日后一年以上的宽限期，在此期限内企业能够改正违约行为，且贷款人不能要求随时清偿的，该项负债应当归类为非流动负债。

其他长期负债存在类似情况的，比照上述第一款和第二款处理。

另外，根据《〈企业会计准则第30号——财务报表列报〉应用指南》第三节之一、(四)"负债的列报"中规定：

(2) 违约长期债务

**在资产负债表日或之前企业违反长期借款协议**

本准则规定，企业在资产负债表日或之前违反了长期借款协议，导致贷款人可随时要求清偿的负债，应当归类为流动负债。这是因为，在这种情况下，债务清偿的主动权并不在企业，企业只能被动地无条件归还贷款，而且该事实在资产负债表日即已存在，所以该负债应当作为流动负债列报。但是，如果贷款人在资产负债表日或之前同意提供在资产负债表日后一年以上的宽限期，在此期限内企业能够改正违约行为，且贷款人不能要求随时清偿的，在资产负债表日的此项负债并不符合流动负债的判断标准，应当归类为非流动负债。

根据上述规定，如果贷款合同中约定，贷款人(银行)可以根据其自身的意志，随时(即使无理由)宣布贷款提前到期，而此时借款人(A 公司)应立即按贷款人要求偿还该贷款的，则该贷款符合《企业会计准则第 30 号——财务报表列报(2014 年修订)》第十九条第一款所列的构成流动负债的情形之(四)"企业无权自主地将清偿推迟至资产负债表日后一年以上"，这时虽然合同约定的借款期限超过一年，但仍应列报为流动负债。该结论与根据 HKFRS 体系下的"HK-Int 5 Presentation of Financial Statements Classification by the Borrower of a Term Loan that Contains a Repayment on Demand Clause"所得出的结论一致，不存在境内外准则差异。

在本案例中，根据背景资料介绍，贷款人(银行)享有判断违约事项是否发生的完全自主权，在银行认为合同约定违约事项发生时，贷款人有权自主决定其可采取的应对措施，包括宣布所有未到期贷款立即到期，要求借款人立即偿还所有贷款本息和未支付的其他款项。虽然在实际操作中发生这种情况的可能性很小，可以认为是银行为了保护自身利益而设置的保护性条款，但该条款的存在表明"企业无权自主地将清偿推迟至资产负债表日后一年以上"，由此将导致该项贷款被归类为流动负债。

**问题 5-1-9　受托管理费定价公允性、列报及相关披露**

**问题：**

如下文背景资料所述：

1. 受托管理费的定价是否公允？

2. 受托管理费及与之相应的成本如何列报？

3. 按中国证监会发布的《公开发行证券的公司信息披露解释性公告第 1 号——非经常性损益(2008)》，应作为"受托经营取得的托管费收入"列入非经常性损益的金额是托管费全部收入(总额)还是净收益(净额)？

**背景：**

A 上市公司受托管理其母公司 B 集团部分经营性资产的经营权和所属公司投资所形成的股权。受托内容为：委托方将其经营性资产的经营权和其投资所形成的股权(持有的上市公司股权除外)委托给 A 公司管理。委托定价原则为:托管费计取原则＝(机关本部预计当年费用－剔除项目①)－上年度 A 公司占 B 公司上年度管理口径资产权重对应承担的费用,然后按成本加成 5％(不含税)计算托管费收入,预计年托管收入为 14 000.00 万元。前三季度以本年费用预算平均数支付,最后一季度按实际发生管理费(成本加成 5％)扣除前三季度已付金额后支付。合同签订后,B 集团公司本部所有人员工资及管理费用均由 A 公司承担。托管协议同时约定,受托方不享有、不承担被托管方的经营盈亏。

A 公司按照"上市公司应按受托经营协议确定的收益""受托经营企业实现的净利润""受托经营企业净资产收益率超过 10％的,按净资产的 10％计算的金额"三者孰低的金额,将取得的托管收入确认为其他业务收入,将承担的"B集团公司本部所有人员工资及管理费用"计入管理费用,其他业务收入无对应的其他业务成本。

**解答:**

**问题 1:受托管理费的定价是否公允?**

根据背景所述,托管费计取原则＝(机关本部预计当年费用－剔除项目)－上年度 A 上市公司占 B 公司上年度管理口径资产权重对应承担的费用,然后按成本加成 5％(不含税)计算托管费收入。此公式的原理是将原对 B 集团各公司执行管理职能的机关的管理费用扣除与管理无关的费用,再扣除因管理 A 上市公司自身产生的费用后得出最终的管理成本费用,在此基础上再按(1＋5％)计算应支付给 A 上市公司的管理费用。

基于上述约定,A 公司作为受托方,其负担的管理费用可获得全额弥补,并获得加成 5％的托管净利润。

背景所引用的"上市公司应按'受托经营协议确定的收益''受托经营企业实现的净利润''受托经营企业净资产收益率超过 10％的,按净资产的 10％计算的金额'三者孰低的金额,确认为其他业务收入"的提法来自现已废止的《关联方之间出售资产等有关会计处理问题暂行规定》(财会〔2001〕64 号)。虽然该文件在 2008 年年初就已被正式废止,但其中给出的一些指标对于在没有活跃市场的情况下判断关联交易作价的公允性问题仍有一定的参考意义。

总体上看,我们没有发现本案例中按实际承担的管理费加成 5％作为托管费计费标准的做法存在重大不合理之处,同时该计费方法,以及托管协议中关于受托方不承担被托管方盈亏的约定,均可以作为支持受托方不将受托管理的资产和业务纳入其合并报表范围的依据。

另外,基于 A 公司的业绩,需核实相关管理费用对其业绩是否存在实质的影响,若从具体情形上 A 公司并无必要利用此事项进行利润调节或利益输送。那么本次受托管理的交易安排,在实务中更多的是为日后将受托管理的标的资产注入上市公司做准备。

**问题 2:受托管理费及与之相应的成本如何列报?**

---

① 此处的"剔除项目"为与承担管理职能无关的支出。

对于此处背景中提及的"其他业务收入无对应的其他业务成本"的列报方式,理论上并不恰当,受托方应将实际承担的被托管企业管理费用以及与该托管事项直接相关的增量成本列报为与该项其他业务收入直接配比的其他业务成本。但如果难以合理界定和划分每一项成本、费用明细项目中的该项增量成本,且该事项对 A 公司财务报表整体显著不重大,也没有对毛利率等关键财务指标产生重大误导性影响的,则也可以接受目前 A 公司的简化处理方式。

**问题 3:** 按中国证监会发布的《公开发行证券的公司信息披露解释性公告第 1 号——非经常性损益(2008)》,应作为"受托经营取得的托管费收入"列入非经常性损益的金额是托管费全部收入(总额)还是净收益(净额)?

根据《公开发行证券的公司信息披露解释性公告第 1 号——非经常性损益(2008)》的规定,通常属于非经常性损益的列举项目包括"受托经营取得的托管费收入"。但在本案例中,如上述第 2 点所述,A 公司采用了不单列其他业务成本,而将与托管相关的增量成本列入管理费用的方式,在此情况下,因为无法识别对应的增量成本的具体项目,因此只将所收取的托管费(总额)列作非经常性损益的做法也是合理和恰当的。如果能够合理地识别与该项托管业务直接相关的成本,并将直接相关成本列入其他业务成本的,则可以按该项托管业务所产生的毛利按净额列入非经常性损益。

---

**问题 5-1-10**  收到股东投资款未修改公司章程也未办理工商变更登记的账务处理

**问题:**

如下文背景资料所述,A 公司收到股东投资款,但未修改公司章程也未办理工商变更登记,是否能确认实收资本?

**背景:**

A 公司成立于 2013 年 5 月,目前主要从事农村电商业务。

2016 年 10 月,A 公司与 B 创业投资企业(有限合伙)、C 投资合伙企业(有限合伙)、D 创业投资合伙企业(有限合伙)以及其他股东签署增资协议。本次增资以投资人认购 A 公司新增注册资本的方式对 A 公司进行股权投资,新进股东合计取得 A 公司增资后全面摊薄基础上合计 3.139 9%的股权。A 公司同意在协议签署日后将注册资本从人民币 13 428 710.00 元增加至 13 863 168.00 元。

股东 B 创业投资企业(有限合伙)应支付的认购对价为人民币 2 000 万元,以人民币 15.798 5 万元认购公司注册资本,其余资金计入资本公积;股东 C 投资合伙企业(有限合伙)投资支付的认购对价对人民币 2 000 万元,以人民币 15.798 5 万元认购公司注册资本,其余资金计入资本公积;股东 D 创业投资合伙企业(有限合伙)支付的认购对价为人民币 1 500 万元,以人民币 11.848 9 万元认购公司注册资本,其余资金计入资本公积。

截至 2016 年 12 月 31 日,A 公司陆续收到 B、C 和 D 投入的资本,但根据获取的最新的工商档案显示,A 公司收到的这三笔增资款尚未完成完成工商变更登记;且 A 公司未作出增加注册资本和实收资本的决议,尚未修改公司章程。

**解答:**

工商登记不是确认实收资本的必要前提,尤其是在 2014 年 3 月公司注册资本登记制度改革后,"实收资本"已不再作为工商登记事项的情况下。实收资本的确认日期是同时满足以下条件的日期:

(1) 被投资公司股东会作出增加注册资本和实收资本的决议,并修改公司章程;

(2) 新股东的出资协议已经签署并生效;

(3) 增加实收资本和变更股权结构所需的外部审批(如需要)已经获得;

(4) 股东已经实际完成了出资的缴纳,包括将货币出资缴入公司的银行账户和将非货币出资完成财产权转移手续,且符合《公司法》《公司登记管理条例》《公司注册资本登记管理规定》对出资要件的规定。

本案例中,由于 A 公司未作出增加注册资本和实收资本的决议,尚并修改公司章程;上述已收到的投资款应确认为其他应付款,在 A 公司修改公司章程后确认为实收资本和"资本公积——资本溢价"。

**问题 5-1-11**　半年报审计时上期数据列报问题

**问题:**

如下文背景资料所述,进行 A 公司 2017 年半年报审计,附注中披露的上期数据是 2016 整年度(经审计)数据还是 2016 年 1~6 月份(未经审计)数据?

**背景:**

A 公司为新三板挂牌公司。会计师事务所接受委托对 A 公司 2017 年 1~6 月份财务报表进行审计时,财务报表中的上期数据是采用 2016 年整年度还是 2016 年 1~6 月份数据?

**解答:**

根据背景资料,此问题是中期财务报告的比较数据的列报问题。

如果会计师事务所审计的半年度报表为该被审计单位正式对外公告的 2017 年半年度财务报表,则根据《企业会计准则第 32 号——中期财务报告》第五条规定:

中期财务报告应当按照下列规定提供比较财务报表:

(一) 本中期末的资产负债表和上年度末的资产负债表。

(二) 本中期的利润表、年初至本中期末的利润表以及上年度可比期间的利润表。

(三) 年初至本中期末的现金流量表和上年度年初至可比本中期末的现金流量表。

即,对于 2017 年 1~6 月份财务报表中利润表及现金流量表的上年度可比期间为 2016 年 1~6 月。

如果此次所审计的不是对外公告的半年度财务报表数据,而是其他专项审计,则可以根据预定的财务报表使用者的信息需求来确定是否需列报前期比较数据,以及如何确定前期比较期间。但如果未提供前期比较数据,或者前期比较期间的确定与企业会计准则的上述规定不一致,则该财务报表不能认为在所有重大方面符合企业会计准则的规定,而应按《中国注册会计师审计准则第1601号——对按照特殊目的编制基础编制的财务报表审计的特殊考虑》出具审计报告。

《中国注册会计师审计准则第1511号——比较信息》第十七条规定:

如果上期财务报表未经审计,注册会计师应当在审计报告的其他事项段中说明对应数据未经审计。但这种说明并不减轻注册会计师获取充分、适当的审计证据,以确定期初余额不含有对本期财务报表产生重大影响的错报的责任。

因此,如果确定比较期间为2016年1~6月,但该期间的财务报表以往未经审计,则财务报表和附注中可列示2016年1~6月未经审计的数据(表头中相应的列标题标注"未经审计"字样),但是需在审计报告的其他事项段中予以说明;同时,本次半年报审计中仍需对所提供的未经审计的利润表、现金流量表前期比较数据实施必要的审阅或审计程序,以确定期初余额不含有对本期财务报表产生重大影响的错报。

### 问题5-1-12　资产负债表日后事项披露问题

**问题:**

如下文背景资料所述,对于发债目的同时审计连续多年、针对每个年度财务报表单独出具审计报告时,如何界定期后事项的期间?

**背景:**

A公司拟于2018年初发行可交换债券。因公司前几年财务报表未经审计,为发行债券,A公司于2017年5月委托某会计师事务所对公司2015年度和2016年度的财务报表进行审计并分年度单独出具审计报告,审计报告日均为2017年8月11日。

根据相关准则规定,资产负债表日后事项包括"资产负债表日至财务报告批准报出日之间发生的有利或不利事项",则2015年财务报表附注中,是否将2016年1月1日至2017年8月11日之间的事项均作为2015年资产负债表日后事项进行披露?

**解答:**

对于发债目的多年每个年度的财务报表,虽然会计师事务所同时出具两个年度的审计报告,报告日均为同一天,但若财务报告使用者同时阅读了2015年度、2016年度财务报表的审计报告,则2015年度财务报表附注中未将"2016年1月1日至2017年8月11日"之间的事项作为期后事项披露,通常情况下不会对财务报告使用者做出经济决策造成影响。然而,若财务报告使用者单独阅读2015年度经审计的财务报表,而其中未披露2016年1月1日至2016年12月31日期间的非调整事项,仍有可能对财务报告使用者做出经济决策造成影响。

鉴于此,我们建议:

企业可以不将 2016 年 1 月 1 日至 2017 年 8 月 11 日(报告日)的重大事项作为 2015 年报表的期后事项披露,但应注意以下问题:

1. 在 2015 年度财务报表附注的"财务报表编制基础"部分中明确说明财务报表附注中未包含"资产负债表日后事项"相关内容的披露,相应地,该报表并未在所有重大方面遵循企业会计准则,而是基于特殊基础编制的特殊目的财务报表,其 2015 年度审计报告应当依据《中国注册会计师审计准则第 1601 号——对按照特殊目的编制基础编制的财务报表审计的特殊考虑》出具,审计意见表述为是否符合"财务报表附注二所述编制基础",而不能直接表述为符合企业会计准则。对该编制基础的特殊性,在审计报告正文的强调事项段中也应当予以强调说明,提示报表使用者关注财务报表附注中对特殊编制基础的披露内容。

2. 注册会计师在 2015 年审计报告正文其他事项段说明如下内容:

为更好地了解 A 公司 2015 年 12 月 31 日的财务状况和 2015 年度的经营成果及现金流量,建议使用者将上述 2015 年度财务报表与 A 公司经审计的 2016 年度财务报表一并阅读。

## 第二节　现金流量表的相关问题

**问题 5-2-1**　关于保函保证金的现金流量表列示问题

**问题:**

公司与客户签订销售合同后,向银行申请开具保函作为对客户履约的保证,并向银行指定账户存入一定金额的保函保证金。

对于存入银行的保函保证金,在编制现金流量表时,应属于"支付其他与经营活动有关的现金"还是"支付其他与筹资活动有关的现金"?

**解答:**

与票据保证金不同,企业向银行申请开立履约保函并不是为了融资,也不会导致"企业资本及债务规模和构成发生变化"(见《企业会计准则第 31 号——现金流量表》第十四条对"筹资活动"的定义)。相应地,为开立履约保函而存入银行并被冻结的保证金应当作为经营活动的现金流处理,存入时作为"支付的与经营活动有关的现金",解冻收回时作为"收到其他与经营活动有关的现金"。

**问题 5-2-2**　房地产企业预售监管资金是否属于现金及现金等价物

**问题:**

如下文背景资料所述,A 公司商品房预售资金监管账户的资金是否为受限资金?

**背景：**

A 公司下属部分公司经营范围为房地产开发销售、物业租赁等，A 公司房地产开发业务中，根据当地政府发布的《××市商品房预售资金监管实施细则》的规定："预售商品房的预售资金必须存入预售监管账户，预售监管账户中留存的预售监管资金以确保项目剩余工程顺利完工为原则。当留存的预售监管资金达到规定的监管额度后，房地产开发企业可以使用规定留存的预售监管资金额度以外的其他预售资金，优先用于项目工程有关建设。"

A 公司根据该规定要求，将商品房预售资金存入预售监管账户，该部分资金根据预售资金监管实施细则，按照开发进度只能用于工程建设。

**解答：**

我们理解：政府设置"商品房预售资金监管"制度的主要目的是"确保项目剩余工程顺利完工"，因此是一项保护性、合规性的措施；同时，在"用于项目工程有关建设"这一较大的范围内，企业对如何使用这部分资金仍有较大的自主支配权，因此，预售监管资金虽然在法规上限制了使用方向和用途，但与被质押冻结等设置了他项权利，从而导致企业对其使用权完全受到限制的资金不同，仍属于现金及现金等价物的范畴。但是，在财务报表附注的"现金流量表补充资料"中，应将这部分预售资金作为"其中：母公司或集团内子公司使用受限制的现金和现金等价物"予以披露。

---

**问题 5-2-3** 同一控制下企业合并，被购买方支付给原股东分红的现金流列报

**问题：**

如下文背景资料所述，在 A 公司合并报表中对该笔分红的现金流是否需要调整至"支付其他与筹资活动有关的现金"？

**背景：**

A 公司原持有 B 公司 2％的股权，2017 年 11 月通过同一控制下企业合并取得 B 公司剩余 98％的股权，交易完成后，B 公司成为 A 公司的全资子公司。B 公司于 2017 年 6 月时对全体股东按当时的持股比例进行了分红，支付给原持有其 98％股权的股东的分红款在 B 公司现金流量表中列示为"分配股利、利润或偿付利息支付的现金"。

**解答：**

在合并方的合并报表中，"同一控制下企业合并视同参与合并各方在最终控制方开始实施控制时即以目前的状态存在"，背后的逻辑是"控制权未发生变化"，因为最终控制方持续性地保持对参与合并各方的控制权，从最终控制方的角度，其所能控制的经济资源及其风险和报酬特征在重组前后并未发生变化，仅仅是资源的所在地发生了位移。因此，如果最终控制方在比较期间对参与合并各方均具有控制权，则需要对合并方的合并报表中的前期比较数据进行重述。

因此,同一控制下企业合并要求重述比较数据,是站在最终控制方的角度考虑问题。但是从现金流量表的编制来说,财务报表使用者需要获得的信息更多的应是现金收支的实际用途,我们理解还是应从合并报表主体(非最终控制方)的角度考虑。在 A 公司合并报表中,支付的现金是用于分配给原股东的股利,也应列报在"分配股利、利润或偿付利息支付的现金"中。

## 第三节　关联方关系及其交易认定与披露的相关问题

**问题 5-3-1**　关联方关系的判断

**问题:**

如下文背景资料中所示股权关系,B 公司与其他各公司及自然人 K 是否构成关联方关系?

**背景:**

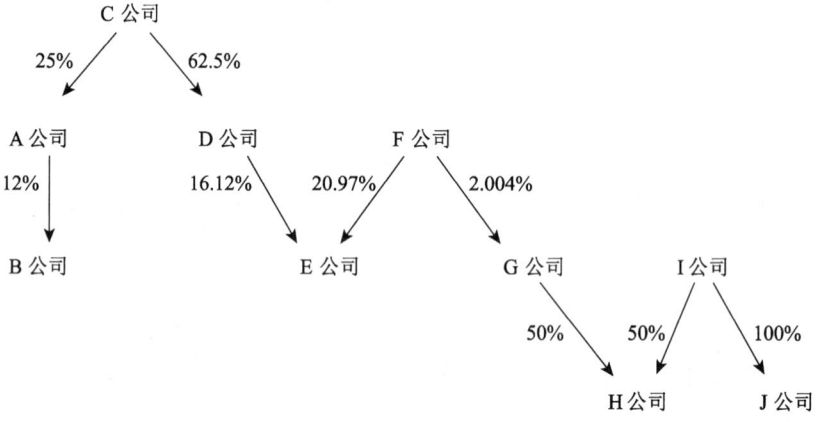

注 1:上面的股权投资结构图中,假设持股超过 50% 即构成控制,两方股东各持股 50% 构成共同控制,持股比例 20% 以上 50% 以下(不含 50%)构成重大影响。但 A 公司对 B 公司具有重大影响。不考虑其他因素。

注 2:自然人 K 为 H 公司董事,同时担任 I 公司经理。

注 3:本问题只讨论企业会计准则体系下的关联方关系判断,不考虑证券监管规则或其他口径下的关联方关系判断问题。

**解答:**

根据《企业会计准则第 36 号——关联方披露》的规定,关联方关系的存在是以控制、共同控制或重大影响为前提条件的。在判断是否存在关联方关系时,应当遵守实质重于形式的原则。

根据《企业会计准则第 36 号——关联方披露》及其讲解的规定,并参照2009 年 11 月修订后的《国际会计准则第 24 号——关联方披露》(IAS 24),对关联方关系的认定应遵循以下原则:

1. 如果 A 控制 B 和 C,则 B 和 C 之间构成关联方关系;

2. 如果 A 控制 B,同时 A 对 C 有共同控制或重大影响,则 B 和 C 之间构成关联方关系;

3. 如果 A 对 B 有共同控制,同时 A 对 C 有共同控制或重大影响,则 B 和 C 之间构成关联方关系;

4. 如果 A 对 B 和 C 都只有重大影响,则 B 和 C 之间不构成关联方;

5. 在判断关联方关系时,某主体与受其控制或共同控制的各主体,以及对其具有控制或共同控制的各主体,以及与之同受一方控制或共同控制的各主体之间,均应作为一个整体,只要报告主体与该组主体中的某一个存在关联方关系,则报告主体与该组主体中所包含的所有主体均构成关联方关系;

6. 控制和共同控制可以无限层往下传递(但如果中间某一层是共同控制,则从该层开始往下都只能是共同控制。例如,本企业对子公司的子公司具有控制;本企业对子公司的合营企业具有共同控制;本企业对合营企业的子公司具有共同控制;本企业对合营企业的合营企业具有共同控制),因此"间接控制"和"间接共同控制"是成立的;相反,重大影响仅对本层次有效,不能往下传递(即,本企业对联营企业的联营企业不具有重大影响),因此"间接重大影响"是不存在的。

依据上述原则,并**假设本案例中的所有企业(除 A 对 B 的股权外)均仅仅依据股权比例或权益比例来判断彼此之间的控制、共同控制或重大影响关系**,则:

假设 A 公司对 B 公司具有重大影响,则:

C 公司对 A 公司具有重大影响,但依据"重大影响不能逐层向下传递"的原则,C 公司对 B 公司并无重大影响。相应地,C 公司的子公司 D 公司与 B 公司不构成关联方关系。E 公司、F 公司、G 公司、H 公司、自然人 K、I 公司、J 公司也都不是 B 公司的关联方。

---

**问题 5-3-2** 实际控制人之间交叉持股比例低于 5% 情形下是否构成关联方

**问题:**

两个企业各自的实际控制人分别在对方企业交叉持股,但持股比例均低于 5%。此时这两家企业是否构成关联方?

**背景:**

A 公司的实际控制人是自然人 C,B 公司的实际控制人是自然人 D。自然人 C 持有 B 公司 2.5% 的股权,而自然人 D 持有 A 公司 3% 的股权。B 公司向 A 公司供应产品包装材料。

自然人 C、D 之间无关联方关系或者一致行动关系,也不是近亲属等关系密切的家庭成员。

A 公司为新三板挂牌企业,因此在判断关联方关系时,需同时考虑企业会计准则和新三板相关监管规则的规定。

**解答:**

《非上市公众公司信息披露内容与格式准则第 1 号——公开转让说明书》第三十一条规定:

申请人应根据《公司法》和《企业会计准则》的相关规定披露关联方、关联关系、关联交易,并说明相应的决策权限、决策程序、定价机制等。申请人应根据交易的性质和频率,按照经常性和偶发性分类披露关联交易及关联交易对其财务状况和经营成果的影响。

《公司法(2013 年修订)》第二百一十六条规定:

……(四)关联关系,是指公司控股股东、实际控制人、董事、监事、高级管理人员与其直接或者间接控制的企业之间的关系,以及可能导致公司利益转移的其他关系。但是,国家控股的企业之间不仅因为同受国家控股而具有关联关系。

《企业会计准则讲解(2010)》第三十七章中的说明:

根据关联方披露准则的规定,关联方关系存在于:……(八)该企业的主要投资者个人及与其关系密切的家庭成员。主要投资者个人,是指能够控制、共同控制一个企业或者对一个企业施加重大影响的个人投资者。

1. 某一企业与其主要投资者个人之间的关系。例如,张某是 A 企业的主要投资者,则 A 企业与张某构成关联方关系。

2. 某一企业与其主要投资者个人关系密切的家庭成员之间的关系。例如,A 企业的主要投资者张某的儿子与 A 企业构成关联方关系。

……

(十)该企业主要投资者个人、关键管理人员或与其关系密切的家庭成员控制、共同控制或施加重大影响的其他企业。与主要投资者个人或关键管理人员关系密切的家庭成员,是指在处理与企业的交易时可能影响该个人或受该个人影响的家庭成员,例如父母、配偶、兄弟、姐妹和子女等。判断与主要投资者个人或关键管理人员关系密切的家庭成员是否为一个企业的关联方,应当视他们在处理与企业交易时的互相影响程度而定。对于这类关联方,应当根据主要投资者个人、关键管理人员或与其关系密切的家庭成员对两家企业的实际影响力具体分析判断。

1. 某一企业与受该企业主要投资者个人控制、共同控制或施加重大影响的其他企业之间的关系。例如,A 企业的主要投资者 H 拥有甲企业 60% 的表决权资本,则 A 和甲存在关联方关系。

2. 某一企业与受该企业主要投资者个人关系密切的家庭成员控制、共同控制或施加重大影响的其他企业之间的关系。例如,A 企业的主要投资者乙的妻子拥有 C 企业 60% 的表决权资本,则 A 和 C 存在关联方关系。

3. 某一企业与受该企业关键管理人员控制、共同控制的其他企业之间的关系。例如,A 企业的关键管理人员 D 控制了丙企业,则 A 和丙存在关联方关系。

4. 某一企业与受该企业关键管理人员关系密切的家庭成员控制、共同控制或施加重大影响的其他企业之间的关系。例如,A 企业的财务总监 Y 的妻子是丁企业的董事长,则 A 和丁存在关联方关系。

另外,关联方关系及关联交易的认定还存在最终的兜底条款,即"实质重于形式"。这意味着除了准则中明确正向列举属于关联方的情形以外,其他情形也可能被认定为实质上的关联方。

结合本案例背景,两家公司的实际控制人交互持股(持股比例分别为2.5%、3%),依据上述《非上市公众公司信息披露内容与格式准则第 1 号——公开转让说明书》第三十一条、《企业会计准则第 36 号——关联方披露》讲解的相关规定,关键要看:①互相参股是否意味着两家公司的实际控制人彼此对对方企业均有重大影响,如互派董事和高级管理人员等;②A 公司实际控制人自然人 C 与 B 公司实际控制人自然人 D 之间是否存在其他关联关系,如果存在其他关联关系(如家庭成员、亲戚等),应根据两者的关联关系实质一并考虑,另行分析。

如果不存在其他关联关系,也不存在实际控制人之间彼此对对方具有重大影响的其他情形,则我们认为,A 公司实际控制人自然人 C 只持有 B 公司 3%的股份,基本不属于 B 公司的主要投资者,同样 B 公司实际控人自然人 D 只持有 A 公司 2.5%的股份,也基本不属于 A 公司的主要投资者,因此我们认为,A公司、B 公司两家公司不构成关联方。即,一般情况下为了加强业务合作关系而互相持有对方的少量股份(如 5%以下),且未派驻董事和高级管理人员的,不认为存在关联方关系。但如果 A 公司对 B 公司提供的包装材料具有重大依赖,或者存在需考虑的特殊情形,则应考虑这些特殊情形对 A、B 之间是否存在关联关系的判断可能产生的影响,如存在,应在附注中恰当披露对其财务报表及企业持续经营的重大影响。

# 第四节  非经常性损益认定的相关问题

**问题 5-4-1**  理财产品收益不作为非经常性损益应满足的条件

**问题:**

上市公司购买理财产品的收益不作为非经常性损益需要满足哪些条件?

**背景:**

近年来,不少上市公司利用闲置资金购买理财产品,不少公司从中获得了重大的收益。

根据现行的《公开发行证券的公司信息披露解释性公告第 1 号——非经常性损益(2008)》(证监会公告〔2008〕43 号)规定,"委托他人投资或管理资产的损益"通常应认定为非经常性损益。

根据 2014 年 3 月证监会会计部组织的会计师事务所专业技术问题的研讨情况通报,证监会会计部对此问题的观点为:理财、信托产品的收益,对于非投资类上市公司,除非有确凿证据证明购买及持有的理财产品是企业的"日常资金管理行为",否则将该理财产品收益作为非经常性损益。

**解答：**

一般认为，认定非投资类上市公司购买及持有理财产品是企业的"日常资金管理行为"，至少应同时满足以下条件：

1. 上市公司长期保持一定金额的闲置货币资金用于购买理财产品，各年度来源于理财产品的收益金额较大，且金额较为稳定，已成为上市公司收益的稳定来源。

2. 上市公司经董事会、股东大会等权力机构(具体根据上市公司章程或其他相关文件规定的决策权限确定)作出正式决议，明确将购买理财产品作为定期存款的替代，作为日常资金管理活动。

3. 理财产品的相关条款必须承诺保本，其风险程度不显著高于在银行的定期存款，该理财产品的投资对象不得包括股票、期货等高风险投资。

4. 所购买的理财产品具有较好的流动性，如有需要可随时提前赎回，不会因为投资于理财产品而影响企业的日常经营活动现金支付和投资计划的正常进行。

5. 上市公司购买单个理财产品的份额占该理财产品的总份额应较低，不得对理财产品具有控制、共同控制或重大影响，不得主导或参与该理财产品的投资和运作决策。如果理财产品份额分为优先级、劣后级等不同风险级别的，则只限于购买和持有最优先级份额。

6. 将闲置资金用于理财产品投资具有财务上的合理性，符合被普遍认可的商业理由和商业逻辑，例如不应同时出现一方面有大额的理财产品投资，另一方面有大额借款的情况。

7. 根据特定案例的具体情况，应满足的其他条件。

上市公司使用暂时闲置的募集资金购买理财产品的，应符合《上市公司监管指引第 2 号——上市公司募集资金管理和使用的监管要求》(证监会公告〔2012〕44 号)第七条的监管规定。但因为有募集资金闲置不是常态，这部分用暂时闲置募集资金进行现金管理的投资收益应认定为非经常性损益。

需要注意的是：上述口径仅适用于已上市公司购买和持有理财产品的收益是否应作为非经常性损益的判断，不适用于 IPO 发行人。对 IPO 发行人在申报期内购买银行理财产品收益涉及非经常性损益的计算问题，应按 2017 年 11 月 9 日在深圳举办的保荐代表人培训班上证监会发行部监管二处有关负责人所表述的下列口径把握：

购买银行理财产品形成的投资收益如何计入非经常性损益？

企业运营一般需要保留一定的流动资金，有些规模较大，会购买一些理财产品，根据非经常性损益规定，理财产品的投资收益应计入非经常性损益，但满足以下情况可以考虑以扣除融资成本的净收益计入非经常性损益：

(1) 与日常经营相关的现金管理工具，具有经常性，且公司建立了制度化的管理机制，内控健全；

(2) 购买的是银行渠道发行的理财产品，具有低风险、高流动性和安全性特征；

(3) 规模适当，成本可以合理计量。

满足上述条件，可以净额计入非经常性损益，否则应全额计入非经常性损益。

即,证监会发行部对此问题的态度是:IPO 发行人在申报期内购买理财产品取得的投资收益均应计入非经常性损益,但在满足一定条件时可以按扣除融资成本后的净收益计入非经常性损益。

**问题 5-4-2** 定期减免税优惠是否属于经常性损益

**问题:**

企业享受定期减免税优惠,是否属于经常性损益?

**背景:**

根据《公开发行证券的公司信息披露解释性公告第 1 号——非经常性损益 (2008)》(证监会公告〔2008〕43 号)的规定,"越权审批,或无正式批准文件,或偶发性的税收返还、减免"通常应认定为非经常性损益。

**解答:**

我们认为,对此类定期减免税的损益影响,如不认定为非经常性损益,需至少满足下列条件:

1. 享受税收减免的业务、交易或事项与企业的正常经营业务相关,而不是针对偶发性、特殊性交易或事项的专案事项性减免;

2. 享受税收减免具有充分的法律依据,其依据应当是国家(中央)层面颁布的税收法律、行政法规、财政部和/或国家税务总局制定的规章或规范性文件,而不能是地方政府越权制定的"土"政策;

3. 该项税收优惠的有效期不短于 3 年,预计在其有效期内可以持续享受,成为该期间内收益的稳定来源;

4. 税收减免方式为通过税务机关办理的直接减免或者国库退库(如即征即退、先征后返等),而不能是通过当地财政办理的拨款、返还等;

5. 企业在财务报表附注中已经充分披露了所享受税收优惠的依据、期限、具体的减免金额等信息,不将该减免影响金额列为非经常性损益不会影响报表使用者对企业未来正常经营业务盈利趋势的判断和预测;

6. 根据特定案例的具体情况,应满足的其他条件。

不同时满足上述条件的定期减免税优惠,应认定为非经常性损益。

另外,通常情况下,在享受定期减免税优惠的最后一年,建议将该项减免税的影响金额列入非经常性损益,以向报表使用者提示该项税收优惠不具有可持续性,不能作为评估以后年度持续盈利能力的依据。

**问题 5-4-3** 节能项目享受的"三免三减半"所得税优惠是否属于非经常性损益

**问题:**

如下文背景资料所述,节能项目享受的"三免三减半"所得税优惠是否属于非经常性损益?

**背景:**

A 上市公司于 2016 年 4 月收购配电网节能业务,收购完成后公司拟转型成为以配电网节能为主业的公司。2016 年度,配电网节能业务净利润占公司净利润比例超过 50%。配电网节能业务主要是针对配电网节能降损提供节能改造和能效综合治理解决方案,主要采用合同能源管理(简称 EMC)模式。合同能源管理是指公司与用户签订能源管理合同,为用户提供节能诊断、融资、改造等服务,并以节能效益分享等方式回收投资和获得合理利润。

根据《财政部 国家税务总局关于促进节能服务产业发展增值税、营业税和企业所得税政策问题的通知》(财税〔2010〕110 号),对符合条件的节能服务公司实施合同能源管理,符合企业所得税税法有关规定的,自项目取得第一笔生产经营收入所属纳税年度起,第一至第三年免征企业所得税,第四至第六年按照适用税率减半征收企业所得税。

**解答:**

非经常性损益是指"与公司正常经营业务无直接关系,以及虽与正常经营业务相关,但由于其性质特殊和偶发性,影响报表使用人对公司经营业绩和盈利能力做出正常判断的各项交易和事项产生的损益"。非经常性损益的三项基本特征是"与正常经营业务无关性""偶发性"和"金额重大性"。

A 公司配电网节能业务主要采用 EMC 模式,符合税收优惠政策的规定,该税收优惠政策是由财政部、国家税务总局出台,属于国家税收政策明确规定的全行业普遍适用的优惠政策,同时也可以预见将在相当长的一段时间内 A 公司将不断拓展和新增符合文件规定的 EMC 模式签订的配电网节能项目,A 公司享受该项税收优惠政策,不属于"偶发性"。配电网节能业务属于公司的主营业务,净利润占公司业绩比例超过 50%,税收减免政策体现了国家产业政策对节能业务的扶持,因此"与主营业务相关"。因此,A 公司按 EMC 模式实施的配电网节能业务按国家税收优惠政策享受的税收优惠可以不作为非经常性损益。

在《计学撮要 2013》之"问题 5-4-3 企业享有的所得税优惠是否属于非经常性损益"中,对位于北京市高新试验区的高新技术企业,根据依据《北京市新技术产业开发试验区暂行条例》享受的自开办之日起,企业所得税享受三免(2006—2008 年)三减半(2009—2011 年按 15% 的税率减半即 7.5%)的优惠,我们当时的答复意见如下:

高新技术企业适用的 15% 优惠税率是《企业所得税法》及其实施条例明确规定的、长期有效的税收优惠政策。企业只需要能够预计其在可预见的未来将持续满足《科学技术部、财政部、国家税务总局关于印发〈高新技术企业认定管理办法〉的通知》(国科发火〔2008〕172 号)、《科学技术部、财政部、国家税务总局关于印发〈高新技术企业认定管理工作指引〉的通知》(国科发火〔2008〕362 号)文件等相关规定的认定条件,即可认为其在可预见的未来将长期享有该项税收优惠,因此高新技术企业的适用税率 15% 和法定的基本税率 25% 之间的 10% 税率差对净利润的影响不属于非经常性损益。但是,依据《北京市新技术产业开发试验区暂行条例》享受的"三免三减半"优惠属于时段性优惠,仅可在 2011

年以前享受,以后年度将不会享受,因此不会成为可预见未来的稳定收益来源。因此,在申报期内(2009—2011年)因该条例规定享受的减半税率优惠7.5%(15%-7.5%)对净利润的影响应作为非经常性损益。

上述案例与本案例的不同之处在于:问题5-4-3中享受的所得税"三免三减半"的优惠对象是企业,因此,对该企业来讲,属于时段性优惠,仅可在特定年度以前享受,以后年度将不会享受,因此不会成为可预见未来的稳定收益来源。本案例中,所得税优惠对象是每一单个的节能服务业务,根据A公司业务板块安排和战略规划,若可以预见A公司未来在承接节能服务业务是持续的,则享受该所得税优惠也将构成A公司的稳定收益来源,所以作为经常性收益可以接受。

**问题5-4-4** 企业收到以实际缴纳的各项社保费金额为标准退回的残疾人社保补助资金是否属于经常性损益

**问题:**

如下文背景资料所述,A公司将依据国家政策每个季度都会收到的残疾人社保补助资金纳入经常性损益是否合理?

**背景:**

A公司成立时,因招收有残疾人职工,一直享受因安置残疾人而产生残疾人社保资金补助。该补助资金是以A公司本季度实际为残疾人职工缴纳的社保费用为依据,以退回方式形成的补贴,其退回金额是企业本季度实际为残疾人职工缴纳的社保费用。

**解答:**

判断一项收益或费用是否为非经常性损益,其主要依据是非经常性损益的定义和基本特征。"非经常性损益"作为一项证券监管指标,其设置的主要目的在于:为报表使用者提供关于上市公司主营业务的持续盈利能力方面的信息(即通过正常经营业务获得持续、稳定的收益的能力),帮助报表使用者合理估计未来盈利趋势,从而做出科学合理的投资决策。非经常性损益的三项主要特征是:与正常经营业务无关性;偶发性;影响重大性。即具备以下特征之一的收益项目应认定为非经常性损益:

(1)与正常经营业务无关的;

(2)虽与正常经营业务相关,但属于性质特殊的偶发性交易(没有证据表明今后会有规律地定期发生此类交易),且对当期损益影响重大的。

"残疾人社保补贴"在中央层面的文件中只有原则性规定,在实际操作中,应根据实际执行的政策情况判断是否应列为非经常性损益。例如,如果是按照安排残疾人就业人数给予的定额补贴,且该政策已经稳定执行多年,预计将长期有效的,可以作为经常性损益;其他情形,应作为非经常性损益。

在本案例中,"以实际缴纳的各项社保费金额为标准退回给A公司的残疾人社保补助资金",如果A公司获得补贴金额是以为残疾人实际缴纳的社保费用为依据,并且该补贴已经稳定执行多年,预计将长期有效,可以理解为符合"按安排残疾人就业人数给予的定额补贴,且该政策已经稳定执行多年,预计将长期有效",故可作为经常性损益。

**问题5-4-5**　化解产能资产计提的资产减值准备是否属于非经常性损益

**问题:**

如下文背景资料所述,依据政府化解过剩产能要求对相关固定资产计提的减值损失是否属于非经常性损益?

**背景:**

A钢铁公司所属的烧结、炼铁、炼钢生产线属于国家规定化解过剩产能范围。2017年,根据所在地省政府关于钢铁煤炭行业化解过剩产能的相关文件规定,A公司需拆除2台50吨转炉,压减粗钢产能170万吨,致使公司烧结、炼铁、炼钢生产系统不再具备复产条件。截至2017年12月31日,A公司烧结、炼铁、炼钢生产用的固定资产停业封存,A公司根据该类资产的账面价值扣除部分资产残值后计提了固定资产减值准备5亿元。

**解答:**

一般而言,除了因不可抗力因素(如遭受自然灾害)外,计提的资产减值准备对当期损益的影响均应作为经常性损益。但本案例中减值准备的计提原因是因化解产能封存设备按照处置残值作为可收回金额而计提的,也即,由于本次计提减值是拟处置该类资产的前置工作,减值准备的计提直接与资产处置相关,同时也考虑到"去产能"的政策因素本身也是一种不可抗力,因此,我们理解可以作为非经常性损益(换言之,该类固定资产即将处置或报废,不再继续使用,假定本期内完成处置或报废,则计提减值准备前的账面价值与报废残值的差额应全部属于本期的非经常性损益;现在由于时间原因而未能在本期内完成处置或报废工作,但在资产负债表日必须对可收回金额低于账面价值部分计提减值准备,因此将处置或报废对企业的整体的损益影响体现为计入多个会计期间的损益,这些对损益的影响实际上都是由于资产处置或报废而带来的)。

另外,作为一项佐证证据,也可以测算假设不存在"去产能"要求强制关停和拆除这一政策性因素的情况下,这些关停设备的可收回金额,以此进一步分析此次的大额减值准备计提更多的是因该资产本身的可收回金额已发生减损,还是因为政策性原因。如果导致其减值的主要原因是政策性因素而不是该资产本身已发生价值减损,则此时确认的资产减值损失也可以作为"因不可抗力因素而计提的各项资产减值准备"作为非经常性损益。

# 第六章

# 审计技术问题和其他问题

## 第一节　审计技术问题

**问题 6-1-1　分公司简式审计报告格式问题**

**问题：**

如下文背景资料所述，对于执行财政部 2016 年 12 月发布的系列审计报告准则对分公司财务报表出具的简式审计报告如何处理？分公司财务报表的列报和后附的编制基础说明应注意哪些问题？

**背景：**

A 公司在异地设立分公司，根据分公司所在地当地税务机关等部门的要求。A 公司委托会计师事务所对其分公司财务报表出具简式审计报告，且要求该审计报告按财政部 2016 年 12 月发布的系列审计报告准则规定的内容和格式出具。该财务报表仅包含分公司的资产负债表、利润表、现金流量表，不含分公司的财务报表附注。

**解答：**

财政部于 2016 年 12 月发布的审计报告系列准则修订没有涉及《中国注册会计师审计准则第 1601 号——对按照特殊目的编制基础编制的财务报表审计的特殊考虑》准则（列在后期将修订的计划中），因此，目前出具特殊编制基础的报告，可以仍然使用以前的报告格式，无需按照新报告准则修订（但也不排除某些例外情况）。

此外，项目组还可以参考《计学撮要 2013》"问题 6-1-10　对特殊编制基础财务报告出具审计报告的注意事项"中相关内容。摘录如下：

对于特殊编制基础的财务报告出具审计报告，注册会计师应当遵循《中国注册会计师审计准则第 1601 号——对按照特殊目的编制基础编制的财务报表审计的特殊考虑》，而不是《中国注册会计师审计准则第 1501 号——对财务报表形成审计意见和出具审计报告》）。

1. **财务报表附注注意事项**

（1）附注中不能声明遵循了企业会计准则。可以把附注三"遵循企业会计准则的声明"部分改为"遵循附注二所述编制基础的声明",声明本财务报表遵循了附注二所述的编制基础,而不能直接声明"遵循了企业会计准则";

(2) 在附注"财务报表的编制基础"部分中详细说明所采用的编制基础及其与企业会计准则规定的差异。

2. 审计报告注意事项

(1) 在引言段和管理层责任段中均提及财务报表系按照"附注二所述编制基础"编制,意见段中也针对财务报表是否符合"附注二所述编制基础"发表审计意见;

(2) 最后根据实际情况增加用途限制段,例如:如后附的财务报表附注二所述,后附的公司财务报表系仅供贵公司向主管工商、税务等机关按有关规定申报201×年度财务报表之用,不做其他用途。相应地,本报告仅供贵公司向主管工商、税务等机关按有关规定申报201×年度财务报表之用,不做其他用途。

根据《〈企业会计准则第30号——财务报表列报(2014年修订)〉应用指南》中的表述:"企业应当根据实际发生的交易和事项,遵循《企业会计准则——基本准则》(以下简称'基本准则')、各项具体会计准则及解释的规定进行确认和计量,并在此基础上编制财务报表。企业应当在附注中对这一情况做出声明,只有遵循了企业会计准则的所有规定时,财务报表才应当被称为'遵循了企业会计准则'"。

企业会计准则的规范内容包括会计要素的确认、计量、列报和披露。根据上述规定,如果未完全遵循企业会计准则对于列报和披露方面的规定,即使确认和计量完全符合企业会计准则中的相关规定,也不能声明"遵循了企业会计准则",相应地不能直接表述为按照企业会计准则编制财务报表。常见的导致不能声明"遵循了企业会计准则"的列报和披露方面的问题主要有:(1)未列报前期比较数据,或者比较期间不符合规定(例如,一年一期报表);(2)缺少关联交易、或有事项和承诺事项、其他重大事项披露内容;(3)未提供现金流量表和/或股东权益变动表;(4)在存在子公司的情况下,未编制和提供合并财务报表,但并未将母公司个别报表作为全套完整法定财务报表使用,等等。

对于未能遵循企业会计准则的所有规定的财务报表,均应视作特殊编制基础财务报表。对于特殊编制基础的财务报表出具的审计报告,应当遵循《中国注册会计师审计准则第1601号——对按照特殊目的编制基础编制的财务报表审计的特殊考虑》,而不是《中国注册会计师审计准则第1501号——对财务报表形成审计意见和出具审计报告》。

根据《中国注册会计师审计准则第1601号——对按照特殊目的编制基础编制的财务报表审计的特殊考虑》第十四条规定:"《中国注册会计师审计准则第1501号——对财务报表形成审计意见和出具审计报告》规定了审计报告的格式和内容。

对于特殊目的财务报表审计,审计报告的内容还应当包括:(一)说明财务报表的编制目的,并在必要时说明财务报表预期使用者,或者提及含有这些信息的特殊目的的财务报表附注;(二)如果管理层在编制特殊目的的财务报表时可以选择财务报告编制基础,在说明管理层对财务报表的责任时,提及管理层负责确定适用的财务报告编制基础在具体情况下的可接受性。"

第十五条规定"注册会计师对特殊目的财务报表出具的审计报告应当增加强调事项段,以提醒审计报告使用者关注财务报表按照特殊目的编制基础编制,因此,财务报表可能不适用于其他目的。注册会计师应当将强调事项段置于适当的标题下。"

(上述两条审计准则规定的具体运用,可参考《中国注册会计师审计准则第1601号——对按照特殊目的编制基础编制的财务报表审计的特殊考虑》指南的相关内容。)

对分公司编制报表并非完全遵守企业会计准则,就本案例而言,不符合企业会计准则规定之处至少包括:未提供所有者权益变动表、未提供财务报表附注等,因此不能声明其遵循了企业会计准则;此外,还应说明特殊编制基础的情况[仅对分公司编制报表、没有编制所有者权益变动表、报表使用用途等情况(如仅供该分支机构向当地税务机关进行纳税申报使用);对非法人分支机构的权益类项目的构成及其确认和计量原则的说明,等等];根据报告使用用途相应地需要增加使用限制范围段等;此外,此类特殊编制基础编制的报表应需要同时编写附注,说明报表的编制基础(如果不需要编写具体报表项目的注释,也至少需要对编制目的、具体编制基础、分发和使用范围限制等作出说明,可以不使用"财务报表附注"的标题,而改为"财务报表编制基础说明")。

(1) 对于分公司财务报表的简式审计报告,如果确需按照新修订的审计报告系列审计准则执行,则具体的格式内容建议如下:

# 审 计 报 告

××专审字〔201×〕××××××号

**ABC 股份有限公司(或有限责任公司)××分公司:**

一、审计意见

我们审计了 ABC 股份有限公司(或有限责任公司)××分公司(以下简称"ABC 公司××分公司")财务报表,包括 201×年 12 月 31 日的资产负债表,201×年度的利润表和现金流量表。

我们认为,后附的财务报表在所有重大方面按照附注二的编制基础编制,公允反映了 ABC 公司××分公司 201×年 12 月 31 日的财务状况以及 201×年度的经营成果和现金流量。

二、形成审计意见的基础

我们按照中国注册会计师审计准则的规定执行了审计工作。审计报告的"注册会计师对财务报表审计的责任"部分进一步阐述了我们在这些准则下的责任。按照中国注册会计师职业道德守则,我们独立于 ABC 公司××分公司,并履行了职业道德方面的其他责任。我们相信,我们获取的审计证据是充分、适当的,为发表审计意见提供了基础。

三、其他事项

如财务报表附注二所述,后附的 ABC 公司××分公司财务报表系仅供 ABC 公司××分公司向主管工商、税务等机关按有关规定申报201×年度财务报表之用,不做其他用途。相应地,本报告仅供 ABC 公司××分公司向主管工商、税务等机关按有关规定申报201×年度财务报表之用【根据实际情况描述】,不做其他用途。

四、管理层对财务报表的责任

ABC 公司××分公司管理层(以下简称"管理层")负责按照附注二所述的编制基础编制财务报表,使其实现公允反映,并设计、执行和维护必要的内部控制,以使财务报表不存在由于舞弊或错误导致的重大错报。

在编制财务报表时,管理层负责评估 ABC 公司××分公司的持续经营能力,披露与持续经营相关的事项(如适用),并运用持续经营假设,除非管理层计划清算 ABC 公司××分公司、终止运营或别无其他现实的选择。

五、注册会计师对财务报表审计的责任

我们的目标是对财务报表整体是否不存在由于舞弊或错误导致的重大错报获取合理保证,并出具包含审计意见的审计报告。合理保证是高水平的保证,但并不能保证按照审计准则执行的审计在某一重大错报存在时总能发现。错报可能由于舞弊或错误导致,如果合理预期错报单独或汇总起来可能影响财务报表使用者依据财务报表作出的经济决策,则通常认为错报是重大的。

在按照审计准则执行审计工作的过程中,我们运用职业判断,并保持职业怀疑。同时,我们也执行以下工作:

(一)识别和评估由于舞弊或错误导致的财务报表重大错报风险,设计和实施审计程序以应对这些风险,并获取充分、适当的审计证据,作为发表审计意见的基础。由于舞弊可能涉及串通、伪造、故意遗漏、虚假陈述或凌驾于内部控制之上,未能发现由于舞弊导致的重大错报的风险高于未能发现由于错误导致的重大错报的风险。

(二)了解与审计相关的内部控制,以设计恰当的审计程序,但目的并非对内部控制的有效性发表意见。

(三)评价管理层选用会计政策的恰当性和作出会计估计及相关披露的合理性。

(四)对管理层使用持续经营假设的恰当性得出结论。同时,根据获取的审计证据,就可能导致对 ABC 公司××分公司持续经营能力产生重大疑虑的事项或情况是否存在重大不确定性得出结论。如果我们得出结论认为存在重大不确定性,审计准则要求我们在审计报告中提请报表使用者注意财务报表中的相关披露;如果披露不充分,我们应当发表非无保留意见。我们的结论基于截至审计报告日可获得的信息。然而,未来的事项或情况可能导致 ABC 公司××分公司不能持续经营。

(五)评价财务报表的总体列报、结构和内容(包括披露),并评价财务报表是否公允反映相关交易和事项。

　　××会计师事务所(特殊普通合伙)　　　　　中国注册会计师:

　　中国·北京　　　　　　　　　　　　　　中国注册会计师:

　　　　　　　　　　　　　　　　　　　　201×年××月××日

　　(2)对于后附的分公司财务报表,建议作出如下调整:

　　后附报表的格式应根据分公司情况进行调整,如权益类项目中删除"股本""资本公积""盈余公积""一般风险准备"项目,同时增设"上级拨入资金"项目;利润表中删除每股收益信息;现金流量表中将"吸收投资收到的现金"改为"上级拨入营运资金收到的现金"等。

　　(3)对于分公司财务报表附注或"财务报表编制基础说明",具体的内容建议如下:

　　一、分公司基本情况

　　……

　　二、财务报表的编制基础

　　本分公司为单独核算的会计主体,本分公司财务报表以持续经营假设为基础,根据实际发生的交易和事项,按照财政部发布的《企业会计准则——基本准则》(财政部令第33号发布、财政部令第76号修订)、于2006年2月15日及其后颁布和修订的42项具体会计准则、企业会计准则应用指南、企业会计准则解释及其他相关规定(以下合称"企业会计准则")中与分公司财务报表相关的规定编制。本分公司201×年度财务报表采用如下所述的编制基础。

　　1.本分公司201×年12月31日资产负债表中资产、负债项目基于财政部发布的《企业会计准则——基本准则》(财政部令第33号发布、财政部令第76号修订)、于2006年2月15日及其后颁布和修订的41项具体会计准则、企业会计准则应用指南、企业会计准则解释及其他相关规定(以下合称"企业会计准则")编制予以列报。鉴于本分公司并非企业法人,权益类项目删除"股本(实收资本)""资本公积""盈余公积""一般风险准备"项目,同时增设"上级拨入资金"项目,该项目参照企业会计准则对"股本(实收资本)"及"资本公积"的相关规定列报。

　　2.本分公司的利润表仍然基于企业会计准则规定的格式和项目分类口径予以编制、列报。

　　3.本分公司的现金流量表中,除将"吸收投资收到的现金"改为"上级拨入营运资金收到的现金"外,其余各项目的分类口径仍参照企业会计准则的规定予以列报。

　　4.本分公司财务报表附注(或"财务报表编制基础说明")不包含财务报表项目的注释。

　　本分公司财务报表仅供本分公司向主管工商、税务等机关按有关规定申报

201×年度财务报表之用【根据实际情况描述】,不做其他用途。

三、遵循附注二所述编制基础的声明

本财务报表符合企业会计准则中与分公司财务报表有关的要求,真实、完整地反映了本公司作为非独立法人的分支机构 201×年 12月 31日的财务状况及 201×年度的经营成果和现金流量等有关信息。

# 第二节　其他会计技术问题

**问题 6-2-1**　已完成股改的公司又变更为有限责任公司后资本公积－股本溢价的会计处理问题

**问题:**

如下文背景资料所述,原已由有限责任公司变更为股份有限公司,在原先变更为股份有限公司时计入"资本公积——股本溢价"的金额,在后续公司重新整体变更为有限责任公司时,是否应冲回?

**背景:**

A公司于 2010年 9月由有限责任公司整体变更为股份有限公司。A公司当时依据有限责任公司截至 2010年 6月 30日经审计的净资产 80 044 747.69元折股,其中 60 000 000.00元为股本,剩余 20 044 747.69元计入资本公积,公司原股东出资比例维持不变。A公司对 2010年 6月 30日的各项资产负债亦委托评估事务所出具评估报告,各项资产均未发生减值。2010年 9月 3日,A公司在主管工商行政管理局领取了股份有限公司的《企业法人营业执照》。

2015年 12月,A股份有限公司股东会决议,A公司依法整体变更为有限责任公司,各股东出资比例和出资额不变。2015年 12月 29日,主管工商行政管理局就 A公司变更申请出具《核准通知书》并换发《企业法人营业执照》。

**解答:**

公司变更组织形式时,不论是有限责任公司变更为股份有限公司,还是股份有限公司变更为有限责任公司,都应视为基准日经审计的账面净资产的结构重组,变更前后不同组织形式下的各权益科目的余额不应视为存在对应关系。因此,"原先的'资本公积——股本溢价'是否继续保留或冲回"这个问题事实上是不存在的。

股份有限公司变更为有限责任公司,并不是对原先有限责任公司变更为股份有限公司的变更登记的撤销或者无效宣告,而是一项新发生的事项。对该项组织形式变更,在变更实施日,应按照基准日经审计的原股份有限公司各权益项目的余额(专项储备、一般风险准备除外,下同),借记原股份有限公司的各该权益项目,同时按照变更方案所明确的有限责任公司实收资本数额贷记"实收资本"科目,剩余的基准日账面净资产均贷记"资本公积——资本溢价"科目。